DATA BECKERS Computerbuch Klassiker

Bomanns
Das große GW-BASIC Buch

DATA BECKER

Copyright	© 1991 by DATA BECKER GmbH Merowingerstr. 30 4000 Düsseldorf 1
	1. Auflage 1991
Umschlaggestaltung	Werner Leinhos
Text verarbeitet mit	Word 4.0, Microsoft
Druck und buchbinderische Verarbeitung	Bercker Graphischer Betrieb GmbH, Kevelaer

Alle Rechte vorbehalten. Kein Teil dieses Buches darf in irgendeiner Form (Druck, Fotokopie oder einem anderen Verfahren) ohne schriftliche Genehmigung der DATA BECKER GmbH reproduziert oder unter Verwendung elektronischer Systeme verarbeitet, vervielfältigt oder verbreitet werden.

ISBN 3-89011-529-2

Wichtiger Hinweis

Die in diesem Buch wiedergegebenen Verfahren und Programme werden ohne Rücksicht auf die Patentlage mitgeteilt. Sie sind für Amateur- und Lehrzwecke bestimmt.

Alle technischen Angaben und Programme in diesem Buch wurden von den Autoren mit größter Sorgfalt erarbeitet bzw. zusammengestellt und unter Einschaltung wirksamer Kontrollmaßnahmen reproduziert. Trotzdem sind Fehler nicht ganz auszuschließen. DATA BECKER sieht sich deshalb gezwungen, darauf hinzuweisen, daß weder eine Garantie noch die juristische Verantwortung oder irgendeine Haftung für Folgen, die auf fehlerhafte Angaben zurückgehen, übernommen werden kann. Für die Mitteilung eventueller Fehler sind die Autoren jederzeit dankbar.

Wir weisen darauf hin, daß die im Buch verwendeten Soft- und Hardwarebezeichnungen und Markennamen der jeweiligen Firmen im allgemeinen warenzeichen-, marken- oder patentrechtlichem Schutz unterliegen.

Inhaltsverzeichnis

1.	Einführung	15
1.1	Auf ein (Vor-) Wort...	15
1.2	Kapitelübersicht	16
1.3	Wichtige Hinweise	18
1.4	Viele Namen hat das Kind...	19
1.5	Wie dieses Buch gelesen werden sollte	20

Teil I - GW-/PC-BASIC für den Anfänger/Einsteiger

2.	Zu PC-BASIC	23
2.1	Was ist PC-BASIC?	23
2.2	Wie arbeitet PC-BASIC?	24
2.3	Aufbau eines BASIC-Programms	25
2.4	Zum Programmierstil	27
3.	Arbeiten mit PC-BASIC	29
3.1	Laden des PC-BASIC-Interpreters	29
3.2	Der PC-BASIC-Editor	33
3.3	Die Funktions- und Editiertasten	36
3.4	Damit wir uns richtig verstehen	40
3.5	Befehle für die Programmeingabe	41
3.6	PC-BASIC-Variablen	55
3.6.1	Zeichenketten-Variablen (Strings)	57
3.6.2	Numerische Variablen	58
3.6.3	Matrix-Variablen (Arrays)	60
3.6.4	System-Variablen	66
3.6.5	Der Stack (Stapelspeicher)	67
4.	Grundlegende Befehle und Funktionen	69
4.1	Bildschirmein-/-ausgabe	69
4.1.1	Bildschirmaufbau	69
4.1.2	Ausgabe von Daten	80
4.1.3	Einlesen über die Tastatur	87
4.1.4	Strings (Zeichenkette) eingeben	87
4.1.5	Numerische Daten eingeben	88
4.1.6	Befehle für die Tastatur-Eingabe	89
4.2	Zeichenkettenverarbeitung (String-Operationen)	94
4.2.1	Gleiche Datentypen	94
4.2.2	Konvertierung verschiedener Datentypen	94
4.2.3	Fest definierte Funktionen	96
4.2.4	Vom Anwender definierbare Funktionen	104

4.3	Mathematische Funktionen/Berechnungen	106
4.3.1	Gleiche Datentypen	106
4.3.2	Konvertierung verschiedener Datentypen	106
4.3.3	Fest definierte Funktionen	108
4.3.4	Vom Anwender definierbare Funktionen	112
4.3.5	Logische Operatoren	113
4.4	Daten vergleichen	114
4.4.1	Bedingte Verzweigungen	114
4.4.2	Vergleichsoperatoren	115
4.4.3	Zeichenketten (Strings) vergleichen	118
4.4.4	Numerische Daten vergleichen	119
4.5	Programmtechniken	119
4.5.1	Programmschleifen	119
4.5.2	Unterprogramme	124
4.5.3	Verzweigungen mit ON X GOTO/GOSUB	127
4.5.4	Overlay-Techniken und Datenübergabe	128
4.5.5	Die Funktionstasten	133
4.6	Dateiverwaltung	134
4.6.1	Sequentielle Dateien	135
4.6.2	Random-Dateien (Direktzugriffs-Dateien)	137
4.6.3	Befehle und Funktionen für die Dateiverwaltung	140
4.6.4	Dateien im Netzwerk (Mehrplatzanlagen)	155
4.6.5	Mögliche Fehlermeldungen	158
4.7	Ausgaben auf den Drucker	159
4.7.1	Listings drucken	159
4.7.2	Daten vom Programm aus drucken	160
4.7.3	Hardcopys erstellen	162
4.7.4	Grafiken drucken	163
4.7.5	Allgemeines zum Drucken	163
4.8	Fehlerbehandlung	164
4.8.1	Fehlermeldungen	164
4.8.2	Fehler vom Programm abfangen	165
4.8.3	Erweiterte Fehlerfunktionen	168
4.8.4	Fehlersuche	169
5.	**Sound**	**173**
5.1	Sound als Hinweis	173
5.2	Tonfolgen programmieren	174
6.	**Grafik**	**177**
6.1	Der Grafikmodus	178
6.1.1	Auflösung	179
6.1.2	Hintergrund-/Zeichenfarbe	182
6.1.3	Koordinaten	189
6.2	Grafikbefehle	189
6.2.1	Punkte setzen/löschen	191
6.2.2	Linien und Rechtecke zeichnen	192

6.2.3	Kreise und Ellipsen zeichnen	194
6.2.4	Zeichnungen mit Farbe oder Mustern ausfüllen	195
6.2.5	Auf dem Bildschirm malen	197
6.2.6	Punktfarbe ermitteln	200
6.3	Window-Technik	200
6.3.1	Einrichten eines Windows	201
6.3.2	Daten in Windows ausgeben	203
6.3.3	Grafiken in Windows bewegen	203
7.	**Spezielle Befehle und Funktionen**	**207**
7.1	Schnittstellen	207
7.1.1	Die serielle Schnittstelle	207
7.1.2	Die parallele Schnittstelle	212
7.1.3	Zugriffe auf die Ports	212
7.2	Zugriffe auf Speicherbereiche	214
7.2.1	Speichern und Laden von Bereichen	215
7.2.2	Verändern von Speicherzellen	216
7.2.3	Zugriff auf Variablenspeicher	217
7.3	Interrupt-Programmierung	219
7.3.1	Der Timer	219
7.3.2	Die serielle Schnittstelle	219
7.3.3	Die Funktionstasten	220
7.3.4	Musik im Hintergrund	221
7.3.5	Der Light-Pen	221
7.3.6	Der Joystick	223
7.4	PC-BASIC und MS-DOS	226
7.4.1	Andere Programme ausführen	226
7.4.2	Zugriff auf das Directory	227
7.4.3	Die Programm-Umgebung	228
7.4.4	PC-BASIC und Geräte-Treiber	229
7.4.5	Die Zeit im PC	231
7.5	Assembler-Routinen	231
7.5.1	Routinen einbinden	232
7.5.2	Aufrufen der Routinen	232

Teil II - GW-/PC-BASIC für Fortgeschrittene

8.	**Ohne Assembler geht es nicht**	**235**
8.1	Warum Assembler-Routinen?	235
8.2	Allgemeines	236
8.3	Erstellen von Assembler-Routinen	239
8.3.1	Arbeiten mit einem Assembler	240
8.3.2	Kleinere Routinen mit DEBUG	242
8.3.3	Einbinden von Assembler-Rotuinen	243
8.3.4	Assembler-Routinen aufrufen	247
8.3.5	Parameterübergabe an Assemler-Routinen	248
8.3.6	Konvertierung ins PC-BASIC-Format	250

8.4	Schnittstelle zu MS-DOS und zum BIOS	254
8.5	MS-DOS- und BIOS in der Praxis	260
8.5.1	Komfortable Dateiauswahl	265
9.	**Fortgeschrittener Umgang mit dem Editor**	**273**
9.1	Aufruf mit geänderter Funktionstastenbelegung	273
9.2	Zeile, Spalte und Tastatur-Status anzeigen	282
9.3	Geschützte Programme retten	292
9.4	Maskengenerator	306
10.	**Über Organisation und Konzeption**	**311**
10.1	Vom Problem zur Lösung	311
10.2	Organisations-Modell	312
10.3	Im Vordergrund: Der Anwender	315
10.4	Organisationsmittel	317
10.4.1	Programm-Ablauf-Pläne (PAPs)	317
10.4.2	Das Masken-Entwurfsblatt	325
10.4.3	Das Listen-Entwurfsblatt	326
10.4.4	Die Datei-Satzbeschreibung	327
10.4.5	Große Programm-Projekte	329
10.4.6	Modul-Programmierung	330
11.	**Professioneller Bildschirmaufbau**	**333**
11.1	Welche Video-Karte ist drin?	333
11.1.1	Sonderfälle	341
11.2	Schneller Bildschirmaufbau	343
11.3	Bildschirm sichern/restaurieren	350
11.4	Der Bildschirm-Manager	356
11.5	Windows (Fenster) - einfach aber wirkungsvoll	363
11.5.1	Universelle Fenster-Routine	369
11.6	Komfortable Menüs	374
11.6.1	Auswahl-Menüs	374
11.6.2	Balken-Menüs	378
11.6.3	Pull-Down-Menüs	382
11.7	Bildschirmbereiche scrollen	388
12.	**Eingabe über die Tastatur**	**393**
12.1	Welchen Befehl für welche Eingabe?	393
12.2	Komfortable Eingaberoutine	395
12.3	Datum und Zeit komfortabel eingeben	398
12.4	<CTRL>-<Break> abfangen	400
12.5	Status der Sondertasten anzeigen	404
12.6	Maus statt Tastatur	409

13.	**Daten sortieren**	**413**
13.1	Der langsame Bubble-Sort	413
13.1.1	Wie arbeitet der Bubble-Sort?	414
13.1.2	Vor- und Nachteile des Bubble-Sort	414
13.1.3	Einsatz des Bubble-Sort	414
13.2	Der etwas schnellere Quick-Sort	416
13.2.1	Wie arbeitet der Quick-Sort?	417
13.2.2	Vor- und Nachteile des Quick-Sort	417
13.2.3	Einsatz des Quick-Sort	418
13.3	Der ganz schnelle Assembler-Sort	420
13.3.1	Wie arbeitet der Assembler-Sort?	420
13.3.2	Vor- und Nachteile des Assembler-Sort	420
13.3.3	Einsatz des Assembler-Sort	421
13.4	Sortieren - einmal anders	429
14.	**Dateiverwaltung**	**431**
14.1	Welche Datei für welche Daten?	431
14.2	Die ISAM-Datei-Verwaltung	435
14.2.1	Konzeption einer ISAM-Datei-Verwaltung	435
14.2.2	Realisation einer ISAM-Datei-Verwaltung	435
14.2.3	Satzaufbau einer IDSAM-Datei	436
14.2.4	Daten erfassen/eingeben	437
14.2.5	Speichern in einer ISAM-Datei	439
14.2.6	Suchen in einer ISAM-Datei	440
14.2.7	Löschen in einer ISAM-Datei	441
14.3	ISAM in der Praxis - Diskettenverwaltung	441
14.3.1	Hinweise zum Programm PDV	461
15.	**Drucken**	**465**
15.1	Anschluß verschiedener Drucker	465
15.1.1	Typenrad-Drucker	465
15.1.2	Matrix- und Tintenstrahl-Drucker	467
15.1.3	Plotter	468
15.2	Druckertreiber und Anpassungen	468
15.3	Escape-Sequenzen	470
15.4	Universelle Druckeranpassung	471
15.5	Mehrspaltiger Ausdruck	473
15.6	Text "auf die Seite gelegt"	480
15.7	Disk-Etiketten drucken	483
16.	**Hilfefunktion und Fehlerbehandlung**	**491**
16.1	Handbuch kontra Hilfefunktion und Fehlerbehandlung	493
16.2	Welche Möglichkeiten der Hilfe gibt es?	493
16.2.1	Die allgemeine Hilfe	494
16.2.2	Die situationsbezogene Hilfe	494
16.2.3	Ergänzende Hilfe	495

16.2.4	Hilfe im Menü	498
16.2.5	Hilfe in der Statuszeile	500
16.2.6	Plausibilitätsprüfung als Hilfe	501
16.3	Realisation einer Hilfefunktion	503
16.3.1	Der Editor für die Hilfe-Datei	506
16.3.2	Bedienung von HF_EDIT	519
16.3.3	Hilfefunktion in der Praxis	521
16.3.4	Hinweise zu HILFE.BAS	531
16.4	Welche Möglichkeiten der Fehlerbehandlung gibt es?	534
16.4.1	Die allgemeine Fehlerbehandlung	534
16.4.2	Die situationsbezogene Fehlerbehandlung	537
16.4.3	Vorbeugende Fehlerbehandlung	537
16.5	Realisation einer Fehlerbehandlung	538
16.5.1	Fehler analysieren	538
16.5.2	Zuordnung der Fehler-Texte	544
16.5.3	Der Editor für die Fehler-Datei	545
16.5.4	Bedienung von HF_EDIT	545
16.6	Hilfefunktion und Fehlerbehandlung in der Praxis	545
16.6.1	Hinweise zu HLF_FHL.BAS	555
17.	**Grafik in der Praxis**	**559**
17.1	Laufschrift auf dem PC	559
17.2	Der PC als Uhr - einmal anders	561
17.3	Grafiken statt Zahlenfriedhof	563
17.4	CGA-Grafik mit der Hercules-Karte	570
18.	**PC-BASIC und Compiler**	**581**
18.1	Voraussetzungen	581
18.1.1	Änderungen am Programm	582
18.1.2	Tips für das Source-Programm	583
18.1.3	Besonderheiten bei Assembler-Routinen	583
18.1.4	"Sowohl als auch"-Programme	584
18.2	QuickBASIC von Microsoft	585
18.2.1	Besonderheiten von QuickBASIC	585
18.2.2	Das ist anders - Unterschiede zu PC-BASIC	589
18.2.3	Benutzer-Oberfläche/Menü-Struktur	589
18.3	Turbo-BASIC von Borland	597
18.3.1	Besonderheiten von Turbo-BASIC	598
18.3.2	Das ist anders - Unterschiede zu PC-BASIC	601
18.3.3	Benutzer-Oberfläche und Menü-Struktur	604
18.4	BASIC Version 6.0 von Microsoft	609
18.4.1	Besonderheiten von BASIC Version 6.0	610
18.5	Geschwindigkeits-Vergleich	610

19.	**PC-BASIC-Quick-Reference**	**613**
19.1	Quick-Reference nach Aufgabengebieten	613
19.2	Quick-Reference alphabetisch sortiert	619

Anhang		**627**
A	Glossar, Begriffe, Übersetzungen	627
B	Kurzeingabe über <ALT>-Taste	634
C	Fehlermeldungen PC-BASIC	635
D	Fehlermeldungen MS-DOS	644
E	PC-Zeichensatz/ASCII-Codes	648
F	Umrechnungen	650
G	BIOS-/DOS-Calls	651
H	Maus Funktions-Aufrufe	688
I	Kopiervorlagen	696
J	DIN-Zeichen für Programm-Ablauf-Plan	701
K	ANSI-Escape-Sequenzen	702
L	Scan-Codes PC/XT-Tastatur	707

Abbildungen im Buch	**708**
Programm-Übersicht	**709**
Programme im Buch	**709**
Stichwortverzeichnis	**715**

1. Einführung

1.1 Auf ein (Vor-) Wort...

"BASIC ist nur was für Anfänger", "BASIC ist Spaghetti-Code", "Mit BASIC kann man nicht strukturiert programmieren". All diesen Unkenrufen zum Trotz haben Sie beschlossen, sich mit BASIC - und in diesem Fall mit der bisher umfassendsten Implementation des Microsoft-BASIC - auseinanderzusetzen.

Das ist gut, denn man kann über BASIC sagen, was man will, eines bleibt unbestritten: keine Programmiersprache läßt sich - von LOGO einmal abgesehen - so einfach erlernen wie BASIC, ist so verbreitet wie BASIC, erlaubt so kurze Programmentwicklungszeiten wie BASIC und ist zum PC-Standard geworden wie GW-/PC-BASIC. Seien wir doch einmal ehrlich, wer seine Programme planlos in die Maschine hackt, "Spaghetti-Code" und unstrukturierte Programme fabriziert, dem mangelt es an Disziplin. "Selbst Schuld", kann man da nur sagen.

Ich habe über Jahre hinweg auf verschiedenen PC von kleinen Utilities bis zum Warenwirtschaftssystem einiges mit GW-/PC-BASIC realisiert. Bei einigen Rechnern bestand die Dokumentation des GW-/PC-BASIC aus drei Worten pro Befehl, bei anderen war sie etwas umfangreicher, doch nie so gut, daß eine befriedigende Antwort auf anliegende Fragen gegeben werden konnte. Über mühsames Probieren und oft falsch interpretierte Fehlermeldungen mußten die Antworten selbst gefunden werden. An einigen Tagen ähnelte mein Schreibtisch mehr dem Wühltisch einer Buchhandlung, weil Informationen zu diesem Thema aus allen möglichen Quellen zusammengesucht werden mußten. Nichts lag also näher, als die hierbei gesammelten Erfahrungen und Informationen in einem Buch zusammenzufassen.

Das Ergebnis halten Sie in Händen. Für Anfänger und Einsteiger wird GW-/PC-BASIC im ersten Teil Kapitel für Kapitel, nach Aufgabengebieten getrennt, transparent dargestellt. Der Fortgeschrittene findet in diesen Kapiteln ein umfangreiches Nachschlagewerk sowie im zweiten Teil Anregungen für die professionelle Programmierung unter GW-/PC-BASIC. Insgesamt hilft eine Kurzreferenz mit Verweis auf detaillierte Erläuterungen beim schnellen Auffinden der jeweiligen Syntax der Befehle und Funktionen. Im Anhang finden Sie alle Informationen, die sich zum Thema GW-/PC-BASIC überhaupt sammeln lassen, übersichtlich zusammengefaßt. Letztlich sorgt ein sehr umfangreiches Stichwortverzeichnis dafür, daß Sie ohne mühseliges Blättern im Buch sofort die gesuchten Informationen finden.

Bevor Sie die folgenden Kapitel durcharbeiten, sollten Sie mit der Funktionsweise Ihres Gerätes und einigen speziellen Begriffen vertraut sein. Ich gehe also davon aus, daß Sie sich eingehend mit dem Handbuch Ihres Computers und MS-DOS auseinandergesetzt haben. Kenntnisse der englischen Sprache wären für das

Verständnis der beschriebenen Befehle und Funktionen hilfreich, ansonsten sollten Sie auf alle Fälle ein Wörterbuch zur Hand haben. Damit Sie nicht unter einem Berg von Büchern verschwinden, habe ich im *Anhang* wichtige Begriffe und deren Erläuterungen/Übersetzungen zusammengefaßt.

1.2 Kapitelübersicht

Kapitel 1
Hier finden Sie einführende Worte zum Thema GW-/PC-BASIC, die Kapitelübersicht, in der Sie jetzt lesen, sowie wichtige Hinweise zum GW-/PC-BASIC.

Kapitel 2
In diesem Kapitel erfahren Sie wichtige Dinge über GW-/PC-BASIC, was das ist, wie es arbeitet und was man über ein Programm wissen muß.

Kapitel 3
Dieses Kapitel vermittelt Ihnen alles, was Sie zur Arbeit mit GW-/PC-BASIC bzw. dem integrierten Editor wissen müssen.

Kapitel 4
Hier werden nach Aufgabengebieten getrennt alle von GW-/PC-BASIC zur Verfügung gestellten Befehle und Funktionen ausführlich und mit vielen Beispielen erläutert.

Kapitel 5
Der PC als Musiker: Hier wird gezeigt, wie es geht.

Kapitel 6
Lesen Sie hier, welche Möglichkeiten GW-/PC-BASIC zur Programmierung von Grafiken zur Verfügung stellt.

Kapitel 7
Als Ergänzung zu den Standard-Befehlen und -Funktionen aus Kapitel 4 lernen Sie hier Spezialitäten des GW-/PC-BASIC kennen.

Kapitel 8
Ab hier geht es dann ans Eingemachte für Fortgeschrittene/Profis. Wir werfen einen Blick auf das Thema Assembler und GW-/PC-BASIC.

Kapitel 9
Man kann die Eingabe von Programmen um einiges vereinfachen. Hier werden die Möglichkeiten dazu aufgezeigt.

Kapitel 10
Ohne Konzeption und Organisation sollte man gar nicht erst anfangen. Dieses Kapitel zeigt Ihnen, was dabei zu beachten ist und stellt nützliche Hilfsmittel vor.

Kapitel 11 und 12
Der Bildschirm und die Tastatur sind die Schnittstelle Ihres Programms zum Anwender und bedürfen der besonderen Aufmerksamkeit bei der Programmierung. Diese beiden Kapitel zeigen Ihnen, wie Programme ein professionelles Aussehen erhalten und wie man komfortable Benutzer-Oberflächen realisiert.

Kapitel 13
Ein wichtiges Thema der Datenverarbeitung ist das Sortieren von Daten. Hier machen wir eine Rundreise durch gebräuchliche Sortieralgorithmen und erfahren, welche Routine wo am zweckmäßigsten eingesetzt werden sollte.

Kapitel 14
Ergänzend zum Kapitel 4 erfahren Sie, wie man eine komfortable und schnelle Dateiverwaltung für größere Datenbestände realisiert.

Kapitel 15
Das schönste Programm ist nur ein halbes Programm, wenn keine vernünftigen Druckausgaben möglich sind. Dieses Kapitel zeigt Möglichkeiten für universelle Druckeransteuerungen und Gestaltung von Druckausgaben auf.

Kapitel 16
Programme ohne Hilfe-Funktion und ausgeklügelte Fehlerbehandlungen sind heute kaum noch denkbar. Viele Programmierer scheuen dieses Thema, weil es angeblich viel Arbeit verursacht. Dabei ist es ganz einfach...

Kapitel 17
Vielleicht haben Sie auch schon mal über einer endlosen Zahlenliste gesessen und sich an der unübersichtlichen Darstellung erfreut. Dieses Kapitel führt Sie ein in die Realisation von Business-Grafiken.

Kapitel 18
Ein wichtiger Punkt für professionelle oder kommerzielle Programmierung sind Compiler. Lesen Sie hier, was man beachten muß, welche Compiler was bieten und wie man sie einsetzt.

Kapitel 19
Und irgendwann kommt der Moment, da kennt man alle Befehle und Funktionen auswendig. Nur die Parameter dazu hat man nie genau im Kopf. Ein Blick in dieses Kapitel schafft Abhilfe. Sie finden alle Befehle und Funktionen nebst den dazugehörigen Parametern entweder nach Aufgabengebieten oder nach Alphabet sortiert übersichtlich aufgeführt.

Anhang
Zum Thema PC und GW-/PC-BASIC gibt es jede Menge Daten- und Informationsblätter. Hier finden Sie alles zusammengefaßt, so daß die leidige Zettelwirtschaft oder das Hantieren mit unzähligen Büchern endlich ein Ende hat.

1.3 Wichtige Hinweise

Bevor Sie sich nun intensiv dem Thema GW-/PC-BASIC widmen, noch einige Hinweise, die Ihnen Ärger und Enttäuschungen ersparen sollen:

Grafik

GW-/PC-BASIC ist von Natur aus nur mit einer Farbgrafik-Karte (CGA/EGA) einsetzbar. Sofern in Ihrem PC eine Monochrom-Grafik-Karte installiert ist, können Sie die Grafik-Befehle- und Funktionen von GW-/PC-BASIC nicht ohne weiteres einsetzen. Sie erkennen eine Monochrom-Karte übrigens daran, daß auf dem Monitor die Zeichen entweder Grün auf Schwarz, Amber/Bernstein auf Schwarz oder (seltener) Schwarz auf Weiß dargestellt werden. Bevor Sie die GW-/PC-BASIC-Grafik einsetzen können, müssen Sie entweder den PC auf Farbgrafik-Karte und Farbmonitor umrüsten, oder Sie bedienen sich des in Kapitel 17 vorgestellten Hilfsprogramms.

Versionen

Mittlerweile gibt es unzählige Anbieter von Personalcomputern. Teilweise kaufen sich diese Anbieter bei Microsoft, dem Entwickler des GW-/PC-BASIC, eine sogenannte Lizenz-Version und passen sie ihren eigenen Wünschen bzw. den speziellen Gegebenheiten ihrer PC an. Dies hat leider zur Folge, daß bei diesen Versionen Befehle oder Funktionen fehlen, zusätzlich aufgenommen wurden oder nicht wie im Standard-GW-/PC-BASIC funktionieren. Sollte also bei Ihnen etwas nicht so ablaufen, wie hier im Buch beschrieben, sind Sie bitte nicht böse auf mich. Bei der unüberschaubaren Flut von PC-Anbietern ist es mir nicht möglich, jede Version anzuschauen und auf eventuelle Unterschiede zu prüfen. Dort, wo mir Unterschiede bekannt sind, finden Sie selbstverständlich einen entsprechenden Hinweis.

Kompatibilität

Falls Sie dieses Wort noch nicht gehört haben, lesen Sie hier weiter, ansonsten gehen Sie bitte zum nächsten Absatz über. Der Vater des Personalcomputers ist die Firma IBM. Sie hat den PC konstruiert. Allerdings war er derzeit mehr als Computer für Programmierer gedacht, und mit dem Erfolg dieses Produktes hat man kaum gerechnet. Wie immer, fanden sich auch hier schnell Firmen, die das erfolgreiche Konzept des PC "klauten" und Geräte bauten, die so ähnlich aussahen, aber weitestgehend das Gleiche leisteten wie das Vorbild. Ein genauer Nachbau war allerdings nicht möglich, da dies eine Verletzung des Urheberschutzgesetzes dargestellt hätte. Nachbauten sind dem Vorbild also nur ähnlich. Und diese Ähnlichkeit wird in Fachkreisen "Kompatibilität" genannt. Je ähnlicher ein Nachbau ist, desto größer ist demnach seine Kompatibilität.

Die Kompatibilität ist ausschlaggebend dafür, ob ein Programm auf einem Nachbau (einem sogenannten "Kompatiblen") läuft oder nicht. Jedes Softwarehause entwickelt seine Programme auf einem Original-IBM-PC, so daß hier eine 100prozentige Programm-Kompatibilität gewährleistet ist. Sollten Sie einen kompatiblen PC einsetzen und Beispiele, Routinen oder Utilities aus diesem Buch nicht so laufen wie dargestellt, ist es möglich, daß die unzureichende Kompatibilität Ihres PC daran Schuld ist. Also auch hier bitte nicht auf mich böse sein.

1.4 Viele Namen hat das Kind...

Auf der Suche nach Fachliteratur oder in Fachzeitschriften haben Sie sicherlich schon die Begriffe GW-BASIC, PC-BASIC, MS-BASIC oder BASICA gelesen. Sie haben sich wahrscheinlich auch gefragt, was denn im einzelnen dahinter steckt. Nun, wie die Überschrift schon vermuten läßt: Es handelt sich um verschiedene Namen für ein und dasselbe Ding. Kurz erläutert:

MS-BASIC
Dies ist der Urvater aller BASIC-Interpreter und wurde derzeit von der Firma Microsoft für die Vorläufer der PC, die CP/M-Rechner, entwickelt.

GW-BASIC
Hierbei handelt es sich um die Weiterentwicklung des MS-BASIC speziell für MS-DOS-Rechner (Personalcomputer), wie sie heute den Markt beherrschen.

BASICA
BASICA ist eine spezielle Version des GW-BASIC, die besondere Belange der IBM-PC berücksichtigt. Eine genaue Erläuterung würde an dieser Stelle zu weit führen. Mehr dazu später im Buch.

PC-BASIC
Ein PC-BASIC als solches gibt es eigentlich gar nicht. Vielmehr handelt es sich dabei um einem Sammelbegriff für die eben erwähnten Versionen. Also: Jeder Interpreter, der auf einem PC läuft - egal ob IBM oder Kompatibler - kann auch mit PC-BASIC bezeichnet werden.

Im weiteren Verlauf des Buches werden wir deshalb nur noch von PC-BASIC sprechen. Daneben haben Sie eventuell schon mal etwas von QuickBASIC oder Turbo-BASIC gehört. Hierbei handelt es sich um einen Compiler, mit denen Sie aus einem PC-BASIC-Programm ein unter MS-DOS alleine lauffähiges Programm (.EXE) erstellen können. Zur Ausführung wird dann nicht mehr der Interpreter benötigt. Wir widmen uns diesem Thema in Kapitel 18.

1.5 Wie dieses Buch gelesen werden sollte

Bei der Konzeption und dem späteren Schreiben eines Buches hat man natürlich das Bestreben, möglichst vielen Lesergruppen gerecht zu werden. Dies ist - vor allem bei Fachbüchern - nicht immer ganz einfach, und es müssen hier und da Kompromisse eingegangen werden. Sie finden deshalb das Buch in zwei Teile gegliedert.

Der erste Teil mit den Kapiteln 2 bis 7 richtet sich an den Anfänger bzw. den Einsteiger in Sachen GW-/PC-BASIC. Vom Aufruf des Interpreters über die Handhabung des Editors bis zur Beschreibung von speziellen GW-/PC-BASIC-Themen finden Sie hier alles nach Aufgabengebieten getrennt beschrieben und mit vielen Beispielen und Abbildungen versehen. Gleichzeitig dient dieser Teil dem Umsteiger - beispielsweise von einem Commodore- oder Atari-Homecomputer - als Leitfaden in der neuen BASIC-Umgebung. Letztlich steht dem Fortgeschrittenen damit ein umfangreiches Nachschlagwerk zur Verfügung.

Einführung

Der zweite Teil mit den Kapiteln 8 bis 18 ist für Fortgeschrittene und Profis in Sachen GW-/PC-BASIC gedacht, spricht aber natürlich auch den Ein- und Umsteiger nach Durcharbeiten des ersten Teiles an. Hier werden vor allem Gesichtspunkte der professionellen und kommerziellen Programmierung behandelt. So wird unter anderem gezeigt, wie man Programme schneller und komfortabler macht, welche Aspekte bei der Konzeption und Organisation zu bedenken sind oder welche Probleme sich bei der Druckausgabe ergeben können.

Der Anhang schließlich faßt viele Informationen, die sich zum Thema GW-/PC-BASIC sammeln lassen, zusammen und dient als allgemeines Nachschlagewerk während der Programmierung.

Damit Sie nicht unnötig lange Ihren richtigen Einstieg in dieses Buch suchen müssen, hier ein kleiner Leitfaden:

Sie sind:	Sie lesen:
Einsteiger	Fangen Sie mit Kapitel 2 an, lesen Sie alle Beschreibungen komplett durch und tippen Sie die Beispiele wie angegeben ab. Versuchen Sie dabei, eigene Ideen oder Vorstellungen anzubringen.
Umsteiger	Sie werden sich in erster Linie für Dinge interessieren, die vom bisher eingesetzten BASIC abweichen. Dazu sollten Sie mit Kapitel 3 beginnen. Da die verschiedenen BASIC-Dialekte grundsätzlich sehr ähnlich sind, ist es selten notwendig, daß Sie die folgenden Kapitel komplett durcharbeiten. Werfen Sie einen Blick in Kapitel 20, Abschnitt 20.1. Dort finden Sie alle Befehle und Funktionen und deren Syntax/Parameter nach Aufgabengebieten sortiert aufgeführt. Sie werden mit einem Blick die Unterschiede zum bisher eingesetzten BASIC feststellen und so bei Bedarf im dazugehörigen Kapitel nachlesen können.
Fortgeschrittener	Sie stürzen sich am besten gleich auf den zweiten Teil und lesen dort ab Kapitel 8. Hier finden Sie viele interessante Aspekte für eigene Programme. Von der schnellen Bildschirmausgabe über Pull-Down-Menüs und Hilfe-Funktion bis hin zur Business-Grafik wird so ziemlich alles aufgezeigt, was Programme professionell und komfortabel macht.

Diskette zum Buch

Damit Sie die Programme im Buch nicht abzutippen brauchen, bietet Ihnen der Autor, zunächst bis Mitte 1992, einen besonderen Service an:

Gegen Einsendung eines Unkostenbeitrags von 10,- DM (wahlweise in Briefmarken) an die untenstehende Adresse des Autors können Sie die Programme auf Diskette anfordern.

Heinz-Josef Bomanns
Auf dem Kamp 79
2358 Kaltenkirchen

2. Zu PC-BASIC

2.1 Was ist PC-BASIC?

Das "Herz" Ihres Rechners ist ein Microprozessor des Typs 8088, 8086, 80186, 80286 oder 80386, den wir im folgenden mit der allgemein üblichen Abkürzung *CPU* (engl.: Central Processing Unit, dt.: Zentraleinheit) ansprechen werden.

Die gesamte Steuerung des Rechners und der angeschlossenen Geräte erfolgt über diese CPU. Damit die CPU unter der ungeheuren Last dieser Aufgabe nicht zusammenbricht, bedient sie sich einiger "Assistenten" in Form sogenannter *Peripherie-Bausteine*, die die Steuerung der Tastatur, des Bildschirms, der Disketten- bzw. Festplatten-Laufwerke und weiterer Geräte übernehmen.

Die CPU "versteht" eine Reihe von Befehlen (Instruktionen), die ihr als Dezimalzahl in ein Befehlsregister übergeben werden. Die Unterhaltung zwischen der CPU und den Assistenten erfolgt ebenfalls über Dezimalzahlen, die an die Befehlsregister der betreffenden Bausteine übergeben werden. Den Code für diese Unterhaltung auf der untersten Ebene bezeichnet man als *Maschinensprache*. Sich als Programmierer auf dieser Ebene mit der CPU zu verständigen, ihr also die Befehle für eine Problemlösung zu vermitteln, ist sehr umständlich, hat aber den Vorteil, daß Programme dieser Art unglaublich schnell abgearbeitet werden. Nehmen wir beispielsweise mal an, Sie machen in Indien Urlaub. Um sich mit den Einheimischen unterhalten zu können, ziehen Sie einen Dolmetscher hinzu. Hierdurch wird für ein Gespräch natürlich mehr Zeit benötigt, als wenn Sie selbst indisch könnten und der Umweg über einen Dolmetscher Ihnen erspart bliebe.

Um eine Programmierung auf dieser untersten Ebene überhaupt zu ermöglichen, ist man dazu übergegangen, den einzelnen Befehlen, die eine CPU oder ein Peripherie-Baustein versteht, Abkürzungen, sogenannte *Mnemonics* zuzuordnen. Diese aus drei bis fünf Buchstaben bestehenden Abkürzungen werden vom Programmierer in der entsprechenden Reihenfolge als *Quell-Programm* an einen *Assembler* übergeben, der daraus ein lauffähiges Maschinenprogramm erstellt. Nochmal Indien-Urlaub: Hier würden Sie dem Dolmetscher eine Liste der Fragen übergeben, dieser würde sie zuerst übersetzen und dann einem Einheimischen vorlesen. Dieser gibt die Antworten hintereinander weg. Auch so läßt sich ein Gespräch schneller abwickeln. Die Liste der Fragen entspricht dabei dem Quell-Programm, der Dolmetscher übernimmt die Rolle des Assemblers.

Wie umständlich sich diese Art der Programmierung gestaltet, sehen Sie z.B. daran, daß für die Ausgabe eines einzigen Zeichens an den Drucker ungefähr 15 einzelne Befehle an die CPU zu geben sind.

Irgendwann sind dann pfiffige Leute (J. Kemeny und T. Kurtz am Dartmouth-College in New Hampshire/USA), die vielleicht angesichts dieses Aufwandes genauso erschrocken waren, auf die Idee gekommen, den ganzen Vorgang zu vereinfachen. Die Aufgabenstellungen liegen ja in vielen Programmen gleich. Ausgaben auf den Bildschirm, auf den Drucker, Eingaben von der Tastatur lesen, Dateien auf der Diskette oder der Festplatte verwalten und ähnliche Aufgaben tauchen in schnöder Regelmäßigkeit in jedem Programm auf. Die einzelnen Befehle wurden also je nach Aufgabe zu kompletten Routinen zusammengefaßt, erhielten einen entsprechenden Namen und die Möglichkeit, variable Zusätze (Parameter) verarbeiten zu können. Die Zusammenfassung dieser Routinen ergibt dann einen *Interpreter* (Übersetzer), mit dem sich wesentlich einfacher und komfortabler arbeiten läßt als mit dem erwähnten Assembler. Eine geringfügig längere Ausführungszeit dieser Programme nahm man dafür gerne in Kauf. Die Ausgabe eines einzelnen Zeichens auf den Drucker stellt sich dann so dar:

```
LPRINT "A"
```

Natürlich hat es nicht lange gedauert, bis man feststellte, daß diese Art der Programmierung das Gelbe vom Ei ist. Hierzu führten vor allem die leichte Erlernbarkeit und die Tatsache, daß Programme sofort getestet und geändert werden können, ideale Voraussetzungen also, die Programmierung auch dem "kleinen Mann" zugänglich zu machen. Sinkende Preise der Hardware taten ihren Teil dazu. Einen Namen mußte das Kind schließlich auch haben: *BASIC* (**B**eginners **A**ll purpose **S**ymbol**I**c **C**omputing language oder auch **B**eginners **A**ll purpose **S**ymbolic **I**nstruction **C**ode, dt.: Anfängers symbolische Computersprache).

Die Interpreter wurden im Laufe der Jahre immer ausgefeilter und komfortabler. Besonders die Firma Microsoft hat sich auf diesem Gebiet einen Namen machen können. Die Krönung dieser Arbeit - der GW-/PC-BASIC-Interpreter - beschäftigt uns zur Zeit. Den Namen BASIC kennen wir bereits, die Abkürzung *GW* steht für *Graphic & Window*, d. h., daß dieser Interpreter die Möglichkeit grafischer Darstellungen (Graphic) und die Einteilung des Bildschirms für unterschiedliche Ausgaben in Fenster (Window) bietet.

2.2 Wie arbeitet PC-BASIC?

Im vorigen Abschnitt haben wir erfahren, daß in BASIC Routinen für eine bestimmte Aufgabe über einen entsprechenden Namen aufgerufen werden können. Diese Namen werden auch als *Befehle* bezeichnet. Außerdem gibt es einige Routinen, die uns nach dem Aufruf ein Ergebnis in Form eines Wertes oder eines Textes liefern. Diese Routinen bezeichnet man als *Funktionen*. In einigen Beschreibungen werden Befehle ohne Parameter auch als *Anweisungen* bezeichnet, wir werden aber in diesem Buch des einfacheren Verständnisses wegen bei Befehlen ohne Parameter weiterhin von Befehlen sprechen.

Den Befehlen und Funktionen müssen teilweise noch Parameter für die auszuführende Aufgabe übergeben werden.

Zur Erläuterung ein anschauliches Beispiel: Ich sage zu Ihnen: "Der Himmel ist blau", Sie schauen dann nach oben. Wenn Sie so wollen, habe ich Ihnen den Befehl dazu gegeben, wobei Bomanns Ihnen natürlich nichts zu befehlen hat. Falls Sie also keine Lust haben, nach oben zu schauen, lassen Sie es sein. Sage ich zu Ihnen: "Der Himmel rechts hinter dem Baum ist blau", dann schauen Sie auch nach oben, in diesem Fall aber "rechts hinter den Baum". "Rechts hinter dem Baum" könnte man als Parameter bezeichnen, weil Ihnen dadurch die Aufgabe genauer beschrieben wird.

Soviel also zum Befehl. Nun mache ich eine Funktion aus Ihnen, indem ich Sie frage: "Wie ist der Himmel?" Sie antworten: "Blau", liefern mir also ein Ergebnis. Auch hier können wir wieder mit Parametern arbeiten: "Wie ist der Himmel rechts hinter dem Baum?"

Zusammengefaßt: Der Interpreter übersetzt also unsere Befehle und Funktionen. Als Ergebnis liefert er je nachdem einen Wert aus einer Funktion oder das Resultat eines Befehls. Befehle und Funktionen zusammengenommen sind die Anweisungen, die der Interpreter versteht. Umgesetzt in die Realität sieht es so aus:

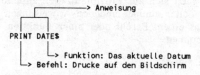

Abb. 1:   Anweisung/Funktion

Wie wir sehen, kann dem Befehl als Parameter auch eine Funktion übergeben werden. Ein Parameter kann ebenso ein *Ausdruck* sein:

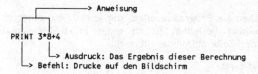

Abb. 2:   Anweisung/Ausdruck

2.3   Aufbau eines BASIC-Programms

Der letzte Abschnitt hat uns gezeigt, daß der PC-BASIC-Interpreter unsere Anweisungen in Resultate umsetzt. Ein Programm für eine bestimmte Problemlösung muß sich also aus mehreren Anweisungen zusammensetzen. Diese Anweisungen sollen vom Interpreter in einer bestimmten Reihenfolge abgearbeitet werden, die Anweisungen sind also hierfür irgendwie anzuordnen. Dies geschieht, indem wir das Programm in einzelne Programmzeilen unterteilen. Innerhalb der Programmzeilen bringen wir die Anweisungen unter. Jede Programmzeile erhält hierbei eine laufende Nummer. Damit ist klar, wie der Interpreter die Reihenfolge für die Abarbeitung der Anweisungen erfährt. Ein ganz kleines Programm könnte beispielsweise so aussehen:

```
10 CLS
20 INPUT "Geben Sie Ihren Namen ein:";INAME$
30 PRINT "Sie haben am ";
40 PRINT DATE$;
50 PRINT " den Namen ";
60 PRINT INAME$;
70 PRINT " eingegeben"
```

Wir sehen insgesamt 7 Programmzeilen, in den Programmzeilen stehen unsere Anweisungen. Alle Anweisungen einer Programmzeile werden abgearbeitet, danach wird die nächste Zeile in Angriff genommen. Durch die Numerierung weiß der Interpreter, in welcher Reihenfolge die Anweisungen abzuarbeiten sind. Wie wir später sehen werden, kann die Reihenfolge durch spezielle Anweisungen geändert werden, d. h., je nach Bedarf kann der Interpreter auch eine andere Programmzeile als die nächste in der Reihenfolge abarbeiten.

Fassen wir zusammen: Ein Programm setzt sich aus Programmzeilen zusammen, eine Programmzeile setzt sich aus der Zeilennummer und den Anweisungen zusammen, eine Anweisung setzt sich aus einem Befehl oder einer Funktion und eventuell notwendigen Parametern zusammen.

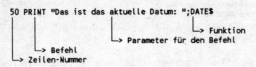

Abb. 3:   Programmzeile

In den beiden Beispielen sehen Sie Programmzeilen, die jeweils aus einer einzigen abgeschlossenen Anweisung bestehen. Es ist unter PC-BASIC möglich, mehrere Anweisungen in einer Zeile zusammenzufassen:

```
10 CLS:PRINT "Hallo":PRINT DATE$;
```

Als Trennung wird dabei der Doppelpunkt (:) verwendet. Dieser darf natürlich nur zwischen zwei abgeschlossenen Anweisungen stehen:

```
PRINT: DATE$
```

Hier ist die Anweisung nicht abgeschlossen, Sie bekommen also die Fehlermeldung *Syntax error*. Der Doppelpunkt darf jedoch am Ende einer Zeile oder als einziges Zeichen in einer Zeile stehen. Vor und nach dem Doppelpunkt können beliebig viele Leerzeichen zur besseren Strukturierung stehen:

```
10 CLS : PRINT "Hallo" : PRINT DATE$;
```

Der Arbeitsspeicher

Im weiteren Verlauf des Buches werden wir des öfteren den Begriff *Arbeitsspeicher* hören. Hierbei handelt es sich - einfach ausgedrückt - um einen Ort, an dem PC-BASIC die Programmzeilen sowie die für die Verarbeitung notwendige Daten ablegt. Man kann dies mit einem Notizzettel vergleichen, auf dem Sie Ideen oder Informationen sammeln.

2.4 Zum Programmierstil

Als Programmierstil bezeichnet man die Art und Weise, in der Sie Ihre Programme aufbauen bzw. über den Editor eingeben. Im Normalfall gehen Sie ja so vor, daß Sie das Problem, das Sie mit Ihrem Rechner lösen wollen, zuerst analysieren, sich also Gedanken machen, bevor Sie mit der eigentlichen Programmierung anfangen. Meistens erstellt man sich zuerst einen PAP (Programm-Ablauf-Plan), der alle Verarbeitungsschritte aufzeigt. Bildschirmmasken und Drucklisten entstehen auf karierten DIN-A4-Bögen. Das Programm nach diesen Vorlagen zu realisieren, ist kein Problem mehr. Da Sie alle Eventualitäten durch die Vorarbeit abgedeckt haben, erhalten Sie ein schönes, strukturiertes Programm.

Anders sieht es aus, wenn Sie sich gleich vor den Rechner setzen und das Programm mehr oder weniger planlos eingeben. Dann fehlt hier mal eine Routine, da muß noch ein Befehl in eine Zeile und die Verzweigung dort muß auch geändert werden. Für die Druckausgaben brauchen Sie allein zum Probieren 25 Meter Papier und die Masken ändern Sie mindestens dreimal, weil hier noch ein Feld dazugekommen ist und dort der Copyright-Vermerk vergessen wurde. Wenn Sie solch ein Programm dann noch als Listing unter der Rubrik "Gehacktes des Monats" veröffentlichen lassen, geben Sie den BASIC-Kritikern Stoff für die eingangs erwähnten Sprüche.

"Der haut ja ganz schön auf den Putz, der Bursche", werden Sie jetzt sicher denken. Aber der "Bursche" kennt es aus eigener Erfahrung. Spätestens wenn Sie beispielsweise bei einer Dateiverwaltung zwei Monate drauflosprogrammiert haben und dann feststellen, daß sich beim besten Willen nichts mehr anflicken und einschustern läßt, verstehen Sie mich. Ich bin sicher, Sie werden diese Erfahrung auch noch machen.

Sie finden in diesem Buch eine Reihe Beispielprogramme, die zum größten Teil aus mehrjähriger GW-Basic-Praxis stammen. Schauen Sie sich die Listings in Ruhe an. Sie werden sofort erkennen können, welche aus der Anfangszeit stammen und welche aus vorgenannten Erfahrungen heraus entstanden sind. Aber: Kein Programm ist so miserabel, als daß es nicht noch als schlechtes Beispiel dienen kann!

Für die einzelne Programmzeile gilt ähnliches. Sie können ohne Probleme 10 Anweisungen in einer Zeile unterbringen. Dies spart Platz im Programm, die Übersichtlichkeit leidet aber sehr darunter. Verteilen Sie also die Anweisungen lieber auf mehrere Zeilen. Wenn Sie nach Jahren nochmals das Programm bearbeiten, werden Sie sich selbst dankbar sein.

```
53 A=B/12:N1$=MID$(N$,10,15)+RIGHT$(N3$,4)+"BLABLABLA"+LEFT$(MG5$,5): IF B+3>A+1
THEN 243 ELSE MG$="MIST":A=1:GOSUB 5283:GOSUB 3481:GOTO 1827
```

Dies wäre ein schlechtes Beispiel, nach kurzer Zeit wüßten Sie nicht mehr, was das alles zu bedeuten hat. Wie wäre es damit:

```
50 MONATSGEHALT=JAHRESGEHALT/12:'Monats-Gehalt ermitteln
60 NACHNAME$=MID$(ADRESSE$,10,15):'Nachnamen zuweisen
70 und so weiter.....
```

Tips zum Programmierstil

Bei Beachtung folgender Hinweise sollte es möglich sein, Programme zu schreiben, die nicht als "Spaghetti-Code" oder "Chaos" bezeichnet werden können: Verwenden Sie aussagekräftige Variablen. Statt "MG" für einen Betrag »Monatsgehalt« nehmen Sie einfach "Monatsgehalt". Vermeiden Sie GOTOs. Achten Sie mal drauf! Es ist einfacher als Sie denken. Und wenn es denn mal gar nicht anders geht, setzen Sie ein REM (') dahinter:

```
10 IF EINGABE$="" THEN GOTO 100 'Wenn keine Eingabe, dann weiter mit dem nächsten
   Feld
```

Setzen Sie so oft wie möglich REM (') ein:

```
10 X$=INKEY$:IF X$="" THEN 10 'Solange Tastatur abfragen, bis Taste gedrückt wurde
20 IF X$=CHR$(27) THEN CLS:END 'Wenn die ESC-Taste gedrückt wurde, dann Ende
```

Ein Tip zum Abschluß: Ich habe mir eine Hängemappe zum Thema "Programmierstil" angelegt. Jedesmal wenn ich in einer Zeitschrift oder einem Buch Kritik dazu finde, wird die Liste der Kritikpunkte ergänzt. Vor jedem Projekt, das ich in BASIC angehe, lese ich mir diese Liste einige Male durch und vergegenwärtige mir so nochmal die wichtigsten Regeln.

3. Arbeiten mit PC-BASIC

3.1 Laden des PC-BASIC-Interpreters

Zuerst werden wir uns für die weitere Arbeit mit diesem Buch eine Diskette erstellen, die neben dem Interpreter all unsere Testprogramme und Dateien speichern soll. Diese Diskette werden wir gleich so anlegen, daß sie das Betriebssystem und den Tastaturtreiber für den deutschen Zeichensatz aufnimmt. Außerdem werden wir per *AUTOEXEC.BAT* den Autostart des Interpreters veranlassen. Wir nehmen also eine möglichst neue Diskette und formatieren sie mit dem MS-DOS-Befehl *FORMAT*:

```
FORMAT A: /S /V
```

Wenn Ihnen die Bedeutung dieses und der noch folgenden DOS-Befehle unbekannt ist, lesen Sie sie bitte im MS-DOS-Benutzerhandbuch nach.

Als Namen für die Diskette wählen wir beispielsweise *PC_BASIC*. Nach der Formatierung enthält unsere Diskette die Systemdateien und *COMMAND.COM* (Befehlsprozessor). Bei den Systemdateien handelt es sich um sogenannte "versteckte Dateien", wundern Sie sich also bitte nicht, wenn der DIR-Befehl Ihnen nur COMMAND.COM anzeigt. Für einige Tests brauchen wir den *ANSI*-Treiber *ANSI.SYS* und zur Einbindung die Konfigurationsdatei *CONFIG.SYS*. Wir benötigen den Tastaturtreiber *KEYBGR.COM*, den Interpreter *GWBASIC.EXE* sowie den Zeileneditor *EDLIN.COM*. Diese Dateien kopieren wir mit dem COPY-Befehl auf unsere Testdiskette. Unter Umständen sind einige Dateien unter einem abweichenden Namen auf Ihrer Systemdiskette geliefert; entnehmen Sie die gültigen Namen bitte dem Benutzerhandbuch und setzen Sie sie im folgenden entsprechend um.

Sofern noch nicht geschehen, muß der ANSI-Treiber in die Datei CONFIG.SYS eingebunden werden. Rufen Sie diese Datei also mit *EDLIN* auf und fügen Sie die Zeile

```
device= ansi.sys
```

ein. Enthält Ihre Systemdiskette nicht die Datei ANSI.SYS, so lassen Sie diese Änderung erst einmal außer Acht und besorgen sich die Datei von Ihrem Händler. Bei den entsprechenden Tests werden Sie vorerst nicht das erwartete Ergebnis erzielen können, ich werde aber extra darauf hinweisen.

Von einigen Herstellern wird der Tastaturtreiber nicht als *EXE*- oder *COM*-Datei geliefert, sondern muß über die Datei CONFIG.SYS als *device* eingebunden werden. Details erfahren Sie im DOS-Benutzerhandbuch.

In der Datei CONFIG.SYS sollten Sie die Zeilen

    buffers= xx
    files= yy

finden. Wenn nicht, ergänzen Sie bitte entsprechend mit $xx=20$ und $yy=10$. Dadurch geben Sie dem Betriebssystem bekannt, wieviele Disk-Puffer zur Verfügung gestellt werden sollen und wieviele Dateien gleichzeitig geöffnet sein dürfen. Dies soll hier erstmal als Erläuterung dazu reichen. Details erfahren wir im Kapitel 4 über die Dateiverwaltung. Ist CONFIG.SYS geändert und zurückgeschrieben, können wir mit EDLIN die Datei AUTOEXEC.BAT erstellen. Dafür sind folgende Zeilen einzugeben:

    1: keybgr   ;Tastatur-Treiber laden
    2: date   ;Datum eingeben
    3: time   ;Zeit eingeben
    4: <name>   ;Interpreter aufrufen

Die Texte hinter dem Semikolon (;) und die Semikolons selbst geben Sie bitte nicht ein, es sind nur Kommentare für das Verständnis der Eingaben. *date* und *time* können Sie notfalls weglassen, Sie haben dann aber keine Kontrolle mehr, wann die Dateien erstellt bzw. zuletzt geändert wurden. Für <name> geben Sie den Programm-Namen Ihres Interpreters an. Dies kann also BASICA, GWBASIC oder auch einfach BASIC sein. Wie bereits erwähnt, hängt dies davon ab, unter welchem Namen der Interpreter auf Ihrer Systemdiskette geliefert wurde.

Mit dem Speichern von AUTOEXEC.BAT wird die Erstellung unserer Diskette beendet. Führen Sie nun einen Tastatur-Reset durch, damit eventuelle Änderungen in CONFIG.SYS auch in das Betriebssystem eingebunden werden. Zur Erinnerung: den Tastatur-Reset führen Sie durch, indem Sie die Tastenkombination <CTRL>-<ALT>-<DEL> betätigen. Der Effekt ist der gleiche, als ob Sie Ihr Gerät aus- und gleich wieder einschalten würden. Dies sollten Sie aber nach Möglichkeit nur durchführen, wenn der Rechner sich "aufgehängt" hat, also auf Tastatureingaben nicht mehr reagiert.

Über die Datei AUTOEXEC.BAT wird nun der Tastaturtreiber geladen, Sie geben Datum und Uhrzeit ein, und anschließend wird der Interpreter geladen. Was Sie dort erwartet, erfahren Sie im nächsten Abschnitt.

Vorher sind aber noch einige Worte zum Aufruf des Interpreters nötig. Sie können den Interpreter selbstverständlich auch direkt von der System-Diskette aufrufen. Geben Sie hierzu

    GWBASIC

oder den Namen, den der Interpreter auf der Diskette trägt, ein, und betätigen Sie die Eingabetaste (<RETURN>-Taste).

Beim Aufruf können PC-BASIC noch einige Parameter übergeben werden, die wir im folgenden beleuchten wollen. Aus dem DOS-Benutzerhandbuch kennen

Sie sicherlich noch die Regeln für die Syntaxbeschreibung eines Befehls; wenn nicht, schauen Sie kurz in Abschnitt 3.4 dieses Kapitels nach.

Die numerischen Parameter können dezimal (xx), hexadezimal (&Hxx) oder oktal (&Oxx) eingegeben werden.

Aufruf PC-BASIC

```
"GWBASIC [<Dateispez>]
[< <STDIN>] [>[>]<STDOUT>]
[/C:<Puffer>]
[/D]
[/F:<Dateien>]
[/M:[<Adresse>][<Blöcke>]]
[/S:<Puffer>]
[/I]"
```

Hinweis: Die Parameter < <STDIN>, >[>] <STDOUT> und /I stehen je nach Implementation nicht bei allen PC-BASIC-Versionen zur Verfügung. Statt GWBASIC kann hier beispielsweise wieder BASICA stehen.

<Dateispez>

Wenn Sie hier den Namen eines ausführbaren BASIC-Programms angeben, so wird dieses nach dem Laden des Interpreters ebenfalls geladen und automatisch ausgeführt. Ohne Angabe von <Dateispez> wird lediglich der Interpreter geladen, und Sie können sofort ein Programm eingeben.

< <STDIN>

Nach dem Aufruf des Interpreters werden die Eingaben normalerweise von der Tastatur erwartet. Wenn Sie für <STDIN> einen Dateinamen angeben, so werden die Eingaben statt von der Tastatur aus dieser ASCII-Datei erwartet. Dazu müssen in der Datei alle in Frage kommenden Tastendrücke für die Programmsteuerung gespeichert sein. Auf diese Art lassen sich BASIC-Programme z.B. innerhalb von BATCH-Dateien ausführen. Eine ausführliche Erläuterung finden Sie im MS-/PC-DOS-Handbuch unter "Ein-/Ausgabe-Umleitung" bzw. "Redirection".

> [>] <STDOUT>

Nach dem Aufruf des Interpreters erfolgt die Anzeige normalerweise auf dem Bildschirm. Wenn Sie für <STDOUT> einen Dateinamen angeben, so wird die Anzeige in dieser Datei im ASCII-Format gespeichert. Dadurch lassen sich z.B. Eingabe-Masken für die spätere Einbindung in eine Textdatei generieren. Wenn Sie vor dem Dateinamen zwei spitze Klammern angeben (>>) und die Datei ist bereits vorhanden, so wird die Ausgabe hinten an diese Datei angehängt.

/C:<Puffer>
Hiermit reservieren Sie einen Puffer für die RS232-Schnittstelle (z.B. DFÜ). Als Standardwert setzt PC-BASIC eine Größe von 256 Byte für den Puffer, Sie können maximal 32767 Byte für den Puffer vorgeben.

/D
Durch diesen Schalter veranlassen Sie PC-BASIC, die Berechnung einiger Funktionen mit doppelter Genauigkeit durchzuführen. Bei der Beschreibung der entsprechenden Funktionen wird hierauf hingewiesen.

/F:<Dateien>
Legt die maximale Anzahl der gleichzeitig im Zugriff stehenden Dateien fest. PC-BASIC selbst benötigt von diesen schon 4 für sich selbst. Bei *files= 10* in CONFIG.SYS bleiben also noch 6 Dateien für Ihre Anwendungen.

/M:<Adresse>,<Blöcke>
PC-BASIC kann ein Segment (64 KByte) mit Daten und Stack verwalten. Benötigen Sie hiervon Platz für Assembler-Routinen, muß mit *Adresse* die höchste für PC-BASIC zur Verfügung stehende Speicheradresse festgelegt werden. Dahinter können Sie dann gefahrlos die Routinen ablegen. Benötigen Sie mehr als 64 KByte für PC-BASIC und Routinen, so geben Sie dies mit *Blöcke* bekannt. */M:,&H1010* reserviert 64 KByte für PC-BASIC (1000H=4096*16) und 256 Byte (10H=16*16) für Routinen. Die Anzahl der Bytes errechnet sich aus (<Blöcke>*16). Wenn Sie mit dem Befehl *SHELL* arbeiten, kann es ebenfalls notwendig sein, für die aufzurufenden Programme den notwendigen Platz mit *Blöcke* zu reservieren.

/S:<Puffer>
Bei der Arbeit mit Random-Dateien wird für die Übertragung der Daten ein Puffer benötigt. Als Standardwert gibt PC-BASIC hier 128 Byte vor. Sie können die Größe des Puffers mit maximal 32767 Byte vorgeben. Bei einigen Versionen muß eine von 128 Byte abweichende Satzlänge explizit angegeben werden, andere Versionen hingegen vergrößern den Puffer automatisch, wenn im Programm die entsprechende Anweisung gegeben wird.

/I
Mit diesem Schalter veranlassen Sie, daß der für die Schalter /F und /S benötigte Speicherplatz sofort nach dem Aufruf reserviert wird. Ohne /I wird der für Programm und Daten zur Verfügung stehende Speicherplatz mit den Puffern geteilt, so daß es bei einem Dateizugriff unter Umständen zu einem Fehler "OUT OF MEMORY" (dt.: nicht genug Speicher) kommen kann.

Arbeiten mit PC-BASIC

Damit wir uns nicht mit der Eingabe dieser Flut von Parametern quälen müssen, sind alle Standardwerte so gewählt, daß PC-BASIC ohne Parameter aufgerufen werden kann. Sie müssen also nur Parameter angeben, wenn Sie von den Standard-Einstellungen abweichen möchten oder müssen.

3.2 Der PC-BASIC-Editor

Nach dem Aufruf von PC-BASIC befinden wir uns im Editor des Interpreters. Der Ausdruck "Editor" ist hier eigentlich nicht ganz richtig, da wir aber ähnlich wie bei einem Texteditor (Programm-)Zeilen eingeben, ändern oder löschen können, wollen wir bei diesem Begriff bleiben.

Sie sehen jetzt auf dem Bildschirm eine Meldung, die Ihnen mitteilt, welche Version von PC-BASIC Sie geladen haben und welcher Hersteller das PC-BASIC geliefert hat. Die Meldung könnte ungefähr so aussehen:

```
GW-BASIC 3.23
(C) Copyright Microsoft 1983, 1984, 1985, 1986, 1987, 1988

60300 Byte frei
Ok
```

Der Direktmodus

Richtig müßte es nun heißen: Wir befinden uns im *Direktmodus* des Interpreters und damit wird alles, was wir jetzt an Anweisungen eingeben, direkt ausgeführt. Wenn ich ab hier sage: "Geben Sie ein", dann schließt dies automatisch die Betätigung der Eingabetaste ein. Diese Taste ist auf Ihrer Tastatur in der Regel mit einem nach links abgeknickten Pfeil zu finden. Die Bezeichnung kann <Eingabe>, <Return>, <Enter>, <CR> oder auch <Datenfreigabe> lauten.

Geben Sie also mal folgende Zeile ein:

```
PRINT DATE$
```

Sofort erscheint auf dem Bildschirm das aktuelle Datum. Die Anweisung *PRINT DATE$* wurde also direkt ausgeführt. Der Interpreter signalisiert uns durch das *OK*, daß die Anweisung ausgeführt worden ist und weitere Eingaben getätigt werden können. Vielleicht haben Sie aber auch gerade Ihren ersten *SYNTAX ERROR* fabriziert:

```
PRIMT DATE$
SYNTAX ERROR
OK
```

Hierdurch teilt der Interpreter mit, daß das, was Sie eingegeben haben, nicht richtig zusammengesetzt war. In diesem Fall haben Sie z.B. bei PRINT statt des N ein M erwischt.

Überprüfen Sie Ihre Eingabe, und versuchen Sie es noch einmal. Außer dieser Fehlermeldung werden Sie in diesem Buch und während Ihrer Programmierung noch eine Flut anderer Meldungen kennenlernen. Aber alles zu seiner Zeit.

Eingabe einer Programmzeile

Geben Sie nun die Zeile

```
10 PRINT DATE$
```

ein. Wie Sie sehen, passiert gar nichts. Durch die vorangestellte Zeilennummer (10) weiß der Interpreter, daß dies eine Programmzeile ist, also einem im Arbeitsspeicher befindlichen Programm zugeordnet werden muß. Dies geschieht auch, indem zuerst einmal geprüft wird, ob Zeile 10 vorhanden ist. Ist dies der Fall, wird die alte Zeile 10 entfernt und die neue Zeile 10 eingefügt. Damit der Interpreter bei der Programmausführung nicht "überlastet" wird, legt er die Zeilen auch gleich in der richtigen Reihenfolge im Arbeitsspeicher ab. Zeile 10 wird also vor Zeile 11 und nach Zeile 9 abgelegt.

Damit kennen Sie also schon mal den Direktmodus. Wie aber gelangen wir in den Programmodus? Ein kleines Programm in Form einer Zeile haben wir ja schon. Geben Sie jetzt im Direktmodus

```
CLS
```

ein, um den Bildschirm zu löschen. Nur der Cursor blinkt unter dem OK (oder auch nicht, je nach Version). Geben Sie jetzt

```
RUN
```

ein, und das aktuelle Datum wird angezeigt. Das Programm wurde ausgeführt, wir befanden uns im Programmodus.

Durch den Befehl RUN haben Sie dem Interpreter mitgeteilt, daß Sie jetzt das Programm ausführen möchten. Er fängt dabei in der ersten Zeile eines Programms an und arbeitet alle Anweisungen in dieser und allen folgenden Zeilen ab, bis alle Programmzeilen abgearbeitet sind.

Fassen wir zusammen: Alles, was eine Zeilennummer hat, wird vom Interpreter einem Programm zugeordnet, alles andere versucht er, direkt auszuführen.

Hinweis: Wenn Sie eine Anweisung im Direktmodus eingeben, so werden eventuelle Fehler sofort entdeckt und durch eine Fehlermeldung dokumentiert. Geben Sie jedoch eine Programmzeile - also mit Zeilennummer - ein, können Fehler erst nach dem RUN entdeckt werden.

Die Bearbeitung von Programmen

Um nun komplette Programme erstellen zu können, interessiert in erster Linie, wie wir mit dem Editor Programmzeilen eingeben, ändern oder löschen können. Die Eingabe einer Programmzeile haben Sie gerade kennengelernt. Geben Sie nun

```
20 PRINT TIME$
```

ein. Wie gehabt passiert gar nichts, die Zeile wird dem Programm zugefügt. Um uns das anzuschauen, geben Sie

```
LIST
```

ein. Das gesamte Programm, nämlich die Zeilen 10 und 20, wird angezeigt.

Der Befehl LIST zeigt also den momentanen Inhalt des Arbeitsspeichers. Dabei werden alle Programmzeilen der Reihe nach auf dem Bildschirm angezeigt.

Ändern einer Programmzeile

Das Ändern einer Zeile geht relativ einfach vonstatten. Mit den Cursor-Tasten positionieren Sie nun den Cursor in Zeile 10 auf das D von DATE$, dann betätigen Sie die Taste <INS> und geben folgendes ein:

```
"Datum: ";
```

und zwar genauso, wie abgebildet. Vergessen Sie nicht die Eingabetaste, da die Einfügung sonst nicht übernommen wird. Betätigen Sie jetzt die Tasten <CTRL> und <L> gleichzeitig. Der Bildschirm wird gelöscht. Nach

```
LIST
```

können Sie sich von der erfolgten Änderung in Zeile 10 überzeugen. Mit <CTRL> <L> haben Sie nebenbei auch die erste Editiertaste des PC-BASIC-Editors kennengelernt; Details erfahren Sie in Abschnitt 3.3 dieses Kapitels.

Bei der eben vorgenommenen Änderung haben wir in Zeile 10 Daten eingefügt. Genauso können natürlich auch Daten aus einer Zeile entfernt werden. Listen Sie hierzu nochmals die Zeile 10, positionieren Sie den Cursor auf die ersten Anführungsstriche (") und betätigen Sie die <DEL>-Taste. Mit jeder weiteren Betätigung dieser Taste verschwindet ein Zeichen aus unserer Zeile. Löschen Sie alle Zeichen bis einschließlich des Semikolons. Nach Abschluß der Änderung (Eingabetaste!) hat die Zeile 10 wieder den ursprünglichen Inhalt.

Programmzeilen löschen

Um eine komplette Zeile aus dem Programm zu löschen, brauchen nicht alle Zeichen einzeln mit der <DEL>-Taste gelöscht zu werden. Geben Sie einfach die Zeilennummer ohne Zusätze ein:

10

Nach einem LIST besteht unser Programm nur noch aus Zeile 20.

Die Eingabezeile

Neue Programmzeilen bzw. Anweisungen im Direktmodus müssen grundsätzlich in einer leeren Bildschirmzeile eingegeben werden. Ansonsten arbeitet der Editor Bildschirm-orientiert, das heißt, der Cursor kann beliebig auf dem Bildschirm bewegt werden. Alle Änderungen an Programmzeilen werden dort übernommen, wo wir sie vorgenommen haben. Im Laufe des Buches werden Sie die Vorteile noch zu schätzen lernen. Andere Editoren arbeiten Zeilen-orientiert, das heißt, die zu ändernde Zeile wird aufgerufen und muß dann mit den Änderungen komplett neu eingeben werden. Um Kompatibilität zu solchen Editoren herzustellen, bietet PC-BASIC mit dem *EDIT*-Befehl eine Variante dieser Editiermöglichkeit. Diese werden wir aber nur am Rande streifen.

Bis hierher wissen Sie also, wie eine Programmzeile eingegeben, geändert und gelöscht wird (böse Zungen behaupten, damit weiß man mehr, als der Leiter eines mittelgroßen Rechenzentrums). All diese Dinge erleichtert PC-BASIC uns durch Funktionstasten, die Sie im nächsten Abschnitt kennenlernen, und besondere Befehle für die Programmerstellung, die Sie im übernächsten Abschnitt kennenlernen.

3.3 Die Funktions- und Editiertasten

An dieser Stelle sei nochmals ein Hinweis auf die verschiedenen Versionen des PC-BASIC erlaubt. Daher ist es möglich, daß Sie auf Ihrem Rechner bei den Funktions- und Editiertasten andere Ergebnisse erzielen, als sie hier im Buch beschrieben sind. Sofern mir hier Unterschiede bekannt sind, werden Sie selbstverständlich bei der Beschreibung aufgeführt. So werden Sie beispielsweise bei den Editiertasten mehrere Tastenkombinationen für dasselbe Ergebnis finden, eine davon läuft mit 90%-iger Sicherheit auch auf Ihrem Rechner. Einige Hersteller haben aus Kostengründen bzw. weil die Hardware nicht entsprechend ausgelegt ist, auf einige Dinge ganz verzichtet. Hier hilft Ihnen nur noch das Ausprobieren.

Arbeiten mit PC-BASIC

Die Funktionstasten

Wenn Sie PC-BASIC aufrufen, wird außer der Systemmeldung "ok", dem sogenannten *Prompt*, in der 25. Zeile die Belegung der Funktionstasten angezeigt. Die Funktionstasten sind im Einschaltzustand mit Befehlen für die Programmeingabe belegt. Hierdurch wird Ihnen als Programmierer die Arbeit etwas erleichtert, da Sie Befehle nicht Zeichen für Zeichen eingeben müssen, sondern durch Betätigung einer einzigen Taste den Befehl abrufen. So ist beispielsweise die Funktionstaste <F1> mit dem Befehl *LIST* belegt. <F2> führt das Programm durch *RUN* sofort aus. <F3> bringt den Text *LOAD"* auf den Bildschirm, so daß Sie nur noch den Programmnamen einzugeben brauchen. Leider gibt es keine allgemein gültige Belegung dieser Tasten, so daß Sie sich hier überraschen lassen müssen. Wenn Sie die Anzeige stört, können Sie sie mit <CTRL> <T> ein- bzw. ausschalten. Die gleiche Wirkung bringt die Eingabe des Befehls

        KEY (ON | OFF)

im Direktmodus. KEY OFF schaltet die Anzeige ab, KEY ON wieder ein.

Funktionstasten selbst belegen

Die Funktionstasten können Sie je nach Bedarf mit den Ihnen genehmen Befehlen oder Funktionen belegen. Pro Taste können Sie maximal 15 Zeichen zuordnen. In diesen 15 Zeichen können Steuerzeichen, z.B. für die Eingabetaste, enthalten sein.

Das folgende Beispiel soll etwas Licht in die Angelegenheit bringen:

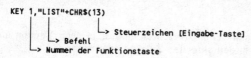

Abb. 4:   Der Key-Befehl

Hiermit haben Sie die Funktionstaste <F1> mit dem Befehl LIST und dem Steuerzeichen für die Eingabetaste belegt, d. h., wenn Sie <F1> betätigen, wird der LIST-Befehl sofort ausgeführt. Seien Sie mit dem Einsatz des Steuerzeichens für die Eingabetaste etwas vorsichtig. Wenn Sie sich mit dem Cursor irgendwo im Programmtext befinden und <F1> betätigen, kann dies durch die sofortige Ausführung unangenehme Folgen haben. Die detaillierte Beschreibung des KEY-Befehls finden Sie in Kapitel 4.

Die Editiertasten

Für die Programmbearbeitung stellt PC-BASIC eine Reihe von Editiertasten zur Verfügung, die wir im folgenden besprechen werden. Der Ausdruck <CRSR> steht für eine der Cursor-Steuertasten, <CR> für die Eingabetaste und <BS> (Backspace) für die Rückschritt-Taste.

<CTRL> <CRSR-rechts>
Setzt den Cursor auf den Anfang des Wortes rechts vom Cursor.

<CTRL> <CRSR-links>/<CTRL> <B>
Setzt den Cursor auf den Anfang des Wortes links vom Cursor.

<CTRL> <Home>/<CTRL> <L>
Löschen des Bildschirms, der Cursor wird in die linke obere Ecke gestellt.

<End>/<CTRL> <N>
Setzt den Cursor an das Ende der Programmzeile.

<CTRL> <End>/<CTRL> <E>
Löscht den Rest der Programmzeile ab Cursor-Position.

<Ins>/<CTRL> <R>
Umschalten zwischen Einfügen- und Überschreibmodus; je nach Version ändert der Cursor sein Aussehen, um den aktuellen Zustand anzuzeigen.

<Del>
Löscht das Zeichen unter dem Cursor.

<TAB>/<CTRL> <I>
Im Editor sind alle 8 Zeichen Tabulatorpositionen gesetzt, mit der <TAB>-Taste bewegen Sie den Cursor auf die nächste Tabulatorposition.

<BS>/<CTRL> <H>
Löscht das Zeichen rechts vom Cursor.

<Esc>
Löscht die Zeile, in der der Cursor gerade steht und setzt den Cursor an den Zeilenanfang.

<CTRL> <CR>/<CTRL> <J>
Fügt eine leere Zeile in der Programmzeile ein.

<CTRL> <Z>/<CTRL> <PgDn>
Löscht den Rest des Bildschirms ab Cursor-Zeile.

<CR>/<CTRL> <M>
Übernimmt eingegebene oder geänderte Programmzeile in den Arbeitsspeicher.

<CTRL> <P>/<CTRL> <PrtSc>
Alle Ein-/Ausgaben werden auf dem Drucker protokolliert. Nochmalige Betätigung schaltet diesen Modus wieder ab.

<SHIFT> <PrtSc>
Momentaner Bildschirminhalt wird als Hardcopy auf den Drucker ausgegeben.

<CTRL> <X>/<CTRL> <CRSR-hoch>
Das Listing wird nach unten verschoben (gescrollt).

<CTRL> <Y>/<CTRL> <CRSR-runter>
Das Listing wird nach oben verschoben (gescrollt).

<CTRL> <T>
Ein-/Ausschalten der Funktionstastenanzeige in der 25. Zeile.

<Home>/<CTRL> <K>
Setzt den Cursor in die linke obere Ecke, Bildschirm wird nicht gelöscht.

<CTRL> <PgDn>
Löscht den Programmtext ab Cursor-Position bis zum nächsten Doppelpunkt (:) oder bis zum nächsten Leerzeichen.

<CTRL> <C>/<CTRL> <Break>
Bricht den Edit-Modus ab, Änderungen an der Zeile werden nicht übernommen. Im Programmmodus wird das Programm unterbrochen, PC-BASIC kehrt in den Direktmodus zurück.

<CTRL> <NumLock>
Unterbricht die Ausgabe eines Listings auf den Bildschirm; beliebige Taste zum weiteren Listen.

Hinweis: Wie bereits in der Einführung erwähnt, kann es bei verschiedenen Versionen Abweichungen zu den beschriebenen Belegungen geben.

3.4 Damit wir uns richtig verstehen

Bevor wir uns nun mit den Befehlen und Funktionen auseinandersetzen, gehen wir kurz auf die Beschreibungssyntax ein. Diese kennen Sie zwar aus dem DOS-Benutzerhandbuch, trotzdem möchte ich sie hier nochmals aufführen, damit Sie bei Unklarheiten nicht im DOS-Handbuch blättern müssen.

[ ] Eckige Klammern
Zeigen an, daß die darin aufgeführten Parameter optional sind, also nicht vorgegeben werden müssen.

< > Spitze Klammern
Zeigen an, daß der darin aufgeführte Ausdruck von Ihnen vorzugeben ist. Bei <Dateiname> geben Sie beispielsweise den von Ihnen vergebenen Namen der Datei ein.

{ } Geschweifte Klammern
Zeigen an, daß einer der aufgeführten Parameter eingegeben werden muß. Bei KEY {ON|OFF} müssen Sie sich also für ON oder OFF entscheiden.

| Senkrechter Strich
Steht für *oder*, Sie können also unter den aufgeführten Parametern wählen. Bei KEY {ON|OFF} muß also entweder ON oder OFF angegeben werden.

... Drei Punkte
Zeigen an, daß ein Parameter oder ein Ausdruck beliebig oft wiederholt werden kann.

..... Fünf Punkte
Innerhalb eines Beispielprogramms zeigen an, daß es sich hier um ein erläuterndes Programm-Fragment handelt, das nicht alleine lauffähig ist.

Lw:
Beliebiges Laufwerk, setzen Sie hier *A:*, *B:* etc. ein.

Pfadname
Name des Unterverzeichnisses, das Sie ansprechen möchten.

Datei
Steht für die ersten 8 Zeichen des Dateinamens.

.Erw
Steht für die letzten 3 Zeichen (Erweiterung) des Dateinamens.

Dateiname
Setzt sich aus *Datei* und *.Erw* zusammen.

Dateispez
Die Dateispez(ifikation) setzt sich aus *Lw: Pfadname Dateiname* oder Teilen der genannten Parameter zusammen.

3.5 Befehle für die Programmeingabe

Das wichtigste bei der Programm-Eingabe ist natürlich die Speicherung eines erstellten Programms bzw. das Laden eines gespeicherten Programms für die weitere Bearbeitung oder die Ausführung.

SAVE

SAVE <Dateispez> [,A |,P]

Mit SAVE übertragen wir das Programm vom Arbeitsspeicher auf die Diskette oder Festplatte. Neben der Dateispezifikation kann noch ein Parameter angegeben werden, der bestimmt, wie das Programm gespeichert wird. Geben Sie beim Dateinamen keine Erweiterung an, setzt PC-BASIC hierfür *.BAS* ein.

Mit dem Parameter ",A" wird das Programm als ASCII-Datei gespeichert. Dies ist beispielsweise für den *MERGE*-Befehl oder die spätere Verarbeitung durch einen Compiler wichtig.

Der Parameter ",P" veranlaßt PC-BASIC, das Programm als geschützte Datei zu speichern (protected). Diese Datei kann nach dem Laden nicht mehr gelistet und geändert werden. Erreicht wird dies entweder durch eine Kennzeichnung im Datei-Header (Datei-Vorspann) oder durch eine Verschlüsselung des gesamten Programms nach einem bestimmten Algorithmus. Wir widmen uns diesem Thema recht detailliert in Kapitel 9.

Geben Sie keine oder den Parameter ",P" an, so wird das Programm in komprimierter Form gespeichert. Im einzelnen bedeutet dies, daß jeder Befehl und jede Funktion als sogenannte *Tokens* gespeichert werden, es wird also nicht das Wort PRINT, sondern eine Zahl dafür gespeichert. In dieser Form wird das Programm auch im Arbeitsspeicher abgelegt. Der LIST-Befehl gibt dann für die Zahl den entsprechenden Klartext aus. Dies spart Platz sowohl im Arbeitsspeicher als auch auf der Diskette.

LOAD

LOAD <Dateispez> [,R]

Der LOAD-Befehl liest das Programm von der Diskette in den Arbeitsspeicher ein. Sollte sich ein Programm im Speicher befinden, wird dieses vorher gelöscht! Vergewissern Sie sich also vor LOAD, ob das aktuelle Programm gesichert ist. Noch offene Dateien werden von LOAD geschlossen. Geben Sie im Dateinamen keine Erweiterung an, setzt LOAD automatisch *.BAS* ein.

Mit dem Parameter [,R] legen Sie fest, daß das Programm nach dem Laden automatisch gestartet wird. Das automatische Starten können Sie auch mit dem folgenden Befehl veranlassen.

RUN

RUN <Dateispez> [,R]

Auch hier wird ein im Speicher befindliches Programm gelöscht und alle offenen Dateien werden geschlossen. Geben Sie jedoch den Parameter ",R" an, so bleiben die Dateien offen und können vom geladenen Programm sofort weiter verwendet werden.

Programmeingabe

Neben den Funktions- und Editiertasten bietet PC-BASIC noch eine Reihe von Befehlen, die uns die Programmeingabe um einiges erleichtern. Diese Befehle können sowohl im Direktmodus als auch (sofern sinnvoll) im Programmmodus eingesetzt werden. An dieser Stelle interessieren uns erstmal die Befehle, die wir im Direktmodus sinnvoll als Arbeitserleichterung einsetzen können.

Arbeitsspeicher löschen

NEW

NEW

Diesen Befehl müssen wir einsetzen, wenn ein neues Programm eingegeben werden soll. NEW löscht ein im Speicher befindliches Programm und setzt alle internen Zeiger und Zwischenspeicher von PC-BASIC zurück. Wollen Sie das vorher bearbeitete Programm dauerhaft speichern, verwenden Sie den SAVE-Befehl, ansonsten ist Ihr Programm verschwunden!

Hinweis: Wenn Sie ein Programm bearbeitet haben und NEW vor der Eingabe eines neuen Programms vergessen, so werden die neu eingegebenen Programmzeilen dem vorhanden Programm hinzugefügt bzw. es werden vorhandene Zeilen mit gleicher Zeilennummer ersetzt! Dadurch entsteht ein "Programmsalat" aus alten und neuen Zeilen. Geben Sie also vor einem neuen Programm immer LIST ein, um sicherzugehen, daß wirklich nichts mehr im Arbeitsspeicher steht.

CLEAR

CLEAR[,<Adresse>][,<Stack>]

CLEAR löscht den gesamten Datenspeicher, alle internen Zeiger, Zwischenspeicher, Variablen und Definitionen. Zusätzlich kann mit *<Adresse>* die höchste, für PC-BASIC zur Verfügung stehende Speicheradresse festgelegt werden. Eine weitere Änderung dieser Adresse kann nur durch einen erneuten Aufruf von PC-BASIC vorgenommen werden. Mit *<Stack>* kann der Bereich für den Stack (Stapelspeicher, siehe Abschnitt 3.65) festgelegt werden. Die Angabe erfolgt in Bytes. Das im Speicher befindliche Programm wird, im Gegensatz zu NEW, nicht gelöscht.

AUTO

AUTO [<Startzeile>][,<Schrittweite>]

Gerade in der Anfangszeit werden Sie Programme aus Zeitschriften, Büchern etc. abtippen, um daraus zu lernen. Damit Sie die Zeilennummern nicht bei jeder Zeile eingeben müssen, übernimmt PC-BASIC dies mit dem AUTO-Befehl für Sie. Nehmen wir an, das einzugebende Programm beginnt mit Zeile 10 und ist dann in 10er-Schritten programmiert. Durch die Eingabe

    AUTO 10,10

gibt PC-BASIC die entsprechenden Zeilennummern vor, so daß Sie nur noch den Programmtext einzugeben brauchen. Als *Startzeile* geben Sie die Zeile vor, ab der automatisch vorgegeben werden soll, mit *Schrittweite* geben Sie den Abstand zwischen den Zeilen vor. Wenn Sie *Startzeile* weglassen, nimmt PC-BASIC die Zeile 0 als Startzeile, wenn Sie *Schrittweite* weglassen, nimmt PC-BASIC den Wert 10 als Schrittweite. Einen weggelassenen Parameter machen Sie durch das Komma (,) kenntlich. Sie können auch die zuletzt bearbeitete Zeile in Form eines Punktes (.) als Parameter vorgeben. Beispiel:

AUTO ,20
Gibt ab Zeile 0 in 20er-Schritten vor: 0,20,40,60,80 usw.

AUTO 100,
Gibt ab Zeile 100 in 10er-Schritten vor: 100,110,120,130,140 usw.

AUTO .,10
Gibt ab zuletzt bearbeiteter Zeile in 10er-Schritten vor: 25,35,45,55 usw.

Arbeiten mit PC-BASIC

Sollte eine Zeile im Programm bereits existieren, macht PC-BASIC Sie darauf mit einem Stern (*) hinter der vorgegeben Zeilennummer aufmerksam. Mit <CR> lassen Sie die Zeile unverändert, und PC-BASIC gibt die nächste Zeile vor. Die Eingabe von Programmtext überschreibt die existierende Zeile.

RENUM

RENUM [<Neue_Startzeile>] [,<Alte_Startzeile>] [,<Schrittweite>]

Mit diesem Befehl können Sie nachträglich Ordnung in Ihr Programm bringen oder Platz für einen neuen Zeilenbereich schaffen. Während der Programmierung kommt es doch immer wieder mal vor, daß Sie irgendwo Zeilen einschieben oder löschen, so daß die Zeilennumerierung dann 10,11,16,21 usw. läuft.

Geben Sie folgendes Programm für einen kleinen Test des RENUM-Befehls ein, und speichern Sie es unter *RENUM.TST*:

```
10 'RENUM-Test
20 :
30 CLS
40 INPUT "Ihr Name: ";NAME$
42 PRINT "Ihr Name ist: ";NAME$
55 INPUT "Ihr Alter: ";ALTER$
63 PRINT "Ihr Alter ist: ";ALTER$
```

Vor den folgenden Übungen muß RENUM.TST jedesmal neu geladen werden, da sonst die Zeilennummern nicht gefunden werden:

RENUM
Ohne Parameter wird das Programm ab Zeile 10 in 10er-Schritten neu numeriert.

RENUM 50,42,10
Die Zeilen 42 bis 63 werden in 10er-Schritten ab Zeile 50 neu numeriert.

RENUM 100,10,20
Das gesamte Programm wird ab Zeile 10 in 20er-Schritten mit der neuen Startzeile 100 numeriert.

Überzeugen Sie sich mit dem LIST-Befehl vom Ergebnis Ihrer Bemühungen. Auch hier können Sie weggelassene Parameter durch das Komma (,) kennzeichnen bzw. die aktuelle Zeile durch den Punkt (.) vorgeben. Denken Sie sich selbst ein paar Übungen hierzu aus.

Wenn Sie einen Zeilenbereich falsch angeben, wird PC-BASIC Sie mit der Meldung *Illegal Function Call* davon in Kenntnis setzen.

DELETE

DELETE [<von_Zeile>]-[<bis_Zeile>]

Das Löschen einzelner Programmzeilen haben Sie bereits kennengelernt. Um mehrere Zeilen, also Zeilenbereiche, zu löschen, können wir den DELETE-Befehl einsetzen. DELETE löscht alle Zeilen einschließlich <von_Zeile> und <bis_Zeile>. Beispiele:

DELETE 20-50
Löscht alle Zeilen von Zeile 20 bis Zeile 50 einschließlich.

DELETE -100
Löscht alle Zeilen bis Zeile 100 einschließlich.

DELETE 100-
Löscht ab Zeile 100 bis Programmende.

DELETE 125
Löscht nur Zeile 125.

Nach dem DELETE-Befehl kehrt PC-BASIC grundsätzlich in den Direktmodus zurück, ein Einsatz im Programm mit anschließender Programmfortführung ist also nicht möglich (und auch nicht sinnvoll). DELETE akzeptiert ebenfalls den Punkt (.) als Parameter für die zuletzt bearbeitete Zeile. Ein falsch definierter Zeilenbereich oder nicht vorhandene Zeilen verursachen die Meldung *Illegal Function Call* (Ungültiger Funktionsaufruf) oder *Undefined line number* (Nicht definierte Zeile).

Hinweis: Bei einigen Versionen löscht DELETE ohne Parameter das gesamte Programm!

LIST

[L]LIST [<von_Zeile>]-[<bis_Zeile>]

Mit dem LIST-Befehl können Zeilen bzw. Zeilenbereiche auf dem Bildschirm ausgegeben werden. Die Zeilenbereiche werden genau wie beim DELETE-Befehl definiert, auch der Einsatz des Punktes (.) für die zuletzt bearbeitete Zeile ist möglich.

Leider bietet PC-BASIC nicht die Möglichkeit des seitenweisen Blätterns im Programm, wie dies bei Texteditoren der Fall ist. Aber mit dem zeilenweisen Scrollen durch die Editiertasten <CTRL> <CRSR-hoch/runter> bzw. <CTRL> <X/Y> ist ja auch schon einiges gewonnen. Sollten Sie bei größeren Programmen die Übersicht beim Listen verlieren, so hilft vielleicht folgender Tip: Speichern Sie das Programm mit dem Parameter ",A" als ASCII-Datei. Danach verlassen Sie den Interpreter und laden das Programm in Ihre Textverarbeitung. Dort können Sie dann in Ruhe blättern und ggf. Änderungen vornehmen. Beispiele:

LIST 100-150

Listet die Zeilen 100 bis 150.

LIST .

Listet die zuletzt bearbeitete Zeile, bei einer Fehlermeldung wird die Fehlerzeile als zuletzt bearbeitete Zeile betrachtet, kann also hiermit schnell angezeigt und geändert werden.

LIST -120

Listet vom Programmanfang bis einschließlich Zeile 120.

LIST 500-

Listet ab Zeile 500 bis zum Programmende.

Um das Listen auf dem Bildschirm kurz anzuhalten, können Sie <CTRL> <NumLock> betätigen, weitergeführt wird das Listen durch Betätigung einer beliebigen Taste (empfehlenswert: <CTRL> mit links festhalten, dann abwechselnd <NumLock> und <BS> betätigen).

RUN und GOTO

RUN [<Startzeile>]
oder

GOTO <Startzeile>

Wenn Sie größere Programme schreiben, möchten Sie unter Umständen nur bestimmte Teile dieses Programms testen. Dies können Sie mit dem RUN-Befehl unter Angabe einer Startzeile tun. PC-BASIC führt dann das im Speicher befindliche Programm ab der Startzeile aus. Beachten Sie, daß vor *Startzeile* definierte Variablen keinen Inhalt haben, da RUN alle Variableninhalte löscht. Benötigen Sie die Variablen für den Programmteil, dann setzen Sie nach der Variablendefinition ein STOP (wird gleich beschrieben) und nehmen statt des RUN-Befehls den GOTO-Befehl mit der entsprechenden Startzeile.

Eventuell offene Dateien werden von RUN geschlossen. Für den RUN-Befehl können Sie den Punkt (.) für die zuletzt bearbeitete Zeile einsetzen. Beispiele:

RUN 50
Führt das im Speicher befindliche Programm ab Zeile 50 aus. Alle Variableninhalte werden gelöscht.

GOTO 100
Führt das im Speicher befindliche Programm ab Zeile 100 aus, die Variablen behalten ihren zugewiesenen Wert.

Wird als Startzeile eine nicht existente Zeile angegeben, gibt es von PC-BASIC einen Anpfiff in Form von *Undefined line number* (Nicht definierte Zeile) bzw. *Illegal Function Call* (Ungültiger Funktionsaufruf).

FILES

FILES [<Lw:>] [<Pfad-Name>] [<Dateiname> | <Maske>]

Natürlich können Sie nicht alle Datei-/Programmnamen auf all Ihren Disketten im Kopf behalten. Damit Sie von PC-BASIC aus ab und zu mal nachschauen können, gibt es den FILES-Befehl, der Ihnen die Dateinamen in der Form des *DIR /W*-Befehls anzeigt. In der *Maske* können Sie wie von DOS gewohnt die Wild-Cards (Joker) * und ? mit Dateinamen und/oder Erweiterungen angeben. Diesen Befehl können Sie auch im Programmodus einsetzen. Leider läßt sich hier

Arbeiten mit PC-BASIC

weder im Direkt- noch im Programmodus eine seitenweise Ausgabe steuern, so daß bei vollen Disketten ab und zu der Bildschirm hochgerollt wird. Sie finden im Kapitel 8 ein komfortables Programm beschrieben, durch das sich der FILE-Befehl ersetzen läßt. Beispiele:

FILES "A:"
Zeigt alle Dateien auf der Diskette in Laufwerk A an.

FILES ".exe"*
Zeigt alle Dateien mit der Erweiterung *EXE* auf Diskette im Standardlaufwerk.

FRE

FRE(0) oder FRE("")

Mit der Anweisung *PRINT FRE(0)* erfahren Sie von PC-BASIC, wieviel freier Speicherplatz noch zur Verfügung steht. Nach dem Aufruf stehen Ihnen je nach PC-BASIC-Version und RAM-Aufrüstung Ihres Rechners zwischen 30 KByte und 62 KByte zur freien Verfügung. Vor der Anzeige des freien Speicherplatzes wird von PC-BASIC eine sogenannte *Garbage Collection* (Bereinigung des Speichers) durchgeführt. Alle nicht mehr benötigten bzw. zugewiesenen Variableninhalte werden dabei für Programmtext bzw. neue Variablen freigegeben. Je nach Variablen-Aufwand in Ihrem Programm kann dies einige Sekunden in Anspruch nehmen! Könner schaffen es durchaus, durch Einsatz unzähliger Variablen und umfangreiche String-Verarbeitung den Rechner für einige Minuten lahmzulegen. Wundern Sie sich also nicht, wenn der Rechner keine Regung zeigt, vielleicht gehören auch Sie (noch) zu diesen Spezialisten.

Im Programmodus können Sie dem Fehler 14, *Out of string space* (nicht genug Platz für String-Variablen), und dem Fehler 7, *Out of Memory* (Nicht genug Speicher frei), vorbeugen, indem Sie an einem Knotenpunkt des Programms (z.B. ein häufig aufgerufenes Unterprogramm) die Zuweisung *X=FRE("")* einbauen. Durch den häufigen Aufruf beschränkt sich die Garbage Collection dann jeweils auf einige Sekundenbruchteile.

SYSTEM

SYSTEM

Nachdem Sie Ihr Programm für den Versand an *DATA BECKER* zur weiteren Vermarktung fertiggestellt haben, möchten Sie bestimmt wieder zu MS-DOS zurückkehren. Hierzu setzen Sie den SYSTEM-Befehl ein, der Sie zum Befehlsprozessor COMMAND.COM zurückbringt.

Eventuell offene Dateien werden vorher geschlossen. Beachten Sie jedoch, daß Programme vorher per SAVE gespeichert werden müssen, wenn Sie eine spätere Bearbeitung oder Ausführung in Betracht ziehen. Sobald Sie den Interpreter verlassen haben, ist das Programm verschwunden, und es gibt keine Möglichkeit, hier etwas rückgängig zu machen!

Hinweis: Wenn Sie SYSTEM im Programm-Modus einsetzen, so wird wie beschrieben das Programm beendet. Gleichzeitig wird aber auch der Interpreter verlassen! In der Testphase eines Programms sollten Sie statt SYSTEM unbedingt den Befehl END einsetzen. Mir ist es öfter passiert, daß ich nach umfangreichen Änderungen und einem RUN auf einmal wieder bei MS-DOS gelandet war. Natürlich ohne das Programm vorher zu sichern, so daß das alles vorne anfing.

END

END

Sobald PC-BASIC in einem Programm auf den Befehl END stößt, wird das Programm beendet. PC-BASIC kehrt in den Direktmodus zurück und gibt das Prompt "ok" aus. Das Programm bleibt unverändert im Speicher. Vergessen Sie also vor der Eingabe eines neuen Programms nicht, den Befehl NEW einzugeben!

Ein Programm wird automatisch beendet, wenn nach der aktuellen Zeile keine weitere Zeile mehr vorhanden ist. Vielfach wird dieser Umstand eingesetzt, um ein Programm einfach zu beenden. In jedem ordentlichen Programm sollte jedoch irgendwo der END-Befehl stehen, damit die Struktur etwas klarer wird.

STOP

STOP

Bereits beim RUN-/GOTO-Befehl wurde dieser Befehl angesprochen, der in einem laufenden Programm eine Unterbrechung der Ausführung bewirkt. PC-BASIC gibt beim STOP-Befehl folgende Meldung aus:

```
BREAK IN <Zeilennummer>
```

Da Sie mehrere STOPs setzen können, gibt PC-BASIC die Zeilennummer an, in der STOP ausgeführt wurde. Sie können nun, wie beim RUN-/GOTO-Befehl beschrieben, ein Unterprogramm testen oder sich Variableninhalte per PRINT-Befehl anschauen. Durch den Einsatz mehrerer STOPs in Verbindung mit dem CONT-Befehl (siehe unten) können Sie ein Programm schrittweise abarbeiten lassen und beim STOP Variableninhalte prüfen oder vorherige Programmreaktionen analysieren. Der Fachmann spricht von einem *Trap* oder *Breakpoint*, wenn

Arbeiten mit PC-BASIC

er STOP einsetzt. Leider bietet PC-BASIC keinen *DUMP*, einen Befehl, der alle Variableninhalte anzeigt. Man muß sich also die Inhalte per PRINT heraussuchen - bei mehreren Variablen ein sehr mühsames Unterfangen.

Ich helfe mir durch ein Unterprogramm ab Zeile 50000, das über GOTO 50000 angesprungen wird, alle Variableninhalte per PRINT ausgibt und mit einem STOP endet. Natürlich darf der Programmtext nicht über die Zeile 50000 hinausgehen, sonst klappt es nicht bzw. sind Änderungen des Aufrufes notwendig:

```
50000 '----- DUMP-Upro -----
50010 :
50020 CLS:KEY OFF
50030 PRINT <Variable>:GOSUB 55000
50040 PRINT <Variable>:GOSUB 55000
50050 PRINT <Variable>:GOSUB 55000
50060 PRINT <Variable>:GOSUB 55000
50070 PRINT <Variable>:GOSUB 55000
50080 FOR DUMP= 1 TO 50
50090    PRINT <ARRAY(DUMP)>
50100    IF CSRLIN>= 20 THEN GOSUB 55000:CLS
50110 NEXT DUMP
... usw.
55000 '----- Auf beliebige Taste warten -----
55010 :
55020 IF CSRLIN < 24 THEN RETURN
55030 IF INKEY$="" THEN 55030 ELSE RETURN
```

Diese Routine muß jedesmal, wenn eine neue Variable oder ein neues Array verwendet wird, entsprechend ergänzt werden. Im Programm setzen Sie einfach an entsprechender Stelle ein GOTO 50000 und fertig ist der DUMP.

CONT

CONT

Dieser Befehl ermöglicht die Fortführung eines Programms nach einem STOP. Wie bei STOP beschrieben, können mehrere STOPs gesetz, die Variablen überprüft und mit CONT das Programm fortgeführt werden. Sollten Sie hier mit einem Upro (Unterprogramm) für die Ausgabe der Variableninhalte arbeiten, nützt das Upro wenig, da nach dem STOP im Upro keine Programmzeilen mehr für den CONT-Befehl folgen.

Ich helfe mir hier mit einem Upro, das vor jedem STOP per GOSUB angesprungen wird, seine Arbeit erledigt und mit einem RETURN endet, also auf das STOP läuft. Bitte beachten Sie, daß der CONT-Befehl nach der Änderung einer Zeile aufgrund der eventuell verschobenen Zeilenadressen nicht mehr eingesetzt werden kann. PC-BASIC meldet das mit *Can't continue* (Kann nicht fortfahren).

MERGE

MERGE <Dateispez>

Im Laufe Ihrer Arbeit mit PC-BASIC und der Erstellung von immer größer werdenden Programmen machen Sie die Erfahrung, daß bestimmte Unterprogramme beispielsweise für Tastaturabfragen, Druckausgaben etc. in allen Programmen gleich sind oder zumindest nur geringe Abweichungen aufweisen. Zu diesem Zeitpunkt werden Sie den Wunsch hegen, diese Routinen nur noch einmal eingeben zu müssen und sie dann irgendwie in neue Programme einzubinden. PC-BASIC entspricht Ihrem Wunsch mit dem MERGE-Befehl. Bitte geben Sie die beiden folgenden Programme ein und speichern Sie sie unter dem in der ersten Zeile jeweils angegebenen Namen mit dem [,A]-Parameter:

```
10 'MERGE_1.TST
20 :
30 CLS
40 PRINT "Dies ist das erste Programm"
50 PRINT "für den MERGE-Test"
60 PRINT

100 'MERGE_2.TST
110 :
120 PRINT "Dies ist das zweite Programm"
130 PRINT "für den MERGE-Test"
140 PRINT
150 PRINT "So einfach ist das....."
```

Bitte geben Sie die Zeilennummern wie vorgegeben ein, da Sie sonst eventuell einen Effekt vorwegnehmen, der uns erst später verblüffen soll. Nachdem Sie beide Programme gespeichert haben, löschen Sie mit NEW den Speicher für neue Aktivitäten. Danach laden Sie per LOAD das erste Programm und schauen es sich mit LIST an. Mit der Eingabe

```
MERGE "MERGE_2.TST"
```

hängen wir nun das zweite Programm an das erste an. Überzeugen Sie sich mit LIST vom Ergebnis Ihrer Bemühungen. Wie Sie sehen, besteht das gesamte Programm nun aus den beiden zusammmengehängten Einzelprogrammen. Durch RUN können wir uns davon überzeugen, daß ein lauffähiges Programm entstanden ist.

Für die nächste Übung löschen Sie den Speicher wieder mit NEW, laden das erste Programm mit LOAD und geben

```
RENUM 105,10,10
```

ein. Per LIST schauen wir uns die Zeilennummern an, die jetzt mit 105, 115, 125, 135, 145 und 155 numeriert sind. Mit dem gleichen MERGE-Befehl wie

Arbeiten mit PC-BASIC

bei der ersten Übung holen wir dann das zweite Programm dazu und listen. Sie konnten sich sicher denken, was passiert!

Deshalb lassen wir uns auch von der dritten Übung nicht verblüffen. Der Speicher wird wieder gelöscht, das erste Programm geladen und mit

```
RENUM 100,10,10
```

in eine für die dritte Übung notwendige Form gebracht. Nachdem mit dem bereits bekannten MERGE-Befehl das zweite Programm dazugeladen wurde, sehen wir uns mit LIST das nun nicht mehr verblüffende Ergebnis an und fassen zusammen:

Der MERGE-Befehl verkettet zwei oder auch mehrere Programme miteinander, bei gleichen Zeilennummern wird die im Speicher befindliche Zeile durch die "gemergte" Zeile ersetzt, ansonsten werden die "gemergten" Zeilen in der richtigen Reihenfolge eingefügt. MERGE schließt alle noch offenen Dateien. Versuchen Sie eine Datei zu "mergen", die nicht mit dem [,A]-Parameter gespeichert wurde, setzt PC-BASIC Sie durch *Bad File Mode* (Falsche Dateiart) davon in Kenntnis.

REM

REM oder '

In den bisherigen Beispielen hat Ihnen das Zeichen ' vielleicht schon Rätsel aufgegeben. Hier die Lösung: mit diesem Zeichen kennzeichnen Sie eine Bemerkung (engl.: REMark) in einer Programmzeile. Hierbei kann vor der Bemerkung sowohl das Zeichen ' als auch das Wort REM stehen. Alles, was danach in der Programmzeile steht, wird von PC-BASIC als Bemerkung angesehen. Achten Sie deshalb darauf, daß nach einem REM oder ' keine Anweisungen mehr stehen. Diese Erkenntnis resultiert aus stundenlanger Fehlersuche für eine merkwürdige Programmreaktion aufgrund Mißachtung o.g. Tatsache! Beispiel:

```
10 CLS:KEY OFF 'Bildschirm löschen, Tasten aus
20 PRINT "Bomanns ist ": 'na, was?: PRINT "..."
```

Zeile 10 ist vollkommen in Ordnung. In Zeile 20 wird jedoch nur das erste PRINT ausgeführt. das dem REM bzw. dem Zeichen ' folgende PRINT wird nicht ausgeführt.

Wir haben in Kapitel 2 erfahren, daß der Doppelpunkt nicht nur zur Trennung von Anweisungen eingesetzt werden darf, sondern auch das einzige Zeichen in einer Zeile sein kann. Dadurch läßt sich in Verbindung mit REM bzw. dem Zeichen ' die Strukturierung eines Programms erheblich verbessern:

```
10 CLS:KEY OFF
20 .....
30 .....
40 GOSUB 1010 'Tastatur-Abfrage
50 .....
60 .....
1000 :
1001 '----- Tastatur-Abfrage -----
1002 :
1010 X$= INKEY$:IF X$="" THEN 1010
1020 RETURN
```

Durch Doppelpunkt-Zeilen vor und nach der REM-Zeile läßt sich beim Listen ein Unterprogramm recht gut lokalisieren. Natürlich läßt sich statt des Doppelpunktes dort ebenfalls das Zeichen ' einsetzen. Dies ist aber letztlich eine Frage des persönlichen Geschmacks.

EDIT

EDIT [<Zeilennummer>] [.]

Wir haben bereits erfahren, daß der PC-BASIC-Editor Bildschirm-orientiert arbeitet. Dem gegenüber stehen Editoren, die Zeilen-orientiert arbeiten. Um Programmierern, die mit einem Zeileneditor "groß geworden sind", den Umstieg zu erleichtern, beinhaltet PC-BASIC den Befehl EDIT. Durch EDIT wird die gewünschte Zeile auf dem Bildschirm angezeigt und kann dann geändert werden. Auch EDIT akzeptiert den Punkt (.) als Parameter für die zuletzt bearbeitete Zeile oder die aktuelle Fehlerzeile. EDIT löscht alle Variableninhalte, Sie sollten also vorher, sofern notwendig, die Variablen überprüfen.

TRON und TROFF

TRON
TROFF

Um ganz verzwickte Programmabläufe überprüfen zu können, benötigen Sie den TRON-/TROFF-Befehl. Hierbei wird während der Programmausführung die Zeilennummer der momentan ausgeführten Zeile angezeigt. Mit TRON schalten Sie *TRACE* (Programmüberprüfung) ein, mit TROFF wieder aus. In einigen Fällen ist TRACE nicht einsetzbar, da die Zeilennummern über den kompletten Bildschirm ausgegeben werden. Eine schöne Maske wird nach kurzer Zeit ziemlich unansehnlich und eventuelle Eingabeprüfungen direkt aus dem Bildschirmspeicher (siehe SCREEN-Befehl, Kapitel 4) sind nicht mehr möglich. Sollte ein verantwortlicher Microsoft-Mann diese Zeilen lesen, flehe ich ihn an, sich für die nächste Version *EXbasic* Level II anzuschauen, dort wird es richtig gemacht. Die komplette Programmzeile wird in der obersten Bildschirmzeile angezeigt und sonst nirgendwo. Der Rest des Bildschirmes bleibt so, wie er gedacht war.

Diskettenoperationen

Nach dem Aufruf von PC-BASIC werden sämtliche Diskettenzugriffe auf das aktuelle Laufwerk und/oder das aktuelle Unterverzeichnis ausgeführt.

Haben Sie beispielsweise den Interpreter auf der Festplatte "C:" im Unterverzeichnis "BASIC" gestartet, so werden alle Programme von dort geladen bzw. dort gespeichert. Die Eingabe

```
SAVE "TEST"
```

speichert das Programm also auf Festplatte "C:" im Unterverzeichnis "BASIC". Soll ein Programm vom Laufwerk/Verzeichnis abweichend geladen oder gespeichert werden, so können Sie dies - wie bereits bei den Befehlen erläutert - im Namen direkt angeben. Bleiben wir beim Beispiel Festplatte "C:" und Verzeichnis "BASIC". Wenn Sie jetzt das Programm auf Laufwerk "A:" im Verzeichnis "ALTE_PRG" speichern wollen, ist folgende Eingabe notwendig:

```
SAVE "A:\ALTE_PRG\TEST"
```

Die Erweiterung .BAS wird von PC-BASIC wie gehabt automatisch angehängt.

Wollen Sie Laufwerk und/oder Unterverzeichnis dauerhaft ändern, so bietet PC-BASIC auch hierfür entsprechende Befehle an. Schauen Sie bitte in Kapitel 7 nach, dort finden Sie alle relevanten Befehle beschrieben.

Beschränken Sie sich auf das wesentliche

Irgendwann schreiben auch Sie Programme, die unter Umständen 100 und mehr Programmzeilen groß sind. Spätestens dann wird es Ihnen lästig, X-mal den gleichen Befehl oder die gleiche Funktion einzugeben. Damit Sie sich auf das wesentliche konzentrieren können, nimmt PC-BASIC Ihnen etwas Arbeit ab, indem es für Sie die wichtigsten Befehle und Funktionen nach der Betätigung zweier Tasten auf den Bildschirm schreibt. Betätigen Sie einmal die <Alt>-Taste und geben gleichzeitig den Buchstaben *D* ein. Auf dem Bildschirm sollte der Befehl *DELETE* erscheinen. Im *Anhang* finden Sie unter "Kurzeingabe" alle Befehle und Funktionen, die Sie auf diese Art "eingeben" können. Bitte beachten Sie, daß es je nach Version auch hier Unterschiede geben kann.

3.6 PC-BASIC-Variablen

Während der Programmausführung werden Werte und Texte für die weitere bzw. spätere Verarbeitung in Variablen gespeichert. Ich gehe davon aus, daß Sie bereits von Variablen und deren Bedeutung gehört haben, so daß wir uns hier auf die Beschreibung der verschiedenen Variablentypen konzentrieren können.

Sollte Ihnen der Begriff *Variable* und dessen Bedeutung noch unklar sein, möchte ich Sie bitten, hierzu in einführender Literatur zu schmökern. PC-BASIC bietet uns Variablen für die Speicherung von numerischen und alpha-numerischen Daten.

Numerische Daten
Zahlen, mit denen Berechnungen durchgeführt werden.

Alphanumerische Daten
Daten, die aus dem gesamten darstellbaren Zeichenvorrat des Rechners bestehen können und im Normalfall in Anführungszeichen (") eingeschlossen sind. Man spricht dabei von Zeichenketten oder Strings. Beispiele:

    "Guten Morgen"

Eine Zeichenkette, es handelt sich also um alphanumerische Daten.

    12.80

Eine Zahl, es handelt sich also um numerische Daten.

Um Variablen einen Wert zuzuweisen, gibt es verschiedene Möglichkeiten:

1. Die Zuweisung erfolgt im Programm mit dem Befehl *LET*. *LET NAME$="Hugo"* oder *LET HAUSNR%=15* wären Zuweisungen im Programm. Der Einfachheit halber können Sie LET auch weglassen, PC-BASIC weiß anhand des Gleichheitszeichens (=) trotzdem, was Sie meinen: *NAME$="Hugo"* oder *HAUSNR%=15* geht auch.

2. Einlesen der Werte über die Tastatur. Dies werden Sie dann tun, wenn Sie innerhalb des Programms mit variablen Daten arbeiten. Details finden Sie in Kapitel 4.

3. Einlesen der Werte aus einer Datei. Nach dem Ausschalten des Rechners sind alle im Speicher befindlichen Daten verschwunden. Für die dauerhafte Speicherung legen Sie Ihre Daten in Dateien auf der Diskette oder Festplatte ab. Details finden Sie in Kapitel 4.

Variablennamen

Variablen müssen wir vom Programm aus ansprechen, um in ihnen Daten zu speichern bzw. um die in ihnen gespeicherten Daten verarbeiten zu können. Deshalb kann den Variablen ein "Name" verpaßt werden. Dieser Name setzt sich aus bis zu 40 Zeichen, A-Z bzw. 0-9, zusammen; an erster Stelle muß grundsätzlich ein Buchstabe stehen, danach kann kommen, was will:

```
Richtig:            Falsch:
NAME1$              1NAME$
STRASSE2$           STRASSE_2$
```

Bei "Falsch" fängt einmal der Name mit einer Zahl "1" an, zum anderen ist das Zeichen "_" nicht im Namen erlaubt. Zur Trennung zusammengesetzter Variablennamen können Sie den Punkt (.) einsetzen:

```
LOHN.STUNDE%
LOHN.WOCHE%
LOHN.MONAT%
LOHN.JAHR%
```

Dadurch wird vor allem in größeren Programmen die Übersichtlichkeit der Variablen erheblich gesteigert.

Beachten Sie, daß Befehls- und Funktionsworte nicht am Anfang eines Variablennamens stehen dürfen. PC-BASIC würde versuchen, sie als Befehl oder Funktion zu interpretieren.

Der Variablenname POS hat mich viel Zeit für die Suche nach dem gemeldeten SYNTAX ERROR gekostet (POS ist eine Funktion).

3.6.1 Zeichenketten-Variablen (Strings)

Die Zeichenketten werden im Englischen als *Strings* bezeichnet, deshalb sprechen wir ab jetzt von String-Variablen, wenn Variablen gemeint sind, die einzelne Zeichen oder Zeichenketten aufnehmen sollen.

String-Variablen werden durch das dem Namen angehängte Dollarzeichen ($) gekennzeichnet. Die Variable DNAME$ ist also eine String-Variable. Würden wir versuchen, dieser Variablen einen numerischen Wert zuzuweisen (DNAME$=12.80), gäbe es von PC-BASIC die Fehlermeldung *Type mismatch* (falscher Typ), die Zuweisung DNAME$="12.80" hingegen würde uns vor jeglicher Fehlermeldung bewahren, da durch die Anführungszeichen (") eine Zeichenkette korrekt zugewiesen wird.

Eine String-Variable kann leer (DNAME$="") sein, ein einzelnes Zeichen (DNAME$="A") oder ganze Sätze (DNAME$="Heute ist das Wetter mal wieder besonders schön") aufnehmen. Leerzeichen zählen hierbei als Zeichen mit. Maximal kann eine String-Variable 255 Zeichen aufnehmen, mißachten Sie dies, gibt es die Fehlermeldung *String too long* (Zeichenkette zu lang).

3.6.2 Numerische Variablen

Variablen des Typs Integer

Integervariablen können ganzzahlige numerische Daten zwischen -32768 und +32767 aufnehmen. Diese Variablen werden durch ein Prozentzeichen (%), das an den Namen angehängt wird, gekennzeichnet. Die Variable HAUSNR% ist also eine Integervariable. Hier hält PC-BASIC die Fehlermeldung *Type mismatch* (falscher Typ) bereit, wenn wir versuchen, eine falsche Zuweisung (HAUSNR%="12") vorzunehmen. PC-BASIC hat nichts dagegen, wenn wir einer Integervariablen einen "Komma-Wert" zuweisen (HAUSNR%=12.80), allerdings dürfen wir nichts dagegen haben, daß PC-BASIC diesen Wert einfach rundet (HAUSNR% ist dann tatsächlich 13).

Variablen des Typs Einfache Genauigkeit

Variablen dieses Typs können wir einen beliebigen Wert zwischen -1.701412E38 und +1.701412E38 zuweisen. Diese Variablen werden mit einem Ausrufezeichen (!), das an den Namen angehängt wird, gekennzeichnet. Der Versuch, einen String zuzuweisen, wird mit *Type mismatch* (falscher Typ) von PC-BASIC gemeldet. Ansonsten können die in den oben genannten Grenzen liegenden Werte "gefahrlos" zugewiesen werden.

Variablen des Typs Doppelte Genauigkeit

Diese Variablen können einen Wert zwischen -1.701411834604692D38 und +1.701411834604692D38 annehmen. Die Kennzeichnung erfolgt hierbei durch das Nummernzeichen (#), das an den Namen angehängt wird. Für die Zuweisung gilt das gleiche wie für Variablen mit einfacher Genauigkeit.

Allgemeines zu Variablen

Verwenden Sie keine der oben genannten Kennzeichnungen (%, # und !) für numerische Variablen, so werden diese von PC-BASIC als Variablen mit einfacher Genauigkeit gehandhabt. Bei der Wertzuweisung kann der Wert dezimal (xxxx), hexadezimal (&Hxxxx) oder oktal (&Oxxxx) angegeben werden. Integervariablen werden in 2 Bytes gespeichert, Variablen mit einfacher Genauigkeit in 4 Bytes und Variablen mit doppelter Genauigkeit in 8 Bytes. Variablennamen werden für schnellere Vergleiche und Zugriffe anhand ihrer ersten beiden Buchstaben gespeichert, danach folgt ein Byte, das die Anzahl der noch folgenden Zeichen enthält. Sie sollten also bei der Vergabe der Namen darauf achten, daß bereits in den ersten beiden Buchstaben - sofern möglich - ein Unterschied besteht.

Globale Typendefinition

PC-BASIC bietet Ihnen die Möglichkeit, Typendefinitionen global, also für das gesamte Programm geltend, vorzunehmen. Dies können Sie zu Anfang oder im Laufe des Programms an jeder beliebigen Stelle tun. Alle Variablen, die im Programm keine Typenkennzeichnung haben, werden entsprechend definiert.

DEFINT A-D
Definiert alle Variablen, deren Anfangsbuchstaben zwischen A und D liegen, als Integervariablen.

DEFSNG H-L
Definiert alle Variablen, deren Anfangsbuchstaben zwischen H und L liegen, als Variablen einfacher Genauigkeit.

DEFDBL A-Z
Definiert alle Variablen des Programms als Variablen doppelter Genauigkeit.

DEFSTR B-D
Definiert alle Variablen, deren Anfangsbuchstaben zwischen B und D liegen, als String-Variablen.

Sind die Variablen vor einem DEF bereits mit einem Typkennzeichen definiert, so hat dies Vorrang vor der globalen Definition. Dies kann zu Fehlern bei der Erkennung der Variablen führen. Seien Sie also vorsichtig beim Einsatz der DEF-Anweisungen. Als ordentlicher Programmierer werden Sie sowieso die direkte Typenkennzeichnung wählen, da hierdurch im gesamten Programm sofort erkannt werden kann, welcher Art die Variablen sind. Dies benötigt zwar etwas mehr Platz im Programmtext, sollte aber aus Gründen der Übersichtlichkeit eine untergeordnete Rolle spielen.

SWAP

In einigen Anwendungen, z.B. Sortierroutinen, müssen Variableninhalte vertauscht werden. Um diesen Vorgang zu vereinfachen, stellt PC-BASIC uns den Befehl SWAP zur Verfügung:

```
SWAP <Variable 1>,<Variable 2>
```

Dieser Befehl vertauscht den Inhalt der Variablen 1 und 2. Die Variablen müssen beide gleichen Typs sein. Der Tausch zwischen einer Variablen einfacher

Genauigkeit und einer Integervariablen ist also nicht möglich. Versuchen Sie es trotzdem, gibt es den schon bekannten *Type mismatch* (falscher Typ). Den SWAP-Befehl können Sie auch auf Arrays anwenden.

3.6.3 Matrix-Variablen (Arrays)

Neben den bisher genannten Variablentypen gibt es noch die Matrixvariablen, sogenannte Arrays. In ihnen können die Daten mehrdimensional bzw. indiziert gespeichert werden. Diese Arrays setzen sich aus einem der beschriebenen Variablentypen zusammen. Der Name eines Arrays kann - wie in Abschnitt 3.6 beschrieben - beliebig gewählt werden.

Für diese Variablen findet man in Zeitschriften und Büchern über BASIC verschiedene Begriffe:

- Arrays
- Matrizen
- Felder
- Dimensionale Variablen

Alle Begriffe sind richtig. Da die Programmierung aber nicht nur aus BASIC besteht, wollen wir uns an den Begriff halten, der in den meisten Programmiersprachen verwendet wird: Arrays. Was sind nun Arrays? Bisher haben wir Variablen kennengelernt, die einen einzigen Wert speichern können:

```
PLZ$="2085"
KNAME$="Hugo"
HAUSNR%= 12
```

Diese Variablen werden auch als *einfache Variablen* bezeichnet. Ein Array ist dagegen eine Variable, die sich aus mehreren Einzelvariablen gleichen Typs zusammensetzt. Deshalb spricht man hier auch von *dimensionalen Variablen*. Man kann dies in etwa mit einer Schublade vergleichen, die in mehrere Fächer unterteilt ist. Jedes Fach hat eine Nummer, die Schublade einen Namen. Geben wir nun den Namen und die Nummer an, bekommen wir unsere Daten aus dem Fach bzw. können dort ablegen. Der Name eines Arrays unterscheidet sich nicht vom Namen einer normalen Variablen. Die Nummer des Faches, auf das wir zugreifen wollen, setzt sich je nach Aufbau des Arrays zusammen. Man spricht hier von einer *Indizierung*. Schauen wir uns zuerst ein eindimensionales Array an, in dem wir 7 Werte speichern können. TAG$(<Nummer>) setzt sich so zusammen:

| 1 | 2 | 3 | 4 | 5 | 6 | 7 |

Abb. 5: 1-D-Array

Die einzelnen "Fächer" indizieren wir durch ihre Nummer:

    TAG$(1)="Montag":TAG$(7)="Sonntag"

Sie sehen, daß dieses Array mit Fach - wir nennen dieses Fach in Zukunft beim richtigen Namen: Element - daß dieses Array also mit Element Nummer 1 beginnt. Dies heißt, daß die Indizierung bei 1 beginnt.

OPTION BASE

Wir können die unterste Grenze, den Anfang der Indizierung der in einem Programm verwendeten Arrays, je nach Notwendigkeit ändern:

    OPTION BASE 0 | 1

Durch diesen Befehl legen wir fest, ob unsere Arrays mit Element 0 oder 1 beginnen. Für PC-BASIC bedeutet dies, daß entsprechender Speicherplatz zu reservieren ist, oder im Klartext: Es läßt sich eine Menge Platz sparen, wenn unsere Indizierungen bei 1 beginnen und wir dies auch so festlegen. Gesetzt den Fall, wir legen ein Array für Monatsnamen an, das wir über eine eingegebene Ziffer indizieren wollen, um den Monatsnamen anzuzeigen. Da es einen Monat 0 nicht gibt, legen wir also mit OPTION BASE fest, daß unsere Indizierung bei 1 beginnt. Beachten Sie bitte, daß die mit OPTION BASE festgelegte unterste Grenze für alle Arrays des Programms gilt. Wenn Sie die Indizierung beginnend mit 1 festgelegt haben und versuchen, Element 0 anzusprechen, gibt PC-BASIC die Meldung *Subscript out of range* (Indizierung außerhalb des Bereiches) aus.

Mehrdimensionale Arrays

Unter PC-BASIC können Arrays mit maximal 255 Dimensionen definiert werden. Da in 99% aller Anwendungen zweidimensionale (2-D) Arrays zum Einsatz kommen, werden wir uns hauptsächlich mit diesen beschäftigen. 2-D-Arrays können Sie sich wie eine Tabelle vorstellen. Die Indizierung erfolgt über die Zeile und die Spalte der Tabelle. Ein 2-D-Array für die Speicherung von Adressen könnte in etwa so aussehen:

    ADRESSE$(<Zeile>,<Spalte>)

```
          Spalten
  \  1  2    3   4  5   6
   1|Name|Vorname|Straße|PLZ|Ort|Telefon|
   2|    |       |      |   |   |       |
Z  3|    |       |      |   |   |       |
e   
i  4|    |       |      |   |   |       |
l   
e  5|    |       |      |   |   |       |
n  6|    |       |      |   |   |       |
   7|    |       |      |   |   |       |
```

Abb. 6:   2-D-Array

Um nun die Straße der 5. Adresse auszugeben, indizieren wir so:

```
PRINT ADRESSE$(5,3)
```

Die 5 bezieht sich auf die 5. Zeile in der Tabelle und die 3 auf die 3. Spalte dieser Zeile. Die Zuweisung eines Wertes nehmen wir folgendermaßen vor:

```
ADRESSE$(5,3)="Am Bahnhof 12"
```

DIM

Wenn ein Array nicht mehr als 10 Elemente pro Dimension umfaßt, reserviert PC-BASIC hierfür automatisch Speicherplatz. Für unsere Adreßverwaltung würden wir aber mehr als 10 Elemente (Zeilen) benötigen, so daß wir PC-BASIC anweisen müssen, den entsprechenden Platz zu reservieren:

```
DIM ADRESSE$(<Zeilen>,<Spalten>)
```

oder für unser Beispiel: DIM ADRESSE$(50,6). In diesem Array können jetzt 50 Adressen gespeichert werden. Jede kann aus maximal 6 Elementen bestehen.

Ein Array kann, wie bereits erwähnt, maximal 255 Dimensionen umfassen. Die Indizierung ist auf maximal 32767 begrenzt. Entscheidend ist aber letztendlich, wieviel freien Speicherplatz PC-BASIC zur Verfügung hat. Der Versuch, ein Array größer anzulegen als Speicherplatz zur Verfügung steht, hat die Fehlermeldung *Out of Memory* (Zu wenig Speicher) zur Folge.

Wenn Sie versuchen, ein Element anzusprechen, das außerhalb der mit DIM festgelegten Grenzen liegt, gibt es einen *Subscript out of range* (Indizierung außerhalb des Bereichs). Der DIM-Befehl darf pro Array nur einmal eingesetzt werden. Die Meldung *Duplicate definition* (Doppelte Definition) macht Sie auf jeden weiteren Versuch aufmerksam.

Arrays mit unterschiedlichen Dimensionen dürfen nicht den gleichen Namen haben (X(4) schließt X(7,8) aus). Der DIM-Befehl muß vor dem ersten Zugriff auf das Array ausgeführt sein. Als ordentlicher Programmierer setzt man aber sowieso alle DIMs an den Programmanfang. Mit einem DIM-Befehl können mehrere Arrays auf einen Rutsch definiert werden:

```
20 DIM ADRESSE$(50,6), KNAME$(50,2), TABELLE%(20,40)
```

Nach DIM haben alle Elemente der numerischen Arrays den Wert 0 und alle Elemente eines String-Arrays den Wert Leer-String ("").

ERASE

In bestimmten Anwendungen werden Arrays nur temporär (vorübergehend) benötigt, um beispielsweise Daten zu sortieren. Damit der durch DIM reservierte Speicherplatz für ein Array wieder freigegeben werden kann, gibt es den ERASE-Befehl:

```
ERASE<ARRAY-Name...>
```

Der Array-Name wird ohne Klammern angegeben, ERASE kann mehrere Arrays auf einmal löschen:

```
ERASE ADRESSE$,KNAME$,TABELLE%
```

ERASE löscht auch Arrays, die automatisch dimensioniert wurden (Elemente kleiner 11).

Der ERASE-Befehl kann auch eingesetzt werden, um die Größe eines Arrays im Programm zu ändern:

```
100 DIM ADRESSE$(50,6)
.....
.....
240 ERASE ADRESSE$
250 DIM ADRESSE$(100,6)
```

Beachten Sie hierbei, daß DIM den Elementen des Arrays den Leer-String ("") zuweist. Vor einem Zugriff müssen also unter Umständen neue Zuweisungen erfolgen.

READ...DATA

In Anwendungsprogrammen werden Arrays entweder mit Daten aus einer Datei, mit über die Tastatur eingegebenen Daten oder mit konstanten Daten aus dem Programm versorgt. Die ersten beiden Fälle veranschaulichen wir uns später durch ein Beispiel. Hier interessiert zunächst der letzte Fall, also Arrays, denen wir konstante Daten direkt aus dem Programm zuweisen.

Nehmen wir mal an, der Anwender gibt das Datum im Format 22.03.86 ein und Sie möchten statt "03" für den Monat lieber den Klartext, also "März", anzeigen. Mit den bisherigen Kenntnissen über Arrays könnte die Realisation so aussehen:

```
10 DIM MONAT$(12)
20 MONAT$(1)="Januar":MONAT$(2)="Februar"
30 MONAT$(3)="März" 'und so weiter.....
.....
.....
110 MONAT%=VAL(MID$(DATUM$,3,2))
120 PRINT MONAT$(MONAT%)
```

Diese Lösung beschert Ihnen ungeheure Tipparbeit, bei 12 Werten gerade noch machbar. Es ist aber auch denkbar, daß Sie Ihre Eingabemasken, also Feldnamen, Feldpositionen etc. flexibel gestalten wollen. Bei 5 oder mehr Masken ist diese Lösung nicht mehr praktikabel. Für unser Monatsbeispiel sieht folgende Lösung wesentlich eleganter aus und spart eine Menge Tipparbeit:

```
10 DIM MONAT$(12)
20 RESTORE 60
30 FOR I=1 TO 12
40    READ MONAT$(I)
50 NEXT I
60 DATA "Januar","Februar","März","April","Mai","Juni"
70 DATA "Juli","August","September","Oktober"
80 DATA "November","Dezember"
```

Was passiert hier nun im einzelnen? Wir legen innerhalb des Programms eine Tabelle oder Liste an, die unsere konstanten Daten enthält. Die Kennzeichnung dieser Daten erfolgt über das vorangestellte DATA. Dadurch weiß PC-BASIC, daß die Programmzeile, zumindest bis zum nächsten Doppelpunkt (:), keine interpretierbaren Anweisungen, sondern Daten enthält. Diese Daten können nun mit READ in ein Array eingelesen werden. Dies machen wir mit einer Schleife, die dem Umfang der einzulesenden Daten entspricht. Pro Element des Arrays müssen wir mit DATA die durch Kommata (,) getrennten Daten bereitstellen. Bei String-Konstanten wird der Text in Anführungszeichen (") eingeschlossen, numerische Daten werden nur durch Kommata getrennt. Sie können die String-Konstanten auch ohne Anführungszeichen vorgeben, wenn keine führenden oder folgenden Leerzeichen berücksichtigt werden sollen. Der Übersicht halber empfehle ich Ihnen jedoch, alles, was einer String-Variablen oder einem String-Array zugewiesen werden soll, in Anführungszeichen einzuschließen.

Arbeiten mit PC-BASIC

PC-BASIC verwaltet intern einen *Datenzeiger*, der für READ zum Einsatz kommt. Dieser Datenzeiger wird beim Start des Programms zurückgesetzt. Beim ersten READ-Befehl wird dieser Zeiger auf den ersten Wert hinter dem ersten DATA im Programm gesetzt. Mit jedem READ wird dieser Zeiger auf den nächsten Wert gestellt. Dies geschieht so lange, bis die Schleife abgearbeitet ist. Der Datenzeiger bleibt hinter dem letzten gelesenen Wert stehen. Beim nächsten READ sucht PC-BASIC im Programm das nächste DATA und stellt den Zeiger dort wieder auf den ersten Wert.

Mit einem READ-Befehl können mehrere Arrays mit Daten versorgt werden. Wir bleiben hier bei dem Beispiel der Eingabemaske:

```
10 DIM FNAME$(6),FPOS%(6,2),FTYP$(6)
20 RESTORE 60
30 FOR I= 1 TO 6
40   READ FNAME$(I),FPOS%(I,1),FPOS%(I,2),FTYP$(I)
50 NEXT I
60 DATA "Name",5,5,"A","Vorname",6,5,"A"
70 DATA "Strasse",7,5,"A","PLZ",8,5,"N"
80 und so weiter.....
```

FNAME$ beinhaltet den Namen des Feldes, FPOS% beinhaltet die Zeilen-/Spaltenposition des Feldes auf dem Bildschirm und FTYP$ gibt Auskunft, ob die Eingabe alphanumerisch "A" oder numerisch "N" ist. Bitte beachten Sie, daß in den Data-Zeilen die Werte entsprechend der Variablentypen abgelegt sind, damit bei der Zuweisung kein *Type mismatch* (falscher Typ) entsteht.

Der READ-Befehl muß nicht unbedingt in einer Schleife eingesetzt werden:

```
10 READ FTYP$(1),FTYP$(2),FTYP$(3),FTYP$(4)
20 DATA "A","A","A","N"
```

Wenn Sie in den Data-Zeilen weniger Werte vorgeben, als die READ-Schleife lesen soll, meldet PC-BASIC sich mit einem *Out of data* (Zu wenig Daten). Geben Sie mehr Werte vor, ist das nicht ganz so schlimm. Sie müssen dann nur beim nächsten READ mit falsch eingelesenen Daten rechnen.

Sie können einer Data-Zeile durch einen Doppelpunkt (:) getrennt weitere Anweisungen anhängen. Hiervon sollten Sie aber Abstand nehmen, da es sich bei Programmierern so eingebürgert hat, daß in einer Data-Zeile wirklich nur Daten stehen. Keiner würde auf die Idee kommen, beim schnellen Durchsehen des Programms an das Ende einer Zeile - oder noch schlimmer: mittenrein! - zu schauen.

RESTORE

Wenn Sie in einem Programm mehrere READ...DATA einsetzen, kann es notwendig sein, den Datenzeiger zu manipulieren. Vielleicht haben Sie eine Tabelle angelegt, die in verschiedene Arrays eingelesen werden soll. Nach der ersten READ-Schleife steht der Datenzeiger hinter dem letzten gelesenen Wert, muß also unter Umständen wieder auf den Anfang der Tabelle gesetzt werden. Dies können wir mit dem RESTORE-Befehl machen:

```
RESTORE [<Zeilennummer>]
```

PC-BASIC setzt den Datenzeiger auf den ersten Wert hinter das DATA der angegebenen Zeilennummer. Wird *Zeilennummer* weggelassen, setzt PC-BASIC den Datenzeiger auf den ersten Wert nach dem ersten DATA im Programm.

Der RESTORE-Befehl versetzt uns also in die Lage, Daten aus einer Tabelle komplett oder ab einer bestimmten Zeilennummer einzulesen. Achten Sie darauf, daß die Schleife entsprechend geändert sein muß, wenn Daten mitten aus einer Tabelle gelesen werden, die normalerweise das ganze Array füllt.

Der Datenzeiger wird durch RESTORE immer auf den ersten Wert hinter dem DATA gesetzt. Wenn Sie einen Wert aus der Data-Zeile benötigen, der an anderer Position liegt, setzen Sie ein Leer-READ ein:

```
10 FOR I=1 TO 5
20    READ X$
30 NEXT I
40 FOR I=1 TO 3
50    READ TEXT$(I)
60 NEXT I
70 DATA "x", "x", "x", "x" ,"x", "Text", "Text", "Text"
```

3.6.4 System-Variablen

PC-BASIC definiert einige Variablen und Funktionen automatisch, die für bestimmte Daten reserviert sind und nur eingeschränkt durch den Programmierer beeinflußt werden können. In der Regel dienen diese Variablen dem Programmierer als Informationsquelle über Zustände des Programms bzw. des Programmablaufes. Im Folgenden werfen wir einen kurzen Blick auf Namen und Bedeutung dieser Variablen. Eine genaue Erläuterung finden Sie bei den Beschreibungen im jeweiligen Aufgabengebiet.

ERR

In dieser Integer-Variablen wird ein während des Programmablaufes aufgetretener Fehler festgehalten (siehe 4.8.1).

ERL
In dieser Integer-Variablen wird die Nummer der Zeile festgehalten, in der der in ERR gespeicherte Fehler aufgetreten ist (siehe 4.8.1).

DATE$
Hier wird das vom PC geführte Datum gespeichert (siehe 4.2.3).

TIME$
Hier wird die vom PC geführte Zeit gespeichert (siehe Abschnitt 4.2.3).

3.6.5 Der Stack (Stapelspeicher)

Hinweis: Die folgende Beschreibung des Stacks ist ausschließlich für Anfänger und Einsteiger gedacht. Fortgeschrittene, Profis oder gar Systemprogrammierer möchte ich bitten, diesen Abschnitt zu überspringen!

Bisher haben wir des öfteren den Begriff Stack (dt.: Stapelspeicher) gehört. Was verbirgt sich eigentlich dahinter?

Nun, es handelt sich dabei - einfach ausgedrückt - ebenfalls um eine System-Variable von PC-BASIC. In dieser Variablen werden Daten temporär (vorübergehend) gespeichert. Sobald die Daten nicht mehr benötigt werden, löscht PC-BASIC sie automatisch.

Nehmen wir als Beispiel den Aufruf eines Befehles. Wir haben erfahren, daß dabei Parameter zu übergeben sind. Diese Parameter müssen nicht dauerhaft gespeichert werden, sondern sie haben nach der Ausführung des Befehls ihre Daseinsberechtigung verloren. Anders ausgedrückt: Sie werden nur vorübergehend benötigt, müssen also auch nur vorübergehend gespeichert werden.

PC-BASIC ist nun so organisiert, daß alle Paramater eines Befehles oder einer Funktion über den Stack übergeben werden. Wenn Sie beispielsweise den Befehl

```
PRINT "Heutiges Datum ist: ";DATE$
```

ausführen lassen, so werden die Parameter

```
"Heutiges Datum ist"
```

und

```
DATE$
```

auf dem Stack abgelegt. Danach wird die Routine für den PRINT-Befehl aufgerufen. Diese Routine "schaut" jetzt auf den Stack und weiß anhand der dort hinterlegten Parameter, was sie im einzelnen zu tun hat.

Nachdem die Aufgabe erledigt ist, löscht die PRINT-Routine die übergebenen Parameter vom Stack. Neben der Übergabe von Parametern dient der Stack noch vielen anderen Zwecken. Wir werden diese Zwecke im nächsten Kapitel je nach Auftreten und Notwendigkeit detailliert betrachten.

Damit haben wir das dritte Kapitel auch hinter uns gebracht. Bisher haben wir - bis auf einige Ausnahmen - trockene Theorie zu verdauen gehabt. Nun geht es an die handfeste Programmierung.

4. Grundlegende Befehle und Funktionen

Im folgenden Kapitel werden wir alle Befehle und Funktionen kennenlernen, die wir für einfache PC-BASIC-Programme brauchen. Für komplizierte Befehle und Funktionen finden Sie jeweils kleine Beispielprogramme, die Sie schnell abtippen und laufenlassen können. Einfache Befehle und Funktionen sollten Sie sofort am Bildschirm im Direktmodus nachvollziehen, Sie werden hierzu keine oder nur kleine Beispiele finden. Ich habe diesen Weg gewählt, um Sie zu praktischer Arbeit mit PC-BASIC zu bewegen.

Hinweis: In den einzelnen Beispielprogrammen werden sie den einen oder anderen Befehl bzw. die eine oder andere Funktion noch nicht kennen. Dies läßt sich leider nicht immer umgehen, da ein Beispiel-Programm nicht nur aus den gerade beschriebenen Befehlen und Funktionen bestehen kann, sondern zum Ablauf auch schon mal Befehle und Funktionen aus anderen Kapiteln/Abschnitten eingesetzt werden müssen. Anhand des Indexes können Sie aber im Bedarfsfall im entsprechenden Kapitel/Abschnitt nachlesen oder aber auch die Tatsache erstmal als gegeben hinnehmen.

4.1 Bildschirmein-/-ausgabe

Das wichtigste Kommunikationsmittel für den Benutzer ist - neben der Tastatur - der Bildschirm. Hier liest er ab, was er an Daten einzugeben hat, kontrolliert die über die Tastatur vorgenommene Eingabe und erhält die gewünschten Informationen aus Auswertungen, Berechnungen und Dateien. PC-BASIC bietet für die Bildschirmein-/-ausgabe eine Menge sinnvoller und durchdachter Befehle und Funktionen, denen wir im folgenden auf den Zahn fühlen werden. Bitte bedenken Sie: für die angegebenen Parameter können entweder Konstanten, Funktionsergebnisse oder Inhalte anderer Variablen eingesetzt werden.

4.1.1 Bildschirmaufbau

In diesem Abschnitt interessiert uns nur der sogenannte *Textmodus*, der Modus, in dem wir Text, also den gesamten, im Rechner verfügbaren ASCII-Zeichensatz, darstellen können.

Der ASCII-Zeichensatz

Was ist nun ein ASCII-Zeichensatz? Sicher kennen Sie die Tastatur einer Schreibmaschine. Die Tasten sind dort immer gleich angeordnet, so daß Sie ohne Schwierigkeiten und neuerliches Suchen der einzelnen Tasten einen Text sowohl auf einer Olympia-, einer Brother- oder einer IBM-Schreibmaschine tippen können. Man spricht dabei auch von einer "Standardisierung".

Gleiche gilt nun in etwa für den Zeichensatz des PC. PCs gibt es ja auch von verschiedenen Herstellern. Wäre der Zeichensatz nicht standardisiert, so wäre es durchaus möglich, daß das Zeichen A auf dem einen PC korrekt und auf dem anderen PC z.B. als Zeichen T dargestellt werden würde. Es wäre somit nicht möglich, Programme oder Daten beliebig auszutauschen. Der ASCII-Zeichensatz stellt nun diesen Standard dar, an dem sich alle PC-Hersteller orientieren. ASCII steht dabei als Abkürzung für "American Standard Code for Information Interchange", was soviel heißt wie amerikanischer Standard für Informationsaustausch. Diese Institution läßt sich denn auch in etwa mit unserer DIN (Deutsche Industrie Norm) vergleichen, die ja in ähnlicher Weise Standards für viele Bereiche festlegt.

Doch nun zurück zum Textmodus: Der Textmodus ist weitgehend unabhängig von der installierten Videokarte. Das heißt, ein Programm, das Sie einmal entwickelt haben, läuft auf (fast) jedem anderen PC ohne Änderungen.

Man muß lediglich unterscheiden nach Farb- und Monochrom-Videokarte. Bei einer Farbkarte - der Name läßt es vermuten - werden die Zeichen in verschiedenen Farben - z.B. Rot, Grün, Blau oder Gelb - dargestellt. Bei einer Monochrom-Karte werden hingegen keine Farben dargestellt, sondern die Zeichen werden mit sogenannten "Attributen" versehen, d. h., ein Zeichen wird entweder normal, intensiv, invertiert oder unterstrichen dargestellt. Sie entwickeln z.B. ein Programm auf einem PC, in dem eine Farb-Videokarte installiert ist. Als Farbe für den Text wählen Sie Blau. Wird dieses Programm nun auf einem PC mit Monochrom-Videokarte eingesetzt, so werden die Zeichen nicht Blau, sondern in dem dieser Farbe entsprechenden Attribut "Unterstrichen" dargestellt.

Sie erkennen die Problematik: Das Programm sieht auf dem einen PC wunderhübsch aus, auf dem anderen kann es jedoch aufgrund der unterschiedlichen Darstellungen katastrophal erscheinen. Was tun? Nun, es gibt eine Reihe von Farben und Attributen, die sich sowohl auf einer Farb- als auch auf einer Monochrom-Karte sinnvoll einsetzen lassen, so daß das Programm "sowohl als auch" eingesetzt werden kann. Details dazu erfahren wir gleich bei der Beschreibung der Befehle/Funktionen, die für Farben und Attribute zuständig sind. Das folgende Programm gibt uns erstmal einen Überblick über die auf dem PC darstellbaren Zeichen:

```
10 'Zeichen-Demo
20 :
30 CLS
40 FOR I=33 to 255
50    PRINT CHR$(I);" ";
60 NEXT I
```

Wie Sie sehen, können außer Buchstaben, Zahlen und den sonst von einer Schreibmaschine her bekannten Zeichen noch einige interessante Grafikzeichen dargestellt werden, mit denen sich hübsche und vor allen Dingen übersichtliche

Grundlegende Befehle und Funktionen

Masken erstellen lassen. Doch mehr dazu im zweiten Teil des Buches in Kapitel 10.

Wie viele Zeichen pro Zeile?

Mit dem Befehl

    WIDTH 40 | 80

legen Sie fest, wieviel Zeichen pro Zeile angezeigt werden sollen. Im Normalfall befindet sich Ihr Rechner nach dem Einschalten im 80-Zeichen-/25-Zeilen-Modus, daß heißt, Sie können pro Zeile 80 Zeichen darstellen und auf dem gesamten Bildschirm 25 Zeilen ausgeben. Geben Sie jetzt im Direktmodus ein:

    PRINT 80*25

Sehen Sie, so viele Zeichen können Sie auf dem gesamten Bildschirm ausgeben. Sollten Sie Ihre Brille einmal verlegt oder sich der Blick aus anderen Gründen getrübt haben, können Sie auf den zweiten Darstellungsmodus, der doppelt so breite Zeichen bietet, umschalten. Dadurch bekommen Sie zwar noch 40 Zeichen in eine Zeile, bei den 25 Zeilen insgesamt bleibt es aber. Befragen Sie den Rechner nach der nun darstellbaren Anzahl von Zeichen. Wenn Sie als Ergebnis 65 bekommen, haben Sie statt des * das +-Zeichen erwischt, womit Sie auch gleich den Unterschied kennengelernt haben. Doch zu mathematischen Funktionen und Berechnungen später mehr. Jetzt geben Sie bitte

    WIDTH 40

ein, um den 40-Zeichen-Modus aufzurufen. In den 80-Zeichen-Modus gelangen Sie mit der Eingabe

    WIDTH 80

zurück. Sie haben sicher gemerkt, daß der WIDTH-Befehl gleichzeitig für einen gelöschten Bildschirm sorgt.

Hinweis: Bei einem PC mit Monochrom-Karte steht Ihnen leider nur der 80-Zeichen-Modus zur Verfügung.

Die Antwort auf Ihre Frage "Geht beides zusammen?" ist: nein. Sie müssen sich schon für 80 *oder* 40 Zeichen entscheiden. Wenn es denn aber sein muß, so können Sie im Grafikmodus mit etwas Aufwand die Darstellung unterschiedlicher Zeichen bewerkstelligen (siehe Kapitel 6 und 17).

Dem WIDTH-Befehl werden wir übrigens im Laufe der Kapitel noch einige Male begegnen; da wir uns nun aber mit dem Bildschirm befassen, soll es das erstmal gewesen sein.

Hinweis: Bei einigen Interpreter-/Compiler-Versionen hat der WIDTH-Befehl für die Bildschirmausgabe folgende Syntax:

```
WIDTH <Anzahl_Zeichen>,<Anzahl_Zeilen>
```

Neben der Anzahl der darzustellenden Zeichen pro Zeile können Sie noch angeben, wieviel Zeilen dargestellt werden sollen. Dies ist allerdings nur möglich, wenn Sie eine Videokarte installiert haben, die mehr als 25 Zeilen unterstützt. Momentan ist es die EGA-Karte mit entweder 25 oder 43 Zeilen oder die VGA-Karte mit bis zu 60 Zeilen. Sofern Sie eine dieser Karten installiert haben, können Sie durch die Eingabe

```
WIDTH 80,43 oder WIDTH 80,60
```

feststellen, ob Ihre Version des PC-BASIC den WIDTH-Befehl in dieser Form ermöglicht. Gibt es den Fehler *Illegal Function Call* (Falscher Funktionsaufruf), so geht es nicht. Anderfalls sehen Sie das Ergebnis auf dem Bildschirm.

Farben und Attribute im Textmodus

Zu Beginn des Kapitels haben wir erfahren, daß je nach Videokarte die Darstellung der Zeichen in bestimmten Farben oder mit bestimmten Attributen erfolgt. Im folgenden wollen wir uns die dafür vorhandenen Befehle anschauen.

COLOR — Darstellung auf einem Farb-Monitor

Wenn Sie eine Farb-Videokarte und einen Farbmonitor Ihr eigen nennen, können Sie insgesamt 16 verschiedene Zeichenfarben und 8 verschiedene Hintergrundfarben auf den Bildschirm bringen. PC-BASIC bietet Ihnen hierzu den COLOR-Befehl:

```
COLOR [<Vordergrund>][,<Hintergrund>]
```

Den Einsatz des Kommas für weggelassene Parameter brauche ich wohl nicht mehr zu erwähnen. Das Programm zeigt Ihnen den Einsatz des COLOR-Befehls; beachten Sie, daß Sie durch Addition des Wertes 16 zur Vordergrundfarbe das Zeichen zum Blinken bringen:

```
10 'COLOR-Test
20 :
25 CLS:KEY OFF
30 FOR I=0 TO 31
40 FOR K=0 TO 15
50 COLOR I,K
60 PRINT "COLOR";
70 NEXT K
80 PRINT
90 NEXT I
```

Grundlegende Befehle und Funktionen 73

```
100 COLOR 7,0
110 PRINT:PRINT:PRINT
120 COLOR 31,0
130 PRINT "Beliebige Taste drücken....."
135 X$=INKEY$:IF X$="" THEN 135
140 COLOR 7,0
145 CLS
146 LOCATE 5,5
150 PRINT "Auch die Rahmen-Farbe können Sie ändern !"
160 FOR I=0 TO 15
170 OUT &H3D9,I
180 FOR K=1 TO 200:NEXT K
190 NEXT I
200 LOCATE 10,5
210 PRINT "Feine Sache, nicht?"
215 PRINT
220 OUT &H3D9,0
230 COLOR 7,0
```

Gleichzeitig wurde Ihnen ein Trick verraten, der sonst in keinem PC-BASIC-Handbuch dokumentiert ist: Auch die Rahmenfarbe läßt sich von PC-BASIC aus ändern. Dies wird durch direktes Schreiben in das Farbauswahlregister (Port 3D9H) des Video-Chips 6845 mit dem OUT-Befehl erreicht.

Bitte seien Sie mit dem OUT-Befehl sehr vorsichtig, da das Schreiben in falsche Ports den Rechner zu mimosenhaften Reaktionen veranlassen kann: Er reagiert einfach nicht mehr auf Ihre Bemühungen. Lesen Sie vor irgendwelchen Experimenten damit unbedingt Kapitel 7 zu diesem Thema!

Hinweis: Bei einer EGA- oder VGA-Karte ist das Setzen der Rahmenfarbe im Textmodus (leider) nicht mehr möglich. Man muß sich dort also mit dem schwarzen (Trauer-) Rand abfinden.

Vordergrund legt die Farbe der Zeichen fest, *Hintergrund* die Farbe hinter den Zeichen. Wenn Sie das Programm analysieren, werden Sie sich fragen, warum eigentlich nur 8 Hintergundfarben wählbar sind. Ich will es Ihnen verraten: das Farbauswahlregister für die Hintergrundfarbe ist im Textmodus nur 3 Bit breit, binär ausgedrückt: 1+2+4= 7, es lassen sich also die Farben 0 bis 7 (siehe folgende Tabelle) als Hintergrundfarbe wählen. Größere Werte werden einfach in einen der gültigen Parameter umgerechnet bzw. haben eine Fehlermeldung zur Folge. Außerdem sehen Sie bei der Ausführung des obigen Beispielprogramms bei einigen Werten nur den Hintergrund. Dies ist insofern logisch, als beispielsweise ein blaues Zeichen auf blauem Hintergrund noch nie gut zu sehen war.

Farbwert	Farbe
0	Schwarz
1	Blau
2	Grün
3	Türkis/Cyan
4	Rot
5	Purpur/Magenta
6	Braun

Farbwert	Farbe
7	Hellgrau
8	Dunkelgrau
9	Hellblau
10	Hellgrün
11	Helltürkis/Hellcyan
12	Hellrot
13	Hellpurpur/Hellmagenta
14	Gelb
15	Weiß

Bevor wir das Thema Farbe für diesen Abschnitt abschließen: Bitte quälen Sie den Anwender nie mit allen 16 Farben auf einmal. Es gibt nichts Schlimmeres, als Eingabefelder, Hinweise und Fehlermeldungen in so einem Farbchaos zu finden. Denken Sie daran: "Weniger ist manchmal mehr."

Darstellung auf einem Monochrom-Monitor

Bei einem Monochrom-Monitor können Sie nicht mit einer solchen Farbenpracht protzen, da - wie bereits erwähnt - den Zeichen keine Farben, sondern Attribute zugeordnet werden. Sie sollten aber trotzdem das obige Beispielprogramm laufen lassen, damit Sie die Wirkung der verschiedenen Farben auf Ihrem Bildschirm sehen können. Im allgemeinen sind folgende Darstellungsarten sinnvoll und "sowohl als auch" einzusetzen:

COLOR 7,0	Normale Darstellung
COLOR 0,7	Inverse Darstellung
COLOR 15,0	Doppelte Helligkeit
COLOR 31,0	Blinkende Darstellung
COLOR 1,0	Bei Monochromkarten "unterstreichen", sonst "Blau"

In den seltensten Fällen können Sie hiermit den Bildschirm überfrachten, so daß Sie hier nicht die Sorgfalt wie beim Farbmonitor walten lassen müssen.

Composite-Monitore

Eine besondere Form des Farb-Monitors ist der Composite-Monitor. Hier werden die Farbsignale nicht als Farben, sondern als zweifarbige Raster dargestellt. Solche Monitore sind billiger als "echte" Farb-Monitore, haben jedoch den Nachteil, daß einige Farben aufgrund der Rasterung dazu führen, daß Text nicht gelesen werden kann. Mit dem eben vorgestellten Pogramm können Sie die jeweils besten Farben für Ihr Programm ermitteln.

CLS — Bildschirm löschen

Nur der Vollständigkeit halber wollen wir an dieser Stelle den Befehl

    CLS

zum Löschen des Bildschirmes erwähnen. Aus den vorangegangenen Beispielen und Übungen ist er Ihnen mittlerweile ein alter Bekannter.

Hinweis: Bitte beachten Sie, daß CLS die mit COLOR gesetzten Farben für Vorder- und Hintergrund verwendet. Möchten Sie beispielsweise ein Programm mit weißer Schrift auf rotem Hintergrund ausstatten, so geben Sie den Befehl COLOR 15,4. Alle Ausgaben mit PRINT und auch CLS halten sich für den Rest des Programms an diese Farben. Am Ende des Programms sollten Sie die Farben allerdings wieder auf den normalen Wert (COLOR 7,0) setzen, da einige Versionen bei der Rückkehr in das Betriebssystem die eingestellten Farben beibehalten. Und MS-DOS "Gelb auf Lila" gefällt längst nicht jedem Anwender.

LOCATE

Im Beispielprogramm für den COLOR-Befehl ist Ihnen bestimmt der Befehl LOCATE aufgefallen. Mit diesem Befehl können Sie den Cursor in einer beliebigen Zeile auf eine beliebige Spalte positionieren und festlegen, ob der Cursor an- oder ausgeschaltet ist. Außerdem haben Sie die Möglichkeit, die Form des Cursors Ihren eigenen Wünschen entsprechend vorzugeben:

    LOCATE [<Zeile>] [,<Spalte>] [,<An_Aus>] [,<von_Zeile>] [,<bis_Zeile>]

Mit *Zeile* und *Spalte* geben Sie die Koordinaten vor. 1,1 beispielsweise ist dabei die linke obere Ecke, 80,25 die rechte untere Ecke. Im 40-Zeichen-Modus sind die Koordinaten entsprechend umzusetzen.

Für den Paramater *An_Aus* gilt: 0 = Cursor aus, 1 = Cursor an. Das folgende Beispielprogramm zeigt die unterschiedlichen Cursor-Formen auf:

```
10 'LOCATE-Test
20 :
30 CLS:KEY OFF
40 FOR I=0 TO 31
50 FOR K=0 TO 31
60 LOCATE 23,2,0
70 COLOR 15,0
80 PRINT "Beliebige Taste für nächsten Wert"
90 COLOR 7,0
100 LOCATE 5,1
110 PRINT "vonZeile: ";:PRINT USING "##";I
120 PRINT "bisZeile: ";:PRINT USING "##";K
```

```
130 PRINT
140 PRINT "Cursor  : ";:LOCATE ,,1,I,K
150 X$=INKEY$:IF X$="" THEN 150
160 COLOR 7,0
170 NEXT K
180 NEXT I
190 COLOR 7,0
200 LOCATE ,,1,5,5
```

Die Schleifen I und K laufen aus Kompatibilitätsgründen zu einigen Monochrom-/EGA-Karten bis 31, obwohl im Normalfall ab Wert 13 für *bis_Zeile* und *von_Zeile* keine Reaktion mehr sichtbar ist. *von/bis_Zeile* sind sogenannte Rasterzeilen, also keine Bildschirmzeilen. Jede Bildschirmzeile setzt sich aus mehreren Rasterzeilen zusammen.

In Zeile 140 verwenden wir das Komma (,) für nicht angegebene Parameter, hier werden die momentanen Werte übernommen.

CRSLIN und POS — Cursor positionieren

Mit LOCATE können wir den Cursor gezielt positionieren, ihn an- oder ausschalten und seine Formen (80-45-90) festlegen. Analog hierzu benötigen wir in einigen Anwendungen für die Kontrolle des Cursors seine aktuelle Zeilen- bzw. Spaltenposition. PC-BASIC hat hierfür die zwei Funktionen

```
CRSLIN (für die Zeile)
```

und

```
POS(0) (für die Spalte)
```

parat. Die folgende Beispielzeile positioniert den Cursor bei der Ausgabe nach Erreichen der letzten Bildschirmposition in der linken oberen Ecke:

```
55 IF CRSLIN=25 AND POS(0)=80 THEN LOCATE 1,1
```

Dem Ergebnis dieser Funktionen können wir auch Variablen zuweisen, die später weiterverarbeitet werden sollen:

```
55 ZEILE%=CRSLIN:SPALTE%=POS(0)
```

SCREEN — Bitte umblättern

Besitzer einer FarbGrafik-Karte haben die Möglichkeit, im Textmodus 4 Bildschirmseiten (80-Zeichen-Modus) oder 8 Bildschirmseiten (40-Zeichen-Modus) im Zugriff zu haben. Im einzelnen bedeutet dies, daß Sie beispielsweise die erste Seite anzeigen und lesen lassen, während Sie auf der zweiten Seite bereits einen

Grundlegende Befehle und Funktionen

anderen Text ausgeben. Eine andere Anwendung wäre in Form verschiedener Eingabemasken denkbar, die durch den folgenden Befehl blitzschnell gewechselt werden können:

SCREEN [<Modus>] [,<Farbe>] [,<Ausgabe_Seite>] [,<Anzeige_Seite>]

Mit <Modus> legen Sie für grafische Anwendungen einen Grafikmodi fest. Mehr dazu jedoch in Kapitel 6. Hier geht es nach wie vor um den Textmodus und da wird <Modus> mit 0 angegeben. Das folgende Beispielprogramm (nicht für Monochrom-Karte!) gibt auf allen 4 Seiten im 80-Zeichen-Modus Text aus und schaltet anschließend die verschiedenen Seiten um:

```
10 'SCREEN-Demo
20 :
30 CLS:KEY OFF
40 FOR BILDSCHIRM= 0 TO 3
50 SCREEN ,,BILDSCHIRM,0
60 CLS
70 FOR K=1 TO 10
80 LOCATE ,K
90 PRINT "Dies ist Bildschirm ";BILDSCHIRM
100 NEXT K
110 LOCATE 23,2
120 COLOR 15,0
130 PRINT "Nächste Seite mit <CR>, ENDE mit <Esc>"
140 COLOR 7,0
150 NEXT BILDSCHIRM
160 BILDSCHIRM= 0
170 SCREEN ,,BILDSCHIRM,BILDSCHIRM
180 X$=INKEY$:IF X$="" THEN 180
190 IF X$=CHR$(27) THEN CLS:END
200 IF X$<>CHR$(13) THEN BEEP:GOTO 180
210 BILDSCHIRM= BILDSCHIRM+1
220 IF BILDSCHIRM= 4 THEN BILDSCHIRM= 0
230 GOTO 170
```

VIEW PRINT — Darf es eine Zeile weniger sein?

In einigen Anwendungen ist es nicht immer nötig, für neue Daten den gesamten Bildschirm zu löschen, weil beispielsweise oben und unten auf dem Bildschirm fortlaufend gleiche Texte angezeigt werden sollen. PC-BASIC berücksichtigt dies durch den *VIEW PRINT*-Befehl, der es Ihnen gestattet, den Bildschirm auf einen bestimmten Zeilenbereich zu beschränken:

VIEW PRINT [<von_Zeile>] TO [<bis_Zeile>]

Mit *von_Zeile* legen Sie die oberste Zeile des "neuen" Bildschirms fest, mit *bis_Zeile* die unterste Zeile des "neuen" Bildschirms. Dazu wieder ein Beispiel:

```
10 'VIEW PRINT-Demo
20 :
30 CLS:KEY OFF
40 COLOR 7,0
```

```
50 FOR I= 1 TO 25
60 PRINT STRING$(80,"*");
70 NEXT I
80 LOCATE 5,5
90 COLOR 0,7
100 PRINT " Dieser Teil bleibt stehen "
110 LOCATE 22,5
120 PRINT " Dieser Teil auch "
130 VIEW PRINT 10 TO 20
140 COLOR 15,0
150 FOR I= 1 TO 25
160 PRINT STRING$(80,"#");
170 NEXT I
180 LOCATE 14,5
190 COLOR 0,7
200 PRINT " Dies ist der 'neue' Bildschirm "
210 COLOR 7,0
220 VIEW PRINT
```

Wird VIEW PRINT ohne Parameter eingegeben, ist wieder der gesamte Bildschirm von Zeile 1 bis Zeile 25 aktiv. Beachten Sie, daß die Befehle CLS, LOCATE, PRINT und SCREEN sich an die Grenzen des mit VIEW PRINT vorgegebenen Bildschirms halten. Haben Sie beispielsweise den Befehl VIEW PRINT 15 TO 20 gegeben, so wird der Cursor mit LOCATE 1,1 nicht in die linke obere Ecke des Bildschirmes, sondern in Spalte 1 der 15. Zeile gesetzt.

Hinweis: VIEW PRINT ist bei einigen PC-BASIC-Versionen nicht implementiert und steht bei PC mit Monochrom-Karten nicht zur Verfügung.

SCREEN

Mit der SCREEN-Funktion (nicht zu verwechseln mit dem SCREEN-Befehl) können wir den ASCII-Code bzw. das Attribut-Byte eines Zeichens aus dem Bildschirmspeicher lesen:

```
SCREEN(<Zeile>,<Spalte>[,0 | 1])
```

Zeile und *Spalte* werden wie beim LOCATE-Befehl angegeben, durch einen weiteren Parameter können Sie bestimmen, ob der ASCII-Code oder das Attribut-Byte gelesen werden soll:

```
0= ASCII-Code lesen
1= Attribut-Byte lesen
```

Bevor wir ein wenig probieren, ist es notwendig, einige Worte zum Bildschirmspeicher zu verlieren. Bedingt durch die Architektur des Video-Chips besteht jedes auf dem Bildschirm dargestellte Zeichen aus zwei Bytes, die an nebeneinanderliegenden Speicherstellen im Bildschirmspeicher abgelegt sind. Das erste Byte gibt Auskunft über den ASCII-Code des Zeichens, das zweite Byte über das Attribut, also wie dieses Zeichen darzustellen ist. Bei einer Farb-Karte

Grundlegende Befehle und Funktionen 79

stellt das Attribut die Farbe dar, bei einer Monochrom-Karte die Darstellungsart - also unterstrichen, blinkend, doppelt hell und so weiter...

Das ASCII-Byte wird im Bildschirmspeicher an der geraden Adresse (0, 2, 4, 6, 8 usw.) und das Attribut-Byte an der ungeraden Adresse (1, 3, 5, 7, 9 usw.) gespeichert. Uns kann dies zwar egal sein, da die SCREEN-Funktion die richtige Position selbst errechnet, aber Schaden kann es auch nicht, wenn man es weiß. Sie haben bisher eine ganze Menge über die Bildschirmausgabe gelernt, so daß Sie folgende Dinge schon alleine können.

Beispiel: Schreiben Sie unter Verwendung des COLOR-Befehls verschiedenfarbige Zeichen in die erste Zeile, und ermitteln Sie mit der SCREEN-Funktion im Direktmodus den Zeichen-Code und das Attribut-Byte der einzelnen Zeichen.

PCOPY   Kopieren erlaubt

Mit PCOPY können bei Grafik-Karten, die mehrere Bildschirmseiten unterstützen (siehe SCREEN-Befehl), Bildschirminhalte von einer Bildschirmseite auf eine andere kopiert werden.

    PCOPY <VonSeite>,<NachSeite>

<VonSeite>
Geben Sie hier an, von welcher Bildschirmseite der Inhalt kopiert werden soll (Quelle).

<NachSeite>
Geben Sie hier an, auf welche Seite der Inhalt kopiert werden soll (Ziel).

Für <Von/NachSeite> können Sie abhängig von der Grafik-Karte Werte zwischen 0 und 7 angeben:

    CGA-Karte 80 Zeichen/Zeile= 4 Seiten (0-3)
    CGA-Karte 40 Zeichen/Zeile= 8 Seiten (0-7)
    EGA-Karte je nach Aufrüstung bis 8 Seiten (0-7)

PCOPY läßt sich beispielsweise in einer Hilfe-Funktion einsetzen. Ich darf hier etwas vorgreifen: Sie können mit dem Befehl BLOAD komplette Bildschirmseiten laden. So eine Bildschirmseite kann z.B. Hilfetexte enthalten. Nach der Anzeige der Hilfe müßte der vorherige Bildschirm komplett neu angezeigt werden. Das braucht Zeit.

Dies kann man nun umgehen, indem zuerst der aktuelle Bildschirm gesichert wird:

    PCOPY 0,1 -> Seite 0 nach 1 kopieren

Danach wird der Hilfetext geladen:

    DEF SEG= &HB800: BLOAD "HILFE.TXT",0

Nach dem Lesen des Hilfetextes wird der vorherige Bildschirm wieder hergestellt:

    PCOPY 1,0 -> Seite 1 nach 0 kopieren

Hinweis: PCOPY ist (leider) nicht in allen Versionen implementiert.

4.1.2 Ausgabe von Daten

Im letzten Abschnitt haben wir uns die Gestaltungsmöglichkeiten für die Ausgabe von Daten und den Bildschirmaufbau angeschaut. In diesem Abschnitt sollen uns die Befehle und Funktionen interessieren, die die Ausgabe von Daten auf den Bildschirm ermöglichen.

Den wichtigsten Befehl, nämlich PRINT, haben wir in den vorhergegangenen Beispielen schon kennengelernt. Bei PRINT handelt es sich um einen sehr vielseitigen Befehl, der alle zur Verfügung stehenden Daten in Form von Texten, Variablen, Ergebnissen aus Berechnungen etc. auf dem Bildschirm ausgibt:

    PRINT [TAB(<Spalte>)] [SPC(<Anzahl>)] [<Ausdruck>...] [;] [,]

Für <Ausdruck> kann folgendes stehen:

PRINT "Testtext"
In Anführungszeichen (") stehender Text mit einer Länge von maximal 255 Zeichen. Dies ist natürlich nur theoretisch möglich. Eine Programmzeile kann maximal 255 Zeichen aufnehmen, es bleibt also kein Platz für Anführungszeichen und Befehl.

PRINT 5+3+5*2+(8-2)
Das Ergebnis einer Berechnung; Klammern können für die Schachtelung eingesetzt werden. Statt der Zahlen können numerische Variablen eingesetzt werden.

PRINT <Variable>
Der Inhalt von Variablen; hierbei spielt es keine Rolle, ob diese Variablen numerische oder String-Variablen sind.

PRINT <Funktion>
Das Ergebnis von Funktionen; die DATE$-Funktion haben wir bereits kennengelernt, weitere mit PRINT einsetzbare Funktionen folgen.

Mehrere der oben aufgeführten *Ausdrücke* können in einem PRINT-Befehl zusammengefaßt werden:

```
PRINT "Name: ";KNAME$;" Datum: ";DATE$;" Ergebnis: ";1+1
```

Hierfür verwenden wir das Semikolon (;), das den PRINT-Befehl veranlaßt, die nächste Ausgabe an die vorhergehende direkt anzuschließen. Anders ausgedrückt: normalerweise beginnt die nächste Ausgabe nach einem PRINT-Befehl am Anfang der nächsten Zeile. Mit dem Semikolon unterbindet man den Zeilenvorschub, den PRINT nach der Ausgabe von *Ausdruck* ausführt.

Als weiteren Parameter können wir das Komma (,) beim PRINT-Befehl einsetzen. Für den PRINT-Befehl sind alle 14 Zeichen Tabulatoren gesetzt. Mit dem angegebenen Komma wird der PRINT-Befehl veranlaßt, vor der Ausgabe von *Ausdruck* den nächsten Tabulator anzuspringen. Dadurch läßt sich in gewissen Grenzen eine Formatierung der Bildschirmausgabe in Tabellenform vornehmen.

TAB

Beim Einsatz der Funktion TAB wird der Cursor vor der Ausgabe von *Ausdruck* an die durch *Spalte* angegebene Spalte in der momentanen Ausgabezeile gesetzt.

```
PRINT TAB(<Spalte>)
```

Liegt *Spalte* links von der aktuellen Cursor-Position, wird der Cursor an *Spalte* der nächsten Zeile gesetzt. Ist *Spalte* größer als die mit WIDTH festgelegte Zeilenlänge, erfolgt eine Umrechnung (Spalte=<Spalte> MOD WIDTH) auf die richtige Spalte. Die TAB-Funktion kann mehrmals in einer PRINT-Zeile auftauchen:

```
PRINT TAB(10);"Hallo, lieber Leser";TAB(60);"Test"
```

SPC

Steht diese Funktion innerhalb einer PRINT-Zeile, werden vor der Ausgabe von *Ausdruck* die mit *Anzahl* vorgegebenen Leerzeichen (engl.: **SPaCe**) ausgegeben.

```
PRINT SPC(<Anzahl>)
```

Auch hier erfolgt wieder eine Umrechnung (Leerzeichen=<Anzahl> MOD WIDTH), falls *Anzahl* größer als die durch WIDTH festgelegte Zeilenlänge ist. Mehrere SPCs in einer PRINT-Zeile sind erlaubt:

```
PRINT SPC(15);"Guten Tag";SPC(20);"Test"
```

Das Semikolon (;) müssen Sie bei der TAB-/SPC-Funktion nicht unbedingt angeben, die Ausgabe wird auch so ohne Zeilenvorschub vorgenommen.

PRINT — Allgemeines

Ist *Ausdruck* länger als die Ausgabezeile, verschiebt der PRINT-Befehl die Ausgabe an den Anfang der nächsten Zeile. Vor und nach Zahlen wird ein Leerzeichen ausgegeben. Das Leerzeichen vor der Zahl ist für das Vorzeichen der Zahl reserviert. Bei einer positiven Zahl bleibt es ein Leerzeichen, bei einer negativen Zahl steht dort das Minuszeichen (-). PRINT ohne weitere Parameter setzt den Cursor an den Anfang der nächsten Zeile, wenn die vorhergehende Ausgabe mit Semikolon (;) oder Komma (,) erfolgte, ansonsten wird eine Leerzeile ausgegeben. Bei der Eingabe des PRINT-Befehls können Sie als Abkürzung das Fragezeichen (?) benutzen, PC-BASIC setzt es entsprechend um.

PRINT USING — Formatierte Ausgabe

Eine Variante des PRINT-Befehls erlaubt es Ihnen, Daten formatiert auszugeben. Normalerweise werden die Daten ab der momentanen Cursor-Position ausgegeben. Um beispielsweise Beträge oder sonstige numerische Werte ordentlich untereinander zu setzen, benutzen Sie den PRINT USING-Befehl:

```
PRINT USING "<Maske>"; <Zahl> | <Ergebnis> | <String>
```

Das folgende Beispielprogramm soll dies verdeutlichen:

```
10 'PRINT USING-Demo
20 :
30 CLS:KEY OFF
40 PRINT "Der PRINT USING-Befehl in Aktion:"
50 PRINT:PRINT
60 LOCATE ,10
70 PRINT "nur PRINT";
80 LOCATE ,40
90 PRINT "PRINT USING"
100 PRINT
110 WERT1= 23.8:WERT2= 9.45
120 FOR I= 1 TO 10
130 LOCATE ,10:PRINT WERT1+WERT2;
140 LOCATE ,40
```

Grundlegende Befehle und Funktionen

```
150 PRINT USING "#####.##";WERT1+WERT2
160 WERT1= WERT1+109.45:WERT2= WERT2+102.89
170 NEXT I
```

Außer der hier demonstrierten Ausgabe können durch verschiedene *Masken* jede Art von Daten formatiert ausgegeben werden. Die jeweilige *Maske* muß immer in Anführungszeichen stehen.

Numerische Daten

PRINT USING "#####"
Diese Maske dient zur Formatierung ganzzahliger Werte. Jedes # steht hierbei für eine Stelle der auszugebenden Zahl. Für ein eventuell notwendiges Vorzeichen sollten Sie ein # zusätzlich hinzufügen. Kommazahlen werden vor der Ausgabe kaufmännisch gerundet.

PRINT USING "#####.##"
Mit der Maske werden Kommazahlen formatiert. Beachten Sie, daß PC-BASIC nicht das Komma, sondern den Punkt (.) zur Trennung der Vor-/Nachkommastellen verwendet. Durch die #-Zeichen vor und nach dem Punkt bestimmen Sie, mit wieviel Vor-/ Nachkommastellen die Werte ausgegeben werden. Haben Sie für den Nachkommateil nicht genügend #-Zeichen vorgesehen, werden die Nachkommastellen kaufmännisch gerundet ausgegeben.

PRINT USING "+#####.##" und PRINT USING "#####.##+"
Ein Pluszeichen (+) am Anfang oder am Ende der Maske bewirkt die Ausgabe des Vorzeichens des Wertes am Anfang bzw. am Ende der Ausgabe.

PRINT USING "#####.##-"
Mit dem Minuszeichen am Ende der Maske veranlassen Sie, daß ein negatives Vorzeichen des Wertes am Ende der Ausgabe erscheint. Positive Werte werden ohne + ausgegeben. Das Zeichen - darf nur am Ende der Maske stehen.

PRINT USING "#####.##^^^^"
Diese Maske benötigen Sie für die Exponentialdarstellung eines Wertes. Die ^^^^-Zeichen stehen hierbei für *E* oder *D*, das Vorzeichen (+/-) und zwei Ziffern, die den Exponenten zur Basis 10 darstellen.

*PRINT USING "**#####.##"*
Sind am Anfang der Maske zwei Sternchen ** angegeben, so werden die normalerweise ausgegebenen Leerzeichen bei Werten, die kleiner als die Maske sind, durch Sternchen ersetzt.

PRINT USING "$$#####.##"
Die Dollarzeichen ($$) am Anfang der Maske bewirken, daß vor jede Ausgabe das Dollarzeichen gesetzt wird. Eine Kombination mit ^^^^ für die Exponentialdarstellung ist nicht möglich. Bei Kombination mit der **-Maske ist nur ein Dollarzeichen anzugeben (**$###.##).

PRINT USING "#######,.##"
Durch das Komma (,) in der Maske veranlassen Sie eine Zusammenfassung des ausgegebenen Wertes zu Dreiergruppen (1,254,267.80). Bei vier- und mehrstelligen Zahlen sollten Sie der Übersichtlichkeit wegen diese Form der Formatierung wählen.

Wird der auszugebende Wert von Ihnen größer angegeben bzw. ergibt die Berechnung einen größeren Wert, als die Maske formatieren kann, macht PRINT USING Sie durch ein vor die Ausgabe gestelltes Prozentzeichen (%) darauf aufmerksam. Dies kann den ganzen Bildschirmaufbau beeinträchtigen. Läßt sich die maximal darzustellende Anzahl der Stellen nicht genau vorhersehen, sollten Sie lieber eine größere Maske wählen oder eine Abfrage auf die Größe des Wertes in Ihr Programm einbauen.

Strings und Zeichen

Auch für die Ausgabe von Strings bietet Ihnen der *PRINT USING*-Befehl einige Formatierungsmöglichkeiten:

"\ \"
Mit dieser Maske legen Sie die Anzahl der auszugebenden Zeichen fest. Die \-Zeichen stehen jeweils für ein Zeichen, dazwischenliegende Leerzeichen für jedes weitere Zeichen. Geben Sie beispielsweise 5 Leerzeichen zwischen den \-Zeichen an, werden insgesamt 7 Zeichen des Strings ausgegeben.

"&"
Das Et-Zeichen veranlaßt die unformatierte Ausgabe des folgenden Strings.

Grundlegende Befehle und Funktionen

"!"

Durch das Ausrufezeichen wird nur der erste Buchstabe des Strings ausgegeben.

"_"

Findet PRINT USING in der Maske das Unterstreichungszeichen, so wird das diesem folgende Zeichen ohne weitere Behandlung ausgegeben. Hierdurch können Sie Zeichen, die normalerweise nicht in der Maske erlaubt sind, einbinden.

"#####.## <Text>"

In die Maske können beliebige Zeichen oder *Text* eingebaut werden, die "<Text> #####.##" entsprechend ihrer Position in der Maske vor oder hinter der Ausgabe erscheinen.

PRINT USING — Allgemeines

Auch bei PRINT USING ist PC-BASIC bezüglich der Zuweisung sehr penibel. Versuchen Sie also nicht, einer String-Maske einen numerischen Wert oder umgekehrt zuzuweisen, die Folge wäre ein unerbittliches *Type mismatch* (falscher Typ). In den Masken für numerische Daten dürfen nicht mehr als 23 #-Zeichen für Vor- und Nachkommastellen angegeben werden; handeln Sie dieser Beschränkung zuwider, gibt es einen *Illegal Function Call* (falscher Funktionsaufruf). Wenn Sie eine andere Maskierung als Leerzeichen bzw. Sternchen benötigen, müssen Sie auf String-Operationen zurückgreifen.

Mit einer einzigen Maske können innerhalb einer PRINT USING-Zeile mehrere Werte ausgegeben werden:

```
PRINT USING "###.##"; 376.80, 12.46, 3.48, 59.00
```

Es ist auch möglich, mehrere Masken und Werte in einer PRINT USING-Zeile zusammenzufassen:

```
PRINT USING "##.##","###.##";12.80,301.78
```

Wenn Sie mehr Masken als Werte vorgeben, werden die nicht benötigten Masken ignoriert:

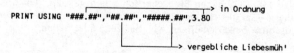

Abb. 7:   PRINT USING-Beispiel 1

Sind mehr Werte als Masken angegeben, werden die Masken von links nach rechts durchgearbeitet, nach der letzten Maske beginnt PRINT USING wieder mit der ersten Maske:

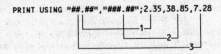

Abb. 8: PRINT USING-Beispiel 2

PRINT USING verschiebt die Ausgabe an den Anfang der nächsten Zeile, wenn in der momentanen Ausgabezeile nicht mehr genug Platz ist. Leider ist es nicht ohne weiteres möglich, das formatierte Ergebnis einer Variablen zuzuweisen. Über die Ausgabe auf den Bildschirm und Einlesen per SCREEN-Funktion können Sie sich aber im Notfall behelfen.

WRITE — Ausgaben

Neben dem PRINT-Befehl bietet PC-BASIC für die Ausgabe von Daten auf den Bildschirm den WRITE-Befehl. Da der WRITE-Befehl von der Syntax her dem PRINT-Befehl entspricht, wollen wir uns hier auf die Unterschiede beschränken:

- Alle *Ausdrücke* werden grundsätzlich durch Kommata (,) getrennt auf dem Bildschirm ausgegeben.

- Alle *Ausdrücke* werden in Anführungszeichen (") eingeschlossen auf dem Bildschirm ausgegeben.

- Eine Formatierung durch USING ist nicht möglich.

- Die TAB-Funktion kann nicht mit WRITE eingesetzt werden.

- Der Einsatz des Semikolons (;) zur Unterdrückung des Zeilenvorschubes ist nicht möglich.

Der Bildschirm als Datei

In Ihrem Handbuch zu MS-DOS haben Sie sicherlich schon gelesen, daß die angeschlossenen Peripherie-Geräte (Devices) als Dateien angesprochen werden können. Für den Bildschirm bewerkstelligen wir dies folgendermaßen:

```
OPEN "SCRN:" FOR OUTPUT AS #1
```

oder

Grundlegende Befehle und Funktionen

```
OPEN "CONS:" FOR OUTPUT AS #1
```

Die Dateinamen *SCRN:* und/oder *CONS:* sind für MS-DOS reserviert und dürfen von Ihnen nicht als Namen für Ihre Dateien eingesetzt werden - davon abgesehen, daß Sie kaum das gewünschte Ergebnis erzielen werden, wenn Sie es trotzdem tun. Meistens wird diese Art der Bildschirmausgabe gewählt, um die Ein-/Ausgaberoutinen flexibler zu gestalten. Außerdem können Sie hiermit die ANSI-Escape-Sequenzen senden, die dann entsprechend umgesetzt werden. Beim "normalen" PRINT-Befehl geschieht dies nicht. Bitte überprüfen Sie für das folgende Beispiel, ob der ANSI-Treiber installiert ist (siehe Kapitel 3):

```
10 'OPEN "CONS:"-Demo
20 :
30 CLS:KEY OFF
40 OPEN "CONS:" FOR OUTPUT AS #1
50 PRINT#1,CHR$(27);"[J2":'Bildschirm löschen
60 PRINT#1,"Testtext"
70 PRINT#1,CHR$(27);"[1m";"Testtext";CHR$(27);"[0m"
80 PRINT#1,CHR$(27);"[7m";"Testtext";CHR$(27);"[0m"
90 PRINT#1,CHR$(27);"[5m";"Testtext";CHR$(27);"[0m"
100 CLOSE
```

Hier haben wir schon einige Befehle der Dateiverwaltung eingebaut, die in Abschnitt 4.6 dieses Kapitels beschrieben werden. Da der Bildchirm als Datei aber in diesen Abschnitt gehört, mußte etwas vorgegriffen werden.

4.1.3 Einlesen über die Tastatur

Die Kommunikation zwischen Anwender und Programm wird in der Regel über die Tastatur erfolgen. Sprachein-/-ausgabe ist zwar mittlerweile realisierbar, von den Kosten her für einen "Normalsterblichen" aber selten diskutabel.

PC-BASIC bietet für das Einlesen von Daten über die Tastatur verschiedene Befehle und Funktionen, die wir uns gleich im einzelnen anschauen wollen. Zuerst aber einige grundlegende Dinge.

Alle zu verarbeitenden Daten werden erstmal in Variablen abgelegt, bevor damit z.B. eine mathematische Berechnung oder eine String-Operation durchgeführt werden kann. Daraus folgt, daß den Befehlen/Funktionen für die Dateneingabe über Tastatur als Parameter eine oder mehrere Variablennamen anzugeben sind. Wir wissen, daß PC-BASIC zwischen den Datentypen *String* und *Numerisch* unterscheidet. Für das Einlesen dieser Daten werden jedoch keine unterschiedlichen Befehle eingesetzt, sondern PC-BASIC erkennt den Datentyp automatisch.

4.1.4 Strings (Zeichenkette) eingeben

Um die über die Tastatur eingegebenen Daten als String zu speichern und zu verarbeiten, geben Sie als Parameter eine entsprechende String-Variable an:

```
INPUT "Zeichenkette: ";ZK$
```

Durch das Dollar-Zeichen ($) legen Sie fest, daß die Variable ZK den Datentyp String hat. Alle Zeichen, die der Anwender nun über die Tastatur eingibt, werden ohne besondere Behandlung in ZK$ gespeichert, da dieser Datentyp jedes Zeichen akzeptiert.

4.1.5 Numerische Daten eingeben

Bei der Eingabe von numerischen Daten ist die Sache nicht ganz so einfach, da PC-BASIC hier die Datentypen einerseits nach deren Genauigkeit unterscheidet und andererseits nicht alle Zeichen der Tastatur als Zahlen akzeptiert werden können. Daher müssen Sie bei der Angabe der Variablen beachten, daß die zu erwartende Eingabe auch korrekt gespeichert werden kann. Soll beispielsweise eine Fließkommazahl eingelesen werden, so muß die Variable vom Datentyp einfache oder doppelte Genauigkeit sein. Die Angabe einer Integer-Variablen führt ggf. zu falschen Ergebnissen, da der Nachkommateil kommentarlos von PC-BASIC abgeschnitten wird! Weiterhin kann die Fehlermeldung "Overflow" (dt.: Überlauf) verursacht werden, wenn der eingegebene Wert die Grenzen des angegebenen Datentyps über- oder unterschreitet:

```
INPUT "INTEGER-Zahl: ";ZAHL%
```

Wird hier beispielsweise die Zahl 45738 eingegeben, so gibt es die erwähnte Fehlermeldung, da eine Integer-Variable nur einen Wert bis 32767 speichern kann.

Eine weitere Fehlermöglichkeit bei der Eingabe von Zahlen liegt darin, daß eventuell Zeichen eingegeben werden, die nicht als Zahlen interpretiert werden können:

```
INPUT "Jahresgehalt: ";J,GEHALT#
```

Wird hier aus Versehen ein Buchstabe gedrückt, so erfolgt die Fehlermeldung "Redo from start" (dt.: nochmal von vorne), da ein Buchstabe nun mal keine Zahl ist. Diese Fehlermeldung ist insofern unangenehm, da sie erstens nicht abgefangen werden kann und zweitens direkt unter der Bildschirmzeile ausgegeben wird, in der die Eingabe erfolgte. Dadurch wird jede noch so schöne Eingabemaske erbarmungslos verhunzt.

Hier eine kleine Routine für Ihre eigenen Programme, die das verhindert:

```
200 '
210 'Numerische Eingabe ohne "Redo from start"
220 '
230 CLS:KEY OFF
240 TEST$="abcdefghijklmnopqrstuvwxyzABCDEFGHIJKLMNOPQRSTUVWXYZ"
250 '
260 LOCATE 10,5:COLOR 7,0
270 LINE INPUT "Ihr Monatsverdienst: ";MONATS.VERD$
```

Grundlegende Befehle und Funktionen

```
280 FEHLER= 0
290 FOR I= 1 TO LEN(TEST$)
300 IF INSTR(MONATS.VERD$,MID$(TEST$,I,1))<> 0 THEN 330 ELSE NEXT
310 GOTO 380
320 :
330 'Ungültige Eingabe
340 :
350 LOCATE 24,1:PRINT "Hier sind nur Ziffern [0] bis [9] und Zeichen [.],[+] und [-]
    erlaubt!";SPACE$(81-POS(0));
360 BEEP:GOTO 260
370 :
380 'Gültige Eingabe
390 :
400 LOCATE 24,1:PRINT VAL(MONATS.VERD$);" Ist eine gültige Eingabe!";SPACE$(81-
    POS(0));
410 IF INKEY$="" THEN 410 ELSE 260
```

Die Variable TEST$ wird entsprechend der nicht zugelassenen Zeichen initialisiert. Dies hängt von Ihren jeweiligen Bedürfnissen ab. Selbstverständlich läßt sich diese Routine auch für das Einlesen von Strings einsetzen, bei denen z.B. Ziffern oder Grafik-Zeichen nicht erlaubt sind.

4.1.6 Befehle für die Tastatur-Eingabe

INPUT

Der wohl am häufigsten eingesetzte Befehl für die Dateneingabe über die Tastatur ist der INPUT-Befehl:

```
INPUT [;] [<"Kommentar">] [;|,] <Variablen...>
```

Mit INPUT haben Sie die Möglichkeit, dem Anwender vor dem Einlesen der benötigten Daten mit einem *"Kommentar"* unter die Arme zu greifen:

```
INPUT "Geben Sie ihr Alter ein: ";ALTER$
```

Auf dem Bildschirm wird Ihr Kommentar gefolgt von einem Fragezeichen (?) ausgegeben. Das Fragezeichen teilt dem Anwender mit, daß nun eine Eingabe vorzunehmen ist. Die Eingabe muß mit der <CR>-Taste abgeschlossen werden. Die eingegebenen Daten werden dann der *Variablen* zugewiesen und ein Zeilenvorschub wird ausgegeben.

Das erste Semikolon (;) im Anschluß an das Wort INPUT wird eingesetzt, wenn nach der Eingabe kein Zeilenvorschub erfolgen soll. Besonders bei Eingaben in der letzten Bildschirmzeile sollten Sie das Semikolon nie vergessen, da sonst die gesamte Maske nach oben geschoben wird.

Das Komma (,) vor den *Variablen* bewirkt die Unterdrückung des Fragezeichens. Möchten Sie keinen *"Kommentar"* ausgeben und das Fragezeichen mit dem Komma unterdrücken, so muß vor dem Komma ein Leer-String definiert sein:

```
INPUT "",ALTER$
```

Bei einigen Versionen wird nach der Ausgabe des *"Kommentars"* ein Zeilenvorschub ausgegeben und die Eingabe am Anfang der nächsten Zeile erwartet. Den Zeilenvorschub können Sie mit dem **zweiten** Semikolon (;) vor den *Variablen* unterdrücken. Mit einem INPUT-Befehl können mehrere *Variablen* mit Daten versorgt werden:

```
INPUT "Name, Alter, Gehalt: ";KNAME$,ALTER1%, GEHALT1!
```

Bei der Eingabe der geforderten Daten sind diese mit einem Komma zu trennen:

```
Bomanns,28,3.80 <CR>
```

Beachten Sie bitte, daß in der Eingabe entsprechend unterteilte Daten für jede angegebene *Variable* vorhanden sein müssen. Für nicht relevante Eingaben geben Sie das Komma ohne weitere Daten ein:

```
Bomanns,,3.80 <CR>
```

Auch die richtige Zuordnung der verschiedenen Typen muß gewährleistet sein. Ist dies nämlich nicht der Fall, gibt der INPUT-Befehl die Meldung *Redo from start* (nochmal von vorn) aus. Diese Eingabe muß dann für **alle** angegebenen *Variablen* wiederholt werden. Dies ist weder für den Anwender noch für Ihre Maske sonderlich erbauend. Würden Sie den oben genannten INPUT also mit

```
3.80,Bomanns,28 <CR>
```

beantworten, dann hätten Sie den Salat. Die Zuweisung *Bomanns* an eine Integervariable ist nämlich nicht möglich. Wie *Redo from start* verhindert werden kann, wurde eingangs des Kapitels erläutert.

Gegen die Eingabe der *3.80* ist hingegen nichts einzuwenden, da eine String-Variable alles aufnimmt. Bei der vorgenannten Meldung handelt es sich nicht um eine Fehlermeldung, sondern um einen Hinweis. Hierdurch werden die Systemvariablen ERR und ERL (siehe Abschnitt 4.8) nicht beeinflußt.

Leider kann beim INPUT-Befehl die maximale Länge der Eingabe nicht vorgegeben werden. Ein garstiger Anwender könnte Ihnen beispielsweise durch Festhalten der Taste <X> die schöne Maske verderben. Probieren Sie es mal.

Bei der Eingabe von Daten für eine String-Variable werden führende oder folgende Leerzeichen von INPUT ignoriert. Da das Komma (,) von INPUT als Trennzeichen angesehen wird, ist es als einzugebendes Zeichen nicht ohne weiteres verwendbar. Möchten Sie trotzdem führende oder folgende Leerzeichen

Grundlegende Befehle und Funktionen

bzw. das Komma einlesen, so muß die Eingabe in Anführungszeichen (") eingeschlossen sein:

```
" Bomanns, H.J.   ",28,3.80 <CR>
```

Während der Ausführung des INPUT-Befehls sind die bekannten Editiertasten aktiv. Die Eingabe kann also beispielsweise mit der <Ins>- oder <Del>-Taste korrigiert werden. Der Cursor kann mit den Steuertasten im Eingabefeld bewegt werden. Leider gibt es auch hier wieder einen Wermutstropfen: auch die Tastenkombination <CTRL> <L> zeigt ihre Wirkung durch Löschen des Bildschirms. Besagter garstiger Anwender hat auch hier einen Ansatzpunkt, Sie zu foppen.

Systemvariablen können über INPUT nicht mit Daten versorgt werden. Im einzelnen sind dies die Variablen DATE$, TIME$, ERR und ERL. DATE$ und TIME$ können Sie mit den String-Operationen (Abschnitt 4.2) ändern, ERR und ERL werden grundsätzlich nur von PC-BASIC verwaltet.

LINE INPUT

Beim INPUT-Befehl ist uns die Beschränkung auferlegt, daß bestimmte Zeichen nicht eingelesen werden können. Mit dieser Variante des INPUT-Befehls wird dem abgeholfen:

```
LINE INPUT [;] [<"Kommentar">] [;] | [,] <StringVariable>
```

Da die Syntax fast dem INPUT-Befehl entspricht, konzentrieren wir uns auf die Unterschiede:

- LINE INPUT akzeptiert nur eine *Variable* des Types String.

- Mehrere *Variablen* sind nicht zulässig.

- Leerzeichen, Anführungszeichen ("), Doppelpunkt (:) und Kommata (,) werden übernommen.

Ansonsten gelten die beim INPUT-Befehl aufgeführten Hinweise.

INPUT$

Mit der INPUT$-Funktion kann eine begrenzte Anzahl von Zeichen von der Tastatur, einer Datei oder einem Datenpuffer eingelesen werden:

```
INPUT$(<Anzahl_Zeichen>[,<#Dateinummer>])
```

Die folgende Anweisung wartet beispielsweise, bis 5 Zeichen über die Tastatur eingegeben worden sind:

```
X$=INPUT$(5)
```

Hierbei werden alle Tasten als Zeichen angesehen. Die <CR>-Taste ist also für INPUT$ genauso ein Zeichen wie das *x* oder die *2*. Von einigen Tasten werden sogenannte "erweiterte Codes" geliefert. An diesen Codes, die aus 2 Bytes bestehen und deren erstes Byte immer *0* ist, können die Steuertasten erkannt werden. INPUT$ liest bei den Steuertasten mit erweitertem Code nur das erste Byte, Sie können also feststellen, daß eine Steuertaste betätigt wurde, leider aber nicht bestimmen, welche Steuertaste dies gewesen ist. Details erfahren Sie weiter unten bei der INKEY$-Funktion.

Die von der INPUT$-Funktion eingelesenen Zeichen werden nicht auf dem Bildschirm dargestellt. Die Eingabe muß nicht mit <CR> abgeschlossen werden, da INPUT$ an *Anzahl_Zeichen* das Ende der Eingabe erkennt. Die INPUT$-Funktion kann jederzeit mit <CTRL>-<C> abgebrochen werden.

Die Beschreibung der INPUT$-Funktion für Dateien und Datenpuffer finden Sie in Abschnitt 4.6. Hier interessiert uns ja nur das Einlesen über die Tastatur.

Eine interessante Anwendung für INPUT$ ist beispielsweise das Einlesen von Paßwörtern. Da die eingegebenen Zeichen nicht dargestellt werden, kann ein Beobachter das Paßwort nicht erkennen. Es sei denn, Sie tippen so langsam, daß er sich die Tasten merken kann. Das folgende Programm zeigt diese Einsatzmöglichkeit:

```
200 '
210 'Paßwortroutine
220 '
230 :
240 CLS:KEY OFF
250 PASSWORT$=""
260 LOCATE 10,5
270 PRINT "------";
280 LOCATE 10,5,1
290 X$=INPUT$(1):IF X$= CHR$(0) THEN 290
300 PRINT CHR$(254);
310 PASSWORT$= PASSWORT$+X$
320 IF LEN(PASSWORT$)=6 THEN 340
330 GOTO 290
340 IF PASSWORT$<>"abcdef" THEN BEEP:GOTO 240
350 .....
360 .....
```

Die Funktion INKEY$ wäre hierfür nicht einfach einzusetzen, da beim Drücken einer Funktions- oder Steuertaste ein Zwei-Byte-Code geliefert wird, der dann extra abgefragt und ignoriert werden müßte. Im Beispielprogramm sehen Sie in Zeile 290, daß das Abfangen der Funktions- und Steuertasten recht einfach ist. Jedes 0-Byte wird einfach ignoriert.

INKEY$

Die INKEY$-Funktion liefert einen aus maximal 2 Bytes bestehenden Tastatur-Code:

```
X$=INKEY$
```

Wurde keine Taste betätigt, liefert INKEY$ den Leer-String ("") als Ergebnis. Bei der INPUT$-Funktion haben wir bereits erfahren, daß die Steuertasten einen Tastatur-Code bestehend aus 2 Bytes generieren. Das erste Byte ist hierbei grundsätzlich 0. Dem zweiten Byte können wir entnehmen, welche Steuertaste betätigt wurde. Das folgende Beispielprogramm hilft uns etwas auf die Sprünge:

```
10 'INKEY$-Demo
20 :
30 CLS:KEY OFF:VIEW PRINT
40 COLOR 15,0
50 LOCATE 23,1
60 PRINT STRING$(80,"M")
70 LOCATE 24,2
80 PRINT "Drücken Sie beliebige Tasten oder Tastenkombinationen,"
90 LOCATE 25,2
100 PRINT "Programm mit <CTRL> <C> bzw. <CTRL> <Break> abbrechen.....";
110 COLOR 7,0
120 VIEW PRINT 1 TO 21
130 LOCATE 1,1,1
140 X$=INKEY$:IF X$="" THEN 140
150 IF LEN(X$)=2 THEN 220
160 PRINT "Zeichen: ";
170 COLOR 15,0:PRINT X$;:COLOR 7,0
180 PRINT " ASCII-Code: ";
190 COLOR 15,0:PRINT ASC(X$):COLOR 7,0
200 PRINT
210 GOTO 140
220 'Ab hier werden die Steuertasten behandelt
230 PRINT "Steuertaste gedrückt: ";
240 COLOR 15,0:PRINT ASC(RIGHT$(X$,1)):COLOR 7,0
250 PRINT
260 GOTO 140
```

Sollten Sie bei der Betätigung der Funktionstasten <F1> bis <F10> die Belegung angezeigt bekommen, geben Sie vor der Ausführung des Programms folgende Zeile im Direktmodus ein:

```
FOR I=1 TO 10:KEY I,"":NEXT I
```

Sie erhalten dann den ermittelten Tastatur-Code und nicht die ASCII-Codes der Belegung.

Bei einigen Tastenkombinationen werden die Steuerzeichen direkt ausgeführt; wundern Sie sich nicht über die Reaktionen des Programms. Nach dem Abbruch des Programms sollten Sie mit VIEW PRINT wieder den gesamten Bildschirm aktivieren.

Die Tastatur als Datei

Bei der Bildschirmausgabe haben wir gesehen, daß der Bildschirm als Datei behandelt werden kann. Gleiches können wir auch mit der Tastatur veranstalten:

```
OPEN "KYBD:" FOR INPUT AS #1
```

Diese Form der Eingabe wird beispielsweise dann eingesetzt, wenn die Eingaben nicht immer über die Tastatur kommen, sondern aus einer beliebigen Datei gelesen werden können. Hier braucht dann nur der Dateiname geändert zu werden, um die Daten aus dem richtigen "Topf" zu lesen. Dazu wieder ein Beispiel:

```
10 'OPEN "KYBD:"-Demo
20 :
30 CLS:KEY OFF
40 OPEN "KYBD:" FOR INPUT AS #1
50 X$=INPUT$(1,#1)
60 IF X$=CHR$(27) THEN CLOSE:CLS:END
70 PRINT X$
80 GOTO 50
```

Auch hier haben wir wieder vorab ein paar Befehle aus der Dateiverwaltung eingebaut. Die Beschreibung finden Sie in Abschnitt 4.6.

Mit diesen Worten darf ich Sie aus dem Abschnitt 4.1 entlassen. Im nächsten Abschnitt lernen wir die Befehle und Funktionen für die Zeichenkettenverarbeitung (String-Operationen) kennen.

4.2 Zeichenkettenverarbeitung (String-Operationen)

PC-BASIC bietet Ihnen eine Vielzahl von Befehlen und Funktionen für die Behandlung von Strings. Einige dieser Funktionen sind in Beispielprogrammen bereits eingesetzt worden. Hier erfahren Sie nun die genaue Bedeutung.

4.2.1 Gleiche Datentypen

Die String-Operationen lassen sich grundsätzlich nur mit Variablen oder Konstanten des Typs String durchführen. Im folgenden Abschnitt werden wir sehen, daß auch Variablen anderen Typs durch entsprechende Konvertierung eingesetzt werden können.

4.2.2 Konvertierung verschiedener Datentypen

Für spezielle Problemlösungen können wir auf einige Konvertierungsfunktionen von PC-BASIC zurückgreifen, die es gestatten, numerische Variablen oder Konstanten in String-Variablen umzuwandeln.

HEX$

Mit dieser Funktion können wir Dezimal- in Hexadezimalzahlen umwandeln und das Ergebnis einer String-Variablen zuweisen oder per PRINT ausgeben:

    X$=HEX$(<Zahl>)

Zahl darf hierbei einen Wert zwischen -32768 und +65535 haben. Im Ergebnis-String werden keine führenden Leerzeichen, Nullen (0) oder die Kennzeichnung für hexadezimale Werte *&H* ausgegeben.

OCT$

Analog zur HEX$-Funktion kann hier ein dezimaler Wert in einen Octal-String umgewandelt werden:

    X$=OCT$(<Zahl>)

Ansonsten gilt das zur HEX$-Funktion gesagte.

MKD$-, MKI$- und MKS$

Diese Funktionen stehen speziell für die Speicherung von numerischen Werten in Random-Dateien (siehe Abschnitt 4.6) zur Verfügung.

    X$= MKI$
    X$= MKS$
    X$= MKD$

Die Funktionen konvertieren numerische Variablen in String-Variablen mit fester Länge:

X$=MKI$(X)
Die Integervariable X wird in einen String mit 2 Bytes Länge konvertiert.

X$=MKS$(X)
Die Variable X mit einfacher Genauigkeit wird in einen String mit 4 Bytes Länge konvertiert.

X$=MKD$(X)
Die Variable X mit doppelter Genauigkeit wird in einen String mit 8 Bytes Länge konvertiert.

Nach der Konvertierung werden die Werte den FIELD-Variablen mit LSET oder RSET zugewiesen und anschließend per PUT gespeichert. Nach dem Lesen aus einer Random-Datei müssen die Strings mit den Funktionen CVI, CVS und CVD wieder in Variablen des oben genannten Typs zurückkonvertiert werden. Details hierzu erfahren Sie in den Abschnitten 4.3 und 4.6.

Eine Ausgabe der konvertierten Werte mit PRINT ist nicht möglich, da die gespeicherten Daten als Bit-Muster entsprechend ihrem Speicherformat vorliegen, also nicht aus druckbaren ASCII-Ziffern bestehen.

STR$

Die Funktion schließt den Reigen der Konvertierungsfunktionen, die PC-BASIC für die String-Variablen zur Verfügung stellt, ab. Mit der STR$-Funktion werden numerische Variablen in einen String umgewandelt. Im Gegensatz zu MKI$, MKS$ und MKD$ wird die Konvertierung in ASCII-Ziffern vorgenommen, eine Ausgabe mit PRINT oder eine weitere Verarbeitung mit String-Operationen ist also möglich:

```
<Ziel-String>= STR$(<numerische_Variable>)
```

Wie bei der Ausgabe mit PRINT wird die erste Stelle von *Ziel-String* für das Vorzeichen reserviert. Ein der Zahl folgendes Leerzeichen wird jedoch nicht erzeugt.

Aufgabe: Weisen Sie numerischen Variablen im Direktmodus verschiedene Werte zu und wenden Sie die STR$-Funktion darauf an. Überzeugen Sie sich mit PRINT vom Ergebnis Ihrer Bemühungen.

4.2.3 Fest definierte Funktionen

Zuweisungen an eine String-Variable

In Kapitel 3 haben wir bereits die Zuweisung von Daten an String-Variablen kennengelernt. Hier eine kurze Zusammenfassung:

ALTER$="12 Jahre"
Zuweisung der String-Konstanten in Anführungszeichen (") an String-Variable.

DATUM$=DATE$
Zuweisung des Ergebnisses einer Funktion an die String-Variable.

ALTER$=JAHRE$
Zuweisung des Inhaltes einer anderen String-Variablen an die String-Variable.

Strings "addieren"

Um mehrere String-Variablen miteinander zu verbinden, setzen wir, wie bei der Addition, das Pluszeichen (+) ein:

```
Ziel_String= String+String+String...
```

Beispiel:

```
ADRESSE$=KNAME$+STRASSE$+WOHNORT$
```

Die Variable ADRESSE$ enthält anschließend die Daten der einzelnen Variablen KNAME$, STRASSE$ und WOHNORT$. Dies können wir im Direktmodus überprüfen:

```
KNAME$="Müller, Hans-Joachim"
STRASSE$="Am Bahnhof 13"
WOHNORT$="8000 München"
```

Nach der "Addition" geben Sie

```
PRINT ADRESSE$
```

oder

```
? ADRESSE$
```

ein und bekommen folgendes Ergebnis:

```
Müller, Hans-JoachimAm Bahnhof 138000 München
```

Nicht schön und auch nicht selten. Oft wird nämlich angenommen, daß PC-BASIC selbständig Leerzeichen zwischen den Variablen einfügt. Hier war, wie wir gesehen haben, der Wunsch der Vater des Gedanken.

Microsoft sei Dank, können wir doch mit dem Pluszeichen nicht nur Variablen verknüpfen, sondern auch beliebige Zeichen oder Ergebnisse aus Funktionen mit String-Variablen kombinieren:

```
ADRESSE$=KNAME$+" "+STRASSE$+" "+WOHNORT$
DATUMZEIT$="Datum: "+DATE$+" Zeit: "+TIME$
```

Die "Subtraktion" von String-Variablen geht leider nicht so einfach vor sich, mehr hierzu im Laufe der nächsten Seiten.

Datum und Zeit in Strings

Bevor wir uns den "richtigen" String-Operationen widmen, ist ein kleiner Ausflug in die System-Variablen DATE$ und TIME$ notwendig. In Abschnitt 3.6.4 haben wir von diesen Variablen bereits etwas gehört.

Sie wissen, daß der PC Datum und Zeit automatisch verwaltet. Dazu geben Sie in der Regel nach dem Einschalten die aktuellen Werte ein, die dann vom PC selbständig aktualisiert werden. Es sei denn, Sie haben einen PC mit Uhrenkarte oder einen AT. Dort ist die allmorgendliche Eingabe nicht mehr notwendig, da über eine Batterie die Aktualisierung auch bei ausgeschaltetem Rechner erfolgt.

DATE$ und TIME$ sind sowohl Befehle als auch Funktionen, d. h., wir können mit Ihnen die aktuellen Werte abfragen oder neue Werte setzen. In der Praxis werden DATE$ und TIME$ häufig eingesetzt, um dem Anwender in einer Statuszeile Datum und Uhrzeit anzuzeigen:

```
LOCATE 25,1
PRINT "Datum ist: ";DATE$;
PRINT " Zeit ist: ";TIME$;
```

Hier werden DATE$ und TIME$ als Funktionen eingesetzt. Der Einsatz als Befehl erfolgt beispielsweise in Routinen, die anstelle der (unkomfortablen) DOS-Befehle DATE und TIME eingesetzt werden. Das Setzen des Datums bzw. der Zeit erfolgt wie eine normale Zuweisung:

```
DATE$= "12.03.88"
TIME$= "12:30"
```

Im Kapitel 12 finden Sie dazu übrigens eine umfangreiche Routine für Ihre eigenen Programme. Bitte beachten Sie, daß einige Betriebssystem-Versionen das Datum im amerikanischen Format, also Monat/Tag/Jahr verwalten. Hier muß ggf. über die gleich erläuterten Funktionen LEFT$, MID$ und RIGHT$ für ein deutsches Format gesorgt werden. Das direkte Einlesen von Datum oder Zeit in die jeweilige System-Variable ist nicht möglich. Der folgende Versuch wird mit der Fehlermeldung "Syntax error" honoriert:

```
LINE INPUT "Datum: ";DATE$
```

Sie müssen hier also einen "Umweg" über eine Ausweichvariable machen:

```
LINE INPUT "Datum: ";DATUM$
DATE$= DATUM$
```

Teilinhalte einer String-Variablen verarbeiten

Nicht selten benötigt man aus einer String-Variablen nur einen bestimmten Teil für die weitere Verarbeitung. PC-BASIC bietet hier drei Funktionen und einen Befehl, mit denen wir Teilinhalte von String-Variablen verarbeiten können. Beachten Sie bitte, daß für numerische Parameter auch Variablen eingesetzt werden können.

LEFT$

Mit dieser Funktion erhalten wir den linken Teil einer String-Variablen:

    <Ziel-String>= LEFT$(<Quell-String>, <Anzahl_Zeichen>)

WOHNORT$ hat für unser Beispiel den Inhalt "8000 München". Mit

    PLZ$=LEFT$(WOHNORT$,4)

weisen wir PLZ$ die ersten 4 Zeichen der Variablen WOHNORT$ zu. *Anzahl_Zeichen* darf einen Wert zwischen 0 und 255 haben.

Bei *Anzahl_Zeichen=0* erhält der *Ziel-String* den Leer-String (""). Ist *Anzahl_Zeichen* größer als die Länge *von Quell-String*, wird der gesamte *Quell-String* an *Ziel-String* zugewiesen.

MID$

Mit dieser Funktion können wir einen Teil aus der Mitte der String-Variablen erhalten:

    <Ziel-String>= MID$(<Quell-String>, <Erstes_Zeichen> [,<Anzahl_Zeichen>])

ADRESSE$ hat den Inhalt "Am Bahnhof 12, 8000 München".

Mit der Funktion

    PLZ$=MID$(ADRESSE$,16,4)

weisen wir der Variablen PLZ$ 4 Zeichen ab dem 16. Zeichen von ADRESSE$ zu:

```
"Am Bahnhof 12, 8000 München"
 123456789012345678901234567  --> Zeichenposition
          1         |  |2
                    |__|-> 4 Zeichen= "8000"
```

Abb. 9:   MID$-Funktion

Anzahl_Zeichen muß einen Wert zwischen 0 und 255 haben. Wenn *Anzahl_Zeichen* nicht angegeben wird, erhält *Ziel-String* den Rest *von Quell-String* ab *Erstes_Zeichen*. Geben Sie *Erstes_Zeichen* größer an, als die Länge *von Quell-String* beträgt, wird *Ziel-String* der Leer-String ("") zugewiesen. Beinhaltet *Quell-String* ab *Erstes_Zeichen* weniger Zeichen, als Sie mit *Anzahl_Zeichen* angegeben haben, wird der Rest *von Quell-String* zugewiesen.

RIGHT$

Analog zur LEFT$-Funktion kann der rechte Teile einer String-Variablen zugewiesen werden:

    <Ziel-String>= RIGHT$(<Quell-String>, <Anzahl_Zeichen>)

WOHNORT$ hat den Inhalt "8000 München". Mit der Funktion

    ORT$=RIGHT$(WOHNORT$,7)

weisen wir der Variablen ORT$ die letzten 7 Zeichen des Strings WOHNORT$ zu.

Anzahl_Zeichen muß wieder einen Wert zwischen 0 und 255 haben. Ist *Anzahl_Zeichen* größer angegeben, als die Länge *von Quell-String* beträgt, wird der gesamte Inhalt *Ziel-String* zugewiesen. Bei *Anzahl_Zeichen=0* wird der Leer-String ("") zugewiesen.

MID$

Um einer String-Variablen einen teilweise neuen Inhalt zuzuweisen, benötigen wir den MID$-Befehl:

    MID$(<Ziel-String>, <Erstes_Zeichen> [,<Anzahl_Zeichen>])= <Quell-String>

WOHNORT$ hat den Inhalt "8000 München". Um die Postleitzahl zu ändern, geben wir folgenden Befehl vor:

    MID$(WOHNORT$,1)="5000"

Grundlegende Befehle und Funktionen

Durch Weglassen des Parameters *Anzahl_Zeichen* wird der gesamte *Quell-String* herangezogen. Folgende Anweisung verdeutlicht den Unterschied:

    MID$(WOHNORT$,1,1)="5000"

Obwohl *Quell-String* 4 Zeichen umfaßt, wird nur das erste Zeichen 5 für die Zuweisung herangezogen, da wir mit *Anzahl_Zeichen* vorgegeben haben, daß nur ein Zeichen auszutauschen ist.

Anzahl_Zeichen muß wieder einen Wert zwischen 0 und 255 haben. Bei *Anzahl_Zeichen=0* wird keine Zuweisung vorgenommen. *Erstes_Zeichen* muß größer/gleich 1 sein und kleiner als die Gesamtlänge *von Ziel-String*. *Ziel-String* muß lang genug sein, um die definierten Zeichen aus *Quell-String* aufnehmen zu können. Durch den MID$-Befehl kann die Länge von *Ziel-String* weder verkürzt noch verlängert werden. Es werden von *Quell-String* nur soviel Zeichen übernommen, wie Platz in *Ziel-String* vorhanden ist, auch wenn mit *Anzahl_Zeichen* mehr vorgegeben sind. *Quell-String* kann eine String-Konstante ("5000"), eine andere String-Variable (PLZ$) oder das Ergebnis einer Funktion sein (MID$(WOHNORT$,1,4)= LEFT$(PLZ$,4)).

Hinweise zu LEFT$, RIGHT$ und MID$

Ziel-String kann gleichzeitig als *Quell-String* eingesetzt werden:

    PLZ$=LEFT$(PLZ$,4)
    WOHNORT$=RIGHT$(WOHNORT$,7)
    WOHNORT$=MID$(WOHNORT$,3,6)

Hüten Sie sich davor, zu viele Operationen in einer Zeile vorzunehmen, nach einiger Zeit steigen Sie da nicht mehr durch:

    45 TEST$=MID$(CHAOS$,2,6)+LEFT$(MID$(CHAOS$,3,7),2)

LEN — Ermittlung der String-Länge

Für die bisher beschriebenen String-Operationen ist teilweise die Länge des zu verarbeitenden Strings nicht ganz uninteressant. PC-BASIC bietet für die Ermittlung der Länge eines Strings folgende Funktion:

    X=LEN(<String-Variable>)

Die Funktion LEN liefert die Länge einer String-Variablen inklusive aller enthaltenen Leer- und Steuerzeichen.

CHR$

In Abschnitt 4.1 über die Bildschirmausgabe haben wir gesehen, daß der Zeichensatz unseres Rechners mehr Zeichen umfaßt, als wir über die Tastatur erreichen können. Vornehmlich die Grafikzeichen, deren ASCII-Codes größer als 125 sind, bleiben uns beim Einsatz der Tastatur verborgen. Die einzige Möglichkeit, diese Zeichen zu erreichen, haben wir durch den Einsatz der <Alt>-Taste in Verbindung mit dem Ziffernblock unserer Tastatur kennengelernt. Fürwahr eine umständliche Geschichte, auf diese Art Grafikzeichen zu erzeugen.

Mit der CHR$-Funktion haben wir nun die Möglichkeit, jeden beliebigen ASCII-Code auf dem Bildschirm darzustellen, in String-Variablen einzubauen oder für Abfragen einzusetzen:

```
X$=CHR$(<ASCII-Code>)
```

Beispiele:

```
PRINT CHR$(185)
X$=INKEY$:IF X$<>CHR$(13) THEN xxxxx
A$= "Fehler! "+CHR$(7)
```

Als *ASCII-Code* können wir einen Wert zwischen 0 und 255 vorgeben. Da die ASCII-Codes, speziell bei den Grafikzeichen, von Rechner zu Rechner verschieden sind, habe ich eine Tabelle in diesem Buch unter den Tisch fallen lassen. Bitte schauen Sie in Ihrem Handbuch zum Rechner nach, dort finden Sie eine entsprechende Tabelle der auf Ihrem Rechner darstellbaren ASCII-Zeichen. Beachten Sie bitte, daß ASCII-Codes mit einem Wert kleiner 32 teilweise Steuerzeichen sind, die auf Ihrem Bildschirm Reaktionen wie das Löschen des Bildschirms oder Bewegungen des Cursors auslösen.

ASC

Mit der ASC-Funktion lernen wir das Gegenteil zur CHR$-Funktion kennen. Die ASC-Funktion liefert uns für ein vorgegebenes Zeichen den ASCII-Code:

```
X=ASC(<Ausdruck>)
```

Ausdruck kann folgendermaßen aussehen:

X=ASC("H")

Die ASC-Funktion liefert den ASCII-Code des Buchstabens *H* (72).

Grundlegende Befehle und Funktionen 103

X=ASC(<String>)
Die ASC-Funktion liefert den ASCII-Code des ersten Zeichens von *String*.

X=ASC(<Funktion>)
Die ASC-Funktion verarbeitet auch das Ergebnis einer Funktion (X=ASC(DATE$)). Das Ergebnis wäre der ASCII-Code der ersten Ziffer des Ergebnisses der DATE$-Funktion.

Beachten Sie bitte, das die ASC-Funktion jeweils nur auf ein einziges Zeichen angewandt werden kann.

SPACE$

Mit dieser Funktion können wir einfach und schnell eine vorgegebene Anzahl von Leerzeichen ausgeben oder einer String-Variablen zuweisen:

```
X$= SPACE$(<Anzahl>)
```

Für *Anzahl* dürfen Sie einen Wert zwischen 0 und 255 vorgeben. In Ihren Anwendungen werden Sie die SPACE$-Funktion hauptsächlich zum Löschen von Teilbereichen des Bildschirms einsetzen oder mit ihr Strings für Operationen in Verbindung mit der Dateiverwaltung kreieren:

```
LOCATE 24,1:PRINT SPACE$(160);   -> Löscht Zeile 24 und 25.
X$=SPACE$(80):LSET ORT$=X$       -> Löscht die FIELD-Variable ORT$.
```

STRING$

Mit der STRING$-Funktion gibt PC-BASIC uns eine sehr hilfreiche Funktion für die Bildschirmausgabe und String-Verwaltung an die Hand:

```
X$= STRING$(<Anzahl>,<Zeichen>)
```

Die STRING$-Funktion erzeugt einen String der Länge *Anzahl* mit dem Inhalt *Zeichen*. Für *Anzahl* können wir wieder einen Wert zwischen 0 und 255 vorgeben. Für *Zeichen* kann ein ASCII-Code, eine String-Konstante (z.B. "=") oder das Ergebnis einer Funktion (z.B. CHR$(34)) stehen. Selbstverständlich kann das Ergebnis der STRING$-Funktion auch einer String-Variablen zugewiesen werden. Das folgende Beispielprogramm zaubert uns einen schönen Rahmen auf den Bildschirm:

```
10 'STRING$-Demo
20 :
30 CLS:KEY OFF
```

```
40 PRINT CHR$(218);STRING$(78,196);CHR$(191)
50 FOR I=2 TO 24
60 LOCATE I, 1:PRINT CHR$(179)
70 LOCATE I,80:PRINT CHR$(179)
80 NEXT I
90 PRINT CHR$(192);STRING$(78,196);CHR$(217);
100 X$=INKEY$:IF X$="" THEN 100
```

INSTR

Als letzte Funktion in diesem Abschnitt wenden wir uns der INSTR-Funktion zu. Die INSTR-Funktion hilft uns bei der Suche nach bestimmten Zeichen innerhalb einer String-Variablen:

```
X= INSTR([<von_Position>], <Quell-String>, <Suchzeichen>)
```

Das Ergebnis der Funktion ist die Position, an der das gesuchte Zeichen in *Quell-String* steht. Liefert INSTR den Wert 0, dann war das gesuchte Zeichen in *Quell-String* nicht enthalten. Mit *von_Position* können wir vorgeben, ab welchem Zeichen in *Quell-String* gesucht werden soll. Der Standardwert ist Position 1. Hierzu einige Beispiele:

```
ORT$="Hamburg":PRINT INSTR(ORT$,"b")
```

Das Ergebnis ist 4.

```
ORT$="Hamburg":PRINT INSTR(ORT$,"W")
```

Das Ergebnis ist 0.

```
ORT$="Hamburg":PRINT INSTR(5,ORT$,"b")
```

Das Ergebnis ist 0.

Für das Zerlegen eines Strings in mehrere Teile eignet INSTR sich besonders gut:

```
10 WOHNORT$="8000 München"
20 X=INSTR(WOHNORT$," "):Y=LEN(WOHNORT$)
30 PLZ$=LEFT$(WOHNORT$,X-1)
40 ORT$=RIGHT$(WOHNORT$,Y-X)
```

4.2.4 Vom Anwender definierbare Funktionen

Die bisher besprochenen Funktionen sind alle von PC-BASIC fest definiert; bis auf die Parameter können wir als Programmierer an der Verarbeitung und dessen Ergebnis nichts ändern.

Grundlegende Befehle und Funktionen

Damit wir uns für spezielle Anwendungen unsere Funktionen in gewissen Grenzen selbst stricken können, stellt PC-BASIC eine anwenderdefinierbare Funktion zur Verfügung:

```
DEF FN<String>(<Parameter...>)= <Funktion>
```

und für den Aufruf

```
<Ziel-String>= FN<String>(<Parameter...>)
```

Folgendes Beispielprogramm soll Licht in das Ganze bringen:

```
10 'DEF FN-Demo
20 :
30 CLS:KEY OFF
40 LOCATE 24,1
50 PRINT STRING$(80,"=");
60 LOCATE 25,1
70 PRINT "für ENDE bei Postleitzahl '9999' eingeben.....";
80 VIEW PRINT 1 TO 23
90 DEF FNX$(PLZ$,ORT$)=PLZ$+" "+ORT$
100 INPUT "Postleitzahl: ",PLZ$
110 IF PLZ$="9999" THEN 170
120 INPUT "Orts-Name    : ",ORT$
130 WOHNORT$=FNX$(PLZ$,ORT$)
140 PRINT "Ergebnis     : ";WOHNORT$
150 PRINT
160 GOTO 100
170 VIEW PRINT:CLS:END
```

Zur Erläuterung:

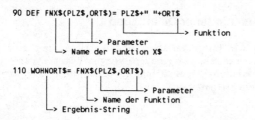

Abb. 10: DEF FN/FN

Jede DEF FN-Funktion muß vor ihrem ersten Aufruf definiert sein, ansonsten meldet PC-BASIC den Fehler *Undefined User Function* (undefinierte Anwenderfunktion). Syntaxfehler werden erst beim ersten Aufruf der Funktion festgestellt, Sie sollten also in der Testphase Ihrer Programmierung alle DEF FN-Funktionen durchtesten. Die beim Aufruf übergebenen Parameter müssen vom Typ, von der Reihenfolge und von der Anzahl her mit der in der Definition angegebenen Parameterliste übereinstimmen. Die DEF FN-Funktion darf sich nicht selbst aufrufen (rekursiver Aufruf). Die bei der Definition angegebenen Parametervariablen sind sogenannte *lokale* Variablen, das heißt, sie werden nur innerhalb der Funktion verarbeitet. Während des Programmablaufes haben sie keinen definierten Wert, sondern erhalten diesen erst durch den Aufruf. Die als Parameter übergebenen Variablen werden nicht verändert, auch wenn Sie Variablen gleichen Namens in der Definition als lokale Variablen vereinbart haben (siehe Beispiel). Eine DEF FN-Funktion kann nicht im Direktmodus definiert werden. Die Funktion darf nicht länger als eine Programmzeile sein.

Bevor Sie sich nun dem nächsten Abschnitt widmen, sollten Sie sich erstmal eine kleine Pause gönnen, vielleicht die eine oder andere Funktion nochmals probieren, oder den Rechner ganz einfach ausschalten.

4.3 Mathematische Funktionen/Berechnungen

Für Berechnungen jeglicher Art stellt PC-BASIC eine Menge mathematischer Funktionen zur Verfügung. Auch hier können wir über anwenderdefinierbare Funktionen selbst Hand anlegen, so daß für spezielle Fälle, die dann meist aus wissenschaftlichen Formeln bestehen, vorgesorgt ist.

4.3.1 Gleiche Datentypen

Mathematische Operationen und Berechnungen lassen sich grundsätzlich nur mit Variablen oder Konstanten numerischen Typs durchführen. Weiter hinten werden wir sehen, daß auch Variablen anderen Typs durch entsprechende Konvertierung eingesetzt werden können.

4.3.2 Konvertierung verschiedener Datentypen

Für Berechnungen können wir Integervariablen und Variablen mit einfacher bzw. doppelter Genauigkeit einsetzen. Für Konvertierungen dieser Typen untereinander und für die Umwandlung eines Strings in eine numerische Variable bietet PC-BASIC folgende Funktionen:

X=CINT(<Ausdruck>)

Ausdruck wird in einen Integerwert umgewandelt. *Ausdruck* kann eine Variable, das Ergebnis einer Berechnung oder einer Funktion oder eine Zahl sein und darf zwischen -32768 und +32767 liegen.

X=CSNG(<Ausdruck>)

Ausdruck wird in einen Wert einfacher Genauigkeit umgewandelt. *Ausdruck* kann analog zu CINT gewählt werden.

Grundlegende Befehle und Funktionen 107

X=CDBL(<Ausdruck>)

Ausdruck wird in einen Wert doppelter Genauigkeit umgewandelt. *Ausdruck* kann analog zu CINT gewählt werden.

CVI-, CVS- und CVD

In Abschnitt 4.2.2 haben wir die Funktionen MKI$, MKS$ und MKD$ kennengelernt, die wir für die Speicherung in Verbindung mit Random-Dateien benötigen. Für die Rückkonvertierung benötigen wir die Funktionen CVI, CVS und CVD, die aus den String-Variablen wieder numerische Variablen machen. *FIELD-Variable* steht hierbei für die String-Variable, die den mit der entsprechenden MKx$-Funktion konvertierten String enthält:

X=CVI(<FIELD-Variable>)
Umwandlung in eine Integervariable.

X=CVS(<FIELD-Variable>)
Umwandlung in eine Variable mit einfacher Genauigkeit.

X=CVD(<FIELD-Variable>)
Umwandlung in eine Variable mit doppelter Genauigkeit.

Ein Beispiel für die Funktionen MKI$, MKS$, MKD$, CVI, CVS und CVD finden Sie übrigens in Abschnitt 4.6 bei der Beschreibung der Random-Dateien.

VAL — Konvertierung eines Strings in eine numerische Variable

In Abschnitt 4.2 haben wir mit der STR$-Funktion eine numerische Variable in einen String umgewandelt. Hier nun der umgekehrte Weg:

    <num_Variable>= VAL(<String-Variable>)

num_Variable kann eine beliebige numerische Variable sein. *String-Variable* muß eine Ziffernfolge beinhalten, die einen numerischen Wert darstellt:

    HAUSNR$= "12"
    HAUSNR%= VAL(HAUSNR$)

Folgende Konvertierung ergibt den Wert 0, weil das erste Zeichen keine Ziffer darstellt:

```
HAUSNR$= "Am Bahnhof 12"
HAUSNR%= VAL(HAUSNR$)
```

Die VAL-Funktion bricht bei einem Zeichen, das keine Ziffer ist, ab:

```
NUMMER$= "12.30 abcde 25.79"
NR!= VAL(NUMMER$)
```

Die Variable NR! bekommt von VAL den Wert 12.30 zugewiesen.

Führende Leerzeichen, Tabulatorzeichen oder CHR$(13) für die <CR>-Taste werden überlesen und nachfolgende Ziffern korrekt umgewandelt:

```
HAUSNR$="    30"
HAUSNR%= VAL(HAUSNR$)
```

liefert den richtigen Wert 30 an HAUSNR%.

4.3.3 Fest definierte Funktionen

Bei den fest definierten Funktionen beginnen wir mit den Grundrechenarten, die PC-BASIC zur Verfügung stellt.

Die Addition

Eine Addition nehmen wir, wie sonst auch, mit dem Pluszeichen (+) vor:

```
ERGEBNIS= <Ausdruck_1> + <Ausdruck_2>
```

Die Subtraktion

Eine Subtraktion nehmen wir, wie sonst auch, mit dem Minuszeichen (-) vor:

```
ERGEBNIS= <Ausdruck_1> - <Ausdruck_2>
```

Die Multiplikation

Für die Multiplikation setzen wir unter PC-BASIC den Stern (*) ein:

```
ERGEBNIS= <Ausdruck_1> * <Ausdruck_2>
```

Die Division

Eine Division führen wir mittels des Schrägstrichs (/) durch:

    ERGEBNIS= <Ausdruck_1> / <Ausdruck_2>

Für eine Integer-Division, also der Division ganzzahliger Werte, können wir den umgekehrten Schrägstrich (\) einsetzen:

    ERGEBNIS= <Ausdruck_1> \ <Ausdruck_2>

Die Potenzierung

Für die Potenzierung setzen wir den Pfeil nach oben (^) ein:

    ERGEBNIS= <Ausdruck_1> ^ <Ausdruck_2>

Allgemeines zu den Grundrechenarten

Das ERGEBNIS kann zugewiesen werden:

    X=2+3+4

ausgegeben werden:

    PRINT 2*3+4

oder als Wert für eine weitere Berechnung herangezogen werden:

    X=2+3+(3*8)

Unterschiedliche Berechnungen in einer Anweisung sind möglich:

    ERGEBNIS=2+3-(3*8+(9/3))

Klammern können je nach Bedarf gesetzt werden. Haben Sie zuviel des Guten getan, d. h., die von Ihnen vorgegebene Formel ist für PC-BASIC zu kompliziert, werden Sie durch die Fehlermeldung *Formular too complex* (Formel zu umfangreich) darauf hingewiesen. Das Programm bricht an dieser Stelle ab.

Als weitere Meldungen können Ihnen noch *Division by zero* (Division durch Null) und *Overflow* (Überlauf) ins Haus schneien. Das Programm bricht hier normalerweise nicht ab, sondern verdirbt Ihnen nur die Maske und fährt in der Abarbeitung fort. Sie sollten deshalb überall dort, wo so ein Hinweis erfolgen könnte, die zu verarbeitenden Werte einer Bereichsüberprüfung unterziehen und gegebenenfalls den Programmteil überspringen.

Erweiterte Funktionen

Folgende Funktionen, die PC-BASIC-intern komplett berechnet werden, können Sie in Ihren Programmen einsetzen. Beachten Sie bitte, daß für das Ergebnis eine Variable doppelter Genauigkeit notwendig ist, wenn Sie PC-BASIC mit dem Parameter /D aufgerufen haben.

X=ABS(<Ausdruck>)

Ermittelt den absoluten Wert von *Ausdruck*. Die Ausgabe erfolgt als positiver Wert. Die Genauigkeit entspricht der Typenvereinbarung für die verwendeten Variablen in *Ausdruck*.

X=ATN(<Ausdruck>)

Ausdruck wird mit Tangens gleichgesetzt und daraus der Winkel im Bogenmaß mit einfacher Genauigkeit errechnet. Wurde PC-BASIC mit dem Parameter /D aufgerufen, erfolgt die Berechnung mit doppelter Genauigkeit.

X=COS(<Ausdruck>)

Ausdruck wird mit dem Bogenmaß gleichgesetzt und daraus der Cosinus mit einfacher Genauigkeit errechnet. Wurde PC-BASIC mit dem Parameter /D aufgerufen, erfolgt die Berechnung mit doppelter Genauigkeit.

X=EXP(<Ausdruck>)

Die Eulersche Zahl *e* wird mit *Ausdruck* potenziert und das Ergebnis mit einfacher Genauigkeit errechnet. Wurde PC-BASIC mit dem Parameter /D aufgerufen, erfolgt die Berechnung mit doppelter Genauigkeit.

X=FIX(<Ausdruck>)

Ermittelt den ganzzahligen Wert von *Ausdruck*. Der Nachkommateil wird abgeschnitten. Das Ergebnis entspricht der Genauigkeit der in *Ausdruck* angegebenen Variablen. Es werden sowohl positive als auch negative Werte verarbeitet.

X=INT(<Ausdruck>)

Ermittelt den nächsten ganzzahligen Wert entsprechend der Gauß-Skala. Das Ergebnis entspricht der in *Ausdruck* angegebenen Variablen. Es werden sowohl positive als auch negative Werte verarbeitet.

Grundlegende Befehle und Funktionen

X=LOG(<Ausdruck>)
Ermittelt den natürlichen Logarithmus von *Ausdruck* in einfacher Genauigkeit. Wurde PC-BASIC mit dem Parameter /D aufgerufen, erfolgt die Berechnung mit doppelter Genauigkeit. *Ausdruck* muß größer Null sein.

X=<Zahl_1> MOD <Zahl_2>
Ermittelt den Rest einer Integerdivision (Modulo).

X=SGN(<Ausdruck>)
Ermittelt das Vorzeichen von *Ausdruck*. SGN liefert +1, wenn das Vorzeichen positiv ist, -1, wenn es negativ ist und 0, wenn *Ausdruck* den Wert Null hat.

X=SIN(<Ausdruck>)
Ausdruck wird mit dem Bogenmaß gleichgesetzt und davon der Sinus mit einfacher Genauigkeit ermittelt. Wurde PC-BASIC mit dem Parameter /D aufgerufen, erfolgt die Berechnung mit doppelter Genauigkeit.

X=SQR(<Ausdruck>)
Ermittelt die Quadratwurzel von *Ausdruck* mit einfacher Genauigkeit. Wurde PC-BASIC mit dem Parameter /D aufgerufen, erfolgt die Berechnung mit doppelter Genauigkeit. *Ausdruck* muß größer/gleich Null sein.

X=TAN(<Ausdruck>)
Ausdruck wird mit dem Bogenmaß gleichgesetzt und davon der Tangens in einfacher Genauigkeit ermittelt. Wurde PC-BASIC mit dem Parameter /D aufgerufen, erfolgt die Berechnung mit doppelter Genauigkeit.

RND und RANDOMIZE — Zufallszahlen ermitteln

Für die Ermittlung von Zufallszahlen, wie Sie sie beispielsweise in Spielen oder Animationsabläufen brauchen, hat PC-BASIC einen Befehl und eine Funktion in der Palette:

```
RANDOMIZE [<Zahl>];  } Befehl
RND [(<Zahl>)];      } Funktion
```

Wenn Sie die RND-Funktion ohne Parameter zur Ermittlung einer Zufallszahl einsetzen, geht PC-BASIC von einer immer gleichen Reihenfolge der zu ermittelnden Zahlen aus. Ein geübter Beobachter wäre also in der Lage, beispielsweise in einem Spiel den Ablauf vorherzusehen. Mit dem RANDOMIZE-Befehl können Sie nun den Anfangswert und die Folge der Zufallszahlen bestimmen. Hierzu geben Sie mit *Zahl* einen Wert zwischen -32768 und +32767 vor. Rufen Sie RANDOMIZE ohne *Zahl* auf, fordert PC-BASIC Sie im Dialog zur Eingabe einer Zahl auf:

```
RANDOM NUMBER SEED (-32768 TO 32767) ?
```

Abhängig von Ihrer Eingabe werden dann der Anfangswert und die Reihenfolge bestimmt. Sie können den Anfangswert und die Reihenfolge auch durch die RND-Funktion in Verbindung mit dem Parameter *Zahl* bestimmen. Das Beispielprogramm zur Ermittlung Ihrer nächsten 6 Richtigen im Lotto soll dies verdeutlichen:

```
10 'RND-Demo
20 :
30 CLS:KEY OFF
40 FOR I=1 TO 6
50 PRINT INT(RND*49)
60 NEXT I
```

4.3.4 Vom Anwender definierbare Funktionen

Speziell bei wissenschaftlichen Berechnungen könnten die standardmäßig von PC-BASIC gebotenen Funktionen nicht ausreichen. Wie bei den String-Operationen können wir auch hier eigene Funktionen definieren:

```
DEF FN<num_Variable>(<Parameter...>)= <Funktion>
```

und für den Aufruf

```
<Ergebnis>= FN<num_Variable>(<Parameter...>)
```

Auch hier wollen wir uns Klarheit durch ein Beispielprogramm verschaffen:

```
10 'DEF FN-Demo
20 :
30 CLS:KEY OFF
40 LOCATE 24,1
50 PRINT STRING$(80,"=");
60 LOCATE 25,1
70 PRINT "für ENDE bei Monatsgehalt '9999' eingeben.....";
80 VIEW PRINT 1 TO 23
90 DEF FNX(GEHALT)=GEHALT*12
100 INPUT "Monatsgehalt: ",GEHALT
110 IF GEHALT=9999 THEN 160
120 JAHRESGEHALT=FNX(GEHALT)
130 PRINT "Jahresgehalt:";JAHRESGEHALT
140 PRINT
150 GOTO 100
160 VIEW PRINT:CLS:END
```

Und die Erläuterung:

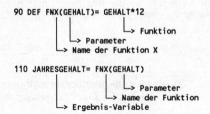

Abb. 11: DEF FN/FN

Um mich nicht unnötig wiederholen zu müssen, möchte ich Sie bitten, die Allgemeinhinweise zu DEF FN in Abschnitt 4.2.4 nachzulesen.

4.3.5 Logische Operatoren

Für Boolesche Verknüpfungen können wir auf 6 Operatoren zurückgreifen, die umfangreiche Bit-Manipulationen ermöglichen. Sollte die Boolesche Algebra ein schwarzer Kasten für Sie sein, empfehle ich Ihnen, sich anhand einführender Literatur mit diesem Thema bekannt zu machen. Eine Erläuterung an dieser Stelle würde die Hälfte des Buches füllen und wäre damit fehl am Platze.

Logische Operatoren kommen außer in der Bit-Manipulation noch beim Vergleich von Daten zur Verknüpfung von Bedingungen zum Einsatz. Lesen Sie hierüber den Abschnitt 4.3.5.

X AND Y
Bei der Verknüpfung zweier Werte mit AND werden die Bits derart manipuliert, daß im Ergebnis das Bit gelöscht wird, wenn es in X oder Y gelöscht ist. Mit AND können Bits gezielt gelöscht werden.

X OR Y
Bei der Verknüpfung zweier Werte mit OR werden die Bits derart manipuliert, daß im Ergebnis das Bit gesetzt wird, wenn es in X oder Y gesetzt ist. Mit OR können Bits gezielt gesetzt werden.

NOT X
NOT manipuliert die Bits derart, daß im Ergebnis ein gesetztes Bit gelöscht und ein gelöschtes Bit gesetzt wird.

X XOR Y
Bei der Verknüpfung zweier Werte mit XOR werden die Bits derart manipuliert, daß bei Übereinstimmung der Bits in X und Y das Bit im Ergebnis gelöscht wird, ansonsten wird das Bit gesetzt.

X EQV Y
Bei der Verknüpfung zweier Werte mit EQV werden die Bits derart manipuliert, daß bei Übereinstimmung der Bits in X und Y das Bit im Ergebnis gesetzt wird, ansonsten wird das Bit gelöscht.

X IMP Y
Bei der Verknüpfung zweier Werte mit IMP werden die Bits in Abhängigkeit der Reihenfolge der Werte X und Y derart manipuliert, daß bei Übereinstimmung der Bits in X und Y das Bit im Ergebnis gesetzt wird. Ist ein Bit in X gesetzt und in Y gelöscht, wird es im Ergebnis gelöscht; ist ein Bit in X gelöscht und in Y gesetzt, wird es im Ergebnis gesetzt.

4.4 Daten vergleichen

Kaum ein Problem kann ohne den Vergleich von Daten gelöst werden. Vor allem bei der Dateneingabe kommt dem Vergleich von Daten eine besondere Bedeutung zu, da Sie durch Vergleiche mit vorgegebenen Daten eine eventuelle Falscheingabe weitgehend ausschließen können. In den folgenden Abschnitten werden wir uns mit den Möglichkeiten, die PC-BASIC uns für Datenvergleiche bietet, beschäftigen. Sicher erinnern Sie sich noch an die Fehlermeldung *Type mismatch*, durch die PC-BASIC uns über eine falsche Typenverwendung informiert. Auch bei Datenvergleichen müssen wir nach numerischen und String-Variablen trennen. Der Vergleich von Daten und die davon abhängige Reaktion in Form einer Verzweigung zu anderen Programmteilen gehören unmittelbar zusammen, so daß wir mit der Beschreibung der bedingten Verzweigung beginnen wollen.

4.4.1 Bedingte Verzweigungen

Folgende Syntax gilt für den Vergleich von Daten und die davon abhängige Reaktion des Programms:

```
IF <Bedingung> THEN <Anweisung> [ELSE <Anweisung>]
```

In *Bedingung* prüfen wir verschiedene Werte und erhalten als Ergebnis den Zustand wahr oder falsch. Abhängig von diesem Ergebnis können wir im Programm verschieden reagieren. Mit IF leiten wir einen Vergleich ein; *Anweisung* nach THEN wird ausgeführt, wenn das Ergebnis wahr ist; bei *Bedingung=falsch* kann *Anweisung* nach ELSE ausgeführt werden. IF..THEN..ELSE und die entsprechenden Anweisungen müssen in einer Programmzeile stehen.

Anweisung kann Befehle, Funktionen oder auch die Sprungbefehle GOTO und GOSUB beinhalten. Der Sprungbefehl GOTO direkt nach THEN oder ELSE kann weggelassen werden. In einigen der bisherigen Beispiele haben wir IF..THEN bereits eingesetzt. Folgendes Beispielprogramm veranschaulicht den ELSE-Zweig einer IF-Abfrage:

```
10 'ELSE-Demo
20 :
30 CLS:KEY OFF
40 X$=INKEY$:IF X$="" THEN 40
50 IF X$="1" THEN PRINT "Taste [1]"
            ELSE PRINT "Taste [";X$;"]"
60 IF X$=CHR$(27) THEN CLS:END
70 GOTO 40
```

4.4.2 Vergleichsoperatoren

Daten können auf verschiedene Kriterien hin verglichen werden. Sie können einander gleichen oder nicht gleichen, weil der eine Wert größer oder kleiner ist. Um PC-BASIC mitzuteilen, nach welchen Kriterien zu vergleichen ist, setzt man sogenannte *Vergleichsoperatoren* ein.

Am Beispiel einer Tastaturabfrage wollen wir uns die Wirkungsweise der verschiedenen Vergleichsoperatoren verdeutlichen:

Vergleichsoperator = (gleich)

```
10 X$=INKEY$:IF X$="" THEN 10
```

In dieser Zeile prüfen wir die Bedingung *X$=""*, die wahr ist, wenn keine Taste betätigt wurde. Der Vergleichsoperator ist das Gleichheitszeichen (=). In unserem Programm wird Zeile 10 solange abgearbeitet werden, bis eine Taste betätigt wird.

Vergleichsoperator < (kleiner als)

```
10 X$=INKEY$:IF X$<CHR$(32) THEN 10
```

Hier wird die Bedingung *X$<CHR$(32)* geprüft, die wahr ist, wenn das Zeichen in X$ kleiner als CHR$(32) (das Leerzeichen) ist. Der Vergleichsoperator ist die geöffnete spitze Klammer (<). Unser Programm verweigert die Eingabe eines Zeichens, dessen Wert kleiner ASCII 32, dem Leerzeichen, ist.

Vergleichsoperator > (größer als)

```
10 X$=INKEY$:IF X$>"Z" THEN 10
```

In dieser Zeile prüfen wir die Bedingung *X$>"Z"*, die wahr ist, wenn eine Taste mit einem Wert größer ASCII 90 betätigt wurde. Der Vergleichsoperator ist die geschlossene spitze Klammer (>). Das Programm verweigert die Eingabe eines Zeichens größer Z, beispielsweise die eines z. Die bisher beschriebenen Vergleichsoperatoren können auch kombiniert eingesetzt werden:

Vergleich < = (kleiner oder gleich)

```
10 X$=INKEY$:IF X$<="Z" THEN 10
```

Diese Bedingung ist wahr, wenn das eingegebene Zeichen kleiner oder gleich Z ist.

Vergleich > = (größer oder gleich)

```
10 X$=INKEY$:IF X$>="Z" THEN 10
```

Die Bedingung ist wahr, wenn das eingegebene Zeichen größer oder gleich Z ist.

Vergleich < > (ungleich)

```
10 X$=INKEY$:IF X$<>"Z" THEN 10
```

Die Bedingung ist wahr, wenn das eingegebene Zeichen nicht das Z ist.

Vergleichsoperator AND (und)

Bereits in Abschnitt 4.33 haben wir die logischen Operatoren AND, OR und NOT kennengelernt. Hier lernen wir sie nun ein zweites Mal als Vergleichsoperatoren einzusetzen. Mit den Vergleichsoperatoren AND und OR können Bedingungen kombiniert werden:

```
10 X$=INKEY$:IF X$>"0" AND X$<"9" THEN 10
```

Mit AND können mehrere Bedingungen zu einer "großen" kombinierten Bedingung verknüpft werden. Das Ergebnis ist wahr, wenn alle Einzelbedingungen wahr sind. In unserer Zeile wird die Eingabe der Zeichen 1 bis 8 ignoriert.

Vergleichsoperator OR (oder)

```
10 X$=INKEY$:IF X$="1" OR X$="0" THEN 10
```

Auch mit OR können mehrere Bedingungen zu einer "großen" Bedingung verknüpft werden. Das Ergebnis ist wahr, wenn eine der Einzelbedingungen erfüllt ist. In unserer Zeile wird beispielsweise die Taste <1> oder die Taste <0> ignoriert.

Vergleiche mit AND und OR

AND und OR können selbstverständlich auch kombiniert werden:

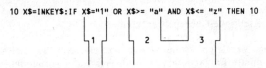

Abb. 12: AND/OR-Vergleich

In dieser Zeile wird geprüft, ob die Bedingung 1 oder die durch AND zusammengefaßten Bedingungen 2 und 3 wahr sind. Wenn die Bedingung 1 wahr ist, werden die Bedingungen 2 und 3 nicht mehr geprüft. Ist Bedingung 1 falsch, müssen Bedingung 2 und 3 wahr sein, damit die Anweisung hinter THEN ausgeführt wird. Für das Programm bedeutet dies, daß die Taste <1> und alle Kleinbuchstaben ignoriert werden.

Der Operator NOT im Vergleich

Mit NOT wird das Ergebnis einer Bedingung umgekehrt:

```
10 X$=INKEY$:IF NOT(X$="1") THEN 10
```

Wenn eine andere Taste als <1> betätigt wird, ist das Ergebnis der Bedingung $X\$="1"$ falsch, durch NOT wird das Ergebnis wahr und die Anweisung hinter THEN wird ausgeführt. Das Programm fährt also erst fort, wenn die Taste <1> betätigt wird. Das gleiche Resultat bekommen wir mit:

```
10 X$=INKEY$:IF X$<>"1" THEN 10
```

Sie sehen, viele Wege führen nach Rom. Es bleibt Ihnen überlassen, für welchen Weg Sie sich entscheiden bzw. welche Abfrage Ihnen übersichtlicher erscheint.

4.4.3 Zeichenketten (Strings) vergleichen

Im letzten Abschnitt haben wir erfahren, mit welchen Operatoren wir Daten vergleichen können. Dieser Abschnitt zeigt uns die Besonderheiten beim Vergleich von Strings (Zeichenketten).

Wir erinnern uns: Strings haben wir bisher als Variablen und als Konstanten (in Anführungszeichen: "text") kennengelernt. In den bisherigen Beispielen haben wir in der Tastaturabfrage schon fleißig Variablen und Konstanten des Typs String miteinander verglichen:

```
IF X$<>"1"
```

Der Inhalt der Variablen X$ wird mit der Konstanten "1" verglichen. Dies ist der in der Praxis häufigste Vergleich, mit dem wir beispielsweise eingegebene Daten oder betätigte Tasten auf Richtigkeit überprüfen können.

Weiterhin setzen wir den Vergleich zweier Variablen ein, um beispielsweise festzustellen, ob eine bestimmte Eingabe bereits in unserer Datei vorhanden ist:

```
100 FOR I= 1 TO SAETZE
110 IF KNAME$(I) = EINGNAME$ THEN 140
120 NEXT I
130 RETURN
140 PRINT "Name existiert bereits....."
```

Ab Zeile 100 haben wir ein Unterprogramm eingesetzt, das wir bei jeder Eingabe anspringen, um festzustellen, ob der eingegebene Name bereits in der Datei vorhanden ist. Wenn ja, wird eine Fehlermeldung ausgegeben, ansonsten springen wir aus dem Upro (Unterprogramm) zurück in das Hauptprogramm. Der Vergleich zweier Strings erfolgt Zeichen für Zeichen von links nach rechts. Die Wertigkeit der Zeichen ergibt sich aus den ASCII-Codes. Hierzu einige Beispiele:

A$="ABCDEFG":B$="abcdefg"

A$ ist in diesem Fall kleiner als B$, da die Großbuchstaben in der ASCII-Tabelle vor den Kleinbuchstaben liegen.

A$=" Heinz":B$="Heinz"

A$ ist in diesem Fall größer als B$, da es ein Zeichen, nämlich das erste, mehr beinhaltet. Besonders beim Sortieren von Strings kann es zu merkwürdigen Reihenfolgen kommen, wenn keine Vorkehrungen zur Erkennung von Sonderfällen wie beispielsweise den Umlauten oder dem ß getroffen wurden.

Beim Vergleich von Strings können außer Variablen und Konstanten auch die Ergebnisse von Funktionen herangezogen werden:

```
IF MID$(KNAME$,2,2)<>"ue"
```

Bevor Sie numerische Variablen und Strings vergleichen können, ist eine Konvertierung des einen oder des anderen Datentyps vorzunehmen. Zuwiderhandlungen werden mit einem *Type mismatch* (falscher Typ) geahndet.

4.4.4 Numerische Daten vergleichen

Auch bei den numerischen Daten unterscheiden wir nach Variablen oder Konstanten (3+8*6). Eingelesene Werte werden, wie im Beispiel DEF FN-Demo gezeigt, ebenso problemlos verglichen wie Strings:

```
IF GEHALT=9999
```

Auch die Ergebnisse von Funktionen können für den Vergleich herangezogen werden:

```
IF ABS(GRAD)>90
```

Achten Sie darauf, daß beim Vergleich von Variablen diese Variablen auch gleichen Typs sind, da beispielsweise beim Vergleich einer Variablen einfacher Genauigkeit mit einer Variablen doppelter Genauigkeit Differenzen im Ergebnis auftreten können. Der Vergleich numerischer Variablen mit Strings macht eine vorherige Konvertierung eines der beiden Datentypen notwendig.

4.5 Programmtechniken

Bisher haben wir eine Menge Befehle und Funktionen kennengelernt, mit denen in gewissen Grenzen schon kleine Programme geschrieben werden können. In diesem Abschnitt setzen wir uns mit den Möglichkeiten auseinander, die PC-BASIC für die einfachere Realisierung bestimmter Probleme im Sortiment hat.

4.5.1 Programmschleifen

Durch den Einsatz einer Programmschleife erleichtern wir die Realisierung eines Programmteiles, der eine bestimmte Anzahl von Anweisungen wiederholen muß, bis eine vorgegebene Bedingung erfüllt ist oder die Anzahl der vorgegebenen Ausführungen erreicht ist.

FOR...NEXT

Die wichtigste Schleife haben wir schon in vielen Beispielprogrammen eingesetz

```
FOR <num_Variable> = <Anfang> TO <Ende> [STEP <Schritt>]
...............
NEXT [<num_Variable>]
```

Mit FOR wird die Zählschleife eingeleitet. Da der Interpreter keine zehn Finge zum Zählen hat, benötigt er hierfür eine *num_Variable*. Diese Variable wir auch als Zählvariable bezeichnet und kann eine Integervariable oder eine Va riable einfacher Genauigkeit sein. Der Versuch, ein Array als Zählvariable ein zusetzen, wird mit einem *SYNTAX ERROR* belohnt, setzen Sie eine Variabl doppelter Genauigkeit ein, gibt es einen *Type mismatch*.

Den Umfang der Schleife legen wir mit den Werten <Anfang> TO <Ende> fes NEXT kennzeichnet das Ende einer Schleife, alle zwischen FOR und NEXT lie genden Anweisungen werden ausgeführt.

Im folgenden Beispiel wollen wir 10mal den Text *"Hallo, lieber Leser"* auf de Bildschirm ausgeben. Dies könnte mit dem PRINT-Befehl folgendermaßen reali siert werden:

```
10 'FOR...NEXT-Demo 1
20 :
30 CLS:KEY OFF
40 PRINT "Hallo, lieber Leser"
50 PRINT "Hallo, lieber Leser"
60 PRINT "Hallo, lieber Leser"
70 PRINT "Hallo, lieber Leser"
80 PRINT "Hallo, lieber Leser"
90 PRINT "Hallo, lieber Leser"
100 PRINT "Hallo, lieber Leser"
110 PRINT "Hallo, lieber Leser"
120 PRINT "Hallo, lieber Leser"
130 PRINT "Hallo, lieber Leser"
```

Wesentlich eleganter sieht aber diese Lösung aus:

```
10 'FOR...NEXT-Demo 2
20 :
30 CLS:KEY OFF
40 FOR I=1 TO 10
50    PRINT "Hallo, lieber Leser"
60 NEXT I
```

Statt 13 Zeilen in Beispiel 1 benötigen wir hier nur rund die Hälfte, nämlich Zeilen. Das Ergebnis ist in beiden Beispielen identisch. Die FOR...NEXT Schleifen in den bisherigen Beispielen zählten vorwärts, also von einem kleine Wert zu einem großen Wert. Daß es auch rückwärts geht, zeigt das Beispiel:

```
10 'FOR...NEXT-Demo 3
20 :
```

Grundlegende Befehle und Funktionen

```
30 CLS:KEY OFF
40 FOR I=20 TO 10 STEP -1
50    LOCATE I,I
60    PRINT "Hallo, lieber Leser"
70 NEXT I
```

Hierbei kommt der Parameter *STEP* *<Schritt>* ins Spiel, mit dem wir die Schritte, in denen gezählt wird, beeinflussen können. Das Beispiel zeigt uns, daß bei einem negativen STEP und einem größeren *Anfang* auf ein kleineres *Ende* rückwärts gezählt wird.

Mit *Schritt* wird vorgegeben, in welchen Schritten gezählt wird. Dieser Wert muß beim Rückwärtszählen mit einem vorangestellten Minuszeichen (-) angegeben werden. Beim Vorwärtszählen kann dieser Wert weggelassen werden, wenn in Einerschritten gezählt werden soll, ansonsten wird der Wert ohne Vorzeichen angegeben:

```
10 'FOR...NEXT-Demo 4
20 :
30 CLS:KEY OFF
40 FOR I=10 TO 20 STEP 2
50    PRINT "Hallo, lieber Leser"
60 NEXT I
```

Schritt kann auch als Kommazahl (STEP 1.5) angegeben werden. Wenn in ganzzahligen Werten gezählt werden soll, empfiehlt es sich, als Zählvariable eine Integervariable einzusetzen, da diese vom Interpreter schneller gezählt werden kann. Zum NEXT ist zu sagen, daß bei einer einfachen Schleife *num_Variable* nicht angegeben werden muß. Als ordentlicher Programmierer sollte man aber der Übersicht halber nicht darauf verzichten. Bei verschachtelten FOR...NEXT-Schleifen sieht es etwas anders aus:

```
10 'FOR...NEXT-Demo 5
20 :
30 CLS:KEY OFF
40 FOR I=1 TO 10
50    FOR K=1 TO 10
60       PRINT "Test";
70    NEXT K
80 NEXT I
```

oder

```
70    NEXT K,I
```

Durch die eingerückte Schreibweise der Zeilen bekommen wir eine übersichtliche Struktur in unser Programm. Der Verlauf jeder Schleife läßt sich eindeutig erkennen. Sie sollten deshalb auch von einer Lösung gemäß Zeile 70 Abstand nehmen.

Wie wir sehen, benötigt jedes FOR auch ein NEXT. Wichtig ist hierbei die Reihenfolge der Auflösung der Schleifen durch NEXT:

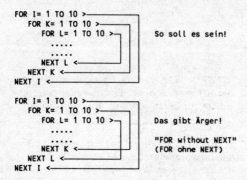

Abb. 13: FOR...NEXT

Am Anfang einer Schleife sucht PC-BASIC das dazugehörige NEXT und merkt sich dessen Position innerhalb des Programms. Nach dem Durchlauf der Schleife wird dann die Anweisung, die auf das NEXT folgt, ausgeführt. Bei verschachtelten Schleifen dürfen Sie die Zählvariablen nur einmal innerhalb der Verschachtelung einsetzen.

Vor der Ausführung der Schleife prüft PC-BASIC die Parameter *<Anfang> TO <Ende> STEP*. Wird hierbei festgestellt, daß *Ende* erreicht ist, kommen die Anweisungen in der Schleife nicht zur Ausführung. Die Schleife ist damit beendet, und das Programm fährt nach dem NEXT fort. Eine FOR...NEXT-Schleife kann vorzeitig beendet werden, indem mit GOTO oder RETURN - je nach Aufruf des Programmteils - die Schleife verlassen wird:

```
100 FOR I=1 TO 10
110     IF EINGABE$(I)="Ende" THEN GOTO 500
120 NEXT I
130 .....
```

Einen zu häufigen "Ausstieg" aus einer oder mehreren FOR...NEXT-Schleifen sollten Sie nach Möglichkeit vermeiden, da dadurch der Stack von PC-BASIC belastet wird. Pro FOR...NEXT-Schleife werden dort Informationen über Anfang, Ende und Zählvariable der Schleife gespeichert. Diese Daten werden beim Ausstieg nämlich nicht gelöscht. Besser ist es da, die Zählvariable auf einen Wert zu setzen, der größer als der "Ende-Wert" der Schleife ist und die Zeile mit dem dazugehörigen NEXT anzuspringen:

```
100 FOR I=1 TO 10
110     IF EINGABE$(I)="Ende" THEN I= 11:GOTO 130
120     PRINT EINGABE$
130 NEXT I
```

Bei rückwärtslaufenden Schleifen (STEP -) ist die Zählvariable entsprechend auf einen kleineren Wert zu setzen. PC-BASIC erlaubt es (leider), den Wert der Zählvariablen innerhalb der Schleife zu ändern. Hierdurch besteht die große Gefahr, daß Sie eine Endlosschleife fabrizieren, die nie verlassen wird. Lassen

Sie also besondere Sorgfalt walten, wenn Sie die Werte der Zählvariablen in der Schleife verarbeiten!

WHILE...WEND

Alternativ zu FOR...NEXT bietet PC-BASIC die WHILE...WEND-Schleife an:

```
WHILE <Bedingung>
   <Anweisungen...>
WEND
```

Ist *Bedingung* wahr, wird *Anweisungen* ausgeführt. Bei falscher Bedingung werden die Anweisungen nach dem WEND ausgeführt. Im Gegensatz zur FOR...NEXT-Schleife besteht also keine Abhängigkeit von einer Zählvariablen, sondern von einer Bedingung. Dazu ein Beispiel:

```
10 'WHILE...WEND-Demo
20 :
30 CLS:KEY OFF
40 EINGABE$=""
50 WHILE EINGABE$<>"99"
60     INPUT "Geben Sie irgenwas ein: ";EINGABE$
70     PRINT "Ihre Eingabe war :";EINGABE$
80     PRINT
90 WEND
100 PRINT "Das war's"
```

In Zeile 50 wird die Bedingung *EINGABE$<>"99"* geprüft. Ist die Bedingung erfüllt, wurde also in Zeile 60 "99" eingegeben, verzweigt das Pogramm zur Anweisung nach dem WEND, d.h. nach Zeile 100. Ist die Bedingung nicht erfüllt, wird EINGABE$ ausgegeben und das ganze Spiel geht von vorne los.

Die WHILE...WEND-Schleife wird in der Praxis in Upros eingesetzt, um abhängig vom übergebenen Wert an *Bedingung* mehrere *Anweisungen* auszuführen. Da *Bedingung* sehr flexibel gestaltet werden kann, eröffnen sich dem Programmierer hier mehr Möglichkeiten als bei der FOR...NEXT-Schleife.

Auch die WHILE...WEND-Schleifen können geschachtelt werden. Es gilt ebenfalls die Regel, daß für jedes WHILE ein WEND vorhanden sein muß. Zuwiderhandlungen werden mit einem *WHILE without WEND* (WHILE ohne WEND) geahndet. Da WEND nicht an eine Zählvariable geknüpft ist, besteht die Gefahr der unübersichtlichen Programmierung verschachtelter Schleifen. Gewöhnen Sie sich deshalb, hier noch mehr als bei FOR...NEXT, die eingerückte Schreibweise an. Ein ordentlicher Programmierer wird hinter das WEND per REM die Bedingung setzen, um noch mehr Übersicht ins Programm zu bekommen:

```
100 WHILE X$<>CHR$(27) AND X$<>CHR$(13)
110     .....
120     .....
```

```
130   WHILE X$<>"1"
140     .....
150     .....
160   WEND:'X$<>"1"
170     .....
180 WEND:'X$<>CHR$(27) und X$<>CHR$(13)
```

Analog zur FOR...NEXT-Schleife kann auch eine WHILE...WEND-Schleife vorzeitig verlassen/beendet werden. Beachten Sie auch hier, daß solche Aktionen den Stack von PC-BASIC belasten. Die gespeicherten WHILE...WEND-Informationen werden ebenfalls nicht gelöscht. Bei WHILE...WEND-Schleifen sollten Sie *Bedingung* sehr überlegt programmieren, da ansonsten die Gefahr einer Endlosschleife lauert.

4.5.2 Unterprogramme

Mit dem Begriff *Unterprogramm* - oder kürzer *Upro* - sind Sie schon einige Male konfrontiert worden. Hierzu nun nähere Informationen.

GOSUB...RETURN

Innerhalb eines Programms gibt es immer wieder gleiche Anweisungen, die in verschiedenen Programmteilen ausgeführt werden. Das beste Beispiel ist die Tastaturabfrage. Damit die Anweisungen für die Abfrage nicht in jedem Programmteil programmiert werden müssen, können wir sie als Unterprogramm realisieren. Dies spart erstmal Speicherplatz und bei Änderungen muß nicht das gesamte Programm durchwühlt werden, sondern nur das Upro, das die Anweisungen enthält, wird geändert. Bei Bedarf führen wir das Upro aus:

```
GOSUB <Zeilennummer>
  .....
RETURN [<Zeilennummer>]
```

Dazu wieder ein Beispiel:

```
10 'GOSUB...RETURN-Demo
20 :
30 CLS:KEY OFF
40 PRINT "---------- Menü ----------"
50 PRINT
60 PRINT "<1>.....Daten eingeben"
70 PRINT "<2>.....Daten anzeigen"
80 PRINT "<3>.....Daten löschen"
90 PRINT
100 PRINT "Bitte Taste <1>, <2>, <3> oder <ESC> für ENDE drücken..."
110 GOSUB 370:'Tastaturabfrage
120 IF X$="1" THEN 160
130 IF X$="2" THEN 230
140 IF X$="3" THEN 300
150 :
160 '----- Daten eingeben
```

Grundlegende Befehle und Funktionen

```
170 :
180 'Hier steht der Programmteil zum Daten eingeben
190 LOCATE 25,1:PRINT "Mehr Daten eingeben (J/N)"
200 GOSUB 370:'Tastaturabfrage
210 IF X$="j" OR X$="J" THEN 180 ELSE 30
220 :
230 '----- Daten anzeigen
240 :
250 'Hier steht der Programmteil zum Daten anzeigen
260 LOCATE 25,1:PRINT "Mehr Daten anzeigen (J/N)"
270 GOSUB 370:'Tastaturabfrage
280 IF X$="j" OR X$="J" THEN 250 ELSE 30
290 :
300 '----- Daten löschen
310 :
320 'Hier steht der Programmteil zum Daten löschen
330 LOCATE 25,1:PRINT "Mehr Daten löschen (J/N)"
340 GOSUB 370:'Tastaturabfrage
350 IF X$="j" OR X$="J" THEN 320 ELSE 30
360 :
370 '----- Upro Tastaturabfrage
380 :
390 X$=INKEY$:IF X$="" THEN 390
400 IF X$=CHR$(27) THEN CLS:END
410 RETURN
```

Jedesmal, wenn wir von der Tastatur eine Eingabe benötigen, führen wir das Upro mit dem Befehl GOSUB 370 aus. PC-BASIC merkt sich beim GOSUB-Befehl die momentane Position im Programm. Nachdem das Upro ausgeführt ist, wird an die dem GOSUB folgende Anweisung zurückgesprungen. Dies machen wir PC-BASIC mit RETURN klar. Findet PC-BASIC die bei GOSUB angegebene Zeilennummer nicht, wird *Undefined line number* (nicht definierte Zeilennummer) ausgegeben.

Wir haben in Kapitel 3 den Begriff *Stack* kennengelernt und erfahren, daß dieser Stack für mehrere Zwecke eingesetzt wird. Einer dieser Zwecke ist die Speicherung der momentanen Position bei GOSUB. Sobald PC-BASIC auf ein GOSUB stößt, wird die aktuelle Position innerhalb des Programms auf dem Stack gespeichert. Beim nächsten RETURN wird diese Position wieder aus dem Stack gelöscht und als Rücksprung-Adresse verwendet.

Nun kann es aber möglich sein, daß wir nach RETURN nicht die dem GOSUB folgende Anweisung ausführen, sondern in einem anderen Programmteil, sprich mit einer anderen Zeilennummer, fortfahren möchten. Hierzu hängen wir dem RETURN einfach die entsprechende Zeilennummer an. PC-BASIC löscht dann die gespeicherte Position für den normalen Rücksprung vom Stack, sucht die angegebene Zeilennummer und führt das Programm dort fort. Wir haben so die Möglichkeit, uns "elegant" aus einem Upro herauszumogeln. Dies ginge zwar auch mit einem GOTO, würde aber den Stack belasten, da die gespeicherte Rücksprungposition nicht gelöscht wird.

PC-BASIC ermöglicht den Aufruf eines Upros aus einem Upro heraus. Dies können Sie je nach freiem Stack beliebig oft machen. Die folgende Grafik soll dies verdeutlichen:

```
         100 GOSUB 500 >─┐
      ┌─> 110 .....      │
      │   120 END        │1
    1 │                  │
      │   500 'Upro 1 <──┘
      │   510 .....
      │   520 GOSUB 600 >─┐
      │┌─> 530 .....      │
      └┤ < 540 RETURN     │2
       │                  │
       │   600 'Upro 2 <──┘
     2 │   610 .....
       │   620 .....
       │   630 GOSUB 700 >─┐
       │┌─> 640 .....      │
       └┤ < 650 RETURN     │3
        │                  │
      3 │   700 'Upro 3 <──┘
        │   710 .....
        │   720 .....
        └ < 730 RETURN
```

Abb. 14: GOSUB/RETURN

Bei verschachtelten Upros besteht durch Einsatz des *RETURN <Zeilennummer>* die Gefahr, daß die Übersicht total verloren geht. Wenden Sie diesen Rücksprung also nur an, wenn es gar nicht anders geht.

Außerdem bleiben alle eventuell in Arbeit befindlichen WHILE...WEND- und FOR...NEXT-Schleifen offen, so daß früher oder später mit entsprechenden Fehlermeldungen zu rechnen ist. Der rekursive Aufruf eines Upros (der Aufruf des Upros aus sich selbst heraus) ist möglich:

```
500 :
510 '----- Upro 1 -----
520 :
530 <Anweisungen>
540 GOSUB 510
550 <Anweisungen>
560 RETURN
```

Beachten Sie, daß dies eventuell zu einer Falle in Form eines Endlosaufrufes werden kann. Spätestens wenn der Stack überläuft, daß heißt, wenn kein Platz zum Speichern der Rücksprungposition mehr vorhanden ist, wird der arme Anwender mit der Fehlermeldung *Out of Memory* (kein Speicher mehr frei) auf Ihre fehlerhafte Programmierung aufmerksam gemacht. In einem Upro können Sie je nach Notwendigkeit mehrere RETURNs in Abhängigkeit von einer Bedingung einsetzen:

```
100 GOSUB 200
110 .....
120 .....
200 'Upro 1
210 X$=INKEY$:IF X$="" THEN 210
220 IF X$<"0" OR X$>"9" THEN 210
230 IF X$=CHR$(27) THEN RETURN
240 IF X$="1" THEN A=25+3
250 IF X$="2" THEN RETURN
```

Grundlegende Befehle und Funktionen

```
260 IF X$="3" THEN B=25+3
270 IF X$="4" THEN RETURN
280 RETURN
```

Jedes RETURN benutzt dabei die gespeicherte Rücksprungposition des GOSUB aus Zeile 100. Der erfahrene Programmierer wird bei diesem Beispiel vielleicht wissend lächeln. Sicher, es geht auch einfacher, aber dies diente schließlich auch nur als Beispiel.

Abschließend noch folgender Hinweis: Stößt PC-BASIC im Programm auf ein RETURN, ohne daß vorher ein GOSUB ausgeführt wurde, gibt es die Meldung *RETURN without GOSUB* (RETURN ohne GOSUB). Bei einem RETURN wird die nächste Rücksprungposition, die auf dem Stack verfügbar ist, als gegeben hingenommen. PC-BASIC prüft nicht, ob für jedes GOSUB ein RETURN vorhanden ist. Dies birgt die Gefahr in sich, daß nach einem RETURN zu einer Zeile verzweigt wird, die gar nicht gemeint war!

4.5.3 Verzweigungen mit ON X GOTO/GOSUB

Um umfangreiche IF...THEN-Abfragen für Verzweigungen zu ersparen, können wir den ON X-Befehl des PC-BASIC einsetzen:

```
ON <Wert> GOTO | GOSUB <Zeilennummer...>
```

Hinter GOTO oder GOSUB legen wir eine Liste von Zeilennummern an, die in Abhängigkeit von *Wert* angesprungen werden. Beispiel:

```
10 'ON X GOTO/GOSUB-Demo
20 :
30 CLS:KEY OFF
40 PRINT "--------- Menü ---------"
50 PRINT "<1>.....Daten eingeben"
60 PRINT "<2>.....Daten ändern"
70 PRINT "<3>.....Daten anzeigen"
80 PRINT "<4>.....Daten löschen"
90 PRINT "<5>.....Daten sortieren"
100 PRINT "<6>.....Daten drucken"
110 X$=INKEY$:IF X$="" THEN 110
120 IF X$<"1" OR X$>"6" THEN 110
130 WERT=ASC(X$)-48
140 ON WERT GOSUB 1000,2000,3000,4000,5000,6000
150 GOTO 30
```

Mit den Zeilennummern 1000, 2000, 3000, 4000, 5000 und 6000 beginnen die entsprechenden Upros gemäß Menüauswahl. Um die Variable WERT mit einem Wert zu versorgen, der von ON X verarbeitet werden kann, ermitteln wir in Zeile 130 den ASCII-Code der betätigten Taste und ziehen davon 48 ab. Die Taste <2> beispielsweise hat den ASCII-Code 50, abzüglich 48 ergibt den Wert 2, ON X verzweigt also zu der 2. Zeilennummer hinter GOTO/GOSUB. Dazu noch eine kleine Grafik:

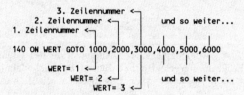

Abb. 15: ON X GOTO/GOSUB

Wenn WERT=0 oder größer ist als die Anzahl der angegebenen Zeilennummern, werden die Anweisungen hinter der ON X-Zeile ausgeführt. Nach RETURN in einem Upro werden ebenfalls die Anweisungen in der der ON X-Zeile folgenden Zeile ausgeführt. WERT darf nicht negativ oder größer 255 sein, sonst gibt es die Meldung *Illegal Function Call* (ungültiger Funktionsaufruf). Die Meldung *Undefined line number* (nicht definierte Zeilennummer) wird ausgegeben, wenn eine der hinter GOTO/GOSUB stehenden Zeilennummern nicht im Programm gefunden wird.

4.5.4 Overlay-Techniken und Datenübergabe

Wir wenden uns nun einem Thema zu, das für Sie eigentlich erst interessant wird, wenn Ihre Programme so groß sind, daß sie nicht mehr "am Stück" in den Speicher passen, sondern jeweils Teil für Teil ausgeführt werden müssen. Dies ist beispielsweise dann der Fall, wenn Sie eine größere Anwendung - man spricht dann auch von einem *Programmpaket* - programmieren wollen. Anhand eines einfachen Beispiels werden wir uns durch das Thema dieses Abschnittes kämpfen.

Nehmen wir also mal an, Sie sind ein Unternehmer, der sich vermittels seines PC die Arbeit ungeheuer erleichtern will. Zuerst stellen wir fest, welche Arbeiten der PC übernehmen kann:

1. Finanzbuchhaltung
2. Lohn- und Gehaltsabrechnung
3. Textverarbeitung
4. Kundenkartei

Das Programm soll so ablaufen, daß Sie von einem Hauptmenü aus die oben aufgeführten Anwendungen aufrufen. Pro Anwendung wird es weitere Menüs geben, von denen dann die einzelnen Teilprogramme aufgerufen werden. Nach Erledigung eines Programmteiles soll das übergeordnete Menü wieder aufgerufen werden. Grafisch sieht das dann so aus:

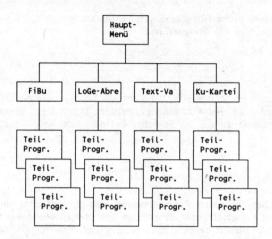

Abb. 16: Organigramm

Dies wäre ein recht einfacher Ablauf unserer Problemlösung. Erweiterungen in Form von Adreßübernahmen in die Textverarbeitung für Rundschreiben, Werbesendungen etc. sind durchaus denkbar und realisierbar.

Aber wir wollen ja kein vermarktungsfähiges Programmpaket erstellen, sondern uns nur ein Beipiel schaffen. Mit den bisherigen Kenntnissen sind wir in der Lage, das Hauptmenü zu programmieren. Die Anwendungsmenüs können wir vom Hauptmenü ungefähr folgendermaßen laden:

```
.....
......:'bis hier läuft das Menüprogramm
200 ON X GOTO 1000,2000,3000,4000
1000 LOAD "FIBU.BAS",R
2000 LOAD "LOGEAB.BAS",R
3000 LOAD "TEXTVA.BAS",R
4000 LOAD "KUNKAR.BAS",R
```

Da wir keine Variablen vom Hauptmenü an die Anwendungsmenüs zu übergeben haben, ist dies eine recht passable Lösung. Anstelle des LOAD-Befehls wäre auch der Befehl *RUN <Dateiname>* einsetzbar. Für die Rückkehr zum Hauptmenü endet jedes Anwendungsmenü mit der Anweisung

```
LOAD "HAUPTMEN.BAS",R
```

Der Aufruf der einzelnen Programmteile von den Anwendungsmenüs aus stellt sich etwas komplizierter dar. Hier ist es notwendig, Variablen mit Datum, Dateinamen oder sonstigen Informationen an die Teilprogramme zu übergeben. Wir könnten diese Daten auch in den Teilprogrammen abfragen, hätten dann aber unter Umständen doppelte Abfragen, beispielsweise des Datums für die Finanzbuchhaltung und die Lohn- und Gehaltsabrechnung vorzunehmen. Außerdem wäre dies dann kein Beispiel mehr für diesen Abschnitt. Da wir mit *Overlays* und *Datenübergabe* arbeiten, hier die Erläuterung.

Overlays

Als Overlays bezeichnet man Programmteile, die über ein im Speicher befindliches Programm geladen oder an dieses angehängt werden. In unserem Beispiel werden wir die Teilprogramme an die im Speicher befindlichen Anwendungsmenüs anhängen.

Datenübergabe

Die Datenübergabe zwischen einzelnen Pogrammteilen erfolgt über eine sogenannte *COM-Area*. Dies ist ein geschützter Bereich, in dem die zu übergebenden Variablen gespeichert sind. Dieser Bereich muß vom Programmierer entsprechend eingerichtet werden. Der Begriff *COM-Area* setzt sich zusammen aus der Abkürzung *COM* für *Common* (dt.: gemeinschaftlich) und *Area* (dt.: Bereich). Den Schutz dieses Bereiches übernimmt PC-BASIC dergestalt, daß das Überschreiben dieses Bereiches durch andere Daten oder Programme verhindert wird.

CHAIN

Für die Einbindung von Overlays setzen wir in der Praxis den CHAIN-Befehl ein:

```
CHAIN [MERGE]
<Dateispez>
[,<Startzeile>]
[,ALL]
[,DELETE <von_Zeile>-<bis_Zeile>]
```

Bitte erschrecken Sie angesichts der unendlich vielen Parameter nicht allzusehr. Wir werden jeden im Detail durchgehen und sehen, wie es funktioniert.

[MERGE]

Den Befehl MERGE haben wir schon in Kapitel 3 als Befehl für die Programm-Eingabe kennengelernt. In Verbindung mit CHAIN passiert das gleiche wie bei einem MERGE: Das nachgeladene Programm wird mit dem im Speicher befindlichen Programm verknüpft, daß heißt, vorhandene Zeilen werden ersetzt, ansonsten werden die Zeilen entsprechend ihrer Nummer eingefügt oder angehängt. Danach wird das gesamte Programm oder das Programm ab *Startzeile* ausgeführt.

Grundlegende Befehle und Funktionen 131

<Dateispez>
Hier geben Sie die Dateispezifikation, also Laufwerk, Pfad, Name und Erweiterung des einzubindenden Programms an.

<Startzeile>
Hier geben Sie die Zeile an, ab der das nach CHAIN im Speicher befindliche Programm gestartet bzw. ausgeführt werden soll.

[ALL]
Mit dem Parameter *ALL* veranlassen Sie PC-BASIC, alle vorhandenen Variablenwerte zu erhalten. Ohne *ALL* werden von CHAIN alle Variablen gelöscht und der Speicherplatz wird freigegeben. Sollen nur bestimmte Variablen übergeben werden, benutzen Sie den COMMON-Befehl.

[DELETE <von_Zeile>-<bis_Zeile>]
DELETE können Sie nur gemeinsam mit MERGE einsetzen. DELETE löscht den mit <von_Zeile>-<bis_Zeile> vorgegebenen Zeilenbereich, bevor das nachzuladene Programm per MERGE mit dem im Speicher befindlichen Programm verknüpft wird.

Bei soviel Parametern sind natürlich auch entsprechend viele Hinweise nötig, also frisch ans Werk: Das nachzuladene Programm muß im ASCII-Format gespeichert sein. Dies erreichen Sie durch *SAVE <Dateispez>,A* (siehe Kapitel 3).

Durch die notwendige Umwandlung vom ASCII- in das Programmformat bzw. durch das Verknüpfen bei MERGE kann CHAIN etwas länger dauern. Bei sehr großen Programmen habe ich auf einem normalen PC schon mal 5 Sekunden gestoppt. Es ist also ratsam, dem Anwender durch eine kleine Meldung bekannt zu geben, daß das Programm noch arbeitet. Ansonsten kann der Eindruck entstehen, daß das Programm abgestürzt ist.

Setzen Sie MERGE ohne ALL ein, werden alle offenen Dateien geschlossen, alle Variablen gelöscht und alle offenen GOSUB...RETURN, FOR...NEXT und WHILE...WEND geschlossen. CHAIN ohne MERGE läßt alle eventuell offenen Dateien geöffnet.

In per MERGE nachgeladenen Programmen dürfen Sie keine mit DEF FN definierten Funktionen einsetzen, diese müssen im Basisprogramm definiert werden. CHAIN führt vor dem Nachladen ein RESTORE aus. Denken Sie also bei READ...DATA im nachgeladenen Programm daran, den Datenzeiger eventuell umzusetzen. Der mit OPTION BASE für Arrays festgelegte Wert bleibt unverändert. Und noch etwas: RENUM läßt eine eventuell angegebene Startzeile unverändert! Denken Sie also daran, diese "von Hand" zu korrigieren.

COMMON

Diesen Befehl setzen wir ein, wenn nur bestimmte Variablen an das nachzuladende Programm übergeben werden sollen:

    COMMON <Variable...>

Als *Variable* können alle verfügbaren Typen inklusive Arrays angegeben werden. Den COMMON-Befehl können Sie im Programm an jeder beliebigen Stelle und so oft Sie wollen einsetzen. Als ordentlicher Programmierer setzt man den COMMON-Befehl aber an den Anfang des Programms, um die zu übergebenden Variablen sofort im Blick zu haben.

Ein nachzuladendes Programm braucht den COMMON-Befehl nur zu beinhalten, wenn von dort aus weitere Overlays mit Datenübergabe vorgenommen werden. Eine mit COMMON für die Übergabe festgelegte Variable muß im aufrufenden Programm mit einem Inhalt versehen werden. Weisen Sie notfalls 0 oder den Leer-String zu. Bei der Übergabe von Arrays beachten Sie bitte, daß der DIM-Befehl unbedingt vor dem COMMON-Befehl gegeben wird.

Zur Praxis

Nach soviel trockener Theorie zurück zu unserem Beispiel. Wir wollen jetzt vom Anwendungsmenü der Finanzbuchhaltung ein Teilprogramm aufrufen und eine Variable übergeben:

```
10 'CHAIN und COMMON-Demo
20 :
30 CLS:KEY OFF
40 :
50 COMMON MONAT$
60 :
70 PRINT "--------- Finanzbuchhaltung ---------"
80 PRINT
90 PRINT "<1>.....Daten eingeben"
100 PRINT "<2>.....Monatsabschluß"
110 PRINT
120 PRINT "Bitte Taste <1>, <2> oder <ESC> für ENDE drücken....."
130 X$=INKEY$:IF X$="" THEN 130
140 IF X$="1" THEN 180
150 IF X$="2" THEN 200
160 IF X$<>CHR$(27) THEN 130
170 LOAD" HAUPTMEN.BAS",R:'Ende, zurück zum Hauptmenü
180 '--------- Daten eingeben
190 LOAD"FIBEIN.BAS",R
200 '--------- Monatsabschluß
210 LOCATE 20,5
220 LINE INPUT "Abschluß für Monat [1 bis 12]: ";MONAT$
230 IF VAL(MONAT$)<1 OR VAL(MONAT$)>12 THEN BEEP:GOTO 210
240 CHAIN MERGE "FIBAB.BAS",180,DELETE 180-240
```

Grundlegende Befehle und Funktionen

```
180 '---------- Dies wäre das Monatsabschlußprogramm
190 CLS:KEY OFF
200 PRINT "Sie hegen den Wunsch, Monat ";MONAT$;" abzuschließen."
210 PRINT:PRINT:PRINT
220 PRINT "Wenn Sie jetzt eine beliebige Taste drücken, wird das aktuelle Programm"
230 PRINT "gelistet und Sie können sich von der Wirkung des CHAIN-Befehls
überzeugen."
240 IF INKEY$="" THEN 240
250 LIST
```

Bitte tippen Sie die beiden Programme wie vorgegeben ab. Für das erste Programm können Sie einen beliebigen Namen wählen, das zweite muß *FIBAB.BAS* heißen. Das zweite Programm hängen wir hier einfach an das Anwendungsmenü an. Dadurch haben wir die Möglichkeit, das Anwendungsmenü nach Beendigung des Teilprogramms sofort wieder aufrufen zu können, ohne daß nachgeladen werden muß.

Bevor Sie sich nun weiteren Abschnitten oder Kapiteln dieses Buches widmen, empfehle ich Ihnen, mit dem in diesem Abschnitt gelernten Stoff noch ein wenig zu üben. Nach einiger Zeit und einigen Fehlermeldungen handhaben Sie Overlays genauso spielend wie alle anderen Befehle und Funktionen.

4.5.5 Die Funktionstasten

In Kapitel 3 haben wir das Thema Funktionstasten im Zusammenhang mit dem Editor bereits angesprochen. Nun wollen wir den Einsatz dieser Funktionstasten in unseren Programmen kennenlernen. Wir wissen schon, daß die Texte für die Funktionstasten frei vergeben werden können:

```
KEY <Nummer>, "<Text>" | <String> | <Funktion>
```

Mit *Nummer* wird angegeben, welche Funktionstaste belegt werden soll, *"Text"* kann eine String-Konstante und/oder eine String-Variable und/oder das Ergebnis einer Funktion sein. In Programmen werden die Funktionstasten im allgemeinen zur Unterstützung des Anwenders eingesetzt, indem sie mit hinweisenden Texten belegt werden. Durch die Tastaturabfrage wird dann nach Betätigung einer Funktionstaste der entsprechende Programmteil ausgeführt:

```
10 KEY 1,"HILFE":KEY 2,"ENDE":KEY 3,"DRUCK"
.....
.....
100 X$=INKEY$:IF X$="" THEN 100
110 IF X$="H" THEN 1000:'F1 gedrückt
120 IF X$="E" THEN CLS:END:'F2 gedrückt
130 IF X$="D" THEN 2000:'F3 gedrückt
.....
.....
```

Leider liefert die Funktion INKEY$ nicht den erweiterten Tastatur-Code, wenn die Funktionstasten mit KEY ON aktiviert wurden. Wir müssen deshalb den ersten Buchstaben abfragen. Diese Abfrage ist natürlich sehr gewagt, da das Programm auch auf die Eingabe des großen *H*, *E* und *D* reagieren würde. Außerdem müßten wir in unser Programm eine Routine einbauen, die die restlichen Zeichen aus dem Tastaturpuffer liest. Eine elegantere Lösung lernen wir in Kapitel 7 kennen. Bis dahin aber noch etwas Geduld.

Eine interessante Einsatzmöglichkeit für den KEY-Befehl wäre die freie Belegung der Tasten durch den Anwender. Sei es, daß dieser eine andere Sprache spricht oder einfach nur andere Begriffe für die Funktion lesen möchte, in beiden Fällen kann geholfen werden. Mit dem Befehl

```
KEY LIST
```

wird die Belegung der Tasten auf dem Bildschirm angezeigt. Per INPUT können nun in einer Schleife die neuen Texte eingelesen und Tasten zugeordnet werden.

4.6 Dateiverwaltung

Aus Ihrem Handbuch zum Rechner wissen Sie, daß nach Ausschalten des Gerätes alle im Speicher befindlichen Daten verloren sind. Diese Daten werden deshalb dauerhaft in Dateien auf der Diskette oder einer Festplatte gespeichert. PC-BASIC unterstützt zwei Varianten der Datenspeicherung, die wir in diesem Kapitel kennenlernen wollen. Zuvor jedoch ein Blick auf grundlegende Dinge.

Was ist eine Datei?

Im allgemein üblichen Sprachgebrauch ist eine Datei eine Ansammlung von Informationen. Nehmen wir als Beispiel einen Karteikasten, in dem eine Menge Karteikarten mit Adressen abgelegt sind. Die auf den Karteikarten notierten Adressen sind die Informationen. Der Karteikasten spielt hier die Rolle der Datei, da in ihm alle Informationen gesammelt sind.

Was ist ein Datensatz?

Eine Datei setzt sich aus mehreren Datensätzen zusammen. Bleiben wir beim Karteikasten: Der Karteikasten ist die Datei, die im Karteikasten gesammelten Karteikarten sind die einzelnen Datensätze.

Was ist ein Datenfeld?

Ein Datensatz setzt sich aus mehreren Datenfeldern zusammen. Nochmal Karteikasten: Auf den Karteikarten stehen Adressen. Diese Adressen setzen sich zusammen aus dem Namen, der Straße, der Postleitzahl und dem Ort. Dies sind somit die einzelnen Datenfelder.

Zusammenfassung

Die kleinste Informationseinheit in Verbindung mit einer Datei ist das Datenfeld. Mehrere Datenfelder bilden einen Datensatz, mehrere Datensätze bilden eine Datei.

4.6.1 Sequentielle Dateien

PC-BASIC unterscheidet bei den Dateiverwaltungs-Methoden sequentielle Dateien und Random-Dateien. Man kann dies wieder mit einem Karteikasten vergleichen: auch dort gibt es verschiedene Möglichkeiten (Methoden) die Karteikarten (Datensätze) abzulegen. Dies kann z.B. nach Alphabet oder auch unsortiert geschehen.

In sequentiellen Dateien werden die Datensätze hintereinander gespeichert. Jedes Datenfeld ist genau so lang, wie die Informationen, die darin enthalten sind. Jeder Datensatz endet mit einer Kennzeichnung, die PC-BASIC mitteilt, daß der Datensatz hier aufhört und ein neuer beginnt. Diese Kennzeichnung besteht aus den dezimalen Werten 10 und 13. Diese Werten werden als CRLF-Sequenz bezeichnet, die Kennzeichnung allgemein als "Satzende". CR steht hierbei für *Carriage Return* (Wagenrücklauf), LF steht für *Linefeed* (Zeilenvorschub). Die Begriffe wurden aus der Druckausgabe übernommen, wo nach jeder Zeile der Wagen an den Zeilenanfang gefahren wird und dann ein Zeilenvorschub für die neue Zeile vorgenommen wird.

Das Ende einer Datei wird mit dem dezimalen Wert 26 gekennzeichnet. Diese Kennzeichnung wird auch als *EOF-Mark* bezeichnet. EOF ist die Abkürzung für *End of file* (Ende der Datei).

Die Länge des Datensatzes ist bei sequentiellen Dateien auf 255 Zeichen begrenzt. Mehr Zeichen können ja in einem String nicht gespeichet werden. Es ist zwar theoretisch möglich, mehrere Strings ohne Trennung hintereinander in die Datei zu schreiben, allerdings könnten diese Daten nie in einem Stück eingelesen und verarbeitet werden.

Der Zugriff auf einen bestimmten Datensatz ist durch die unterschiedliche Länge der Sätze nicht möglich, da die Position der Daten innerhalb der Datei nicht feststellbar ist. Für die Verarbeitung muß eine sequentielle Datei also komplett in den Speicher gelesen werden. Grafisch läßt sich eine sequentielle Datei so darstellen:

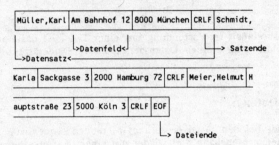

Abb. 17:   Sequentielle Datei

An diesem kleinen Beispiel sehen wir, daß alle Daten direkt hintereinander, getrennt durch das Satzende CRLF gespeichert sind. Pro Feld wird dabei genauso viel Platz zugeordnet, wie die einzelnen Informationen benötigen. Den Abschluß der Datei bildet das EOF-Kennzeichen.

Anhand eines Beispiels wollen wir das noch etwas verdeutlichen: Nehmen wir an, Sie sammeln Briefmarken. Dazu haben Sie ein Album gekauft, das in die verschiedenen Ländern unterteilt ist. Pro Land haben Sie eine unterschiedliche Anzahl Briefmarken. Setzen wir jetzt mal jedes Land mit einem Datensatz gleich, so stellen wir fest, das jeder Datensatz unterschiedlich lang sein muß, weil nicht jedes Land exakt die gleiche Anzahl Briefmarken herausgegeben hat. Jedes Land belegt also unterschiedlich viele Seiten im Album. Sie können auf die Briefmarken eines bestimmten Landes nicht anhand der Seitenzahl zugreifen, da Sie nie genau im Kopf haben, wieviel Briefmarken von welchem Land auf welcher Seite abgelegt sind. Es ist also ein seitenweises (sequentielles) Blättern notwendig, um auf ein bestimmtes Land oder eine Briefmarke zuzugreifen.

Das folgende Beispielprogramm führt in den Umgang mit einer sequentiellen Datei ein. Wir werden einige Adressen über die Tastatur einlesen, feldweise speichern und anschließend auf dem Bildschirm ausgeben:

```
10 'Sequentielle Datei
20 :
30 CLS:KEY OFF
40 DIM ADRESSE$(10,6)
50 PRINT "---------- Eingabe der Adressen ----------"
60 PRINT
70 PRINT "Geben Sie bei 'Name' das Wort ENDE ein, um die Eingabe zu beenden....."
80 FOR I=1 TO 10
90 LOCATE 5,50
100 PRINT "Eingabesatz ist:";:PRINT USING "##";I
110 VIEW PRINT 7 TO 20:CLS:VIEW PRINT
120 LOCATE 7,1
130 INPUT "Name: ";ADRESSE$(I,1)
140 IF ADRESSE$(I,1)="ENDE" THEN 250
150 INPUT "Vorname: ";ADRESSE$(I,2)
160 INPUT "Strasse: ";ADRESSE$(I,3)
170 INPUT "PLZ: ";ADRESSE$(I,4)
180 INPUT "Ort: ";ADRESSE$(I,5)
190 INPUT "Telefon: ";ADRESSE$(I,6)
```

Grundlegende Befehle und Funktionen

```
200 LOCATE 20,1
210 PRINT "Eingabe o.k. (J/N)?"
220 X$=INKEY$:IF X$="" THEN 220
230 IF X$="n" OR X$="N" THEN 110
240 NEXT I
250 CLS
260 PRINT "----- Die Adressen werden gespeichert -----"
270 ANZAHLSAETZE=I-1
280 OPEN "adressen.dat" FOR OUTPUT AS #1
290 FOR I=1 TO ANZAHLSAETZE
300 LOCATE 5,50
310 PRINT "Speichern des Satzes: ";:PRINT USING "##";I
320     FOR K=1 TO 6
330         PRINT#1,ADRESSE$(I,K)
340     NEXT K
350 NEXT I
360 CLOSE
370 CLS
380 PRINT "----- Lesen und Anzeigen der Adressen -----"
390 OPEN "adressen.dat" FOR INPUT AS #1
400 I=1
410 WHILE NOT EOF(1)
420     LOCATE 5,50
430     PRINT "Lesen/Anzeigen Satz: ";:PRINT USING "##";I
440     LOCATE 7,1
450         FOR K=1 TO 6
460             INPUT#1,ADRESSE$(I,K)
470             PRINT ADRESSE$(I,K);",";
480         NEXT K
490     LOCATE 20,1
500     PRINT "Nächsten Satz durch Drücken einer beliebigen Taste....."
510     IF INKEY$="" THEN 510
520     VIEW PRINT 6 TO 20:CLS:VIEW PRINT
530     I=I+1
540 WEND
550 CLOSE
560 CLS
570 PRINT "Ende der Fahnenstange....."
```

Seien Sie bitte nicht betrübt, wenn Sie die meisten der eingesetzten Befehle noch nicht ganz verstehen. Im Anschluß an die Beschreibung der Random-Datei werden wir uns jeden Befehl und jede Funktion einzeln vorknöpfen. Ich glaube aber, daß es einfacher ist, gerade bei der Dateiverwaltung, die einzelnen Befehle erst mal "live" gesehen zu haben.

4.6.2 Random-Dateien (Direktzugriffs-Dateien)

Der Begriff *Random* kommt aus dem englischen und bedeutet soviel wie *direkt zugreifen*. Für eine Datei bedeutet dies, daß wir auf jeden einzelnen Datensatz direkt zugreifen können.

Dies wird dadurch ermöglicht, daß jeder Datensatz eine feste Länge hat. Diese Länge teilen wir PC-BASIC beim Anlegen oder Lesen einer Datei mit. Als Zugriffskriterium auf einen Datensatz dient die Satznummer, d. h., alle Datensätze sind ab 0 aufsteigend durchnumeriert. PC-BASIC kann anhand der Satznummer also sofort die Daten aus diesem Satz zur Verfügung stellen. Dazu braucht, im

Gegensatz zur sequentiellen Datei, diese nicht komplett im Speicher vorhanden zu sein. Wir haben also mehr Platz für unser Programm.

Die Verwaltung einer Random-Datei bringt etwas mehr Aufwand mit sich als die einer sequentiellen Datei. PC-BASIC erleichtert uns diese Verwaltung jedoch durch eine ganze Reihe Befehle und Funktionen. Grafisch läßt sich eine Random-Datei so darstellen:

		Feld 1	2	3
S	1	Müller, Karl	Am Bahnhof 12	8000 München
a				
t	2	Schmidt, Karla	Sackgasse 3	2000 Hamburg 72
z				
	3	Meier, Helmut	Hauptstraße 23	5000 Köln 3

Abb. 18: Random-Datei

Wie wir sehen, haben die einzelnen Felder alle eine feste Länge. Dadurch ergibt sich auch für den Satz eine feste Länge, so daß sich innerhalb der Datei bei bekannter Satzlänge jeder Satz auf den Punkt errechnen läßt. Der Zugriff ist also um einiges schneller als der bei einer sequentiellen Datei. Am Beispiel der sequentiellen Datei tritt dies ganz deutlich zu Tage. Wenn wir die 5. Adresse aus der Datei benötigen, müssen die davorliegenden 4 Adressen erstmal überlesen werden. Hier können wir direkt auf die 5. Adresse zugreifen.

Lassen Sie uns zur Verdeutlichung noch mal auf die Briefmarkensammlung zurückkommen: Diesmal nehmen wir an, Sie haben beschlossen, pro Land nur jeweils eine Seite im Album zu belegen. Eine Seite hat Platz für 80 Briefmarken. Um nun auf ein bestimmtes Land zuzugreifen, ist lediglich dessen Seitennummer anzusteuern. Hier nun ein Beispiel für den Umgang mit einer Random-Datei:

```
10 'Random Datei
20 :
30 CLS:KEY OFF
40 DIM ADRESSE$(10,6)
50 PRINT "---------- Eingabe der Adressen ----------"
60 PRINT
70 PRINT "Geben Sie bei 'Name' das Wort ENDE ein, um die Eingabe zu beenden....."
80 FOR I=1 TO 10
90 LOCATE 5,50
100 PRINT "Eingabe-Satz ist:";:PRINT USING "##";I
110 VIEW PRINT 7 TO 20:CLS:VIEW PRINT
120 LOCATE 7,1
130 INPUT "Name: ";ADRESSE$(I,1)
140 IF ADRESSE$(I,1)="ENDE" THEN 250
150 INPUT "Vorname: ";ADRESSE$(I,2)
160 INPUT "Strasse: ";ADRESSE$(I,3)
170 INPUT "PLZ: ";ADRESSE$(I,4)
180 INPUT "Ort: ";ADRESSE$(I,5)
190 INPUT "Telefon: ";ADRESSE$(I,6)
200 LOCATE 20,1
210 PRINT "Eingabe o.k. (J/N)?"
220 X$=INKEY$:IF X$="" THEN 220
230 IF X$="n" OR X$="N" THEN 110
```

Grundlegende Befehle und Funktionen

```
240 NEXT I
250 CLS
260 PRINT "----- Die Adressen werden gespeichert -----"
270 ANZAHLSAETZE=I-1
280 OPEN "R",#1,"adressen.dat",154
290 GOSUB 670:'FIELD-Definitionen
300 FOR I=1 TO ANZAHLSAETZE
310    LOCATE 5,50
320    PRINT "Speichern des Satzes: ";:PRINT USING "##";I
330    LSET ANAME$=ADRESSE$(I,1)
340    LSET VNAME$=ADRESSE$(I,2)
350    LSET STRASSE$=ADRESSE$(I,3)
360    LSET PLZ$=ADRESSE$(I,4)
370    LSET ORT$=ADRESSE$(I,5)
380    LSET TELEFON$=ADRESSE$(I,6)
390    PUT #1,I
400 NEXT I
410 CLOSE
420 CLS
430 PRINT "----- Lesen und Anzeigen der Adressen -----"
440 PRINT
450 PRINT "Geben Sie als Satz-Nummer '99' ein, um die An zeige zu beenden....."
460 OPEN "R",#1,"adressen.dat",154
470 GOSUB 670:'FIELD-Definitionen
480 WHILE NOT EOF(1)
490 LOCATE 20,1
500 INPUT "Satz-Nummer der Adresse: ";SATZNR$
510 IF SATZNR$="99" THEN 640
520 IF VAL(SATZNR$)<1 OR VAL(SATZNR$)>10 THEN BEEP:GOTO 490
530 LOCATE 5,50
540 PRINT "Lesen/Anzeigen Satz: ";:PRINT USING "##";VAL(SATZNR$)
550 GET#1,VAL(SATZNR$)
560 LOCATE 7,1
570 PRINT ANAME$;",";VNAME$;",";STRASSE$;",";PLZ$;",";
580 PRINT ORT$;",";TELEFON$
590 LOCATE 20,1
600 PRINT "Nächsten Satz durch Drücken einer beliebigen Taste....."
610 IF INKEY$="" THEN 610
620 VIEW PRINT 5 TO 20:CLS:VIEW PRINT
630 WEND
640 CLOSE
650 CLS
660 PRINT "Ende der Fahnenstange....."
670 '----- FIELD-Definitionen -----
680 FIELD#1,30 AS ANAME$,30 AS VNAME$,30 AS STRASSE$,4 AS PLZ$,30 AS ORT$,30 AS TELEFON$
690 RETURN
```

Wo viel Licht ist, da ist auch viel Schatten. Der Schatten einer Random-Datei besteht darin, daß die Satznummer nicht immer bekannt ist. Oder haben Sie bei 50 oder mehr Adressen die dazugehörige Satznummer im Kopf? Einige Anwendungen, bei denen beispielsweise die Kundennummer oder Lieferantennummer gleichzeitig als Satznummer dienen kann, machen keine Schwierigkeiten. Alle anderen Anwendungen, wo sich die Satznummer nicht so einfach ermitteln läßt, bringen da schon Probleme mit sich.

Was tun? Die einfachste Lösung besteht in einer Kombination beider Dateien. In einer sequentiellen Datei speichern wir den Namen und die dazugehörige Satznummer. Dies wird also eine relativ kleine Datei, die wir ohne Probleme im Speicher unterbringen können. In der Random-Datei speichern wir den kompletten Satz. Um eine Adresse anzuzeigen, durchsuchen wir nun die sequentielle Datei nach dem Namen, erfahren so die Satznummer und können den Satz aus der Random-Datei anzeigen. Hört sich einfach an und ist auch mit einiger Übung einfach zu realisieren. Diese Dateiverwaltungsmethode nennt sich übrigens *Index-sequentiell* und wird in Kapitel 14 ausführlich beschrieben.

4.6.3 Befehle und Funktionen für die Dateiverwaltung

In diesem Abschnitt werden wir zuerst die Befehle in der Reihenfolge, wie sie im Programm eingesetzt werden, besprechen. Daran anschließend befassen wir uns mit den Funktionen, die PC-BASIC für die Dateiverwaltung zur Verfügung stellt.

OPEN

Bevor wir irgendetwas mit einer Datei unternehmen können, muß sie geöffnet werden. Im einzelnen bedeutet dies, daß das Betriebssystem für die Datenübertragung einen Kanal reserviert und einen Puffer zur Verfügung stellt, in dem die Daten zwischengespeichert werden. Es ist nämlich nicht so, daß die Daten direkt von der Diskette oder Festplatte gelesen werden. Vielmehr fordert PC-BASIC die Daten beim Betriebssystem an. Dieses sorgt dafür, daß die Daten von der Diskette in einen Puffer gelesen werden und teilt PC-BASIC mit, wo es den Puffer findet. Von dort holt PC-BASIC sich dann die Daten. Die folgende Abbildung macht dies verdeutlich:

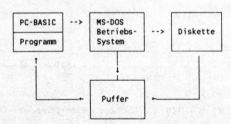

Abb. 19: Disk-Puffer

Beim Lesen von Daten fordert PC-BASIC diese vom Betriebssystem ab. Das Betriebssystem liest die Daten blockweise aus der Datei und speichert sie in einem Puffer. Aus diesem Puffer kann PC-BASIC sich seine Daten "abholen". Beim Schreiben von Daten legt PC-BASIC diese Daten zuerst im Puffer ab. Dann bekommt das Betriebssystem einen Hinweis, daß im Puffer Daten für die Speicherung bereitstehen. Diese Daten werden dann vom Betriebssystem blockweise in die Datei geschrieben.

Grundlegende Befehle und Funktionen

Ein Block hat, wenn nicht anders beim Aufruf von PC-BASIC festgelegt, 128 Byte (Zeichen). Das Betriebssystem verwaltet, einfach gesagt, einen Dateizeiger, der angibt, wie viele Blöcke zu 128 Byte gelesen wurden bzw. welches der aktuelle Block oder Satz in der Datei ist. Der OPEN-Befehl kann aus Kompatibilitätsgründen auf zwei verschiedene Arten eingesetzt werden:

```
OPEN <Dateispez> FOR <Modus> AS #<Dateinummer> [,LEN=<Satzlänge>]
```

Mit *Dateispez* definieren wir die Datei, auf die wir zugreifen wollen. Die Zusammensetzung von *Dateispez* kennen Sie aus dem MS-DOS-Handbuch, wenn nicht, schauen Sie bitte in Kapitel 3, Abschnitt 3.4 nach. Durch *Modus* teilen wir PC-BASIC mit, was wir mit der Datei vorhaben:

INPUT

Die Datei wird geöffnet, um daraus Daten zu lesen. Der Dateizeiger wird an den Anfang der Datei gesetzt. Existiert die Datei nicht, gibt PC-BASIC die Meldung *File not found* (Datei nicht gefunden) aus.

OUTPUT

Die Datei wird geöffnet, um Daten in diese Datei zu schreiben. Der Dateizeiger wird an den Anfang der Datei gesetzt. Wird eine bestehende Datei geöffnet, werden beim Schreiben die bestehenden Daten überschrieben! Existiert die Datei noch nicht, so legt das Betriebssystem diese Datei an.

APPEND

Die Datei wird im OUTPUT-Modus geöffnet, um Daten in diese Datei zu schreiben. Der Dateizeiger wird jedoch an das Dateiende gesetzt. Dadurch kann eine Datei erweitert werden (APPEND, dt.: Anhängen). Findet PC-BASIC die Datei nicht, so wird sie neu angelegt.

Der Modus INPUT, OUTPUT oder APPEND kann nur für sequentielle Dateien eingesetzt werden.

Dateinummer wird *Dateispez* zugeordnet. Für alle Ein-/Ausgabebefehle braucht dann anstatt *Dateispez* nur noch *Dateinummer* angegeben werden. *Dateinummer* darf einen Wert zwischen 1 und 15 haben.

Wenn Sie im OPEN-Befehl die Sequenz *FOR <Modus>* weglassen und mit *LEN=<Satzlänge>* arbeiten, wird die Datei als Random-Datei geöffnet. Beachten Sie, daß hier entweder/oder gilt. Der Versuch, eine sequentielle Datei mit *LEN=* zu öffnen, zieht einen *SYNTAX ERROR* nach sich. Haben Sie *FOR <Modus>* weggelassen und *LEN=* nicht angegeben, gibt es ebenfalls einen *SYNTAX ERROR*. *Satzlänge* darf einen Wert zwischen 1 und 32767 haben.

Die zweite Möglichkeit, den OPEN-Befehl einzusetzen, sieht so aus:

```
     OPEN "<Modus>", #<Dateinummer>, <Dateispez> [,<Satzlänge>]
```

Dateinummer und *Dateispez* haben die gleiche Bedeutung wie bei der ersten Variante des OPEN-Befehls. Mit *Modus* legen wir wieder fest, was mit der Datei geschehen soll:

"I"

Steht für INPUT, es gilt das zu Variante 1 Gesagte.

"O"

Steht für OUTPUT, es gilt das für Variante 1 Gesagte.

"A"

Steht für APPEND, auch hier gilt das zu Variante 1 Gesagte.

"R"

Mit "R" wird eine Random-Datei geöffnet.

Bei Modus "R" muß wieder *Satzlänge* angegeben werden, *LEN=* entfällt hier jedoch. Im Modus "I", "O" oder "A" darf *Satzlänge* nicht angegeben werden, sonst: SYNTAX ERROR! Beim OPEN-Befehl kann *Modus* durch String-Konstanten oder String-Variablen vorgegeben werden. Ergebnisse von String-Funktionen sind dagegen nicht erlaubt:

Richtig:

```
110 DNAME$="TEST"+"01"+".DAT"
120 OPEN DNAME$ FOR OUTPUT AS #1
```

Falsch:

```
120 OPEN MID$(EINGABE$,5,3)+".DAT" FOR OUTPUT AS #1
```

Hinweis: Sie können mehrere Dateien gleichzeitig öffnen und verwalten.

Beachten Sie dabei jedoch folgendes: In der Datei CONFIG.SYS (siehe Kapitel 3) muß über den Eintrag

```
    files= <Anzahl Dateien>
```

festgelegt sein, wieviel Dateien MS-DOS gleichzeitig verwalten soll. Dabei ist zu bedenken, daß MS-DOS je nach Version selbst bis zu 5 Dateien benötigt. Außerdem ist die maximal mögliche <Anzahl Dateien> je nach Version beschränkt. Im allgemeinen können Sie hier aber von 20 Dateien ausgehen. Beim

Grundlegende Befehle und Funktionen

Aufruf von PC-BASIC müssen Sie über den Schalter /F festlegen, wieviel Dateien PC-BASIC insgesamt verwalten soll:

```
GWBASIC /F:<Anzahl Dateien>
```

Dabei ist zu bedenken, daß PC-BASIC selbst für die interne Verwaltung schon 4 Dateien benötigt. Daraus resultiert: wenn Ihr Programm z.B. 7 Dateien benötigt, so muß in CONFIG.SYS stehen

```
files= 16
```

Nämlich: 5 für DOS, 4 für PC-BASIC und 7 für Ihr Programm. Oder andersherum: Wenn files= 20 in CONFIG.SYS eingetragen ist, so können von Ihnen maximal (je nach Version) 11 Dateien eingesetzt werden.

Sie sollten es allerdings nicht übertreiben: Der Programmieraufwand für die Verwaltung von mehr als drei Dateien ist enorm. Für das "normale" Programm bleibt da kaum noch Platz. Außerdem besteht bei unzureichender Koordination die Gefahr, daß das Programm beendet wird, ohne das alle Dateien ordnungsgemäß geschlossen wurden. Dies führt einerseits zu Datenverlusten, andererseits machen Sie sich einen vom Datenverlust betroffenen Anwender dadurch nicht zum Freund.

PRINT#

Um Daten in eine Datei zu schreiben, benutzen wir den PRINT#-Befehl. Erfreulicherweise unterscheidet sich der PRINT#-Befehl nur wenig vom PRINT-Befehl, den wir in Abschnitt 4.1 kennengelernt haben:

```
PRINT#<Dateinummer>, <Variablen,...> [; | ,]
```

Der Unterschied besteht lediglich im Nummernzeichen (#) und der Dateinummer, die wir direkt an das PRINT anhängen. *Dateinummer* muß mit der beim OPEN-Befehl eingesetzten Dateinummer übereinstimmen, andernfalls laufen Sie Gefahr, die Daten in eine falsche Datei zu schreiben bzw. die Fehlermeldung *Bad file number* (falsche Dateinummer) zu generieren.

Der PRINT#-Befehl schreibt am Ende der Ausgabe automatisch die CRLF-Sequenz (Satzende). Mit dem Semikolon (;) können Sie CRLF unterdrücken, die Daten werden dann ohne Trennkennzeichen in die Datei geschrieben. Seien Sie mit dem Semikolon vorsichtig! Falsch eingesetzt kann es bewirken, daß Sie einen ewig langen Datensatz schreiben, den Sie komplett nie wieder einlesen können.

Mit dem Komma (,) wird, wie beim PRINT-Befehl, eine Tabulierung der Daten beim Schreiben in die Datei vorgenommen. Der Tabulator ist auch hier alle 14 Zeichen gesetzt, die Zwischenräume werden mit Leerzeichen aufgefüllt.

PRINT# USING

Analog zum PRINT USING für den Bildschirm können hier Daten formatiert in eine Datei geschrieben werden:

    PRINT#<Dateinummer> USING <"Maske">; <Variable,...>

Zum "normalen" PRINT USING bestehen bis auf das Nummernzeichen und die anzugebende Dateinummer keinerlei Unterschiede. Beachten Sie bitte die beim PRINT#-Befehl aufgeführten Hinweise und Erläuterungen, die auch hier Gültigkeit haben.

WRITE#

Auch diesen Befehl haben wir schon bei der Bildschirmausgabe kennengelernt. Der Unterschied besteht ebenfalls im Nummernzeichen (#) und der Dateinummer direkt hinter dem WRITE:

    WRITE#<Dateinummer>, <Variablen,...>

Eine Unterdrückung der automatisch geschriebenen CRLF-Sequenz ist bei WRITE nicht möglich. Beachten Sie auch hier, daß die Dateinummer mit der des OPEN-Befehls identisch ist.

Hinweise zu PRINT#, PRINT# USING und WRITE#

Alle drei Befehle sind - wie bereits erwähnt - bis auf das Nummernzeichen und die Dateinummer mit denen für die Bildschirmausgabe identisch, so daß Sie Einzelheiten ggf. dem Abschnitt 4.1.2 entnehmen können. Beim OPEN-Befehl haben Sie erfahren, daß die Daten aus der Datei über einen Puffer gelesen und geschrieben werden. Dieser Puffer wird erst dann auf Diskette/Festplatte geschrieben, wenn er voll ist. Erwarten Sie also nicht nach jedem PRINT#, PRINT# USING oder WRITE#, daß die Diskette oder Festplatte sich rührt.

Als Trennkennzeichnung zwischen den Sätzen schreiben alle drei Befehle die CRLF-Sequenz (Satzende). Weitere Trennzeichen für Satzende sind das Anführungszeichen CHR$(34) (") und das Komma CHR$(44) (,). Sollen diese beiden Zeichen Bestandteile eines Strings sein, müssen sie in Anführungszeichen gesetzt werden:

    PRINT#1,CHR$(34);"Text";CHR$(34)

PRINT#, PRINT# USING und WRITE# können nur bei sequentiellen Dateien eingesetzt werden. Für Random-Dateien verwenden wir den PUT#-/GET#-Befehl, der einige Seiten später erläutert wird.

INPUT# — Daten lesen

Das Größte für einen Programmierer ist das Einlesen von Daten aus einer Datei. Sie schmunzeln? Warten Sie ab! Auch Sie werden - zumindest in der Anfangszeit - längst nicht alles aus einer Datei zurückholen, was Sie vorher hineingeschrieben haben. Der INPUT-Befehl ist ein alter Bekannter aus Abschnitt 4.1:

    INPUT#<Dateinummer>, <Variable,...>

Auch hier wird das Nummernzeichen (#) und die Dateinummer, die mit der des OPEN-Befehls identisch sein muß, hinter das INPUT gesetzt, um das Einlesen aus einer Datei zu kennzeichnen.

INPUT liest jeweils komplette Sätze aus der Datei und weist sie *Variable* zu. Als Trennkennzeichen zwischen den Sätzen dient die CRLF-Sequenz. Wurden mit PRINT# die Trennzeichen Anführungszeichen CHR$(34) (") oder Komma CHR$(44) (,) in die Datei geschrieben, gelten diese als Trennkennzeichen zum nächsten Satz und können deshalb nicht Bestandteil eines Strings sein. Verwenden Sie hier den LINE INPUT#-Befehl (kommt gleich). Am besten probieren Sie mit einer kleinen Testdatei das Schreiben und Lesen solcher Sätze, bevor Sie an eine "richtige" Programmierung gehen.

Beim Einlesen numerischer Daten wird das Leerzeichen CHR$(32) als Trennzeichen angesehen. Achten Sie bei PRINT# USING auf diese Tatsache. Beim INPUT# lauert wieder die Meldung *Type mismatch* (falscher Typ), wenn Sie versuchen, Daten einzulesen, die nicht dem Typ der Variablen entsprechen.

INPUT$

X$=INPUT$(<Anzahl_Zeichen>,[#<Dateinummer>])

Mit INPUT$ lesen wir eine vorgebene *Anzahl_Zeichen* aus der mit *Dateinummer* geöffneten Datei. INPUT$ liest hierbei alles, was ihm angeboten wird. Trennzeichen jeglicher Art (ausgenommen EOF [Datei-Ende]) werden als Ergebnis geliefert. INPUT$ versetzt uns dadurch in die Lage, eine "verkorkste" Datei zu retten, die mit INPUT# oder LINE INPUT# nicht mehr korrekt zu lesen wäre. Dazu wird die Datei Zeichen für Zeichen gelesen. Aus den einzelnen Zeichen "bastelt" man den neuen Datensatz wie gewünscht zusammen und schreibt ihn in eine zweite Datei.

LINE INPUT#

LINE INPUT# <Dateinummer>, <Variable,...>

Der Unterschied zum INPUT#-Befehl besteht darin, daß der LINE INPUT#-Befehl als Trennzeichen zwischen den Sätzen lediglich die CRLF-Sequenz akzeptiert. Damit sind wir in die Lage versetzt, die Anführungszeichen CHR$(34) (") und das Komma CHR$(44) (,) zum Bestandteil eines Strings zu machen. Diesen Befehl werden Sie beispielsweise in einer Textverarbeitung einsetzen, da dort Kommata und Anführungszeichen an der Tagesordnung sind. In einer Dateiverwaltung stellen sich Ihnen diese Probleme nicht so häufig.

Hinweise zu INPUT#, INPUT$ und LINE INPUT#

Die Systemvariablen ERR, ERL, DATE$ und TIME$ können von vorgenannten Befehlen und der Funktion keine Daten zugewiesen bekommen. Machen Sie bei DATE$ und TIME$ einen "Umweg" über andere Variablen. ERR und ERL werden nur von PC-BASIC mit Daten versorgt. Beim Einlesen in eine String-Variable können maximal 255 Zeichen gelesen werden.

Der INPUT#-/LINE INPUT#-Befehl bzw. die INPUT$-Funktion können nach einem GET# auch auf eine Random-Datei angewandt werden. Die mit FIELD definierten Puffervariablen werden dabei den angegebenen Variablen zugewiesen. Es besteht aber bei INPUT#/LINE INPUT# die Gefahr, daß Trennzeichen, die ohne weiteres in der Random-Datei gespeichert werden können, hier zu falschen Ergebnissen führen! Dazu aber gleich etwas mehr.

EOF

Das Ende einer sequentiellen Datei wird mit dem Dezimalwert 26 (Hex 1A) gekennzeichnet. Findet PC-BASIC beim Lesen einer Datei dieses Kennzeichen, wird intern ein Kennzeichen gesetzt, dem wir entnehmen können, daß beim Lesen das Dateiende erreicht wurde:

    EOF(<Dateinummer>)

EOF steht für *End of file* (Ende der Datei). Die Dateinummer muß mit der im OPEN angegebenen Dateinummer identisch sein. Als Ergebnis wird 0 geliefert, wenn das Dateiende noch nicht erreicht ist und -1, wenn das Dateiende erreicht wurde. Das Ergebnis kann zugewiesen oder abgefragt werden:

X=EOF(1)
Die numerische Variable X ist anschließend 0, wenn das Dateiende noch nicht erreicht ist, oder -1 (Minus 1), wenn das Dateiende erreicht ist.

IF EOF(1) THEN
Wenn die Funktion den Wert -1 (Minus 1) liefert, ist das Dateiende erreicht, die Anweisungen hinter THEN werden ausgeführt.

WHILE NOT(EOF(1))
Solange das Dateiende nicht erreicht ist, wird die WHILE-Schleife ausgeführt, ansonsten geht es nach WEND weiter.

Bei Random-Dateien liefert EOF das Ergebnis 1 (Minus 1), wenn ein GET# hinter dem letzten Satz der Datei vorgenommen wird. Hierzu ist die EOF-Kennung in der Datei nicht notwendig.

LOF

Mit der LOF-Funktion kann die Größe einer Datei in Bytes ermittelt werden:

```
LOF(<Dateinummer>)
```

LOF steht hier für *Length of File* (Länge der Datei). Die Dateinummer muß der bei OPEN eingesetzten entsprechen. LOF ist bei sequentiellen und Random-Dateien einsetzbar.

Die Funktion liefert als Ergebnis die in der Datei gespeicherten Bytes (Zeichen) geteilt durch die Puffergröße 128. Wenn die Datei auf der Diskette/Festplatte im Directory beispielsweise mit 12598 Bytes angegeben ist, liefert LOF den Wert 99.

LOF rundet jeweils auf einen vollen Puffer auf. Das Ergebnis der Funktion kann zugewiesen oder abgefragt werden. Die Abfrage werden Sie beispielsweise einsetzen, um festzustellen, ob die zu lesende Datei für ein Array nicht zu groß ist:

```
10 DIM ARRAY(50,5)
.....
.....
110 IF LOF(1)>50 THEN CLOSE:PRINT "Datei zu groß"
```

LOC

Bei Random-Dateien erfahren wir mit LOC die aktuelle Satznummer, auf die der Dateizeiger nach dem letzten INPUT#, GET# oder PUT# gestellt wurde:

    110 SATZ=LOC(<Dateinummer>)

Bei sequentiellen Dateien stellt das Ergebnis die Anzahl der bisher geschriebenen oder gelesenen Blöcke zu 128 Byte dar:

    110 BYTES=LOC(<Dateinummer>)*128

Dateinummer bezieht sich wieder auf die bei OPEN eingesetzte Dateinummer.

Spezielle Befehle und Funktionen für Random-Dateien

In Abschnitt 4.6.3 habe ich Ihnen erzählt, daß die Verwaltung von Random-Dateien einen etwas höheren Aufwand als die einer sequentiellen Datei erfordert. An dieser Stelle wollen wir uns die Befehle und Funktionen anschauen, die speziell für die Verwaltung von Randoms gedacht sind.

FIELD

Eingangs haben wir erfahren, daß der Vorteil des direkten Zugriffes aus der festen Satzlänge der Randoms resultiert. Für den Datentransfer muß deshalb ein Puffer definiert werden, der dieser festen Satzlänge gerecht wird. Diesen Puffer definieren wir mit dem FIELD-Befehl, indem wir für jedes Feld des Satzes eine Variable bestimmter Länge festlegen, in die die Daten gelesen werden:

    FIELD#<Dateinummer>,<Länge> AS <Variable>...

Für unsere Adressen könnte die Definition folgendermaßen aussehen:

    230 FIELD#1,30 AS ANAME$,30 AS VNAME$, 30 AS STRASSE$,4 AS PLZ$,30 AS ORT$,
        30 AS TELEFON$

Die Gesamtsumme der Feldlängen darf die bei OPEN angegebene Satzlänge nicht überschreiten, sonst gibt es die Fehlermeldung *FIELD Overflow* (Feldüberlauf). Liegt die Gesamtsumme der Feldlängen unter der bei OPEN angegebenen Satzlänge, meldet PC-BASIC keinen Fehler. Der Zugriff ist aber nur auf die Daten des Satzes möglich, die in den FIELD-Variablen Platz haben.

Nach dem Lesen der Daten per GET# (kommt gleich) können Sie die Inhalte der FIELD-Variablen anderen Variablen zuweisen, String-Funktionen anwenden oder per INPUT#/LINE INPUT# auslesen. Es ist jedoch nicht möglich, den

FIELD-Variablen "auf dem normalen Weg" Werte zuzuweisen. Hierzu bedienen wir uns der Befehle LSET und RSET, die wir gleich durchleuchten.

Alle FIELD-Variablen **müssen** vom Typ String sein. Unmittelbar nach der Definition mit FIELD haben die Variablen willkürliche Inhalte. Die Daten der Datei werden erst durch GET# in die FIELD-Variablen übertragen. *Dateinummer* korrespondiert wieder mit dem OPEN-Befehl für die entsprechende Datei. Sie können für eine Random-Datei im Laufe des Programms verschiedene FIELD-Definitionen, beispielsweise für unterschiedlichen Satzaufbau, einsetzen. Deshalb besteht die Einschränkung, daß die FIELD-Definition nur eine Programmzeile umfassen darf. PC-BASIC nimmt grundsätzlich die letzte per *Dateinummer* zugeordnete FIELD-Definition als gegeben hin!

Folgende Sequenz hat mir bei der Programmierung einer Kundenkartei stundenlanges Kopfzerbrechen bereitet:

```
110 FOR I=1 TO 5
115     FIELD#1,30 AS KUNDEN$(I)
120 NEXT I
```

Wissen Sie, warum? Logisch, nach der Schleife war KUNDEN$(5) als FIELD-Variable definiert. Der Versuch, aus KUNDEN$(1 bis 4) etwas auszulesen, klappt so natürlich nicht. Wenn Sie mehrere Randoms in einem Programm im Einsatz haben, beachten Sie bitte, daß in den FIELD-Anweisungen der einzelnen Dateien keine Variablen doppelt definiert sind.

GET#

Nachdem wir mit FIELD den Puffer bzw. die Variablen für den Datentransfer definiert haben, können wir den Datensatz per GET# aus der Datei lesen:

    GET#<Dateinummer>[,<Satznummer>]

GET# liest hierbei so viele Zeichen aus der Datei, wie mit *Satzlänge* beim OPEN angegeben wurden und speichert sie in den mit FIELD definierten Variablen. Ist die Gesamtsumme der Feldlängen kleiner als die Satzlänge, werden die überzähligen Zeichen "verschluckt".

Mit *Satznummer* geben Sie den Satz vor, den Sie lesen möchten. Ohne *Satznummer* liest GET# den Satz, auf den der Dateizeiger momentan zeigt. Damit kann auch eine Random-Datei "sequentiell" gelesen werden. *Satznummer* darf einen Wert zwischen 1 und (theoretisch) 16.777.215 haben. Ihre Datei könnte also bei Satzlänge 128 maximal 2.147.483.520 Byte umfassen. Dazu müßte dann allerdings Ihre Diskette einen Durchmesser von mehreren Metern haben!!

Nun aber Scherz beiseite. Wenn Sie per GET# einen Satz lesen, der vorher nicht mit PUT# geschrieben wurde, können Ihre FIELD-Variablen einen Inhalt haben, der Ihnen unter Umständen unerwartet bekannt vorkommt. Der Grund ist folgender: wenn Sie per PUT# beispielsweise in einer neuen Datei den 10. Satz beschreiben, werden die davorliegenden 9 Sätze der Datei automatisch zugeordnet. Diese 9 Sätze haben einen undefinierten Inhalt, da sie "offiziell" noch nicht geschrieben sind. Nun kann es aber sein, daß in den Sektoren dieser 9 Sätze vorher eine Datei oder ein Programm gespeichert war und gelöscht wurde. Nach dem Löschen wurden diese Sektoren vom Betriebssystem für neue Speicherungen freigegeben und, wie es der Zufall so will, ausgerechnet Ihrer neuen Datei zugeordnet. Da weder beim Löschen einer Datei noch beim Zuordnen zu einer Datei der Inhalt der Sektoren gelöscht wird, sind die Daten noch vorhanden.

LSET und RSET

Bevor wir Daten mit PUT# (kommt gleich) in die Datei schreiben können, müssen die FIELD-Variablen mit den entsprechenden Werten versorgt werden. Ich habe bereits darauf hingewiesen, daß einer FIELD-Variablen "auf dem normalen Weg" kein Wert zugewiesen werden kann. Dies liegt daran, daß bei einer "normalen" Zuweisung auf eine FIELD-Variable diese Variable irgendwo im Speicher abgelegt werden würde. Dort nützt sie uns aber wenig, da wir alle FIELD-Variablen in einem Puffer brauchen, der komplett in die Datei geschrieben werden muß. Für die "richtige" Zuweisung sind besondere Befehle einzusetzen, die wir nun kennenlernen.

Hierbei handelt es sich um Befehle, die die Zuweisung direkt in den Puffer vornehmen, also dorthin, von wo aus die Daten in die Datei geschrieben werden. Die Zuweisung kann wahlweise links- oder rechtsbündig erfolgen.

Wenn die zuzuweisende Variable weniger Zeichen enthält, als die FIELD-Variable aufnehmen kann, wird links bzw. rechts automatisch mit Leerzeichen aufgefüllt. Sind mehr Zeichen vorhanden als die FIELD-Variable aufnehmen kann, werden überzählige Zeichen "abgekniffen".

```
LSET <FIELD-Variable>= <Daten-Variable>   --> linksbündig
```

```
| zugewiesen mit LSET                     |
    FIELD-Variable
```

```
RSET <FIELD-Variable>= <Daten-Variable>   --> rechtsbündig
```

```
|                     zugewiesen mit RSET |
    FIELD-Variable
```

Abb. 20: LSET/RSET

Grundlegende Befehle und Funktionen

Bei der Zuweisung können selbstverständlich String-Funktionen eingesetzt werden. Sie können LSET und RSET auch auf "normale" Variablen anwenden:

```
LSET <Variable>=<Variable>
RSET <Variable>=<Variable>
```

Beachten Sie hierbei aber, daß die Zielvariablen vorher, beispielsweise mit der SPACE$-Funktion, auf die richtige Länge gebracht werden müssen. LSET und RSET wirken sonst wie die Zuweisung per Gleichheitszeichen (=):

```
50 LNAME$="Müller, Friedhelm"
.....
.....
110 LSET ANAME$=LNAME$
```

Ergebnis: "Müller, Friedhelm"

```
110 ANAME$=SPACE$(20)
120 LSET ANAME$=LNAME$
```

Ergebnis: "Müller, Friedhelm   "

Speicherung numerischer Daten in Randoms

Aus der bisherigen Beschreibung wissen wir, daß sämtliche Daten für die Speicherung in Randoms im String-Format vorliegen müssen. Es ist also eine Konvertierung numerischer Variablen in String-Variablen notwendig. Hierzu könnten wir beispielsweise die STR$-Funktion benutzen:

```
WERT$=STR$(12456.89)
```

Inklusive Vorzeichen würden wir einen String der Länge 9 erhalten. Nehmen wir an, pro Monat eines Jahres würde innerhalb eines Haushaltsbuches ein gleichgroßer String anfallen. Wir hätten somit unter anderem einen String von 108 Zeichen Länge zu verarbeiten.

Ein ganz klein wenig eleganter können wir die Sache mit den speziell dafür gedachten Funktionen MKI$, MKS$, MKD$, CVI, CVS und CVD, die wir in Abschnitt 4.2.2 bzw. 4.3.2 kennengelernt haben, lösen:

```
10 DUMMY$=""
20 FOR I=1 TO 12
30    DUMMY$=DUMMY$+MKS$(MONAT!(I))
40 NEXT I
50 LSET JAHR$=DUMMY$
```

Im Array MONAT!() haben wir die Gesamtsummen einer beliebigen Kostenart pro Monat gespeichert. In einer Schleife wandeln wir jetzt die 12 Werte per MKS$ ins String-Format um und hängen das Ganze zu einer String-Variablen zusammen. Diese Variable weisen wir per LSET der FIELD-Variablen zu. Was haben wir gespart? Da wir Variablen einfacher Genauigkeit einsetzen müssen, kommt für die Umwandlung nur MKS$ in Frage. MKS$ bastelt uns einen String der Länge 4 zusammen. Das multipliziert mit 12 ergibt 48, also weniger als die Hälfte des Ergebnisses mit STR$.

Aus Abschnitt 4.2.2 wissen wir noch, daß die mit MKx$ konvertierten Strings nicht angezeigt werden können, da sie den Wert nicht in ASCII-Ziffern, sondern im Bit-Muster enthalten. Demzufolge müssen die Werte nach dem Lesen aus der Random-Datei wieder in ein anzeigbares Format gebracht werden:

```
10 ANF=I:'Start/Position für MID$
20 FOR I=1 TO 12
30   MONAT!(I)=CVS(MID$(JAHR$,ANF,4))
40   ANF=ANF+4:'ein Betrag entspricht 4 Bytes
50 NEXT I
```

Für die Umwandlung müssen wir CVS einsetzen, da wir ja Werte mit einfacher Genauigkeit erwarten. Für die MID$-Funktion benötigen wir einen Zeiger, den wir entsprechend der Länge der einzelnen Teil-Strings hochzählen. Beachten Sie bitte, daß mit MKI$, MKS$ und MKD$ konvertierte Daten nicht in sequentiellen Dateien gespeichert werden können. Durch einen dummen Zufall könnte das Bit-Muster der Bytes einem Trennzeichen oder gar dem EOF-Kennzeichen entsprechen.

PUT#

Nachdem wir uns mit MKI$, MKS$, MKD$, LSET und RSET die Daten ins richtige Format gebracht haben, dürfen diese in die Datei geschrieben werden. Hierzu setzen wir den PUT#-Befehl ein:

```
PUT#<Dateinummer>[,<Satznummer>]
```

PUT# schreibt soviel Zeichen, wie mit *Satzlänge* beim OPEN festgelegt wurden, aus dem Puffer, den wir mit FIELD definiert haben, in die Random-Datei. Bezüglich *Dateinummer* und *Satznummer* gilt das Gleiche wie beim GET#-Befehl.

Hier lauert in Form der "abgemagerten" FIELD-Definition eine Gefahr auf Sie. Wenn die Gesamtsumme der Feldlängen im FIELD-Befehl kleiner ist als die Satzlänge, werden die im Puffer hinter dem letzten Feld liegenden Daten trotzdem mit in die Datei geschrieben. PC-BASIC richtet sich nach der Satzlänge und schert sich einen Teufel um die Gesamtsumme der Feldlängen in der FIELD-Definition.

Grundlegende Befehle und Funktionen 153

CLOSE — Datei schließen

Wenn die Arbeit mit einer Datei - egal welcher Art - beendet ist, muß die Datei geschlossen werden:

    CLOSE[#<Dateinummer...>]

Der CLOSE-Befehl schreibt Daten, die eventuell noch im Puffer vorhanden sind, auf die Diskette/Festplatte und teilt dem Betriebssystem dann mit, daß der Puffer und die Dateinummer freigegeben ist. Geben Sie CLOSE ohne Dateinummer an, werden der Reihe nach alle Puffer geleert, alle Dateien geschlossen sowie alle Dateinummern und Puffer freigegeben. Mit Parametern führt CLOSE den Vorgang für die angegebene(n) Datei(en) durch.

Nachdem eine Datei ordnungsgemäß geschlossen wurde, führen alle Versuche, in die Datei zu schreiben, sie zu lesen oder darauf eine Funktion anzuwenden, zur Fehlermeldung *Bad file number* (falsche Dateinummer). Dateien werden automatisch durch folgende Vorgänge geschlossen:

- Sie geben RUN oder NEW ein;
- Sie editieren eine Programmzeile;
- Das Programm führt folgende Befehle aus: END, CLEAR und CHAIN MERGE.

KILL — Datei löschen

Das Löschen einer Datei kennen Sie von den MS-DOS-Befehlen DEL und ERASE. PC-BASIC stellt zum Löschen einer Datei KILL zur Verfügung:

    KILL <Dateispez>

KILL können Sie sowohl im Direktmodus als auch vom Programm aus einsetzen. Die Wirkung des KILL-Befehls ist die gleiche wie bei den oben genannten MS-DOS-Befehlen. Hierbei wird die Datei nicht physisch gelöscht, sondern der Eintrag im Directory erhält eine Kennzeichnung, daß diese Datei gelöscht wurde. Die ehemals zur Datei zugehörigen Sektoren werden in der FAT, *File Allocation Table* (Dateibelegungstabelle) für neue Speicherungen freigegeben. Der Inhalt der Sektoren bleibt unverändert.

Die Dateispezifikation muß - im Gegensatz zu den MS-DOS-Befehlen - in Anführungszeichen (") stehen, wenn *Dateispez* konstant vorgegeben wird. String-Variablen werden ohne Anführungszeichen angegeben. Wie beim OPEN-Befehl dürfen String-Funktionen nicht angewandt werden, *Dateispez* muß vorher als String "zusammengebastelt" werden.

Richtig:

```
10 DNAME$=LAUFW$+PFAD$+"TEST.BAS"
20 KILL DNAME$
```

Falsch:

```
10 KILL LAUFW$+PFAD$+"TEST.BAS"
```

In Ihren Programmen sollten Sie vor jedem KILL eine Sicherheitsabfrage einbauen, die vom Anwender mit Ja oder Nein zu beantworten ist. Voreiligem oder unabsichtlichem Löschen und dem Zorn des Anwenders auf Ihr unsicheres Programm beugen Sie damit vor. PC-BASIC meldet den Fehler *File already open* (Datei bereits geöffnet), wenn Sie versuchen, eine im Zugriff stehende Datei zu löschen.

Hinweis: Bei KILL sind die DOS-Wildcards (Joker) Sternchen (*) und Fragezeichen (?) nicht erlaubt. Es ist also jede Datei einzeln zu löschen. Eine Erweiterung muß explizit angegeben werden. PC-BASIC hängt keine Erweiterung an. Wollen Sie also ein Programm TEST.BAS löschen, so müssen Sie die *Dateispez* komplett angeben:

```
KILL "TEST.BAS"
```

NAME — Datei umbenennen

MS-DOS bietet Ihnen für die Umbenennung einer Datei den RENAME-Befehl, bei PC-BASIC heißt dieser Befehl NAME:

```
NAME "<alte_Dateispez>" TO "<neue_Dateispez>"
```

Der Name der mit *alte_Dateispez* definierten Datei wird im Directory durch den mit *neue_Dateispez* angegebenen Namen ersetzt. Bei Angabe von Konstanten für die Dateispezifikationen müssen diese wieder in Anführungszeichen (") stehen. String-Funktionen sind ebenfalls nicht erlaubt, die String-Variable muß vorher zusammengesetzt werden und wird ohne Anführungszeichen angegeben. Wenn der in *neue_Dateispez* angegebene Dateiname bereits existiert, bricht KILL ab und die Fehlermeldung *File already exist* (Datei existiert bereits) wird ausgegeben. Die Fehlermeldung *RENAME across disks* (Umbenennen über verschiedene Laufwerke) wird ausgegeben, wenn in *Dateispez* unterschiedliche Laufwerke angegeben wurden. *File already open* (Datei bereits geöffnet) wird gemeldet, wenn Sie versuchen, eine im Zugriff stehende Datei umzubenennen.

Beachten Sie auch hier, daß weder Wildcards erlaubt sind, noch irgendeine Erweiterung automatisch angehängt wird.

Weitere Befehle für die Dateiverwaltung

Neben den hier genannten Befehlen und Funktionen können Sie von PC-BASIC aus auch die Directory-Befehle

```
MKDIR
CHDIR
RMDIR
```

die Sie von MS-DOS bereits kennen, einsetzen. In Kapitel 7, Abschnitt 7.4 werden diese Befehle detailliert beschrieben.

RESET

In bestimmten Situationen - beispielsweise beim Auftritt eines fatalen Fehlers - müssen Sie alle Dateien auf einen Rutsch schließen. Dies können Sie einmal mit CLOSE ohne Parameter machen. Eine weitere Möglickeit bietet PC-BASIC Ihnen dazu mit dem RESET-Befehl, der die gleiche Wirkung erzielt:

```
RESET
```

Die Angabe irgendwelcher Dateinummern ist weder möglich noch notwendig, da RESET grundsätzlich für alle offenen Dateien ausgeführt wird.

4.6.4 Dateien im Netzwerk (Mehrplatzanlagen)

Für den Einsatz von PC-BASIC-Programmen in Netzwerken (Mehrplatzanlagen, Multi-User-Systemen) sind bezüglich der Dateiverwaltung besondere Absicherungsmaßnahmen gegen gleichzeitige Datei- und Datensatzbearbeitung notwendig. Dafür wurden zum einen der OPEN-Befehl erweitert und zum anderen die Befehle LOCK und UNLOCK sowie eine Fehlermeldung neu aufgenommen.

Hinweis: Diese Möglichkeiten stehen erst ab Version 3.xx des PC-BASIC (bzw. MS-DOS) zur Verfügung.

Zur Verdeutlichung ein Beispiel: Nehmen wir an, mehrere Sachbearbeiter arbeiten mit ein und derselben Adreßdatei. Diese Datei wird unter anderem als Basis für die Rechnungsschreibung verwendet. Nun ruft der Kunde an und teilt die Änderung seiner Anschrift mit. Sachbearbeiter 1 ruft nun den Datensatz auf und nimmt die Änderung vor. Zufällig will Sachbearbeiter 2 zum gleichen Zeitpunkt eine Rechnung an den Kunden schicken. Er ruft den gleichen Datensatz auf und verwendet die dort gespeicherte falsche Adresse.

Man muß also für den Zeitraum der Änderung dafür sorgen, daß kein anderer Mitarbeiter auf den jeweiligen Datensatz zugreifen kann. Neben dem Sichern von Datensätzen ist es teilweise notwendig, eine ganze Datei "abzuschotten".

Nehmen wir als Beispiel eine Datei, in der Preise gespeichert sind. Im Falle einer Änderung muß die komplette Datei gegen einen weiteren Zugriff gesichert sein. Andernfalls bestände die Gefahr, daß beispielsweise eine Preisliste mit teils richtigen, teils falschen Preisen gedruckt werden würde. Für diese Zwecke gibt es die im Folgenden beschriebenen Befehle.

OPEN   Im Netzwerk

OPEN <Dateispez> FOR <Modus>
[ACCESS <Zugriff>]
[LOCK <Modus>]
AS #<Dateinummer>
[LEN = <Satzlänge>]

Der OPEN-Befehl wurde um die Parameter ACCESS und LOCK erweiter. Da die anderen Parameter unverändert wie in Abschnitt 4.6.2 beschrieben eingesetzt werden, beschränken wir uns an dieser Stelle auf die Beschreibung der neuen Parameter. Über den Paramater <Zugriff> können Sie festlegen, wie die Datei behandelt werden soll:

ACCESS READ
Aus der Datei darf nur gelesen werden.

ACCESS WRITE
In die Datei darf nur geschrieben werden.

ACCESS READ WRITE
Datei darf gelesen und geschrieben werden.

Durch ACCESS <Zugriff> lassen sich Zugriffsberechtigungen für einzelne Mitarbeiter festlegen. So ist es z.B. denkbar, daß abhängig von einer Benutzernummer die eine oder andere Datei nur zum Lesen geöffnet wird, während ein "Supervisor" Zugriff auf alle Dateien im READ/WRITE-Modus hat. In Netzwerken/Mehrplatzanlagen können eine Datei oder einzelne Datensätze gegen gleichzeitigen Zugriff gesichert werden. Sie legen dies über den Parameter LOCK fest:

LOCK SHARED
Die Datei kann beliebig geöffnet werden.

LOCK READ
Die Datei kann nur beim ersten Mal im READ-Modus geöffnet werden, weitere Zugriffe nur im WRITE-Modus.

LOCK WRITE
Die Datei kann nur beim ersten Mal im WRITE-Modus geöffnet werden, weitere Zugriffe nur im READ-Modus.

LOCK READ WRITE
Die Datei kann nur einmal (exklusiv) geöffnet werden.

LOCK — Datensätze sichern

LOCK [#]<Dateinummer>[, [<VonDatensatz>] [TO <BisDatensatz>]]

Mit LOCK können in einem Netzwerk bzw. in einer Mehrplatzanlage eine ganze Datei bzw. bestimmte Datensätze gegen gleichzeitigen Zugriff gesichert werden. Dies ist z.B. notwendig, wenn mehrere Mitarbeiter auf ein und dieselbe Datei zugreifen können. Ohne LOCK kann es dabei passieren, daß Mitarbeiter 1 die gerade vorgenommene Änderung von Mitarbeiter 2 überschreibt. Beim Zugriff auf eine gesicherte Datei/einen gesicherten Datensatz wird ein Fehler 70, Permission denied (dt.: Zugriffserlaubnis verweigert) hervorgerufen.

[#]<Dateinummer>
Damit beim Zugriff auf eine Datei nicht immer der ganze Name angegeben werden muß, wird der Datei beim OPEN eine Nummer zugeordnet, über die alle weiteren Zugriffe erfolgen. Diese Dateinummer wird hier angegeben. Bitte beachten Sie, daß für LOCK die Datei besonders geöffnet werden muß (siehe OPEN-Befehl)!

<VonDatensatz>
Geben Sie hier an, ab welchem Datensatz die Datei gegen gleichzeitigen Zugriff gesichert werden soll.

TO <BisDatensatz>
Geben Sie hier an, bis zu welchem Datensatz einschließlich die Datei gegen gleichzeitigen Zugriff gesichert werden soll.

Die Angabe LOCK #<Dateinummer> ohne Angabe von Datensätzen sichert die gesamte Datei. Wird nur <VonDatensatz> angegeben, so wird lediglich der spezifizierte Datensatz gesichert. Wird nur TO <BisDatensatz> angegeben, so werden alle Datensätze vom ersten bis zum spezifizierten Datensatz gesichert. Bitte beachten Sie, daß ein LOCK mit der Angabe von Datensätzen nur auf Random-Dateien angewendet werden kann. Bei einer sequentiellen Datei wird grundsätzlich die ganze Datei gesichert. Für <Datensatz> darf ein Wert zwischen 1 und 16.777.215 angegeben werden.

Hinweis: Bitte beachten Sie, daß für den ordnungsgemäßen Zugriff auf eine gesicherte Datei bzw. einen gesicherten Datensatz in einer Fehlerbehandlungs-Routine entsprechend gesorgt sein muß. Wir haben erfahren, daß ein Fehler "Zugriff verweigert" beim Zugriff auf eine gesicherte Datei bzw. einen gesicherten Datensatz generiert wird. In der Regel wird in der Fehlerbehandlung in einer Schleife solange der Zugriff versucht, bis eben kein Fehler "Zugriff verweigert" gemeldet wird. Dies birgt aber die Gefahr einer Endlosschleife in sich. Nehmen wir an, der andere Mitarbeiter ist zum Essen gegangen, ohne den Satzt oder die Datei zurückzuschreiben. In diesem Fall würde man natürlich vergebens warten. Besser ist es, einen Zähler zu verwalten und nach 5 vergeblichen Versuchen den Anwender aufzufordern, die Sachlage zu klären.

UNLOCK   Datensätze freigeben

UNLOCK [#]<Dateinummer>[, [<VonDatensatz>] [TO <BisDatensatz>]]

UNLOCK gibt die mit LOCK gesicherte Datei bzw. die gesicherten Datensätze wieder frei. Die Syntax entspricht dem LOCK-Befehl. UNLOCK muß mit den gleichen Parametern für die ggf. angegebenen <Datensätze> ausgeführt werden. Andernfalls wird ein Fehler 70 (siehe LOCK) hervorgerufen. Dies kann innerhalb einer Fehlerbehandlungs-Routine zu Endlosschleifen führen!

4.6.5 Mögliche Fehlermeldungen

Ich habe auf die wichtigsten Fehlermeldungen bereits bei den einzelnen Befehlen und Funktionen für die Dateiverwaltung hingewiesen. Darüber hinaus gibt es noch eine Reihe von Fehlermeldungen, die im Umgang mit einer Diskettenstation oder einer Festplatte ausgegeben werden können. Sie finden im *Anhang* eine Aufstellung aller Fehlermeldungen, deren mögliche Ursache und Tips zur Verhinderung der Fehlermeldungen.

Grundlegende Befehle und Funktionen 159

4.7 Ausgaben auf den Drucker

Die Ausgabe unserer Daten auf den Bildschirm und in Dateien beherrschen wir inzwischen. Nun gibt es aber kaum eine Anwendung, bei der die Ausgabe auf den Drucker nicht ebenfalls nötig ist. Meist wird diese Ausgabe in Form von Listen oder Tabellen erfolgen. Texte oder Briefe werden Sie von einer bestehenden Textverarbeitung ausdrucken lassen. Die Realisierung einer Textverarbeitung in PC-BASIC ist zwar denkbar, bei den geringen Kosten für fertige Produkte aber kaum diskutabel. In speziellen Fällen werden Sie vor das Problem gestellt, Grafiken auszudrucken.

Dieser Abschnitt soll Ihnen bei der Realisierung der Druckausgaben helfen. Ich sage absichtlich "soll helfen". Es gibt zur Zeit einige hundert Drucker, die Sie an Ihrem PC betreiben können. Hierbei haben Sie je nach Hardware noch die Wahl zwischen der seriellen und der parallelen Schnittstelle, an die Sie den Drucker je nach Erfordernis anschließen können. Da ich nicht weiß, für welchen Drucker und für welche Schnittstelle Sie sich entschieden haben, stehe ich sozusagen im Dunkeln. Als Richtlinie für diesen Abschnitt kann ich daher nur die Tatsache nehmen, daß die meisten Drucker über die parallele Schnittstelle betrieben werden und sich ein Großteil der Druckerhersteller an dem von IBM/Epson gesetzten Standard orientieren. Betreiben Sie Ihren Drucker an der seriellen Schnittstelle, sollten Sie Kapitel 7 vor den weiteren Ausführungen lesen. Sie finden dort einige Tips für den Druckerbetrieb an der seriellen Schnittstelle.

Ich gehe davon aus, daß Sie Ihr Druckerhandbuch auswendig gelernt haben. Alle Steuerzeichen und Besonderheiten sollten Sie mindestens genauso gut kennen wie die besten und billigsten Restaurants Ihrer Stadt. Wenn ich beispielsweise die *Breitschrift* erwähne, sollte Ihnen sofort *Escape W1* in den Sinn kommen. Sollten hier Probleme auftauchen, schnappen Sie sich lieber nochmal das Druckerhandbuch. In den meisten Handbüchern sind für Steuerzeichen etc. kleine Beispielprogramme in einer beliebigen BASIC-Version abgedruckt, die Sie bei Bedarf für PC-BASIC ändern müssen.

4.7.1 Listings drucken

Das erste, was Sie vermutlich von PC-BASIC aus drucken werden, wird das Listing (die Programmzeilenliste) eines Ihrer Programme sein. In Kapitel 3 haben wir dafür bereits den Befehl LLIST kennengelernt:

    LLIST [<von_Zeile>][-][<bis_Zeile>]

Die Syntax entspricht dem ebenfalls in Kapitel 3 beschriebenen LIST-Befehl.

Durch das *L* vor LIST weiß PC-BASIC, daß das Listing auf den Drucker ausgegeben werden soll. Beachten Sie bitte, daß LLIST standardmäßig nur auf den Drucker an der parallelen Schnittstelle ausgibt.

Das Listing wird unformatiert und ohne Rücksicht auf Seitenwechsel etc. ausgegeben. Verwenden Sie Endlospapier, und Ihr Drucker ist in der Lage, den Befehl SOP *Skip over Perforation* (Vorschub über Perforation, meistens ESC N) auszuführen, sollten Sie mit LPRINT entsprechende Vorbereitungen treffen. Bei Einzelblattverarbeitung stellen sich Ihnen da schon größere Probleme. Nach der ersten Seite wird PC-BASIC Sie mit einem *Out of paper* (Kein Papier im Drucker) beglücken. Es bleibt Ihnen hier nur die zeilenweise Ausgabe:

```
LLIST 10-150        Neue Seite einlegen
LLIST 160-300       Neue Seite einlegen
LLIST 310-450       Neue Seite einlegen und so weiter.....
```

Einfacher wäre es hier, das Programm als ASCII-Datei zu speichern und per Textverarbeitung auszudrucken. LLIST ändert nichts am Status Ihres Druckers. Sie können also problemlos die Schriftart, Seitenlänge, Druckzeilen pro Seite etc. per Escape-Sequenz vorgeben.

Bei der Ausgabe geht LLIST von 132 Zeichen pro Zeile aus. Auf einem 80-Zeichen-Drucker müssen Sie daher eventuell in Schmalschrift (Escape CHR$(15)=AN, CHR$(18)=AUS) umschalten. Ansonsten fügt der Drucker automatisch nach 80 Zeichen einen Zeilenvorschub/Wagenrücklauf ein.

4.7.2 Daten vom Programm aus drucken

Die Ergebnisse einer Anwendung werden zumeist als Listen oder Tabellen auf den Drucker ausgegeben. In diesem Abschnitt schauen wir uns die dazu zur Verfügung stehenden Befehle und Funktionen an.

LPRINT und LPRINT USING

Analog zum LIST-Befehl für die Bildschirmausgabe haben wir oben für die Druckausgabe den LLIST-Befehl kennengelernt. Genauso verhält es sich beim PRINT-Befehl. Auch hier haben wir das Gegenstück für die Druckausgabe mit einem vorangestellten *L* in Form des LPRINT-Befehls:

```
LPRINT [TAB(<Spalte>)] [SPC(<Anzahl>)] [<Ausdruck...>] [;][,]
LPRINT USING "<Maske>"; <Zahl> | <Ergebnis> | <String>
```

Für die genaue Beschreibung darf ich Sie bitten, Abschnitt 4.1 zu konsultieren. Zwischen PRINT/LPRINT gibt es keinen Unterschied, höchstens den, daß die Druckausgabe etwas mehr Geräusch verursacht.

WIDTH — Für den Drucker

In Abschnitt 4.1 haben wir den WIDTH-Befehl für die Einstellung des Ausgabemodus des Bildschirms kennengelernt. Auch beim Drucker können wir mit WIDTH festlegen, wie viele Zeichen pro Zeile gedruckt werden sollen:

    WIDTH LPRINT <Anzahl_Zeichen>

oder

    WIDTH "LPT<x>:",<Anzahl_Zeichen>

Mit *Anzahl_Zeichen* legen Sie fest, wie viele Zeichen auf den Drucker ausgegeben werden, bevor eine CRLF-Sequenz gesendet wird. *Anzahl_Zeichen* kann einen Wert zwischen 0 und 255 haben. Durch x geben Sie die Nummer der parallelen Schnittstelle an, über die der Drucker läuft. Im Normalfall wird dies 1 sein, wenn Sie aber mehrere Schnittstellen installiert haben, können Sie für x maximal 3 angeben.

Beachten Sie bitte, daß der Standardwert nach dem Einschalten bei einigen PC bei 80 Zeichen/Zeile für die Druckausgabe gesetzt ist. Einen EPSON FX 80+, mit dem ich in Schmalschrift 132 Zeichen drucken wollte, habe ich in die hinterste Ecke der EDV-Hölle gewünscht, weil er trotz vermeintlich richtiger Einstellung nach 80 Zeichen einen CRLF ausführte. Abhilfe hat hier nach stundenlangem Probieren der Befehl

    WIDTH "LPT1:",255

geschaffen.

LPOS

Beim Drucken vom Programm aus werden Daten nicht sofort an den Drucker gesendet, sondern in einem Puffer zwischengespeichert. Erst wenn dieser Puffer voll ist, erfolgt die Ausgabe an den Drucker. Dieser Puffer wird vom Betriebssystem über einen Pufferzeiger verwaltet. Die Position dieses Zeigers innerhalb des Puffers können wir mit der LPOS-Funktion abfragen:

    X= LPOS(<Drucker_Nummer>)

Drucker_Nummer kann einen Wert zwischen 1 und 3 haben, je nachdem, wie viele parallele Schnittstellen installiert sind und welche davon angesprochen werden soll. Im Normalfall setzen Sie hier 1 ein. Bisher habe ich für die LPOS-Funktion keinen sinnvollen Einsatz finden können. Denkbar wäre aber beispielsweise eine Formatierung, indem die Druckausgabe ohne CRLF-Sequenz gesendet wird und bei einer bestimmten Anzahl von Zeichen im Puffer das CRLF eingebaut wird:

```
110 LPRINT DRUCKAUSGABE$
120 IF LPOS(1)>= 40 THEN LPRINT CHR$(13);CHR$(10);
```

Ob diese Formatierung allerdings den deutschen Trennregeln entspricht, sei dahingestellt.

Der Drucker als Datei

Aus dem MS-DOS-Handbuch wissen wir, daß angeschlossene Geräte (Devices) als Datei behandelt werden können. Für den Drucker würde das so aussehen:

```
110 OPEN "LPT<x>:" FOR OUTPUT AS #1
120 PRINT#1,DRUCKAUSGABE$
130 .....
140 .....
500 CLOSE
```

Für *x* geben wir die Nummer der Schnittstelle an, auf die die Ausgabe gehen soll. Mögliche Werte sind hier 1 bis 3. Als Befehle für die Ausgabe kommen alle Ausgabebefehle einer sequentiellen oder einer Random-Datei in Betracht (siehe Abschnitt 4.6). Beachten Sie bitte, daß im Random-Modus ein CRLF nicht automatisch gesendet wird. Eine Druckdatei kann logischerweise nicht als Eingabe- (INPUT) oder Erweiterungs- (APPEND)-Datei geöffnet werden.

4.7.3 Hardcopys erstellen

Als Hardcopy bezeichnet man eine "Kopie" des Bildschirminhaltes, die über den Drucker ausgegeben wird. In der Anleitung zu Ihrem PC wird beschrieben, wie Sie eine Hardcopy über die Tastenkombination <SHIFT> <PrtSc> erhalten.

LCOPY

Das gleiche Ergebnis können Sie von PC-BASIC aus erzielen. Hierzu setzen Sie den LCOPY-Befehl ein. Dieser Befehl benötigt eigentlich keine weiteren Parameter, aus Kompatibilitätsgründen ist jedoch folgende Syntax gestattet:

```
LCOPY(<Zahl>)
```

Zahl kann jeden beliebigen Wert haben, PC-BASIC nimmt keine Prüfung dieser Zahl vor. Bitte beachten Sie, daß LCOPY nur im Textmodus einwandfrei arbeitet. Die Hardcopy eines Grafikbildes können Sie mit LCOPY nicht ausgeben. Einige PC werden mit dem Programm GRAPHICS.COM auf der Systemdiskette ausgeliefert. Nach dem Aufruf dieses Programms können Sie über <SHIFT> <PrtSc> eine Grafik-Hardcopy ausgeben.

4.7.4 Grafiken drucken

Heutzutage gibt es kaum eine Anwendung, die die Ergebnisse nicht auch als Grafik auf dem Bildschirm oder auf dem Drucker zur Verfügung stellt. Im vorigen Abschnitt haben wir den Befehl LCOPY kennengelernt, der den aktuellen Bildschirm als Hardcopy auf den Drucker ausgibt. LCOPY arbeitet jedoch nur im Textmodus. Für das Drucken von Grafiken gibt es zwei Möglichkeiten:

1. Sie setzen in Ihrem Programm eine spezielle Druckroutine dafür ein. Die Realisation einer solchen Routine ist nicht gerade einfach und zudem für jeden Drucker wieder verschieden. Wir werden uns diesem Thema in Kapitel 17 ausführlich widmen.

2. Sie verwenden das MS-DOS-Hilfsprogramm GRAPHICS.COM. Dieses Programm müssen Sie vor dem Aufruf von PC-BASIC ausführen. Nach der Darstellung einer Grafik auf dem Bildschirm kann davon eine Hardcopy durch Drücken der Tasten <SHIFT>-<PrtScr> auf den Drucker ausgegeben werden.

Mit der Bildschirmgrafik werden wir uns übrigens in Kapitel 6 eingehend beschäftigen.

4.7.5 Allgemeines zum Drucken

Die bisherigen Abschnitte zum Thema Drucker haben Ihnen gezeigt, wo und wie PC-BASIC Sie bei der Druckausgabe unterstützt. Letztendlich hängt aber viel vom verwendeten Drucker ab. Standardmäßig können Sie heute auf fast jedem Drucker über entsprechende Steuerzeichen Pica und Elite in Normal-, doppelt Breit-, Fett- oder Schmalschrift drucken. Auch für die Formatierung stellen die meisten Drucker standardmäßig Horizontal- und Vertikaltabulatoren zur Verfügung, und die Seitenlänge in Zeilen oder Zoll kann gewählt werden.

Wie bereits erwähnt: am besten lernen Sie das Druckerhandbuch auswendig, um alle Möglichkeiten des Druckers auszuschöpfen. Nichts ist peinlicher als eine exzellente Anwendung, die einen Druck-Output liefert, der aussieht, als ob mit einem Fernschreiber der 30er Jahre gedruckt wurde.

Bei den meisten Druckern können Sie die Standardwerte über sogenannte *DIP-Switches* einstellen. Dies sind kleine Schalterreihen auf der Grundplatine des Druckers, die Sie einmal bei der Installation mit den Ihnen genehmen Werten einstellen. Eine genaue Anleitung beinhaltet das Druckerhandbuch. Wenn Sie bei einigen Druckausgaben nicht das gewünschte Ergebnis erzielen, überprüfen Sie diese Schalter! Fast immer liegt der Fehler in einer falschen Einstellung. Normalerweise haben die gesendeten Steuerzeichen eine höhere Priorität als die DIP-Switches. Doch was nützt es, wenn Sie den Zeilenvorschub auf 1/8 Zoll einstellen und das Steuerzeichen für 1/6-Zoll-Vorschub nicht senden!

4.8 Fehlerbehandlung

Bei der bisherigen Arbeit mit PC-BASIC haben Sie (vermutlich) schon einige Fehlermeldungen von PC-BASIC kennengelernt. Auch die Tatsache, daß PC-BASIC die Ausführung eines Programms nach der Fehlermeldung abbricht, ist für uns nichts Neues. Die Fehlermeldungen bekommen wir sowohl im Direkt- als auch im Programmmodus. Der Sinn dieser Fehlermeldungen dürfte auch klar sein: PC-BASIC schützt Sie dadurch vor der falschen Verarbeitung bestimmter Daten, macht auf fehlende Daten aufmerksam oder zeigt Ihnen, daß mit der Hardware etwas nicht stimmt. Solange die Fehlermeldung im Direktmodus oder während der Testphase Ihrer Programmierung ausgegeben wird, ist alles klar. Doch versetzen Sie sich mal in die Lage eines unbedarften Anwenders, der plötzlich die Meldung

```
Illegal function call in 120
ok
```

sieht. Was nun? Schlimmstenfalls hat der arme Anwender stundenlang gearbeitet, die eingegebenen Daten sind nicht gesichert und er weiß nicht, wie er sich nun zu verhalten hat. Für Sie als Programmierer kann so ein Vorgang eine Reihe unangenehmer Fragen nach sich ziehen. Schließlich sollten Sie eine Anwendung geliefert haben und kein Fehlermeldungsprogramm.

4.8.1 Fehlermeldungen

PC-BASIC gibt die Fehlermeldungen im Normalfall als Klartext aus und gibt an, in welcher Zeile der Fehler auftrat. Beim Fehler *Syntax Error in xxx* wird zusätzlich noch die fehlerhafte Zeile angezeigt, damit sofort korrigiert werden kann. Bei den anderen Fehlermeldungen ist die Anzeige der fehlerhaften Zeile unter Umständen verwirrend, der Fehler in Zeile XXX kann beispielsweise aus einer falschen Berechnung in Zeile YYY resultieren, so daß PC-BASIC auf die Anzeige der Zeile verzichtet.

Die Systemvariablen ERR und ERL

Parallel zur Ausgabe der Fehlermeldung verwaltet PC-BASIC zwei Systemvariablen, die die Fehlernummer und die Fehlerzeile beinhalten. Dies sind die Variablen

```
ERR    für die Fehlernummer und
ERL    für die Fehlerzeile
```

Grundlegende Befehle und Funktionen 165

Hinweis: Bei einem Fehler im Direktmodus wird ERL der Wert 65535 als Zeilennummer zugewiesen.

In den folgenden Abschnitten wollen wir nun sehen, wie wir diese Variablen vom Programm aus nutzen können, um dem Anwender oben geschilderte Situation zu ersparen. In Anhang finden Sie eine komplette Aufstellung der Fehlermeldungen im Klartext mit den dazugehörigen Fehlernummern.

4.8.2 Fehler vom Programm abfangen

Fehler können wir im Programm auf zwei verschiedene Arten abfangen. Einmal kann eine Plausibilitätsprüfung der eingegebenen Daten vorgenommen werden:

```
120 INPUT "Geben Sie eine Zahl zwischen 0 und 9 ein:";ZAHL
130 IF ZAHL <0 OR ZAHL >9 THEN BEEP:GOTO 120
```

oder

```
120 INPUT "Datei-Name (Max. 8 Zeichen):";DATEI$
130 IF LEN(DATEI$)=0 OR LEN(DATEI$)>8 THEN BEEP:GOTO 130
```

In diesen Beispielen wird die Eingabe erst akzeptiert, wenn sie den vom Programmierer geforderten Wert hat. Nun gibt es aber einige Fehler, die man als Programmierer nicht vorhersehen kann oder die nicht geprüft werden können. Als Beispiel soll uns eine schreibgeschützte Diskette dienen. Der Versuch, auf dieser Diskette in eine Datei zu schreiben, ruft folgende Fehlermeldung hervor:

```
Disk write protected
ok
```

ON ERROR GOTO

Vom Programm aus können wir einen Fehler dieser Art mit dem ON ERROR GOTO-Befehl abfangen. Dieser Befehl bewirkt, daß PC-BASIC keine Fehlermeldung ausgibt, sondern das Programm an einer bestimmten Stelle fortführt:

```
ON ERROR GOTO <Zeilennummer>
```

Mit *Zeilennummer* geben wir an, wo unsere Fehlerbehandlungsroutine im Programm beginnt. Dort können wir die Systemvariablen ERR und ERL abfragen und entsprechend reagieren. Wird als *Zeilennummer* 0 angegeben, wird die Fehlerbehandlung abgeschaltet. Folgendes Beispielprogramm verdeutlicht ON ERROR GOTO:

```
10 'ON ERROR GOTO-Demo
20 :
```

```
30 ON ERROR GOTO 130
40 CLS:KEY OFF
50 PRINT "Jetzt wird versucht, in eine Datei zu schreiben....."
60 PRINT
70 OPEN "A:TEST.DAT" FOR OUTPUT AS #1
80 PRINT#1,"Test-Daten"
90 CLOSE
100 PRINT "Die Daten wurden erfolgreich geschrieben....."
110 END
120 :
130 'Hier beginnt die Fehlerbehandlungsroutine
140 :
150 CLOSE
160 IF ERR=57 OR ERR=70 THEN 210:'Fehler abhandeln
170 LOCATE 22,1:PRINT "System-Fehler ";ERR;" in Zeile ";ERL
180 IF INKEY$="" THEN 180
190 END
200 :
210 'Fehler: Disk ist schreibgeschützt/nicht eingelegt
220 :
230 LOCATE 22,1:PRINT "Diskette ist schreibgeschützt oder es wurde keine Diskette eingelegt !!!"
240 PRINT "Fehler beseitigen und beliebige Taste drücken, [ESC]= ENDE....."
250 X$=INKEY$:IF X$="" THEN 250
260 IF X$=CHR$(27) THEN CLS:END
270 RESUME 40
```

Da wir nur eine Zeile haben, in der der Fehler auftreten kann, ersparen wir uns die Abfrage von ERL. Wenn in einer Zeile mehrere Fehler auftreten können oder der gleiche Fehler in mehreren Zeilen auftreten kann, müssen natürlich beide Variablen entsprechend abgefragt werden.

RESUME

In Zeile 270 haben wir den RESUME-Befehl kennengelernt, der bei der Fehlerbehandlung eine große Rolle spielt. Dieser Befehl muß eingesetzt werden, sobald irgendwo im Programm der ON ERROR GOTO-Befehl auftaucht. Trifft PC-BASIC auf ein RESUME, ohne daß vorher ON ERROR GOTO ausgeführt wurde, gibt es den Fehler *RESUME without error* (RESUME ohne vorherigen Fehler). Mit RESUME geben wir an, wo nach der Fehlerbehandlung im Programm weitergemacht werden soll. Hierbei haben wir mehrere Möglichkeiten:

RESUME<Zeilennummer>
Das Programm wird an der durch *Zeilennummer* angegebenen Stelle fortgeführt.

RESUME NEXT
Das Programm wird mit der Anweisung fortgeführt, die der Anweisung folgt, durch die der Fehler verursacht wurde.

RESUME [0]
Die Anweisung, die den Fehler verursacht hat, wird erneut ausgeführt.

Nach einem RESUME wird ERR von PC-BASIC auf den Wert 0 gesetzt, ERL behält den ursprünglichen Wert, bleibt also unverändert.

Hinweise zu ERR, ERL, ON ERROR GOTO und RESUME

Als ordentlicher Programmierer sollten Sie ON ERROR GOTO am Anfang des Programms plazieren. Am Ende eines Programms sollten Sie ON ERROR GOTO 0 ausführen, um die Fehlerbehandlung abzuschalten, sonst ist diese im Direktmodus weiterhin wirksam. Sie können im Programm mehrere Fehlerbehandlungen einbauen und durch verschiedene ON ERROR GOTOs aktivieren. In den meisten Fällen kommt man aber mit einer einzigen Fehlerbehandlung aus.

Der Abschluß einer Fehlerbehandlung sollte - ähnlich den Zeilen 170-190 des Beispieles - aus einer Universalmeldung bestehen, die nicht abgefangene Fehler berücksichtigt. Hierbei sollten Sie dafür Sorge tragen, daß eventuell im Speicher befindliche Daten rechtzeitig gesichert werden.

Die angegebenen Zeilennummern müssen im Programm vorhanden sein, ansonsten gibt PC-BASIC *Undefined line number* (undefinierte Zeilennummer) aus. Die Abfrage der Systemvariablen ERL in Verbindung mit dem RENUMBER-Befehl hat eine Besonderheit:

        20 IF 1230=ERL THEN...

RENUMBER läßt die Zeilennummer (1230) links vom Gleichheitszeichen (=) unberücksichtigt !!!

        20 IF ERL=1230 THEN...

Hier funktioniert RENUMBER wie gewohnt richtig. Die von Ihnen vergebenen Texte für die Anzeige in der Fehlerbehandlungsroutine sollten im Sinne des Anwenders aussagekräftig sein. *Falsche Taste gedrückt* läßt bei rund 90 zur Verfügung stehenden Tasten leicht Verzweiflung aufkommen. Sagen Sie also lieber *Nur Taste <x>, <y> und <z> erlaubt*. Der Dank des Anwenders wird Sie irgendwann in Form höherer Absatzzahlen erreichen.

ERROR

Sicher ist Ihnen beim Studium der Fehlermeldungen im *Anhang* aufgefallen, daß die Fehler nicht durchgehend von 1 bis 255 numeriert sind, sondern hier und da einige Lücken aufweisen. Diese Lücken können vom Programmierer genutzt werden, um eigene Fehler zu erzeugen. Hierzu dient der ERROR-Befehl:

    ERROR <Fehlernummer>

Mit *Fehlernummer* können Sie eine Ihnen genehme Fehlernummer angeben, die Sie dann in der Fehlerbehandlung abfragen. Sie sollten hier natürlich keine Fehlernummer nehmen, die schon von PC-BASIC benutzt wird. ERROR weist die Fehlernummer und die Zeilennummer, in der der ERROR-Befehl gegeben wurde, den Variablen ERR und ERL zu.

Im Direktmodus eingesetzt, ruft ERROR mit einer nicht definierten Fehlernummer die Meldung *Unprintable error* (nicht wiederzugebender Fehler) hervor.

4.8.3 Erweiterte Fehlerfunktionen

Für die erweiterte Fehlerbehandlung stellt PC-BASIC drei Funktionen zur Verfügung, die von MS-DOS bzw. PC-BASIC verwaltete Werte ausgeben.

ERDEV

X = ERDEV

Die ERDEV-Funktion liefert einen 16-Bit-Integer-Wert, der vom Betriebssystem MS-DOS geliefert wird und folgende Informationen enthält:

LowByte
Im LowByte wird ein durch MS-DOS ermittelter Fehler-Code des fehlerverursachenden Gerätes geliefert. Eine detaillierte Aufstellung finden Sie im Anhang unter "Fehlermeldungen MS-DOS".

HighByte
Im HighByte übergibt MS-DOS Informationen über den zum fehlerverursachenden Gerät gehörenden Treiber. Hierbei handelt es sich um eine Bit-Folge aus dem *Device header block* (dt.: Gerätesteuerblock), die die Identifikation des Treibers ermöglicht. Details dazu erfahren Sie in Kapitel 7.

Wir sprechen hier von Low- und High-Byte, da ein 16-Bit-Wert sich aus zwei 8-Bit-Werten - also 2 Bytes - zusammensetzt. Zur Unterscheidung dieser Bytes erhält das eine die Bezeichnung LowByte, weil hier der niederwertige Teil der Zahl gespeichert ist. Im HighByte ist dementsprechend der höherwertige Teil der Zahl gespeichert. Der endgültige Wert errechnet sich nach der Formel:

```
Wert= (LowByte+(256*HighByte))
```

ERDEV$

Diese Funktion liefert im Klartext den Namen des fehlerverursachenden Gerätes:

```
X$= ERDEV$
```

Bei Schreib-/Lesefehlern in Verbindung mit Disketten bzw. Festplatten wird beispielsweise als Name die jeweilige Laufwerksbezeichnung gefolgt von einem Doppelpunkt (:) ausgegeben:

```
PRINT ERDEV$
A:
```

EXTERR

X= EXTERR(<Ausdruck>)

Ab Betriebssystem-/PC-BASIC-Version 3.xx stellt MS-/PC-DOS erweiterte Fehler-Codes zur Verfügung, anhand derer sich ein Fehler besser einkreisen läßt. Die erweiterten Fehler-Codes werden in 4 Kategorien eingeteilt, die durch den Parameter <Ausdruck> spezifiziert werden:

0   Fordert den erweiterten *Fehler-Code* an.

1   Fordert die *Fehlerklasse* an. Das Ergebnis erlaubt eine Einordnung des Fehlers.

2   Fordert die vom Betriebssystem erwartete *Fehlerbehandlung* an. Das Ergebnis gibt Auskunft, wie auf den Fehler reagiert werden sollte.

3   Fordert die *Fehlerlokalisierung* an. Das Ergebnis gibt Auskunft, wo im System der Fehler aufgetreten ist.

Hinweis: Insgesamt liefert die Funktion EXTERR je nach <Ausdruck> runde 100 verschiedene Ergebnisse zurück. Sie finden im Anhang unter "Fehlermeldungen MS-DOS" eine detaillierte Beschreibung.

4.8.4 Fehlersuche

Kein Programm läuft auf Anhieb fehlerfrei. Teilweise habe ich Stunden und Tage an einem Programm gesessen, um einen Fehler "Illegal function call" zu lokalisieren oder um herauszufinden, warum das Ergebnis einer Berechnung 234 und nicht - wie eigentlich richtig - 189 ist. Ich möchte Ihnen im Folgenden als Abschluß dieses Abschnittes einige Tips zum Thema Fehlersuche geben.

Trotz ordnungsgemäßer Vorbereitung kommt es immer mal wieder vor, daß sich im Programm ein hartnäckiger Fehler einschleicht, der beim besten Willen nicht zu entdecken ist. Hierbei kann es sich um Syntax- oder logische Fehler handeln. Aus der Erfahrung läßt sich die Häufigkeit wie folgt festlegen:

Syntax-Fehler

Hier wird meistens ein Variablenname verwendet, der gleichzeitig ein Statement ist:

```
10 IF POS= 24 THEN CLS:GOTO 50 'Wenn Zeile 24 erreicht, dann BS löschen, nächste
Seite anzeigen
```

Zahlen- oder Buchstabendreher

Dies sind wohl die schlimmsten aller Fehler, vor allem bei Variablennamen, die nicht in der gleichen Zeile auftauchen:

```
10 EINGABE$=INKEY$:IF EINGBAE$="" THEN 10
```

Dieser Fehler läßt sich noch relativ einfach entdecken.

```
10 INPUT#1,NACHNAME$
...
...
510 IF NACHNAHME$="ENDE" THEN CLOSE#1
```

Hier wird es kritisch, weil einige Bildschirmseiten an Listing dazwischen liegen und der direkte Vergleich der beiden Zeilen so nicht möglich ist. Erschwert wird die Suche hier natürlich durch den Umstand, daß PC-BASIC keine Fehlermeldung ausgibt (wie auch, es kennt den richtigen Namen ja nicht), sondern das Ergebnis einer Berechnung oder einer Abfrage einfach falsch ist.

Logische Fehler

Diese Fehler tauchen meistens in IF...THEN...ELSE oder WHILE...WEND-Konstruktionen auf. Es wird z.B. eine Variable abgefragt, deren Inhalt nur 0 sein kann, weil er irrtümlich drei Zeilen vorher so zugewiesen wird oder eine Bedingung ist nie erfüllt, weil einer der Variablen nie ein konkreter Wert zugewiesen wird. Auch der Einsatz eines falschen oder ähnlichen Variablennamens ist häufig Grund für einen Fehler:

Grundlegende Befehle und Funktionen

```
100 LETZTE.ZEILE= 23
110 LETZTE.BS.ZEILE= 25
.....
.....
.....
500 IF CSRLIN= LETZTE.ZEILE THEN CLS
```

Hier sollte eigentlich die Variable LETZTE.BS.ZEILE abgefragt werden. Bei der Fehlersuche bezüglich unterschiedlicher Variablennamen helfe ich mir so, daß das Programm als ASCII-Datei gespeichert wird:

```
SAVE <Programmname>,A
```

Danach kann das Programm in eine beliebige Textverarbeitung geladen werden. Über den Befehl Suchen wird jede einzelne Variable aufgespürt:

Suchen nach: $ --> Strings
                     %   --> Integers
                     !   --> Einfache Reals
                     #   --> Doppelte Reals

Voraussetzung ist natürlich, daß alle Variablen einzeln und nicht über DEFINT, DEFSTR, DEFDBL oder DEFSNG global gekennzeichnet sind. So läßt sich eine Abweichung relativ schnell und einfach entdecken.

Letztlich: Je länger man einen Fehler sucht, desto größer ist die Gefahr, ihn zu übersehen. Oft genug ist es mir passiert, daß ich die Zeile mit dem Fehler mehrmals gelesen habe, ohne dort einen Fehler zu entdecken. Man wird quasi "fehlerblind". Sofern Sie einen Freund oder Bekannten haben, hilft es vielfach, ihn mal einen Blick auf das Listing werfen zu lassen. Auch hier zeigt die Erfahrung: man kann stundenlang über einem Listing brüten. Dann kommt der Freund, schaut ein, zwei Minuten und der Fehler ist gefunden.

5. Sound

Sicher ist Ihnen im Laufe der Arbeit mit dem PC schon aufgefallen, daß sich dieser nicht nur optisch, sondern auch akustisch bemerkbar machen kann. Meistens vernehmen wir einen zaghaften "Piepser", wenn beispielsweise die Eingabe nicht richtig war oder auf einen besonderen Umstand hingewiesen werden soll. Verantwortlich für diesen Piepser sind Peripherie-Bausteine (8253/8255) und ein kleiner Lautsprecher im Inneren des PC. Uns soll hier nicht interessieren, wie die Töne erzeugt werden, sondern wie wir von PC-BASIC aus die Tonerzeugung nutzen können. Lediglich die Tatsache, daß die Tonerzeugung nur über einen Kanal möglich ist, sollten wir hier zur Kenntnis nehmen. Umsteiger von Atari- oder Commodore-Homecomputern werden Besseres gewöhnt sein und über die vermessene Überschrift dieses Kapitels schmunzeln.

5.1 Sound als Hinweis

BEEP

In einigen Beispielprogrammen haben wir einen Befehl zur Tonerzeugung bereits kennengelernt:

```
BEEP
```

BEEP gibt einen Ton mit fester Frequenz und fester Länge aus, den wir beispielsweise als Fehlerhinweis bei Eingaben oder als Hinweis für besondere Umstände einsetzen können. Anstelle des BEEP-Befehls können wir auch die Anweisung

```
PRINT CHR$(7)
```

einsetzen. Das Ergebnis ist in beiden Fällen das gleiche.

SOUND

Etwas mehr Möglichkeiten haben wir mit dem SOUND-Befehl, der es gestattet, die Frequenz und die Dauer des auszugebenden Tones zu wählen:

```
SOUND <Frequenz>,<Länge>
```

Frequenz kann einen (theoretischen) Wert zwischen 37 und 32767 haben. Erwarten Sie hier bitte keinen Ohrenschmaus wie bei Ihrer Stereoanlage, dazu ist der kleine Lautsprecher leider nicht in der Lage. Wenn Sie aber in der NF-Technik etwas beschlagen sind oder jemanden aus diesem Fach kennen und die Garantie Ihres Gerätes abgelaufen ist, kann ohne weiteres eine Verbindung zur Anlage eingebaut werden.

Mit *Länge* geben Sie an, über welchen Zeitraum der Ton ausgegeben werden soll. *Länge* darf einen Wert zwischen 1 und 65535 haben. Geben Sie *Länge=0* an, wird der laufende SOUND abgeschaltet. Das folgende Beispielprogramm gibt einen Ton mit einer von Ihnen vorgegebenen Frequenz aus:

```
10 'SOUND-Demo
20 :
30 CLS:KEY OFF
40 INPUT "Frequenz (99999= Ende):";FREQUENZ
50 IF FREQUENZ=99999 THEN CLS:END
60 SOUND FREQUENZ,1
70 GOTO 40
```

Hinweis: In vielen PC wird statt eines Lautsprechers ein sogenanntes "Piezo-Element" zur Reproduktion des Tones eingesetzt. Hierbei handelt es sich um einen Kristall, der durch Anlegen einer Spannung in Schwingung versetzt wird. Bei extrem hohen/tiefen Frequenzen kann dabei lediglich ein Knacken zu hören sein, da der Kristall schlichtweg überfordert ist.

5.2 Tonfolgen programmieren

Vermittels einer READ...DATA-Schleife ist es theoretisch möglich, den SOUND-Befehl zur Programmierung von Tonfolgen, also Liedern etc., einzusetzen. Im folgenden Abschnitt erfahren wir, daß es auch einfacher geht.

PLAY

Mit dem PLAY-Befehl versetzt PC-BASIC uns in die Lage, relativ einfach längere Tonfolgen zu programmieren:

```
PLAY <String>
```

PLAY benötigt hierzu einen oder mehrere Strings, in denen genaue Angaben über die wiederzugebende Tonfolge enthalten sein müssen. Diese Angaben setzen sich aus den folgenden Optionen zusammen:

MF (Modus Foreground)
Die Tonerzeugung läuft im Vordergrund ab, eine neue PLAY-Anweisung wird erst ausgeführt, wenn die letzte beendet ist.

Sound

MB (Modus Background)
Die Tonerzeugung läuft im Hintergrund ab. Das Programm wird weiter ausgeführt. Für die Tonerzeugung können maximal 32 Zeichen übergeben werden.

MN (Modus Normal)
Die Tonerzeugung wird normal, also wie in *String* angegeben, ausgeführt.

ML (Modus Legato)
Die Tonerzeugung wird "legato", wie in *String* durch *L* angegeben, ausgeführt.

MS (Modus Staccato)
Die Tonerzeugung wird "staccato", also in 3/4 der Zeit, die durch *L* angegeben wurde, ausgeführt.

O<x> (Oktave)
Mit *x* wird die gewünschte Oktave angegeben. *x* kann einen Wert zwischen 0 und 6 haben.

> (Größer-Zeichen)
Die Oktave wird in Einer-Schritten bis maximal Oktave 6 erhöht.

< (Kleiner-Zeichen)
Die Oktave wird in Einer-Schritten bis minimal Oktave 0 veringert.

A bis G [-][+]
Steht für eine Note der Tonfolge A bis G; mit dem Pluszeichen (+) wird ein Halbton höher angegeben, mit dem Minuszeichen (-) ein Halbton niedriger.

N<Notennummer>
Für *Notennummer* steht eine der 84 möglichen Noten innerhalb der zur Verfügung stehenden 7 Oktaven. *Notennummer=0* gibt eine Pause an.

P<Notenlänge>
Verursacht eine Pause. Die Länge der Pause entspricht der *Notenlänge*, die mit 1 bis 64 angegeben werden kann. *Notenlänge=4* ergibt also eine Pause von einer Viertel-Note.

L<Notenlänge>

Legt die Länge der folgenden Noten fest. *Notenlänge* kann mit 1 bis 64 angegeben werden. Steht *L* mit Parameter hinter der Note, gilt *L* nur für diese Note.

T<Tempo>

Legt das Tempo für die Tonerzeugung, also die Anzahl der Viertel-Noten pro Minute, fest. *Tempo* kann einen Wert zwischen 32 und 255 haben.

<.> (Punkt)

Der Punkt veranlaßt, daß die Tonerzeugung 3/2-mal so lang läuft, wie mit *L* und *T* festgelegt wurde. Bei mehreren Punkten hintereinander addiert sich der Wert entsprechend.

X<String-Variable>;

Die Angaben von *String-Variable* werden in den momentanen *String* eingefügt. Vergessen Sie nicht das Semikolon (;) nach der Variablen!

Für die numerischen Parameter können Variablen eingesetzt werden. Im String machen Sie dies folgendermaßen kenntlich:

```
"T=Tempo; ......"
```

Bitte beachten Sie, daß im Gegensatz zu X ein Gleichheitszeichen (=) angegeben werden muß. Das folgende Programm spielt eine kleine Tonfolge:

```
10 'PLAY-Demo
20 :
30 CLS:KEY OFF
40 PRINT "Bitte entspannen Sie sich....."
50 OKTAVE$="O2 "
60 TON$=OKTAVE$+"T190 P2 L8 ABCCDDEEEEDEEEEDCCCCBBDDDDAGGGDGGDE"
70 PLAY TON$
```

Bitte beachten Sie, daß die Parameter MF oder MB am Anfang des ersten Strings des PLAY-Befehls stehen müssen. An jeder anderen Stelle werden sie ignoriert. Der Parameter MB sorgt dafür, daß die Tonerzeugung im Hintergrund abläuft, so daß das Programm im Vordergrund weiter ausgeführt werden kann. Dadurch ist es möglich, beispielsweise bei Spielen eine kontinuierliche Hintergundmusik zu programmieren. Hierzu müssen wir uns dann der Interrupt-Programmierung bedienen, die wir in Abschnitt 7.3 kennenlernen.

6. Grafik

In bestimmten Anwendungen werden Sie statt eines "Zahlenfriedhofs" lieber die aussagekräftigere Grafik einsetzen oder ein Spiel per Grafik schöner und interessanter gestalten wollen. Ein Einsatzgebiet wären beispielsweise alle Anwendungen, in denen endlose Zahlenkolonnen als Liste auf den Bildschirm oder den Drucker ausgegeben werden sollen. Statt dessen könnte man dort die errechneten Werte als Kuchen- oder Balkengrafik darstellen. Dies macht einerseits ein Programm interessanter und komfortabler, andererseits ermöglichen Sie dem Anwender dadurch das wesentlich schnellere Erfassen der Zusammenhänge von Zahlen.

PC-BASIC stellt für die Realisierung von grafischen Darstellungen eine Reihe von Befehlen und Funktionen zur Verfügung, die wir uns in diesem Kapitel etwas näher anschauen werden.

Hinweis zum Thema Grafik

Die Grafik ist ein sehr komplexes Thema und macht mathematische Grundkenntnisse und einiges Wissen über die Hardware des PC notwendig. Beides kann ich Ihnen auf dem hier zur Verfügung stehenden Platz nicht in vollem Umfang vermitteln, sondern Ihnen lediglich die Syntax und die Wirkungen der einzelnen Befehle beschreiben. Deshalb kann es möglich sein - ich sage dies aus eigener Erfahrung -, daß Sie hier oder da den Mut verlieren und sagen "Das versteh' ich einfach nicht". Werfen Sie die Flinte nicht ins Korn! Es gibt mehr Programmierer als Sie denken, denen einiges an Theorie fehlt, die aber aufgrund langer Erfahrung und Routine jede Problemlösung im Schlaf realisieren, weil Sie einfach die Wirkungen und Ergebnisse "ihrer Befehle" kennen.

Gleichen Sie fehlende Theorie also durch Üben und Probieren aus, betrachten Sie jeden Mißerfolg und jede Fehlermeldung als Meilenstein auf dem Weg zum Profi. Der Auftraggeber wird Ihnen für konkrete Aussagen aus Ihrer Praxis und Erfahrung heraus mehr Respekt zollen, als wenn Sie sich mit ihm in weitschweifige theoretische Diskussionen einlassen, die ihn seiner Problemlösung auch nicht näher bringen.

Grafik-Karten

Mittlerweile gibt es eine Vielzahl von Grafik-Karten unterschiedlicher Hersteller, die Sie in Ihren PC einbauen können. Teilweise benötigen Sie dazu einen speziellen Monitor. Diese Umrüstung, die im Normalfall mit ziemlichen Kosten verbunden ist, werden Sie dann vornehmen, wenn Sie hauptsächlich mit Grafik arbeiten und die Ergebnisse Ihrer Programmierung, die Sie dann sicherlich nicht mehr in PC-BASIC vornehmen, anschließend vermarkten. Im folgenden gehe ich also davon aus, daß Sie eine Farbgrafik-Karte benutzen, die dem IBM-Standard entspricht (CGA/EGA).

Leser, die eine normale Monochromkarte (MDA) in ihrem Gerät haben, können sich dieses Kapitel sparen. Bis auf die Fehlermeldung *Illegal function call* (falscher Funktionsaufruf) wird Ihr PC nicht auf Grafikbefehle reagieren, da diese Karten nicht für die Darstellung von Grafiken eingerichtet sind.

Bei Lesern mit Hercules-Grafik-Karte (HGC) ist das Problem etwas tieferliegend. Die Hercules-Karte ist theoretisch zwar in der Lage, Grafiken darzustellen, in der Praxis scheitert dies jedoch an der Konzeption des PC-BASIC: es ist nur für den Betrieb mit einer CGA-Karte entwickelt worden! Sie können PC-BASIC aufrufen und die "normalen" Befehle wie gewohnt einsetzen. Sobald Sie aber versuchen, ein Programm mit Grafik-Befehlen auszuführen, gibt PC-BASIC die Fehlermeldung *Illegal function call* aus, weil eben keine CGA-Karte im PC installiert ist. Mittlerweile gibt es eine Menge sogenannter "CGA-Emulationen" zu kaufen, deren Aufgabe es ist, dem PC-BASIC vorzugaukeln, daß anstatt der tatsächlich vorhandenen HGC-Karte eine CGA-Karte installiert ist. Fehlt Ihnen so ein Programm in Ihrer Sammlung, können Sie es mit dem in Kapitel 17 vorgestellten Hilfsprogramm versuchen. Wie dort erwähnt und näher erläutert ist, kann jedoch keine Garantie für einwandfreien Betrieb gegeben werden.

Leser mit Monochrom-Grafik-Karte und CGA-Emulation, die einen Schwarzweiß-, Grün- oder Bernstein-Monitor einsetzen bzw. Leser mit einer CGA-/EGA-Karte, die einen Composite-Monitor einsetzen, werden teilweise mit den Farben etwas experimentieren müssen, falls auf dem Monitor kein Unterschied zwischen den Farben zu sehen ist bzw. die Farben als Rasterungen verschiedener Auflösung dargestellt werden.

6.1 Der Grafikmodus

In Kapitel 4 haben wir uns beim Thema Bildschirmaufbau recht intensiv mit dem Textmodus auseinandergesetzt. Wie der Name schon vermuten läßt, ist dieser Modus der jeweiligen Grafik-Karte lediglich für die Darstellung von Text zuständig. Der Überschrift dieses Abschnittes können wir nun entnehmen, daß es auch noch einen Grafikmodus gibt. Was verbirgt sich dahinter? Wir haben im Kapitel über den Textmodus erfahren, daß maximal 80 Zeichen pro Zeile in 25 Zeilen darstellbar sind. Dabei setzt sich ein Zeichen (oder Buchstabe) aus mehreren einzelnen Bildpunkten zusammen:

Grafik

```
 ooo
 ooooooo
 oo   oo
 oo   oo
 ooooooo
 oo   oo
 oo   oo
 oo   oo
```

Bei dieser Zusammensetzung spricht man auch von der *Zeichenmatrix*. Ein einzelner Punkt in dieser Matrix läßt sich jedoch im Textmodus nicht ansprechen. Das Zeichen kann immer nur komplett - z.B. per PRINT "A" - ausgegeben werden. Im Grafikmodus hingegen kann jeder einzelne Punkt des Bildschirmes angesprochen - oder besser ausgedrückt - adressiert werden. Bei der Adressierung werden aber keine Spalten oder Zeilen mehr angegeben, sondern sogenannte Koordinaten.

6.1.1 Auflösung

Unter Auflösung versteht man beim Grafikmodus die maximal darstellbare Anzahl von einzelnen Punkten auf dem Monitor. Beim Textmodus können wir in Anlehnung daran von einer Auflösung von 80*25 reden. Da sich ein Zeichen bei der CGA-Karte aus 8*8 Punkten zusammensetzt, ergibt sich für den Grafikmodus eine Auflösung von 80*8= 640 Punkten in der horizontalen und 25*8= 200 Punkten in der vertikalen Richtung. Wir rufen uns dazu den LOCATE-Befehl in Erinnerung. Durch Angabe einer Spalte bzw. einer Zeile kann der Cursor beliebig auf dem Bildschirm positioniert und dort ein Zeichen ausgegeben werden. Spalte und Zeile werden also "adressiert".

Angegeben werden diese Werte für die X-Achse (von links nach rechts) und für die Y-Achse (von oben nach unten). Ähnlich wie im Textmodus können wir von Zeilen (in Y-Richtung) und Spalten (in X-Richtung) sprechen. Die Nummerierung beginnt für die Y-Achse oben mit 0 und für die X-Achse links mit 0:

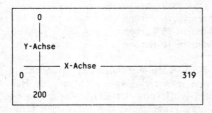

Abb. 21:   Auflösung

Auflösung der CGA-Karte

Grafiken können mit CGA-Karte in zwei Auflösungen realisiert werden:

- Auflösung 1 mit 320*200 Punkten in 4 Farben oder Schwarz-weiß
- Auflösung 2 mit 640*200 Punkten nur Schwarz-weiß

Auflösung der EGA-Karte

Die EGA-Karte bietet da schon etwas mehr. Bevor wir zu deren Auflösung kommen, ein Blick auf die Konzeption der EGA-Karte: Diese Grafik-Karte ist quasi der "Nachfolger" der CGA-Karte. Da grafische Anwendungen im Laufe der Zeit immer mehr an Gewicht bekamen und die geringe Auflösung der CGA-Karte den Anforderungen nicht mehr entsprach, wurde die EGA-Karte mit einerseits höherer Auflösung und anderseits mehr Farben entwickelt. Weiterhin trug man dem Umstand Rechnung, daß ein eventuell vorhandener Monitor bzw. vorhandene Programme mit dieser Karte zum Einsatz kommen sollten.

Das Ergebnis: Die EGA-Karte bietet mehr Farben bei höherer Auflösung, ist voll kompatibel zur CGA-Karte und kann darüber hinaus in einem Monochrom-Modus betrieben werden. Um die höchste Auflösung mit allen Farben darzustellen, bedarf es jedoch eines speziellen Monitors (Enhanced Graphics Display). Ein vorhandener Farb-Monitor (Color Graphics Display) kann also lediglich im CGA-Modus verwendet werden.

Für die Auflösung ergibt sich daraus bei Anschluß eines "normalen" CGA- oder Composite-Monitors:

- Auflösung 1 mit 320*200 Punkten in 4 Farben oder Schwarz-weiß
- Auflösung 2 mit 640*200 Punkten nur Schwarz-weiß

Bei Anschluß eines EGA-Monitors stehen folgende Auflösungen zusätzlich zur CGA-Auflösung zur Verfügung:

- Auflösung 3 mit 320*200 Punkten in 16 Farben
- Auflösung 4 mit 640*200 Punkten in 16 Farben
- Auflösung 5 mit 640*350 Punkten in 16 Farben

Im Monochrom-Modus kann an die EGA-Karte ein "normaler" Monochrom-Monitor angeschlossen werden. Leider hat man sich dabei nicht an der Hercules-Karte orientiert, sondern die Standard-Auflösung der EGA-Karte von 640*350 Punkten beibehalten. Trauriges Resultat: Programme, die für diesen Grafikmodus geschrieben wurden, laufen nur mit einer EGA-Karte und Programme, die für die HGC-Karte geschrieben wurden, laufen nicht in diesem EGA-Modus.

SCREEN

Bevor eine Grafik erstellt werden kann, müssen wir PC-BASIC mitteilen, welche Auflösung wir benötigen. In Kapitel 4 haben wir den dazu notwendigen Befehl bereits für die Bildschirmausgabe kennengelernt:

SCREEN [<Modus>][,<Farbe>][,<Ausgabe_Seite>] [,<Anzeige_Seite>]

Mit *Modus* legen Sie einen der folgenden Grafikmodi fest:

0	Textmodus
1	Grafikmodus 320*200 Punkte, 4 Farben
2	Grafikmodus 640*200 Punkte, Schwarz/Weiß
3-n	Sondermodus für spezielle Farbgrafik-Karten

Bitte beachten Sie, daß der Parameter *Modus* von der installierten Grafik-Karte abhängig ist. Bei der CGA-Karte können Sie wie oben aufgeführt maximal *2* für die Auflösung *640*200* angeben. Für die EGA-Karte können folgende Werte für *Modus* angegeben werden:

0-2	Wie CGA
7	Grafikmodus 320*200 Punkte, 16 Farben
8	Grafikmodus 640*200 Punkte, 16 Farben
9	Grafikmodus 640*350 Punkte, 16 Farben
10	Grafikmodus 640*350 Punkte, Monochrom

Im Grafikmodus gibt es bei der CGA-Karte nur eine Bildschirmseite, die Parameter *Ausgabe_Seite* und *Anzeige_Seite* bleiben unberücksichtigt. Bei der EGA-Karte können je nach Auflösung und Ausstattung der Karte bis zu 8 Seiten angesprochen werden. Die gewünschte *Ausgabe_Seite* und *Anzeige_Seite* wird dabei mit einem Wert zwischen 0 und 7 angegeben:

EGA mit 64KByte	320*200 Punkte -> 2 Seiten
EGA mit 128KByte	320*200 Punkte -> 4 Seiten
EGA mit 256KByte	320*200 Punkte -> 8 Seiten
EGA mit 64KByte	640*200 Punkte -> 1 Seite
EGA mit 128KByte	640*200 Punkte -> 2 Seiten
EGA mit 256KByte	640*200 Punkte -> 4 Seiten
EGA mit 256KByte	640*350 Punkte -> 2 Seiten
EGA mit 256KByte	Monochrom-Modus -> 2 Seiten

Ist beim Aufruf des SCREEN-Befehls *Farbe=1*, dann bleiben die aktuellen Farben bestehen, bei *Farbe=0* werden die Standardfarben - schwarzer Hintergrund und weiße Zeichenfarbe - für den jeweiligen Modus gesetzt.

Wenn ein PC-Hersteller das PC-BASIC nicht an die in seinem PC installierte Karte angepaßt hat, können Sie für *Modus* teilweise Werte angeben, mit der die

Grafik-Karte nichts anfangen kann. Unter Umständen veranlaßt dies die Karte zu merkwürdigen Reaktionen, deren Ergebnis sich problemlos in die Erfolge großer Computerkünstler einreihen läßt, denn auf Ihrem Monitor sehen Sie wunderschöne Zufallsgrafiken. Doch Vorsicht, hier handelt es sich auf alle Fälle um eine Falschansteuerung der Grafik-Karte, die bei einigen Modellen zur Zerstörung des Grafik-Chips führen kann!

Beim Experimentieren sollten Sie deshalb eine Hand am Netzschalter des PC haben. Meistens kündigt sich die "Verabschiedung" eines Chips durch ein Pfeifen mit höher werdender Frequenz an. Wenn Sie rechtzeitig reagieren, können Sie das Schlimmste verhindern. Sollten Sie dagegen schon einen kurzen Knall vernommen haben, ist alles zu spät. Die einzige Auflösung, die es dann noch gibt, ist eventuell Ihre eigene, nämlich die in Tränen. Tragen Sie Ihr Gerät zum Händler und machen Sie ein unschuldiges Gesicht. Vielleicht läßt er den Vorgang dann unter Garantie laufen. Und raten Sie mal, woher ich das alles weiß!

Abschließend: Da die CGA-Karte lange Zeit die einzige Grafik-Karte für den PC war, bürgerten sich die Begriffe *HiRes* und *MidRes* für die beiden Auflösungsmodi ein. HiRes ergab sich als Abkürzung aus *High Resolution* (640*200 Punkte), MidRes aus *Middle Resolution* (320*200 Punkte). Im weiteren Verlauf dieses Kapitels bleiben wir deshalb auch bei diesen Begriffen.

Da fragt man sich natürlich noch, ob es denn auch eine *LowRes*, also einen Modus Low Resolution gibt? Nun ja, eigentlich schon. Allerdings wird diese Auflösung von 160*200 Punkten mit 16 Farben von PC-BASIC nicht unterstützt. Man muß über direkte Register-/Port-Zugriffe die Karte in diesen Modus setzen und eigene Grafikroutinen für die Adressierung der Punkte entwickeln. Dies birgt einmal die Gefahr einer Zerstörung der Karte in sich, wenn sie diesen Modus nicht unterstützt. Andererseits ist die Entwicklung von Grafikroutinen nicht Inhalt dieses Buches. Also gehen wir darauf hier auch nicht weiter ein.

6.1.2 Hintergrund-/Zeichenfarbe

Nachdem wir die Auflösung festgelegt haben, soll PC-BASIC noch wissen, in welchen Farben wir unsere Grafik gestalten wollen. Die Wahl der Farben erfolgt dabei je nach Grafik-Karte. Bevor wir uns das jedoch im Detail anschauen, einige grundsätzliche Worte zum Thema "Farbe in der Grafik":

CGA-Farben im Grafikmodus

Die CGA-Karte kann im Grafikmodus in der Auflösung 320*200 Punkte maximal 4 Farben darstellen, in der Auflösung 640*200 nur noch 2 Farben (Schwarz und Weiß). Vom Textmodus wissen wir, daß die CGA-Karte aber insgesamt 16 Farben darstellen kann. Warum die Einschränkung im Grafikmodus auf vier Farben?

Grafik

Nun, wir wissen, daß im Grafikmodus jeder Punkt einzeln adressiert werden kann. Dabei gibt es zwei Zustände: Punkt ist an oder Punkt ist aus. In der Praxis ist der Punkt aus, wenn er in der Hintergrundfarbe dargestellt wird. Logisch: Ein roter Punkt auf rotem Hintergrund ist nicht zu sehen. Der Punkt ist an, wenn er in einer Vordergrundfarbe dargestellt wird. Auch logisch: Ein grüner Punkt auf rotem Hintergrund ist zu sehen.

Vom Textmodus her wissen wir noch, daß die Farbe eines Zeichens über ein spezielles Attribut-Byte definiert wird. Analog dazu müßte im Grafikmodus ebenfalls die Farbe eines Punktes über ein Attribut-Byte definiert sein. Dies würde bei der höchsten Auflösung von 640*200 Punkten bedeuten, daß dazu ein Speicher von 640*200 Bytes - ein Byte pro Punkt - notwendig wäre. Alles in allem somit 128.000 Bytes! Soviel läßt sich aber aufgrund der Architektur des PC nicht unterbringen. Also hat man kurzerhand festgelegt, daß die Farbinformationen nicht in einem gesamten Byte sondern nur in einem Bit festgehalten werden. Bei der halben Auflösung von 320*200 Punkten stehen somit pro Punkt 2 Bits zur Verfügung und in zwei Bits lassen sich 4 Werte bzw. 4 Farben festhalten:

```
00    Hintergrundfarbe 0 (1. Farbe)
01    Vordergrundfarbe 1 (2. Farbe)
10    Vordergrundfarbe 2 (3. Farbe)
11    Vordergrundfarbe 3 (4. Farbe)
```

0 bedeutet dabei Bit nicht gesetzt, 1 bedeutet Bit gesetzt. So, nun wissen Sie, warum die CGA-Karte nur 4 Farben im Grafik-Modus darstellen kann.

EGA-Farben im Grafikmodus

Bei der EGA-Karte sieht es wieder ganz anders aus. Hier ist man bei der Konzeption so vorgegangen, daß die EGA-Karte einen eigenen Speicher erhielt. Dieser Speicher kann je nach Anforderung von 64.000 bis 256.000 Byte ausgebaut werden. Das besondere daran ist, daß der Speicher eigentlich aus vier einzelnen Speichern besteht. Jede der Grundfarben Rot, Grün und Blau hat einen eigenen Speicher. Zusätzlich wird im vierten Speicher festgehalten, ob die Farbe normal oder mit doppelter Helligkeit (Intensität) dargestellt werden soll. Folge: die Farbinformationen für einen Punkt werden in vier Bits gespeichert:

```
0000   Hintergrundfarbe    0  (1. Farbe)
0001   Vordergrundfarbe    1  (2. Farbe)
0010   Vordergrundfarbe    2  (3. Farbe)
0011   Vordergrundfarbe    3  (4. Farbe)
0100   Vordergrundfarbe    4  (5. Farbe)
0101   Vordergrundfarbe    5  (6. Farbe)
0110   Vordergrundfarbe    6  (7. Farbe)
0111   Vordergrundfarbe    7  (8. Farbe)

1000   Vordergrundfarbe    8  (9. Farbe)
1001   Vordergrundfarbe    9  (10. Farbe)
1010   Vordergrundfarbe   10  (11. Farbe)
1011   Vordergrundfarbe   11  (12. Farbe)
1100   Vordergrundfarbe   12  (13. Farbe)
```

1101	Vordergrundfarbe	13	(14. Farbe)
1110	Vordergrundfarbe	14	(15. Farbe)
1111	Vordergrundfarbe	15	(16. Farbe)

Somit lassen sich also 16 Farben darstellen.

Die gesamte Konzeption einer EGA-Karte ist natürlich um einiges komplizierter. Es lassen sich ganze Bücher mit diesem Thema füllen. Für das Verständnis an dieser Stelle sollen die Ausführungen jedoch genügen.

COLOR   Für HiRes

Analog zum Textmodus werden die Farben in der Grafik ebenfalls mit dem COLOR-Befehl gesetzt. Für die HiRes (640*200 bzw. 640*350 bei EGA) ergibt sich folgende Syntax:

```
COLOR [<Vordergrund>][,<Hintergrund>]
```

Für die CGA-Karte (SCREEN 2) können alle Parameter mit 0 für Schwarz oder 1 für Weiß angegeben werden. Lassen Sie einen der Parameter weg (nur das Komma (,) ist angegeben), bleibt der momentane Wert aktuell. Falsch angegebene Werte ahndet PC-BASIC mit einem *Illegal function call* (falscher Funktionsaufruf). Grafikbefehle, bei denen als Parameter *Zeichenfarbe* angegeben wird, beziehen sich auf die mit COLOR festgelegten Werte für *Vordergrund* und *Hintergrund*. Hierbei wird eine Umrechnung vorgenommen, da als *Zeichenfarbe* nur die Werte 0 bis 3 angegeben werden können:

Wert 0   Farbe Schwarz
Wert 1   Farbe Weiß
Wert 2   Farbe Schwarz
Wert 3   Farbe Weiß

Muß man sich nun damit abfinden, daß anscheinend in der HiRes nur Schwarzweiß-Grafiken erstellt werden können? Wie das folgende Beispiel zeigt, gibt es wieder einen Trick, um auch hier die Farbe ins Spiel zu bringen:

```
10 'COLOR-Demo, 640*200 Punkte
20 :
30 CLS:KEY OFF
40 SCREEN 2
50 OUTCOL=1
60 COLOR 1,1,1
70 OUT &H3D9,OUTCOL
80 CLS
90 CIRCLE (50,50),30,1
100 FOR I= 1 TO 4
110 CIRCLE STEP (20,0),30,1
120 NEXT I
130 LOCATE 12,1
140 PRINT "<Z> Zeichenfarbe:";:PRINT USING "##";OUTCOL
150 PRINT "<ESC> ENDE"
```

```
160 X$=INKEY$:IF X$="" THEN 160
170 IF X$=CHR$(27) THEN 220
180 IF X$="z" THEN OUTCOL=OUTCOL+1
190 IF OUTCOL=8 THEN OUTCOL=9
200 IF OUTCOL=16 THEN OUTCOL=1
210 GOTO 70
220 SCREEN 0:WIDTH 80
```

Wir setzen den COLOR-Befehl wie angegeben ein, greifen aber auf den OUT-Befehl zurück, der uns alle zur Verfügung stehenden Farben auf den Bildschirm zaubert.

Hinweis: Einige (ältere) PC-BASIC-Versionen melden beim COLOR-Befehl in der Auflösung 640*200 Punkte (SCREEN 2) einen *Illegal Function Call* (falscher Funktionsaufruf), weil als Standard schwarzer Hintergrund und weiße Vordergrundfarbe gesetzt sind und nicht geändert werden können. Modernere Versionen erlauben eine "Umkehr" per COLOR, also schwarze Grafiken auf weißem Hintergrund.

Bei der EGA-Karte (SCREEN 7 bis 9) stehen - wie oben erläutert - insgesamt 16 Farben zur Verfügung und können mit COLOR entsprechend gesetzt werden. Für *Vordergrund* und *Hintergrund* können also Werte zwischen 0 und 15 eingesetzt werden, wobei Text-Ausgaben per PRINT in aktueller *Vordergrundfarbe* erfolgen.

COLOR — Für MidRes

Für die MidRes (SCREEN 1) haben wir derartige Tricks nicht nötig. Hier ist dafür gesorgt, daß alles schön bunt auf den Bildschirm kommt:

```
COLOR[<Vordergrund>][,<Palette>]
COLOR[<Hintergrund>][,<Palette>][,<Graf_Hi_Gru>] [,<Graf_Vor_Gru>][,<Textfarbe>]
```

Hier gibt es beim COLOR-Befehl zwei Syntax-Möglichkeiten. Die erste wird in den neueren Versionen 3.xx, die zweite in früheren Versionen eingesetzt, wobei einige 3.xx-Versionen aus Kompatibilitätsgründen beide Möglichkeiten unterstützen. Zur ersten Möglichkeit: Mit *Vordergrund* geben wir die aktuelle Zeichenfarbe an. Sinnvoll sind Werte von 0 bis 3.

Mit *Palette* geben wir an, aus welcher der beiden Paletten wir die Farben für die Zeichenfarbe der Grafikbefehle holen:

Palette 0   Farbe 0 = Hintergrundfarbe
                   Farbe 1 = Grün
                   Farbe 2 = Rot
                   Farbe 3 = Gelb

Palette 1 	Farbe 0 = Hintergrundfarbe
Farbe 1 = Cyan
Farbe 2 = Magenta
Farbe 3 = Weiß

Die zweite Möglichkeit: Mit *Hintergrund* wird sowohl die Farbe für den Hintergrund als auch für den Rahmen gesetzt. Die Parameter *Graf_Hi_Gru* und *Graf_Vor_Gru* legen in Abhängigkeit von der Palette die Standardwerte für *Zeichenfarbe* der Grafikbefehle fest. *Textfarbe* gibt wieder an, in welcher Farbe der Palette der Text angezeigt werden soll. Hierbei müssen wir beachten, daß Farbe 0 für *Textfarbe* nicht erlaubt ist! Für falsch angegebene Werte spendiert PC-BASIC wieder einen *Illegal function call*. Bei ausgelassenen Parametern (nur Komma (,) angegeben) bleiben die momentanen Werte aktuell.

Leider ist es nicht möglich, von PC-BASIC aus die Farben der Paletten in doppelter Intensität darzustellen. Nicht einmal der OUT-Befehl kann hier Abhilfe schaffen, so daß bei einigen Grafik-Karten in Palette 0 zwischen den Farben 2 (Rot) und 3 (Gelb) kein Unterschied zu erkennen ist. Traurig, aber wahr. Dazu ein kleines Beispiel:

```
10 'COLOR-Demo, 320*200 Punkte
20 :
30 CLS:KEY OFF
40 SCREEN 1
50 HIGRU=0:PALETTE=0:GRAFVO=1:GRAFHI=0:TXTVO=1
60 COLOR HIGRU,PALETTE,GRAFVO,GRAFHI,TXTVO
70 CIRCLE (50,50),30,1
80 FOR I= 1 TO 4
90 CIRCLE STEP (20,0),30,I
100 NEXT I
110 LOCATE 12,1
120 PRINT "<C> Hintergrund:";:PRINT USING "##";HIGRU
130 PRINT "<P> Palette    :";:PRINT USING "##";PALETTE
140 PRINT "<V> Grafik-Vor.:";:PRINT USING "##";GRAFVO
150 PRINT "<H> Grafik-Hin.:";:PRINT USING "##";GRAFHI
160 PRINT "<T> Text-Farbe :";:PRINT USING "##";TXTVO
170 PRINT "<ESC> ENDE"
180 X$=INKEY$:IF X$="" THEN 180
190 IF X$=CHR$(27) THEN 260
200 IF X$="c" THEN HIGRU=HIGRU+1:IF HIGRU=16 THEN HIGRU=0
210 IF X$="p" THEN IF PALETTE=1 THEN PALETTE=0 ELSE PALETTE=1
220 IF X$="v" THEN GRAFVO=GRAFVO+1:IF GRAFVO=4 THEN GRAFVO=0
230 IF X$="h" THEN GRAFHI=GRAFHI+1:IF GRAFHI=4 THEN GRAFHI=0
240 IF X$="t" THEN TXTVO=TXTVO+1:IF TXTVO=4 THEN TXTVO=1
250 GOTO 60
260 SCREEN 0:WIDTH 80
```

Hinweis zum COLOR-Befehl

Mir sind des öfteren die PC abgestürzt, während ich im Grafikmodus 1 oder 2 mit dem COLOR-Befehl experimentiert habe. Dies äußerte sich dergestalt, daß PC-BASIC zwar Befehle annahm, diese aber nicht ausführte, sondern lediglich ein - in diesem Fall wenig tröstliches - *ok* ausgab. Hier half dann nur noch ein

Tastatur-RESET. Obwohl ich wie ein Luchs aufgepaßt habe, trat dieser Zustand immer dann auf, wenn ich ein müder Luchs war und den Vorgang nicht mehr rekonstruieren konnte. Ich kann nur vermuten, daß PC-BASIC unter bestimmten Umständen aus dem Takt gerät, wenn beim COLOR-Befehl Parameter weggelassen werden und statt dessen nur Kommata angegeben sind. Mein Tip: Programme vor RUN speichern.

PALETTE   Für EGA-Karte

Im Gegensatz zur CGA-Karte kann die EGA-Karte insgesamt 16 Farben darstellen. Bei der CGA-Karte können wir die möglichen vier Farben aus zwei Paletten je vier Farben wählen, wobei die Farben hier festgelegt sind und nicht geändert werden können.

Bei der EGA-Karte besteht eine Palette analog dazu aus 16 Farben, wobei diese Farben nicht festgelegt sind, sondern aus einer Auswahl von 64 Farben gewählt werden können. Dies geschieht über den Befehl

    PALETTE [<AlteFarbe>,<NeueFarbe>]

Wie bereits oben erwähnt, können beim COLOR-Befehl für Vorder- oder Hintergrund-Parameter Werte zwischen 0 und 15 angegeben werden. Jedem dieser Werte kann nun per PALETTE eine der insgesamt 64 Farben zugeordnet werden. Für *AlteFarbe* ist dabei entsprechend die Farbnummer mit 0 bis 15 anzugeben, für *NeueFarbe* eine Farbnummer von 0 bis 63. Wird für NeueFarbe ein Wert von -1 angegeben, so bleibt die aktuelle Farbzuordnung bestehen. Das folgende Beispiel-Programm ordnet der Hintergrundfarbe 0 der Reihe nach alle verfügbaren 64 Farben zu.

Hinweis: Das folgende Programm läuft nur auf PC mit einer EGA-Karte und einem PC-BASIC der Version 3.xx:

```
10 'PALETTE-Demo EGA-Karte
20 :
30 CLS:KEY OFF
40 SCREEN 9 'Auflösung 640*350, 16 Farben aus 64
50 FOR FARBE= 0 TO 63
60    PALETTE 0,FARBE 'HG-Farbe "0"= neue Farbe
70    LOCATE 25,1
80    PRINT USING "Farbe ist:## -> beliebige Taste drücken, ESC= Ende";FARBE;
90    X$= INKEY$:IF X$="" THEN 90
100   IF X$= CHR$(27) THEN 120 'ESC= Ende
110 NEXT FARBE
120 PALETTE 0,0 'Alten Wert wieder setzen
130 SCREEN 0 'Zurück in den Textmodus
```

PALETTE USING   Für EGA-Karte

Mit dem PALETTE-Befehl kann also einer beliebigen Farbe von 0 bis 15 eine neue Farbe von 0 bis 63 zugeordnet werden. Wenn man alle 16 Farben neu zuordnen will, werden demnach 16 PALETTE-Befehle benötigt. Vor allen in größeren Programmen "frißt" dies eine Menge Platz. PC-BASIC bietet daher einen weiteren Befehl für die Zuordnung von Farben an:

```
PALETTE USING [<ARRAY>(Index)]
```

Mit diesem Befehl können allen 16 Farben auf einmal neue Werte zugeordnet werden. Die neuen Farben werden dazu in ein Integer-Array gelesen. Dies kann entweder per Direktzuweisung (ARRAY(1)= 5) oder - einfacher - in einer READ...DATA-Konstruktion erfolgen. Dem PALETTE USING-Befehl wird neben dem Namen des Arrays ein *Index* in dieses Array als Parameter übergeben, d. h., ab dem Index werden die nächsten 16 Werte neu zugeordnet. Nehmen wir also an, Sie haben ein Array mit 50 Feldern dimensoniert und geben den Befehl PALETTE USING ARRAY(10), dann erfolgt folgende Zuordnung:

```
Farbe 0= Wert aus Feld 10
Farbe 1= Wert aus Feld 11
Farbe 2= Wert aus Feld 12
Farbe 3= Wert aus Feld 13
Farbe 4= Wert aus Feld 14
Farbe 5= Wert aus Feld 15
und so weiter...
Farbe 15= Wert aus Feld 24
```

In der Praxis bedeutet dies, daß in einem Array mehrere Farbzuordnungen gespeichert werden können. Durch einfaches Wechseln des Parameters *Index* beim PALETTE USING-Befehl lassen sich so ruckzuck neue Farben auf den Bildschirm zaubern. Das Array kann dabei je nach freiem Speicher beliebig groß dimensioniert werden. Entscheidend ist, daß es ein eindimensionales Integer-Array sein muß. Das folgende Beispiel-Programm zeichnet zuerst 16 Boxen in der Standard-Palette und ordnet dann fortlaufend neue Werte aus dem Array PAL.AR%() zu.

Hinweis: Das folgende Programm läuft nur auf PC mit einer EGA-Karte und einem PC-BASIC der Version 3.xx:

```
10 'PALETTE USING Demo EGA-Karte
20 :
30 CLS:KEY OFF
40 DIM PAL.AR%(63)
50 SCREEN 9 'Auflösung 640*350, 16 Farben aus 64
60 FOR I= 0 TO 63:PAL.AR%(I)= I:NEXT I 'Array initialisieren
70 FOR I= 0 TO 15
80   LINE (I*15,I*15)-(I*30,I*20),I,BF
90 NEXT I
100 FOR PAL= 0 TO 48
110   PALETTE USING PAL.AR%(PAL)
120 LOCATE 25,1
```

```
130 PRINT "Weiter= beliebige Taste, ESC= Ende";
140    X$= INKEY$:IF X$="" THEN 140
150    IF X$= CHR$(27) THEN 170
160 NEXT PAL
170 PALETTE 'Alten Wert wieder setzen
180 SCREEN 0 'Zurück in den Textmodus
```

6.1.3 Koordinaten

Aus Abschnitt 6.1.1 wissen wir, daß im Grafikmodus der Bildschirm aus einzelnen Punkten besteht. Die ganze Kunst der Programmierung besteht nun darin, diese Punkte je nach Bedarf an- oder auszuknipsen, d. h., wir müssen dem Grafik-Chip mitteilen, ob er einen Punkt anzeigen soll oder nicht. Dazu müssen wir wissen, wie die einzelnen Punkte angesprochen werden. Nun, wir haben die X-Achse, die uns gewissermaßen die Spalte darstellt und die Y-Achse, die die Zeilen darstellt. Beides zusammen bezeichnet man als Koordinate. Ähnlich einfach wie beim LOCATE-Befehl können wir so die Punkte gezielt ansprechen:

	X-Achse						
Y	0,0	1,0	2,0	....	317,0	318,0	319,0
-	0,1	1,1	2,199	....	317,1	318,1	319,1
A	0,2	1,2	2,199	....	317,2	318,2	319,4
c h s e	0,3	1,3	2,199	....	317,3	318,3	319,5
	....	....	....	....	....	....	....
	0,196	1,196	2,196	....	317,196	318,196	319,196
	0,197	1,197	2,197	....	317,197	318,197	319,197
	0,198	1,198	2,198	....	317,198	318,198	319,198
	0,199	1,199	2,199	....	317,199	318,199	319,199

Abb. 22:   Koordinaten

Bei allen Grafikbefehlen geben wir die Koordinaten im Format

    X,Y   (Spalte,Zeile)

an. Bitte beachten Sie, daß je nach gewählter Auflösung und Karte die X-Koordinate mit maximal 319 bzw. 639 und die Y-Koordinate mit 199 bzw. 349 angegeben werden kann.

6.2   Grafikbefehle

In diesem Abschnitt werden wir die von PC-BASIC zur Verfügung gestellten Grafikbefehle kennenlernen. Bitte erwarten Sie nicht, daß hiermit einfach umfangreiche Business-Grafiken à la Open Access oder Lotus-Symphonie zu zaubern sind. Einmal scheitert dies an der mageren Geschwindigkeit, die ein Interpreter nun mal an den Tag legt, andererseits sind für solche Grafiken umfangreiche und aufwendige Berechnungen notwendig, die eine gewisse Kenntnis der Materie notwendig machen.

STEP   Als Parameter

Bei allen Grafikbefehlen kann als Parameter STEP angegeben werden. Wir wollen diesen Parameter hier besprechen, um bei den einzelnen Befehlen die Beschreibung nicht wiederholen zu müssen. Wenn wir die Befehle ohne STEP einsetzen, beziehen sich die angegebenen Koordinaten (X,Y) auf die tatsächliche (absolute) Position des Punktes auf dem Bildschirm:

PSET (50,50),1

PSET setzt den Punkt, der sich durch die angegebenen Koordinaten X=50 und Y=50 errechnet, auf den Bildschirm.

Geben wir STEP mit an, werden die als Koordinaten angegebenen Werte relativ zur letzten Position gerechnet:

PSET STEP (10,5),1

PC-BASIC hat die Koordinaten des letzten Befehls zwischengespeichert. Bei STEP werden nun die angegebenen Koordinaten (10,5) zum gespeicherten Wert addiert. Die tatsächliche Position, an der der nächste Punkt gesetzt wird, ist also in diesem Beispiel X=60 und Y=55.

Ein Beispiel finden Sie im COLOR-Demoprogramm, beim CIRCLE-Befehl.

Die Zeichenfarbe

Auch die Zeichenfarbe, also die Farbe, in der die Grafik auf dem Bildschirm erscheint, wird bei allen Befehlen gleich angegeben. Hier kann ein Wert zwischen 0 und 3 eingesetzt werden. Der Wert 0 steht hierbei für die Hintergrundfarbe, daß heißt, eine bestehende Grafik kann - wenn sie keine anderen Grafiken überdeckt - gelöscht werden. "Löschen" ist vielleicht nicht der richtige Ausdruck für diesen Vorgang, da die Farbe des Punktes auf die Hintergrundfarbe gesetzt wird und damit der Punkt lediglich "unsichtbar" ist. Je nach gewählter Palette wird die Grafik in der Zeichenfarbe ausgegeben, die mit dem Wert in der Palette korrespondiert.

Grafik

Palette 1: Farbe 0 = Hintergrundfarbe;   Zeichenfarbe=0
           Farbe 1 = Cyan;   Zeichenfarbe=1
           Farbe 2 = Magenta;   Zeichenfarbe=2
           Farbe 3 = Weiß;   Zeichenfarbe=3

Wenn Sie *Zeichenfarbe* nicht angeben, wird die durch den COLOR-Befehl als Standardwert gesetzte Farbe eingesetzt.

6.2.1 Punkte setzen/löschen

Das elementarste Teilchen einer Grafik ist der einzelne Punkt. PC-BASIC bietet für den Zugriff auf den einzelnen Punkt zwei Befehle.

PSET

Mit dem PSET-Befehl können wir jeden einzelnen Punkt des Grafikbildschirmes setzen oder löschen:

```
PSET [STEP] (X,Y) [,<Zeichenfarbe>]
```

Bei PSET ohne STEP sind (X,Y) die Absolutkoordinaten des Punktes, bei STEP geben (X,Y) die relative Position zur letzten angesprochenen Position an. Bei fehlender *Zeichenfarbe* wird der durch den COLOR-Befehl vorgegebene Wert für *Graf_Vor_Gru* bzw. *Vordergrund* eingesetzt.

```
10 'PSET-Demo
20 :
30 CLS:KEY OFF
40 SCREEN 1
50 A=1:B=2:C=3
60 FOR K=1 TO 10
70 FOR I=50 TO 150
80 PSET (I,I),A
90 PSET (I+1,I),A
100 PSET (I+3,I),B
110 PSET (I+4,I),B
120 PSET (I+6,I),C
130 PSET (I+7,I),C
140 NEXT I
150 IF A=1 THEN A=2:B=3:C=1:GOTO 180
160 IF A=2 THEN A=3:B=1:C=2:GOTO 180
170 IF A=3 THEN A=1:B=2:C=3
180 NEXT K
190 LOCATE 24,1:PRINT "beliebige Taste.....";
200 IF INKEY$="" THEN 200
210 FOR I=50 TO 150
220 PSET (I+3,I),0
230 PSET (I+4,I),0
240 NEXT I
250 LOCATE 24,1:PRINT "beliebige Taste.....";
260 IF INKEY$="" THEN 260
270 SCREEN 0:WIDTH 80
```

Das Beispielprogramm zeichnet verschiedenfarbige Linien und löscht abschließend die mittlere Linie.

PRESET

Zum Löschen einzelner Punkte können wir den PRESET-Befehl einsetzen:

    PRESET [STEP] (X,Y) [,<Zeichenfarbe>]

Wie Sie sehen, ist die Syntax mit der des PSET-Befehls identisch. Auch das Ergebnis ist mit dem des PSET-Befehls identisch. Der einzige Unterschied besteht darin, daß bei fehlender *Zeichenfarbe* der Punkt in der durch den COLOR-Befehl vorgegebenen *Graf_Hi_Gru*- bzw. *Hintergrund*-Farbe gezeichnet und somit der Punkt gelöscht wird.

6.2.2 Linien und Rechtecke zeichnen

Theoretisch ist es möglich, alle erdenklichen Grafiken mit dem PSET/PRESET-Befehl zu realisieren. Damit die Programmierung etwas einfacher vor sich geht, hat PC-BASIC vielbenutzte Routinen zu Befehlen zusammengefaßt.

LINE — Linien zeichnen

Wir haben gesehen, daß mit dem PSET-Befehl ganze Linien gezogen werden können. Schneller und einfacher können wir dies mit dem LINE-Befehl machen:

    LINE [STEP] [(von_X,von_Y)] - [STEP] (bis_X,bis_Y)
    [,<Zeichenfarbe>] [,B[F]] [,<Raster>]

Werden die Koordinaten *(von_X,von_Y)* weggelassen, gelten die Koordinaten des vorherigen Befehls. *(bis_X,bis_Y)* müssen in jedem Fall angegeben werden. Zu STEP und *Zeichenfarbe* ist bereits alles gesagt worden. Die Parameter *[,B[F]]* interessieren erstmal nicht. Mit *Raster* können wir das Aussehen der Linie bestimmen. Der LINE-Befehl rechnet Koordinaten, die außerhalb der mit SCREEN definierten maximalen Auflösung liegen, in die möglichen Werte um, ohne daß das Programm mit einer Fehlermeldung abgebrochen wird.

Rechtecke zeichnen

Für das Zeichnen von Rechtecken bietet PC-BASIC keinen eigenen Befehl, sondern der LINE-Befehl führt diese Aufgabe durch, wenn die Parameter *[,B[F]]* angegeben sind. In diesem Fall dienen die Koordinaten *(von_X,von_Y)* und

Grafik

(bis_X,bis_Y) zur Bestimmung der linken unteren und der rechten oberen Ecke des Rechteckes:

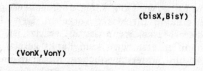

Abb. 23: Koordinaten LINE

Für viele Programmierer zieht dies ein unangenehmes Umdenken nach sich, da bei 80% aller Grafikbefehle in anderen Programmiersprachen die Koordinaten für die linke obere und die rechte untere Ecke, also genau umgekehrt, anzugeben sind. Besonders unangenehm ist dies bei der Window-Verwaltung. Doch hierzu später mehr.

Rechtecke mit Farbe füllen

Der Parameter *[F]* nach *[B]* besagt, daß das gezeichnete Rechteck mit Farbe auszufüllen ist. Für das Ausfüllen kann leider keine eigene Farbe vorgegeben werden, hier wird *Zeichenfarbe* bzw. der Standardwert eingesetzt. Eine Ausweichmöglichkeit bietet der PAINT-Befehl, den wir etwas später kennenlernen. Das folgende Beispielprogramm demonstriert die bisher beschriebenen Möglichkeiten des LINE-Befehls:

```
10 'LINE-Demo
20 :
30 CLS:KEY OFF
40 SCREEN 1
50 PRINT "Einfache Linie"
60 LINE (10,10)-(150,150),2
70 LOCATE 24,1:PRINT "beliebige Taste.....";
80 IF INKEY$="" THEN 80
90 CLS
100 PRINT "Einfache Rechtecke"
110 A=5:B=5:C=20:D=20:FARBE=1
120 FOR I= 50 TO 150 STEP 3
130 LINE (A+I,B+I)-(C+I,D+I),FARBE,B
140 FARBE=FARBE+1:IF FARBE=4 THEN FARBE=1
150 NEXT I
160 LOCATE 24,1:PRINT "beliebige Taste.....";
170 IF INKEY$="" THEN 170
180 CLS
190 PRINT "Ausgefuellte Rechtecke"
200 FOR I= 50 TO 150 STEP 3
210 LINE (A+I,B+I)-(C+I,D+I),FARBE,BF
220 FARBE=FARBE+1:IF FARBE=4 THEN FARBE=1
230 NEXT I
240 LOCATE 24,1:PRINT "beliebige Taste.....";
250 IF INKEY$="" THEN 250
260 SCREEN 0:WIDTH 80
```

Die Linienart

Beim LINE-Befehl kann mit dem *Raster*-Parameter angegeben werden, wie die gezogene Linie aussehen soll. Standardmäßig wird die Linie durchgehend gezogen. Für *Raster* können wir maximal eine 16-Bit-Maske vorgeben. Der LINE-Befehl "schaut" bei jedem Punkt in diese Maske. Wenn das Bit gesetzt ist, wird auch der Punkt gesetzt, ist das Bit nicht gesetzt, wird kein Punkt gesetzt. Dadurch können Linien bzw. Rechtecke mit unterschiedlichen Rasterungen gezeichnet werden. Das Beispielprogramm zeichnet auf einer durchgehenden Linie abhängig von der Maske eine zweite gerasterte Linie, so daß der Unterschied deutlich wird. Eventuell müssen Sie die Farben für Ihren Monitor ändern:

```
10 'LINE1-Demo
20 :
30 CLS:KEY OFF
40 SCREEN 1
50 PRINT "Unterschiedliche Linienarten"
60 FOR I=1 TO 32767
70 LINE (10,10)-(150,150),1
80 LINE (10,10)-(150,150),2,,I
90 LOCATE 22,1:PRINT I;"  &H";HEX$(I)
100 LOCATE 24,1:PRINT "beliebige Taste, <ESC>= Ende";
110 X$=INKEY$:IF X$="" THEN 110
120 IF X$=CHR$(27) THEN 150
130 LINE (10,10)-(150,150),0
140 NEXT I
150 SCREEN 0:WIDTH 80
```

6.2.3 Kreise und Ellipsen zeichnen

Besonders schöne "Anschaugrafiken" lassen sich mit Kreisen und Ellipsen realisieren. PC-BASIC gibt uns hierfür einen vielseitigen Befehl an die Hand.

CIRCLE

In einigen Beispielprogrammen haben wir CIRCLE schon in Aktion gesehen:

```
CIRCLE [STEP] (Mittelp_X,Mittelp_Y), <Radius> [,<Zeichenfarbe>]
       [,Ausschn_Anfang,Ausschn_Ende] [,Achsenverhältnis]
```

Keine Angst! Wir werden jeden Parameter einzeln unter die Lupe nehmen und im Beispielprogramm die Wirkung kennenlernen. Zu *STEP* und *Zeichenfarbe* gilt das bereits Gesagte.

(Mittelp_X,Mittelp_Y) gibt den Mittelpunkt an, um den der Kreis oder die Ellipse gezeichnet werden soll. Mit *Radius* geben wir den Durchmesser des Kreises bzw. der Ellipse in Bildpunkten an. Ergeben sich durch *Radius* Werte, die außerhalb der mit SCREEN festgelegten Auflösung liegen, wird nur der Teil gezeichnet, der auf dem Bildschirm zu sehen ist. PC-BASIC gibt keine Fehler-

meldung aus und führt das Programm fort. Zum Zeichnen von Kreis-/ Ellipsenausschnitten wird mit *Ausschn_Anfang,Ausschn_Ende* der zu zeichnende Ausschnitt festgelegt. Der Wert bezeichnet den Winkel im Bogenmaß. Gültig sind Werte von -2*PI bis +2*PI. Bei negativen Werten wird der Mittelpunkt mit dem Kreis-/Ellipsenbogen verbunden. Dies können Sie bei geschickter Programmierung für die Realisierung von Tortendiagrammen ausnutzen.

Mathematiker unter den Lesern werden eingangs dieses Abschnittes geschmunzelt haben, weil ich einen Unterschied zwischen Kreisen und Ellipsen als gegeben hingestellt habe. Richtig ist, daß ein Kreis nichts weiter ist als eine Ellipse, bei der das Verhältnis der X-Achse zur Y-Achse 1:1 ist. Wenn wir dieses Verhältnis ändern, bekommen wir eine "richtige" Ellipse. Damit wissen wir nun, wozu der Parameter *Achsenverhältnis* eingesetzt wird. Da ich vermute, daß die Mathematiker unter den Lesern in der Minorität sind, will ich es mal einfach ausdrücken: Je nachdem, ob das Achsenverhältnis größer oder kleiner 1 ist, werden die "Beulen" der Ellipse nach oben/unten oder rechts/links gezeichnet. Bei den grün angelaufenen Mathematikern entschuldige ich mich hiermit für diese nicht ganz standesgemäße Erklärung. Dazu wieder ein Beispiel:

```
10 'CIRCLE-Demo
20 :
30 CLS:KEY OFF
40 SCREEN 1
50 PRINT "Kreise, Ellipsen, Teilkreise"
60 FOR I=20 TO 120 STEP 3
70 CIRCLE (I,I),10,FARBE,2
80 CIRCLE (I+70,I),10,FARBE,,,4
90 CIRCLE (I+150,I),10,FARBE,2,0
100 FARBE=FARBE+1:IF FARBE=4 THEN FARBE=1
110 NEXT I
120 LOCATE 24,1:PRINT "beliebige Taste.....";
130 IF INKEY$="" THEN 130
140 SCREEN 0:WIDTH 80
```

6.2.4 Zeichnungen mit Farbe oder Mustern ausfüllen

Nachdem Grafiken mit PSET, LINE, oder CIRCLE erstellt wurden, möchten wir vielleicht Teile dieser Grafik mit bestimmten Farben oder Mustern ausfüllen. Kein Problem!

PAINT

Mit diesem Befehl gibt PC-BASIC uns die Möglichkeit, abgegrenzte Bereiche unserer Grafiken mit einer bestimmten Farbe oder einem frei definierbaren Muster zu füllen:

```
PAINT [STEP] (X,Y) [,<Modus>][,<Randfarbe>]
```

Der Bereich, den wir mit Farbe oder Muster füllen wollen, muß von einer durchgehenden Linie und/oder einem Kreisbogen umgeben sein. Die Farbe dieser Abgrenzung geben wir mit 0 bis 3 als *Randfarbe* an, damit PAINT erkennen kann, wann der Bereich komplett ausgefüllt ist. Beachten Sie, daß die Farbe oder das Muster durch diese Lücke "schlüpft" und notfalls den ganzen Bildschirm ausfüllt, wenn auch nur ein einzelner Punkt der Begrenzung nicht gesetzt ist.

Mit *Modus* geben wir vor, ob der Bereich mit Farbe oder mit einem Muster gefüllt werden soll. Hat *Modus* einen Wert zwischen 0 und 3, so ist dies die zu verwendende *Zeichenfarbe*. Andernfalls können wir eine 8 Bit breite und 64 Byte hohe Maske als Muster vorgeben. Dieses Muster wird dann in der durch COLOR festgelegten Standardfarbe gezeichnet. Das Muster wird mit der CHR$-Funktion definiert:

```
Muster:

76543210 --> Bit-Wert 128-64-32-16-8-4-2-1

 x x x x    = CHR$(170)
  x x x x   = CHR$(85)
 x x x x    = CHR$(170)
```

Abb. 24:   Muster mit PAINT

Bei der Ausführung wird gemäß Muster dann ein Punkt gesetzt, wenn das entsprechende Bit = 1 ist bzw. kein Punkt gesetzt, wenn das Bit = 0 ist. Schauen Sie sich dazu das folgende Programm an:

```
10 'PAINT-Demo
20 :
30 CLS:KEY OFF
40 SCREEN 1
50 PRINT "Figuren mit Farbe oder Muster fuellen"
60 CIRCLE (50,50),20,2
70 PAINT (50,50),1,2
80 CIRCLE (130,50),20,2
90 PAINT (130,50),CHR$(90)+CHR$(90)+CHR$(90),2
100 LINE (50,100)-(100,160),2,B
110 PAINT (51,151),CHR$(12)+CHR$(12)+CHR$(15)+CHR$(90),2
120 PAINT (50,50),0,2
130 PAINT (50,50),3,2
140 PAINT (50,50),1,2
150 LOCATE 24,1:PRINT "beliebige Taste.....";
160 IF INKEY$="" THEN 120
170 SCREEN 0:WIDTH 80
```

Ahnen Sie die ungeheuren Möglichkeiten, die sich Ihnen damit bieten? Aber Achtung, gleich kommt es noch besser! Für die Arbeit mit PAINT sollten Sie wissen, daß der Stack von PC-BASIC bei der Ausführung des Befehls ziemlich beansprucht wird. Bei größeren Flächen kann Ihnen unter Umständen ein *Out of memory* (nicht genügend Speicherplatz) ins Haus schneien. Dies ist aber auch nur dann der Fall, wenn Sie vorher im Programm viele Schleifen (FOR...NEXT,

WHILE...WEND) oder einige GOSUBs unaufgelöst gelassen haben, und der Stack dadurch noch mit Daten "vorbelastet" ist.

6.2.5 Auf dem Bildschirm malen

Bisher haben wir für die Grafik Befehle kennengelernt, die mehr oder weniger starr ihre Funktion erfüllt haben. Für flexiblere Einsätze hat PC-BASIC einen weiteren Befehl in der Tasche.

DRAW

Die Funktion des DRAW-Befehls kann in etwa mit der Schildkröte von LOGO oder einem Bleistift verglichen werden. Durch diverse Parameter können wir den Bleistift unterschiedlich einsetzen. Ähnlich dem PLAY-Befehl bezieht der DRAW-Befehl seine Parameter aus Strings und führt davon abhängig bestimmte Aktionen durch.

```
DRAW <String>
```

String kann als Konstante, als Variable oder als zulässige Verknüpfung beider Typen mit dem Pluszeichen (+) vorgegeben werden. Die aktuelle Zeichenposition, bei der DRAW anfängt zu zeichnen, ist entweder der Mittelpunkt des Bildschirmes direkt nach dem SCREEN-Befehl oder die zuletzt verwendete Position eines anderen Grafikbefehls. Andere Positionen müssen vor DRAW beispielsweise mit PSET gesetzt werden. Folgende Optionen/Parameter können Bestandteil des Strings sein:

U<Anzahl>
Zeichnet um *Anzahl* Punkte nach oben.

D<Anzahl>
Zeichnet um *Anzahl* Punkte nach unten.

L<Anzahl>
Zeichnet um *Anzahl* Punkte nach links.

R<Anzahl>
Zeichnet um *Anzahl* Punkte nach rechts.

E<Anzahl>
Zeichnet diagonal um *Anzahl* Punkte nach rechts oben.

H<Anzahl>
Zeichnet diagonal um *Anzahl* Punkte nach links oben.

F<Anzahl>
Zeichnet diagonal um *Anzahl* Punkte nach rechts unten.

G<Anzahl>
Zeichnet diagonal um *Anzahl* Punkte nach links unten.

Wenn Sie *Anzahl* variabel vorgeben möchten, muß vorher eine Umwandlung vom numerischen ins String-Format erfolgen oder die Variable durch ein Gleichheitszeichen davor und ein Semikolon (;) nach der Variablen kenntlich gemacht sein:

```
DRAW "U=HOCH%;"
```

B<Richtung>
Bewegt den "Bleistift" um einen Punkt in die angegebene *Richtung*, ohne den Punkt zu zeichnen.

N<Richtung>
Bewegt den "Bleistift" um einen Punkt in die angegebene *Richtung*, der Punkt wird gezeichnet. Für *Richtung* können Sie einen der vorgenannten Buchstaben U, D, L, R, E, F, G oder H einsetzen.

M<X,Y>
Sind X,Y ohne Vorzeichen angegeben (Absolutkoordinaten), wird eine Linie vom aktuellen Punkt zum mit X,Y angegebenen Punkt gezogen. Ist X,Y mit Vorzeichen (+/-) angegeben, wird X,Y als Relativkoordinate angesehen und die absolute Position entsprechend berechnet.

C<Farbe>
Legt die Zeichenfarbe fest, gültige Werte sind 0 bis 3 gemäß Palette.

Grafik

P<Füllfarbe>,<Randfarbe>
Füllt eine durch *Randfarbe* abgeschlossene Figur mit *Füllfarbe*, beide Werte können zwischen 0 und 3 liegen. Der "Bleistift" muß innerhalb der Umrandung positioniert sein. *P* arbeitet nicht mit Standardwerten, es müssen also beide Parameter angegeben sein. PC-BASIC bricht sonst mit *Missing operand* (vermisse Parameter) ab.

A<Winkel>
Legt den Winkel für die nachfolgende Bewegung fest. Mögliche Werte: 0=0 Grad, 1=90 Grad, 2=180 Grad und 3=270 Grad. Diese Angabe hat Vorrang vor der Bewegungsrichtung. Geben Sie beispielsweise A3 an, dann geht *L* statt nach links nach rechts.

TA<Winkel>
Legt den Winkel für die nachfolgende Bewegung fest. Im Gegensatz zu *A* kann der Winkel frei gewählt werden. Mögliche Werte sind -360 bis +360.

S<Faktor>
Legt den Wert nach der Formel *Faktor/4* fest, mit dem alle numerischen Parameter der nachfolgenden Bewegungen multipliziert werden. Dadurch können Figuren in variablen Größen gezeichnet werden. Bei *M* hat *S* nur bei Relativkoordinaten Wirkung. Mögliche Werte sind 1 bis 255.

X<String-Var>;
Die in *String-Var* enthaltenen Anweisungen werden an der momentanen Position eingefügt und ausgeführt. Dadurch können Sie wiederkehrende Vorgänge auslagern und bei Bedarf einbinden. Vergessen Sie nicht das Semikolon (;) nach der Variablen!

Zum DRAW-Befehl ein Beispiel mit zweifelhaftem künstlerischen Wert:

```
10 'DRAW-Demo
20 :
30 CLS:KEY OFF
40 SCREEN 1
50 FARBE=1:FUELL=2
60 C$="U10 L20"
70 PSET(290,190),0
80 FOR I=10 TO 100 STEP 5
90 FUELL$=RIGHT$(STR$(FUELL),1)
100 A$=STR$(I):A$=RIGHT$(A$,LEN(A$)-1)+" "
110 B$="C=FARBE;"+" U"+A$+"L"+A$+"D"+A$+"R"+A$
120 B$=B$+"BH P"+FUELL$+","+FARB$+" X C$;"
130 DRAW B$
140 FARBE=FARBE+1:IF FARBE=4 THEN FARBE=1
150 FUELL=FUELL+1:IF FUELL=4 THEN FUELL=1
160 NEXT I
```

```
170 LOCATE 23,1:PRINT "beliebige";
180 LOCATE 24,1:PRINT "Taste....";
190 IF INKEY$="" THEN 70
200 SCREEN 0:WIDTH 80
```

So, damit hätten wir dann auch den letzten und flexibelsten Grafikbefehl kennengelernt. Bevor Sie sich dem nächsten Abschnitt widmen, sollten Sie mit den Grafikbefehlen ein wenig experimentieren und sich deren Wirkungen und Ergebnisse einprägen. Sie werden es gleich etwas leichter haben.

6.2.6 Punktfarbe ermitteln

Für die Realisation einer Grafik-Hardcopy oder für das Setzen von Punkten in Abhängigkeit der vorhandenen Punktfarbe stellt PC-BASIC die Funktion POINT zur Verfügung.

POINT

POINT liefert den Farbwert eines Punktes:

```
POINT(X,Y)
```

X und Y sind die Koordinaten des entsprechenden Punktes. Das Ergebnis liegt zwischen 0 und 3 und gibt die im COLOR-Befehl über *Palette* angegebene Farbe an.

6.3 Window-Technik

Sicherlich haben Sie schon mit der einen oder anderen Anwendung gearbeitet, die sich der Window-(Fenster-) Technik bedient. Hierbei wird der Bildschirm in kleinere Ausschnitte unterteilt, in denen verschiedene Daten zur gleichen Zeit angezeigt werden. Meistens wird diese Praktik für HILFE-Funktionen eingesetzt, indem Sie beispielsweise im großen Fenster, dem Bildschirm, Textverarbeitung machen und in einem etwas kleineren Fenster bei Bedarf die HILFE angezeigt bekommen. Leider haben diese Windows mit denen von PC-BASIC nur wenig gemein, denn die Windows in PC-BASIC beziehen sich nur auf die Grafik. Die Ausgabe von Texten innerhalb der Windows ist zwar möglich, doch sind hier keine Grenzen gesetzt, so daß Sie ohne weiteres über den Rand eines Windows hinweg schreiben können. Aber trotzdem, bei geschickter Programmierung erzielen Sie gleiche Ergebnisse.

6.3.1 Einrichten eines Windows

Bevor irgendwelche Daten in einem Window ausgegeben werden können, muß das Window definiert werden, d. h., wir müssen PC-BASIC mitteilen, an welcher Position unser Window liegt und welche Ausmaße es hat.

VIEW

Nach einem SCREEN-Befehl wird der gesamte Bildschirm von PC-BASIC als Window betrachtet. Die Definition eines Windows abweichend von der vorgegebenen Größe nehmen wir mit dem VIEW-Befehl vor:

```
VIEW [SCREEN] (X1,Y1)-(X2,Y2) [,<Hi_Gru_Farbe>][,<Rahmenfarbe>]
```

Die Koordinaten *(X1,Y1)-(X2,Y2)* beziehen sich wieder auf die linke untere und die rechte obere Ecke des Bildschirms:

Abb. 25:   VIEW-Koordinaten

Mit *Hi_Gru_Farbe* legen wir die Hintergrundfarbe des Windows fest und mit *Rahmenfarbe* die Farbe des Rahmens, der in einer ein Punkt starken Linie um das Window gelegt wird. Bitte beachten Sie, daß dieser Rahmen nur dort gezogen wird, wo Platz ist. Wenn Sie das Window in irgendeine Ecke legen, kann es also sein, daß nur die dem Bildschirminneren zugewandten Seiten einen Rahmen bekommen. Brauchen Sie keinen Rahmen oder soll das Window in der mit COLOR festgelegten Hintergrundfarbe erscheinen, lassen Sie *Rahmenfarbe* und/oder *Hi_Gru_Farbe* einfach weg.

Nach VIEW gelten alle Koordinaten der Grafikbefehle relativ zu den festgelegten Grenzen des Windows, daß heißt, bei Koordinate (10,10) wird 10 zum festgelegten rechten Rand und 10 zum festgelegten oberen Rand des Windows addiert. Möchten Sie innerhalb des Windows mit Absolutkoordinaten arbeiten, müssen Sie VIEW mit der SCREEN-Option angeben. Die rechte obere Ecke des Windows hätte dann die Koordinaten (0,0). Sie können beliebig viele Windows definieren, das aktuelle Ausgabe-Window ist immer das zuletzt mit VIEW definierte Window. Alle Ausgaben, die jetzt im Window erfolgen, werden nur innerhalb des Windows gezeichnet, d. h., auch wenn eine Grafik größer ist, wird diese am Rand des Windows abgeschnitten.

WINDOW

Bisher haben wir relative oder absolute Koordinaten kennengelernt. Nun kann es aber möglich sein, daß Sie in einer Anwendung mit diesen Koordinaten nichts anfangen können, weil Sie beispielsweise eine Spannungskurve mit positiven und/oder negativen Halbwellen darstellen möchten. Für solche Fälle können Sie mit dem WINDOW-Befehl Ihr eigenes Koordinatenkreuz festlegen:

WINDOW [SCREEN] (X1,Y1)-(X2,Y2)

(X1,Y1)-(X2,Y2) beziehen sich wieder auf die linke untere und auf die rechte obere Ecke des Windows. Mit der SCREEN-Option können Sie dies ändern. *(X1,Y1)* bezieht sich dann auf die linke obere Ecke und *(X2,Y2)* auf die rechte untere Ecke des Windows. Für die Darstellung unserer Spannungskurve würden wir den WINDOW-Befehl beispielsweise so einsetzen:

```
WINDOW SCREEN (-10,10)-(10,-10)
```

Das Koordinatenkreuz auf dem Bildschirm stellt sich dann wie folgt dar:

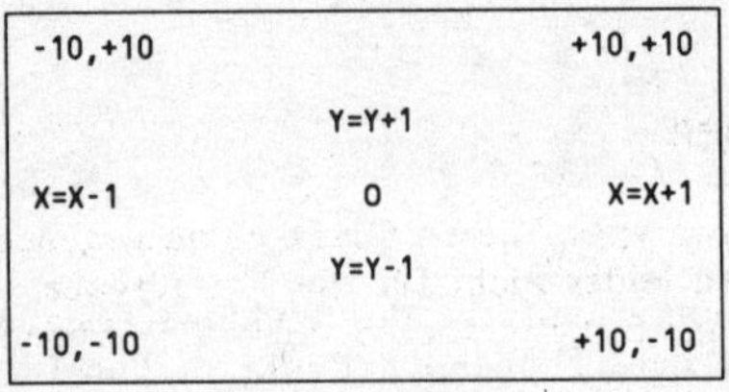

```
-10,+10                      +10,+10
              Y=Y+1
X=X-1           0             X=X+1
              Y=Y-1
-10,-10                      +10,-10
```

Abb. 26:   Neue Koordinaten durch WINDOW

Ich weiß, daß dies alles nicht einfach zu verdauen ist, vor allem, wenn man mit Grafik wenig oder noch gar nichts zu tun hatte. Aber: Übung macht den Meister. Und denken Sie an meine Worte zu Beginn dieses Kapitels.

PMAP

In unmittelbarem Zusammenhang mit dem WINDOW-Befehl kommen die PMAP-Funktionen zum Einsatz. Mit diesen Funktionen können wir Koordinaten umrechnen:

```
X= PMAP (<Koordinate>),<Modus>
```

Bei *Koordinate* handelt es sich entweder um eine X- oder eine Y-Koordinate, die entsprechend *Modus* umgerechnet wird:

Modus=0

Die angegebene Koordinate wird als X-Koordinate entsprechend dem mit WINDOW festgelegten Koordinatenkreuz angesehen und in die Absolutkoordinate umgerechnet.

Modus=1

Die angegebene Koordinate wird als Y-Koordinate entsprechend dem mit WINDOW festgelegten Koordinatenkreuz angesehen und in die Absolutkoordinate umgerechnet.

Modus=2

Die angegebene Koordinate wird als absolute X-Koordinate angesehen und entsprechend dem mit WINDOW festgelegten Koordinatenkreuz umgerechnet.

Modus=3

Die angegebene Koordinate wird als absolute Y-Koordinate angesehen und entsprechend dem mit WINDOW festgelegten Koordinatenkreuz umgerechnet.

6.3.2 Daten in Windows ausgeben

Wie bereits erwähnt, können in Windows vornehmlich Grafiken ausgegeben werden. Die Grenzen eines Windows gelten leider nicht für die Textausgabe, so daß Sie hier bei Bedarf etwas umständlicher programmieren müssen. Für den Umgang mit dem VIEW- und dem WINDOW-Befehl hier ein Beispiel:

```
10 'VIEW-Demo
20 :
30 CLS:KEY OFF
40 SCREEN 1
50 VIEW (150,50)-(50,150),1,2
60 FOR I= 32 TO 150 STEP 5:CIRCLE (I,I),30,3:NEXT I
70 VIEW (120,20)-(20,120),3,1
80 FOR I= 22 TO 120 STEP 5:CIRCLE (I,I),30,2:NEXT I
90 VIEW (180,80)-(80,180),2,3
100 FOR I= 50 TO 180 STEP 5:CIRCLE (I,I),30,1:NEXT I
110 LOCATE 24,1:PRINT "beliebige Taste.....";
120 IF INKEY$="" THEN 120
130 LOCATE 24,1:PRINT SPACE$(39);
140 VIEW (180,80)-(80,180),2,3
150 WINDOW (80,180)-(180,80)
160 FOR I= 50 TO 180 STEP 5:CIRCLE (I,I),30,1:NEXT I
170 LOCATE 24,1:PRINT "beliebige Taste.....";
180 IF INKEY$="" THEN 180
190 SCREEN 0:WIDTH 80
```

6.3.3 Grafiken in Windows bewegen

Im letzten Abschnitt dieses Kapitels werden wir Möglichkeiten von PC-BASIC kennenlernen, Grafiken oder Ausschnitte davon zu speichern, über den Bildschirm zu bewegen oder einfach an andere Positionen zu setzen.

GET

Komplette Grafiken oder Ausschnitte davon werden mit dem GET-Befehl in ein Array eingelesen und so gespeichert:

```
GET [STEP] (X1,Y1)- [STEP] (X2,Y2),<ARRAY>
```

Die STEP-Option brauchen wir nicht weiter zu erläutern. Die Koordinaten *(X1,Y1)* und *(X2,Y2)* beziehen sich wieder auf die linke untere und die rechte obere Ecke. Für *Array* geben wir den Namen des Arrays ohne Klammern an, in dem die Grafik gespeichert werden soll.

Dieses Array muß vorher mit DIM entsprechend groß dimensoniert worden sein. Reicht das Array für die Speicherung der Grafik nicht aus, gibt PC-BASIC die Meldung *Parameter out of range* (Parameter außerhalb des Bereiches) aus. Die Dimensionierung errechnet sich nach folgender Formel:

```
X= 4+ INT(PunkteX * B +7) /8) * PunkteY
              │            │        └> Höhe der Grafik
              │            │              in Bildpunkten
              │            └> B= 1 für HiRes/ 2 Farben
              │                B= 2 für MidRes/ 4 Farben
              │                B= 4 für EGA/16 Farben
              └> Breite der Grafik in Bildpunkten
 └> 4 Bytes im Array reserviert für X/Y-Dimension
└> Größe des Arrays in Bytes
```

Abb. 27: Errechnung der Array-Größe

Berücksichtigen Sie bei der Dimensionierung die Anzahl der Bytes pro Element abhängig vom Typ:

Integer	2 Bytes
Einfache Genauigkeit	4 Bytes
Doppelte Genauigkeit	8 Bytes

Im ersten Element (0) des Arrays wird die X-Dimension gespeichert, im zweiten Element (1) die Y-Dimension. Bei OPTION BASE 1 gilt dann Element (1) für X und Element (2) für Y. Danach folgen als Bit-Muster die Daten der Grafik, jeweils als Zeile entlang der X-Achse gelesen und gespeichert. Dabei wird der Rest des Elements mit 0-Bits aufgefüllt, wenn sich die letzten Punkte der gelesenen Bit-Map nicht im ganzen Byte speichern lassen. Sie sollten als Array ein

Integer-Array verwenden, da Sie die darin gespeicherten Daten einfacher manipulieren können. Eine Möglichkeit der Manipulation besteht beispielsweise darin, die Daten aus einem Array auszulesen und für Drehungen oder Spiegelungen der Grafik in einem zweiten Array entsprechend zu speichern.

Vor dem Einsatz des GET-Befehls muß mit dem WINDOW-Befehl das für GET zugrundezulegende Koordinatenfeld definiert werden. Zuwiderhandlung wird mit *Illegal function call* (falscher Funktionsaufruf) geahndet.

PUT

Für die Ausgabe der mit GET gespeicherten Daten verwenden wir den PUT-Befehl:

    PUT (X,Y),<ARRAY>[,<Modus>]

(X,Y) bezeichnen den linken oberen Punkt, ab dem die Grafik in X- und Y-Dimension ausgegeben werden soll:

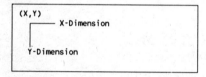

Abb. 28:   PUT-Koordinaten

ARRAY ist das Array, das die auszugebende Grafik beinhaltet. Mit *Modus* geben wir an, wie die gespeicherte Grafik ausgegeben werden soll:

PSET
Die Grafik wird genauso ausgegeben, wie sie eingelesen wurde.

PRESET
Die Grafik wird invertiert ausgegeben, das heißt, als gesetzt gespeicherte Punkte werden als gelöscht angezeigt und als gelöscht gespeicherte Punkte werden als gesetzt angezeigt.

XOR
Die auszugebende Grafik wird Punkt für Punkt mit den im Bereich liegenden Punkten XOR-verknüpft.

AND

Die auszugebende Grafik wird Punkt für Punkt mit den im Bereich liegenden Punkten AND-verknüpft.

OR

Die auszugebende Grafik wird Punkt für Punkt mit den im Bereich liegenden Punkten OR-verknüpft.

Das erste Beispielprogramm zeigt Ihnen die Wirkung der Befehle GET und PUT für die Speicherung und spätere Ausgabe einer Grafik, das zweite Programm demonstriert die Bewegung einer Grafik über den Bildschirm:

```
10 'GET/PUT-Demo
20 :
30 CLS:KEY OFF
40 DIM MOVEARRAY%(50,50)
50 SCREEN 1
60 VIEW (50,150)-(150,50),1,2
70 FOR I= 32 TO 150 STEP 5:CIRCLE (I,I),30,3:NEXT I
80 VIEW (20,120)-(120,20),3,1
90 FOR I= 22 TO 120 STEP 5:CIRCLE (I,I),30,2:NEXT I
100 LOCATE 8,4:PRINT "  mit GET  "
110 LOCATE 9,4:PRINT " gesichert "
120 WINDOW (20,120)-(120,20)
130 GET(20,120)-(120,20),MOVEARRAY%
140 VIEW (80,180)-(180,80),2,3
150 FOR I= 50 TO 180 STEP 5:CIRCLE (I,I),30,1:NEXT I
160 LOCATE 24,1:PRINT "beliebige Taste.....";
170 IF INKEY$="" THEN 170
180 VIEW (0,190)-(190,0),2,3
190 PUT(30,30),MOVEARRAY%,PSET
200 LOCATE 21,4:PRINT "  mit PUT  "
210 LOCATE 22,4:PRINT " wieder da "
220 IF INKEY$="" THEN 220
230 SCREEN 0:WIDTH 80


10 'GET/PUT1-Demo
20 :
30 CLS:KEY OFF
40 DIM VOGRU%(50,50)
50 SCREEN 1
60 VIEW (0,199)-(199,0),1,2
70 WINDOW (0,199)-(199,0)
80 LINE (10,10)-(45,45),0,BF
90 LOCATE 22,3:PRINT "HJB"
100 GET(9,46)-(46,9),VOGRU%
110 LOCATE 5,1:PRINT " beliebige Taste.....    ";
120 IF INKEY$="" THEN 120
130 VIEW (0,199)-(199,0),1,2
140 FOR I= 150 TO 50 STEP -5
150 VIEW (0,199)-(199,0),1,2
160 PUT (I-40,I-40),VOGRU%,XOR
170 NEXT I
180 LOCATE 5,1:PRINT " beliebige Taste.....    ";
190 IF INKEY$="" THEN 190
200 SCREEN 0:WIDTH 80
```

7. Spezielle Befehle und Funktionen

In den bisherigen Kapiteln haben wir Befehle und Funktionen kennengelernt, die die Grundlage für eine Programmierung in PC-BASIC bilden. Dieses Kapitel wird uns nun mit Befehlen und Funktionen bekannt machen, die wir in Programmen zur komfortableren Lösung bestimmter Probleme einsetzen können. Außerdem werden wir uns mit speziellen Themen wie beispielsweise der seriellen Schnittstelle oder der Einbindung von Assembler-Routinen befassen. Hierbei interessiert uns nur die Verbindung zu PC-BASIC, das Basiswissen sollten Sie sich durch entsprechende Fachliteratur zu den speziellen Themen vermittelt haben. Einige Dinge werden Sie selten oder gar nicht benötigen, Sie sollten dieses Kapitel aber trotzdem zum besseren Verständnis der Programmierung in PC-BASIC zumindest überfliegen.

7.1 Schnittstellen

Unter Schnittstellen verstehen wir hier alle Verbindungsmöglichkeiten Ihres PC mit Peripheriegeräten, die standardmäßig installiert sind. Wenn Sie auf die Rückseite Ihres PC schauen, sehen Sie verschiedene Buchsen. An zwei dieser Buchsen sind Ihr Monitor und Ihre Tastatur angeschlossen. Zwei weitere Buchsen sind für Ihren Drucker, einen Akustikkoppler, ein Modem oder andere Peripheriegeräte vorgesehen. In Ausnahmefällen finden Sie eine weitere Anschlußmöglichkeit für einen Joystick. Entscheidend ist hier letztendlich, wie viele und welche Steckkarten in den Erweiterungs-Slots eingesteckt sind.

Im nächsten Abschnitt werden wir uns mit der seriellen und der parallelen Schnittstelle und deren Einsatz unter PC-BASIC befassen. Sollten Ihnen die Begriffe "seriell" und "parallel" nicht geläufig sein, hier eine kurze Erläuterung. Für Details schlagen Sie bitte in entsprechender Fachliteratur über Datenübertragung nach.

Bei der parallelen Datenübertragung wird jeweils ein komplettes Byte (8 Bit) an das Peripheriegerät gesendet. Diese Art der Datenübertragung ist relativ schnell. Bei der seriellen Datenübertragung werden die Bits eines Bytes einzeln nacheinander an das Peripheriegerät gesendet. Hierdurch ist die Übertragung um einiges langsamer als bei der parallelen Übertragung, benötigt dafür aber weniger Leitungen, so daß z.B. eine Datenübertragung über das Telefonnetz möglich ist.

7.1.1 Die serielle Schnittstelle

Die serielle oder auch V.24/RS232-Schnittstelle benötigen Sie zum Anschluß eines Druckers, eines Plotters, eines Akustikkopplers, eines Modems oder anderer Peripheriegeräte, die mit einer seriellen Datenübertragung arbeiten. In den meisten Fällen wird hier ein Drucker mit serieller Übertragung angeschlossen. Für den Betrieb des Druckers auf MS-DOS-Ebene müssen Sie mit dem MODE-Befehl die Schnittstelle folgendermaßen initialisieren:

```
MODE COM1:9600,N,8,1
MODE COM1:=LPT1
```

Mit der ersten Variante legen Sie die Baud-Rate, die Art der Parität, die Wortbreite und die Anzahl der Stop-Bits fest, die zweite Variante leitet alle Ausgaben, die auf die parellele Schnittstelle gehen, auf die serielle Schnittstelle um. Dadurch können Sie dann beispielsweise die PrtScr-Routine zur Ausgabe einer Text-Hardcopy einsetzen. Bei Problemen konsultieren Sie bitte das MS-DOS-Handbuch zum MODE-Befehl und Ihr Druckerhandbuch zum Schnittstellenbetrieb.

OPEN COM

Von PC-BASIC aus handhaben wir die serielle Schnittstelle ähnlich wie eine normale Datei. Ich weise nochmals daraufhin, daß Sie für das Verständnis der folgenden Ausführungen weiterführende Literatur zum Thema V.24/RS232 gelesen haben sollten, da ich nun mit "Computerchinesisch" nur so um mich werfen werde:

```
OPEN "COM<Kanal>:
[<Baud-Rate>]
[,<Parität>]
[,<Wortbreite>]
[,<Stop-Bits>]
[,RS]
[,CS[<Zeit>]] [,DS[<Zeit>]] [,CD[<Zeit>]]
[,BIN] [,ASC] [,LF]"
[FOR <Modus>] AS #[<Dateinummer>]
[,LEN=<Satzlänge>]
```

<Kanal>
Kanal ist, wenn Sie so wollen, die laufende Nummer der Schnittstelle. Im Normalfall ist in Ihrem PC nur eine vorhanden, Sie geben also 1 an.

<Baud-Rate>
Legt die Anzahl der Bits pro Sekunde für die Übertragung fest. Dieser Wert muß mit der Baud-Rate des angesprochenen Peripheriegerätes übereinstimmen. Bei fehlender Angabe wird als Baud-Rate 300 gesetzt. Mögliche Werte sind: 75, 110, 150, 300, 600, 1200, 1800, 2400, 4800 und 9600.

Spezielle Befehle und Funktionen

<Parität>

Legt die Parität für die Übertragung fest. Dieser Wert muß mit der Einstellung des angesprochenen Peripheriegerätes übereinstimmen. Bei fehlender Angabe wird Parität=N gesetzt. Folgende Abkürzungen können verwendet werden:

- N   Keine Parität
- E   Gerade Parität
- U   Ungerade Parität
- S   Leerzeichen
- M   Markierung

<Wortbreite>

Legt die Anzahl der Bits pro Zeichen fest. Bei fehlender Angabe werden 7 Bits pro Zeichen festgelegt. Weitere Möglichkeiten sind 5, 6 und 8 Bits/Zeichen.

<Stop-Bits>

Legt die Anzahl der nach einem Zeichen zu sendenden Stop-Bits fest. Dieser Wert muß mit der Einstellung des angesprochenen Peripheriegerätes übereinstimmen. Bei fehlender Angabe werden bei Baud-Raten kleiner/gleich 110 2 Stop-Bits gesendet. Für alle anderen Baud-Raten wird 1 Stop-Bit gesendet. Ein weiterer gültiger Wert ist 1,5.

RS

Bei der Angabe RS wird das RTS-Signal (Request to send) bei der Übertragung unterdrückt.

CS<Zeit>

Bei der Angabe CS wird das CTS-Signal (Clear to send) des Peripheriegerätes erwartet. *Zeit* legt die Wartezeit in Millisekunden fest. Nach Ablauf dieser Zeit wird ein *Device timeout* (Gerät antwortet nicht) ausgegeben.

DS<Zeit>

Bei der Angabe DS wird das DSR-Signal (Data set ready) des Peripheriegerätes erwartet. *Zeit* legt wieder die Wartezeit in Millisekunden fest. Nach Ablauf der Zeit wird *Device timeout* ausgegeben.

CD<Zeit>

Bei der Angabe CD wird das CD-Signal (Carrier detect) überprüft. *Zeit* ist die Wartezeit in Millisekunden. Nach Ablauf der Zeit wird ein *Device timeout* ausgegeben.

BIN

Mit der Option BIN werden die empfangenen Daten als Binär-Daten behandelt. Alle Zeichen werden unverändert weiterverarbeitet. CR bzw. LF werden nicht als Zeilenende interpretiert. Das EOF-Zeichen ($1A) bleibt unberücksichtigt.

ASC

Mit der Option ASC werden die empfangenen Daten als ASCII-Daten behandelt. Das Tabulatorzeichen (CHR$(9)) wird in Leerzeichen (CHR$(32)) umgesetzt. CR bzw. LF werden als Zeilenende interpretiert. Bei EOF ($1A) wird die Übertragung beendet.

LF

Bei der Option LF wird nach jedem CR ($0D, !13) ein LF ($0A, !10) ausgegeben. Diese Option wird hauptsächlich für die Ausgabe auf Drucker, die keinen automatischen Zeilenvorschub nach CR ausführen, eingesetzt.

<Modus>

Modus legt die Art der Übertragung fest. INPUT=Einlesen, OUTPUT=Senden. Geben Sie *FOR <Modus>* nicht an, wird die Übertragung im Random-Modus, also gleichzeitige Ein-/Ausgabe, vorgenommen.

<Dateinummer>

Legt fest, unter welcher Dateinummer die folgenden Ein-/Ausgaben vorgenommen werden. Mögliche Werte sind 1 bis 15.

<Satzlänge>

Legt die Satzlänge für die Übertragung fest. Bei fehlender Angabe wird die Satzlänge für INPUT auf 256 Byte und für OUTPUT auf 128 Byte festgelegt. Haben Sie PC-BASIC mit dem Parameter /C aufgerufen, darf *Satzlänge* nicht größer als der dort angegebene Wert sein.

Hinweise zu OPEN COM

Wenn die in OPEN COM angegebenen Werte von den Werten abweichen, die Sie eventuell mit dem MODE-Befehl gesetzt haben, müssen Sie nach Beendigung des Programms diese Werte mit MODE neu setzen. Bitte beachten Sie, daß einige der Parameter mit den eingestellten Werten des angesprochenen Peripheriegerätes übereinstimmen müssen. Bei Abweichungen kann es - wenn überhaupt - zu fehlerhafter Übertragung kommen. Die Parameter *Baud-Rate*, *Parität*, *Wortbreite* und *Stop-Bits* müssen in der angegebenen Reihenfolge angegeben werden, alle anderen Parameter und Optionen können Sie nach Belieben plazieren. Die gleichzeitige Angabe der Optionen BIN und LF ist zwecklos, da bei BIN CR und LF unberücksichtigt bleiben. Die Übertragung wird wie bei der "normalen" Dateiverwaltung, mit einem *CLOSE #<Dateinummer>* abgeschlossen.

WIDTH   Für serielle Schnittstelle

Analog zur LF-Option können Sie das automatische Senden eines CR auch mit dem WIDTH-Befehl erreichen:

    WIDTH "COM<Kanal>:",<Anzahl_Zeichen>

WIDTH sorgt dafür, daß bei der Ausgabe nach *Anzahl_Zeichen* automatisch ein CR ($0D, !13) ausgegeben wird. Der Parameter *Kanal* enspricht dem OPEN COM-Befehl.

GET   Für serielle Schnittstelle

Sämtliche Ein-/Ausgaben über die serielle Schnittstelle werden von PC-BASIC über einen Puffer vorgenommen. Aus diesem Puffer können die eingelesenen Daten dann an Variablen weitergegeben werden. Hierzu werden die von der sequentiellen Dateiverwaltung (siehe Kapitel 3) bekannten Befehle eingesetzt. Der GET-Befehl wird folgendermaßen eingesetzt:

    GET #<Dateinummer>,<Anzahl_Zeichen>

Dateinummer bezieht sich auf die in OPEN COM für die Übertragung vergebene *Dateinummer*. Mit *Anzahl_Zeichen* geben Sie an, wie viele Zeichen von der Schnittstelle in den Puffer gelesen werden sollen. *Anzahl_Zeichen* darf bei angegebener *Satzlänge* in OPEN COM nicht größer als *Satzlänge* sein.

    100 .....
    110 OPEN "COM1:9600,N,8,1" AS #1
    120 GET#1,128
    130 X$=INPUT$(128,#1)
    140 .....

PUT   Für serielle Schnittstelle

Nachdem Sie die Daten mit den von der sequentiellen Dateiverwaltung (siehe Kapitel 3) bekannten Befehlen in den Puffer geschrieben haben, wird dieser mit PUT gesendet:

```
PUT #<Dateinummer>,<Anzahl_Zeichen>
```

Die Parameter entsprechen denen des GET-Befehls. *Anzahl_Zeichen* darf nicht größer als eine eventuell in OPEN COM angegebene *Satzlänge* sein.

LOC und LOF   Für serielle Schnittstelle

Auf den Puffer können wir die von der Dateiverwaltung (siehe Kapitel 3) bekannten Funktionen LOC und LOF anwenden:

```
X=LOC(<Dateinummer>)
```

LOC liefert die Anzahl der im Übertragungspuffer befindlichen Zeichen, die noch nicht gelesen wurden.

```
X=LOF(<Dateinummer>)
```

LOF liefert die Anzahl freier Zeichen im Übertragungspuffer.

7.1.2 Die parallele Schnittstelle

Die parallele oder auch Centronics-Schnittstelle (Centronics ist ein Druckerhersteller, der diese Schnittstelle zum Standard machte) wird hauptsächlich für den Anschluß eines Druckers mit paralleler Datenübertragung verwendet. Da die meisten der angebotenen Drucker aus Geschwindigkeitsgründen über diese Schnittstelle laufen, haben sowohl MS-DOS als auch PC-BASIC diese Schnittstelle für die Druckausgabe favorisiert, alle Routinen für die Druckausgabe sprechen ohne weitere Aktionen diese Schnittstelle an. Die PC-BASIC-Befehle für die Druckausgabe haben wir bereits in Kapitel 4 kennengelernt. Details über die Druckausgabe von MS-DOS aus finden Sie im MS-DOS-Handbuch.

7.1.3 Zugriffe auf die Ports

Unter *Ports* verstehen wir Adreßregister, über die wir die Peripheriebausteine der CPU steuern können. Dies sind keine Schnittstellen im bisher besprochenen Sinne, da wir hier keine Verbindung über Kabel etc. herstellen können. Diese Ports sind aber eine Schnittstelle zwischen Soft- und Hardware des PC, so daß sie in diesem Kapitel behandelt werden sollen.

Einen Port haben wir bereits in Kapitel 4 und 6 kennengelernt. Dies war der Port &H3D9, über den wir direkten Zugriff auf die Grafik-Karte haben, um beispielsweise die Randfarbe zu ändern. An dieser Stelle wollen wir nicht alle (theoretisch 65535) zur Verfügung stehenden Ports besprechen, sondern uns lediglich die Befehle anschauen, die für den Zugriff von PC-BASIC zur Verfü-

Spezielle Befehle und Funktionen 213

gung gestellt werden. Details über die Ports Ihres PC können Sie, wenn vorhanden, dem Hardware Manual Ihres PC entnehmen. Wenn Sie sich einen Gefallen tun wollen, seien Sie vorsichtig beim Experimentieren mit den Ports, da Sie unter Umständen "lebenswichtige" Werte verändern und so den PC zu den unterschiedlichsten Reaktionen veranlassen. Machen Sie sich auf alle Fälle vorher mit der Bedeutung der Ports bekannt!

OUT

Mit dem OUT-Befehl können wir einen Wert in einen Port schreiben:

```
OUT <Port-Adresse>,<Wert>
```

Port-Adresse gibt an, welchen Port Sie mit *Wert* beschreiben wollen. Die Ports können einen 8 Bit breiten Wert aufnehmen, so daß Werte von 0 bis 255 eingesetzt werden können.

INP

Mit INP können wir einen Wert aus einem Port lesen:

```
X=INP(<Port-Adresse>)
```

Port-Adresse kann mit einem Wert zwischen 0 und 65535 angegeben werden.

Hinweise zu OUT und INP

Wie bereits erwähnt, sollten Sie eine gewisse Vorsicht walten lassen, wenn Sie mit OUT und INP experimentieren. Teilweise verändern Lesezugriffe den Inhalt eines Ports oder liefern keinen korrekten Wert, wenn der Port für einen Lesezugriff nicht initialisiert ist. Schlimmstenfalls starrt Ihr Monitor Sie genauso rat- und tatlos an, wie Sie hineinschauen. Als routinierter Rat- und Tatlos-Schauer hole ich mir dann immer ein Gläschen "Port"-Wein, während der PC den RESET ausführt.

WAIT

Mit dem WAIT-Befehl wird die Ausführung des Programms so lange unterbrochen, bis an einem Port ein Bit-Muster anliegt:

```
WAIT <Port-Adresse>,<Maske_1>,<Maske_2>
```

Für *Port-Adresse* kann ein Wert zwischen 0 und 65535 angegeben werden. Der vom Port gelesene Wert wird mit *Maske_1* und *Maske_2* folgendermaßen verknüpft:

```
<gelesener_Wert> XOR <Maske_1> AND <Maske_2>
```

Ist das Ergebnis 0, wird der Port so lange gelesen, bis das Ergebnis ungleich 0 ist, ansonsten steht das durch die Verknüpfung berechnete Bit-Muster zur weiteren Verarbeitung zur Verfügung. Beachten Sie bitte, daß mit WAIT Endlos-Warteschleifen programmiert werden können, die nicht mit <CTRL> <C> oder <CTRL> <Break> abzubrechen sind!

7.2 Zugriffe auf Speicherbereiche

Für die unterschiedlichsten Anwendungen ist es erforderlich, direkt auf Speicherbereiche zugreifen zu können. PC-BASIC unterstützt uns in diesem Bestreben durch einige Befehle und Funktionen, die wir in diesem Abschnitt durchleuchten wollen. Sofern noch nicht geschehen, informieren Sie sich bitte im MS-DOS-Handbuch über die grundsätzliche Speicherverwaltung durch MS-DOS. Bei den weiteren Ausführungen setze ich voraus, daß die Begriffe *Segment* und *Offset* Ihnen geläufig sind.

DEF SEG

Bedingt durch die Aufteilung der Speicheradresse in Segment:Offset sind vor dem Zugriff auf Speicherbereiche Vorbereitungen zu treffen. Wir müssen PC-BASIC mitteilen, auf welches Segment des Speichers wir im folgenden zugreifen möchten. Dies tun wir mit dem DEF SEG-Befehl:

```
DEF SEG = <Segment_Adresse>
```

Segment_Adresse gibt hierbei an, auf welches Segment sich die folgenden Befehle und Funktionen beziehen. Sie können Werte zwischen 0 und 65535 angeben. Geben Sie DEF SEG ohne Parameter an, wird das Datensegment (DS), welches PC-BASIC momentan belegt, als aktuelles Segment festgelegt. PC-BASIC prüft nicht, ob das gewählte Segment durch sich selbst oder andere Programme/Daten belegt ist. Dies kann für Sie unangenehme Folgen haben. Wenn Sie das Segment falsch definieren und dabei MS-DOS ins Handwerk pfuschen, stellt es seine Arbeit unverzüglich ein und ist bis zum nächsten RESET böse mit Ihnen! Selbst beim Experimentieren im PC-BASIC-eigenen Datenbereich sollten Sie vorsichtig sein. Durch einen falschen POKE-Befehl kann Ihr gesamtes Programm verloren gehen!

7.2.1 Speichern und Laden von Bereichen

PC-BASIC stellt uns zwei Befehle zur Verfügung, mit denen wir ganze Bereiche des Arbeitsspeichers speichern oder laden können. In der Praxis werden diese Befehle zum Speichern oder Laden von Bildschirminhalten oder fertigen Assembler-Routinen verwendet.

BSAVE

Mit dem BSAVE-Befehl speichern wir einen definierten Bereich auf Diskette/Festplatte:

```
BSAVE <Dateispez>,<Offset>,<Anzahl_Bytes>
```

Durch *Dateispez* bekommt die Datei, die erzeugt wird, einen Namen. Mit *Offset* geben wir an, ab welcher Adresse im zuletzt mit DEF SEG festgelegten Segment wir speichern möchten. *Anzahl_Bytes* gibt an, wie viele Bytes ab der Adresse *Offset* gespeichert werden sollen.

BLOAD

Der BLOAD-Befehl lädt eine Datei von Diskette/Festplatte an einen definierten Bereich:

```
BLOAD <Dateispez>,<Offset>
```

Dateispez ist die Spezifikation der zu ladenden Datei. Mit *Offset* wird angegeben, ab welcher Adresse im zuletzt mit DEF SEG festgelegten Segment die Daten aus der Datei abgelegt werden. Die Daten werden solange aus der Datei gelesen und im Arbeitsspeicher abgelegt, bis das EOF-Zeichen $1A erkannt wird.

Hinweise zu BSAVE/BLOAD

Wie bereits erwähnt, kann Ihr Rechner garstig reagieren, wenn Sie falsche Angaben bezüglich des Segments, in das Daten geladen werden sollen, machen. Lassen Sie hier also Vorsicht walten. Das folgende Beispiel zeigt den Umgang mit BSAVE und BLOAD:

```
10 'BLOAD/BSAVE-Demo
20 :
30 CLS:KEY OFF
40 PRINT "Haben Sie einen <F>arb- oder einen <M>onochrommonitor? --> ";
50 LOCATE ,,1,0,31
60 MONITOR$=INKEY$:IF MONITOR$="" THEN 60
70 IF MONITOR$<>"f" AND MONITOR$<>"m" THEN BEEP:GOTO 30
```

```
80 IF MONITOR$="f" THEN SEGMENT=&HB800 ELSE SEGMENT=&HB000
90 SEGMENT=SEGMENT+65536!
100 IF MONITOR$="f" THEN MONITOR$="Farb-" ELSE MONITOR$="Monochrom-"
110 PRINT:PRINT:PRINT
120 PRINT "Sie haben einen ";MONITOR$;"Monitor. Der Bildschirmspeicher hierfür"
130 PRINT "liegt bei Segment: &H";HEX$(SEGMENT);" DEZ";SEGMENT
140 PRINT:PRINT:PRINT
150 PRINT "Wir werden jetzt diesen Bildschirminhalt auf Diskette speichern und"
160 PRINT "anschließend wieder laden."
170 GOSUB 310
180 :
190 DEF SEG=SEGMENT
200 BSAVE "a:bsave.scr",0,4000
210 CLS
220 PRINT "Jetzt ist der Bildschirm leer....."
230 GOSUB 310
240 :
250 BLOAD "a:bsave.scr"
260 LOCATE 23,1:COLOR 31,0
270 PRINT "Klappt hervoragend....."
280 COLOR 7,0
290 GOSUB 310
300 CLS:END
310 LOCATE 25,1:COLOR 0,7
320 PRINT " beliebige Taste drücken..... ";
330 COLOR 7,0
340 IF INKEY$="" THEN 340
350 RETURN
```

Wenn Sie in Ihrem PC eine EGA-Karte einsetzen, so kann BLOAD/BSAVE nicht eingesetzt werden, da der Bildschirmspeicher anders organisiert ist als bei einer CGA-Karte.

7.2.2 Verändern von Speicherzellen

Unter PC-BASIC haben Sie die Möglichkeit, jede einzelne Speicherzelle des RAMs zu lesen bzw. zu beschreiben.

PEEK

Die PEEK-Funktion liefert Ihnen den Inhalt einer Speicherzelle:

    PEEK(<Offset>)

Vorher muß mit DEF SEG festgelegt werden, aus welchem Segment der Inhalt einer Speicherzelle abgefragt werden soll. Wurde vorher kein DEF SEG ausgeführt, setzt PC-BASIC das aktuelle Datensegment (DS) als aktuelles Segment ein. *Offset* gibt die Adresse innerhalb dieses Segments an.

POKE

Mit dem POKE-Befehl können wir in jede Speicherzelle des RAMs einen Wert schreiben:

    POKE <Offset>,<Wert>

Offset gibt wieder die Adresse innerhalb des aktuellen Segments an. Mit *Wert* geben Sie an, was Sie in die entsprechende Speicherzelle schreiben möchten. Hier können Sie Werte zwischen 0 und 255 angeben.

Dazu wieder ein Beispiel:

```
10 'PEEK/POKE-Demo
20 :
30 CLS:KEY OFF
40 PRINT "Haben Sie einen <F>arb- oder einen <M>onochrommonitor? --> ";
50 LOCATE ,,1,0,31
60 MONITOR$=INKEY$:IF MONITOR$="" THEN 60
70 IF MONITOR$<>"f" AND MONITOR$<>"m" THEN BEEP:GOTO 30
80 IF MONITOR$="f" THEN SEGMENT=&HB800 ELSE SEGMENT=&HB000
90 SEGMENT=SEGMENT+65536!
100 IF MONITOR$="f" THEN MONITOR$="Farb-" ELSE MONITOR$="Monochrom-"
110 PRINT:PRINT:PRINT
120 PRINT "Sie haben einen ";MONITOR$;"Monitor. Der Bildschirmspeicher hierfür"
130 PRINT "liegt bei Segment: &H";HEX$(SEGMENT);" DEZ";SEGMENT
140 PRINT:PRINT:PRINT
150 PRINT "Wir werden jetzt diesen Bildschirminhalt durch POKE ändern."
160 DEF SEG=SEGMENT
170 LOCATE ,,0
180 :
190 FOR K=1 TO 255
200 FOR I=0 TO 1599
210 POKE(I),K
220 NEXT I
230 LOCATE 23,1:PRINT "Zeichen: ASCII";PEEK(0)
240 NEXT K
```

7.2.3 Zugriff auf Variablenspeicher

Hauptsächlich für die Einbindung von Assemblerroutinen ist es notwendig zu wissen, an welcher Adresse im Arbeitsspeicher die Inhalte der Variablen abgelegt sind. Hierzu finden wir im PC-BASIC zwei Funktionen.

VARPTR

Das Ergebnis dieser Funktion ist die Adresse des ersten Bytes einer Variablen:

    VARPTR(<Variable>) oder (#<Dateinummer>)

Als *Variable* können alle unter PC-BASIC verwendbaren Typen einschließlich Arrays angegeben werden. Wurde die Variable vorher nicht definiert, gibt PC-BASIC einen *Illegal function call* (falscher Funktionsaufruf) aus.

Die zweite Variante der VARPTR-Funktion gibt die Adresse des ersten Bytes des FCB (File control block, dt.: Dateisteuerungsblock) bei sequentiellen Dateien an. Bei Random-Dateien wird die Adresse des ersten Bytes des FIELD-Puffers angegeben. *Dateinummer* entspricht der im OPEN-Befehl für die entsprechende Datei eingesetzten Dateinummer.

VARPTR$

Diese Funktion liefert einen 3-Byte-String mit Informationen über Variablentyp und Adresse als Ergebnis:

    VARPTR$(<Variable>)

Als *Variable* kann wieder jeder unter PC-BASIC verwendbare Typ einschließlich des Arrays angegeben werden. Wurde die Variable vorher nicht definiert, gibt PC-BASIC einen *Illegal function call* (Falscher Funktionsaufruf) aus. VARPTR$ kann nicht auf FCBs oder Random-Puffer angewandt werden! Das erste Byte des Ergebnis-Strings enthält Informationen über die Art der Variablen:

    CHR$(2) = Integer   CHR$(3) = String
    CHR$(4) = Einfache   CHR$(8) = Doppelte Genauigkeit

Das zweite und dritte Byte enthält die Adresse des ersten Bytes der Variablen im Format *LowByte/HighByte*:

    Adresse=LowByte+256*HighByte

Noch ein Beispiel:

```
10 'VARPTR/VARPT$-Demo
20 :
30 :
40 CLS:KEY OFF
50 DEF SEG
60 A$="Das große Buch zu GW-BASIC/PC-BASIC"
70 PRINT "a$=";CHR$(34);"Das große Buch zu GW-BASIC/PC-BASIC";CHR$(34)
80 :
90 PRINT:PRINT "VARPTR:":PRINT
100 PRINT "Die Variable <A$> ist abgelegt an Adresse: ";VARPTR(A$)
110 :
120 PRINT:PRINT "VARPTR$:":PRINT
130 X$=VARPTR$(A$)
140 PRINT "Die Variable <A$> hat das Format :";ASC(X$)
150 PRINT "Die Variable <A$> ist abgelegt an Adresse:
";ASC(MID$(X$,2,1))+256*ASC(RIGHT$(X$,1))
```

Spezielle Befehle und Funktionen

Hinweise zu VARPTR/VARPTR$

Die von beiden Funktionen gelieferten Adressen sind Offsets in das PC-BASIC-Datensegment (DS). Der DEF SEG-Befehl hat keinerlei Auswirkungen auf beide Funktionen. Die Variablen müssen vor der Anwendung der Funktion einen Wert erhalten haben, sonst gibt es eine Fehlermeldung. Bitte beachten Sie, daß durch die Garbage Collection Variablenadressen verändert werden. Das Ergebnis einer der Funktionen kann also nicht durch das gesamte Programm verarbeitet werden, sondern muß jeweils neu ermittelt werden.

7.3 Interrupt-Programmierung

PC-BASIC bietet die Möglichkeit, die Abfrage gewisser Zustände, beispielsweise der Tastatur oder der Schnittstellen, in den Interrupt einzubinden. Der Interrupt wird - abhängig von der Taktfrequenz des PC - mehrere Male pro Sekunde aufgerufen. Jedesmal wird dabei die vorher definierte Abfrage vorgenommen. Abhängig vom Ergebnis führt PC-BASIC ein Unterprogramm aus und macht dann im Hauptprogramm weiter.

7.3.1 Der Timer

Im PC sorgt ein Timer für die zeitliche Steuerung der gesamten Abläufe. Diesen Timer können wir über die Interrupt-Programmierung für zeitabhängige Anwendungen einsetzen:

```
ON TIMER (<Sekunden>) GOSUB <Zeilennummer>
TIMER ON¦OFF¦STOP
```

Die *Sekunden* geben an, in welchen Abständen das Unterprogramm ab *Zeilennummer* ausgeführt werden soll. Für *Sekunden* kann ein Wert zwischen 1 und 86400 vorgegeben werden. *TIMER ON* veranlaßt die Einbindung der Abfrage in den Interrupt, *TIMER OFF* beendet die Abfrage und *TIMER STOP* unterbricht die Abfrage bis zum nächsten *TIMER ON*.

7.3.2 Die serielle Schnittstelle

Über den Interrupt kann festgestellt werden, ob an der seriellen Schnittstelle ein Byte anliegt. Abhängig davon wird ein Unterprogramm ausgeführt:

```
ON COM<Kanal> GOSUB <Zeilennummer>
COM<Kanal> ON¦OFF¦STOP
```

Mit *Kanal* legen wir die Nummer der seriellen Schnittstelle fest. Mögliche Werte sind hier 1 bis 4, je nach installierten Erweiterungen. *Zeilennummer* gibt an, ab welcher Zeilennummer im Programm das Unterprogramm beginnt, das ausgeführt werden soll, wenn an der Schnittstelle ein Byte "aufgetaucht" ist.

COM<Kanal> ON veranlaßt die Einbindung der Abfrage in den Interrupt, *COM<Kanal> OFF* beendet die Abfrage im Interrupt und *COM<Kanal> STOP* unterbricht die Abfrage bis zum nächsten *COM<Kanal> ON*. Beim Einsatz mehrerer COMs sollten Sie pro COM eine Interrupt-Routine vorsehen, da nach erfolgter Verzweigung die Quelle und damit der Kanal der Schnittstelle nicht mehr feststellbar ist.

Da ein Byte selten alleine kommt, sollte das Unterprogramm so programmiert werden, daß die folgenden Bytes bis zum Ende der Übertragung eingelesen werden. Bei hohen Baud-Raten und byteweisem Einlesen können sonst Bytes durch einen Überlauf des COM-Puffers verlorengehen.

7.3.3 Die Funktionstasten

Über den Interrupt können bestimmte Tasten der Tastatur abgefragt und abhängig davon Unterprogramme ausgeführt werden:

```
ON KEY(<Tastennummer>) GOSUB <Zeilennummer>
KEY(x) ON|OFF|STOP
```

Für *Tastennummer* können Sie folgende Werte einsetzen:

Taste	Wert
<F1> bis <F10>	1 - 10
<Cursor hoch>	11
<Cursor links>	12
<Cursor rechts>	13
<Cursor runter>	14

Zusätzlich können Sie eigene Tasten für die Abfrage definieren, mehr hierzu folgt sofort. Mit *Zeilennummer* legen Sie fest, ab welcher Zeile im Hauptprogramm das Unterprogramm für die jeweilige Taste beginnt.

KEY(<Tastennummer>) ON veranlaßt die Einbindung der Abfrage in den Interrupt, *KEY(<Tastennummer>) OFF* beendet die Abfrage im Interrupt und *KEY(<Tastennummer>) STOP* unterbricht die Abfrage bis zum nächsten *KEY (<Tastennummer>) ON*. Bitte beachten Sie, daß nach einem ausgeführten Interrupt für eine definierte Taste der Tastaturpuffer leer ist. Eine nochmalige Abfrage beispielsweise mit INKEY$ ist also nicht möglich.

Spezielle Befehle und Funktionen

Eigene Tasten für Interrupt definieren

In Verbindung mit den Umschalttasten <CTRL>, <ALT>, <NUMLOCK> und <SHIFT> können Sie für die Abfrage im Interrupt eigene Tasten definieren. Diese Tasten erhalten die Werte 15 bis 20:

```
KEY<Tastennummer>,CHR$(<Umschaltung>)+ CHR$(<ScanCode>)
```

Tastennummer kann von 15 bis 20 vorgegeben werden. Für *Umschaltung* können Sie folgende Werte angeben:

<Shift-Rechts>-Taste betätigt	01 oder &H01
<Shift-Links>-Taste betätigt	02 oder &H02
<CTRL>-Taste betätigt	04 oder &H04
<ALT>-Taste betätigt	08 oder &H08
<NumLock> aktive	32 oder &H20
<CapsLock> aktiv	64 oder &H40

7.3.4 Musik im Hintergrund

In Kapitel 4 haben wir den PLAY-Befehl kennengelernt, der die Programmierung von Tonfolgen ermöglicht. Mit der letzten Interrupt-Möglichkeit in Verbindung mit dem PLAY-Befehl und dessen *MB*-Option können wir Tonfolgen kontinuierlich im Hintergrund ablaufen lassen:

```
ON PLAY(<Anzahl_Noten> GOSUB <Zeilennummer>
PLAY ON|OFF|STOP
```

Hierbei werden die noch im PLAY-Puffer stehenden Noten geprüft. Sind weniger oder gleich *Anzahl_Noten* im Puffer, wird in das Unterprogramm ab *Zeilennummer* verzweigt. Hier kann dann PLAY neu initialisiert werden, so daß fortlaufend Musik im Hintergrund läuft. *PLAY ON* veranlaßt die Einbindung der Abfrage in den Interrupt, *PLAY OFF* beendet die Abfrage im Interrupt und *PLAY STOP* unterbricht die Abfrage bis zum nächsten *PLAY ON*.

7.3.5 Der Light-Pen

Wenn an Ihrem PC ein Light-Pen angeschlossen ist, so können Sie die Aktionen ebenfalls per Interrupt-Programmierung überwachen:

```
ON PEN GOSUB <Zeilennummer>
PEN ON|OFF|STOP
```

Sobald der Knopf am Light-Pen gedrückt wird, wird die durch *Zeilennummer* angegebene Routine aufgerufen und Sie können dort die Auswertung vornehmen. PC-BASIC stellt dazu die Funktion:

```
X= PEN(<Modus>)
```

zur Verfügung. Diese Funktion liefert als Ergebnis Informationen über den Status des Light-Pen. Mit <Modus> geben Sie an, welcher Status abgefragt werden soll:

PEN(0)
Wenn der Light-Pen seit dem letzten Aufruf dieser Funktion gedrückt war, so ist das Ergebnis -1, sonst 0.

PEN(1)
Liefert die beim letzten Drücken des Light-Pen festgehaltene X-Koordinate.

PEN(2)
Liefert die beim letzten Drücken des Light-Pen festgehaltene Y-Koordinate.

PEN(3)
Liefert als Ergebnis -1 wenn der Light-Pen gedrückt ist, sonst 0.

PEN(4)
Liefert unabhängig vom momentanen Light-Pen-Status die letzte gespeicherte X-Koordinate.

PEN(5)
Liefert unabhängig vom momentanen Light-Pen-Status die letzte gespeicherte Y-Koordinate.

PEN(6)
Liefert die Zeile (1-24), in der der Light-Pen beim letzten Drücken war.

PEN(7)
Liefert die Spalte (1-80/1-40), in der der Light-Pen beim letzten Drücken war.

PEN(8)
Liefert unabhängig vom momentanen Light-Pen-Status die letzte gespeicherte Zeile.

Spezielle Befehle und Funktionen

PEN(9)
Liefert unabhängig vom momentanen Light-Pen-Status die letzte gespeicherte Spalte.

Die als Ergebnis gelieferten X- und Y-Koordinaten liegen je nach Grafik-Karte/SCREEN-Modus im Bereich:

```
Auflösung 320*200: X= 0-319, Y= 0-199
Auflösung 640*200: X= 0-639, Y= 0-199
Auflösung 640*350: X= 0-639, Y= 0-349 (EGA)
```

Im Textmodus erhalten Sie die aktuelle Spalte bzw. Zeile durch eine Division durch 8 plus 1:

```
Zeile= (Y\8)+1
Spalte= (X\8)+1
```

Die Addition von 1 ist notwendig, da die Grafikkoordinaten für X und Y jeweils mit 0 beginnen. Wenn der Cursor beispielsweise in der ersten Zeile steht, so ist das Ergebnis 8. Nach der Division muß also 1 hinzuaddiert werden, da sonst z.B. der LOCATE-Befehl einen Fehler verursacht. Die Zeile 0 gibt es dort ja nicht.

7.3.6 Der Joystick

Ein eventuell vorhandener Joystick läßt sich ebenso einfach wie der Light-Pen mit der Interrupt-Programmierung überwachen. Vor allem für Spiele erspart man sich dadurch eine Menge Arbeit, da keine besonderen Routinen für die Abfrage des Joysticks zu programmieren sind:

```
ON STRIG(<Aktion>) GOSUB <Zeilennummer>
STRIG ON|OFF|STOP
```

Mit <Aktion> geben Sie an, bei welcher Aktion das Unterprogramm aufgerufen werden soll:

```
0/2= Knöpfe Joystick 1
4/6= Knöpfe Joystick 2
```

Sobald nun einer der Knöpfe am Joystick gedrückt wird, wird die durch *Zeilennummer* angegebene Routine aufgerufen, und Sie können dort die Auswertung vornehmen. PC-BASIC stellt dazu die Funktionen:

```
X= STICK(<Nummer>)
X= STRIG(<Nummer>)
```

zur Verfügung. Die Funktion STICK liefert die X-/Y-Koordinaten des durch <Nummer> spezifizierten Joysticks:

STICK(0)
Liefert als Ergebnis die X-Koordinate von Joystick 1.

STICK(1)
Liefert als Ergebnis die Y-Koordinate von Joystick 1.

STICK(2/3)
Wie oben, für Joystick 2.

Die als Ergebnis gelieferten X- und Y-Koordinaten liegen je nach Grafik-Karte/Screen-Modus im Bereich:

```
Auflösung 320*200: X= 0-319, Y= 0-199
Auflösung 640*200: X= 0-639, Y= 0-199
Auflösung 640*350: X= 0-639, Y= 0-349 (EGA)
```

Im Textmodus erhalten Sie die aktuelle Spalte bzw. Zeile durch eine Division durch 8 plus 1:

```
Zeile= (Y\8)+1
Spalte= (X\8)+1
```

Die Addition von 1 ist notwendig, da die Grafikkoordinaten für X und Y jeweils mit 0 beginnen. Wenn der Cursor beispielsweise in der ersten Zeile steht, so ist das Ergebnis 8. Nach der Division muß also 1 hinzuaddiert werden, da sonst z.B. der LOCATE-Befehl einen Fehler verursacht. Die Zeile 0 gibt es dort ja nicht. Die Funktion STRIG liefert als Ergbnis den Status der durch <Nummer> spezifizierten Joystick-Tasten:

STRIG(0)
Liefert als Ergebnis -1, wenn Knopf 1 von Joystick 1 seit dem letzten Aufruf dieser Funktion gedrückt wurde, sonst 0.

STRIG(1)
Liefert als Ergebnis -1, wenn Knopf 1 von Joystick 1 momentan gedrückt ist, sonst 0.

STRIG(2)
Liefert als Ergebnis -1, wenn Knopf 1 von Jyostick 2 seit dem letzten Aufruf dieser Funktion gedrückt wurde, sonst 0.

Spezielle Befehle und Funktionen 225

STRIG(3)
Liefert als Ergebnis -1, wenn Knopf 1 von Joystick 2 momentan gedrückt ist, sonst 0.

STRIG(4,5,6,7)
Wie oben, für Knopf 2 der Joysticks.

Allgemeines zur Interrupt-Programmierung

Beim Einsatz der STOP-Option wird bei erfüllter Bedingung der Abfrage nicht in das Unterprogramm verzweigt. PC-BASIC setzt aber für die nächste ON-Option ein Flag, daß die Bedingung erfüllt war. Beim nächsten ON wird aufgrund dieses Flags verzweigt.

Nach der Verzweigung in ein Unterprogramm wird automatisch ein STOP für die entsprechende Abfrage gesetzt, um eine Endlosschleife durch erneuten Aufruf zu verhindern. Das RETURN am Ende der Routine veranlaßt automatisch ein ON für die Abfrage. Ähnliches gilt für eine Fehlerbehandlung mit ON ERROR GOTO. Auch hier wird bei Verzweigung in die Routine ein STOP - allerdings für alle Abfragen - gesetzt. Das RESUME veranlaßt ein ON für alle Abfragen. Das automatische ON durch RETURN bzw. RESUME können Sie durch ein OFF für die Abfrage in der entsprechenden Routine unterdrücken. Besonders vorsichtig sollten Sie sein, wenn Sie ein Interrupt-Upro mit RETURN *<Zeilennummer>* beenden. Unter Umständen wurde im Hauptprogramm gerade eine FOR...NEXT- oder WHILE...WEND-Schleife abgearbeitet, so daß Sie dann eine entsprechende Fehlermeldung bekommen, weil diese Schleife nicht korrekt beendet wurde.

Bitte beachten Sie bei der Programmierung, daß nicht zu viele Interrupts eingesetzt werden und die Unterprogramme nicht zuviel Zeit für die Ausführung benötigen. Die Abarbeitung des Hauptprogramms würde sonst unakzeptabel ansteigen. Besonders für ON PLAY besteht diese Gefahr, da der PLAY-Befehl für das "Zusammensuchen" der String-Daten doch einige Zeit braucht. Nachfolgend ein Beispiel zur Interrupt-Programmierung:

```
10 'ON KEY/ON TIMER-Demo
20 :
30 CLS:KEY OFF
40 FOR I=1 TO 10:KEY I,"":NEXT I
50 PRINT "##########
60 PRINT "#         #
70 PRINT "##########
80 :
90 ON TIMER (1) GOSUB 270
100 TIMER ON
110 :
120 ON KEY(1) GOSUB 330
130 KEY(1) ON
140 ON KEY(2) GOSUB 370
```

```
150 KEY(2) ON
160 ON KEY(3) GOSUB 410
170 KEY(3) ON
180 FOR I=1 TO 15
190 FOR K=1 TO 15
200 COLOR I,K
210 LOCATE 15,15:PRINT "                              "
220 LOCATE 16,15:PRINT "     Haupt-Programm läuft.....    "
230 IF INKEY$<>"" THEN COLOR 7,0:CLS:END
240 LOCATE 17,15:PRINT "                              "
250 NEXT K,I
260 GOTO 180
270 'Routine ON TIMER
280 ZEILE=CSRLIN:SPALTE=POS(0):'Cursor retten
290 COLOR 15,0:LOCATE 2,2
300 PRINT TIME$
310 LOCATE ZEILE,SPALTE:'Cursor wieder zurück
320 RETURN
330 'Routine ON KEY <1>
340 COLOR 31,0:LOCATE 23,1
350 BEEP:PRINT "Taste <F1> gedrückt.....";:BEEP
360 RETURN
370 'Routine ON KEY <2>
380 COLOR 31,0:LOCATE 23,1
390 BEEP:PRINT "Taste <F2> gedrückt.....";:BEEP
400 RETURN
410 'Routine ON KEY <3>
420 COLOR 31,0:LOCATE 23,1
430 BEEP:PRINT "Taste <F3> gedrückt.....";:BEEP
440 RETURN
```

7.4 PC-BASIC und MS-DOS

Da beide Programme aus einem Hause kommen, klappt die Zusammenarbeit natürlich hervorragend. In diesem Abschnitt werden wir diese Zusammenarbeit etwas näher unter die Lupe nehmen.

7.4.1 Andere Programme ausführen

Obwohl PC-BASIC einen sehr großen Befehlsvorrat hat, fehlt doch das eine oder andere für gewisse Problemlösungen, so daß sich der Wunsch regt, dies durch andere Programme erledigen zu lassen. Ich denke hier beispielsweise an die Möglichkeit, aus einer Anwendung heraus Disketten zu formatieren.

SHELL

Unser Hilferuf ist nicht ungehört verhallt. PC-BASIC stellt uns für solche Problemlösungen den SHELL-Befehl zur Verfügung:

```
SHELL <Dateispez>
```

Spezielle Befehle und Funktionen

Mit *Dateispez* spezifizieren wir das Programm, das wir ausführen möchten. Diese Spezifikation muß in Anführungsstriche (") eingeschlossen sein und genauso aussehen, als wenn wir die Eingabe auf der MS-DOS-Ebene vornähmen. Der Einsatz von String-Variablen ist möglich, jedoch dürfen hinter SHELL keine String-Operationen vorkommen:

Falsch:

```
SHELL DRIVE$+"FORMAT "+DRIVE$+PARAMETER$
```

Richtig:

```
110 DATEI$=DRIVE$+"FORMAT "+DRIVE$ +PARAMETER$
120 SHELL DATEI$
```

Bitte sorgen Sie dafür, daß COMMAND.COM auf der Diskette mit dem Anwendungsprogramm, von dem aus ein SHELL erfolgt, vorhanden ist, da MS-DOS diese Datei für alle SHELL-Aktionen benötigt. Ist COMMAND.COM nicht auf der Diskette, gibt PC-BASIC die Meldung *File not found* (Datei nicht gefunden) aus und setzt das Programm fort. Im Gegensatz dazu gibt PC-BASIC keine Fehlermeldung aus, wenn das über SHELL aufzurufende Programm nicht gefunden wurde!

Mit SHELL erreichen Sie natürlich auch die Befehle, die Sie sonst über den Befehls-Interpreter COMMAND.COM eingeben. COPY, DIR etc. stehen also auch zur Verfügung. Nach der Ausführung des SHELL-Befehls macht PC-BASIC mit der dem SHELL-Befehl folgenden Anweisung im Programm weiter. Über SHELL können Sie alle Programme mit COM-, EXE- und BAT- Erweiterung ausführen. Sie können also auch COMMAND.COM über SHELL aufrufen und wie gewohnt auf MS-DOS-Ebene arbeiten, nach EXIT landen Sie wieder in PC-BASIC. Hierzu müssen Sie COMMAND.COM nicht als *Dateispez* angeben, da bei fehlender Dateispezifikation automatisch der COMMAND ausgeführt wird. Der Übersichtlichkeit wegen sollten Sie aber COMMAND.COM angeben.

Es ist nicht sinnvoll, PC-BASIC ein zweites Mal über SHELL auszuführen. Trotzdem ist dies bei einigen Versionen möglich. Andere Versionen melden: *Can't run BASIC as a child from BASIC* (Kann BASIC nicht unter BASIC ausführen).

7.4.2 Zugriff auf das Directory

Von MS-DOS kennen Sie die Befehle MKDIR, CHDIR und RMDIR zum Anlegen, Wechseln und Löschen eines Directorys. Auch von PC-BASIC aus sind diese Befehle einsetzbar:

```
MKDIR "<Directory-Name>"
CHDIR "<Directory-Name>"
RMDIR "<Directory-Name>"
```

Im Gegensatz zu MS-DOS ist bei der Angabe von Konstanten die Eingabe in Anführungszeichen (") einzuschließen. Der Einsatz von String-Variablen ist möglich. Hinter dem Befehl dürfen jedoch keine String-Operationen ausgeführt werden:

Falsch:

```
MKDIR "TEST"+MID$(X$,3,4)
```

Richtig:

```
110 DIR$="TEST"+MID$(X$,3,4)
120 MKDIR DIR$
```

Die MS-DOS-Abkürzungen MD, CD und RD sind unter PC-BASIC nicht zugelassen.

7.4.3 Die Programm-Umgebung

Sicher haben Sie schon einmal vom MS-DOS-Environment gehört. Zumindest haben Sie täglich damit zu tun, auch wenn dies nicht immer offensichtlich ist. Einfache Befehle wie PROMPT oder PATH haben nämlich direkt damit zu tun. Was sich nun dahinter verbirgt und wie man von PC-BASIC aus damit arbeitet, erfahren wir in diesem Abschnitt.

ENVIRON

Von MS-DOS wird eine Tabelle geführt, in der alle Zuweisungen aus PATH, SET, PROMPT, COMSPEC etc. gespeichert sind. Diese Tabelle ist das sogenannte *Environment* (dt.: Umgebung, Umringung). Mit dem ENVIRON-Befehl können wir auf diese Tabelle zugreifen und vorhandene Einträge ändern:

```
ENVIRON <Eintrag=Zuweisung>
```

Eintrag ist hierbei ein gültiger Begriff in der Tabelle wie PATH oder COMSPEC bzw. ein mit SET gesetzter Parameter. *Zuweisung* ist der neue Parameter, der *Eintrag* zugewiesen werden soll:

```
ENVIRON "PATH= C:\WORDSTAR"
ENVIRON "PROMPT= $p$_$n:"
```

Bitte beachten Sie, daß die neue Zuweisung nicht mehr Zeichen umfassen darf, als der aktuelle Eintrag. PC-BASIC meldet sonst *Out of memory* (nicht genug Speicher).

ENVIRON$

Die aktuellen Zuweisungen im Environment lassen sich mit der ENVIRON$-Funktion ermitteln:

```
ENVIRON$ ("<Eintrag>") oder (<Nummer>)
```

Eintrag ist ein gültiger Begriff wie PATH, PROMPT, COMSPEC etc. in der Tabelle. ENVIRON$ liefert als Ergebnis die momentane Zuweisung:

```
PRINT ENVIRON$ ("PATH")
C:\WORDSTAR
```

Alternativ kann ENVIRON$ über *Nummer* einen bestimmten Eintrag und dessen Zuweisung aus der Tabelle ausgeben:

```
PRINT ENVIRON$(1)
C:\COMMAND.COM
```

Für *Nummer* können Sie einen Wert zwischen 1 und 255 angeben. Zu ENVIRON/ENVIRON$ nun ein Beispiel:

```
10 'ENVIRON/ENVIRON$-Demo
20 :
30 CLS:KEY OFF
40 GOSUB 140:'Aktuelles Environment anzeigen
50 :
60 PRINT:PRINT
70 INPUT "Neuer PATH: ";PATH$
80 PRINT:PRINT
90 PATH$="PATH="+PATH$
100 ENVIRON PATH$
110 GOSUB 140:'geändertes Environment anzeigen
120 END
130 :
140 'Environment anzeigen
150 FOR I=1 TO 5
160 PRINT ENVIRON$(I)
170 NEXT I
180 RETURN
```

7.4.4 PC-BASIC und Geräte-Treiber

Ebenso wie das Environment sind die Geräte-Treiber eine Geschichte, mit der die wenigsten Anwender etwas anfangen können, obwohl sie täglich damit zu tun haben. So weiß z.B. jeder, daß die Datei ANSI.SYS unbedingt in der Konfigurations-Datei CONFIG.SYS angegeben sein muß, weil sonst einige Programme nicht einwandfrei laufen. Daß es sich bei ANSI.SYS um einen Geräte-Treiber für den Bildschirm und die Tastatur handelt, weiß kaum jemand. Oder wenn Sie sich von MS-DOS aus das Verzeichnis einer Diskette auf den Drucker ausgeben lassen wollen.

    DIR > PRN

Auch hier ist ein Geräte-Treiber - nämlich PRN - in Aktion. Dieser sorgt dafür, daß die per DIR übergebenen Zeichen auf den Drucker ausgegeben werden. Das Thema Geräte-Treiber an sich ist durchaus geschaffen, ein eigenes Buch mit deren Erläuterung zu füllen. Ich darf Sie daher an dieser Stelle auf weiterführende Literatur, die sich mit den "Interna" von MS-DOS befaßt, verweisen. Im folgenden Abschnitt werfen wir einen Blick auf die Befehle, die PC-BASIC für den Umgang mit Geräte-Treibern zur Verfügung stellt.

IOCTL

Einige Gerätetreiber erlauben den Einsatz sogenannter *Kontroll-Strings*, durch die gewisse Aktivitäten eingeleitet werden. So wäre beispielsweise das Setzen von Formatierungsdaten für den Druck-Output denkbar. Von PC-BASIC aus können Sie hierfür den IOCTL-Befehl einsetzen:

    IOCTL #<Dateinummer>,<Kontroll-String>

Das entsprechende Gerät muß vorher über OPEN mit einer *Dateinummer* geöffnet worden sein. Danach kann per IOCTL der *Kontroll-String* gesendet werden. *Kontroll-String* darf maximal 255 Zeichen enthalten. Bitte beachten Sie, daß die standardmäßig unter MS-DOS eingesetzten Treiber keine IOCTL-Strings akzeptieren. Sie erfahren dies durch *Illegal function call* (falscher Funktionsaufruf).

IOCTL$

Mit dieser Funktion können Sie Kontroll-Strings von einem speziell dafür gedachten Gerätetreiber empfangen.

    OCTL$ (#<Dateinummer>)

Vor IOCTL$ muß das Gerät mit OPEN und *Dateinummer* geöffnet worden sein. Das Ergebnis ist abhängig vom vorher gesendeten Kontroll-String und von der Antwort des Gerätetreibers, so daß hier keine allgemeingültigen Angaben gemacht werden können. Denkbar wäre, daß die Baud-Rate von einem speziellen COM-Treiber erfragt wird:

    IOCTL #1, "BAUD-RATE"
    PRINT IOCTL$(#1)
    9600

7.4.5 Die Zeit im PC

In Kapitel 4, Abschnitt 4.2 haben wir bereits die am häufigsten verwendete Funktion zur Feststellung der Systemzeit kennengelernt: die TIME$-Funktion. Daneben bietet PC-BASIC noch eine Funktion, mit der der direkte Zugriff auf die Zeit im PC möglich ist.

TIMER

Von MS-DOS wird die seit 00:00 Uhr (Mitternacht) vergangene Zeit im Format *Sekunden:Hundertstel* separat verwaltet. Das Ergebnis kann mit der TIMER-Funktion ermittelt werden:

```
PRINT TIMER
1230.45
```

In der Praxis wird dies zur Zeitmessung eingesetzt, da sich Berechnungen mit der TIME$-Funktion einerseits sehr aufwendig und andererseits sehr ungenau realisieren lassen. Schließlich muß dort eine Konvertierung vom String- ins numerische Format bzw. umgekehrt erfolgen. Das folgende Beispiel-Programm zeigt den Einsatz von TIMER als Reaktionszeit-Messer:

```
10 'TIMER-Demo
20 :
30 CLS:KEY OFF
40 PRINT "Bitte drücken Sie nach dem Piepser möglichst schnell irgendeine Taste"
50 :PRINT:PRINT
60 INPUT "Fertig?";X$
70 FOR I= 1 TO RND(TIMER)*10000:NEXT I
80 BEEP
90 A= TIMER
100 WHILE INKEY$= "":WEND
110 B= TIMER
120 PRINT:PRINT
130 PRINT USING "Ihre Reaktionszeit: ######.###";B-A
140 :PRINT:PRINT
```

7.5 Assembler-Routinen

Für die Lösung zeitkritischer Probleme oder für die Nutzung spezieller Funktionen können unter PC-BASIC Routinen in Assembler (Maschinensprache) eingebunden und ausgeführt werden. Wir werden uns an dieser Stelle nur die Befehle anschauen, die PC-BASIC dazu zur Verfügung stellt und einige grundlegende Dinge erfahren. Details finden Sie im Handbuch zum jeweiligen Assembler/Compiler bzw. im Kapitel 8.

Die Assembler-Routinen werden in einen geschützten Bereich des Arbeitsspeichers geladen und dort ausgeführt. Den Schutz dieses Bereiches nehmen Sie beim Aufruf von PC-BASIC mit dem /M-Schalter (siehe Kapitel 3) vor. Den für die

Routinen notwendigen Stack sollten Sie innerhalb der Routine zur Verfügung stellen oder für eine Zwischenspeicherung des aktuellen Stacks Sorge tragen, damit PC-BASIC nach Verlassen der Routine korrekt weiterarbeiten kann.

7.5.1 Routinen einbinden

Nachdem Sie eine lauffähige Routine mit einem Assembler oder einem Compiler erstellt und als Datei auf Diskette gespeichert haben, können Sie diese Routine mit dem BLOAD-Befehl (siehe Abschnitt 7.2.1) in den Arbeitsspeicher laden. Eine weitere Möglichkeit besteht darin, die Routine vermittels einer READ...DATA-Anweisung über eine FOR...NEXT-Schleife in den Speicher zu poken (POKE siehe Abschnitt 7.2.2). Vergessen Sie bei POKE und BLOAD nicht, das jeweilige Segment mit DEF SEG festzulegen.

7.5.2 Aufrufen der Routinen

Für den Aufruf der Assembler-Routinen stellt PC-BASIC zwei Befehle und eine Funktion zur Verfügung.

CALL

Mit dem CALL-Befehl wird eine Assembler-Routine aufgerufen. Dabei können Daten zur weiteren Verarbeitung an die Routine übergeben werden:

```
CALL <Offset-Variable>[,<Datenvariable,...>]
```

Vor CALL muß mit DEF SEG das Segment festgelegt werden, in dem die Routine abgelegt ist. Den Offset auf die Startadresse der Routine innerhalb dieses Segmentes weisen wir einer numerischen Variablen zu, die von CALL als erster Parameter (*Offset-Variable*) verarbeitet wird. Bis auf ein Array können alle numerischen Variablentypen eingesetzt werden.

Die von der Routine zu verarbeitenden Daten oder Werte geben wir durch eine Liste der *Datenvariablen* an. Pro Variable wird ein 2-Byte-Offset-Zeiger im Format *LowByte/HighByte* auf den Dateninhalt der Variablen auf den Stack geladen und kann von dort weiter verarbeitet werden.

```
10 'CALL-Demo
20 :
30 CLS:KEY OFF
40 PRINT "Dieses Programm dient zur Demonstration des CALL-Befehls."
50 PRINT
60 PRINT "Als Routine wird die systeminterne Routine zum Booten des Systems"
70 PRINT "aufgerufen."
80 PRINT
90 PRINT "Legen Sie bitte bei Diskettenbetrieb eine Systemdiskette in"
```

Spezielle Befehle und Funktionen

```
100 PRINT "Laufwerk A:"
110 LOCATE 23,1:COLOR 31,0
120 PRINT "beliebige Taste drücken, wenn fertig....."
130 COLOR 7,0
140 IF INKEY$="" THEN 140
150 DEF SEG = &HF000
160 RESETADRESSE=&HFFF0
170 CALL RESETADRESSE
```

CALLS

Eine Variante des CALL-Befehls ist der CALLS-Befehl, bei dem für *Datenvariable* vor dem 2-Byte-Offset-Zeiger auf den Dateninhalt der Variablen noch das aktuelle Segment im Format *LowByte/HighByte* auf den Stack geladen wird. Diese Übergabe der segmentierten Adressen wird von speziellen Compilern benötigt. In den Handbüchern zu diesen Compilern wird hierauf hingewiesen.

USR

Für die Kompatibilität zu anderen BASIC-Versionen stellt PC-BASIC zum Aufruf einer Assembler-Routine noch die USR-Funktion zur Verfügung:

```
USR <Nummer> [,<Datenvariable>]
```

Im Gegensatz zu CALL/CALLS wird hier keine *Offset-Variable* übergeben, sondern der Offset wird vor dem Aufruf mit dem Befehl DEF USR festgelegt:

```
DEF USR <Nummer> = <Offset>
```

Nummer kann einen Wert zwischen 0 und 9 haben. Gültig ist immer die letzte Definition, so daß beispielsweise unter 3 verschiedene Routinen aufgerufen werden können. Beim *USR <Nummer>* wird die Routine aufgerufen, deren Offset vorher per *DEF USR <Nummer>* definiert wurde. Vor dem Aufruf durch USR muß mit DEF SEG das Segment, in dem die Routine abgelegt ist, festgelegt werden. Geben Sie bei USR keine Nummer an, setzt PC-BASIC 0 ein.

Ein weiterer Unterschied zu CALL/CALLS besteht darin, daß nur **eine** Daten-Variable> an die Routine übergeben werden kann. Diese Übergabe erfolgt auch nicht über den Stack, sondern die CPU-Register werden mit entsprechenden Werten geladen:

AL

Enthält: &H02, wenn Integer-Variable.
&H03, wenn String.
&H04, wenn Variable mit einfacher Genauigkeit.
&H08, wenn Variable mit doppelter Genauigkeit.

BX

Enthält bei numerischen Variablen einen Offset-Zeiger auf den FAC, in dem der Wert gespeichert ist.

DX

Enthält bei String-Variablen einen Offset-Zeiger auf einen 3-Byte-Bereich, der im ersten Byte die Länge des Strings enthält und in den beiden folgenden Bytes die Offset-Adresse im Format *LowByte/HighByte* auf den Daten-Inhalt des Strings enthält.

8. Ohne Assembler geht es nicht

Schaut man sich professionelle BASIC-Programme an, so stellt man fest, daß kaum eines ohne irgendeine Assembler-Routine auskommt. Sei es, um hier oder dort größere Geschwindigkeiten zu erzielen oder um einfach Features des PC auszunutzen, die von PC-BASIC aus nicht erreichbar sind - ohne Assembler geht es nicht.

Viele Freunde und Bekannte, mit denen ich über "Assembler und PC-BASIC" gesprochen habe, stehen diesem Thema skeptisch gegenüber, weil sie meinen, das wäre alles viel zu kompliziert. Dieses Kapitel soll Ihnen - sofern Sie die gleiche Meinung vertreten - die Angst ein wenig nehmen. Sie müssen kein ausgesprochener Assembler-Freak sein oder werden, um Ihre Programme mit Assembler-Routinen schneller und komfortabler machen zu können. Es reicht ein wenig Grundwissen um die Materie "Assembler" und die Bereitschaft, es einfach mal zu probieren. Mehr als schiefgehen kann es denn wirklich nicht.

8.1 Warum Assembler-Routinen?

Nun, die beiden wichtigsten Antworten haben wir bereits zu Beginn dieses Kapitels erfahren:

Geschwindigkeits-Optimierung

Die wohl wichtigste Aufgabe für Assembler-Routinen ist die der Geschwindigkeits-Optimierung. Dies nimmt auch nicht weiter Wunder, da PC-BASIC nun mal ein Interpreter ist und daher für einige Aufgaben viel zu lange braucht. Als Beispiel sei die Bildschirmausgabe herausgegriffen. Vor allem beim Aufbau ganzer Bildschirmmasken kann man schon mal verzweifeln. Schaut man sich dagegen professionelle Programme an, bei denen die komplette Maske mit einem kurzen "Plopp" auf dem Bildschirm steht, wird man richtig neidisch. Dabei kann man in PC-BASIC mit ein paar Bytes Assembler die gleiche Wirkung erzielen. Davon können Sie sich recht eindrucksvoll in Kapitel 11 überzeugen.

Alle PC-Möglichkeiten ausnutzen

Obwohl PC-BASIC mit seinen weit über 200 Befehlen und Funktionen schon recht viele Features des PC ausnutzt, gibt es doch noch einige Dinge, die man schmerzlich vermißt. Ich denke dabei z.B. an die selektive Datei-Auswahl, wie sie inzwischen bei vielen professionellen Programmen die Regel ist. PC-BASIC mit seinem FILES-Befehl macht sich da nur lächerlich. Die Ausnutzung solcher Features muß also losgelöst von PC-BASIC erfolgen. Das geht aber nur über eine oder mehrere Assembler-Routinen, da dies die Schnittstelle von PC-BASIC zum

"Rest der PC-Welt" ist. Auch dazu finden sich in diesem und den folgenden Kapiteln eindrucksvolle Lösungen. Außer der Geschwindigkeits-Optimierung und der Nutzung aller Möglichkeiten des PC sehe ich für Assembler-Routinen noch eine Aufgabe in der besseren Nutzung des Speicherplatzes.

Assembler-Routinen sparen Platz

Vor allem String-Funktionen benötigen einerseits viel temporären Speicher und sorgen andererseits immer wieder für kurze Unterbrechungen durch die allgegenwärtige "Garbage Collection". Nehmen wir als Beispiel mal die Umwandlung eines kompletten String-Inhaltes von Klein- nach Großbuchstaben. Bisher hat man sich da immer so oder ähnlich geholfen:

```
100 .....
110 FOR I= 1 TO LEN(TEXT$)
120    IF MID$(TEXT$,I,1)< "a" OR MID$(TEXT$I,1)> "z" THEN 140
130    MID$(TEXT$,I,1)= ASC(MID$(TEXT$,I,1))-32
140 NEXT I
150 .....
```

Dieser Algorithmus braucht nicht nur Zeit und Speicherplatz im Programm, er belastet vor allem durch den Einsatz der MID$-Funktion bzw. des MID$-Befehles den String-Speicher ungemein, so daß früher oder später Wartezeiten durch die Garbage Collection entstehen.

Hier zeigt sich also ein klassisches Beispiel für den Einsatz einer Assembler-Routine. Wir werden uns die Realisierung dieser Routine für den Rest des Kapitels zur Aufgabe machen und als Beispiel für die folgenden Abschnitte nehmen. Vorher jedoch einige allgemeine Dinge zur Assembler-Programmierung

8.2 Allgemeines

Die Angst vor der Assembler-Programmierung des 8088 bzw. 8086 resultiert hauptsächlich aus der Tatsache, daß hier bei der Adressierung des RAMs andere Regeln zu beachten sind als beispielsweise bei der Programmierung einer 8-Bit-CPU wie dem 6502 oder dem Z80. Hier kann der RAM-Bereich in einem Stück adressiert werden. Beim 8088 bzw. 8086 ist dies nicht möglich, da durch die interne Struktur der CPU mit Segmenten zu je 64 KByte gearbeitet werden muß. Was ist nun unter dieser Segmentierung zu verstehen? Dazu müssen Sie wissen, daß die CPU auf 4 verschiedene Segmente, also Speicherbereiche von jeweils 64 KByte Größe, gleichzeitig zugreifen kann. Die Segmente werden wie folgt bezeichnet:

Codesegment (CS)
In diesem Segment stehen die Opcodes des Programms, also das, was die CPU ausführen soll.

Datensegment (DS)

In diesem Segment stehen die zu verarbeitenden Daten, also Variablen, Konstanten oder Tabellen.

Stacksegment (SS)

Dieses Segment benötigt die CPU für den Stack. Der Stack ist ein Speicherbereich, in dem z.B. Rücksprungadressen festgehalten werden, wenn die CPU ein Unterprogramm ausführt.

Extrasegment (ES)

Dieses Segment wird in der Regel für String-Operationen benötigt, läßt sich aber auch für andere Zwecke "mißbrauchen".

Für den Zugriff auf diese Segmente hat die CPU vier 16-Bit-Register, deren Bezeichnung Sie jeweils in Klammern sehen. Der Inhalt eines jeden Registers zeigt auf die Anfangsadresse des jeweiligen Segments, also Adresse 0000 innerhalb des 64-KByte-Blockes. Diese Register werden als Segment-Register bezeichnet. Um innerhalb des Segments auf eine Adresse zugreifen zu können, werden weitere Register benötigt, deren Inhalt den Offset auf die jeweilige Adresse enthalten. Diese Register sind ebenfalls 16 Bit breit und werden als Zeiger-Register bezeichnet.

Für das Codesegment ist dies das Register Instructionpointer (IP). Dieses Register zeigt auf den nächsten von der CPU auszuführenden Opcode. Nach der Ausführung eines Befehles holt sich die CPU also anhand der Register CS:IP den nächsten Opcode.

Für das Daten- und Extrasegment stehen die Register Source- (SI) und Destination-index (DI) zur Verfügung. Je nach Befehl, den die CPU ausführen soll, sind diese Register mit entsprechenden Adressen zu laden. Wenn z.B. Daten vom Datensegment in das Extrasegment übertragen werden sollen, steht die Segmentadresse der Daten in DS, die Segmentadresse des Extrasegments in ES, der Offset auf die Datenquelle in SI und der Offset auf das Datenziel in DI. Das Stacksegment arbeitet mit dem Stackpointer (SP) oder dem Basepointer (BP). Die Segmentadresse steht in SS, der Offset z.B. auf eine Rücksprungadresse in SP oder BP.

Neben den Zeiger-Registern existieren die Daten-Register, die je nach Befehl unterschiedliche Bedeutungen und Inhalte haben können. Diese Register können sowohl als 16- als auch als 8-Bit-Register eingesetzt werden. Die Register haben die Bezeichnung AX, BX, CX oder DX, wenn es um 16-Bit-Inhalte geht oder AH, AL, BH, BL, CH, CL, DH oder DL, wenn es um 8-Bit-Inhalte geht. Das höherwertige Byte befindet sich in den Registern mit Endung H wie "high", das niederwertige Byte in den Registern mit Endung L wie "low".

Das letzte 16-Bit-Register ist das Flag-Register. In diesem Register werden bestimmte Zustände anhand einzelner Bits dokumentiert. Die Flags werden durch die Operationen des Programms entweder gesetzt oder gelöscht (Bit = 0 oder 1). Da diese Flags Basis für Vergleiche und Verzweigungen sind, ist es besonders wichtig, deren Bedeutung zu kennen:

Bit 1 - CF: Carry-Flag
Wird gesetzt, wenn bei einer mathematischen Operation ein Übertrag aus dem Operanden notwendig war.

Bits 2 - PF: Parity-Flag
Dieses Flag gibt Auskunft, ob das Ergebnis einer Operation eine gerade (Bit = 1) oder eine ungerade (Bit = 0) Zahl von Bits darstellt.

Bit 4 - AF: Auxiliary-Flag (BCD)
Zusatz-Flag z.B. für die Verarbeitung von gepackten Dezimalwerten (Bit = 1 Übertrag aus Bit 3 des Operanden).

Bit 6 - ZF: Zero-Flag
Wird auf 0 gesetzt, wenn das Ergebnis einer Operation 0 ist, andernfalls ist es 1.

Bit 7 - SF: Sign-Flag
Gibt bei der Verarbeitung von Zahlen mit Vorzeichen Auskunft über das Vorzeichen (Bit = 1 negativ, Bit = 0 positiv).

Bit 8 - TF: Trap/Singlestep-Flag
Versetzt die CPU für Testzwecke in den Einzelschrittmodus (Bit = 1 Ja, Bit = 0 Nein).

Bit 9 - IF: Interrupt-Flag
Hieran erkennt die CPU, ob Interrupts von anderen Komponenten erlaubt sind (Bit = 1) oder nicht (Bit = 0).

Bit 10 - DF: Direction-Flag
Wird für Datentransferbefehle benötigt, um die Richtung des Transfers zu bestimmen (Bit = 0 vorwärts, Bit = 1 rückwärts).

Bit 11 - OF: Overflow-Flag
Zeigt an, ob z.B. bei arithmetischen Operationen ein Überlauf (Bit = 1) eines Registers vorgekommen ist oder nicht (Bit = 0).

Die Bits 1, 3, 5, 12, 13 14 und 15 haben keine Bedeutung. Hier zum besseren Verständnis die Register als Grafik:

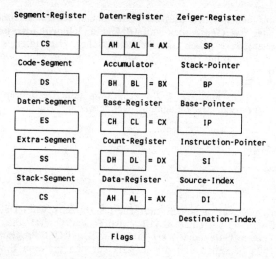

Abb. 29: Register des 8088/8086/80286

Den Befehlssatz der 8088- bzw. 8086-CPU (runde 130 Mnemonics) kann ich Ihnen aus Platzgründen an dieser Stelle leider nicht näher erläutern und muß deren Kenntnis voraussetzen. Sie finden im Bedarfsfall jedoch im DATA BECKER Buchangebot viele interessante Titel zu diesem Thema.

8.3 Erstellen von Assembler-Routinen

Wie wird nun eine Assembler-Routine erstellt? Grundsätzlich gibt es zwei Möglichkeiten:

1. Sie verfügen über einen Assembler, also ein Programm, das einen Quell-Code in Maschinensprache übersetzt. Der bekannteste und verbreitetste dürfte der Macro-Assembler der Firma Microsoft sein. In diesem Fall erstellen Sie also wie gewohnt ein Quell-Programm, assemblieren und linken es und behandeln es abschließend mit EXE2BIN, so daß ein COM-Programm entsteht. Dies ist die einfachste und meistens auch schnellste Methode, zu einer Assembler-Routine zu kommen.

2. Sie setzen DEBUG ein. Da nicht jeder einen Macro-Assembler besitzt, aber auf jeder Systemdiskette DEBUG.COM vorhanden ist, finden Sie in nächsten Abschnitt hierzu weitere Hinweise.

8.3.1 Arbeiten mit einem Assembler

Wenn Sie einen Assembler haben, wird dies aller Wahrscheinlichkeit nach der MASM vom Microsoft oder das Gegenstück von IBM sein. Ich will hier nicht auf die Bedienung eingehen; dazu haben Sie die Handbücher. Hier interessiert nur der Weg. Beim Quell-Programm können Sie wie gewohnt vorgehen, wobei Sie bitte folgendes beachten:

1. Das Ergebnis muß ein ganz normales COM-Programm sein. Definieren Sie also kein Daten-, Extra- oder Stack-Segment. Der "einfache" Aufbau

   ```
   PCBASIC SEGMENT 'CODE'
           ASSUME CS: PCBASIC
           ORG 0100h

   PCBASIC ENDS
   ```

   reicht vollkommen. ASSUME geben Sie nur für CS an, da sowohl DS, ES als auch SS von PC-BASIC bei einem CALL entsprechend gesetzt sind. Als ORG können Sie einen beliebigen Wert eingeben. Da COM-Programme aber immer bei 0100h beginnen und dieser Wert für den späteren Einsatz in PC-BASIC keine Bedeutung hat, sollten wir dabei bleiben.

2. Das Ergebnis muß vollkommen relokatibel sein. Verwenden Sie also weder Sprünge über Segment-Grenzen hinweg (FAR JUMPS oder CALLS) noch Bezüge auf feststehende Adressen.

3. Der Code steht später im PC-BASIC-Datensegment und kann auch nicht größer als eben dieses eine Segment sein. Eventuelle Unterprogramme brauchen daher nicht als FAR deklariert zu werden. Es schadet jedoch nichts, wenn Sie es trotzdem tun. Die Anpassung an eine Compiler-Version macht dann nicht mehr ganz so viel Arbeit. Doch dazu gleich etwas mehr.

4. Für kleine Assembler-Routinen reicht der interne Stack von PC-BASIC vollkomen aus. Wollen Sie jedoch größere Routinen mit hohem Stack-Bedarf einsetzen, so empfiehlt sich entweder die Einrichtung eines eigenen Stacks innerhalb der Routine oder das Setzen des Stack-Bereiches per CLEAR auf einen höheren Wert.

Spätere Verwendung eines Compilers

Wenn Sie vorhaben, die Assembler-Routinen später in einem Programm einzusetzen, das compiliert werden soll, so können Sie das eben Gesagte vergessen. Beachten Sie dann folgendes:

1. Der Compiler erwartet die Assembler-Routine als OBJ-Datei. Das Quell-Programm muß also lediglich "durch" den Assembler geschickt werden.

2. Die Namen aller aufzurufenden Routinen müssen als PUBLIC, eventuelle Bezüge auf Variablen des Hauptprogramms oder eines anderen OBJ-Modules als EXTRN deklariert werden.

3. Alle Routinen oder Unterprogramme sind als FAR zu deklarieren, da letztlich nicht abzusehen ist, ob beim späteren Linken alle OBJ-Module im gleichen Code-Segment landen.

Nachdem also das Quellprogramm eingegeben ist, wird es assembliert, gelinkt und per EXE2BIN in ein COM-Programm konvertiert. Beim Linken wird die Meldung "No stack segment" ausgegeben. Diese Meldung können Sie ignorieren, da der Stack von PC-BASIC bei der Ausführung verwaltet wird.

Kommen wir zu unserer eingangs erwähnten Assembler-Routine für die Klein-Groß-Umwandlung zurück. Ein Quell-Programm für die Realisierung dieser Aufgabe könnte z.B. so aussehen:

```
PCBASIC SEGMENT BYTE PUBLIC

        ASSUME CS:PCBASIC

        PUBLIC UpCase   ;Umwandlung eines Strings Klein-> Groß
;------ EQUates --------------------
;------ UpCase$ ----- CALL UPCASE(Text$)
UC_Str  equ word ptr [BP+6]   ;Adresse des Strings

;----------------------------------
;CALL UPCASE(Text$)
;
;Wandelt alle Buchstaben des angegebenen
;Strings in Großbuchstaben um
;----------------------------------
UPCASE  PROC    FAR
        push    bp              ;BP sichern
        mov     bp,sp           ;BP= SP für Parameterzugriff
        push    ds              ;DS und ES sichern
        push    es

        mov     si,UC_Str       ;Adresse des Strings laden
        mov     cl,[si]         ;Längen-Byte nach CL
        xor     ch,ch           ;CH= 0
        jcxz    UC_Ende         ;Wenn Leer-String, dann Ende
        mov     di,[si+1]       ;ES:DI ist Ziel, DI= Offset
        mov     si,[si+1]       ;DS:SI ist Quelle, SI= Offset
        push    ds
```

```
                pop     es              ;Quelle und Ziel gleiches
                                        ;Segment
        UC_Loop:
                lodsb                   ;Zeichen aus String nach AL
                cmp     al,'a'          ;Zeichen kleiner 'a'?
                jb      UC_Store        ;Wenn ja, keine Aktion
                cmp     al,'ä'          ;Sonst erstmal Umlaute prüfen
                jne     UC_1            ;Wenn nicht ä, weiter prüfen
                mov     al,'Ä'          ;Sonst wandeln
                jmp     short UC_Store  ;und speichern
        UC_1:   cmp     al,'ö'          ;Wie oben
                jne     UC_2
                mov     al,'Ö'
                jmp     short UC_Store
        UC_2:   cmp     al,'ü'          ;Wie oben
                jne     UC_3
                mov     al,'Ü'
                jmp     short UC_Store
        UC_3:   cmp     al,'z'          ;Zeichen größer 'z'?
                ja      UC_Store        ;Wenn ja, keine Aktion
                sub     al,32           ;-32 ergibt Großbuchstaben
        UC_Store:
                stosb                   ;Nach Wandlung zurückschreiben
                loop    UC_Loop         ;Nächstes Zeichen, bis CX= 0
        UC_Ende:
                pop     es              ;ES wieder zurück
                pop     ds              ;DS wieder zurück
                pop     bp              ;BP wieder zurück
                ret     2               ;1 WORD vom Stack entfernen
        UPCASE  ENDP
        ;-------------------------------------
        PCBASIC ENDS
                END
```

Alles gar nicht so schlimm, nicht? Für die Einbindung dieser Routine in ein PC-BASIC-Programm darf ich Sie an Abschnitt 8.3.3 verweisen. Dort wird das Thema anhand dieser Routine detailliert abgehandelt. Damit ist die Erstellung eines COM-Programms per Assembler abgeschlossen, und es kann nun als Routine weiterverarbeitet werden. Mehr dazu in Abschnitt 8.3.4.

8.3.2 Kleinere Routinen mit DEBUG

Wenn Sie (noch) keinen Macro-Assembler besitzen, können Sie kleinere Routinen mit dem auf der Systemdiskette enthaltenen Dienstprogramm DEBUG.COM erstellen. DEBUG beinhaltet einen kleinen Line-Assembler, über den Sie Mnemonics eingeben können, die dann direkt in den Speicher assembliert werden. In Ihrem MS-DOS-Handbuch finden Sie eine Beschreibung des DEBUG. Für erste "Gehversuche" in Sachen Assembler-Routinen reicht DEBUG vollkommen aus.

Wollen Sie jedoch größere Routinen erstellen oder die Geschichte professioneller betreiben, rate ich Ihnen unbedingt zur Anschaffung eines "richtigen" Assemblers. Erstens ist die Handhabung wesentlich einfacher und Änderungen können schneller vorgenommen werden, zweitens kann DEBUG keine Label (Sprungmarken) verabeiten, so daß immer eine manuelle Nachbearbeitung notwendig ist. Dies ist nicht nur unübersichtlich, es braucht auch viel Zeit. Gehen Sie daher wie folgt vor:

1. Aufruf DEBUG von der Systemebene aus.

2. Eingabe des Befehls "a 0100". Hierdurch wird der eingebaute Assembler aufgerufen. Das Programm wird ab Offsetadresse &H0100 abgelegt.

3. Eingabe der Mnemonics. Sprünge oder Bezüge müssen erstmal als "Dummy", also mit einem beliebigen Wert eingegeben werden. In unserem Beispiel UPCASE$ müßten Sie z.B. den Wert für LOOP UC_Loop erstmal mit 0100 angeben. Nachdem die gesamte Routine eingegeben ist, ermitteln Sie die tatsächlichen Adressen per DEBUG-Befehl "u", notieren sie und korrigieren die entsprechenden Anweisungen. Achten Sie bitte darauf, daß Sie alle notwendigen Korrekturen auch wirklich vornehmen, andernfalls erfolgt ggf. ein Sprung auf eine Adresse, die gar nicht gemeint war. Die Eingabe wird durch Drücken der Taste <Eingabe> direkt hinter der Adresse (ohne Mnemonics) beendet. Merken Sie sich die zuletzt ausgegebene Offsetadresse. Sie benötigen diese für Schritt 5.

4. Festlegen des Namens über den Befehl "n <Programmname>.

5. Festlegen der Anzahl der zu speichernden Bytes über den Befehl "r cx" (siehe 3.). Ziehen Sie vom Offset 0100h (256d) ab (siehe 2.).

6. Schreiben des Programms auf Diskette/Festplatte durch den Befehl "w".

7. Verlassen von DEBUG über "q".

Auf der Platte/Diskette steht nun das Programm <Programm>.COM zur weiteren Verarbeitung bereit.

8.3.3 Einbinden von Assembler-Rotuinen

Das Einbinden einer oder mehrerer Assembler-Routinen in PC-BASIC-Programme ist im Normalfall problemlos. Hierzu ein paar grundsätzliche Betrachtungen: PC-BASIC nimmt für seine Daten ein komplettes Segment, also 64 KByte, in Anspruch. Bei PC mit weniger als 128 KByte RAM kann es auch etwas weniger sein. Sie erfahren dies beim Laden von PC-BASIC durch die Meldung "xxxxx Bytes free".

Dieser Bereich wird unter anderem für Variablen benutzt, die dort abgelegt werden, wo ein freies Plätzchen ist. Diesen Platz müssen sich nun Assembler-Routinen mit Variablen teilen. Damit PC-BASIC die Assembler-Routinen aber nicht mit Daten überschreibt, ist es notwendig, das Vorhandensein von Assembler-Routinen bekanntzugeben. Dies erfolgt z.B. beim Aufruf von PC-BASIC mit dem Schalter /M, der den für PC-BASIC zur Verfügung stehenden Datenbereich festlegt. PC-BASIC verwaltet einige Zeiger, von denen zwei die unterste und oberste Adresse des für Variablen verfügbaren Platzes enthalten.

Ohne Angabe des Schalters /M belegt PC-BASIC den gesamten im Datensegment zur Verfügung stehenden Speicherplatz für Daten. Durch /M wird die angegebene Adresse als oberste Adresse für den Variablenspeicher gesetzt. Alles, was dahinter abgelegt ist, kann also nicht überschrieben werden und bietet sich als Platz für Assembler-Routinen an. Die Adresse für /M berechnet man so:

```
NEW
HOECHSTE.ADRESSE= FRE(0)
M.ADRESSE= HOECHSTE.ADRESSE-LAENGE.DER.ROUTINE
```

Sicherheitshalber sollte man ein paar Bytes dazugeben. Für die Praxis empfiehlt es sich, eine kleine BATCH-Datei namens AGW.BAT (AGW= Assembler-GW) mit folgendem Inhalt anzulegen:

```
ECHO OFF
CLS
GW /M:54000 %1
```

Dies reserviert automatisch Platz für Assembler-Routinen hinter der angegebenen Adresse und ruft ein als Parameter übergebenes Programm (%1) auf.

Hinweis: Bitte achten Sie darauf, daß für alle folgenden Experimente immer entsprechend Platz - entweder per BATCH-Datei oder "von Hand" - reserviert wird. Alle Beispiel-Programme gehen davon aus, daß PC-BASIC mit dem Schalter /M:54000 aufgerufen wurde! Andernfalls kann es zu bösen Überraschungen kommen.

Assembler-Routine per BLOAD laden

Die Assembler-Routinen können auf verschiedene Arten an diesen Platz gebracht werden. Einmal kann dies per BLOAD geschehen, indem die Routine in den ihr zugedachten Platz geladen wird:

```
10 '---------------------------------------
20 'UPCASE2.BAS, Demo für Assembler-Routine
30 '---------------------------------------
40 :
50 CLS:KEY OFF
60 MP.START= &HE000
70 GOSUB 170 'MP initialisieren
80 UPCASE= MP.START
90 :
100 LOCATE 5,5
110 INPUT "Geben Sie irgendwas ein: ",A$(5)
120 LOCATE 11,5:PRINT "Vorher....:";A$(5)
130 DEF SEG: CALL UPCASE(A$(5))
140 LOCATE 13,5:PRINT "Nachher...:";A$(5)
150 :PRINT:PRINT:END
160 :
170 'upcase$.bld laden
```

Ohne Assembler geht es nicht

```
180 :
190 DEF SEG
200 BLOAD "upcase$.bld",MP.START
210 RETURN
```

Voraussetzung hierfür ist, daß die Assembler-Routine über einen für BLOAD notwendigen Header verfügt, der z.B. Auskunft über die Adresse und Länge der Routine gibt. Dieser Header ist folgendermaßen aufgebaut:

```
Byte 0         = Kennung &HFD
Byte 1 und 2   = Segment-Adresse
Byte 3 und 4   = Offset-Adresse
Byte 5 und 6   = Länge der Datei
```

Dieser Header wird im Normalfall von BSAVE vor die eigentlichen Daten geschrieben. Im übernächsten Abschnitt finden Sie zur Konvertierung einer COM-Datei in dieses Datei-Format ein entsprechendes Programm (MK_BLOAD.BAS). Diese Art, eine Routine einzubinden, hat den Vorteil, daß es erstens relativ schnell geht und zweitens einmal erstellte Routinen in alle Programme eingebunden werden können. Man kann sich quasi eine Art Bibliothek von Assembler-Routinen aufbauen.

Nachteil: Außer dem BASIC-Programm wird immer die Datei mit der Assembler-Routine benötigt. Wenn Sie Ihr Programm weitergeben oder vermarkten, besteht außerdem die Gefahr, daß die Assembler-Routine z.B. per DEBUG unsachgemäß geändert wird und das Programm dann nicht mehr läuft.

Assembler-Routine in den Speicher poken

Die zweite Möglichkeit ist die, die Assembler-Routine aus Data-Zeilen in einer Schleife in den Speicher zu poken:

```
10 '------------------------------------
20 'UPCASE1.BAS, Demo für Assembler-Routine
30 '------------------------------------
40 :
50 CLS:KEY OFF
60 MP.START= &HE000
70 GOSUB 170 'MP initialisieren
80 UPCASE= MP.START
90 :
100 LOCATE 5,5
110 INPUT  "Geben Sie irgendwas ein: ",A$(5)
120 LOCATE 11,5:PRINT "Vorher....:";A$(5)
130 DEF SEG: CALL UPCASE(A$(5))
140 LOCATE 13,5:PRINT "Nachher...:";A$(5)
150 :PRINT:PRINT:END
160 :
170 'Data-Zeilen aus COM-Datei: upcase$.com
180 :
190 RESTORE 210
200 DEF SEG:FOR I=1 TO  66:READ X:POKE MP.START+I-1,X: NEXT I
210 DATA  85,139,236, 30,  6,139,118,  6,138, 12, 50
220 DATA 237,227, 46,139,124,  1,139,116,  1, 30,  7
230 DATA 172, 60, 97,114, 30, 60,132,117,  4,176,142
```

```
240 DATA 235,  22, 60,148,117,  4,176,153,235, 14, 60
250 DATA 129,117,  4,176,154,235,  6, 60,122,119,  2
260 DATA  44, 32,170,226,218,  7, 31, 93,202,  2,  0
270 RETURN
```

Ich halte diese Lösung gegenüber dem Einbinden per BLOAD für die bessere. Sie braucht zwar je nach Umfang der Routine mehr Zeit und Speicherplatz, hat aber den Vorteil, daß das Programm in sich geschlossen ist und Änderungen an der Assembler-Routine nicht ohne weiteres möglich sind. Auch der Aufbau einer Bibliothek ist möglich, da eine einmal konvertierte Assembler-Routine in jedes Programm "gemerget" werden kann. Ein Programm zur Konvertierung eines COM-Programms in solch einen Data-Lader finden Sie übrigens im übernächsten Abschnitt.

Assembler-Routine im String ausführen

Die letzte Möglichkeit eignet sich für Assembler-Routinen, die von der Länge her in einem String untergebracht werden, also maximal 255 Byte lang sein können. Dabei wird die Assembler-Routine per Data-Lader in einen String geschrieben, dessen Anfangs-Adresse dem CALL-Befehl übergeben wird.

Vorteil: Man muß keinen Speicherplatz für Assembler-Routinen reservieren, und das Programm ist in sich geschlossen. Auch der Aufbau einer Bibliothek ist wieder möglich, wenn die Routine einmal konvertiert ist. Nachteil: Durch die Garbage Collection verschiebt sich der String fortlaufend im Speicher. Die Start-Adresse des Strings muß also vor jedem CALL explizit ermittelt werden. Vergißt man dies einmal, kann der Rechner abstürzen. Dieser Gefahr läßt sich allerdings durch ein entsprechendes Upro vorbeugen. Beispiel:

```
10 '----------------------------------------
20 'UPCASE3.BAS, Demo für Assembler-Routine
30 '----------------------------------------
40 :
50 CLS:KEY OFF
60 GOSUB 160 'MP initialisieren
70 :
80 LOCATE 5,5
90 INPUT "Geben Sie irgendwas ein: ",A$(5)
100 LOCATE 11,5:PRINT "Vorher....:";A$(5)
110 UPCASE= (PEEK(VARPTR(X$)+2)*256) + PEEK(VARPTR(X$)+1)
120 DEF SEG: CALL UPCASE(A$(5))
130 LOCATE 13,5:PRINT "Nachher...:";A$(5)
140 :PRINT:PRINT:END
150 :
160 'Data-Zeilen aus COM-Datei: upcase$.com
170 :
180 RESTORE 210
190 X$=""
200 FOR I=1 TO  66:READ X:X$=X$+CHR$(X): NEXT I
210 DATA  85,139,236, 30,  6,139,118,  6,138, 12, 50
220 DATA 237,227, 46,139,124,  1,139,116,  1, 30,  7
230 DATA 172, 60, 97,114, 30, 60,132,117,  4,176,142
240 DATA 235,  22, 60,148,117,  4,176,153,235, 14, 60
250 DATA 129,117,  4,176,154,235,  6, 60,122,119,  2
```

```
260 DATA  44, 32,170,226,218,  7, 31, 93,202,  2,  0
270 RETURN
```

Auch hierfür finden Sie ein Konvertierungs-Programm (MK_STRING.BAS) im übernächsten Abschnitt.

8.3.4 Assembler-Routinen aufrufen

Eine Beschreibung der von PC-BASIC dazu zur Verfügung gestellten Befehle erfolgte bereits in Kapitel 7. Hier wollen wir uns den CALL-Befehl im Detail anschauen, weil er in der Praxis am häufigsten, wenn nicht sogar ausschließlich eingesetzt wird. Wir erinnern uns:

```
DEF SEG
CALL <num_Variable>(<Para_Variablen,...>)
```

Durch den Befehl DEF SEG ohne Parameter wird das Datensegment als aktuelles Segment für weitere Zugriffe gesetzt.

Hinweis: Vergessen Sie dies niemals vor einem CALL, andernfalls kann es passieren, das CALL zwar am richtigen Offset, jedoch im falschen Segment aufsetzt - und das kann ins Auge gehen. Ich habe einmal mehrere Stunden an einer Assembler-Routine gebastelt, weil ich das vergessen hatte. Das Programm speicherte u.a. den Bildschirm-Inhalt per BSAVE auf Diskette. Dazu wurde mit DEF SEG &HB8000 das entsprechende Segment des Video-RAMs gesetzt. CALL kann da natürlich keine Assembler-Routine ausführen. Seitdem habe ich es mir zur Angewohnheit gemacht, vor jedes CALL ein DEF SEG zu setzen - egal, ob es nun nötig ist oder nicht.

<num_Variable> ist eine numerische Variable, die die Offsetadresse der Routine im Datensegment zugewiesen bekommt. Dies geschieht abhängig davon, wie die Routine in den Speicher gebracht wurde:

per POKE
Die Adresse entspricht dem Offset, ab dem die Routine in den Speicher gepoket wurde.

per BLOAD
Die Adresse entspricht dem Offset, der beim BLOAD-Befehl angegeben wurde.

im String
Die Adresse entspricht der Start-Adresse des Strings im Speicher. Zur Ermittlung dieser Adresse verwenden wir die VARPTR-Funktion:

ADRESSE= (PEEK(VARPTR(ASS$)+2*256))+ PEEK(VARPTR(ASS$)+1)

Hier muß also eine Umrechnung Low/High-Byte in den eigentlichen Offset erfolgen. In Abschnitt 8.3.4 finden Sie ein Beispiel dafür. <Para_Variablen> sind eine oder mehrere Variablen beliebigen Datentyps, deren Inhalte von der Routine verarbeitet werden sollen.

Es muß immer die Anzahl von Parametern übergeben werden, die von der Routine erwartet und ausgewertet wird. Fehlt ein Parameter oder ist es einer zuviel, reagiert die Assembler-Routine beim Rücksprung ggf. unwirsch, und der Rechner stürzt ab. Dies hängt aber weitestgehend davon ab, wie Sie diese Routine konzeptionieren. Probleme zeigen sich vor allem beim RET-Befehl mit angegebener Stack-Bereinigung. Geben Sie z.B. RET 24 an und haben nur 11 Parameter übergeben, so wird ein Wort der Rücksprung-Adresse vom Stack entfernt, und das RET führt "in die Wildnis".

8.3.5 Parameterübergabe an Assemler-Routinen

Was passiert nun, wenn PC-BASIC den CALL-Befehl ausführt? Also: Zuerst einmal wird eine Rücksprung-Adresse bestehend aus Segment und Offset auf den Stack "gepusht" (auf Deutsch: dort hinterlegt). Anschließend werden die angegebenen <Para_Variablen> ebenfalls auf den Stack gepusht. Dabei wird mit der letzten Variablen angefangen:

```
CALL ASS.ROUT(A%,B%,C%,D%)
              │  │  │  └─> 1. PUSH
              │  │  └────> 2. PUSH
              │  └───────> 3. PUSH
              └──────────> 4. PUSH
```

Abb. 30:   Parameter-Übergabe CALL

Die erste Variable befindet sich also im Stack ganz oben. Die Übergabe der Variablen erfolgt dabei "By Reference". Falls Sie nicht (mehr) wissen, was das ist:

By Reference:
Es wird ein Adreßzeiger auf den Stack gepusht, der auf die Daten (erstes Byte) der Variablen zeigt.

By Value:
Die Daten werden komplett auf den Stack gepusht - ein Integer also als zwei Byte, ein String mit seinem gesamten Inhalt und Reals als Exponent/Mantisse mit 4 oder 8 Bytes. Diese Form der Parameter-Übergabe belastet den Stack - vor allem bei Strings - jedoch sehr, so daß PC-BASIC grundsätzlich "By Reference" übergibt.

Der Stack sieht in unserem Beispiel nach CALL so aus:

Zeiger A%	SP+12	Daten
Zeiger B%	SP+10	Daten
Zeiger C%	SP+8	Daten
Zeiger D%	SP+6	Daten
Segment	SP+4	
Offset	SP+2	Rücksprung-Adresse

Abb. 31:   Der Stack beim CALL-Befehl

Hier kann man auch ganz gut erkennen, was passiert, wenn Sie statt RET 8 beispielsweise RET 10 eingeben: Die Segment-Adresse der Rücksprung-Adresse wird vom Stack entfernt, dafür wird dann der Offset eingesetzt. Anschließend kommt es zu einem Stack-Underflow, da SP den Wert 0 hat. Geben Sie hingegen zu wenig Stack-Bereinigung bei RET an, so wird einer oder mehrere der Daten-Zeiger als Rücksprung-Adresse eingesetzt. Ein Unterfangen, das genauso fatal endet.

Adressierung der Variablen auf dem Stack

Nach einem CALL stehen also die Zeiger auf die Daten im Stack zur weiteren Verarbeitung bereit. SP zeigt dabei mit einem Wert von 0 auf den Stack-Anfang (Top of Stack). Die Adressierung erfolgt am zweckmäßigsten über das Register BP nach folgender Initialisierung:

```
AssRoutine PROC  FAR
           push  bp
           mov   bp,sp           ;Initialisierung

           mov   si,[bp+10]      ;Ab hier die Routine
           mov   ax,[si]
           .....
           und so weiter
```

Bleiben wir bei unserem Beispiel: der Zeiger auf die Variable B% steht nach MOV SI,[BP+10] in SI. Die Anweisung MOV AX,[SI] bringt den Inhalt der Variablen B% nach AX und kann nun weiter verarbeitet werden. Als fortgeschrittener Assembler-Programmierer wird man sich den Zugriff auf den Stack durch EQUates zum Beispiel so erleichtern:

```
Adr_A equ word ptr [BP+12]
Adr_B equ word ptr [BP+10]
Adr_C equ word ptr [BP+8]
Adr_D equ word ptr [BP+6]
.....
.....
```

```
        mov   si,Adr_A
        mov   ax,[si]
        .....
```

Bitte beachten Sie beim Zugriff auf Strings, daß der Zeiger nicht auf das erste Daten-Byte, sondern auf das Längen-Byte des Strings zeigt! Um z.B. CX für eine LOOP zu initialisieren, ist folgende Konstruktion notwendig:

```
        .....
        mov   si,Str_Adr      ;Adresse des Strings nach SI
        mov   cl,[si]         ;Längen-Byte des Strings nach CL
        xor   ch,ch           ;CH= 0
        .....
```

Danach folgt erst die eigentliche Adresse, die wie folgt geladen wird:

```
        .....
        mov   si,Str_Adr      ;Adresse des Strings nach SI
        mov   cl,[si]         ;Längen-Byte des Strings nach CL
        xor   ch,ch           ;CH= 0
        mov   di,[si+1]       ;Zeiger auf Daten nach DI
        .....
```

8.3.6 Konvertierung ins PC-BASIC-Format

Auf der Platte/Diskette befindet sich nun die fertige Assembler-Routine als COM-Programm. Wie wir im nächsten Abschnitt detaillierter sehen werden, gibt es zwei Möglichkeiten, diese Routine für PC-BASIC zugänglich zu machen: Entweder sie wird per POKE in den Speicher geschrieben oder per BLOAD in den Speicher geladen.

Konvertierung für POKE

Für den Weg per POKE muß das COM-Programm in Data-Zeilen umgewandelt werden. Hier ein Programm, das diese Aufgabe übernimmt:

```
10 '-----------------------------------
20 'MK_POKE.BAS    1986 (C) H.J.Bomanns
30 '-----------------------------------
40 :
50 CLS:KEY OFF
60 PRINT STRING$(80,"-")
70 PRINT "Dieses Programm erzeugt aus einer COM-Datei ein .BAS-Modul bestehend aus Data-"
80 PRINT "Zeilen, das in ein Programm per MERGE eingebunden werden kann."
90 PRINT STRING$(80,"-")
100 :
110 LOCATE 7,5:LINE INPUT "Name der COM-Datei: ";COM.DAT$
120 IF INSTR(COM.DAT$,".")= 0 THEN COM.DAT$= COM.DAT$+".com"
130 LOCATE 8,5:LINE INPUT "Name der .BAS-Datei: ";BAS.DAT$
140 IF INSTR(BAS.DAT$,".")= 0 THEN BAS.DAT$= BAS.DAT$+".bas"
150 LOCATE 9,5:LINE INPUT "Erste Zeilennummer : ";ZEILE$
160 LOCATE 20,5,0:PRINT "Zeit für Kaffee.....";
170 :
```

Ohne Assembler geht es nicht

```
180 ZEILE= VAL(ZEILE$) 'Zeilen-Nummerierung
190 DZ= 10              'Zähler für DATAs pro Zeile
200 :
210 OPEN "R",#1,COM.DAT$,1
220 FIELD#1,1 AS X$
230 OPEN BAS.DAT$ FOR OUTPUT AS #2
240 START=1:ENDE= LOF(1)
250 :
260 PRINT #2, USING "#####";ZEILE;:PRINT #2," 'Data-Zeilen aus COM-Datei:
";COM.DAT$:GOSUB 490 'Zeilen-Nr.
270 PRINT #2, USING "#####";ZEILE;:PRINT #2,":":GOSUB 490 'Zeilen-Nr.
280 PRINT #2, USING "##### RESTORE #####";ZEILE;ZEILE+2:GOSUB 490 'Zeilen-Nr.
290 PRINT #2, USING "##### DEF SEG:FOR I=1 TO ####:";ZEILE;ENDE;:PRINT #2, "READ
X:POKE MP.START+I-1,X: NEXT I"
300 :
310 FOR I= START TO ENDE
320 IF DZ= 10 THEN GOSUB 410 'Neue Data-Zeile
330 GET #1,I
340 PRINT #2, USING ",###";ASC(X$);
350 DZ= DZ+1
360 NEXT I
370 GOSUB 490 'Zeilen-Nr.
380 PRINT #2,
390 PRINT #2, USING "##### RETURN";ZEILE
400 CLOSE:CLS:END
410 '----- Neue Data-Zeile
420 PRINT #2,
430 GOSUB 490 'Zeilen-Nr.
440 PRINT #2, USING "##### DATA ";ZEILE;
450 GET #1,I
460 PRINT #2,USING "###";ASC(X$);
470 DZ= 0 'Zähler für DATAs pro Zeile
480 RETURN 360
490 '----- Zeilen-Nr. + 1
500 ZEILE= ZEILE+1
510 RETURN
```

Nach dem Start des Programms werden von Zeile 110 bis 150 die Dateinamen für die Ein- und Ausgabedateien abgefragt. Hierbei wird ggf. eine Erweiterung COM oder BAS angehängt (Zeile 120 und 140). Weiterhin geben Sie hier die Zeilen-Nummer an, mit der das erzeugte Upro beginnen soll.

In Zeile 190 wird festgelegt, wie viele Datas in einer Zeile untergebracht werden sollen. Bei Änderungen muß auch die Zeile 320, in der die Abfrage dieser Variablen erfolgt, geändert werden. Ab Zeile 210 werden die Dateien geöffnet und die Variablen für die Schleife initialisiert. Vor die Data-Zeilen wird, zur besseren Orientierung, noch der Name der COM-Datei für die bessere Orientierung sowie eine Schleife fürs poken geschrieben (ab Zeile 290).

Das Auslesen der Eingabe-Datei und die Umwandlung in Data-Zeilen erfolgt ab Zeile 310. Hierzu wird jeweils ein Byte aus der als Random-Datei geöffneten Eingabe-Datei gelesen (Zeile 330) und über PRINT USING formatiert in die Ausgabedatei geschrieben (Zeile 380). Anschließend wird der Zähler DZ um eins erhöht (Zeile350).

Das Unterprogramm ab Zeile 410 tritt in Aktion, wenn die festgelegte Anzahl DATAs in eine Zeile geschrieben wurden (Abfrage in 350). Hierzu wird im

Upro ab Zeile 490 die Zeilennummer um eins hochgezählt und in Zeile 440 formatiert in die Ausgabedatei geschrieben. Danach wird das nächste Byte gelesen, formatiert weggeschrieben (Zeile 450/460), der Zähler DZ initialisiert (Zeile 470) und das Hauptprogramm über RETURN 360 weiter ausgeführt.

Zum Abschluß wird noch ein RETURN in die Ausgabedatei geschrieben und beide Dateien werden geschlossen. Das erzeugte Modul kann anschließend per MERGE in Ihr Programm eingebunden werden.

Konvertierung für Aufruf in einem String

Die Konvertierung für den Aufruf in einem String ist mit der für das poken in den Speicher weitestgehend identisch:

```
10 '---------------------------------
20 'MK_STRNG.BAS   1986 (C) H.J.Bomanns
30 '---------------------------------
40 :
50 CLS:KEY OFF
60 PRINT STRING$(80,"-")
70 PRINT "Dieses Programm erzeugt aus einer COM-Datei ein STR-Modul bestehend aus Data-"
80 PRINT "Zeilen, das in ein Programm per MERGE eingebunden werden kann.
90 PRINT STRING$(80,"-")
100 :
110 LOCATE 7,5:LINE INPUT "Name der COM-Datei: ";COM.DAT$
120 IF INSTR(COM.DAT$,".")= 0 THEN COM.DAT$= COM.DAT$+".com"
130 LOCATE 8,5:LINE INPUT "Name der STR-Datei: ";STR.DAT$
140 IF INSTR(STR.DAT$,".")= 0 THEN STR.DAT$= STR.DAT$+".str"
150 LOCATE 9,5:LINE INPUT "Erste Zeilennummer : ";ZEILE$
160 LOCATE 10,5:LINE INPUT "String-Variable    : ";VARNAME$
170 LOCATE 20,5,0:PRINT "Zeit für Kaffee.....";
180 :
190 ZEILE= VAL(ZEILE$)  'Zeilen-Nummerierung
200 DZ= 10              'Zähler für DATAs pro Zeile
210 :
220 OPEN "R",#1,COM.DAT$,1
230 FIELD#1,1 AS X$
240 OPEN STR.DAT$ FOR OUTPUT AS #2
250 START=1:ENDE= LOF(1)
260 :
270 PRINT #2, USING "#####";ZEILE;:PRINT #2," 'Data-Zeilen aus COM-Datei: ";COM.DAT$:GOSUB 520 'Zeilen-Nr.
280 PRINT #2, USING "#####";ZEILE;:PRINT #2,":":GOSUB 520 'Zeilen-Nr.
290 PRINT #2, USING "##### RESTORE #####";ZEILE;ZEILE+3:GOSUB 520 'Zeilen-Nr.
300 PRINT #2, USING "##### &";ZEILE;VARNAME$+"="+CHR$(34)+CHR$(34):GOSUB 520 'Zeilen-Nr.
310 PRINT #2, USING "##### FOR I=1 TO ####:";ZEILE;ENDE:
320 PRINT #2, "READ X:";VARNAME$;"=";VARNAME$;"+CHR$(X): NEXT I"
330 :
340 FOR I= START TO ENDE
350 IF DZ= 10 THEN GOSUB 440 'Neue Data-Zeile
360 GET #1,I
370 PRINT #2, USING ",###";ASC(X$);
380 DZ= DZ+1
390 NEXT I
400 GOSUB 520 'Zeilen-Nr.
410 PRINT #2,
```

```
420 PRINT #2, USING "##### RETURN";ZEILE
430 CLOSE:CLS:END
440 '----- Neue Data-Zeile
450 PRINT #2,
460 GOSUB 520 'Zeilen-Nr.
470 PRINT #2, USING "##### DATA ";ZEILE;
480 GET #1,I
490 PRINT #2,USING "###";ASC(X$);
500 DZ= 0 'Zähler für DATAs pro Zeile
510 RETURN 390
520 '----- Zeilen-Nr. + 1
530 ZEILE= ZEILE+1
540 RETURN
```

Der einzige Unterschied besteht darin, daß hier in der FOR...NEXT-Schleife nicht gepoket, sondern der angegebene String initialisiert wird.

Konvertierung für BLOAD

Eine Konvertierung im eigentlichen Sinne ist hier nicht notwendig. Es muß lediglich berücksichtigt werden, daß eine BLOAD-Datei einen Header von 7 Bytes haben muß, da sonst die ersten sieben Bytes der Assembler-Routine als Header angesehen werden - und das würde fatale Folgen haben. Der Header hat folgenden Aufbau:

```
Byte 0         = Kennung &HFD
Byte 1 und 2   = Segment-Adresse
Byte 3 und 4   = Offset-Adresse
Byte 5 und 6   = Länge der Datei
```

Das folgende Programm macht nun nichts weiter, als vor die Assembler-Routine 5 Bytes als "Dummy-Header" und die Länge der Routine in Byte 5 und 6 zu setzen. Außerdem erhält die Datei die Erweiterung BLD, damit ersichtlich ist, daß es sich um eine BLOAD-Datei handelt:

```
10 '-----------------------------------
20 'MK_BLOAD.BAS   1986 (C) H.J.Bomanns
30 '-----------------------------------
40 :
50 CLS:KEY OFF
60 PRINT STRING$(80,"-")
70 PRINT "Dieses Programm erzeugt aus einer COM-Datei ein BLD-Modul,"
80 PRINT "das per BLOAD in den Speicher geladen werden kann."
90 PRINT STRING$(80,"-")
100 :
110 LOCATE 7,5:LINE INPUT "Name der COM-Datei: ";COM.DAT$
120 IF INSTR(COM.DAT$,".")= 0 THEN COM.DAT$= COM.DAT$+".com"
130 BLD.DAT$= LEFT$(COM.DAT$,INSTR(COM.DAT$,".")-1)+".bld"
140 LOCATE 9,5:PRINT "Name der BLD-Datei: ";BLD.DAT$
150 LOCATE 20,5,0:PRINT "Zeit für Kaffee.....";
160 :
170 OPEN "R",#1,COM.DAT$,1
180 FIELD#1,1 AS X$
190 OPEN BLD.DAT$ FOR OUTPUT AS #2
200 START=1:ENDE%= LOF(1)
210 :
220 PRINT #2, CHR$(&HFD)+"    "; 'BLOAD-KZ und 4 Dummy-Bytes für Header
```

```
230 PRINT #2, MKI$(ENDE%);    '2 Bytes Länge für Header
240 :
250 FOR I= START TO ENDE%
260    GET #1,I              '1 Byte nach X$ lesen
270    PRINT #2,X$;          '1 Byte aus X$ in Ziel-Datei schreiben
280 NEXT I
290 CLOSE:CLS:END
```

Beim Laden per BLOAD geben Sie den Offset gemäß der von Ihnen gesetzten Start-Adresse für die Assembler-Routinen z.B. wie folgt an:

```
BLOAD "ASSROUT.BLD",&HE000
```

Ein Beipiel dazu finden Sie in Abschnitt 8.3.4.

8.4 Schnittstelle zu MS-DOS und zum BIOS

Die Probleme, die Sie durch Assembler-Routinen zu lösen beabsichtigen, sind in den meisten Fällen nicht neu. Wenn Sie z.B. an die Aufgaben eines Betriebssystems denken, werden Sie feststellen, daß hier, ebenso wie in Ihren Programmen, die gleichen Aktionen ablaufen. Schauen Sie sich dazu den DIR-Befehl des DOS und dort die Bildschirmausgabe an. Die einzelnen Einträge des Directorys werden hier als Strings ausgegeben. Es muß also irgendwo eine Routine existieren, die diese Aufgabe übernimmt. Es stellt sich die Frage, ob man diese oder eine beliebige andere Routine nicht für seine eigenen Zwecke einsetzen kann. Die Firma Microsoft hat dafür gesorgt, daß dies möglich ist. Über sogenannte Interrupts können Sie verschiedene Aufgaben vom Betriebssystem oder dem BIOS erledigen lassen.

Die Interrupts sind fortlaufend numeriert und haben unterschiedliche Aufgaben. Einige Interrupts erlauben den Zugriff über das BIOS auf die Hardware, andere den direkten Zugriff auf das Betriebssystem. Im Normalfall werden diese Interrupts dergestalt angesprochen, daß die Register der CPU mit bestimmten Werten, die je nach Interrupt differieren, aufgerufen werden. In den Registern werden die Ergebnisse des Interrupts zurückgemeldet, die dann weiterverarbeitet werden können bzw. anhand derer Reaktionen erfolgen. Die Initialisierung der Register für einen Interrupt ist entweder nur über einen Assembler wie den MASM oder über besondere Vorkehrungen der Hochsprache problemlos möglich. PC-BASIC bzw. BASICA unterstützt dieses Unterfangen leider nicht.

Die Interrupts können also von PC-BASIC/BASICA nicht direkt aufgerufen werden. Hier bedarf es wieder der Unterstützung durch eine Assembler-Routine. Die Konzeption ist - wie bereits erwähnt - recht einfach: Die CPU-Register werden mit bestimmten Werten geladen, die zum einen die auszuführende Aufgabe definieren und zum anderen die notwendigen Parameter darstellen. Die Ergebnisse werden von den INTs in den Registern zurückgegeben. Die Ausgabe eines Strings erfolgt über einen Assembler z.B. so:

Ohne Assembler geht es nicht

```
MOV AH,9              ;9= Funktion "Print String"
MOV DX,offset STRING  ;Offset des Strings im Daten-Segment (DS)
INT 21h               ;INT 21h= MS-DOS Funktion aufrufen
```

Die erste Instruktion MOV AH,9 definiert die Aufgabe, die vom Betriebssystem übernommen werden soll, in diesem Fall den Job "Print String" (gebe Zeichenkette aus). Für diese Aufgabe muß MS-DOS wissen, wo es den String findet. Die zweite Instruktion MOV DX,offset STRING versorgt das Register DX mit der Speicheradresse, an der der String beginnt. Über die letzte Instruktion INT 21h wird MS-DOS aufgerufen. Hierbei prüft MS-DOS die in AH übergebene Funktions-Nummer und reagiert entsprechend. In diesem Fall wird also der bezeichnete String ausgegeben. Um nun von PC-BASIC aus irgendwelche Dinge vom Betriebssystem oder dem BIOS erledigen zu lassen, muß es also möglich sein, die CPU-Register mit den entsprechenden Werten für die jeweilige Funktion zu versorgen.

Die folgende Assembler-Routine schafft die Verbindung von GWBASIC bzw. BASICA zu MS-DOS bzw. zum BIOS. Die CPU-Register werden durch gleichnamige BASIC-Variablen dargestellt. Nach dem Aufruf der Routine werden die Inhalte der Variablen in die einzelnen Register übertragen und dann der INT aufgerufen. Nach dem Aufruf des INT werden die Ergebnisse aus den Registern in die Variablen übertragen und können von GWBASIC bzw. BASICA aus weiterverarbeitet werden. Schauen wir uns zuerst das Assembler-Listing dazu an:

```
;-------------------------------------------------------
; Schnittstelle PC-BASIC zu MS-DOS für Function- und
; BIOS-Calls
;-------------------------------------------------------
;AUFRUF:
;-------
;CALL BAS_DOS(AH%,AL%,BH%,BL%,CH%,CL%,DH%,DL%,ES%,SI%,DI%,FLAGS%)
;
;Die Adressen der Variablen werden beim Aufruf über CALL
;folgendermaßen auf den Stack geschoben:
;
;   FLAGS%    SP+ 6      DI%    SP+ 8
;   SI%       SP+10      ES%    SP+12
;   DL%       SP+14      DH%    SP+16
;   CL%       SP+18      CH%    SP+20
;   BL%       SP+22      BH%    SP+24
;   AL%       SP+26      AH%    SP+28
;
;Anschließend müssen die Werte der Variablen in die einzelnen
;Register transferiert werden. Nach dem Aufruf des INT werden die
;Registerinhalte als Rückmeldung in die Variablen geschrieben.
;
programm  segment para 'CODE'
bas_dos   proc   far
          assume cs:programm

          cli                ;Bitte nicht stören
          push   bp          ;Basepointer von GW sichern
          mov    bp,sp       ;Stackpointer --> Basepointer
          push   ds          ;Aufruf-DS sichern
          push   es          ;Aufruf-ES sichern
          mov    si,[bp+6]   ;FLAGS% --> SI
          mov    ax,[si]     ;SI --> AX
```

```
push    ax              ;Auf den Stack
popf                    ;Von dort in die Flags
mov     si,[bp+14]      ;Stack-Position DL%
mov     dl,[si]         ;Wert in Register DL
mov     si,[bp+16]      ;Stack-Position DH%
mov     dh,[si]         ;Wert in Register DH
mov     si,[bp+18]      ;Stack-Position CL%
mov     cl,[si]         ;Wert in Register CL
mov     si,[bp+20]      ;Stack-Position CH%
mov     ch,[si]         ;Wert in Register CH
mov     si,[bp+22]      ;Stack-Position BL%
mov     bl,[si]         ;Wert in Register BL
mov     si,[bp+24]      ;Stack-Position BH%
mov     bh,[si]         ;Wert in Register BH
mov     si,[bp+26]      ;Stack-Position AL%
mov     al,[si]         ;Wert in Register AL
mov     si,[bp+28]      ;Stack-Position AH%
mov     ah,[si]         ;Wert in Register AH
mov     si,[bp+8]       ;Stack-Position DI%
mov     di,[si]         ;Wert in Register DI
push    ax              ;auf dem Stack temporär für
                        ;die folgende Aktion sichern
mov     si,[bp+12]      ;Stack-Position ES%
mov     ax,[si]         ;ES über AX
mov     es,ax           ;Wert in Register ES
pop     ax              ;AX wieder vom Stack
mov     si,[bp+10]      ;Stack-Position SI%
mov     si,[si]         ;Wert in Register SI
push    bp              ;Basepointer sichern
sti                     ;Darfst wieder stören
;
int     21h             ;DOS-/BIOS-Aufrufe
;
cli                     ;Bitte nicht stören
pop     bp              ;Basepointer zurück
push    si              ;Source-Index sichern
pushf                   ;Flags sichern
mov     si,[bp+28]      ;Stack-Position AH%
mov     [si],ah         ;Registerinhalt in AH%
mov     si,[bp+26]      ;Stack-Position AL%
mov     [si],al         ;Registerinhalt in AL%
mov     si,[bp+24]      ;Stack-Position BH%
mov     [si],bh         ;Registerinhalt in BH%
mov     si,[bp+22]      ;Stack-Position BL%
mov     [si],bl         ;Registerinhalt in BL%
mov     si,[bp+20]      ;Stack-Position CH%
mov     [si],ch         ;Registerinhalt in CH%
mov     si,[bp+18]      ;Stack-Position CL%
mov     [si],cl         ;Registerinhalt in CL%
mov     si,[bp+16]      ;Stack-Position DH%
mov     [si],dh         ;Registerinhalt in DH%
mov     si,[bp+14]      ;Stack-Position DL%
mov     [si],dl         ;Registerinhalt in DL%
pop     ax              ;Holt ursprüngliche Flag-Werte
                        ;zurück
mov     si,[bp+6]       ;Stack-Position Flags%
mov     [si],ax         ;und in FLAGS% schreiben
pop     ax              ;Holt ursprünglichen SI zurück
mov     si,[bp+10]      ;Stack-Position SI%
mov     [si],ax         ;und in SI% schreiben
mov     ax,es           ;Register ES nach AX
mov     si,[bp+12]      ;Stack-Position ES%
mov     [si],ax         ;und in ES% schreiben
mov     si,[bp+8]       ;Stack-Position DI%
```

Ohne Assembler geht es nicht 257

```
            mov     [si],di         ;und in DI% schreiben
            pop     es              ;Aufruf-ES vom Stack
            pop     ds              ;Aufruf-DS vom Stack
            pop     bp              ;Aufruf-BP vom Stack
            sti                     ;Bitte wieder stören
            ret     24              ;Zurück nach PC-BASIC,
                                    ;dabei Stack putzen

bas_dos     endp
            programm     ends
            end
```

Im ersten Teil werden zunächst die Register BP, ES und DS auf den Stack gesichert, da diese unter Umständen geändert werden, aber für den Rücksprung und die weitere Arbeit mit GW-BASIC bzw. BASICA ihren ursprünglichen Wert behalten müssen. Anschließend werden die übergebenen Variablen vom Stack in die einzelnen Register bzw. in die Flags übertragen.

Nachdem alle Register initialisiert sind, erfolgt der Aufruf des MS-DOS- oder BIOS-Interrupts. Im Assembler-Listing ist noch nicht zu erkennen, daß diese Routine für beides gedacht ist. Von GW-BASIC bzw. BASICA aus wird die Nummer des Interrupts, in diesem Falle 21h, je nach Bedarf geändert. Mehr dazu jedoch im Beispiel-Programm. Im letzten Teil der Routine werden die nach dem Interrupt in den Registern vorhandenen Werte in die Variablen zurückgeschrieben, damit die Ergebnisse von GW-BASIC bzw. BASICA weiterverarbeitet werden können.

Abschließend werden die Register BP, ES und DS wieder hergestellt, und es erfolgt der Rücksprung zu GW-BASIC bzw. BASICA. Diese Routine kann, wie bereits angedeutet, sowohl für Funktionsaufrufe des Betriebssystems als auch für BIOS-Aufrufe eingesetzt werden. Das folgende Beispielprogramm verdeutlicht dies:

```
10 '-------------------------------------------------------
20 'DOS_SN.BAS                          1986 (C) H.J.Bomanns
30 '-------------------------------------------------------
40 :
50 'DOS-SN ist eine Schnittstelle von PC-BASIC zu MS-DOS. Über diese
60 'können alle Funktionen des INT 21h bzw. alle BIOS-Calls ausgeführt
70 'und getestet werden. Nach Aufruf des INT xxh werden die Ergebnisse in
80 'DEZ und HEX ausgegeben.
90 '
100 CLS:KEY OFF
110 LOCATE 5,5:PRINT "Maschinen-Programm initialisieren....."
120 MP.START= &HE000
130 GOSUB 670 'MP in Speicher poken
140 MP.ENDE= MP.START+I-1
150 LOCATE 5,5:PRINT SPACE$(80-POS(0)):PRINT
160 :
170 'In folgender Schleife wird die Adresse der Interrupt-Nummer ermittelt.
180 'An diese Adresse kann die BIOS-/DOS-Interrupt-Nummer gepoket werden.
190 :
200 FOR I= MP.START TO MP.ENDE:IF PEEK(I)= 205 THEN INT.ADR= I+1 ELSE NEXT
210 :
220 A$="Dies ist ein Testtext.....$"
230 :
240 DOS.SN= MP.START
```

```
250 AL%=0: AH%=0: BL%=0: BH%=0: CL%=0: CH%=0: DL%=0: DH%=0: ES%=0: SI%=0: DI%=0:
FLAGS%=0
260 :
270 AH%=9:INT.NR%= &H21 'z.B. Ausgabe eines String
280 DL%=PEEK(VARPTR(A$)+1):DH%=PEEK(VARPTR(A$)+2) 'Über INT 21h, Funktion 9
290 :
300 'INT.NR%= &H11 'Oder BIOS-Call 11h/Equipment
310 :
320 A.AH%=AH%: A.AL%=AL%: A.BH%=BH%: A.BL%=BL%: A.CH%=CH%: A.CL%=CL%: A.DH%=DH%:
A.DL%=DL%
330 A.ES%=ES%:A.SI%=SI%:A.FLAGS%=FLAGS%
340 DEF SEG:POKE INT.ADR,INT.NR%
350 DEF SEG:CALL DOS.SN(AH%, AL%, BH%, BL%, CH%, CL%, DH%, DL%, ES%, SI%, DI%,
FLAGS%)
360 :
370 LOCATE 25,1:PRINT "beliebige Taste.....";
380 IF INKEY$="" THEN 380
390 CLS
400 PRINT "INT-Nummer: ";INT.NR%;" - $";HEX$(INT.NR%):PRINT
410 PRINT "       vor dem Aufruf:                     nach dem Aufruf:"
420 PRINT "    ┌─────────────────────────┐        "
430 PRINT "DEZ |AH AL |BH BL |CH CL |DH DL | DEZ |AH AL |BH BL |CH CL |DH DL |"
440 PRINT "    ├─────────────────────────┤        "
450 PRINT "Regs |";USING "###|";A.AH%; A.AL%; A.BH%; A.BL%; A.CH%; A.CL%; A.DH%;
A.DL%;
460 PRINT " Regs |";USING "###|";AH%;AL%;BH%;BL%;CH%;CL%;DH%;DL%
470 PRINT "    └─────────────────────────┘ "
480 PRINT "    |AX    |BX    |CX    |DX    |    |AX    |BX    |CX    |DX    |"
490 PRINT "    ┌─────────────────────────┐ "
500 PRINT "Regs |";USING "  #####|";A.AL%+256*A.AH%; A.BL%+256*A.BH%;
A.CL%+256*A.CH%; A.DL%+256*A.DH%;
510 PRINT " Regs |";USING "  #####|";AL%+256*AH%; BL%+256*BH%; CL%+256*CH%;
DL%+256*DH%
520 PRINT "└─────────────────────────┘ "
530 PRINT "    ┌─────────────────────────┐ "
540 PRINT "HEX |AH AL |BH BL |CH CL |DH DL | HEX |AH AL |BH BL |CH CL |DH DL |"
550 PRINT "    ├─────────────────────────┤ "
560 PRINT "Regs |";USING "$\ \|";HEX$(A.AH%); HEX$(A.AL%); HEX$(A.BH%); HEX$(A.BL%);
HEX$(A.CH%); HEX$(A.CL%); HEX$(A.DH%); HEX$(A.DL%);
570 PRINT " Regs |";USING "$\ \|";HEX$(AH%); HEX$(AL%); HEX$(BH%); HEX$(BL%);
HEX$(CH%); HEX$(CL%); HEX$(DH%); HEX$(DL%)
580 PRINT "    ├─────────────────────────┤ "
590 PRINT "    |AX    |BX    |CX    |DX    |    |AX    |BX    |CX    |DX    |"
600 PRINT "    ┌─────────────────────────┐ "
610 PRINT "Regs |";USING "$ \  \ |";HEX$(A.AL%+256*A.AH%); HEX$(A.BL%+256*A.BH%);
HEX$(A.CL%+256*A.CH%); HEX$(A.DL%+256*A.DH%);
620 PRINT " Regs |";USING "$ \  \ |";HEX$(AL%+256*AH%); HEX$(BL%+256*BH%);
HEX$(CL%+256*CH%); HEX$(DL%+256*DH%)
630 PRINT "    └─────────────────────────┘ "
640 IF INKEY$="" THEN 640
```

Ohne Assembler geht es nicht

```
650 END
660 :
670 'Data-Zeilen aus COM-Datei: dos_sn.com
680 :
690 RESTORE 710
700 DEF SEG:FOR I=1 TO 151:READ X:POKE MP.START+I-1,X: NEXT I
710 DATA 250, 85,139,236, 30, 6,139,118, 6,139, 4
720 DATA 80,157,139,118, 14,138, 20,139,118, 16,138
730 DATA 52,139,118, 18,138, 12,139,118, 20,138, 44
740 DATA 139,118, 22,138, 28,139,118, 24,138, 60,139
750 DATA 118, 26,138, 4,139,118, 28,138, 36,139,118
760 DATA 8,139, 60, 80,139,118, 12,139, 4,142,192
770 DATA 88,139,118, 10,139, 52, 85,251,205, 33,250
780 DATA 93, 86,156,139,118, 28,136, 36,139,118, 26
790 DATA 136, 4,139,118, 24,136, 60,139,118, 22,136
800 DATA 28,139,118, 20,136, 44,139,118, 18,136, 12
810 DATA 139,118, 16,136, 52,139,118, 14,136, 20, 88
820 DATA 139,118, 6,137, 4, 88,139,118, 10,137, 4
830 DATA 140,192,139,118, 12,137, 4,139,118, 8,137
840 DATA 60, 7, 31, 93,251,202, 24, 0
850 RETURN
```

Mit diesem Programm können Betriebssystem- oder BIOS-Funktionen getestet werden. Nach dem Aufruf wird zuerst das Maschinen-Programm initialisiert (Zeile 100 bis 150). Wie schon gesagt, kann die Assembler-Routine sowohl für Betriebssystem- als auch für BIOS-Funktionen eingesetzt werden. Dazu muß an die Stelle des vorgegebenen INT 21h die Nummer des entsprechenden Interrupts gesetzt werden. Dies wird so realisiert, daß von GW-BASIC bzw. BASICA aus in der Assembler-Routine im Speicher der Wert 205 gesucht wird (Zeile 200). Die 205 stellt den Opcode für die Instruktion INT dar. An der darauffolgenden Adresse (I+1) befindet sich also die Nummer des Interrupts, die dann über POKE geändert werden kann.

In Zeile 220 wird ein String initialisiert, der für die Demonstration der DOS-Funktion 9 benötigt wird. Das Dollar-Zeichen $ am Ende des Strings dient für MS-DOS als Ende-Kennzeichen in der Funktion 9. Die Zeilen 270 und 280 nehmen weitere Initialisierungen für die Demonstration vor. Im einzelnen wird die Interrupt-Nummer über die Variable INT.NR% auf &H21 gesetzt und die auszuführende Funktion 9 in das Register AH geladen. In Zeile 280 wird das Register DX, zusammengesetzt aus DH% und DL%, mit der Adresse versorgt, an der der String beginnt und die für die Funktion 9 bekannt sein muß. Zeile 300 zeigt eine weitere Einsatzmöglichkeit und ist hier über REM (') erstmal ausgeschaltet.

Das Programm ermöglicht die Gegenüberstellung der Register-Inhalte vor und nach dem Aufruf. Hierzu werden in Zeile 320/330 die Inhalte in weiteren Variablen festgehalten. Das "A." steht hierbei für "alter Inhalt". Der Aufruf der Assembler-Routine erfolgt in den Zeilen 340/350. Zuerst wird in Zeile 340 die Interrupt-Nummer gesetzt, dann in Zeile 350 die Routine aufgerufen.

Ab Zeile 370 erfolgt die Gegenüberstellung der Register-Inhalte. Dies ist für Testzwecke in der Entwicklungsphase recht hilfreich. In der ersten Zeile wird die Nummer des Interrupts angezeigt. Darauf folgen auf der linken Seite die

Werte vor und auf der rechten Seite die Werte nach dem Aufruf jeweils in hexadezimaler und dezimaler Darstellung. Den Abschluß des Programms bildet der Data-Lader für das Maschinenprogramm ab Zeile 670.

Bitte beachten Sie beim Testen von DOS- oder BIOS-Funktionen, daß der Rechner dabei leicht zum Absturz zu bringen ist, wenn z.B. Funktionen aufgerufen werden, die den Speicher manipulieren. Überzeugen Sie sich also vor dem RUN davon, daß die eingesetzten Werte korrekt sind, eine definierte Funktion aufrufen und alle notwendigen Parameter angegeben sind. Sie finden in Anhang F eine Übersicht der DOS- und BIOS-Funktionen. Mehr hierzu jedoch im nächsten Abschnitt.

8.5 MS-DOS- und BIOS in der Praxis

Im Anhang finden Sie einen Überblick über die wichtigsten BIOS- bzw. MS-DOS-Interrupts und Funktionen in numerischer Reihenfolge. Einige dieser Funktionen finden Sie in PC-BASIC durch eigene Befehle bzw. Funktionen bereits realisiert. Einerseits kann es jedoch nicht schaden, einmal zu sehen, wie dies im Detail abläuft, andererseits möchten Sie eventuell die eine oder andere Funktion in einer Assembler-Routine einsetzen, so daß dieser Anhang mit Sicherheit von Interesse ist.

Der Einsatz der Interrupts erfolgt von PC-BASIC aus über die im letzten Abschnitt beschriebene Schnittstelle DOS_SN.BAS. Laden Sie hierzu die Registervariablen mit den unter AUFRUF: angegebenen Werten. Das Ergebnis wird in den gleichen Variablen gemäß den Angaben unter RÜCKMELDUNG: zurückgegeben.

Bitte beachten Sie, daß alle Angaben hexadezimal erfolgen. Die Bezeichnung ASCIZ steht für eine Zeichenfolge (String), die mit einem Null-Byte (CHR$(0)) abgeschlossen ist. Vergessen Sie dieses Null-Byte bitte nicht, da die Funktionen daran das Ende einer Zeichenfolge erkennen. Weiterhin werden von einigen Funktionen Datenbereiche für die Übertragung, z.B. von Pfadnamen, Datensätzen oder Directory-Einträgen, benötigt. Hierbei handelt es sich um den FCB (File Control Block) und den DTA (Disk Transfer Area oder Disk Transfer Adress). Den Aufbau des FCB finden Sie anschließend. Sofern Funktionen sich nicht an diesen Aufbau halten, sondern Daten abweichend ablegen, finden Sie bei der Beschreibung der Funktion entsprechende Hinweise.

Der FCB und der erweiterte FCB

Der File Control Block wird - wie der Name schon sagt - von MS-DOS zur Kontrolle der Datei-Operationen benötigt. Im FCB stehen außer dem Dateinamen noch Informationen über Größe und Erstellungs- bzw. Änderungsdatum und Zeit sowie Zeiger auf Datensätze oder Blöcke. Der erweiterte FCB wird von einigen Funktionen für spezielle Operationen benötigt, z.B. für den Zugriff auf

Volume-ID oder Directory-Einträge. Hierzu finden Sie bei den jeweiligen Funktionen Hinweise.

Aufbau des normalen FCB (Offset ist hexadezimal/dezimal angegeben):

Offset	Länge	Bedeutung
00/00	1	Laufwerks-Nummer
		1= A:, 2= B: usw.
01/01	8	Dateiname
09/09	3	Datei-Erweiterung
0C/12	2	Aktueller Block, ein Block
		besteht aus 128 Sätzen
0E/14	2	Satzlänge (Low/High-Byte)
10/16	4	Datei-Größe (Low/High-Word)
14/20	2	Datum letzter Zugriff
16/22	2	Zeit letzter Zugriff
18/24	8	nicht benutzt
20/32	1	Aktueller Satz im Block,
		in dem der aktuelle Satz
		enthalten ist
21/33	4	Aktueller Satz in der Datei,
		relative Satznummer ab Datei-
		Anfang (Low/High-Word)
	37	

Aufbau des erweiterten FCB:

Der erweiterte FCB entspricht dem normalen FCB, nur werden vor den FCB folgende Informationen gesetzt:

Offset	Länge	Bedeutung
00/00	1	Kennung FF für den erweiterten FCB
01/01	5	nicht benutzt
06/06	1	Datei-Attribut-Byte
07/07	1	Laufwerks-Nummer
		1= A:, 2= B: usw.
08/08	8	Dateiname
10/16	3	Datei-Erweiterung
13/19	2	Aktueller Block, ein Block
		besteht aus 128 Sätzen
15/21	2	Satzlänge (Low/High-Byte)
17/23	4	Datei-Größe (Low/High-Word)
1B/27	2	Datum letzter Zugriff
1D/29	2	Zeit letzter Zugriff
1F/31	8	nicht benutzt

Offset	Länge	Bedeutung
27/39	1	Aktueller Satz im Block, in dem der aktuelle Satz enthalten ist.
28/40	4	Aktueller Satz in der Datei, relative Satznummer ab Datei-Anfang (Low/High-Word)
	44	

Der DTA für DOS-Calls

Der DTA ist ein Daten-Bereich, dessen Anfangs-Adresse über die Funktion 1Ah des Interrupts 21h gesetzt wird. Dieser Bereich ist je nach Funktion unterschiedlich aufgebaut und kann eine (theoretische) Größe von maximal 64 KByte aufweisen. In der Regel muß der DTA vom Programmierer, gemäß den Anforderungen der auszuführenden Funktion, gesetzt werden. Der Standard-DTA liegt im PSP ab Offset CS:80h. An gleicher Adresse werden von MS-DOS auch die über die Kommandozeile übergebenen Parameter abgelegt, so daß diese Daten vor dem ersten Einsatz des Standard-DTA gerettet werden müssen. Über die Funktion 2Fh des Interrupts 21h kann die aktuelle Adresse des DTA abgefragt werden.

Datei-Attribute

Den unter MS-DOS verwalteten Dateien und Programmen können Attribute zugeordnet werden, die eine besondere Behandlung der Dateien durch das Betriebssystem hervorrufen. Hierfür wird im Directory-Eintrag ein Attribut-Byte geführt, das folgende Bedeutung hat:

Byte = 00
Normale Datei.

Byte = 01
"Read only", die Datei darf nur gelesen werden.

Byte = 02
"Hidden", die Datei wird vom DIR-Befehl nicht angezeigt.

Byte = 04
"System", Datei gehört zum Betriebssystem und wird von DIR nicht angezeigt.

Byte = 08
"Volume", der Name der Diskette/Festplatte.

Byte = 10
"Sub-Directory", Name eines Unterverzeichnisses.

Byte = 20
"Archive", wird gesetzt, wenn eine Datei geändert wurde. Diese Kennzeichnung wird vom BACKUP-Befehl abgefragt.

Einer Datei können mehrere Attribute gleichzeitig zugeordnet werden.

Speicherformat Datum und Uhrzeit

Das Datum und die Uhrzeit werden im Directory als 16-Bit-Wert gespeichert und von einigen Funktionen auch so in den FCB oder DTA übertragen. Es folgt die Bedeutung der einzelnen Bits:

Datum

```
15 14 13 12 11 10 9 8 7 6 5 4 3 2 1 0
<      Jahr       > <Monat> <  Tag  >
```

Zeit

```
15 14 13 12 11 10 9 8 7 6 5 4 3 2 1 0
<   Stunde   > <  Minute  > <Sekunde>
```

Im folgenden finden Sie ein Beispiel für die (zugegeben recht umständliche) Umrechnung von Datum und Zeit in verwertbare Strings. Es handelt sich dabei um einen Ausschnitt des Programms PDV.BAS, das Sie in Kapitel 14 komplett erläutert finden:

```
7980.....
7990 ZEIT.LO = ASC(MID$(DTA$,&H17,1)):ZEIT.HI= ASC(MID$(DTA$,&H18,1))
8000 Y= 0:MINUTE= 0
8010 FOR I= 5 TO 7
8020    IF (ZEIT.LO AND 2^I)<> 0 THEN MINUTE= MINUTE+ 2^Y 'Bit 5-7 Minute
8030 Y= Y+1
8040 NEXT I
8050 FOR I= 0 TO 2
8060    IF (ZEIT.HI AND 2^I)<> 0 THEN MINUTE= MINUTE+ 2^Y 'Bit 8-10 Minute
8070 Y= Y+1
8080 NEXT I
8090 Y= 0:STUNDE= 0
8100 FOR I= 3 TO 7
```

```
8110    IF (ZEIT.HI AND 2^I)<> 0 THEN STUNDE= STUNDE+ 2^Y 'Bit 11-15 Stunde
8120 Y= Y+1
8130 NEXT I
8140 X$= STR$(STUNDE):IF LEN(X$)= 2 THEN X$= "0"+RIGHT$(X$,1) ELSE X$= MID$(X$,2)
8150 MID$(DUMMY$,26,2)= X$
8160 X$= STR$(MINUTE):IF LEN(X$)= 2 THEN X$= "0"+RIGHT$(X$,1) ELSE X$= MID$(X$,2)
8170 MID$(DUMMY$,28,2)= X$
8180 DATUM.LO= ASC(MID$(DTA$,&H19,1)):DATUM.HI= ASC(MID$(DTA$,&H1A,1)) 'Datum
8190 Y= 0:TAG= 0
8200 FOR I= 0 TO 4
8210    IF (DATUM.LO AND 2^I)<> 0 THEN TAG=TAG+ 2^Y 'Bit 0-4 Tag
8220 Y= Y+1
8230 NEXT I
8240 Y= 0: MONAT= 0
8250 FOR I= 5 TO 7
8260    IF (DATUM.LO AND 2^I)<> 0 THEN MONAT= MONAT+ 2^Y 'Bit 5-7 Monat
8270    Y=Y+1
8280 NEXT I
8290 IF (DATUM.HI AND 2^0)<> 0 THEN MONAT= MONAT+ 2^Y 'Letztes Bit Monat
8300 Y= 0:JAHR= 0
8310 FOR I=1 TO 7
8320    IF (DATUM.HI AND 2^I)<> 0 THEN JAHR= JAHR+ 2^Y 'Bit 11-15 Jahr
8330    Y=Y +1
8340 NEXT I
8350 JAHR= JAHR+80 'Ergebnis= 0 bis 119, dazu muß (19)80 hinzuaddiert werden
8360 X$= STR$(TAG):IF LEN(X$)= 2 THEN X$= "0"+RIGHT$(X$,1) ELSE X$= MID$(X$,2)
8370 MID$(DUMMY$,20,2)= X$
8380 X$= STR$(MONAT):IF LEN(X$)= 2 THEN X$= "0"+RIGHT$(X$,1) ELSE X$= MID$(X$,2)
8390 MID$(DUMMY$,22,2)= X$
8400 X$= STR$(JAHR):IF LEN(X$)= 2 THEN X$= "0"+RIGHT$(X$,1) ELSE X$= MID$(X$,2)
8410 MID$(DUMMY$,24,2)= X$
8420 .....
```

Hinweis: Je nach Kompatibilität des PC können besonders Hardware-nahe Interrupts/Funktionen andere Reaktionen hervorrufen bzw. abweichende Ergebnisse liefern, als sie im Anhang beschrieben sind.

Fehlermeldungen

Die Funktionen liefern bei falscher Parameterübergabe oder bei falschem Aufruf eine Fehlernummer im Register AX. In der Regel wird ein Fehler durch das gesetzte Carry-Flag signalisiert. Es folgt eine Aufstellung der Fehlernummern und -meldungen:

01	Invalid function code (Falscher Funktions-Code)
02	File not found (Datei nicht gefunden)
03	Path not found (Pfad nicht gefunden)
04	Too many open files (Zuviele Dateien offen)
05	Access denied (Ausführung abgebrochen)
06	Invalid handle (Datei steht nicht im Zugriff)
07	Memory control block destroyed (Speicherbelegungsblock zerstört)
08	Insufficient memory (Nicht genügend Speicherplatz)
09	Invalid memory block adress (Falsche Speicherblockadresse)
0A	Invalid environment (Falsches Environment)
0B	Invalid format (Falsches Format)
0C	Invalid access mode (Falscher Zugriff)
0D	Invalid data (Falsche Datenstruktur)
0E	Reserviert
0F	Invalid drive (Falsches Laufwerk)

Ohne Assembler geht es nicht

```
10     Attempt to remove current directory (Aktuelles Directory soll gelöscht werden)
11     Not same device (Nicht das gleiche Gerät)
12     No more files (Keine weiteren Dateien)
13     Disk is write-protected (Diskette ist schreibgeschützt)
14     Bad disk unit (Falsches Laufwerk)
15     Drive not ready (Laufwerk nicht betriebsbereit)
16     Invalid disk command (Falscher Befehl für Laufwerk)
17     CRC error (CRC Fehler auf Disk/Platte)
18     Invalid length (Falsche Satzlänge bei Dateioperation)
19     Seek error (Fehler beim Suchen eines Datensatzes)
1A     No MS-DOS diskette (Keine MS-DOS-Diskette)
1B     Sector not found (Sektor nicht gefunden)
1C     Out of paper (Drucker meldet "Kein Papier")
1D     Write fault (Fehler bei Schreibzugriff)
1E     Read fault (Fehler bei Lesezugriff)
1F     General failure (Allgemeiner Fehler)
22     Wrong disk (Falsche Diskette)
23     FCB unavailable (FCB (File Control Block) fehlt)
```

Abschließend darf ich Ihnen nochmals den Hinweis geben: Überzeugen Sie sich vor jedem RUN von der Richtigkeit der eingesetzten Werte! Speichern Sie Ihre Programme nach größeren Änderungen oder Ergänzungen vorher ab. Vergessen Sie nicht, daß Sie sich hier auf der untersten Ebene der Programmierung bewegen. Einen syntax error oder illegal function call werden Sie in den seltensten Fällen vom DOS oder BIOS zu sehen bekommen. Vielmehr sehen Sie in den meisten Fällen gar nichts bzw. nicht das, was Sie sich erhofft hatten.

8.5.1 Komfortable Dateiauswahl

Der letzte Abschnitt in diesem Kapitel soll einmal zeigen, wie komfortabel man ein Programm durch den Einsatz von Assembler-Routinen und dem Zugriff auf MS-DOS oder das BIOS machen kann.

Sicher haben Sie bei professionellen Programmen schon mal die wunderschöne selektive Dateiauswahl gesehen, die es erübrigt, sämtliche Dateien seiner Diskette oder Platte im Kopf zu haben. Meistens genügt ein Knopfdruck, alle vorhandenen Dateien werden angezeigt und man kann per Cursor-Tasten die gewünschte Datei wählen. Das folgende Beispiel-Programm, das Sie nach entsprechenden Änderungen in jedem Ihrer Programme einsetzen können, realisiert so eine selektive Dateiauswahl:

```
10 '----------------------------------
20 'DIRECTOR.BAS    1986 (C) H.J.Bomanns
30 '----------------------------------
40 '
50 COLOR 7,0:CLS:OUT &H3D9,0:KEY OFF:ON ERROR GOTO 3300
60 PRINT "Initialisierung ";CHR$(254);:LOCATE ,POS(0)-1,1,0,8
70 GOTO 450 'Upros überspringen
80 '
90 '----- Upros -----
100 '
110 '----- Fußzeile anzeigen -----
120 COLOR SCHRIFT.VG, SCHRIFT.HG
130 LOCATE 25,2,0:PRINT FUSS$;SPACE$(80-POS(0));
140 RETURN
```

```
150 '----- Kopfzeile anzeigen -----
160 COLOR HINWEIS.VG,HINWEIS.HG
170 LOCATE 1,1,0:PRINT KOPF$;
180 COLOR SCHRIFT.VG,SCHRIFT.HG
190 PRINT SPACE$(80-POS(0));
200 RETURN
210 '----- Fenster löschen -----
220 LOCATE CSRLIN,POS(0),0
230 COLOR SCHRIFT.VG,SCHRIFT.HG:VIEW PRINT 2 TO 24:CLS:VIEW PRINT
240 RETURN
250 '----- Bildschirm sichern -----
260 PUFFER.OFS%= VARPTR(PUFFER%(0))
270 DEF SEG: CALL SAVESCRN(PUFFER.OFS%)
280 RETURN
290 '----- Bildschirm zurück -----
300 PUFFER.OFS%= VARPTR(PUFFER%(0))
310 DEF SEG: CALL RESTSCRN(PUFFER.OFS%)
320 RETURN
330 '----- Aktuelle Zeile löschen -----
340 LOCATE CSRLIN,1:COLOR SCHRIFT.VG,SCHRIFT.HG
350 PRINT SPACE$(79);
360 RETURN
370 '----- Hinweis ausgeben und auf Taste warten -----
380 LOCATE 25,1:COLOR HINWEIS.VG,HINWEIS.HG
390 PRINT HINWEIS$;" ";CHR$(254);" ";:LOCATE CSRLIN,POS(0)-2,1,0,31:BEEP
400 X$=INKEY$:IF X$= "" THEN 400
410 LOCATE 25,1:COLOR SCHRIFT.VG,SCHRIFT.HG
420 PRINT SPACE$(LEN(HINWEIS$)+3);
430 RETURN
440 '
450 '----- Variablen und Arrays initialisieren -----
460 '
470 DIM PUFFER%(2000) 'Für Sichern des Bildschirmes
480 FOR I=1 TO 10: KEY I,"":NEXT 'Funktionstasten-Belegung löschen
490 DIM KOPF$(3),FUSS$(3),DIR$(512)
500 LW$= "C:": PFAD$="\": DATEI.MASAKE$= "*.*"
510 '
520 '----- Maschinenprogramm initialisieren -----
530 '
540 'Data-Zeilen aus COM-Datei: \masm\bas_asm\dos_sn.com
550 :
560 MP.START= &HE000
570 RESTORE 590
580 DEF SEG:FOR I=1 TO  151:READ X:POKE MP.START+I-1,X: NEXT I
590 DATA 250, 85,139,236, 30,  6,139,118,  6,139,  4
600 DATA  80,157,139,118, 14,138, 20,139,118, 16,138
610 DATA  52,139,118, 18,138, 12,139,118, 20,138, 44
620 DATA 139,118, 22,138, 28,139,118, 24,138, 60,139
630 DATA 118, 26,138,  4,139,118, 28,138, 36,139,118
640 DATA   8,139, 60, 80,139,118, 12,139,  4,142,192
650 DATA  88,139,118, 10,139, 52, 85,251,205, 33,250
660 DATA  93, 86,156,139,118, 28,136, 36,139,118, 26
670 DATA 136,  4,139,118, 24,136, 60,139,118, 22,136
680 DATA  28,139,118, 20,136, 44,139,118, 18,136, 12
690 DATA 139,118, 16,136, 52,139,118, 14,136, 20, 88
700 DATA 139,118,  6,137,  4, 88,139,118, 10,137,  4
710 DATA 140,192,139,118, 12,137,  4,139,118,  8,137
720 DATA  60,  7, 31, 93,251,202, 24,  0
730 DOS.SN= MP.START
740 :
750 'Data-Zeilen aus COM-Datei: \masm\bas_asm\fs_color.com
760 :
770 MP.START= MP.START+I
780 RESTORE 800
```

```
790 DEF SEG:FOR I=1 TO   82:READ X:POKE MP.START+I-1,X: NEXT I
800 DATA  85,139,236, 30,  6,139,118, 12,138, 28,176
810 DATA 160,246,227, 45,160,  0, 80,139,118, 10,138
820 DATA  28,176,  2,246,227, 91,  3,195, 72, 72, 80
830 DATA 139,118,  8,138, 36,139,118,  6,138, 12,181
840 DATA   0,139,116,  1,191,  0,184,142,199, 91,139
850 DATA 251,186,218,  3,252,236,208,216,114,251,250
860 DATA 236,208,216,115,251,172,251,171,226,240,  7
870 DATA  31, 93,202,  8,  0
880 FASTSCRN= MP.START
890 :
900 'Data-Zeilen aus COM-Datei: \masm\bas_asm\sr_scrnc.com
910 :
920 MP.START= MP.START+I
930 RESTORE 950
940 DEF SEG:FOR I=1 TO  75:READ X:POKE MP.START+I-1,X: NEXT I
950 DATA 235, 23,144, 85,139,236, 30,  6,139,118,  6
960 DATA 139,  4,139,240,191,  0,184,142,199, 51,255
970 DATA 235, 22,144, 85,139,236, 30,  6,139,118,  6
980 DATA 139,  4,139,248, 30,  7,190,  0,184,142,222
990 DATA  51,246,185,208,  7,186,218,  3,252,236,208
1000 DATA 216,114,251,250,236,208,216,115,251,173,251
1010 DATA 171,226,240,  7, 31, 93,202,  2,  0
1020 SAVESCRN= MP.START
1030 RESTSCRN= MP.START+3
1040 '
1050 '----- Welcher Monitor? -----
1060 '
1070 DEF SEG=0:IF (PEEK(&H410) AND &H30)= &H30 THEN GOTO 1200
1080 '
1090 '----- Farben für Color-BS festlegen -----
1100 '
1110 MONITOR$="C": MONITOR.ADR= &HB800
1120 HG       = 1                'Blauer Hintergrund
1130 SCHRIFT.VG= 7:SCHRIFT.HG= HG 'Graue Schrift, blauer Hintergrund
1140 HINWEIS.VG= 15:HINWEIS.HG=  4 'Weiße Schrift, roter Hintergrund
1150 EINGABE.VG= 15:EINGABE.HG=  2 'Weiße Schrift, grüner Hintergrund
1160 FENSTER.ATTR= 79             'Weiß auf Rot
1170 EINGABE.ATTR= 47             'Weiß auf Grün
1180 GOTO 1290                    'Weiter im Programm
1190 '
1200 '----- Farben für Mono-BS festlegen -----
1210 '
1220 MONITOR$="M": MONITOR.ADR= &HB000
1230 HG       = 0 'Schwarzer Hintergrund
1240 SCHRIFT.VG= 7 :SCHRIFT.HG= HG 'Hellgr. Schrift, schwarzer Hintergrund
1250 HINWEIS.VG= 0 :HINWEIS.HG= 7 'Hellgrau revers
1260 EINGABE.VG= 15 :EINGABE.HG= HG 'Weiße Schrift, schwarzer Hintergrund
1270 FENSTER.ATTR= 112 'Schwarz auf HGrau
1280 EINGABE.ATTR= 112 'Schwarz auf HGrau
1290 CLS
1300 GOSUB 1320:COLOR 7,0:CLS:END
1310 '
1320 '----- Datei suchen, anzeigen und wählen -----
1330 '
1340 GOSUB 210 'Fenster löschen
1350 KOPF$= " Datei-Auswahl ":GOSUB 150
1360 LOCATE 3,3:COLOR HINWEIS.VG,HINWEIS.HG
1370 PRINT " Maske: "
1380 INSTRING$= LW$+PFAD$+"*.*":NUR.GROSS= -1:ZEILE= 3:SPALTE= 11:LAENGE= 64:GOSUB
3370 'Upro Einlesen
1390 IF X$= CHR$(27) THEN RETURN
1400 FUSS$="Directory wird gelesen.....":GOSUB 110
1410 MASKE$= INSTRING$:EXTENDED= 0 'Nur Datei-Namen übertragen
```

```
1420 GOSUB 1910 'Dateien gemäß MASKE$ suchen
1430 IF EINTRAG<> 0 THEN 1510 'Dateien anzeigen und wählen
1440 '
1450 FUSS$= "Taste [J] oder [N]":GOSUB 110
1460 HINWEIS$= "Keine Datei-Einträge gemäß Maske gefunden, neue Eingabe?
(J/N)":GOSUB 370 'Hinweis und auf Taste warten
1470 IF X$="j" OR X$="J" THEN GOSUB 330:GOTO 1380 'Nochmal versuchen
1480 IF X$<>"n" AND X$<>"N" THEN BEEP:GOTO 1460
1490 RETURN
1500 '
1510 LOCATE 3,1:COLOR SCHRIFT.VG,SCHRIFT.HG:PRINT SPACE$(80);
1520 COLOR SCHRIFT.VG,SCHRIFT.HG
1530 LOCATE 3,1
1540 FOR I= 0 TO EINTRAG-1
1550   PRINT DIR$(I),
1560 NEXT
1570 SPALTE(1)= 1:SPALTE(2)= 15: SPALTE(3)= 29: SPALTE(4)= 43: SPALTE(5)= 57
1580 FUSS$= "Mit ["+CHR$(24)+"], ["+CHR$(25)+"], ["+CHR$(26)+"] und ["+CHR$(27)+"]
wählen, ["+CHR$(17)+"┘]= o.k., [ESC]= zurück":GOSUB 110
1590 SPALTE= 1:EINTR= 0:ZEILE= 3
1600 GOSUB 1800 'Balken ein
1610 X$= INKEY$:IF X$="" THEN 1610
1620 IF X$= CHR$(27) THEN RETURN 'Abbruch
1630 IF X$=CHR$(13) THEN 1720 'Datei gewählt
1640 IF LEN(X$)<> 2 THEN BEEP:GOTO 1610
1650 TASTE= ASC(RIGHT$(X$,1))
1660 IF TASTE= 72 AND ZEILE> 3 THEN GOSUB 1850:ZEILE= ZEILE-1:EINTR= EINTR-5:GOTO
1600
1670 IF TASTE= 80 AND SCREEN(CSRLIN+1,SPALTE(SPALTE))<> 32 THEN GOSUB 1850:ZEILE=
ZEILE+1:EINTR= EINTR+5:GOTO 1600
1680 IF TASTE= 75 AND SPALTE> 1 THEN GOSUB 1850:SPALTE= SPALTE-1:EINTR= EINTR-1:GOTO
1600
1690 IF TASTE= 77 AND SPALTE< 5 THEN IF SCREEN(CSRLIN,SPALTE(SPALTE+1))<> 32 THEN
GOSUB 1850:SPALTE= SPALTE+1:EINTR= EINTR+1:GOTO 1600
1700 BEEP:GOTO 1610 'Nur CRSR-hoch, runter, links und rechts erlaubt
1710 '
1720 DATEI.NAME$= DIR$(EINTR)
1730 IF MID$(MASKE$,2,1)= ":" THEN LW$= LEFT$(MASKE$,2):MASKE$= MID$(MASKE$,3)
'Laufwerk rausfieseln und aus MASKE$ entfernen
1740 IF INSTR(MASKE$,"\")= 0 THEN 1790 'Kein Pfad angegeben
1750 FOR I= LEN(MASKE$) TO 1 STEP -1
1760    IF MID$(MASKE$,I,1)= "\" THEN 1780 'Ende des Pfads gefunden
1770 NEXT I
1780 PFAD$= LEFT$(MASKE$,I)
1790 RETURN
1800 '----- Balken ein -----
1810 LOCATE ZEILE,SPALTE(SPALTE)
1820 COLOR HINWEIS.VG,HINWEIS.HG
1830 PRINT DIR$(EINTR);
1840 RETURN
1850 '----- Balken aus -----
1860 LOCATE ZEILE,SPALTE(SPALTE)
1870 COLOR SCHRIFT.VG,SCHRIFT.HG
1880 PRINT DIR$(EINTR);
1890 RETURN
1900 '
1910 '----- Dateien gemäß MASKE$ suchen -----
1920 '
1930 EINTRAG= 0 'Zähler für DIR$()
1940 MAX.EINTRAG= 80:IF EXTENDED THEN MAX.EINTRAG= 512
1950 MASKE$= MASKE$+CHR$(0)
1960 AL%=0:AH%=0:BL%=0:BH%=0:CL%=0:CH%=0:DL%=0:DH%=0:ES%=0:SI%=0:DI%=0:FLAGS%=0
1970 INT.NR%= &H21:DEF SEG:POKE INT.ADR,INT.NR%
1980 :
```

Ohne Assembler geht es nicht   269

```
1990 DTA$= SPACE$(64) 'Bereich für Ergebnis von FN 4Eh und 4Fh
2000 DL%=PEEK(VARPTR(DTA$)+1):DH%=PEEK(VARPTR(DTA$)+2) 'Pointer auf DTA$
2010 AH%= &H1A 'FN Set DTA (Disk transfer Adress)
2020 DEF SEG:CALL DOS.SN(AH%,AL%,BH%,BL%,CH%,CL%,DH%,DL%,ES%,SI%,DI%,FLAGS%)
2030 :
2040 DL%=PEEK(VARPTR(MASKE$)+1):DH%=PEEK(VARPTR(MASKE$)+2) 'Pointer - MASKE$
2050 AH%= &H4E 'FN Find first file
2060 CH%= &HFF:CL%= &HFF 'Attribute
2070 DEF SEG:CALL DOS.SN(AH%,AL%,BH%,BL%,CH%,CL%,DH%,DL%,ES%,SI%,DI%,FLAGS%)
2080 :
2090 IF (FLAGS% AND 1)= 0 THEN 2110 'Alles o.k., weitermachen.....
2100 RETURN 'Keine Dateien, EINTRAG= 0
2110 GOSUB 2210 'Daten vom DTA ins Array übertragen
2120 AH%= &H4F 'Find next file
2130 DEF SEG:CALL DOS.SN(AH%,AL%,BH%,BL%,CH%,CL%,DH%,DL%,ES%,SI%,DI%,FLAGS%)
2140 :
2150 WHILE (FLAGS% AND 1)= 0 AND (EINTRAG< MAX.EINTRAG)
2160    GOSUB 2210 'Daten vom DTA ins Array übertragen
2170    AH%= &H4F 'FN Find next file
2180    DEF SEG:CALL DOS.SN(AH%,AL%,BH%,BL%,CH%,CL%,DH%,DL%,ES%,SI%,DI%,FLAGS%)
2190 WEND 'Solange, bis FN 4Fh meldet, daß keine weiteren Einträge vorhanden
2200 RETURN
2210 '
2220 '----- Daten vom DTA in DIR$() übertragen -----
2230 '
2240 IF (ASC(MID$(DTA$,&H16,1)) AND &H10)= &H10 THEN RETURN 'Keine DIRs
2250 IF (ASC(MID$(DTA$,&H16,1)) AND &H8)= &H8 THEN RETURN 'Keine Volume-ID
2260 I= INSTR(&H1F,DTA$,CHR$(0))
2270 DIR$(EINTRAG)= MID$(DTA$,&H1F,I-&H1F)
2280 IF NOT EXTENDED THEN 2870 'Nur Datei-Namen übertragen
2290 '
2300 COLOR HINWEIS.VG,HINWEIS.HG
2310 DUMMY$= SPACE$(105) 'Länge aller Infos
2320 LSET DUMMY$= DIR$(EINTRAG) 'Namen übertragen
2330 MID$(DUMMY$,30,1)= MID$(DTA$,&H16,1) 'Attribut aus DTA
2340 ZEIT.LO = ASC(MID$(DTA$,&H17,1)):ZEIT.HI= ASC(MID$(DTA$,&H18,1))
2350 Y= 0:MINUTE= 0
2360 FOR I= 5 TO 7
2370    IF (ZEIT.LO AND 2^I)<> 0 THEN MINUTE= MINUTE+ 2^Y 'Bit 5-7 Minute
2380    Y= Y+1
2390 NEXT I
2400 FOR I= 0 TO 2
2410    IF (ZEIT.HI AND 2^I)<> 0 THEN MINUTE= MINUTE+ 2^Y 'Bit 8-10 Minute
2420    Y= Y+1
2430 NEXT I
2440 Y= 0:STUNDE= 0
2450 FOR I= 3 TO 7
2460    IF (ZEIT.HI AND 2^I)<> 0 THEN STUNDE= STUNDE+ 2^Y 'Bit 11-15 Stunde
2470    Y= Y+1
2480 NEXT I
2490 X$= STR$(STUNDE):IF LEN(X$)= 2 THEN X$= "0"+RIGHT$(X$,1) ELSE X$= MID$(X$,2)
2500 MID$(DUMMY$,26,2)= X$
2510 X$= STR$(MINUTE):IF LEN(X$)= 2 THEN X$= "0"+RIGHT$(X$,1) ELSE X$= MID$(X$,2)
2520 MID$(DUMMY$,28,2)= X$
2530 DATUM.LO= ASC(MID$(DTA$,&H19,1)):DATUM.HI= ASC(MID$(DTA$,&H1A,1)) 'Dat.
2540 Y= 0:TAG= 0
2550 FOR I= 0 TO 4
2560    IF (DATUM.LO AND 2^I)<> 0 THEN TAG=TAG+ 2^Y 'Bit 0-4 Tag
2570    Y= Y+1
2580 NEXT I
2590 Y= 0: MONAT= 0
2600 FOR I= 5 TO 7
2610    IF (DATUM.LO AND 2^I)<> 0 THEN MONAT= MONAT+ 2^Y 'Bit 5-7 Monat
2620    Y=Y+1
```

```
2630 NEXT I
2640 IF (DATUM.HI AND 2^0)<> 0 THEN MONAT= MONAT+ 2^Y 'Letztes Bit Monat
2650 Y= 0:JAHR= 0
2660 FOR I=1 TO 7
2670    IF (DATUM.HI AND 2^I)<> 0 THEN JAHR= JAHR+ 2^Y 'Bit 11-15 Jahr
2680    Y=Y +1
2690 NEXT I
2700 JAHR= JAHR+80 'Ergebnis= 0 bis 119, dazu muß (19)80 hinzuaddiert werden
2710 X$= STR$(TAG):IF LEN(X$)= 2 THEN X$= "0"+RIGHT$(X$,1) ELSE X$= MID$(X$,2)
2720 MID$(DUMMY$,20,2)= X$
2730 X$= STR$(MONAT):IF LEN(X$)= 2 THEN X$= "0"+RIGHT$(X$,1) ELSE X$= MID$(X$,2)
2740 MID$(DUMMY$,22,2)= X$
2750 X$= STR$(JAHR):IF LEN(X$)= 2 THEN X$= "0"+RIGHT$(X$,1) ELSE X$= MID$(X$,2)
2760 MID$(DUMMY$,24,2)= X$
2770 GROESSE.LO= ASC(MID$(DTA$,&H1B,1))+ 256* ASC(MID$(DTA$,&H1C,1))
2780 GROESSE.HI= ASC(MID$(DTA$,&H1D,1))+ 256* ASC(MID$(DTA$,&H1E,1))
2790 IF GROESSE.LO>= 0 THEN GROESSE=65536!*GROESSE.HI+GROESSE.LO ELSE GROESSE=
65536!*GROESSE.HI+65536!+GROESSE.LO
2800 X$= STR$(GROESSE):Y$= SPACE$(7):RSET Y$= MID$(X$,2)
2810 MID$(DUMMY$,13,7)= Y$ 'Größe der Datei
2820 MID$(DUMMY$,31,11)= VOLUME.ID$ 'Name der Diskette
2830 MID$(DUMMY$,42,64)= VON.LW$+VON.PFAD$ 'Laufwerk und Pfad
2840 DIR$(EINTRAG)= DUMMY$
2850 LOCATE 23,18: PRINT USING "###";EINTRAG
2860 '
2870 EINTRAG= EINTRAG+1
2880 RETURN
2890 '
2900 HINWEIS$="(Disketten-) Fehler beim Lesen des Directories, beliebige Taste
":GOSUB 370:RETURN 'Abbrechen und zurück zur aufrufenden Routine
2910 '
2920 '----- Volume-ID suchen -----
2930 '
2940 FUSS$="Lese VOLUME-ID.....":GOSUB 110
2950 MASKE$= VON.LW$+"\*.*"+CHR$(0):VOLUME.ID$="???            "
2960 AL%=0:AH%=0:BL%=0:BH%=0:CL%=0:CH%=0:DL%=0:DH%=0:ES%=0:SI%=0:DI%=0:FLAGS%=0
2970 INT.NR%= &H21:DEF SEG:POKE INT.ADR,INT.NR%
2980 :
2990 DTA$= SPACE$(64) 'Bereich für Ergebnis von FN 4Eh und 4Fh
3000 DL%=PEEK(VARPTR(DTA$)+1):DH%=PEEK(VARPTR(DTA$)+2) 'Pointer auf DTA$
3010 AH%= &H1A 'FN Set DTA (Disk transfer Adress)
3020 DEF SEG:CALL DOS.SN(AH%,AL%,BH%,BL%,CH%,CL%,DH%,DL%,ES%,SI%,DI%,FLAGS%)
3030 :
3040 DL%=PEEK(VARPTR(MASKE$)+1):DH%=PEEK(VARPTR(MASKE$)+2) 'Pointer - MASKE$
3050 CL%= 255:CH%= 255 'Attribut
3060 AH%= &H4E 'FN Find first file
3070 DEF SEG:CALL DOS.SN(AH%,AL%,BH%,BL%,CH%,CL%,DH%,DL%,ES%,SI%,DI%,FLAGS%)
3080 :
3090 IF (FLAGS% AND 1)= 0 THEN 3110 'Alles o.k., weitermachen.....
3100 RETURN 'Fehler
3110 IF (ASC(MID$(DTA$,&H16,1)) AND 8)= 8 THEN GOSUB 3220:RETURN 'Namen vom DTA in
VOLUME.ID$ übertragen
3120 AH%= &H4F 'Find next file
3130 DEF SEG:CALL DOS.SN(AH%,AL%,BH%,BL%,CH%,CL%,DH%,DL%,ES%,SI%,DI%,FLAGS%)
3140 :
3150 WHILE (FLAGS% AND 1)= 0
3160 IF (ASC(MID$(DTA$,&H16,1)) AND 8)= 8 THEN GOSUB 3220:RETURN 'Namen vom DTA in
VOLUME.ID$ übertragen
3170    AH%= &H4F 'FN Find next file
3180    DEF SEG:CALL DOS.SN(AH%,AL%,BH%,BL%,CH%,CL%,DH%,DL%,ES%,SI%,DI%,FLAGS%)
3190 WEND 'Solange, bis FN 4Fh meldet, daß keine weiteren Einträge vorhanden
3200 RETURN
3210 '
3220 '----- Namen vom DTA in VOLUME.ID$ übertragen -----
```

Ohne Assembler geht es nicht

```
3230 '
3240 I= INSTR(&H1F,DTA$,CHR$(0))
3250 VOLUME.ID$= MID$(DTA$,&H1F,I-&H1F)
3260 RETURN
3270 '
3280 HINWEIS$="(Disketten-) Fehler beim Lesen des VOLUME-ID, beliebige Taste ":GOSUB
3370:RETURN 4960 'Abbrechen und zurück zur aufrufenden Routine
3290 '
3300 '----- FEHLER-ROUTINE -----
3310 '
3320 LOCATE 25,1,0:COLOR HINWEIS.VG,HINWEIS.HG
3330 PRINT "Fehler: ";ERR;" in Zeile: ";ERL;:BEEP
3340 IF INKEY$="" THEN 3340
3350 COLOR 7,0:CLS:END
3360 '
3370 '----- Upro einlesen -----
3380 '
3390 X$="":TASTE= 0
3400 LOCATE ZEILE,SPALTE,0:COLOR EINGABE.VG,EINGABE.HG:PRINT
INSTRING$;SPACE$(LAENGE-LEN(INSTRING$));
3410 LOCATE ZEILE,SPALTE,1,0,8:CRSR.POS= 1
3420 X$= INKEY$:IF X$="" THEN 3420
3430 IF X$= CHR$(8) AND POS(0)> SPALTE THEN GOSUB 3560:GOTO 3420 'Tasten-Routine
3440 IF X$= CHR$(27) THEN AENDERUNG= 0:RETURN
3450 IF X$=CHR$(13) THEN RETURN
3460 IF LEN(X$)= 2 THEN 3740 'Steuer- und Funktionstasten
3470 '
3480 IF X$< " " THEN BEEP:GOTO 3420 'Zeichen kleiner BLANK abwürgen
3490 IF NUR.GROSS THEN IF X$>= "a" AND X$<= "z" THEN X$= CHR$(ASC(X$)-32)
3500 PRINT X$;:AENDERUNG= -1
3510 IF CRSR.POS<= LEN(INSTRING$) THEN MID$(INSTRING$,CRSR.POS,1)= X$ ELSE
INSTRING$= INSTRING$+X$
3520 CRSR.POS= CRSR.POS+1
3530 IF POS(0)> SPALTE+LAENGE-1 THEN BEEP:LOCATE ZEILE,SPALTE:CRSR.POS= 1:GOTO 3420
3540 GOTO 3420
3550 '
3560 '----- Taste BACKSPACE und DEL -----
3570 '
3580 IF X$=CHR$(8) THEN INSTRING$= LEFT$(INSTRING$,CRSR.POS-
2)+MID$(INSTRING$,CRSR.POS)
3590 IF TASTE= 83  THEN INSTRING$= LEFT$(INSTRING$,CRSR.POS-
1)+MID$(INSTRING$,CRSR.POS+1)
3600 LOCATE ZEILE,SPALTE:PRINT INSTRING$;" ";
3610 IF X$=CHR$(8) THEN CRSR.POS= CRSR.POS-1
3620 LOCATE CSRLIN,SPALTE+CRSR.POS-1
3630 TASTE= 0: X$="":AENDERUNG= -1
3640 RETURN
3650 '
3660 '----- Taste Ins -----
3670 '
3680 INSTRING$= LEFT$(INSTRING$,CRSR.POS-1)+" "+MID$(INSTRING$,CRSR.POS)
3690 PRINT " ";MID$(INSTRING$,CRSR.POS+1);
3700 LOCATE CSRLIN,SPALTE+CRSR.POS-1
3710 AENDERUNG= -1
3720 RETURN
3730 '
3740 '----- Steuer- und Funktionstasten -----
3750 '
3760 TASTE= ASC(RIGHT$(X$,1))
3770 IF TASTE= 63 THEN RETURN '[F5]= Auswahl
3780 IF TASTE= 68 THEN RETURN '[F10]= Eingabe o.k.
3790 IF TASTE= 72 OR TASTE= 80 THEN RETURN 'CRSR hoch und runter
3800 IF TASTE= 73 OR TASTE= 81 THEN RETURN 'PgUp und PgDn
```

```
3810 IF TASTE= 75 AND POS(0)> SPALTE THEN LOCATE CSRLIN,POS(0)-1:CRSR.POS= CRSR.POS-
1:GOTO 3420 'CRSR <--
3820 IF TASTE= 77 AND POS(0)< SPALTE+LAENGE-1 THEN IF CRSR.POS<= LEN(INSTRING$) THEN
LOCATE CSRLIN,POS(0)+1:CRSR.POS= CRSR.POS+1:GOTO 3420 'CRSR -->
3830 IF TASTE= 83 AND CRSR.POS <= LEN(INSTRING$) THEN GOSUB 3560:GOTO 3420 'DEL wird
ähnlich BACKSPACE gehandhabt
3840 IF TASTE= 71 THEN LOCATE ZEILE,SPALTE:GOTO 3420 'Home, Feldanfang
3850 IF TASTE= 79 THEN LOCATE CSRLIN,SPALTE+LEN(INSTRING$)-1:CRSR.POS=
LEN(INSTRING$):GOTO 3420 'End, auf letztes Zeichen setzen
3860 IF TASTE= 117 THEN INSTRING$= LEFT$(INSTRING$,CRSR.POS-1):PRINT SPACE$(LAENGE-
CRSR.POS);:LOCATE CSRLIN,SPALTE+CRSR.POS-1:AENDERUNG= -1:GOTO 3420 'CTRL-End,
löschen bis Feldende
3870 IF TASTE= 82 AND CRSR.POS<= LEN(INSTRING$) AND LEN(INSTRING$)< LAENGE THEN
GOSUB 3660:GOTO 3420 'Ins
3880 BEEP:GOTO 3420
```

Dieses Modul findet übrigens im Programm PDV.BAS in Kapitel 14 über die Dateiverwaltung Verwendung. Obwohl dieses Modul recht gut kommentiert ist, haben Sie vielleicht die eine oder andere Frage zur Realisierung. Ich darf Sie in diesem Fall bitten, einen Blick in Kapitel 14 zu werfen. Dort finden Sie dieses Modul ab Zeile 6960 im Programm PDV weitergehend kommentiert.

Die Routinen für die schnelle Bildschirmausgabe und das Sichern und Restaurieren des Bildschirm-Inhaltes sind in Kapitel 11 über den professionellen Bildschirmaufbau beschrieben. Bitte haben Sie Verständnis dafür, daß Beschreibungen und Erläuterungen teilweise etwas "verstreut" zu finden sind. Sie befinden sich aber grundsätzlich im Kapitel, das das jeweilige Aufgabengebiet behandelt. Sofern in Beispiel-Programmen - wie hier - etwas vorgegriffen werden muß, wäre es mehr als doppelt gemoppelt, alle Routinen oder Besonderheiten sofort zu erläutern.

9. Fortgeschrittener Umgang mit dem Editor

Der PC-BASIC-interne Editor beinhaltet - bis auf wenige Ausnahmen - eigentlich alle Features, die für die komfortable Eingabe eines Programms notwendig sind. Zum Thema "Suchen und/oder Ersetzen": Leider bietet PC-BASIC hierfür keine eigenen Befehle oder Funktionen an, gibt uns aber die Möglichkeit, ein Programm als ASCII-Datei abzuspeichern:

```
SAVE <Programmname>,A
```

Diese ASCII-Datei kann dann mit jeder beliebigen Textverarbeitung aufgerufen und über deren Funktionen komfortabel modifiziert werden. Der Austausch eines Variablennamens z.B. ist somit kein Problem mehr. In den meisten Fällen kann die Textverarbeitung sogar über den SHELL-Befehl aufgerufen werden, so daß PC-BASIC nicht verlassen werden muß. Bitte beachten Sie, daß die Textverarbeitung das Programm anschließend auch wieder als ASCII-Datei abspeichert. Es dürfen keine Steuer- oder Formatierungs-Codes enthalten sein!

Beim Aufruf hat mich am meisten die Belegung der Funktionstasten gestört. Einige Versionen haben z.B. auf der Taste <F10> die Sequenz SYSTEM mit folgendem CHR$(13). Unzählige Male habe ich vergessen, diese Taste vor der Eingabe umzubelegen. Im schlimmsten Fall hat mich dies einen komplizierten Algorithmus zur Auswertung einer mathematischen Funktion gekostet, an dem ich fast zwei Stunden gebastelt hatte. Die Ecke eines Buchdeckels traf die <F10>-Taste und mich der Schlag, als ich auf einmal das Systemprompt sah. Seitdem liegen Bücher mit einem Sicherheitsabstand von 15 Zentimetern rund um die Tastatur und Programme werden in der Entwicklungsphase regelmäßig gespeichert. Einziger Vorteil der Misere war, daß ich mich endlich aufraffte und nach Wegen suchte, die Belegung zu ändern.

9.1 Aufruf mit geänderter Funktionstastenbelegung

Bekanntlich kann beim Aufruf von PC-BASIC der Name eines Programms angegeben werden, das dann nach dem Laden des Interpreters sofort ausgeführt wird. Die einfachste Möglichkeit besteht also darin, beim Aufruf den Namen eines Programms anzugeben, das die Funktionstasten entsprechend belegt:

```
GWBASIC FNTASTEN
```

Das Programm FNTASTEN.BAS kann z.B. folgendermaßen aussehen:

```
10 '----------------------------------------
20 'FNTASTEN.BAS    1986 (C) H.J. Bomanns
30 '----------------------------------------
40 :
50 CLS
60 :
70 KEY  1,CHR$(27)+"RUN"+CHR$(13)  'Befehl RUN mit sofortiger Ausführung
```

```
80 KEY  2,CHR$(27)+"LIST " 'Befehl LIST, danach Parameter eingeben
90 KEY  3,CHR$(27)+"LOAD"+CHR$(34) 'Befehl LOAD, danach Pr.-Name eingeben
100 KEY 4,CHR$(27)+"SAVE "+CHR$(34) 'Befehl SAVE, danach Pr.-Name eingeben
110 KEY 5,CHR$(27)+"CONT"+CHR$(13) 'Befehl CONT mit sofortiger Ausführung
120 KEY 6,CHR$(27)+"RENUM " 'Befehl RENUM, danach Parameter eingeben
130 KEY 7,CHR$(27)+"LIST ."+CHR$(13) 'Befehl LIST, aktuelle Zeile listen
140 KEY 8,CHR$(27)+"MERGE " 'Befehl MERGE, dann Pr.-Name/Parameter eingeben
150 KEY 9,CHR$(27)+"LLIST " 'Befehl LLIST, danach Parameter eingeben
160 KEY 10,CHR$(27)+"GOTO " 'Befehl GOTO, danach Zeilennummer eingeben
170 :
180 'CHR$(27) vor jeder Sequenz sorgt dafür, daß die aktuelle Zeile ge-
190 'löscht wird. Hierdurch wird das nervige "SYNTAX ERROR" umgangen.
200 'Sie können auch CHR$(26) einsetzen, dann wird der Rest der BS-Seite
210 'gelöscht. CHR$(12) löscht vorher den kompletten BS.
```

"Ist doch Logo", sagen die Füchse unter den Lesern. Aber: Auf die einfachste Lösung kommt man meistens nicht. Wenn Sie es also gewußt haben, fühlen Sie sich erheitert, andernfalls machen Sie was draus. Sie sehen außerdem, daß die Belegung der Funktionstasten einige Überraschungen mit sich bringt, da nicht nur Texte, sondern auch Steuerzeichen eingesetzt werden können.

Hierzu noch ein Tip: Bei einigen Versionen können Sie das Listing mit <CTRL>-<Y> und <CTRL>-<X> zeilenweise nach oben bzw. nach unten scrollen. Wenn Sie zwei Funktionstasten mit den entsprechenden CHR$-Werten belegen, geht es etwas einfacher:

```
KEY 1,CHR$(24) 'CTRL-X
KEY 2,CHR$(25) 'CTRL-Y
```

Patchen der Programm-Datei

Bei der zweiten Möglichkeit der Umbelegung der Funktionstasten handelt es sich um eine dauerhafte Lösung: das Programm GWBASIC.EXE wird "gepatcht", die Änderungen werden direkt in der Programmdatei mit Hilfe des DEBUG oder eines Hilfsprogramms vorgenommen.

Hinweis: Besitzer eines original IBM PC können diesen Abschnitt übergehen. Leider ist es hier nicht möglich, die Belegung dauerhaft zu ändern. Sie wissen vielleicht, daß beim IBM-PC Teile des Interpreters in einem ROM, oder einfacher ausgedrückt, an einer nicht veränderbaren Stelle im Hauptspeicher festgehalten sind. Diese Teile bzw. Routinen werden vom geladenen Software-Teil aufgerufen bzw. eingebunden. Die Belegung der Funktionstasten befindet sich im ROM, so daß hier per Software kein Zugriff und keine Änderung erfolgen kann. Ein Tip für Hardware-Bastler mit EPROM-Brenner: Sie können das IBM-BASIC-ROM ab Adresse F600:0000 auslesen, ändern und Ihr EPROM anstelle des original EPROMs einsetzen.

Zurück zum Patchen des PC-BASIC. Im Folgenden schauen wir uns zwei Möglichkeiten an. Wenn Sie keine Lust haben, das im nächsten Abschnitt beschriebene Hilfsprogramm abzutippen, setzen Sie DEBUG ein. DEBUG ist ein

Assembler-Tool, das Sie unter dem Namen DEBUG.COM auf Ihrer Systemdiskette finden.

Grundsätzliches

Innerhalb der Programmdatei reserviert PC-BASIC einen Bereich, in dem die Funktionstastenbelegung gespeichert wird. Pro Funktionstaste stehen 16 Bytes zur Verfügung. Das letzte (16te) Byte muß grundsätzlich $00 sein, da PC-BASIC bei der Ausgabe des Textes daran das Ende der Belegung erkennt. Bitte beachten Sie dies beim Patchen, andernfalls werden Sie wenig Freude an Ihrer neuen Belegung haben. Ansonsten können Sie in den verbleibenden 15 Bytes all das unterbringen, was Sie sonst über die Tastatur eingeben.

DEBUG   Patchen

Wenn Sie eine PC-BASIC-Version besitzen, deren Erweiterung COM lautet, dann lesen Sie bitte beim nächsten Absatz weiter. Ansonsten müssen Sie, bevor Sie PC-BASIC in den DEBUG laden können, die Datei in eine Datei umbenennen, deren Erweiterung nicht EXE ist. Wählen Sie z.B. GW.XXX. Nun rufen Sie DEBUG mit dem Namen der Datei als Parameter auf:

    DEBUG GW.XXX

Über den DEBUG-Befehl R (für Register) lassen Sie sich die Register-, Segment- und Offsetwerte anzeigen. Wenn die Länge der Datei, ersichtlich aus BX und CX, größer $FFFF ist (also 5stellig, BX <>$0000), dann müssen Sie für die weiteren Aktionen zum Wert in CS $1000 addieren. Die später folgende Hardcopy soll dies verdeutlichen. Meistens liegt die Tabelle für die Belegung ziemlich am Ende der Datei (Offset $0500). Wenn Sie dort nichts finden, müssen Sie per DEBUG-Befehl D (für Dump) ein wenig suchen.

Haben Sie die Tabelle gefunden, so können Sie jetzt per DEBUG-Befehl E (für Enter) die neuen Werte eingeben. Diese Werte müssen hexadezimal eingegeben werden. Im Anhang finden Sie hierzu eine Umrechnungstabelle. Achten Sie drauf, daß überzählige Zeichen mit $00 aufgefüllt werden.

Der DEBUG-Befehl W (für Write) schreibt die Änderung auf Diskette/Festplatte zurück. Über Q (für Quit) verlassen Sie DEBUG. Nach dem Umbenennen der Datei in den ursprünglichen Namen können Sie PC-BASIC - wie gewohnt - mit der geänderten Belegung aufrufen. Nehmen Sie die Änderungen am besten an einer Kopie vor. Ich habe nämlich bei dieser Aktion mehr als einmal erlebt, daß irgendwas schieflief und der Rechner anschließend abstürzte. Doch hier nun die Hardcopy:

```
C:\BASIC
C:debug gw.xxx
-r ;Register anzeigen
AX=0000  BX=0001  CX=0E00  DX=0000  SP=CE2E  BP=0000  SI=0000  DI=0000
DS=4397  ES=4397  SS=4397  CS=4397  IP=0100     NV UP DI PL NZ NA PO NC
4397:0100 4D              DEC         BP
-d 5397:05e0 ;DUMP des betreffenden Bereiches
5397:05E0  00 00 00 00 00 9B 03 4C-49 53 54 20 00 00 00 00   .......LIST ....
5397:05F0  00 00 00 00 00 00 00 00-52 55 4E 0D 00 00 00 00   ........RUN.....
5397:0600  00 00 00 00 00 00 00 00-4C 4F 41 44 22 00 00 00   ........LOAD"...
5397:0610  00 00 00 00 00 00 00 00-53 41 56 45 22 00 00 00   ........SAVE"...
5397:0620  00 00 00 00 00 00 00 00-43 4F 4E 54 0D 00 00 00   ........CONT....
5397:0630  00 00 00 00 00 00 00 00-2C 22 4C 50 54 31 3A 22 0D  ........,"LPT1:".
5397:0640  00 00 00 00 00 00 00 00-54 52 4F 4E 0D 00 00 00   ........TRON....
5397:0650  00 00 00 00 00 00 00 00-54 52 4F 46 46 0D 00 00   ........TROFF...
-e 5397:0637 ;Eingabe der neuen Belegung
5397:0637  2C.4d
5397:0638  22.45  4C.52  50.47  54.45  31.20  3A.22  22.00  0D.00
5397:0640  00.
-w ;und ab damit auf die Platte
Writing 10E00 bytes
-d 5397:05e0 ;vorsichtshalber noch mal gucken.....
5397:05E0  00 00 00 00 00 9B 03 4C-49 53 54 20 00 00 00 00   .......LIST ....
5397:05F0  00 00 00 00 00 00 00 00-52 55 4E 0D 00 00 00 00   ........RUN.....
5397:0600  00 00 00 00 00 00 00 00-4C 4F 41 44 22 00 00 00   ........LOAD"...
5397:0610  00 00 00 00 00 00 00 00-53 41 56 45 22 00 00 00   ........SAVE"...
5397:0620  00 00 00 00 00 00 00 00-43 4F 4E 54 0D 00 00 00   ........CONT....
5397:0630  00 00 00 00 00 00 00 00-4D 45 52 47 45 20 22 00   ........MERGE "..
5397:0640  00 00 00 00 00 00 00 00-54 52 4F 4E 0D 00 00 00   ........TRON....
5397:0650  00 00 00 00 00 00 00 00-54 52 4F 46 46 0D 00 00   ........TROFF...
-q ;alles o.k.
```

Beachten Sie, daß die Segment- und Offsetadressen bei Ihrem System je nach Version des PC-BASIC und Aufrüstung des Hauptspeichers abweichen können. Das Semikolon (;) und die Kommentare habe ich zum besseren Verständnis in den Text eingefügt.

Hilfsprogramm zum Patchen

Für die Leser unter Ihnen, denen DEBUG ein Greuel ist (kann ich verstehen!), oder für Fälle, in denen Änderungen mehrfach vorzunehmen sind, ist das folgende Hilfsprogramm gedacht.

Zum Programm: Wie eingangs erwähnt, befindet sich in der Programm-Datei ein Bereich, in dem die Belegung der Funktions-Tasten festgehalten ist. Basis des Programms ist, daß die Programm-Datei nach diesem Bereich durchsucht wird. Als Suchkriterium bietet sich die Zeichenfolge der Belegung der ersten Funktionstaste, also <F1> an. Nachdem der Bereich anhand dieser Zeichenfolge lokalisiert ist, können die Änderungen problemlos hineingeschrieben werden, da jede Belegung ja 16 Bytes lang ist.

Zur Realisation

Am besten gehen Sie folgendermaßen vor: Erstellen Sie von der DOS-Ebene aus eine Kopie der Programm-Datei:

    COPY GWBASIC.EXE GW1.EXE

Rufen Sie dann die Kopie mit dem Programm auf:

    GW1 PATCH_FN

Dadurch ist sichergestellt, daß die Funktionstasten-Belegung für die spätere Suche korrekt eingesetzt werden kann. Nach dem Start des Programms wird die momentane Belegung der Funktionstasten direkt aus der 25. Zeile ausgelesen und in einem String-Array für die spätere Suche festgehalten. Geben Sie dann den Namen der Programm-Datei ein, in der die Änderung vorgenommen werden soll.

Danach wird die aktuelle Belegung auf dem Bildschirm ausgegeben, und die Änderungen können eingegeben werden. Hierbei muß die Sequenz CHR$(13) eine Sonderbehandlung erfahren, da sie in der Belegung als "Pfeil nach links", CHR$(27) gespeichert wird. Im Programm erfolgt dies so, daß nach Drücken der <TAB>-Taste (befindet sich über <CTRL> und hat zwei Pfeile) an der momentanen Cursor-Position das Steuerzeichen CHR$(27) eingefügt wird. Beim späteren Suchen bzw. Speichern der neuen Belegung wird dieses Steuerzeichen wieder in CHR$(13) umgewandelt. Alle anderen Steuerzeichen werden durch <CTRL> und eine zweite Taste im Bereich <A> bis <Z> eingegeben und unverändert gespeichert. Im Anschluß an diesen Abschnitt finden Sie eine Übersicht der Steuerzeichen und deren Funktion.

Nachdem die Änderungen mit der <End>-Taste abgeschlossen sind, wird die Programm-Datei als Random-Datei mit einer Satzlänge von 120 Bytes geöffnet. Für die Suche nach dem Patch-Bereich werden jeweils zwei Sätze in zwei Variablen eingelesen, zu einer Suchvariablen zusammengefaßt und nach der Original-Belegung durchsucht.

War die Suche erfolglos, so wird die Satz-Nummer um eins erhöht und es werden wiederum zwei Sätze eingelesen. Dadurch befindet sich der zweite Satz jetzt anstelle des vorherigen ersten Satzes in der Suchvariablen. Falls also vorher die zu suchende Belegung nur zum Teil im zweiten Satz vorhanden war, befindet sie sich nun komplett in der Suchvariablen. Zur Erläuterung eine kleine Grafik:

```
Suchkriterium ist "LIST":

Satznummer 122          Satznummer 123
┌──────────────────┐    ┌──────────────────┐
│..................│    │................LI│
└──────────────────┘    └──────────────────┘
Hier wird der Suchbegriff nicht gefunden.

Die Satznummer wird um eins erhöht und es
werden die nächsten beiden Sätze gelesen:

Satznummer 123          Satznummer 124
┌──────────────────┐    ┌──────────────────┐
│................LI│    │ST................│
└──────────────────┘    └──────────────────┘
Hier wird der Suchbegriff gefunden und aus-
getauscht.
```

Abb. 32: Suchen in Datensätzen

Wenn die Änderung in der Suchvariablen erfolgt ist, so werden die beiden Sätze in die Random-Datei zurückgeschrieben. Aus Sicherheitsgründen wird dann nach der nächsten übereinstimmenden Belegung, also <F2>, <F3> usw. gesucht. Dadurch ist gewährleistet, daß nicht irrtümlich eine falsche Programm-Datei geändert wird. Sie können dies dahingehend ändern, daß bei Übereinstimmung der ersten Belegung alle 10 geänderten Belegungen geschrieben werden. Der Zeitgewinn ist jedoch gering, und wenn Sie eine falsche Programm-Datei gepatcht haben, dauert es noch länger, weil die ganze Geschichte wieder von vorne losgehen muß.

Sind alle Änderungen korrekt durchgeführt, teilt das Programm Ihnen dies mit und ist damit beendet. Unter Umständen, wenn z.B. die Programm-Datei nicht komplett ist oder der Patch-Bereich nicht gefunden werden konnte, erhalten Sie einen entsprechenden Fehlerhinweis und das Programm startet erneut. Hier nun das Listing dazu:

```
10 '-----------------------------------------
20 ' PATCH_FN.BAS              1986 (C) H.J.Bomanns
30 '-----------------------------------------
40 :
50 COLOR 7,0:CLS:KEY ON:ON ERROR GOTO 1760
60 '
70 EINGABE.VG= 15:EINGABE.HG= 0 'Doppelt hell
80 SCHRIFT.VG=  7:SCHRIFT.HG= 0 'Normal
90 HINWEIS.VG= 0:HINWEIS.HG= 7 'Revers
100 PRG.DATEI$= "GW1.EXE"
110 '
120 PRINT "PATCH_FN.BAS ändert die Funktionstasten-Belegung durch Patchen der Programm-"
130 PRINT "Datei.       !!! ACHTUNG !!! Nur mit einer Kopie der Programm-Datei arbeiten."
140 PRINT STRING$(80,"="):PRINT
150 '
160 'Momentane Belegung aus 25. Zeile auslesen:
170 :
180 'Der Umweg über PEEK ist nötig, da bei der SCREEN-Funktion die 25. Zeile
```

Fortgeschrittener Umgang mit dem Editor

```
190 'nicht angesprochen werden kann, solange die Belegung angezeigt wird.
200 'in F.TASTE$() wird die Belegung für die Änderung festgehalten,
210 'in O.TASTE$() für den Vergleich mit der Programm-Datei.
220 '
230 DEF SEG= &HB800 'Bei Monochrom: def seg= &HB000
240 ANFANG= (24*160)+2 'Offset für Auslesen der Statuszeile
250 FOR TASTE=1 TO 10 '10 Funktionstasten
260   FOR ZEICHEN= 0 TO 11 STEP 2 '6 Zeichen pro Taste in der Anzeige
270     IF PEEK(ZEICHEN+ANFANG)= 32 THEN 290 'Keine Blanks !!!
280     F.TASTE$(TASTE)= F.TASTE$(TASTE)+CHR$(PEEK(ZEICHEN+ANFANG))
290   NEXT ZEICHEN
300   O.TASTE$(TASTE)= F.TASTE$(TASTE)
310   ANFANG= ANFANG+16
320 NEXT TASTE
330 '
340 LOCATE 5,5:COLOR SCHRIFT.VG,SCHRIFT.HG
350 PRINT "Name der Programm-Datei...........: ";
360 COLOR EINGABE.VG,EINGABE.HG
370 PRINT PRG.DATEI$
380 '
390 HINWEIS$=" Eingabe mit ["+CHR$(17)+"┘] abschließen, [ESC]= ENDE ":GOSUB 1920
400 INSTRING$= PRG.DATEI$:NUR.GROSS= -1
410 ZEILE= 5: SPALTE= 41: LAENGE= 12: GOSUB 1250 'Upro Einlesen
420 IF X$= CHR$(27) THEN COLOR SCHRIFT.VG,SCHRIFT.HG:CLS:END
430 IF INSTRING$="" THEN BEEP:GOTO 680 ELSE PRG.DATEI$= INSTRING$
440 '
450 OPEN PRG.DATEI$ FOR INPUT AS #1:CLOSE#1 'Datei vorhanden?
460 GOSUB 1980 'Hinweiszeile löschen
470 '
480 '----- Anzeige der momentanen Belegung -----
490 '
500 ZEILE= 6
510 FOR I= 1 TO 10
520   LOCATE ZEILE+I,5
530   COLOR SCHRIFT.VG,SCHRIFT.HG
540   PRINT USING "Funktionstaste ##.....: ";I;
550   COLOR EINGABE.VG,EINGABE.HG
560   PRINT F.TASTE$(I)
570 NEXT I
580 LOCATE 22,1:COLOR HINWEIS.VG,HINWEIS.HG
590 PRINT " [TAB]= CHR$(13) einfügen, ";
600 PRINT " [CTRL]+[A..Z]= andere Steuerzeichen ";SPACE$(81-POS(0));
610 '
620 '----- Einlesen der neuen Belegung -----
630 '
640 EING.ZEILE= 1:NUR.GROSS= -1
650 HINWEIS$=" Eingabe der Änderungen mit [End] abschließen, [ESC]= ENDE":GOSUB 1920
660 '
670 WHILE TASTE<> 79 'Solange, bis [End] gedrückt
680   INSTRING$= F.TASTE$(EING.ZEILE)
690   ZEILE= EING.ZEILE+6: SPALTE= 29: LAENGE= 15: GOSUB 1250 'Upro Einlesen
700   IF X$= CHR$(27) THEN COLOR SCHRIFT.VG,SCHRIFT.HG:CLS:END
710   F.TASTE$(EING.ZEILE)= INSTRING$
720   KEY EING.ZEILE, INSTRING$
730   IF TASTE= 72 THEN EING.ZEILE= EING.ZEILE-1
740   IF TASTE= 80 OR X$=CHR$(13) THEN EING.ZEILE= EING.ZEILE+1
750   IF EING.ZEILE< 1 THEN EING.ZEILE= 10
760   IF EING.ZEILE> 10 THEN EING.ZEILE= 1
770 WEND
780 '
790 LOCATE 22,1:COLOR SCHRIFT.VG,SCHRIFT.HG:PRINT SPACE$(80);
800 GOSUB 1980 'Hinweiszeile löschen
810 HINWEIS$=" Moment, Programm-Datei wird gepatcht..... ":GOSUB 1920:LOCATE
CSRLIN,POS(0),0
```

```
820 '
830 '----- Patch-Bereich in der Programm-Datei suchen -----
840 '
850 OPEN "R",#1,PRG.DATEI$,120
860 FIELD#1, 120 AS R.DATEN$
870 SATZ.NR= 1:MAX.SATZ= INT(LOF(1)/120):TASTE= 1
880 '
890 IF TASTE> 10 THEN 1170 'Siehe oben
900 IF SATZ.NR> MAX.SATZ THEN ERROR 99 'Patchbereich nicht lokalisiert
910 GET#1,SATZ.NR
920 DATEN1$= R.DATEN$
930 GET#1,SATZ.NR+1
940 DATEN2$= R.DATEN$
950 DATEN$= DATEN1$+DATEN2$
960 SUCH.POS= INSTR(O.TASTE$(TASTE),CHR$(27)) 'KZ für CHR$(13)
970 IF SUCH.POS= 0 THEN 990
980 MID$(O.TASTE$(TASTE),SUCH.POS)= CHR$(13):GOTO 960 'Noch ein KZ?
990 SUCH.POS= INSTR(DATEN$,O.TASTE$(TASTE))
1000 IF SUCH.POS= 0 THEN SATZ.NR= SATZ.NR+1:GOTO 890 'Weiter suchen
1010 '
1020 '----- Patch-Bereich für F.TASTE$(TASTE) gefunden -----
1030 '
1040 SUCH.POS= INSTR(F.TASTE$(TASTE),CHR$(27)) 'KZ für CHR$(13)
1050 IF SUCH.POS= 0 THEN 1070
1060 MID$(F.TASTE$(TASTE),SUCH.POS)= CHR$(13):GOTO 1040 'Noch ein KZ?
1070 SUCH.POS= INSTR(DATEN$,O.TASTE$(TASTE))
1080 IF LEN(F.TASTE$(TASTE))< 16 THEN F.TASTE$(TASTE)= F.TASTE$(TASTE)+CHR$(0):GOTO
1080
1090 MID$(DATEN$,SUCH.POS)= F.TASTE$(TASTE) 'In Patchbereich schreiben
1100 DATEN1$=LEFT$(DATEN$,120):LSET R.DATEN$= DATEN1$
1110 PUT #1,SATZ.NR
1120 DATEN2$=RIGHT$(DATEN$,120):LSET R.DATEN$= DATEN2$
1130 PUT#1,SATZ.NR+1
1140 TASTE= TASTE+1 'Nach nächster Tasten-Belegung suchen
1150 GOTO 890
1160 '
1170 '--- Patchen erfolgreich abgeschlossen (oder auch nicht) ---
1180 '
1190 CLOSE
1200 HINWEIS$=" Patchen der Funktionstasten-Belegung abgeschlossen, beliebige Taste
 --> "+CHR$(254)+" ":GOSUB 1920
1210 LOCATE 23,73,1,0,31
1220 IF INKEY$="" THEN 1220
1230 COLOR SCHRIFT.VG,SCHRIFT.HG:CLS:END
1240 '
1250 '----- Upro einlesen -----
1260 '
1270 X$="":TASTE= 0
1280 LOCATE ZEILE,SPALTE,0:COLOR EINGABE.VG,EINGABE.HG
1290 PRINT INSTRING$;
1300 PRINT SPACE$(LAENGE-LEN(INSTRING$));
1310 LOCATE ZEILE,SPALTE,1,0,31:CRSR.POS= 1
1320 X$= INKEY$:IF X$="" THEN 1320
1330 IF X$= CHR$(8) AND POS(0)> SPALTE THEN GOSUB 1460:GOTO 1320 'Tasten-Routine
1340 IF X$= CHR$(9) THEN X$=CHR$(27):GOTO 1390 'CR einfügen
1350 IF X$= CHR$(27) THEN AENDERUNG= 0:RETURN
1360 IF X$= CHR$(13) THEN RETURN
1370 IF LEN(X$)= 2 THEN 1640 'Steuer- und Funktionstasten
1380 '
1390 IF NUR.GROSS THEN IF X$>= "a" AND X$<= "z" THEN X$= CHR$(ASC(X$)-32)
1400 PRINT X$;:AENDERUNG= -1
1410 IF CRSR.POS<= LEN(INSTRING$) THEN MID$(INSTRING$,CRSR.POS,1)= X$ ELSE
INSTRING$= INSTRING$+X$
1420 CRSR.POS= CRSR.POS+1
```

```
1430 IF POS(0)> SPALTE+LAENGE-1 THEN BEEP:LOCATE ZEILE,SPALTE:CRSR.POS= 1:GOTO 1320
1440 GOTO 1320
1450 '
1460 '----- Taste BACKSPACE und DEL -----
1470 '
1480 IF X$=CHR$(8) THEN INSTRING$= LEFT$(INSTRING$,CRSR.POS-
2)+MID$(INSTRING$,CRSR.POS)
1490 IF TASTE= 83   THEN INSTRING$= LEFT$(INSTRING$,CRSR.POS-
1)+MID$(INSTRING$,CRSR.POS+1)
1500 LOCATE ZEILE,SPALTE:PRINT INSTRING$;" ";
1510 IF X$=CHR$(8) THEN CRSR.POS= CRSR.POS-1
1520 LOCATE CSRLIN,SPALTE+CRSR.POS
1530 TASTE= 0: X$="":AENDERUNG= -1
1540 RETURN
1550 '
1560 '----- Taste Ins -----
1570 '
1580 INSTRING$= LEFT$(INSTRING$,CRSR.POS-1)+" "+MID$(INSTRING$,CRSR.POS)
1590 PRINT " ";MID$(INSTRING$,CRSR.POS+1);
1600 LOCATE CSRLIN,SPALTE+CRSR.POS-1
1610 AENDERUNG= -1
1620 RETURN
1630 '
1640 '----- Steuer- und Funktionstasten -----
1650 '
1660 TASTE= ASC(RIGHT$(X$,1))
1670 IF TASTE= 79 OR TASTE= 72 OR TASTE= 80 THEN RETURN 'End, CRSR-hoch/runter
1680 IF TASTE= 75 AND POS(0)> SPALTE THEN LOCATE CSRLIN,POS(0)-1:CRSR.POS= CRSR.POS-
1:GOTO 1320 'CRSR <--
1690 IF TASTE= 77 AND POS(0)< SPALTE+LAENGE-1 THEN IF CRSR.POS<= LEN(INSTRING$) THEN
LOCATE CSRLIN,POS(0)+1:CRSR.POS= CRSR.POS+1:GOTO 1320 'CRSR -->
1700 IF TASTE= 83 AND CRSR.POS <= LEN(INSTRING$) THEN GOSUB 1460:GOTO 1320 'DEL wird
ähnlich BACKSPACE gehandhabt
1710 IF TASTE= 71 THEN LOCATE ZEILE,SPALTE:GOTO 1320 'Home, Feldanfang
1720 IF TASTE= 117 THEN INSTRING$= LEFT$(INSTRING$,CRSR.POS-1):PRINT SPACE$(LAENGE-
CRSR.POS);:LOCATE CSRLIN,SPALTE+CRSR.POS-1:AENDERUNG= -1:GOTO 1320 'CTRL-End,
löschen bis Feldende
1730 IF TASTE= 82 AND CRSR.POS<= LEN(INSTRING$) AND LEN(INSTRING$)< LAENGE THEN
GOSUB 1560:GOTO 1320 'Ins
1740 BEEP:GOTO 1320
1750 '
1760 '----- ERROR-Routine -----
1770 '
1780 CLOSE
1790 IF ERL= 900 THEN FEHLER$=" Kein Patch-Bereich gefunden":GOSUB 1850:CLS:RESUME
10 'Von vorne
1800 IF ERL= 450 THEN FEHLER$=" Fehler beim Öffnen der Programm-Datei":GOSUB
1850:RESUME 400 'Nochmal eingeben
1810 LOCATE 23,1:PRINT "Fehler: ";ERR;" in Zeile: ";ERL;", beliebige Taste --> 
";CHR$(254);" ";:LOCATE CSRLIN,POS(0)-2,1,0,31:BEEP
1820 IF INKEY$="" THEN 1820
1830 RESUME
1840 '
1850 '----- Fehlertext anzeigen -----
1860 LOCATE 23,1:COLOR HINWEIS.VG,HINWEIS.HG
1870 PRINT FEHLER$;", beliebige Taste --> ";CHR$(254);" ";:LOCATE CSRLIN,POS(0)-
2,1,0,31:BEEP
1880 IF INKEY$="" THEN 1880
1890 LOCATE 23,1:COLOR SCHRIFT.VG,SCHRIFT.HG:PRINT SPACE$(80);
1900 RETURN
1910 '
1920 '----- Anzeige eines Hinweises in Zeile 23 -----
1930 '
1940 LOCATE 23,1:COLOR HINWEIS.VG,HINWEIS.HG
```

```
1950 PRINT HINWEIS$;SPACE$(81-POS(0));
1960 RETURN
1970 '
1980 '----- Hinweis-Zeile löschen -----
1990 '
2000 LOCATE 23,1:COLOR SCHRIFT.VG,SCHRIFT.HG
2010 PRINT SPACE$(80);
2020 RETURN
```

Bitte beachten Sie, daß Sie bei Einsatz einer Monochrom-Karte die Segment-Adresse in Zeile 230 ändern. Andernfalls funktioniert das Programm nicht einwandfrei.

Noch ein Tip: Außer mit Editierbefehlen können Sie die Funktionstasten natürlich auch mit anderen Texten belegen. Einige PC-BASIC-Statements können Sie über die Kombination <ALT>-Taste plus <Buchstaben>-Taste aufrufen (siehe Anhang). Wenn Ihnen hier etwas fehlt, so legen Sie es einfach auf eine Funktionstaste. Auch die Eingabe häufig benutzter Variablennamen oder Statement-Sequenzen kann auf diese Art vereinfacht werden:

```
KEY 3," Dateiname$ "
KEY 1,"FOR I=1 TO "
KEY 2,"STEP -1"
KEY 1,"X$=INKEY$:"
KEY 2,"IF X$="" THEN
```

Wir können uns der Erkenntnis nicht verschließen: Die wirklich großen Erfindungen kamen ausnahmslos von faulen Leuten. Abschließend: Wenn die Belegung häufig gewechselt werden muß, hilft ein Programm, das per MERGE an das Ende des momentanen Programms geladen wird, dort nach GOTO 65000 oder RUN 65000 seine Aufgabe erfüllt und sich dann selbst löscht:

```
65000 '----------------------------------------
65001 'FN1.BAS               1986 (C) H.J. Bomanns
65002 '----------------------------------------
65003 :
65004 RESTORE 65007
65005 FOR I=1 TO 10:READ A$:KEY I,A$:NEXT I
65006 DELETE 65000-
65007 DATA " F1"," F2"," F3"," F4"," F5"," F6"," F7"," F8"," F9"," F10"
```

Durch das Anlegen mehrerer solcher "Prögrammchen" kann die Belegung dann flexibel gestaltet werden. So ist es z.B. denkbar, daß Sie sich die Grafik-Zeichen des PC auf die Funktionstasten legen, um die umständliche Eingabe über <ALT> und <Zeichen-Code> (siehe Anhang B) zu umgehen.

9.2 Zeile, Spalte und Tastatur-Status anzeigen

Eines nebligen Novembermorgens sah ich mich vor die Aufgabe gestellt, für einen Kunden aus der metallverarbeitenden Industrie ein Programm zur Berechnung von Materialkosten zu verfassen. Unter anderem ging es darum, den qm-Preis für Bleche aus unterschiedlichen Materialien, in unterschiedlicher Dicke,

Beschichtung und Größe zu berechnen. Hierfür war es notwendig, auf dem Bildschirm eine Tabelle auszugeben, in die die verschiedenen Daten eingegeben werden sollten.

Bei der Programmierung der Tabelle wäre ich fast wahnsinnig geworden, weil im Interpreter nicht ersichtlich ist, in welcher Spaltenposition sich der Cursor momentan befindet, so daß viel Zeit für das mühselige Abzählen draufging. Dermaßen motiviert sann ich auf Abhilfe und kam zu folgendem Ergebnis: Man müßte sich ein kleines Programm schreiben, das feststellt, wo der Cursor sich momentan befindet und diese Position auf dem Bildschirm an nicht störender Stelle anzeigt.

Alle Versuche, dies unter PC-BASIC zu realisieren, schlugen leider fehl. Zwar kann man im Programm-Modus über ON TIMER GOSUB einiges schaffen, schließlich sollte die Anzeige aber bei der Programm-Erstellung, also im Eingabe-Modus und nicht hinterher im Programm-Modus erfolgen. Da sich also unter PC-BASIC keine Lösung anbot, überlegte ich, wie mir das Betriebssystem oder das BIOS des PC in Verbindung mit einer kleinen Assembler-Routine behilflich sein konnten.

Hier das theoretische Ergebnis: Es müßte möglich sein, den Systemtakt des PC dahingehend auszunutzen, daß bei jedem Takt eine Interrupt-Routine aufgerufen wird, die die gestellte Aufgabe erledigt. Nach ausführlicher Lektüre der vorhandenen Literatur entdeckte ich, daß das Betriebssystem für solche Zwecke einen Interrupt zur Verfügung stellt, der pro Sekunde 18 Mal aufgerufen wird. Im Normalfall ist dieser Interrupt ungenutzt und kann also auf eine eigene Routine angesetzt werden. Innerhalb dieser Routine muß die Position des Cursors ermittelt und angezeigt werden. Dies darf aber nur im Textmodus passieren, da im Grafik-Modus keine Anzeige erwünscht ist. Es folgt das praktische Ergebnis in Form des Assembler-Listings. Im Anschluß daran schauen wir uns die Sache im Detail an:

```
;---------------------------------------
; BAS_ZS.ASM/COM
; Dieses Programm blendet im BASIC-
; Interpreter die aktuelle Zeile und
; Spalte in der Ecke rechts oben ein.
; Außerdem wird der Status der Tasten
; Ins, Caps, Num und Scroll-Lock ange-
; zeigt.
;---------------------------------------
Program        segment 'CODE'
               assume cs:Program,ds:Program
               org 0100h
Start:         jmp SetUp
;---------------------------------------
; Variablen, Daten etc.
;---------------------------------------
Inst_Flag      db 'ZS'          ;Kennzeichen, daß Pr. installiert
Org_Ofs        dw ?             ;Original-Offset INT 1Ch
Org_Seg        dw ?             ;Original-Segment INT 1Ch
BS_Adresse     dw 0             ;Adresse Video-RAM
Zeile          db 0             ;Zeile und Spalte aus INT10h/FN 03
Spalte         db 0             ;für die Anzeige
```

```
Attribut        db 112                      ;Revers Monochrom, schwarz/cyan
Active          db 0                        ;Kennzeichen, d. Routine in Aktion
Pause           db 0                        ;Kennzeichen für Anzeige aus
Geloescht       db 0                        ;Kennzeichen für Anzeige gelöscht
Keys            db 0                        ;Tastatur-Status
Anzeige         db ' Z:    S:    ICNS '
BS_Position     dw 120                      ;Zeile 1, Spalte 61
;----------------------------------------
; INT 1Ch für eigene Zwecke mißbraucht:
;----------------------------------------
BAS_ZS          proc    near
                cli                         ;Interrupts aus
                push    ax                  ;Wichtige Register sichern
                push    bx
                push    cx
                push    dx
                push    di
                push    si
                push    ds
                push    es

                push    cs
                pop     ds                  ;DS ist auch CS

                cmp     [Active],1          ;Prüfen, ob bereits in Aktion
                jne     Action_1            ;Nein, also ausführen
                jmp     No_Action           ;Ja, nichts weiter machen
;----------------------------------------
; Prüfen, ob BS im Grafik-Modus
;----------------------------------------
Action_1:       mov     [Active],1          ;Nein, Kennzeichen setzen
                mov     ah,2                ;Get Shift Status
                int     16h
                cli
                mov     [Keys],al           ;Festhalten für spätere Auswertung
                test    [Keys],4            ;CTRL gedrückt?
                je      Action_2            ;Nein, normal weiter
                test    [Keys],1            ;SHIFT-rechts gedrückt?
                je      Action_2            ;Nein, normal weiter
                xor     [Pause],0FFh        ;Toogle Anzeige An/Aus
                je      Action_1A           ;Wenn 0, dann normale Aktion
                jmp     Init_Anzeige        ;Sonst Anzeige löschen
Action_1A:      mov     [Geloescht],0       ;Anzeige nicht gelöscht
Action_2:       xor     al,al
                mov     ah,15               ;Get Screen Status
                int     10h                 ;BIOS-Call
                cli
                cmp     al,3                ;1,2 und 3 = Textmodus
                jbe     Action_3            ;4,5 und 6 = Grafik, wenn kleiner, ok
                cmp     al,7                ;7= Monochrom
                je      Action_3            ;Auch ok
                jmp     No_Action           ;Bei Grafik keine Anzeige
;----------------------------------------
; BS ist im Textmodus, also Aktion
;----------------------------------------
Action_3:       mov     ah,3                ;Get Cursor Position
                xor     bh,bh               ;BS-Seite 0
                int     10h                 ;BIOS-Call
                cli
                inc     dh                  ;Zeile= 0-24, also +1
                inc     dl                  ;Spalte= 0-79, also +1
                mov     [Zeile],dh          ;Aktuelle Zeile und Spalte
                mov     [Spalte],dl         ;für Ausgabe festhalten
```

```
;----------------------------------------
; Anzeigefeld löschen und neu
; initialisieren
;----------------------------------------
Init_Anzeige:   push    cs
                pop     ds
                mov     bx,offset Anzeige   ;Ganzes Feld 'Anzeige'
                mov     cx,17               ;17 Zeichen
                mov     al,' '              ;löschen
LP:             mov     [bx],al
                inc     bx
                loop    LP
                cmp     [Pause],0           ;Keine Anzeige?
                je      Anzg_fuellen        ;Doch, normal weiter
                call    Ausgabe             ;Anzeige löschen
                mov     [Geloescht],1       ;Kennzeichen Anzeige ist gelöscht
                jmp     No_Action           ;und zurück
Anzg_fuellen:   mov     Anzeige[1],'Z'      ;und wieder initialisieren
                mov     Anzeige[2],':'      ;Dies geht schneller, als wenn man
                mov     Anzeige[7],'S'      ;die beiden Felder für Z+S einzeln
                mov     Anzeige[8],':'      ;löscht
;----------------------------------------
; Zeile, Spalte und Tastatur-Status in
; Anzeigefeld bringen
;----------------------------------------
                xor     ax,ax
                mov     al,[Zeile]
                mov     bx,offset Anzeige[4]  ;Anzeigefeld 'Z:'
                call    BIN_ASCII           ;Zeile --> ASCII
                xor     ax,ax
                mov     al,[Spalte]
                mov     bx,offset Anzeige[10] ;Anzeigefeld 'S:'
                call    BIN_ASCII           ;Spalte --> ASCII
;----------------------------------------
; Anzeige gemäß Tastatur-Status setzen
;----------------------------------------
                test    [Keys],128          ;Insert aktiv?
                je      Caps                ;Nein
                mov     Anzeige[13],'I'     ;'I' schreiben, Insert aktiv
Caps:           test    [Keys],64           ;CapsLock aktiv?
                je      Num                 ;Nein
                mov     Anzeige[14],'C'     ;'C' schreiben,CapsLock aktiv
Num:            test    [Keys],32           ;NumLock aktiv?
                je      Scroll              ;Nein
                mov     Anzeige[15],'N'     ;'N' schreiben, NumLock aktiv
Scroll:         test    [Keys],16           ;ScrollLock aktiv?
                je      Fertig              ;Nein, alles anzeigen
                mov     Anzeige[16],'S'     ;'S' schreiben, ScrollLock aktiv

Fertig:         call    Ausgabe             ;und direkt in BS schreiben
;----------------------------------------
; Ende der Aktion, Register restaurieren
;----------------------------------------
No_Action:      cli
                pop     es                  ;Register wieder herstellen
                pop     ds
                pop     si
                pop     di
                pop     dx
                pop     cx
                pop     bx
                pop     ax
                mov     cs:[Active],0       ;Nicht mehr in Aktion
                jmp     dword ptr cs:[Org_Ofs] ;Original INT aufrufen
```

```
                iret                          ;und zurück
BAS_ZS          endp
;------------------------------------------
; Umwandlung eines Wortes/Bytes nach ASCII
;------------------------------------------
BIN_ASCII       proc    near
                cmp     ax,0009h              ;Kleiner 10?
                ja      BIN_ASCII_1           ;Nein, normal weiter
                inc     bx                    ;10er-Stelle überspringen
BIN_ASCII_1:    mov     dx,0
                mov     cx,10                 ;Dezimale Zahlen-Basis
                div     cx
                push    dx
                or      ax,ax
                jz      BIN_ASCII_2
                call    BIN_ASCII_1
BIN_ASCII_2:    pop     ax
                add     al,30h                ; --> ASCII
                mov     [bx],al               ;Ins Feld 'Anzeige' schreiben
                inc     bx                    ;Nächstes Zeichen
                ret
BIN_ASCII       endp
;------------------------------------------
; 'Anzeige' synchronisiert ausgeben
;------------------------------------------
Ausgabe         proc    near
                push    cs
                pop     ds                    ;DS ist auch CS
                cmp     [Geloescht],1         ;Falls Pause, schon gelöscht?
                je      Keine_Ausg            ;Ja, zurück
                mov     di,[BS_Adresse]       ;Video-RAM
                mov     es,di                 ;Für STOSW in ES
                mov     di,[BS_Position]      ;Default: 120 für Spalte 61
                mov     si,offset Anzeige
                mov     dx,03DAh              ;6845-Steuer-Port
                cld                           ;Vorwärts
                mov     cx,18                 ;18 Bytes aus 'Anzeige'
                mov     ah,[Attribut]         ;Attribut REVERS bei Mono
                cmp     [Pause],0             ;Anzeige löschen?
                je      Warten1               ;Nein, so weiter
                mov     ah,0                  ;Sonst Attribut 0= löschen
;------------------------------------------
; Synchronisation für flackerfreie Ausgabe
;------------------------------------------
Warten1:        in      al,dx                 ;Status des 6845 lesen
                rcr     al,1                  ;RETRACE checken
                jb      Warten1               ;Ggf. warten
Warten2:        in      al,dx
                rcr     al,1
                jnb     Warten2
                cli
                lodsb                         ;Zeichen aus 'Anzeige' in AL laden
                stosw                         ;und in BS schreiben
                loop    Warten1               ;Solange, bis CX= 0
Keine_Ausg:     ret
Ausgabe         endp
;------------------------------------------
; Programm installieren
;------------------------------------------
SetUp           proc    near
                call    Check                 ;Bereits installiert?
                call    Get_BS_Adresse        ;Welche Video-Karte?
                call    Save_INT              ;Original-Vector sichern
                call    Set_INT               ;Neuen Vector setzen
```

Fortgeschrittener Umgang mit dem Editor

```
                call    Make_Resident       ;Pr. resident machen und Ende
SetUp           endp
;----------------------------------------
; Prüfen, ob bereits installiert
;----------------------------------------
Check           proc    near
                mov     ah,35h              ;Get Interrupt Vector
                mov     al,1Ch              ;Nr. des INT
                int     21h                 ;DOS-Functioncall
                mov     ax,word ptr es:[Inst_Flag]
                mov     dx,word ptr cs:[Inst_Flag]
                                            ;Kennzeichen für 'Prgr.
                                            ;installiert'
                cmp     ax,dx               ;Stimmen überein?
                jne     Not_Installed       ;Nein, also nicht installiert
                push    es                  ;Segment für DOS-Function 49h
                                            ;sichern
;----------------------------------------
; Wenn installiert, dann deinstallieren
;----------------------------------------
                cli                         ;Keine Interrupts
                mov     di,word ptr es:[Org_Seg]
                mov     ds,di
                mov     dx,word ptr es:[Org_Ofs]
                mov     ah,25h              ;Set Interrupt Vector
                mov     al,1Ch              ;Nr. des Interrupts
                int     21h                 ;DOS-Functioncall
                pop     es                  ;freizugebendes Segment
                mov     ah,49h              ;Free allocated memory
                int     21h                 ;Speicher freigeben
                push    cs
                pop     ds                  ;DS ist wieder CS
                jnc     OK                  ;Wenn kein Fehler, dann alles Klar
                mov     dx,offset Free_Err  ;Sonst Fehlermeldung ausgeben
Check_End:      mov     ah,09               ;DOS-Function 'Print String'
                int     21h
                mov     ah,4Ch              ;DOS-Function 'End Process'
                int     21h
OK:             mov     dx,offset Free_Msg  ;Meldung 'Alles klar'
                jmp     Check_End
Not_Installed:  ret                         ;Zurück und installieren
Check           endp

Free_Err db 27,'[2J',13,10,10
         db 'BAS_ZS: Speicher kann nicht freigegeben werden, '
         db 'PC neu booten.....',7,13,10,10,'$'
Free_Msg db 27,'[2J',13,10,10
         db 'BAS_ZS: Deinstalliert und Speicher freigegeben.....'
         db 7,13,10,10,'$'
;----------------------------------------
; Welche Video-Karte ist dran?
;----------------------------------------
Get_BS_Adresse  proc    near
                mov     [BS_Adresse],0B000h ;Video-RAM Monochrom
                int     11h                 ;Get Equipment
                and     ax,30h              ;Bit 4+5= BS-Modus
                cmp     ax,30h              ;Beide Bits gesetzt= Mono-BS
                je      Mono_BS
                add     [BS_Adresse],0800h  ;Plus 800h= Video-RAM Color
                mov     Attribut,48         ;Schwarz auf cyan
Mono_BS:        ret
Get_BS_Adresse  endp
;----------------------------------------
; Original-Vector des INT 1Ch sichern
```

```
;----------------------------------------
Save_INT      proc    near
              mov     ah,35h              ;Get Interrupt Vector
              mov     al,1Ch              ;Nr. des INT
              int     21h                 ;DOS-Functioncall
              mov     cs:[Org_Ofs],bx     ;Offset INT 1C
              mov     cs:[Org_Seg],es     ;Segment INT 1C
              ret
Save_INT      endp
;----------------------------------------
; neuen INT 1Ch-Vector setzen
;----------------------------------------
Set_INT       proc    near
              cli                         ;Keine Interrupts
              push    cs
              pop     ds
              mov     dx,offset cs:BAS_ZS ;Start der Routine
              mov     ah,25h              ;Set Interrupt Vector
              mov     al,1Ch              ;Nr. des Interrupts
              int     21h                 ;DOS-Functioncall
              ret
Set_INT       endp
;----------------------------------------
; Routine resident machen und Programm
; beenden
;----------------------------------------
Make_Resident proc    near
              mov     dx,offset SetUp_Msg
              mov     ah,9                ;DOS-Function 'Print String'
              int     21h
              mov     dx,offset cs:SetUp
              sti                         ;Interrupts wieder an
              int     27h                 ;Terminate but stay resident
Make_Resident endp

SetUp_Msg db 27,'[2J',13,10,10
          db 'BAS_ZS: installiert.....',7,13,10,10
          db 'Anzeige mit [CTRL]-[SHIFT-rechts] an-/ausschalten, ',13,10
          db 'deinstallieren durch nochmaligen Aufruf BAS_ZS.',13,10,10,'$'
;----------------------------------------
Program       ends
              end     Start
```

Im Detail

Vom Betriebssystem wird der Interrupt 1Ch zur Verfügung gestellt, der pro Sekunde 18 Mal aufgerufen wird. Dieser Interrupt kann auf eine eigene Routine "verbogen" werden, die dann entsprechend oft ausgeführt wird. Diese Routine muß resident, also dauerhaft als Bestandteil des Betriebssystems eingebunden sein. Da die Anzeige im Normalfall nur im Interpreter benötigt wird, muß dafür Sorge getragen werden, daß die Routine wieder "abgeschaltet" werden kann. Im Programm wird dies so gemacht, daß beim Aufruf anhand einer Kennzeichnung festgestellt wird, ob das Programm bereits installiert ist (Proc Check). Dies macht die Routine über die Funktion 35h des MS-DOS, die als Ergebnis im Register ES das Segment liefert, in dem die Interrupt-Routine läuft. In diesem Segment sitzt die Kennzeichnung ZS, die abgefragt wird. Ist sie vorhanden, so wird das Programm deinstalliert, der alte Interrupt-Vector wird wieder gesetzt und belegter Speicher über die Funktion 49h des MS-DOS wieder freigegeben.

Ist die Routine nicht installiert, so wird über die Funktion 35h der momentane Vector ermittelt und für die Deinstallation festgehalten (Proc Save_INT). Für die Ausgabe-Routine wird über den Interrupt 11h ermittelt, welche Video-Karte vorhanden ist. Davon abhängig wird die Adresse des Video-RAM errechnet und das Anzeige-Attribut gesetzt (Proc Get_BS_Adresse). Anschließend wird der Vector auf die eigene Routine gesetzt (Proc Set_INT). Abschließend wird der für den Interrupt benötigte Teil des Programms über die Funktion 31h des MS-DOS resident gemacht und die Installation beendet (Proc Make_Resident). Diese Funktion sorgt dafür, daß der vom Programm benötigte Speicher reserviert wird und nicht überschrieben werden kann.

Ab diesem Zeitpunkt wird die Routine 18 Mal pro Sekunde aufgerufen. Hierbei wird anhand eines Kennzeichens festgestellt, ob die Routine schon aktiv ist. Wenn ja, wird der Aufruf beendet, da sonst außer der Routine nichts mehr laufen würde. Ansonsten wird in der Routine das Kennzeichen gesetzt, daß sie ab jetzt aktiv ist.

Erste Aktion danach ist die Ermittlung des Status der Umschalttasten über Funktion 2 des Interrupts 16h und Festhalten des Wertes. Dann wird überprüft, ob die Anzeige vorübergehend auszuschalten ist. Hierzu wird die Tastenkombination <CTRL>-<SHIFT rechts> eingesetzt. Jedesmal beim Drücken dieser Kombination wird ein Kennzeichen entweder gesetzt oder gelöscht. Dieses Kennzeichen steuert die weitere Arbeit der Routine. Ist das Kennzeichen gesetzt, wird die Anzeige gelöscht und der Interpreter sieht aus wie gewohnt. Andernfalls wird über die Funktion 15 des Interrupts 10h festgestellt, ob der Bildschirm sich im Grafik-Modus befindet. Ist dies der Fall, erfolgt keine Anzeige, sonst ja.

Hierzu wird über die Funktion 3 des Interrupt 10h die aktuelle Position des Cursors ermittelt, das Anzeigefeld initialisiert und die ermittelten Werte über eine Konvertierungsroutine hineingeschrieben. Im Anschluß daran wird der Status der Umschalttasten NumLock, ScrollLock, CapsLock und Insert anhand des festgehaltenen Wertes geprüft und abhängig davon, ob aktiv oder nicht, ein Buchstabe als Kennzeichen in die Anzeige geschrieben.

Die eigentliche Ausgabe erfolgt über eine Routine, die direkt in den Bildschirmspeicher schreibt. Hierbei erfolgt eine Synchronisation des Video-Chips 6845, so daß das leidige Flackern unterbleibt, das sonst entsteht, wenn CPU 8088/8086 und Grafik-Chip 6845 gleichzeitig auf den Datenbus zugreifen.

Nach der Ausgabe wird das Aktiv-Kennzeichen gelöscht und die Routine beendet. Falls weitere Routinen über den INT 1Ch eingebunden sind, werden diese dann über den JMP ausgeführt, andernfalls erfolgt der JMP auf ein IRET, das den Interrupt endgültig beendet. Alles in allem also eine relativ kurze und einfache, vor allem aber hilfreiche Geschichte. Oder nicht?

Zur Bedienung

Das Programm muß als COM-Datei vorliegen und aufgerufen werden. Die COM-Datei kann entweder mit DEBUG, einem Assembler oder durch den gleich folgenden Data-Lader erstellt werden. Beim ersten Aufruf des Programms wird die Routine installiert und nimmt ihre Arbeit auf. Ein weiterer Aufruf des Programms deinstalliert die Routine wieder. Für das vorübergehende Ausschalten der Anzeige halten Sie die <CTRL>-Taste gedrückt und tippen kurz die rechte <SHIFT>-Taste. Zum Einschalten gehen Sie genauso vor, da diese Tasten-Kombination Schalterfunktion (auch als Toogle bezeichnet) hat.

Das Programm wurde eigentlich für den BASIC-Interpreter entwickelt, läßt sich aber auch mit anderen Programmen oder unter DOS einsetzen. Besonders Besitzer eines original IBM PC werden die Anzeige des Tastatur-Status zu schätzen wissen, da die Tastatur ja nicht über LED zur Anzeige verfügt. Bei Programmen, die die Kontrolle der Insert-Taste selbst vornehmen, kann es sein, daß die Anzeige kein I für Insert meldet, obwohl man sich im Einfügemodus befindet (z.B. der Turbo-Pascal-Editor). Gleichfalls kann die Spaltenanzeige nicht stimmen, wenn der Bildschirm vom Programm nach links gescrollt wird. Hier wird immer die tatsächliche Cursor-Spalte angezeigt.

Hinweis: Es kann Probleme bei einigen kompatiblen PC geben, die die Interrupts nicht dem IBM-Standard gemäß einsetzen (SIEMENS PC-D z.B.) bzw. ein nicht kompatibles BIOS verwenden. Selbst bei einigen original IBM PC gab es Probleme dergestalt, daß nach der Installation der Routine der Rechner keine Eingabe mehr akzeptierte. Die Ursache ließ sich mangels Dokumentation nicht einwandfrei feststellen. Auch "offizielle Stellen" (Microsoft und TKD IBM) wußten keinen Rat, vermuteten aber, daß in diesem Punkt eventuell ältere BIOS-Versionen nicht mit neueren Betriebssystemen (ab 2.xx) verträglich sind. Sollte das Programm also nicht wie erwartet laufen, schimpfen Sie bitteschön (dankeschön) nicht über mich.

Das Programm darf nicht über den Befehl SHELL installiert oder deinstalliert werden, da die Speicheraufteilung sonst durcheinander gerät. Im günstigsten Fall meldet der Interpreter "Can't continue after SHELL" (kann nach SHELL nicht weitermachen) und Sie landen wieder im DOS. Schlimmstenfalls stürzt der Rechner einfach ab. Hier nun der Data-Lader für das Programm:

```
10 '----------------------------------------------
20 ' BAS_ZS.BAS Data-Lader    1986 (C) H.J.Bomanns
30 '----------------------------------------------
40 :
50 CLS:KEY OFF
60 PRINT "Moment bitte, COM-Datei wird erstellt.....";
70 :
80 OPEN "R",#1,"BAS_ZS.COM",1
90 FIELD#1,1 AS X$
100 :
110 RESTORE 330
120 FOR I=1 TO  803
```

Fortgeschrittener Umgang mit dem Editor

```
130    READ X
140    LSET X$= CHR$(X)
150    PUT#1 'Satz-Nummer wird automatisch hochgezählt
160 NEXT I
170 CLOSE
180 :
190 PRINT:PRINT:PRINT
200 PRINT "Sie haben jetzt auf Ihrer Diskette/Festplatte ein Programm mit Namen
BAS_ZS.COM":PRINT
210 PRINT "Beim Aufruf des Programms wird die Anzeige der Zeile/Spalte und des
Tastatur-"
220 PRINT "Status initialisiert. Sie sehen sie in der rechten oberen Ecke des
Bildschirms.":PRINT
230 PRINT "Wenn Sie das Programm nochmals aufrufen, wird die Anzeige
deinstalliert.":PRINT
240 PRINT "Sie können die Anzeige vorübergehend ausschalten, indem Sie die [CTRL]-
Taste ge-"
250 PRINT "drückt halten und die rechte [SHIFT]-Taste tippen. Nochmaliges betätigen
dieser"
260 PRINT "Tasten-Kombination schaltet die Anzeige wieder ein."
270 LOCATE 25,1:PRINT "beliebige Taste.....";
280 IF INKEY$="" THEN 280
290 CLS:END
300 :
310 'Data-Zeilen aus COM-Datei: \masm\bas_zs.com
320 :
330 DATA 233,113,  1, 90, 83,  0,  0,  0,  0,  0,  0
340 DATA   0,  0,112,  0,  0,  0,  0, 32, 90, 58, 32
350 DATA  32, 32, 32, 83, 58, 32, 32, 32, 32, 73, 67
360 DATA  78, 83, 32,120,  0,250, 80, 83, 81, 82, 87
370 DATA  86, 30,  6, 14, 31,128, 62, 14,  1,  1,117
380 DATA   3,233,205,  0,198,  6, 14,  1,  1,180,  2
390 DATA 205, 22,250,162, 17,  1,246,  6, 17,  1,  4
400 DATA 116, 22,246,  6, 17,  1,  1,116, 15,128, 54
410 DATA  15,  1,255,116,  3,235, 43,144,198,  6, 16
420 DATA   1,  0, 50,192,180, 15,205, 16,250, 60,  3
430 DATA 118,  7, 60,  7,116,  3,233,145,  0,180,  3
440 DATA  50,255,205, 16,250,254,198,254,194,136, 54
450 DATA  11,  1,136, 22, 12,  1, 14, 31,187, 18,  1
460 DATA 185, 17,  0,176, 32,136,  7, 67,226,251,128
470 DATA  62, 15,  1,  0,116, 11,232,151,  0,198,  6
480 DATA  16,  1,  1,235, 94,144,198,  6, 19,  1, 90
490 DATA 198,  6, 20,  1, 58,198,  6, 25,  1, 83,198
500 DATA   6, 26,  1, 58, 51,192,160, 11,  1,187, 22
510 DATA   1,232, 83,  0, 51,192,160, 12,  1,187, 28
520 DATA   1,232, 72,  0,246,  6, 17,  1,128,116,  5
530 DATA 198,  6, 31,  1, 73,246,  6, 17,  1, 64,116
540 DATA   5,198,  6, 32,  1, 67,246,  6, 17,  1, 32
550 DATA 116,  5,198,  6, 33,  1, 78,246,  6, 17,  1
560 DATA  16,116,  5,198,  6, 34,  1, 83,232, 50,  0
570 DATA 250,  7, 31, 94, 95, 90, 89, 91, 88, 46,198
580 DATA   6, 14,  1,  0, 46,255, 46,  5,  1,207, 61
590 DATA   9,  0,119,  1, 67,186,  6,  0,185, 10,  0
600 DATA 247,241, 82, 11,192,116,  3,232,240,255, 88
610 DATA   4, 48,136,  7, 67,195, 14, 31,128, 62, 16
620 DATA   1,  1,116, 48,139, 62,  9,  1,142,199,139
630 DATA  62, 36,  1,190, 18,  1,186,218,  3,252,185
640 DATA  18,  0,138, 38, 13,  1,128, 62, 15,  1,  0
650 DATA 116,  2,180,  0,236,208,216,114,251,236,208
660 DATA 216,115,251,250,172,171,226,241,195,232, 12
670 DATA   0,232,215,  0,232,240,  0,232,254,  0,232
680 DATA   8,  1,180, 53,176, 28,205, 33, 38,161,  3
690 DATA   1, 46,139, 22,  3,  1, 59,194,117, 45,  6
700 DATA 250, 38,139, 62,  7,  1,142,223, 38,139, 22
```

```
710 DATA   5,  1,180, 37,176, 28,205, 33,  7,180, 73
720 DATA 205, 33, 14, 31,115, 11,186,196,  2,180,  9
730 DATA 205, 33,180, 76,205, 33,186, 18,  3,235,243
740 DATA 195, 27, 91, 50, 74, 13, 10, 10, 66, 65, 83
750 DATA  95, 90, 83, 58, 32, 83,112,101,105, 99,104
760 DATA 101,114, 32,107, 97,110,110, 32,110,105, 99
770 DATA 104,116, 32,102,114,101,105,103,101,103,101
780 DATA  98,101,110, 32,119,101,114,100,101,110, 44
790 DATA  32, 80, 67, 32,110,101,117, 32, 98,111,111
800 DATA 116,101,110, 46, 46, 46, 46, 46,  7, 13, 10
810 DATA  10, 36, 27, 91, 50, 74, 13, 10, 10, 66, 65
820 DATA  83, 95, 90, 83, 58, 32, 68,101,105,110,115
830 DATA 116, 97,108,108,105,101,114,116, 32,117,110
840 DATA 100, 32, 83,112,101,105, 99,104,101,114, 32
850 DATA 102,114,101,105,103,101,103,101, 98,101,110
860 DATA  46, 46, 46, 46,  7, 13, 10, 10, 36,199
870 DATA   6,  9,  1,  0,176,205, 17, 37, 48,  0, 61
880 DATA  48,  0,116, 11,129,  6,  9,  1,  0,  8,198
890 DATA   6, 13,  1, 48,195,180, 53,176, 28,205, 33
900 DATA  46,137, 30,  5,  1, 46,140,  6,  7,  1,195
910 DATA 250, 14, 31,186, 38,  1,180, 37,176, 28,205
920 DATA  33,195,186,152,  3,180,  9,205, 33,186,116
930 DATA   2,251,205, 39, 27, 91, 50, 74, 13, 10, 10
940 DATA  66, 65, 83, 95, 90, 83, 58, 32,105,110,115
950 DATA 116, 97,108,108,105,101,114,116, 46, 46, 46
960 DATA  46, 46,  7, 13, 10, 10, 65,110,122,101,105
970 DATA 103,101, 32,109,105,116, 32, 91, 67, 84, 82
980 DATA  76, 93, 45, 91, 83, 72, 73, 70, 84, 45,114
990 DATA 101, 99,104,116,115, 93, 32, 97,110, 45, 47
1000 DATA  97,117,115,115,115, 99,104, 97,108,116,101,110
1010 DATA  44, 32, 13, 10,100,101,105,110,115,116, 97
1020 DATA 108,108,105,101,114,101,110, 32,100,117,114
1030 DATA  99, 32,110,111, 99,104,109, 97,108,105,105
1040 DATA 103,101,110, 32, 65,117,102,114,117,102, 32
1050 DATA  66, 65, 83, 95, 90, 83, 46, 13, 10, 10, 36
```

Bitte beachten Sie beim Ein- und Ausschalten der Anzeige, daß die Routine 18 Mal pro Sekunde aufgerufen wird. Wenn Sie die rechte SHIFT-Taste zu lange drücken, flackert deshalb die Anzeige. Es genügt bereits ein kurzes Antippen der Taste!

9.3 Geschützte Programme retten

Unter PC-BASIC kann ein Programm über den SAVE-Befehl mit dem Parameter ",P" als sogenanntes "geschütztes" (protected) Programm abgespeichert werden. Nach dem Laden eines solchen Programms meldet der Interpreter als Antwort auf Befehle, die das Programm sichtbar machen oder verändern, einen "Illegal function call". Diese Funktion bietet sich damit z.B. für Programme an, die für die Vermarktung vorgesehen sind und in denen vom Anwender keine Änderungen vorgenommen werden sollen oder dürfen.

Der Nachteil dieser Funktion ist, daß Sie als Programmierer immer zwei Versionen - eine ungeschützte und eine geschützte - mit unterschiedlichen Namen zu verwalten haben. Außerdem besteht die große Gefahr, daß man sich die ungeschützte Version durch die geschützte Version überschreibt und damit das änderbare Quell-Programm verliert. Und das kann bei einem 30-KByte-Programm schon ganz schön schmerzlich sein!

"Das kann mir nur einmal passieren", werden Sie sagen. Erlauben Sie mir, Ihnen zu widersprechen. Mir ist es mehr als einmal passiert. Es gibt Situationen, in denen man nicht mehr daran denkt und schon ist alles im Eimer. Was tun, wenn es denn doch passiert ist? Rein theoretisch sollte man aus dem täglichen Backup eine Sicherheitskopie des Programms haben, die dann rückgesichert wird. Die eventuell vorgenommen Änderungen sind dann aber immer noch neu einzugeben. Aber wer macht schon jeden Tag eine Datensicherung? Bevor wir uns anschauen, wie es gemacht wird, etwas Theorie zu diesem Thema. Der Interpreter unterscheidet drei Methoden, ein Programm zu speichern:

1. Normale Speicherung:

    SAVE "<Programmname>"

    Bei dieser Methode wird das Programm im sogenannten "Token-Mode" abgespeichert. Hierbei werden z.B. die Befehls- und Funktions-Statements nicht als Wort PRINT, LOCATE oder OPEN, sondern als 1-Byte-Code - eben als Token bezeichnet - gespeichert. Auch die Variablen und Konstanten werden so gespeichert, wie sie im Arbeitsspeicher abgelegt sind. Jedem Statement ist ein eigenes festes Token-Byte zugeordnet, das z.B. beim listen anhand einer Tabelle in Klartext umgewandelt wird. Die Variablen werden so abgelegt, daß die ersten beiden Bytes denen der ersten beiden Buchstaben des Namens entsprechen. Danach folgen Informationen über den Rest des Namens bzw. den Typ und den Inhalt der Variablen. Der benötigte Speicherplatz auf der Diskette oder Festplatte wird durch diese Methode kleiner gehalten, als wenn im "Klartext" gespeichert wird. Außerdem befindet sich das Programm auch im Token-Mode im Arbeitsspeicher, so daß die Übertragung ruckzuck ohne irgendwelche Umwandlungen vor sich geht.

2. Speicherung als ASCII-Datei:

    SAVE "<Programmname>",A

    Bei dieser Methode werden alle Tokens, Variablen und Konstanten im Klartext gespeichert. Die Datei kann dadurch z.B. über eine Textverarbeitung oder einen anderen Editor weiterverarbeitet werden. Außerdem benötigt ein Compiler den Quell-Text grundsätzlich im ASCII-Format.

3. Speicherung als geschütztes Programm:

    SAVE "<Programmname>",P

    Bei dieser Methode gilt es nach verschiedenen Versionen zu unterscheiden. Das erste Byte einer Programm-Datei ist, wenn es im Normalmodus gespeichert ist, ein &HFF. Hieran erkennt der Interpreter, daß die Programm-Datei im "Token-Mode" vorliegt, also 1:1 geladen werden kann. Ältere Versionen haben nun anstelle dieses &HFF ein &HFE als erstes Byte in der Programm-Datei. Beim Laden wird anhand dieser Kennzeichnung ein internes Flag gesetzt, das bei LIST oder ähnlichen Befehlen, die das Programm sichtbar machen oder verändern, abgefragt wird. Davon abhängig kommt ein "Illegal function call" heraus oder auch nicht. Hier ist es relativ einfach, die Kennzeichnung auf &HFF zu setzen und somit das Programm wieder zugänglich zu machen.

Bei neueren Versionen wird jedoch zusätzlich zu dieser Kennung das Programm nach einem bestimmten Algorithmus verschlüsselt, so daß die Änderung des Kennzeichens von &HFE auf &HFF keinen weiteren Erfolg bringt als den, daß der Interpreter unter Umständen abstürzt. Für den Fall der Fälle gibt es zwei Möglichkeiten:

Wenn Sie einen original IBM PC haben

Das interne Flag für die Kennzeichnung "geschützt/nicht geschützt" liegt beim BASICA normalerweise im Standardsegment an Offset 1124. Überprüfen Sie dies, indem Sie jeweils von einem geschützten und einem ungeschützten Programm aus per PEEK diese Speicherstelle abfragen:

```
10 'Irgendein Programm
20 :
30 DEF SEG 'Segment auf Default
40 PRINT PEEK(1124)
50 END
```

Wenn Sie eine 1 bei geschützt bzw. eine 0 bei ungeschützt als Ergebnis erhalten, lesen Sie hier weiter, andernfalls haben Sie einen Interpreter, der zwar BASICA heißt, aber nicht dem original IBM-BASICA entspricht. Lesen Sie also beim Abschnitt über kompatible PC weiter.

An der Programm-Datei brauchen Sie keine Änderungen vorzunehmen, da wir das interne Flag anders ändern. Da bei PEEK und POKE ein "Illegal function call" ausgegeben wird, kommen diese beiden Befehle nicht in Betracht. BLOAD wird jedoch nicht abgefragt, so daß wir diesen Befehl im folgenden einsetzen werden. Geben Sie zunächst NEW ein. Die Speicherstelle 1124 enthält jetzt eine 0. Zur Sicherheit können Sie aber noch eine 0 hineinpoken:

```
DEF SEG:POKE 1124,0
```

Das interne Flag wird nun per BSAVE als Datei gespeichert:

```
BSAVE "UNPRTCT.DAT",1124,1
```

Durch diese Anweisung wird eine Datei von einem Byte Länge angelegt. Das Byte hat den Wert 0, den wir später brauchen. Sie können auch irgendeine andere Speicherstelle mit 0 belegen und per BSAVE speichern. Passen Sie aber auf, daß Sie keine Daten oder Programmteile kaputtpoken! Laden Sie dann das geschützte Programm. Anschließend holen Sie per BLOAD das interne Flag wieder zurück:

```
BLOAD "UNPRTCT.DAT"
```

Danach läßt sich das Programm listen und ändern.

Wenn Sie einen kompatiblen PC haben

Gehen Sie am besten so vor, daß Sie erstmal probeweise das Kennzeichen von &HFE auf &HFF ändern. Am schnellsten geht dies mit DEBUG:

```
debug <programmname> <CR>
-e 0100 <CR>
fe.ff <CR>
-w <CR>
Writing xxxxx Bytes
-q <CR>
```

Zuerst rufen Sie DEBUG mit dem Namen des entsprechenden Programms als Parameter auf. <CR> bedeutet, daß Sie an dieser Stelle die Eingabe-, Enter- oder Return-Taste drücken. Die Datei wird von DEBUG an die Offset-Adresse 0100h geladen. Nehmen Sie dies einfach hin, auch wenn Sie nicht wissen, warum. Eine Erklärung an dieser Stelle würde den Rahmen sprengen.

Über e 0100 wird das Byte an der angegebenen Adresse zur Änderung aufgerufen. Geben Sie dort einfach ff ein, mit w wird die Datei zurück auf Diskette/Festplatte geschrieben, q beendet DEBUG, und Sie sind wieder auf der DOS-Ebene. Nach dieser Aktion rufen Sie den Interpreter auf und laden das so behandelte Programm. Wenn nach einem LIST ein feines Quell-Programm auftaucht, ist fast alles in Ordnung. Nehmen Sie eine kleine Änderung daran vor, um sich zu vergewissern, daß auch das möglich ist. Wurde die Änderung angenommen und läuft das Programm nach RUN einwandfrei, haben Sie es geschafft. Ihr Programm ist wieder so, wie es vorher war.

Alle anderen Reaktionen machen es leider notwendig, daß Sie das folgende Programm abtippen. Der Weg über BLOAD ist hier nicht möglich. Versuche mit verschiedenen Versionen haben gezeigt, daß 1. das interne Flag nicht immer an der gleichen Stelle sitzt und 2. auch bei BLOAD ein "Illegal function call" gemeldet wird. Das Entschlüsselungs-Programm macht nichts weiter, als die vom Interpreter vorgenommene Verschlüsselung wieder rückgängig zu machen:

```
10 '----------------------------------------
20 'UNPRTCT.BAS            1985 (C) H.J. Bomanns
30 '----------------------------------------
40 :'
50 COLOR 7,0:CLS:KEY OFF
60 SCHRIFT.VG= 7: SCHRIFT.HG= 0
70 EINGABE.VG=15: EINGABE.HG= 0
80 HINWEIS.VG= 0: HINWEIS.HG= 7
```

```
90 DIM SCHLUESSEL1(13),SCHLUESSEL2(13)
100 RESTORE 110:FOR I=1 TO 13:READ SCHLUESSEL1(I), SCHLUESSEL2(I): NEXT I
110 DATA &H9A,&H7C, &HF7,&H88, &H19,&H59, &H83,&H74, &H24,&HE0, &H63,&H97
120 DATA &H43,&H26, &H83,&H77, &H75,&HC4, &HCD,&H1D, &H8D,&H1E, &H84,0, &HA9,0
130 '
140 GOTO 680 'Upros überspringen
150 '
160 '----- Upro einlesen -----
170 '
180 X$="":TASTE= 0
190 LOCATE ZEILE,SPALTE,0:COLOR EINGABE.VG,EINGABE.HG:PRINT INSTRING$;SPACE$(LAENGE-
LEN(INSTRING$));
200 LOCATE ZEILE,SPALTE,1,0,31:CRSR.POS= 1
210 X$= INKEY$:IF X$="" THEN 210
220 IF X$= CHR$(8) AND POS(0)> SPALTE THEN GOSUB 350:GOTO 210 'Tasten-Routine
230 IF X$= CHR$(27) THEN AENDERUNG= 0:RETURN
240 IF X$=CHR$(13) THEN RETURN
250 IF LEN(X$) = 2 THEN 530 'Steuer- und Funktionstasten
260 '
270 IF X$< " " THEN BEEP:GOTO 210 'Zeichen kleiner BLANK abwürgen
280 IF NUR.GROSS THEN IF X$>= "a" AND X$<= "z" THEN X$= CHR$(ASC(X$)-32)
290 PRINT X$;:AENDERUNG= -1
300 IF CRSR.POS<= LEN(INSTRING$) THEN MID$(INSTRING$,CRSR.POS,1)= X$ ELSE INSTRING$=
INSTRING$+X$
310 CRSR.POS= CRSR.POS+1
320 IF POS(0)> SPALTE+LAENGE-1 THEN BEEP:LOCATE ZEILE,SPALTE:CRSR.POS= 1:GOTO 210
330 GOTO 210
340 '
350 '----- Taste BACKSPACE und DEL -----
360 '
370 IF X$=CHR$(8) THEN INSTRING$= LEFT$(INSTRING$,CRSR.POS-
2)+MID$(INSTRING$,CRSR.POS)
380 IF TASTE= 83  THEN INSTRING$= LEFT$(INSTRING$,CRSR.POS-
1)+MID$(INSTRING$,CRSR.POS+1)
390 LOCATE ZEILE,SPALTE:PRINT INSTRING$;" ";
400 IF X$=CHR$(8) THEN CRSR.POS= CRSR.POS-1
410 LOCATE CSRLIN,SPALTE+CRSR.POS-1
420 TASTE= 0: X$="":AENDERUNG= -1
430 RETURN
440 '
450 '----- Taste Ins -----
460 '
470 INSTRING$= LEFT$(INSTRING$,CRSR.POS-1)+" "+MID$(INSTRING$,CRSR.POS)
480 PRINT " ";MID$(INSTRING$,CRSR.POS+1);
490 LOCATE CSRLIN,SPALTE+CRSR.POS-1
500 AENDERUNG= -1
510 RETURN
520 '
530 '----- Steuer- und Funktionstasten -----
540 '
550 TASTE= ASC(RIGHT$(X$,1))
560 IF TASTE= 63 THEN RETURN '[F5]= Auswahl
570 IF TASTE= 68 THEN RETURN '[F10]= Eingabe o.k.
580 IF TASTE= 72 OR TASTE= 80 THEN RETURN 'CRSR hoch und runter
590 IF TASTE= 73 OR TASTE= 81 THEN RETURN 'PgUp und PgDn
600 IF TASTE= 75 AND POS(0)> SPALTE THEN LOCATE CSRLIN,POS(0)-1:CRSR.POS= CRSR.POS-
1:GOTO 210 'CRSR <--
610 IF TASTE= 77 AND POS(0)< SPALTE+LAENGE-1 THEN IF CRSR.POS<= LEN(INSTRING$) THEN
LOCATE CSRLIN,POS(0)+1:CRSR.POS= CRSR.POS+1:GOTO 210 'CRSR -->
620 IF TASTE= 83 AND CRSR.POS <= LEN(INSTRING$) THEN GOSUB 350:GOTO 210 'DEL wird
ähnlich BACKSPACE gehandhabt
630 IF TASTE= 71 THEN LOCATE ZEILE,SPALTE:GOTO 210 'Home, Feldanfang
640 IF TASTE= 79 THEN LOCATE CSRLIN,SPALTE+LEN(INSTRING$)-1:CRSR.POS=
LEN(INSTRING$):GOTO 210 'End, auf letztes Zeichen setzen
```

Fortgeschrittener Umgang mit dem Editor

```
650 IF TASTE= 117 THEN INSTRING$= LEFT$(INSTRING$,CRSR.POS-1):PRINT SPACE$(LAENGE-
CRSR.POS);:LOCATE CSRLIN,SPALTE+CRSR.POS-1:AENDERUNG= -1:GOTO 210 'CTRL-End, löschen
bis Feldende
660 IF TASTE= 82 AND CRSR.POS<= LEN(INSTRING$) AND LEN(INSTRING$)< LAENGE THEN GOSUB
450:GOTO 210 'Ins
670 BEEP:GOTO 210
680 '
690 '----- Eingabe der Datei-Namen -----
700 '
710 PRINT "UNPRTCT.BAS                            1986 (C) H.J. Bomanns"
720 PRINT STRING$(80,"="):PRINT
730 PRINT "Dieses Programm entschlüsselt ein irrtümlich mit der Option ',P'
gespeichertes"
740 PRINT "Programm und macht den Quell-Text wieder zugänglich."
750 LOCATE 10,5:COLOR SCHRIFT.VG,SCHRIFT.HG
760 PRINT "Eingabe-Datei:              [',P'-Datei]"
770 LOCATE 12,5
780 PRINT "Ausgabe-Datei:              [für Quell-Text]"
790 INSTRING$= EING.DATEI$:ZEILE= 10: SPALTE= 20:LAENGE= 12
800 GOSUB 160 'Upro Einlesen
810 IF X$= CHR$(27) THEN CLS:END 'ESC gedrückt
820 EING.DATEI$= INSTRING$
830 INSTRING$= AUSG.DATEI$:ZEILE= 12: SPALTE= 20:LAENGE= 12
840 GOSUB 160 'Upro einlesen
850 IF TASTE= 72 THEN 790 'CRSR-Hoch
860 IF X$= CHR$(27) THEN CLS:END 'ESC gedrückt
870 AUSG.DATEI$= INSTRING$
880 '
890 '----- Dateien öffnen -----
900 '
910 OPEN "R",#1,EING.DATEI$,1
920 FIELD#1,1 AS EIN$
930 OPEN "R",#2,AUSG.DATEI$,1
940 FIELD#2,1 AS AUS$
950 '
960 SCHL1= 13:SCHL2= 11 'Zeiger in Array
970 MAX.BYTES= LOF(1)-2 'Anzahl der zu entschlüsselnden Byte
980                     'abzüglich EOF und KZ-Byte &HFF/&HFE
990 '
1000 GET#1                       'erstes Byte = &HFE, &HFF
1010 IF ASC(EIN$)= &HFE THEN 1060 'Datei ist geschützt, also weiter
1020 PRINT:PRINT
1030 PRINT "Datei ist nicht geschützt....."
1040 PRINT:PRINT
1050 END
1060 LSET AUS$= CHR$(&HFF) 'Erstes Byte bei ungeschütztem Programm
1070 PUT#2                 'Erstes Byte schreiben
1080 '
1090 '----- Ab hier werden die Bytes entschlüsselt -----
1100 '
1110 LOCATE 20,5:COLOR SCHRIFT.VG,SCHRIFT.HG
1120 PRINT USING "Datei (###### Bytes) wird entschlüsselt:";MAX.BYTES
1130 COLOR HINWEIS.VG,HINWEIS.HG
1140 '
1150 FOR I= 1 TO MAX.BYTES
1160     GET#1 'Ohne Satz-Nummer= sequentiell lesen
1170     LOCATE 20,46,0:PRINT USING "######";I;
1180     BYTE= ASC(EIN$)
1190     BYTE= BYTE -SCHL2
1200     BYTE= SCHLUESSEL1(SCHL1) XOR BYTE
1210     BYTE= SCHLUESSEL2(SCHL2) XOR BYTE
1220     BYTE= BYTE +SCHL1
1230     IF BYTE>= 256 THEN BYTE= BYTE-256
1240     IF BYTE<0 THEN BYTE= BYTE+256
```

```
1250    LSET AUS$= CHR$(BYTE)
1260    PUT#2 'Ohne Satz-Nummer= sequentiell schreiben
1270    SCHL1= SCHL1 -1
1280    IF SCHL1= 0 THEN SCHL1= 13
1290    SCHL2= SCHL2 -1
1300    IF SCHL2= 0 THEN SCHL2= 11
1310  NEXT I 'Nächstes Byte lesen, entschlüsseln und schreiben
1320  '
1330  CLOSE 'Alle Dateien schließen
1340  '
1350  COLOR SCHRIFT.VG,SCHRIFT.HG:CLS
1360  PRINT "Datei ";EING.DATEI$;" ist entschlüsselt in ";AUSG.DATEI$;"
1370  PRINT:PRINT:END
```

Zur Realisation

Es hat über mehrere Tage hinweg einige Stunden Sucharbeit gekostet, bis der Verschlüsselungs-Algorithmus im Interpreter gefunden und durchschaut war. Vom Interpreter werden die Daten dabei anhand zweier unterschiedlicher Code-Tabellen nach einem nicht sehr komplizierten Algorithmus (siehe Listing, Zeile 1190-1220) verschlüsselt. Für die Entschlüsselung werden die Programm-Datei und die Ziel-Datei als Random-Dateien mit einer Satzlänge 1 geöffnet (Zeile 910-940). In einer Schleife wird jeweils ein einzelnes Byte gelesen, entsprechend dem Algorithmus "umgekehrt" entschlüsselt und in die Ziel-Datei geschrieben (Zeile 1150-1310). Das wars! Nach dem Laden der entschlüsselten Datei können Sie wie gewohnt damit arbeiten.

Hinweis: Es ist nicht gewährleistet, daß der Verschlüsselungs-Algorithmus und die Werte der Schlüssel bei allen Versionen und Implementationen gleichermaßen eingesetzt werden. Sollte also ein mit UNPRTCT behandeltes Programm nicht wie gewünscht laufen, so können Sie davon ausgehen, daß bei Ihrem Interpreter ein anderer Algorithmus/Schlüssel zum Einsatz kommt. In diesem Fall müssen Sie sich dann die Mühe machen und per DEBUG in der Programm-Datei danach suchen und - wenn Sie diese gefunden haben - die notwendigen Änderungen im obigen Listing vornehmen.

UNPRTCT etwas schneller...

Ich habe das Programm UNPRTCT.BAS unter anderem auf das in Kapitel 14 vorgestellte Programm PDV.BAS angesetzt. Dieses Programm belegt nach der Speicherung mit dem Schalter ",P" etwas mehr als 38 KByte. UNPRTCT.BAS benötigte für die Entschlüsselung auf einem mit 10 MHz getakteten AT und einer sehr schnellen Festplatte (mittlerer Zugriff 28 ms) genau 14 Minuten und 58 Sekunden! Nun können Sie sich in etwa vorstellen, wieviel Zeit dazu auf einem "normalen" PC notwendig ist. Geht man mal von der Faustregel aus, daß ein AT 3 bis 5 Mal schneller ist, so kommen wir auf Zeiten von 45 Minuten bis weit über eine Stunde! In dieser Zeit wurden so große Erfindungen wie die Glühbirne oder der Reisverschluß gemacht...

Fortgeschrittener Umgang mit dem Editor 299

Der ironische Leser wird nun einwerfen, daß er das Programm in dieser Zeit auch wieder neu eintippen kann. Nun, so ganz kann ich dem nicht zustimmen. Hinter einem 40-KByte-Programm stecken in der Regel mehrwöchige Entwicklungszeiten, die sich selbst in mehreren Stunden oder Tagen nicht aufholen lassen. Andererseits: bevor ich mich in einem solchen Fall ans neuerliche Eintippen mache, nehme ich selbst eine Ausführungszeit von 5 Stunden in Kauf.

Doch das muß nicht sein: In Kapitel 8 über die Assembler-Programmierung haben wir gesagt, daß unter anderem die Geschwindigkeits-Optimierung eine der wichtigsten Aufgaben einer Assembler-Routine ist. Also habe ich mich hingesetzt und das Programm UNPRTCT.BAS als Assembler-Programm realisiert. Das Ergebnis: Die Entschlüsselung des gleichen Programms auf dem gleichen Rechner unter gleichen Bedingungen dauerte sage und schreibe ganze 2 Sekunden! Wenn das keine eindrucksvolle Demonstration der Vorteile von Assembler ist. Im Folgenden finden Sie nun das Assembler-Listing UNPRTCT.ASM. Da es etwas länger ist, habe ich notwendige Kommentare als Text in das Listing eingefügt:

```
;-----------------------------------------
; UNPROTCT.COM ist ein Programm, mit dem
; Programme, die unter GW-BASIC mit dem
; Schalter ",P" als geschützt gespeichert
; wurden, wieder lesbar gemacht werden
; können.
;-----------------------------------------
Program      segment
             assume cs:Program,ds:Program
             org     0100h

Start:       jmp    Begin

Logo         db 80 dup (205)
             db ' UnProtct V1.00',43 dup(' '), '1986 (C) H.J. Bomanns '
             db 80 dup (205)

Anzeige      db 27,'[0m'
             db 27,'[5;5f Eingabe-Datei:',55 dup(177)
             db 27,'[7;5f Ausgabe-Datei:',55 dup(177)
             db 27,'[1m$'                   ;Eingabe doppelt hell
```

Die Positionierung des Cursors und die Einstellung der Farben für die Bildschirmdarstellung erfolgt über ANSI-ESC-Sequenzen. Achten Sie also darauf, daß in der Konfigurations-Datei CONFIG.SYS der Eintrag

```
device= ansi.sys
```

enthalten ist. Andernfalls sieht die Bildschirmausgabe etwas merkwürdig aus.

```
;-----------------------------------------
; Fehlermeldungen und Hinweise
;-----------------------------------------
Err_Ein      db ' Fehler beim Öffnen der Eingabe-Datei'
Err_Ein2     db ' Eingabe-Datei nicht gefunden$'
Err_Ein3     db ' Falscher Pfad für Eingabe-Datei$'
Err_EinL     db ' Eingabe-Datei ist leer$'
Err_Aus      db ' Fehler beim Öffnen der Ausgabe-Datei$'
Err_Inp      db ' Datei-Name muß eingegeben werden$'
```

```
Taste       db  ', [ESC]= Abbruch, beliebige Taste: ',7,27,'[D$'
Frage       db  ' Ausgabe-Datei existiert, überschreiben (J/N): ',7
            db  27,'[D$'

Nochmal     db  27,'[0m',27,'[20;5f Weitere Datei entschlüsseln (J/N): ',7
            db  27,'[D$'

Abbr_Msg    db  27,'[0m',27,'[15;5f'
            db  ' UnPrtct abgebrochen.....',7,13,10,10,'$'

Lesen_Msg   db  27,'[0m',13,10
            db  27,'[C Eingabe-Datei wird gelesen.....',13,10,'$'
Entsl_Msg   db  27,'[C Daten werden entschlüsselt.....',13,10,'$'
Schrb_Msg   db  27,'[C Ausgabe-Datei wird geschrieben.....',13,10,'$'
OK_Msg      db  27,'[C Entschlüsselung erfolgreich abgeschlossen.....',13,10,10
            db  27,'[0m','$'

Err_Attr    db  27,'[7m',27,'[10;5f','$'
ClrLine     db  27,'[0m',27,'[10;5f',75 dup(177),27,'[1m','$'

Schl1       db  000h,09ah,0f7h,019h,083h
            db  024h,063h,043h,083h,075h
            db  0cdh,08dh,084h,0a9h

Schl2       db  000h,07ch,088h,059h,074h
            db  0e0h,097h,026h,077h,0c4h
            db  01dh,01eh
```

Hier die beiden Tabellen mit den Schlüsseln, die den Arrays SCHLUESSEL1 und SCHLUESSEL2 im BASIC-Programm entsprechen.

```
Bytes       dw  0

E_Handle    dw  0                           ;Nr. des Eingabe-Handles
A_Handle    dw  0                           ;Nr. des Ausgabe-Handles

BS_Adresse  dw  0

E_Puffer    db  0                           ;Eingabe-Puffer für FN 0Ah
E_Laenge    db  0,50 dup(' ')

MaxPuffer   dw  60000d
PufferOffs  dw  offset Puffer               ;Datenbereich am Ende des Prg.
Puffergroesse dw MaxPuffer-PufferOffs       ;Puffergroesse für Lesen/Schreiben
;----------------------------------------
; Feststellen, welcher Monitor
;----------------------------------------
Begin:      push    ds                      ;Welcher Monitor?
            push    si
            mov     si,0000                 ;Segment= 0000
            mov     ds,si
            mov     al,ds:[410h]            ;BS-Flag DOS
            pop     si
            pop     ds
            and     al,30h
            cmp     al,30h
            jz      Mono_BS                 ;Wenn 0, dann Monochrom
            mov     BS_Adresse,47104        ;B800h
            jmp     Init_Prg
Mono_BS:    mov     BS_Adresse,45056        ;B000h
```

Fortgeschrittener Umgang mit dem Editor

Im BIOS-Datensegment (0000h:0400h oder 0040h:0000) an Offset 410h bzw. 10h steht das sogenannte "Equipment-Flag", in dem die Hardware-Konfiguration des Rechner festgehalten wird. Die Bits 4 und 5 repräsentieren die installierte Video-Karte. Sind beide Bits gesetzt, so ist eine Monochrom-Karte installiert, anderfalls eine Farb-Karte.

```
;---------------------------------------
; Programm und Vars initialisieren
;---------------------------------------
Init_Prg:       call    Init_BS                 ;BS und Logo
SetUp:          mov     dx,offset Anzeige       ;Eingabe-Texte
                mov     ah,09
                int     21h
                mov     [E_Laenge],0            ;Keine Eingabe
;---------------------------------------
; Name Eingabe-Datei einlesen
;---------------------------------------
L1:             mov     dh,4                    ;Zeile
                mov     dl,20                   ;Spalte
                mov     ah,2                    ;Function Set Cursor Position
                int     10h

                mov     [E_Puffer],50
                mov     dx,offset E_Puffer      ;Eingabe-Puffer
                mov     ah,0ah                  ;Buffered Keyboard Input
                int     21h
                xor     ax,ax
                mov     al,[E_Laenge]           ;Länge der Eingabe
                cmp     al,0                    ;Länge= 0?
                jnz     L1A                     ;Eingabe o.k.
                mov     dx,offset Err_Inp       ;Datei-Name nicht eingegeben
                call    Error
                jmp     L1

L1A:            mov     bx,ax
                add     bx,1
                mov     [E_Laenge+bx],0000h     ;ASCIZ-String fabrizieren
                mov     ah,3dh                  ;Open File
                mov     dx,offset E_Laenge+1    ;Ab da steht der Name
                mov     al,0                    ;Datei für Lesen öffnen
                int     21h
                jnc     Ein_OK                  ;Wenn o.k., dann weiter
                cmp     ax,2                    ;Fehler "File not found"
                jnz     L1B
                mov     dx,offset Err_Ein2      ;Fehler "Datei nicht gefunden"
                call    Error
                jmp     SetUp                   ;Und nochmal
L1B:            cmp     ax,3                    ;Fehler "Path not found"
                jnz     L1C
                mov     dx,offset Err_Ein3      ;Fehler "Falscher Pfad..."
                call    Error
                jmp     SetUp                   ;Und nochmal
L1C:            mov     dx,offset Err_Ein       ;Fehler allgemein
                call    Error
                jmp     SetUp
Ein_OK:         mov     [E_Handle],ax           ;Nr. des Handles festhalten
```

Über die Funktion 0Ah des Interrupt 21h werden die beiden notwendigen Dateinamen eingelesen. Die Namen werden in einen Puffer eingelesen und von dort den Funktionen zum Öffnen/Anlegen der Dateien übergeben. Fehler bei den

Dateizugriffen werden vom Betriebssystem über das Carry-Flag mitgeteilt: Bit gesetzt: Fehler, Bit nicht gesetzt: alles Klar.

```
;-----------------------------------------
; Name Ausgabe-Datei einlesen
;-----------------------------------------
L2:     mov     dh,6                    ;Zeile
        mov     dl,20                   ;Spalte
        mov     ah,2                    ;Function Set Cursor Position
        int     10h

        mov     [E_Puffer],50
        mov     dx,offset E_Puffer      ;Eingabe-Puffer
        mov     ah,0ah                  ;Buffered Keyboard Input
        int     21h
        xor     ax,ax
        mov     al,[E_Laenge]           ;Länge der Eingabe
        cmp     al,0                    ;Länge= 0?
        jnz     L2A                     ;Eingabe o.k.
        mov     dx,offset Err_Inp       ;Datei-Name nicht eingegeben
        call    Error
        jmp     L2
;-----------------------------------------
; Ausgabe-Datei öffnen
;-----------------------------------------
L2A:    mov     bx,ax
        add     bx,1
        mov     [E_Laenge+bx],0000h     ;ASCIZ-String fabrizieren
        mov     ah,3dh                  ;Open File
        mov     dx,offset E_Laenge+1    ;Ab da steht der Name
        mov     al,1                    ;Datei für Schreiben öffnen
        int     21h
        push    ax                      ;Handle sichern
        jnc     Fragen                  ;Wenn o.k., dann Datei da
                                        ;Sonst anlegen
;-----------------------------------------
; Ausgabe-Datei anlegen
;-----------------------------------------
        pop     ax                      ;Stack bereinigen
        mov     ah,3ch                  ;Create File
        mov     cx,20h                  ;Attribut Archiv
        mov     dx,offset E_Laenge+1    ;Ab da steht der Name
        int     21h
        jnc     Aus_OK                  ;Wenn o.k., kann es losgehen
        mov     dx,offset Err_Aus       ;Fehler allgemein
        call    Error
        mov     ah,3eh                  ;Datei schließen
        mov     bx,E_Handle             ;Eingabe-Datei wieder schließen
        int     21h
        jmp     SetUp                   ;Und nochmal
;-----------------------------------------
; Ausgabe-Datei existiert, überschreiben?
;-----------------------------------------
Fragen: mov     dx,offset Err_Attr      ;Revers für Frage
        mov     ah,09
        int     21h
        mov     dx,offset Frage         ;Überschreiben (J/N)
        mov     ah,09
        int     21h
        mov     ah,0
        int     16h                     ;Auf Taste warten
        cmp     al,'j'
        jz      Aus_OK1
```

```
                cmp     al,'J'
                jz      Aus_OK1
                cmp     al,'n'
                jz      Zurueck
                cmp     al,'N'
                jz      Zurueck
                jmp     Fragen
Zurueck:        pop     ax
                mov     dx,offset ClrLine
                mov     ah,09
                int     21h
                jmp     SetUp
;----------------------------------------
; Ausgabe-Datei ist geöffnet
;----------------------------------------
Aus_OK1:        pop     ax                      ;AX nach 'Fragen' restaurieren
Aus_OK:         mov     [A_Handle],ax           ;Nr. des Handles festhalten
                mov     dx,offset ClrLine
                mov     ah,09
                int     21h
;----------------------------------------
; Daten aus Eingabe-Datei in Puffer lesen
;----------------------------------------
                mov     dx,offset Lesen_Msg
                mov     ah,09
                int     21h
                mov     dx,offset Puffer        ;Pufferadresse
                mov     cx,Puffergroesse        ;Puffergroesse
                mov     bx,E_Handle
                mov     ah,3fh                  ;Read from File
                int     21h
                or      ax,ax                   ;Wurden Daten gelesen?
                jnz     Entschluesseln          ;Ja, entschlüsseln
                mov     dx,offset Err_EinL      ;Nein, Fehlermeldung
                call    Error
                mov     ah,3eh                  ;Datei schließen
                mov     bx,E_Handle             ;Eingabe-Datei schließen
                int     21h
                mov     ah,3eh
                mov     bx,A_Handle             ;Ausgabe-Datei schließen
                int     21h
                jmp     SetUp                   ;Und von vorne
;----------------------------------------
; Daten im Puffer entschlüsseln
;----------------------------------------
Entschluesseln: push    ax
                mov     dx,offset Entsl_Msg
                mov     ah,09
                int     21h
                pop     ax
                mov     Bytes,ax                ;Anzahl gelesene Bytes
                mov     cx,ax                   ;Anzahl nach CX
                dec     cx                      ;2 abziehen für EOF/KZ-Byte
                dec     cx
                inc     Puffer                  ;1. Byte FEh/FFh skippen
                jnz     Nicht_verschl           ;War schon FFh
                dec     Puffer                  ;Wieder auf FEh setzen
                dec     Puffer
Nicht_verschl:  mov     dh,13                   ;Anzahl Schlüssel1
                mov     dl,11                   ;Anzahl Schlüssel2
                mov     si,offset Puffer+1
                mov     di,si
                cld
```

```
Schleife:       mov     bx,offset Schl1
                mov     al,dh
                xor     ah,ah
                add     bx,ax
                lodsb                           ;Byte aus Puffer lesen
                sub     al,dl
                xor     al,[bx]                 ;Byte wandeln
                push    ax                      ;Zeichen merken
                mov     bx,offset Schl2
                mov     al,dl
                xor     ah,ah
                add     bx,ax                   ;Zeiger auf Schlüsseltabellen
                pop     ax                      ;Zeichen wiederherstellen
                xor     al,[bx]                 ;Byte wandeln
                add     al,dh
                stosb                           ;Byte in Puffer schreiben
                dec     dl                      ;Schlüssel2 vermindern
                jnz     No1                     ;Bis auf 1
                mov     dl,11                   ;Anzahl Schlüssel2
No1:            dec     dh                      ;Schlüssel1 vermindern
                jnz     No2                     ;Bis auf 1
                mov     dh,13                   ;Anzahl Schlüssel1
No2:            loop    Schleife
```

In dieser LOOP werden die einzelnen Bytes der Eingabe-Datei direkt im Puffer entschlüsselt. Der Zähler CX wird dazu mit der Anzahl tatsächlich gelesener Bytes initialisiert. Diese Anzahl Bytes wird beim Aufruf der Funktion 3Fh als Ergebnis im AX-Register geliefert.

```
;------------------------------------------
; Entschlüsselte Daten zurückschreiben
;------------------------------------------
Schreiben:      mov     dx,offset Schrb_Msg
                mov     ah,09
                int     21h
                mov     dx,offset Puffer;Daten aus dem Puffer schreiben
                mov     cx,Bytes                ;Anzahl Bytes
                mov     bx,A_Handle
                mov     ah,40h                  ;Write to File
                int     21h
                mov     dx,offset OK_Msg
;------------------------------------------
; Programm mit Meldung beenden oder
; noch ein Durchlauf
;------------------------------------------
Exit:           mov     ah,09
                int     21h
                mov     ah,3eh                  ;Datei schließen
                mov     bx,E_Handle             ;Eingabe-Datei schließen
                int     21h
                mov     ah,3eh
                mov     bx,A_Handle             ;Ausgabe-Datei schließen
                int     21h

Nochm1:         mov     dx,offset Nochmal
                mov     ah,09
                int     21h
                mov     ah,0
                int     16h                     ;Auf Taste warten
                cmp     al,'j'
                jz      Nochm
                cmp     al,'J'
```

Fortgeschrittener Umgang mit dem Editor

```
               jz       Nochm
               cmp      al,'n'
               jz       Ende_Prg
               cmp      al,'N'
               jz       Ende_Prg
               jmp      Nochm1
Ende_Prg:      mov      ch,3               ;Fenster von aktueller Zeile
               mov      cl,0               ;Spalte 0
               mov      al,22              ;22 Zeilen löschen
               mov      dh,24              ;Fenster bis Zeile 24
               mov      dl,79              ;Spalte 79
               mov      bh,7               ;Attribut zum Löschen
               mov      ah,7               ;Scroll Down
               int      10h                ;Fenster scrollen
               mov      ah,02              ;Set Cursor Position
               mov      dh,5               ;Zeile
               mov      dl,0               ;Spalte
               xor      bh,bh              ;BS-Seite 0
               int      10h
               mov      ah,4ch             ;Programmende
               int      21h
Nochm:         jmp      Init_Prg
;------------------------------------------
; Bildschirm mit ' ' füllen, Logo ausgeben
;------------------------------------------
Init_BS        proc     near
               PUSH     CX
               PUSH     AX
               PUSH     DI
               PUSH     SI
               PUSH     ES
               MOV      CX,240             ;Die ersten drei Zeilen
               MOV      DI,[BS_Adresse]    ;Start-Adresse BS
               MOV      ES,DI              ;Ziel-Segment
               XOR      DI,DI              ;Ziel-Offset= 0
               MOV      SI,offset Logo     ;Offset für Zeichen aus Logo
               MOV      AH,112             ;Anzeige Logo Revers
L_0:           LODSB                       ;Zeichen der Reihe nach lesen
               STOSW
               LOOP     L_0

               MOV      CX,1760            ;Rest des BS
               MOV      DI,[BS_Adresse]    ;Start-Adresse BS
               MOV      ES,DI              ;Ziel-Segment
               MOV      DI,480             ;Ziel-Offset= 4.Zeile, 1. Zeichen
               MOV      AH,7               ;Attribut Normal
               MOV      AL,' '
L_1:           STOSW
               LOOP     L_1

               POP      ES
               POP      SI
               POP      DI
               POP      AX
               POP      CX
               RET
Init_BS        endp
```

Diese Routine initialisiert den Bildschirm. Dazu werden die ersten drei Zeilen für die Anzeige des Logos revers gesetzt. Der Rest des Bildschirms wird mit dem Zeichen   gefüllt.

```
;----------------------------------------
; Datei-Name nicht eingegeben
;----------------------------------------
Error       proc    near
            push    dx                          ;Offset der Meldung
            mov     dx,offset Err_Attr          ;CRSR positionieren, Revers
            mov     ah,09
            int     21h
            pop     dx
            mov     ah,09
            int     21h                         ;Fehlermeldung ausgeben
            mov     dx,offset Taste
            mov     ah,09
            int     21h                         ;Meldung 'beliebige Taste'
            mov     ah,0
            int     16h                         ;Auf Taste warten
            cmp     al,27                       ;ESC gedrückt?
            jnz     Weiter                      ;Nein
            mov     dx,offset Abbr_Msg
            jmp     Exit
Weiter:     mov     dx,offset ClrLine           ;Zeile wieder löschen
            mov     ah,09                       ;Attribut auf Eingabe
            int     21h
            ret
Error       endp
;----------------------------------------
; Ab hier stehen die gelesenen Daten
;----------------------------------------
puffer      db      0

Program     ends
            end     Start
```

9.4 Maskengenerator

Nichts ist nervenaufreibender als die Erstellung einer Maske oder eines Menüs. Irgendwann hatte ich die Nase voll und habe mir einen kleinen Menü-/Masken-Generator gestrickt. Diesen möchte ich Ihnen nicht vorenthalten.

Die Bedienung

Nach dem Start des Programms sehen Sie sich mit einem leeren Bildschirm konfrontiert, auf dem Sie nun Ihre Masken oder Menüs gestalten können. Den Cursor bewegen Sie hierbei wie gewohnt mit den Cursor-Steuertasten. Innerhalb der Zeile können Sie mit der <TAB>-Taste einen Tabulatorstop jeweils alle 5 Zeichen anspringen. Hierdurch lassen sich Tabellen etc. recht einfach entwerfen. Für die Gestaltung der Maske oder des Menüs können Sie alle über die Tastatur bzw. über die Kombination <ALT>-<Zeichen-Code> erreichbaren Zeichen einsetzen. Beachten Sie aber, daß Zeichen kleiner CHR$(32) beim Ausdruck über <F3> vom Drucker als Steuerzeichen interpretiert werden können.

Nach den kreativen Bemühungen des Entwurfes haben Sie die Möglichkeit, die erstellte Maske oder das Menü entweder als Listing mit <F1> oder als Datei für

BLOAD mit <F2> zu speichern. Weiterhin können Sie die Maske als Hardcopy mit Skalierung über <F3> ausdrucken, so daß für die weitere Programmierung - vor allem für LOCATE - weniger Zählaufwand anfällt.

Abspeichern als Listing

Zuerst wird für das Programm ein Vorspann in die Datei geschrieben, der die Anzeige der Funktionstasten-Belegung ausschaltet, die Farben für die Anzeige und den Rahmen setzt und den Bildschirm löscht (Zeile 650-690). Anschließend wird der Bildschirm Zeile für Zeile ausgelesen und die dabei ermittelten Zeichen werden in einer Variablen festgehalten (Zeile 710-800). Bevor die Daten in die Datei geschrieben werden, wird diese Variable von hinten nach vorne nach dem ersten Zeichen, das ungleich CHR$(32), also dem Leerzeichen, ist, durchsucht (Zeile 760-780). Dadurch werden nur die Zeichen in die Datei geschrieben, die tatsächlich in einer Zeile vorhanden sind und eventuell folgende Leerzeichen werden eliminiert. Abschließend wird die Variable hinter einer Zeilennummer und einem PRINT in die Datei geschrieben (Zeile 770). Nachdem alle 25 Zeilen gelesen sind, wird die Datei geschlossen und eine Fertig-Meldung ausgegeben (Zeile 810/820).

Abspeichern für BLOAD

Je nach Adresse des Video-RAMs, die beim Start des Programms ermittelt wird (Zeile 100/110), erfolgt die Speicherung von 4000 Bytes (80*25= 2000 plus ein Attribut-Byte pro Zeichen= 4000) per BSAVE (Zeile 860/870). Abschließend wird wieder eine Fertig-Meldung ausgegeben (Zeile 880). Bezüglich der Ermittlung des aktuellen Video-RAMs bzw. des angeschlossenen Monitors finden Sie in Kapitel 3 detailliertere Ausführungen.

Hardcopy mit Skalierung

Hierbei wird die eigentliche Maske oben, unten, links und rechts mit einer Skalierung versehen, die späteres Abzählen sehr erleichtert. Dazu wird der Drucker in die Schriftart Elite gesetzt, da mehr als 80 Zeichen pro Zeile benötigt werden (Zeile 920/930).

Rahmen zeichnen

Schreiben Sie in Position 1,1 auf dem Bildschirm ein E und drücken dann die Tasten <ALT>-<R>, so wird ein einfacher Rahmen gezeichnet (Zeile 400/410). Der Buchstabe D sorgt an gleicher Stelle für einen doppelten Rahmen. Hierbei werden die Semigrafik-Zeichen des PC eingesetzt (Zeile 470-600).

Zeichen wiederholen

Über die Tasten <ALT>-<L> kann das zuletzt eingegebene Zeichen wiederholt werden. Dies ist besonders bei Grafik- und Sonderzeichen, die über <ALT> und einen Zeichen-Code erzeugt wurden, hilfreich.

Das Programm wurde für den internen Einsatz geschrieben. Deshalb fehlt jegliche Benutzeroberfläche und Fehlerbehandlung. Auch der Komfort entspricht nicht unbedingt Ihren Anforderungen. Es soll als Anregung zu eigenen Realisationen dienen:

```
10 '-------------------------------------------------
20 'MM_GEN.BAS                  1986 (C) H.J. Bomanns
30 '-------------------------------------------------
40 :
50 KEY OFF:FOR I=1 TO 10:KEY I,"":NEXT I
60 RAHMEN.FARBE= 7:TEXT.FARBE= 1: HG.FARBE= 7
70 OUT &H3D9,RAHMEN.FARBE
80 COLOR TEXT.FARBE,HG.FARBE:CLS
90 :
100 MONITOR$="C":MONITOR.ADR= &HB800
110 DEF SEG= 0:IF (PEEK(&H410) AND &H30)= &H30 THEN MONITOR$="M": MONITOR.ADR=&HB000
120 :
130 LOCATE CSRLIN,POS(0),1,0,31
140 X$=INKEY$:IF X$="" THEN 140
150 IF LEN(X$)= 2 THEN 230 'FN oder CRSR-Taste gedrückt
160 IF X$= CHR$(9) AND POS(0)+5< 81 THEN LOCATE CSRLIN,POS(0)+5: GOTO 130 'TAB
170 IF X$=CHR$(8) AND POS(0)> 1 THEN LOCATE CSRLIN,POS(0)-1:PRINT " ";:LOCATE CSRLIN,POS(0)-1:GOTO 130
180 IF X$=CHR$(8) AND POS(0)= 1 THEN BEEP:GOTO 130
190 IF CSRLIN= 25 AND POS(0)= 80 THEN PRINT X$;:LOCATE 1,1:GOTO 130
200 PRINT X$;:LETZTE.TASTE$= X$
210 GOTO 130
220 :
230 '----- FN oder CRSR-Taste -----
240 :
250 TASTE= ASC(RIGHT$(X$,1))
260 IF TASTE= 80 AND CSRLIN< 25 THEN LOCATE CSRLIN+1,POS(0):GOTO 140 'CRSR runter
270 IF TASTE= 80 AND CSRLIN= 25 THEN LOCATE 1,POS(0):GOTO 140 'CRSR runter
280 IF TASTE= 72 AND CSRLIN> 1 THEN LOCATE CSRLIN-1,POS(0):GOTO 140 'CRSR hoch
290 IF TASTE= 72 AND CSRLIN=  1 THEN LOCATE 25,POS(0):GOTO 140 'CRSR hoch
300 IF TASTE= 77 AND POS(0)< 80 THEN LOCATE CSRLIN,POS(0)+1:GOTO 140 'CRSR rechts
310 IF TASTE= 77 AND POS(0)= 80 AND CSRLIN= 25 THEN LOCATE 1,1:GOTO 140
320 IF TASTE= 77 AND POS(0)= 80 THEN LOCATE CSRLIN+1,1:GOTO 140
330 IF TASTE= 75 AND POS(0)> 1 THEN LOCATE CSRLIN,POS(0)-1:GOTO 140 'CRSR links
340 IF TASTE= 75 AND POS(0)= 1 AND CSRLIN= 1 THEN LOCATE 25,80:GOTO 140 'CRSR links
350 IF TASTE= 75 AND POS(0)= 1 THEN LOCATE CSRLIN-1,80:GOTO 140 'CRSR links
360 IF TASTE= 71 THEN LOCATE 1,1:GOTO 130 'HOME
370 IF TASTE= 79 THEN LOCATE 25,80:GOTO 130 'END
380 IF TASTE= 15 AND POS(0)-5> 0 THEN LOCATE CSRLIN,POS(0)-5:GOTO 130 'Shift-TAB
390 IF TASTE= 38 THEN X$= LETZTE.TASTE$:GOTO 190 'ALT-L
400 IF TASTE= 19 AND (SCREEN(1,1) OR 32)= ASC("e") THEN 470 'ALT-R, einfacher Rahmen
410 IF TASTE= 19 AND (SCREEN(1,1) OR 32)= ASC("d") THEN 540 'ALT-R, doppelter Rahmen
420 IF TASTE= 59 THEN 620 'F1, als Listing speichern
430 IF TASTE= 60 THEN 840 'F2, für BLOAD speichern
440 IF TASTE= 61 THEN 900 'F3, Hardcopy mit Skalierung
450 PRINT TASTE
460 GOTO 130
470 '----- Einfacher Rahmen -----
480 :
490 LOCATE 1,1
```

```
500 PRINT "┌";STRING$(78,"-");"┐"
510 FOR I= 2 TO 24:LOCATE I,1:PRINT "│";:LOCATE I,80:PRINT "│";:NEXT I
520 LOCATE 25,1:PRINT "└";STRING$(78,"-");"┘";:LOCATE 1,1
530 GOTO 130
540 '----- Doppelter Rahmen -----
550 :
560 LOCATE 1,1
570 PRINT "┌";STRING$(78,"=");"┐"
580 FOR I= 2 TO 24:LOCATE I,1:PRINT "│";:LOCATE I,80:PRINT "│";:NEXT I
590 LOCATE 25,1:PRINT "└";STRING$(78,"=");"┘";:LOCATE 1,1
600 GOTO 130
610 :
620 '----- Listing -----
630 :
640 OPEN "mm_gen.dat" FOR OUTPUT AS #1
650 PRINT #1,"10 KEY OFF:FOR I=1 TO 10:KEY I,";CHR$(34);CHR$(34);":NEXT I"
660 A$="20 color "+STR$(TEXT.FARBE)+","+STR$(HG.FARBE)
670 PRINT #1,A$
680 PRINT #1,"30 OUT &H3D9,";:PRINT #1,USING "##";RAHMEN.FARBE
690 PRINT #1,"40 CLS"
700 ZEILE= 50
710 FOR I=1 TO 25
720    A$=""
730    FOR K=1 TO 80
740       A$=A$+CHR$(SCREEN(I,K))
750    NEXT K
760    FOR K= 80 TO 1 STEP -1
770       IF MID$(A$,K,1)<> " " THEN PRINT #1,USING "#### PRINT ";ZEILE;:PRINT #1,CHR$(34);LEFT$(A$,K);CHR$(34);CHR$(59):GOTO 790
780    NEXT K
790    ZEILE= ZEILE+10
800 NEXT I
810 CLOSE #1
820 CLS:PRINT "Als Datei MM_GEN.DAT/ Listing gespeichert .....":PRINT:END
830 :
840 '----- BLOAD -----
850 :
860 DEF SEG= MONITOR.ADR
870 BSAVE "mm_gen.bld",0,4000
880 CLS:PRINT "Als Datei MM_GEN.BLD/ für BLOAD gespeichert .....":PRINT:END
890 :
900 '----- Hardcopy -----
910 :
920 LPRINT CHR$(27);"@";CHR$(27);"P";CHR$(18);CHR$(27);"M"; 'Drucker-Reset auf Elite
930 WIDTH "LPT1:",255
940 LPRINT
950 LPRINT "    ";:FOR I=1 TO 8:LPRINT "123456789.";:NEXT I:LPRINT
960 LPRINT "    ";:FOR I=1 TO 8:LPRINT "         │";:NEXT I:LPRINT
970 FOR I=1 TO 25
980    A$=""
990    FOR K=1 TO 80
1000      A$=A$+CHR$(SCREEN(I,K))
1010   NEXT K
1020   LPRINT USING "##_ ";I;:LPRINT A$;:LPRINT USING "_ ##";I
1030 NEXT I
1040 LPRINT "    ";:FOR I=1 TO 8:LPRINT "         │";:NEXT I:LPRINT
1050 LPRINT "    ";:FOR I=1 TO 8:LPRINT "123456789.";:NEXT I:LPRINT:LPRINT
1060 GOTO 130
```

10. Über Organisation und Konzeption

10.1 Vom Problem zur Lösung

Basis jeder Programmierung ist ein Problem, das es mit dem PC zu lösen gilt oder ein manueller Vorgang, der mit dem PC automatisiert werden soll. Ein zu lösendes Problem bzw. der manuelle Vorgang läßt sich in den meisten Fällen in wenigen Sätzen, wenn nicht sogar in wenigen Worten ausdrücken. In beiden Fällen wird jedenfalls ein Ziel definiert. Wie dieses Ziel nun erreicht wird, hängt in erster Linie vom Programmierer selbst ab.

Eine Spezies der Programmierer setzt sich vor den PC und fängt erst mal an zu programmieren. Das eigentliche Konzept ergibt sich langsam bei der Eingabe der Statements (in manchen Fällen aber auch gar nicht). Bei kleinen übersichtlichen Projekten muß dieser Weg nicht immer der falsche sein, bei größeren Projekten ist es dann nach Tagen oder Wochen soweit: Bei jedem RENUM gibt der Interpreter einen kleinen Seufzer von sich, hier muß noch eine Routine zwischengezwängt werden, dort muß über eine IF...THEN...GOTO...ELSE...GOTO-Konstruktion eine Besonderheit abgefangen werden, und an anderer Stelle finden sich fein gedrängt 15 Statements in einer Programmzeile. Letztendlich werden die vereinzelt eingestreuten REMs gelöscht, damit mehr Platz fürs Programm zur Verfügung steht. Sicher, das Programm läuft vielleicht und erfüllt seinen Zweck. Was passiert aber, wenn das Programm nach sagen wir mal 2 Monaten geändert werden soll? Betreffender Programmierer muß sich dann aufwendig in die - sofern vorhanden - Programmlogik einarbeiten und feststellen, wo sich noch etwas anflicken oder gefahrlos ändern bzw. löschen läßt. Und wie sieht es bei der Dokumentation aus? Grau bis schwarz meistens. Aufgrund der Unübersichtlichkeit läßt sich eine nur lückenhafte Dokumentation erstellen, die kaum den ihr zugedachten Zweck erfüllt. Hier kann man weder von Programmierung reden, noch den Programmierer als solchen bezeichnen. Oder nicht?

In Software-Häusern und Rechenzentren hat man schon seit den Anfängen begriffen, daß Organisation das halbe Programm ist. Die Argumentation: "Das dauert alles viel zu lange!" kann man nicht gelten lassen. Die Zeit, die hier investiert wird, spart man bei eventuellen Änderungen oder Ergänzungen wieder ein. Auch das Argument: "Ich bin weder Software-Haus noch Rechenzentrum." steht auf wackeligen Füssen. Denken Sie an Freunde oder Bekannte, denen Sie das Programm vielleicht mal überlassen!

Wie geht nun so eine Organisation vor sich? Grundsätzlich ist die Organisation eines Programms - auch Projekt genannt - in verschiedene Phasen unterteilt. Am Anfang steht - wie bereits erwähnt - die Definition des Zieles. Die weiteren Schritte schauen wir uns am besten an einem konkreten Beispiel an: Im Laufe der Zeit sammeln sich bei jedem Programmierer Unmengen von Disketten an.

Hier die Übersicht zu behalten ist Sache der Genies. Also muß ein Hilfsmittel her, das in etwa wie folgt definiert werden kann: Benötigt wird ein Programm, das alle auf den Disketten gespeicherten Programme verwaltet. Über den Programmnamen soll der Zugriff auf weitere Informationen zum Programm möglich sein. Folgende Informationen werden benötigt:

- Auf welcher Diskette ist das Programm?
- Was ist das für ein Programm?
- In welcher Programmiersprache geschrieben?
- Gehört das Programm zu einem Paket?
- Liegt der Quell-Code vor?
- Wie groß ist das Programm?
- Wann wurde das Programm zuletzt geändert?

Diese Liste läßt sich je nach Erfordernis erweitern. Weiterhin soll das Programm einfach zu bedienen sein, die manuelle Arbeit, z.B. Eingabe der Daten, soll weitestgehend automatisiert werden. Außer über den Programmnamen sollen Informationen auch über andere Zugriffsmöglichkeiten gesucht werden können. Letztendlich muß das Programm einige Listen ausdrucken.

Wenn dem Programmierer diese Ausführungen zur Verfügung stehen, liegt eine sogenannte "Anforderung", oder einfacher ausgedrückt, ein Auftrag vor. Man legt sich nun am besten einen Ordner oder eine Hängemappe zu diesem Projekt an. Hier werden alle weiteren Informationen, Schriftstücke, Organisationsunterlagen etc. gesammelt. Unser Projekt heißt "Diskettenverwaltung".

10.2 Organisations-Modell

Die eigentliche Organisation gliedert sich ab hier in 6 Phasen:

Phase 1	Groborganisation
Phase 2	Detailorganisation
Phase 3	Programmierung
Phase 4	Dokumentation
Phase 5	Einführung/Schulung
Phase 6	Änderungen/Ergänzungen

Groborganisation

In dieser Phase wird die Anforderung aus Sicht des Programmierers zu Papier gebracht, und er überprüft, ob sich das Projekt überhaupt realisieren läßt. Hierzu gehört z.B. die Beantwortung folgender Fragen:

- Ist die Hardware hierfür geeignet oder zu klein?
- Gibt es auf dem Markt schon eine Lösung?
- Liegen die Kosten in einer vernünftigen Relation?
- Liegen die Termine im Bereich des Machbaren?

Am Ende der Phase 1 wird eine Organisationsunterlage erstellt, die die genannten Fragen und Antworten beinhaltet. Diese Unterlage wird dem Auftraggeber zur weiteren Entscheidung vorgelegt. Dieser entscheidet dann, ob das Projekt weiterverfolgt werden soll oder nicht, bzw. gibt Änderungen oder Ergänzungen zur Anforderung auf.

Detailorganisation

In dieser Phase geht es ans Eingemachte. Die Anforderung wird spezifiziert, in Zusammenarbeit mit dem Auftraggeber und den späteren Anwendern werden Details wie

- Maskenaufbau
- Aufbau der Listen
- Anforderungen an die Benutzeroberfläche
- Zusammensetzung der Informationen

festgelegt. Der Programmierer stellt ein sogenanntes "Mengengerüst" auf, das Auskunft über Anzahl der Datensätze, Anzahl der Felder etc. gibt. Diese Informationen erleichtern später die Entscheidung, welche Art der Dateiverwaltung man einsetzt. Außerdem legt der Programmierer fest, welche Programmiersprache verwendet werden soll und erstellt einen Programm-Ablauf-Plan. Bei der Erstellung des PAP läßt man sich am besten von EVA leiten. Hierbei handelt es sich nicht um die Freundin des Programmierers, sondern dies ist die Abkürzung für

Eingabe
Verarbeitung
Ausgabe

und bedeutet somit, daß der Programmierer zuerst die Eingaben, dann die Verarbeitung und letztlich die Ausgaben konzipiert.

Den Abschluß dieser Phase bildet wieder die Erstellung einer Organisationsunterlage, die folgenden Umfang haben sollte:

- Darstellung der spezifizierten Anforderung
- Maskenbilder
- Muster-Listen
- Dateisatzbeschreibungen
- Benutzeroberfläche/Hilfe-Funktion
- Übersicht über Kosten und Termine
- Programm-Ablauf-Plan

Der Auftraggeber entscheidet aufgrund dieser Unterlage, ob das Projekt weiter verfolgt werden soll.

Programmierung

In dieser Phase geht es nun darum, die in Phase 2 erarbeiteten Erkenntnisse umzusetzen. Da Masken- und Dateiaufbau, Benutzeroberfläche und Programmablauf bereits festgelegt sind, beschränkt sich die Arbeit des Programmierers auf Punkte wie

- Unterprogrammgestaltung
- Verwendete Variablen
- Programmierstil
- Abfangen von Fehleingaben
- Verhinderung größerer Schäden durch Systemabsturz

um nur einige der wichtigsten zu nennen. Nach Abschluß der Programmierung wird das Programm getestet. Hierzu wird ein Testdatenbestand aufgebaut. Neben den normalen Programmfunktionen werden extreme Situationen getestet. Was passiert beispielsweise, wenn unsinnige Eingaben gemacht werden oder die Floppy während eines Speicher- oder Ladevorganges aus dem Laufwerk genommen wird? Es empfiehlt sich, den Auftraggeber in die Testphase einzubeziehen.

Dokumentation

Bei der Dokumentation unterscheidet man nach

- Programm-Dokumentation und
- Anwender-Dokumentation

Die Programm-Dokumentation beinhaltet z.B. eine Beschreibung der Programmfunktion, Maskenentwürfe, Listenaufbau, Dateisatzbeschreibungen, Übersichten über verwendete Variablen und Unterprogramme, Programm-Ablauf-Pläne und Angaben zur verwendeten Programmiersprache. Alle Informationen also, die für eine Änderung oder Ergänzung des Programms notwendig sind. Die meisten Unterlagen stehen Ihnen bereits aus Phase 2, Detailorganisation, zur Verfügung.

Die Anwender-Dokumentation ist das eigentliche Handbuch zum Programm. Hier erfährt der Anwender z.B. wie das Programm geladen wird, wie er Eingaben vornimmt, ändert oder löscht, wie die Listen gedruckt werden, wie die Hilfe aufgerufen wird und was zu tun ist, wenn das System einmal abstürzt. Eventuell kann die Dateisatzbeschreibung Bestandteil dieser Dokumentation sein, wenn z.B. eine Verarbeitung der gespeicherten Daten durch externe Programme vorgenommen werden soll.

Einführung

In dieser Phase werden die Anwender, die mit diesem Programm arbeiten sollen, mit der Funktion des Programms und dessen Bedienung vertraut gemacht. Hierzu werden Beispieldaten bzw. der Testdatenbestand verwendet. Es werden einige Listen gedruckt und abschließend Fragen der Anwender beantwortet.

Änderungen/Ergänzungen

Diese Phase erstreckt sich im Grunde über das gesamte Projekt. Ich habe noch nie erlebt, daß der Auftraggeber z.B. nicht schon während der Programmierung oder nach Abschluß der Phase 2, Detailorganisation, mit Änderungs- oder Ergänzungswünschen gekommen ist.

Zweck dieser Phase ist aber eigentlich der, daß vom Anwender, nachdem er einige Zeit mit dem Programm gearbeitet hat, Änderungen oder Ergänzungen aufgegeben werden können, die z.B. in den vorherigen Phasen nicht bedacht wurden oder nicht vorauszusehen waren.

Komplette "Phasenmodelle" oder "Vorgehensmodelle" erstrecken sich meistens über mehrere DIN-A4-Ordner. Diese Ausführungen zum Thema "Organisation" können deshalb nur als Hinweis oder Überblick betrachtet werden. Es gibt mittlerweile aber genügend Literatur, die sich mit diesem Thema ausführlich beschäftigt.

10.3 Im Vordergrund: Der Anwender

Sofern Sie ein Programm nicht für sich alleine schreiben, sollte der wichtigste Leitgedanke bei der Programmierung der an den späteren Anwender sein. Dies fängt schon bei der Gestaltung der Masken an. Versuchen Sie nicht, möglichst viele Informationen oder Eingabefelder auf einer Bildschirmseite unterzubringen. Verteilen Sie die Informationen oder Eingabefelder lieber auf zwei oder mehr Masken. Die Maske sollte übersichtlich und strukturiert aufgebaut sein:

So nicht

```
Name:_____ Vorname:_____ Strasse:_____
PLZ:____ Ort:_____ Telefon:_____ Alter:_____
Computer:_____ Drucker:_____ Monitor:_____
```

Besser

```
Nachname:_____        Vorname:_____

Strasse.:_____        PLZ/Ort:_____

Telefon.:_____        Alter..:_____

Computer:_____        Drucker:_____

Monitor.:_____
```

Abb. 33:   Maskenaufbau

Auch bei den Menüs sollten Sie sich am Riemen reißen. Bei mehr als 10 Menüpunkten verliert der Anwender schnell die Übersicht. Lassen Sie sich hier ebenfalls von EVA leiten. Stellen Sie also für Eingabe, Verarbeitung und Ausgabe getrennte Menüs zur Verfügung.

Bei der Konzeption eines Programms, das auf einem Farb-Monitor laufen soll, sollten Sie bei der Auswahl der Farben Sorgfalt walten lassen. Obwohl 16 verschiedene Farben zur Verfügung stehen, müssen diese nicht alle auf einmal angewendet werden. Als besonders anwenderfreundlich hat sich folgende Gliederung erwiesen:

- ▶ Farbe für normale Schrift
- ▶ Farbe für Eingabe- und Fehler-Hinweise
- ▶ Farbe für die eigentliche Eingabe
- ▶ Farbe für Umrahmungen
- ▶ Farbe für Menü-/Auswahl-Balken

Im nächsten Kapitel finden Sie hierzu detaillierte Hinweise. Besonderes Augenmerk sollten Sie auf Fehlerhinweise richten. Nichts ist für den Anwender frustrierender als ein Piepser beim Tastendruck und die Meldung "Falsche Taste gedrückt!". Hier darf er nun raten, welche von den rund 80 - mit Kombinationen über 200 - Tasten er drücken darf. Nett nicht? Hierzu finden Sie in Kapitel 16 ausführliche Hinweise, sowie eine Fehlerbehandlungsroutine und eine Hilfe-Funktion.

10.4 Organisationsmittel

Wenn man sich mal "bei Programmierers" umschaut, ist festzustellen, daß wohl ein Großteil zu den Leuten gehört, die "das Chaos beherrschen" anstatt Ordnung zu halten. Auf dem Schreib- oder Arbeitstisch finden sich da haufenweise unzusammenhängende Notizzettel und handschriftliche Aufzeichnungen. Sobald es darum geht, auf frühere Notizen zurückzugreifen, wird das Unterste nach oben gekehrt - oder auch andersrum.

Dies benötigt nicht nur Zeit, sondern irgendwann geht selbst beim größten Genie die Übersicht verloren. Dies äußert sich meistens darin, daß Programme undokumentiert bleiben und eventuelle Aufzeichnungen zur Bedienung des Programms dermaßen unvollständig sind, daß selbst der geniale Programmierer sein Programm nach drei Monaten nicht mehr bedienen kann. In diesem Abschnitt wollen wir uns einmal anschauen, mit welchen Organisationsmitteln sich die Programmierung und Dokumentation vereinfachen läßt.

10.4.1 Programm-Ablauf-Pläne (PAPs)

Vor allem bei Programmier-Sprachen wie BASIC oder Assembler fällt es Außenstehenden nie leicht, die Programm-Logik - wenn sie denn vorhanden ist - oder den Programm-Ablauf zu durchschauen. BASIC- oder Assembler-Kritiker führen das auf den Umstand zurück, daß diese Sprachen eben "unstrukturierte" Programmiersprachen sind, da man Daten, Variablen und Programmzeilen beliebig mischen und zu allem Übel per GOTO oder JMP beliebig im Programm hin- und her springen kann.

Nun, für einen undisziplinierten Programmierer ist es in der Tat eine Kleinigkeit, ein BASIC- oder Assembler-Programm so zu erstellen, daß niemand - nicht mal er selbst - es zu einem späteren Zeitpunkt analysieren, geschweige denn verstehen kann. Allerdings habe ich auch schon Programme gesehen - und auch selbst welche erstellt -, die von der Struktur her an "strukturierte" Programmier-Sprachen erinnerten.

Andere strukturierte Programmiersprachen wie Pascal, Modula 2 oder COBOL gestatten dieses Chaos nicht. Dort gibt es eine saubere Trennung von Daten/Variablen, den Unterprogrammen und dem eigentlichen Haupt- oder Steuerprogramm. Ein Blick in die jeweiligen Definitions- oder Deklarationsteile des Programms machen sehr schnell die Programm-Logik und den Programm-Ablauf klar. Die Logik eines Programms zu Papier zu bringen, ist in der Regel nicht notwendig. Ein Programm zur Verwaltung von Adressen beinhaltet von der Aufgabe her schon eine gewisse Logik, so daß sich durch einen strukturierten Programm-Aufbau weitere Dokumentationen erübrigen.

Anders sieht es da beim Programm-Ablauf aus. Selbst für kleinste Programme sollte man immer einen PAP erstellen. Hierzu wurden standardisierte Symbole festgelegt, durch deren Verwendung es jedem Programmierer (der diese Symbole kennt) ermöglicht wird, den Ablauf eines Programms zu analysieren. Bevor wir uns einen kleinen Beispiel-PAP anschauen, werfen wir einen Blick auf die wichtigsten Symbole, die in einem PAP auftauchen können:

PAP-Symbole

Symbol 1

Symbol 1
Dieses Symbol kennzeichnet sowohl Start als auch Ende des Programms. In das Symbol wird dementsprechend das Wort "Start" oder "Ende" gesetzt.

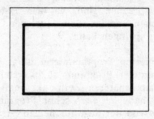

Symbol 2

Symbol 2
Jede Verarbeitung von Daten z.B. Berechnungen, Änderungen, Löschungen oder das Suchen in Tabellen wird durch dieses Symbol gekennzeichnet.

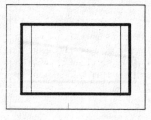

Symbol 3

Symbol 3
Unterprogramme mit Rücksprung (GOSUB...RETURN) werden durch dieses Symbol kenntlich gemacht. Bei größeren PAPs werden alle Upros auf einer gesonderten Seite untergebracht und über die Verzweigungs-Symbole identifiziert.

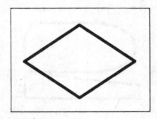

Symbol 4

Symbol 4
Entscheidungen mit anschließender Verzweigung (IF...THEN...ELSE) werden hierdurch gekennzeichnet. Sofern möglich sollte man alle Ja- und alle Nein-Sprünge auf immer derselben Seite - also links oder rechts - ausführen.

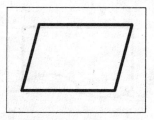

Symbol 5

Symbol 5
Der maschinelle Zugriff auf ein Peripherie-Gerät oder eine Datei wird durch dieses Symbol kenntlich gemacht. Wenn also eine Datei gelesen bzw. geschrieben wird, kommt dieses Symbol zum Einsatz.

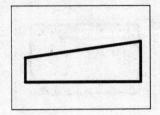

Symbol 6

Symbol 6
Dieses Symbol kennzeichnet jede Eingabe über die Tastatur. Es muß also bei einfachen Abfragen (J/N), Menüs etc. verwendet werden. Wenn gleichzeitig eine Ausgabe erfolgt, benutzen Sie das folgende Symbol.

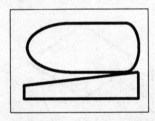

Symbol 7

Symbol 7
Für Ausgaben auf den Bildschirm und/oder Eingaben über die Tastatur wird dieses Symbol verwendet. Erfolgt lediglich eine Anzeige, so wird der untere Teil des Symbols weggelassen.

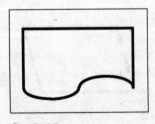

Symbol 8

Symbol 8
Jede Ausgabe auf den Drucker wird durch dieses ein Formular darstellendes Symbol kenntlich gemacht.

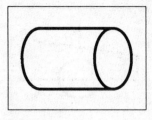

Symbol 9

Symbol 9
Eine Datei beliebigen Typs wird durch dieses Symbol gekennzeichnet. Sofern der Name feststeht, sollte er zur Erläuterung hinzugefügt werden. Auch der Typ der Datei sollte dabei angegeben werden.

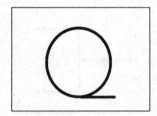

Symbol 10

Symbol 10
In der Praxis wird dieses Symbol in Verbindung mit dem PC kaum Verwendung finden, da dort weder Bandstationen noch Kassettenrecorder angeschlossen werden. Wenn Sie es trotzdem finden, so wird meistens eine Datensicherung auf einen Tapestreamer kenntlich gemacht.

Symbol 11

Symbol 11
Dieses Symbol werden Sie vor allem bei größeren PAPs, die sich über mehrere Seiten erstrecken, finden. Dadurch wird die Quelle einer Verzweigung gekennzeichnet. Im Kreis wird eine fortlaufende Nummer festgehalten, die mit der Nummer im Symbol für das Ziel der Verzweigung identisch ist.

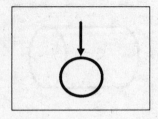

Symbol 12

Symbol 12
Dieses Symbol kennzeichnet das Ziel einer Verzweigung und ist das Gegenstück zum obigen Symbol. Im Kreis wird die Nummer der Quell-Verzweigung festgehalten.

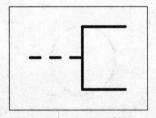

Symbol 13

Symbol 13
Sofern zu einem Symbol besondere Kommentare notwendig sind oder sich Hinweise nicht innerhalb des Symboles unterbringen lassen, wird dieses Symbol verwendet. Es schließt rechts direkt an das jeweilige Symbol an, die Höhe der eckigen Klammer ist je nach Kommentar-Umfang beliebig.

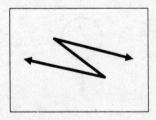

Symbol 14

Symbol 14
Daten, die den PC über eine Datenfernübertragungs-Leitung bzw. per Modem verlassen, werden mit diesem Symbol gekennzeichnet.

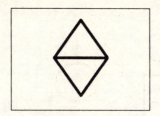

Symbol 15

Symbol 15
Jede Sortierung von Daten egal nach welchem Kriterium wird hierdurch kenntlich gemacht. Der Übersicht halber sollte man Details zur Sortierung dazu schreiben.

Sie bekommen übrigens im EDV-Zubehör-Handel oder bei Ihrem PC-Händler eine Plastikschablone, mit der sich die oben gezeigten Symbole schnell und einfach zu Papier bringen lassen. "Puh", wird der eine oder andere Leser jetzt vielleicht sagen. "Wozu den ganzen PAP-Aufwand?"

Nun, bei kleineren Programmen oder sogenannten "Eintagsfliegen", also Programmen, die nur für den einmaligen Einsatz gedacht sind, kann man gerne darauf verzichten. Wenn Sie jedoch größere Programme erstellen, die vielleicht weitergegeben werden sollen oder auch als Basis einer Modul-Bibliothek verwendet werden können, dann sollten Sie schon darüber nachdenken, ob ein PAP auf lange Sicht die Arbeit nicht wesentlich vereinfacht.

Die Praxis zeigt mir immer wieder, daß man gut daran tut, jeden "Programm-Fizel" zumindest per PAP zu dokumentieren. Daß man irgendeine Routine irgendwann schon mal programmiert hat, weiß man aus dem Kopf, nur ob sie in anderen Programmen eingesetzt werden kann, ergibt in der Regel erst die Analyse, also: laden, listen, gucken.

Da ist es doch viel einfacher, schnell den PAP zur Hand zu nehmen und schon ist man im Bilde, oder nicht? Die folgende Abbildung zeigt einen ganz einfachen und kurzen Programm-Ablauf-Plan:

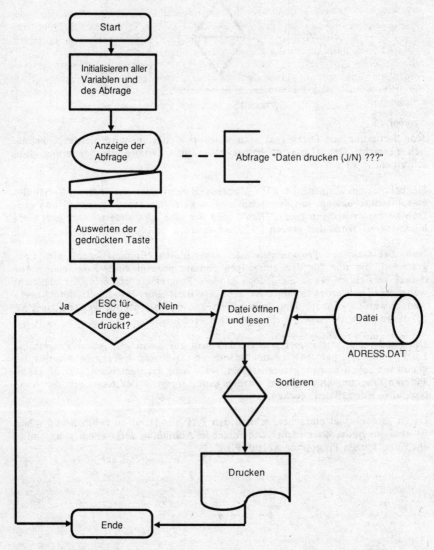

Abb. 34: Programm-Ablauf-Plan

Zuerst wird der Start der Routine durch das Kästchen mit den runden Ecken kenntlich gemacht. In der Praxis schreibt man noch den Namen der Routine - oder wenn es der Programmstart ist - den Namen des Programms dazu. Der folgende Verarbeitungskasten kennzeichnet die Initialisierungen der Routine oder des Programms. Hier sollten alle Zuweisungen, READ...DATA-Schleifen oder Dateizugriffe für die einmalige Initialisierung erfolgen. In unserem Beispiel handelt es sich um eine Routine, die fragt, ob die Daten ausgedruckt werden sollen. Das nächste Symbol macht die Ausgabe der Abfrage auf dem Bildschirm und die anschließende Abfrage der Tastatur kenntlich. Das Verarbeitungs-Kästchen mit folgendem Entscheidungs-Symbol stellt die Auswertung der gedrückten Taste dar. Hier wird in der Regel eine IF...THEN...ELSE-Konstruktion programmiert worden sein.

War die Taste <ESC> gedrückt, so erfolgt ein Sprung an das Ende der Routine. Andernfalls macht das folgende Ein-/Ausgabe-Symbol kenntlich, daß ein Zugriff - in diesem Fall auf die Datendatei - erfolgt. Nach dem Zugriff werden die Daten sortiert und ausgedruckt. Dann erfolgt der Sprung zum Symbol "Ende".

Für das Analysieren dieser Routine anhand des PAPs braucht man schätzungsweise 15 Sekunden - je nachdem wie geübt man im Lesen von PAPs ist. In der Zeit die gleiche Routine anhand des Listings zu analysieren ist unmöglich. Im Anhang finden Sie übrigens alle PAP-Symbole zum schnellen Nachschlagen nochmal zusammengefaßt.

10.4.2 Das Masken-Entwurfsblatt

Mit dem Entwurf von Masken kann man ohne Probleme mehrere Stunden - wenn nicht sogar Tage - verbringen. Vor allem bei Kombi-Masken, in denen sowohl Feldbezeichnungen als auch Daten aus einer Datei oder einer vorangegangenen Eingabe anzuzeigen sind, kann die richtige Positionierung der Ausgabe sehr nervenaufreibend sein.

Hier kann man sich mit einem sogenannten "Masken-Entwurfsblatt" helfen. Auf diesem Blatt wird die spätere Maske erstmal "per Hand" erstellt. Dazu findet sich dort quasi ein Abbild des Bildschirmes als karierte Vorlage wieder. Zeilen und Spalten sind jeweils oben und links angegeben. Bei der späteren Programmierung geht man nun einfach mit dem Finger an der Zeile oder Spalte entlang und schon hat man die richtigen Koordinaten für den LOCATE-Befehl.

Auch hier kann man natürlich wieder Fragen, ob sich denn der ganze manuelle Aufwand überhaupt lohnt. Nun, bei einfachen Anzeigen oder für die fortlaufende Ausgabe von Text per PRINT-Befehl sicherlich nicht. Wenn Sie jedoch eine Maske mit vielen Ein- und Ausgabe-Feldern programmieren müssen und für jede Positionierung den LOCATE-Befehl brauchen, dann schon. Am besten überzeugen Sie sich mal durch einen kleinen Test davon. Programmieren Sie eine Maske ohne und mit Masken-Entwurfsblatt. Das Ergebnis wird Sie überraschen. Ganz davon abgesehen, daß ein Masken-Entwurfsblatt nebenbei noch eine Bereicherung der anschließenden Dokumentation darstellt. Hier ein Beispiel für das Masken-Entwurfsblatt zu einem Adreßverwaltungsprogramm:

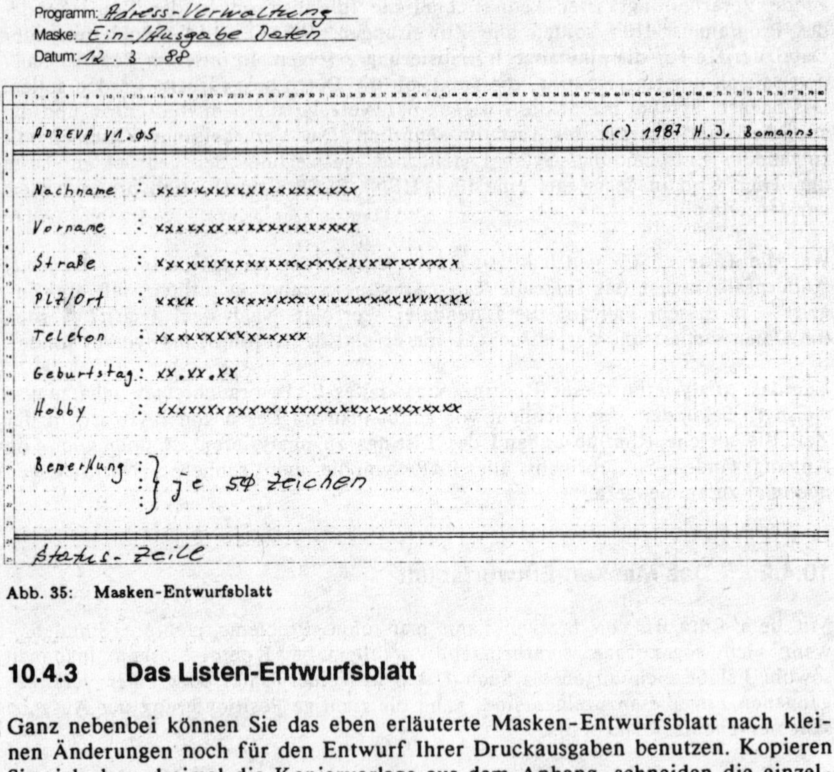

```
Programm: Adress-Verwaltung
Maske:    Ein-/Ausgabe Daten
Datum:    12. 3. 88
```

```
ADREVA V1.05                                (c) 1987 H.J. Bomanns

Nachname    : xxxxxxxxxxxxxxxxxx
Vorname     : xxxxxxxxxxxxxxxxxx
Straße      : xxxxxxxxxxxxxxxxxxxxxxxxxxxx
PLZ/Ort     : xxxx  xxxxxxxxxxxxxxxxxxxxxxx
Telefon     : xxxxxxxxxxxxx
Geburtstag  : xx.xx.xx
Hobby       : xxxxxxxxxxxxxxxxxxxxxxxxxx

Bemerkung : } je 50 Zeichen

Status-Zeile
```

Abb. 35:   Masken-Entwurfsblatt

10.4.3   Das Listen-Entwurfsblatt

Ganz nebenbei können Sie das eben erläuterte Masken-Entwurfsblatt nach kleinen Änderungen noch für den Entwurf Ihrer Druckausgaben benutzen. Kopieren Sie sich dazu dreimal die Kopiervorlage aus dem Anhang, schneiden die einzelnen Stücke aus und kleben Sie untereinander auf ein zweites Blatt Papier. Am letzten Teil können Sie dabei die drei letzten Zeilen ebenfalls abschneiden.

Per "TippEx" werden die Zeilennummern der beiden letzten Teile "gelöscht" und die "richtigen" Zeilennummern von 26 bis 72 per Hand eingetragen. Damit haben Sie ein Entwurfsblatt, das mit seinen 72 Zeilen auch den Entwurf von Druckausgaben auf Endlospapier ermöglicht. Wenn der spätere Ausdruck mehr als 80 Zeichen breit sein soll, so sind entsprechend mehr Kopien zu machen und jeweils drei Teile rechts anzusetzen und wie oben beschrieben zu modifizieren.

Ich hätte Ihnen dazu auch gerne eine Kopiervorlage im Anhang zur Verfügung gestellt. Leider ließ sich eine Vorlage mit 72 Zeilen und 80 bzw. 132 Spalten aus drucktechnischen Gründen nicht realisieren.

10.4.4 Die Datei-Satzbeschreibung

Als letztes Organisationsmittel möchte ich Ihnen eine Datei-Satzbeschreibung ans Herz legen, mit der sich nicht nur Dateiverwaltungs-Programme sondern auch das String-Handling wesentlich vereinfachen lassen.

Die Datei-Satzbeschreibung ist vom Ursprung her für den Einsatz mit strukturierten Dateien - also Random- oder ISAM-Dateien - gedacht. Da wir dort feste Feldlängen haben, leuchtet das auch ein. Bevor wir uns die Datei-Satzbeschreibung im Detail anschauen, ein Blick auf ein Beispiel:

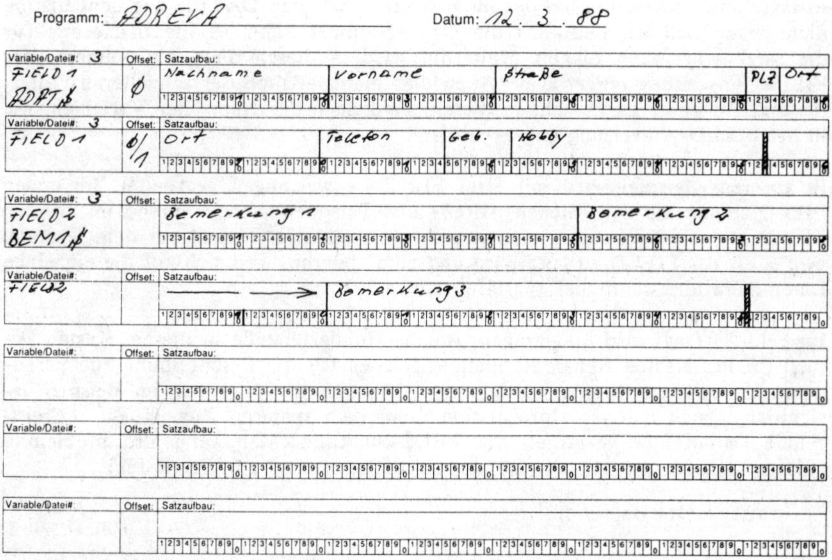

Abb. 36: Datei-Satzbeschreibung

Hierbei handelt es sich um eine Satzbeschreibung für eine Adreßverwaltung, zu der wir im Abschnitt 10.4.2 das Masken-Entwurfsblatt als Beispiel hatten. Im Kopf wird einmal das jeweilige Programm und das Erstellungsdatum der Satzbeschreibung eingetragen. Vor allem das Datum ist wichtig für eventuelle Änderungen und sollte immer eingetragen werden. Man kann so gleich erkennen, welches die aktuellste Satzbeschreibung ist.

Darunter befinden sich 7 Kästen, in denen die eigentliche Satzbeschreibung erfolgt. Im Feld "Variable/Datei#" geben Sie entweder den Namen der Variablen an, für die die Beschreibung gedacht ist, oder die Nummer der Datei, die Sie beim OPEN vergeben haben. Zur Variablen-Beschreibung kommen wir gleich. Die Datei-Nummer ist für das schnelle Auffinden der Informationen wichtig. Lesen Sie beispielsweise im Listing

```
OPEN DATEI$ FOR RANDOM AS #3
```

so sagt Ihnen das wenig, da der momentane Inhalt von DATEI$ aus dem Listing nicht ersichtlich ist. Lediglich die Datei-Nummer kann als Identifizierung für die Satzbeschreibung dienen. Weiterhin wird in diesem Feld die Nummer der FIELD-Anweisung eingetragen. Auch dies dient letztlich der schnelleren Orientierung. Zu guter Letzt steht in diesem Feld noch der Name der Variablen, die in der FIELD-Anweisung angegeben ist.

In unserem Beispiel wird mit zwei FIELD-Anweisungen gearbeitet. Im ersten FIELD stehen die eigentlichen Adreß- und Personendaten, während im zweiten FIELD nur die Bemerkungen untergebracht sind. Dies einmal aus dem Grunde, weil sonst das FIELD zu lang wird und zum anderen, weil sich auf die einzelnen Daten dann übersichtlicher zugreifen läßt.

Im Feld "Offset" wird eingetragen, welche Hunderterstelle in diesem Kasten aktuell ist. Pro Kasten stehen 80 Spalten/Zeichen für die Beschreibung zur Verfügung. Im zweiten Kasten würde unter Offset dann 0/1 - wie im Beispiel ersichtlich - stehen. Diese Information dient dem späteren Zugriff auf die einzelnen Datenfelder vermittels der MID$-Funktion. Man kann also problemlos ablesen, daß für den Zugriff auf das Feld "Geburtstag" z.B. der Befehl

```
GEB$= MID$(ADAT$,115,8)
```

notwendig ist. Wie Sie sehen, läßt sich die Satzbeschreibung auch unabhängig von einer Dateiverwaltung für die Beschreibung von String-Inhalten einsetzen. Wenn Sie beispielsweise für eine Auswertung nur einen Teil-Inhalt der Adreßdatei in ein Array lesen, so kann vermittels der Datei-Satzbeschreibung auch für diese Variable mehr Klarheit geschaffen und der Zugriff wesentlich vereinfacht werden:

```
100 .....
110 FOR I= 1 TO ANZAHL.SAETZE
120    GET#3,I
130    AUSWERT$(I)= LEFT$(ADAT$,20)+MID$(ADAT$,71,44)
```

```
140 NEXT I
150 .....
```

Hier werden nur die Felder Nachname, Postleitzahl (PLZ), Ort und Telefon in ein Array eingelesen, um z.B. eine komprimierte Adreßliste zu drucken. Für die Formatierung der Liste muß man nun wissen, wo die Felder im Array stehen. Man erstellt sich also wieder eine Satzbeschreibung, der zu entnehmen ist, ab welchen Positionen die einzelnen Felder im Array liegen. Die Formatierung per MID$ oder PRINT USING ist dann kein Problem mehr.

10.4.5 Große Programm-Projekte

Eigentlich sollte sich ein größeres Programm-Projekt von der Organisation und Konzeption eines Klein- oder Einzelprogramms nicht sonderlich unterscheiden; bei beiden Projekten sollte man alle zur Verfügung stehenden Organisationsmittel konsequent einsetzen. Lediglich von der Konzeption her muß man sich ein paar Gedanken mehr machen.

In der Regel wird man größere Projekte nicht als Einzel-Programm realisieren, sondern eine Konstruktion per CHAIN oder RUN einsetzen, die über ein Hauptmenü die einzelnen Programm-Teile separat lädt. Dabei ist jedes Programm-Teil quasi als Einzelprogramm zu behandeln.

Bei der Konzeption ist vor allem auf die korrekte Übergabe von Daten unter den Programm-Teilen zu achten. Wollen Sie beispielsweise Adressen an die Texverarbeitung zur Erstellung von Serienbriefen übergeben, so muß in beiden Programm-Teilen eine entsprechende Schnittstelle vorgesehen werden.

Dies kann einmal in Form einer Datei geschehen, in die das Adreßmodul die Daten schreibt und aus der das Text-Modul die Daten liest. Hier ist vor allem eine Datei-Satzbeschreibung recht wichtig, denn wie schnell kann es passieren, daß in den Programm-Teilen verschiedene FIELD-Anweisungen stehen, weil man den korrekte Satzaufbau vergessen hat. Ich habe dadurch einmal verzweifelt in einem Druckprogramm nach Formatierungs-Fehlern gesucht, weil zwei Felder mit falscher Länge angeben waren.

Die zweite Möglichkeit der Datenübergabe ist die per COMMON-Bereich. Auch hier müssen Sie darauf achten, daß in allen Programm-Teilen die absolut gleiche Definition der Variablen erfolgt. Andernfalls werden Variablen mit falschen Inhalten versorgt oder gar überschrieben bzw. gelöscht. Ich habe mir da immer so geholfen, daß der COMMON-Bereich ebenfalls als eigener Programm-Teil realisiert wurde und von Zeile 10 bis 90 numeriert ist. Die anderen Programm-Teile habe ich immer ab Zeile 100 numeriert. Wenn dann später Änderungen oder Ergänzungen notwendig waren, so fielen diese nur an einer Stelle im COMMON-Teil an. Anschließend wurde der COMMON-Teil nach einem DELETE -90 in jedes Programm-Teil "gemerget", das von der Änderung betroffen war. So war ich eigentlich immer ziemlich sicher, daß alle Programm-Teile auf dem gleichen Stand waren.

10.4.6 Modul-Programmierung

Wenn man längere Zeit in PC-BASIC programmiert, kommt schnell der Zeitpunkt, an dem man feststellt, daß die eine oder andere bereits entwickelte Routine ohne oder mit geringen Änderungen in vielen anderen Programmen eingesetzt werden kann.

Es bietet sich also an, eine Bibliothek zu erstellen, aus der die jeweiligen Routinen per MERGE zu einem neuen Programm "zusammengeflickt" werden. Dies ist in etwa mit einer Textverarbeitung zu vergleichen. Dort können Sie auch verschiedene Textbausteine zu einem kompletten Brief zusammenstellen.

Mit einem Unterschied: Textbausteine haben keine Zeilennummern! Denn da liegt ein großes Problem im Zusammenhang mit MERGE. MERGE ersetzt ja bekanntlich im Programm vorhandene Zeilen durch die hinzugeladenen Zeilen, wenn die Zeilennummern identisch sind und fügt alle anderen hinzugeladenen Zeilen in die vorhandenen ein. Dies kann demnach zu einem großen Chaos führen. Weiterhin darf man natürlich in diesen Routinen keine GOTOs einsetzen oder sonstwie feste Zeilennummern verwenden.

Der beste Weg zur Lösung dieses Problems ist der, daß man alle später zu verwendenen Routinen als Unterprogramme mit einem RETURN am Ende programmiert. Die Zeilennumerierung legt man so hoch wie möglich, beispielsweise von 50000 ab aufwärts. Vor die Routine gehören in jedem Falle ausreichend REM-Zeilen, die einmal erklären, was die Routine macht und zum anderen Auskunft geben, welche Variablen benötigt oder geändert werden. Wenn sich ein GOTO nicht vermeiden läßt, dann sollte es sein Ziel nur innerhalb der jeweiligen Routine haben.

Hinweis: Verlassen sich nicht zu sehr auf den RENUM-Befehl! Er meldet Ihnen zwar einen Fehler, wenn eine per GOTO angesprungene Zeile vermißt wird, es ist jedoch äußerst schwierig, nach abgeschlossenem RENUM wieder für Ordnung zu sorgen. Dafür müßten erstens alle Fehlermeldungen notiert und zweitens das Programm anschließend komplett durchgetestet werden, um sicherzugehen, daß keine Zeile vergessen wurde. Gehen Sie nie davon aus, daß sich ein Fehler während der weiteren Programmierung schon irgendwann zeigen wird! Damit bin ich oft genug auf die Nase gefallen. Meistens findet entweder ein zorniger Anwender den Fehler oder er tritt gerade dann auf, wenn man ihn am wenigsten gebrauchen kann.

Die Zusammenführung der Routinen gestaltet sich dann relativ einfach. Zuerst wird ein Programmrumpf erstellt, der z.B. so aussieht:

Über Organisation und Konzeption

```
10 '-------------------------------------
20 'ADREVA.BAS Adressenverwaltung
30 '-------------------------------------
40 :
50 CLS:KEY OFF
60 :
70 'GOTO xxxx 'Upros überspringen
```

Anschließend wird die erste Routine per MERGE hinzugeladen und mit einem RENUM das gesamte Programm neu numeriert. Dann folgt die nächste Routine per MERGE mit anschließendem RENUM. Dies geht solange, bis alle Routinen im Programm sind.

Abschließend ändern Sie Zeile 70 indem das erste REM-Zeichen gelöscht und die jeweils nächste Zeile nach der letzten geladenen Routine angesprungen wird. Dies könnte dann vielleicht so aussehen:

```
10 '-------------------------------------------
20 'Programm/Datei-Verwaltung 1986 (C) H.J.Bomanns
30 '-------------------------------------------
40 '
50 COLOR 7,0:CLS:OUT &H3D9,0:KEY OFF:ON ERROR GOTO 8950
60 PRINT "Initialisierung ";CHR$(254);:LOCATE ,POS(0)-1,1,0,31
70 GOTO 1040 'Upros überspringen
80 '
90 '----- Upros -----
100 '
110 '----- Fußzeile anzeigen -----
120 COLOR SCHRIFT.VG, SCHRIFT.HG
130 LOCATE 23,3,0:PRINT FUSS$;SPACE$(80-POS(0));
140 RETURN
150 '----- Kopfzeile anzeigen -----
160 COLOR HINWEIS.VG,HINWEIS.HG
170 LOCATE 2,16,0:PRINT KOPF$;
180 COLOR SCHRIFT.VG,SCHRIFT.HG
190 PRINT SPACE$(58-POS(0));
200 RETURN
210 '----- Fenster löschen -----
220 LOCATE CSRLIN,POS(0),0
230 COLOR SCHRIFT.VG,SCHRIFT.HG:VIEW PRINT 4 TO 21:CLS:VIEW PRINT
240 RETURN
250 '----- Bildschirm sichern -----
260 PUFFER.OFS%= VARPTR(PUFFER%(0))
270 DEF SEG: CALL SAVESCRN(PUFFER.OFS%)
280 RETURN
290 '----- Bildschirm zurück -----
300 PUFFER.OFS%= VARPTR(PUFFER%(0))
310 DEF SEG: CALL RESTSCRN(PUFFER.OFS%)
320 RETURN
330 '----- Aktuelle Zeile löschen -----
340 LOCATE CSRLIN,1:COLOR SCHRIFT.VG,SCHRIFT.HG
350 PRINT SPACE$(79);
360 RETURN
370 '----- Hinweis ausgeben und auf Taste warten -----
380 LOCATE 25,1:COLOR HINWEIS.VG,HINWEIS.HG
390 PRINT HINWEIS$;" ";CHR$(254);" ";:LOCATE CSRLIN,POS(0)-2,1,0,31:BEEP
400 X$=INKEY$:IF X$= "" THEN 400
410 LOCATE 25,1:COLOR SCHRIFT.VG,SCHRIFT.HG
420 PRINT SPACE$(LEN(HINWEIS$)+3);
430 RETURN
440 '----- Maske ausgeben -----
```

```
450 DEF SEG= MONITOR.ADR:ATTR%= PEEK(1):SPALTE%= 1
460 FOR I= 4 TO 21
470    ZEILE%= I
480    DEF SEG: CALL FASTSCRN(ZEILE%,SPALTE%,ATTR%,MASKE$(I-3))
490 NEXT I
500 RETURN
510 .....
520 weitere Upros
530 .....
1040 '----- Variablen und Arrays initialisieren -----
```

11. Professioneller Bildschirmaufbau

Einer der Schwachpunkte von PC-BASIC ist zweifelsohne der langsame Bildschirmaufbau. Ursache hierfür ist einerseits die Tatsache, daß PC-BASIC ein Interpreter ist und sich andererseits das Betriebssystem in Sachen "Bildschirmausgabe" ebenfalls nicht vor Geschwindigkeit überschlägt. Hier kann man sich z.B. durch das Einlesen kompletter Masken per BLOAD helfen oder sich für solch zeitkritische Sachen der Unterstützung durch Assembler-Routinen bedienen. Beide Möglichkeiten werden wir in diesem Kapitel betrachten. Zunächst aber zu grundsätzlichen Problemen.

11.1 Welche Video-Karte ist drin?

Ein wichtiger Aspekt bei der Programmentwicklung ist, daß das Programm auf PC mit unterschiedlichen Video-Karten bzw. Monitoren laufen soll. Hier jeweils individuelle Versionen des Programms vorzusehen, ist nur dann realisierbar und vor allem sinnvoll, wenn die entsprechenden Routinen universell in die einzelnen Versionen per MERGE eingefügt werden können. Im Folgenden werden wir dieses Problem von einer anderen Seite aus angehen.

Wie bereits erwähnt, ist die Darstellung der Bildschirmattribute auf einem Monochrom-Monitor anders als die Darstellung auf einem Farb-/Composite-Monitor, so daß man als Programmierer dafür Sorge tragen muß, daß das Programm im Betrieb mit den genannten Monitoren ordnungsgemäß läuft. Dabei ist zu beachten, daß ein Composite-Monitor im Grundsatz wie ein Farb-Monitor zu behandeln ist. Da einige Karten in Verbindung mit einem Composite-Monitor die Farben als Rasterung und nicht als Abstufungen darstellen, macht dies eine besondere Behandlung notwendig. Es läßt sich zwar feststellen, ob eine Farbgrafik-Karte installiert ist, jedoch bleibt offen, ob daran ein Farb- oder ein Composite-Monitor angeschlossen ist. Notfalls könnte man dies vom Anwender eingeben lassen, in den wenigsten Fällen wird der unbedarfte Anwender jedoch Auskunft geben können, ob die Farben auf einem Composite-Monitor in Abstufungen oder als Raster dargestellt werden. Gewiß, es gibt die Möglichkeit, dem Anwender verschiedene Darstellungen zur Auswahl anzubieten. Aber ehrlich: Hätten Sie Lust, bei jedem Aufruf des Programms diese Prozedur über sich ergehen zu lassen? Es ist also besser, davon auszugehen, daß die Farben als Raster dargestellt und nur solche Farben gewählt werden, die sich einwandfrei darstellen lassen.

Bildschirm-Modus über Equipment-Flag ermitteln

Wie erfahren wir nun über PC-BASIC, welche Karte im PC installiert ist? Hierbei hilft uns beispielsweise das Betriebssystem, das sich nach dem Booten eine Kennung setzt, die Auskunft über die installierte Karte gibt. Diese Kennung -

auch als Equipment-Flag bezeichnet - steht an der Adresse &H0000:0410 bzw. &H0040:&H0010 und läßt sich über PEEK abfragen. Im folgenden finden Sie zwei Routinen, die dieses Equipment-Flag auslesen und abhängig vom Ergebnis die Farben/Attribute setzen:

```
270 '---------- Welcher Monitor? ----------------------------
280 :
290 DEF SEG=0:IF (PEEK(&H410) AND &H30)= &H30 THEN GOTO 490 'Es ist eine Monochrom-
    Karte installiert
300 :
310 '---------- Farben für Color-BS festlegen --------------------
320 :
330 MONITOR$="C": MONITOR.ADR= &HB800
340 :
350 CLS:KEY OFF
360 PRINT "Haben Sie einen Farb-Monitor angeschlossen (J/N)?";
370 X$=INKEY$:IF X$="" THEN 370
380 X$= CHR$(ASC(X$) OR 32) 'GROSS --> klein
390 IF X$<>"j" AND X$<>"n" THEN BEEP:GOTO 370
400 IF X$="n" THEN 520 'Farben für Composite-Monitor wie für Monochrom
410 :
420 HG     = 1 'Blauer Hintergrund
430 SCHRIFT= 15 'Weiße Schrift
440 HINWEIS= 12 'Hellrot für Fehler-/Eingabe-Hinweise
450 EINGABE= 14 'Gelb für die Eingabe
460 :
470 GOTO 580 'Weiter im Programm
480 :
490 '---------- Farben für Mono-BS festlegen --------------------
500 :
510 MONITOR$="M": MONITOR.ADR= &HB000
520 HG     = 0 'Schwarzer Hintergrund
530 SCHRIFT= 7 'Hellgraue Schrift
540 HINWEIS= 15 'Weiß für Fehler-/Eingabe-Hinweise
550 EINGABE= 15 'Weiß für die Eingabe
560 :
570 '------------------------------------------------------------
580 'Weiter im Programm
```

Zur Realisation

In Zeile 290 ermittelt die Routine per PEEK den Wert der Speicherstelle an der Offset-Adresse &H0410. Dazu wird vorher per DEF SEG das Segment &H0000 festgelegt. In dieser Speicherstelle hält das Betriebssystem fest, ob bei den Test-Routinen, die während des Boot-Vorganges durchgeführt werden, eine Color- oder eine Monochrom-Karte festgestellt wurde. Die Bits 4 und 5 dieses Wertes geben Auskunft über die installierte Karte:

Beide Bits gesetzt	Monochrom-Karte
Bit 4 gesetzt	Color-Karte 40*25
Bit 5 gesetzt	Color-Karte 80*25

Durch die AND-Verknüpfung mit dem Wert &H30/48 wird festgestellt, ob beide Bits gesetzt sind. Wenn ja, ist das Ergebnis &H30/48, es ist somit eine Monochrom-Karte installiert und die entsprechenden Farben werden ab Zeile

Professioneller Bildschirmaufbau

490 gesetzt. Andernfalls ist eine Farb-Karte, egal ob im Modus 40*25 Zeichen/Zeile oder 80*25 Zeichen/Zeile installiert, und die Farben werden ab Zeile 310 entsprechend gesetzt. Weiterhin fragt die Routine bei erkannter Farb-Karte noch, ob daran eventuell ein Composite-Monitor angeschlossen ist. Wenn ja, werden die Farben gemäß denen einer Monochrom-Karte gesetzt, um die Anzeige der Farben als Raster zu verhindern.

Bei dieser Routine erfolgt die Zuordnung der Farben anhand eines "Einsatzgebietes". Dadurch wird in einem Programm für eine klare Linie bezüglich der Farbgebung gesorgt. Jedesmal, wenn eine Eingabe einzulesen ist, wird die Farbe dafür z.B. so gesetzt:

```
255 COLOR SCHRIFT,0
260 PRINT "Monatsgehalt: ";
265 COLOR EINGABE,0
270 INPUT "";MONATS.GEHALT
```

Dem Anwender wird durch diese einheitliche Farbgebung der Umgang mit dem Programm wesentlich erleichtert, da er sich im Laufe der Zeit darauf einstellt, daß z.B. die Farbe Hellrot grundsätzlich für Fehler- oder Eingabe-Hinweise steht, die Farbe Hellgrün eine Eingabe signalisiert oder die normale Maske gelb dargestellt wird.

Die zweite Routine arbeitet im Prinzip genauso. Diese setzen Sie aber dort ein, wo die Farben individuell gesetzt werden sollen oder müssen. Eine Zuordnung zu festen Einsatzgebieten gibt es also nicht:

```
270 '---------- Welcher Monitor? ---------------------------
280 :
290 DEF SEG=0:IF (PEEK(&H410) AND &H30)= &H30 THEN GOTO 610
300 :
310 '---------- Farben für Color-BS festlegen ------------------
320 :
330 MONITOR$="C": MONITOR.ADR= &HB800
340 :
350 CLS:KEY OFF
360 PRINT "Haben Sie einen Farb-Monitor angeschlossen (J/N)?";
370 X$=INKEY$:IF X$="" THEN 370
380 X$= CHR$(ASC(X$) OR 32) 'GROSS --> klein
390 IF X$<>"j" AND X$<>"n" THEN BEEP:GOTO 370
400 IF X$="n" THEN 650 'Farben für Composite-Monitor wie für Monochrom
410 :
420 SCHWARZ=  0
430 BLAU=     1
440 GRUEN=    2
450 CYAN=     3
460 ROT=      4
470 MAGENTA=  5
480 BRAUN=    6
490 HGRAU=    7
500 DGRAU=    8
510 HBLAU=    9
520 HGRUEN=  10
530 HCYAN=   11
540 HROT=    12
550 HMAGENTA=13
560 GELB=    14
```

```
570 WEISS=    15
580 :
590 GOTO 830 'Weiter im Programm
600 :
610 '--------- Farben für Mono-BS festlegen --------------------
620 :
630 MONITOR$="M": MONITOR.ADR= &HB000
640 :
650 SCHWARZ=  0
660 BLAU=     1
670 GRUEN=    2
680 CYAN=     3
690 ROT=      4
700 MAGENTA=  5
710 BRAUN=    6          '} hier stehen die Farben Ihrer Wahl
720 HGRAU=    7
730 DGRAU=    8
740 HBLAU=    9
750 HGRUEN=   10
760 HCYAN=    11
770 HROT=     12
780 HMAGENTA=13
790 GELB=     14
800 WEISS=    15
810 :
820 '-------------------------------------------------------------
830 'Weiter im Programm
```

Die Gefahr dieser Routine liegt in einem Chaos der verwendeten Farben. Da z.B. eine Eingabe-Farbe nicht fest vorgegeben ist, sondern je nach Ihrem Geschmack bei jeder Eingabe anders festgelegt werden kann, ist es dem Anwender schwer möglich, sich auf etwas festzulegen bzw. einzustellen.

Außer der gerade beschriebenen Möglichkeit gibt es zwei weitere Wege, die gestellte Frage nach der installierten Video-Karte bzw. dem angeschlossenen Monitor zu beantworten. Hierzu bedienen wir uns des BIOS (Baisc Input/Output System) des PC. Das BIOS, von der Sache her eine reine Softwaregeschichte, kann man mit einem zugedrückten Auge auch als Hardware bezeichnen, da die meisten Aufgaben des BIOS durchweg mit der Steuerung der Hardware zu tun haben. Das BIOS befindet sich zu einem Teil in ROMs, also nur-lesbaren Speichern, auf der Hauptplatine Ihres PC. Ein zweiter Teil wird beim Booten des PC ins RAM geladen und führt dort seine Aufgabe im Zusammenspiel mit dem BIOS im ROM aus. Einige Aufgaben, die wir durch PC-BASIC nicht erledigen lassen können, wollen wir an das BIOS übertragen. Im Gegensatz zu anderen Programmiersprachen bietet PC-BASIC hierzu keine eigene Schnittstelle, so daß eine Assembler-Routine eingesetzt werden muß, die diese Schnittstelle realisiert.

Ein Zugriff auf das BIOS bzw. auf Function-Calls des MS-DOS ist von PC-BASIC aus also nicht ohne weiteres möglich. Hierzu bedarf es somit einer Routine in Maschinensprache, die von PC-BASIC aus über CALL aufgerufen wird. Da diese Routine universell einsetzbar ist und nicht speziell für die hier anstehende Aufgabe entwickelt wurde, finden Sie eine detaillierte Beschreibung in Kapitel 8. Hier deshalb nur das Wesentlichste:

Über Variablen, die in etwa der Register-Struktur der CPU entsprechen, werden Werte an diese Routine übergeben und das Ergebnis eines Aufrufs über sie zurückgemeldet. Diese Routine muß nun neben der Sicherung wichtiger Registerinhalte die Verwaltung der Variablen vornehmen. Die Sicherung der wichtigen Register erfolgt in diesem Fall per PUSH eingangs der Routine, entsprechende POPs am Ende der Routine stellen den ursprünglichen Inhalt wieder her. Die Variablen werden von CALL über den Stack an die Routine übergeben, ihre Werte müssen also aus dem Stack in die CPU-Register gelesen bzw. nach der Ausführung aus den CPU-Registern dort wieder abgelegt werden.

Für uns sind für die hier gestellte Aufgabe die Interrupts &H10 und &H11 des BIOS interessant. Erstgenannter gibt Auskunft über das vorhandene Equipment des PC, zweitgenannter gibt Auskunft über bzw. handhabt alles, was mit der Ausgabe auf den Bildschirm zu tun hat. In Anhang finden Sie beide BIOS-Interrupts ausführlich beschrieben.

Die Funktion 15/0Fh des INT 10h teilt z.B. mit, in welchem Modus sich der Bildschirm momentan befindet. Da PC-BASIC nach dem Aufruf den Bildschirm grundsätzlich in den Basis-Modus schaltet, können wir feststellen, welche Video-Karte installiert ist.

Hinweis: Um das folgende Programm korrekt ausführen zu können, müssen Sie PC-BASIC mit dem Schalter /M folgendermaßen aufrufen:

```
GWBASIC /M:54000
```

Bildschirm-Modus über INT 10h ermitteln

Das folgende Programm macht Gebrauch vom INT 10h des BIOS um festzustellen, in welchem Modus sich die Video-Karte momentan befindet:

```
10 '-------------------------------------------------
20 'BS_MODUS.BAS              1986 (C) H.J.Bomanns
30 '-------------------------------------------------
40 :
50 'Dieses Programm ermittelt über DOS_SN und den INT 10h den aktuellen BS-
60 'Modus.
70 :
80 CLS:KEY OFF
90 LOCATE 5,5:PRINT "Maschinen-Programm initialisieren....."
100 MP.START= &HE000
110 GOSUB 520 'MP in Speicher poken
120 MP.ENDE= MP.START+I-1
130 LOCATE 5,5:PRINT SPACE$(80-POS(0)):PRINT
140 :
150 'In folgender Schleife wird die Adresse der Interrupt-Nummer ermittelt.
160 'An diese Adresse kann die BIOS-/DOS-Interrupt-Nummer gepoket werden.
170 :
180 FOR I= MP.START TO MP.ENDE:IF PEEK(I)= 205 THEN INT.ADR= I+1 ELSE NEXT
190 :
200 DOS.SN= MP.START
210 AL%=0: AH%=0: BL%=0: BH%=0: CL%=0: CH%=0: DL%=0: DH%=0: ES%=0: SI%=0: DI%=0: FLAGS%=0
```

```
220 :
230 AH%= 15:INT.NR%= &H10  'BIOS-Call Bildschirm-Funktionen
240 :
250 DEF SEG:POKE INT.ADR,INT.NR%
260 DEF SEG:CALL DOS.SN(AH%, AL%, BH%, BL%, CH%, CL%, DH%, DL%, ES%, SI%, DI%, FLAGS%)
270 :
280 'Das Ergebnis im Register AX enthält folgende INFOs:
290 '
300 'AX          AH                     AL
310 '
320 '
330 '           Anzahl der Spalten:     Aktueller Modus:
340 '           80 oder                 AL= 0: Text Schwarz/Weiß 40*25
350 '           40                      AL= 1: Text Farbe 40*25
360 '                                   AL= 2: Text Schwarz/Weiß 80*25
370 '                                   AL= 3: Text Farbe 80*25
380 '                                   AL= 4: Grafik 320*200 Farbe
390 '                                   AL= 5: Grafik 320*200 S/W
400 '                                   AL= 6: Grafik 640*200 S/W
410 '                                   AL= 7: MONOCHROM-Karte 80*25
420 :
430 RESTORE 440:FOR I=0 TO 7:READ MODE$(I):NEXT I
440 DATA "Text 40*25 S/W","Text 40*25 Farbe","Text 80*25 S/W","Text 80*25 Farbe","Grafik 320*200 Farbe","Grafik 320*200 S/W","Grafik 640*200 S/W","Monochrom-Karte"
450 :
460 PRINT "Folgender Bildschirm-Modus ist von INT $10 gemeldet: ":PRINT
470 PRINT MODE$(AL%)
480 LOCATE 25,1,0:PRINT "Beliebige Taste drücken....."
490 IF INKEY$="" THEN 490
500 CLS:END
510 :
520 'Data-Zeilen aus COM-Datei: dos_sn.com
530 :
540 RESTORE 560
550 DEF SEG:FOR I=1 TO 151:READ X:POKE MP.START+I-1,X: NEXT I
560 DATA 250, 85,139,236, 30,  6,139,118,  6,139,  4
570 DATA  80,157,139,118, 14,138, 20,139,118, 16,138
580 DATA  52,139,118, 18,138, 12,139,118, 20,138, 44
590 DATA 139,118, 22,138, 28,139,118, 24,138, 60,139
600 DATA 118, 26,138,  4,139,118, 28,138, 36,139,118
610 DATA   8,139, 60, 80,139,118, 12,139,  4,142,192
620 DATA  88,139,118, 10,139, 52, 85,251,205, 33,250
630 DATA  93, 86,156,139,118, 28,136, 36,139,118, 26
640 DATA 136,  4,139,118, 24,136, 60,139,118, 22,136
650 DATA  28,139,118, 20,136, 44,139,118, 18,136, 12
660 DATA 139,118, 16,136, 52,139,118, 14,136, 20, 88
670 DATA 139,118,  6,137,  4, 88,139,118, 10,137,  4
680 DATA 140,192,139,118, 12,137,  4,139,118,  8,137
690 DATA  60,  7, 31, 93,251,202, 24,  0
700 RETURN
```

Im Detail

Nach dem Start des Programms wird zuerst in einem Unterprogramm ab Zeile 520 die Assembler-Routine, die die Schnittstelle zum BIOS darstellt, in den Speicher gepoket. Diese Routine kann sowohl für BIOS- als auch für MS-DOS-Calls eingesetzt werden. Aus diesem Grunde wird in Zeile 180 die Speicherstelle der Interrupt-Nummer innerhalb der Routine ermittelt. Dies geschieht anhand des Wertes 205, der den Opcode für die Instruktion INT darstellt. Die darauffolgende Speicherstelle beinhaltet die Interrupt-Nummer. An diese Speicherstelle wird dann die entsprechende BIOS-Interrupt-Nummer (Zeile 230/250) gepoket. In Zeile 210/230 werden die zu übergebenden Variablen initialisiert. Der Aufruf der Routine erfolgt in Zeile 260. Im Listing können Sie in den Zeilen 280-410 sehen, welche Rückmeldungen mit welcher Bedeutung von der Funktion 15 des INT 10h über die Variable AH% bzw. AL% gemeldet werden und abhängig davon die Farben setzen.

Bildschirm-Modus über INT 11h ermitteln

Bei der zweiten Möglichkeit setzen wir den INT 11h ein, der außer den Informationen zur Video-Karte noch Informationen zum restlichen Equipment, wie z.B. Anzahl der Disketten-Laufwerke, Anzahl der seriellen und parallelen Schnittstellen und ob ein Spiele-Adapter angeschlossen ist oder nicht, meldet. Im Prinzip arbeitet dieses Programm genau wie das vorher beschriebene, aber mit dem Unterschied, daß hier der INT 11h aufgerufen wird. Das Ergebnis wird ebenfalls in den Variablen AL% und AH% geliefert. Im Listing finden Sie die Bedeutung der Rückmeldung in den Zeilen 280-490. Durch eine AND-Verknüpfung der gelieferten Werte und eine Abfrage der Ergebnisse läßt sich feststellen, was im und am PC vorhanden ist:

```
10 '--------------------------------------------
20 'EQUIPMNT.BAS           1986 (C) H.J.Bomanns
30 '--------------------------------------------
40 :
50 'Dies ist ein Programm, das über DOS_SN Auskunft über das im und am PC
60 'vorhandene Equipment gibt.
70 :
80 CLS:KEY OFF
90 LOCATE 5,5:PRINT "Maschinen-Programm initialisieren....."
100 MP.START= &HE000
110 GOSUB 850 'MP in Speicher poken
120 MP.ENDE= MP.START+I-1
130 LOCATE 5,5:PRINT SPACE$(80-POS(0)):PRINT
140 :
150 'In folgender Schleife wird die Adresse der Interrupt-Nummer ermittelt.
160 'An diese Adresse kann die BIOS-/DOS-Interrupt-Nummer gepoket werden.
170 :
180 FOR I= MP.START TO MP.ENDE:IF PEEK(I)= 205 THEN INT.ADR= I+1 ELSE NEXT
190 :
200 DOS.SN= MP.START
210 AL%=0: AH%=0: BL%=0: BH%=0: CL%=0: CH%=0: DL%=0: DH%=0: ES%=0: SI%=0: DI%=0: FLAGS%=0
220 :
230 INT.NR%= &H11 'BIOS-Call 11h/Equipment
240 :
250 DEF SEG:POKE INT.ADR,INT.NR%
260 DEF SEG:CALL DOS.SN(AH%, AL%, BH%, BL%, CH%, CL%, DH%, DL%, ES%, SI%, DI%, FLAGS%)
270 :
280 'Das Ergebnis im Register AX enthält folgende INFOs:
290 '
300 'AX    | AH               | AL
310 '
```

```
320 'Bit: 15 14 13 12 11 10 09 08 07 06 05 04 03 02 01 00
330 '                                              Floppys
340 '                                          frei
350 '                                       RAM-Banks (1
360 '                                    Bildschirm-Modus (2
370 '                                 Anzahl Floppys (3
380 '                              frei
390 '
400 '                         Anzahl V.24/RS232C-Schnittst. (4
410 '                    JOYSTICK-Adapter vorhanden
420 '                 frei
430 '              Anzahl CENTRONICS-Schnittst. (5
440 '
450 '(1 00= 1, 01= 2, 10= 3, 11= 4 RAM-Banks
460 '(2 01= COLOR 40*25, 10= COLOR 80*25, 11= MONOCHROM 80*25
470 '(3 00= 1, 01= 2, 10= 3, 11= 4 Laufwerke (nur wenn Bit 0= 1 ist
480 '(4 000= keine, 001= 1, 010= 2, 100= 3 usw. V.24/RS232C-Schnittstellen
490 '(5 00= keine, 01= 1, 10= 2, 11= 3 CENTRONICS-Schnittstellen
500 :
510 PRINT "Folgendes Equipment wurde von INT $11 gemeldet: ":PRINT
520 PRINT "Anzahl Floppys.......: ";
530 IF AL% AND 1= 0 THEN PRINT "Keine":GOTO 580
540 IF (AL% AND 192)= 0 THEN PRINT "Eins"
550 IF (AL% AND 192)= 64 THEN PRINT "Zwei"
560 IF (AL% AND 192)= 128 THEN PRINT "Drei"
570 IF (AL% AND 192)= 192 THEN PRINT "Vier"
580 PRINT "RAM-Banks............: ";
590 IF (AL% AND 12)= 0 THEN PRINT "Eine"
600 IF (AL% AND 12)= 4 THEN PRINT "Zwei"
610 IF (AL% AND 12)= 8 THEN PRINT "Drei"
620 IF (AL% AND 12)= 12 THEN PRINT "Vier"
630 PRINT "Bildschirm...........: ";
640 IF (AL% AND 48) = 0 THEN PRINT "Nicht identifizierbar"
650 IF (AL% AND 48) = 16 THEN PRINT "COLOR 40*25"
660 IF (AL% AND 48) = 32 THEN PRINT "COLOR 80*25"
670 IF (AL% AND 48) = 48 THEN PRINT "MONOCHROM 80*25"
680 PRINT "Anzahl V.24/RS232C...: ";
690 IF (AH% AND 14)= 0 THEN PRINT "Keine"
700 IF (AH% AND 14)= 2 THEN PRINT "Eine"
710 IF (AH% AND 14)= 4 THEN PRINT "Zwei"
720 IF (AH% AND 14)= 8 THEN PRINT "Drei"
730 PRINT "Anzahl CENTRONICS....: ";
740 IF (AH% AND 192)= 0 THEN PRINT "Keine"
750 IF (AH% AND 192)= 64 THEN PRINT "Eine"
760 IF (AH% AND 192)= 128 THEN PRINT "Zwei"
770 IF (AH% AND 192)= 192 THEN PRINT "Drei"
780 :PRINT:PRINT
790 PRINT "Ein GAME-Adapter ist ";:IF (AH% AND 12)= 0 THEN PRINT "nicht ";
800 PRINT "angeschlossen"
810 LOCATE 25,1,0:PRINT "Beliebige Taste drücken....."
820 IF INKEY$="" THEN 820
830 CLS:END
840 :
850 'Data-Zeilen aus COM-Datei: dos_sn.com
860 :
870 RESTORE 890
880 DEF SEG:FOR I=1 TO 151:READ X:POKE MP.START+I-1,X: NEXT I
890 DATA 250, 85,139,236, 30,  6,139,118,  6,139,  4
900 DATA  80,157,139,118, 14,138, 20,139,118, 16,138
910 DATA  52,139,118, 18,138, 12,139,118, 20,138, 44
920 DATA 139,118, 22,138, 28,139,118, 24,138, 60,139
930 DATA 118, 26,138,  4,139,118, 28,138, 36,139,118
940 DATA   8,139, 60, 80,139,118, 12,139,  4,142,192
950 DATA  88,139,118, 10,139, 52, 85,251,205, 33,250
```

```
 960 DATA  93, 86,156,139,118, 28,136, 36,139,118, 26
 970 DATA 136,  4,139,118, 24,136, 60,139,118, 22,136
 980 DATA  28,139,118, 20,136, 44,139,118, 18,136, 12
 990 DATA 139,118, 16,136, 52,139,118, 14,136, 20, 88
1000 DATA 139,118,  6,137,  4, 88,139,118, 10,137,  4
1010 DATA 140,192,139,118, 12,137,  4,139,118,  8,137
1020 DATA  60,  7, 31, 93,251,202, 24,  0
1030 RETURN
```

Wie bereits erwähnt, finden Sie die Schnittstelle zum DOS bzw. BIOS in Kapitel 8 detailliert beschrieben. Des besseren Verständnis wegen sollten Sie dieses Kapitel - auch wenn Sie kein Assembler-Freak sind - zumindest quergelesen haben.

Hinweis: Das direkte Auslesen des Equipment-Flags für die Ermittlung des Bildschirm-Modus läßt sich mit weniger Aufwand realisieren als der Weg über den INT 10h oder INT 11h. Nachteil ist jedoch, daß im Falle einer Änderung der Flag-Adresse (z.B. durch ein neues BIOS) Ihr Programm nicht mehr kompatibel wäre. Besser ist der Weg über den INT 11h, der nämlich auch nichts anderes macht, als das Equipment-Flag zu lesen und das Ergebnis in AX zurückzuliefern. Im Änderungsfalle wird dieser Interrupt natürlich angepaßt, so daß die Kompatibilität eines Programms, das diesen INT benutzt, immer gewährleistet ist.

11.1.1 Sonderfälle

Bisher haben wir erfahren, wie man feststellt, ob eine Monochrom- oder eine Farbkarte installiert ist. Dies ist in der Regel für Programme, die im Text-Modus arbeiten auch ausreichend. Anders sieht es hingegen aus, wenn Sie Grafik-Programme erstellen. Hier sind nicht nur verschiedene Auflösungen sondern auch die Anzahl maximal verfügbarer Farben zu berücksichtigen. Ausgehend vom aktuellen Markt sind folgende Fälle zu unterscheiden:

Monochrom-Grafik,	720*348 Punkte, 2 Farben
EGA-Grafik,	640*350 Punkte Monochrom
CGA-Grafik,	320*200 Punkte, 4 Farben
CGA-Grafik,	640*200 Punkte, 2 Farben
EGA-Grafik,	640*350 Punkte, 16 Farben

Sonderfälle bei Monochrom-Karten

Sie sehen die Probleme: Man kann mit den bisher beschriebenen Methoden zwar feststellen, ob eine Monochrom-Karte installiert ist, damit steht jedoch nicht fest, ob es:

1. Eine "normale" Monochrom-Karte ist, die keine Grafik unterstützt.
2. Eine Hercules-Karte mit 720*348 Punkten ist.
3. Eine EGA-Karte im Monochrom-Modus mit 640*350 Punkten ist.

Wie läßt sich hier nun eindeutig feststellen, mit welcher Video-Karte man es zu tun hat? Nun, fangen wir mit dem einfachsten Fall - der EGA-Karte - an. Im BIOS-Datensegment gibt es an Adresse &H0040:&H0088 ein Monitor-Flag, das nur von EGA-Karten (und der ganz neuen VGA-Karte) benutzt wird. Beim Einschalttest prüft die EGA-Karte, welcher Monitor angeschlossen ist, und hält das Ergebnis in diesem Flag fest. Folgende Werte dienen der Unterscheidung des Monitors:

```
&H0040:0088= F9h: EGA- oder MultiSync-Monitor
&H0040:0088= F8h: CGA-Monitor
&H0040:0088= FBh: Monochrom-Monitor
```

Da die anderen Karten nicht in der Lage sind, den angeschlossenen Monitor zu ermitteln, bleibt dieses Flag dort auf 0 gesetzt. Es ist also nicht weiter zu tun, als das Flag auf einen Wert ungleich 0 zu prüfen. Bei 0 ist davon auszugehen, daß keine EGA-Karte installiert ist. Es bleiben also nur die Möglichkeiten MDA oder Hercules-Karte übrig. Ist das Flag FBh, so ist eine EGA-Karte im Monochrom-Modus installiert und die Auflösung mit 640*350 Punkten zu setzen.

Unterscheidung MDA und Hercules-Karte

Hier wird es nun etwas komplizierter, da MDA- und Hercules-Karte vollkommen kompatibel sind. Der einzige Unterschied ist auf Bit-Ebene im Status-Register &H03BA zu finden. Das 7. Bit wird von der MDA-Karte nicht benutzt. Die Hercules-Karte hingegen setzt dieses Bit immer dann auf 0 wenn ein vertikaler Strahlrücklauf (vertical Retrace) läuft. Man muß also feststellen, ob das 7. Bit des Status-Register in periodischen Abständen einen Wert von 0 und 1 hat.

Ist dies der Fall, so ist eine Hercules-Karte angeschlossen und die Auflösung wird auf 720*348 gesetzt. Andernfalls ist eine MDA-Karte installiert, die ja keine Grafik unterstützt. Es muß also eine Fehlermeldung erfolgen.

Das folgende Prográmmchen prüft das 7. Bit des Status-Registers. Dies erfolgt mehrmals in einer Schleife, da bei einmaligem Zugriff das 7. Bit zufällig auf 0 stehen könnte. Zuvor wird die Variable HGC mit 0 vorbesetzt. In der Schleife wird das Status-Register ausgelesen und das 7. Bit abgefragt. Wird festgestellt, daß es gesetzt ist, so wird die Variable HGC auf 1 gesetzt. War das 7. Bit nie gesetzt, so bleibt auch die Variable HGC auf 0:

```
10 '----------------------------------------
20 'MDA_HGC.BAS          1988 (c) H.J. Bomanns
30 '----------------------------------------
40 :
50 CLS:KEY OFF
60 PRINT "Prüfung MDA <-> Hercules läuft..."
70 HGC= 0
80 FOR I=1 TO 1000
90    X= INP(&H3BA)
100   IF (X AND &H80) <> 0 THEN HGC= 1
110 NEXT I
120 :
```

```
130 IF HGC= 1 THEN PRINT "HGC ist installiert" ELSE PRINT "Keine HGC gefunden"
140 :PRINT:PRINT
```

Sonderfälle Farb-Karte

Wenn über den Interrupt 10h/11H oder über das Equipment-Flag festgestellt wurde, daß eine Farb-Karte installiert ist, so muß nach CGA- und EGA-Karte unterschieden werden. Wir können uns dabei wieder des Monitor-Flags an Adresse &H0040:&H0088 bedienen. Wie wir oben erfahren haben, steht dort der Wert &HF9 für einen EGA-/Multisync-Monitor bzw. &HF8 für einen "normalen" CGA-Monitor.

Es ist also nicht weiter zu tun, als dieses Flag zu prüfen. Steht dort der Wert 0 oder &HF8, so ist davon auszugehen, daß entweder eine CGA-Karte installiert ist oder an die installierte EGA-Karte ein normaler CGA-Monitor angeschlossen ist. Die Auflösung bzw. die Farben werden demgemäß auf 320*200/4 Farben oder 640*200/2 Farben gesetzt.

Findet sich hingegen der Wert &HF9 in diesem Flag, so ist eine EGA-Karte installiert und ein EGA-/MultiSync-Monitor angeschlossen. Auflösung und Farben werden gemäß dem gewünschten Modus gesetzt.

11.2 Schneller Bildschirmaufbau

Ihnen hier etwas über den normalen Bildschirmaufbau von PC-BASIC zu erzählen, hieße Eulen nach Athen tragen. Lassen Sie uns lieber überlegen, wie es schneller geht.

Dazu wieder etwas Grundsätzliches: PC-BASIC ist ein Interpreter, jede Programmzeile muß also von vorne nach hinten abgearbeitet werden. Die dabei entdeckten Statements müssen in der Reihenfolge ihres Auftrittes ausgeführt werden. Dazu sind die eventuell vorhandenen Parameter einer Funktion oder eines Befehles wie z.B. PRINT zu selektieren. Die Abarbeitung der Anweisung

```
PRINT A$(I)
```

erfordert beispielsweise folgende Schritte:

1. Durchsuchen einer Tabelle nach dem Statement PRINT.
2. Verzweigung in die Routine PRINT.
3. Aufruf eines Unterprogramms zur Selektierung der Parameter.
4. Feststellen der Adresse von I und des Wertes von I.
5. Feststellen der Adresse von A$(I).
6. Feststellen der Länge von A$(I).
7. Schleife für die Ausgabe der einzelnen Zeichen aus A$(I).
8. Das alles über verschiedene Function-Calls...

Logisch, daß dies einige Zeit braucht.

So geht es schneller...

Einzige Möglichkeit, die ganze Prozedur erheblich zu beschleunigen, ist der Einsatz einer Assembler-Routine, die über CALL aufgerufen wird und die die Ausgabe übernimmt. Hierbei muß zuerst PRINT und dann die Ausgaberoutine des DOS umgangen werden. Beides erreicht man dadurch, daß die Ausgabe direkt in das Video-RAM erfolgt. Bei Einsatz einer Farb-Grafik-Karte ist außerdem zu beachten, daß bei direktem Zugriff auf das Video-RAM ein Flackern auftritt, das es zu verhindern gilt. Die Aufgabe der Routine läßt sich so beschreiben:

> Gebe den Inhalt eines Strings an einer bestimmten Position mit einem bestimmten Darstellungsattribut direkt in das Video-RAM aus. Sorge dafür, daß dabei kein Flackern auftritt.

Das heißt, die Routine muß anhand der übergebenen Zeile und Spalte zuerst die Position im Video-RAM berechnen, dann Länge und Adresse des Strings ermitteln und anschließend die einzelnen Zeichen aus dem String mit dem Darstellungsattribut ins Video-RAM schreiben. Das berüchtigte Flackern tritt immer dann auf, wenn CPU 8088/8086 und Grafik-Chip 6845 gleichzeitig im RAM rumwurschteln. Dazu aber später mehr. Schauen wir uns zuerst das Assembler-Listing an:

```
;------------------------------------------------
; FASTSCRN.ASM
;------------------------------------------------
; Assembler-Routine für schnelle Ausgabe eines Strings
; durch direktes Schreiben in den BS-Speicher. Zur Ver-
; hinderung des Flickerns erfolgt eine Synchronisation.
;------------------------------------------------
;AUFRUF:
;-------
;
;   CALL FASTSCRN(ZEILE%,SPALTE%,ATTR%,STRING$)
;
;Die Adressen der Variablen werden beim Aufruf über CALL folgendermaßen auf
;den Stack geschoben:
;
;   STRING$  SP+6,   ATTR%  SP+8,   SPALTE%  SP+10,   ZEILE%  SP+12
;
;
Programm   segment  para 'CODE'
           assume   cs:Programm

fastscrn   proc     far
           push     bp              ;Basepointer von GW sichern
           mov      bp,sp           ;Stackpointer --> Pasepointer
           push     ds              ;Aufruf-DS sichern
           push     es              ;Aufruf-ES sichern

           mov      si,[bp+12]      ;Speicheradresse ZEILE%
```

Professioneller Bildschirmaufbau

```asm
            mov     bl,[si]         ;Wert nach BL, aktuelle Zeile
            mov     al,160d         ;mit 160 multiplizieren
            mul     bl              ;Zeile*160
            sub     ax,160d         ;160 abziehen
            push    ax              ;Ergebnis in AX, festhalten
            mov     si,[bp+10]      ;Speicheradresse SPALTE%
            mov     bl,[si]         ;Wert nach BL, aktuelle Spalte
            mov     al,2            ;mit 2 multiplizieren
            mul     bl              ;Spalte*2, Ergebnis in AX
            pop     bx              ;Ergebnis Zeile*160 zurückholen
            add     ax,bx           ;Addieren
            dec     ax
            dec     ax              ;2 abziehen
            push    ax              ;Für später festhalten

            mov     si,[bp+8]       ;Speicheradresse ATTR%
            mov     ah,[si]         ;Kommt für STOSW in AH

            mov     si,[bp+6]       ;Speicheradresse String-Descriptor
            mov     cl,[si]         ;Länge des Strings
            mov     ch,0            ;für LOOP in CX
            mov     si,[si+1]       ;Adresse des Strings
                                    ;bleibt für LODSB in SI

            push    ax              ;Für später festhalten
            mov     di,0B000h       ;Segment-Adresse Video-RAM Mono
            mov     bl,0            ;Flag für Synchro-Nein
            int     11h             ;Equipment-Flag holen
            and     ax,30h          ;Bit 4 und 5 prüfen
            cmp     ax,30h          ;Monochrom-Karte da?
            je      Mono            ;Wenn ja, ist B000h o.k.
            add     di,0800h        ;Sonst 0800h für Color-RAM addieren
            mov     bl,1            ;Flag für Synchro-JA
Mono:       mov     es,di           ;Segment-Adresse muß für STOSW in ES sein
            pop     ax              ;AX mit Attribut wieder zurück
            pop     di              ;Wert von (Zeile*160)+(Spalte*2)-2 zurückholen
                                    ;Als Offset in den BS-Speicher für Ausgabe
            cld                     ;DIRECTION= vorwärts
            mov     dx,03DAh        ;6845 Status-Port

Warten1:    cmp     bl,0            ;Ausgabe auf Monochrom?
            je      OhneSynchro     ;Wenn ja, keine Synchro notwendig
            in      al,dx           ;Sonst: Status des 6845 lesen
            rcr     al,1            ;RETRACE checken
            jb      Warten1         ;Ggf. warten
            cli
Warten2:    in      al,dx           ;Wie oben
            rcr     al,1
            jnb     Warten2
OhneSynchro:
            lodsb                   ;Einzelnes Zeichen aus String in AL laden
            sti
            stosw                   ;und in BS schreiben
            loop    Warten1         ;Solange, bis CX= 0 ist

            pop     es              ;Aufruf-ES vom Stack
            pop     ds              ;Aufruf-DS vom Stack
            pop     bp              ;Aufruf-BP vom Stack
            ret     8               ;Zurück nach GW-BASIC,
                                    ;dabei Stack putzen

fastscrn    endp
Programm    ends
            end
```

Beim Aufruf der Routine werden zuerst alle wichtigen Register per PUSH auf den Stack gerettet. Der Aufruf und die Übergabe der Variablen erfolgt von PC-BASIC bekanntlich durch den Befehl CALL. Die dazugehörige Routine im Interpreter sorgt für die Übergabe der Variablen dergestalt, daß pro Variable ein Zeiger (Offset-Adresse) auf die Speicherstelle, in der der Wert steht, auf den Stack gebracht wird. Danach werden anhand dieser Zeiger die Inhalte der übergebenen Variablen aus dem Stack gelesen und verarbeitet.

Im einzelnen ist dies die Berechnung der Adresse im Video-RAM, an der die Ausgabe erfolgen soll. Dies geschieht anhand der Variablen ZEILE% und SPALTE%. Da sich ein Zeichen im Video-RAM aus dem ASCII-Code und einem Attribut-Byte zusammensetzt, ist eine komplette Zeile 160 Zeichen lang, so daß dieser Wert für die Multiplikation zugrundezulegen ist. Demzufolge muß auch bei der Berechnung der Spaltenposition mit 2 multipliziert werden.

Nachdem die Adresse berechnet ist, kann die Ausgabe erfolgen. Hierzu wird aus dem Stack die Adresse des String-Descriptors gelesen, die vom CALL dort abgelegt wird. Das erste Byte des Descriptors enthält die Länge des Strings und wird hier in das Register CL für die Terminierung der LOOP geladen. Die beiden folgenden Bytes des Descriptors stellen den Offset innerhalb des Datensegments auf die Zeichen des Strings dar und werden für die Adressierung in das Quell-Register SI geladen.

Über den Interrupt 11h wird dann das Equipment-Flag geholt und dessen Bits 4 und 5 geprüft. Wird festgestellt, daß eine Color-Karte installiert ist, so wird auf die Vorbesetzung von &HB000 im Register DI der Wert &H0800 addiert, um das Video-RAM korrekt adressieren zu können. Das Ergebnis wird dann ins Segment-Register ES geladen, und DI wird durch POP mit dem Ergebnis der Zeilen/Spalten-Berechnung geladen.

Die Ausgabe erfolgt über eine Schleife mit den Instruktionen LODSB und STOSW. LODSB lädt hierbei ein einzelnes Zeichen von der durch die Register DS:SI adressierten Speicherstelle in das Register AL (hier: Zeichen aus dem String), das Register AH enthält immer das Attribut, das aus dem Stack aus der Variablen ATTR% gelesen wurde. STOSW schreibt das Zeichen/Attribut im Register AX an die durch die Register ES:DI adressierte Speicherstelle.

Zuvor wird geprüft, ob BL = 0 ist. Wenn ja, ist eine Monochrom-Karte isntalliert und eine Synchronisierung nicht notwendig. Die Routine für die Synchronisation wird einfach übersprungen. Ist BL = 1, dann wird eine Synchronisierung durchgeführt.

Die Synchronisation für CGA

Um das Flackern bei der Ausgabe in das Video-RAM einer Farb-/CGA-Karte zu verhindern, erfolgt wie oben bereits erwähnt eine Synchronisation. Dieses Flackern tritt immer dann auf, wenn sowohl die CPU als auch der Video-Chip

Professioneller Bildschirmaufbau

6845 gleichzeitig auf den Datenbus zugreifen. Dadurch kann der Kathodenstrahl nicht zeitrichtig arbeiten, und das bekannte Flackern tritt auf.

Einfach ausgedrückt macht die Synchronisation nichts anderes, als zu warten, bis der Video-Chip nicht auf den Datenbus zugreift, der Kathodenstrahl also gerade zurückläuft. In genau diesem Moment werden die Daten direkt in das Video-RAM geschrieben. Nach Beendigung der LOOP werden die gesicherten Register vom Stack geholt und es erfolgt die Rückkehr zum normalen Programm. Hierbei muß der Stack aufgrund der noch vorhandenen Zeiger auf die Variablen korrigiert werden. Der der Instruktion RET zu übergebende Parameter errechnet sich nach der Formel

    Anzahl Variablen*2

und wird vor dem Rücksprung zum Stackpointer SP addiert. Dadurch zeigt SP auf die korrekte Rücksprungadresse. Bei Monochrom-Karte tritt das Flackern beim direkten Schreiben in das Video-RAM nicht auf. Anhand der mir vorliegenden Dokumentation konnte ich allerdings nicht ermitteln, woran dies liegt. Den Beschreibungen nach ist die Arbeitsweise des 6845 auf beiden Karten gleich. Vielleicht fehlt mir aber auch das hardwaretechnische Verständnis oder die nötige Intelligenz, um das zu kapieren. Wie dem auch sei, Tatsache ist, daß bei einer Monochrom-Karte keine Synchronisation erfolgen muß.

Hinweis: Um das folgende Programm korrekt ausführen zu können, müssen Sie PC-BASIC mit dem Schalter /M folgendermaßen aufrufen:

    GWBASIC /M:54000

Das folgende Demo-Programm poket zuerst die Assembler-Routine in einen vor PC-BASIC gesicherten Speicherbereich, damit diese nicht durch Daten etc. überschrieben wird. Danach wird die normale Ausgabe unter PC-BASIC und anschließend die Ausgabe über FASTSCRN demonstriert. Anhand der ausgegebenen Zeiten, die je nach Rechner-Typ bzw. -Takt und CPU differieren, erkennen Sie, daß die Assembler-Routine ca. 100 Mal schneller ist!

```
10 '--------------------------------------------------------------
20 'FASTSCRN.BAS Programm für schnelle BS-Ausgabe   1986 (C) H.J.Bomanns
30 '--------------------------------------------------------------
40 :
50 'Gibt einen String an der angegebenen Position (Zeile,Spalte) mit dem
60 'vorgegebenen Attribut aus. Für Ausgabe auf einem COLOR-Monitor ist eine
70 'Synchronisation zur Verhinderung des Flickerns eingebaut.
80 :
90 CLS:KEY OFF:DIM A$(25)
100 LOCATE 5,5:PRINT "Maschinen-Programm initialisieren....."
110 MP.START= &HE000
120 GOSUB 310 'MP in Speicher poken
130 MP.ENDE= MP.START+I-1
140 FASTSCRN= MP.START
150 :
160 FOR I=1 TO 24:A$(I)= STRING$(80,64+I):NEXT
170 :
180 CLS:A1= TIMER
```

```
190 FOR I=1 TO 24:PRINT A$(I);:NEXT I
200 A2= TIMER:LOCATE 25,1:PRINT USING "Normale Ausgabe: ##.## Sekunden";A2-A1
210 IF INKEY$="" THEN 210
220 :
230 CLS:A1= TIMER
240 FOR I= 1 TO 24:ZEILE%=I:SPALTE%=1:ATTR%= 11
250 DEF SEG:CALL FASTSCRN(ZEILE%,SPALTE%,ATTR%,A$(I))
260 NEXT I
270 A2= TIMER:LOCATE 25,1:PRINT USING "Ausgabe mit FASTSCRN: ##.## Sekunden";A2-A1
280 IF INKEY$="" THEN 280
290 CLS:END
300 :
310 'Data-Zeilen aus COM-Datei: fastscrn.com
320 :
330 RESTORE 350
340 DEF SEG:FOR I=1 TO 105:READ X:POKE MP.START+I-1,X: NEXT I
350 DATA  85,139,236,  30,  6,139,118, 12,138, 28,176
360 DATA 160,246,227,  45,160,  0, 80,139,118, 10,138
370 DATA  28,176,  2,246,227, 91,  3,195, 72, 72, 80
380 DATA 139,118,  8,138, 36,139,118,  6,138, 12,181
390 DATA   0,139,116,  1, 80,191,  0,176,179,  0,205
400 DATA  17, 37, 48,  0, 61, 48,  0,116,  6,129,199
410 DATA   0,  8,179,  1,142,199, 88, 95,252,186,218
420 DATA   3,128,251,  0,116, 11,236,208,216,114,246
430 DATA 250,236,208,216,115,251,172,251,171,226,235
440 DATA   7, 31, 93,202,  8,  0
450 RETURN
```

Für das Einbinden der Routine in eigene Programme benötigen Sie einmal den Data-Lader ab Zeile 310. Vor dem Aufruf dieses Laders muß die Variable MP.START die Adresse zugewiesen bekommen, an der die Routine später laufen soll. Vergessen Sie dies bitte nicht, da sonst wichtige Datenbereiche des MS-DOS überschrieben werden und der Rechner abstürzt! Weiterhin muß die Variable FASTSCRN, die für CALL notwendig ist, die gleiche Adresse zugewiesen bekommen. Auch hier dürfen Sie nicht vergeßlich sein, da andernfalls einfach die Adresse 0 als Startadresse der Routine angenommen wird. Und das kann die gleichen fatalen Folgen haben! Letztendlich müssen Sie dann noch in Ihrem Programm je nach Bedarf die Aufruf-Variablen initialisieren. Beachten Sie, daß für numerische Werte nur Integer-Variablen eingesetzt werden können.

Bildschirmaufbau über BLOAD

Gesetzt den Fall, Sie trauen sich eine Arbeit mit Assembler-Routinen (noch) nicht zu, bleibt immer noch die Möglichkeit, den Weg über BLOAD zu gehen. Allerdings können Sie hierbei nur den Aufbau von Masken oder Menüs beschleunigen. Ihre anderen Daten gehen nach wie vor gemächlich per PRINT auf den Bildschirm.

Zur Erinnerung: BLOAD lädt eine Datei in einen definierten Bereich im Hauptspeicher:

```
DEF SEG= &HB000
BLOAD "HAUPT.MNU",0
```

Professioneller Bildschirmaufbau

Bei dieser Datei kann es sich z.B. auch um den Inhalt des Bildschirmes handeln. Sie finden in Kapitel 9 einen einfachen Masken-/Menü-Generator, mit dem Sie eine solche Datei erstellen können. Das Konzept und die Realisation ist relativ einfach. Dazu am besten ein Beispiel: Sie haben eine Anwendung mit, sagen wir mal, 4 Masken. Eine für das Menü, eine für Datenein- und -ausgabe, eine für Listendruck und eine für Löschungen. Diese vier Masken werden nun mit dem Generator erstellt. Innerhalb des Programms rufen Sie dann ein Unterprogramm auf, das eine Maske per BLOAD lädt. Der Name der Maske ergibt sich aus der Menü-Wahl, bzw. beim Start ist es das Hauptmenü.

Bei einem PC mit Monochrom-Karte (MDA) müssen Sie die vier Masken jeweils einzeln laden, wenn sie gebraucht werden, da die Monochrom-Karte nur Speicherplatz für je eine Bildschirmseite hat. Bei einer Farb-Grafik-Karte stehen Ihnen insgesamt vier Bildschirmseiten zur Verfügung. Sie können also alle vier Masken beim Start des Programms laden:

```
10 DEF SEG= &HB800: BLOAD "HAUPTMNU.MSK",0
20 DEF SEG= &HB900: BLOAD "EIN_AUS.MSK",0
30 DEF SEG= &HBA00: BLOAD "LISTEN.MSK",0
40 DEF SEG= &HBB00: BLOAD "LOESCHEN.MSK",0
```

Im Programm schalten Sie zwischen den Masken einfach per SCREEN-Befehl um:

```
55 SCREEN ,,0  'Haupt-Menü
...
160 SCREEN ,,1 'Ein-/Ausgabe
usw.
```

Etwas übersichtlicher ist es so:

```
10 HAUPT.MENU= 0
11 EIN.AUS= 1
12 LISTEN= 2
13 LOESCHEN= 3
...
...
55 SCREEN,,HAUPT.MENU
...
160 SCREEN ,,EIN.AUS
```

Allerdings kann es hier zu Problemen kommen. In ähnlicher Weise hatte ich ein Prögrämmchen gestrickt, bei dem ebenfalls vier Masken beim Start des Programms geladen wurden. Rief man sofort nach dem Start die einzelnen Masken auf, war alles in Ordnung. Sobald das Programm aber "in Aktion" war, also Daten eingegeben, verarbeitet und ausgegeben wurden, zeigte sich das Phänomen, daß nach dem Umschalten nur leere Bildschirme zu betrachten waren! Mal war es nur der letzte Bildschirm, mal waren es die letzten beiden, zeitweilig sogar alle drei, nie aber der erste, also der Hauptbildschirm. Leider konnte ich dem Rätsel bis heute nicht auf die Spur kommen. Sie sollten also hierbei das Programm wirklich gut austesten, bevor Sie es einsetzen oder weitergeben.

11.3 Bildschirm sichern bzw. restaurieren

Sicher haben Sie in professionellen Programmen schon mal Fehlermeldungen oder Hinweise in separaten Fenstern bestaunt, nach deren Erscheinen der alte Bildschirm sehr schnell restauriert wird. Was halten Sie davon, so etwas für Fehlermeldungen, Eingabehinweise oder Hilfe-Texte in Ihre eigenen Programme einzubauen?

Wie immer, wenn es um das Thema Schnelligkeit geht, muß eine Assembler-Routine herhalten. So auch in diesem Fall. In Abschnitt 11.2 haben wir ja schon eine Routine für den schnellen Bildschirm-Aufbau kennengelernt. Es fehlt also noch eine Routine, die den aktuellen Bildschirminhalt speichert und nach der Ausgabe der Meldung oder des Hinweises den Bildschirm wieder restauriert.

Das größte Problem hierbei ist die Frage, wo man den aktuellen Bildschirminhalt am besten festhält. Bei einem PC mit Farbgrafik-Karte läßt sich die Frage z.B. dahingehend beantworten, daß hierfür einfach eine der freien Bildschirmseiten eingesetzt wird. Nachteil ist, daß bei der Arbeit mit mehreren Bildschirmseiten immer mindestens eine davon für die Speicherung verloren geht. Bei einem PC mit Monochrom-Karte ist dieses Vorgehen überhaupt nicht möglich, da nur eine Bildschirmseite zur Verfügung steht. Bei der Realisation der Assembler-Routine habe ich deshalb dafür gesorgt, daß die Speicherung des Bildschirminhaltes in einem normalen Integer-Array erfolgt.

Durch das Speichern des Bildschirminhaltes in einem Array ergibt sich auch noch der Vorteil, daß mehrere Bildschirme festgehalten werden können. Daß so ein Array natürlich auch auf Diskette/Festplatte gespeichert und beliebig abgerufen werden kann und daß damit die verschiedensten Möglichkeiten verbunden sind, brauche ich Ihnen bestimmt nicht weiter zu erklären.

Wir schauen uns zuerst die Assembler-Routine im Detail, dann das Demo-Programm und abschließend die allgemeinen Erläuterungen an. Bei Interesse lesen Sie also hier weiter, sonst überschlagen Sie die folgenden Seiten. Hier zuerst das Assembler-Listing:

```
;----------------------------------------------------
; BS_STORE.ASM
; Assembler-Routine für die Speicherung des aktuellen
; BS in einem Zwischenpuffer bzw. das Restaurieren
; des BS von dort.
;----------------------------------------------------
;
;AUFRUF:
;-------
;
;    CALL SAVESCRN(PUFFER%)
;
Programm  segment para 'CODE'
          assume cs:Programm

          jmp     Savescrn
```

Professioneller Bildschirmaufbau

```
Restscrn   proc    far

           push    bp              ;Basepointer von GW sichern
           mov     bp,sp           ;Stackpointer --> Pasepointer
           push    ds              ;Aufruf-DS sichern
           push    es              ;Aufruf-ES sichern
           ;
           mov     si,[bp+6]       ;Speicheradresse PUFFER%
           mov     ax,[si]         ;Wert in AX
           mov     si,ax           ;für LODSW in SI, Segment ist DS
           ;
           mov     di,0B000h       ;Segment Video-RAM Mono
           mov     bl,0            ;Flag für Synchro-Nein
           int     11h             ;Equipment-Flag holen
           and     ax,30h          ;Bit 4 und 5 prüfen
           cmp     ax,30h          ;Ist es eine Monochrom-Karte?
           je      Mono            ;Wenn ja, Default-Werte o.k.
           add     di,0800h        ;Video-RAM Color ist B800h
           mov     bl,1            ;Flag für Synchro-JA
Mono:
           mov     es,di           ;Für STOSW in ES
           xor     di,di
           ;
           jmp     S_1             ;Weiter bei Savescrn
Restscrn   endp

Savescrn   proc    far

           push    bp              ;Basepointer von GW sichern
           mov     bp,sp           ;Stackpointer --> Pasepointer
           push    ds              ;Aufruf-DS sichern
           push    es              ;Aufruf-ES sichern
           ;
           mov     si,[bp+6]       ;Speicheradresse PUFFER%
           mov     ax,[si]         ;Wert in AX
           mov     di,ax           ;Für STOSW in DI
           push    ds
           pop     es              ;Datensegment PUFFER% in ES
           ;
           mov     si,0B000h       ;Segment Video-RAM Mono
           mov     bl,0            ;Flag für Synchro-Nein
           int     11h             ;Equipment-Flag holen
           and     ax,30h          ;Bit 4 und 5 prüfen
           cmp     ax,30h          ;Ist es eine Monochrom-Karte?
           je      Mono1           ;Wenn ja, Default-Werte o.k.
           add     si,0800h        ;Video-RAM Color ist B800h
           mov     bl,1            ;Flag für Synchro-JA
Mono1:
           mov     ds,si           ;Für LODSW in DS
           xor     si,si

S_1:       mov     cx,2000         ;2000 Zeichen/Attribute
           cld                     ;DIRECTION= vorwärts
           mov     dx,03DAh        ;6845 Status-Port

Warten1:   cmp     bl,0            ;Ist es eine Monochrom-Karte?
           je      OhneSynchro     ;Wenn ja, keine Synchro nötig
           in      al,dx           ;Sonst: Status des 6845 lesen
           rcr     al,1            ;RETRACE checken
           jb      Warten1         ;Ggf. warten
           cli
Warten2:   in      al,dx           ;Wie oben
           rcr     al,1
           jnb     Warten2
```

```
OhneSynchro:
        lodsw                  ;Zeichen und Attribut in AX laden
        sti
        stosw                  ;und in Puffer schreiben
        loop    Warten1        ;Solange, bis CX= 0 ist

        pop     es             ;Aufruf-ES vom Stack
        pop     ds             ;Aufruf-DS vom Stack
        pop     bp             ;Aufruf-BP vom Stack
        ret     2              ;Zurück nach GW-BASIC,
                               ;dabei Stack putzen
Savescrn  endp

        Programm  ends
        end
```

Im Detail

Die Assembler-Routine besteht aus zwei Teilen. Im Teil SAVESCRN wird der aktuelle Bildschirminhalt in einem Array gespeichert. Der Teil RESTSCRN gibt den Inhalt der Puffer-Variablen wieder in den Bildschirm aus. Innerhalb der PROCs werden zuerst die Register BP, ES und DS auf den Stack gerettet, da diese zum Teil geändert bzw. nach dem Verlassen ihren ursprünglichen Inhalt haben müssen. Anschließend wird der Offset der Puffer-Variablen aus dem Stack ins jeweilige Ziel bzw. Quell-Register DI oder SI geladen. Die für den Datentransport notwendigen Segment-Register DS und ES werden entsprechend initialisiert. Dazu wird über den Interrupt 11h das Equipment-Flag geholt und ausgewertet. Stellt sich heraus, daß eine Color-Karte installiert ist, so wird zur Vorbesetzung mit B000h jeweils 0800h addiert und das Flag BL für die Synchronisation auf 1 gesetzt.

Bei SAVESCRN muß das Quell-Segment dem Video-RAM-Segment entsprechen, es wird also der jweilige Wert in das Register DS geladen. Das Ziel-Segment entspricht dem Daten-Segment von PC-BASIC/BASICA und wird durch Pushen/Popen des DS in ES initialisiert.

Bei RESTSCRN läuft es genau umgekehrt. Hier wird das Ziel-Segment mit dem Segment des Video-RAM initialisiert, der jeweilige Wert ins Register ES geladen. Das Quell-Segment entspricht dem Daten-Segment von PC-BASIC/BASICA, das Register DS bleibt also unverändert. Abschließend erfolgt hier ein Sprung in die PROC SAVESCRN, da die Übertragung der Daten vom Puffer in den Bildschirm über die gleiche Synchronisations-bzw. Ausgabe-Routine laufen kann.

Über diese Routine werden die Zeichen bzw. Attribute aus dem Video-RAM in die Puffer-Variable bzw. von dort in den Bildschirm übertragen. Da diese Routine im Abschnitt 11.2 bereits erklärt ist, können wir hier darauf verzichten. Nachdem alle Zeichen bzw. Attribute übertragen sind, werden die Register BP, ES und DS wieder vom Stack geholt und die Routine über RET beendet.

Im Anschluß an diese Erläuterungen hier nun das Demo-Programm:

Professioneller Bildschirmaufbau 353

Hinweis: Um das folgende Programm korrekt ausführen zu können, müssen Sie PC-BASIC mit dem Schalter /M folgendermaßen aufrufen:

```
GWBASIC /M:54000
```

```
10 '---------------------------------------------------
20 'BS_STORE.BAS                    1986 (C) H.J.Bomanns
30 '---------------------------------------------------
40 :
50 'SAVESCRN speichert den aktuellen Bildschirm in einem Puffer. Dann können
60 'Hinweise etc. z.B. in einem Fenster ausgegeben werden. Danach kann der BS-
70 'Inhalt wieder mit RESTSCRN zurückgeholt werden.
80 :
90 CLS:KEY OFF:DIM A$(25),PUFFER%(2000)
100 LOCATE 5,5:PRINT "Maschinen-Programm initialisieren....."
110 MP.START= &HE000
120 GOSUB 410
130 SAVESCRN= MP.START
140 RESTSCRN= MP.START+3
150 :
160 FOR I=1 TO 24: A$(I)= STRING$(80,64+I):NEXT I
170 :
180 CLS
190 COLOR 11,0:FOR I= 1 TO 24:PRINT A$(I);:NEXT I:COLOR 12,0
200 :
210 DEF SEG:PUFFER.OFS%= VARPTR(PUFFER%(0)):CALL SAVESCRN(PUFFER.OFS%)
220 :
230 CLS
240 LOCATE 12,1
250 PRINT "Der vorherige Bildschirm wurde gespeichert, dies ist ein Testtext....."
260 PRINT
270 PRINT "Wenn Sie nun eine Taste drücken, erscheint wieder der alte Bildschirm....."
280 :
290 IF INKEY$="" THEN 290
300 :
310 DEF SEG:PUFFER.OFS%= VARPTR(PUFFER%(0)):CALL RESTSCRN(PUFFER.OFS%)
320 :
330 LOCATE 12,1
340 PRINT "Hier ist nun wieder der vorherige Bildschirm in seiner ganzen Pracht ....."
350 PRINT
360 PRINT "beliebie Taste drücken....."
370 :
380 IF INKEY$="" THEN 380
390 COLOR 7,0:CLS:END
400 :
410 'Data-Zeilen aus COM-Datei: bs_store.com
420 :
430 RESTORE 450
440 DEF SEG:FOR I=1 TO  116:READ X:POKE MP.START+I-1,X: NEXT I
450 DATA 235, 41,144, 85,139,236, 30,  6,139,118,  6
460 DATA 139,  4,139,240,191,  0,176,179,  0,205, 17
470 DATA  37, 48,  0, 61, 48,  0,116,  6,129,199,  0
480 DATA   8,179,  1,142,199, 51,255,235, 40,144, 85
490 DATA 139,236, 30,  6,139,118,  6,139,  4,139,248
500 DATA  30,  7,190,  0,176,179,  0,205, 17, 37, 48
510 DATA   0, 61, 48,  0,116,  6,129,198,  0,  8,179
520 DATA   1,142,222, 51,246,185,208,  7,252,186,218
530 DATA   3,128,251,  0,116, 11,236,208,216,114,246
540 DATA 250,236,208,216,115,251,173,251,171,226,235
```

```
550 DATA   7, 31, 93,202, 2, 0
560 RETURN
```

Dieses Programm demonstriert den Umgang mit den beiden Routinen SAVE- bzw. RESTSCRN. Nach dem Start des Programms wird zuerst das Maschinen-Programm in den Speicher gepoket (Zeile 100 bis 140, Upro ab Zeile 410). Ab Zeile 160 wird ein Testbildschirm aufgebaut, der in Zeile 210 gesichert wird. Nachdem dieser Bildschirm in den Zeilen 230-290 gelöscht und ein entsprechender Text ausgegeben wurde, wird in Zeile 310 der ursprüngliche Bildschirm wieder ausgegeben. Ab Zeile 330 wird eine Abschlußmeldung ausgegeben und das Programm beendet.

Für das Einbinden in Ihre eigenen Programme benötigen Sie einmal den Data-Lader, bestehend aus den Zeilen 110 bis 140, und das Unterprogramm ab Zeile 410. Weiterhin müssen Sie ein Integer-Array PUFFER% mit mindestens 2000 Elementen dimensionieren. In einem Integer-Array kann jedes Element 2 Bytes aufnehmen. Für die Speicherung benötigen wir Platz für 2000 Zeichen und die dazugehörigen Attribute, also insgesamt 4000 Zeichen. Den Aufruf der beiden Routinen SAVE- bzw. RESTSCRN nehmen Sie in Ihrem Programm beliebig vor, wie in Zeile 210 bzw. 310 demonstriert.

Mehrere Bildschirme sichern bzw. restaurieren

Im obigen Beispiel-Programm wurde nur ein Bildschirm-Inhalt gesichert und wieder restauriert. Natürlich können Sie - je nach Speicherplatz - auch mehrere Bildschirme sichern und entsprechend restaurieren.

Wie oben bereits gesagt, wird pro Bildschirm ein Bereich von 4000 Bytes oder 2000 Integers benötigt. In der Praxis kommt es selten vor, daß mehr als 4 Bildschirme zu sichern sind. In meinen Programmen sichere ich zuerst immer das Haupt-Menü, nachdem ein Menü-Punkt gewählt wurde. Nach Beendigung der jeweiligen Funktion muß so das Menü nicht mehr neu aufgebaut werden. Den zweiten Bildschirm sichere ich, für die Anzeige einer Auswahl. Wenn beispielsweise in einem Feld ein Dateiname eingegeben werden soll, so wird die Maske gesichert und eine Dateiauswahl angezeigt. Nach der Auswahl wird die Maske blitzschnell wieder restauriert und die Eingabe kann weiter gehen. Der dritte Bildschirm ist zu sichern, wenn z.B. in einer Auswahl Hilfe angefordert wird. Im Array befinden sich dann 1. das Haupt-Menü, 2. die Eingabe-Maske und 3. das Auswahl-Fenster. Der vierte Bildschirm dient als Reserve oder für den Fall, daß innerhalb der Hilfe eine Fehlermeldung anzuzeigen ist. Es könnte ja sein, daß hierbei ein Lesefehler Auftritt. In diesem Fall wird die momentane Anzeige im vierten Bildschirm gespeichert und die Fehlermeldung angezeigt. Nun fragen Sie mich bitte nicht, was passiert, wenn in der Fehler-Routine ein Fehler anzuzeigen ist... Hier nun ein Demo-Programm, das zuerst vier Bildschirme generiert, diese sichert und anschließend der Reihe nach wieder restauriert:

Hinweis: Um das folgende Programm korrekt ausführen zu können, müssen Sie PC-BASIC mit dem Schalter /M folgendermaßen aufrufen:

```
GWBASIC /M:54000
```

```
10 '-------------------------------------------------
20 'BS_STOR1.BAS              1986 (C) H.J.Bomanns
30 '-------------------------------------------------
40 :
50 'SAVESCRN speichert den aktuellen Bildschirm in einem Puffer. Dann können
60 'Hinweise etc. z.B. in einem Fenster ausgegeben werden. Dann kann der BS-
70 'Inhalt mit RESTSCRN zurückgeholt werden. Dieses Programm demonstriert
80 'die Verwaltung mehrerer Bildschirme.
90 :
100 CLS:KEY OFF:DIM A$(25),PUFFER%(2000*4)
110 LOCATE 5,5:PRINT "Maschinen-Programm initialisieren....."
120 MP.START= &HE000
130 GOSUB 390
140 SAVESCRN= MP.START
150 RESTSCRN= MP.START+3
160 :
170 FOR BS= 0 TO 3
180    CLS
190    FOR I=1 TO 24
200      A$(I)= "Bildschirm-Nr.: "+STR$(BS+1)+STRING$(60,"x")
210      PRINT A$(I);
220    NEXT I
230    DEF SEG:PUFFER.OFS%= VARPTR(PUFFER%(BS*2000)):CALL SAVESCRN(PUFFER.OFS%)
240 NEXT BS
250 :
260 CLS:COLOR 15,0: PRINT " Beliebige Taste für RESTAURIEREN drücken... "
270 IF INKEY$="" THEN 270
280 :
290 FOR BS= 3 TO 0 STEP -1
300    DEF SEG:PUFFER.OFS%= VARPTR(PUFFER%(BS*2000)):CALL RESTSCRN(PUFFER.OFS%)
310    LOCATE 5,15:PRINT "Beliebige Taste für nächsten BS drücken..."
320    IF INKEY$= "" THEN 320
330 NEXT BS
340 :
350 LOCATE 15,15:PRINT "Beliebige Taste für ENDE drücken....."
360 IF INKEY$="" THEN 360
370 COLOR 7,0:CLS:END
380 :
390 'Data-Zeilen aus COM-Datei: bs_store.com
400 :
410 RESTORE 430
420 DEF SEG:FOR I=1 TO 116:READ X:POKE MP.START+I-1,X: NEXT I
430 DATA 235, 41,144, 85,139,236, 30,  6,139,118,  6
440 DATA 139,  4,139,240,191,  0,176,179,  0,205, 17
450 DATA  37, 48,  0, 61, 48,  0,116,  6,129,199,  0
460 DATA   8,179,  1,142,199, 51,255,235, 40,144, 85
470 DATA 139,236, 30,  6,139,118,  6,139,  4,139,248
480 DATA  30,  7,190,  0,176,179,  0,205, 17, 37, 48
490 DATA   0, 61, 48,  0,116,  6,129,198,  0,  8,179
500 DATA   1,142,222, 51,246,185,208,  7,252,186,218
510 DATA   3,128,251,  0,116, 11,236,208,216,114,246
520 DATA 250,236,208,216,115,251,173,251,171,226,235
530 DATA   7, 31, 93,202,  2,  0
540 RETURN
```

Dieses Programm arbeitet grundsätzlich wie das vorherige Demo-Programm BS_STORE.BAS. Hier werden lediglich in einer Schleife 4 Bildschirme generiert, gesichert und wieder restauriert.

In der Praxis setzt man für die Verwaltung der Routinen SAVESCRN und RESTSCRN am besten Unterprogramme ein, die anhand eines zentralen Zählers den aktuellen Bildschirm sichern (SAVESCRN) und restaurieren (RESTSCRN):

```
50 DIM PUFFER%(8000)
100 .....
110 BS.NR= 0    'Aktueller Bildschirm
120 MAX.BS= 3   'Maximal zu sichernde Bildschirme (0-3= 4 Stück)
130 .....
500 '----- Aktuellen Bildschirm sichern -----
510 :
520 IF BS.NR= MAX.BS THEN RETURN 'Array ist voll
520 DEF SEG:PUFFER.OFS%= VARPTR(PUFFER%(BS.NR*2000)): CALL SAVESCRN(PUFFER.OFS%)
530 BS.NR= BS.NR+1 'Aktuellen Zähler plus ein für nächstes SAVE
540 RETURN
550 :
560 '----- Letzten Bildschirm restaurieren -----
570 :
580 IF BS.NR= 0 THEN RETURN 'Letzter BS ist schon raus
590 BS.NR= BS.NR-1 'Zurücksetzen auf letzten Bildschirm
600 DEF SEG:PUFFER.OFS%= VARPTR(PUFFER%(BS.NR*2000)): CALL RESTSCRN(PUFFER.OFS%)
610 RETURN
620 .....
```

Mehr zu dieser Verwaltung jedoch im folgenden Abschnitt.

11.4   Der Bildschirm-Manager

In diesem Abschnitt soll es um den kombinierten Einsatz der Routinen für die schnelle Bildschirm-Ausgabe und die für das Sichern und Restaurieren von Bildschirmen gehen.

Dazu wurden die Assembler-Routinen in einem Programm zusammengefaßt, das nun den Namen SCREEN.ASM trägt. Man muß also der Routinen nicht getrennt laden, sondern dies kann hiermit in einem Rutsch passieren. Werfen wir zunächst einen Blick auf das Assembler-Programm. Sie werden hier kaum einen Unterschied zu den in den vorherigen Abschnitten beschriebenen Routinen finden. Trotzdem gibt es einen kleinen, aber wichtigen Punkt beim Zusammenlegen von Assembler-Routinen zu beachten. Dazu aber gleich mehr. Hier erstmal das Listing:

```
;----------------------------------------------------
; SCREEN.ASM
;----------------------------------------------------
; Kombi-Routine für schnelle Ausgabe eines Strings
; durch direktes Schreiben in den BS-Speicher und das
; Sichern bzw. Restaurieren von Bildschirmen. Zur Ver-
; hinderung des Flickerns erfolgt eine Synchronisation.
;----------------------------------------------------
;
```

Professioneller Bildschirmaufbau 357

```
;AUFRUF:
;-------
;   CALL FASTSCRN(ZEILE%,SPALTE%,ATTR%,STRING$)
;
;Die Adressen der Variablen werden beim Aufruf über CALL folgendermaßen auf
;den Stack geschoben:
;
;   STRING$  SP+6,   ATTR%  SP+8,   SPALTE%  SP+10,    ZEILE%  SP+12
;
;AUFRUF:
;-------
;   CALL SAVESCRN(PUFFER%)
;   CALL RESTSCRN(PUFFER%)
;
;Die Adressen der Variablen werden beim Aufruf über CALL folgendermaßen auf
;den Stack geschoben:
;
;   PUFFER%  SP+6
;------------------------------
Programm  segment para 'CODE'
          assume cs:Programm

          jmp     Halbe_Strecke
          jmp     RestScrn
;------------------------------
FastScrn  proc    far

          push    bp                  ;Basepointer von GW sichern
          mov     bp,sp               ;Stackpointer --> Pasepointer
          push    ds                  ;Aufruf-DS sichern
          push    es                  ;Aufruf-ES sichern

          mov     si,[bp+12]          ;Speicheradresse ZEILE%
          mov     bl,[si]             ;Wert nach BL, aktuelle Zeile
          mov     al,160d             ;mit 160 multiplizieren
          mul     bl                  ;Zeile*160
          sub     ax,160d             ;160 abziehen
          push    ax                  ;Ergebnis in AX, festhalten
          mov     si,[bp+10]          ;Speicheradresse SPALTE%
          mov     bl,[si]             ;Wert nach BL, aktuelle Spalte
          mov     al,2                ;mit 2 multiplizieren
          mul     bl                  ;Spalte*2, Ergebnis in AX
          pop     bx                  ;Ergebnis Zeile*160 zurückholen
          add     ax,bx               ;Addieren
          dec     ax
          dec     ax                  ;2 abziehen
          push    ax                  ;Für später festhalten

          mov     si,[bp+8]           ;Speicheradresse ATTR%
          mov     ah,[si]             ;Kommt für STOSW in AH

          mov     si,[bp+6]           ;Speicheradresse String-Descriptor
          mov     cl,[si]             ;Länge des Strings
          mov     ch,0                ;Für LOOP in CX
          mov     si,[si+1]           ;Adresse des Strings
                                      ;bleibt für LODSB in SI

          push    ax                  ;Für später festhalten
          mov     di,0B000h           ;Segment-Adresse Video-RAM Mono
          mov     bl,0                ;Flag für Synchro-Nein
          int     11h                 ;Equipment-Flag holen
          and     ax,30h              ;Bit 4 und 5 prüfen
          cmp     ax,30h              ;Monochrom-Karte da?
          je      Mono0               ;Wenn ja, ist B000h o.k.
```

```
                add     di,0800h        ;Sonst 0800h für Color-RAM addieren
                mov     bl,1            ;Flag für Synchro-JA
Mono0:          mov     es,di           ;Segment-Adresse muß für STOSW in ES sein
                pop     ax              ;AX mit Attribut wieder zurück
                pop     di              ;Wert von (Zeile*160)+(Spalte*2)-2 zurückholen
                                        ;Als Offset in den BS-Speicher für Ausgabe
                cld                     ;DIRECTION= vorwärts
                mov     dx,03DAh        ;6845 Status-Port
Warten0a:       cmp     bl,0            ;Ausgabe auf Monochrom?
                je      OhneSynchro0    ;Wenn ja, keine Synchro notwendig
                in      al,dx           ;Sonst: Status des 6845 lesen
                rcr     al,1            ;RETRACE checken
                jb      Warten0a        ;Ggf. warten
                cli
Warten0b:       in      al,dx           ;Wie oben
                rcr     al,1
                jnb     Warten0b
OhneSynchro0:
                lodsb                   ;Einzelnes Zeichen aus String in AL laden
                sti
                stosw                   ;und in BS schreiben
                loop    Warten0a        ;Solange, bis CX= 0 ist

                pop     es              ;Aufruf-ES vom Stack
                pop     ds              ;Aufruf-DS vom Stack
                pop     bp              ;Aufruf-BP vom Stack
                ret     8               ;Zurück nach GW-BASIC,
                                        ;dabei Stack putzen

FastScrn        endp
;--------------------------------
Halbe_Strecke:  jmp SaveScrn
;--------------------------------
RestScrn        proc    far

                push    bp              ;Basepointer von GW sichern
                mov     bp,sp           ;Stackpointer --> Pasepointer
                push    ds              ;Aufruf-DS sichern
                push    es              ;Aufruf-ES sichern
                ;
                mov     si,[bp+6]       ;Speicheradresse PUFFER%
                mov     ax,[si]         ;Wert in AX
                mov     si,ax           ;Für LODSW in SI, Segment ist DS
                ;
                mov     di,0B000h       ;Segment Video-RAM Mono
                mov     bl,0            ;Flag für Synchro-Nein
                int     11h             ;Equipment-Flag holen
                and     ax,30h          ;Bit 4 und 5 prüfen
                cmp     ax,30h          ;Ist es eine Monochrom-Karte?
                je      Mono1           ;Wenn ja, Default-Werte o.k.
                add     di,0800h        ;Video-RAM Color ist B800h
                mov     bl,1            ;Flag für Synchro-JA
Mono1:
                mov     es,di           ;Für STOSW in ES
                xor     di,di
                jmp     S_1             ;Weiter bei Savescrn

RestScrn        endp
;--------------------------------
SaveScrn        proc    far

                push    bp              ;Basepointer von GW sichern
                mov     bp,sp           ;Stackpointer --> Pasepointer
```

Professioneller Bildschirmaufbau

```
                push    ds                      ;Aufruf-DS sichern
                push    es                      ;Aufruf-ES sichern
                ;
                mov     si,[bp+6]               ;Speicheradresse PUFFER%
                mov     ax,[si]                 ;Wert in AX
                mov     di,ax                   ;Für STOSW in DI
                push    ds
                pop     es                      ;Datensegment PUFFER% in ES
                ;
                mov     si,0B000h               ;Segment Video-RAM Mono
                mov     bl,0                    ;Flag für Synchro-Nein
                int     11h                     ;Equipment-Flag holen
                and     ax,30h                  ;Bit 4 und 5 prüfen
                cmp     ax,30h                  ;Ist es eine Monochrom-Karte?
                je      Mono2                   ;Wenn ja, Default-Werte o.k.
                add     si,0800h                ;Video-RAM Color ist B800h
                mov     bl,1                    ;Flag für Synchro-JA
Mono2:
                mov     ds,si                   ;Für LODSW in DS
                xor     si,si

S_1:            mov     cx,2000                 ;2000 Zeichen/Attribute
                cld                             ;DIRECTION= vorwärts
                mov     dx,03DAh                ;6845 Status-Port

Warten1a:       cmp     bl,0                    ;Ist es eine Monochrom-Karte?
                je      OhneSynchro1            ;Wenn ja, keine Synchro nötig
                in      al,dx                   ;Sonst: Status des 6845 lesen
                rcr     al,1                    ;RETRACE checken
                jb      Warten1a                ;Ggf. warten
                cli
Warten1b:       in      al,dx                   ;Wie oben
                rcr     al,1
                jnb     Warten1b
OhneSynchro1:
                lodsw                           ;Zeichen und Attribut in AX laden
                sti
                stosw                           ;und in Puffer schreiben
                loop    Warten1a                ;Solange, bis CX= 0 ist

                pop     es                      ;Aufruf-ES vom Stack
                pop     ds                      ;Aufruf-DS vom Stack
                pop     bp                      ;Aufruf-BP vom Stack
                ret     2                       ;Zurück nach GW-BASIC,
                                                ;dabei Stack putzen

SaveScrn        endp
;------------------------------
Programm        ends
                end
```

Sicher ist Ihnen der kleine, aber feine Unterschied aufgefallen: Gleich zu Anfang findet sich ein merkwürdig anmutender

```
    JMP Halbe_Strecke
```

und an diesem Label ein

```
    JMP SaveScrn
```

Warum? Nun, wir wissen, daß eine Assembler-Routine ohne direkte Sprünge - FAR JUMPs - und ohne direkte Bezüge auf Variablen auskommen muß. Andernfalls kann die Routine im PC-BASIC-Speicher nicht ordnungsgemäß ausgeführt werden. Es dürfen also nur kurze Sprünge - NEAR JUMPs - verwendet werden, da dabei die Entfernung des anzuspringenden Befehles in Bytes und nicht dessen direkte Adresse beim JUMP verwendet wird. Dies hat zur Folge, daß die Routine an jeder beliebigen Stelle im Speicher stehen kann. Die Entfernung wird ja durch eine andere Startadresse nicht verändert.

Die relative Entfernung vom aktuellen Befehl zum anzuspringenden Befehl darf jedoch nur innerhalb eines bestimmten Bereiches liegen. Dies sind 128 Bytes hinter oder 127 vor dem aktuellen Befehl. Andernfalls wird ein FAR JUMP notwendig - und der ist ja bei PC-BASIC nicht möglich. Dieser Bereich resultiert aus der Tatsache, daß für die "Entfernungsmessung" nur ein Byte zur Verfügung steht. Mehr stellt der Prozessor dafür nicht zur Verfügung. In diesem Byte wird das 7. Bit als Richtungs-Kennzeichen verwendet. Ist dieses Bit gesetzt, so erfolgt ein Sprung "nach hinten" - Richtung Programm-Anfang. Ist das Bit nicht gesetzt, so erfolgt ein Sprung "nach vorne" - Richtung Programm-Ende.

Liegen jetzt zwischen der anzuspringenden Routine und dem Start-Punkt zuviele oder zu große andere Routinen, so kann kein NEAR JUMP ausgeführt werden. Man muß sich deshalb mit einem Trick behelfen: Man springt einfach ein oder mehrere "Halbe_Strecken" an, zwischen denen die jeweils erlaubten 128 bzw. 127 Bytes liegen. Auf diese Weise hangelt man sich mit NEAR JUMPs bis zur entsprechenden Routine durch.

Soviel zum Thema "Assembler-Routinen zusammenlegen". Abschließend noch ein kleiner Hinweis: Sie wissen vielleicht, daß Sprünge mit dem Zusatz SHORT als Zwei-Byte-Code vom Assembler "erzwungen" werden können, d. h., der Assembler generiert ohne SHORT immer drei Bytes: einmal den OpCode für JMP, dann die Entfernung und letztlich ein NOP. Dies hat folgenden Hintergrund: FAR JUMPs können einmal innerhalb des aktuellen Segmentes oder aus dem aktuellen in ein anderes Segment erfolgen. Ein JUMP innerhalb des Segmentes kommt mit 2 Bytes/einem Wort als Zieladresse aus, da ein Segment ja bekanntlich 64 KByte groß ist. Stellt der Assembler fest, daß der Sprung innerhalb des Segmentes erfolgt und die Entfernung weniger als 128 bzw. 127 Bytes beträgt, so generiert er einen Pseudo-Short-Jump. Das HighByte der Ziel-Adresse wird dabei durch das NOP ersetzt. Bei einem "richtigen" SHORT wird nur der Opcode und die Entfernung in Code übersetzt. Dieses Verhalten ist wichtig für die Zuordnung der Einsprung-Adressen zu den Variablen für CALL:

```
80 SAVESCRN= MP.START
90 RESTSCRN= MP.START+3
100 FASTSCRN= MP.START+6
```

Sie sehen, daß hier in Zeile 90 und 100 jeweils drei Byte pro JUMP berücksichtigt werden. Geben Sie im Assembler-Programm jedoch ein SHORT vor den JMPs an, so sind nur noch jeweils zwei Bytes zu berücksichtigen! Es muß dann also heißen:

```
 80 SAVESCRN= MP.START
 90 RESTSCRN= MP.START+2
100 FASTSCRN= MP.START+4
```

Das Ganze in der Praxis

In der Praxis läßt sich dieser "Bildschirm-Manager" wie im folgenden Programm demonstriert einsetzen:

```
 10 '-----------------------------------------------------------------
 20 'SCREEN.BAS     Demo der Kombi-Routinen FastScrn,SaveScrn,RestScrn
 30 '-----------------------------------------------------------------
 40 :
 50 CLS:KEY OFF:FOR I=1 TO 10:KEY I,"":NEXT I
 60 MP.START= &HE000
 70 GOSUB 990 'MP initialisieren
 80 SAVESCRN= MP.START
 90 RESTSCRN= MP.START+3
100 FASTSCRN= MP.START+6
110 MAX.BS= 3
120 DIM PUFFER%(2000*MAX.BS)
130 BS.NR= 0
140 CLS
150 :
160 M$(1)="┌─────── Haupt-Menü ───────┐"
170 M$(2)="│                          │"
180 M$(3)="│   [E]= Daten eingeben    │"
190 M$(4)="│   [A]= Anzeigen/Ändern   │"
200 M$(5)="│   [L]= Listen drucken    │"
210 M$(6)="│   [X]= Ende              │"
220 M$(7)="│                          │"
230 M$(8)="└─────── Auswahl: ─────────┘"
240 :
250 SPALTE%= 5: ATTR%= 7
260 FOR I%= 5 TO 12
270    DEF SEG:CALL FASTSCRN(I%,SPALTE%,ATTR%,M$(I%-4))
280 NEXT I%
290 :
300 LOCATE 25,1:PRINT "Drücken Sie [E] für 'Daten eingeben' oder [X] für
    'Ende'...";SPACE$(80-POS(0));
310 LOCATE 12,20,1
320 X$= INKEY$:IF X$="" THEN 320
330 IF X$= "x" THEN COLOR 7,0:CLS:END
340 IF X$= "e" THEN GOSUB 370:GOTO 300 'Daten eingeben, wieder Menü abfragen
350 BEEP: GOTO 310
360 :
370 '----- Beispiel-Routine -----
380 :
390 GOSUB 840 'BS sichern
400 M$(1)="┌── Daten eingeben: ───────┐"
410 M$(2)="│                          │"
420 M$(3)="│   Name    :              │"
430 M$(4)="│   Vorname :              │"
440 M$(5)="│   Straße  :              │"
450 M$(6)="│   PLZ/Ort :              │"
460 M$(7)="│                          │"
470 M$(8)="└─[F1]= Hilfe ─────────────┘"
480 :
490 SPALTE%= 15: ATTR%= 112
500 FOR I%= 7 TO 14
510    DEF SEG:CALL FASTSCRN(I%,SPALTE%,ATTR%,M$(I%-6))
```

```
520 NEXT I%
530 :
540 LOCATE 25,1:PRINT "Drücken Sie [F1] für 'Hilfe' oder [ESC] für
'zurück'...";SPACE$(80-POS(0));
550 LOCATE 9,25,1
560 X$= INKEY$:IF X$="" THEN 560
570 IF X$= CHR$(27) THEN GOSUB 910:RETURN 'BS zurück und wieder Menü aufrufen
580 IF ASC(RIGHT$(X$,1))= 59 THEN GOSUB 610:GOTO 550 'Hilfe anzeigen, weiter mit
Eingabe
590 BEEP:GOTO 550
600 :
610 '----- Beispiel für Hilfe -----
620 :
630 GOSUB 840 'BS sichern
640 M$(1)="┌─Hilfe ───────────────┐"
650 M$(2)="│                      │"
660 M$(3)="│ Geben Sie hier den   │"
670 M$(4)="│ Namen des Kunden     │"
680 M$(5)="│ ein. Dies Feld muß   │"
690 M$(6)="│ einen Inhalt haben.  │"
700 M$(7)="│                      │"
710 M$(8)="└─[ESC]= zurück ───────┘"
720 :
730 SPALTE%= 20: ATTR%= 15
740 FOR I%= 3 TO 10
750   DEF SEG:CALL FASTSCRN(I%,SPALTE%,ATTR%,M$(I%-2))
760 NEXT I%
770 :
780 LOCATE 25,1:PRINT "Drücken Sie [ESC] für 'zurück'...";SPACE$(80-POS(0));
790 LOCATE ,,0
800 X$= INKEY$:IF X$="" THEN 800
810 IF X$= CHR$(27) THEN GOSUB 910:RETURN
820 BEEP:GOTO 790
830 :
840 '----- Aktuellen Bildschirm sichern -----
850 :
860 IF BS.NR= MAX.BS THEN BEEP:RETURN
870 DEF SEG:PUFFER.OFS%= VARPTR(PUFFER%(BS.NR*2000)):CALL SAVESCRN(PUFFER.OFS%)
880 BS.NR= BS.NR+1
890 RETURN
900 :
910 '----- Letzten Bildschirm restaurieren -----
920 :
930 IF BS.NR= 0 THEN BEEP:RETURN
940 BS.NR= BS.NR-1
950 DEF SEG:PUFFER.OFS%= VARPTR(PUFFER%(BS.NR*2000)):CALL RESTSCRN(PUFFER.OFS%)
960 RETURN
970 :
980 :
990 'Data-Zeilen aus COM-Datei: screen.com
1000 :
1010 RESTORE 1030
1020 DEF SEG:FOR I=1 TO 227:READ X:POKE MP.START+I-1,X: NEXT I
1030 DATA 235,109,144,235,109,144, 85,139,236, 30,  6
1040 DATA 139,118, 12,138, 28,176,160,246,227, 45,160
1050 DATA   0, 80,139,118, 10,138, 28,176,  2,246,227
1060 DATA  91,  3,195, 72, 72, 80,139,118,  8,138, 36
1070 DATA 139,118,  6,138, 12,181,  0,139,116,  1, 80
1080 DATA 191,  0,176,179,  0,205, 17, 37, 48,  0, 61
1090 DATA  48,  0,116,  6,129,199,  0,  8,179,  1,142
1100 DATA 199, 88, 95,252,186,218,  3,128,251,  0,116
1110 DATA  11,236,208,216,114,246,250,236,208,216,115
1120 DATA 251,172,251,171,226,235,  7, 31, 93,202,  8
1130 DATA   0,235, 41,144, 85,139,236, 30,  6,139,118
```

```
1140 DATA    6,139,   4,139,240,191,   0,176,179,   0,205
1150 DATA   17,  37,  48,   0,  61,  48,   0,116,   6,129,199
1160 DATA    0,   8,179,   1,142,199,  51,255,235,  40,144
1170 DATA   85,139,236,  30,   6,139,118,   6,139,   4,139
1180 DATA  248,  30,   7,190,   0,176,179,   0,205,  17,  37
1190 DATA   48,   0,  61,  48,   0,116,   6,129,198,   0,   8
1200 DATA  179,   1,142,222,  51,246,185,208,   7,252,186
1210 DATA  218,   3,128,251,   0,116,  11,236,208,216,114
1220 DATA  246,250,236,208,216,115,251,173,251,171,226
1230 DATA  235,   7,  31,  93,202,   2,   0
1240 RETURN
```

Zuerst wird ein Haupt-Menü aufgebaut. Nach dem Drücken einer der mit Funktionen belegten Tasten wird der aktuelle Bildschirm gesichert und - hier als Beispiel - die Eingabe-Maske aufgebaut. Nachdem die Eingabe beendet ist, wird der gesicherte Bildschirm restauriert. Dies erspart den nochmaligen Aufbau des Menüs.

In der Eingabe-Maske hat man unter anderem die Möglichkeit, Hilfe mit <F1> aufzurufen oder zum Haupt-Menü mit <ESC> zurückzukehren. Wird <ESC> gedrückt, so wird der gesicherte Bildschirm restauriert und das Menü erneut abgefragt. Nach dem Drücken von <F1> wird der aktuelle Bildschirm gesichert und dann die Hilfe angezeigt. Im Array PUFFER% befindet sich also das Haupt-Menü und die Eingabe-Maske. Wird die Hilfe mit <ESC> beendet, so wird der letzte Bildschirm - in diesem Fall die Eingabe-Maske - restauriert und dort mit der Eingabe weiter gemacht.

Herzstück sind die beiden Routinen zum Sichern und Restaurieren eines Bildschirms. Hier wird jeweils geprüft, ob der zentrale Zähler BS.NR in den erlaubten Grenzen liegt. Wenn nicht, gibt es einen Piepser und die Routine wird nicht ausgeführt. Würde diese Prüfung nicht erfolgen und man gibt in der Hektik der Programm-Entwicklung falsche Werte an, so kann es schon mal passieren, daß Datenbereiche vor oder hinter PUFFER%() durch SAVESCRN überschrieben oder falsche Bildschirme von RESTSCRN restauriert werden. Wenn das Programm einwandfrei läuft, können diese Abfragen auch entfernt werden. Aber auf die paar Bytes kommt es meistens auch nicht mehr an. Sie sehen, mit ein wenig Assembler und einigen Unterprogrammen ist es gar nicht so schwer und aufwendig, professionell wirkende Programme zu erstellen.

11.5 Windows (Fenster) - einfach aber wirkungsvoll

Es gibt heutzutage kaum ein PC-Programm, das nicht die vielgelobte "hilfreiche" Fenstertechnik einsetzt. Wie immer, wenn es um optische Erscheinungen geht, teilen sich auch hier die Meinungen. Teilweise hat man das Gefühl, die Software-Häuser tragen einen Wettstreit (auf dem Rücken des Anwenders) aus, wer am meisten Fenster gleichzeitig darstellen kann. Auf einem Farb-Monitor dann womöglich noch für jedes Fenster eine eigene Farbe, und das Chaos ist perfekt. Der arme Anwender guckt in die Kiste und fragt sich, wo denn nun wohl das Hilfreiche an der ganzen Fenstertechnik stecken mag.

Ich halte die Fenstertechnik nur dort für sinnvoll, wo sie vernünftig eingesetzt wird. "Vernünftig" heißt hierbei eigentlich "in Maßen". In meinen eigenen Programmen setze ich grundsätzlich eine Basis-Maske ein, die - wenn es nicht anders geht - von einem Fenster z.B. für die Eingabe eines Suchbegriffes, überlagert wird. Auch die Ausgabe von Hilfstexten oder Eingabe-Hinweisen erfolgt teilweise in Fenstern, dabei aber immer so, daß der Anwender auf der Basis-Maske noch sehen kann, wozu der Hinweis oder die Hilfe gedacht ist. Hiermit bin ich bis jetzt ganz gut gefahren und habe von Anwendern eigentlich nur Gutes gehört. Aber wie schon gesagt, die Beurteilung dieses Themas kann nur subjektiv sein, und eine Entscheidung hängt letztendlich vom Programmierer und den späteren Anwendern ab.

Die Realisierung einer kompletten und vor allem komfortablen Fenstertechnik ist ein sehr komplexes Thema und durchaus dazu geschaffen, ein eigenes Buch zu füllen. Gerade unter PC-BASIC/BASICA, die ja die Fenstertechnik im Gegensatz zu anderen (neueren) BASIC-Versionen so gut wie gar nicht unterstützen, gäbe es einiges zu tun. Zweifelsohne müßte man dazu auch der Hilfe einer oder mehrerer Assembler-Routinen bedienen. Sie fanden im vorherigen Abschnitt schon einen ganz kleinen Schritt in Richtung "Fenstertechnik". Es wäre allerdings sehr vermessen, dabei von "komplett" oder gar "komfortabel" zu sprechen. Aber alles zu seiner Zeit.

Wir wollen uns an dieser Stelle zuerst einmal anschauen, was sich mit den zur Verfügung stehenden Mitteln und einer klitzekleinen Assembler-Routine von PC-BASIC aus in Sachen "Fenster" machen läßt. Es handelt sich im folgenden jedoch mehr um Fenstergestaltung als um Fenstertechnik.

Das einfachste Mittel dürfte der Befehl VIEW PRINT sein. Mit diesem Befehl kann ein "ganzzeiliger" Teil des Bildschirms als Fenster definiert werden. "Ganzzeilig" heißt, daß das Fenster immer nur von der ersten Spalte einer Anfangszeile bis zur letzten Spalte einer Endzeile definiert werden kann:

```
VIEW PRINT 5 to 15
```

Diese Anweisung definiert ein Fenster von Spalte 1, Zeile 5 bis Spalte 80, Zeile 15. Allen folgenden Ausgaben per PRINT etc. wird nun vom Interpreter "vorgegaukelt", das dies der tatsächliche Bildschirm ist. Die Bereiche darüber und darunter sind nicht mehr erreichbar, können also z.B. durch CLS nicht gelöscht werden. Dies läßt sich unter anderem in Programmen einsetzen, in denen eine Kopf-und eine Fußzeile immer gleich angezeigt werden, während der Bereich dazwischen unterschiedlich aufgebaut werden kann. Die Ausführungszeiten für den Aufbau der Kopf- und Fußzeile entfallen also, auch der CLS geht etwas schneller, da ja weniger zu löschen ist. Der Hintergrund des Fensters läßt sich farblich vom übrigen Bildschirm abheben:

```
10 KEY OFF
20 COLOR 7,0 'Graue Schrift, schwarzer Hintergrund
30 CLS
40 :
50 VIEW PRINT 5 TO 15
```

Professioneller Bildschirmaufbau

```
60 COLOR 15,4 'Weiße Schrift, roter Hintergrund
70 CLS
...
...
```

Für Leser mit einem Farb-Monitor hier ein kleines Experiment mit VIEW PRINT, das sich z.B. als Programmstart für Spiele ganz neckisch macht:

```
10 '-------------------------------------------------------------
20 'VP.BAS, Spielerei für Farbmonitor        1986 (C) H.J. Bomanns
30 '-------------------------------------------------------------
40 CLS:KEY OFF
50 FARBE= 0
60 ERSTE.ZEILE= 1:LETZTE.ZEILE= 24
70 :
80 VIEW PRINT ERSTE.ZEILE TO LETZTE.ZEILE
90 COLOR ,FARBE
100 CLS
110 ERSTE.ZEILE= ERSTE.ZEILE+1:IF ERSTE.ZEILE= 13 THEN 160
120 LETZTE.ZEILE= LETZTE.ZEILE -1
130 FARBE= FARBE+1:IF FARBE= 8 THEN FARBE= 0
140 GOTO 80
150 :
160 VIEW PRINT ERSTE.ZEILE TO LETZTE.ZEILE
170 COLOR ,FARBE
180 CLS
190 ERSTE.ZEILE= ERSTE.ZEILE-1:IF ERSTE.ZEILE= 1 THEN 60
200 LETZTE.ZEILE= LETZTE.ZEILE +1
210 FARBE= FARBE+1:IF FARBE= 8 THEN FARBE= 0
220 GOTO 160
```

Mit VIEW PRINT lassen sich also in Grenzen Fenster anlegen und farblich abheben. Eine weitere Möglichkeit der Fenstergestaltung ist Lesern mit einer Farbgrafik-Karte (CGA/EGA) bzw. mit einem CGA-Emulator für HGC-Karten vorbehalten. Wir machen beim nächsten Beispiel von der Fenstertechnik, die PC-BASIC im Grafik-Modus bietet, Gebrauch:

```
10 '-------------------------------------------------------------
20 ' VW.BAS, Fenster im Grafik-Modus         1986 (C) H.J.Bomanns
30 '-------------------------------------------------------------
40 :
50 CLS:KEY OFF
60 SCREEN 1
70 VIEW (150,50)-(50,150),1,2
80 LOCATE 8,8:PRINT "Fenster 1"
90 GOSUB 170
100 VIEW (180,80)-(80,180),2,3
110 LOCATE 13,12:PRINT "Fenster 2"
120 GOSUB 170
130 VIEW (190,30)-(30,150),3,2
140 LOCATE 7,7:PRINT "Fenster 3"
150 GOSUB 170
160 SCREEN 0:WIDTH 80:END
170 LOCATE 24,1:PRINT "beliebige Taste.....";
180 IF INKEY$="" THEN 180
190 RETURN
```

Herz der ganzen Aktion ist der VIEW-Befehl, der im Grafik-Modus ein Fenster definiert. In dieses Fenster können dann per PRINT wie auf einem normalen

Textbildschirm Ausgaben erfolgen. Die farbliche Gestaltung beschränkt sich hierbei auf die durch den COLOR-Befehl festgelegten drei Farben aus der aktuellen Palette. Nachteil dieser Lösung ist die Tatsache, daß beim Verschieben eines Fensters alle Ausgabe-Befehle geändert werden müssen bzw. um dies zu vermeiden, eine ziemlich aufwendige Parametrisierung vorgenommen werden muß.

Fenster per Interrupt 10h

In diesem Abschnitt schauen wir uns die Möglichkeiten des BIOS zur Fenstergestaltung an. Dabei ist uns wieder die bereits mehrmals eingesetzte DOS-Schnittstelle für den Zugriff auf das BIOS behilflich. Wie bereits erwähnt, ist die detaillierte Beschreibung dieser Universal-Routine in Kapitel 8 zu finden. Aufgabe der BASIC-Routine ist das Anlegen beliebig großer Fenster an beliebigen Positionen auf dem Bildschirm. Hierbei soll das Fenster automatisch einen Rahmen erhalten.

Für diese Aufgabe kann der Interrupt 10h des BIOS, der alles, was mit Bildschirm und Grafik zu tun hat, steuert, eingesetzt werden. Eine Übersicht aller Funktionen des Interrupt 10h finden Sie im Anhang F. Für uns ist hier die Funktion 6 interessant. Diese Funktion wird normalerweise für das Scrollen eines Bildschirmbereiches nach oben eingesetzt. Zu diesem Thema kommen wir aber gleich. Der Funktion 6 des Interrupt 10h sind verschiedene Parameter zu übergeben, die den Bereich, der gescrollt werden soll und die Anzahl der zu scrollenden Zeilen definieren. Weiterhin kann ein Attribut für die dabei erzeugten Leerzeilen angegeben werden. Wird als Anzahl der zu scrollenden Zeilen 0 angegeben, so wird das definierte Fenster mit dem angegebenen Attribut gelöscht. Über die DOS-Schnittstelle übergeben wir die Parameter an den Interrupt. Das folgende Beispiel-Programm legt verschiedene Fenster mit unterschiedlicher Farbgebung und mit einem Rahmen an:

```
10 '-------------------------------------------------------------
20 'MAKE_WND.BAS, Fenster über INT 10h      1986 (C) H.J.Bomanns
30 '-------------------------------------------------------------
40 :
50 COLOR 7,0:CLS:KEY OFF
60 PRINT "Initialisierung.....";
70 DIM FENSTER(5,5) 'x,x bzw. y,y und Farbe
80 RESTORE 100
90 FOR I=1 TO 5:FOR K=1 TO 5:READ FENSTER(I,K):NEXT K:NEXT I
100 DATA 5,5,10,35,64,  8,40,13,75,16,  15,20,20,50,112, 3,3,7,45,80, 20,15,22,45,32
110 GOSUB 640 'Maschinenprogramm in Speicher poken
120 :
130 DOS.SN= MP.START
140 INT.NR%= &H10:POKE INT.ADR,INT.NR%
150 :
160 '----- Bildschirm aufbauen -----
170 :
180 CLS:FOR I=1 TO 24:PRINT STRING$(80," ");:NEXT I
190 :
200 '----- Farbige Fenster anlegen -----
210 :
```

```
220 FOR I=1 TO 5
230     VON.ZEILE%= FENSTER(I,1):VON.SPALTE%= FENSTER(I,2)
240     BIS.ZEILE%= FENSTER(I,3):BIS.SPALTE%= FENSTER(I,4)
250     ATTR%= FENSTER(I,5):ANZAHL.ZEILEN%= 0
260     GOSUB 540 'Fenster anlegen
270 NEXT I
280 GOSUB 470 'Auf Taste warten
290 :
300 '----- Fenster mit Rahmen anlegen -----
310 :
320 FOR I=1 TO 5
330     VON.ZEILE%= FENSTER(I,1)-1:VON.SPALTE%= FENSTER(I,2)-1
340     BIS.ZEILE%= FENSTER(I,3)+1:BIS.SPALTE%= FENSTER(I,4)+1
350     ATTR%= FENSTER(I,5):ANZAHL.ZEILEN%= 0
360     GOSUB 540 'Fenster anlegen
370     VON.ZEILE%= FENSTER(I,1):VON.SPALTE%= FENSTER(I,2)
380     BIS.ZEILE%= FENSTER(I,3):BIS.SPALTE%= FENSTER(I,4)
390     ATTR%= 0:ANZAHL.ZEILEN%= 0
400     GOSUB 540 'Fenster anlegen
410 NEXT I
420 GOSUB 470
430 GOTO 180
440 :
450 '----- Tastatur abfragen -----
460 :
470 LOCATE 23,50:PRINT " [";CHR$(17);"⌐]= weiter, [ESC]= Ende ";
480 X$= INKEY$:IF X$="" THEN 480
490 IF X$<>CHR$(27) THEN RETURN
500 CLS:END
510 :
520 '----- Fenster-Routine -----
530 :
540 AH%= 6
550 AL%= ANZAHL.ZEILEN%
560 CH%= VON.ZEILE%-1:CL%= VON.SPALTE%-1
570 DH%= BIS.ZEILE%-1:DL%= BIS.SPALTE%-1
580 BH%= ATTR%
590 DEF SEG:CALL DOS.SN(AH%, AL%, BH%, BL%, CH%, CL%, DH%, DL%, ES%, DI%, SI%,
FLAGS%)
600 RETURN
610 :
620 'Data-Zeilen aus COM-Datei: dos_sn.com
630 :
640 MP.START= &HE000
650 RESTORE 670
660 DEF SEG:FOR I=1 TO  151:READ X:POKE MP.START+I-1,X: NEXT I
670 DATA 250, 85,139,236, 30,  6,139,118,  6,139,  4
680 DATA  80,157,139,118, 14,138, 20,139,118, 16,138
690 DATA  52,139,118, 18,138, 12,139,118, 20,138, 44
700 DATA 139,118, 22,138, 28,139,118, 24,138, 60,139
710 DATA 118, 26,138,  4,139,118, 28,138, 36,139,118
720 DATA   8,139, 60, 80,139,118, 12,139,  4,142,192
730 DATA  88,139,118, 10,139, 52, 85,251,205, 33,250
740 DATA  93, 86,156,139,118, 28,136, 36,139,118, 26
750 DATA 136,  4,139,118, 24,136, 60,139,118, 22,136
760 DATA  28,139,118, 20,136, 44,139,118, 18,136, 12
770 DATA 139,118, 16,136, 52,139,118, 14,136, 20, 88
780 DATA 139,118,  6,137,  4, 88,139,118, 10,137,  4
790 DATA 140,192,139,118, 12,137,  4,139,118,  8,137
800 DATA  60,  7, 31, 93,251,202, 24,  0
810 MP.ENDE= MP.START+I-1
820 FOR I= MP.START TO MP.ENDE:IF PEEK(I)= 205 THEN INT.ADR= I+1 ELSE NEXT
830 RETURN
```

Nach dem Start des Programms wird erst einmal das Maschinen-Programm für die DOS-Schnittstelle über das Unterprogramm ab Zeile 620 in den Speicher gepoket. Anschließend werden die Variablen initialisiert. In diesem Beispiel sind fünf Fenster unterschiedlicher Position und Farbe festgelegt, die im ersten Teil angelegt werden. Die eigentliche Arbeit macht das Unterprogramm ab Zeile 520. Hier werden die Werte der Variablen aufbereitet. Dies ist notwendig, da das BIOS die Zeilen von 0-24 und die Spalten von 0-79 zählt. Um ein Koordinaten-Chaos zu vermeiden, können die Positionen also wie z.B. beim LOCATE-Befehl angegeben werden.

Im zweiten Teil ab Zeile 300 werden die gleichen Fenster diesmal mit Rahmen angelegt. Um den Rahmen um das Fenster zu legen, wird einfach ein um eine Zeile und eine Spalte größeres Fenster mit dem entsprechenden Attribut angelegt. Danach wird das eigentliche Fenster mit dem Attribut 0 innerhalb des gerade angelegten Fensters angelegt. Einfach, aber wirkungsvoll.

Um die Routine in Ihre eigenen Programme einzubinden, benötigen Sie den Data-Lader ab Zeile 620, der das Maschinen-Programm initialisiert und die Routine ab Zeile 520, die die Parameter über die DOS-Schnittstelle an den Interrupt 10h übergibt. Wichtig sind weiterhin die Zeilen 130/140, in denen die Variable für CALL initialisiert und die Nummer des anzusprechenden Interrupts gepoket wird. Die Parameter-Variablen VON.ZEILE%, VON.SPALTE%, BIS.ZEILE%, BIS.SPALTE%, ATTR% und ANZAHL.ZEILEN% werden je nach Erfordernis initialisiert. Für die Ermittlung der Attribute gibt es zwei Möglichkeiten. Einmal können sie diese im Direkt-Modus abfragen:

```
COLOR <Vordergrund>,<Hintergrund>
CLS
DEF SEG= &HB800  'Für Monochrom DEF SEG= &HB000
? PEEK(1)
```

oder Sie tippen das folgende Prögrammchen ab, das Ihnen eine Beispiel-Ausgabe und die gewählten Attribute im Klartext zeigt:

```
10  '-------------------------------------------------------
20  ' COLORS.BAS, Attribute ermitteln      1986 (C) H.J.Bomanns
30  '-------------------------------------------------------
40  :
50  CLS:KEY OFF:DIM FARBE$(15)
60  RESTORE 80
70  FOR I=0 TO 15:READ FARBE$(I):NEXT I
80  DATA Schwarz, Blau, Grün, Cyan, Rot, Magenta, Braun, HGrau, DGrau, HBlau, HGrün,
     HCyan, HRot, HMagenta, Gelb, Weiß
90  VG= 7:HG= 0
100 CHAR$="":FOR I= 32 TO 255:CHAR$=CHAR$+CHR$(I):NEXT I
110 :
120 COLOR VG,HG:VIEW PRINT:CLS:OUT &H3D9,HG
130 FOR I=1 TO 3:PRINT CHAR$:NEXT
140 PRINT STRING$(40,"-")
150 PRINT STRING$(40,"■")
160 COLOR 7,0
170 VIEW PRINT 20 TO 25:CLS
180 LOCATE 21,1
```

Professioneller Bildschirmaufbau 369

```
190 PRINT "Vordergrund: ";VG;"/";FARBE$(VG);"      Hintergrund: ";HG;"/";FARBE$(HG);"
    Attribut: ";:DEF SEG= &HB800:PRINT PEEK(1);
200 LOCATE 23,1,1,0,31
210 PRINT "[V]ordergrund, [H]intergrund oder [ESC] --> ";
220 :
230 X$=INKEY$:IF X$="" THEN 230
240 IF X$="h" THEN 310 'Hintergrund
250 IF X$="v" THEN 430 'Vordergrund
260 IF X$= CHR$(27) THEN COLOR 7,0:VIEW PRINT:CLS:END
270 BEEP:GOTO 230
280 :
290 '----- Hintergrund -----
300 :
310 LOCATE 23,1:PRINT "Hintergrund [+], [-], Zahl oder [ESC]   --> ";
320 Y$= INKEY$:IF Y$="" THEN 320
330 IF Y$= CHR$(27) THEN 200
340 IF Y$="+" THEN HG= HG+1
350 IF Y$="-" THEN HG= HG-1
360 IF Y$>="0" AND Y$<="9" THEN LOCATE 25,1:INPUT "Wert:";HG
370 IF HG= 8 THEN HG= 0
380 IF HG< 0 THEN HG= 7
390 GOTO 120
400 :
410 '----- Vordergrund -----
420 :
430 LOCATE 23,1:PRINT "Vordergrund [+], [-], Zahl oder [ESC]   --> ";
440 Y$= INKEY$:IF Y$="" THEN 440
450 IF Y$= CHR$(27) THEN 200
460 IF Y$="+" THEN VG= VG+1
470 IF Y$>="0" AND Y$<="9" THEN LOCATE 25,1:INPUT "Wert:";VG
480 IF Y$="-" THEN VG= VG-1
490 IF VG= 16 THEN VG= 0
500 IF VG< 0 THEN VG= 15
510 GOTO 120
```

Das Programm zeigt Ihnen den PC-Zeichensatz in der aktuellen Vordergrund- bzw. Hintergrund-Farbe. Sie haben dann die Möglichkeit über die Taste <V> die Vordergrund-Farbe oder über die Taste <H> die Hintergrund-Farbe zu modifizieren. <ESC> beendet das Programm. Nach dem Drücken der Taste <V> oder <H> können Sie über die Tasten <+> und <-> die Farbe jeweils um eins erhöhen oder verringern. Tippen Sie eine beliebige Zahl, so kann über INPUT ein Farb-Code direkt eingegeben werden. Für den Einsatz auf einem PC mit Monochrom-Karte ändern Sie bitte in Zeile 190 den DEF SEG= &HB8000 auf DEF SEG= &HB000.

11.5.1 Universelle Fenster-Routine

In den vorigen Abschnitten haben wir einige Beispiele für einfache Fenster-Gestaltung kennengelernt. Für komplexere Anwendungen läßt sich damit aber selten der gewünschte professionelle Eindruck eines Programms erzielen. Dieser Abschnitt soll uns nun einmal zeigen, wie mit Hilfe des in Abschnitt 11.4 vorgestellten Bildschirm-Managers eine universelle und schnelle Fenster-Routine realisiert werden kann. Gleichzeitig machen wir einen kleinen Abstecher ins Thema "Hintergrund-Gestaltung".

Hintergrund-Gestaltung

In vielen professionellen Programmen werden Menüs, Masken und Anzeigen nicht mehr auf dem "nackten" Bildschirm ausgegeben, sondern es wird ein Hintergrund mit einem der PC-Grafikzeichen gefüllt. Einerseits verleiht dies dem Programm einen gewissen optischen Reiz, andererseits wahrt man dadurch eine "Kompatibilität" zu bestehenden Anwendungen; wenn der Anwender beispielsweise Ihr Programm über GEM von Digital Research aufruft, so können Sie ihm den gleichen Hintergrund wie GEM bieten. Ich finde es immer ziemlich lästig, bei jedem Programmwechsel wieder mit einer anderen Benutzeroberfläche konfrontiert zu werden. Als gutes Beispiel möchte ich hier mal APPLE mit seiner immer gleichen Benutzeroberfläche nennen. Egal welches Programm man aufruft - das optische Erscheinungsbild und die Steuerung ist weitestgehend identisch. So soll es sein.

Bei bisherigen Realisierungen scheiterte die Hintergrund-Gestaltung immer an der langsamen Bildschirm-Ausgabe von PC-BASIC. Mit der FASTSCRN-Routine aus Abschnitt 11.2 läßt sich da aber Abhilfe schaffen. Was ist nun bei einer Hintergrund-Gestaltung zu beachten? Zuerst einmal ist das zu verwendende Zeichen festzulegen. Im PC-Zeichensatz bieten sich dazu vier Zeichen an:

- ASCII 176
- ASCII 177
- ASCII 178 und
- ASCII 219

Wobei das letzte Block-Zeichen für einen musterlosen Hintergrund genommen werden kann. In der Praxis hat sich das Zeichen (ASCII 177) als am besten erwiesen, da das Punktmuster ziemlich fein ist. Bei den anderen beiden Zeichen hat man beim Einsatz von Fenstern oder Menüs immer einen "gepunkteten" Rand. Dies ist aber letztlich eine Frage des persönlichen Geschmacks.

Bei der Realisierung der Hintergrund-Routine bin ich davon ausgegangen, daß nicht immer nur der gesamte Bildschirm, sondern auch Teile des Bildschirmes neu aufzubauen sind. Die Routine muß also mit entsprechenden Parametern arbeiten. Die Parameter müssen festlegen, welcher Bereich des Bildschirmes mit welchem Zeichen und mit welchem Attribut zu füllen ist. In der Praxis kombiniert man dies am besten mit der Fenster-Routine. Einerseits spart man dadurch Variablen, andererseits muß bei der Zuweisung der Parameter nicht immer umgedacht werden.

Hintergrund und Fenster in der Praxis

Das folgende Beispiel-Programm zeigt die Routine für die Hintergrund-Gestaltung und die universelle Fenster-Routine. Kommentare habe ich des besseren Verständnis wegen direkt in das Listing eingefügt:

Professioneller Bildschirmaufbau 371

```
10 '-------------------------------------------------
20 'WINDOWS.BAS   Demo für Fenstertechnik
30 '-------------------------------------------------
40 :
50 DEFINT A-Z
60 CLS:KEY OFF:FOR I=1 TO 10:KEY I,"":NEXT I
70 MP.START= &HE000
80 GOSUB 1010 'MP initialisieren
90 SAVESCRN= MP.START
100 RESTSCRN= MP.START+3
110 FASTSCRN= MP.START+6
120 FALSE= 0: TRUE= NOT FALSE
130 MAX.BS= 3
140 DIM PUFFER%(2000*MAX.BS)
150 BS.NR= 0
160 F.NORMAL= 112: F.HINWEIS= 127: F.BALKEN= 7
```

In Zeile 160 werden die Attribute für die Fenster festgelegt. Ich habe hier für die normale Anzeige Schwarz auf Grau, für Hinweise Weiß auf Grau und für den Balken Grau auf Schwarz gewählt.

```
170 CLS
180 :
190 HG.ZEICHEN$= " ": HG.ATTR= 15
```

Zeile 190 legt das Zeichen und das Attribut für den Hintergrund fest.

```
200 FZEILE= 1: FSPALTE= 1: FBREITE= 80: FHOEHE= 25
210 GOSUB 520 'Hintergrund initialisieren
```

Die Parameter FZEILE, FSPALTE, FBREITE und FHOEHE legen den Bereich fest, der mit dem Hintergrund gefüllt werden soll. In diesem Fall wird der gesamte Bildschirm von Zeile 1, Spalte 1 in einer Breite von 80 Zeichen und einer Höhe von 25 Zeilen initialisiert.

```
220 GOSUB 870 'BS sichern
230 ZL=2: SP=5: X$= " Hintergrund einfach und schnell, beliebige Taste drücken... "
240 CALL FASTSCRN(ZL,SP,F.HINWEIS,X$)
250 IF INKEY$= "" THEN 240
260 :
270 FZEILE= 5:FSPALTE= 5:FBREITE= 50: FHOEHE= 10: F.SCHATTEN= FALSE
280 FOBEN$= "Fenster-Technik...": FUNTEN$= "[ESC]= zurück"
290 GOSUB 600 'Fenster anzeigen
```

In den Zeilen 270 bis 280 werden die Parameter für ein anzuzeigendes Fenster gesetzt. Ich habe dabei für das Festlegen des Bereiches die gleichen Variablen wie für den Hintergrund genommen. Dadurch spart man Platz und muß nicht immer umdenken. Neu sind in Zeile 280 die Variablen FOBEN$ und FUNTEN$. Der Inhalt dieser Variablen wird – die Namen lassen es vermuten – am oberen und am unteren Fenster-Rand angezeigt. Die Darstellung erfolgt dabei im Attribut BALKEN, hebt sich also vom übrigen Fenster ab. FOBEN$ enthält einen Hinweis auf die aktuelle Funktion, z.B. "Datei kopieren:" oder "Daten suchen:". In FUNTEN$ wird ein Eingabe-Hinweis angezeigt, also beispielsweise "[F1]= Hilfe" oder "[ESC]= zurück". Über den Parameter F.SCHATTEN wird festgelegt, ob das Fenster mit einem "Schatten" versehen werden soll oder nicht. Programme wie MS-Works von Microsoft machen die optische Erscheinung des Programms dadurch noch etwas interessanter. Aber dies ist wohl auch eine Frage des persönlichen Geschmacks.

```
300 ZL= FZEILE+5: SP= FSPALTE+5:X$= "Beliebige Taste drücken..."
310 CALL FASTSCRN(ZL,SP,F.HINWEIS,X$)
320 IF INKEY$= "" THEN 320
330 GOSUB 870 'BS sichern
340 :
350 FZEILE= 10:FSPALTE= 10:FBREITE= 50: FHOEHE= 10: F.SCHATTEN= TRUE
360 FOBEN$= "Fenster-Technik mit Schatten...": FUNTEN$= "[ESC]= zurück"
370 GOSUB 600 'Fenster anzeigen
```

In Zeile 350 bis 370 wird ein Fenster mit Schatten demonstriert

```
380 ZL= FZEILE+5: SP= FSPALTE+5:X$= "Beliebige Taste drücken..."
390 CALL FASTSCRN(ZL,SP,F.HINWEIS,X$)
400 IF INKEY$= "" THEN 400
410 :
420 GOSUB 930 'BS zurück
430 IF INKEY$= "" THEN 430
440 GOSUB 930 'BS zurück
450 ZL=10:SP=10:X$= " Beliebige Taste drücken... "
460 CALL FASTSCRN(ZL,SP,F.HINWEIS,X$)
470 IF INKEY$= "" THEN 470
480 :
490 COLOR 7,0:CLS:END
500 :
510 '----- Hintergrund initialisieren -----
520 :
530 X$= STRING$(FBREITE,HG.ZEICHEN$)
540 FOR ZL= FZEILE TO FZEILE+FHOEHE
550    CALL FASTSCRN(ZL,FSPALTE,HG.ATTR,X$)
560 NEXT ZL
570 RETURN
580 :
```

Hier haben wir nun die Routine für den Hintergrund. Wie Sie sehen, kurz und schmerzlos. Zuerst wird X$ entsprechend der Breite des zu initialisierenden Hintergrundes mit dem Hintergrundzeichen HG.ZEICHEN gefüllt (Zeile 530). Danach wird in einer Schleife X$ entsprechend der Höhe des Bereiches mit dem Attribut HG.ATTR ausgegeben. Fertig!

```
590 '----- Universal-Routine für Fenster -----
600 :
610 X$= "┌"+STRING$(FBREITE%,"-")+"┐"
620 DEF SEG:CALL FASTSCRN(FZEILE,FSPALTE,F.NORMAL,X$)
630 X$= "|"+STRING$(FBREITE%," ")+"|"
640 IF F.SCHATTEN THEN X$= X$+" "
650 FOR ZL= FZEILE+1 TO FZEILE+FHOEHE
660    DEF SEG:CALL FASTSCRN(ZL,FSPALTE,F.NORMAL,X$)
670 NEXT ZL
680 X$= "└"+STRING$(FBREITE%,"-")+"┘"
690 IF F.SCHATTEN THEN X$= X$+" "
700 ZL= FZEILE+FHOEHE+1
710 DEF SEG:CALL FASTSCRN(ZL,FSPALTE,F.NORMAL,X$)
720 IF FOBEN$= "" THEN 760 'Weiter mit FUnten$
730    X$= " "+FOBEN$+" "
740    SP= FSPALTE+3
750    CALL FASTSCRN(FZEILE,SP,F.BALKEN,X$)
```

Professioneller Bildschirmaufbau 373

```
760 IF FUNTEN$= "" THEN 800 'Weiter mit F.SCHATTEN
770    X$= " "+FUNTEN$+" "
780    ZL= FZEILE+FHOEHE+1:SP= FSPALTE+3
790    CALL FASTSCRN(ZL,SP,F.BALKEN,X$)
800 IF NOT F.SCHATTEN THEN 840 'Zurück
810    X$= STRING$(FBREITE+2," ")
820    ZL= FZEILE+FHOEHE+2:SP= FSPALTE+2
830    CALL FASTSCRN(ZL,SP,F.NORMAL,X$)
840 RETURN
850 :
```

Und hier die Routine für die Fenster. Leider dürfen in einem CALL-Befehl weder String- noch mathematische Operationen durchgeführt werden. Deshalb ist überall der Weg über X$ bzw. die Ausweich-Variablen ZL und SP notwendig. Ohne diese Umwege wäre die Routine nur halb so groß. Die Routine besteht aus vier Teilen. Im ersten Teil (Zeile 610/620) wird die erste Zeile des Fensters gemäß der festgelegten Breite generiert. Der zweite Teil ab Zeile 630 generiert die Mitte - also das eigentliche Fenster - entsprechend der angegebenen Höhe. Im dritten Teil (ab Zeile 680) wird die unterste Zeile analog zur obersten Zeile generiert. Der letzt Teile prüft, ob oben oder unten etwas anzuzeigen und ob ggf. am unteren Fensterrand ein Schatten "anzubringen" ist. Beachten Sie bitte folgendes: die Parameter FBREITE und FHOEHE beziehen sich immer auf das eigentliche Fenster, also ohne Rahmen und Schatten. Sie bezeichnen quasi die "Netto-Größe" des Fensters. Die "Brutto-Größe" des Fensters errechnet sich aus FBREITE plus 2 bzw. FHOEHE+2 oder - wenn ein Schatten ausgegeben werden soll - entsprechend plus 4.

Den Rest des Programms haben wir bereits in Abschnitt 11.4 kennengelernt.

```
860 '----- Aktuellen Bildschirm sichern -----
870 :
880 IF BS.NR= MAX.BS THEN BEEP:RETURN
890 DEF SEG:PUFFER.OFS%= VARPTR(PUFFER%(BS.NR*2000)):CALL SAVESCRN(PUFFER.OFS%)
900 BS.NR= BS.NR+1
910 RETURN
920 :
930 '----- Letzten Bildschirm restaurieren -----
940 :
950 IF BS.NR= 0 THEN BEEP:RETURN
960 BS.NR= BS.NR-1
970 DEF SEG:PUFFER.OFS%= VARPTR(PUFFER%(BS.NR*2000)):CALL RESTSCRN(PUFFER.OFS%)
980 RETURN
990 :
1000 'Data-Zeilen aus COM-Datei: screen.com
1010 :
1020 RESTORE 1040
1030 DEF SEG:FOR I=1 TO 227:READ X:POKE MP.START+I-1,X: NEXT I
1040 DATA 235,109,144,235,109,144, 85,139,236, 30,  6
1050 DATA 139,118, 12,138, 28,176,160,246,227, 45,160
1060 DATA   0, 80,139,118, 10,138, 28,176,  2,246,227
1070 DATA  91,  3,195, 72, 72, 80,139,118,  8,138, 36
1080 DATA 139,118,  6,138, 12,181,  0,139,116,  1, 80
1090 DATA 191,  0,176,179,  0,205, 17, 37, 48,  0, 61
1100 DATA  48,  0,116,  6,129,199,  0,  8,179,  1,142
1110 DATA 199, 88, 95,252,186,218,  3,128,251,  0,116
1120 DATA  11,236,208,216,114,246,250,236,208,216,115
1130 DATA 251,172,251,171,226,235,  7, 31, 93,202,  8
1140 DATA   0,235, 41,144, 85,139,236, 30,  6,139,118
```

```
1150 DATA   6,139,   4,139,240,191,   0,176,179,   0,205
1160 DATA  17, 37, 48,   0, 61, 48,   0,116,   6,129,199
1170 DATA   0,   8,179,   1,142,199, 51,255,235, 40,144
1180 DATA  85,139,236, 30,   6,139,118,   6,139,   4,139
1190 DATA 248, 30,   7,190,   0,176,179,   0,205, 17, 37
1200 DATA  48,   0, 61, 48,   0,116,   6,129,198,   0,   8
1210 DATA 179,   1,142,222, 51,246,185,208,   7,252,186
1220 DATA 218,   3,128,251,   0,116, 11,236,208,216,114
1230 DATA 246,250,236,208,216,115,251,173,251,171,226
1240 DATA 235,   7, 31, 93,202,   2,   0
1250 RETURN
```

Das Demo-Programm generiert zuerst einen Hintergrund, sichert diesen und zeigt ein Fenster ohne Schatten an. Anschließend wird dieser Bildschirm ebenfalls gesichert und ein Fenster mit Schatten angezeigt. Danach werden alle gesicherten Bildschirme der Reihe nach restauriert. Sie sehen, es ist wirklich "ein Klacks", mit ein wenig Assembler und zwei relativ kurzen Upros eine vernünftige Benutzeroberfläche zu realisieren.

Natürlich können Sie diese Geschichte noch erheblich ausbauen. Beispielsweise lassen sich die Fenster-Attribute gemäß "Aufgabengebiet" umschalten. Ich habe in meinen Programmen z.B. getrennte Attribute für die Fenster "NORMAL", "EINGABEN", "FEHLER und HINWEISE", "HILFE" und "MENÜS". Dadurch erkennt der Anwender schon anhand der Farbe, ob er gerade in einem Menü oder in einer Eingabe-Maske arbeitet und muß nicht lange überlegen oder nach Hinweisen suchen.

11.6 Komfortable Menüs

Neben dem Hintergrund und der Fenstertechnik spielen Menüs eine sehr große Rolle bei der Gestaltung von professionellen und anwenderfreundlichen Programmen. In diesem Abschnitt wollen wir einen Blick auf die drei wichtigsten Menü-Methoden werfen.

11.6.1 Auswahl-Menüs

Die einfachste Methode, ein Menü zu realisieren besteht darin, die zur Verfügung stehenden Menü-Punkte anzuzeigen und den Anwender eine entsprechende Taste drücken zu lassen. In der Anfangszeit der PC waren häufig Menüs wie etwa das folgende zu finden:

```
[1]= Daten eingeben
[2]= Daten anzeigen/ändern
[3]= Daten suchen
[4]= Daten löschen
[5]= Daten drucken

[9]= Programm-Ende
```

Professioneller Bildschirmaufbau

Von der Programmierung her recht einfach zu realisieren, für den Anwender aber nicht gerade das Beste. Zuerst muß rechts die gewünschte Funktion, dann links die zu drückende Taste gesucht werden. Da kein direkter Zusammenhang zwischen Zahl und Funktion zu erkennen ist, fällt dem Anwender die Gewöhnung besonders schwer.

Ich habe in meinen Programmen in der Anfangszeit ebenfalls Auswahl-Menüs eingesetzt, aber anstatt der Zahlen wurden dort eindeutig zuzuordnende Buchstaben gewählt. Das folgende Beispiel-Programm zeigt solch ein Auswahl-Menü. Dabei wird der Bildschirm-Manager und die im letzten Abschnitt beschriebenen Routinen für Hintergrund und Fenster eingesetzt. Kommentare finden Sie - sofern notwendig - wieder direkt im Listing:

```
10 '------------------------------------------------
20 'A_MENUE.BAS    Demo für Auswahl-Menü
30 '------------------------------------------------
40 :
50 DEFINT A-Z
60 OPTION BASE 0
70 CLS:KEY OFF:FOR I=1 TO 10:KEY I,"":NEXT I
80 MP.START= &HE000
90 GOSUB 1310 'MP initialisieren
100 SAVESCRN= MP.START
110 RESTSCRN= MP.START+3
120 FASTSCRN= MP.START+6
130 FALSE= 0: TRUE= NOT FALSE
140 MAX.BS= 3:DIM PUFFER%(2000*MAX.BS)
150 MAX.MENUE= 8: DIM MENUES$(MAX.MENUE)
160 BS.NR= 0
170 F.NORMAL= 112: F.HINWEIS= 127: F.BALKEN= 7
180 RESTORE 200
190 FOR I= 0 TO MAX.MENUE:READ MENUE$(I):NEXT I
200 DATA "« Sortierung »"
210 DATA "Nachname"
220 DATA "Vorname"
230 DATA "Straße"
240 DATA "Postleitzahl"
250 DATA "Ort"
260 DATA "Telefon"
270 DATA "Hobby"
280 DATA "Ende"
290 :
```

Die einzelnen Menü-Punkte werden in einem eindimensionalen String-Array gespeichert.

```
300 HG.ZEICHEN$= "▒": HG.ATTR= 15
310 FZEILE= 1: FSPALTE= 1: FBREITE= 80: FHOEHE= 25
320 GOSUB 820 'Hintergrund initialisieren
330 ZL= 1: SP= 1: X$= " Dateiverwaltung V1.00 (C) 1987 H.-J. Bomanns "
340 DEF SEG: CALL FASTSCRN(ZL,SP,F.HINWEIS,X$)
350 :
360 GOSUB 490 'Menü-Auswahl
370 IF MENUE= 0 THEN 470 'BS löschen und Ende
380 SORT.ART= MENUE
390 :
```

Das Menü wird als eine Art "Funktion" aufgerufen. Eine Rückmeldung erfolgt in der Variablen MENUE. Ist diese 0, so wurde entweder der Punkt "Ende" gewählt oder die Taste <ESC> gedrückt. Andernfalls kann MENUE zur weiteren Verzweigung und zum Aufruf der jeweiligen Funktion eingesetzt werden.

```
400 FZEILE= 15:FSPALTE= 40:FBREITE= 23: FHOEHE= 3:F.SCHATTEN= TRUE
410 FOBEN$= "Sortierung nach:": FUNTEN$= "[ESC]= zurück"
420 GOSUB 900 'Fenster anzeigen
430 ZL= 17: SP= 44: X$= MENUE$(MENUE)+"..."
440 DEF SEG:CALL FASTSCRN(ZL,SP,F.HINWEIS,X$)
450 :
460 IF INKEY$="" THEN 460
470 COLOR 7,0:CLS:PRINT "*** ENDE ***":PRINT:END
480 :
490 '----- Menü anzeigen und Auswahl steuern -----
500 :
510 MAX.BREITE= 0
520 FOR I=0 TO MAX.MENUE
530    IF LEN(MENUE$(I)) > MAX.BREITE THEN MAX.BREITE= LEN(MENUE$(I))
540 NEXT I
```

Für die Anzeige des Menüs wird hier ermittelt, welches der breiteste Eintrag ist. Entsprechend wird das Fenster dimensioniert.

```
550 FZEILE= 5: FSPALTE= 10: F.SCHATTEN= FALSE
560 FBREITE= MAX.BREITE+6: FHOEHE= MAX.MENUE+2
570 FOBEN$= MENUE$(0):FUNTEN$= "[F1]= Hilfe"
580 GOSUB 900 'Fenster anzeigen
590 SP= FSPALTE+3
600 FOR I= 1 TO MAX.MENUE
610    ZL= FZEILE+I+1
620    DEF SEG:CALL FASTSCRN(ZL,SP,F.NORMAL,MENUE$(I))
630    X$= LEFT$(MENUE$(I),1)
640    DEF SEG:CALL FASTSCRN(ZL,SP,F.HINWEIS,X$)
650 NEXT I
660 ZL=25: SP= 1: X$= " Bitte Buchstaben-Taste drücken, [ESC]= Ende": X$= X$+SPACE$(80-LEN(X$))
670 DEF SEG:CALL FASTSCRN(ZL,SP,F.HINWEIS,X$)
680 LOCATE ,,0
690 WHILE TASTE$<> CHR$(27) AND TASTE$<> CHR$(13)
700    TASTE$= INKEY$:IF TASTE$= "" THEN 700
710    IF TASTE$= CHR$(27) THEN MENUE= 0:GOTO 770
720    IF LEN(TASTE$)= 2 THEN 700 'Sondertasten abwürgen
730    TASTE$= CHR$(ASC(TASTE$)-32) 'Nach Groß wandeln
740    FOR I= 1 TO MAX.MENUE
750       IF LEFT$(MENUE$(I),1)= TASTE$ THEN MENUE=I:TASTE$= CHR$(13)
760    NEXT I
770 WEND
```

In der WHILE...WEND-Schleife wird die Tastatur abgefragt und die gedrückte Taste ausgewertet. Ab Zeile 740 wird geprüft, ob der gedrückte Buchstabe einem der erlaubten Buchstaben gemäß der Menü-Punkte entspricht. Ist dies der Fall, so wird die Ergebnis-Variable MENUE entsprechend initialisiert und das Menü beendet. Dies erfolgt einfach dadurch, daß TASTE$ auf CHR$(13) gesetzt wird. Hiermit wird die WHILE...WEND-Schleife beendet und es erfolgt der Rücksprung.

```
780 ZL= 25: SP= 1: X$= SPACE$(80)
790 DEF SEG:CALL FASTSCRN(ZL,SP,F.HINWEIS,X$) 'Status löschen
800 RETURN
810 :
```

Den Rest des Programms kennen wir bereits aus den vorherigen Abschnitten.

```
820 '----- Hintergrund initialisieren -----
830 :
840 X$= STRING$(FBREITE,HG.ZEICHEN$)
850 FOR ZL= FZEILE TO FZEILE+FHOEHE
860    CALL FASTSCRN(ZL,FSPALTE,HG.ATTR,X$)
870 NEXT ZL
880 RETURN
890 :
900 '----- Universal-Routine für Fenster -----
910 :
920 X$= "┌"+STRING$(FBREITE%,"-")+"┐"
930 DEF SEG:CALL FASTSCRN(FZEILE,FSPALTE,F.NORMAL,X$)
940 X$= "|"+STRING$(FBREITE%," ")+"|"
950 IF F.SCHATTEN THEN X$= X$+"▓"
960 FOR ZL= FZEILE+1 TO FZEILE+FHOEHE
970    DEF SEG:CALL FASTSCRN(ZL,FSPALTE,F.NORMAL,X$)
980 NEXT ZL
990 X$= "└"+STRING$(FBREITE%,"-")+"┘"
1000 IF F.SCHATTEN THEN X$= X$+"▓"
1010 ZL= FZEILE+FHOEHE+1
1020 DEF SEG:CALL FASTSCRN(ZL,FSPALTE,F.NORMAL,X$)
1030 IF FOBEN$= "" THEN 1070 'Weiter mit FUnten$
1040    X$= " "+FOBEN$+" "
1050    SP= FSPALTE+3
1060    CALL FASTSCRN(FZEILE,SP,F.BALKEN,X$)
1070 IF FUNTEN$= "" THEN 1110 'Weiter mit F.SCHATTEN
1080    X$= " "+FUNTEN$+" "
1090    ZL= FZEILE+FHOEHE+1:SP= FSPALTE+3
1100    CALL FASTSCRN(ZL,SP,F.BALKEN,X$)
1110 IF NOT F.SCHATTEN THEN 1150 'Zurück
1120    X$= STRING$(FBREITE+2,"▓")
1130    ZL= FZEILE+FHOEHE+2:SP= FSPALTE+2
1140    CALL FASTSCRN(ZL,SP,F.NORMAL,X$)
1150 RETURN
1160 :
1170 '----- Aktuellen Bildschirm sichern -----
1180 :
1190 IF BS.NR= MAX.BS THEN BEEP:RETURN
1200 DEF SEG:PUFFER.OFS%= VARPTR(PUFFER%(BS.NR*2000)):CALL SAVESCRN(PUFFER.OFS%)
1210 BS.NR= BS.NR+1
1220 RETURN
1230 :
1240 '----- Letzten Bildschirm restaurieren -----
1250 :
1260 IF BS.NR= 0 THEN BEEP:RETURN
1270 BS.NR= BS.NR-1
1280 DEF SEG:PUFFER.OFS%= VARPTR(PUFFER%(BS.NR*2000)):CALL RESTSCRN(PUFFER.OFS%)
1290 RETURN
1300 :
1310 'Data-Zeilen aus COM-Datei: screen.com
1320 :
1330 RESTORE 1350
1340 DEF SEG:FOR I=1 TO  227:READ X:POKE MP.START+I-1,X: NEXT I
1350 DATA 235,109,144,235,109,144, 85,139,236, 30,  6
1360 DATA 139,118, 12,138, 28,176,160,246,227, 45,160
1370 DATA   0, 80,139,118, 10,138, 28,176,  2,246,227
```

```
1380 DATA  91,   3,195,  72,  72, 80,139,118,   8,138, 36
1390 DATA 139,118,   6,138,  12,181,   0,139,116,   1, 80
1400 DATA 191,   0,176,179,   0,205,  17,  37,  48,   0, 61
1410 DATA  48,   0,116,   6,129,199,   0,   8,179,   1,142
1420 DATA 199,  88,  95,252,186,218,   3,128,251,   0,116
1430 DATA  11,236,208,216,114,246,250,236,208,216,115
1440 DATA 251,172,251,171,226,235,   7,  31,  93,202,   8
1450 DATA   0,235,  41,144,  85,139,236,  30,   6,139,118
1460 DATA   6,139,   4,139,240,191,   0,176,179,   0,205
1470 DATA  17,  37,  48,   0,  61,  48,   0,116,   6,129,199
1480 DATA   0,   8,179,   1,142,199,  51,255,235,  40,144
1490 DATA  85,139,236,  30,   6,139,118,   6,139,   4,139
1500 DATA 248,  30,   7,190,   0,176,179,   0,205,  17, 37
1510 DATA  48,   0,  61,  48,   0,116,   6,129,198,   0,  8
1520 DATA 179,   1,142,222,  51,246,185,208,   7,252,186
1530 DATA 218,   3,128,251,   0,116,  11,236,208,216,114
1540 DATA 246,250,236,208,216,115,251,173,251,171,226
1550 DATA 235,   7,  31,  93,202,   2,   0
1560 RETURN
```

Das Programm stellt als Auswahl-Menü verschiedene Sortier-Kriterien zur Verfügung. Das Ergebnis wird in einem Fenster angezeigt. Auswahl-Menüs dieser Art sind meiner Meinung nach für den Anwender noch am praktikabelsten, da sich zwischen der Funktion und dem Buchstaben ein direkter Bezug herstellen läßt. Die Praxis zeigt auch, daß Anwender damit am wenigsten Probleme haben und die Gewöhnungszeit relativ kurz ist.

11.6.2 Balken-Menüs

Nach den eben beschriebenen Auswahl-Menüs kamen die Balken-Menüs "in Mode". Man hat wohl derzeit gedacht, daß das Drücken von lediglich zwei Cursor-Tasten und der Eingabe-Taste für den Anwender einfacher ist, als das Drücken eines einzelnen Buchstaben. Nun, auch dies ist letztlich eine Frage des persönlichen Geschmacks, und viele Anwender bevorzugen diese Art der Menüs immer noch.

Die Realisierung entspricht in weiten Teilen der beim Auswahl-Menü. Lediglich die Verwaltung und die Anzeige des Balkens ist etwas umfangreicher als die Abfrage von Buchstaben. Das folgende Beispiel-Programm verdeutlicht dies. Da das Programm mit dem letzten Beispiel fast identisch ist, finden Sie lediglich Kommentare zur Steuerung des Balkens im Listing:

```
 10 '-------------------------------------------------
 20 'B_MENUE.BAS    Demo für Balken-Menü
 30 '-------------------------------------------------
 40 :
 50 DEFINT A-Z
 60 OPTION BASE 0
 70 CLS:KEY OFF:FOR I=1 TO 10:KEY I,"":NEXT I
 80 MP.START= &HE000
 90 GOSUB 1540  'MP initialisieren
100 SAVESCRN= MP.START
110 RESTSCRN= MP.START+3
120 FASTSCRN= MP.START+6
130 FALSE= 0: TRUE= NOT FALSE
```

Professioneller Bildschirmaufbau

```
140 MAX.BS= 3:DIM PUFFER%(2000*MAX.BS)
150 MAX.MENUE= 8: DIM MENUE$(MAX.MENUE)
160 BS.NR= 0
170 F.NORMAL= 112: F.HINWEIS= 127: F.BALKEN= 7
180 RESTORE 200
190 FOR I= 0 TO MAX.MENUE:READ MENUE$(I):NEXT I
200 DATA "« Haupt-Menü »"
210 DATA "Einrichten"
220 DATA "Erfassen"
230 DATA "Suchen"
240 DATA "Ändern"
250 DATA "Listen"
260 DATA "Import"
270 DATA "Export"
280 DATA "Ende"
290 :
300 HG.ZEICHEN$= " ": HG.ATTR= 15
310 FZEILE= 1: FSPALTE= 1: FBREITE= 80: FHOEHE= 25
320 GOSUB 1050 'Hintergrund initialisieren
330 ZL= 1: SP= 1: X$= " Dateiverwaltung  V1.00 (C) 1987 H.J. Bomanns "
340 DEF SEG: CALL FASTSCRN(ZL,SP,F.HINWEIS,X$)
350 :
360 GOSUB 690 'Menü-Auswahl
370 IF MENUE= 0 THEN MENUE = 8 'Ende shiften
380 GOSUB 1400 'BS sichern
390 ON MENUE GOSUB 430,450,470,580,600,620,640,660
400 GOSUB 1470 'BS zurück
410 GOTO 360 'Wieder Menü abfragen
420 :
430 '----- Einrichten -----
440 RETURN
450 '----- Erfassen -----
460 RETURN
470 '----- Suchen -----
480 FZEILE= 8: FSPALTE= 30: FBREITE= 40: FHOEHE= 3:F.SCHATTEN= TRUE
490 FOBEN= MENUE$(MENUE): FUNTEN$= "[F1]= Hilfe"
500 GOSUB 1130 'Fenster anzeigen
510 ZL= FZEILE+2: SP= FSPALTE+2: X$= "Suchbegriff:"
520 DEF SEG:CALL FASTSCRN(ZL,SP,F.NORMAL,X$)
530 LOCATE FZEILE+2,FSPALTE+15,1
540 ZL=25: SP= 1: X$= " Suchbegriff eingeben, ["+CHR$(17)+"⌐]= suchen, [ESC]= Ende":
X$= X$+SPACE$(80-LEN(X$))
550 DEF SEG:CALL FASTSCRN(ZL,SP,F.HINWEIS,X$)
560 IF INKEY$= "" THEN 560
570 RETURN
580 '----- Ändern -----
590 RETURN
600 '----- Listen -----
610 RETURN
620 '----- Import -----
630 RETURN
640 '----- Export -----
650 RETURN
660 '----- Ende -----
670 COLOR 7,0:CLS:PRINT "*** ENDE ***":PRINT:END
680 :
690 '----- Menü anzeigen und Auswahl steuern -----
700 :
710 MAX.BREITE= 0
720 FOR I=0 TO MAX.MENUE
730    IF LEN(MENUE$(I)) > MAX.BREITE THEN MAX.BREITE= LEN(MENUE$(I))
740 NEXT I
750 FZEILE= 5: FSPALTE= 10: F.SCHATTEN= FALSE
760 FBREITE= MAX.BREITE+6: FHOEHE= MAX.MENUE+2
```

```
770 FOBEN$= MENUE$(0):FUNTEN$= "[F1]= Hilfe"
780 GOSUB 1130 'Fenster anzeigen
790 SP= FSPALTE+3
800 FOR I= 1 TO MAX.MENUE
810    ZL= FZEILE+I+1
820    DEF SEG:CALL FASTSCRN(ZL,SP,F.NORMAL,MENUE$(I))
830 NEXT I
840 ZL=25: SP= 1: X$= " Mit ["+CHR$(24)+"] und ["+CHR$(25)+"] wählen,
    ["+CHR$(17)+"J]= ausführen, [ESC]= Ende": X$= X$+SPACE$(80-LEN(X$))
850 DEF SEG:CALL FASTSCRN(ZL,SP,F.HINWEIS,X$)
860 BALKEN.ZL= 1: SP= FSPALTE+1: TASTE$= "": LOCATE ,,0
870 WHILE TASTE$<> CHR$(27) AND TASTE$<> CHR$(13)
880    ZL= FZEILE+BALKEN.ZL+1
890    X$= " "+MENUE$(BALKEN.ZL): X$= X$+SPACE$(MAX.BREITE+6-LEN(X$))
900    DEF SEG:CALL FASTSCRN(ZL,SP,F.BALKEN,X$)
910    TASTE$= INKEY$:IF TASTE$= "" THEN 910
920    DEF SEG:CALL FASTSCRN(ZL,SP,F.NORMAL,X$)
930    IF TASTE$= CHR$(27) THEN MENUE= 0
940    IF TASTE$= CHR$(13) THEN MENUE= BALKEN.ZL
950    TASTE= ASC(RIGHT$(TASTE$,1))
960    IF TASTE= 72 THEN BALKEN.ZL= BALKEN.ZL-1 'CRSR-hoch
970    IF TASTE= 80 THEN BALKEN.ZL= BALKEN.ZL+1 'CRSR-runter
980    IF TASTE= 71 THEN BALKEN.ZL= 1 'Home
990    IF TASTE= 79 THEN BALKEN.ZL= MAX.MENUE
1000   IF BALKEN.ZL < 1 THEN BALKEN.ZL= MAX.MENUE
1010   IF BALKEN.ZL > MAX.MENUE THEN BALKEN.ZL= 1
1020 WEND
1030 RETURN
1040 :
```

Interessant ist in dieser Routine die Variable BALKEN.ZL, die für die Positionierung und die Anzeige des Balkens eingesetzt wird. Vor der Abfrage der Tastatur wird der Balken auf den aktuellen Menü-Punkt gesetzt und invers angezeigt (Zeile 880-900). Nach der Tastatur-Abfrage wird der Menü-Punkt wieder auf die normale Darstellung gesetzt (Zeile 920). Je nach gedrückter Taste wird dann BALKEN.ZL aktualisiert (Zeilen 960-990) und überprüft (Zeilen 1000 und 1010).

```
1050 '----- Hintergrund initialisieren -----
1060 :
1070 X$= STRING$(FBREITE,HG.ZEICHEN$)
1080 FOR ZL= FZEILE TO FZEILE+FHOEHE
1090    CALL FASTSCRN(ZL,FSPALTE,HG.ATTR,X$)
1100 NEXT ZL
1110 RETURN
1120 :
1130 '----- Universal-Routine für Fenster -----
1140 :
1150 X$= "┌"+STRING$(FBREITE%,"-")+"┐"
1160 DEF SEG:CALL FASTSCRN(FZEILE,FSPALTE,F.NORMAL,X$)
1170 X$= "|"+STRING$(FBREITE%," ")+"|"
1180 IF F.SCHATTEN THEN X$= X$+"▓"
1190 FOR ZL= FZEILE+1 TO FZEILE+FHOEHE
1200    DEF SEG:CALL FASTSCRN(ZL,FSPALTE,F.NORMAL,X$)
1210 NEXT ZL
1220 X$= "└"+STRING$(FBREITE%,"-")+"┘"
1230 IF F.SCHATTEN THEN X$= X$+"▓"
1240 ZL= FZEILE+FHOEHE+1
1250 DEF SEG:CALL FASTSCRN(ZL,FSPALTE,F.NORMAL,X$)
1260 IF FOBEN$= "" THEN 1300 'Weiter mit FUnten$
1270    X$= " "+FOBEN$+" "
```

```
1280     SP= FSPALTE+3
1290     CALL FASTSCRN(FZEILE,SP,F.BALKEN,X$)
1300 IF FUNTEN$= "" THEN 1340 'Weiter mit F.SCHATTEN
1310     X$= " "+FUNTEN$+" "
1320     ZL= FZEILE+FHOEHE+1:SP= FSPALTE+3
1330     CALL FASTSCRN(ZL,SP,F.BALKEN,X$)
1340 IF NOT F.SCHATTEN THEN 1380 'Zurück
1350     X$= STRING$(FBREITE+2,"▒")
1360     ZL= FZEILE+FHOEHE+2:SP= FSPALTE+2
1370     CALL FASTSCRN(ZL,SP,F.NORMAL,X$)
1380 RETURN
1390 :
1400 '----- Aktuellen Bildschirm sichern -----
1410 :
1420 IF BS.NR= MAX.BS THEN BEEP:RETURN
1430 DEF SEG:PUFFER.OFS%= VARPTR(PUFFER%(BS.NR*2000)):CALL SAVESCRN(PUFFER.OFS%)
1440 BS.NR= BS.NR+1
1450 RETURN
1460 :
1470 '----- Letzten Bildschirm restaurieren -----
1480 :
1490 IF BS.NR= 0 THEN BEEP:RETURN
1500 BS.NR= BS.NR-1
1510 DEF SEG:PUFFER.OFS%= VARPTR(PUFFER%(BS.NR*2000)):CALL RESTSCRN(PUFFER.OFS%)
1520 RETURN
1530 :
1540 'Data-Zeilen aus COM-Datei: screen.com
1550 :
1560 RESTORE 1580
1570 DEF SEG:FOR I=1 TO 227:READ X:POKE MP.START+I-1,X: NEXT I
1580 DATA 235,109,144,235,109,144, 85,139,236, 30,  6
1590 DATA 139,118, 12,138, 28,176,160,246,227, 45,160
1600 DATA   0, 80,139,118, 10,138, 28,176,  2,246,227
1610 DATA  91,  3,195, 72, 72, 80,139,118,  8,138, 36
1620 DATA 139,118,  6,138, 12,181,  0,139,116,  1, 80
1630 DATA 191,  0,176,179,  0,205, 17, 37, 48,  0, 61
1640 DATA  48,  0,116,  6,129,199,  0,  8,179,  1,142
1650 DATA 199, 88, 95,252,186,218,  3,128,251,  0,116
1660 DATA  11,236,208,216,114,246,250,236,208,216,115
1670 DATA 251,172,251,171,226,235,  7, 31, 93,202,  8
1680 DATA   0,235, 41,144, 85,139,236, 30,  6,139,118
1690 DATA   6,139,  4,139,240,191,  0,176,179,  0,205
1700 DATA  17, 37, 48,  0, 61, 48,  0,116,  6,129,199
1710 DATA   0,  8,179,  1,142,199, 51,255,235, 40,144
1720 DATA  85,139,236, 30,  6,139,118,  6,139,  4,139
1730 DATA 248, 30,  7,190,  0,176,179,  0,205, 17, 37
1740 DATA  48,  0, 61, 48,  0,116,  6,129,198,  0,  8
1750 DATA 179,  1,142,222, 51,246,185,208,  7,252,186
1760 DATA 218,  3,128,251,  0,116, 11,236,208,216,114
1770 DATA 246,250,236,208,216,115,251,173,251,171,226
1780 DATA 235,  7, 31, 93,202,  2,  0
1790 RETURN
```

Dieses Programm zeigt die Verwaltung eines Balken-Menüs und anhand einer Beispiel-Routine (Suchen) nochmal den Einsatz des Bildschirm-Managers für das Sichern und Restaurieren von Bildschirmen. Sie sehen, daß beispielsweise das Menü nur einmal aufgebaut wird. Durch das Sichern des Bildschirmes vor dem Aufruf einer Funktion (Zeile 380) und das Restaurieren nach dem Aufruf der Funktion (Zeile 400) kann man sich das sparen.

11.6.3 Pull-Down-Menüs

Die modernste Form von Menüs sind momentan die Pull-Down-Menüs. Der Name resultiert aus der Tatsache, daß zuerst ein Menü-Punkt aus dem Haupt-Menü in der ersten Zeile des Bildschirmes gewählt werden muß. Ist dies geschehen, so wird das dazugehörige Menü "nach unten gezogen" oder "runter gerollt". Die deutsche Übersetzung dafür heißt denn auch "Roll-Menüs".

Die Realisierung eines Pull-Down-Menüs wird durch die doppelte Steuerung der Auswahl und die Abfrage von zwei Ergebnis-Variablen kompliziert. Es muß ja das Haupt-Menü in der ersten Zeile und das dazugehörige Pull-Down-Menü verwaltet werden. Dementsprechend gibt es auch immer zwei Ergebnisse: Einmal die Nummer des Menü-Punktes aus dem Haupt-Menü und dann die Nummer des Menü-Punktes aus dem Pull-Down-Menü. Auch die Initialisierung der anzuzeigenden Menü-Punkte ist um einiges schwieriger als bei anderen Menüs.

Im folgenden Beispiel-Programm sehen Sie, daß die Menü-Punkte nicht als einzelne Elemente eines Arrays - wie bei den anderen Menüs -, sondern als durch ein Sonderzeichen getrennte Strings übergeben werden. Dabei ist das Element 0 immer das Haupt-Menü und die Elemente 1 bis n die dazugehörigen Pull-Down-Menüs.

Dies hat mehrere Vorteile - aber auch einen gewichtigen Nachteil. Zuerst die Vorteile: Die Zuweisung eines kompletten Menüs geht um einiges schneller, als wenn mit einzelnen Elementen gearbeitet wird. Weiterhin benötigt man eine Menge weniger Speicherplatz, als wenn jeder Eintrag ein eigenes Element im Array darstellt. Letztlich ist die Menü-Struktur hier bei der Programmierung besser zu überschauen, als wenn seitenlange Zuweisungen an einzelne Array-Elemente erfolgen.

Den Nachteil sehen Sie nach dem Abtippen des Programms: Das "Auseinanderfieseln" der einzelnen Strings benötigt natürlich seine Zeit. Trotz FASTSCRN läßt sich eine gewisse Schwerfälligkeit der Anzeige nicht ganz verheimlichen. Wie dem auch sei: Vor allem bei größeren Projekten, in denen es mehr als ein Haupt-Menü gibt und somit entsprechend viele Zuweisungen notwendig sind, steht an erster Stelle das Speicherplatz-Problem unter PC-BASIC. Was nützt das schnellste Menü, wenn nicht genügend Platz für die einzelnen Funktionen bleibt oder die Realisierung der Funktionen aus Speicherplatzmangel nicht dem Komfort des Menü-Systemes entspricht. Werfen wir also einen Blick auf das Beispiel-Programm:

```
10 '-------------------------------------------------
20 'PD_MENUE.BAS   Demo für Pull-Down-Menü
30 '-------------------------------------------------
40 :
50 DEFINT A-Z
60 OPTION BASE 0
70 CLS:KEY OFF:FOR I=1 TO 10:KEY I,"":NEXT I
80 MP.START= &HE000
90 SAVESCRN= MP.START
100 RESTSCRN= MP.START+3
```

Professioneller Bildschirmaufbau

```
110 FASTSCRN= MP.START+6
120 FALSE= 0: TRUE= NOT FALSE
130 MAX.BS= 3:DIM PUFFER%(2000*MAX.BS)
140 MAX.HMENUE= 6
150 DIM MENUE$(MAX.HMENUE),HMENUE$(MAX.HMENUE),HMENUE.POS(MAX.HMENUE+1)
160 MAX.PDMENUE= 10
170 DIM PDMENUE$(MAX.PDMENUE)
180 BS.NR= 0
190 F.NORMAL= 112: F.HINWEIS= 127: F.BALKEN= 7
200 HG.ZEICHEN$= " ": HG.ATTR= 15
210 :
220 FZEILE= 1: FSPALTE= 1: FBREITE= 80: FHOEHE= 25
230 GOSUB 1700 'Hintergrund initialisieren
240 :
250 MENUE$(0)= "Datei|Bearbeiten|Drucken|Optionen|Hilfe|Ende|"
260 MENUE$(1)= "Laden|Speichern|Löschen|Kopieren|Umbenennen|"
270 MENUE$(2)= "Editieren|Verwerfen|Neu|"
280 MENUE$(3)= "Aktuelle Datei|andere Datei|"
290 MENUE$(4)= "Farben|Drucker|"
300 MENUE$(5)= "Allgemein|Tastatur|Maus|"
310 MENUE$(6)= "Programm beenden|"
```

In den Zeilen 250 bis 310 wird das Array für die Pull-Down-Menüs initialisiert. Die einzelnen Menü-Punkte sind durch das Zeichen | getrennt. Vergessen Sie dieses Zeichen nicht hinter dem letzten Punkt, da sonst die Auswertung im Steuerprogramm nicht das gewünschte Ergebnis bringen kann.

```
320 GOSUB 750 'Menü-Auswahl
330 IF HM.ITEM<> 0 AND PD.ITEM<> 0 THEN 360 'Funktionen aufrufen
```

Das Menü arbeitet wieder als eine Art Funktion. Das Ergebnis wird in den Variablen HM.ITEM und PD.ITEM zurückgeliefert. HM.ITEM ist der gewählte Punkt des Haupt-Menüs, PD.ITEM der Punkt des dazugehörigen Pull-Down-Menüs.

```
340 COLOR 7,0:CLS:PRINT "*** ENDE ***":PRINT:END
350 :
360 '----- Verzweigung gemäß HM.ITEM -----
370 :
380 ON HM.ITEM GOSUB 430, 460, 490, 520, 550, 580
390 GOTO 320 'Menü wieder abfragen
400 :
410 '----- Verzweigung gemäß PD.ITEM -----
420 :
430 '----- HM.Item= 1 -----
440 ON PD.ITEM GOSUB 620, 620, 620, 620
450 RETURN
460 '----- HM.Item= 2 -----
470 ON PD.ITEM GOSUB 620, 620, 620
480 RETURN
490 '----- HM.Item= 3 -----
500 ON PD.ITEM GOSUB 620, 620
510 RETURN
520 '----- HM.Item= 4 -----
530 ON PD.ITEM GOSUB 620, 620
540 RETURN
550 '----- HM.Item= 5 -----
560 ON PD.ITEM GOSUB 620, 620, 620
570 RETURN
580 '----- HM.Item= 6 -----
```

```
590 ON PD.ITEM GOSUB 620
600 RETURN
610 :
```

Sie sehen, daß die Verzweigung etwas umfangreicher ausfällt als bei den anderen Menüs. Allerdings mangelt es nicht an Übersichtlichkeit, da eine eindeutige Trennung möglich ist.

```
620 '----- Beispiel-Routine -----
630 :
640 GOSUB 2050 'BS sichern
650 FZEILE= 10: FSPALTE= 20: FBREITE= 50: FHOEHE= 5: F.SCHATTEN= TRUE
660 FOBEN$= "Beispiel...":FUNTEN$= "[ESC]= zurück"
670 GOSUB 1780 'Fenster anzeigen
680 ZL= FZEILE+3: SP= FSPALTE+4
690 X$= HM.WAHL$+"/"+PD.WAHL$
700 DEF SEG:CALL FASTSCRN(ZL,SP,F.HINWEIS,X$)
710 IF INKEY$= "" THEN 710
720 GOSUB 2120 'BS zurück
730 RETURN
740 :
```

Diese Beispiel-Routine demonstriert, wie anhand der Ergebnisse von HM.ITEM und PD.ITEM verzweigt wird. Die ON X GOSUB-Konstruktion muß natürlich den tatsächlichen Programm-Gegebenheiten angepaßt werden.

```
750 '----- Haupt-Menü anzeigen und Auswahl steuern -----
760 :
770 ZAEHLER= 1: HMENUE.POS(ZAEHLER)= 5: X$= MENUE$(0)
780 WHILE INSTR(X$,"¦")<> 0
790    HMENUE$(ZAEHLER)= LEFT$(X$,INSTR(X$,"¦")-1)
800    HMENUE.POS(ZAEHLER+1)= HMENUE.POS(ZAEHLER)+LEN(HMENUE$(ZAEHLER))+2
810    ZAEHLER= ZAEHLER+1
820    X$= MID$(X$,INSTR(X$,"¦")+1,99)
830 WEND
```

In dieser Schleife wird das Haupt-Menü "zusammengebastelt". Dabei wird aus dem Element 0 des Arrays der jeweilige Menü-Punkt vor dem Trennzeichen in ein zweites Array HMENUE$() übertragen. Gleichzeitig wird im Array HMENUE.POS() festgehalten, in welcher Spalte der ersten Zeile der Menü-Punkt anzuzeigen ist.

```
840 ZL= 1:SP= 1: X$= SPACE$(80)
850 DEF SEG:CALL FASTSCRN(ZL,SP,F.HINWEIS,X$)
860 FOR I= 1 TO MAX.HMENUE
870    SP= HMENUE.POS(I)
880    DEF SEG:CALL FASTSCRN(ZL,SP,F.HINWEIS,HMENUE$(I))
890 NEXT I
900 ZL=25: SP= 1
910 X$= " Mit ["+CHR$(27)+"] und ["+CHR$(26)+"] wählen, ["+CHR$(17)+"┘]= ausführen,
    [ESC]= Ende": X$= X$+SPACE$(80-LEN(X$))
920 DEF SEG:CALL FASTSCRN(ZL,SP,F.HINWEIS,X$)
930 PD.FLAG= FALSE:HM.ITEM= 1: TASTE$= "": LOCATE ,,0
940 WHILE TASTE$<> CHR$(27) AND TASTE$<> CHR$(13)
950    IF PD.FLAG THEN 1020 'Weiter mit nächstem Pull-Down
960    ZL= 1:SP= HMENUE.POS(HM.ITEM)-1:X$= " "+HMENUE$(HM.ITEM)+" "
970    DEF SEG:CALL FASTSCRN(ZL,SP,F.BALKEN,X$)
980    TASTE$= INKEY$:IF TASTE$= "" THEN 980
990    DEF SEG:CALL FASTSCRN(ZL,SP,F.HINWEIS,X$)
```

Professioneller Bildschirmaufbau

```
1000    IF TASTE$= CHR$(27) THEN HM.ITEM= 0:PD.ITEM= 0:GOTO 1160 'Ende Menü
1010    IF TASTE$<> CHR$(13) THEN 1070 'Sondertasten prüfen
1020      PD.FLAG= TRUE
1030    HM.WAHL$= HMENUE$(HM.ITEM)
1040      GOSUB 1220 'Pull-Down-Menü anzeigen
1050      IF TASTE$= CHR$(13) THEN 1160 'Ende, Menü-Punkt gewählt
1060      IF TASTE$= CHR$(27) THEN 960 'Pull-Down abgebrochen, weiter abfragen
1070    IF LEN(TASTE$)<> 2 THEN BEEP:GOTO 960 'Falsche Taste, weiter abfragen
1080    TASTE= ASC(RIGHT$(TASTE$,1))
1090    IF TASTE= 77 THEN HM.ITEM= HM.ITEM+1 'CRSR-rechts
1100    IF TASTE= 75 THEN HM.ITEM= HM.ITEM-1 'CRSR-links
1110    IF TASTE= 71 THEN HM.ITEM= 1 'Taste [Home]
1120    IF TASTE= 79 THEN HM.ITEM= MAX.HMENUE 'Taste [End]
1130    IF TASTE= 80 THEN 1020 'Pull-Down-Menü anzeigen
1140    IF HM.ITEM< 1 THEN HM.ITEM= MAX.HMENUE
1150    IF HM.ITEM> MAX.HMENUE THEN HM.ITEM= 1
1160 WEND
```

Die Tastatur-Abfrage und Steuerung erfolgt in einer etwas umfangreicheren WHILE...WEND-Schleife. Die Positionierung des Balken erfolgt wie im Programm B_MENUE.BAS aus dem vorigen Abschnitt - nur in horizontaler Richtung. Wird die Taste <Eingabe> oder <CRSR-runter> gedrückt, so wird ein Unterprogramm für die Anzeige des Pull-Down-Menüs aufgerufen (ab Zeile 1010 bzw. 1130). Die Variable PD.FLAG steuert dabei, ob die Pull-Downs angezeigt werden sollen oder nicht. Bei beiden o.g. Tasten wird sie natürlich auf TRUE gesetzt. Wird nun im Steuerprogramm für die Pull-Downs die Taste <CRSR-rechts> oder <CRSR-links> gedrückt, bleibt diese Variable auf TRUE. Dadurch kann bei angezeigtem Pull-Down-Menü innerhalb des Haupt-Menüs gewählt werden. Dies gewährt einen besseren Überblick während der Auswahl. Wird bei der Steuerung der Pull-Downs eine andere Taste gedrückt, so wird die Variable auf FALSE gesetzt und damit diese Möglichkeit der Auswahl ausgeschaltet.

```
1170    PD.FLAG= FALSE
1180    ZL= 25: SP= 1: X$= SPACE$(80)
1190    DEF SEG:CALL FASTSCRN(ZL,SP,F.HINWEIS,X$) 'Status löschen
1200    RETURN
1210    :
1220    '----- Pull-Down-Menü anzeigen und Auswahl steuern -----
1230    :
1240    GOSUB 2050 'BS sichern
```

Bevor ein Pull-Down-Menü gezeigt wird, wird der aktuelle Bildschirm gesichert.

```
1250    ZAEHLER= 1: X$= MENUES$(HM.ITEM)
1260    WHILE INSTR(X$,"¦")<> 0
1270      PDMENUE$(ZAEHLER)= LEFT$(X$,INSTR(X$,"¦")-1)
1280      ZAEHLER= ZAEHLER+1
1290      X$= MID$(X$,INSTR(X$,"¦")+1,99)
1300    WEND
```

Analog zum Haupt-Menü werden hier die einzelnen Punkte des Pull-Down-Menüs aufbereitet. Da die Anzeige der Punkte jedoch untereinander erfolgt, ist das Festhalten von Spalten-Positionen nicht notwendig. Es werden lediglich die einzelnen Punkte in ein zweites Array PDMENUE$() übertragen.

```
1310 MAX.PDITEMS= ZAEHLER-1 'Anzahl Einträge in diesem PD-Menü
1320 MAX.BREITE= 0
1330 FOR I= 1 TO MAX.PDITEMS
1340   IF LEN(PDMENUE$(I))> MAX.BREITE THEN MAX.BREITE= LEN(PDMENUE$(I))
1350 NEXT I
```

In dieser Schleife wird der breiteste Menü-Punkt ermittelt. Abhängig vom Ergebnis werden anschließend die Variablen für die Anzeige des Fensters initialisiert (Zeile 1370).

```
1360 FZEILE= 2: FSPALTE= HMENUE.POS(HM.ITEM):F.SCHATTEN= FALSE
1370 FBREITE= MAX.BREITE+2:FHOEHE= MAX.PDITEMS: FOBEN$="": FUNTEN$=""
1380 GOSUB 1780 'Fenster anzeigen
1390 SP= FSPALTE+2
1400 FOR I= 1 TO MAX.PDITEMS
1410   ZL= FZEILE+I
1420   DEF SEG:CALL FASTSCRN(ZL,SP,F.NORMAL,PDMENUE$(I))
1430 NEXT I
1440 ZL=25: SP= 1
1450 X$= " Mit ["+CHR$(24)+"] und ["+CHR$(25)+"] wählen, ["+CHR$(17)+"⌐]= ausführen,
     [ESC]= zurück": X$= X$+SPACE$(80-LEN(X$))
1460 DEF SEG:CALL FASTSCRN(ZL,SP,F.HINWEIS,X$)
1470 PD.ITEM= 1: SP= HMENUE.POS(HM.ITEM)+1: TASTE$= "": LOCATE ,,0
1480 PD.FERTIG= FALSE
1490 WHILE NOT PD.FERTIG
1500 PD.WAHL$= PDMENUE$(PD.ITEM)
1510   ZL= PD.ITEM+2
1520   X$= " "+PDMENUE$(PD.ITEM): X$= X$+SPACE$(MAX.BREITE+2-LEN(X$))
1530   DEF SEG:CALL FASTSCRN(ZL,SP,F.BALKEN,X$)
1540   TASTE$= INKEY$:IF TASTE$= "" THEN 1540
1550   DEF SEG:CALL FASTSCRN(ZL,SP,F.NORMAL,X$)
1560   IF TASTE$= CHR$(27) THEN PD.ITEM= 0:PD.FERTIG= TRUE:PD.FLAG= FALSE:GOTO 1660
'Zurück
1570   IF TASTE$= CHR$(13) THEN PD.FERTIG= TRUE:GOTO 1660 'Gewählt, zurück
1580   TASTE= ASC(RIGHT$(TASTE$,1))
1590   IF TASTE= 72 THEN PD.ITEM= PD.ITEM-1 'CRSR-hoch
1600   IF TASTE= 80 THEN PD.ITEM= PD.ITEM+1 'CRSR-runter
1610   IF TASTE= 71 THEN PD.ITEM= 1 'Taste [Home]
1620   IF TASTE= 79 THEN PD.ITEM= MAX.PDITEMS
1630   IF TASTE= 75 OR TASTE= 77 THEN PD.FERTIG= TRUE 'CRSR-links/rechts
1640   IF PD.ITEM < 1 THEN PD.ITEM= MAX.PDITEMS
1650   IF PD.ITEM > MAX.PDITEMS THEN PD.ITEM= 1
1660 WEND
```

Die Tastatur-Abfrage und Steuerung des Balkens erfolgt wiederum in einer WHILE...WEND-Schleife. Die Positionierung und Anzeige des Balkens entspricht der Routine aus dem Beispiel-Programm B_MENUE.BAS. Wird die Taste <ESC> gedrückt, so wird das Pull-Down-Menü beendet. Die Variable PD.FLAG wird auf FALSE gesetzt und verhindert so die "Endlosanzeige" dieses Pull-Down-Menüs. Andernfalls würde ja in der Steuerung im Haupt-Menü sofort wieder zurückgesprungen werden (Zeile 950).

```
1670 GOSUB 2120 'BS zurück
```

Abschließend wird der gesicherte Bildschirm wieder restauriert.

```
1680 RETURN
1690 :
```

Professioneller Bildschirmaufbau 387

Den Rest kennen wir bereits aus den vorigen Beispiel-Programmen.

```
1700 '----- Hintergrund initialisieren -----
1710 :
1720 X$= STRING$(FBREITE,HG.ZEICHEN$)
1730 FOR ZL= FZEILE TO FZEILE+FHOEHE
1740   CALL FASTSCRN(ZL,FSPALTE,HG.ATTR,X$)
1750 NEXT ZL
1760 RETURN
1770 :
1780 '----- Universal-Routine für Fenster -----
1790 :
1800 X$= " ┌"+STRING$(FBREITE%,"-")+"┐ "
1810 DEF SEG:CALL FASTSCRN(FZEILE,FSPALTE,F.NORMAL,X$)
1820 X$= "|"+STRING$(FBREITE%," ")+"|"
1830 IF F.SCHATTEN THEN X$= X$+" "
1840 FOR ZL= FZEILE+1 TO FZEILE+FHOEHE
1850   DEF SEG:CALL FASTSCRN(ZL,FSPALTE,F.NORMAL,X$)
1860 NEXT ZL
1870 X$= " └"+STRING$(FBREITE%,"-")+"┘ "
1880 IF F.SCHATTEN THEN X$= X$+" "
1890 ZL= FZEILE+FHOEHE+1
1900 DEF SEG:CALL FASTSCRN(ZL,FSPALTE,F.NORMAL,X$)
1910 IF FOBEN$= "" THEN 1950 'Weiter mit FUnten$
1920   X$= " "+FOBEN$+" "
1930   SP= FSPALTE+3
1940   CALL FASTSCRN(FZEILE,SP,F.BALKEN,X$)
1950 IF FUNTEN$= "" THEN 1990 'Weiter mit F.SCHATTEN
1960   X$= " "+FUNTEN$+" "
1970   ZL= FZEILE+FHOEHE+1:SP= FSPALTE+3
1980   CALL FASTSCRN(ZL,SP,F.BALKEN,X$)
1990 IF NOT F.SCHATTEN THEN 2030 'Zurück
2000   X$= STRING$(FBREITE+2," ")
2010   ZL= FZEILE+FHOEHE+2:SP= FSPALTE+2
2020   CALL FASTSCRN(ZL,SP,F.NORMAL,X$)
2030 RETURN
2040 :
2050 '----- Aktuellen Bildschirm sichern -----
2060 :
2070 IF BS.NR= MAX.BS THEN BEEP:RETURN
2080 DEF SEG:PUFFER.OFS%= VARPTR(PUFFER%(BS.NR*2000)):CALL SAVESCRN(PUFFER.OFS%)
2090 BS.NR= BS.NR+1
2100 RETURN
2110 :
2120 '----- Letzten Bildschirm restaurieren -----
2130 :
2140 IF BS.NR= 0 THEN BEEP:RETURN
2150 BS.NR= BS.NR-1
2160 DEF SEG:PUFFER.OFS%= VARPTR(PUFFER%(BS.NR*2000)):CALL RESTSCRN(PUFFER.OFS%)
2170 RETURN
2180 :
2190 'Data-Zeilen aus COM-Datei: screen.com
2200 :
2210 RESTORE 2230
2220 DEF SEG:FOR I=1 TO 227:READ X:POKE MP.START+I-1,X: NEXT I
2230 DATA 235,109,144,235,109,144, 85,139,236, 30,  6
2240 DATA 139,118, 12,138, 28,176,160,246,227, 45,160
2250 DATA   0, 80,139,118, 10,138, 28,176,  2,246,227
2260 DATA  91,  3,195, 72, 72, 80,139,118,  8,138, 36
2270 DATA 139,118,  6,138, 12,181,  0,139,116,  1, 80
2280 DATA 191,  0,176,179,  0,205, 17, 37, 48,  0, 61
2290 DATA  48,  0,116,  6,129,199,  0,  8,179,  1,142
2300 DATA 199, 88, 95,252,186,218,  3,128,251,  0,116
2310 DATA  11,236,208,216,114,246,250,236,208,216,115
```

```
2320 DATA 251,172,251,171,226,235,   7,  31, 93,202,   8
2330 DATA   0,235, 41,144, 85,139,236, 30,   6,139,118
2340 DATA   6,139,   4,139,240,191,   0,176,179,   0,205
2350 DATA  17,  37, 48,   0, 61, 48,   0,116,   6,129,199
2360 DATA   0,   8,179,   1,142,199, 51,255,235, 40,144
2370 DATA  85,139,236, 30,   6,139,118,   6,139,   4,139
2380 DATA 248, 30,   7,190,   0,176,179,   0,205, 17, 37
2390 DATA  48,   0, 61, 48,   0,116,   6,129,198,   0,   8
2400 DATA 179,   1,142,222, 51,246,185,208,   7,252,186
2410 DATA 218,   3,128,251,   0,116, 11,236,208,216,114
2420 DATA 246,250,236,208,216,115,251,173,251,171,226
2430 DATA 235,   7, 31, 93,202,   2,   0
2440 RETURN
```

Obwohl Pull-Down-Menüs um einiges aufwendiger als Auswahl- oder Balken-Menüs sind, hält sich deren Realisierung noch in vertretbaren Grenzen. Letztlich dürfte aber der Umfang des jeweiligen Programms entscheidend sein. Wenn die Funktionen entsprechend komfortabel realisiert werden sollen, bleibt sehr wenig Platz für diese Art der Menüs.

Man muß sich schon überlegen, ob nicht doch lieber ein einfaches Menü zugunsten der komfortablen Realisierung der Programm-Funktionen zum Einsatz kommen sollte. Letztlich darf nicht vergessen werden, daß eine komfortable Fehler- und Hilfe-Funktion auch ihren Platz benötigt. Doch dazu in Kapitel 16 etwas mehr.

11.7 Bildschirmbereiche scrollen

Im Abschnitt 11.5 haben wir kurz erwähnt, daß über den Interrupt 10h des BIOS Bildschirmbereiche (oder Fenster) noch oben bzw. nach unten gescrollt werden können. Bei diesem Scrolling wird der Inhalt eines Fensters um eine bestimmte Anzahl von Zeilen nach oben oder unten verschoben. Im freigewordenen Bereich kann dann eine neue Ausgabe erfolgen.

Konkretes Einsatzgebiet ist die Ausgabe von Tabellen oder Listen auf dem Bildschirm. Die seitenweise Ausgabe, also z.B. jeweils 15 Zeilen einer Liste und nach Drücken einer Taste die nächsten oder vorhergehenden 15 Zeilen, stellen kein Problem dar. Wenn aber Zeilen verglichen werden sollen, ist es unangenehm, wenn diese sich auf der vorherigen Seite befinden und damit für den Vergleich nicht zur Verfügung stehen. Hier ist also ein zeilenweises Scrollen recht praktisch. Eine Realisation unter PC-BASIC ist aus Zeitgründen inakzeptabel. Über die bereits mehrfach eingesetzte DOS-Schnittstelle können wir diese Aufgabe aber in Windeseile vom BIOS erledigen lassen.

Wie bereits erwähnt, handelt es sich um den Interrupt 10h des BIOS, dem wir diese Arbeit übertragen werden. Dazu sind über die DOS-Schnittstelle wieder einige Parameter an den Interrupt zu übergeben. Im einzelnen muß der Bereich, der gescrollt werden soll, durch seine Koordinaten definiert werden. Die Anzahl der zu scrollenden Zeilen kann von 1 bis zur Höhe des Bereiches angegeben werden. Für die dabei entstehenden Leerzeilen muß ein Attribut angegeben wer-

Professioneller Bildschirmaufbau

den. Schauen Sie sich zuerst das folgende Programm dazu an. Im Anschluß gehen wir auf die Funktion und Einbindung in Ihre eigenen Programme ein:

```
10 '--------------------------------------------------------------
20 'SCROLL.BAS, Scrollen von BS-Bereichen    1986 (C) H.J.Bomanns
30 '--------------------------------------------------------------
40 :
50 CLS:KEY OFF
60 PRINT "Initialisierung.....";
70 DIM FENSTER(3,4) 'x,x bzw. y,y
80 RESTORE 100
90 FOR I=1 TO 3:FOR K=1 TO 4:READ FENSTER(I,K):NEXT K:NEXT I
100 DATA 5,5,10,35,  8,40,13,75,  15,20,20,50
110 DIM TABELLE$(26)
120 FOR I=1 TO 26:TABELLE$(I)= STRING$(60,CHR$(I+64)):NEXT I
130 GOSUB 1150 'Maschinenprogramm in Speicher poken
140 :
150 DOS.SN= MP.START
160 INT.NR%= &H10:POKE INT.ADR,INT.NR%
170 :
180 '----- Bildschirm aufbauen -----
190 :
200 CLS:FOR I=1 TO 24:PRINT STRING$(80," ");:NEXT I
210 :
220 '----- Fenster löschen -----
230 :
240 FOR I=1 TO 3
250    VON.ZEILE%= FENSTER(I,1):VON.SPALTE%= FENSTER(I,2)
260    BIS.ZEILE%= FENSTER(I,3):BIS.SPALTE%= FENSTER(I,4)
270    ATTR%= 112:ANZAHL.ZEILEN%= 0:SCROLL$= "up"
280    GOSUB 940 'Fenster löschen
290 NEXT I
300 :
310 '----- Fensterinhalte ausgeben -----
320 :
330 LOCATE 23,1:PRINT "[";CHR$(17);"┘]= weiter, [ESC]= Ende";
340 GOSUB 1040
350 :
360 '----- Fenster scrollen -----
370 :
380 IF SCROLL$="dn" THEN SCROLL$="up" ELSE SCROLL$= "dn"
390 FOR ZEILE= 1 TO 6
400    FOR I=1 TO 3
410       VON.ZEILE%= FENSTER(I,1): VON.SPALTE%= FENSTER(I,2)
420       BIS.ZEILE%= FENSTER(I,3): BIS.SPALTE%= FENSTER(I,4)
430       ATTR%= 112:ANZAHL.ZEILEN%= 1
440       GOSUB 940 'Fenster scrollen
450    NEXT I
460    FOR K=1 TO 600:NEXT K
470 NEXT ZEILE
480 FOR K=1 TO 600:NEXT K
490 IF INKEY$="" THEN 340 'Solange scrollen, bis Taste gedrückt
500 :
510 '----- Tabelle hoch/runter scrollen -----
520 :
530 CLS
540 VON.ZEILE%= 4:VON.SPALTE%= 5:BIS.ZEILE%= 15:BIS.SPALTE%= 70
550 ATTR%= 112:ANZAHL.ZEILEN%= 0
560 GOSUB 940 'Fenster löschen
570 LOCATE 5,1 'Erste Zeile im Fenster
580 FOR I=1 TO 10
590    LOCATE ,8:PRINT TABELLE$(I)
600 NEXT I
```

```
610 LOCATE 24,1:PRINT "[";CHR$(24);"] und [";CHR$(25);"]= Tabelle scrollen, [ESC]=
Ende";
620 :
630 '----- Tastatur-Steuerung -----
640 :
650 AKTUELLE.ZEILE= 1
660 X$=INKEY$:IF X$="" THEN 660
670 IF LEN(X$)= 2 THEN 690
680 IF X$= CHR$(27) THEN CLS:END
690 TASTE= ASC(RIGHT$(X$,1))
700 IF TASTE= 72 AND AKTUELLE.ZEILE > 1 THEN 760 'Cursor hoch
710 IF TASTE= 80 AND AKTUELLE.ZEILE < 17 THEN 850 'Cursor runter
720 BEEP:GOTO 660
730 :
740 '----- Cursor hoch -----
750 :
760 VON.ZEILE%= 5:VON.SPALTE%= 8:BIS.ZEILE%= 14:BIS.SPALTE%= 70
770 ATTR%= 112:ANZAHL.ZEILEN%= 1:SCROLL$= "dn"
780 GOSUB 940
790 AKTUELLE.ZEILE= AKTUELLE.ZEILE-1
800 LOCATE 5,8:PRINT TABELLE$(AKTUELLE.ZEILE)
810 GOTO 660
820 :
830 '----- Cursor runter -----
840 :
850 VON.ZEILE%= 5:VON.SPALTE%= 8:BIS.ZEILE%= 15:BIS.SPALTE%= 70
860 ATTR%= 112:ANZAHL.ZEILEN%= 1:SCROLL$= "up"
870 GOSUB 940
880 LOCATE 14,8:PRINT TABELLE$(AKTUELLE.ZEILE+10)
890 AKTUELLE.ZEILE= AKTUELLE.ZEILE+1
900 GOTO 660
910 :
920 '----- Fenster-Routine -----
930 :
940 IF SCROLL$="up" THEN AH%= 6 ELSE AH%= 7
950 AL%= ANZAHL.ZEILEN%
960 CH%= VON.ZEILE%-1:CL%= VON.SPALTE%-1
970 DH%= BIS.ZEILE%-1:DL%= BIS.SPALTE%-1
980 BH%= ATTR%
990 DEF SEG:CALL DOS.SN(AH%, AL%, BH%, BL%, CH%, CL%, DH%, DL%, ES%, DI%, SI%,
FLAGS%)
1000 RETURN
1010 :
1020 '----- Fensterinhalte ausgeben -----
1030 :
1040 FOR I=1 TO 3
1050   LOCATE FENSTER(I,1)-1,FENSTER(I,2):PRINT " Fenster";I
1060   FOR ZEILE= 0 TO 4
1070     LOCATE FENSTER(I,1)+ZEILE,FENSTER(I,2)
1080     PRINT "Zeile";ZEILE+1;STRING$(20,"x");
1090   NEXT ZEILE
1100 NEXT I
1110 RETURN
1120 :
1130 'Data-Zeilen aus COM-Datei: dos_sn.com
1140 :
1150 MP.START= &HE000
1160 RESTORE 1180
1170 DEF SEG:FOR I=1 TO 151:READ X:POKE MP.START+I-1,X: NEXT I
1180 DATA 250, 85,139,236, 30,  6,139,118,  6,139,  4
1190 DATA  80,157,139,118, 14,138, 20,139,118, 16,138
1200 DATA  52,139,118, 18,138, 12,139,118, 20,138, 44
1210 DATA 139,118, 22,138, 28,139,118, 24,138, 60,139
1220 DATA 118, 26,138,  4,139,118, 28,138, 36,139,118
```

Professioneller Bildschirmaufbau

```
1230 DATA    8,139,  60, 80,139,118, 12,139,   4,142,192
1240 DATA   88,139,118, 10,139, 52, 85,251,205, 33,250
1250 DATA   93, 86,156,139,118, 28,136, 36,139,118, 26
1260 DATA  136,  4,139,118, 24,136, 60,139,118, 22,136
1270 DATA   28,139,118, 20,136, 44,139,118, 18,136, 12
1280 DATA  139,118, 16,136, 52,139,118, 14,136, 20, 88
1290 DATA  139,118,  6,137,  4, 88,139,118, 10,137,  4
1300 DATA  140,192,139,118, 12,137,  4,139,118,  8,137
1310 DATA   60,  7, 31, 93,251,202, 24,  0
1320 MP.ENDE= MP.START+I-1
1330 FOR I= MP.START TO MP.ENDE:IF PEEK(I)= 205 THEN INT.ADR= I+1 ELSE NEXT
1340 RETURN
```

Nach dem Start des Programms wird ab Zeile 1130 zuerst wieder die Maschinensprache-Routine in den Speicher gebracht. Danach werden die Variablen für die Fensterpositionen und die Ausgabetexte initialisiert. Ab Zeile 220 werden drei Fenster unterschiedlicher Größe angelegt. Wie im letzten Abschnitt erläutert, wird auch hierzu die Scroll-Funktion benutzt, indem als Anzahl der zu scrollenden Zeilen 0 angegeben wird. Dies bewirkt, daß der definierte Bereich mit dem angegebenen Attribut gelöscht wird.

Der Programmteil von Zeile 310 bis 490 demonstriert das Hoch- bzw. Runter-Scrollen des Textes in den einzelnen Fenstern. Damit die Funktion besser beobachtet werden kann, sind in Zeile 460 und 480 Zeitschleifen eingebaut. Im darauffolgenden Programmteil ab Zeile 510 wird demonstriert, wie eine Tabelle zeilenweise gescrollt wird. Sie können die Tabelle mit den Cursor-Tasten beliebig hoch bzw. runter scrollen. Ab Zeile 630 erfolgt die Steuerung der Ausgabe je nach gedrückter Taste. Die Anzeige wird dann um jeweils eine Zeile nach oben oder unten gescrollt.

Für die Einbindung in Ihre eigenen Programme benötigen Sie das Unterprogramm ab Zeile 1130 für die Initialisierung der Assembler-Routine und das Unterprogramm ab Zeile 920 für die Übergabe der Parameter an die DOS-Schnittstelle. Wichtig sind die Zeilen 150/160, in denen die Variable für CALL initialisiert und die Nummer des anzusprechenden Interrupts gesetzt wird. Die Parameter-Variablen erhalten ihre Werte je nach Bedarf vor dem Aufruf des Upros ab Zeile 920 zugewiesen.

12. Eingabe über die Tastatur

Die wichtigste Schnittstelle eines Programms zum Anwender ist die Eingabe von Daten über die Tastatur. PC-BASIC bietet Ihnen hier verschiedene Befehle und Funktionen, die je nach Problemstellung eingesetzt werden können. Je komfortabler und einfacher ein Anwender seine Eingaben machen kann, desto besser der Eindruck, den Ihr Programm hinterläßt. In diesem Kapitel werden wir uns anschauen, welche Eingabemöglichkeiten für welches Problem am besten geeignet sind. Außerdem stelle ich Ihnen das Gerüst einer komfortablen Eingaberoutine für Ihre eigenen Programme vor, die bei größeren Realisationen einiges an Programmieraufwand spart. Abschließend geht es dann noch um das Thema Maus statt Tastatur.

12.1 Welchen Befehl für welche Eingabe?

Bevor wir diese Frage beantworten, fassen wir noch einmal kurz alle Eingabe-Befehle und -Funktionen zusammen:

```
INPUT [;] "<Kommentar>" ,|; <Variable,...>
```

Wohl der am häufigsten eingesetzte Befehl für die Eingabe über Tastatur. Die Eingabe muß mit der Taste <Eingabe> (auch als ENTER oder RETURN bezeichnet) abgeschlossen werden. Danach wird das Programm fortgeführt. Die Eingabe kann durch <CTRL>-<C> bzw. <CTRL>-<Break> abgebrochen werden.

```
LINE INPUT [;] "<Kommentar>" ,|; <Variable>
```

Der "große" Bruder vom INPUT, der auch Trennzeichen wie Komma (,) und Semikolon (;) einliest.

```
X$= INKEY$
```

Das ist die Funktion, die den ASCII-Code einer gedrückten Taste liefert. Beim Drücken einer Funktionstaste wird ein 2-Byte-Code geliefert. Keine gedrückte Taste liefert den Leer-String "" als Ergebnis. Das Programm wird nicht unterbrochen.

```
X$= INPUT$(<Anzahl>)
```

Diese Funktion unterbricht das Programm, bis die durch <Anzahl> festgelegte Anzahl von Tasten gedrückt wurde und liefert das Ergebnis in einem String. Funktionstasten können nicht erkannt werden, da lediglich ein 1-Byte-Code in den String übertragen wird. Die Eingabe kann durch <CTRL>-<C> bzw. <CTRL>-<Break> abgebrochen werden.

Den Einsatz von INPUT bzw. LINE INPUT kennen Sie zur Genüge. Auch den Fehlerhinweis "Redo from start", der ausgegeben wird, wenn bei der Eingabe für eine numerische Variable ein ungültiges Zeichen eingegeben wurde. Falls Sie Kapitel 4 übersprungen haben, hier die kleine Routine, die das verhindert:

```
200 '----------------------------------------
210 'Numerische Eingabe ohne "Redo from start"
220 '----------------------------------------
230 CLS:KEY OFF
240 TEST$="abcdefghijklmnopqrstuvwxyzABCDEFGHIJKLMNOPQRSTUVWXYZ"
250 :
260 LOCATE 10,5:COLOR 7,0
270 LINE INPUT "Ihr Monatsverdienst: ";MONATS.VERD$
280 FEHLER= 0
290 FOR I= 1 TO LEN(TEST$)
300 IF INSTR(MONATS.VERD$,MID$(TEST$,I,1))<> 0 THEN 330 ELSE NEXT
310 GOTO 380
320 :
330 'Ungültige Eingabe
340 :
350 LOCATE 24,1:PRINT "Hier sind nur Ziffern [0] bis [9] und Zeichen [.],[+] und [-] erlaubt!";SPACE$(81-POS(0));
360 BEEP:GOTO 260
370 :
380 'Gültige Eingabe
390 :
400 LOCATE 24,1:PRINT VAL(MONATS.VERD$);" ist eine gültige Eingabe!";SPACE$(81-POS(0));
410 IF INKEY$="" THEN 410 ELSE 260
```

Die Variable TEST$ wird entsprechend der nicht zugelassenen Zeichen initialisiert. Selbstverständlich läßt sich diese Routine auch für das Einlesen von Strings einsetzen, bei denen z.B. Ziffern oder Grafik-Zeichen nicht erlaubt sind. Wenn Ihnen die Assembler-Programmierung etwas liegt, können Sie hier auch eine Routine zur Überprüfung einsetzen (siehe Kapitel 8). Bei längeren Vergleichen spart dies doch eine Menge Zeit. Die Funktion INPUT$() läßt sich dort sehr gut einsetzen, wo eingegebene Zeichen nicht auf dem Bildschirm erscheinen sollen. Hier eine Routine zum Einlesen eines Paßwortes:

```
200 '----------------
210 'Paßwortroutine
220 '----------------
230 :
240 PASSWORT$=""
250 CLS:KEY OFF
260 LOCATE 10,5:PRINT "------";:LOCATE 10,5,1
270 X$=INPUT$(1):IF X$= CHR$(0) THEN 270
280 PRINT CHR$(254);
290 PASSWORT$= PASSWORT$+X$
300 IF LEN(PASSWORT$)=6 THEN 320
310 GOTO 270
320 IF PASSWORT$<>"abcdef" THEN BEEP:GOTO 240
```

Die Funktion INKEY$ ist hierfür nicht so einfach einzusetzen, da beim Drücken einer Funktions- oder Steuertaste ein 2-Byte-Code geliefert wird, der dann extra abgefragt und ignoriert werden müßte. Im Beispielprogramm sehen Sie in Zeile 270, daß das Abfangen der Funktions- und Steuertasten recht einfach ist.

12.2 Komfortable Eingaberoutine

In der Anfangszeit meiner PC-BASIC-Programmierung habe ich immer dann INPUT oder LINE INPUT eingesetzt, wenn Daten über die Tastatur einzugeben waren. Bei kleineren Programmen hält sich der dadurch beanspruchte Speicherplatz noch in Grenzen. Probleme gab es aber bei größeren Programmen, die komplexere Probleme zu lösen hatten und von denen größere Datenbestände in mehreren Arrays zu verwalten waren. Sicher kennen Sie die Situationen, in denen man mit jedem Byte geizen muß. Außerdem wurden die Ansprüche an die Benutzeroberfläche von Programm zu Programm größer. Hilfe auf Feldebene ist mit den genannten Befehlen z.B. nicht möglich, da vom Programm erst dann Hilfe angeboten werden kann, wenn eine Reaktion auf jede gedrückte Taste möglich ist. Eine Reaktion ist beim INPUT z.B. erst nach Betätigen der Eingabe-Taste möglich. Und dann ist es für Eingabehinweise zu spät, da die Eingabe bereits abgeschlossen ist. Probleme gab es weiterhin bei der maximalen Länge der Eingabe, die bei beiden Befehle nicht vorgegeben werden kann. Letztlich kann die Eingabe nur umständlich über Darstellungsattribute hervorgehoben werden.

Der Kragen platzte mir endgültig, als für eine Artikel- und Lagerverwaltung 6 Masken benötigt wurden. Die kleinste Maske beinhaltete 17, die größte Maske 74 Eingabefelder. Da viele Felder 1-Byte-Kennzeichen enthielten, mußte die Möglichkeit geschaffen werden, über eine Hilfe-Taste eine Übersicht der verwendbaren Kennzeichen anzuzeigen. Schnelligkeit war hierbei geboten, da auch telefonische Anfragen mit Hilfe des Systems beantwortet werden sollten.

Das folgende Beispiel-Programm zeigt Auszüge aus dem Ergebnis meiner Bemühungen. In Verbindung mit den in Kapitel 16 vorgestellten Hilfe-/Fehler-Routinen können Sie eine Eingabeoberfläche realisieren, die keine Wünsche mehr offen läßt. Hier das Listing:

```
10 '---------------------------
20 'Komfortable Eingaberoutine
30 '---------------------------
40 :
50 CLS:KEY OFF:KEY 1,""
60 MAX.MASKE= 2 'Für DEMO zwei Masken
70 DIM MAX.FELD%(2) 'Maximale Anzahl Felder pro Maske
80 MAX.FELD%(1)= 5:MAX.FELD%(2)= 5 'Jeweils 5 Felder pro Maske
90 DIM EINGABE$(2,5) 'Hier wird die Eingabe vorgegeben bzw. festgehalten
100 DIM MASKE%(2,5,3)
110 '               | |  |
120 '              | |  L> Zeile,Spalte,Länge des Feldes
130 '              |  L> Anzahl max. Felder pro Maske (Feld-Nummer)
140 '              L> Anzahl Masken (Masken-Nummer)
150 RESTORE 210
160 FOR M=1 TO 2
170    FOR F=1 TO 5
180       READ MASKE%(M,F,1),MASKE%(M,F,2),MASKE%(M,F,3)
190    NEXT F
200 NEXT M
210 DATA 5,5,10 ,7,5,15  ,9,5,20 ,11,5,15 ,13,5,30 :'Felder 1. Maske
220 DATA 6,8,15 ,8,8,23 ,10,8,13 ,12,8,17 ,14,8,45 :'Felder 2. Maske
230 :
```

```
240 SCHRIFT.VG= 7:EINGABE.VG= 15 'Farben festlegen
250 SCHRIFT.HG= 0:EINGABE.HG=  4 'VG= Vordergrund, HG= Hintergrund
260 MASKE.NR= 1
270 VORGABE$="Test"
280 :
290 '--------- Aufbau der Maske ----------
300 '
310 'Die Maske wird im Normalfall per BLOAD eingelesen oder per FASTSCRN
320 'ausgegeben. Hier zu DEMO-Zwecken per PRINT:
330 :
340 COLOR SCHRIFT.VG,SCHRIFT.HG:CLS
350 IF MASKE.NR> MAX.MASKE THEN MASKE.NR= 1
360 IF MASKE.NR< 1 THEN MASKE.NR= MAX.MASKE
370 FELD.NR= 1 'Neue Maske immer 1. Feld
380 PRINT USING "Dies ist Maske Nummer #";MASKE.NR
390 FOR F= 1 TO 5
400    LOCATE MASKE%(MASKE.NR,F,1),1,0 '1. Spalte für Feldbezeichnung, CRSR 0
410    PRINT USING "F #:";F
420 NEXT F
430 :
440 'Die Feldinhalte werden normalerweise aus einer Datei gelesen, hier
450 'für die Demo per Zuweisung:
460 :
470 FOR I= 1 TO 5: EINGABE$(1,I)= "Test":EINGABE$(2,I)= "Test":NEXT I
480 COLOR EINGABE.VG,EINGABE.HG
490 FOR F=1 TO 5
500    LOCATE MASKE%(MASKE.NR,F,1),MASKE%(MASKE.NR,F,2)
510    PRINT EINGABE$(MASKE.NR,F);SPACE$(MASKE%(MASKE.NR,F,3)-
LEN(EINGABE$(MASKE.NR,F)));
520 NEXT F
530 '---------- Steuerung der Eingabe -----------
540 :
550 GOSUB 580 'Eingabe-Routine aufrufen
560 COLOR SCHRIFT.VG,SCHRIFT.HG:CLS:END
570 :
580 '---------- Hier beginnt die Eingabe-Routine ----------
590 :
600 IF FELD.NR> MAX.FELD%(MASKE.NR) THEN FELD.NR= 1
610 IF FELD.NR< 1 THEN FELD.NR= MAX.FELD%(MASKE.NR)
620 LOCATE MASKE%(MASKE.NR,FELD.NR,1),MASKE%(MASKE.NR,FELD.NR,2)
630 COLOR EINGABE.VG,EINGABE.HG
640 INSTRING$= SPACE$(MASKE%(MASKE.NR,FELD.NR,3)) 'Leer-String erzeugen
650 LSET INSTRING$= EINGABE$(MASKE.NR,FELD.NR) 'Vorgabe für Feldinhalt
660 PRINT INSTRING$
670 :
680 ZEILE= MASKE%(MASKE.NR,FELD.NR,1):SPALTE= MASKE%(MASKE.NR,FELD.NR,2):LAENGE=
MASKE%(MASKE.NR,FELD.NR,3)
690 LOCATE ZEILE,SPALTE,1,0,31 'Cursor für Eingabe positionieren
700 X$= INKEY$:IF X$="" THEN 700
710 IF X$=CHR$(27) THEN LETZTE.TASTE= ESC:RETURN 'Eingabe abgebrochen
720 IF X$=CHR$(13) THEN GOSUB 1030:FELD.NR= FELD.NR+1:GOTO 600 'Anderes Feld
730 IF X$=CHR$(8) AND POS(0)> SPALTE THEN LOCATE CSRLIN,POS(0)-1:PRINT " ";:LOCATE
CSRLIN,POS(0)-1:GOTO 700
740 IF LEN(X$)= 2 THEN 790 'Funktions- oder Steuertaste
750 IF X$<" " THEN BEEP:GOTO 700 'Taste kleiner Leertaste?
760 PRINT X$;:IF POS(0)>= SPALTE+LAENGE THEN 680 'Feld voll, auf 1. Spalte im Feld
setzen
770 GOTO 700
780 :
790 '---------- Funktions- oder Steuertaste ----------
800 :
810 TASTE= ASC(RIGHT$(X$,1))
820 IF TASTE= 72 THEN GOSUB 1030:FELD.NR= FELD.NR-1:GOTO 600 'CRSR hoch, 1 Feld
zurück
```

```
830 IF TASTE= 80 THEN GOSUB 1030:FELD.NR= FELD.NR+1:GOTO 600 'CRSR runter, 1 Feld
vor
840 IF TASTE= 75 AND POS(0)> SPALTE THEN LOCATE CSRLIN,POS(0)-1:GOTO 700 'CRSR links
850 IF TASTE= 77 AND POS(0)< SPALTE+LAENGE-1 THEN LOCATE CSRLIN,POS(0)+1:GOTO 700
'CRSR rechts
860 IF TASTE= 71 THEN FELD.NR= 1:GOTO 600 'Home, 1. Feld
870 IF TASTE= 79 THEN FELD.NR= MAX.FELD%(MASKE.NR):GOTO 600 'End, n. Feld
880 IF TASTE= 73 THEN MASKE.NR= MASKE.NR-1:GOTO 290 'PgUp, Maske zurück
890 IF TASTE= 81 THEN MASKE.NR= MASKE.NR+1:GOTO 290 'PgDn, Maske vor
900 IF TASTE= 59 THEN GOSUB 930:GOTO 700 'Hilfe anzeigen, weiter im Text
910 BEEP:GOTO 700 'Falsche Taste
920 :
930 '---------- HILFE-Routine ----------
940 :
950 'Hier können Sie die HILFE-Routine aus Kapitel 16 einbinden
960 'Als Zuordnung für den Hilfetext dient MASKE.NR und FELD.NR
970 'Bei größeren Hilfetexten empfiehlt sich eine Kombination aus
980 'SAVESCRN und BLOAD. Bei einer Farbkarte können Sie auch die Hilfe
990 'auf einer der freien Seiten anzeigen.
1000 :
1010 RETURN
1020 :
1030 '---------- Feldinhalt sichern ----------
1040 :
1050 'Beim Wechsel des Feldes wird hier der Inhalt des Feldes in die da-
1060 'zugehörige Variable EINGABE$() gelesen:
1070 :
1080 LOCATE CSRLIN,POS(0),0 'CRSR aus
1090 Y$=""
1100 FOR I= SPALTE TO SPALTE+LAENGE-1
1110    Y$= Y$+CHR$(SCREEN(CSRLIN,I))
1120 NEXT I
1130 EINGABE$(MASKE.NR,FELD.NR)= Y$
1140 RETURN
```

Ein paar Sätze will ich Ihnen noch zur Konzeption dieser Routine mit auf den Weg geben: Grundgedanke ist, daß ein Datensatz pro Maske zu erfassen ist. Manchmal kann sich ein Datensatz auch über mehrere Masken erstrecken. Die Eingaberoutine ist für alle Masken gleich, das heißt, überall gibt es Hilfe per <F1>, der Abbruch läuft über <ESC>, die Bewegung in den Feldern per <CRSR>-Tasten und das Umschalten der Masken mit <PgDn> und <PgUp>. Die Speicherung der Daten bleibt vom jeweiligen Problem abhängig. Dies kann z.B. beim Wechsel der Masken oder beim Wechsel zum nächsten Datensatz geschehen. Die Eingabefelder werden farblich hervorgehoben, so daß der Anwender nicht lange suchen muß. Nach Verlassen eines Eingabefeldes kann dies auch wieder auf die normale Farbe der Maske gesetzt werden. Die Hilfe kann je nach Problem und Anwenderkreis unterschiedlich gestaltet sein. In einigen Fällen reichen relativ kurze Hinweise, wenn der Anwender z.B. Erfahrungen mit solchen Programmen hat. Die Bedienung der Tastatur muß dann nicht mehr Bestandteil der Hilfe sein. In der Maske sollten aber Hinweise auf die Hilfe vorhanden sein. Sicher ist es nicht notwendig, auf jede Taste hinzuweisen, die eine Funktion hat.

In einer Anwendung habe ich die Hilfe in zwei Stufen aufgeteilt. In der ersten Stufe wurden Hinweise zu den möglichen Eingaben, also Kennzeichen etc., angezeigt. Nochmaliges Drücken der Hilfe-Taste rief grundsätzliche Hinweise zur Eingabe auf, ein drittes Drücken der Hilfe-Taste brachte schließlich eine Übersicht aller Tasten und deren Funktion auf den Bildschirm. Auch die Editiertasten für die Eingabe sind ein Thema für sich. In Super-Anwendungen erfüllen die Tasten <Ins> und <Del> auch den ihnen zugedachten Zweck. Dies ist zwar von der Programmierung her ziemlich aufwendig, solange der Platz aber vorhanden ist, sollten Sie auf solche Dinge nicht verzichten. Hierzu gehört dann auch das Löschen des Feldes per <CTRL>-<Home>, oder das Löschen der Zeile ab Cursor-Position bis zum Ende per <CTRL>-<End>. Das I-Tüpfelchen setzen Sie dem Ganzen auf, wenn innerhalb des Feldes auch noch wortweise gesprungen werden kann (<CTRL> und Cursor-Tasten).

Sie sehen: Viele Wege führen nach ROM. Ihrer Phantasie sind keine Grenzen gesetzt (höchstens durch den Speicher).

12.3 Datum und Zeit komfortabel eingeben

Um das Thema "komfortable Eingabe" abzurunden, hier noch eine Routine zur Eingabe des Datums und der Zeit, die Sie entweder in Programme einbinden oder beim Booten über AUTOEXEC.BAT aufrufen können:

```
10 '=========================================================
20 '= Datum & Uhrzeit                   1985 (C) H.J.Bomanns =
30 '=========================================================
40 '
50 CLS:KEY OFF
60 LOCATE 1,1,0,0,31
70 COLOR 15,0:PRINT "┌──";:COLOR 0,7:PRINT " Datum & Uhrzeit     1985 (C) H.J.BOMANNS ";:COLOR 15,0:PRINT "──┐"
80 PRINT "│";:LOCATE CSRLIN,49:PRINT "│"
90 PRINT "│";:LOCATE CSRLIN,49:PRINT "│"
100 PRINT "│";:LOCATE CSRLIN,49:PRINT "│"
110 PRINT "│";:LOCATE CSRLIN,49:PRINT "│"
120 PRINT "│";:LOCATE CSRLIN,49:PRINT "│"
130 PRINT "│";:LOCATE CSRLIN,49:PRINT "│"
140 PRINT "│";:LOCATE CSRLIN,49:PRINT "│"
150 PRINT "└──";:COLOR 0,7:PRINT "                                          ";:COLOR 15,0:PRINT "──┘"
160 T$=TIME$
170 DT$=MID$(DATE$,4,2)+"."+LEFT$(DATE$,2)+".85"
180 REM-----------------------------------------Datum & Zeit----
190 COLOR 7,0
200 LOCATE 3, 5:PRINT "Bitte geben Sie das Datum ein oder"
210 LOCATE 4, 5:PRINT "übernehmen Sie das angezeigte Datum"
220 LOCATE 5, 5:PRINT "mit [CR]....."
230 LOCATE 7, 5:COLOR 7,0
240 PRINT "Datum: ";:COLOR 15,0:PRINT DT$
250 MODUS$="d":ZEILE=7:SPALTE=12:GOSUB 510
260 DT$="":FOR I=1 TO 8:DT$=DT$+CHR$(SCREEN(7,11+I)):NEXT I
270 IF MID$(DT$,1,2)<"01" OR MID$(DT$,1,2)>"31" THEN 320
280 IF MID$(DT$,4,2)<"01" OR MID$(DT$,4,2)>"12" THEN 320
290 IF MID$(DT$,7,2)<"80" THEN 320
300 IF DT$="01.01.80" THEN 320
310 GOTO 330
320 LOCATE 9,6:COLOR 0,7:PRINT "Datum ist ungültig.....";:SOUND 400,2:SOUND 800,2:SOUND 400,2:COLOR 15,0:GOTO 250
330 DATE$=MID$(DT$,4,2)+"-"+LEFT$(DT$,2)+"-"+RIGHT$(DT$,2)
340 LOCATE 9,6:COLOR 0,7:PRINT "                       ";
350 COLOR 7,0
360 LOCATE 3, 5:PRINT "Bitte geben Sie die Zeit ein oder "
```

```
370 LOCATE  4, 5:PRINT "übernehmen Sie die vorgegebene Zeit"
380 LOCATE  7, 5:COLOR 7,0
390 PRINT "Zeit:   ";:COLOR 15,0:PRINT T$
400 MODUS$="t":ZEILE=7:SPALTE=12:GOSUB 510:IF ANZ=0 THEN 460
410 T$="":FOR I=1 TO 8:T$=T$+CHR$(SCREEN(7,11+I)):NEXT
420 IF MID$(T$,1,2)<"00" OR MID$(T$,1,2)>"23" THEN 500
430 IF MID$(T$,4,2)<"00" OR MID$(T$,4,2)>"59" THEN 500
440 IF MID$(T$,7,2)<"00" OR MID$(T$,7,2)>"59" THEN 500
450 TIME$=T$
460 COLOR 7,0
470 '*****************************************************
480 CLS:END 'oder RETURN
490 '*****************************************************
500 LOCATE 9,6:COLOR  0,7:PRINT "Zeit ist ungültig..... ";:SOUND 400,2:SOUND
800,2:SOUND 400,2:COLOR 15,0:GOTO 400
510 REM ---------------------------UPRO Datum & Zeit-------
520 LOCATE ZEILE,SPALTE,1
530 X$=INKEY$:IF X$="" THEN 530
540 COLOR 15,0
550 IF LEN(X$)=2 THEN 630
560 IF X$=CHR$(13) THEN LOCATE 25,1,0:PRINT SPACE$(70);:RETURN
570 IF X$<"0" OR X$>"9" THEN BEEP:GOTO 530
580 COLOR 15,0:PRINT X$;:ANZ=ANZ+1
590 IF POS(0)=11 OR POS(0)=14 OR POS(0)=17 THEN LOCATE CSRLIN,POS(0)+1:GOTO 530
600 IF MODUS$="d" THEN IF POS(0)=20 THEN 520
610 IF MODUS$="t" THEN IF POS(0)=20 THEN 520
620 GOTO 530
630 TASTE=ASC(RIGHT$(X$,1))
640 IF TASTE=75 AND POS(0)>12 THEN LOCATE ,POS(0)-1:GOTO 680
650 IF TASTE=77 AND MODUS$="d" AND POS(0)<19 THEN LOCATE ,POS(0)+1
660 IF TASTE=77 AND MODUS$="t" AND POS(0)<19 THEN LOCATE ,POS(0)+1
670 GOTO 590
680 IF POS(0)=11 OR POS(0)=14 OR POS(0)=17 THEN LOCATE CSRLIN,POS(0)-1:GOTO 530
690 GOTO 530
```

Dieses Programm entstand aus der Notwendigkeit heraus, die unkomfortable Datums- und Zeiteingabe über den COMMAND.COM bzw. die DOS-Befehle DATE und TIME zu umgehen. Bei englischen Betriebssystemen muß das Datum ja in der Form Monat, Tag und Jahr eingegeben werden und da wir es hier anders gewohnt sind, waren regelmäßige Fehlermeldungen - dazu noch auf englisch - die Folge. Im Normalfall wird Datum und Zeit nach dem Einschalten des PC eingegeben. Durch Einbinden des Programms in den AUTOEXEC können Sie dies etwas komfortabler gestalten. Ergänzen Sie dazu AUTOEXEC.BAT per EDLIN um die Zeile

GWBASIC DATETIME

Eventuell vorhandene DATE- und TIME-Befehle löschen Sie in der Datei. Beim Hochfahren des PC wird dann der Interpreter und anschließend das Programm geladen und ausgeführt. Nach dem Start des Programms wird in den Zeilen 50 bis 150 ein kleines Fenster in die linke obere Ecke des Bildschirmes gesetzt. In diesem Fenster werden dann Datum und Zeit eingelesen. Das Datum wird ab Zeile 180 eingelesen. Das in Zeile 250 aufgerufene Unterprogramm ab Zeile 510 übernimmt hierbei die Kontrolle über die Eingabe und sorgt für das richtige Format. Hierbei wird z.B. der Punkt im Eingabefeld übersprungen, so daß der Anwender lediglich 6 Ziffern für das Datum eingeben und die Eingabe-Taste betätigen muß. Schneller geht es kaum. Nach abgeschlossener Eingabe wird das

Datum in den Zeilen 270 bis 300 auf Plausibilität geprüft und bei falschen Werten eine erneute Eingabe gefordert.

Die Eingabe der Zeit ab Zeile 360 erfolgt genauso. Auch hier werden innerhalb des Eingabefeldes die Trennzeichen übersprungen, so daß eine schnelle Eingabe möglich ist. Die Prüfung der Zeit in den Zeilen 420 bis 440 fordert ebenfalls bei falschen Werten eine neue Eingabe.

12.4 <CTRL>-<Break> abfangen

Im Programm-Modus des Interpreters kann ein laufendes Programm jederzeit mit der Tasten-Kombination <CTRL>-<Break> abgebrochen werden. Für den Programmierer ist dies in der Testphase sicherlich von Vorteil. Sollte sich das Programm einmal in einer Endlosschleife befinden, so muß der Rechner nicht - wie dies z.B. bei Assembler-Programmen der Fall ist - neu gebootet werden, sondern das Betätigen der Tasten-Kombination führt den Interpreter nach der Meldung BREAK IN XXXX wieder auf sein OK zurück.

Für den Anwender kann dies aber unter Umständen fatale Folgen haben. Je nach Datensicherheit des Programms und den weiteren Reaktionen des Anwenders ist es denkbar, das eingegebene Daten schlimmstenfalls verschwinden und neu zu erfassen sind.

Was kann man nun tun, um fertige Programme, die an den Anwender weitergegeben werden, vor dem Abbruch zu schützen? Wenn Sie die technische Seite nicht interessiert, übergehen Sie bitte die folgenden Ausführungen und widmen Sie sich dem Demo-Programm.

Zuerst einmal ist es interessant zu wissen, wie die Tasten-Kombination vom PC und vom BASIC gehandhabt wird. Wenn Sie sich mit diesem Thema bereits auseinandergesetzt haben, wissen Sie, daß diese Tasten über INKEY$ oder INPUT$ nicht erfaßt werden können. Dies liegt daran, daß bei Betätigen dieser Tasten die normale Eingabe-Routine umgangen wird. Irgendwelche Tasten-Codes landen also nicht im Eingabepuffer und können somit nicht abgefragt werden. Die Tastatursteuerung des PC führt vielmehr bei der Betätigung dieser Tasten einen Interrupt 1Bh oder 23h aus. Diese Interrupts rufen eine eigene Routine zur Handhabung dieser Tasten-Kombination auf. Im DOS wird dadurch eine laufende Funktion abgebrochen und Sie befinden sich wieder auf der Eingabe-Ebene hinter dem Prompt. Im PC-BASIC wird je nach Version einer dieser Interrupts auf eine Routine im Interpreter gesetzt. Diese Routine bricht das laufende Programm ab und geht auf den Direkt-Modus zurück. Um einen Abbruch zu verhindern, muß also diese Routine ausgeschaltet werden. Leider ist dies nicht so einfach und auch nicht immer möglich. Erstens weiß man aufgrund der verschiedenen Versionen nicht, welcher Interrupt "verbogen" ist, zweitens gibt es Versionen, die - gesteuert durch den Timer-Interrupt 8h - den verbogenen Interrupt-Vektor stetig neu setzen, um zu gewährleisten, daß ein Abbruch auch jederzeit möglich ist. Bei BASICA sieht es hingegen etwas einfacher aus.

<CTRL>-<Break> auf dem IBM-PC

Beim IBM-PC wird grundsätzlich der Vektor des Interrupts 1Bh verbogen. Hier kann man also relativ einfach eingreifen, indem der Vektor nochmals verbogen wird. Hierbei muß darauf geachtet werden, daß der Vektor auch auf ausführbare Assembler-Instruktionen zeigt, da sonst der Rechner ggf. abstürzt. Im Grunde genommen ist nur eine einzelne Instruktion, nämlich ein IRET (engl.: return from interrupt, dt.: Kehre aus einem Interrupt zurück), notwendig. Dieses IRET veranlaßt den PC, ohne weitere Aktion dort weiterzumachen, von wo aus der Interrupt 1Bh aufgerufen wurde. So ein IRET finden wir z.B. im BIOS-ROM an Adresse &HF000:FF53. Die folgenden Zeilen sichern zuerst die Original-Adresse des Interrupt 1Bh und setzen den Vektor dann auf das IRET:

```
10 RESTORE 20:FOR I=1 TO 4:READ NEUER.VEKTOR%(I):NEXT I
20 DATA &H53,&HFF,&H0,&HF0
30 :
40 DEF SEG= &H0000 'Segment der Interrupt-Vektoren
50 FOR I= &H6C TO &H6F
60 ORG.VEKTOR%(I-&H6B)= PEEK(I)
70 POKE I,NEUER.VEKTOR%(I-&H6B)
80 NEXT I
90 DEF SEG
...
...
500 DEF SEG= &H0000
510 FOR I= &H6C TO &H6F
520    POKE I,ORG.VEKTOR%(I-&H6B)
530 NEXT I
540 DEF SEG
```

Bitte beachten Sie, daß vor dem Beenden des Programms der Original-Vektor wieder gesetzt werden muß, da sonst im DOS keine Abfrage der <CTRL>-<Break>-Kombination mehr erfolgt! Sollte diese Routine bei Ihnen keine Wirkung zeigen, kann es sein, daß Ihr BASIC zwar BASICA heißt, aber nicht dem IBM-BASICA entspricht. Schauen Sie sich dann den folgenden Absatz an.

<CTRL>-<Break> auf IBM und kompatiblen PC

Die Interrupt-Programmierung unter PC-BASIC/BASICA erlaubt den Aufruf einer Programm-Routine aufgrund einer bestimmten gedrückten Taste über die Befehls-Sequenz

```
ON KEY(x) GOSUB xxxx:KEY (x) ON
```

Für x ist hierbei eine Nummer einzusetzen, die einer Funktions- oder Steuertaste zugeordnet ist. Hier zur Erinnerung nochmal eine Übersicht:

Taste	Nummer
<F1> bis <F10>	1 bis 10
<Cursor hoch>	11
<Cursor links>	12
<Cursor rechts>	13
<Cursor runter>	14

Wenig bekannt ist die Tatsache, daß für die Nummern 15 bis 20 eigene Tasten definiert werden können:

```
KEY <Nummer>, CHR$(<Code1>)+ CHR$(<Code2>)
```

Für <Nummer> kann also 15 bis 20 angegeben werden, <Code1> und <Code2> definieren die Taste oder Tasten, bei deren Betätigung etwas geschehen soll. Unter "Code" ist hier nicht der ASCII-Code der Taste, sondern ein sogenannter "Scan-Code", der von der Tastatur geliefert wird, zu verstehen. Doch dazu gleich etwas mehr. Erstmal das Beispiel-Programm:

```
10 '-----------------------------------------------------------
20 ' NO_BRK.BAS                    1986 (C) V. Sasse/H.J. Bomanns
30 '-----------------------------------------------------------
40 :
50 CLS:KEY OFF
60 SCHRIFT.VG= 7:SCHRIFT.HG= 0
70 EINGABE.VG= 15:EINGABE.HG= 0
80 HINWEIS.VG= 0:HINWEIS.HG= 7
90 KEY 15, CHR$(4)+CHR$(70): KEY (15) ON: ON KEY (15) GOSUB 180
100 PRINT "Dieses Programm kann nicht mehr mit [CTRL]-[Break] abgebrochen werden."
110 PRINT STRING$(80,"-")
120 LOCATE 10,5:COLOR SCHRIFT.VG,SCHRIFT.HG
130 PRINT "Dies ist eine Testeingabe: "
140 INSTRING$="Testtext":ZEILE= 10: SPALTE= 32:LAENGE= 30
150 GOSUB 340 'Upro einlesen
160 GOTO 120
170 '
180 '----- Hier wird [CTRL]-[Break] abgefangen -----
190 '
200 ALTE.ZEILE= CSRLIN:ALTE.SPALTE= POS(0) 'Cursor-Position sichern
210 LOCATE 25,1
220 PRINT "Programm abbrechen? (J/N) --> ";CHR$(254);" ";:LOCATE CSRLIN,POS(0)-2,1,0,31:SOUND 800,1:SOUND 1200,1:SOUND 800,1
230 Y$= INKEY$:IF Y$="" THEN 230
240 IF Y$="n" OR Y$="N" THEN 300
250 IF Y$<>"j" AND Y$<>"J" THEN BEEP:GOTO 210
260 KEY (15) OFF:CLS:END
270 '
280 '----- Taste [N] gedrückt, zurück zum Programm -----
290 '
300 LOCATE 25,1:PRINT SPACE$(79);
310 LOCATE ALTE.ZEILE,ALTE.SPALTE
320 RETURN
330 '
340 '----- Upro einlesen -----
350 '
360 X$="":TASTE= 0
370 LOCATE ZEILE,SPALTE,0:COLOR EINGABE.VG,EINGABE.HG:PRINT INSTRING$;SPACE$(LAENGE-LEN(INSTRING$));
380 LOCATE ZEILE,SPALTE,1,0,31:CRSR.POS= 1
390 X$= INKEY$:IF X$="" THEN 390
400 IF X$= CHR$(8) AND POS(0)> SPALTE THEN GOSUB 530:GOTO 390 'Tasten-Routine
```

```
410 IF X$= CHR$(27) THEN AENDERUNG= 0:RETURN
420 IF X$=CHR$(13) THEN RETURN
430 IF LEN(X$)= 2 THEN 710 'Steuer- und Funktionstasten
440 '
450 IF X$< " " THEN BEEP:GOTO 390 'Zeichen kleiner BLANK abwürgen
460 IF NUR.GROSS THEN IF X$>= "a" AND X$<= "z" THEN X$= CHR$(ASC(X$)-32)
470 PRINT X$;:AENDERUNG= -1
480 IF CRSR.POS<= LEN(INSTRING$) THEN MID$(INSTRING$,CRSR.POS,1)= X$ ELSE INSTRING$=
INSTRING$+X$
490 CRSR.POS= CRSR.POS+1
500 IF POS(0)> SPALTE+LAENGE-1 THEN BEEP:LOCATE ZEILE,SPALTE:CRSR.POS= 1:GOTO 390
510 GOTO 390
520 '
530 '----- Taste BACKSPACE und DEL -----
540 '
550 IF X$=CHR$(8) THEN INSTRING$= LEFT$(INSTRING$,CRSR.POS-
2)+MID$(INSTRING$,CRSR.POS)
560 IF TASTE= 83  THEN INSTRING$= LEFT$(INSTRING$,CRSR.POS-
1)+MID$(INSTRING$,CRSR.POS+1)
570 LOCATE ZEILE,SPALTE:PRINT INSTRING$;" ";
580 IF X$=CHR$(8) THEN CRSR.POS= CRSR.POS-1
590 LOCATE CSRLIN,SPALTE+CRSR.POS-1
600 TASTE= 0: X$="":AENDERUNG= -1
610 RETURN
620 '
630 '----- Taste Ins -----
640 '
650 INSTRING$= LEFT$(INSTRING$,CRSR.POS-1)+" "+MID$(INSTRING$,CRSR.POS)
660 PRINT " ";MID$(INSTRING$,CRSR.POS+1);
670 LOCATE CSRLIN,SPALTE+CRSR.POS-1
680 AENDERUNG= -1
690 RETURN
700 '
710 '----- Steuer- und Funktionstasten -----
720 '
730 TASTE= ASC(RIGHT$(X$,1))
740 IF TASTE= 63 THEN RETURN '[F5]= Auswahl
750 IF TASTE= 68 THEN RETURN '[F10]= Eingabe o.k.
760 IF TASTE= 72 OR TASTE= 80 THEN RETURN 'CRSR hoch und runter
770 IF TASTE= 73 OR TASTE= 81 THEN RETURN 'PgUp und PgDn
780 IF TASTE= 75 AND POS(0)> SPALTE THEN LOCATE CSRLIN,POS(0)-1:CRSR.POS= CRSR.POS-
1:GOTO 390 'CRSR <--
790 IF TASTE= 77 AND POS(0)< SPALTE+LAENGE-1 THEN IF CRSR.POS<= LEN(INSTRING$) THEN
LOCATE CSRLIN,POS(0)+1:CRSR.POS= CRSR.POS+1:GOTO 390 'CRSR -->
800 IF TASTE= 83 AND CRSR.POS <= LEN(INSTRING$) THEN GOSUB 530:GOTO 390 'DEL wird
ähnlich BACKSPACE gehandhabt
810 IF TASTE= 71 THEN LOCATE ZEILE,SPALTE:GOTO 390 'Home, Feldanfang
820 IF TASTE= 79 THEN LOCATE CSRLIN,SPALTE+LEN(INSTRING$)-1:CRSR.POS=
LEN(INSTRING$):GOTO 390 'End, auf letztes Zeichen setzen
830 IF TASTE= 117 THEN INSTRING$= LEFT$(INSTRING$,CRSR.POS-1):PRINT SPACE$(LAENGE-
CRSR.POS);:LOCATE CSRLIN,SPALTE+CRSR.POS-1:AENDERUNG= -1:GOTO 390 'CTRL-End, löschen
bis Feldende
840 IF TASTE= 82 AND CRSR.POS<= LEN(INSTRING$) AND LEN(INSTRING$)< LAENGE THEN GOSUB
630:GOTO 390 'Ins
850 BEEP:GOTO 390
```

Entscheidend in diesem Programm ist die Zeile 90. Hier wird der Tasten-Kombination <CTRL>-<Break> Nummer 15 für das folgende ON KEY (x) GOSUB xxx zugeordnet. CHR$(4) ist der Scan-Code der <CTRL>-Taste, CHR$(70) der der <Break>-Taste. In gleicher Zeile wird das Upro ab Zeile 180 für die Interrupt-Behandlung definiert und die Abfrage eingeschaltet. Dann wird ab Zeile 120 eine Test-Eingabe gefordert. Drücken Sie spaßeshalber mal <CTRL>-

<Break> und Sie sehen, daß ein Abbruch nicht wie gewohnt möglich ist, sondern eine Sicherheitsabfrage, die im Programm ab Zeile 180 erfolgt, beantwortet werden muß. Abhängig von dieser Abfrage wird dann das Programm fortgeführt oder nach dem Schließen aller Dateien beendet.

Hinweis: Viele Versuche, auf diese Art ein Programm gegen Abbruch zu schützen, haben leider gezeigt, daß dies so nicht bei allen PC-BASIC-Versionen möglich ist. Teilweise läßt sich nur das erste Drücken der Kombination abfangen. Nachdem im Programm weitergemacht und die Kombination nochmal gedrückt wird, erscheint das altbekannte BREAK IN XXXX und OK. Bedauerlicherweise kann ich nicht sagen, warum das so ist. Sollten Sie also eine solche Version im Einsatz haben, lassen Sie uns das Thema unter "War wohl nix" ablegen und zum letzten Mittel greifen: klemmen Sie die <Break>-Taste mit einem Streichholz fest!

Im Anhang finden Sie übrigens eine Übersicht der Scan-Codes für die IBM- und dazu kompatibler Tastaturen für die Definition eigener KEYs.

12.5 Status der Sondertasten anzeigen

In Kapitel 9 finden Sie ein Programm, das Ihnen in der rechten oberen Ecke die aktuelle Cursor-Position Zeile/Spalte sowie den Status der Sondertasten INSERT, CAPS-LOCK, NUM-LOCK und SCROLL-LOCK anzeigt. Dieses Programm ist für die Arbeitserleichterung bei der Eingabe eines Programms gedacht, mit anderen Worten: Sie setzen es überwiegend im Direkt-Modus ein. Nun gibt es aber Situationen, in denen z.B. der 10er-Block der Tastatur sowohl für die Eingabe von Zahlen, als auch für die Cursor-Steuerung eingesetzt wird. Die Umschaltung zwischen den beiden Modi erfolgt über die Taste <NUM-LOCK>, die eine Schalterfunktion hat, d. h., einmal Drücken schaltet die Funktion ein, nochmal Drücken wieder aus.

Die IBM-Tastatur - und die einiger Kompatibler - verfügt nicht über LEDs, um den Status der genannten Sondertasten abzufragen. Hier wäre es für den Anwender ganz hilfreich, den Status der Tasten auf dem Bildschirm ablesen zu können. Wie kann denn von PC-BASIC/BASICA aus der Status dieser Tasten überhaupt ermittelt werden? Nun, wenn von der Tastatur das Drücken einer der Sondertasten gesendet wird, setzt sich das Betriebssystem ein Kennzeichen. Anhand dieses Kennzeichens erkennt es dann, ob z.B. der Cursor gesteuert wird oder die Eingabe von Zahlen erfolgen soll, oder ob die eingegebenen Buchstaben nur als Großbuchstaben ausgegeben werden sollen (CAPS-LOCK gedrückt).

Dieses Kennzeichen kann per PEEK abgefragt und anschließend ausgewertet werden. Die Adresse des Kennzeichens ist &H0040:0017:

```
DEF SEG= &H0040
? PEEK(&H17)
```

Rund um die Tastatur

Als Ergebnis erhalten wir ein Byte, dessen einzelne Bits den Status wiedergeben:

Bit 0   Rechte Shift-Taste
Bit 1   Linke Shift-Taste
Bit 2   CTRL-Taste
Bit 3   ALT-Taste
Bit 4   SCROLL-LOCK-Taste
Bit 5   NUM-LOCK-Taste
Bit 6   CAPS-LOCK-Taste
Bit 7   INSERT-Taste

Wenn das jeweilige Bit gesetzt, also 1 ist, dann ist die dazugehörige Taste aktiv bzw. der entsprechende Modus eingeschaltet.

Im Folgenden wollen wir uns nun zwei Programme anschauen, deren Aufgabe die Anzeige des Status der Sondertasten auf dem Bildschirm ist. Das erste Programm greift auf das eben erläuterte Kennzeichen zu, wertet es aus und generiert eine Anzeige:

```
10 '-----------------------------------------------------------
20 ' T_STAT1.BAS                    1985 (C) H.J. Bomanns
30 '-----------------------------------------------------------
40 :
50 COLOR 7,0:CLS:KEY OFF
60 SCHRIFT.VG=  7: SCHRIFT.HG=  0
70 EINGABE.VG= 15: EINGABE.HG=  0
80 HINWEIS.VG=  0: HINWEIS.HG=  7
90 DEF SEG= &H40: S= &H17 'Segment:Offset BIOS-Flag Tastatur-Status
100 ON TIMER(1) GOSUB 220 'Jede Sekunde Status prüfen und anzeigen
110 TIMER ON
120 :
130 PRINT "Dieses Programm zeigt den Status der Tasten NumLock, CapsLock, ScrollLock und"
140 PRINT "Insert in einem laufenden Programm an beliebiger Stelle an."
150 PRINT STRING$(80,"-")
160 '
170 LOCATE 10,5:COLOR SCHRIFT.VG,SCHRIFT.HG
180 PRINT "Dies ist eine Testeingabe:"
190 INSTRING$= "Testtext":ZEILE= 10: SPALTE= 33: LAENGE= 30
200 GOSUB 350:GOTO 190
210 '
220 '----- Hier wird der Tastatur-Status geprüft und angezeigt -----
230 '
240 TIMER STOP
250 ALTE.ZEILE= CSRLIN: ALTE.SPALTE= POS(0)
260 LOCATE 25,1,0
270 IF (PEEK(S) AND 128)= 128 THEN PRINT "Ins ";
280 IF (PEEK(S) AND  64)=  64 THEN PRINT "Caps ";
290 IF (PEEK(S) AND  32)=  32 THEN PRINT "Num ";
300 IF (PEEK(S) AND  16)=  16 THEN PRINT "Scroll ";
310 PRINT SPACE$(81-POS(0));
320 LOCATE ALTE.ZEILE,ALTE.SPALTE,1
330 RETURN
340 '
350 '----- Upro einlesen -----
360 '
370 X$="":TASTE= 0
380 LOCATE ZEILE,SPALTE,0:COLOR EINGABE.VG,EINGABE.HG:PRINT INSTRING$;SPACE$(LAENGE-LEN(INSTRING$));
390 LOCATE ZEILE,SPALTE,1,0,31:CRSR.POS= 1
400 X$= INKEY$:IF X$="" THEN 400
```

```
410 IF X$= CHR$(8) AND POS(0)> SPALTE THEN GOSUB 540:GOTO 400 'Tasten-Routine
420 IF X$= CHR$(27) THEN AENDERUNG= 0:RETURN
430 IF X$=CHR$(13) THEN RETURN
440 IF LEN(X$)= 2 THEN 720 'Steuer- und Funktionstasten
450 '
460 IF X$< " " THEN BEEP:GOTO 400 'Zeichen kleiner BLANK abwürgen
470 IF NUR.GROSS THEN IF X$>= "a" AND X$<= "z" THEN X$= CHR$(ASC(X$)-32)
480 PRINT X$;:AENDERUNG= -1
490 IF CRSR.POS<= LEN(INSTRING$) THEN MID$(INSTRING$,CRSR.POS,1)= X$ ELSE INSTRING$= INSTRING$+X$
500 CRSR.POS= CRSR.POS+1
510 IF POS(0)> SPALTE+LAENGE-1 THEN BEEP:LOCATE ZEILE,SPALTE:CRSR.POS= 1:GOTO 400
520 GOTO 400
530 '
540 '----- Taste BACKSPACE und DEL -----
550 '
560 IF X$=CHR$(8) THEN INSTRING$= LEFT$(INSTRING$,CRSR.POS-2)+MID$(INSTRING$,CRSR.POS)
570 IF TASTE= 83 THEN INSTRING$= LEFT$(INSTRING$,CRSR.POS-1)+MID$(INSTRING$,CRSR.POS+1)
580 LOCATE ZEILE,SPALTE:PRINT INSTRING$;" ";
590 IF X$=CHR$(8) THEN CRSR.POS= CRSR.POS-1
600 LOCATE CSRLIN,SPALTE+CRSR.POS-1
610 TASTE= 0: X$="":AENDERUNG= -1
620 RETURN
630 '
640 '----- Taste Ins -----
650 '
660 INSTRING$= LEFT$(INSTRING$,CRSR.POS-1)+" "+MID$(INSTRING$,CRSR.POS)
670 PRINT " ";MID$(INSTRING$,CRSR.POS+1);
680 LOCATE CSRLIN,SPALTE+CRSR.POS-1
690 AENDERUNG= -1
700 RETURN
710 '
720 '----- Steuer- und Funktionstasten -----
730 '
740 TASTE= ASC(RIGHT$(X$,1))
750 IF TASTE= 63 THEN RETURN '[F5]= Auswahl
760 IF TASTE= 68 THEN RETURN '[F10]= Eingabe o.k.
770 IF TASTE= 72 OR TASTE= 80 THEN RETURN 'CRSR hoch und runter
780 IF TASTE= 73 OR TASTE= 81 THEN RETURN 'PgUp und PgDn
790 IF TASTE= 75 AND POS(0)> SPALTE THEN LOCATE CSRLIN,POS(0)-1:CRSR.POS= CRSR.POS-1:GOTO 400 'CRSR <--
800 IF TASTE= 77 AND POS(0)< SPALTE+LAENGE-1 THEN IF CRSR.POS<= LEN(INSTRING$) THEN LOCATE CSRLIN,POS(0)+1:CRSR.POS= CRSR.POS+1:GOTO 400 'CRSR -->
810 IF TASTE= 83 AND CRSR.POS <= LEN(INSTRING$) THEN GOSUB 540:GOTO 400 'DEL wird ähnlich BACKSPACE gehandhabt
820 IF TASTE= 71 THEN LOCATE ZEILE,SPALTE:GOTO 400 'Home, Feldanfang
830 IF TASTE= 79 THEN LOCATE CSRLIN,SPALTE+LEN(INSTRING$)-1:CRSR.POS= LEN(INSTRING$):GOTO 400 'End, auf letztes Zeichen setzen
840 IF TASTE= 117 THEN INSTRING$= LEFT$(INSTRING$,CRSR.POS-1):PRINT SPACE$(LAENGE-CRSR.POS);:LOCATE CSRLIN,SPALTE+CRSR.POS-1:AENDERUNG= -1:GOTO 400 'CTRL-End, löschen bis Feldende
850 IF TASTE= 82 AND CRSR.POS<= LEN(INSTRING$) AND LEN(INSTRING$)< LAENGE THEN GOSUB 640:GOTO 400 'Ins
860 BEEP:GOTO 400
```

Basis dieses Programms ist die Ermittlung und Anzeige des Status der Sondertasten über eine ON TIMER (x) GOSUB xxxx-Konstruktion. In diesem Fall wird nach der Initialisierung des Interrupts in Zeile 100/110 die dazugehörige Routine ab Zeile 220 jede Sekunde aufgerufen und sorgt für eine Aktualisierung der Anzeige. Zur Demonstration wird ab Zeile 170 eine Testeingabe gefordert. Geben Sie etwas ein und drücken Sie die einzelnen Sondertasten. Sie sehen, wie sich die Anzeige des Status in Zeile 25 entsprechend ändert. Sicher fällt Ihnen dabei auf, daß die Anzeige etwas holprig ist und mit geringen Verzögerungen erfolgt. Dies liegt einmal daran, daß der Update nur einmal pro Sekunde erfolgt und zum anderen braucht die Generierung der Anzeige auch Zeit.

Beim zweiten Programm habe ich einen anderen Weg gewählt. Hier wird die Anzeige aufgrund einer ON KEY (x) GOSUB xxxx-Konstruktion generiert:

```
10 '----------------------------------------------------------------
20 ' T_STAT2.BAS                         1985 (C) H.J. Bomanns
30 '----------------------------------------------------------------
40 :
50 COLOR 7,0:CLS:KEY OFF
60 SCHRIFT.VG=  7: SCHRIFT.HG=  0
70 EINGABE.VG= 15: EINGABE.HG=  0
80 HINWEIS.VG=  0: HINWEIS.HG=  7
90 KEY 15, CHR$(0)+CHR$(69):ON KEY (15) GOSUB 250:KEY (15) ON 'NumLock
100 KEY 16, CHR$(0)+CHR$(70):ON KEY (16) GOSUB 330:KEY (16) ON 'ScrollLock
110 KEY 17, CHR$(0)+CHR$(58):ON KEY (17) GOSUB 410:KEY (17) ON 'CapsLock
120 KEY 18, CHR$(0)+CHR$(82):ON KEY (18) GOSUB 490:KEY (18) ON 'Insert
130 :
140 PRINT "Dieses Programm zeigt den Status der Tasten NumLock, CapsLock, ScrollLock und"
150 PRINT "Insert in einem laufenden Programm an beliebiger Stelle an."
160 PRINT STRING$(80,"=")
170 '
180 LOCATE 10,5:COLOR SCHRIFT.VG,SCHRIFT.HG
190 PRINT "Dies ist eine Testeingabe:"
200 INSTRING$= "Testtext":ZEILE= 10: SPALTE= 33: LAENGE= 30
210 GOSUB 560:GOTO 200
220 '
230 '----- Taste NumLock -----
240 '
250 ALTE.ZEILE= CSRLIN: ALTE.SPALTE= POS(0)
260 LOCATE 25,1
270 NUMLOCK= NOT NUMLOCK:IF NUMLOCK THEN PRINT "Num" ELSE PRINT "   "
280 LOCATE ALTE.ZEILE,ALTE.SPALTE,1
290 RETURN
300 '
310 '----- Taste ScrollLock -----
320 '
330 ALTE.ZEILE= CSRLIN: ALTE.SPALTE= POS(0)
340 LOCATE 25,5
350 SCROLLLOCK= NOT SCROLLLOCK:IF SCROLLLOCK THEN PRINT "Scroll" ELSE PRINT "      "
360 LOCATE ALTE.ZEILE,ALTE.SPALTE,1
370 RETURN
380 '
390 '----- Taste CapsLock -----
400 '
410 ALTE.ZEILE= CSRLIN: ALTE.SPALTE= POS(0)
420 LOCATE 25,12
430 CAPSLOCK= NOT CAPSLOCK:IF CAPSLOCK THEN PRINT "Caps" ELSE PRINT "    "
440 LOCATE ALTE.ZEILE,ALTE.SPALTE,1
450 RETURN
460 '
470 '----- Taste Insert -----
480 '
490 ALTE.ZEILE= CSRLIN: ALTE.SPALTE= POS(0)
500 LOCATE 25,17
510 INSERT= NOT INSERT:IF INSERT THEN PRINT "Ins" ELSE PRINT "   "
```

```
520 X$= CHR$(0)+CHR$(82) 'Für INKEY$
530 LOCATE ALTE.ZEILE,ALTE.SPALTE,1
540 RETURN
550 '
560 '----- Upro einlesen -----
570 '
580 X$="":TASTE= 0
590 LOCATE ZEILE,SPALTE,0:COLOR EINGABE.VG,EINGABE.HG:PRINT INSTRING$;SPACE$(LAENGE-
LEN(INSTRING$));
600 LOCATE ZEILE,SPALTE,1,0,31:CRSR.POS= 1
610 X$= INKEY$:IF X$="" THEN 610
620 IF X$= CHR$(8) AND POS(0)> SPALTE THEN GOSUB 750:GOTO 610 'Tasten-Routine
630 IF X$= CHR$(27) THEN AENDERUNG= 0:RETURN
640 IF X$=CHR$(13) THEN RETURN
650 IF LEN(X$)= 2 THEN 930 'Steuer- und Funktionstasten
660 '
670 IF X$< " " THEN BEEP:GOTO 610 'Zeichen kleiner BLANK abwürgen
680 IF NUR.GROSS THEN IF X$>= "a" AND X$<= "z" THEN X$= CHR$(ASC(X$)-32)
690 PRINT X$;:AENDERUNG= -1
700 IF CRSR.POS<= LEN(INSTRING$) THEN MID$(INSTRING$,CRSR.POS,1)= X$ ELSE INSTRING$=
INSTRING$+X$
710 CRSR.POS= CRSR.POS+1
720 IF POS(0)> SPALTE+LAENGE-1 THEN BEEP:LOCATE ZEILE,SPALTE:CRSR.POS= 1:GOTO 610
730 GOTO 610
740 '
750 '----- Taste BACKSPACE und DEL -----
760 '
770 IF X$=CHR$(8) THEN INSTRING$= LEFT$(INSTRING$,CRSR.POS-
2)+MID$(INSTRING$,CRSR.POS)
780 IF TASTE= 83  THEN INSTRING$= LEFT$(INSTRING$,CRSR.POS-
1)+MID$(INSTRING$,CRSR.POS+1)
790 LOCATE ZEILE,SPALTE:PRINT INSTRING$;" ";
800 IF X$=CHR$(8) THEN CRSR.POS= CRSR.POS-1
810 LOCATE CSRLIN,SPALTE+CRSR.POS-1
820 TASTE= 0: X$="":AENDERUNG= -1
830 RETURN
840 '
850 '----- Taste Ins -----
860 '
870 INSTRING$= LEFT$(INSTRING$,CRSR.POS-1)+" "+MID$(INSTRING$,CRSR.POS)
880 PRINT " ";MID$(INSTRING$,CRSR.POS+1);
890 LOCATE CSRLIN,SPALTE+CRSR.POS-1
900 AENDERUNG= -1
910 RETURN
920 '
930 '----- Steuer- und Funktionstasten -----
940 '
950 TASTE= ASC(RIGHT$(X$,1))
960 IF TASTE= 63 THEN RETURN '[F5]= Auswahl
970 IF TASTE= 68 THEN RETURN '[F10]= Eingabe o.k.
980 IF TASTE= 72 OR TASTE= 80 THEN RETURN 'CRSR hoch und runter
990 IF TASTE= 73 OR TASTE= 81 THEN RETURN 'PgUp und PgDn
1000 IF TASTE= 75 AND POS(0)> SPALTE THEN LOCATE CSRLIN,POS(0)-1:CRSR.POS= CRSR.POS-
1:GOTO 610 'CRSR <--
1010 IF TASTE= 77 AND POS(0)< SPALTE+LAENGE-1 THEN IF CRSR.POS<= LEN(INSTRING$) THEN
LOCATE CSRLIN,POS(0)+1:CRSR.POS= CRSR.POS+1:GOTO 610 'CRSR -->
1020 IF TASTE= 83 AND CRSR.POS <= LEN(INSTRING$) THEN GOSUB 750:GOTO 610 'DEL wird
ähnlich BACKSPACE gehandhabt
1030 IF TASTE= 71 THEN LOCATE ZEILE,SPALTE:GOTO 610 'Home, Feldanfang
1040 IF TASTE= 79 THEN LOCATE CSRLIN,SPALTE+LEN(INSTRING$)-1:CRSR.POS=
LEN(INSTRING$):GOTO 610 'End, auf letztes Zeichen setzen
1050 IF TASTE= 117 THEN INSTRING$= LEFT$(INSTRING$,CRSR.POS-1):PRINT SPACES(LAENGE-
CRSR.POS);:LOCATE CSRLIN,SPALTE+CRSR.POS-1:AENDERUNG= -1:GOTO 610 'CTRL-End, löschen
bis Feldende
```

```
1060 IF TASTE= 82 AND CRSR.POS<= LEN(INSTRING$) AND LEN(INSTRING$)< LAENGE THEN
     GOSUB 850:GOTO 610 'Ins
1070 BEEP:GOTO 610
```

In den Zeilen 90 bis 120 werden die vier Sondertasten per KEY(x)= CHR$... definiert, die dazugehörigen Upros bekanntgegeben und initialisiert. Ab Zeile 230 sehen Sie die einzelnen Upros, wobei für jede Sondertaste eine eigene Routine existiert. Zur Demonstration wird auch hier eine Testeingabe ab Zeile 180 gefordert. Geben Sie ganz normale Zeichen ein und drücken Sie ab und zu eine der Sondertasten. Sie sehen, daß die Aktualisierung der Anzeige ohne Verzögerung erfolgt. Grund hierfür ist, daß bei einem ON KEY (x) GOSUB xxxx die Abfrage über den Timer-Interrupt des PC, also 18 Mal pro Sekunde erfolgt.

Aufgrund dieses doch etwas besseren Erscheinungsbildes wird man im Normalfall die zweite Möglichkeit für seine Programme favorisieren. Wenn Sie aber planen, über die KEY (x)= CHR$... andere Tasten als die Sondertasten zu behandeln, bleibt noch die erste Möglichkeit.

Bitte beachten Sie, daß für die Abfrage einer Tastenkombination aus Umschalttasten und anderen Tasten nicht der Scan-Code der Umschalttaste im ersten CHR$(x) eingesetzt wird, sondern ein Wert gemäß folgender Aufstellung:

```
1 = Kombination mit SHIFT-Tasten
4 = Kombination mit CTRL-Taste
8 = Kombination mit ALT-Taste
```

Der erste CHR$(x) ist immer 0, wenn nur eine Taste, also ohne Umschaltung (CTRL, ALT oder SHIFT), abgefragt werden soll.

12.6 Maus statt Tastatur

Spätestens seit Apples MacIntosh ist die Programmsteuerung per Maus in aller Munde. Digital Research bietet die grafische Benutzeroberfläche GEM mittlerweile auch für PC an. Programme und Funktionen werden nicht mehr über eine Kommandozeile aufgerufen, sondern über grafische Sinnbilder, sogenannte Icons, die auf dem Bildschirm erscheinen. Eine Textverarbeitung wird beispielsweise durch eine kleine Schreibmaschine, ein Mal- oder Zeichenprogramm durch eine Staffelei und eine Palette dargestellt. Durch Schieben der Maus auf seinem Schreibtisch bewegt der Anwender einen Zeiger über den Bildschirm auf die Anwendung, die er ausführen möchte. Durch Drücken eines Mausknopfes - auch als "Anklicken" bekannt - wird das Programm, das sich dahinter verbirgt, aufgerufen und ausgeführt.

Eine weitere Möglichkeit ist der Einsatz von sogenannten Pull-Down-Menüs. Hierbei wird in der ersten Zeile des Bildschirmes eine Menüleiste angezeigt. Per Mauszeiger wird der Menü-Punkt ausgewählt und "angeklickt", der ausgeführt werden soll. Danach wird das dazugehörige Menü geöffnet. Hier können die Funktionen dann auf die gleiche Art gewählt und ausgeführt werden. Für Anfänger ist dies meiner Meinung nach der beste Weg, mit einem Computer umzugehen. Darüberhinaus gibt es Anwendungen, die ohne Maus in der Handhabung umständlich wären. Ich denke hier z.B. an CAD- oder Zeichenprogramme. Eine Steuerung beispielsweise des Fadenkreuzes bei einem CAD-Programm über Cursor-Tasten ruiniert auf Dauer nicht nur die Handgelenke, sondern auch die Tastatur.

Zwischenzeitlich gibt es von verschiedenen Herstellern Mäuse zu Preisen zwischen DM 100,- und DM 700,-. Unterschiede finden sich in der mechanischen Stabilität, Genauigkeit und Ausstattung. Bei den billigeren Mäusen bekommen Sie an Software und Dokumentation meist nur das Notwendigste, andere Hersteller liefern z.B. ein Malprogramm, ein Maussteuerungssystem für bestehende Anwendungen und mehrere Handbücher.

Die eigentliche Steuerung der Maus erfolgt per Software. Über einen DOS-Interrupt werden die Funktionen zur Steuerung aufgerufen. Einen Standard, an dem sich fast alle Hersteller von Mäusen orientieren, hat hier Microsoft mit seiner Maus gesetzt. Die folgenden Beispiele setzen eine Microsoft- oder eine dazu kompatible Maus voraus. Der Anschluß der Maus erfolgt in den meisten Fällen über die V.24/RS232C-Schnittstelle Ihres PC. Ein Steuerprogramm fragt diese Schnittstelle ab und gibt die Ergebnisse an das aufrufende Programm weiter. Die Einbindung des Steuerprogramms, auch als "Maus-Treiber" bezeichnet, erfolgt in der Regel über die Datei CONFIG.SYS:

```
device= mouse.sys
```

Teilweise wird der Treiber auch als COM-Programm aufgerufen, oder er befindet sich in einem ROM auf einer Zusatzkarte im PC.

Die Steuerung der Maus vom Programm aus

Wenn Sie Ihre Programme mit einer Maussteuerung versehen wollen, muß beim Aufruf des Programms sichergestellt sein, daß eine Maus angeschlossen ist:

```
10 '-------------------------
20 'Maus oder nicht Maus?
30 '-------------------------
40 :
50 CLS:KEY OFF
60 DEF SEG= 0
70 MAUS.SEGMENT= 256*PEEK(&H33*4+3)+PEEK(&H33*4+2)
80 MAUS.OFFSET = 256*PEEK(&H33*4+1)+PEEK(&H33*4+0)
90 :
100 IF MAUS.SEGMENT=0 OR MAUS.OFFSET=2 THEN 140
110 DEF SEG= MAUS.SEGMENT
120 IF PEEK(MAUS.OFFSET)= 207 THEN 140 '207= OpCode IRET
130 PRINT "An Ihrem PC ist eine Maus angeschlossen.....":END
140 PRINT "An Ihrem PC ist keine Maus angeschlossen....."
```

Die Steuerung der Maus erfolgt über den Interrupt &H33. Nach dem Booten des PC beinhalten alle nicht benutzen Interrupt-Vektoren die Adresse 0000:0000 oder die Adresse der Instruktion IRET (Return from Interrupt). Der Maustreiber schreibt beim Initialisieren seine Segment:Offset-Adresse, über die er aufgerufen wird, in einen dieser Vektoren. In Zeile 100 wird zuerst abgefragt, ob die Adresse gleich 0000:0000 ist. Ist dies so, dann ist kein Maustreiber geladen. Sicherheitshalber wird in Zeile 110 nochmal geprüft, ob die erste Instruktion ein IRET ist. In diesem Fall ist ebenfalls kein Maustreiber geladen, da diese Instruktion einen Rücksprung ohne weitere Aktion bedeutet.

Nach der Überprüfung kann die Maus für das Programm initialisiert werden. Dies ist notwendig, da PC-BASIC von sich aus nicht nach einer Maus sucht. Sie können die Maus sowohl im Text- als auch im Grafik-Modus einsetzen. Das folgende Programm demonstriert den Einsatz der Maus im Textmodus bei der Menü-Auswahl:

```
10 '------------------
20 'Maus im Textmodus
30 '------------------
40 :
50 CLS:KEY OFF:SCREEN 2
60 DEF SEG= 0
70 MAUS.SEGMENT= 256*PEEK(&H33*4+3)+PEEK(&H33*4+2)
80 MAUS.OFFSET = 256*PEEK(&H33*4+1)+PEEK(&H33*4+0)
90 :
100 IF MAUS.SEGMENT=0 OR MAUS.OFFSET=0 THEN 140
110 DEF SEG= MAUS.SEGMENT
120 IF PEEK(MAUS.OFFSET)= 207 THEN 140
130 MAUS= MAUS.OFFSET:GOTO 160 'Zuweisung für CALL, weiter im Text.....
140 CLS:PRINT "An Ihrem PC ist keine Maus angeschlossen.....":END
150 :
160 '----- Menü aufbauen -----
170 :
180 PRINT "-------- Menü-Auswahl: --------"
190 LOCATE   5,10:PRINT "MENÜ-PUNKT 1"
200 LOCATE   6,10:PRINT "MENÜ-PUNKT 2"
210 LOCATE   7,10:PRINT "MENÜ-PUNKT 3"
220 LOCATE   8,10:PRINT "MENÜ-PUNKT 4"
230 LOCATE   9,10:PRINT "MENÜ-PUNKT 5"
240 :
250 'Der Maustreiber ist geladen, ist aber auch die Hardware o.k.?
260 :
270 FUNCTION%= 0:GOSUB 430 'Maus-FN Check Hardware
280 IF NOT (FUNCTION%) THEN CLS:PRINT "Fehler in der Maus-Hardware.....":END
290 :
300 '----- Menü-Steuerung -----
310 :
320 FUNCTION%= 10:PARA1%= 0:PARA2%= &HFFFF:PARA3%= &H7700:GOSUB 430 'Maus-FN Set Text Cursor
330 FUNCTION%= 4:PARA2%= 10:PARA3%= 10:GOSUB 430 'Maus-FN Set Cursor Position
340 FUNCTION%= 1:GOSUB 430 'Maus-FN Show Cursor
350 LOCATE 17,1:PRINT "Cursor auf Menüpunkt setzen, dann Mausknopf drücken....."
360 FUNCTION%= 3:GOSUB 430 'Maus-FN Get Position and Button-Status
370 ZEILE= (PARA3%\8)+1:SPALTE= (PARA2%\8)+1
380 LOCATE 24,1:PRINT "Zeile: ";ZEILE;" Spalte: ";SPALTE;" linker Knopf: ";PARA1% AND 1;" rechter Knopf: ";PARA1% AND 2;SPACE$(81-POS(0));
390 IF ZEILE< 5 OR ZEILE> 9 OR SPALTE <10 OR SPALTE >21 THEN LOCATE 1,50:PRINT SPACE$(20);:GOTO 410 'Außerhalb des Menüs
400 IF (PARA1% AND 1) OR (PARA1% AND 2) THEN LOCATE 1,50:COLOR 15,0: PRINT USING "Menü-Punkt #";(PARA3% \ 8)-3;:COLOR 7,0
410 IF INKEY$="" THEN 360 ELSE CLS:END
420 :
```

```
430 '----- Maus-Funktion aufrufen -----
440 :
450 DEF SEG= MAUS.SEGMENT:CALL MAUS (FUNCTION%, PARA1%, PARA2%, PARA3%)
460 RETURN
```

Nach dem Start des Programms wird in den Zeilen 60 bis 140 zuerst einmal überprüft, ob eine Maus bzw. ein Maustreiber vorhanden ist. Wenn nicht, wird eine Meldung ausgegeben und das Programm beendet. Danach wird ein kleines Demo-Menü für die weiteren Aktionen angezeigt.

Bevor nun die Steuerung durch die Maus erfolgen kann, wird in Zeile 270/280 über den Maustreiber erfragt, ob die Hardware auch in Ordnung ist. Es kann ja ein Maustreiber geladen, aber keine Maus angeschlossen sein. Dies erfolgt über ein Unterprogramm ab Zeile 430, das die Schnittstelle zum Maustreiber darstellt. Details über die einzelnen Funktionen des Maustreibers finden Sie im Anschluß an das Demo-Programm. Im Fehlerfall wird wieder eine Meldung ausgegeben und das Programm beendet. Andernfalls erfolgt ab Zeile 300 die Steuerung der Menü-Wahl per Maus. Auch hier wird wieder über das Upro ab Zeile 430 der Maustreiber angesprochen. Die Rückmeldungen des Treibers werden in dieser Steuerung ausgewertet und es erfolgen entsprechende Reaktionen.

Basis ist dabei die aktuelle Position der Maus, die in Grafikkoordinaten bezogen auf die Auflösung 640*200 Punkte geliefert wird. Die Werte werden deshalb in der Zeile 370 umgerechnet. Die Buchstaben setzen sich ja aus einer 8*8-Matrix zusammen, so daß die Position als Zeile/Spalte-Koordinate errechnet werden muß.

Sie sehen, daß der Einsatz einer Maus keine Probleme mit sich bringt. In diesem Beispiel wird für die Menü-Auswahl lediglich die Maus abgefragt. Um das Ganze etwas komfortabler zu gestalten, sollte parallel zur Maus auch die Tastatur weiterhin abgefragt werden.

Maus im Grafik-Modus

Der Einsatz im Grafik-Modus ist genauso problemlos. Hier haben Sie sogar die Möglichkeit, das Aussehen des Mauszeigers zu definieren. Initialisierung, Einbindung und Abfrage der Maus-Routinen erfolgt wie im vorherigen Abschnitt beschrieben. Zu beachten ist lediglich, daß die Koordinaten nur dann umzurechnen sind, wenn mit der Maus-Position auf Basis Zeile/Spalte gearbeitet werden soll.

Im Anhang finden Sie eine Aufstellung der aufzurufenden Funktionen. Bitte beachten Sie, daß die Funktionen für einen Microsoft- bzw. dazu kompatiblen Maustreiber gelten. Bei anderen Treibern kann Ihnen unter Umständen der Rechner abstürzen, wenn etwa ein anderer Interrupt als &H33 dafür eingesetzt wird oder die Funktionen anders arbeiten. Auch die Funktionen können ggf. andere Ergebnisse liefern. Im Zweifelsfall schauen Sie in die technischen Unterlagen zur Maus. Dort müßten sowohl Interrupt als auch Funktionen erläutert sein.

13. Daten sortieren

Seit Bestehen der elektronischen Datenverarbeitung müssen sich Programmierer immer wieder mit dem Thema "Sortierung" auseinandersetzen. Sei es, um beispielsweise Daten einer Adreßdatei in alphabetischer oder Daten einer Artikel-Datei in numerischer Reihenfolge auszudrucken oder auf dem Bildschirm anzuzeigen. Dabei sind zum Teil unterschiedliche Sortierkriterien zu berücksichtigen. Bleiben wir bei der Adreßdatei: Hier ist es z.B. üblich, die Sortierung nach Nachname und Postleitzahl zur Verfügung zu stellen.

Im Laufe der Jahre wurden die verschiedensten Sortieralgorithmen entwickelt und eingesetzt. An erster Stelle stand dabei natürlich immer die Schnelligkeit einer solchen Sortier-Routine. Nur einer handvoll Sortier-Algorithmen ist es gelungen, sich bis heute zu behaupten. Begriffe wie Bubble-, Quick- oder Shell-Sort finden sich denn auch in fast jeder Publikation wieder.

Welcher Algorithmus für welche Daten?

An dieser Frage scheiden sich immer wieder die Geister. Grundsätzlich kann gesagt werden, daß der zu verwendende Algorithmus stark von der Art, der Vorsortierung und der Menge der Daten abhängt. So gibt es Algorithmen wie beispielsweise den Quick-Sort, die sehr früh feststellen, daß eine Tabelle bereits sortiert vorliegt. Andere Algorithmen wie z.B. der Bubble-Sort hingegen merken dies gar nicht, sondern durchlaufen die gesamte Tabelle quasi umsonst.

In der PC-Programmierung haben sich die Algorithmen Bubble-Sort und Quick-Sort mittlerweile etabliert. Im Folgenden wollen wir deshalb diese beiden Algorithmen etwas näher beleuchten und ihre Vor- und Nachteile aufzeigen.

13.1 Der langsame Bubble-Sort

Wie der Überschrift zu entnehmen ist, handelt es sich hier um einen langsamen Algorithmus zur Sortierung von Daten. Warum kommt er trotzdem zum Einsatz, wenn an erster Stelle doch die Schnelligkeit einer Sortier-Routine steht? Nun, der Bubble-Sort ist einerseits sehr einfach und mit wenig Aufwand zu programmieren und andererseits von der Funktion her ziemlich einfach zu verstehen. Darüber hinaus gibt es Anwendungen, in denen kleine Mengen von Daten zu sortieren sind, bei denen sich der Aufwand für eine schnellere Routine einfach nicht lohnt.

13.1.1 Wie arbeitet der Bubble-Sort?

Nehmen wir als Beispiel die Nachnamen in einer Adreßdatei, die in einer eindimensionalen Tabelle gespeichert sind: Der Bubble-Sort vergleicht immer zwei nebeneinanderliegende Elemente der Tabelle. Ist das erste Element größer als das zweite Element, so werden beide Elemente getauscht. Ist das erste Element kleiner als das zweite Element, so werden die beiden nächsten Elemente verglichen. Durch den Tausch der Elemente "schwebt" das jeweils größere Element langsam in der Tabelle nach oben. Man kann dies in etwa mit aufsteigenden Luftblasen im Wasser vergleichen. Deshalb auch der Name "Bubble- (Blasen) Sort".

13.1.2 Vor- und Nachteile des Bubble-Sort

Vorteile des Bubble-Sort

Wie bereits erwähnt, läßt sich der Bubble-Sort mit sehr wenig Aufwand programmieren. Wie Sie am gleich folgenden Beispiel-Programm sehen werden, kann der Algorithmus in weniger als 10 Programm-Zeilen untergebracht werden - er spart also einiges an Speicherplatz. Im Programm habe ich allerdings aus Gründen der Übersichtlichkeit einige Zeilen mehr "verbraten". Der zweite Vorteil ist der, daß ein Bubble-Sort bei der Analyse eines Programms schnell zu erkennen und zu verstehen ist. Vor allem für Anfänger und Einsteiger stellt er daher immer wieder den Einstieg in "die Welt der Sortierung" dar.

Nachteile des Bubble-Sort

Da haben wir einmal die Geschwindigkeit. Vor allem bei größeren Datenmengen muß man schon einige Geduld mitbringen. Der zweite Nachteil tritt nur in Verbindung mit PC-BASIC auf - aber darum geht es ja schließlich in diesem Buch. Also: Der Bubble-Sort arbeitet sehr ausgibig mit String-Operationen, was letzlich zu einem recht häufigen Aufruf der "Garbage Collection" führt. Neben der eigentlichen Sortierzeit muß also immer mit der von der Garbage Collection benötigten Zeit gerechnet werden.

13.1.3 Einsatz des Bubble-Sort

Aus dem bisher Gesagten läßt sich das Einsatzgebiet des Bubble-Sorts sehr einfach ableiten: Der Bubble-Sort kommt immer dort zum Einsatz, wo kleine Mengen von Daten zu sortieren sind oder wo die Verarbeitungszeit keine Rolle spielt.

Der Umfang der Datenmenge läßt sich nicht ohne weiteres in Zahlen ausdrücken und ist am besten durch Versuche zu ermitteln. So ist ein Bubble-Sort bei 100

Daten sortieren

Adreßsätzen auf einem schnellen AT noch ertragbar, bei einem PC hingegen muß schon überlegt werden, ob nicht ein Quick-Sort eingesetzt werden sollte.

Auch die Entscheidung, inwiefern die Verarbeitungszeit eine Rolle spielt, ist von Fall zu Fall unterschiedlich zu fällen. Sollen beispielsweise Adreßdaten im Dialog angezeigt werden, so spielt die dafür aufzuwendende Zeit mit Sicherheit eine Rolle. Anders sieht es jedoch aus, wenn z.B. verschieden sortierte Listen zu drucken sind. Dies kann man den PC in einer Kaffee- oder Mittags-Pause bzw. in einer "Nachtschicht" erledigen lassen. Nun zum Beispiel-Programm: Hier wird ein String-Array mit unsortierten Daten gefüllt und anschließend per Bubble-Sort sortiert. Kommentare habe ich des besseren Verständnis wegen direkt in das Listing eingefügt:

```
10 '---------------------------------------
20 ' BSORT.BAS    Demo-Programm für BubbleSort
30 '---------------------------------------
40 :
50 CLS:KEY OFF:OPTION BASE 0
60 FALSE= 0: TRUE= NOT FALSE
70 MAX.SATZ= 25
80 DIM ALPHA$(MAX.SATZ)
90 RESTORE 110
100 FOR I= 0 TO MAX.SATZ:READ ALPHA$(I):NEXT I
110 DATA Zeuge,Anmeldung,Xaver,Betriebsrat,Ypsilon,Caroline,Werftarbeiter
120 DATA Datenaustausch,Versicherung,Erfahrung,Unternehmer,Folgesatz
130 DATA Tourismus,Gesellschaft,Schiff,Handelsvertreter,Rucksack
140 DATA Initialisierung,Quarckspeise,Jade,Panzerschrank,Kalender
150 DATA Offenbarung,Lagerhalle,Neujahr,Meisterprüfung
```

Die (sehr) unsortierten Daten sind in Data-Zeilen ab Zeile 110 abgelegt. Für die Demonstration des Bubble-Sort wurden jeweils weit auseinanderliegende Elemente (ZA, XB, YC usw.) gewählt.

```
160 :
170 COLOR 15,0:PRINT "Unsortiertes Array:":COLOR 7,0
180 FOR I= 0 TO MAX.SATZ
190    PRINT ALPHA$(I);" ";
200 NEXT I
210 PRINT:PRINT
220 :
```

In der Schleife ab Zeile 180 werden zuerst die unsortierten Daten angezeigt.

```
230 START= TIMER
240 GOSUB 370 'Daten in ALPHA$ sortieren...
250 ENDE= TIMER
260 :
```

Für die Ermittlung der Sortierzeit werden die Variablen START und ENDE jeweils mit dem aktuellen Stand des Timers initialisiert. Die eigentliche Sortierung erfolgt in einem Upro ab Zeile 370.

```
270 COLOR 15,0:PRINT "Sortiertes Array:":COLOR 7,0
280 FOR I= 0 TO MAX.SATZ
290    PRINT ALPHA$(I);" ";
300 NEXT I
```

```
310 :
320 LOCATE 25,1
330 PRINT USING "Sortierzeit: ##.##, beliebige Taste drücken...";ENDE-START;
340 IF INKEY$= "" THEN 340
350 CLS:END
```

Nach der Sortierung werden die Daten in der Schleife ab Zeile 280 ausgegeben und anschließend in Zeile 330 die benötigte Sortierzeit angezeigt.

```
360 '
370 '----- Upro BubbleSort -----
380 '
390 UNSORTIERT= TRUE
400 LETZTES.ELEMENT= MAX.SATZ
410 WHILE UNSORTIERT
420    UNSORTIERT= FALSE
430    FOR ELEMENT= 0 TO LETZTES.ELEMENT-1
440       IF ALPHA$(ELEMENT) > ALPHA$(ELEMENT+1) THEN GOSUB 500
450    NEXT ELEMENT
460    LETZTES.ELEMENT= UNSORTIERT
470 WEND
480 RETURN
```

Die Sortierung der Daten erfolgt im Upro ab Zeile 370 in einer WHILE...WEND- und FOR...NEXT-Schleife. Die WHILE-Schleife wird solange durchlaufen, bis alle Daten sortiert sind. Zuständig für die Erkennung ist die Variable UNSORTIERT. Für den ersten Durchgang muß sie natürlich auf TRUE stehen (Zeile 390). Vor jedem Durchlauf der FOR...NEXT-Schleife wird sie auf FALSE gesetzt. Wurde ein Element getauscht (Zeile 440/Upro ab Zeile 500), so wird UNSORTIERT mit der aktuellen "Tauschzeile" initialisiert, steht also auf quasi auf TRUE. Wurde hingegen kein Element getauscht, so bleibt sie FALSE und die WHILE-Schleife wird beendet (Zeile 470). Der Bubble-Sort wird hier ein wenig optimiert, indem die Variable LETZTES.ELEMENT auf die Zeile, in der der letzte Tausch stattfand, gesetzt wird (Zeile 460). Dadurch wird die Tabelle immer nur im unsortierten Teil durchlaufen.

```
490 '
500 '----- Elemente tauschen -----
510 '
520 SWAP ALPHA$(ELEMENT),ALPHA$(ELEMENT+1)
530 UNSORTIERT= ELEMENT
540 RETURN
```

Das Upro nimmt den Tausch der Elemente vor und setzt die UNSORTIERT auf das zuletzt bearbeitete Element (Zeile 530). In Zeile 460 wird dann später deren Inhalt an die Variable LETZTES.ELEMENT übergeben, um die oben beschriebene Optimierung zu erreichen.

13.2 Der etwas schnellere Quick-Sort

Der Quick-Sort arbeitet um einiges schneller als der Bubble-Sort. Dies zieht natürlich mehr Programmier-Aufwand nach sich, der sich aber vor allem bei größeren Datenmengen durchaus bezahlt macht. Vergleichen Sie mal die Sortierzeiten beider Algorithmen: der Quick-Sort ist rund zehnmal schneller als der Bubble-Sort!

13.2.1 Wie arbeitet der Quick-Sort?

Beim Bubble-Sort haben wir gesehen, daß die Tabelle immer vom ersten bis zum letzten (sortierten) Element durchlaufen wird. Dabei werden auch bereits sortierte Elemente verglichen. Der Quick-Sort hingegen vergleicht resultierend aus dem ausgefeilteren Algorithmus nur unsortierte Elemente. Und das geht so: Zuerst wird ein Element aus der Mitte der Tabelle als Vergleichselement gewählt. Der Vergleich mit den anderen Elementen erfolgt nun von der Mitte aus jeweils nach links und rechts (oder nach oben und unten, je nachdem, wie man sich die Tabelle vorstellt). Das jeweils größere Element wird dabei von rechts Richtung Mitte geschoben. Analog dazu wird das jeweils kleinere Element von Links Richtung Mitte geschoben. Die linke und rechte Grenze der Tabelle wird nach jedem Durchgang neu gesetzt und verschiebt sich dabei immer mehr Richtung Mitte der Tabelle, so daß immer weniger Elemente zu vergleichen sind.

13.2.2 Vor- und Nachteile des Quick-Sort

Vorteile des Quick-Sort

Der Vorteil des Quick-Sorts ist natürlich seine schnellere Verarbeitungszeit, da wirklich nur unsortierte Elemente "angefaßt" werden und nicht - wie beim Bubble-Sort - auch sortierte Elemente für einen Vergleich herangezogen werden.

Nachteile des Quick-Sort

Die Schnelligkeit des Quick-Sort geht mit den folgenden Nachteilen einher: Die Programmierung ist um einiges aufwendiger als beim Bubble-Sort. Das gleich folgende Beispiel-Programm zeigt, daß rund drei- bis viermal so viel Programmzeilen - und damit entsprechend mehr Speicherplatz - benötigt werden. Weiterhin ist der Algorithmus für den Anfänger oder Einsteiger nicht ganz so einfach wie der des Bubble-Sort zu verstehen. Auch der Quick-Sort beansprucht die String-Verwaltung - und damit die Garbage Collection - von PC-BASIC ausgiebig. Dies aber nur in dem Maße, in dem Elemente auszutauschen sind. Bereits sortierte Elemente werden nicht mehr für Vergleiche herangezogen.

13.2.3 Einsatz des Quick-Sort

Der Quick-Sort wird vor allem bei "schnellen" Anwendungen, die ihre Daten rasch sortiert ausgeben müssen, eingesetzt. Weiterhin kommt er bei mittleren und großen Datenmengen, bei denen der Bubble-Sort einfach zu langsam ist, zum Einsatz. Fortgeschrittene und Profis setzen darüber hinaus den Quick-Sort oft anstelle des Bubble-Sort ein, um selbst bei kleinen Datenmengen das Maximum an Geschwindigkeit aus den Programmen herauszuholen.

Hier nun das Beispiel-Programm zum Quick-Sort. Kommentare sind wieder zum besseren Verständnis direkt in das Listing eingefügt:

```
10 '----------------------------------------
20 ' QSORT.BAS    Demo-Programm für QuickSort
30 '----------------------------------------
40 :
50 CLS:KEY OFF:OPTION BASE 0
60 MAX.SATZ= 25
70 DIM ALPHA$(MAX.SATZ)
80 RESTORE 100
90 FOR I= 0 TO MAX.SATZ:READ ALPHA$(I):NEXT I
100 DATA Zeuge,Anmeldung,Xaver,Betriebsrat,Ypsilon,Caroline,Werftarbeiter
110 DATA Datenaustausch,Versicherung,Erfahrung,Unternehmer,Folgesatz
120 DATA Tourismus,Gesellschaft,Schiff,Handelsvertreter,Rucksack
130 DATA Initialisierung,Quarckspeise,Jade,Panzerschrank,Kalender
140 DATA Offenbarung,Lagerhalle,Neujahr,Meisterprüfung
150 :
160 COLOR 15,0:PRINT "Unsortiertes Array:":COLOR 7,0
170 FOR I= 0 TO MAX.SATZ
180    PRINT ALPHA$(I);" ";
190 NEXT I
200 PRINT:PRINT
210 :
220 START= TIMER
230 GOSUB 360 'Daten in ALPHA$ sortieren...
240 ENDE= TIMER
250 :
260 COLOR 15,0:PRINT "Sortiertes Array:":COLOR 7,0
270 FOR I= 0 TO MAX.SATZ
280    PRINT ALPHA$(I);" ";
290 NEXT I
300 :
310 LOCATE 25,1
320 PRINT USING "Sortierzeit: ##.##, beliebige Taste drücken...";ENDE-START;
330 IF INKEY$= "" THEN 330
340 CLS:END
```

Bis hierhin entspricht das Programm dem Beispiel zum Bubble-Sort. Lediglich das folgende, für die Sortierung zuständige Upro weicht (natürlich) ab.

```
350 '
360 '----- Upro QuickSort -----
370 '
380 LINKS= 0
390 RECHTS= 1
400 TAB.ANFANG= 0
410 TAB.ENDE= MAX.SATZ
420 DURCHGANG= 1
430 TAB.INDEX(1,LINKS)= TAB.ANFANG
```

Daten sortieren

```
440 TAB.INDEX(1,RECHTS)= TAB.ENDE
450 :
```

In Zeile 380 bis 440 werden die Variablen für das Upro initialisiert. LINKS und RECHTS (Zeile 380/390) sind dabei Konstanten, die für die Indizierung des Arrays TAB.INDEX eingesetzt werden. TAB.ANFANG und TAB.ENDE (Zeile 400/410) spezifizieren die Grenzen des zu sortierenden Teils der Tabelle. Die Variable DURCHGANG wird einerseits für die Indizierung des Arrays TAB.INDEX benötigt und andererseits als Flag "Fertig/nicht Fertig" eingesetzt. Sobald Durchgang den Wert 0 hat, ist die Tabelle sortiert und das Upro wird beendet (Zeile 670/680).

```
460 TAB.ANFANG= TAB.INDEX(DURCHGANG,LINKS)
470 TAB.ENDE= TAB.INDEX(DURCHGANG,RECHTS)
480 DURCHGANG= DURCHGANG-1
490 Z.LINKS= TAB.ANFANG
500 Z.RECHTS= TAB.ENDE
510 X$= ALPHA$( (TAB.ANFANG+TAB.ENDE) \ 2)
520 WHILE ALPHA$(Z.LINKS) < X$ : Z.LINKS= Z.LINKS+1  : WEND
530 WHILE X$ < ALPHA$(Z.RECHTS): Z.RECHTS= Z.RECHTS-1: WEND
540 IF Z.LINKS <= Z.RECHTS THEN GOSUB 700:GOTO 520
550 IF Z.RECHTS-TAB.ANFANG < TAB.ENDE-Z.LINKS THEN 610
560 IF TAB.ANFANG >= Z.RECHTS THEN 600
570 DURCHGANG= DURCHGANG+1
580 TAB.INDEX(DURCHGANG,LINKS)= TAB.ANFANG
590 TAB.INDEX(DURCHGANG,RECHTS)= Z.RECHTS
600 TAB.ANFANG= Z.LINKS:GOTO 660
610 IF Z.LINKS >= TAB.ENDE THEN 650
620 DURCHGANG= DURCHGANG+1
630 TAB.INDEX(DURCHGANG,LINKS)= Z.LINKS
640 TAB.INDEX(DURCHGANG,RECHTS)= TAB.ENDE
650 TAB.ENDE=Z.RECHTS
660 IF TAB.ANFANG < TAB.ENDE THEN 490
670 IF DURCHGANG THEN 460
```

In den Zeilen 460 bis 670 erfolgt die eigentliche Sortierung der Daten und die Initialisierung der linken/rechten Grenzen des jeweils unsortierten Teiles der Tabelle. In Zeile 510 wird jeweils ein Vergleichs-Element aus der Mitte der unsortierten Tabelle gewählt. In den Zeilen 520 und 530 wird vermittels einer WHILE-Schleife die linke und rechte Grenze geprüft. Die Zähler Z.LINKS und Z.RECHTS werden solange erhöht bzw. vermindert, bis ein größeres/kleineres Element im Vergleich gefunden wurde. Zeile 540 prüft dies und ruft ggf. das Upro (Zeile 700) zum Tausch der Elemente auf. Dort werden auch die Grenzen neu gesetzt (Zeile 730/740). Diverse Abfragen (Zeile 550, 560, 610, 660) sorgen dafür, daß die Grenzen des unsortierten Teils innerhalb logischer Werte liegen und initialisieren die Grenzen ggf. neu.

```
680 RETURN
690 '
700 '----- Elemente tauschen -----
710 '
720 SWAP ALPHA$(Z.LINKS),ALPHA$(Z.RECHTS)
730 Z.LINKS= Z.LINKS+1
740 Z.RECHTS= Z.RECHTS-1
750 RETURN
```

Das Upro ab Zeile 700 tauscht die entsprechenden Elemente aus und setzt die Grenzen für den unsortierten Teil der Tabelle jeweils neu.

13.3 Der ganz schnelle Assembler-Sort

Um ein vielfaches aufwendiger zu realisieren - aber auch bis zu mehrere hundert Mal schneller als der Bubble- oder Quick-Sort - ist der Assembler-Sort. Vor allem bei Lager-Verwaltungen anhand einer mehrstelligen Artikelnummer oder bei Adreßverwaltungen mit mehreren hundert Sätzen werden Sie feststellen, daß selbst der Quick-Sort die Geduld auf eine harte Probe stellt. Der höhere Aufwand für den Assembler-Sort lohnt sich da auf alle Fälle.

13.3.1 Wie arbeitet der Assembler-Sort?

Der Assembler-Sort arbeitet grundsätzlich wie der Bubble-Sort - mit zwei (gravierenden) Unterschieden: zum einen wird direkt auf Maschinen-Ebene gearbeitet - umständliches und zeitraubendes "interpretieren" entfällt, und zum anderen werden keine Inhalte von Elementen, sondern nur die sogenannten "String-Descriptoren" getauscht. PC-BASIC legt Arrays ja dergestalt im Speicher ab, daß für jedes Element ein "Descriptor" (dt.: Beschreiber) angelegt wird. Dieser Descriptor besteht aus 3 Bytes:

   1. Byte -> Länge des Strings
   2. Byte -> Low-Byte der Adresse des Strings
   3. Byte -> High-Byte der Adresse des Strings

Das 2. und 3. Byte bilden somit den Offset im Datensegment und zeigen auf die Adresse, ab der der Inhalt des Strings abgelegt ist.

Die Descriptoren eines String-Arrays liegen also im Abstand von jeweils drei Byte aufeinanderfolgend im Speicher - ein Umstand, der vor allem für die Assembler-Programmierung sehr wichtig ist. Diese Tatsache kann man nämlich so nutzen, daß innerhalb einer Sortier-Routine nicht die Inhalte der Elemente, sondern nur die Längen-Bytes und die Zeiger auf die jeweiligen Elemente vertauscht werden. Im gleich folgenden Listing jedoch mehr dazu.

13.3.2 Vor- und Nachteile des Assembler-Sort

Vorteile des Assembler-Sort

Der Vorteil liegt klar auf der Hand: die enorme Geschwindigkeit. Sie werden beim Ablauf des Demo-Programms feststellen, daß teilweise eine Sortierzeit von 0.0 angezeigt wird. Dies nicht etwa, weil keine Sortierung erfolgte, sondern weil sich die Zeit vermittels der PC-BASIC-Funktion TIMER einfach nicht mehr

Daten sortieren

ermitteln läßt. Ein weiterer Vorteil ist die Tatsache, daß keinerlei String-Operationen erfolgen - es werden ja nur Zeiger ausgetauscht. Einerseits geht der Tausch von Zeigern schneller als der Tausch ganzer String-Inhalte, andererseits wird die Garbage Collection nicht beansprucht. Letztlich: die Sortier-Routine in Assembler benötigt wesentlich weniger Platz als das Gegenstück in PC-BASIC: ganze 172 Bytes nämlich!

Nachteile des Assembler-Sort

Assembler-Programmierung ist nicht jedermanns Sache, und viele Programmierer scheuen davor zurück. Allerdings haben wir im Laufe des Buches mehr als ein eindrucksvolles Beispiel für die Möglichkeiten von Assembler-Routinen unter PC-BASIC gesehen. Dies sollte Grund genug sein, nochmal über das Thema nachzudenken. Nachteil ist also der, daß erstmal eine Sortier-Routine in Assembler entwickelt werden muß. Da ich Ihnen diese Arbeit jedoch schon abgenommen habe, kann man dies nicht mehr unbedingt als Nachteil gelten lassen.

13.3.3 Einsatz des Assembler-Sort

Der Einsatz ist eigentlich klar: überall dort, wo Daten sehr schnell sortiert ausgegeben werden müssen. Als Beispiel lassen sich Anwendungen aufführen, die bei Telefon-Anfragen ruckzuck die gewünschten Informationen liefern müssen. Ein weiterer Einsatz kann z.B. erfolgen, um Speicherplatz zu sparen. Wie oben bereits erwähnt, werden lediglich 172 Bytes benötigt. Vor allem bei umfangreichen Programmen ist dies eine Größenordnung, die durchaus eine Rolle spielen kann. Werfen wir nun einen Blick auf das Assembler-Listing. Kommentare wurden des besseren Verständnis wegen wieder direkt in das Listing eingefügt:

```
;----------------------------------------
; ASM_SORT.ASM
;
; Bubble-Sort in Assembler...
;----------------------------------------
PCBASIC SEGMENT BYTE PUBLIC
        ASSUME CS:PCBASIC, DS:PCBASIC

        PUBLIC AsmSort  ;Sortieren eines $-Arrays

;------ EQUates ----------------------
False= 0
True= NOT False

;------ AsmSort ----- CALL AsmSort(Anzahl,ARRAY$(0),X,X,X,X,X,X)
AS_Cnt    equ word ptr [BP+22]  ;Anzahl der Elemente
AS_Adr    equ word ptr [BP+20]  ;Adresse des Strings

L_Element  equ word ptr [BP+18]
Unsortiert equ word ptr [BP+16]
Element    equ word ptr [BP+14]
Adresse    equ word ptr [BP+12]
Adr1       equ word ptr [BP+10]
Adr2       equ word ptr [BP+8]
```

```
Cnt1      equ byte ptr [BP+7]
Cnt2      equ byte ptr [BP+6]
```

Hier haben wir die erste Besonderheit: Eine Sortier-Routine kommt natürlich nicht ohne eigene Variablen für das Festhalten von Zeigern oder Zwischenergebnissen aus. In diesem Fall habe ich einen temporären Bereich für die benötigten Variablen auf dem STACK plaziert. Die Routine wird von PC-BASIC aus mit einer entsprechenden Anzahl "Dummy"-Parametern aufgerufen. Hier werden insgesamt 14 Bytes benötigt. Durch den Aufruf mit sieben Dummy-Integer-Variablen (X, siehe oben), werden diese 14 Bytes auf dem Stack angelegt und reserviert. Per EQU werden nun den einzelnen Bytes bzw. Words die Variablen-Namen zugewiesen.

```
;------------------------------------------------------------
;CALL AsmSort(Anzahl,ARRAY$(0),X,X,X,X,X,X,X)
;
;Sortiert das Array ab Eelement (0) mit 'Anzahl' Elementen
;Algorithmus= BUBBLE
;
;360 '
;370 '----- Upro BubbleSort -----
;380 '
;390 UNSORTIERT= TRUE
;400 LETZTES.ELEMENT= MAX.SATZ
;410 WHILE UNSORTIERT
;420    UNSORTIERT= FALSE
;430    FOR ELEMENT= 0 TO LETZTES.ELEMENT-1
;440       IF ALPHA$(ELEMENT) > ALPHA$(ELEMENT+1) THEN GOSUB 500
;450    NEXT ELEMENT
;460    LETZTES.ELEMENT= UNSORTIERT
;470 WEND
;480 RETURN
;490 '
;500 '----- Elemente tauschen -----
;510 '
;520 SWAP ALPHA$(ELEMENT),ALPHA$(ELEMENT+1)
;530 UNSORTIERT= ELEMENT
;540 RETURN
;------------------------------------------------------------
```

Der Assembler-Sort arbeitet genau wie sein PC-BASIC-Gegenstück als Bubble-Sort. Oben die dazugehörigen BASIC-Zeilen zum besseren Verständnis.

```
Start:

BLOAD_Hdr db 0FDh
BLOAD_Adr dw ?,?
BLOAD_Len dw Ende-Anfang
```

Die Assembler-Routine wird per BLOAD direkt eingelesen. Dies setzt voraus, daß ein entsprechender BLOAD-Header vorhanden ist. Dieser wird hier deklariert. Das erste Byte (BLOAD_Hdr, 0FDh) ist die BLOAD-Kennung. Daran erkennt PC-BASIC, daß dies eine BLOAD-Datei ist. Die beiden folgenden Words (BLOAD_Adr) sind ohne Bedeutung. Nach einem BSAVE steht hier Segment:Offset des abgespeicherten Bereiches. Da die Routine an eine beliebige Stelle geladen werden soll (BLOAD <Name>,<Adresse>), lassen wir den Eintrag

Daten sortieren

unberücksichtigt. Das letzte Word (BLOAD_Len) legt die Länge der Routine in Bytes fest. Hier lassen wir den Assembler rechnen, indem die Label "Anfang" (siehe unten) und "Ende" (siehe ganz unten) gesetzt und deren Differenz dort eingetragen wird.

```
Anfang:
;-----------------------------------------
AsmSort PROC       FAR
        push       bp                      ;BP sichern
        mov        bp,sp                   ;BP= SP für Parameterzugriff
        push       ds                      ;DS und ES sichern
        push       es

        mov        si,AS_Cnt               ;Adresse 'Anzahl'
        mov        ax,[si]                 ;'Anzahl' nach AX laden
        mov        L_Element,ax            ;festhalten für Schleife
        mov        si,AS_Adr               ;Adrèsse 1. Element
        mov        ax,[si]                 ;nach AX laden
        mov        Adresse,ax              ;und festhalten
        mov        Unsortiert,True         ;Daten sind unsortiert
        push       ds
        pop        es                      ;ES= DS
```

In diesem Teil werden die temporären Variablen vorbesetzt. "L_Element" ist die Zählvariable für die FOR...NEXT-Simulation ab LABEL FOR_Element. "Adresse" ist der Offset auf den ersten String-Descriptor des Arrays. "Unsortiert" das gleichnamige Flag für die WHILE...WEND-Konstruktion.

```
        WHILE:
                mov        Unsortiert,False        ;Default: alles sortiert
                mov        Element,0               ;Vorne im Array anfangen

        FOR_Element:
                mov        ax,Element              ;Aktuelles Element adressieren
                mov        bx,3                    ;Pro Eintrag 3 Bytes
                imul       bx                      ;AX*BX= Zeiger auf Descriptor
                add        ax,Adresse              ;AX= AX plus Array-Start
```

Der Schleifenzähler "Element" enthält das aktuelle Element (logisch?!). Hier wird die Adresse des dazugehörigen Descriptors berechnet, indem der Inhalt mit 3 multipliziert und dann der Offset auf die Descriptoren-Tabelle hinzuaddiert wird.

```
                mov        si,ax                   ;SI= 1. Element für Vergleich
                mov        bl,byte ptr [si]        ;Längen-Byte 1. Element nach BL
                mov        Adr1,si                 ;Festhalten für evt. Tausch
                mov        Cnt1,bl                 ;Dito
                add        si,1                    ;Zeigt jetzt auf String-Adresse
                mov        si,[si]                 ;Zeigt jetzt auf String-Inhalt

                add        ax,3                    ;AX+3= 2. Element für Vergleich
                mov        di,ax                   ;DI= 2. Element für Vergleich
                mov        cl,byte ptr [di]        ;Längen-Byte 2. Element nach CL
                mov        Adr2,di                 ;Festhalten für evt. Tausch
                mov        Cnt2,cl                 ;Dito
                add        di,1                    ;Zeigt jetzt auf String-Adresse
                mov        di,[di]                 ;Zeigt jetzt auf String-Inhalt
```

SI wird als Pointer auf das 1. Element eingesetzt. Zuerst wird das Längen-Byte des 1. Elementes nach BL gelesen und in "Cnt1" für einen eventuellen Tausch festgehalten. Danach wird die Adresse des Descriptors für einen eventuellen Tausch in "Adr1" festgehalten. Dann wird SI um eins erhöht und zeigt somit auf die Adreß-Bytes im Descriptor. Dier letzte Anweisung lädt SI mit dieser Adresse, so daß der Inhalt des Strings über SI adressiert werden kann. DI dient analog als Pointer auf das 2. Element. Dazu wird zu AX einfach 3 addiert - ein Descriptor ist ja immer 3 Bytes lang und es werden jeweils zwei nebeneinanderliegende Elemente verglichen. Ansonsten wird wie bei SI verfahren. Das Längen-Byte des 2. Elementes wird in CL festgehalten.

```
            xor     ch,ch           ;CH= 0
            cmp     cl,bl           ;2. Element kleiner 1. Element?
            jbe     W1              ;Wenn ja, weiter
            xchg    cl,bl           ;Sonst tauschen, CL muß <= BL sein
    W1:     cmpsb                   ;1. und 2. Element vergleichen
            je      Next            ;Wenn 1. = 2., dann nächstes Zeichen
            ja      Swap            ;Wenn 1. > 2., dann tauschen
            jmp     W2              ;Sonst nächsten Durchgang

    Next:   loop    W1              ;Bis CX= 0
            jmp     W2              ;Dann nächsten Durchgang
```

Nachdem die Pointer SI und DI initialisiert worden sind, erfolgt der byteweise Vergleich der Strings. Für den Vergleich wird CX als Zähler eingesetzt. Dafür muß sichergestellt sein, daß CX mit dem kleineren der beiden Längen-Bytes (BL/CL) geladen ist. Wenn das 2. Element nämlich kürzer als das 1. Element ist, würden Bytes verglichen werden, die nichts mit dem 2. Element zu tun haben.

Der Vergleich erfolgt per CMPSB. Diese Anweisung vergleicht die druch DS:SI und ES:DI adressierten Bytes. Sind beide gleich (JE Next), so wird in einer LOOP das nächste Byte verglichen - solange bis eins der Bytes größer (JA Swap) oder kleiner (JMP W2) bzw. CX= 0 ist (JMP W2).

```
    Swap:
            mov     si,Adr1         ;Sonst Descriptoren tauschen...
            mov     bl,Cnt1         ;Länge 1. Eelement
            mov     di,Adr2
            mov     cl,Cnt2         ;Länge 2. Element

            mov     byte ptr [si],cl ;Längen-Bytes tauschen
            mov     byte ptr [di],bl

            add     si,1            ;Längen-Bytes überspringen
            add     di,1

            mov     ax,[si]         ;Adresse 1. Element
            mov     bx,[di]         ;Adresse 2. Eelement
            mov     [si],bx         ;Adressen tauschen
            mov     [di],ax

            mov     ax,Element      ;...und Schleife neu initialisieren
            mov     Unsortiert,ax
```

Hier werden die beiden Descriptoren getauscht, wenn das 1. Element größer als das 2. Element war. Zur Adressierung werden wieder SI und DI bzw. für die

Daten sortieren

Längen-Bytes BL und CL eingesetzt. Abschließend wird "Unsortiert" für die Optimierung mit dem Wert von "Element" initialisiert.

```
W2:     mov     ax,Element          ;Nächstes Element
        inc     ax                  ;Plus 1
        mov     Element,ax          ;Festhalten für Schleife
                                    ; inc      ax
        cmp     ax,L_Element        ;Schleife fertig?
        jae     W3                  ;Wenn ja, nächsten Durchgang
        jmp     FOR_Element         ;Sonst weiter

W3:     mov     ax,Unsortiert
        mov     L_Element,ax        ;Letztes Element= aktueller Tausch
        cmp     Unsortiert,False    ;Ist alles sortiert?
        je      WEND                ;Wenn ja, Ende
        jmp     WHILE               ;Sonst nächster Durchgang
```

In diesem Teil wird zuerst überprüft, ob die aktuelle Schleife - terminiert durch "L_Element" - bereits abgeschlossen ist. Wenn ja (JAE W3), wird die neue Schleife initialisiert, wenn nicht, werden die nächsten Elemente verglichen (JMP FOR_Element). In W3 wird auch noch geprüft, ob "Unsortiert" FALSE ist. Wenn ja (JE WEND), ist die Sortierung abgeschlossen, sonst wird die nächste Schleife durchlaufen (JMP WHILE).

```
WEND:
        pop     es                  ;ES wieder zurück
        pop     ds                  ;DS wieder zurück
        pop     bp                  ;BP wieder zurück
        ret     18                  ;9 Words vom Stack entfernen
```

Ende der Aktion: die gesicherten Register ES, DS und BP werden restauriert und der Stack per RET 18 für den korrekten Rücksprung zu PC-BASIC bereinigt.

```
AsmSort ENDP
Ende:
;----------------------------------------
PCBASIC ENDS
        END Start
```

Alles gar nicht so kompliziert, oder? Die Erfahrung hat übrigens gezeigt, daß die Realisierung einer Assembler-Routine ausgehend von einer PC-BASIC-Routine - wie hier geschehen - sehr einfach ist. Man muß nur die Besonderheiten von Assembler berücksichtigen und Konstruktionen, die dort nicht zur Verfügung stehen, nachvollziehen (siehe WHILE und FOR). Teilweise bietet Assembler sogar Konstruktionen, die Lösungen einfacher machen als in BASIC oder Pascal (siehe CMPSB oder LOOP).

Nun zur Praxis: wie setzt man diese Routine unter PC-BASIC ein? Nun, wie wir im Listing gesehen haben, ist die Routine für das Laden per BLOAD konzipiert. Im Programm muß also lediglich die Start-Adresse der Routine bei BLOAD angegeben und einer Aufruf-Variablen für CALL zugewiesen werden. Das folgende Beispiel-Programm verdeutlicht dies. Im großen und ganzen entspricht das Programm dem im Abschnitt "Bubble-Sort" vorgestellten Beispiel. Erläuterungen sind deshalb nur für die Abweichungen eingefügt:

Hinweis: Um das folgende Programm korrekt ausführen zu können, müssen Sie GW-BASIC mit dem Schalter /M folgendermaßen aufrufen:

```
GWBASIC /M:54000
```

```
10 '--------------------------------------------
20 ' ASORT.BAS    Demo-Programm für AssemblerSort
30 '--------------------------------------------
40 :
50 CLS:KEY OFF:OPTION BASE 0:DEFINT A-Z
60 DEF SEG
70 BLOAD "ASM_SORT.COM",&HE000
80 ASMSORT= &HE000
```

Hier wird die Assembler-Routine geladen. Wichtig ist die Adresse &HE000 bei BLOAD (Zeile 70) und die anschließende Zuweisung in Zeile 80 an die CALL-Variable "ASMSORT".

```
90 FALSE= 0: TRUE= NOT FALSE
100 MAX.SATZ= 25: X= 0
```

Wichtig ist die Zuweisung von 0 an die Variable X. Durch die obige Anweisung DEFINT A-Z (Zeile 50) muß vor dem ersten Einsatz bei CALL eine Zuweisung erfolgen, andernfalls gibt es einen Syntax Error, da CALL die Variable sonst nicht als Integer-Variable ansieht.

```
110 DIM ALPHA$(MAX.SATZ)
120 RESTORE 140
130 FOR I= 0 TO MAX.SATZ:READ ALPHA$(I):NEXT I
140 DATA Zeuge,Anmeldung,Xaver,Betriebsrat,Ypsilon,Caroline,Werftarbeiter
150 DATA Datenaustausch,Versicherung,Erfahrung,Unternehmer,Folgesatz
160 DATA Tourismus,Gesellschaft,Schiff,Handelsvertreter,Rucksack
170 DATA Initialisierung,Quarckspeise,Jade,Panzerschrank,Kalender
180 DATA Offenbarung,Lagerhalle,Neujahr,Meisterprüfung
190 :
200 COLOR 15,0:PRINT "Unsortiertes Array:":COLOR 7,0
210 FOR I= 0 TO MAX.SATZ
220     PP.INT ALPHA$(I);" ";
230 NEXT I
240 PRINT:PRINT
250 :
260 START#= TIMER
270 GOSUB 530 'Daten in ALPHA$ sortieren...
280 ENDE#= TIMER
290 COLOR 15,0:PRINT "Sortiertes Array (BubbleSort):":COLOR 7,0
300 FOR I= 0 TO MAX.SATZ
310     PRINT ALPHA$(I);" ";
320 NEXT I
330 PRINT:PRINT USING "Sortierzeit: ##.####";ENDE#-START#:PRINT
340 :
350 RESTORE 140
360 FOR I= 0 TO MAX.SATZ:READ ALPHA$(I):NEXT I
370 :
380 START#= TIMER
390 ADRESSE= VARPTR(ALPHA$(0)):CALL ASMSORT(MAX.SATZ,ADRESSE,X,X,X,X,X,X)
400 ENDE#= TIMER
```

Hier wird die Assembler-Routine aufgerufen. Vergessen Sie nie die "Dummy"-Variablen! Anderfalls schreibt die Assembler-Routine in einen nicht reservierten Bereich des Stacks bzw. der Rücksprung mit RET 18 klappt nicht. Nochmal: Wundern Sie sich nicht, wenn als Sortierzeit 0.0 angezeigt wird. TIMER kann für dermaßen kurze Zeiten einfach nicht mehr eingesetzt werden.

```
410 :
420 COLOR 15,0:PRINT "Sortiertes Array (AsmSort):":COLOR 7,0
430 FOR I= 0 TO MAX.SATZ
440    PRINT ALPHA$(I);" ";
450 NEXT I
460 PRINT:PRINT USING "Sortierzeit: ##.####";ENDE#-START#;
470 :
480 LOCATE 25,1
490 PRINT "Beliebige Taste drücken...";
500 IF INKEY$= "" THEN 500
510 CLS:END
520 '
530 '----- Upro BubbleSort -----
540 '
550 UNSORTIERT= TRUE
560 LETZTES.ELEMENT= MAX.SATZ
570 WHILE UNSORTIERT
580    UNSORTIERT= FALSE
590    FOR ELEMENT= 0 TO LETZTES.ELEMENT-1
600       IF ALPHA$(ELEMENT) > ALPHA$(ELEMENT+1) THEN GOSUB 660
610    NEXT ELEMENT
620    LETZTES.ELEMENT= UNSORTIERT
630 WEND
640 RETURN
650 '
660 '----- Elemente tauschen -----
670 '
680 SWAP ALPHA$(ELEMENT),ALPHA$(ELEMENT+1)
690 UNSORTIERT= ELEMENT
700 RETURN
```

Änderungen der Assembler-Routine

Die Assembler-Routine ist - so wie hier vorgestellt - nur für das Sortieren von String-Arrays ab Element 0 für "Anzahl" Elemente konzipiert. Wenn Sie einen Teilbereich des Arrays sortieren möchten (was kaum die Praxis ist), muß die Variable "Element" im Assembler-Listing entsprechend initialisiert werden. Dies kann entweder konstant erfolgen, wenn das Array grundsätzlich ab einem anderen Element sortiert werden soll, oder Sie fügen einen weiteren Parameter hinzu, der jeweils in die Variable "Element" gesetzt wird. Dazu muß allerding eine weitere temporäre Variable auf dem Stack angelegt und ein weiterer "Dummy"-Parameter angegeben sein! Die RET-Anweisung ist entsprechend zu ändern.

Weiterhin kann es notwendig sein, Teil-Strings zu vergleichen. Wenn Sie beispielsweise eine komplette Adresse in einem strukturierten String speichern und nach Postleitzahl sortieren wollen, so muß als Parameter der Offset in den String und die Sortierlänge übergeben werden. Zu SI und DI wird der jeweilige Offset addiert und CL wird dann immer mit der Sortierlänge geladen. Auch hier sind dann wieder weitere temporäre Variablen anzulegen, weitere "Dummy"-Parameter zu übergeben und die RET-Anweisung ist entsprechend zu ändern. Zum Abschluß des Themas noch ein kleines Programm, das Ihnen die Geschwindigkeit des Assembler-Sorts bei größeren Datenmengen demonstriert. Hierzu werden vom Programm PDV.BAS 1000 Zeilen eingelesen und anschließend sortiert:

Hinweis: Um das folgende Programm korrekt ausführen zu können, müssen Sie GW-BASIC mit dem Schalter /M folgendermaßen aufrufen:

```
GWBASIC /M:54000
```

```
10 '---------------------------------------------
20 ' ASORT1.BAS   Demo-Programm für AssemblerSort
30 '---------------------------------------------
40 :
50 CLS:KEY OFF:OPTION BASE 0:DEFINT A-Z
60 DEF SEG
70 BLOAD "ASM_SORT.COM",&HE000
80 ASMSORT= &HE000
90 MAX.SATZ= 1000: X= 0
100 DIM ALPHA$(MAX.SATZ)
110 PRINT "Moment bitte, initialisiere ALPHA$()..."
120 OPEN "PDV.BAS" FOR INPUT AS #1
130 I= 0
140 WHILE NOT EOF(1) AND I <= MAX.SATZ
150    LINE INPUT #1,ALPHA$(I)
160    I= I+1
170 WEND
180 CLOSE
190 :
200 START#= TIMER
210 ADRESSE= VARPTR(ALPHA$(0)):CALL ASMSORT(MAX.SATZ,ADRESSE,X,X,X,X,X,X,X)
220 ENDE#= TIMER
230 :
240 COLOR 15,0:PRINT "Sortiertes ALPHA$():"
250 FOR I=1 TO MAX.SATZ
260    PRINT ALPHA$(I);" ";
270 NEXT I
280 PRINT:PRINT USING "Sortierzeit: ##.####";ENDE#-START#;
290 :
300 LOCATE 25,1
310 PRINT "Beliebige Taste drücken...";
320 IF INKEY$= "" THEN 320
330 CLS:END
```

Ich glaube, eindrucksvoller kann man eine schnelle Sortierung nicht mehr demonstrieren. Sollten Sie das Programm PDV.BAS noch nicht abgetippt haben, nehmen Sie einfach eines Ihrer eigenen Programme, speichern es mit der Option ",A" als ASCII-Datei und ändern den Namen in Zeile 120 entsprechend ab. So, nun zum Abschluß dieses Kapitels über das Thema "Sortieren" mal etwas ganz anderes:

13.4 Sortieren - einmal anders

In fast jeder Zeitschrift, die sich mit dem Thema PC auseinandersetzt, finden Sie - außer den bisher beschriebenen - mindestens eine Sortierroutine pro Ausgabe. Deshalb möchte ich hier keine weiteren hinzufügen. Ich nehme an, daß Sie mittlerweile, genau wie ich, über ein gut halbes Dutzend solcher Routinen verfügen. Ich möchte Sie lieber auf einen Umstand hinweisen, der anscheinend kaum bekannt ist. Sonst würde man nämlich wesentlich weniger Listings mit seitenlangen Sortierroutinen finden. Erstens erinnere ich an den SHELL-Befehl. Mit diesem Befehl können Sie bekanntlich von PC-BASIC/BASICA aus jedes COM bzw. EXE-Programm oder eine BAT-Datei aufrufen. Zweitens gibt es auf der Systemdiskette ein Dienstprogramm mit Namen SORT.EXE, das, wie der Name schon sagt, das Sortieren zur Aufgabe hat.

Wie wäre es nun, wenn man SHELL und SORT kombiniert in seinen Programmen einsetzt? Anstelle von ellenlangen Sortierroutinen würde dies eine einzige Zeile bedeuten! Doch schauen Sie selbst:

```
10 '---------------------------------
20 'SORT.BAS Sortieren - einmal anders
30 '---------------------------------
40 :
50 CLS:KEY OFF
60 :
70 '100 Datensätze schreiben
80 :
90 PRINT "Daten unsortiert in eine Datei schreiben.....":PRINT:PRINT
100 :
110 OPEN "unsort.dat" FOR OUTPUT AS #1
120 FOR I= 1 TO 2
130    FOR K= 65 TO 127:A$= CHR$(K)+"Testtext"
140       PRINT#1, A$:PRINT A$
150    NEXT K
160 NEXT I
170 CLOSE
180 :
190 CLS
200 PRINT "Jetzt werden die Daten sortiert.....":PRINT:PRINT
210 :
220 SHELL "SORT <UNSORT.DAT >SORT.DAT"
230 :
240 CLS:PRINT "Die Daten sind sortiert:"
250 :
260 OPEN "sort.dat" FOR INPUT AS #1
270 WHILE NOT EOF(1)
280    INPUT #1,DATEN$
290    PRINT DATEN$
300 WEND
310 CLOSE
320 :
330 PRINT "Das war's.....
```

Vergleichen Sie die paar Zeilen mit den sonstigen Routinen, die Sie zum Sortieren einsetzen. Ist doch eigentlich eine kleine Sensation, oder nicht?

Trotz aller Euphorie gibt es dabei einen kleinen Wermutstropfen! Wenn die Datei ziemlich groß ist und der von SORT.EXE für die Sortierung benötigte Speicherplatz (maximal 64 KByte) nicht ausreicht, kann es passieren, daß der Rechner abstürzt. Wahrscheinlich liegt dies daran, daß die Fehlerbehandlung des SORT.EXE über SHELL nicht einwandfrei funktioniert. Beim Aufruf von der DOS-Ebene aus klappt das alles ganz hervorragend. Sie bekommen die Fehlermeldung "insufficient memory" (nicht genügend Speicher) und befinden sich anschließend wieder auf der Eingabe-Ebene hinter dem Prompt. Innerhalb Ihrer Programme müssen Sie also die Größe der zu sortierenden Datei vorsichtshalber abfragen und ggf. die Sortierung abbrechen. Hierzu brauchen Sie einige Versuche, um den richtigen Wert herauszufinden, der letztendlich vom Ausbau des RAMs und den geladenen System- bzw. Zusatz-Programmen (SideKick etc.) abhängt.

Für den Fall, daß Sie Ihre DOS-Dokumenation nicht zur Hand haben, hier weitere Infos zum SORT: Das Größer- (>) und Kleiner- (<) Zeichen bedeutet unter DOS eine Umleitung der Ein- bzw. Ausgabe. In unserem Fall leiten wir die Eingabe von der Tastatur auf die Datei UNSORT.DAT und die Ausgabe vom Bildschirm in die Datei SORT.DAT um. Über einen Parameter kann außerdem gesteuert werden, ob die Sortierung in auf- oder absteigender Reihenfolge erfolgen soll.

```
SORT <UNSORT.DAT >SORT.DAT /R
```

Im Normalfall erfolgt die Sortierung aufsteigend, das heißt, gemäß ASCII-Tabelle z.B. von 1 bis 9 oder von A bis Z bzw. von a bis z. Wenn Sie den Parameter /R angeben, läuft es genau umgekehrt: von 9 bis 1, von Z bis A und von z bis a. Weiterhin können Sie festlegen, ab welcher Position im Satz die Sortierung greifen soll. Nehmen wir an, in einer Datei haben Sie Adressen gespeichert und möchten nach Postleitzahl sortieren. Beim Aufruf geben Sie dann die Position des Feldes Postleitzahl als Parameter folgendermaßen an:

```
SORT <UNSORT.DAT >SORT.DAT /+41
```

Hier würde sich das entsprechende Feld also ab Position 41 im Satz befinden. Für die meisten Sortierungen reicht diese Methode vollkommen aus. Lediglich bei Datensätzen, die nach mehreren Feldern zu sortieren sind, gibt es Probleme. Aber da greifen Sie einfach auf die o.g. Routinen zurück.

14. Dateiverwaltung

Über kein Teilproblem der Datenverarbeitung ist so viel geschrieben worden wie über die Dateiverwaltung. Dies ist auch nicht weiter verwunderlich, da es unzählige Möglichkeiten für die Dateiverwaltung gibt und kaum ein Programm ohne sie auskommt. In diesem Kapitel wollen wir uns mit den drei gebräuchlichsten Methoden der Dateiverwaltung auseinandersetzen.

14.1 Welche Datei für welche Daten?

Bevor man sich für eine bestimmte Dateiverwaltung entscheidet, ist zu untersuchen, wie die zu speichernden Daten aufgebaut bzw. strukturiert sind und wie man am besten darauf zugreift. Eine weitere Rolle spielt die Unterstützung der Dateiverwaltung durch die Programmiersprache und das Betriebssystem. Einige Programmiersprachen stellen komplette ISAM-Datei-Verwaltungen zur Verfügung, so daß der Programmierer wesentlich weniger Aufbauarbeit leisten muß. Leider gehört PC-BASIC/BASICA nicht zu diesen Programmiersprachen, so daß zumindest in der Anfangszeit Pionierarbeit zu leisten ist. Mir hat diese Arbeit aber immer besonderen Spaß gemacht. Irgendwie ist man doch stolz, wenn die Daten, die man eingegeben und gespeichert hat, plötzlich wieder auf dem Bildschirm erscheinen. Daß dies nicht selbstverständlich ist, haben Sie vermutlich auch schon am eigenen Leibe erfahren.

Unter PC-BASIC/BASICA stehen lediglich zwei Arten der Dateiverwaltung, die ohne weiteren Programmieraufwand eingesetzt werden können, zur Verfügung:

```
Sequentielle Dateien
Direktzugriffs-Dateien (Randoms)
```

In einer sequentiell organisierten Datei werden Datensätze mit variabler Länge und unterschiedlicher Struktur gespeichert. Die Trennung der Sätze erfolgt durch ein Satzendekennzeichen ($0D0A, !1310). Beschränkungen sind durch die maximale Länge eines Satzes von 255 Zeichen auferlegt. Mehr kann eine String-Variable ja nicht aufnehmen. Zur Bearbeitung muß eine Datei komplett in den Speicher geladen werden. Nur hier können Änderungen und Löschungen durchgeführt werden. Einziger Komfort unter PC-BASIC/BASICA ist, daß an eine sequentielle Datei Sätze angehängt werden können, ohne daß sie dazu geladen werden muß.

In einer Direktzugriffs-Datei (Random) werden Datensätze mit fester Länge und Struktur gespeichert. Der Zugriff auf die einzelnen Sätze erfolgt anhand einer Satznummer. Zur Bearbeitung eines Satzes braucht nur dieser in den Hauptspeicher geladen werden. Nach einer Änderung wird der Satz an seine ursprüngliche Stelle in der Datei zurückgeschrieben.

Doch nun zurück zur Frage: Welche Datei für welche Daten? Schauen wir uns dazu einige Beispiel-Probleme an, die häufig in Sachen "Dateiverwaltung" zu lösen sind.

Notizen verwalten

Beim Lesen von Büchern oder Zeitschriften findet man häufig den einen oder anderen Hinweis zu bestimmten Themen, den es lohnt festzuhalten. Sofern man hierfür keine spezielle Literatur-Verwaltung im Einsatz hat, lohnt sich die Realisation eines solchen Programms mit Sicherheit.

Für diese Art von Daten wird man sich meistens einer sequentiellen Datei bedienen. Die zu speichernden Daten können bequem in den maximal zur Verfügung stehenden 255 Bytes eines Datensatzes untergebracht werden. Bei einem PC mit 640 KByte Hauptspeicher ist es kein Problem, bis zu 500 Sätze im Speicher zu halten, da in der Regel nicht alle Sätze den Maximalumfang aufweisen. Auch das Suchen nach bestimmten Daten läßt sich recht einfach und in akzeptablen Zeiten realisieren.

Zur Konzeption: Für einen flexiblen Einsatz des Programms wird mit verschiedenen Dateien gearbeitet. Jede ist einem Fach- oder Sachgebiet zugeordnet:

```
Software
Hardware
```

Oder so:

```
PC
Monitore
Drucker
Mäuse
Festplatten
```

Am Anfang des Programms wird die komplette Datei in ein Array in den Speicher geladen. Dies geschieht am besten über eine Schleife, deren Zähler nach dem Laden gleichzeitig Auskunft über die Anzahl der vorhandenen Sätze gibt:

```
190 .....
200 OPEN "MONITORE.NTZ" FOR INPUT AS #1
210 SATZ= 1
220 WHILE NOT EOF(1)
230    LINE INPUT #1,DATEN$(SATZ):SATZ= SATZ+1
240    IF SATZ> 500 THEN CLOSE #1:ERROR 32 'Datei voll
250 WEND
260 CLOSE #1
270 LETZTER.SATZ= SATZ-1:AKTUELLER.SATZ= 1
280 .....
```

Der Aufbau des Satzes könnte z.B. so aussehen:

```
Byte  1 bis 15 -> Stichwort
Byte 15 bis nn -> Notiz dazu
```

Nach dem Laden springt das Programm automatisch in den Ändern-Modus und erwartet die Eingabe eines Stichwortes. Über eine Suchroutine wird festgestellt, ob hierzu schon Eintragungen vorhanden sind. Wenn ja, können diese ergänzt, geändert oder gelöscht werden. Sonst wird ein neuer Satz im Array aufgebaut:

```
290   .....
300   FOR I=1 TO LETZTER.SATZ
310      IF STICHWORT$= LEFT$(DATEN$(I),15) THEN 500 'Anzeigen
320   NEXT I
330   IF I> 500 THEN ERROR 32 'Datei voll
340   LETZTER.SATZ= LETZTER.SATZ+1
350   AKTUELLER.SATZ= LETZTER.SATZ:GOTO 600 'Eingabe
360   .....
```

Beim Löschen eines Satzes wird an dessen Stelle einfach der letzte Satz gesetzt und der Zähler um eins verringert:

```
690   .....
700   'AKTUELLER.SATZ ist z.B. 157
710   LOCATE 24,1,1:COLOR 15,0
720   PRINT "Satz löschen (J/N)? --> ";
730   X$=INKEY$:IF X$="" THEN 730
740   IF X$="n" OR X$="N" THEN RETURN 'nicht löschen
750   IF X$<>"j" AND X$<>"J" THEN BEEP:GOTO 730
760   DATEN$(AKTUELLER.SATZ) = DATEN$(LETZTER.SATZ)
770   LETZTER.SATZ= LETZTER.SATZ-1
780   .....
```

Bei Beendigung des Programms wird die Datei komplett zurückgeschrieben:

```
990   .....
1000  OPEN "MONITORE.NTZ" FOR OUTPUT AS #1
1010  FOR I=1 TO LETZTER.SATZ
1020     PRINT #1,DATEN$(I)
1030  NEXT I
1040  CLOSE #1
1050  RETURN
1060  .....
```

Da sich die komplette Datei im Speicher befindet, besteht die Gefahr, daß durch Stromausfall oder unachtsames Ausschalten des Gerätes die Änderungen oder Ergänzungen nicht gespeichert sind. Dem kann man vorbeugen, indem z.B. nach jeweils 5 Änderungen die Datei zurückgeschrieben wird. Bei PC mit Festplatte ein geringer Zeitaufwand. Bei Diskettenlaufwerken dauert es schon etwas länger. Wir verzichten an dieser Stelle auf ein komplettes Listing in Sachen "sequentielle Dateiverwaltung", da Sie hierzu bestimmt schon ein oder mehrere Beispiele im Diskettenkästchen haben.

Artikel verwalten

Im Groß- oder Einzelhandel müssen mehr oder weniger umfangreiche Lager geführt werden. Für einen jederzeit aktuellen Überblick über die Bestände empfiehlt sich der Einsatz einer Artikel- oder Lagerverwaltung. In 95% aller

Fälle ist die Artikel-Nummer numerisch organisiert, und der Aufbau des Satzes läßt sich anhand der zu speichernden Informationen strukturieren. Hier bietet sich die Random-Datei an.

Bei der Realisation des Projektes erhält jeder Artikel seine Nummer, die gleichzeitig als Satznummer in die Random-Datei verwendet werden kann. Bei größeren Artikelstämmen kann eine Aufteilung in Gruppen vorgenommen werden. Jeder Gruppe wird eine eigene Datei zugeordnet. Der Zugriff läßt sich in etwa so organisieren:

```
190 .....
200 INPUT "Warengruppe......: ";WG$
210 INPUT "Artikel-Nummer...:";AN$
220 DATEI$= "WG"+WG$
230 OPEN "R",#1,DATEI$,700
240 FIELD#1,2 AS WG$,10 AS AN$,20 AS BEZEICHNUNG$.....
250 .....
300 SATZ= VAL(AN$)
310 GET#1,SATZ
320 .....
```

Änderungen oder Ergänzungen stellen bei einer Random-Datei kein Problem dar. Ein geänderter Satz wird an seine alte Position in der Datei zurückgeschrieben. Ein neuer Satz wird seiner Artikel-Nummer entsprechend hinten an die Datei angehängt. Eventuell werden dabei leere Sätze angelegt, z.B. wenn der letzte Satz Artikel-Nummer 234 und der neue Satz Artikel-Nummer 301 hat. Die Sätze 235 bis 300 legt PC-BASIC/BASICA automatisch an, so daß wir uns darum nicht zu kümmern brauchen. Beim Lesen eines solchen Satzes stehen hier undefinierte Daten, so daß vorher eine Initialisierung des neuen Datensatzes z.B. über SPACE$ oder STRING$ erfolgen sollte.

Etwas problematischer wird es beim Löschen eines Satzes. Resultierend aus der Organisation der Datei kann ein Satz nicht einfach irgendwo aus der Mitte entfernt werden. Rein theoretisch ist dies zwar möglich, würde aber ein Chaos der Artikel-Nummern zur Folge haben. Wenn Sie z.B. Artikel-Nummer 456 löschen, und alle folgenden Sätze aufrücken, so ist Artikel-Nummer 457 dann Artikel-Nummer 456. Bei mehreren Löschungen ist eine wahre Katastrophe. Was nun? Ganz einfach: Jeder Satz hat ein Feld von einem Byte Länge, in dem ein Löschkennzeichen festgehalten wird. Der Rest des Satzes bleibt unverändert. Dieses Kennzeichen wird abgefragt. Bei der Ausgabe geben Sie dem Anwender dann den Hinweis "Satz gelöscht" oder "Satz hat Lösch-Kennzeichen". Dies signalisiert, daß die darin enthaltenen Daten bei Berechnungen oder Statistiken nicht mehr berücksichtigt werden. Über einen gesonderten Menüpunkt geben Sie dem Anwender die Möglichkeit, dieses Lösch-Kennzeichen aufzuheben. Bei irrtümlichen Löschungen stehen die ehemals gelöschten Daten anschließend unverändert zur Verfügung.

In Zeitschriften oder Einführungs-Büchern zum Thema BASIC finden Sie mit Sicherheit genügend analysierte und abgetippte Programme zur Verwaltung von sequentiellen oder Random-Dateien, so daß wir uns hier nicht mit weiteren Listings aufhalten müssen. Widmen wir uns stattdessen einem interessanteren Thema.

14.2 Die ISAM-Datei-Verwaltung

Bestimmte Daten lassen sich entweder nicht numerisch organisieren, das heißt, der Zugriff über die Satznummer ist nicht so einfach möglich, oder die Menge der festzuhaltenden Informationen ist für eine sequentielle Datei zu groß bzw. die Länge des Satzes überschreitet 255 Bytes.

In diesen Fällen empfiehlt sich der Einsatz einer ISAM-Datei. ISAM steht, sinngemäß übersetzt, für die Abkürzung Index-Sequentielle Adressierungs-Methode

14.2.1 Konzeption einer ISAM-Datei-Verwaltung

Was verbirgt sich nun hinter dieser Abkürzung? Das Wort "Index" läßt auf eine Random-Datei schließen. Eine Satznummer ist schließlich ein Index in die Datei. Das Wort "Sequentielle" läßt wiederum auf eine sequentielle Datei schließen. Oder sollte eine Kombination aus beiden gemeint sein? Richtig!

Anhand eines konkreten Beispieles werden wir gleich Licht ins Dunkle einer ISAM-Datei bringen. Eigentlich ist die Bezeichnung "ISAM-Datei" nicht korrekt gewählt, es handelt sich schließlich um zwei Dateien. Genaugenommen bezeichnet man die Random-Datei als "Daten-Datei" und die sequentielle Datei als "Index-Datei". Aber der Ausdruck "ISAM-Datei" hat sich eingebürgert, deshalb, und des besseren Verständnisses wegen, belassen wir es auch dabei. Das Konzept einer ISAM-Datei läßt sich wie folgt beschreiben: Die zu verwaltenden Daten werden in einer Random-Datei gespeichert. Die Satzlänge spielt hierbei keine Rolle und kann entsprechend der Datenstruktur definiert werden. Für den Zugriff wird ein Feld des Satzes festgelegt, dessen Inhalt zusammen mit der Nummer des jeweiligen Satzes in einer sequentiellen Datei gespeichert wird. Beim Zugriff wird die sequentielle Datei nach dem Suchbegriff durchsucht. Die hierbei gefundene Satznummer ermöglicht den Zugriff auf die Random-Datei. Dies hört sich im ersten Moment vielleicht etwas kompliziert an, Sie werden aber gleich sehen, daß es nur halb so schlimm ist.

14.2.2 Realisation einer ISAM-Datei-Verwaltung

In Kapitel 10 haben wir bereits ein Problem geschildert, für dessen Lösung sich eine ISAM-Datei hervorragend eignet. Es handelt sich hierbei um die Flut von Programmen und Dateien, die sich um Laufe der Arbeit mit dem PC in den Diskettenkästen ansammelt. Bei der Suche nach einem bestimmten Programm oder einer Datei geht es normalerweise so vor sich:

1. Das könnte da und da gespeichert sein. Also diese Disketten auf einen großen Stapel.

2. Erste Diskette in das Laufwerk, DIR und nachschauen, ob es die richtige Diskette ist. Wenn nicht, nächste Diskette, sonst: Glück gehabt.

3. Also auf diesen Disketten war es nicht drauf, was haben wir denn sonst noch so im Kästchen.

4. Und so weiter...

Da dem PC keine Arbeit zu langweilig ist, habe ich ihn mit der Verwaltung meiner Disketten betraut. Und es klappt wunderbar!

Dieses Programm umfaßt in der ursprünglichen Version an die 45 KByte, ist also eins von der größeren Sorte. Bei der Entwicklung stand für mich die Verwaltung von Textdateien im Vordergrund. Bei diesen Dateien handelt es sich um Übersetzungen, Artikel, Dokumentationen und Manuskripte, die bei Ihnen in diesem Umfang nicht anfallen. Außerdem sind eine Reihe von Features - z.B. das Durchsuchen der Dateien nach bestimmten Begriffen oder die Konvertierung verschiedener Formate - implementiert, die das Programm so umfangreich machen und die für Sie uninteressant sind. Ich habe dieses Programm etwas geändert, so daß die Disketten-Verwaltung universell einzusetzen ist. Im Anschluß an die folgenden theoretischen Betrachtungen finden Sie das komplette Listing mit Kommentaren und Erläuterungen, so daß eine Anpassung an Ihre speziellen Bedürfnisse kein Problem sein sollte.

Etwas Theorie: Zuerst einmal müssen Sie sich über den Aufbau der Random-Datei bzw. die Struktur der darin zu speichernden Sätze im klaren sein. Hierunter fällt auch die Entscheidung für das Feld, nach dem der Zugriff erfolgen soll.

14.2.3 Satzaufbau einer ISAM-Datei

Ein möglicher Satzaufbau könnte so aussehen:

Byte 01-12	Programmname
Byte 13-14	Disketten-Nummer
Byte 15-54	kurze Programmbeschreibung
Byte 55-64	Programmiersprache
Byte 65-nn	Weitere Informationen, individuell, wie Sie sie brauchen

Als Zugriffsfeld wählen Sie z.B. den Programmnamen.

Dateiverwaltung — 437

14.2.4 Daten erfassen bzw. eingeben

Danach wird festgelegt, wie die Daten erfaßt werden. Ich habe mich hier für den Einsatz einer Assembler-Routine entschieden, mit deren Hilfe das Directory der Diskette in ein Array gelesen wird. Von dort aus werden die Informationen weiterverarbeitet. Mühsames Eintippen der Daten entfällt dadurch. Im Folgenden finden Sie ein Beispielprogramm dazu. Nach leichten Änderungen kann diese Routine z.B. dazu eingesetzt werden, dem Anwender bei der Eingabe eines Dateinamens eine Auswahl der auf der Diskette vorhandenen Dateien anzuzeigen, aus denen er dann auswählt. Ein etwas konkreteres Beispiel zur selektiven Dateiauswahl finden Sie in Kapitel 8 zum Thema Assembler.

Hinweis: Um das folgende Programm korrekt ausführen zu können, müssen Sie GW-BASIC/BASICA mit dem Schalter /M aufrufen:

```
GWBASIC /M:54000
```

```
10 '----------------------------------------
20 'READ_DIR.BAS      1986 (C) H.J.Bomanns
30 '----------------------------------------
40 :
50 CLS:KEY OFF'
60 DIM DIR$(500):EINTRAG= 0
70 MP.START= &HE000
80 RESTORE 100
90 DEF SEG:FOR I=1 TO   151:READ X:POKE MP.START+I-1,X: NEXT I
100 DATA 250, 85,139,236, 30,  6,139,118,  6,139,  4
110 DATA  80,157,139,118, 14,138, 20,139,118, 16,138
120 DATA  52,139,118, 18,138, 12,139,118, 20,138, 44
130 DATA 139,118, 22,138, 28,139,118, 24,138, 60,139
140 DATA 118, 26,138,  4,139,118, 28,138, 36,139,118
150 DATA   8,139, 60, 80,139,118, 12,139,  4,142,192
160 DATA  88,139,118, 10,139, 52, 85,251,205, 33,250
170 DATA  93, 86,156,139,118, 28,136, 36,139,118, 26
180 DATA 136,  4,139,118, 24,136, 60,139,118, 22,136
190 DATA  28,139,118, 20,136, 44,139,118, 18,136, 12
200 DATA 139,118, 16,136, 52,139,118, 14,136, 20, 88
210 DATA 139,118,  6,137,  4, 88,139,118, 10,137,  4
220 DATA 140,192,139,118, 12,137,  4,139,118,  8,137
230 DATA  60,  7, 31, 93,251,202, 24,  0
240 MP.ENDE= MP.START+I-1
250 DOS.SN= MP.START
260 :
270 'In folgender Schleife wird die Adresse der Interrupt-Nummer ermittelt.
280 'An diese Adresse kann die BIOS-/DOS-Interrupt-Nummer gepoket werden.
290 :
300 FOR I= MP.START TO MP.ENDE:IF PEEK(I)= 205 THEN INT.ADR= I+1 ELSE NEXT
310 :
320 AL%=0: AH%=0: BL%=0: BH%=0: CL%=0: CH%=0: DL%=0: DH%=0: ES%=0: SI%=0: DI%=0: FLAGS%=0
330 INT.NR%= &H21:DEF SEG:POKE INT.ADR,INT.NR%
340 :
350 DTA$= SPACE$(64) 'Bereich für Ergebnis von FN 4Eh und 4Fh
360 DL%=PEEK(VARPTR(DTA$)+1):DH%=PEEK(VARPTR(DTA$)+2) 'Pointer auf DTA$
370 AH%= &H1A 'FN Set DTA (Disk transfer Adress)
380 DEF SEG: CALL DOS.SN(AH%, AL%, BH%, BL%, CH%, CL%, DH%, DL%, ES%, SI%, DI%, FLAGS%)
390 :
```

```
400 MASKE$="*.BAS"+CHR$(0) 'Alle Dateien suchen
410 DL%=PEEK(VARPTR(MASKE$)+1):DH%=PEEK(VARPTR(MASKE$)+2) 'Pointer auf MASKE$
420 AH%= &H4E 'FN Search first file
430 DEF SEG: CALL DOS.SN(AH%, AL%, BH%, BL%, CH%, CL%, DH%, DL%, ES%, SI%, DI%,
FLAGS%)
440 :
450 IF (FLAGS% AND 1)= 0 THEN 510 'Alles o.k., weitermachen.....
460 CLS
470 IF AL%=  2 THEN PRINT "Ungültige Maske angegeben....."
480 IF AL%= 18 THEN PRINT "Keine Einträge zu ";MASKE$;" gefunden....."
485 PRINT "Fehler: ";AL%
490 END
500 :
510 PRINT "Lese Directory.....":PRINT
520 GOSUB 670 'Daten vom DTA in das Array übertragen
530 AH%= &H4F 'Find next file
540 DEF SEG: CALL DOS.SN(AH%, AL%, BH%, BL%, CH%, CL%, DH%, DL%, ES%, SI%, DI%,
FLAGS%)
550 GOSUB 670 'Daten vom DTA in das Array übertragen
560 :
570 WHILE (FLAGS% AND 1)= 0
580   AH%= &H4F 'FN Finde next file
590   DEF SEG: CALL DOS.SN(AH%, AL%, BH%, BL%, CH%, CL%,DH%, DL%, ES%, SI%, DI%,
FLAGS%)
600   GOSUB 670 'Daten vom DTA in das Array übertragen
610 WEND 'Solange, bis FN 4Fh meldet, daß keine weiteren Einträge vorhanden
620 PRINT "Directory gelesen.....":PRINT
630 :
640 FOR I=1 TO EINTRAG:PRINT DIR$(I),:NEXT I
650 END
660 :
670 '----- Daten vom DTA in das Array übertragen -----
680 :
690 Y$="":I= 0
700 WHILE ASC(MID$(DTA$,&H1F+I,1))<> 0 'Ende des Namens= 0-Byte
710   Y$= Y$+MID$(DTA$,&H1F+I,1)
720   I=I+1
730 WEND
740 DIR$(EINTRAG)= Y$
750 EINTRAG= EINTRAG+1
760 RETURN
```

Im Detail

Ab Zeile 70 bis 250 das Maschinen-Programm in den vor PC-BASIC/BASICA geschützten Bereich gepoket. Hierbei handelt es sich um die schon mehrfach eingesetzte DOS-Schnittstelle, die in Kapitel 8 ausführlich erläutert ist. Anschließend wird über Funktion &H1A der DTA (engl.: disk transfer area, dt.: Datenübertragungs-Bereich) ab Zeile 350 bis 380 gesetzt. Dieser Bereich wird bei den folgenden Aufrufen für die Übergabe der Daten von der Diskette bzw. Festplatte an das Programm benötigt. Die Übertragung erfolgt über die Funktionen &H4E bzw. &H4F. Die Funktion &H4E durchsucht das aktuelle Directory nach dem ersten mit der angegebenen Maske übereinstimmenden Dateinamen (Zeile 400 bis 490). Als Ergebnis werden die Daten in den DTA übertragen oder es wird das Carry-Flag als Kennzeichen für einen aufgetretenen Fehler gesetzt. Im Fehlerfall wird in AL% eine Fehlernummer übergeben. Die Funktion &H4F sucht nach weiteren Einträgen, die mit der angegebenen Maske übereinstimmen,

Dateiverwaltung

und überträgt das Ergebnis ebenfalls in den DTA bzw. setzt das Carry-Flag, wenn keine weiteren Einträge vorhanden sind (Zeile 570 bis 620). Vom DTA werden die benötigten Daten, in diesem Fall nur der Dateiname, in ein Array für die spätere Verarbeitung übertragen (ab Zeile 670). Bezüglich der hier eingesetzten Funktionen 1Ah, 4Eh und 4Fh darf ich Sie auf den Anhang verweisen.

Damit wäre dann auch die Frage nach der Dateneingabe für die Diskettenverwaltung beantwortet. Nach dem Einlesen eines Directorys werden die Daten aus dem Array nacheinander in die Eingabemaske übertragen. Dort können dann die noch fehlenden Informationen, z.B. zur Programmfunktion, der Programmiersprache oder der Disketten-Nummer, eingegeben werden.

14.2.5 Speichern in einer ISAM-Datei

Die Speicherung der Daten in der ISAM-Datei geschieht folgendermaßen: Zuerst wird die sequentielle Datei eingelesen:

```
290  .....
300  OPEN "PV.SEQ" FOR INPUT AS #1
310  SATZ= 1
320  WHILE NOT EOF(1)
330    INPUT #1, PRG.NAME$(SATZ),SATZ.NR%(SATZ)
340  WEND
350  CLOSE #1
360  LETZTER.SATZ= SATZ-1
370  .....
```

Damit haben Sie alle bisher gespeicherten Programmnamen und die Satznummern der Sätze, in denen die Informationen in der Random-Datei gespeichert sind, im Speicher. Sie können zur Sicherheit die Programmnamen mit denen in DIR$() vergleichen, um doppelte Daten herauszufinden und in DIR$() zu löschen.

Dies ist jedoch nicht ganz ungefährlich, da durchaus Programme oder Dateien mit gleichem Namen auf verschiedenen Disketten gespeichert sein können. In diesem Fall muß dann der entsprechende Satz aus der Random-Datei gelesen und die signifikanten Daten müssen verglichen werden, bevor eine Löschung in DIR$() erfolgt. Dann kann es endlich an die Speicherung der neu eingelesenen Daten gehen:

```
490  .....
500  OPEN "R",#1,"PV.DAT",450
510  FIELD #1, <SATZBESCHREIBUNG>
520  GET#1,1
530  RAND.SATZ= VAL(P.NAME$)
540  FOR I=0 TO EINTRAG
550    LETZTER.SATZ= LETZTER.SATZ+1
560    PRG.NAME$(LETZTER.SATZ)= DIR$(I)
570    SATZ.NR%(LETZTER.SATZ)= RAND.SATZ
580    LSET <Daten aus DIR$()> = <Feld>
590    LSET .....
600    LSET .....
610    PUT#1,RAND.SATZ
620    RAND.SATZ= RAND.SATZ+1
```

```
630 NEXT I
640 LSET P.NAME$= STR$(RAND.SATZ)
650 PUT #1,1
660 CLOSE #1
670 .....
```

Im Detail

Die Daten der sequentiellen Datei befinden sich noch im Speicher. Dazu wird die Random-Datei geöffnet. In Zeile 510 wird die FIELD-Anweisung entsprechend Ihres Datensatzes angegeben. In Zeile 520 wird der erste Satz der Random-Datei gelesen. Diesen Satz "mißbrauchen" wir als Steuersatz, das heißt, im ersten Feld des Satzes wird die nächste zu belegende Satznummer der Random-Datei festgehalten. Nach dem Speichern wird hier die neue letzte Satznummer festgehalten (Zeile 640/650). In einer Schleife werden nun der Programmname aus DIR$() und die Satznummer RAND.SATZ in die Arrays für die sequentielle Datei (PRG.NAME$() und SATZ.NR%()) übertragen. Hierbei wird der Zähler LETZTER.SATZ jeweils erhöht. Über LSET werden dann die Daten aus DIR$() in den Puffer für die Random-Datei übertragen und in Zeile 610 in die Datei geschrieben. Auch hier wird ein Zähler RAND.SATZ jeweils erhöht. Nachdem Satznummer 1 der Random-Datei um die letzte Satznummer aktualisiert wurde, ist die Aktion beendet. Sie können dann die sequentielle Datei ebenfalls speichern (sicherer!) und/oder für weitere Zugriffe im Speicher behalten.

14.2.6 Suchen in einer ISAM-Datei

Für das Suchen von Daten muß sich die sequentielle Datei komplett im Speicher befinden. In den meisten Fällen ist dies kein Problem. Bei größeren Datenbeständen müssen Sie über eine spezielle Verwaltung dafür Sorge tragen, daß Teile der sequentiellen Datei eingelesen werden können. Hier setzen Sie z.B. einen Zähler, der die fortlaufende Nummer des zuletzt gelesenen Satzes festhält. Wenn der nächste Teil geladen werden soll, werden alle Sätze bis zu diesem Zähler überlesen. Die dann folgenden Sätze lesen Sie dann in das Array ein.

Der eigentliche Suchvorgang läßt sich z.B. so realisieren. Ich setze voraus, daß die Random-Datei bereits geöffnet ist und die sequentielle Datei sich im Speicher befindet:

```
290 .....
300 INPUT "Name des Programms/der Datei: ";SUCH$
310 GOSUB 500 'Suchroutine
320 GOSUB 900 'Daten anzeigen
...
...
...
500 FOR I= 1 TO LETZTER.SATZ
510   IF SUCH$= PRG.NAME$(I) THEN 540
520 NEXT I
530 PRINT "Suchbegriff nicht gefunden"
540 NICHT.GEFUNDEN= 1:RETURN
```

```
540 RAND.SATZ= SATZ.NR%(I)
550 GET#1, RAND.SATZ
560 NICHT.GEFUNDEN= 0:RETURN
570 .....
```

14.2.7 Löschen in einer ISAM-Datei

Das Löschen von Daten sollte in zwei Teilen geschehen. Wie eingangs erwähnt, hat jeder Satz ein Feld für das Lösch-Kennzeichen. Dieses wird beim Löschen auf 1 gesetzt. Bei weiteren Zugriffen kann anhand dieses Kennzeichens der Hinweis "Satz gelöscht" ausgegeben werden. Wenn man es sich anders überlegt, kann das Kennzeichen auch wieder auf 0 gesetzt und die Löschung dadurch annulliert werden. Durch ein gesondertes Programm muß von Zeit zu Zeit eine Reorganisation der Dateien vorgenommen werden. Andernfalls haben Sie unnötig große Dateien, die womöglich aus mehr Lösch- als Datensätzen bestehen. Dieses Reorg-Programm macht nun nichts weiter, als die Random-Datei sequentiell zu lesen. Sätze mit Löschkennzeichen werden überlesen. Aktuelle Sätze werden in eine zweite Datei gleichen Formats geschrieben. Parallel dazu wird die sequentielle Datei im Speicher neu aufgebaut. Nach Abschluß der Aktion wird die alte Random-Datei gelöscht und die zweite wird umbenannt. Die alte sequentielle Datei kann einfach überschrieben werden, indem FOR OUTPUT geöffnet wird und die Arrays aus dem Speicher hineingeschrieben werden.

Einige Leser werden jetzt sagen: "Gut, so wie es aussieht, kann ich aber nur nach dem Programmnamen suchen?" Dies ist auf den ersten Blick richtig. Sie können aber weitere sequentielle Dateien durch ein spezielles Programm erstellen, in denen der Zugriff z.B. über das Feld "Programmiersprache" erfolgen kann. Dieses Programm liest die Random-Datei wieder sequentiell und überträgt Feldinhalte und Satznummer in die zu erstellende Datei. Beim Suchen wird dann jeweils die sequentielle Datei geladen, nach deren Kriterien gesucht werden soll. Probleme tauchen hier natürlich beim Ändern, Löschen oder Ergänzen auf. Schließlich sind dabei alle vorhandenen sequentiellen Dateien zu aktualisieren. Das bedeutet nicht nur Ausführungszeit, sondern vor allem Programmieraufwand. Letztendlich müssen Sie aber entscheiden, was notwendig ist und wie komfortabel Ihr Programm werden soll. Eine weitere Möglichkeit, nach Daten zu suchen, die nicht über eine sequentielle Datei erfaßt sind, besteht darin, die Random-Datei sequentiell zu lesen und jeden Satz mit dem Suchbegriff zu vergleichen. Die Ausführungs-Zeit ist zwar ebenfalls beträchtlich, Sie ersparen sich aber immerhin die Aktualisierung der einzelnen sequentiellen Dateien.

14.3 ISAM in der Praxis - Diskettenverwaltung

Hier nun das komplette Listing zur Diskettenverwaltung. Wo es mir angebracht schien, habe ich Kommentare oder Erläuterungen eingebaut, so daß eine Anpassung an Ihre speziellen Bedürfnisse leicht vorgenommen werden kann:

```
10 '------------------------------
20 'PDV.BAS    1986 (C) H.J.Bomanns
30 '------------------------------
40 '
50 COLOR 7,0:CLS:OUT &H3D9,0:KEY OFF:ON ERROR GOTO 8950
60 PRINT "Initialisierung ";CHR$(254);:LOCATE ,POS(0)-1,1,0,31
70 GOTO 1040 'Upros überspringen
```

Die folgenden Unterprogramme werden übersprungen. Bei einem GOSUB durchsucht der Interpreter das Programm ab der ersten Programmzeile. Es geht also etwas schneller, wenn alle Upros am Programmanfang stehen.

```
80 '
90 '----- Upros -----
```

Die Upros Fußzeile und Kopfzeile sorgen für die Anzeige der aktuellen Bezeichnung im Kopf und die aktuelle Tastenbelegung im Fuß der Maske.

```
100 '
110 '----- Fußzeile anzeigen -----
120 COLOR SCHRIFT.VG, SCHRIFT.HG
130 LOCATE 23,3,0:PRINT FUSS$;SPACE$(80-POS(0));
140 RETURN
150 '----- Kopfzeile anzeigen -----
160 COLOR HINWEIS.VG, HINWEIS.HG
170 LOCATE 2,16,0:PRINT KOPF$;
180 COLOR SCHRIFT.VG,SCHRIFT.HG
190 PRINT SPACE$(58-POS(0));
200 RETURN
```

Das Upro Fenster löschen löscht den Bereich zwischen Kopf- und Fußteil der Maske.

```
210 '----- Fenster löschen -----
220 LOCATE CSRLIN,POS(0),0
230 COLOR SCHRIFT.VG,SCHRIFT.HG:VIEW PRINT 4 TO 21:CLS:VIEW PRINT
240 RETURN
```

Die beiden folgenden Upros sichern den aktuellen Bildschirminhalt bzw. restaurieren ihn. Dies geschieht mit einer Assembler-Routine, die das ganze in Sekundenbruchteilen erledigt. Dadurch können Hinweise etc. auf den Bildschirm ausgegeben werden, ohne daß Verzögerungen durch den Neuaufbau der Maske per PRINT entstehen. Es wird einfach der alte Bildschirm wieder hergestellt. Eine detaillierte Beschreibung dieser Routine finden Sie in Kapitel 7 bei der Hilfe-Funktion.

```
250 '----- Bildschirm sichern -----
260 PUFFER.OFS%= VARPTR(PUFFER%(0))
270 DEF SEG: CALL SAVESCRN(PUFFER.OFS%)
280 RETURN
290 '----- Bildschirm zurück -----
300 PUFFER.OFS%= VARPTR(PUFFER%(0))
310 DEF SEG: CALL RESISCRN(PUFFER.OFS%)
320 RETURN
330 '----- Aktuelle Zeile löschen -----
340 LOCATE CSRLIN,1:COLOR SCHRIFT.VG,SCHRIFT.HG
```

Dateiverwaltung — 443

```
350 PRINT SPACE$(79);
360 RETURN
```

Das Upro Hinweis ausgeben gibt einen beliebigen Hinweis-Text in Zeile 25 aus. Zur Bestätigung des Hinweises muß irgendeine Taste gedrückt werden.

```
370 '----- Hinweis ausgeben und auf Taste warten -----
380 LOCATE 25,1:COLOR HINWEIS.VG,HINWEIS.HG
390 PRINT HINWEIS$;" ";CHR$(254);" ";:LOCATE CSRLIN,POS(0)-2,1,0,31:BEEP
400 X$=INKEY$:IF X$= "" THEN 400
410 LOCATE 25,1:COLOR SCHRIFT.VG,SCHRIFT.HG
420 PRINT SPACE$(LEN(HINWEIS$)+3);
430 RETURN
```

Hier wird die Maske ausgegeben. Damit es etwas schneller geht, wird die in Kapitel 3 erläuterte Routine für die schnelle Bildschirmausgabe eingesetzt. Das Aussehen der Maske wird in der Initialisierung über die Variable MASKE$ festgelegt.

```
440 '----- Maske ausgeben -----
450 DEF SEG= MONITOR.ADR:ATTR%= PEEK(1):SPALTE%= 1
460 FOR I= 4 TO 21
470    ZEILE%= I
480    DEF SEG: CALL FASTSCRN(ZEILE%,SPALTE%,ATTR%,MASKE$(I-3))
490 NEXT I
500 RETURN
```

Dieses Upro liest einen einzelnen Satz aus der Random-Datei und bereitet ihn für die Anzeige auf.

```
510 '----- Aktuellen Satz lesen und anzeigen -----
520 'AKT.RAN.SATZ= Satz-Nr. für Random-Datei
530 GET#2,AKT.RAN.SATZ:X$= R.DATEN$
540 ATTR%= EINGABE.ATTR
550 FOR I=1 TO 14 '14 Felder in R.DATEN$ bzw. X$
560    TEXT$(I)= MID$(X$,ZEIGER(I,1),ZEIGER(I,2)) 'Für Anzeige
570 NEXT I
580 TEXT$(4)= TEXT$(4)+"."+TEXT$(5)+"."+TEXT$(6) 'Datum
590 TEXT$(5)= TEXT$(7)+":"+TEXT$(8) 'Zeit
600 FOR I= 6 TO 11:TEXT$(I)= TEXT$(I+3):NEXT I
610 TEXT$(12)= R.BESCHR1$:TEXT$(13)= R.BESCHR2$:TEXT$(14)= R.BESCHR3$
620 FOR I=1 TO 14
630    ZEILE%= FELD(I,1):SPALTE%= FELD(I,2)
640    X$= SPACE$(FELD(I,3)) 'Länge
650    LSET X$= TEXT$(I)
660    DEF SEG: CALL FASTSCRN(ZEILE%,SPALTE%,ATTR%,X$)
670 NEXT I
680 LOCATE 9,24,0:COLOR EINGABE.VG,EINGABE.HG
690 ATTRIBUT= ASC(TEXT$(6))
700 FOR I= 0 TO 7
710    IF (ATTRIBUT AND 2^I)<>0 THEN PRINT ATTRIBUT$(I);",";
720 NEXT I
730 RETURN
```

Im folgenden Upro wird die Eingabe in die einzelnen Felder gesteuert. Die Parameter für die Feldpositionen werden in der Initialisierung im Array FELD(x,y) festgelegt.

```
740 '----- Daten für angezeigten Satz einlesen -----
750 ZURUECK= 0:FELD= 7
760 WHILE NOT ZURUECK 'Solange, bis Rückkehrbedingung erfüllt
770   ZEILE= FELD(FELD,1):SPALTE= FELD(FELD,2):LAENGE= FELD(FELD,3)
780   INSTRING$= TEXT$(FELD)
790   GOSUB 9050 'Upro Einlesen
800   TEXT$(FELD)= INSTRING$
810   IF TASTE= 72 THEN FELD= FELD-1:IF FELD= 6 THEN FELD= 14
820   IF TASTE= 80 OR X$=CHR$(13) THEN FELD= FELD+1:IF FELD= 15 THEN FELD= 7
830   IF TASTE= 68 OR TASTE=73 OR TASTE= 81 OR X$= CHR$(27) THEN ZURUECK= -1
840   'Tasten [F10], [PgUp], [PgDn] und [ESC] beenden das Upro
850 WEND
860 RETURN
```

Hier wird der momentan angezeigte Satz weggeschrieben, wenn eine Änderung oder Ergänzung erfolgte.

```
870 '----- Aktuellen Satz speichern -----
880 IF NOT AENDERUNG THEN RETURN
890 Y$= TEXT$(4): X$= TEXT$(5) 'Werden überschrieben, deshalb festhalten
900 LSET R.BESCHR1$= TEXT$(12)
910 LSET R.BESCHR2$= TEXT$(13)
920 LSET R.BESCHR3$= TEXT$(14)
930 FOR I= 14 TO 6 STEP-1:TEXT$(I)= TEXT$(I-3):NEXT
940 TEXT$(4)= LEFT$(Y$,2):TEXT$(5)= MID$(Y$,4,2):TEXT$(6)= RIGHT$(Y$,2) 'Datum
950 TEXT$(7)= LEFT$(X$,2):TEXT$(8)= RIGHT$(X$,2) 'Zeit
960 X$= SPACE$(142)
970 FOR I=1 TO 14
980   MID$(X$,ZEIGER(I,1),ZEIGER(I,2))= TEXT$(I)
990 NEXT I
1000 LSET R.DATEN$= X$
1010 PUT#2,AKT.RAN.SATZ
1020 RETURN
```

Ab hier erfolgt die Initialisierung des Programms. Allen Variablen werden Werte zugewiesen, und das Maschinen-Programm wird in den Speicher gebracht. Das Programm arbeitet in weiten Teilen parametergesteuert, so daß viele grundlegende Änderungen in diesem Programmteil erfolgen können.

```
1030 '
1040 '----- Variablen und Arrays initialisieren -----
1050 '
1060 DIM PUFFER%(2000) 'Für Sichern des Bildschirms
1070 DIM MERKER(512) 'Register der Satz-Nr. für Suchen
1080 MAX.MENU= 3:MAX.MENU.EINTRAG= 5
1090 DIM MENU.EINTRAG(MAX.MENU)
1100 MENU.EINTRAG(1)= 5: MENU.EINTRAG(2)= 4: MENU.EINTRAG(3)= 4
1110 FOR I=1 TO 10: KEY I,"":NEXT 'Funktionstasten-Belegung löschen
1120 DIM MENU$(MAX.MENU,MAX.MENU.EINTRAG)
1130 DIM KOPF$(3),FUSS$(3),DIR$(512),INDEX$(512),MASKE$(18)
1140 DIM TEXT$(14)' 14 Felder für die Anzeige
1150 DIM FELD(14,3) 'Zeile,Spalte,Länge
1160 RESTORE 1170:FOR I= 1 TO 14:READ FELD(I,1),FELD(I,2),FELD(I,3):NEXT I
1170 DATA 5,24,12, 5,56,11, 7,24,7, 7,56,8, 7,65,5, 9,24,50, 11,24,15, 11,56,20, 13,24,1, 13,56,1, 15,8,64, 18,3,70, 19,3,70, 20,3,70
1180 DIM ZEIGER(14,2) 'Zeiger in R.DATEN$ und Länge des Feldes
1190 RESTORE 1200:FOR I=1 TO 14:READ ZEIGER(I,1),ZEIGER(I,2):NEXT I
1200 DATA 1,12, 31,11, 13,7, 20,2, 22,2, 24,2, 26,2, 28,2, 30,1, 106,15, 123,20, 121,1, 122,1, 42,64
1210 DIM ATTRIBUT$(7)
1220 RESTORE 1230:FOR I=0 TO 7:READ ATTRIBUT$(I):NEXT
```

Dateiverwaltung

```
1230 DATA ReadOnly,Hidden,System,Volume,Directory,Archiv,?,?
1240 KOPF$(1)=
"┌─────────────────────────────────────────────────────────────────────┐"
1250 KOPF$(2)= "│ PDV V2.00                                      1985 (C)
H.J. Bomanns │"
1260 KOPF$(3)=
"└─────────────────────────────────────────────────────────────────────┘"
1270 MENU$(1,1)= "• Eintrag suchen / bearbeiten •"
1280 MENU$(1,2)= "• Neue Daten von Diskette einlesen •"
1290 MENU$(1,3)= "• Daten-Datei wählen •"
1300 MENU$(1,4)= "• Listen ausgeben •"
1310 MENU$(1,5)= "• Programm beenden •"
1320 MENU$(2,1)= "• nach Programmnamen •"
1330 MENU$(2,2)= "• nach MATCHCODE •"
1340 MENU$(2,3)= "• sequentiell anzeigen •"
1350 MENU$(2,4)= "• zum Haupt-Menü •"
1360 MENU$(3,1)= "• auf den Bildschirm •"
1370 MENU$(3,2)= "• auf den Drucker •"
1380 MENU$(3,3)= "• in eine Datei •"
1390 MENU$(3,4)= "• zum Haupt-Menü •"
1400 FUSS$(1)=
"┌─────────────────────────────────────────────────────────────────────┐"
1410 FUSS$(2)= "│ Wählen mit ["+CHR$(24)+"] und ["+CHR$(25)+"] , ["+CHR$(17)+"┘]=
Ausführen                    │"
1420 FUSS$(3)=
"└─────────────────────────────────────────────────────────────────────┘"
1430 '
1440 MASKE$(1)=
"┌─────────────────────────────────────────────────────────────────────┐"
1450 MASKE$(2)= "│ Programm-Name......: _____.___      Disk-ID.......: _____
Satz:      │"
1460 MASKE$(3)= "│
│"
1470 MASKE$(4)= "│ Größe..............: _____ Bytes    Datum/Zeit....:
xx.xx.xx/xx:xx        │"
1480 MASKE$(5)= "│
│"
1490 MASKE$(6)= "│ Attribut-Bytes.....: _____
│"
1500 MASKE$(7)= "│
│"
1510 MASKE$(8)= "│ Programmier-Sprache: _____    Programm-Paket:
_____        │"
1520 MASKE$(9)= "│
│"
1530 MASKE$(10)= "│ Source-Code........: _ (J/N)        Object-Code...: _ (J/N)
│"
1540 MASKE$(11)= "│
│"
1550 MASKE$(12)= "│ von:
│"
1560 MASKE$(13)= "│
│"
1570 MASKE$(14)= "│ Beschreibung:
│"
1580 MASKE$(15)= "│
│"
1590 MASKE$(16)= "│_____
│"
1600 MASKE$(17)= "│_____
│"
1610 MASKE$(18)=
"└─────────────────────────────────────────────────────────────────────┘"
```

```
1630 BEARBEITUNG= 0 'Keine Datei in Arbeit
1640 LW$= "C:": PFAD$="\BASIC\": DATEI.NAME$="PDV.SEQ"
1650 VON.LW$= "A:": VON.PFAD$= "\": DATEI.MASKE$= "*.*"
1660 AKT.MENU= 1
```

Hier erfolgt die Initialisierung der Maschinensprache-Routinen. Diese setzt sich aus der in Kapitel 11 beschriebenen Routine für die schnelle Bildschirmausgabe, aus der in Kapitel 9 beschriebenen DOS-Schnittstelle und aus der in Kapitel 11 beschriebenen Routine zum Sichern bzw. Restaurieren des Bildschirminhalts zusammen.

```
1670 '
1680 '----- Maschinenprogramm initialisieren -----
1690 '
1700 'Data-Zeilen aus COM-Datei: \masm\bas_asm\dos_sn.com
1710 :
1720 MP.START= &HE000
1730 RESTORE 1750
1740 DEF SEG:FOR I=1 TO  151:READ X:POKE MP.START+I-1,X: NEXT I
1750 DATA 250, 85,139,236,  30,  6,139,118,  6,139,  4
1760 DATA  80,157,139,118, 14,138, 20,139,118, 16,138
1770 DATA  52,139,118, 18,138, 12,139,118, 20,138, 44
1780 DATA 139,118, 22,138, 28,139,118, 24,138, 60,139
1790 DATA 118, 26,138,  4,139,118, 28,138, 36,139,118
1800 DATA   8,139, 60, 80,139,118, 12,139,  4,142,192
1810 DATA  88,139,118, 10,139, 52, 85,251,205, 33,250
1820 DATA  93, 86,156,139,118, 28,136, 36,139,118, 26
1830 DATA 136,  4,139,118, 24,136, 60,139,118, 22,136
1840 DATA  28,139,118, 20,136, 44,139,118, 18,136, 12
1850 DATA 139,118, 16,136, 52,139,118, 14,136, 20, 88
1860 DATA 139,118,  6,137,  4, 88,139,118, 10,137,  4
1870 DATA 140,192,139,118, 12,137,  4,139,118,  8,137
1880 DATA  60,  7, 31, 93,251,202, 24,  0
1890 DOS.SN= MP.START
1900 :
1910 'Data-Zeilen aus COM-Datei: fastscrn.com
1920 :
1930 MP.START= MP.START+I : RESTORE 1950
1940 DEF SEG:FOR I=1 TO  105:READ X:POKE MP.START+I-1,X: NEXT I
1950 DATA  85,139,236, 30,  6,139,118, 12,138, 28,176
1960 DATA 160,246,227, 45,160,  0, 80,139,118, 10,138
1970 DATA  28,176,  2,246,227, 91,  3,195, 72, 72, 80
1980 DATA 139,118,  8,138, 36,139,118,  6,138, 12,181
1990 DATA   0,139,116,  1, 80,191,  0,176,179,  0,205
2000 DATA  17, 37, 48,  0, 61, 48,  0,116,  6,129,199
2010 DATA   0,  8,179,  1,142,199, 88, 95,252,186,218
2020 DATA   3,128,251,  0,116, 11,236,208,216,114,246
2030 DATA 250,236,208,216,115,251,172,251,171,226,235
2040 DATA   7, 31, 93,202,  8,  0
2050 FASTSCRN= MP.START
2060 'Data-Zeilen aus COM-Datei: bs_store.com
2070 :
2080 MP.START= MP.START+I : RESTORE  2100
2090 DEF SEG:FOR I=1 TO  116:READ X:POKE MP.START+I-1,X: NEXT I
2100 DATA 235, 41,144, 85,139,236, 30,  6,139,118,  6,139,  4
2110 DATA 139,240,191,  0,176,179,  0,205, 17, 37, 48,  0, 61
2120 DATA  48,  0,116,  6,129,199,  0,  8,179,  1,142,199, 51
2130 DATA 255,235, 40,144, 85,139,236, 30,  6,139,118,  6,139
2140 DATA   4,139,248, 30,  7,190,  0,176,179,  0,205, 17, 37
2150 DATA  48,  0, 61, 48,  0,116,  6,129,198,  0,  8,179,  1
2160 DATA 142,222, 51,246,185,208,  7,252,186,218,  3,128,251
2170 DATA   0,116, 11,236,208,216,114,246,250,236,208,216,115
```

Dateiverwaltung

```
2180 DATA 251,173,251,171,226,235, 7, 31, 93,202, 2, 0
2190 SAVESCRN= MP.START : RESTSCRN= MP.START+3
```

Im folgenden Upro wird festgestellt, ob ein Farb- oder ein Monochrom-Monitor angeschlossen ist. Abhängig davon werden die Farben gesetzt. Hierbei werden die Farben gemäß eines "Aufgabengebietes" gesetzt. Dadurch erscheinen z.B. alle Eingaben immer in der gleichen Farbe.

```
2200 '
2210 '----- Welcher Monitor? -----
2220 '
2230 DEF SEG=0:IF (PEEK(&H410) AND &H30)= &H30 THEN GOTO 2360
2240 '
2250 '----- Farben für Color-BS festlegen -----
2260 '
2270 MONITOR$="C": MONITOR.ADR= &HB800
2280 HG        = 1                    'Blauer Hintergrund
2290 SCHRIFT.VG= 7:SCHRIFT.HG= HG 'Graue Schrift, blauer Hintergrund
2300 HINWEIS.VG= 15:HINWEIS.HG=  4 'Weiße Schrift, roter Hintergrund
2310 EINGABE.VG= 15:EINGABE.HG=  2 'Weiße Schrift, grüner Hintergrund
2320 FENSTER.ATTR= 79 'Weiß auf Rot
2330 EINGABE.ATTR= 47 'Weiß auf Grün
2340 GOTO 2460 'Weiter im Programm
2350 '
2360 '----- Farben für Mono-BS festlegen -----
2370 '
2380 MONITOR$="M": MONITOR.ADR= &HB000
2390 HG        = 0 'Schwarzer Hintergrund
2400 SCHRIFT.VG= 7 :SCHRIFT.HG= HG 'Hellgraue Schrift, schwarzer Hintergrund
2410 HINWEIS.VG= 0 :HINWEIS.HG=  7 'Hellgrau revers
2420 EINGABE.VG= 15 :EINGABE.HG= HG 'Weiße Schrift, schwarzer Hintergrund
2430 FENSTER.ATTR= 112 'Schwarz auf HGrau
2440 EINGABE.ATTR= 112 'Schwarz auf HGrau
```

Ab hier wird das Menü ausgegeben, die Tastatur abgefragt und der gewählte Programmteil aufgerufen. Die Anzeige des Menüs erfolgt mit der in Kapitel 3 vorgestellten Routine für die schnelle Bildschirmausgabe.

```
2450 '
2460 '----- Hauptmenü -----
2470 '
2480 LOCATE CSRLIN,POS(0),0
2490 COLOR SCHRIFT.VG,SCHRIFT.HG:CLS 'Bildschirm initialisieren
2500 OUT &H3D9,HG 'Hintergrund= Rahmenfarbe
2510 DEF SEG= MONITOR.ADR:ATTR%= PEEK(1): SPALTE%= 1
2520 FOR I=1 TO 3:ZEILE%= I
2530   DEF SEG:CALL FASTSCRN(ZEILE%,SPALTE%,ATTR%,KOPF$(I))
2540 NEXT I
2550 KOPF$= " Haupt-Menü ":GOSUB 150
2560 SPALTE%= 7:ANZG.ZEILE= 5
2570 DEF SEG= MONITOR.ADR:ATTR%= PEEK(1) 'Muß leider doppelt
2580 FOR I=1 TO MENU.EINTRAG(AKT.MENU):ZEILE%= ANZG.ZEILE+I
2590   DEF SEG:CALL FASTSCRN(ZEILE%,SPALTE%,ATTR%,MENU$(AKT.MENU,I))
2600 NEXT I
2610 SPALTE%= 1
2620 FOR I=22 TO 24:ZEILE%= I
2630   DEF SEG:CALL FASTSCRN(ZEILE%,SPALTE%,ATTR%,FUSS$(I-21))
2640 NEXT I
2650 '
2660 '----- Menüsteuerung -----
2670 '
```

```
2680 IF (AKT.MENU=1) AND (NOT BEARBEITUNG) THEN EINTR= 3:GOTO 2700 'Vorpositionieren
2690 EINTR= 1 'Zeile des Menüeintrages
2700 GOSUB 3030 'Balken ein
2710 X$= INKEY$:IF X$="" THEN 2710
2720 IF X$=CHR$(27) AND AKT.MENU> 1 THEN AKT.MENU=1:GOSUB 210:GOTO 2510 'Fenster
löschen, Haupt-Menü
2730 IF X$=CHR$(13) THEN 2830 'Taste [<┘] gedrückt
2740 IF LEN(X$)<> 2 THEN BEEP:GOTO 2710 'Außer CR keine andere Taste erlaubt
2750 TASTE= ASC(RIGHT$(X$,1))
2760 IF TASTE<> 72 AND TASTE<> 80 THEN BEEP:GOTO 2710 'nur CRSR-hoch/runter
2770 IF TASTE= 72 THEN GOSUB 3100:EINTR= EINTR-1 'Balken aus und hoch
2780 IF TASTE= 80 THEN GOSUB 3100:EINTR= EINTR+1 'Balken aus und runter
2790 IF EINTR< 1 THEN EINTR= MENU.EINTRAG(AKT.MENU)
2800 IF EINTR> MENU.EINTRAG(AKT.MENU) THEN EINTR= 1
2810 GOTO 2700
2820 '
2830 GOSUB 3100 'Balken aus
2840 COLOR SCHRIFT.VG,SCHRIFT.HG
2850 ON AKT.MENU GOTO 2860,2880,2900 'Menü 1, 2 und 3
2860 ON EINTR GOTO 2930,4760,5900,2940,6550
2870 '           Suchen/bearbeiten, einlesen, Datei wählen, Listen, ENDE
2880 ON EINTR GOTO 4370,4190,4100,2960 'Menü " SUCHEN "
2890 '           Pr.-Name, Match-Code, sequentiell, Haupt-Menü
2900 ON EINTR GOTO 3420,3310,3170,2960 'Menü "LISTEN "
2910 '           BS, Drucker, Datei, Haupt-Menü
2920 '
2930 IF BEARBEITUNG THEN AKT.MENU= 2:KOPF$=" Suchen / Bearbeiten ":GOSUB 150:GOSUB
 210:GOTO 2560 ELSE 2980
2940 IF BEARBEITUNG THEN AKT.MENU= 3:KOPF$=" Listen ausgeben ":GOSUB 150:GOSUB
 210:GOTO 2560 ELSE 2980
2950 '
2960 AKT.MENU= 1:GOSUB 210:GOTO 2550 'Fenster löschen
2970 '
2980 HINWEIS$= "Keine Daten-Datei gewählt, beliebige Taste ":GOSUB 370
2990 GOTO 2660 'Weiter mit Menü-Steuerung
3000 HINWEIS$= "Daten-Datei ist noch leer, beliebige Taste ":GOSUB 370
3010 GOTO 2660 'Weiter mit Menü-Steuerung
3020 '
3030 '----- Balken ein -----
3040 '
3050 LOCATE EINTR+5,7,0
3060 COLOR HINWEIS.VG,HINWEIS.HG
3070 PRINT MENU$(AKT.MENU,EINTR);
3080 RETURN
3090 '
3100 '----- Balken aus -----
3110 '
3120 LOCATE EINTR+5,7,0
3130 COLOR SCHRIFT.VG,SCHRIFT.HG
3140 PRINT MENU$(AKT.MENU,EINTR)
3150 RETURN
```

Ab hier folgen die List-Ausgabe-Routinen für Bildschirm, Datei und Drucker. Auf Schönheit wurde kein Wert gelegt; schließlich handelt es sich um ein Dienstprogramm. Änderungen dürften aber keine Probleme bereiten.

```
3160 '
3170 '----- Liste in Datei ausgeben -----
3180 '
3190 IF SEQ.SATZ= 0 THEN 3000 'Daten-Datei leer
3200 KOPF$= " Liste in Datei ausgeben "
3210 DATEIAUSGABE= -1:DRUCKEN= 0
3220 LOCATE 20,1:COLOR HINWEIS.VG,HINWEIS.HG
```

```
3230 PRINT " Name der Datei für Listenausgabe: "
3240 FUSS$="["+CHR$(17)+"J]= Eingabe o.k., [ESC]= zurück":GOSUB 110
3250 INSTRINGS$="PDV_LIST.TXT":ZEILE= 20:SPALTE=36:LAENGE=12:GOSUB 9050
3260 IF X$= CHR$(27) THEN GOSUB 210:GOTO 2940 'Fenster löschen, Menü
3270 AUSGABE.DATEI$= INSTRING$
3280 OPEN AUSGABE.DATEI$ FOR OUTPUT AS #9
3290 GOTO 3470 'Sortieren und ausgeben
3300 '
3310 '----- Liste auf Drucker ausgeben -----
3320 '
3330 IF SEQ.SATZ= 0 THEN 3000 'Daten-Datei leer
3340 KOPF$=" Liste auf Drucker ausgeben "
3350 DRUCKEN= -1:DATEIAUSGABE= 0
3360 HINWEIS$="Papier justieren, beliebige Taste drücken, [ESC]= zurück ":GOSUB 370
3370 IF X$= CHR$(27) THEN 3260 'Fenster löschen, Menü
3380 LPRINT CHR$(27);"N";CHR$(5); '5 Zeilen über Perforation
3390 LPRINT "PDV V2.00":LPRINT STRING$(80,"="):LPRINT:LPRINT
3400 GOTO 3470 'Sortieren und ausgeben
3410 '
3420 '----- Liste auf Bildschirm -----
3430 '
3440 IF SEQ.SATZ= 0 THEN 3000 'Daten-Datei ist leer
3450 KOPF$= " Liste auf Bildschirm ausgeben "
3460 DRUCKEN= 0:DATEIAUSGABE= 0
3470 GOSUB 150 'Kopfzeile ausgeben
3480 FUSS$="Daten werden sortiert:":GOSUB 110
3490 COLOR HINWEIS.VG,HINWEIS.HG
3500 '
3510 LINKS=0:RECHTS=1:TAB.ANFANG=0:TAB.ENDE=SEQ.SATZ-1:DURCHGANG=1:TAB.INDEX(1,LINKS)=TAB.ANFANG:TAB.INDEX(1,RECHTS)=TAB.ENDE
3520 LOCATE 23,25:PRINT USING "###";DURCHGANG
3530 TAB.ANFANG=TAB.INDEX(DURCHGANG,LINKS)
3540 TAB.ENDE=TAB.INDEX(DURCHGANG,RECHTS)
3550 DURCHGANG=DURCHGANG-1
3560 Z.LINKS=TAB.ANFANG
3570 Z.RECHTS=TAB.ENDE
3580 X$= LEFT$(INDEX$((TAB.ANFANG+TAB.ENDE)\2),12) 'Element in der Mitte
3590 WHILE LEFT$(INDEX$(Z.LINKS),12)<X$: Z.LINKS=Z.LINKS+1: WEND
3600 WHILE X$<LEFT$(INDEX$(Z.RECHTS),12): Z.RECHTS=Z.RECHTS-1: WEND
3610 IF Z.LINKS<=Z.RECHTS THEN SWAP INDEX$(Z.LINKS),INDEX$(Z.RECHTS):Z.LINKS=Z.LINKS+1:Z.RECHTS=Z.RECHTS-1:GOTO 3590
3620 IF Z.RECHTS-TAB.ANFANG < TAB.ENDE-Z.LINKS THEN 3660
3630 IF TAB.ANFANG>=Z.RECHTS THEN 3650
3640 DURCHGANG=DURCHGANG+1:TAB.INDEX(DURCHGANG,LINKS)=TAB.ANFANG:TAB.INDEX(DURCHGANG,RECHTS)=Z.RECHTS
3650 TAB.ANFANG=Z.LINKS:GOTO 3690
3660 IF Z.LINKS>= TAB.ENDE THEN 3680
3670 DURCHGANG=DURCHGANG+1:TAB.INDEX(DURCHGANG,LINKS)=Z.LINKS:TAB.INDEX(DURCHGANG,RECHTS)=TAB.ENDE
3680 TAB.ENDE=Z.RECHTS
3690 IF TAB.ANFANG < TAB.ENDE THEN 3560
3700 IF DURCHGANG THEN 3520 'Weiter sortieren
3710 '
3720 FUSS$="Liste anzeigen"
3730 IF DRUCKEN THEN FUSS$="Liste drucken"
3740 IF DATEIAUSGABE THEN FUSS$="Liste in Datei ausgeben"
3750 GOSUB 110 'Fußzeile anzeigen
3760 '
3770 WHILE X$<>CHR$(27)
3780   GOSUB 210 'Fenster löschen
3790   LOCATE 5,1,0
3800   FOR ANZEIGE= 0 TO SEQ.SATZ-1
```

```
3810       X= VAL(MID$(INDEX$(ANZEIGE),13))
3820       GET#2,X:X$= R.DATEN$
3830       FOR I=1 TO 14  '14 Felder in R.DATEN$ bzw. X$
3840         TEXT$(I)= MID$(X$,ZEIGER(I,1),ZEIGER(I,2))  'Für Anzeige
3850       NEXT I
3860       TEXT$(4)= TEXT$(4)+"."+TEXT$(5)+"."+TEXT$(6)  'Datum
3870       TEXT$(5)= TEXT$(7)+":"+TEXT$(8)  'Zeit
3880       FOR I=6 TO 11:TEXT$(I)= TEXT$(I+3):NEXT I
3890       X$="":FOR I=1 TO  7:X$= X$+TEXT$(I)+"-":NEXT I
3900       Y$="":FOR I=8 TO 10:Y$= Y$+TEXT$(I)+"-":NEXT I
3910       IF DRUCKEN THEN 3940
3920       IF DATEIAUSGABE THEN 3950
3930       PRINT X$:PRINT Y$:PRINT TEXT$(11):PRINT STRING$(79,"-"):GOTO 3960
3940       LPRINT X$:LPRINT Y$:LPRINT TEXT$(11):LPRINT STRING$(79,"-"):GOTO 4000
3950       PRINT#9,X$:PRINT#9,Y$:PRINT#9,TEXT$(11):PRINT#9,STRING$(79,"-"):GOTO 4000
3960       IF CSRLIN< 20 THEN 4000
3970       HINWEIS$= "Beliebige Taste drücken, [ESC]= Ende ":GOSUB 370
3980       IF X$=CHR$(27) THEN 4080  'Ende anzeigen
3990       GOSUB 210:LOCATE 5,1,0  'Fenster löschen
4000     NEXT ANZEIGE
4010     X$=" BILDSCHIRM"
4020     IF DRUCKEN THEN X$="DRUCKER"
4030     IF DATEIAUSGABE THEN X$="DATEI"
4040     HINWEIS$= X$+": ["+CHR$(17)+"┘]= Liste nochmal, [ESC]= Ende ":GOSUB 370
4050    WEND
4060    IF DATEIAUSGABE THEN CLOSE#9
4070    IF DRUCKEN THEN LPRINT CHR$(12)  'Seitenvorschub
4080    GOSUB 210:GOTO 2940  'Fenster löschen, Menü
```

Die erfaßten Daten können sequentiell, also in der Reihenfolge, in der sie eingegeben wurden, angezeigt werden.

```
4090 '
4100 '----- Sequentiell anzeigen -----
4110 '
4120 IF SEQ.SATZ= 0 THEN 3000  'Daten-Datei ist leer
4130 MERKER= 0
4140 FOR I=2 TO RAN.SATZ-1
4150   MERKER(MERKER)= I:MERKER= MERKER+1
4160 NEXT I
4170 GOTO 4570  'Anzeigen
```

Beim Suchen nach Match-Code kann eine beliebige Zeichenfolge eingegeben werden. Die Sätze der Random-Datei werden sequentiell durchgelesen. Bei Übereinstimmung wird die Nummer des Satzes in einem MERKER festgehalten. Die spätere Ausgabe erfolgt anhand dieses Merkers. Dadurch läßt sich die Ausgabe schneller abwickeln, da keine Abfragen etc. notwendig sind.

```
4180 '
4190 '----- Suchen nach Match-Code -----
4200 '
4210 IF SEQ.SATZ= 0 THEN 3000  'Daten-Datei ist leer
4220 LOCATE 20,1:COLOR HINWEIS.VG,HINWEIS.HG
4230 PRINT " Suchen nach MATCHCODE: "
4240 FUSS$="["+CHR$(17)+"┘]= Eingabe o.k., [ESC]= zurück":GOSUB 110
4250 INSTRING$="":ZEILE= 20:SPALTE=25:LAENGE= 12:GOSUB 9050
4260 IF INSTRING$="" OR X$=CHR$(27) THEN GOSUB 330:GOTO 2560  'Weiter im Menü
4270 SUCH$= INSTRING$:MERKER= 0
4280 FUSS$="Suchen: ":GOSUB 110
4290 COLOR HINWEIS.VG,HINWEIS.HG
4300 FOR I=2 TO RAN.SATZ-1
```

Dateiverwaltung

```
4310    LOCATE 23,10:PRINT USING "###";I
4320    GET#2,I:X$= R.DATEN$
4330    IF INSTR(X$,SUCH$)<>0 THEN MERKER(MERKER)= I:MERKER= MERKER+1
4340   NEXT I
4350   GOTO 4530 'Prüfen, ob gefunden und anzeigen
```

Beim Suchen nach Datei- bzw. Programmnamen wird die im Speicher befindliche sequentielle Datei durchsucht. Bei Übereinstimmung werden die Satznummern wieder in einem Merker für die spätere Ausgabe festgehalten.

```
4360   '
4370   '----- Suchen nach Programmname -----
4380   '
4390   IF SEQ.SATZ= 0 THEN 3000 'Daten-Datei ist leer
4400   LOCATE 20,1:COLOR HINWEIS.VG,HINWEIS.HG
4410   PRINT " Suchen nach Programm-Name: "
4420   FUSS$="["+CHR$(17)+"┘]= Eingabe o.k., [ESC]= zurück":GOSUB 110
4430   INSTRING$="":ZEILE= 20:SPALTE=29:LAENGE= 12:GOSUB 9050
4440   IF INSTRING$="" OR X$=CHR$(27) THEN GOSUB 330:GOTO 2560 'Weiter im Menü
4450   SUCH$= INSTRING$:MERKER= 0
4460   FUSS$="Suchen: ":GOSUB 110
4470   COLOR HINWEIS.VG,HINWEIS.HG
4480   FOR I=0 TO SEQ.SATZ-1
4490      LOCATE 23,10:PRINT USING "###";I
4500      IF LEFT$(INDEX$(I),LEN(SUCH$))= SUCH$ THEN MERKER(MERKER)=
VAL(MID$(INDEX$(I),13)):MERKER= MERKER+1
4510   NEXT I
4520   '
4530   IF MERKER<> 0 THEN 4570
4540   HINWEIS$= "Eintrag nicht gefunden, beliebige Taste ":GOSUB 370
4550   LOCATE 20,1:X$=CHR$(27):GOTO 4440 'Nichts gefunden, mit Trick zurück
4560   '
4570   MAX.MERKER= MERKER-1:MERKER= 0
4580   KOPF$=" Daten bearbeiten ":GOSUB 150
4590   GOSUB 440 'Maske anzeigen
4600   FUSS$=" ["+CHR$(24)+"/"+CHR$(25)+"], ["+CHR$(17)+"┘]= Feld vor/zurück, [F10]=
speichern, [ESC]= zurück":GOSUB 110
4610   WHILE X$<> CHR$(27)
4620      AKT.RAN.SATZ= MERKER(MERKER)
4630      GOSUB 510 'Aktuellen Satz anzeigen
4640      LOCATE 5,75,0:COLOR HINWEIS.VG,HINWEIS.HG:PRINT USING "###";AKT.RAN.SATZ
4650      AENDERUNG= 0:GOSUB 740 'Daten für angezeigten Satz einlesen
4660      IF TASTE= 73 THEN GOSUB 870:MERKER= MERKER-1 'PgUp
4670      IF TASTE= 81 OR TASTE= 68 THEN GOSUB 870:MERKER= MERKER+1 'PgUp/F10
4680      'Upro 820: Aktuellen Satz speichern wenn Änderung
4690      IF TASTE= 71 THEN MERKER= 0 'Home
4700      IF TASTE= 79 THEN MERKER= MAX.MERKER 'End
4710      IF MERKER<0 THEN BEEP:MERKER=0:GOTO 4650
4720      IF MERKER> MAX.MERKER THEN BEEP:MERKER= MAX.MERKER:GOTO 4650
4730   WEND
4740   GOSUB 210:GOTO 2930 'Fenster löschen, zurück zum Menü
```

Für das Einlesen neuer Daten ist der folgende Programmteil zuständig. Hierbei können Laufwerk, Pfad und eine Dateimaske angegeben werden. Das Directory wird mittels der DOS-Schnittstelle eingelesen, ausgewertet und für die spätere Ergänzung aufbereitet.

```
4750   '
4760   '----- Daten von Diskette einlesen -----
4770   '
4780   IF BEARBEITUNG THEN 4810 'Daten-Datei gewählt?
```

```
4790 HINWEIS$= "Keine Daten-Datei gewählt, beliebige Taste ":GOSUB 370
4800 GOTO 2660 'Weiter mit Menü-Steuerung
4810 GOSUB 250 'BS sichern
4820 GOSUB 210 'Fenster löschen
4830 KOPF$= " Daten von Diskette einlesen ":GOSUB 150
4840 FUSS$=" ["+CHR$(24)+"/"+CHR$(25)+"], ["+CHR$(17)+"┘]= Feld vor/zurück, [F10]= Eingabe o.k., [ESC]= zurück":GOSUB 110
4850 LOCATE 10,1:COLOR HINWEIS.VG,HINWEIS.HG
4860 PRINT " Laufwerk....: "
4870 PRINT " Pfad........: "
4880 PRINT " Datei-Maske.: ":PRINT
4890 SP= 16
4900 TMP$(1)= VON.LW$:TMP$(2)= VON.PFAD$:TMP$(3)= DATEI.MASKE$
4910 TMP(1) = 2   :TMP(2) = 64   :TMP(3) = 12
4920 COLOR EINGABE.VG,EINGABE.HG
4930 FOR I=10 TO 13
4940   LOCATE I,SP,0:PRINT TMP$(I-9);SPACE$(TMP(I-9)-LEN(TMP$(I-9)));
4950 NEXT I
4960 ZL= 10:SP= 16:NUR.GROSS= -1:X$= "":TASTE= 0
4970 '
4980 WHILE (TASTE <> 68) AND (X$ <> CHR$(27)) 'Solange, bis [F10] oder [ESC]
4990   INSTRING$= TMP$(ZL-9):ZEILE= ZL: SPALTE= SP:LAENGE= TMP(ZL-9)
5000   GOSUB 9050:TMP$(ZL-9)= INSTRING$ 'Upro Einlesen
5010   IF TASTE= 72 THEN ZL= ZL-1:IF  9 THEN ZL= 12 'CRSR hoch
5020   IF TASTE= 80 OR X$= CHR$(13) THEN ZL= ZL+1:IF ZL= 13 THEN ZL= 10
5030 WEND
5040 '
5050 IF X$= CHR$(27) THEN GOSUB 290:GOTO 2660 'BS zurück, Menü-Steuerung
5060 VON.LW$= TMP$(1): VON.PFAD$= TMP$(2): DATEI.MASKE$= TMP$(3)
5070 IF MID$(VON.PFAD$,LEN(VON.PFAD$),1)<>"\" THEN VON.PFAD$= VON.PFAD$+"\"
5080 IF RIGHT$(VON.LW$,1)<>":" THEN MID$(VON.LW$,2,1)= ":"
5090 IF DATEI.MASKE$= "" THEN DATEI.MASKE$="*.*"
5100 GOSUB 8570 'Volume-ID suchen
5110 MASKE$= VON.LW$+VON.PFAD$+DATEI.MASKE$:EXTENDED= -1 'Flag für DTA lesen
5120 FUSS$= "Lese Directory: ":GOSUB 110
5130 X= INSTR(VOLUME.ID$,".")
5140 IF X<> 0 THEN VOLUME.ID$= LEFT$(VOLUME.ID$,X-1)+MID$(VOLUME.ID$,X+1)
5150 GOSUB 7560 'Directory lesen und Daten in DIR$() übertragen
5160 IF EINTRAG<> 0 THEN 5240 'Gelesene Daten auswerten
5170 '
5180 FUSS$= "Taste [N] oder [J]":GOSUB 110
5190 HINWEIS$="Keine Dateien gefunden, neue Eingabe? (J/N) ":GOSUB 370 'Hinweis
5200 IF X$="J" OR X$="j" THEN 4960 'Neue Eingabe
5210 IF X$<>"N" AND X$<>"n" THEN 5190
5220 GOSUB 290:GOTO 2660 'BS zurück, Menüsteuerung
5230 '
5240 IF SEQ.SATZ+EINTRAG-1 <= 512 THEN 5420 'Platz im INDEX?
5250 '
5260 GOSUB 210 'Fenster löschen
5270 LOCATE 10,1:COLOR HINWEIS.VG,HINWEIS.HG
5280 PRINT " Kein Platz mehr in der Daten-Datei ":PRINT:BEEP
5290 PRINT " Freie Sätze.......: ";
5300 COLOR EINGABE.VG,EINGABE.HG
5310 PRINT USING "####";512-SEQ.SATZ
5320 COLOR HINWEIS.VG,HINWEIS.HG
5330 PRINT " Gelesenen Sätze...: ";
5340 COLOR EINGABE.VG,EINGABE.HG
5350 PRINT USING "####";EINTRAG-1
5360 FUSS$= "Beliebige Taste drücken.....":GOSUB 110
5370 LOCATE 20,1:COLOR HINWEIS.VG,HINWEIS.HG
5380 PRINT " Andere Daten-Datei oder weniger Dateien wählen, beliebige Taste ";CHR$(254);" ";:LOCATE CSRLIN,POS(0)-2,1,0,31
5390 IF INKEY$="" THEN 5390
5400 GOSUB 290:GOTO 2660 'BS zurück, Menüsteuerung
```

Dateiverwaltung

```
5410 '
5420 FUSS$= "Daten werden verarbeitet: ":GOSUB 110
5430 NEUER.SATZ= SEQ.SATZ 'Erster neu hinzugekommener Satz
5440 COLOR HINWEIS.VG,HINWEIS.HG
5450 FOR I= 0 TO EINTRAG-1
5460    LOCATE 23,28: PRINT USING "###";RAN.SATZ
5470    INDEX$(SEQ.SATZ)= SPACE$(16) '12= Name, 4= Satz-Nr.
5480    X$= LEFT$(DIR$(I),12) 'Prg.-Name für INDEX$()
5490    Y$= STR$(RAN.SATZ) 'Satz-Nr. für INDEX$()
5500    LSET INDEX$(SEQ.SATZ)= X$ 'Prg.-Name in INDEX$() übertragen
5510    MID$(INDEX$(SEQ.SATZ),13)= Y$ 'Satz-Nr. in INDEX$() übertragen
5520    LSET R.DATEN$= SPACE$(142) 'Datenteil erstmal mit BLANK auffüllen
5530    LSET R.DATEN$= DIR$(I) 'Daten aus DIR$() in Random-Puffer übertragen
5540    LSET R.BESCHR1$= SPACE$(70) 'Erstmal leer speichern
5550    LSET R.BESCHR2$= SPACE$(70)
5560    LSET R.BESCHR3$= SPACE$(70)
5570    PUT#2,RAN.SATZ 'Daten in Random-Datei speichern
5580    SEQ.SATZ= SEQ.SATZ+1:RAN.SATZ= RAN.SATZ+1
5590 NEXT I
5600 GET#2,1
5610 LSET R.DATEN$= STR$(RAN.SATZ) 'Nächste freie Satz-Nummer für weitere Sätze
festhalten
5620 PUT#2,1
5630 '
5640 KOPF$= " Eingelesene Daten ergänzen ":GOSUB 150
5650 AKT.SEQ.SATZ= NEUER.SATZ
5660 GOSUB 440 'Maske anzeigen
5670 FUSS$=" ["+CHR$(24)+"/"+CHR$(25)+"], ["+CHR$(17)+"┘]= Feld vor/zurück, [F10]=
speichern, [ESC]= zurück":GOSUB 110
5680 WHILE X$<> CHR$(27)
5690   AKT.RAN.SATZ= VAL(MID$(INDEX$(AKT.SEQ.SATZ),13))
5700    GOSUB 510 'Aktuellen Satz anzeigen
5710    LOCATE 5,75,0:COLOR HINWEIS.VG,HINWEIS.HG:PRINT USING "###";AKT.RAN.SATZ
5720    AENDERUNG= 0:GOSUB 740 'Daten für angezeigten Satz einlesen
5730    IF TASTE= 73 THEN GOSUB 870:AKT.SEQ.SATZ= AKT.SEQ.SATZ-1
5740    IF TASTE= 81 OR TASTE= 68 THEN GOSUB 870:AKT.SEQ.SATZ= AKT.SEQ.SATZ+1
5750    'Upro 820: Aktuellen Satz speichern wenn Änderung
5760    IF TASTE= 71 THEN AKT.SEQ.SATZ= NEUER.SATZ 'Home
5770    IF TASTE= 79 THEN AKT.SEQ.SATZ= SEQ.SATZ-1 'End
5780    IF AKT.SEQ.SATZ< NEUER.SATZ THEN BEEP:AKT.SEQ.SATZ= NEUER.SATZ:GOTO 5720
5790    IF AKT.SEQ.SATZ>= SEQ.SATZ THEN BEEP:AKT.SEQ.SATZ= SEQ.SATZ-1:GOTO 5720
5800 WEND
5810 FUSS$= "Dateien werden gesichert..... ":GOSUB 110
5820 CLOSE#1
5830 OPEN SEQ.DATEI$ FOR OUTPUT AS #1
5840 FOR I= 0 TO SEQ.SATZ-1
5850    PRINT#1, INDEX$(I)
5860 NEXT I
5870 CLOSE#1
5880 GOSUB 290:GOTO 2660 'BS zurück, Menüsteuerung
```

Das Programm arbeitet mit mehreren Datendateien. Dadurch kann eine Trennung z.B. nach Programmiersprachen etc. erfolgen. Die Datendatei muß nach dem Programmstart gewählt werden. Ein Wechsel auf eine andere Datei ist danach jederzeit möglich.

```
5890 '
5900 '----- Daten-Datei wählen -----
5910 '
5920 IF NOT BEARBEITUNG THEN 6070 'keine Datei gewählt, also o.k.
5930 '
5940 HINWEIS$=" Datei in Bearbeitung, neue Datei wählen? (J/N) ":GOSUB 370
```

```
5950 IF X$="n" OR X$="N" THEN 2550 'Weiter mit Menü
5960 IF X$<>"j" AND X$<>"J" THEN BEEP:GOTO 5940
5970 GOSUB 250 'BS sichern
5980 FUSS$= "Dateien werden gesichert..... ":GOSUB 110
5990 CLOSE#1
6000 OPEN SEQ.DATEI$ FOR OUTPUT AS #1
6010 FOR I= 0 TO SEQ.SATZ-1
6020   PRINT#1, INDEX$(I)
6030 NEXT I
6040 CLOSE
6050 GOTO 6080
6060 '
6070 GOSUB 250 'BS sichern
6080 GOSUB 210 'Fenster löschen
6090 KOPF$= " Daten-Datei wählen ":GOSUB 150
6100 LOCATE 10,1:COLOR HINWEIS.VG,HINWEIS.HG
6110 PRINT " Laufwerk....: "
6120 PRINT " Pfad........: "
6130 PRINT " Datei-Name..: ":PRINT
6140 PRINT " [F5]= Auswahl "
6150 SP= 16
6160 TMP$(1)= LW$:TMP$(2)= PFAD$:TMP$(3)= DATEI.NAME$
6170 TMP(1) = 2  :TMP(2) = 64   :TMP(3) = 12
6180 FUSS$="  ["+CHR$(24)+"/"+CHR$(25)+"], ["+CHR$(17)+"┘]= Feld vor/zurück, [F10]=
Eingabe o.k., [ESC]= zurück":GOSUB 110
6190 COLOR EINGABE.VG,EINGABE.HG
6200 FOR I=10 TO 13
6210   LOCATE I,SP,0:PRINT TMP$(I-9);SPACE$(TMP(I-9)-LEN(TMP$(I-9)));
6220 NEXT I
6230 ZL= 10:SP= 16:NUR.GROSS= -1:X$= "":TASTE= 0
6240 '
6250 WHILE (TASTE <> 68) AND (X$ <> CHR$(27)) 'Solange, bis [F10] oder [ESC]
6260   INSTRING$= TMP$(ZL-9):ZEILE= ZL: SPALTE= SP:LAENGE= TMP(ZL-9)
6270   GOSUB 9050:TMP$(ZL-9)= INSTRING$ 'Upro Einlesen
6280   IF TASTE= 72 THEN ZL= ZL-1:IF ZL= 9 THEN ZL= 12 'CRSR hoch
6290   IF TASTE= 80 OR X$= CHR$(13) THEN ZL= ZL+1:IF ZL= 13 THEN ZL= 10
6300   IF TASTE= 63 THEN GOSUB 6970:GOTO 6080 '[F5], Auswahl, neue Anzeige
6310 WEND
6320 '
6330 IF X$= CHR$(27) THEN GOSUB 290:GOTO 2660 'BS zurück, Menü-Steuerung
6340 LW$= TMP$(1): PFAD$= TMP$(2): DATEI.NAME$= TMP$(3)
6350 IF MID$(PFAD$,LEN(PFAD$),1)<>"\" THEN PFAD$= PFAD$+"\"
6360 IF RIGHT$(LW$,1)<>":" THEN MID$(LW$,2,1)= ":"
6370 IF DATEI.NAME$= "" THEN HINWEIS$="Datei-Name fehlt, beliebige Taste ":GOSUB
370:GOTO 6230 'So geht es nicht
6380 DATEN.DATEI$= LW$+PFAD$+DATEI.NAME$
6390 X= INSTR(DATEN.DATEI$,".") 'Datei mit Erweiterung?
6400 IF X= 0 THEN SEQ.DATEI$= DATEN.DATEI$+".seq":RAN.DATEI$= DATEN.DATEI$+".dat"
'Erweiterung ".seq" und ".dat" ranhängen
6410 IF X<>0 THEN SEQ.DATEI$= LEFT$(DATEN.DATEI$,X-1)+".seq":RAN.DATEI$=
LEFT$(DATEN.DATEI$,X-1)+".dat" 'Erweiterung vorsichtshalber ersetzen
6420 OPEN SEQ.DATEI$ FOR INPUT AS #1:CLOSE#1 'Testen, ob Datei da
6430 GOTO 6490 'Keine Fehlermeldung, also Datei vorhanden
6440 'Über ON ERROR GOTO wird dann die folgende Zeile ausgeführt
6450 HINWEIS$="Daten-Datei nicht gefunden, neu anlegen? (J/N) ":GOSUB 370 'Hinweis
6460 IF X$="J" OR X$="j" THEN GOSUB 6510:GOTO 6490 'Dateien anlegen und
initialisieren
6470 IF X$<>"N" AND X$<>"n" THEN 6450
6480 GOTO 6230 'Nochmal abfragen
6490 GOSUB 6800:GOSUB 290:GOTO 2660 'Dateien öffnen, BS zurück, Menü-Steuerung
```

Dateiverwaltung

Bei der Auswahl einer Datendatei kann durch einfache Eingabe eines neuen Dateinamens eine neue Datendatei angelegt werden. Dieser Programmteil legt die neuen Dateien an.

```
6500 '
6510 '----- Neue Dateien anlegen -----
6520 '
6530 LOCATE CSRLIN,POS(0),0
6540 OPEN SEQ.DATEI$ FOR OUTPUT AS #1:CLOSE#1 'Seqtl. Datei anlegen
6550 OPEN "R",#1,RAN.DATEI$,352
6560 FIELD#1, 142 AS R.DATEN$,70 AS R.BESCHR1$, 70 AS R.BESCHR2$, 70 AS R.BESCHR3$
6570 X$="2" 'Erster freier Satz in Random-Datei
6580 LSET R.DATEN$= X$
6590 LSET R.BESCHR1$= "Steuersatz !!!!! nichts anderes drin speichern            "
6600 LSET R.BESCHR2$= "Steuersatz !!!!! nichts anderes drin speichern            "
6610 LSET R.BESCHR3$= "Steuersatz !!!!! nichts anderes drin speichern            "
6620 PUT#1,1:CLOSE#1 'Damit ist die Random-Datei auch angelegt
6630 RETURN
```

Der folgende Programmteil beendet nach einer Sicherheitsabfrage das Programm. Dabei wird die im Speicher befindliche sequentielle Datei zurückgeschrieben und abschließend sowohl die Daten- als auch sequentielle die Datei geschlossen.

```
6640 '
6650 '----- Programm beenden -----
6660 '
6670 HINWEIS$="Programm beenden? (J/N) ":GOSUB 370
6680 IF X$="n" OR X$="N" THEN GOTO 2550 'Weiter mit Menü
6690 IF X$<>"j" AND X$<>"J" THEN BEEP:GOTO 6670
6700 IF NOT BEARBEITUNG THEN 6770 'Keine Datei offen
6710 FUSS$="Dateien werden gesichert.....":GOSUB 110
6720 CLOSE#1
6730 OPEN SEQ.DATEI$ FOR OUTPUT AS #1
6740 FOR I= 0 TO SEQ.SATZ-1
6750    PRINT#1,INDEX$(I)
6760 NEXT I
6770 CLOSE
6780 CLS:PRINT "PDV V2.00 beendet.....":PRINT:PRINT:END
```

Der folgende Programmteil öffnet die Dateien, liest die sequentielle Datei in den Speicher und initialisiert alle Zeiger für Neueingaben.

```
6790 '
6800 '----- Dateien initialisieren -----
6810 '
6820 OPEN SEQ.DATEI$ FOR INPUT AS #1
6830 OPEN "R",#2,RAN.DATEI$,352
6840 FIELD#2, 142 AS R.DATEN$,70 AS R.BESCHR1$, 70 AS R.BESCHR2$, 70 AS R.BESCHR3$
6850 SATZ= 0 'INDEX in sequentielle Datei
6860 WHILE NOT EOF(1)
6870    INPUT#1, INDEX$(SATZ) 'INDEX$= Tabelle der Progr.-Namen und Satz-Nr.
6880    SATZ= SATZ+1
6890 WEND
6900 CLOSE#1
6910 SEQ.SATZ= SATZ 'SEQ.SATZ= Zeiger für neue Sätze in seqtl. Datei
6920 GET#2,1 'Erster Satz der Random-Datei ist Steuersatz
6930 RAN.SATZ= VAL(R.DATEN$) 'RAN.SATZ= Zeiger für neue Sätze in rand. Datei
6940 BEARBEITUNG= -1 'Flag für geöffnete Dateien
6950 RETURN 'Die Random-Datei bleibt offen
```

Für die Auswahl der Datendatei kann über <F5> eine Übersicht der vorhandenen Dateien abgerufen werden. Dieser Programmteil liest das Directory anhand einer einzugebenden Maske ein. Nach der Aufbereitung kann mit den Cursor-Tasten eine der Dateien gewählt werden.

```
6960 '
6970 '----- Datei suchen, anzeigen und wählen -----
6980 '
6990 GOSUB 210 'Fenster löschen
7000 KOPF$= " Datei-Auswahl ":GOSUB 150
7010 LOCATE 10,1:COLOR HINWEIS.VG,HINWEIS.HG
7020 PRINT " Maske: "
7030 INSTRING$= LW$+PFAD$+"*.*":NUR.GROSS= -1:ZEILE= 10:SPALTE= 9:LAENGE= 64:GOSUB 9050 'Upro Einlesen
7040 IF X$= CHR$(27) THEN RETURN
7050 FUSS$="Directory wird gelesen.....":GOSUB 110
7060 MASKE$= INSTRING$:EXTENDED= 0  'Nur Datei-Namen übertragen
7070 GOSUB 7560 'Dateien gemäß MASKE$ suchen
7080 IF EINTRAG<> 0 THEN 7160 'Dateien anzeigen und wählen
7090 '
7100 FUSS$= "Taste [J] oder [N]":GOSUB 110
7110 HINWEIS$= "Keine Datei-Einträge gemäß Maske gefunden, neue Eingabe? (J/N)":GOSUB 370 'Hinweis und auf Taste warten
7120 IF X$="j" OR X$="J" THEN GOSUB 330:GOTO 7030 'Nochmal versuchen
7130 IF X$<>"n" AND X$<>"N" THEN BEEP:GOTO 7110
7140 RETURN
7150 '
7160 LOCATE 10,1:COLOR SCHRIFT.VG,SCHRIFT.HG:PRINT SPACE$(80);
7170 COLOR SCHRIFT.VG,SCHRIFT.HG
7180 LOCATE 5,1
7190 FOR I= 0 TO EINTRAG-1
7200    PRINT DIR$(I),
7210 NEXT
7220 SPALTE(1)= 1:SPALTE(2)= 15: SPALTE(3)= 29: SPALTE(4)= 43: SPALTE(5)= 57
7230 FUSS$= "Mit ["+CHR$(24)+"], ["+CHR$(25)+"], ["+CHR$(26)+"] und ["+CHR$(27)+"] wählen, ["+CHR$(17)+"]= o.k., [ESC]= zurück":GOSUB 110
7240 SPALTE= 1:EINTR= 0:ZEILE= 5
7250 GOSUB 7450 'Balken ein
7260 X$= INKEY$:IF X$="" THEN 7260
7270 IF X$= CHR$(27) THEN RETURN 'Abbruch
7280 IF X$=CHR$(13) THEN 7370 'Datei gewählt
7290 IF LEN(X$)<> 2 THEN BEEP:GOTO 7260
7300 TASTE= ASC(RIGHT$(X$,1))
7310 IF TASTE= 72 AND ZEILE> 5 THEN GOSUB 7500:ZEILE= ZEILE-1:EINTR= EINTR-5:GOTO 7250
7320 IF TASTE= 80 AND SCREEN(CSRLIN+1,SPALTE(SPALTE))<> 32 THEN GOSUB 7500:ZEILE= ZEILE+1:EINTR= EINTR+5:GOTO 7250
7330 IF TASTE= 75 AND SPALTE> 1 THEN GOSUB 7500:SPALTE= SPALTE-1:EINTR= EINTR-1:GOTO 7250
7340 IF TASTE= 77 AND SPALTE< 5 THEN IF SCREEN(CSRLIN,SPALTE(SPALTE+1))<> 32 THEN GOSUB 7500:SPALTE= SPALTE+1:EINTR= EINTR+1:GOTO 7250
7350 BEEP:GOTO 7260 'Nur CRSR-hoch, runter, links und rechts erlaubt
7360 '
7370 DATEI.NAME$= DIR$(EINTR)
7380 IF MID$(MASKE$,2,1)= ":" THEN LW$= LEFT$(MASKE$,2):MASKE$= MID$(MASKE$,3) 'Laufwerk rausfieseln und aus MASKE$ entfernen
7390 IF INSTR(MASKE$,"\")= 0 THEN 7440 'Kein Pfad angegeben
7400 FOR I= LEN(MASKE$) TO 1 STEP -1
7410    IF MID$(MASKE$,I,1)= "\" THEN 7430 'Ende des Pfads gefunden
7420 NEXT I
7430 PFAD$= LEFT$(MASKE$,I)
7440 RETURN
7450 '----- Balken ein -----
```

Dateiverwaltung

```
7460 LOCATE ZEILE,SPALTE(SPALTE)
7470 COLOR HINWEIS.VG,HINWEIS.HG
7480 PRINT DIR$(EINTR);
7490 RETURN
7500 '----- Balken aus -----
7510 LOCATE ZEILE,SPALTE(SPALTE)
7520 COLOR SCHRIFT.VG,SCHRIFT.HG
7530 PRINT DIR$(EINTR);
7540 RETURN
```

Das folgende Upro liest das Directory von Diskette bzw. Festplatte anhand einer vorgegebenen Maske ein. Der Transfer der Daten erfolgt über einen speziell dafür gesetzten DTA.

```
7550 '
7560 '----- Dateien gemäß MASKE$ suchen -----
7570 '
7580 EINTRAG= 0 'Zähler für DIR$()
7590 MAX.EINTRAG= 80:IF EXTENDED THEN MAX.EINTRAG= 512
7600 MASKE$= MASKE$+CHR$(0)
7610 AL%=0:AH%=0:BL%=0:BH%=0:CL%=0:CH%=0:DL%=0:DH%=0:ES%=0:SI%=0:DI%=0:FLAGS%=0
7620 INT.NR%= &H21:DEF SEG:POKE INT.ADR,INT.NR%
7630 :
7640 DTA$= SPACE$(64) 'Bereich für Ergebnis von FN 4Eh und 4Fh
7650 DL%=PEEK(VARPTR(DTA$)+1):DH%=PEEK(VARPTR(DTA$)+2) 'Pointer auf DTA$
7660 AH%= &H1A 'FN Set DTA (Disk transfer Adress)
7670 DEF SEG:CALL DOS.SN(AH%,AL%,BH%,BL%,CH%,CL%,DH%,DL%,ES%,SI%,DI%,FLAGS%)
7680 :
7690 DL%=PEEK(VARPTR(MASKE$)+1):DH%=PEEK(VARPTR(MASKE$)+2) 'Pointer auf MASKE$
7700 AH%= &H4E 'FN Find first file
7710 CH%= &HFF:CL%= &HFF 'Attribute
7720 DEF SEG:CALL DOS.SN(AH%,AL%,BH%,BL%,CH%,CL%,DH%,DL%,ES%,SI%,DI%,FLAGS%)
7730 :
7740 IF (FLAGS% AND 1)= 0 THEN 7760 'Alles o.k., weitermachen.....
7750 RETURN 'Keine Dateien, EINTRAG= 0
7760 GOSUB 7860 'Daten vom DTA ins Array übertragen
7770 AH%= &H4F 'Find next file
7780 DEF SEG:CALL DOS.SN(AH%,AL%,BH%,BL%,CH%,CL%,DH%,DL%,ES%,SI%,DI%,FLAGS%)
7790 :
7800 WHILE (FLAGS% AND 1)= 0 AND (EINTRAG< MAX.EINTRAG)
7810   GOSUB 7860 'Daten vom DTA ins Array übertragen
7820   AH%= &H4F 'FN Find next file
7830   DEF SEG:CALL DOS.SN(AH%,AL%,BH%,BL%,CH%,CL%,DH%,DL%,ES%,SI%,DI%,FLAGS%)
7840 WEND 'Solange, bis FN 4Fh meldet, daß keine weiteren Einträge vorhanden
7850 RETURN
```

Dieses Upro sorgt für den Transfer der Daten vom DTA in das Array DIR$(). Hierbei erfahren die im DTA übergebenen Daten eine besondere Behandlung. Zum besseren Verständnis sollten Sie sich in Kapitel 9 mit dem Aufbau eines DTA und der Datenübergabe vertraut machen.

```
7860 '
7870 '----- Daten vom DTA in DIR$() übertragen -----
7880 '
7890 IF (ASC(MID$(DTA$,&H16,1)) AND &H10)= &H10 THEN RETURN 'Keine DIRs
7900 IF (ASC(MID$(DTA$,&H16,1)) AND &H8)= &H8 THEN RETURN 'Keine Volume-ID
7910 I= INSTR(&H1F,DTA$,CHR$(0))
7920 DIR$(EINTRAG)= MID$(DTA$,&H1F,I-&H1F)
7930 IF NOT EXTENDED THEN 8520 'Nur Datei-Namen übertragen
7940 '
7950 COLOR HINWEIS.VG,HINWEIS.HG
```

```
7960 DUMMY$= SPACE$(105) 'Länge aller Infos
7970 LSET DUMMY$= DIR$(EINTRAG) 'Namen übertragen
7980 MID$(DUMMY$,30,1)= MID$(DTA$,&H16,1) 'Attribut aus DTA
7990 ZEIT.LO = ASC(MID$(DTA$,&H17,1)):ZEIT.HI= ASC(MID$(DTA$,&H18,1))
8000 Y= 0:MINUTE= 0
8010 FOR I= 5 TO 7
8020    IF (ZEIT.LO AND 2^I)<> 0 THEN MINUTE= MINUTE+ 2^Y 'Bit 5-7 Minute
8030 Y= Y+1
8040 NEXT I
8050 FOR I= 0 TO 2
8060    IF (ZEIT.HI AND 2^I)<> 0 THEN MINUTE= MINUTE+ 2^Y 'Bit 8-10 Minute
8070 Y= Y+1
8080 NEXT I
8090 Y= 0:STUNDE= 0
8100 FOR I= 3 TO 7
8110    IF (ZEIT.HI AND 2^I)<> 0 THEN STUNDE= STUNDE+ 2^Y 'Bit 11-15 Stunde
8120 Y= Y+1
8130 NEXT I
8140 X$= STR$(STUNDE):IF LEN(X$)= 2 THEN X$= "0"+RIGHT$(X$,1) ELSE X$= MID$(X$,2)
8150 MID$(DUMMY$,26,2)= X$
8160 X$= STR$(MINUTE):IF LEN(X$)= 2 THEN X$= "0"+RIGHT$(X$,1) ELSE X$= MID$(X$,2)
8170 MID$(DUMMY$,28,2)= X$
8180 DATUM.LO= ASC(MID$(DTA$,&H19,1)):DATUM.HI= ASC(MID$(DTA$,&H1A,1)) 'Datum
8190 Y= 0:TAG= 0
8200 FOR I= 0 TO 4
8210    IF (DATUM.LO AND 2^I)<> 0 THEN TAG=TAG+ 2^Y 'Bit 0-4 Tag
8220 Y= Y+1
8230 NEXT I
8240 Y= 0: MONAT= 0
8250 FOR I= 5 TO 7
8260    IF (DATUM.LO AND 2^I)<> 0 THEN MONAT= MONAT+ 2^Y 'Bit 5-7 Monat
8270    Y=Y+1
8280 NEXT I
8290 IF (DATUM.HI AND 2^0)<> 0 THEN MONAT= MONAT+ 2^Y 'Letztes Bit Monat
8300 Y= 0:JAHR= 0
8310 FOR I=1 TO 7
8320    IF (DATUM.HI AND 2^I)<> 0 THEN JAHR= JAHR+ 2^Y 'Bit 11-15 Jahr
8330    Y=Y +1
8340 NEXT I
8350 JAHR= JAHR+80 'Ergebnis= 0 bis 119, dazu muß (19)80 hinzuaddiert werden
8360 X$= STR$(TAG):IF LEN(X$)= 2 THEN X$= "0"+RIGHT$(X$,1) ELSE X$= MID$(X$,2)
8370 MID$(DUMMY$,20,2)= X$
8380 X$= STR$(MONAT):IF LEN(X$)= 2 THEN X$= "0"+RIGHT$(X$,1) ELSE X$= MID$(X$,2)
8390 MID$(DUMMY$,22,2)= X$
8400 X$= STR$(JAHR):IF LEN(X$)= 2 THEN X$= "0"+RIGHT$(X$,1) ELSE X$= MID$(X$,2)
8410 MID$(DUMMY$,24,2)= X$
8420 GROESSE.LO= ASC(MID$(DTA$,&H1B,1))+ 256* ASC(MID$(DTA$,&H1C,1))
8430 GROESSE.HI= ASC(MID$(DTA$,&H1D,1))+ 256* ASC(MID$(DTA$,&H1E,1))
8440 IF GROESSE.LO>= 0 THEN GROESSE=65536!*GROESSE.HI+GROESSE.LO ELSE GROESSE=
65536!*GROESSE.HI+65536!+GROESSE.LO
8450 X$= STR$(GROESSE):Y$= SPACE$(7):RSET Y$= MID$(X$,2)
8460 MID$(DUMMY$,13,7)= Y$ 'Größe der Datei
8470 MID$(DUMMY$,31,11)= VOLUME.ID$ 'Name der Diskette
8480 MID$(DUMMY$,42,64)= VON.LW$+VON.PFAD$ 'Laufwerk und Pfad
8490 DIR$(EINTRAG)= DUMMY$
8500 LOCATE 23,18: PRINT USING "###";EINTRAG
8510 '
8520 EINTRAG= EINTRAG+1
8530 RETURN
8540 '
8550 HINWEIS$="(Disketten-) Fehler beim Lesen des Directories, beliebige Taste
":GOSUB 370:RETURN 'Abbrechen und zurück zur aufrufenden Routine
```

Dateiverwaltung

Die Volume-ID (oder Disk-Label) wird gesondert anhand ihres Dateiattributs aus dem Directory gelesen. Einzelheiten zu den Dateiattributen finden Sie in Kapitel 9. Ansonsten gleicht das Einlesen dem der normalen Dateien.

```
8560 '
8570 '----- Volume-ID suchen -----
8580 '
8590 FUSS$="Lese VOLUME-ID.....":GOSUB 110
8600 MASKE$= VON.LW$+"\*.*"+CHR$(0):VOLUME.ID$="???        "
8610 AL%=0:AH%=0:BL%=0:BH%=0:CL%=0:CH%=0:DL%=0:DH%=0:ES%=0:SI%=0:DI%=0:FLAGS%=0
8620 INT.NR%= &H21:DEF SEG:POKE INT.ADR,INT.NR%
8630 :
8640 DTA$= SPACE$(64) 'Bereich für Ergebnis von FN 4Eh und 4Fh
8650 DL%=PEEK(VARPTR(DTA$)+1):DH%=PEEK(VARPTR(DTA$)+2) 'Pointer auf DTA$
8660 AH%= &H1A 'FN Set DTA (Disk transfer Adress)
8670 DEF SEG:CALL DOS.SN(AH%,AL%,BH%,BL%,CH%,CL%,DH%,DL%,ES%,SI%,DI%,FLAGS%)
8680 :
8690 DL%=PEEK(VARPTR(MASKE$)+1):DH%=PEEK(VARPTR(MASKE$)+2) 'Pointer auf MASKE$
8700 CL%= 255:CH%= 255 'Attribut
8710 AH%= &H4E 'FN Find first file
8720 DEF SEG:CALL DOS.SN(AH%,AL%,BH%,BL%,CH%,CL%,DH%,DL%,ES%,SI%,DI%,FLAGS%)
8730 :
8740 IF (FLAGS% AND 1)= 0 THEN 8760 'Alles o.k., weitermachen.....
8750 RETURN 'Fehler
8760 IF (ASC(MID$(DTA$,&H16,1)) AND 8)= 8 THEN GOSUB 8870:RETURN 'Namen vom DTA in VOLUME.ID$ übertragen
8770 AH%= &H4F 'Find next file
8780 DEF SEG:CALL DOS.SN(AH%,AL%,BH%,BL%,CH%,CL%,DH%,DL%,ES%,SI%,DI%,FLAGS%)
8790 :
8800 WHILE (FLAGS% AND 1)= 0
8810 IF (ASC(MID$(DTA$,&H16,1)) AND 8)= 8 THEN GOSUB 8870:RETURN 'Namen vom DTA in VOLUME.ID$ übertragen
8820    AH%= &H4F 'FN Find next file
8830    DEF SEG:CALL DOS.SN(AH%,AL%,BH%,BL%,CH%,CL%,DH%,DL%,ES%,SI%,DI%,FLAGS%)
8840 WEND 'Solange, bis FN 4Fh meldet, daß keine weiteren Einträge vorhanden
8850 RETURN
8860 '
8870 '----- Namen vom DTA in VOLUME.ID$ übertragen -----
8880 '
8890 I= INSTR(&H1F,DTA$,CHR$(0))
8900 VOLUME.ID$= MID$(DTA$,&H1F,I-&H1F)
8910 RETURN
8920 '
8930 HINWEIS$="(Disketten-) Fehler beim Lesen des VOLUME-ID, beliebige Taste ":GOSUB 370:RETURN 4960 'Abbrechen und zurück zur aufrufenden Routine
```

Die Fehlerroutine behandelt nur die wichtigsten Fehler. Alles andere wird als Fehlernummer bzw. Fehlerzeile angezeigt. Da das Programm für den internen Einsatz geschrieben ist, war ich damit zufrieden. Änderungen sind problemlos möglich. Schauen Sie dazu mal in das Kapitel 7.

```
8940 '
8950 '----- FEHLER-ROUTINE -----
8960 '
8970 IF ERL= 6420 THEN RESUME 6450 'Daten-Datei nicht gefunden
8980 IF ERL= 7720 THEN RESUME 8550 'Fehler bei Lesen Directory
8990 IF ERL= 8720 THEN RESUME 8930 'Fehler bei Lesen VOLUME-ID
9000 LOCATE 25,1,0:COLOR HINWEIS.VG,HINWEIS.HG
9010 PRINT "Fehler: ";ERR;" in Zeile: ";ERL:BEEP
9020 IF INKEY$="" THEN 9020
9030 GOTO 2460
```

Alle Eingaben werden vom folgenden Upro übernommen. Es handelt sich hierbei um eine recht komfortable Eingaberoutine, die auch Tasten wie <Backspace>, <Del> und <Ins> berücksichtigt.

```
9040 '
9050 '----- Upro einlesen -----
9060 '
9070 X$="":TASTE= 0
9080 LOCATE ZEILE,SPALTE,0:COLOR EINGABE.VG,EINGABE.HG:PRINT INSTRING$;SPACE$(LAENGE-LEN(INSTRING$));
9090 LOCATE ZEILE,SPALTE,1,0,31:CRSR.POS= 1
9100 X$= INKEY$:IF X$="" THEN 9100
9110 IF X$= CHR$(8) AND POS(0)> SPALTE THEN GOSUB 9240:GOTO 9100 'Tasten-Routine
9120 IF X$= CHR$(27) THEN AENDERUNG= 0:RETURN
9130 IF X$=CHR$(13) THEN RETURN
9140 IF LEN(X$)= 2 THEN 9420 'Steuer- und Funktionstasten
9150 '
9160 IF X$< " " THEN BEEP:GOTO 9100 'Zeichen kleiner BLANK abwürgen
9170 IF NUR.GROSS THEN IF X$>= "a" AND X$<= "z" THEN X$= CHR$(ASC(X$)-32)
9180 PRINT X$;:AENDERUNG= -1
9190 IF CRSR.POS<= LEN(INSTRING$) THEN MID$(INSTRING$,CRSR.POS,1)= X$ ELSE INSTRING$= INSTRING$+X$
9200 CRSR.POS= CRSR.POS+1
9210 IF POS(0)> SPALTE+LAENGE-1 THEN BEEP:LOCATE ZEILE,SPALTE:CRSR.POS= 1:GOTO 9100
9220 GOTO 9100
9230 '
9240 '----- Taste BACKSPACE und DEL -----
9250 '
9260 IF X$=CHR$(8) THEN INSTRING$= LEFT$(INSTRING$,CRSR.POS-2)+MID$(INSTRING$,CRSR.POS)
9270 IF TASTE= 83   THEN INSTRING$= LEFT$(INSTRING$,CRSR.POS-1)+MID$(INSTRING$,CRSR.POS+1)
9280 LOCATE ZEILE,SPALTE:PRINT INSTRING$;" ";
9290 IF X$=CHR$(8) THEN CRSR.POS= CRSR.POS-1
9300 LOCATE CSRLIN,SPALTE+CRSR.POS-1
9310 TASTE= 0: X$="":AENDERUNG= -1
9320 RETURN
9330 '
9340 '----- Taste Ins -----
9350 '
9360 INSTRING$= LEFT$(INSTRING$,CRSR.POS-1)+" "+MID$(INSTRING$,CRSR.POS)
9370 PRINT " ";MID$(INSTRING$,CRSR.POS+1);
9380 LOCATE CSRLIN,SPALTE+CRSR.POS-1
9390 AENDERUNG= -1
9400 RETURN
9410 '
9420 '----- Steuer- und Funktionstasten -----
9430 '
9440 TASTE= ASC(RIGHT$(X$,1))
9450 IF TASTE= 63 THEN RETURN '[F5]= Auswahl
9460 IF TASTE= 68 THEN RETURN '[F10]= Eingabe o.k.
9470 IF TASTE= 72 OR TASTE= 80 THEN RETURN 'CRSR hoch und runter
9480 IF TASTE= 73 OR TASTE= 81 THEN RETURN 'PgUp und PgDn
9490 IF TASTE= 75 AND POS(0)> SPALTE THEN LOCATE CSRLIN,POS(0)-1:CRSR.POS= CRSR.POS-1:GOTO 9100 'CRSR <--
9500 IF TASTE= 77 AND POS(0)< SPALTE+LAENGE-1 THEN IF CRSR.POS<= LEN(INSTRING$) THEN LOCATE CSRLIN,POS(0)+1:CRSR.POS= CRSR.POS+1:GOTO 9100 'CRSR -->
9510 IF TASTE= 83 AND CRSR.POS <= LEN(INSTRING$) THEN GOSUB 9240:GOTO 9100 'DEL wird ähnlich BACKSPACE gehandhabt
9520 IF TASTE= 71 THEN LOCATE ZEILE,SPALTE:GOTO 9100 'Home, Feldanfang
9530 IF TASTE= 79 THEN LOCATE CSRLIN,SPALTE+LEN(INSTRING$)-1:CRSR.POS= LEN(INSTRING$):GOTO 9100 'End, auf letztes Zeichen setzen
```

```
9540 IF TASTE= 117 THEN INSTRING$= LEFT$(INSTRING$,CRSR.POS-1):PRINT SPACE$(LAENGE-
CRSR.POS));:LOCATE CSRLIN,SPALTE+CRSR.POS-1:AENDERUNG= -1:GOTO 9100 'CTRL-End,
löschen bis Feldende
9550 IF TASTE= 82 AND CRSR.POS<= LEN(INSTRING$) AND LEN(INSTRING$)< LAENGE THEN
GOSUB 9340:GOTO 9100 'Ins
9560 BEEP:GOTO 9100
```

14.3.1 Hinweise zum Programm PDV

Programm-Start

PC-BASIC/BASICA muß mit dem Schalter /M:54000 aufgerufen werden! Nach dem Start des Programms werden die notwendigen Initialisierungen des Maschinen-Programms, der Variablen und der Flags vorgenommen.

Allgemeines

Alle Funktionen werden über Menüs aufgerufen. Die einzelnen Funktionen können mit <ESC> abgebrochen bzw. beendet werden. Es wird zur jeweils aufrufenden Funktion zurückgekehrt. In der Kopfzeile wird die aktuelle Funktion angezeigt, in der Fußzeile entweder die Tastenbelegung oder die aktuelle Aktion (Sortieren, Suchen etc.). Alle Eingaben werden über eine einzige Routine abgehandelt. Die wichtigsten Fehler werden über On Error Goto bzw. über Flags abgefangen. Nicht berücksichtigte Fehler werden als Fehlernummer bzw. Fehlerzeile in der 25. Zeile angezeigt. Das Programm setzt anschließend im Hauptmenü wieder auf. Die Daten werden grundsätzlich sofort nach dem Einlesen/Ergänzen/Ändern in die Random-Datei geschrieben. Lediglich die Index-Datei bleibt während der Ausführung bis zum Beenden des Programms im Speicher. Ausnahme ist hier das Einlesen neuer Daten. Danach wird die Index-Datei gesichert. Sollten Sie das Programm irrtümlich abbrechen, ohne daß die Index-Datei gesichert ist, können Sie im Direkt-Modus versuchen, zu retten, was zu retten ist:

```
FOR I=0 TO SEQ.SATZ-1: PRINT#1,INDEX$(I): NEXT: CLOSE
```

Natürlich darf vorher keine Zeile oder Variable geändert worden sein.

Daten-Dateien

Bevor Daten eingelesen oder ausgegeben werden können, muß eine Daten-Datei gewählt werden. Diese Datei setzt sich zusammen aus der Random-Datei, in der alle Daten gespeichert werden, und der Index-Datei, in der nur die Programmnamen und Satznummern gespeichert werden. Die notwendige Wahl der Daten-Datei wird dadurch signalisiert, daß der Menü-Balken jeweils auf diesen Eintrag gesetzt wird. Die Daten-Datei kann einen beliebigen Namen haben. Die Erweiterungen SEQ und DAT werden ungeachtet einer eventuell vorgegebenen Erweiterung eingesetzt. Durch den Einsatz mehrerer Daten-Dateien lassen sich die Dateien klein halten und erlauben eine gewisse Ordnung schon über den Datei-Namen (BASIC, PASCAL, ASS z.B. für Daten der Programmier-Disketten). Über eine Auswahl-Funktion können bestehende Daten-Dateien angezeigt und die betreffende Datei ausgewählt werden.

Daten von Diskette einlesen

Die Daten werden grundsätzlich von Diskette bzw. Festplatte eingelesen. Für das Einlesen kann das Laufwerk, Pfad und eine Datei-Maske (z.B. *.EXE) angegeben werden. Über die DOS-Schnittstelle werden die Einträge des Directories eingelesen und zugeordnet. Anschließend werden die neuen Daten angezeigt und können ergänzt werden.

Suchen/Bearbeiten

Daten können nach Programmname oder nach Match-Code gesucht werden. Der Programmname muß voll und korrekt eingegeben werden. Wildcards oder Joker sind nicht erlaubt. Bei Match-Code kann jede beliebige Zeichenfolge eingegeben werden. Bei Datum und Zeit dürfen die Punkte bzw. Doppelpunkte nicht angegeben werden. Die gefundenen Sätze werden in einem Register festgehalten, so daß in den gefundenen Sätzen vor- und rückwärts geblättert werden kann.

Sequentiell anzeigen

Hier werden alle Daten in der Reihenfolge der Eingabe angezeigt bzw. können bearbeitet werden.

Listen ausgeben

Es wird eine allgemein aufgebaute Liste auf den Bildschirm, den Drucker oder in eine Datei ausgegeben.

Hinweise zu Änderungen

Das Programm ist im allgemeinen mit genügend REMs versehen, so daß die einzelnen Funktionen klar erkenntlich sind. Die am häufigsten aufgerufen Upros wurden an den Programmanfang gelegt, um die Suchzeit zu verringern. Variablen haben lange und aussagekräftige Namen, so daß auch hieran erkannt werden kann, welchem Zweck Sie dienen. Da das Programm für den internen Einsatz geschrieben wurde, fehlt jegliche Hilfe, und auch der Komfort einiger

Funktionen mag nicht Ihren Vorstellungen entsprechen. Durch die relativ klare Gliederung ist es aber ohne weiteres möglich, dieses Programm in einzelne Module aufzuteilen (Overlays) und dadurch mehr Platz für "Ausbauten" zu bekommen.

15. Drucken

Zu meinen beruflichen Aufgaben gehörte es unter anderem, Kunden bei der Anpassung ihrer Drucker an die in unserer Firma gekauften PC behilflich zu sein. In den meisten Fällen läßt sich eine Anpassung durch einen universellen Druckertreiber in kurzer Zeit durchführen. Es hat aber auch Situationen gegeben, in denen alles schief ging. Da lief dann die Ausgabe über DOS wunderbar. Wurde jedoch die Textverarbeitung aufgerufen, befand sich der Drucker plötzlich im Grafik-Modus oder zog ein Blatt nach dem anderen durch, ohne auch nur ein einziges Zeichen darauf zu hinterlassen. Für Leser, die ihre Programme zu verkaufen gedenken (natürlich auch für alle anderen Interessierten) und dadurch mit unterschiedlichen Druckern bei ihren Kunden konfrontiert werden, ist dann auch der erste Teil dieses Kapitels gedacht. Vielleicht finden Sie dort den einen oder anderen Tip für ein Problem, an dem Sie schon etwas länger basteln.

Weiterhin werden wir uns anschauen, wie man Programme in Sachen "Druckeransteuerung" so gestaltet, daß es egal ist, ob an den PC ein Typenrad-, Matrix- oder Tintenstrahldrucker angeschlossen ist. Für die Ausgabe von Texten schauen wir uns je ein Programm für den mehrspaltigen und für den querseitigen Druck an. Abschließend finden Sie ein nützliches Druckprogramm für Disketten-Etiketten in verschiedenen Formaten.

15.1 Anschluß verschiedener Drucker

An einen PC können Sie so ziemlich alles anschließen, was irgendwie ein Zeichen aufs Papier bringt. Angefangen vom normalen Matrixdrucker bis hin zum alten Fernschreiber haben Sie die freie Wahl. Hauptsache, eine der PC-Schnittstellen stimmt mit dem Druckerinterface überein. An dieser Stelle soll es aber nicht um exotische Kombinationen gehen, sondern um Probleme der täglichen Praxis. Wir wollen hier auch nicht die einzelnen Drucker betrachten, sondern Tips zur Lösung der eingangs genannten Probleme geben.

15.1.1 Typenrad-Drucker

80 Prozent aller Typenrad-Drucker werden über die serielle Schnittstelle des PC (V.24/RS232C) angeschlossen. Und damit fangen die Probleme meist schon an. Wird Ihr Typenrad-Drucker über die parallele Schnittstelle (Centronics) betrieben, lesen Sie bitte im nächsten Abschnitt weiter.

Beide Geräte, also Drucker und PC, müssen die gleichen Übertragungsparameter verwenden. Beim Drucker können Sie diese in der Regel über sogenannte DIP-Switches (Mäuseklavier), das sind kleine Schalter, einstellen. Leider ist die Bedeutung dieser Schalter von Drucker zu Drucker unterschiedlich, so daß hier keine allgemeingültige Beschreibung gegeben werden kann. Sie finden aber in der Beschreibung des Druckers im allgemeinen ein besonderes Kapitel über diese Schalter.

MS-DOS stellt für die Konfiguration der seriellen Schnittstelle das Dienstprogramm MODE.COM zur Verfügung. Hier die Syntax:

```
MODE COMx:    <Baud-Rate>
              <,Parity>
              <,Daten-Bits>
              <,Stop-Bits>
              <,P>
```

Für x setzen Sie die Nummer der seriellen Schnittstelle ein, an die der Drucker angeschlossen ist. In der Regel ist dies die Nummer 1. <Baud-Rate>, <Parity>, <Daten-Bits> und <Stop-Bits> müssen mit den am Drucker eingestellten Werten übereinstimmen. P geben Sie an, damit spezielle Fehlermeldungen des Druckers berücksichtigt werden.

MS-DOS gibt alle Druckausgaben grundsätzlich auf die Schnittstelle LPT1:, also die parallele (Centronics) Schnittstelle, aus. Hier müssen Sie ggf. eine Umleitung vornehmen, damit die Ausgaben auf dem an der seriellen Schnittstelle angeschlossenen Drucker landen:

```
MODE LPT1: = COMx:
```

Für x setzen Sie wieder die Nummer der seriellen Schnittstelle ein, an der der Drucker angeschlossen ist und die über MODE mit den entsprechenden Übertragungs-Parametern initialisiert wurde. Wenn Sie das alles fertig haben, müßte der Drucker eigentlich einwandfrei laufen, es sei denn...

Hier könnte ich Ihnen nun eine Unmenge von Möglichkeiten nennen, an denen eine Störung liegen kann. Lassen wir es aber bei den häufigsten Ursachen bewenden: Meistens ist das Kabel die Ursache allen Übels. Leider gibt es bei den Pin-Belegungen sowohl bei den PC als auch bei den Druckern immer wieder Unterschiede. Einige PC werden mit einem 25-poligen Anschluß, andere mit einem 9-poligen Anschluß ausgeliefert. Bei den Druckern findet sich meistens ein 25-poliger Anschluß. Hier hilft nur ein Blick in die Handbücher beider Geräte und der Griff zum Lötkolben bzw. der Gang zum Händler oder zu einem Freund, der löten kann. Ich rate Ihnen, eher zum Freund als zum Händler zu gehen. Die Preise solcher Kabel liegen nicht selten jenseits der 100,- DM-Grenze.

Für das Umlöten von 9- auf 25-poliges Kabel bzw. umgekehrt hilft Ihnen die folgende Tabelle:

Pin-Nr. (9-polig)	Signal	Pin-Nr. (25-polig)
1	Carrier Detect	8
2	Receive Data	3
3	Transmit Data	2
4	Data Terminal Ready	20
5	Signal Ground	7
6	Data Set Ready	6
7	Request to Send	4
8	Clear to Send	5
9	Ring Indicator	22

Wenn es nicht am Kabel liegt, überprüfen Sie die DIP-Schalter und die Einstellung per MODE noch einmal.

Ganz schlimm sind Programme, deren Druck-Ausgaben nicht über DOS, sondern aus Geschwindigkeitsgründen direkt auf die parallele oder serielle Schnittstelle gehen. Hier greift die Umleitung leider nicht. Gott sei Dank sind solche Programme sehr selten, und da dagegen nichts zu machen ist, nehmen Sie am besten ein anderes Programm.

Bei Typenrad-Druckern mit automatischem Einzelblatteinzug kann es Probleme bezüglich des linken Randes geben. Wir hatten z.B. nach dem Umbau eines Druckers das Problem, daß die Ausgabe grundsätzlich in Spalte 1 begann. Da der Einzug jedoch in der Mitte der Walze vorgenommen wurde, kam nur der Rest der Zeile aufs Papier, der Anfang wurde auf die Walze getickert. Im Handbuch zum Drucker entdeckten wir, daß es einen DIP-Switch "Set left Margin" gab. Nachdem dieser gesetzt war, erfolgte die Ausgabe ab Spalte 35 und damit korrekt in der ersten Spalte des Einzelblattes. Beachten Sie jedoch, daß einige Drucker automatisch das Vorhandensein eines Einzelblatteinzuges feststellen.

Für den Fall, daß Ihr Typenrad-Drucker endlich läuft, aber nicht die erwarteten Zeichen druckt, darf ich Sie an den Abschnitt über Druckertreiber verweisen.

15.1.2   Matrix- und Tintenstrahl-Drucker

Die Installation eines solchen Druckers gestaltet sich relativ problemlos. Der Anschluß erfolgt bei 90 Prozent aller Drucker über die parallele Schnittstelle (Centronics). Sollte Ihr Drucker über die serielle Schnittstelle laufen, lesen Sie bitte den vorherigen Abschnitt über Typenrad-Drucker.

Bei fast allen Druckern wird ein Anschlußkabel mitgeliefert, so daß nach dem Einstöpseln dieses Kabels der Drucker eigentlich laufen müßte. Es sei denn... Auch hier wollen wir nur die wichtigsten Problemfälle betrachten:

- Das Kabel scheidet meistens als Ursache für Störungen aus. Es sei denn, es wurden bei seiner Anfertigung Fehler gemacht. Dies kann Ihr Händler aber schnell feststellen.

- Einige Drucker können sowohl an die serielle als auch an die parallele Schnittstelle angeschlossen werden. Dies muß über "DIP-Switches" eingestellt werden. Prüfen Sie, ob die Schalter richtig eingestellt sind.

- Wenn es immer noch nicht läuft, tragen Sie den Drucker zum Händler, damit der ihn sich mal ansieht.

- Sollte der Drucker laufen, aber falsche Zeichen drucken, lesen Sie bitte den Abschnitt über Druckertreiber.

15.1.3 Plotter

Plotter werden in 99 Prozent der Fälle über die serielle Schnittstelle angeschlossen. Hier gilt das bei den Typenrad-Druckern Gesagte. Auch die Probleme sind in etwa die gleichen. Die Ansteuerung eines Plotters erfolgt über Steuersequenzen, die vom jeweiligen Programm ausgegeben werden. In der Regel sind dies CAD- oder Zeichenprogramme. Der Plotter muß diese Steuersequenzen natürlich verstehen, andernfalls findet man nur Gekritzel auf dem Papier. Hieraus resultiert, daß in jedem Fall eine Plotteranpassung durch das Programm erfolgen muß. Beim Drucker mag es ja noch gutgehen, wenn die Zeichen einfach als ASCII-Code ausgegeben werden, bei einem Plotter sieht es da etwas anders aus, da die Steuersequenzen doch recht unterschiedlich sind. Die Praxis zeigt aber, daß - bis auf einige Ausnahmen - eine Anpassung im Programm als Hewlett-Packard-Plotter meistens auch für andere Plotter funktioniert. Probieren Sie es einfach aus.

15.2 Druckertreiber und Anpassungen

Vor allem bei Textverarbeitungen tauchen immer wieder die gleichen Probleme auf: Auf dem Bildschirm werden die Umlaute und das "ß" einwandfrei dargestellt, auf dem Papier erscheinen anstelle dessen die merkwürdigsten Zeichen.

Dies liegt in den meisten Fällen an der Tatsache, daß der PC einen Zeichensatz verwendet, der nur in Teilen dem Standard-ASCII-Zeichensatz entspricht. Außerdem ist der PC-Zeichensatz auf amerikanische Belange abgestimmt. Da man dort keine Umlaute braucht, befinden sich an deren Stelle z.B. die eckigen und geschweiften Klammern, der Backslash \, das Hütchen ^ und die Tilde ~. Sie haben drei Möglichkeiten, das Problem zu lösen:

1. Überprüfen Sie, ob Ihr Drucker in der Textverarbeitung richtig installiert ist. Irgendwo haben Sie dort den Menüpunkt "Drucker installieren" oder "Installation". Sie bekommen eine Liste der Drucker angezeigt, die vom Programm unterstützt werden. Wählen Sie hier Ihren Drucker aus. Dann müßte eigentlich alles wie geplant gedruckt werden. Wenn Ihr Drucker nicht dabei ist, probieren Sie die ganze Liste einfach durch. In den meisten

Drucken

Fällen gibt es einen Drucker, der genauso oder ähnlich wie Ihr Drucker arbeitet.

2. Die meisten Textverarbeitungen haben eine interne Umsetzungstabelle, die von Ihnen modifiziert werden kann. Das heißt, Sie können bestimmen, welches Zeichen für ein auf dem Bildschirm dargestelltes Zeichen auf den Drucker ausgegeben wird. Schauen Sie in das Handbuch der Textverarbeitung. Dort finden Sie weitere Hinweise. Meistens ist dies sogar ein Menüpunkt wie "Drucker-Anpassung" oder "Installation".

3. Als letzte Möglichkeit bleibt der Einsatz eines sog. "Druckertreibers". Hierbei handelt es sich, grob ausgedrückt, um Programme, die zwischen das Programm und den Drucker geschaltet werden. Jedes Zeichen, das auf den Drucker ausgegeben werden soll, wird von diesem Programm erstmal gestoppt und anhand einer Umsetzungstabelle überprüft. In dieser Tabelle steht dann z.B., daß das Zeichen <eckige Klammer auf> [durch ein großes <A-Umlaut> Ä zu ersetzen ist. Ggf. wird das Zeichen also einfach durch ein anderes ersetzt, und schon herrscht bei der Druckausgabe eitel Sonnenschein. Ein Druckertreiber ist ein spezielles Programm, das Sie käuflich erwerben müssen. Fragen Sie Ihren Händler danach.

In PC-BASIC-Programmen können Sie in gewissen Grenzen eigene Druckertreiber realisieren. Hierzu müssen Sie alle Ausgaben auf den Drucker über eine besondere Routine leiten, die die Zeichen umwandelt:

```
10 .....
20 FOR I=1 TO LEN(DRUCK$)
30    IF MID$(DRUCK$,I,1)= "ä" THEN MID$(DRUCK$,I,1)= "{"
      ...
      ...
90 NEXT I
100 LPRINT DRUCK$
110 .....
```

Hierbei wird der auszugebende String in einer Schleife nach einem auszuwechselnden Zeichen durchsucht. In den meisten Fällen brauchen Sie so eine Umwandlung, wenn der Drucker lediglich den ASCII-Zeichensatz akzeptiert.

Die folgende Tabelle hilft Ihnen bei der Umsetzung vom PC-Zeichensatz auf einen Drucker, der den ASCII-Zeichensatz verwendet:

Bildschirm	Drucker
ä	{
ö	|
ü	}
ß	~
Ä	[
Ö	\
Ü	]

Wenn innerhalb des zu druckenden Strings also eines der Zeichen auf der linken Seite der Tabelle auftaucht, muß dafür das entsprechende Zeichen der rechten Seite der Tabelle eingesetzt werden.

15.3 Escape-Sequenzen

Bei den heutigen Druckern haben sie vielfältige Möglichkeiten, das Druckbild zu gestalten. Schriftarten wie Pica, Elite und Courier sind bei den meisten Druckern ebenso Standard wie Fettdruck, Unterstreichen, Druck in doppelter Breite und Super- bzw. Subscript. Sicher haben Sie in Ihrem Druckerhandbuch hierüber schon einiges gelesen. Dieser Abschnitt ist denn auch mehr für die Leser gedacht, denen es an Dokumentationen zu diesem Thema mangelt oder die ihren Drucker auf dem Flohmarkt ohne Unterlagen erstanden haben.

Dem Drucker wird über eine Steuersequenz mitgeteilt, welche der Schriftarten, Darstellungsarten oder sonstigen Aktionen von ihm erwartet werden. Zu dieser Steuersequenz gehört ein Erkennungszeichen, an dem der Drucker erkennt, daß nun eine Steuersequenz gesendet wird.

Das Erkennungszeichen ist das ESC-Zeichen (CHR$(27)). Danach können je nach Drucker unterschiedliche Zeichen folgen, die die weitere Aktion spezifizieren. Einer der größten Druckerhersteller, die Firma Epson, hat hier mittlerweile für einen gewissen Standard gesorgt, an dem sich viele andere Hersteller orientieren. Wenn Sie also bei einer Programminstallation Ihren Drucker nicht aufgeführt finden, wählen Sie z.B. den Epson FX-80. Zumindest die Standard-Attribute wie Fettdruck und Unterstreichen müßten dann laufen. Die folgende Tabelle zeigt Ihnen die gebräuchlichsten Escape-Sequenzen, die Sie für ca. 70% aller Drucker einsetzen können:

ESC-Sequenz	Aktion
ESC x(1|0)	Ein-/Ausschalten NLQ
ESC M	Einschalten Elite
ESC P	Einschalten Pica
ESC p(1|0)	Ein-/Ausschalten Proportional
ESC W(1|0)	Ein-/Ausschalten Breitschrift
ESC E	Einschalten Fettdruck
ESC F	Ausschalten Fettdruck
ESC -(1|0)	Ein-/Ausschalten Unterstreichen
ESC S(1|0)	Einschalten Sub-/Superscript
ESC T	Ausschalten Sub-/Superscript
ESC G	Einschalten Doublestrike
ESC H	Ausschalten Doublestrike
ESC 4	Einschalten Kursiv
ESC @	Drucker-Reset

Drucken

Steuerzeichen ohne ESC

CHR$(8)	Druckkopf eine Spalte zurück
CHR$(15)	Schmalschrift ein
CHR$(18)	Schmalschrift aus

Die Ausgabe einer ESC-Sequenz auf den Drucker ist genauso einfach wie die des normalen Textes:

```
240 .....
245 LPRINT "Dies ist ein Testtext"
250 LPRINT CHR$(27);"W";CHR$(1);"doppelt breit gedruckt"
255 LPRINT CHR$(27);"W";CHR$(0)
260 .....
```

15.4 Universelle Druckeranpassung

Gute Programme zeichnen sich dadurch aus, daß die Möglichkeiten verschiedener Drucker berücksichtigt werden. Meistens wird hierfür ein Installations-Programm eingesetzt, über das die verschiedenen Drucker ausgewählt werden. Wenn Sie verschiedene Drucker im Einsatz haben oder planen, Ihre Programme zu vermarkten, werden Sie nicht umhin kommen, eine Druckeranpassung vorzusehen.

Unter PC-BASIC bieten sich verschiedene Möglichkeiten für eine Realisation an. Einmal können Sie einzelne Dateien mit den druckerspezifischen Daten anlegen. Je nach der Wahl des Anwenders lesen Sie diese Datei in ein Array, über das die Ausgabe gesteuert wird. Hierzu bieten Sie dem Anwender ein Auswahlmenü der Drucker an, für die Sie Dateien angelegt haben.

Die zweite Möglichkeit besteht darin, ein etwas größeres Array vorzusehen, in dem sämtliche Daten der einzelnen Drucker gehalten werden. Auch hier kann der Anwender aus einem Menü seinen Drucker auswählen, dessen Daten dann in ein spezielles Steuer-Array übertragen werden.

Schließlich sollte der Anwender in der Lage sein, eigene Drucker zu definieren, das heißt, die von Ihnen zur Verfügung gestellten Dateien oder das Gesamt-Array muß um weitere Beschreibungen erweiterbar sein. Zumindest bei der zweiten Möglichkeit dürfte dies aufgrund der nicht vorhersehbaren Dimensionierung Probleme geben.

Ich habe mich in meinen Programmen für die erste Möglichkeit entschieden. Vorteil ist, daß jederzeit eine neue Datei zu einem neuen Drucker angelegt werden kann. Beschreibungen der vom Markt verschwundenen Drucker können ebenso problemlos gelöscht werden. Außerdem ist hierbei auch die Erstellung einer eigenen Druckerdefinition durch den Anwender möglich.

Zur Konzeption

Die einfachste Lösung ist, ein Array anzulegen, in das beim Aufruf des Programms alle druckerspezifischen Daten geladen werden. Das Array ist eindimensional. Den Elementen werden feststehende Funktionen zugeordnet:

Element 0	Drucker-Reset
Element 1	Fettdruck ein
Element 2	Fettdruck aus
Element 3	Unterstreichen ein
Element 4	Unterstreichen aus
...	
...	
...	
Element n	Einzelblatt einziehen

In der jeweiligen Drucker-Datei, die logischerweise den Namen des Druckers trägt (z.B. EP_FX_80.DRK oder NEC_P6.DRK), werden die speziellen Escape-Sequenzen des Druckers für die einzelnen Funktionen festgehalten. Für den Fall, daß ein Drucker eine Funktion nicht ausführen kann, steht in der Datei ein Null-Byte. Im Programm wird dann z.B. durch die Anweisung

```
IF DRUCKER$(3)<> CHR$(0) THEN LPRINT DRUCKER$(3)
```

immer die richtige Escape-Sequenz gesendet, egal welcher Drucker angeschlossen ist.

Für die Definition eines eigenen Druckers wird dem Anwender auf dem Bildschirm eine Tabelle ausgegeben, in die er die Escape-Sequenzen laut Handbuch seines Druckers einträgt. Bei Einsatz einer Umsetzungstabelle werden zusätzlich die umzuwandelnden Zeichen erfaßt. Einfacher kann man eine Druckeranpassung nicht realisieren.

Umsetzungstabellen

Auch hier kann die Realisation unter PC-BASIC relativ einfach erfolgen. Im Abschnitt über Druckertreiber wurde das Konzept schon grob geschildert. Wieder hilft ein eindimensionales Array bei der Lösung des Problems. Jedes Element enthält das Zeichen, das anstelle des über die ASCII-Tabelle korrespondierenden Zeichens ausgegeben werden soll. In der Drucker-Datei befinden sich die Daten im Anschluß an die Escape-Sequenzen:

```
10 DIM DRUCKER$(39) '40 Funktionen sind möglich (0-39)
20 DIM UMSETZUNG$(255) 'Für jedes Zeichen ein Element
30 OPEN "PARAM.DAT" FOR INPUT AS #1
40 INPUT #1,DRUCKER.NAME$
50 CLOSE #1
60 DRUCKER.DATEI$= DRUCKER.NAME$+".DRK"
70 OPEN DRUCKER.DATEI$ FOR INPUT AS #1
```

Drucken

```
80 FOR I= 0 TO 39
90    LINE INPUT #1,DRUCKERS$(I)
100 NEXT I
110 FOR I= 32 TO 255
120    LINE INPUT #1, UMSETZUNG$(I)
130 NEXT I
140 CLOSE
150 .....
890 .....
900 '----- Druckausgabe mit Umsetzung -----
910 FOR I= 1 TO LEN(DRUCK$)
920    ZEICHEN= ASC(MID$(DRUCK$,I,1))
930    IF ZEICHEN < 32 THEN LPRINT CHR$(ZEICHEN) ELSE LPRINT UMSETZUNG$(ZEICHEN)
940 NEXT I
950 RETURN
960 .....
```

Sie sehen, daß das Array UMSETZUNG$() erst ab Element 32, also dem Leerzeichen, belegt ist. Alle Zeichen, die davor liegen, sind Druckersteuerzeichen, die nicht umgewandelt werden dürfen.

15.5 Mehrspaltiger Ausdruck

Zu diesem Thema bin ich eigentlich über einen Umweg gekommen. Mich hat es erbärmlich aufgeregt, daß beim Ausdruck eines Directorys vom DOS aus immer nur die eine Hälfte des Papieres bedruckt und die andere Hälfte nutzlos verschwendet wird. Gleiches fiel mir beim Drucken von Listings auf. Auch hier wird eine Menge Papier verschwendet, wenn z.B. in einer Zeile lediglich ein oder wenige Statements stehen. Außerdem ist der mehrspaltige Druck für Berichte oder Dokumentationen von einigem optischen Reiz.

Bei der Entwicklung des Programms mußten zwei Punkte besonders berücksichtigt werden. Zum einen war dies die Trennung eines Wortes, das eventuell durch den Zeilenumbruch zerstückelt werden könnte, und zum anderen die Möglichkeit, den Text innerhalb der Spalten im Blocksatz, also mit ausgerichtetem rechten und linken Rand, zu drucken. Die Realisation der Trennfunktion ist einigermaßen einfach. Hier muß lediglich überprüft werden, ob das letzte Zeichen der Zeile ungleich einem Leerzeichen, einem Trennstrich oder einem Doppelpunkt (für Listings) ist. Wenn dies so ist, wird eine Funktion aufgerufen, die die entsprechende Zeile ausgibt. Über Cursor-Steuerung wird das Zeichen "angefahren", vor dem die Trennung erfolgen soll. Details können Sie dem folgenden Listing entnehmen.

Beim Blocksatz hingegen bin ich nach einigem Probieren zu der Überzeugung gekommen, daß ein echter Blocksatz, wie aus Zeitschriften oder Büchern bekannt, nur in Grenzen möglich ist. Als ich dieses Problem anging, geschah dies mit einem Epson FX-80, der nicht proportionalfähig war. Der Ausgleich für die links-rechts-bündige Zeile mußte also mit mehreren Leerzeichen zwischen den einzelnen Wörtern innerhalb der Zeile erfolgen. Dabei kann es passieren, daß am Anfang und am Ende der Zeile je ein Wort und dazwischen 20 bis 30 Leerzeichen stehen. Im großen und ganzen ist das Ergebnis jedoch akzeptabel. Wirklich befriedigende Ergebnisse lassen sich nur mit einem Drucker erzielen, der in der Lage ist, Proportionalschrift zu drucken. Voraussetzung für einen korrekten Ausdruck mit so einem Drucker ist natürlich ein Programm, das anhand einer Tabelle die Breite der einzelnen Buchstaben ermittelt, ausrechnet, wieviel in eine Zeile bzw. Spalte paßt, und den Druck entsprechend steuert. Dies hört sich sehr einfach an. Aber wenn Sie über die Realisation solch eines Projektes nachdenken, werden Sie ebenso abwinken wie ich.

Die Realisation

Herz des Programms ist ein dreidimensionales Array TEXT$, in das die Zeilen der zu verarbeitenden Datei eingelesen werden. Für das Demo-Programm habe ich erstmal 3 Seiten als Maximum festgelegt. Nach dem Aufruf des Programms wird zuerst die Frage gestellt, ob eine im Mehrspalten-Modus gespeicherte Datei ausgegeben werden soll (Zeile 110). Hierzu bietet das Programm die Möglichkeit, nach der Formatierung einer Datei diese für eine nochmalige oder spätere Verarbeitung zu speichern. Soll eine solche Datei ausgegeben werden, verzweigt das Programm entsprechend der Variablen ALTE.DATEI, liest den Dateinamen und anschließend die Datei ein und gibt sie nach der Beantwortung der Frage nach dem Ausgabeziel Drucker oder Bildschirm (Zeile 230) entsprechend aus (ab Zeile 1260).

Soll eine neue Datei verarbeitet werden, so sind zunächst einige Fragen bezüglich der vorzunehmenden Formatierung zu beantworten (Zeile 170). Hier geben Sie an, wieviel Spalten pro Seite gedruckt werden sollen, ob eine Trennung erfolgen und ob der Text für den Blocksatz aufbereitet werden soll. Weiterhin können Sie eine Überschrift eingeben, die zentriert über jede Seite gedruckt wird. Abschließend geben Sie den Namen der Datei an und bestimmen das Ausgabeziel Drucker oder Bildschirm. Für die Ausgabe wird die Variable AUSGABE.DATEI$ entweder auf LPT1: oder SCRN: gesetzt. Dadurch lassen sich Abfragen innerhalb des Programms bezüglich des Ausgabeziels und davon abhängig die verschiedenen Reaktionen vermeiden:

```
245 IF AUSGABE$="Dd" THEN LPRINT <Daten> ELSE PRINT <Daten>
```

So eine Abfrage müßte bei jeder Ausgabeaktion erfolgen und würde das Programm ziemlich aufblähen. Auch die Pflege eines solches Programms wäre über Gebühr umständlich. Unter Umständen müssen Sie hier statt SCRN: die logische Datei KBRD: oder CONS: für die Ausgabe auf den Bildschirm angeben. Dies hängt von der verwendeten MS-DOS- und GW-/PC-BASIC-Version ab. Wenn auf Ihrem Bildschirm also nichts erscheint (wie Sie sehen, sehen Sie nichts, und warum Sie nichts sehen, sehen Sie gleich), probieren Sie ein wenig.

Ab Zeile 540 werden die für die Formatierung der neuen Datei benötigten Werte errechnet bzw. die Konstanten festgelegt. Wichtig ist hier die Zeile 560, in der die Breite der Spalten errechnet wird. Für meine Bedürfnisse bin ich von einer Zeilenlänge von 80 Zeichen ausgegangen. Zwischen den Spalten habe ich einen

Platz von 3 Leerzeichen für ausreichend angesehen. Dies können Sie hier beliebig ändern. Bei mehr als 80 Zeichen pro Zeile müssen Sie dann noch die Steuersequenzen für die Umschaltung des Druckers in eine andere Schriftart einbinden. In Zeile 570 wird eine Variable initialisiert, die für die Formatierung der einzelnen Zeilen (Zeile 2070) benötigt wird. In Zeile 580 werden die Konstanten für SEITEN.LAENGE und DRUCK.ZEILEN festgelegt. Die Werte sind abhängig vom verwendeten Papier. Hier sind sie auf normales Endlospapier ausgerichtet. In Zeile 590 werden die Zähler für das Array TEXT$ auf die Anfangswerte 1 gesetzt. Zeile 610 öffnet die zu verarbeitende Datei als Text-Datei.

Ab Zeile 630 wird dann die Datei ausgelesen, die Zeilen werden unterschiedlich verarbeitet. Zuerst wird geprüft, ob es eine Leerzeile ist (Zeile 640). Diese wird ohne weitere Aktion übernommen und die nächste Zeile gelesen (Zeile 680-700). Ab Zeile 740 werden Zeilen behandelt, deren Länge kleiner ist als die errechnete Breite einer Spalte. Diese Zeilen werden von führenden Blanks befreit (Zeile 760-780) und ohne Aufbereitung für den Blocksatz in das Array übertragen. Ich bin davon ausgegangen, daß so eine Zeile immer am Ende eines Absatzes steht und deshalb kein Blocksatz erforderlich ist.

Ab Zeile 830 werden die Zeilen behandelt, die länger als die errechnete Breite sind. Der entsprechende linke Teil wird in das Array übernommen. Wenn der Text ungetrennt übernommen werden soll, wird die Routine für die Trennfunktion übersprungen und der Rest der Zeile verarbeitet. Ansonsten erfolgt ab Zeile 870 eine Prüfung des letzten Zeichens der übernommenen Zeile. Hierbei werden die Zeichen Leerzeichen, Trennstrich und Doppelpunkt als Trennzeichen akzeptiert, so daß die Trennfunktion an dieser Stelle beendet wird. Jedes andere Zeichen veranlaßt die Durchführung der Trennfunktion ab Zeile 900. Hierzu wird die komplette Zeile ausgegeben. Der Teil, der in das Array übernommen werden kann, wird in doppelter Helligkeit dargestellt, der Rest der Zeile in normaler Helligkeit. Dadurch läßt sich der Gesamtzusammenhang für das Trennen besser erkennen. Durch die Taste <CR> wird die Zeile ohne Trennung übernommen. Mit den Tasten <Cursor-links> und <Cursor-rechts> kann das Zeichen, vor dem eine Trennung erfolgen soll, angefahren werden. Drücken Sie dann die Taste <Leerzeichen>, so wird als Trennzeichen ein Leerzeichen eingesetzt. Drücken der Taste <-> veranlaßt, daß der Trennstrich als Trennzeichen eingefügt wird. Über <ESC> kann die Trennfunktion abgebrochen werden, das heißt, der Rest der Datei wird so in das Array übernommen. Ab Zeile 1130 wird die getrennte Zeile in das Array übernommen und dann der Rest der Zeile verarbeitet.

Ab Zeile 1260 erfolgt die Ausgabe der formatierten Datei anhand der Konstanten DRUCK.ZEILEN und SEITEN.LAENGE. Außer der Überschrift wird zum Abschluß der Seite noch die fortlaufende Seitennumerierung ausgegeben (Zeile 1430). Nachdem die Datei angezeigt bzw. ausgedruckt ist, erfolgt ab Zeile 1480 eine Abfrage bezüglich des weiteren Vorgehens. Hier können Sie entweder das Programm mit <ESC> beenden, die Datei mit <S> speichern oder die Ausgabe mit <N> wiederholen.

Ab Zeile 1570 erfolgt ggf. die Speicherung der formatierten Datei. Außer dem Array werden auch die dazugehörigen Konstanten und Variablen (Zeile 1620-1640) festgehalten. Das Einlesen einer einzelnen Zeile und die Ermittlung deren Länge erfolgt ab Zeile 1760. Zuerst wird in Zeile 1780 überprüft, ob das Dateiende bereits erreicht ist. In diesem Fall wird das Upro über RETURN 1280 verlassen und die Ausgabe ab Zeile 1280 aufgerufen.

Das Unterprogramm ab Zeile 1820 ist zum einen für das Fortzählen der Variablen und zum anderen für den Blocksatz verantwortlich. Die Abfrage in Zeile 1840 überspringt ggf. die Blocksatz-Routine und veranlaßt lediglich die Aktualisierung der Variablen SEITE, SPALTE, ZEILE ab Zeile 2060. Für den Blocksatz werden zuerst alle Leerzeichen am Anfang und am Ende der Zeile entfernt (Zeile 1890-1940). Hierzu wird eine Hilfsvariable X$ eingesetzt (Zeile 1880), um die Abfragen und Zuweisungen etwas kürzer zu gestalten. In Zeile 1950 wird überprüft, ob sich innerhalb der Zeile Leerzeichen befinden. Wenn dies nämlich nicht der Fall ist, braucht für den Blocksatz kein Leerzeichen eingefügt zu werden, und die Verarbeitung geht in Zeile 2060 weiter. Die Aufbereitung für den Blocksatz erfolgt ab Zeile 1960 in einer WHILE...WEND-Schleife. Hierbei wird die Zeile von vorne nach hinten nach einem Leerzeichen durchsucht. Ein gefundenes Leerzeichen wird in Zeile 1990 verdoppelt. Wenn das Ende der Zeile erreicht ist (BLK.POS= 0), wird die Zeile wieder von vorne durchsucht (Zeile 1980/1970). Dies geschieht solange, bis die Zeile so breit ist wie die Spalte. Daran anschließend erfolgt die Aktualisierung der Variablen, und es wird die nächste Zeile eingelesen. Hier nun das Listing für den mehrspaltigen Ausdruck:

```
10 '---------------------------------------------------
20 ' SPLTDRCK.BAS          1985 (C) H.J. Bomanns
30 '---------------------------------------------------
40 :
50 CLS:KEY OFF
60 PRINT "Dieses Programm gibt eine ASCII-Text-Datei mehrspaltig auf einen Drucker"
70 PRINT "oder den Bildschirm aus."
80 PRINT STRING$(80,"=")
90 PRINT
100 :
110 PRINT "Gespeicherte Datei ausgeben (J/N) --> ";:LOCATE ,,1,0,31
120 X$= INKEY$:IF X$="" THEN 120
130 IF X$= CHR$(27) THEN CLS:END '[ESC]= Ende
140 IF X$="j" OR X$="J" THEN ALTE.DATEI= -1:PRINT:PRINT:GOTO 210
150 IF X$<>"n" AND X$<>"N" THEN BEEP:GOTO 120
160 PRINT:PRINT
170 INPUT "Spalten pro Seite..........: ",SPALTEN.SEITE
180 INPUT "Text für Überschrift.......: ",UEBERSCHRIFT$
190 INPUT "Mit Trenn-Funktion.(J/N)...: ",T$:IF T$="j" OR T$="J" THEN TRENNEN= -1 ELSE TRENNEN= 0
200 INPUT "Blocksatz.(J/N)............: ",BS$:IF BS$="j" OR BS$="J" THEN BLOCKSATZ= -1 ELSE BLOCKSATZ= 0
210 INPUT "Name der ASCII-Datei.......: ",DATEI.NAME$
220 PRINT
230 PRINT "Ausgabe auf [D]rucker oder [B]ildschirm, [ESC]= Ende --> ";
240 X$=INKEY$:IF X$="" THEN 240
250 IF X$= CHR$(27) THEN CLS:END '[ESC]= Ende
260 IF X$="b" OR X$="B" THEN AUSGABE.DATEI$= "SCRN:":GOTO 300
270 IF X$="d" OR X$="D" THEN AUSGABE.DATEI$= "LPT1:":GOTO 300
280 BEEP:GOTO 240
290 :
```

Drucken

```
300 VIEW PRINT 4 TO 15:CLS:VIEW PRINT
310 LOCATE 5,1,0:PRINT "Datei wird verarbeitet, Moment bitte.....";
320 :
330 DIM TEXT$(3,SPALTEN.SEITE,72*3) 'Für Demo nur drei Seiten
340 :
350 IF NOT ALTE.DATEI THEN 560
360 :
370 '----- Bestehende Datei einlesen und anzeigen -----
380 :
390 OPEN DATEI.NAME$ FOR INPUT AS #1
400 LINE INPUT#1, UEBERSCHRIFT$
410 INPUT#1,SEITE: INPUT#1,LETZTE.ZEILE: INPUT#1, SPALTEN.SEITE
420 INPUT#1,DRUCK.ZEILEN: INPUT#1,SEITEN.LAENGE
430 ERASE TEXT$:DIM TEXT$(3,SPALTEN.SEITE,72*3) 'Für Demo nur drei Seiten
440 FOR SEITEN= 1 TO SEITE
450    FOR ZEILEN= 1 TO DRUCK.ZEILEN
460       FOR SPALTEN= 1 TO SPALTEN.SEITE
470          LINE INPUT#1,TEXT$(SEITEN,SPALTEN,ZEILEN)
480       NEXT SPALTEN
490    NEXT ZEILEN
500 NEXT SEITEN
510 CLOSE
520 GOTO 1290 'Ausgeben
530 :
540 '----- Variablen für neue Datei initialisieren -----
550 :
560 BREITE= INT((80-((SPALTEN.SEITE-1)*3))/SPALTEN.SEITE)
570 BLANK$= SPACE$(BREITE+3)
580 DRUCK.ZEILEN= 63: SEITEN.LAENGE= 72
590 SPALTE= 1: ZEILE= 1: SEITE= 1
600 :
610 OPEN DATEI.NAME$ FOR INPUT AS #1
620 :
630 GOSUB 1780 'Eine Zeile aus Datei lesen
640 IF ANZAHL.ZEICHEN= 2 THEN 680 ELSE 740 '2 Zeichen= $0D0A
650 :
660 '----- Zeile ist nur $0D0A/ CRLF -----
670 :
680 TEXT$(SEITE,SPALTE,ZEILE)= DATEN$
690 GOSUB 2060 'Eine Zeile mehr, kein Blocksatz be $0D0A
700 GOTO 630 'Nächste Zeile
710 :
720 '----- Zeile ist keine Leerzeile und kürzer als BREITE -----
730 :
740 IF ANZAHL.ZEICHEN< BREITE THEN 750 ELSE 850
750 X$= DATEN$
760 FOR I=1 TO LEN(X$) 'Blanks am Anfang löschen
770    IF MID$(X$,I,1)=" " THEN 780 ELSE X$= MID$(X$,I):GOTO 790
780 NEXT I
790 TEXT$(SEITE,SPALTE,ZEILE)= X$
800 GOSUB 2060 'Eine Zeile mehr, kein Blocksatz, wenn Zeile nicht komplett
810 GOTO 630 'Nächste Zeile
820 :
830 '----- Zeile ist länger als BREITE -----
840 :
850 TEXT$(SEITE,SPALTE,ZEILE)= LEFT$(DATEN$,BREITE)
860 IF NOT TRENNEN THEN 1210
870 TZ$=RIGHT$(TEXT$(SEITE,SPALTE,ZEILE),1)
880 IF TZ$<>"-" AND TZ$<>" " AND TZ$<>":" THEN 920 ELSE 1210
890 :
900 '----- Letztes Wort der Zeile trennen -----
910 :
920 LOCATE 14,1,0:COLOR 15,0
930 PRINT STRING$(80,"-")
```

```
940 PRINT "Mit [CRSR]-Tasten setzen, Trennung erfolgt vor dem Zeichen unter dem
Cursor"
950 PRINT "[-]= trennen mit Strich, [Space]= trennen ohne Strich, [CR]= nicht
trennen"
960 PRINT "[ESC]= Trennfunktion ausschalten"
970 PRINT STRING$(80,"-")
980 LOCATE 20,1,0
990 PRINT TEXT$(SEITE,SPALTE,ZEILE);:P=POS(0):COLOR 7,0
1000 PRINT MID$(DATEN$,P,80-P);SPACE$(80-POS(0));
1010 LOCATE 20,P-1,1
1020 X$= INKEY$:IF X$="" THEN 1020
1030 IF X$= CHR$(27) THEN TRENNEN= 0:VIEW PRINT 14 TO 25:CLS:VIEW PRINT:GOTO 1210
'Ab hier nicht mehr trennen
1040 IF X$= CHR$(13) THEN 1210 'Nicht trennen
1050 IF LEN(X$)= 2 THEN 1090
1060 IF X$=" " OR X$="-" THEN T.POS= POS(0):GOTO 1130 'Trennen
1070 BEEP:GOTO 1020
1080 :
1090 IF ASC(RIGHT$(X$,1))= 77 AND POS(0)< LEN(TEXT$(SEITE,SPALTE,ZEILE)) THEN LOCA
,POS(0)+1:GOTO 1020
1100 IF ASC(RIGHT$(X$,1))= 75 AND POS(0)> 1 THEN LOCATE ,POS(0)-1:GOTO 1020
1110 BEEP:GOTO 1020
1120 :
1130 TEXT$(SEITE,SPALTE,ZEILE)= MID$(DATEN$,1,T.POS-1)+X$
1140 GOSUB 1840 'Eine Zeile mehr
1150 DATEN$= MID$(DATEN$,T.POS)
1160 ANZAHL.ZEICHEN= LEN(DATEN$)
1170 GOTO 740 'Rest der Zeile verarbeiten
1180 :
1190 '----- Zeile ohne Trennen verarbeiten -----
1200 :
1210 GOSUB 1840 'Eine Zeile mehr, mit Blocksatz, da Zeile länger als BREITE
1220 DATEN$= MID$(DATEN$,BREITE+1)
1230 ANZAHL.ZEICHEN= LEN(DATEN$)
1240 GOTO 740 'Rest der Zeile verarbeiten
1250 :
1260 '----- Array auf Drucker oder Bildschirm ausgeben -----
1270 :
1280 CLOSE 'Daten-Datei schließen
1290 IF AUSGABE.DATEI$="SCRN:" THEN CLS
1300 OPEN AUSGABE.DATEI$ FOR OUTPUT AS #1 '"SCRN:" oder "LPT1:"
1310 FOR AUSG.SEITE= 1 TO SEITE
1320   PRINT#1, :'erste Zeile frei
1330   PRINT#1,TAB((80-LEN(UEBERSCHRIFT$))/2);UEBERSCHRIFT$ 'Zentriert
1340   PRINT#1,STRING$(80,"-")
1350   FOR AUSG.ZEILE= 1 TO DRUCK.ZEILEN
1360     FOR AUSG.SPALTE= 1 TO SPALTEN.SEITE
1370       PRINT #1,TEXT$(AUSG.SEITE,AUSG.SPALTE,AUSG.ZEILE);
1380     NEXT AUSG.SPALTE
1390     PRINT#1,
1400   NEXT AUSG.ZEILE
1410   FOR I= AUSG.ZEILE+3 TO SEITEN.LAENGE-3:PRINT#1,:NEXT I
1420   PRINT #1,
1430   PRINT #1,TAB(34);"Seite -";AUSG.SEITE;"-"
1440   PRINT#1,
1450 NEXT AUSG.SEITE
1460 CLOSE 'Ausgabe schließen
1470 :
1480 '----- Programmende oder weiter oder speichern? -----
1490 :
1500 LOCATE 25,1,1:PRINT "[S]= speichern, [ESC]= Ende oder [N]= nochmal ausgeben
> ";
1510 X$= INKEY$:IF X$="" THEN 1510
1520 IF X$="n" OR X$="n" THEN 1280
```

```
1530 IF X$="s" OR X$="S" THEN 1590
1540 IF X$<>CHR$(27) THEN BEEP:GOTO 1510
1550 CLS:END
1560 :
1570 '----- Array und dazugehörige Vars speichern -----
1580 :
1590 LOCATE 25,1:PRINT SPACE$(79);:LOCATE 25,1
1600 LINE INPUT;"Speichern in Datei: ",DATEI.NAME$
1610 OPEN DATEI.NAME$ FOR OUTPUT AS #1
1620 PRINT#1, UEBERSCHRIFT$
1630 PRINT#1,SEITE: PRINT#1,LETZTE.ZEILE: PRINT#1, SPALTEN.SEITE
1640 PRINT#1,DRUCK.ZEILEN: PRINT#1,SEITEN.LAENGE
1650 FOR SEITEN= 1 TO SEITE
1660   FOR ZEILEN= 1 TO DRUCK.ZEILEN
1670     FOR SPALTEN= 1 TO SPALTEN.SEITE
1680       PRINT#1,TEXT$(SEITEN,SPALTEN,ZEILEN)
1690     NEXT SPALTEN
1700   NEXT ZEILEN
1710 NEXT SEITEN
1720 CLOSE
1730 LOCATE 25,1:PRINT SPACE$(79);
1740 GOTO 1500
1750 :
1760 '----- Eine Zeile aus Datei lesen -----
1770 :
1780 IF EOF(1) THEN RETURN 1280
1790 LINE INPUT#1,DATEN$ 'Eine Zeile aus Datei lesen
1800 ANZAHL.ZEICHEN= LEN(DATEN$) 'Länge der eingelesenen Zeile
1810 RETURN
1820 '----- Blocksatz/Variablen für ZEILE, SPALTE und ZEILE updaten -----
1830 :
1840 IF NOT BLOCKSATZ THEN 2060 'Kein Blocksatz
1850 :
1860 '----- Zeile für Blocksatz aufbereiten -----
1870 :
1880 X$= TEXT$(SEITE,SPALTE,ZEILE):BLK.POS= 1
1890 FOR I=1 TO LEN(X$) 'Blanks am Anfang löschen
1900   IF MID$(X$,I,1)=" " THEN 1910 ELSE X$= MID$(X$,I):GOTO 1920
1910 NEXT I
1920 FOR I=LEN(X$) TO 1 STEP-1 'Blanks am Ende löschen
1930   IF MID$(X$,I,1)<> " " THEN 1940 ELSE NEXT I:GOTO 1950
1940 X$= LEFT$(X$,I)
1950 IF INSTR(X$," ")= 0 THEN 2060 'Keine Blanks
1960 WHILE LEN(X$) < BREITE
1970   BLK.POS= INSTR(BLK.POS,X$," ")
1980   IF BLK.POS= 0 THEN BLK.POS= 1:GOTO 1970
1990   X$= LEFT$(X$,BLK.POS)+MID$(X$,BLK.POS)
2000   BLK.POS= BLK.POS+2
2010 WEND
2020 TEXT$(SEITE,SPALTE,ZEILE)= X$
2030 :
2040 '----- Vars updaten -----
2050 :
2060 IF SPALTE = SPALTEN.SEITE THEN 2090 'Kein Zwischenraum, letzte Spalte
2070 TEXT$(SEITE,SPALTE,ZEILE)= TEXT$(SEITE,SPALTE,ZEILE)+ LEFT$(BLANK$,(BREITE+3)-LEN(TEXT$(SEITE,SPALTE,ZEILE)))
2080 MID$(TEXT$(SEITE,SPALTE,ZEILE),LEN(TEXT$(SEITE,SPALTE,ZEILE))-1,1)= "|"
2090 ZEILE= ZEILE+1
2100 IF ZEILE > DRUCK.ZEILEN THEN SPALTE= SPALTE+1:ZEILE= 1
2110 IF SPALTE > SPALTEN.SEITE THEN SEITE= SEITE+1:SPALTE=1:ZEILE= 1
2120 IF SEITE> 3 THEN 1280 'Ausgeben
2130 RETURN
```

Eine Anpassung dürfte durch die ausreichend vorhandenen REMs und die zuvor gemachten Ausführungen kein Problem sein. Verbesserungen lassen sich z.B. noch beim Trennen und in der Blocksatz-Funktion vornehmen, indem Sie dem Programm eine ordentliche Portion "Intelligenz" verpassen. Denkbar wäre es, daß die Trennfunktion soweit automatisiert wird, daß der Cursor bereits auf eine trennbare Stelle (Silbentrennung) gesetzt wird. Dies erfordert aber wirkliche Intelligenz und damit verbunden einen sehr hohen Programmieraufwand. Bei der Blocksatz-Funktion wäre unter Umständen eine Überprüfung der Abstände und das Verschieben von Leerzeichen zwischen den Wörtern angebracht.

15.6 Text "auf die Seite gelegt"

Die Idee zu der folgenden "Spielerei" kam mir, als ich mich nach der Anschaffung eines grafikfähigen Druckers mit der Anpassung eines Programms und der Einzelnadel-Ansteuerung auseinandersetzte. An meinen C64 hatte ich einen Plotter 1520 angeschlossen, der unter anderem die Möglichkeit bot, um 90 Grad gedrehte Schrift zur Beschriftung von Achsenkreuzen etc. einzusetzen. Für das "Plotten" von Funktionskurven und Beschriftung der Achsen auf dem Drucker benötigte ich diese Möglichkeit ebenfalls. Nach einiger Entwicklungsarbeit, basierend auf dem Listing eines mir unbekannten Autors, der hier schon Pionierarbeit geleistet hatte, war ich dann auch in der Lage, zur Beschriftung der Achsen beliebige Zeichen um 90 Grad gedreht auszugeben. Von dort bis zur Ausgabe eines kompletten, um 90 Grad gedrehten Textes war es nur ein kleiner Weg.

Zur Konzeption

Grundgedanke ist, daß ein beliebiger Text für jeweils eine komplette Seite in ein Array gelesen und von dort auf Zeichen- und Bit-Basis für die Ansteuerung des Druckers weiterverarbeitet wird. Hierzu muß das Array von unten nach oben spaltenweise gelesen und die ermittelten Zeichen für die Ausgabe von links nach rechts entsprechend aufbereitet werden.

Zur Erläuterung des Algorithmus habe ich im Listing entsprechende Kommentare eingefügt, da sie dort eher zum besseren Verständnis beitragen. Bezüglich des Themas "Einzelnadel-Ansteuerung" finden Sie übrigens in Kapitel 8 detailliertere Ausführungen. Schauen wir uns also das Ergebnis an:

```
10 '-----------------------------------------
20 'PRT_QUER.BAS            1985 (C) H.J.Bomanns
30 '-----------------------------------------
40 :
50 CLS:KEY OFF
60 PRINT "Dieses Programm druckt eine ASCII-Datei im Querformat auf normales DIN-A4 End-"
70 PRINT "Los-Papier."
80 PRINT STRING$(80,"-"):PRINT:PRINT
90 CHAR.ROM.SEG= &HF000:CHAR.ROM.OFS= &HFA6E
```

Drucken

Das Bit-Muster der einzelnen Zeichen wird aus dem sogenannten "Character-ROM" des PC per PEEK gelesen. In diesem ROM sind pro Zeichen 8 Bytes gespeichert, die für die Darstellung eines Zeichens in der 8*8-Punkte-Matrix (8 Bytes * 8 Bits) benötigt werden. Für das Auslesen muß sowohl die Segment-Adresse (für PEEK) als auch die Offset-Adresse (für die Berechnung der Zeichen-Position) in Zeile 90 festgelegt werden. Im allgemeinen ist hier keine Änderung erforderlich. Lediglich wenn Ihr PC vom Standard abweicht, müssen Sie hier die entsprechenden Adressen angeben, die im technischen Handbuch zum PC aufgeführt sind

```
100 DIM TEXT$(72)        'Zeilen-Array für eine Seite
110 HOEHE=10             'Zeichenhöhe des Fonts 8*8 +2 Leerzeilen
```

Der Abstand zwischen den einzelnen Zeilen wird durch HOEHE festgelegt. Im Normalfall ist eine Textzeile 8 Grafikzeilen hoch. Wenn 2 Grafikzeilen für den Zeilenabstand hinzukommen, ergibt eine HOEHE von 10. Bei Änderung des Wertes z.B. auf 8 verringert sich der Zeilenabstand entsprechend, es passen mehr Zeilen auf eine Seite, die Lesbarkeit wird allerdings auch schlechter.

```
120 MAX.ZEILEN=INT(480/HOEHE) 'Maximale Anzahl Zeilen pro Seite
```

Die maximal druckbare Anzahl von Zeilen pro Seite ergibt sich aus der möglichen horizontalen Auflösung des Druckers. In diesem Fall kann der Drucker 480 einzelne Punkte pro Grafikzeile setzen. Dividiert durch die HOEHE, ergibt sich die Anzahl der druckbaren Zeilen pro Seite.

```
130 AUFLOESUNG= 1        'Auflösung "K"/"L"
```

Hier geben Sie, sofern der Drucker dazu in der Lage ist, die Auflösung der Grafik an. Die meisten Drucker sind zumindest in der Lage, die Grafik in "single density" (eine Nadel pro Punkt) oder "double density" (zwei Nadeln pro Punkt) zu drucken.

```
140 ':
150 LINE INPUT "Dateiname: ",DATEI.NAME$
160 IF DATEI.NAME$="" THEN CLS:END
170 OPEN DATEI.NAME$ FOR INPUT AS #1
180 PRINT:PRINT:PRINT "Ausdruck läuft, Moment bitte....."
190 WIDTH "LPT1:",255
200 LPRINT CHR$(27);"3";CHR$(24); 'Zeilenvorschub für Grafik setzen
```

Im Grafik-Modus werden die einzelnen Nadeln mit einem in einem Byte zusammengefaßten Bit-Muster angesteuert. Bei einigen PC wird allerdings nach dem 80sten Byte ein Zeilenvorschub ausgeführt, der hier nicht angebracht wäre. In Zeile 190 legen wir deshalb fest, daß mehr als 80 Zeichen gesendet werden.

In Zeile 200 wird der Zeilenvorschub dem Grafik-Modus angepaßt, da dieser hier von dem sonst eingesetzten Vorschub von 6 Zeilen pro Zoll abweicht. Die Sequenz CHR$(27);"3";CHR$(24) bedeutet hierbei, daß ein Zeilenvorschub entsprechend 7,5 Zeilen pro Zoll erfolgen soll. Dieser Wert muß durch Probieren ermittelt werden. Kleinere Werte bewirken, daß die einzelnen Zeichen der Zeile näher zusammenstehen oder sich eventuell überlappen.

```
210 ZEILE= 0:MAX.LEN= 0
220 '
230 WHILE NOT EOF(1)
240    LINE INPUT #1,X$
250    IF LEN(X$)>MAX.LEN THEN MAX.LEN=LEN(X$)
260    TEXT$(ZEILE)= X$:ZEILE= ZEILE+1
270    IF ZEILE>=MAX.ZEILEN THEN GOSUB 350:ZEILE=0:MAX.LEN=0 'Seite drucken
280 WEND
290 CLOSE
300 IF ZEILE THEN GOSUB 350 'Letzte Seite drucken, wenn notwendig
310 LPRINT CHR$(27);"2"; 'Zeilenvorschub wieder 6 Zeilen/Zoll
320 LPRINT CHR$(27);"@"; 'Drucker-Reset
330 CLS:END
```

Von Zeile 230 bis 280 wird abhängig von der maximal druckbaren Anzahl von Zeilen (Zeile 120) jeweils eine Seite in das Array TEXT$ eingelesen und über den Aufruf des Upros ab Zeile 350 (Zeile 270) ausgedruckt.

In Zeile 300 wird überprüft, ob die letzte Seite als komplette Seite bereits gedruckt ist, oder ob sie nicht komplett ist, also weniger als MAX.ZEILEN hat. In diesem Fall ist ZEILE ungleich 0, und die letzte Seite wird gedruckt. Anschließend wird der Drucker auf den normalen Zeilenvorschub (Zeile 310) gesetzt und ein genereller Drucker-Reset in Zeile 330 durchgeführt. Dies ist notwendig, da einige Drucker durch den Reset zwar vom Grafik-Modus wieder in den Text-Modus geschaltet werden, der gesetzte Zeilenvorschub jedoch erhalten bleibt.

```
340 '
350 FOR DRUCK.SPALTE=1 TO MAX.LEN 'Von oben nach unten
360    LPRINT CHR$(27);CHR$(74+AUFLOESUNG); MKI$(MAX.ZEILEN* HOEHE* AUFLOESUNG);
```

Zeile 360 schaltet den Drucker in den Grafik-Modus, wobei die Auflösung abhängig von AUFLOESUNG gesetzt wird. Die 74 im zweiten CHR$() steht hierbei für den Buchstaben J, der zuzüglich der AUFLOESUNG dann K oder L ergibt. Über K und L wird entweder single density oder double density eingeschaltet. Über MKI$() wird letztlich angegeben, aus wieviel Bytes sich das Bit-Muster einer zu druckenden Grafikzeile zusammensetzt.

```
370    FOR DRUCK.ZEILE= MAX.ZEILEN-1 TO 0 STEP-1 'Von links nach rechts
380       ZEICHEN=ASC( LEFT$( MID$( TEXT$( DRUCK.ZEILE ), DRUCK.SPALTE, 1)+ " ", 1))
390       FOR I=9 TO HOEHE 'Abstand zwischen den Zeilen
400          LPRINT STRING$(AUFLOESUNG,0); 'Je nach Auflösung
410       NEXT I
```

In Zeile 380 wird ein einzelnes Zeichen aus dem Array gelesen. Bei kürzeren Zeilen liefert die Funktion MID$ kein Ergebnis, sondern den Null-String (""), der bei der Funktion ASC() eine Fehlermeldung hervorrufen würde. Um dies zu verhindern, wird per LEFT$ ein Leerzeichen an das gelesene Zeichen angehängt. Wenn kein Zeichen vorhanden ist, dient das Leerzeichen der weiteren Verarbeitung, andernfalls wird es einfach ignoriert. Von Zeile 390 bis 410 wird das Bit-Muster 0 entsprechend der AUFLOESUNG für den Zeilenabstand gesendet.

```
420     DEF SEG= CHAR.ROM.SEG
430     FOR BYTE=7 TO 0 STEP-1 'Bit-Muster des Zeichens aus CHAR-ROM an Drucker
440        LPRINT STRING$ (AUFLOESUNG ,PEEK(CHAR.ROM.OFS +(ZEICHEN*8) +BYTE));
450     NEXT BYTE
```

In den Zeilen 420 bis 450 werden die 8 Bytes aus dem Character-ROM gelesen, die dem in Zeile 380 ermittelten ASCII-Code des Zeichens entsprechen, und als Bit-Muster für die Einzelnadel-Steuerung an den Drucker gesendet. Für den Druck von links nach rechts erfolgt dies in einer umgekehrten Schleife (STEP -1), so daß das Bit-Muster von unten nach oben zusammengesetzt ist. Das erste Bit wird hierbei der ersten Nadel zugeordnet, das zweite der zweiten Nadel und so weiter. Dadurch ergibt sich die Drehung der Zeichen um 90 Grad.

```
460     NEXT DRUCK.ZEILE
470     LPRINT
480  NEXT DRUCK.SPALTE
490  LPRINT CHR$(12); 'Seitenvorschub
500  RETURN
```

In Zeile 490 wird noch ein Seitenvorschub vorgenommen, bevor die nächste Seite ausgegeben wird. Sie sollten darauf achten, daß die einzelnen Zeilen nicht länger als eine Seite im Hochformat werden, da sonst der Seitenvorschub irgendwo aufsetzt und so den Seitenumbruch durcheinanderbringt. Abhängig von Drucker, Auflösung und Zeilenabstand kann die maximal mögliche Länge einer Zeile natürlich schwanken, so daß hier etwas probiert werden muß.

15.7 Disk-Etiketten drucken

Als Abschluß des Kapitels "Drucken" hier noch ein Programm, das Ihnen wunderhübsche Etiketten für Ihre Disketten druckt. Der Druck erfolgt hierbei in verschiedenen Schriftarten (Pica, Elite und Schmalschrift), wobei die Größe des Rahmens gleich bleibt. Dadurch haben Sie die Möglichkeit, z.B. bei Schmalschrift mehr Informationen auf dem Etikett unterbringen zu können. Das Programm ist für die NEC-Serie P5, P6 und P7 konzipiert, läuft aber mit geringen Änderungen der Escape-Sequenzen auf jedem Drucker, der den PC-Zeichensatz drucken kann.

Zum Programm

Nach dem Start des Programms wird zuerst in Zeile 70 die Funktionstasten-Belegung gelöscht, da die Tasten im Programm für Steuerungszwecke benötigt werden. Zeile 80 installiert eine Fehlerbehandlungs-Routine. In Zeile 120 werden die benötigten Arrays für die Druckausgabe und die Programmsteuerung initialisiert. Ab Zeile 140 erfolgt die Zuweisung der sonstigen Konstanten und Variablen.

Für eine verständlichere Abfrage der Funktions- und Steuertasten im späteren Programm werden die Tastatur-Codes ab Zeile 220 aussagekräftigen Konstanten zugeordnet. Von Zeile 270 bis 440 wird festgestellt, welcher Monitor angeschlossen ist (siehe auch Kapitel 3), und abhängig davon werden die Farben für die Ausgabe entsprechend gesetzt.

Die Ausgabe der Maske erfolgt ab Zeile 460. In Zeile 500 wird die Rahmenfarbe entsprechend der Hintergrundfarbe gesetzt. Bei Einsatz einer Monochromkarte kann diese Zeile gelöscht werden. Nach der Ausgabe eines Maskenkopfes in Zeile 530 bis 550 wird auf der linken Seite der Maske ausgegeben, welche Tasten mit welcher Funktion belegt sind. Ab Zeile 760 erfolgt dann auf der rechten Seite der Maske die Ausgabe des Etikett-Streifens, der optisch in etwa den Gegebenheiten auf dem Drucker entspricht. Da verschiedene Schriftarten eingesetzt werden können, ist die Breite der Anzeige unterschiedlich. Der Bereich wird vor der Ausgabe nicht gelöscht. Dadurch überlappen sich die verschieden großen Etiketten teilweise. Ich habe dies gemacht, um die Orientierung bei der Auswahl der Größe etwas zu erleichtern. Man kann so etwas besser abschätzen, welche Größe man für die unterzubringenden Informationen benötigt.

Ab Zeile 970 erfolgt die Steuerung der Eingabe. Hier werden in einer Schleife die gedrückten Tasten ausgewertet und abhängig vom Ergebnis die dazugehörigen Routinen aufgerufen. Für die Positionierung des Cursors in die einzelnen Felder wird das Array FELD() eingesetzt. Hier sind abhängig vom gewählten Etikett Position und Länge des Feldes gespeichert. Ist eines der Elemente 0, so bedeutet dies, das hier kein Feld existiert, sondern die Steuerung beim nächsten Feld fortgeführt werden muß (Zeilen 1010 bis 1030). Hierbei wird abhängig von der gedrückten Taste entschieden, ob das nächste oder das vorherige Feld aktiviert werden muß. Dieses Vorgehen wurde nötig, da die Etiketten mit und ohne Datum gedruckt werden können.

Von Zeile 1090 bis 1180 werden die Tasten behandelt, die einen normalen ASCII-Code liefern. So beendet z.B. <ESC> das Programm, <TAB> bewirkt die Ausgabe eines anderen Rahmens, <CR> und <CTRL>-<CR> veranlassen einen Feldwechsel. Alle anderen ASCII-Codes werden als Eingabe für das Feld bewertet, geprüft und ausgegeben. Im Anschluß daran erfolgt ab Zeile 1200 die Abfrage der Funktions- und Steuertasten, also der Tasten, die einen erweiterten Tastatur-Code, bestehend aus einem 0-Byte und einem Tasten-Code, liefern. Je nach Taste wird die dazugehörige und im folgenden beschriebene Routine aufgerufen.

Ab Zeile 1460 wird der Wechsel in das nächste Feld vorbereitet. Zuerst wird dabei der momentane Feldinhalt in das Array DRUCK$() eingelesen. Danach wird der Index für die Felder um eins erhöht und überprüft, ob die gültigen Grenzen eingehalten sind (Zeile 1520/1530). Gleiches gilt für den Programmteil ab Zeile 1560. Hier wird jedoch der Wechsel in das vorherige Feld vorbereitet.

Das Unterprogramm ab Zeile 1660 liest den momentanen Feldinhalt in das Array DRUCK$(). Dies geschieht im einzelnen über die SCREEN-Funktion, die ein

Drucken

Zeichen direkt aus dem Bildschirmspeicher liest. Die Position ergibt sich dabei aus dem Inhalt des Arrays FELD().

Die Ausgabe der einzelnen Etikett-Rahmen erfolgt ab Zeile 1790. Dieser Programmteil wird nach dem Drücken der Taste <TAB> bzw. <SHIFT>-<TAB> aufgerufen, nimmt zuerst eine Überprüfung der Variable RAHMEN vor, führt ggf. eine Korrektur durch (Zeile 1830/1840), versorgt das Array FELD() mit den ab dort gültigen Werten (Zeile 1860 bis 2010) und verzweigt dann je nach dem Wert in RAHMEN in eine Routine für den Aufbau des entsprechenden Rahmens anhand einer ON X GOSUB-Konstruktion (Zeile 2020). Nach der Ausgabe des Rahmens werden ab Zeile 2040 noch die Inhalte des Arrays DRUCK$ im neuen Etikett ausgegeben. Daher kann das Etikett zu Testzwecken gewechselt werden, ohne daß der Inhalt neu eingegeben werden muß. Den Abschluß dieses Programmteils bildet die Aktualisierung der Anzeige bezüglich Schriftart, Zeichen pro Zoll etc.

Ab Zeile 2100 werden die einzelnen Rahmen ausgegeben. Hier stehen einige Möglichkeiten und Kombinationen zur Verfügung. Insgesamt können 14 verschiedene Rahmen produziert werden, wobei die Unterschiede zum einen in der Verwendung der Zeichen liegen, zum anderen kann man das Etikett mit oder ohne Datum drucken.

Das Unterprogramm ab Zeile 2580 ist für die Aktualisierung der Anzeige der momentanen Werte eingerichtet. Neben der Nummer des gewählten Rahmens, der Schriftart und der Anzahl Zeichen/Zoll wird die Anzahl der zu druckenden Etiketten angezeigt. Das Drucken der Etiketten übernimmt der Programmteil ab Zeile 2750. Nach der Drucker-Initialisierung in den Zeilen 2820 bis 2870 wird die entsprechende Anzahl Etiketten gedruckt. Hierbei kann der Druck jederzeit abgebrochen werden. Die einzelnen Zeichen des Etiketts werden für den Druck direkt aus dem Bildschirmspeicher über die SCREEN-Funktion gelesen. Die aufwendige Formatierung der Druck-Strings entfällt dadurch.

Den Abschluß des Programms bildet die Fehler-Routine ab Zeile 3000. Da das Programm für den eigenen Einsatz geschrieben ist, wird lediglich die Fehlernummer- und -zeile angezeigt. Danach wird das Programm neu gestartet. Ansonsten sind im Listing ausreichend REMs vorhanden, so daß eine Anpassung an Ihre Erfordernisse ohne Schwierigkeiten erfolgen kann:

```
10 '--------------------------------------------
20 'Disk-Etiketten Druckprogramm 1986 (C) H.J. Bomanns
30 'Erstellt: 13.09.86, letzte Änderung: 14.01.87
40 'Version V2.00 für NEC P6, P6 und P7 bzw. EPSON FX80 + kompatible
50 '--------------------------------------------
60 :
70 KEY OFF:FOR I=1 TO 10:KEY I,"":NEXT I
80 ON ERROR GOTO 3000
90 :
100 '---------- Dimensionierungen ----------------
110 :
120 DIM DRUCK$(7),DRUCKZEICHEN(3),SCHRIFTART$(3),FELD(7,3)
130 :
140 '---------- Zuweisungen ----------------------
```

```
150 :
160 COPYR$="1986 (C) H.J.Bomanns"
170 DRUCK$(1)= "« Programmname »":DRUCK$(2)= "000": DRUCK$(7)=
MID$(DATE$,4,2)+"."+LEFT$(DATE$,2)+"."+RIGHT$(DATE$,2)
180 DRUCKZEICHEN(1)= 43:DRUCKZEICHEN(2)= 30:DRUCKZEICHEN(3)= 25
190 SCHRIFTART$(1)="Schmal/ 15": SCHRIFTART$(2)="Elite/ 12": SCHRIFTART$(3)= "Pica/ 10"
200 SCHRIFTART= 1:ANZAHL= 1:RAHMEN= 1
210 :
220 '---------- Tasten ----------------------------------------
230 :
240 F1= 59: F2= 60: F3= 61: F4= 62: NTAB= 9: SHIFTTAB=15: ESC= 27: HOME= 71: ENDE=
79: CHOME= 119: CRSR.HOCH= 72: CRSR.RUNTER= 80
250 SF2= 85: SF3= 86: SF4= 87: CRSR.RECHTS= 77: CRSR.LINKS= 75: CR= 13:CCR= 10:
C.RECHTS= 116: C.LINKS= 115
260 :
270 '---------- Welcher Monitor? ----------------------------
280 :
290 MONITOR$="C":DEF SEG=0:IF (PEEK(&H410) AND &H30)= &H30 THEN MONITOR$="M":GOTO
410 'Farben für Mono-BS festlegen
300 :
310 '---------- Farben für Color-BS festlegen --------------------
320 :
330 HG    = 1 'Blau
340 SCHRIFT= 15 'Weiß
350 HINWEIS= 12 'Hellrot
360 EINGABE= 14 'Gelb
370 GOTO 500 'Color-BS ist angeschlossen
380 :
390 '---------- Farben für Mono-BS festlegen --------------------
400 :
410 HG    = 0 'Schwarz
420 SCHRIFT= 7 'Hellgrau
430 HINWEIS= 15 'Weiß
440 EINGABE= 15 'Weiß
450 :
460 '-----------------------------------------------------------
470 'Maske aufbauen
480 '-----------------------------------------------------------
490 :
500 OUT &H3D9,HG 'Hintergrund
510 COLOR SCHRIFT,HG
520 CLS:LOCATE CSRLIN,POS(0),0
530 PRINT "┌";STRING$(78,"-");"┐";
540 PRINT "│ DSKETK V2.00";SPC(44);COPYR$;" │";
550 PRINT "└";STRING$(78,"■");"■";
560 LOCATE 5,1,0
570 COLOR HG,SCHRIFT:PRINT "[TAB]";:COLOR SCHRIFT,HG:PRINT ".......Rahmen +"
580 COLOR HG,SCHRIFT:PRINT "s[TAB]";:COLOR SCHRIFT,HG:PRINT "......Rahmen -"
590 COLOR HG,SCHRIFT:PRINT "[ESC]";:COLOR SCHRIFT,HG:PRINT ".......ENDE"
600 COLOR HG,SCHRIFT:PRINT "[F1]";:COLOR SCHRIFT,HG:PRINT "........Drucken"
610 COLOR HG,SCHRIFT:PRINT "[F2]";:COLOR SCHRIFT,HG:PRINT "........Schriftart +"
620 COLOR HG,SCHRIFT:PRINT "s[F2]";:COLOR SCHRIFT,HG:PRINT ".......Schriftart -"
630 COLOR HG,SCHRIFT:PRINT "[F3]";:COLOR SCHRIFT,HG:PRINT "........Anzahl +1"
640 COLOR HG,SCHRIFT:PRINT "[sF3]";:COLOR SCHRIFT,HG:PRINT ".......Anzahl +10"
650 COLOR HG,SCHRIFT:PRINT "[F4]";:COLOR SCHRIFT,HG:PRINT "........Anzahl -1"
660 COLOR HG,SCHRIFT:PRINT "[sF4]";:COLOR SCHRIFT,HG:PRINT ".......Anzahl -10"
670 COLOR HG,SCHRIFT:PRINT "[CR]";:COLOR SCHRIFT,HG:PRINT "....... Feld vor"
680 COLOR HG,SCHRIFT:PRINT "c[CR]";:COLOR SCHRIFT,HG:PRINT ".....Feld zurück"
690 COLOR HG,SCHRIFT:PRINT "[Home]";:COLOR SCHRIFT,HG:PRINT "......erstes Feld"
700 COLOR HG,SCHRIFT:PRINT "[End]";:COLOR SCHRIFT,HG:PRINT ".......letztes Feld"
710 COLOR HG,SCHRIFT:PRINT "c[Home]";:COLOR SCHRIFT,HG:PRINT ".....Feld löschen"
720 COLOR HG,SCHRIFT:PRINT "c[<-]";:COLOR SCHRIFT,HG:PRINT ".......Feldanfang"
730 COLOR HG,SCHRIFT:PRINT "c[->]";:COLOR SCHRIFT,HG:PRINT ".......Feldende"
```

```
740 PRINT:PRINT "'s'= SHIFT, 'c'= CTRL"
750 :
760 '---------- Etikettstreifen anzeigen ----------------------
770 :
780 COLOR HG,SCHRIFT:SP=31
790 LOCATE  7,SP:PRINT " |o|";SPC(DRUCKZEICHEN(SCHRIFTART));"|o|"
800 LOCATE  8,SP:PRINT " |o|";SPC(DRUCKZEICHEN(SCHRIFTART));"|o|"
810 LOCATE  9,SP:PRINT " |o|";STRING$(DRUCKZEICHEN(SCHRIFTART),"-");"|o|"
820 LOCATE 10,SP:PRINT " |o|";SPC(DRUCKZEICHEN(SCHRIFTART));"|o|"
830 LOCATE 11,SP:PRINT " |o|";SPC(DRUCKZEICHEN(SCHRIFTART));"|o|"
840 LOCATE 12,SP:PRINT " |o|";SPC(DRUCKZEICHEN(SCHRIFTART));"|o|"
850 LOCATE 13,SP:PRINT " |o|";SPC(DRUCKZEICHEN(SCHRIFTART));"|o|"
860 LOCATE 14,SP:PRINT " |o|";SPC(DRUCKZEICHEN(SCHRIFTART));"|o|"
870 LOCATE 15,SP:PRINT " |o|";SPC(DRUCKZEICHEN(SCHRIFTART));"|o|"
880 LOCATE 16,SP:PRINT " |o|";SPC(DRUCKZEICHEN(SCHRIFTART));"|o|"
890 LOCATE 17,SP:PRINT " |o|";SPC(DRUCKZEICHEN(SCHRIFTART));"|o|"
900 LOCATE 18,SP:PRINT " |o|";STRING$(DRUCKZEICHEN(SCHRIFTART),"-");"|o|"
910 LOCATE 19,SP:PRINT " |o|";SPC(DRUCKZEICHEN(SCHRIFTART));"|o|"
920 LOCATE 20,SP:PRINT " |o|";SPC(DRUCKZEICHEN(SCHRIFTART));"|o|"
930 LOCATE 21,SP:PRINT " |o|";SPC(DRUCKZEICHEN(SCHRIFTART));"|o|"
940 LOCATE 22,SP:PRINT " |o|";SPC(DRUCKZEICHEN(SCHRIFTART));"|o|"
950 COLOR SCHRIFT,HG
960 :
970 '----- Eingabesteuerung ----------------------------------
980 :
990 GOSUB 1790 'Etikettrahmen abhängig von 'RAHMEN' ausgeben
1000 FELD= 1
1010 IF FELD(FELD,1)= 0 AND TASTE=  CR THEN 1140 'Ein Feld vor
1020 IF FELD(FELD,1)= 0 AND TASTE= CCR THEN 1150 'Ein Feld zurück
1030 IF FELD(FELD,1)= 0 THEN TASTE= CR:GOTO 1140 'Ein Feld vor
1040 LOCATE FELD(FELD,1),FELD(FELD,2),1,0,31:COLOR EINGABE,HG
1050 X$=INKEY$:IF X$="" THEN 1050
1060 'LOCATE 24,1:PRINT ASC(X$),ASC(RIGHT$(X$,1))
1070 IF LEN(X$)= 2 THEN 1200
1080 :
1090 '---------- ASCII-Tasten ----------------
1100 :
1110 TASTE= ASC(X$)
1120 IF TASTE= ESC THEN COLOR 7,0:OUT &H3D9,0:CLS:END
1130 IF TASTE= NTAB THEN RAHMEN= RAHMEN+1:GOSUB 1790:GOTO 1010 'Etikettrahmen
ausgeben
1140 IF TASTE=  CR THEN GOSUB 1460:GOTO 1010 'Feldpositionierung prüfen, Feld +
1150 IF TASTE= CCR THEN GOSUB 1560:GOTO 1010 'Feldpositionierung prüfen, Feld -
1160 IF TASTE>= 32 AND TASTE <256 THEN PRINT CHR$(TASTE);
1170 IF POS(0)>= FELD(FELD,2)+FELD(FELD,3) THEN BEEP:TASTE= CR:GOTO 1140 'Ein Feld
vor, wenn Feld voll
1180 GOTO 1050
1190 :
1200 '---------- Steuer- und Funktionstasten --------------------
1210 :
1220 TASTE= ASC(RIGHT$(X$,1))
1230 IF TASTE= SHIFTTAB THEN RAHMEN= RAHMEN-1:GOSUB 1790:GOTO 1010 'SH-TAB,
Etikettrahmen
1240 IF TASTE= CRSR.HOCH   THEN TASTE= CCR:GOTO 1150 'Ein Feld zurück
1250 IF TASTE= CRSR.RUNTER THEN TASTE=  CR:GOTO 1140 'Ein Feld vor
1260 IF TASTE= F1 THEN 2750 'Drucken
1270 IF TASTE= F2 THEN GOSUB 1660:SCHRIFTART= SCHRIFTART+1:IF SCHRIFTART> 3 THEN
SCHRIFTART=1
1280 IF TASTE= SF2 THEN GOSUB 1660:SCHRIFTART= SCHRIFTART-1:IF SCHRIFTART< 1 THEN
SCHRIFTART=3
1290 IF TASTE= F2 OR TASTE= SF2 THEN 760 'Anzeige mit geänderter Schriftart neu
aufbauen
1300 IF TASTE= F3 AND ANZAHL< 999 THEN ANZAHL=ANZAHL+1:GOSUB 2580
1310 IF TASTE= F4 AND ANZAHL>   1 THEN ANZAHL=ANZAHL-1:GOSUB 2580
```

```
1320 IF TASTE= SF3 AND ANZAHL+10< 999 THEN ANZAHL=ANZAHL+10:GOSUB 2580
1330 IF TASTE= SF4 AND ANZAHL-10>= 1 THEN ANZAHL=ANZAHL-10:GOSUB 2580
1340 IF TASTE= CRSR.RECHTS AND POS(0)< FELD(FELD,2)+FELD(FELD,3)-1 THEN LOCATE
CSRLIN,POS(0)+1
1350 IF TASTE= CRSR.RECHTS AND POS(0)= FELD(FELD,2)+FELD(FELD,3)-1 THEN TASTE=
CR:GOTO 1140 'Ein Feld vor
1360 IF TASTE= CRSR.LINKS AND POS(0)> FELD(FELD,2) THEN LOCATE CSRLIN,POS(0)-1
1370 IF TASTE= CRSR.LINKS AND POS(0)= FELD(FELD,2) THEN TASTE= CCR: GOTO 1150 'Ein
Feld zurück
1380 IF TASTE= HOME THEN GOSUB 1660:FELD= 1:GOTO 1010
1390 IF TASTE= ENDE AND FELD(7,1)= 0 THEN GOSUB 1660:FELD= 6:GOTO 1010
1400 IF TASTE= ENDE THEN GOSUB 1660:FELD= 7:GOTO 1010
1410 IF TASTE= CHOME THEN LOCATE FELD(FELD,1),FELD(FELD,2),0:PRINT
SPACE$(FELD(FELD,3));:DRUCK$(FELD)="":GOTO 1010
1420 IF TASTE= C.RECHTS THEN LOCATE CSRLIN,FELD(FELD,2)+FELD(FELD,3)-1:GOTO 1050
1430 IF TASTE= C.LINKS  THEN LOCATE CSRLIN,FELD(FELD,2):GOTO 1050
1440 GOTO 1050
1450 :
1460 '-------------------------------------------------------------
1470 'Feldpositionierung prüfen, Feld +
1480 '-------------------------------------------------------------
1490 :
1500 GOSUB 1660
1510 FELD= FELD+1
1520 IF FELD= 7 AND RAHMEN< 8 THEN FELD= 1:RETURN
1530 IF FELD> 7 THEN FELD= 1:RETURN
1540 RETURN
1550 :
1560 '-------------------------------------------------------------
1570 'Feldpositionierung prüfen, Feld -
1580 '-------------------------------------------------------------
1590 :
1600 GOSUB 1660
1610 FELD= FELD-1
1620 IF FELD< 1 AND RAHMEN< 8 THEN FELD= 6:RETURN
1630 IF FELD< 1 AND RAHMEN> 7 THEN FELD= 7:RETURN
1640 RETURN
1650 :
1660 '-------------------------------------------------------------
1670 'Feldinhalt in DRUCK$(FELD) einlesen
1680 '-------------------------------------------------------------
1690 :
1700 IF FELD(FELD,1)= 0 THEN RETURN
1710 DRUCK$(FELD)= ""
1720 LOCATE CSRLIN,POS(0),0
1730 FOR I= 0 TO FELD(FELD,3)-1
1740   DRUCK$(FELD)= DRUCK$(FELD)+ CHR$(SCREEN(CSRLIN,FELD(FELD,2)+I))
1750 NEXT I
1760 LOCATE CSRLIN,POS(0),1,0,31
1770 RETURN
1780 :
1790 '-------------------------------------------------------------
1800 'Etikettrahmen ausgeben
1810 '-------------------------------------------------------------
1820 :
1830 IF RAHMEN> 14 THEN RAHMEN= 1
1840 IF RAHMEN< 1 THEN RAHMEN= 14
1850 SP= 34:LOCATE CSRLIN,POS(0),0:COLOR SCHRIFT,HG
1860 '----- Feldpositionen- und Längen festlegen
1870 FELD(1,1)= 11: FELD(1,2)= 35                           'Feld 1
1880 FELD(1,3)= DRUCKZEICHEN(SCHRIFTART)-6
1890 FELD(2,1)= 11: FELD(2,2)= 34+DRUCKZEICHEN(SCHRIFTART)-4  'Feld 2
1900 FELD(2,3)= 3
1910 FELD(3,1)= 13: FELD(3,2)= 35                           'Feld 3
```

```
1920 FELD(3,3)= DRUCKZEICHEN(SCHRIFTART)-2
1930 FELD(4,1)= 14: FELD(4,2)= 35                              'Feld 4
1940 FELD(4,3)= DRUCKZEICHEN(SCHRIFTART)-2
1950 FELD(5,1)= 15: FELD(5,2)= 35                              'Feld 5
1960 FELD(5,3)= DRUCKZEICHEN(SCHRIFTART)-2
1970 FELD(6,1)= 16: FELD(6,2)= 35                              'Feld 6
1980 FELD(6,3)= DRUCKZEICHEN(SCHRIFTART)-2
1990 FELD(7,1)= 17: FELD(7,2)= 34+DRUCKZEICHEN(SCHRIFTART)-10  'Feld 7
2000 FELD(7,3)= 8
2010 IF RAHMEN< 8 THEN FELD(7,1)= 0 'Kein Datumsfeld
2020 ON RAHMEN GOSUB 2100,2190,2280,2370,2430,2490,2530,
      2100,2190,2280,2370,2430,2490,2530 'Rahmen ausgeben
2030 COLOR EINGABE,HG
2040 FOR I= 1 TO 7
2050    IF FELD(I,1)<> 0 THEN LOCATE FELD(I,1),FELD(I,2):PRINT
LEFT$(DRUCK$(I),FELD(I,3));
2060 NEXT I
2070 COLOR SCHRIFT,HG
2080 GOSUB 2580 'Eingestellte Werte anzeigen
2090 RETURN
2100 LOCATE 10,SP:PRINT " ┌";STRING$(DRUCKZEICHEN(SCHRIFTART)-6,"-");"┐ "
2110 LOCATE 11,SP:PRINT " │";STRING$(DRUCKZEICHEN(SCHRIFTART)-6," ");"│ "
2120 LOCATE 12,SP:PRINT " ├";STRING$(DRUCKZEICHEN(SCHRIFTART)-6,"-");"┤ "
2130 LOCATE 13,SP:PRINT " │";SPC(DRUCKZEICHEN(SCHRIFTART)-2);"│ "
2140 LOCATE 14,SP:PRINT " │";SPC(DRUCKZEICHEN(SCHRIFTART)-2);"│ "
2150 LOCATE 15,SP:PRINT " │";SPC(DRUCKZEICHEN(SCHRIFTART)-2);"│ "
2160 LOCATE 16,SP:PRINT " │";SPC(DRUCKZEICHEN(SCHRIFTART)-2);"│ "
2170 LOCATE 17,SP:IF RAHMEN= 1 OR RAHMEN= 4 OR RAHMEN= 7 THEN PRINT
"└";STRING$(DRUCKZEICHEN(SCHRIFTART)-2,"-");"┘" ELSE PRINT
"└";STRING$(DRUCKZEICHEN(SCHRIFTART)-12,"-");"┤      ├"
2180 RETURN
2190 LOCATE 10,SP:PRINT " ╔";STRING$(DRUCKZEICHEN(SCHRIFTART)-6,"=");"╗ "
2200 LOCATE 11,SP:PRINT " ║";STRING$(DRUCKZEICHEN(SCHRIFTART)-6," ");"║ "
2210 LOCATE 12,SP:PRINT " ╠";STRING$(DRUCKZEICHEN(SCHRIFTART)-6,"=");"╣ "
2220 LOCATE 13,SP:PRINT " ║";SPC(DRUCKZEICHEN(SCHRIFTART)-2);"║ "
2230 LOCATE 14,SP:PRINT " ║";SPC(DRUCKZEICHEN(SCHRIFTART)-2);"║ "
2240 LOCATE 15,SP:PRINT " ║";SPC(DRUCKZEICHEN(SCHRIFTART)-2);"║ "
2250 LOCATE 16,SP:PRINT " ║";SPC(DRUCKZEICHEN(SCHRIFTART)-2);"║ "
2260 LOCATE 17,SP:IF RAHMEN= 2 OR RAHMEN= 5 OR RAHMEN= 6 THEN PRINT
"╚";STRING$(DRUCKZEICHEN(SCHRIFTART)-2,"=");"╝" ELSE PRINT
"╚";STRING$(DRUCKZEICHEN(SCHRIFTART)-12,"=");"╣      ╠"
2270 RETURN
2280 LOCATE 10,SP:PRINT " ┌";STRING$(DRUCKZEICHEN(SCHRIFTART)-6,"-");"┐ "
2290 LOCATE 11,SP:PRINT " │";STRING$(DRUCKZEICHEN(SCHRIFTART)-6," ");"│ "
2300 LOCATE 12,SP:PRINT " ├";STRING$(DRUCKZEICHEN(SCHRIFTART)-6,"■");"┤ "
2310 LOCATE 13,SP:PRINT " │";SPC(DRUCKZEICHEN(SCHRIFTART)-2);"│ "
2320 LOCATE 14,SP:PRINT " │";SPC(DRUCKZEICHEN(SCHRIFTART)-2);"│ "
2330 LOCATE 15,SP:PRINT " │";SPC(DRUCKZEICHEN(SCHRIFTART)-2);"│ "
2340 LOCATE 16,SP:PRINT " │";SPC(DRUCKZEICHEN(SCHRIFTART)-2);"│ "
2350 LOCATE 17,SP:IF RAHMEN= 3 THEN PRINT "└";STRING$(DRUCKZEICHEN(SCHRIFTART)-
2,"■");"┘" ELSE PRINT "└";STRING$(DRUCKZEICHEN(SCHRIFTART)-12,"■");"┤      ┣"
2360 RETURN
2370 LOCATE 10,SP:PRINT " ┌";STRING$(DRUCKZEICHEN(SCHRIFTART)-6,"-");"┐ "
2380 LOCATE 11,SP:PRINT " │";STRING$(DRUCKZEICHEN(SCHRIFTART)-6," ");"│ "
2390 LOCATE 12,SP:PRINT " └";STRING$(DRUCKZEICHEN(SCHRIFTART)-6,"-");"┘ "
2400 LOCATE 13,SP:PRINT " ┌";STRING$(DRUCKZEICHEN(SCHRIFTART)-2,"-");"┐ "
2410 FELD(3,1)= 0
2420 GOTO 2140 'Unterer Teil einfacher Rahmen
2430 LOCATE 10,SP:PRINT " ╔";STRING$(DRUCKZEICHEN(SCHRIFTART)-6,"=");"╗ "
2440 LOCATE 11,SP:PRINT " ║";STRING$(DRUCKZEICHEN(SCHRIFTART)-6," ");"║ "
2450 LOCATE 12,SP:PRINT " ╚";STRING$(DRUCKZEICHEN(SCHRIFTART)-6,"=");"╝ "
2460 LOCATE 13,SP:PRINT " ╔";STRING$(DRUCKZEICHEN(SCHRIFTART)-2,"=");"╗ "
2470 FELD(3,1)= 0
2480 GOTO 2230 'Unterer Teil doppelter Rahmen
```

```
2490 LOCATE 10,SP:PRINT " ┌";STRING$(DRUCKZEICHEN(SCHRIFTART)-6,"-");"┐"
2500 LOCATE 11,SP:PRINT " │";STRING$(DRUCKZEICHEN(SCHRIFTART)-6," ");"│"
2510 LOCATE 12,SP:PRINT " └";STRING$(DRUCKZEICHEN(SCHRIFTART)-6,"-");"┘"
2520 GOTO 2460 'Unterer Teil doppelter Rahmen
2530 LOCATE 10,SP:PRINT " ╔";STRING$(DRUCKZEICHEN(SCHRIFTART)-6,"=");"╗"
2540 LOCATE 11,SP:PRINT " ║";STRING$(DRUCKZEICHEN(SCHRIFTART)-6," ");"║"
2550 LOCATE 12,SP:PRINT " ╚";STRING$(DRUCKZEICHEN(SCHRIFTART)-6,"=");"╝"
2560 GOTO 2400 'Unterer Teil. einfacher Rahmen
2570 :
2580 '-----------------------------------------------------------
2590 'Eingestellte Werte anzeigen
2600 '-----------------------------------------------------------
2610 :
2620 ALTE.ZEILE= CSRLIN:ALTE.SPALTE= POS(0)
2630 LOCATE CSRLIN,POS(0),0
2640 SP= 34
2650 COLOR HG,SCHRIFT
2660 LOCATE 19,SP:PRINT USING "Rahmen    : ##";RAHMEN;
2670 IF RAHMEN> 7 THEN PRINT "/ Datum" ELSE PRINT "        "
2680 LOCATE   ,SP:PRINT       "Schriftart: ";SCHRIFTART$(SCHRIFTART)
2690 LOCATE   ,SP:PRINT USING "Zeichen   :  ##";DRUCKZEICHEN(SCHRIFTART)-2
2700 LOCATE   ,SP:PRINT USING "Anzahl    : ###";ANZAHL
2710 COLOR SCHRIFT,HG
2720 LOCATE ALTE.ZEILE,ALTE.SPALTE,1,0,31
2730 RETURN
2740 :
2750 '-----------------------------------------------------------
2760 'Etikett drucken
2770 '-----------------------------------------------------------
2780 :
2790 LOCATE 25,1,1: COLOR HINWEIS,HG:PRINT "Etikett justieren, beliebige Taste
drücken, mit [ESC] zurück --> ";:BEEP
2800 X$=INKEY$:IF X$="" THEN 2800
2810 IF X$=CHR$(27) THEN 2980
2820 LPRINT CHR$(18);CHR$(27);"@";CHR$(27);"x0";CHR$(27);"P";'P15 aus, Reset, NLQ
aus, Pica an
2830 LOCATE 25,1,1: COLOR HINWEIS,HG:PRINT "Druck läuft, mit beliebiger Taste
jederzeit unterbrechen.....";SPACE$(79-POS(0));:COLOR SCHRIFT,HG
2840 IF SCHRIFTART= 1 THEN LPRINT CHR$(15);
2850 IF SCHRIFTART= 2 THEN LPRINT CHR$(27);"M";
2860 IF SCHRIFTART= 3 THEN LPRINT CHR$(27);"P";
2870 LPRINT CHR$(27);"p0";CHR$(27);"x1"; 'Proportional aus, NLQ an
2880 LOCATE CSRLIN,POS(0),0
2890 FOR DRUCK=1 TO ANZAHL
2900   FOR ZEILE= 10 TO 17:IF INKEY$<>"" THEN 2970
2910     FOR SPALTE= 34 TO 33+DRUCKZEICHEN(SCHRIFTART):IF INKEY$<>"" THEN 2970
2920       ZEICHEN$= CHR$(SCREEN(ZEILE,SPALTE)): IF ZEICHEN$>= " " THEN LPRINT
ZEICHEN$;
2930     NEXT SPALTE
2940     LPRINT
2950   NEXT ZEILE
2960 NEXT DRUCK
2970 LPRINT CHR$(18);CHR$(27);"@";CHR$(27);"x0" 'P15 aus, Reset, NLQ aus
2980 LOCATE 25,1:COLOR SCHRIFT,HG:PRINT SPACE$(79);:BEEP
2990 GOTO 1010 'Weiter mit Tastaturabfrage


3000 '-----------------------------------------------------------
3010 'ERROR-Routine
3020 '-----------------------------------------------------------
3030 :
3040 LOCATE 25,1:PRINT "Fehler: ";ERR;" in Zeile: ";ERL;SPACE$(79-POS(0));
3050 IF INKEY$="" THEN 3050
3060 RUN
```

16. Hilfefunktion und Fehlerbehandlung

Ein gutes Anwendungs-Programm fällt und steht mit dem Komfort der Hilfefunktion und der Fehlerbehandlung. Wirft man einen Blick auf einige Anwendungen der letzten 5 Jahre zurück, so läßt sich die Entwicklung beider Themenkreise recht gut beobachten.

In der Anfangszeit nahm man es da noch nicht so genau. Falsche Eingaben wurden z.B. mit der lapidaren Meldung "Falsche Eingabe" zur Kenntnis gebracht und das Drücken einer nicht belegten Taste mit dem Hinweis "Falsche Taste gedrückt". Je mehr Möglichkeiten für die jeweiligen Eingabefelder oder für die Betätigung der Tasten zur Verfügung standen, umso verwirrter stand der Anwender vor seinem Programm. Ähnlich sah es bei der Fehlerbehandlung aus. War beispielsweise die Diskette nicht korrekt eingelegt, war sie voll oder war ein Schreibschutz angebracht, so wurden all diese Tatsachen mit der immer gleichen Meldung "Dateifehler" angezeigt. Woher sollte da der Anwender wissen, wie es weitergeht. Die Folge war meistens ratlosen und zeitraubendes Blättern und Suchen in den Handbüchern, so daß eine kontinuierliche Arbeit mit dem Programm einfach nicht möglich war. Von "Hilfefunktion" oder "Fehlerbehandlung" konnte da beim besten Willen keine Rede sein.

In der nächsten Generation war man immerhin soweit, dem Anwender etwas konkretere Hinweise zu seinen falschen Eingaben oder den Dateizugriffs-Fehlern zu geben. Meldungen wie "Eingabe darf nur aus Ziffern bestehen" oder "Nur Tasten <F1> bis <F5> erlaubt" schränkten zumindest den Bereich erheblich ein, in dem der Anwender nach dem richtigen Vorgehen zu suchen hatte. Bei der Fehlerbehandlung war es ähnlich: Hinweise wie "Diskette ist voll, andere Diskette einlegen" oder "Bitte den Schreibschutz entfernen" machten dem Anwender die Suche nach seinen Fehlern ebenfalls etwas leichter. So mußten denn auch die Handbücher nur noch selten zu Rate gezogen werden. Von "Hilfefunktion" oder "Fehlerbehandlung" konnte da schon eher die Rede sein. Und dann brach die Ära der "Fenster" an. Kaum ein Anwendungs-Programm blieb davon unberührt. Obwohl die ersten Realisationen noch etwas "humpelten" - so mußte z.B. nach der Anzeige eines Hilfe-Fensters der gesamte Bildschirm neu aufgebaut werden - wurde dem Anwender zum ersten Mal wirklich geholfen. Fenster-Hinweise wie:

```
┌─ Eingabe-Fehler: ──────────────┐
│                                │
│ In diesem Feld dürfen nur die Ziffern │
│ 0, 1, 2, 3, 4, 5, 6, 7, 8 und 9 sowie │
│ die Zeichen "+", "-" und der Punkt "." │
│ eingegeben werden.             │
│                                │
└─ mit <ESC> zurück ─────────────┘
```

oder

```
┌─ Datei-Fehler: ─────────────────────────┐
│ Die Diskette, auf der Ihre Daten ge-    │
│ speichert werden sollen, ist mit einem  │
│ Schreibschutz versehen. Bitte entfernen │
│ Sie diesen und drücken Sie dann die     │
│ Taste <CR>. Mit der Taste <ESC> brechen │
│ Sie die Speicherung ab.                 │
└─────────────────────────────────────────┘
```

stellen für den Anwender eine ausreichende Information dar und erlauben es ihm, nach der Wiederholung der Eingabe oder der Beseitigung des Fehlers unverzüglich im Programm weiterzuarbeiten. Wenn man sich die Entwicklung wie eben geschildert anschaut oder sie selbst miterlebt hat, so taucht natürlich die Frage auf, warum man es nicht gleich vernünftig gemacht hat? Nun, ich sehe hier eigentlich zwei wichtige Punkte:

1. Zuerst einmal gab es in der Anfangszeit der PC-Programmierung keine ausreichende Dokumentation, die es ermöglicht hätte, alle Features des PC mit der jeweiligen Programmiersprache auszuschöpfen. Erst im Laufe der Jahre bekam der Programmierer Informationen an die Hand, die es ihm ermöglichten, seine Programme komfortabel zu machen. Ich denke da z.B. an die Tatsache, daß es nie möglich war festzustellen, ob eine Monochrom- oder eine Farbgrafik-Karte im PC installiert ist. Für die Wahl der Farben und Darstellungs-Attribute war dies jedoch sehr wichtig. Erst als Informationen über das BIOS-Datensegment (ab Adresse &H0040:&H000) zur Verfügung standen, konnte das Equipment-Flag per PEEK ausgelesen und so der Typ der Video-Karte ermittelt werden (siehe Kapitel 11, Abschnitt 11.1). Auch eine sinnvolle Ausnutzung der BIOS- und DOS-Interrupts war erst möglich, als über diese Interrupts Informationen vorlagen und entsprechende Schnittstellen entwickelt werden konnten.

2. Weiterhin hat der Anwender selbst an dieser Entwicklung mitgewirkt. So war es in der Anfangszeit selbstverständlich, daß der Anwender sich mit den vom Programm zur Verfügung gestellten Möglichkeiten zufrieden gab. Erst im Laufe der Zeit wurden die Rufe nach komfortableren Programmen lauter und konnten irgendwann von den Programmierern oder Software-Häusern nicht mehr ignoriert werden. Wer es dennoch tat, war sehr schnell vom Markt verschwunden. Heute sind wir soweit, daß die Einführung eines Programms ohne komfortable Hilfefunktion und Fehlerbehandlung weitgehend von der Akzeptanz der Anwender abhängt - und wer sich darum nicht bemüht, darf sich nicht wundern, wenn er auf seinen Programmen sitzenbleibt.

16.1 Handbuch kontra Hilfefunktion und Fehlerbehandlung

Sicher fragt sich der eine oder andere Leser schon, warum hier zum Thema "Hilfe" und "Fehler" dermaßen weit ausgeholt wird - schließlich gibt es doch Handbücher, in denen alles genau drinsteht? Vom Grundsatz her ist dieser Einwand durchaus berechtigt. Andererseits darf man nicht vergessen, daß die Anwendungs-Programme immer komplexer und damit die Handbücher immer umfangreicher werden. Taucht nun ein Problem auf, zu dem man Hilfe braucht oder wird ein Fehler gemacht, der der Erläuterung bedarf, so ist es ziemlich mühsam und zeitraubend, die Handbücher zu Rate zu ziehen: erstmal muß man wissen, wo die entsprechende Erläuterung im Handbuch (oder in den Handbüchern, wenn es mehrere sind) zu finden ist. Dies setzt voraus, daß die Handbücher den schnellen Zugriff auf die gesuchten Informationen anhand von umfangreichen Inhalts- und Stichwort-Verzeichnissen ermöglichen - und da finden sich unter hundert Handbüchern vielleicht ein Dutzend, die dies schaffen. Unter Umständen schaut man also an mehreren Stellen vergebens nach, bis endlich der richtige Hinweis gefunden ist (wenn man überhaupt einen findet).

Weiterhin bedeutet das Nachschlagen in Handbüchern immer eine Unterbrechung des Arbeitsablaufes. Der Anwender muß sich jedesmal wieder neu in die momentane Funktion eindenken. Dies ist nicht nur sehr unbefriedigend für den Anwender, sondern es erfordert zweifelsohne mehr Konzentration - führt also auch eher zu Ermüdungen. Vom Frust und der Unlust, mit diesem Programm zu arbeiten, mal ganz abgesehen.

Aus Anwendersicht ist also eine Hilfefunktion auf alle Fälle nur von Vorteil, da einerseits die gewünschten Informationen ohne Suchen und Blättern sofort zur Verfügung stehen und andererseits keine Unterbrechung des Arbeitsablaufes und neues Eindenken in die Funktion notwendig ist. Was bedeutet aber eine Hilfefunktion im Vergleich zum Handbuch für den Programmierer? In erster Linie natürlich mehr Arbeit bei der Programmierung - obwohl dies - wie wir später sehen werden - nicht unbedingt der Fall sein muß. Bezüglich der Handbücher spart er auf alle Fälle eine Menge Arbeit, da ja alles das, was sonst in den Handbüchern steht, zum größten Teil in der Hilfefunktion enthalten ist. Das Handbuch kann sich also auf Dinge wie die Installation, die Anpassung an die vorhandene Hardware oder allgemeine Hinweise zum Programm beschränken.

16.2 Welche Möglichkeiten der Hilfe gibt es?

Es gibt mehrere Möglichkeiten, dem Anwender im Programm Hilfe zur Verfügung zu stellen. Für welche dieser Möglichkeiten - auf die wir gleich detailliert eingehen werden - man sich entscheidet, hängt letztlich auch davon ab, für welche Zielgruppe das Programm gedacht ist. Wenn Sie beispielsweise ein Buchhaltungs-Programm planen, so können Sie davon ausgehen, daß Leute mit diesem Programm arbeiten, denen das Thema "Buchhaltung" mit allem Drum und Dran bekannt ist. Wenn Sie in der Hilfefunktion erklären, was ein "Buchungssatz" ist, so dürften sich die Anwender leicht gelangweilt fühlen.

Anders sieht es da bei einer Textverarbeitung aus: Hier ist davon auszugehen, daß Anwender damit arbeiten, die entweder nie mit so einem Programm gearbeitet haben oder deren bisherige Arbeit mit Texten ganz anders aussah, als sie jetzt mit diesem Programm aussieht. Bestes Beispiel ist eine Sekretärin, die jahrelang mit ihrer Schreibmaschine gearbeitet hat. Der Arbeitsablauf am PC ist so grundlegend anders, daß die Hilfefunktion sehr weit "unten" ansetzen muß. Es wird also notwendig, Funktionen wie "rechten Rand einstellen" oder "Seitenumbruch" sehr detailliert in der Hilfefunktion zu beschreiben.

16.2.1 Die allgemeine Hilfe

Wie die Überschrift schon sagt, handelt es sich hier um eine Hilfefunktion, die allgemeine Hinweise zum Programm, dessen Möglichkeiten und Funktionen und einer ggf. notwendigen Fehlerbehandlung zur Verfügung stellt. In der Praxis sieht dies so aus, daß nach dem Drücken der Hilfe-Taste eine oder mehrere Hilfe-Seiten angezeigt werden. Jede Seite widmet sich einem besonderen Thema. So kann z.B. die erste Seite aussagen, welche Aufgabe das Programm hat, die zweite Seite stellt die gebotenen Funktionen vor, die dritte Seite gibt Auskunft zur Tastenbelegung und eine vierte Seite gibt Hinweise zur Fehlerbehandlung.

Je komplexer das Programm, desto mehr Seiten sind natürlich notwendig. Nun stellen wir uns mal vor, daß Programm stellt 30 oder mehr Hilfe-Seiten zur Verfügung. Im Bedarfsfall muß der Anwender - wie bisher in den Handbüchern - am Bildschirm blättern und suchen, bis die gewünschten Informationen gefunden sind. Da kann man also gleich auf diese Hilfe verzichten und alles Notwendige im Handbuch abhandeln. Die Programmierung ist relativ einfach: Nach dem Drücken der Hilfe-Taste wird eine sequentielle Text-Datei geöffnet, in der man vermittels einer Textverarbeitung oder eines Editors die jeweiligen Hilfe-Texte erfaßt hat. Es wird jeweils eine Seite angezeigt, dann auf einen Tastendruck gewartet und dann die nächste Seite angezeigt - bis die ganze Datei angezeigt ist. Selten findet man hier die Möglichkeit, in den Seiten auch rückwärts zu blättern.

16.2.2 Die situationsbezogene Hilfe

Auch hier läßt die Überschrift schon vermuten, was dahinter steckt: Drückt der Anwender die Hilfe-Taste, so wird eine Hilfe angezeigt, die der jeweiligen Situation entspricht, in der sich das Programm - und damit auch der Anwender - befindet. Beispiel: Der Anwender ist dabei, in einer Adreßverwaltung einige Adressen zu erfassen. Unter anderem gibt es dort das Feld "Länderkennzeichen". Er weiß damit nichts anzufangen und drückt die Hilfe-Taste. Der folgenden Anzeige kann er entnehmen, was es mit diesem Feld auf sich hat:

```
┌─ Länderkennzeichen: ──────────────────┐
│                                        │
│ Für eine postalisch richtige Anschrift │
│ muß bei Auslandskunden das Kennzeichen │
│ des jeweiligen Landes im Anschriftenfeld│
│ vorhanden sein. Geben Sie hier das ent-│
│ sprechende Kennzeichen ein:            │
│                                        │
│  D    - Deutschland                    │
│  A    - Österreich                     │
│  USA  - Amerika                        │
│  I    - Italien                        │
│         und so weiter...               │
│                                        │
└─ mit <ESC> zurück ─────────────────────┘
```

Ich glaube, durch dieses Beispiel ist die "situationsbezogene Hilfe" ausreichend klar geworden. Der Anwender kann nach Anzeige dieser Hilfe sofort weiterarbeiten. Neuerliches Eindenken in die momentane Funktion entfällt. Frust oder Unlust kann da wohl kaum aufkommen. Die Programmierung ist natürlich etwas umfangreicher - jedoch nicht komplizierter - als bei einer anderen Hilfefunktion. Da die situationsbezogene Hilfe - auch als "kontextsensitive Hilfe" bekannt - heute zum Standard gehört, werden wir uns ihr im Abschnitt 16.3 detailliert widmen.

16.2.3 Ergänzende Hilfe

Bisher haben wir Hilfefunktionen kennengelernt, die erst auf das Drücken der Hilfe-Taste hin aktiv wurden. Daneben kann man mit sogenannten "ergänzenden Hilfen" dem Programm einen besonderen Komfort verleihen. Oder burschikoser ausgedrückt: der Anwender bekommt Hilfe - ob er sie nun will oder nicht.

16.2.4 Hilfe im Menü

Im Kapitel 11 haben wir einige Formen von Menüs kennengelernt. Alle haben eins gemeinsam: ein Balken wird auf einen Menü-Punkt gesetzt, und nach dem Drücken der <Eingabe>-Taste wird die dazugehörige Funktion ausgeführt. Meistens besteht dabei ein Menü-Punkt aus einem oder mehreren Wörtern, die die dahinterstehende Funktion verdeutlichen sollen. Vor allem für Anfänger in Sachen "PC-Programm" kann das mitunter zu knapp sein.

In solchen Fällen empfiehlt sich die Realisierung einer "Menü-Hilfe". Dabei wird zu jedem Menü-Punkt eine kurze Erläuterung angezeigt, die deutlich macht, was sich dahinter verbirgt bzw. was die dazugehörige Funktion im Einzelnen erledigt. Die Anzeige dieser Menü-Hilfe sollte ein- bis drei Zeilen umfassen und an fester Stelle auf dem Bildschirm erscheinen.

Das folgende Beispiel-Programm demonstriert den Einsatz einer Menü-Hilfe. Das Grundgerüst entspricht dabei dem in Kapitel 11 vorgestellten Programm

B_MENUE.BAS für die Realisierung von Balken-Menüs. Grundlegende Erläuterungen dazu finden Sie also im Kapitel 11. Die für die Menü-Hilfe hinzugefügten Funktionen sind im Listing entsprechend erläutert:

Hinweis: Um das folgende Programm korrekt ausführen zu können, müssen Sie GW-BASIC mit dem Schalter /M folgendermaßen aufrufen:

```
GWBASIC /M:54000
```

```
10 '------------------------------------------------
20 'MNUHILFE.BAS    Demo für Menü-Hilfe
30 '------------------------------------------------
40 :
50 DEFINT A-Z
60 OPTION BASE 0
70 CLS:KEY OFF:FOR I=1 TO 10:KEY I,"":NEXT I
80 MP.START= &HE000
90 GOSUB 2050 'MP initialisieren
100 SAVESCRN= MP.START
110 RESTSCRN= MP.START+3
120 FASTSCRN= MP.START+6
130 FALSE= 0: TRUE= NOT FALSE
140 MAX.BS= 3:DIM PUFFER%(2000*MAX.BS)
150 MAX.MENUE= 8: DIM MENUE$(MAX.MENUE),MENUE.HILFE$(MAX.MENUE,3)
```

Die Texte für die Menü-Hilfe werden im Array MENUE.HILFE$() gespeichert, das entsprechend in Zeile 150 dimensioniert wird. Hierbei werden pro Menü-Punkt drei Zeilen an Menü-Hilfe vorgesehen.

```
160 BS.NR= 0
170 F.NORMAL= 112: F.HINWEIS= 127: F.BALKEN= 7: F.HILFE= 112
```

Die Variable F.HILFE ist neu und legt fest, in welcher Farbe/welchem Attribut die Menü-Hilfe angezeigt wird.

```
180 HG.ZEICHEN$= " ": HG.ATTR= 15
190 :
200 RESTORE 220
210 FOR I= 0 TO MAX.MENUE:READ MENUE$(I):NEXT I
220 DATA "« Haupt-Menü »"
230 DATA "Einrichten"
240 DATA "Erfassen"
250 DATA "Suchen"
260 DATA "Ändern"
270 DATA "Listen"
280 DATA "Import"
290 DATA "Export"
300 DATA "Ende"
310 :
320 FOR I= 1 TO MAX.MENUE
330    FOR K= 1 TO 3
340       READ X$
350       MENUE.HILFE$(I,K)= X$+SPACE$(70-LEN(X$))
360    NEXT K
370 NEXT I
380 :
```

Hilfefunktion und Fehlerbehandlung

In der Schleife ab Zeile 320 werden die Texte für die Menü-Hilfe aus den Data-Zeilen (ab Zeile 390) ins Array MENUE.HILFE$() gelesen. Jede Zeile wird dabei auf die gleiche Länge gebracht (Zeile 350), damit bei der späteren Anzeige keine Zeichen der vorherigen Anzeige stehenbleiben, sondern durch Leerzeichen überschrieben werden.

```
390 DATA "Anlegen einer Maske für die Erfassung der Daten. Gleichzeitig wird"
400 DATA "die Datei für die Speicherung der Daten angelegt."
410 DATA " "
420 :
430 DATA "Erfassen von neuen Daten für die jeweilige Datei. Dabei erfolgt"
440 DATA "eine Prüfung zur Verhinderung von Doppeleingaben"
450 DATA " "
460 :
470 DATA "Suchen und Anzeigen von Daten der jeweiligen Datei."
480 DATA "Änderungen oder Löschungen sind hier nicht möglich."
490 DATA " "
500 :
510 DATA "Anzeigen der Daten der jeweiligen Datei. Dabei können Änderungen"
520 DATA "an den Daten vorgeommen werden bzw. ganze Datensätze gelöscht werden."
530 DATA " "
540 :
550 DATA "Anlegen von Drucklisten nach verschiedenen Kriterien für die"
560 DATA "jeweilige Datei. Such- und Sortierfolgen dafür festlegen."
570 DATA " "
580 :
590 DATA "Importieren (Einlesen) von Daten aus anderen Datenbanken oder anderen"
600 DATA "Datei-Verwaltungs-Programmen. Der Satzaufbau der Fremd-Datei kann"
610 DATA "beliebig festgelegt werden."
620 :
630 DATA "Exportieren (Speichern) von Daten aus der jeweiligen Datei für die"
640 DATA "Verarbeitung durch andere Datenbanken oder Datei-Verwaltungs-Prog-"
650 DATA "gramme. Der Satzaufbau ist fest vorgegeben."
660 :
670 DATA "Beenden des Programms. Geänderte Daten werden gesichert."
680 DATA " "
690 DATA " "
700 :
```

In diesen Data-Zeilen finden sich die Texte für die Menü-Hilfe. Es sind maximal drei Zeilen pro Menü-Punkt vorgesehen. Leere Zeilen sind des besseren Verständnis wegen statt mit dem Leer-String "" mit einem Leerzeichen belegt.

```
710 FZEILE= 1: FSPALTE= 1: FBREITE= 80: FHOEHE= 25
720 GOSUB 1560 'Hintergrund initialisieren
730 ZL= 1: SP= 1: X$= " Dateiverwaltung V1.00 (C) 1987 H.-J. Bomanns "
740 DEF SEG: CALL FASTSCRN(ZL,SP,F.HINWEIS,X$)
750 :
760 GOSUB 1090 'Menü-Auswahl
770 IF MENUE= 0 THEN MENUE = 8 'Ende shiften
780 GOSUB 1910 'BS sichern
790 ON MENUE GOSUB 830,850,870,980,1000,1020,1040,1060
800 GOSUB 1980 'BS zurück
810 GOTO 760 'Wieder Menü abfragen
820 :
830 '----- Einrichten -----
840 RETURN
850 '----- Erfassen -----
860 RETURN
870 '----- Suchen -----
880 FZEILE= 8: FSPALTE= 30: FBREITE= 40: FHOEHE= 3:F.SCHATTEN= TRUE
```

```
890 FOBEN$= MENUES$(MENUE): FUNTENS$= "[F1]= Hilfe"
900 GOSUB 1640 'Fenster anzeigen
910 ZL= FZEILE+2: SP= FSPALTE+2: X$= "Suchbegriff:"
920 DEF SEG:CALL FASTSCRN(ZL,SP,F.NORMAL,X$)
930 LOCATE FZEILE+2,FSPALTE+15,1
940 ZL=25: SP= 1: X$= " Suchbegriff eingeben, ["+CHR$(17)+"⌐]= suchen, [ESC]= Ende":
X$= X$+SPACE$(80-LEN(X$))
950 DEF SEG:CALL FASTSCRN(ZL,SP,F.HINWEIS,X$)
960 IF INKEY$= "" THEN 960
970 RETURN
980 '----- Ändern -----
990 RETURN
1000 '----- Listen -----
1010 RETURN
1020 '----- Import -----
1030 RETURN
1040 '----- Export -----
1050 RETURN
1060 '----- Ende -----
1070 COLOR 7,0:CLS:PRINT "*** ENDE ***":PRINT:END
1080 :
1090 '----- Menü anzeigen und Auswahl steuern -----
1100 :
1110 MAX.BREITE= 0
1120 FOR I=0 TO MAX.MENUE
1130   IF LEN(MENUES$(I)) > MAX.BREITE THEN MAX.BREITE= LEN(MENUES$(I))
1140 NEXT I
1150 FZEILE= 5: FSPALTE= 10: F.SCHATTEN= FALSE
1160 FBREITE= MAX.BREITE+6: FHOEHE= MAX.MENUE+2
1170 FOBEN$= MENUES$(0):FUNTENS$= "[F1]= Hilfe"
1180 GOSUB 1640 'Fenster anzeigen
1190 SP= FSPALTE+3
1200 FOR I= 1 TO MAX.MENUE
1210   ZL= FZEILE+I+1
1220   DEF SEG:CALL FASTSCRN(ZL,SP,F.NORMAL,MENUES$(I))
1230 NEXT I
1240 ZL=25: SP= 1: X$= " Mit ["+CHR$(24)+"] und ["+CHR$(25)+"] wählen,
["+CHR$(17)+"⌐]= ausführen, [ESC]= Ende": X$= X$+SPACE$(80-LEN(X$))
1250 DEF SEG:CALL FASTSCRN(ZL,SP,F.HINWEIS,X$)
1260 BALKEN.ZL= 1: SP= FSPALTE+1: TASTE$= "": LOCATE ,,0
1270 GOSUB 1910 'Bildschirm sichern
```

Vor der Tastatur-Abfrage wird der (noch leere) Bildschirm gesichert. Dadurch erspart man sich den neuerlichen Aufbau des Bildschirmes nach Beendigung der Routine. Andernfalls würde ja der zuletzt angezeigt Menü-Hilfe-Text stehenbleiben.

```
1280 WHILE TASTE$<> CHR$(27) AND TASTE$<> CHR$(13)
1290   ZL= FZEILE+BALKEN.ZL+1
1300   Y$= " "+MENUES$(BALKEN.ZL): Y$= Y$+SPACE$(MAX.BREITE+6-LEN(Y$))
1310   DEF SEG:CALL FASTSCRN(ZL,SP,F.BALKEN,Y$)
1320   GOSUB 1480 'Menü-Hilfe anzeigen
```

In Zeile 1320 wird die Routine für die Anzeige der Menü-Hilfe aufgerufen, nachdem der Balken auf den aktuellen Menü-Punkt gesetzt wurde.

```
1330   TASTE$= INKEY$:IF TASTE$= "" THEN 1330
1340   DEF SEG:CALL FASTSCRN(ZL,SP,F.NORMAL,Y$)
1350   IF TASTE$= CHR$(27) THEN MENUE= 0
1360   IF TASTE$= CHR$(13) THEN MENUE= BALKEN.ZL
1370   TASTE= ASC(RIGHT$(TASTE$,1))
```

Hilfefunktion und Fehlerbehandlung   499

```
1380    IF TASTE= 72 THEN BALKEN.ZL= BALKEN.ZL-1  'CRSR-hoch
1390    IF TASTE= 80 THEN BALKEN.ZL= BALKEN.ZL+1  'CRSR-runter
1400    IF TASTE= 71 THEN BALKEN.ZL= 1  'Home
1410    IF TASTE= 79 THEN BALKEN.ZL= MAX.MENUE
1420    IF BALKEN.ZL < 1 THEN BALKEN.ZL= MAX.MENUE
1430    IF BALKEN.ZL > MAX.MENUE THEN BALKEN.ZL= 1
1440 WEND
1450 GOSUB 1980 'Bildschirm restaurieren
```

Nachdem ein Menü-Punkt oder "Ende" gewählt wurde, wird der Bildschirm wieder restauriert. Dadurch verschwindet die zuletzt angezeigte Menü-Hilfe und die ggf. folgenden Masken können sofort ausgegeben werden.

```
1460 RETURN
1470 :
1480 '----- Menü-Hilfe anzeigen -----
1490 :
1500 MH.SP= 3
1510 FOR I= 1 TO 3
1520    MH.ZL= I+20
1530    CALL FASTSCRN(MH.ZL,MH.SP,F.HILFE,MENUE.HILFE$(BALKEN.ZL,I))
1540 NEXT I
1550 RETURN
```

Die Routine ab Zeile 1480 übernimmt die Ausgabe der Menü-Hilfe. Da alle Zeilen auf die gleiche Länge gebracht wurden (Zeile 350), können einfach alle möglichen Zeilen (hier drei) nacheinander in einer Schleife ausgegeben werden.

```
1560 '----- Hintergrund initialisieren -----
1570 :
1580 X$= STRING$(FBREITE,HG.ZEICHEN$)
1590 FOR ZL= FZEILE TO FZEILE+FHOEHE
1600    CALL FASTSCRN(ZL,FSPALTE,HG.ATTR,X$)
1610 NEXT ZL
1620 RETURN
1630 :
1640 '----- Universal-Routine für Fenster -----
1650 :
1660 X$= " ┌"+STRING$(FBREITE%,"-")+"┐ "
1670 DEF SEG:CALL FASTSCRN(FZEILE,FSPALTE,F.NORMAL,X$)
1680 X$= " │ "+STRING$(FBREITE%," ")+" │ "
1690 IF F.SCHATTEN THEN X$= X$+"  "
1700 FOR F.ZL= FZEILE+1 TO FZEILE+FHOEHE
1710    DEF SEG:CALL FASTSCRN(F.ZL,FSPALTE,F.NORMAL,X$)
1720 NEXT F.ZL
1730 X$= " └"+STRING$(FBREITE%,"-")+"┘ "
1740 IF F.SCHATTEN THEN X$= X$+"  "
1750 ZL= FZEILE+FHOEHE+1
1760 DEF SEG:CALL FASTSCRN(ZL,FSPALTE,F.NORMAL,X$)
1770 IF FOBEN$= "" THEN 1810 'Weiter mit FUnten$
1780    X$= " "+FOBEN$+" "
1790    F.SP= FSPALTE+3
1800    CALL FASTSCRN(FZEILE,F.SP,F.BALKEN,X$)
1810 IF FUNTEN$= "" THEN 1850 'Weiter mit F.SCHATTEN
1820    X$= " "+FUNTEN$+" "
1830    F.ZL= FZEILE+FHOEHE+1:F.SP= FSPALTE+3
1840    CALL FASTSCRN(F.ZL,F.SP,F.BALKEN,X$)
1850 IF NOT F.SCHATTEN THEN 1890 'Zurück
1860    X$= STRING$(FBREITE+2," ")
1870    F.ZL= FZEILE+FHOEHE+2:F.SP= FSPALTE+2
1880    CALL FASTSCRN(F.ZL,F.SP,F.NORMAL,X$)
```

```
1890 RETURN
1900 :
1910 '----- Aktuellen Bildschirm sichern -----
1920 :
1930 IF BS.NR= MAX.BS THEN BEEP:RETURN
1940 DEF SEG:PUFFER.OFS%= VARPTR(PUFFER%(BS.NR*2000)):CALL SAVESCRN(PUFFER.OFS%)
1950 BS.NR= BS.NR+1
1960 RETURN
1970 :
1980 '----- Letzten Bildschirm restaurieren -----
1990 :
2000 IF BS.NR= 0 THEN BEEP:RETURN
2010 BS.NR= BS.NR-1
2020 DEF SEG:PUFFER.OFS%= VARPTR(PUFFER%(BS.NR*2000)):CALL RESTSCRN(PUFFER.OFS%)
2030 RETURN
2040 :
2050 'Data-Zeilen aus COM-Datei: screen.com
2060 :
2070 RESTORE 2090
2080 DEF SEG:FOR I=1 TO  227:READ X:POKE MP.START+I-1,X: NEXT I
2090 DATA 235,109,144,235,109,144, 85,139,236, 30,  6
2100 DATA 139,118, 12,138, 28,176,160,246,227, 45,160
2110 DATA   0, 80,139,118, 10,138, 28,176,  2,246,227
2120 DATA  91,  3,195, 72, 72, 80,139,118,  8,138, 36
2130 DATA 139,118,  6,138, 12,181,  0,139,116,  1, 80
2140 DATA 191,  0,176,179,  0,205, 17, 37, 48,  0, 61
2150 DATA  48,  0,116,  6,129,199,  0,  8,179,  1,142
2160 DATA 199, 88, 95,252,186,218,  3,128,251,  0,116
2170 DATA  11,236,208,216,114,246,250,236,208,216,115
2180 DATA 251,172,251,171,226,235,  7, 31, 93,202,  8
2190 DATA   0,235, 41,144, 85,139,236, 30,  6,139,118
2200 DATA   6,139,  4,139,240,191,  0,176,179,  0,205
2210 DATA  17, 37, 48,  0, 61, 48,  0,116,  6,129,199
2220 DATA   0,  8,179,  1,142,199, 51,255,235, 40,144
2230 DATA  85,139,236, 30,  6,139,118,  6,139,  4,139
2240 DATA 248, 30,  7,190,  0,176,179,  0,205, 17, 37
2250 DATA  48,  0, 61, 48,  0,116,  6,129,198,  0,  8
2260 DATA 179,  1,142,222, 51,246,185,208,  7,252,186
2270 DATA 218,  3,128,251,  0,116, 11,236,208,216,114
2280 DATA 246,250,236,208,216,115,251,173,251,171,226
2290 DATA 235,  7, 31, 93,202,  2,  0
2300 RETURN
```

Mit ein wenig mehr Aufwand in der Programmierung kann dem Anwender also schon sehr geholfen werden. Zumindest verhindert man dadurch, daß die eine oder andere Funktion vom Anwender "probeweise" aufgerufen werden muß, um zu sehen, was sich dort abspielt.

16.2.5 Hilfe in der Statuszeile

Als weitere ergänzende Hilfe bietet sich eine sogenannte "Statuszeile" an. Meistens handelt es sich dabei um die letzte Bildschirmzeile (25), in der man Hinweise an den Anwender zu allen möglichen Vorgängen anzeigt. Ein Beispiel dafür wäre die Anzeige des aktuellen Programm-Status. Nicht selten arbeitet das Programm im Hintergrund, ohne daß der Anwender "vorne" etwas davon bemerkt. Einige Aktionen gehen dabei sehr schnell vor sich, andere Aktionen benötigen mehrere Sekunden oder gar Minuten. Während dieser Zeit tappt der

Anwender quasi im Dunkeln: Tut sich noch was oder ist das Programm abgestürtzt?

Mit einem einfachen Hinweis in der Statuszeile kann man diese "bangen Minuten" vermeiden. Wird beispielsweise eine größere Datei geladen oder gespeichert, so weiß der Anwender durch den Hinweis

    Moment bitte, Datei wird geladen...

daß sich noch etwas tut und das Programm trotz fehlender Reaktionen auf dem Bildschirm nicht abgestürzt ist. Solche Hinweise sollten also an allen Stellen erfolgen, an denen den Anwender die Vermutung überkommen könnte, daß das Programm abgestürzt ist. Die Realisierung ist relativ einfach: der Text für die Statuszeile wird z.B. in einer Variablen namens STATUS$ festgehalten. Ein Unterprogramm übernimmt die Anzeige des Textes:

```
100 .....
110 STATUS$= "Moment bitte, Datei wird geladen..."
120 GOSUB 500 'Statuszeile anzeigen
130 OPEN "ADRESS.DAT" FOR INPUT AS #2
140 I= 1
150 WHILE NOT EOF(2)
160     INPUT#2,TEXT$(I)
170     I=I+1
180 WEND
190 CLOSE #2
200 STATUS$= "" 'Statuszeile löschen
210 GOSUB 500 'Statuszeile anzeigen
220 .....
500 '----- Statuszeile anzeigen -----
510 :
520 LOCATE 25,1,0
530 PRINT STATUS$;SPACE$(80-POS(0));
540 RETURN
550 :
560 .....
```

Neben der Anzeige des aktuellen Programm-Status kann die Statuszeile z.B. der Anzeige von Eingabe-Hinweisen oder der Anzeige wichtiger Tasten dienen:

    Bitte geben Sie eine Zahl zwischen 1 und 99 ein

oder

    <F1>= Hilfe, <F10>= speichern, <ESC>= Funktion abbrechen

16.2.6 Plausibilitätsprüfung als Hilfe

Zum Abschluß noch eine ergänzende Hilfe, die vielfach übersehen oder ignoriert wird: die Plausibilitätsprüfung. Vielfach wundert man sich über das erstaunliche Ergebnis einer Berechnung, mit dem man in dieser Form gar nicht gerechnet hat. Nehmen wir als Beispiel ein Programm, das den Gesamtpreis für zugeschnittene Spanplatten anhand der Dicke, des Quadratmeter-Preises und der Abmessungen des Zuschnittes errechnet:

```
Holz: Spanplatte roh, 16mm, qm-Preis 14.95
Zuschnitt: 80 Zentimeter mal 135 Zentimeter
```

Eigentlich eine ganz einfache Rechnung. Wenn Sie nun aber bei der Eingabe des qm-Preises den Punkt vergessen, kann das ganz schön teuer werden. Mit einer einfachen Plausibilitätsprüfung und einem entsprechenden Hinweis an den Anwender kann man jedoch solche Irrtümer umgehen:

```
10 '-------------------------------------------------
20 'PLAUSIBL.BAS   Demo für Plausibilitätsprüfung
30 '-------------------------------------------------
40 :
50 CLS:KEY OFF
60 MAX.SORTEN= 5
70 DIM HOLZ$(MAX.SORTEN),PREISE!(MAX.SORTEN)
80 RESTORE 100
90 FOR I= 1 TO MAX.SORTEN:READ HOLZ$(I),PREISE!(I):NEXT I
100 DATA "10",8.95,"13",12.95,"16",14.95,"19",17.45,"22",21.35
110 :
120 PRINT "Berechnung für Spanplatten-Zuschnitt"
130 LOCATE 5,5:INPUT "Dicke der Spanplatte [10mm bis 22mm]";DICKE$
140 FOR I=1 TO MAX.SORTEN
150    IF DICKE$= HOLZ$(I) THEN 200 'Alles klar, weiter
160 NEXT I
170 LOCATE 25,1:PRINT "Falsche Dicke angegeben...";:BEEP
180 GOTO 130
190 :
200 SORTE= I
210 LOCATE 7,5:INPUT "qm-Preis dafür:";PREIS!
220 IF (PREIS!>= PREISE!(SORTE)-2.5) AND (PREIS!<= PREISE!(SORTE)+2.5) THEN 280
230 LOCATE 25,1
240 PRINT "Preis nicht innerhalb des erlaubten Bereiches: ";
250 PRINT USING "##.## - ##.## - ##.##";PREISE!(SORTE)-2.5;PREISE!(SORTE);PREISE!(SORTE)+2.5;
260 BEEP:GOTO 210
270 :
280 '----- Ab hier die Berechnung... -----
290 :
```

Diese kleine Routine hält die möglichen Dicken der Spanplatten und den Standard-Preis pro qm dafür fest. Die Werte dazu werden in Data-Zeilen vorgegeben und in einer Schleife ab Zeile 90 in die Arrays HOLZ$ und PREISE! eingelesen. Ab Zeile 140 erfolgt die erste Plausibilitätsprüfung bezüglich der in Zeile 130 eingegebenen Dicke der Spanplatte. Wird innerhalb der FOR...NEXT-Schleife festgestellt,m daß die richtige Dicke eingegeben wurde, so wird der qm-Preis ab Zeile 200 erfragt. Andernfalls wird ein Hinweis ausgegeben und die Eingabe erneut gefordert (Zeilen 170/180).

Der in Zeile 210 eingegebene Preis wird unter Berücksichtigung einer Toleranz von DM 2,50 nach oben und unten auf Plausibilität geprüft. Schließlich ist es möglich, daß die Platte zerkratzt oder eine Ecke abgebrochen ist, so daß eine Preisminderung gewährt wird. Die Berechnung/Abfrage findet in Zeile 220 statt. Liegt der eingegebene Preis innerhalb der Toleranz, so wird zur Berechnung

Hilfefunktion und Fehlerbehandlung 503

verzweigt. Anderfalls erfolgt wieder ein Hinweis an den Anwender, wobei die Grenzen sowie der Standard-Preis für die jeweilige Spanplatte angezeigt wird. Zugegeben, ein recht kleines Beispiel. Sie wissen aber schon, was ich meine. Vor allem bei Anwendungen, deren Ergebnisse von einiger Tragweite sind (Lagerbuchhaltungen, Umsatzauswertungen etc.) sollten Plausibilitätsprüfungen auf alle Fälle als ergänzende Hilfe eingesetzt werden.

16.3 Realisation einer Hilfefunktion

Kommen wir nun zur Realisation einer komfortablen Hilfefunktion für Ihre eigenen Programme. Dazu muß man sich zuerst einmal ein paar theoretische Gedanken machen. Fest steht ja, daß wir eine "situationsbezogene" oder auch "kontextsensitive" Hilfe anbieten wollen. Wie erreicht man nun, daß das Programm und die Hilfe-Funktion von sich aus die jeweilige Situation erkennt und die richtige Hilfe anzeigt? Nehmen wir als Beispiel eine Adreßverwaltung mit den Feldern

>   Nachname
>   Vorname
>   Straße
>   Länderkennzeichen
>   Postleitzahl
>   Ort
>   Telefon

Die Eingabe der Daten für die einzelnen Felder erfolgt sinnvollerweise in einer gemeinsamen Eingabe-Routine, wie wir sie in Kapitel 12 kennengelernt haben. Innerhalb dieser Eingabe-Routine wird unter anderem auch die Hilfe-Taste behandelt.

Die Hilfe-Taste

Welche Taste man nun als Hilfe-Taste definiert, bleibt jedem Programmierer individuell überlassen. Sie sollten sich hier aber am Vorhandenen orientieren. Alle "großen" Anwendungen bzw. die dazugehörigen Software-Häuser haben sich mittlerweile auf die Taste <F1> geeinigt. In seltenen Fällen finden man darüber hinaus die Tasten-Kombinationen <ALT>-<H> bzw. <ALT>-</?> als Hilfe-Taste. Bei Programmen mit Maussteuerung sollte an einem festen Platz ein Symbol (sinnvoll: Fragezeichen) zum Anklicken bzw. Aufrufen der Hilfefunktion vorhanden sein.

Sofern die oben genannten Tasten in meinen Programmen nicht anderweitig belegt waren, habe ich alle drei Möglichkeiten für den Aufruf der Hilfefunktion angeboten. So können Umsteiger von anderen Programmen auf den gewohnten "Hilfe-Ruf" zurückgreifen.

Zurück zur Eingabe-Routine: hier muß also zentral für das gesamte Programm die Hilfe-Taste abgefangen werden und der Aufruf der Hilfefunktion erfolgen. Bis hierhin dürfte es kaum Probleme geben. Einzige offene Frage: wie teilt man der Hilfefunktion mit, welche Hilfe jetzt anzuzeigen ist? Nun, ganz einfach: für das gesamte Programm gilt eine globale Variable, in der eine Nummer festgehalten wird. Jede aufgerufene Funktion erhält eine fortlaufende Nummer, die sie in diese Variable setzt. Als Name für diese Variable bietet sich HILFE.NUMMER an. Wird nun die Hilfefunktion aufgerufen, so kann sie anhand der in HILFE.NUMMER gespeicherten Nummer erkennen, welche Funktion gerade aktiv ist und dementsprechende Hilfe anzeigen. So weit, so gut.

Abfrage der Hilfe-Taste per ON KEY GOSUB

Vielleicht fragen Sie sich, warum die Abfrage der Hilfe-Taste nicht per Interrupt-Programmierung über ON KEY GOSUB erfolgt. Nun, der Grund ist ganz einfach: jede Interrupt-Programmierung - ob nun ON KEY, ON COM oder ähnlich - hat zur Folge, daß PC-BASIC entsprechende Überprüfungen vornehmen muß. Diese brauchen natürlich Zeit. Da aber die universelle Eingabe-Routine unter anderem in einem Editor eingesetzt werden kann, könnte es zumindest auf langsamen PC zu Unterbrechungen der Eingaben kommen. Oder anders ausgedrückt: Wenn eine längere Zeile eingegeben wird, wird die Funktion INKEY$ durch die Interruptabfrage laufend unterbrochen. Dies kann dazu führen, daß die Zeichen zeitverzögert auf dem Bildschirm erscheinen. Eine Geschichte, die vor allem für Schnellschreiber sehr unangenehm ist.

Zuordnung der Hilfe-Texte

Als nächstes taucht die Frage auf, wie die Hilfe-Texte verwaltet werden? Hier gibt es nun zwei Möglichkeiten:

1. Wie im Beispiel "Menü-Hilfe" können die Texte in einem zweidimensionalen Array HILFE.TEXT$() gespeichert werden. Anhand HILFE.NUMMER werden nun die entsprechenden Zeilen aus dem Array gelesen und angezeigt. Diese Lösung ist allerdings nur bei kleineren Programmen praktikabel. In der Regel reichen drei Zeilen für eine Hilfefunktion nämlich nicht aus. 15 bis 20 Zeilen sind da schon notwendig und das kostet einfach zuviel Speicherplatz für das Array und die dafür notwendigen Data-Zeilen.

2. Die zweite - und bessere - Lösung besteht darin, die einzelnen Hilfe-Texte in einer Random-Datei zu speichern. Als Zugriffs-Kriterium dient die HILFE.NUMMER, die quasi der Satznummer entspricht. Bei der Programmierung geht man so vor, daß jede Funktion - und dazu zählt auch jede Feldeingabe - eine Nummer erhält. Am besten erstellt man sich dazu einen PAP (siehe Kapitel 10), in dem alle o.g. Funktionen eingezeichnet werden. Anschließend erfolgt die Nummerierung dieser Funktionen. Nach

Hilfefunktion und Fehlerbehandlung

Abschluß der Programmierung (und eventuellen Änderungen der Nummern) wird die Hilfe-Datei erstellt. Mehr dazu jedoch gleich (Abschnitt 16.3.1).

Lassen Sie uns nach diesen Ausführungen nochmal kurz zusammenfassen:

- Der Aufruf von Hilfe für alle Funktionen erfolgt grundsätzlich über ein- und dieselbe Taste - bleiben wir mal bei <F1>.

- Die Abfrage der Hilfe-Taste muß an zentraler Stelle im Programm erfolgen - also am besten in einer univiversellen Eingabe-Routine.

- Für den Zugriff auf die Hilfe erhält jede Funktion eine eigene Nummer, die in einer Variablen HILFE.NUMMER festgehalten wird. Jede Funktion muß dazu eine Anweisung enthalten, die diese Nummer setzt.

- Die Verwaltung - sprich die Aufbereitung und Anzeige - der Hilfe-Texte erfolgt einzig und allein in einer zentralen Hilfe-Funktion.

- Die einzelnen Hilfe-Texte werden in einer Random-Datei gespeichert. Die Satznummer ist identisch mit der HILFE.NUMMER im Programm. Für das Eingeben der Texte in diese Hilfe-Datei bedient man sich eines speziellen Editors (siehe Abschnitt 16.3.1).

Um die ganze Geschichte etwas verständlicher zu machen, werfen wir einen Blick auf die folgende Grafik:

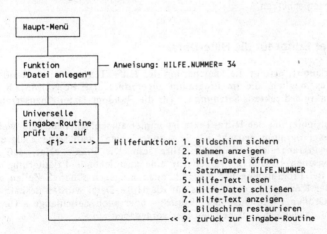

Abb. 37:   Konzept Hilfefunktion

Vom Haupt-Menü auf wird hier beispielsweise die Funktion "Datei anlegen" aufgerufen. Diese Funktion setzt die HILFE.NUMMER auf 34 und ruft dann die universelle Eingabe-Routine auf, damit der Anwender den Namen der anzulegenden Datei eingibt. Benötigt der Anwender nun Hilfe, so drückt er <F1>. Innerhalb der Eingabe-Routine wird die zuletzt gedrückte geprüft. War es <F1>, so erfolgt der Aufruf der Hilfefunktion, sonst wird die Taste wie eine normale Eingabe behandelt. Nach <F1> ruft die Eingabe-Routine über ein GOSUB <Zeilennummer> die zentrale Hilfe-Funktion auf.

Die Hilfefunktion sichert zunächst den aktuellen Bildschirm. Anschließend wird ein Fenster für die Anzeige des Hilfe-Textes aufgebaut. Die HILFE.NUMMER stellt gleichzeitig die Satznummer für den Zugriff auf die Random-Datei dar, in der die Hilfe-Texte gespeichert sind. Der jeweilige Satz wird nun gelesen und angezeigt. Danach wird auf einen beliebigen Tastendruck gewartet. Abschließend wird der Bildschirm wieder resturiert und über ein RETURN geht es zurück zur Eingabe-Routine, die ihre Arbeit wie gewohnt fortsetzt.

Ich gebe gerne zu, daß sich die ganze Geschichte bis hierher einigermaßen kompliziert und umständlich anhört. Als ich derzeit die Idee dazu hatte, wurde mir angesichts der bevorstehenden Realisierung auch schwarz vor Augen. Aber keine Angst: wenn man sich erstmal die Voraussetzungen geschaffen und entsprechende Module angelegt hat, gibt es nichts Einfacheres mehr als die Realisierung einer situationsbezogenen Hilfefunktion. Und die Belohnung für all diese Mühen bleibt ja auch nicht aus: wenn der Anwender das Handbuch in die Ecke schmeißt und mit einer Hand an der <F1>-Taste angewachsen scheint, haben Sie Ihr Ziel - eine komfortable Hilfefunktion zu basteln - mit Sicherheit erreicht. Bevor wir uns ein konkretes Programm-Beispiel dazu anschauen, müssen wir erstmal die Voraussetzungen für das Anlegen einer Hilfe-Datei und das Erfassen von Hilfe-Texten schaffen.

16.3.1 Der Editor für die Hilfe-Datei

Wie bereits erläutert, erfolgt die Speicherung der Hilfe-Texte in einer Random-Datei. So ist es möglich, die im Programm zugeordnete HILFE.NUMMER der jeweiligen Funktion direkt als Satznummer für die Random-Datei einzusetzen.

Bei der Dimensionierung der Hilfe-Texte ist immer ausschlaggebend, für welche Zielgruppe das Programm gedacht ist. Je weiter "unten" man seine Zielgruppe ansetzt, desto umfangreicher muß die Hilfe sein. Die Praxis zeigt, daß pro Hilfe-Seite zwischen 10 und 20 Zeilen für eine ausreichende Erläuterung notwendig sind. Bei Programmen für Profis können hingegen schon 3 Zeilen ausreichen. Bei der Konzeption des Editors für die Hilfe-Datei wurden deshalb variable Seiten-Größen vorgesehen. Die "Breite" - oder auch Zeilenlänge - für die Hilfe-Texte ist dagegen mit 60 Zeichen fest vorgegeben.

Der Aufbau der Hilfe-Datei

Jeder Satz der Hilfe-Datei besteht aus zwei Teilen:

1. Überschrift für die jeweilige Hilfe-Seite.

   Daran erkennt der Anwender, wofür im Moment Hilfe angezeigt wird. Dies ist vor allem dann notwendig, wenn Teile der Eingabe-Maske vom Fenster für die Hilfe-Seite verdeckt sind und dem Anwender so im Zweifelsfall der Rückschluß nicht möglich ist.

2. Hilfe-Texte

   Hier steht der eigentliche Text für die Hilfe. Wie bereits erwähnt, ist die Größe der Hilfe-Seite bezüglich der anzuzeigenden Zeilen variabel. Ich habe mich hier für eine "Abstufung" in Vierer-Schritten entschloßen: es können also 4, 8, 12, 16 oder 20 Zeilen gewählt werden. Grund: je 4 Zeilen zu 60 Zeichen werden in der FIELD-Anweisung zu einem Block von 240 Bytes zusammengefaßt. Bei anderen Werten wäre die Programmierung noch umständlicher, als sie bei diesem Modus schon ist. Ich glaube aber, damit einen guten Mittelweg gefunden zu haben.

Ein Steuersatz muß sein

Der erste Satz der Random-Datei wird als Steuersatz eingesetzt. Hier wird festgehalten, aus wieviel Zeilen die Hilfe-Texte bestehen, damit bei der späteren Anzeige das Fenster entsprechend aufgebaut werden kann.

Weiterhin wird hier festgehalten, wieviele Sätze momentan in der Hilfe-Datei gespeichert sind. Diese Angabe ist aus folgenden Gründen wichtig: Sie wissen aus dem Kapitel über die Datei-Verwaltung sicher noch, daß PC-BASIC beim Zugriff auf einen noch nicht existierenden Satz einer Random-Datei zufällige Inhalte liefert. Diese zufälligen Inhalte könnten aus nicht druckbaren Zeichen bestehen, die den Bildschirmaufbau zerstören würden. Deshalb wird eine Hilfe-Datei mit zunächst 10 leeren Sätzen angelegt. Sobald nun beim Erstellen der Hilfe-Datei auf einen nicht existierenden Satz zugegriffen wird, erfolgt eine Sonderbehandlung innerhalb des Editors, die dafür sorgt, daß immer initialisierte - also tatsächlich leere Sätze - zur Bearbeitung angezeigt werden. Die Details dazu werden gleich im Listing erläutert. Zur Erläuterung noch eine Grafik:

Satz 1	HILFE.ZEILEN $0D0A	MAX.HILFE $0D0A
Satz 2	UEBERSCHRIFT$	HILFE.TEXT$()
Satz 3	UEBERSCHRIFT$	HILFE.TEXT$()
Satz 4	UEBERSCHRIFT$	HILFE.TEXT$()
.....	UEBERSCHRIFT$	HILFE.TEXT$()
Satz n	UEBERSCHRIFT$	HILFE.TEXT$()

Abb. 38:   Aufbau Hilfe-Datei

In der Variablen HILFE.ZEILEN wird festgehalten, wie viele Zeilen für die Hilfe-Seite vorgesehen sind (4, 8, 12, 16 oder 20), in der Variablen MAX.HILFE wird festgehalten, wieviele Sätze momentan in der Hilfe-Datei gespeichert sind. Da in einer FIELD-Anweisung keine Arrays eingesetzt werden können, andererseits die Anzeige aus einem Array heraus wesentlich einfacher ist und schneller geht, erfolgt innerhalb des Editors eine entsprechende Umwandlung. Doch auch dazu gleich im Listing etwas mehr.

Hinweis: Im Abschnitt 16.4 werden wir uns ausführlich mit dem Thema "Fehlerbehandlung" befassen. Die Verwaltung und Zuordnung von Fehler-Texten erfolgt - wie wir dort sehen werden - ähnlich wie bei der Hilfefunktion. Der Editor wird deshalb sowohl für die Texte der Hilfe-Datei als auch für die Texte der Fehler-Datei eingesetzt. Der Name des Programms HF_EDIT bedeutet denn auch "H"ilfe- und "F"ehler-Datei-Editor. Dieser Hinweis nur, damit Sie sich nicht über das "HF" wundern.

Doch nun zum Listing des "HF-Editors". Einige Teile wie die universelle Fenster-Routine, die Routinen für das Sichern und Restaurioeren des Bildschirmes oder die Eingabe-Routine sind aus den vorhergegangenen Kapiteln übernommen, so daß Sie entsprechende Erläuterungen dort finden. Ansonsten finden Sie notwendige Kommentare wieder direkt im Listing:

Hinweis: Um das folgende Programm korrekt ausführen zu können, müssen Sie GW-BASIC mit dem Schalter /M folgendermaßen aufrufen:

GWBASIC /M:54000/5:1000

```
10 '---------------------------------------------
20 'HF_EDIT.BAS    Editor für Hilfe-/Fehler-Datei
30 '---------------------------------------------
40 :
50 DEFINT A-Z
60 OPTION BASE 0
70 CLS:KEY OFF:FOR I=1 TO 10:KEY I,"":NEXT I:LOCATE,,0
80 MP.START= &HE000
90 FALSE= 0: TRUE= NOT FALSE
100 MAX.BS= 3:DIM PUFFER%(2000*MAX.BS)
```

Hilfefunktion und Fehlerbehandlung

```
110 BS.NR= 0
120 F.NORMAL= 112: F.HINWEIS= 127: F.BALKEN= 7
130 HG.ZEICHEN$= "▒": HG.ATTR= 15
140 DIM HILFE.TEXT$(20) ' 1-20= Hilfe-Texte
```

Die Hilfe-Texte werden aus dem FIELD-Puffer in das Array HILFE.TEXT$()
für die einfachere und schnellere Verarbeitung übertragen. Hier die Dimensionierung dazu (Zeile 140).

```
150 :
160 'Data-Zeilen aus COM-Datei: screen.com
170 :
180 RESTORE 200
190 DEF SEG:FOR I=1 TO  227:READ X:POKE MP.START+I-1,X: NEXT I
200 DATA 235,109,144,235,109,144, 85,139,236, 30,  6
210 DATA 139,118, 12,138, 28,176,160,246,227, 45,160
220 DATA   0, 80,139,118, 10,138, 28,176,  2,246,227
230 DATA  91,  3,195, 72, 72, 80,139,118,  8,138, 36
240 DATA 139,118,  6,138, 12,181,  0,139,116,  1, 80
250 DATA 191,  0,176,179,  0,205, 17, 37, 48,  0, 61
260 DATA  48,  0,116,  6,129,199,  0,  8,179,  1,142
270 DATA 199, 88, 95,252,186,218,  3,128,251,  0,116
280 DATA  11,236,208,216,114,246,250,236,208,216,115
290 DATA 251,172,251,171,226,235,  7, 31, 93,202,  8
300 DATA   0,235, 41,144, 85,139,236, 30,  6,139,118
310 DATA   6,139,  4,139,240,191,  0,176,179,  0,205
320 DATA  17, 37, 48,  0, 61, 48,  0,116,  6,129,199
330 DATA   0,  8,179,  1,142,199, 51,255,235, 40,144
340 DATA  85,139,236, 30,  6,139,118,  6,139,  4,139
350 DATA 248, 30,  7,190,  0,176,179,  0,205, 17, 37
360 DATA  48,  0, 61, 48,  0,116,  6,129,198,  0,  8
370 DATA 179,  1,142,222, 51,246,185,208,  7,252,186
380 DATA 218,  3,128,251,  0,116, 11,236,208,216,114
390 DATA 246,250,236,208,216,115,251,173,251,171,226
400 DATA 235,  7, 31, 93,202,  2,  0
410 :
420 SAVESCRN= MP.START
430 RESTSCRN= MP.START+3
440 FASTSCRN= MP.START+6
450 :
460 DEF FNUP$(KLEIN$)= CHR$(ASC(KLEIN$) AND 223)
470 GOTO 1700 'Upros überspringen
```

Zeile 460 definiert eine Funktion zur Umwandlung eines einzelnen Zeichens in
einen Großbuchstaben. Zeile 470 überspringt die folgenden Upros und führt direkt ins Hauptprogramm.

```
480 :
490 '----- Hinweis ausgeben -----
500 :
510 GOSUB 1020 'Bildschirm sichern
520 ZL= 25: SP= 1: HINWEIS$= " "+HINWEIS$+SPACE$(80-LEN(HINWEIS$)-1)
530 CALL FASTSCRN(ZL,SP,F.HINWEIS,HINWEIS$)
540 LOCATE 25,79:PRINT CHR$(254);: LOCATE 25,79,1
550 SOUND 895,1: SOUND 695,1
560 X$= INKEY$:IF X$= "" THEN 560
570 GOSUB 1090 'Bildschirm zurück
580 LOCATE ,,0
590 RETURN
600 :
```

Hinweise oder Fehlermeldungen werden in der 25. Zeile angezeigt. Anschließend wird auf das Drücken einer beliebigen Taste gewartet. Der aktuelle Bildschirm wird vor der Ausgabe des Hinweises gesichert (Zeile 510) bzw. nach Drücken einer Taste wieder restauriert (Zeile 570).

```
610 '----- Statuszeile anzeigen -----
620 :
630 ZL= 25: SP= 1: STATUS$= " "+STATUS$+SPACE$(80-LEN(STATUS$)-1)
640 CALL FASTSCRN(ZL,SP,F.HINWEIS,STATUS$)
650 RETURN
660 :
```

In der 25. Zeile wird der Status des Programms (Datei laden etc.) oder Hinweise zu den Eingaben angezeigt. Diese Routine (ab Zeile 610) sorgt für die Aufbereitung und Anzeige des Textes. Die folgenden Routinen *Hintergrund*, *Fenster*, *Bildschirm sichern/restaurieren* und *Eingabe* sind in den Kapiteln 11 bzw. 12 erläutert.

```
670 '----- Hintergrund initialisieren -----
680 :
690 X$= STRING$(FBREITE,HG.ZEICHEN$)
700 FOR ZL= FZEILE TO FZEILE+FHOEHE
710    CALL FASTSCRN(ZL,FSPALTE,HG.ATTR,X$)
720 NEXT ZL
730 RETURN
740 :
750 '----- Universal-Routine für Fenster -----
760 :
770 X$= " ┌"+STRING$(FBREITE%,"-")+"┐ "
780 DEF SEG:CALL FASTSCRN(FZEILE,FSPALTE,F.NORMAL,X$)
790 X$= " │"+STRING$(FBREITE%," ")+"│ "
800 IF F.SCHATTEN THEN X$= X$+"▓ "
810 FOR FZL= FZEILE+1 TO FZEILE+FHOEHE
820    DEF SEG:CALL FASTSCRN(FZL,FSPALTE,F.NORMAL,X$)
830 NEXT FZL
840 X$= " └"+STRING$(FBREITE%,"-")+"┘ "
850 IF F.SCHATTEN THEN X$= X$+"▓ "
860 FZL= FZEILE+FHOEHE+1
870 DEF SEG:CALL FASTSCRN(FZL,FSPALTE,F.NORMAL,X$)
880 IF FOBEN$= "" THEN 920 'Weiter mit FUnten$
890    X$= " "+FOBEN$+" "
900    FSP= FSPALTE+3
910    CALL FASTSCRN(FZEILE,FSP,F.BALKEN,X$)
920 IF FUNTEN$= "" THEN 960 'Weiter mit F.SCHATTEN
930    X$= " "+FUNTEN$+" "
940    FZL= FZEILE+FHOEHE+1:FSP= FSPALTE+3
950    CALL FASTSCRN(FZL,FSP,F.BALKEN,X$)
960 IF NOT F.SCHATTEN THEN 1000 'Zurück
970    X$= STRING$(FBREITE+2,"▓")
980    FZL= FZEILE+FHOEHE+2:FSP= FSPALTE+2
990    CALL FASTSCRN(FZL,FSP,F.NORMAL,X$)
1000 RETURN
1010 :
1020 '----- Aktuellen Bildschirm sichern -----
1030 :
1040 IF BS.NR= MAX.BS THEN BEEP:RETURN
1050 DEF SEG:PUFFER.OFS%= VARPTR(PUFFER%(BS.NR*2000)):CALL SAVESCRN(PUFFER.OFS%)
1060 BS.NR= BS.NR+1
1070 RETURN
1080 :
```

Hilfefunktion und Fehlerbehandlung

```
1090 '----- Letzten Bildschirm restaurieren -----
1100 :
1110 IF BS.NR= 0 THEN BEEP:RETURN
1120 BS.NR= BS.NR-1
1130 DEF SEG:PUFFER.OFS%= VARPTR(PUFFER%(BS.NR*2000)):CALL RESTSCRN(PUFFER.OFS%)
1140 RETURN
1150 :
1160 '----- Upro einlesen -----
1170 :
1180 GOSUB 610 'Statuszeile für die Eingabe gemäß STATUS$ anzeigen
1190 X$="":TASTE= 0:AENDERUNG= FALSE
1200 Y$= INSTRING$+SPACE$(LAENGE-LEN(INSTRING$))
1210 CALL FASTSCRN(ZEILE,SPALTE,F.BALKEN,Y$)
1220 LOCATE ZEILE,SPALTE,1: CRSR.POS= 1
1230 X$= INKEY$:IF X$="" THEN 1230 'Auf Taste warten
1240 IF X$= CHR$( 8) AND POS(0)> SPALTE THEN GOSUB 1370:GOTO 1230 'BackSpace
1250 IF X$= CHR$(27) THEN AENDERUNG= FALSE:LOCATE ,,0:RETURN
1260 IF X$= CHR$(13) THEN LOCATE ,,0:RETURN
1270 IF LEN(X$)= 2 THEN 1550 'Steuer- und Funktionstasten
1280 '
1290 IF X$< " " THEN BEEP:GOTO 1230 'Zeichen kleiner BLANK abwürgen
1300 IF NUR.GROSS THEN IF X$>= "a" AND X$<= "z" THEN X$= CHR$(ASC(X$)-32)
1310 PRINT X$;:AENDERUNG= TRUE
1320 IF CRSR.POS<= LEN(INSTRING$) THEN MID$(INSTRING$,CRSR.POS,1)= X$ ELSE
INSTRING$= INSTRING$+X$
1330 CRSR.POS= CRSR.POS+1
1340 IF POS(0)> SPALTE+LAENGE-1 THEN LOCATE ZEILE,SPALTE:CRSR.POS= 1:GOTO 1230
1350 GOTO 1230 'Weiter Tastatur abfragen
1360 '
1370 '----- Taste BACKSPACE und DEL -----
1380 '
1390 IF X$=CHR$(8) THEN INSTRING$= LEFT$(INSTRING$,CRSR.POS-
2)+MID$(INSTRING$,CRSR.POS)
1400 IF TASTE= 83  THEN INSTRING$= LEFT$(INSTRING$,CRSR.POS-
1)+MID$(INSTRING$,CRSR.POS+1) 'Del
1410 LOCATE ZEILE,SPALTE:PRINT INSTRING$;" ";
1420 IF X$=CHR$(8) THEN CRSR.POS= CRSR.POS-1
1430 LOCATE CSRLIN,SPALTE+CRSR.POS-1
1440 TASTE= 0: X$="":AENDERUNG= TRUE
1450 RETURN
1460 '
1470 '----- Taste Ins -----
1480 '
1490 INSTRING$= LEFT$(INSTRING$,CRSR.POS-1)+" "+MID$(INSTRING$,CRSR.POS)
1500 PRINT " ";MID$(INSTRING$,CRSR.POS+1);
1510 LOCATE CSRLIN,SPALTE+CRSR.POS-1
1520 AENDERUNG= TRUE
1530 RETURN
1540 '
1550 '----- Steuer- und Funktionstasten -----
1560 '
1570 TASTE= ASC(RIGHT$(X$,1))
1580 IF TASTE= 68 OR TASTE= 63 THEN LOCATE ,,0:RETURN 'F5 und F10
1590 IF TASTE= 72 OR TASTE= 80 THEN LOCATE ,,0:RETURN 'CRSR hoch und runter
1600 IF TASTE= 73 OR TASTE= 81 THEN LOCATE ,,0:RETURN 'PgUp und PgDn
1610 IF TASTE= 75 AND POS(0)> SPALTE THEN LOCATE CSRLIN,POS(0)-1:CRSR.POS= CRSR.POS-
1:GOTO 1230 'CRSR <--
1620 IF TASTE= 77 AND POS(0)< SPALTE+LAENGE-1 THEN IF CRSR.POS<= LEN(INSTRING$) THEN
LOCATE CSRLIN,POS(0)+1:CRSR.POS= CRSR.POS+1:GOTO 1230 'CRSR -->
1630 IF TASTE= 83 AND CRSR.POS <= LEN(INSTRING$) THEN GOSUB 1370:GOTO 1230 'DEL wird
ähnlich BACKSPACE gehandhabt
1640 IF TASTE= 71 THEN LOCATE ZEILE,SPALTE:GOTO 1230 'Home, Feldanfang
1650 IF TASTE= 79 THEN LOCATE CSRLIN,SPALTE+LEN(INSTRING$)-1:CRSR.POS=
LEN(INSTRING$):GOTO 1230 'End, auf letztes Zeichen setzen
```

```
1660 IF TASTE= 117 THEN INSTRING$= LEFT$(INSTRING$,CRSR.POS-1):PRINT SPACE$(LAENGE-
     CRSR.POS);:LOCATE CSRLIN,SPALTE+CRSR.POS-1:AENDERUNG= TRUE:GOTO 1230 'CTRL-End,
     löschen bis Feldende
1670 IF TASTE= 82 AND CRSR.POS<= LEN(INSTRING$) AND LEN(INSTRING$)< LAENGE THEN
     GOSUB 1470:GOTO 1230 'Ins
1680 BEEP:GOTO 1230 'Weiter Tastatur abfragen
```

Ab hier nun das eigentliche Hauptprogramm. Zuerst wird der Hintergrund initialisiert und ein Logo ausgegeben.

```
1690 :
1700 '----- Haupt-Programm -----
1710 :
1720 FZEILE= 1: FSPALTE= 1: FBREITE= 80: FHOEHE= 25
1730 GOSUB 670 'Hintergrund initialisieren
1740 ZL= 1: SP= 1
1750 X$= " HF-EDIT V1.00                         (C) 1987 H.J. Bomanns "
1760 CALL FASTSCRN(ZL,SP,F.HINWEIS,X$)
1770 :
1780 '----- Datei-Name und Dimensionen der Hilfe einlesen
1790 :
1800 GOSUB 1020 'Bildschirm sichern
1810 :
1820 FZEILE= 5: FSPALTE= 5: FBREITE= 70: FHOEHE= 4: F.SCHATTEN= TRUE
1830 FOBEN$= "Daten für Fehler-/Hilfe-Datei:": FUNTEN$= "[F10]= o.k., [ESC]= Ende"
1840 GOSUB 750 'Fenster anzeigen
1850 :
1860 DATEI$= "TEST.HLF"        'Vorgabe für Datei-Namen
1870 HILFE.ZEILEN= 12          'Vorgabe für Anzahl Hilfe-Zeilen
1880 :
1890 ZL= FZEILE+2: SP= FSPALTE+2: X$= "Name  :": Y$= DATEI$
1900 CALL FASTSCRN(ZL,SP,F.NORMAL,X$): SP= SP+8
1910 CALL FASTSCRN(ZL,SP,F.HINWEIS,Y$)
1920 ZL= FZEILE+3: SP= FSPALTE+2: X$= "Zeilen:": Y$= "12"
1930 CALL FASTSCRN(ZL,SP,F.NORMAL,X$): SP= SP+8
1940 CALL FASTSCRN(ZL,SP,F.HINWEIS,Y$)
1950 :
1960 ZAEHLER= 1              'Zähler für aktuelles Eingabe-Feld
1970 NUR.GROSS= TRUE          'Vorgabe für Eingabe-Routine
1980 X$= "": TASTE= 0         'Dito
1990 :
2000 WHILE X$<> CHR$(27) AND TASTE<> 68 '68= F10
2010    ZEILE= FZEILE+ZAEHLER+1: SPALTE= FSPALTE+10
2020    IF ZAEHLER<> 1 THEN 2070 'Sonst 1. Feld "Name"
2030       STATUS$= "Bitte den Namen für die Datei eingeben..."
2040       INSTRING$= DATEI$: LAENGE= 12: GOSUB 1160 'Eingabe-Routine
2050       IF X$= CHR$(27) THEN  2220 'ESC= Ende
2060       DATEI$= INSTRING$
2070    IF ZAEHLER<> 2 THEN 2160 'Sonst 2. Feld "Zeilen"
2080       STATUS$= "Bitte Anzahl Zeilen pro Hilfe-Seite eingeben..."
2090       INSTRING$= STR$(HILFE.ZEILEN):INSTRING$= MID$(INSTRING$,2,99)
2100       LAENGE= 2: GOSUB 1160 'Eingabe-Routine
2110       IF X$= CHR$(27) THEN  2220 'ESC= Ende
2120       HILFE.ZEILEN= VAL(INSTRING$)
2130       IF HILFE.ZEILEN MOD 4= 0 THEN 2160 'Alles klar
2140       HINWEIS$= "Anzahl Zeilen muß 4, 8, 12, 16 oder 20 sein...":GOSUB 490
2150       TASTE= 0: X$= "": GOTO 2220 'Weiter in der Schleife
2160       Y$= INSTRING$+SPACE$(LAENGE-LEN(INSTRING$))
2170       CALL FASTSCRN(ZEILE,SPALTE,F.HINWEIS,Y$)
2180    IF TASTE= 80 OR X$= CHR$(13) THEN ZAEHLER= ZAEHLER+1
2190    IF TASTE= 72 THEN ZAEHLER= ZAEHLER-1
2200    IF ZAEHLER< 1 THEN ZAEHLER= 2
2210    IF ZAEHLER> 2 THEN ZAEHLER= 1
```

Hilfefunktion und Fehlerbehandlung

```
2220 WEND
2230 :
2240 IF X$= CHR$(27) THEN CLS:END
2250 GOSUB 1090 'Bildschirm zurück
2260 :
```

Von Zeile 1780 an werden die Daten für die Hilfe-Datei eingelesen. Dazu gehört neben dem Namen für die Datei auch die Anzahl der Zeilen pro Hilfe-Seite. Ich habe hier zwecks einfacherer Realisation eine Abstufung in Vierer-Schritten gewählt. Es können also nur die Werte 4, 8, 12, 16 und 20 eingegeben werden. Andere Werte verursachen eine Fehlermeldung, und die Eingabe muß wiederholt werden (Zeile 2130 ff).

```
2270 '------------------------------------------------
2280 ' Datei öffnen bzw. wenn nicht vorhanden, anlegen
2290 '------------------------------------------------
2300 :
2310 IF INSTR(DATEI$,".")= 0 THEN DATEI$= DATEI$+".HLF"
2320 SATZ.LAENGE= (HILFE.ZEILEN+1)*60
2330 'Anzahl Zeilen * Zeilen-Länge plus eine Zeile als Überschrift
2340 :
```

Die Satzlänge für die Random-Datei errechnet sich aus der gewählten Anzahl Zeilen pro Seite multipliziert mit 60 (Zeichen pro Zeile) plus eine Zeile (60 Zeichen) für die Überschrift.

```
2350 ON ERROR GOTO 3760 'Fehlerbehandlung
2360 :
2370 STATUS$= "Moment bitte, initialisiere Datei...":GOSUB 610
2380 OPEN DATEI$ FOR INPUT AS #1 'Datei für sequentiellen Zugriff öffnen
2390 LINE INPUT #1,X$ 'Erster Satz/erste Zeile enthält HILFE.ZEILEN
2400 HILFE.ZEILEN= VAL(X$)
2410 LINE INPUT#1,X$ 'Erster Satz/zweite Zeile enthält MAX.HILFE
2420 MAX.HILFE= VAL(X$)
2430 SATZ.LAENGE= (HILFE.ZEILEN+1)*60
2440 CLOSE #1
2450 GOTO 4000 'Datei gefunden, normal weiter
2460 :
```

Zuerst wird überprüft, ob die Datei bereits existiert. Ist dies der Fall, so werden die im Steuersatz gespeicherten Werte für HILFE.ZEILEN und MAX.HILFE eingelesen (Zeile 2390/2410) und die Satzlänge entsprechend berechnet (Zeile 2430). Abschließend wird die weitere Steuerung ab Zeile 4000 angesprungen.

Wenn die Datei nicht existiert, so erfolgt auf Grund des ON ERROR GOTO in Zeile 2350 ein Sprung in die Fehlerbehandlung. Dort wird geprüft, ob es der Fehler 53 (File not Found/Datei nicht gefunden) war. Ist dem so, dann wird die Datei nach einer Abfrage angelegt und initialisiert. War es ein anderer Fehler (Disk voll, Schreibschutz etc.), so erfolgt ein allgemeiner Fehlerhinweis und der Dateiname kann (muß) neu gewählt werden.

```
2470 '----- Random-Datei öffnen, FIELDs initialisieren -----
2480 :
2490 OPEN "R",#1,DATEI$,SATZ.LAENGE
2500 ON HILFE.ZEILEN GOTO 0,0,0,2520,0,0,0,2540,0,0,0,2560,0,0,0,2580,0,0,0,2600
2510 'gemäß HILFE.ZEILEN:      4        8       12       16       20
```

```
2520 FIELD#1,60 AS UEBERSCHRIFT$,240 AS TEXT1$
2530 RETURN 'Weiter im Text
2540 FIELD#1,60 AS UEBERSCHRIFT$,240 AS TEXT1$,240 AS TEXT2$
2550 RETURN 'Weiter im Text
2560 FIELD#1,60 AS UEBERSCHRIFT$,240 AS TEXT1$,240 AS TEXT2$,240 AS TEXT3$
2570 RETURN 'Weiter im Text
2580 FIELD#1,60 AS UEBERSCHRIFT$,240 AS TEXT1$,240 AS TEXT2$,240 AS TEXT3$,240 AS TEXT4$
2590 RETURN 'Weiter im Text
2600 FIELD#1,60 AS UEBERSCHRIFT$,240 AS TEXT1$,240 AS TEXT2$,240 AS TEXT3$,240 AS TEXT4$,240 AS TEXT5$
2610 RETURN 'Weiter im Text
2620 :
```

Diese - zugegeben etwas verwirrende Konstruktion - initialisiert die Random-Datei. Anders geht es aber leider nicht. Wie bereits erwähnt, besteht ein Block der Hilfe-Texte aus jeweils 4 Zeilen zu 60 Zeichen. Diese Blöcke werden hier je nach gewählter Anzahl HILFE.ZEILEN aufbereitet. Das ON HILFE.ZEILEN GOTO in Zeile 2500 sorgt für die entsprechende Verzweigung. Ab Zeile 2520 werden dann neben UEBERSCHRIFT$ entweder 1, 2, 3, 4 oder 5 Blöcke je 240 Zeichen als TEXT<n>$ in der FIELD-Anweisung festgelegt. *Achtung:* Wenn Sie Änderungen am Programm vornehmen und ein RENUM ausführen, so erzeugt die Zeile 2510 Fehlermeldungen, da Zeile 0 nicht existiert. Diese Fehlermeldung können Sie aber ignorieren, da diese Zeile 0 nie angesprungen wird. Die Variable HILFE.ZEILEN kann ja nur die Werte 4, 8, 12, 16 oder 20 haben!

```
2630 '----- Hilfe-Texte lesen -----
2640 :
2650 GET#1,HILFE.NUMMER 'Aktuelle Hilfe-Seite lesen
2660 Z= 1
2670 FOR I=1 TO 240 STEP 60 'Vier Zeilen aus TEXT1$ lesen
2680    HILFE.TEXT$(Z)= MID$(TEXT1$,I,60)
2690    Z=Z+1
2700 NEXT I
2710 IF HILFE.ZEILEN= 4 THEN 2920 '4 Zeilen für Hilfe
2720 FOR I=1 TO 240 STEP 60 'Vier Zeilen aus TEXT2$ lesen
2730    HILFE.TEXT$(Z)= MID$(TEXT2$,I,60)
2740    Z=Z+1
2750 NEXT I
2760 IF HILFE.ZEILEN= 8 THEN 2920 '8 Zeilen für Hilfe
2770 FOR I=1 TO 240 STEP 60 'Vier Zeilen aus TEXT3$ lesen
2780    HILFE.TEXT$(Z)= MID$(TEXT3$,I,60)
2790    Z=Z+1
2800 NEXT I
2810 IF HILFE.ZEILEN= 12 THEN 2920 '12 Zeilen für Hilfe
2820 FOR I=1 TO 240 STEP 60 'Vier Zeilen aus TEXT4$ lesen
2830    HILFE.TEXT$(Z)= MID$(TEXT4$,I,60)
2840    Z=Z+1
2850 NEXT I
2860 IF HILFE.ZEILEN= 16 THEN 2920 '16 Zeilen für Hilfe
2870 FOR I=1 TO 240 STEP 60 'Vier Zeilen aus TEXT5$ lesen
2880    HILFE.TEXT$(Z)= MID$(TEXT5$,I,60)
2890    Z=Z+1
2900 NEXT I
2910 :
2920 FOR I=1 TO HILFE.ZEILEN
2930    IF RIGHT$(HILFE.TEXT$(I),1)<> CHR$(0) THEN 2950
2940    HILFE.TEXT$(I)= LEFT$(HILFE.TEXT$(I),INSTR(HILFE.TEXT$(I),CHR$(0))-1)
2950 NEXT I
```

Hilfefunktion und Fehlerbehandlung

```
2960 RETURN '20 Zeilen für Hilfe
2970 :
```

In der Routine ab Zeile 2630 wird der Satz gemäß HILFE.NUMMER aus der Random-Datei gelesen und es werden die Hilfe-Texte aus den Blöcken TEXT<n>$ in das Array HILFE.TEXT$() übertragen. In einer FOR...NEXT-Schleife werden dabei jeweils 60 Zeichen (STEP 60) in das Array HILFE.TEXT$() übertragen. Die Variable Z dient dabei als Zähler. Wenn die Blöcke in das Array übertragen sind, erfolgt ab Zeile 2920 nochmal eine Aufbereitung der Texte im Array. Dabei werden überzählige Zeichen rechts vom eigentlichen Text gelöscht. Durch das Speichern mit LSET und PUT# werden ja normalerweise die Felder gemäß FIELD-Anweisung mit Leerzeichen (CHR$(32)) aufgefüllt. Wenn also die Variable 30 Zeichen beinhaltet und das Feld 60 Zeichen lang ist, so füllt LSET die letzten 30 Zeichen mit Leerzeichen auf. Um diese nach dem Einlesen wieder zu löschen, bedürfte es einer langsamen und aufwendigen Routine. Ich fülle deshalb beim Anlegen und beim Speichern der Sätze die restlichen Zeichen rechts vom eigentlichen Text mit dem Zeichen CHR$(0). Dadurch kann die Funktion INSTR wie in Zeile 2940 gezeigt eingesetzt werden. Mit CHR$(32) würde das nicht funktionieren, da im Text ja Leerzeichen zwischen den Wörtern stehen. Bei Änderungen sollten Sie dies unbedingt berücksichtigen. In Zeile 2930 wird übrigens geprüft, ob die Zeile komplett mit Text gefüllt ist. Wenn ja, braucht keine Behandlung zu erfolgen und es geht in der Schleife weiter. Ohne diese Prüfung würde es zu einer Fehlermeldung kommen, da bei einer vollenb Zeile ja kein CHR$(0) mehr für INSTR zu finden ist. Je nach Inhalt von HILFE.ZEILEN werden bis zu 5 Blöcke derart aufbereitet.

```
2980 '----- Hilfe-Texte speichern -----
2990 :
3000 IF NOT DATEI.GEAENDERT THEN RETURN
3010 GOSUB 3690 'Alle FIELDs auf CHR$(0) setzen
3020 Z= 1
3030 Y$= ""
3040 FOR I=1 TO 4 'Vier Zeilen in TEXT1$ speichern
3050    GOSUB 3370 'Y$ aus HILFE.TEXT$(I) zusammenbasteln
3060 NEXT I
3070 LSET TEXT1$= Y$
3080 IF HILFE.ZEILEN= 4 THEN 3330 'Speichern und zurück
3090 Y$= ""
3100 FOR I=1 TO 4 'Vier Zeilen in TEXT2$ speichern
3110    GOSUB 3370 'Dito
3120 NEXT I
3130 LSET TEXT2$= Y$
3140 IF HILFE.ZEILEN= 8 THEN 3330 'Speichern und zurück
3150 Y$= ""
3160 FOR I=1 TO 4 'Vier Zeilen in TEXT3$ speichern
3170    GOSUB 3370 'Dito
3180 NEXT I
3190 LSET TEXT3$= Y$
3200 IF HILFE.ZEILEN= 12 THEN 3330 'Speichern und zurück
3210 Y$= ""
3220 FOR I=1 TO 4 'Vier Zeilen in TEXT4$ speichern
3230    GOSUB 3370 'Dito
3240 NEXT I
3250 LSET TEXT4$= Y$
3260 IF HILFE.ZEILEN= 16 THEN 3330 'Speichern und zurück
```

```
3270 Y$= ""
3280 FOR I=1 TO 4 'Vier Zeilen in TEXT5$ speichern
3290   GOSUB 3370 'Dito
3300 NEXT I
3310 LSET TEXT5$= Y$
3320 :
3330 PUT#1,HILFE.NUMMER 'Speichern
3340 DATEI.GEAENDERT= FALSE
3350 RETURN 'Hilfe-Texte speichern
3360 :
3370 '----- Upro für Hilfe speichern -----
3380 :
3390 Y$= Y$+HILFE.TEXT$(Z)+STRING$(60-LEN(HILFE.TEXT$(Z)),CHR$(0))
3400 Z=Z+1
3410 RETURN
3420 :
```

Ab Zeile 2980 werden die Hilfe-Texte aufbereitet und gespeichert. Wie bereits erwähnt, erfolgt ein Auffüllen der Blöcke mit CHR$(0) (Upro ab Zeile 3370), damit später beim Einlesen mit der Funktion INSTR einfacher gearbeitet werden kann. Auch hier werden wieder abhängig von HILFE.ZEILEN entweder 1, 2, 3, 4 oder 5 Blöcke bearbeitet.

```
3430 '----- Hilfe-Texte anzeigen -----
3440 :
3450 H.ZL= FZEILE: H.SP= FSPALTE+2
3460 CALL FASTSCRN(H.ZL,H.SP,F.HINWEIS,UEBERSCHRIFT$)
3470 FOR I=1 TO HILFE.ZEILEN
3480   H.ZL= FZEILE+I+1:Y$= HILFE.TEXT$(I)+SPACE$( 60-LEN(HILFE.TEXT$(I)))
3490   CALL FASTSCRN(H.ZL,H.SP,F.HINWEIS,Y$)
3500 NEXT I
3510 ZAEHLER= 1 'Eingabe ab erster Zeile (Überschrift)
3520 SEITE.GEAENDERT= FALSE
3530 RETURN 'Seite anzeigen
3540 :
```

Die Routine ab Zeile 3430 übernimmt die Anzeige der Hilfe-Texte aus dem Array HILFE.TEXT$(). Vorher wird die Überschrift der Hilfe-Seite separat angezeigt (Zeile 3450/3460). Die Variable ZAEHLER für die aktuelle Eingabe-Zeile wird auf 1 gesetzt, damit die Seite von Anfang an bearbeitet wird. Die Variable SEITE.GEAENDERT dient als Flag für das Upro "Hilfe-Texte speichern" (siehe Zeile 3000). Wenn eine Seite nur überblättert wurde, ist ja keine Änderung erfolgt, und der Satz muß nicht gespeichert werden.

```
3550 '----- Neue Seite anlegen? -----
3560 :
3570 HINWEIS$= "Neue Hilfe-Seite anlegen (J/N)?":GOSUB 490
3580 IF FNUP$(X$)= "N" OR X$= CHR$(27) THEN X$= "":TASTE= 0:RETURN
3590 HILFE.NUMMER= HILFE.NUMMER+1
3600 MAX.HILFE= MAX.HILFE+1
3610 LSET UEBERSCHRIFT$= " Hilfe-Nr.:"+STR$(HILFE.NUMMER)
3620 GOSUB 3690 'FIELDs auf CHR$(0) setzen
3630 PUT#1,HILFE.NUMMER
3640 GOSUB 2660 'Hilfe-Texte lesen
3650 GOSUB 3430 'und anzeigen
3660 X$= "": TASTE= 0
3670 RETURN 'Neue Seite anlegen
3680 :
```

Hilfefunktion und Fehlerbehandlung 517

Die Variable MAX.HILFE enthält die Anzahl der bereits angelegten Hilfe-Seiten in der Datei. Wenn beim Blättern über die letzte Seite hinausgegangen wird, so erfolgt in diesem Upro (ab Zeile 3550) die Initialisierung des neuen Satzes und der entsprechenden Variablen (HILFE.NUMMER+1, MAX.HILFE+1). Alle Blöcke TEXT<n>$ werden wie oben erläutert auf CHR$(0) gesetzt (Zeile 3620). Die Überschrift bekommt als Hinweis den Text "Hilfe-Nr.:" und die laufende Seite der Hilfe zugewiesen. Die Abfrage (Zeile 3570/3580) dient lediglich als Sicherheitsabfrage, falls aus Versehen zu weit geblättert wurde.

```
3690 '----- FIELDs auf CHR$80) setzen -----
3700 :
3710 LSET TEXT1$= STRING$(240,CHR$(0)): LSET TEXT2$= STRING$(240,CHR$(0))
3720 LSET TEXT3$= STRING$(240,CHR$(0)): LSET TEXT4$= STRING$(240,CHR$(0))
3730 LSET TEXT5$= STRING$(240,CHR$(0)) 'Alle FIELDs auf CHR$(0) setzen
3740 RETURN
3750 :
3760 '----- Fehlerbehandlung "Datei-Zugriff" -----
3770 :
3780 IF ERR<> 53 THEN 3960 'Allgemeinen Fehler anzeigen
3790    CLOSE 'Alle Dateien schließen
3800    HINWEIS$= "Hilfe-Datei nicht gefunden, Anlegen (J/N)?":GOSUB 490
3810    IF X$= CHR$(27) OR FNUP$(X$)= "N" THEN RESUME 1780 'Neuen Namen einlesen
3820    :
3830    GOSUB 2470 'Random-Datei öffnen und FIELDs initialisieren
3840    Y$= STR$(HILFE.ZEILEN)+CHR$(13)+CHR$(10)+"10"+CHR$(13)+CHR$(10)
3850    LSET UEBERSCHRIFT$=Y$     'Dimension/MAX.HILFE in FIELD-Puffer schreiben
3860    LSET TEXT1$="!!! STEUERSATZ !!!" 'Als Steuersatz kenntlich machen
3870    PUT#1,1 'Ersten Satz (Steuersatz) schreiben
3880    GOSUB 3690 'Alle FIELDs auf CHR$(0) setzen
3890    FOR I= 2 TO 11 '10 leere Sätze schreiben
3900       LSET UEBERSCHRIFT$= " Hilfe-Nr.:"+STR$(I)
3910       PUT#1,I
3920    NEXT I
3930    CLOSE #1: MAX.HILFE= 10 'Datei wieder schließen, MAX.HILFE setzen
3940    RESUME 4000 'Weiter im Text
3950 :
3960 CLOSE 'Alle Datei(en) schließen
3970 HINWEIS$="Fehler "+STR$(ERR)+" in Zeile "+STR$(ERL)+"...":GOSUB 490
3980 RESUME 1780 'Wieder von vorne
3990 :
```

Ab Zeile 3760 erfolgt die Fehlerbehandlung. Hier wird geprüft, ob der Fehler 53 (File not found/Datei nicht gefunden) aufgetreten ist. Wenn ja, wird nach einer Abfrage die neue Hilfe-Datei initialisiert. Dabei wird der Steuersatz entsprechend HILFE.ZEILEN und für 10 Sätze generiert (Zeile 3840 ff) und die Datei dann mit 10 leeren Sätzen angelegt (Zeile 3890 ff). War es nicht der Fehler 53, so erfolgt ein allgemeiner Fehlerhinweis (ab Zeile 3960), und die Eingabe von Dateiname etc. wird wiederholt.

```
4000 '----- Random-Datei initialisieren und Hilfe-Seiten anzeigen -----
4010 :
4020 GOSUB 2470        'Random-Datei öffnen und FIELDs initialisieren
4030 HILFE.NUMMER= 2   'Erste Hilfe-Seite, 1 ist Steuersatz
4040 ZAEHLER= 1        'für aktuelle Eingabe-Zeile
4050 NUR.GROSS= FALSE  'Vorgabe für Eingabe-Routine
4060 X$="": TASTE= 0   'Dito
4070 :
4080 GOSUB 1020 'Bildschirm sichern
```

```
4090 FZEILE= 5: FSPALTE= 9: FBREITE= 62: FHOEHE= HILFE.ZEILEN+2: F.SCHATTEN= FALSE
4100 FOBEN$= "": FUNTEN$= "[F5]= Seite 'x', [F10]= neue Datei, [ESC]= Ende"
4110 GOSUB 750    'Fenster für Hilfe anzeigen
4120 GOSUB 2630   'Hilfe-Texte lesen
4130 GOSUB 3430   'Hilfe-Texte anzeigen
4140 :
```

Ab Zeile 4000 wird die Anzeige und das Erfassen/Ändern der Hilfe-Seiten gesteuert. Zuerst wird die Random-Datei initialisiert (Zeile 4020). Als erste HILFE.NUMMER wird 2 gesetzt - 1 ist ja der Steuersatz. Die Zeilen 4040 bis 4060 setzen die von der Eingabe-Routine benutzten Variablen auf Startwerte. Abschließend wird hier das Fenster für die Hilfe-Seiten aufgebaut (ab Zeile 4090) und die erste Hilfe-Seite (Zeile 4120/4130) gelesen und angezeigt. In Zeile 4080 wird übrigens der aktuelle Bildschirm gesichert (bzw. in Zeile 4720 restauriert), damit nach dem Erfassen der Texte kein neuerlicher Aufbau des Bildschirmes notwendig ist.

```
4150 WHILE X$<> CHR$(27) AND TASTE<> 68 'Solange, bis ESC/F10 gedrückt wurde
4160   SPALTE= FSPALTE+2:LAENGE= 60
4170   IF ZAEHLER<> 1 THEN 4260
4180     INSTRING$= UEBERSCHRIFT$
4190     STATUS$="Bitte Überschrift für Hilfe-Seite eingeben..."
4200     ZEILE= FZEILE
4210     GOSUB 1160 'Eingabe-Routine
4220     IF X$= CHR$(27) THEN 4650 'ESC= Abbruch
4230     IF AENDERUNG THEN DATEI.GEAENDERT= TRUE
4240     LSET UEBERSCHRIFT$=INSTRING$
4250     ATTR= F.BALKEN: GOTO 4350 'Eingabe anzeigen
4260   IF ZAEHLER <2 OR ZAEHLER >20 THEN 4350
4270     INSTRING$= HILFE.TEXT$(ZAEHLER-1)
4280     STATUS$="Bitte Hilfe-Text eingeben..."
4290     ZEILE= FZEILE+ZAEHLER
4300     GOSUB 1160 'Eingabe-Routine
4310     IF X$= CHR$(27) THEN 4650 'ESC= Abbruch
4320     IF AENDERUNG THEN DATEI.GEAENDERT= TRUE
4330     HILFE.TEXT$(ZAEHLER-1)= INSTRING$
4340     ATTR= F.HINWEIS
4350   Y$= INSTRING$+SPACE$(LAENGE-LEN(INSTRING$))
4360   CALL FASTSCRN(ZEILE,SPALTE,ATTR,Y$)
4370   IF TASTE<> 73 THEN 4440 'Sonst hier PgUp prüfen
4380     IF HILFE.NUMMER < 3 THEN BEEP:GOTO 4650 'Ist erste Seite
4390     GOSUB 2980 'Aktuelle Seite speichern
4400     HILFE.NUMMER= HILFE.NUMMER-1 'Eine Seite zurück
4410     GOSUB 2630 'Hilfe-Texte lesen
4420     GOSUB 3430 'Hilfe-Texte anzeigen
4430     GOTO 4650 'Weiter im Text
4440   IF TASTE<> 81 THEN 4510 'Sonst hier PgDn prüfen
4450     GOSUB 2980 'Aktuelle Seite speichern
4460     IF HILFE.NUMMER = MAX.HILFE THEN GOSUB 3550:GOTO 4650 'Neue Seite?
4470     HILFE.NUMMER= HILFE.NUMMER+1 'Eine Seite vor
4480     GOSUB 2630 'Hilfe-Texte lesen
4490     GOSUB 3430 'Hilfe-Texte anzeigen
4500     GOTO 4650 'Weiter im Text
4510   IF TASTE<> 63 THEN 4610 'Sonst hier [F5]= Hilfe 'x' abhandeln
4520     STATUS$= "Hilfe-Nr.:"
4530     ZEILE= 25: SPALTE= 13: LAENGE= 3
4540     INSTRING$= MID$(STR$(HILFE.NUMMER),2,99)
4550     GOSUB 1160 'Eingabe-Routine
4560     IF X$= CHR$(27) THEN X$= "": GOTO 4650 'Weiter im Text
4570     I= VAL(INSTRING$): X$= "": TASTE= 0
4580     IF I> 2 AND I<= MAX.HILFE THEN HILFE.NUMMER= I:GOTO 4480 'Lesen/zeigen
```

Hilfefunktion und Fehlerbehandlung 519

```
4590        HINWEIS$= "Ungültige Hilfe-Nummer, nochmal bitte...": GOSUB 490
4600        GOTO 4520 'Nochmal versuchen
4610    IF TASTE= 80 OR X$= CHR$(13) THEN ZAEHLER= ZAEHLER+1
4620    IF TASTE= 72 THEN ZAEHLER= ZAEHLER-1
4630    IF ZAEHLER< 1 THEN ZAEHLER= HILFE.ZEILEN+1 'Letzte Zeile
4640    IF ZAEHLER> HILFE.ZEILEN+1 THEN ZAEHLER= 1  'Erste Zeile
4650 WEND
```

In dieser WHILE...WEND-Schleife werden die Überschrift und die einzelnen Zeilen der Hilfe-Texte eingelesen. Die Variable ZAEHLER gibt Auskunft, ob gerade die Überschrift (ZAEHLER= 1) oder eine Hilfe-Zeile (ZAEHLER= 2-21) zur Bearbeitung ansteht. Neben den "normalen" Tasten für die Positionierung der Eingabe-Zeile (Cursor-Tasten, Eingabe etc.) (Zeilen 4610/4620) werden hier die Tasten <PgUp> und <PgDn> (Zeilen 4370/4440) gesondert behandelt. Mit diesen Tasten wird innerhalb der Hilfe-Seiten geblättert. Es muß also jeweils geprüft werden, ob die erste oder letzte Seite bereits angezeigt ist. Bei angezeigter letzter Zeile muß beispielsweise gefragt werden, ob eine neue Seite angelegt werden soll. Bei angezeigter erster Seite wird lediglich ein "Piepser" als Hinweis ausgegeben. Ist man irgendwo mittendrin, so wird eine Seite vor (<PgDn>) oder eine Seite zurück (<PgUp>) geblättert.

Die Taste <F5> erfährt hier (Zeile 4510) ebenfalls eine Sonderbehandlung. Mit ihr kann eine bestimmte Hilfe-Nummer direkt angesprungen werden. In der Statuszeile (Zeile 25) muß die gewünschte Nummer eingegeben werden. Bei falscher Nummer (Zeile 4580) erfolgt ein entsprechender Hinweis und die Eingabe ist zu widerholen.

```
4660 Y$= STR$(HILFE.ZEILEN)+CHR$(13)+CHR$(10)+STR$(MAX.HILFE)+CHR$(13)+CHR$(10)
4670 LSET UEBERSCHRIFT$=Y$       'Dimension/MAX.HILFE in FIELD-Puffer schreiben
4680 LSET TEXT1$="!!! STEUERSATZ !!!" 'Als Steuersatz kenntlich machen
4690 PUT#1,1 'Ersten Satz (Steuersatz) schreiben
4700 CLOSE
4710 :
4720 GOSUB 1090 'Bildschirm restaurieren
4730 GOTO 1780 'Ggf. andere Datei bearbeiten
```

In den letzten Zeilen wird nach dem Drücken der Tasten <ESC> oder <F10> der Steuersatz neu initialisiert (falls Sätze hinzugekommen sind) und die Datei abschließend geschlossen. In Zeile 4720 wird der vorherige Bildschirm wieder restauriert. Zeile 4730 ruft die Eingabe für die Datei-Daten wieder auf. Hier kann eine weitere Datei bearbeitet oder das Programm mit <ESC> beendet werden.

16.3.2   Bedienung von HF_EDIT

Nach dem Start des Programms erscheint ein Fenster, in dem der Name der Hilfe-/Fehler-Datei sowie die Anzahl Zeilen pro Seite einzugeben sind. Die Eingabe "Zeilen" kann 4, 8, 12, 16 oder 20 sein. Andere Werte werden per Fehlermeldung moniert, und die Eingabe ist zu wiederholen. Das Programm kann hier jederzeit mit <ESC> beendet werden.

Nach dem Drücken von <F10> wird geprüft, ob die angegebene Datei bereits existiert oder nicht. Wenn sie existiert, erfolgt die Anzeige der bisher erfaßten Texte; diese können ergänzt bzw. geändert werden. Existiert die Datei noch nicht, so erfolgt ein Hinweis und Sie werden gefragt, ob diese Datei angelegt werden soll. Diese Abfrage erfolgt sicherheitshalber - schließlich können Sie sich ja beim Namen auch vertippt haben. Geben Sie nun J ein, so wird eine Hilfe-/Fehler-Datei mit zunächst 10 leeren Sätzen angelegt. Danach wird die erste Seite angezeigt und Sie können die Texte erfassen. Wenn Sie N oder <ESC> tippen, so erscheint wieder das Fenster für die Eingabe eines anderen Namens.

Innerhalb der Hilfe-/Fehler-Seiten können Sie mit den Tasten <PgUp> und <PgDn> blättern. <PgUp> blättert eine Seite zurück, <PgDn> blättert eine Seite vor. Wenn Sie bereits auf der ersten Seite sind und <PgUp> drücken, so wird ein "Piepser" als Hinweis ausgegeben. Wenn Sie auf der letzten Seite sind und <PgDn> drücken, so werden Sie gefragt, ob eine neue Seite angelegt werden soll. Drücken Sie J wie "Ja, sei so nett", so wird eine neue Seite angelegt und angezeigt. Anschließend können Sie den Text wie gewohnt erfassen. Bei N oder <ESC> bleibt die letzte Seite aktiv, es wird keine neue Seite angelegt. Mit der Taste <F5> können Sie eine bestimmte Hilfe-/Fehler-Nummer anspringen. In der Statuszeile werden Sie aufgefordert, die gewünschte Nummer einzugeben. Diese Nummer muß größer als 1 sein und darf nicht größer als die letzte angelegte Hilfe-/Fehler-Seite sein. Sie bekommen bei Falscheingaben aber einen entsprechenden Hinweis und dürfen es nochmal probieren. Die Eingabe der Nummer wird mit der <Eingabe>-Taste bestätigt. Mit <ESC> können Sie diese Funktion aber auch abbrechen. Es bleibt dann die angezeigte Seite aktiv.

Innerhalb der einzelnen Text-Zeilen können Sie sich mit den Cursor-Tasten "hoch" und "runter" bewegen. Wenn Sie beim Erfassen der Texte die Taste <Eingabe> drücken, so wird die Eingabe automatisch eine Zeile weiter gesetzt. Die Taste <Ins> fügt an der aktuellen Cursor-Position ein Leerzeichen ein. Mit den Tasten <Del> und <BackSpace> löschen Sie ein Zeichen wie im PC-BASIC-Editor. Bei einem Datei-/Disketten-Fehler erfolgt ein allgemeiner Fehler-Hinweis in der Form

```
Fehler <xxx> in Zeile <yyy>
```

Schauen Sie bezüglich der Bedeutung des Fehlers und dessen Behebung in den Anhang dieses Buches (wenn Sie die Nummern und deren Bedeutung nicht sowieso schon im Kopf haben). Es handelt sich bei HF_EDIT um ein reines "Programmierer-Utility" - auf komfortable Fehlerbehandlung wurde deshalb verzichtet.

Änderungen am Programm, Hinweise

Änderungen am Programm dürften durch den modularen Aufbau eigentlich keine Probleme bereiten. Als Anregung vielleicht folgendes: Implementieren Sie eine Funktion, die eine Übersicht der erfaßten Hilfe-/Fehler-Texte anhand der

Hilfefunktion und Fehlerbehandlung

jeweiligen Überschrift als Liste anzeigt. Vor allem bei größeren Dateien dürfte dies eine große Hilfe sein. Ich habe bewußt darauf verzichtet, weil ich direkt bei der Programmierung per Formular für genügend Übersicht sorge. Hier ein kurzer Auszug daraus:

Hilfe-/Satz-Nummer	Funktion/Beschreibung
2	Menü-Punkt wählen
3	Nachname eingeben
4	Vorname eingeben, Hinweis auf Titel
5	Straße eingeben, Hinweis auf Postfach
6	Länder-KZ eingeben, Hinweis auf Handbuch

und so weiter...

Abb. 39: Formular "Hilfe-Zuordnung"

Achten Sie vor allem bei Änderungen auf die besondere Handhabung der Speicherung: wie oben erwähnt, erfolgt das Auffüllen der Felder nicht per LSET und CHR$(32), sondern in eigenen Routinen mit CHR$(0). Bei zusätzlichen Funktionen und dem Einsatz von INSTR achten Sie also darauf.

Abschließend noch einige Worte zum Thema "Dateigröße". Wie Sie dem Listing entnehmen können, werden bezüglich der maximal möglichen Satznummer für die Random-Datei keinerlei Grenzen vorgegeben. Die Funktion "<F5>/Nummer anspringen" erlaubt die Eingabe einer dreistelligen Nummer, so daß lediglich hierdurch die Anzahl Sätze auf 999 beschränkt scheint. Die einfache Änderung der Variablen LAENGE in Zeile 4530 von 3 auf 4 oder 5 schafft da schon Abhilfe. Allerdings sollten Sie bedenken, daß bei 20 Zeilen pro Hilfe-Seite immerhin 1260 Bytes (incl. Überschrift) pro Satz benötigt werden. Bei 100 Hilfe-Seiten sind das also schon 126.000 Bytes (126 KByte). Vor allem in Hinblick auf eine Anwendung mit Disketten-Laufwerken bleibt da für Programm und Daten-Dateien nicht mehr viel übrig.

16.3.3 Hilfefunktion in der Praxis

Kommen wir nun zum sicherlich interessantesten Teil dieses Kapitels: der Hilfe-Funktion in der Praxis. Im letzten Abschnitt haben wir uns das dafür notwendige Hilfsmittel in Form eines speziellen Editors geschaffen. Hier wollen wir nun sehen, wie die damit erstellte Datei in Verbindung mit einem Anwendungs-Programm eingesetzt wird. Als Basis dient wieder das Programm B_MENUE (Balken-Menüs) aus Kapitel 11. Die Funktion "Daten erfassen" wurde hier um eine entsprechende Maske und die dafür notwendigen Eingabe-Routinen und Steuerungen ergänzt. In das Upro für die Menü-Steuerung wurde eine Abfrage der Hilfe-Taste <F1> eingebaut, so daß hier nun auch Hilfe zur Menü-Auswahl angefordert werden kann.

In der Maske "Daten erfassen" kann in jedem Feld die Hilfe-Taste <F1> gedrückt werden. Es erscheint anschließend die situationsbezogene Hilfe speziell für dieses Feld. Weiterhin wird in diesem Programm demonstriert, wie sich eine Hilfe-Seite für andere Zwecke als die situationsbezogene Hilfe "mißbrauchen" läßt. Nach dem Drücken der Taste <F10> für "Speichern" wird die Überprüfung der Eingaben "simuliert" und ein Hinweis ausgegeben. Die Texte in der Hilfe-Datei müssen also nicht unbedingt durch eine Hilfe-Taste abgerufen werden, sondern können auch bei Plausibilitäts-Prüfungen als ausführlicher Hinweis angezeigt werden. Details dazu jedoch im folgenden Listing. Erläuterungen zu den Basis-Routinen finden Sie (wie bereits gewohnt) in den dazugehörigen Kapiteln. Notwendige Kommentare sind wieder direkt in das Listing eingefügt:

Hinweis: Um das folgende Programm korrekt ausführen zu können, müssen Sie GW-BASIC mit dem Schalter /M folgendermaßen aufrufen:

```
GWBASIC /M:54000
```

```
10 '-------------------------------------------------
20 'HILFE.BAS   Demo für Hilfefunktion
30 '-------------------------------------------------
40 :
50 DEFINT A-Z
60 OPTION BASE 0
70 CLS:KEY OFF:FOR I=1 TO 10:KEY I,"":NEXT I
80 :
90 DEF FNUP$(KLEIN$)= CHR$(ASC(KLEIN$) AND 223)
100 :
110 MP.START= &HE000
120 GOSUB 2050 'MP initialisieren
130 SAVESCRN= MP.START
140 RESTSCRN= MP.START+3
150 FASTSCRN= MP.START+6
160 FALSE= 0: TRUE= NOT FALSE
170 MAX.BS= 3:DIM PUFFER%(2000*MAX.BS)
180 MAX.MENUE= 8: DIM MENUES$(MAX.MENUE)
190 BS.NR= 0
200 F.NORMAL= 112: F.HINWEIS= 127: F.BALKEN= 7
210 HG.ZEICHEN$= " ": HG.ATTR= 15
220 DIM HILFE.TEXT$(20)
230 :
240 RESTORE 260
250 FOR I= 0 TO MAX.MENUE:READ MENUES$(I):NEXT I
260 DATA "« Haupt-Menü »"
270 DATA "Einrichten"
280 DATA "Erfassen"
290 DATA "Suchen"
300 DATA "Ändern"
310 DATA "Listen"
320 DATA "Import"
330 DATA "Export"
340 DATA "Ende"
350 :
360 RESTORE 380
370 FOR I=1 TO 7:READ MASKE$(I):NEXT I
380 DATA "Nachname"
390 DATA "Vorname"
400 DATA "Straße"
410 DATA "Länder-KZ"
```

Hilfefunktion und Fehlerbehandlung 523

```
420 DATA "Postleitzahl"
430 DATA "Ort"
440 DATA "Bemerkung"
450 :
```

Ab Zeile 360 wird das Array MASKE$() initialisiert. Es dient später für die schnellere Anzeige innerhalb einer FOR...NEXT-Schleife. Einzelanweisungen wären da zu langsam.

```
460 FZEILE= 1: FSPALTE= 1: FBREITE= 80: FHOEHE= 25
470 GOSUB 1560 'Hintergrund initialisieren
480 ZL= 1: SP= 1: X$= " Dateiverwaltung V1.00 (C) 1987 H.J. Bomanns "
490 DEF SEG: CALL FASTSCRN(ZL,SP,F.HINWEIS,X$)
500 :
510 GOSUB 1130 'Menü-Auswahl
520 IF MENUE= 0 THEN MENUE = 8 'Ende shiften
530 GOSUB 1910 'BS sichern
540 ON MENUE GOSUB 580,600,980,1000,1020,1040,1060,1080 'Funktion ausführen
550 GOSUB 1980 'BS zurück
560 GOTO 510 'Wieder Menü abfragen
570 :
580 '----- Einrichten -----
590 GOSUB 1110: RETURN
600 '----- Erfassen -----
610 :
620 FZEILE= 8: FSPALTE= 20: FBREITE= 50: FHOEHE= 9: F.SCHATTEN= TRUE
630 FOBEN$= "Daten erfassen:"
640 FUNTEN$= "[F1]= Hilfe, [F10]= speichern, [ESC]= zurück"
650 GOSUB 1640 'Fenster anzeigen
660 :
670 SP= FSPALTE+2
680 FOR I=1 TO 7
690    ZL= FZEILE+I+1
700    DEF SEG:CALL FASTSCRN(ZL,SP,F.NORMAL,MASKE$(I))
710 NEXT I
720 :
730 ZAEHLER= 1 'Für aktuelles Eingabe-Feld
740 :
750 WHILE X$<> CHR$(27) 'Solange, bis ESC gedrückt
760    STATUS$= "Bitte "+MASKE$(ZAEHLER)+" eingeben..."
770    HILFE.NUMMER= 2+ZAEHLER
780    ZEILE= FZEILE+ZAEHLER+1: SPALTE= FSPALTE+16
790    INSTRING$= INHALT$(ZAEHLER)
800    LAENGE= 20:GOSUB 2500 'Eingabe-Routine
810    INHALT$(ZAEHLER)= INSTRING$
820    Y$= INHALT$(ZAEHLER)+SPACE$(20-LEN(INHALT$(ZAEHLER)))
830    CALL FASTSCRN(ZEILE,SPALTE,F.HINWEIS,Y$)
840    IF TASTE<> 68 THEN 900 'Sonst hier <F10> abhandeln
850       AHILFE.NUMMER= HILFE.NUMMER 'HILFE.NUMMER retten
860       HILFE.NUMMER= 10 'Hinweis auf doppelten Kunden
870       GOSUB 3050 'Hinweis als "Hilfe-Seite" anzeigen
880       HILFE.NUMMER= AHILFE.NUMMER 'HILFE.NUMMER wieder zurück
890       ZAEHLER= 1 'Auf Feld "Nachname" setzen
900    IF X$= CHR$(13) OR TASTE= 80 THEN ZAEHLER= ZAEHLER+1
910    IF TASTE= 72 THEN ZAEHLER= ZAEHLER-1
920    IF ZAEHLER <1 THEN ZAEHLER= 7
930    IF ZAEHLER >7 THEN ZAEHLER= 1
940 WEND
950 :
960 RETURN
970 :
```

Ab Zeile 600 haben wir die Ergänzung der Routine "Daten erfassen". In den Zeilen 620 bis 650 wird zunächst das Fenster für die Eingabe initialisiert. In Zeile 670 bis 710 werden die Feldnamen aus MASKE$() in einer FOR...NEXT-Schleife angezeigt. Die Variable ZAEHLER dient wieder für die Positionierung des Eingabe-Feldes. In der WHILE...WEND-Schleife (Zeile 750 bis 940) werden die einzelnen Felder gemäß ZAEHLER initialisiert (Zeile 760/790) und die Eingabe-Routine dazu aufgerufen.

Von besonderer Bedeutung ist hier die Zeile 770, in der die HILFE.NUMMER gesetzt wird. In unserem konkreten Beispiel ist die Hilfe-Nummer 2 für die Menü-Auswahl vorgesehen, so daß hier ab Nummer 3 zugeordnet werden kann. Dies erfolgt dermaßen, daß zum Wert 2 der momentane Inhalt der Variablen ZAEHLER addiert wird. Also: 2+1= 3, 2+2= 4, 2+3= 5 und so weiter. Der eigentliche Aufruf der Hilfe-Routine erfolgt jedoch nicht hier, sondern in der universellen Eingabe-Routine (ab Zeile 2500). Dies deshalb, weil diese Routine ja von allen Funktionen aufgerufen wird. Die Abfrage in jeder einzelnen Funktions-Routine (Daten erfassen, suchen, ändern etc.) würde erstens mehr Speicherplatz brauchen und zweitens würden im Falle einer Änderung mehrere Zeilen zu ändern sein. Weiterhin erfährt die Taste <F10> (Zeile 840) hier eine besondere Behandlung: es wird eine Plausibilitäts-Prüfung simuliert, deren Abschluß die Anzeige einer Hilfe-Seite als "ausführlicher Hinweis" ist. Es muß also nicht immer so sein, daß eine Hilfe-Seite auf Drücken der Hilfe-Taste hin angezeigt wird, sondern man kann eine oder mehrere Hilfe-Seiten auch für solche ausführlichen Hinweise "mißbrauchen".

```
980 '----- Suchen -----
990 GOSUB 1110: RETURN
1000 '----- Ändern -----
1010 GOSUB 1110: RETURN
1020 '----- Listen -----
1030 GOSUB 1110: RETURN
1040 '----- Import -----
1050 GOSUB 1110: RETURN
1060 '----- Export -----
1070 GOSUB 1110: RETURN
1080 '----- Ende -----
1090 COLOR 7,0:CLS:PRINT "*** ENDE ***":PRINT:END
1100 :
1110 HINWEIS$= "Funktion noch nicht freigegeben...":GOSUB 2320:RETURN
1120 :
1130 '----- Menü anzeigen und Auswahl steuern -----
1140 :
1150 MAX.BREITE= 0
1160 FOR I=0 TO MAX.MENUE
1170    IF LEN(MENUE$(I)) > MAX.BREITE THEN MAX.BREITE= LEN(MENUE$(I))
1180 NEXT I
1190 :
1200 FZEILE= 5: FSPALTE= 10: F.SCHATTEN= FALSE
1210 FBREITE= MAX.BREITE+6: FHOEHE= MAX.MENUE+2
1220 FOBEN$= MENUE$(0):FUNTEN$= "[F1]= Hilfe"
1230 GOSUB 1640 'Fenster anzeigen
1240 :
1250 SP= FSPALTE+3
1260 FOR I= 1 TO MAX.MENUE
1270    ZL= FZEILE+I+1
1280    DEF SEG:CALL FASTSCRN(ZL,SP,F.NORMAL,MENUE$(I))
```

Hilfefunktion und Fehlerbehandlung 525

```
1290 NEXT I
1300 :
1310 STATUS$=" Mit ["+CHR$(24)+"] und ["+CHR$(25)+"] wählen, ["+CHR$(17)+"┘]=
ausführen, [ESC]= Ende"
1320 GOSUB 2440 'Statuszeile anzeigen
1330 BALKEN.ZL= 1: TASTE$= "": LOCATE ,,0
1340 HILFE.NUMMER= 2 'Für Hilfefunktion
1350 :
1360 WHILE TASTE$<> CHR$(27) AND TASTE$<> CHR$(13)
1370    LOCATE ,,0 'Cursor ausschalten
1380    ZL= FZEILE+BALKEN.ZL+1: SP= FSPALTE+1
1390    X$= "  "+MENUES(BALKEN.ZL): X$= X$+SPACE$(MAX.BREITE+6-LEN(X$))
1400    DEF SEG:CALL FASTSCRN(ZL,SP,F.BALKEN,X$)
1410    TASTE$= INKEY$:IF TASTE$= "" THEN 1410
1420    DEF SEG:CALL FASTSCRN(ZL,SP,F.NORMAL,X$)
1430    IF TASTE$= CHR$(27) THEN MENUE= 0
1440    IF TASTE$= CHR$(13) THEN MENUE= BALKEN.ZL
1450    TASTE= ASC(RIGHT$(TASTE$,1))
1460    IF TASTE= 72 THEN BALKEN.ZL= BALKEN.ZL-1 'CRSR-hoch
1470    IF TASTE= 80 THEN BALKEN.ZL= BALKEN.ZL+1 'CRSR-runter
1480    IF TASTE= 71 THEN BALKEN.ZL= 1 'Home
1490    IF TASTE= 79 THEN BALKEN.ZL= MAX.MENUE
1500    IF TASTE= 59 THEN GOSUB 3050 'Hilfe anzeigen
1510    IF BALKEN.ZL < 1 THEN BALKEN.ZL= MAX.MENUE
1520    IF BALKEN.ZL > MAX.MENUE THEN BALKEN.ZL= 1
1530 WEND
1540 RETURN
1550 :
```

In der Routine für die Menü-Steuerung sind die Zeilen 1340 und 1500 hinzugekommen. Zeile 1340 setzt die HILFE.NUMMER auf den Wert 2, Zeile 1500 ruft nach dem Drücken von <F1> die Hilfe-Routine ab Zeile 3050 auf. Dort wird der in HILFE.NUMMER gespeicherte Wert als Satznummer für den Zugriff auf die Hilfe-Datei eingesetzt und speziell dafür erfaßte Hilfe angezeigt.

```
1560 '----- Hintergrund initialisieren -----
1570 :
1580 X$= STRING$(FBREITE,HG.ZEICHEN$)
1590 FOR H.ZL= FZEILE TO FZEILE+FHOEHE
1600    CALL FASTSCRN(H.ZL,FSPALTE,HG.ATTR,X$)
1610 NEXT H.ZL
1620 RETURN
1630 :
1640 '----- Universal-Routine für Fenster -----
1650 :
1660 X$= "┌"+STRING$(FBREITE%,"-")+"┐"
1670 DEF SEG:CALL FASTSCRN(FZEILE,FSPALTE,F.NORMAL,X$)
1680 X$= "│"+STRING$(FBREITE%," ")+"│"
1690 IF F.SCHATTEN THEN X$= X$+"▓"
1700 FOR F.ZL= FZEILE+1 TO FZEILE+FHOEHE
1710    DEF SEG:CALL FASTSCRN(F.ZL,FSPALTE,F.NORMAL,X$)
1720 NEXT F.ZL
1730 X$= "└"+STRING$(FBREITE%,"-")+"┘"
1740 IF F.SCHATTEN THEN X$= X$+"▓"
1750 F.ZL= FZEILE+FHOEHE+1
1760 DEF SEG:CALL FASTSCRN(F.ZL,FSPALTE,F.NORMAL,X$)
1770 IF FOBEN$= "" THEN 1810 'Weiter mit FUnten$
1780    X$= " "+FOBEN$+" "
1790    F.SP= FSPALTE+3
1800    CALL FASTSCRN(FZEILE,F.SP,F.BALKEN,X$)
1810 IF FUNTEN$= "" THEN 1850 'Weiter mit F.SCHATTEN
1820    X$= " "+FUNTEN$+" "
```

```
1830    F.ZL= FZEILE+FHOEHE+1: F.SP= FSPALTE+3
1840    CALL FASTSCRN(F.ZL,F.SP,F.BALKEN,X$)
1850 IF NOT F.SCHATTEN THEN 1890 'Zurück
1860    X$= STRING$(FBREITE+2," ")
1870    F.ZL= FZEILE+FHOEHE+2:F.SP= FSPALTE+2
1880    CALL FASTSCRN(F.ZL,F.SP,F.NORMAL,X$)
1890 RETURN
1900 :
1910 '----- Aktuellen Bildschirm sichern -----
1920 :
1930 IF BS.NR= MAX.BS THEN BEEP:RETURN
1940 DEF SEG:PUFFER.OFS%= VARPTR(PUFFER%(BS.NR*2000)):CALL SAVESCRN(PUFFER.OFS%)
1950 BS.NR= BS.NR+1
1960 RETURN
1970 :
1980 '----- Letzten Bildschirm restaurieren -----
1990 :
2000 IF BS.NR= 0 THEN BEEP:RETURN
2010 BS.NR= BS.NR-1
2020 DEF SEG:PUFFER.OFS%= VARPTR(PUFFER%(BS.NR*2000)):CALL RESTSCRN(PUFFER.OFS%)
2030 RETURN
2040 :
2050 'Data-Zeilen aus COM-Datei: screen.com
2060 :
2070 RESTORE 2090
2080 DEF SEG:FOR I=1 TO  227:READ X:POKE MP.START+I-1,X: NEXT I
2090 DATA 235,109,144,235,109,144, 85,139,236, 30,  6
2100 DATA 139,118, 12,138, 28,176,160,246,227, 45,160
2110 DATA   0, 80,139,118, 10,138, 28,176,  2,246,227
2120 DATA  91,  3,195, 72, 72, 80,139,118,  8,138, 36
2130 DATA 139,118,  6,138, 12,181,  0,139,116,  1, 80
2140 DATA 191,  0,176,179,  0,205, 17, 37, 48,  0, 61
2150 DATA  48,  0,116,  6,129,199,  0,  8,179,  1,142
2160 DATA 199, 88, 95,252,186,218,  3,128,251,  0,116
2170 DATA  11,236,208,216,114,246,250,236,208,216,115
2180 DATA 251,172,251,171,226,235,  7, 31, 93,202,  8
2190 DATA   0,235, 41,144, 85,139,236, 30,  6,139,118
2200 DATA   6,139,  4,139,240,191,  0,176,179,  0,205
2210 DATA  17, 37, 48,  0, 61, 48,  0,116,  6,129,199
2220 DATA   0,  8,179,  1,142,199, 51,255,235, 40,144
2230 DATA  85,139,236, 30,  6,139,118,  6,139,  4,139
2240 DATA 248, 30,  7,190,  0,176,179,  0,205, 17, 37
2250 DATA  48,  0, 61, 48,  0,116,  6,129,198,  0,  8
2260 DATA 179,  1,142,222, 51,246,185,208,  7,252,186
2270 DATA 218,  3,128,251,  0,116, 11,236,208,216,114
2280 DATA 246,250,236,208,216,115,251,173,251,171,226
2290 DATA 235,  7, 31, 93,202,  2,  0
2300 RETURN
2310 :
2320 '----- Hinweis ausgeben -----
2330 :
2340 GOSUB 1910 'Bildschirm sichern
2350 ZL= 25: SP= 1: HINWEIS$= " "+HINWEIS$+SPACE$(80-LEN(HINWEIS$)-1)
2360 CALL FASTSCRN(ZL,SP,F.HINWEIS,HINWEIS$)
2370 LOCATE 25,79:PRINT CHR$(254);: LOCATE 25,79,1
2380 SOUND 895,1: SOUND 695,1
2390 X$= INKEY$:IF X$= "" THEN 2390
2400 GOSUB 1980 'Bildschirm zurück
2410 LOCATE ,,0
2420 RETURN
2430 :
2440 '----- Statuszeile anzeigen -----
2450 :
2460 ZL= 25: SP= 1: STATUS$= " "+STATUS$+SPACE$(80-LEN(STATUS$)-1)
```

Hilfefunktion und Fehlerbehandlung

```
2470 CALL FASTSCRN(ZL,SP,F.HINWEIS,STATUS$)
2480 RETURN
2490 :
2500 '----- Upro einlesen -----
2510 :
2520 GOSUB 2440 'Statuszeile für die Eingabe gemäß STATUS$ anzeigen
2530 X$="":TASTE= 0:AENDERUNG= FALSE
2540 Y$= INSTRING$+SPACE$(LAENGE-LEN(INSTRING$))
2550 CALL FASTSCRN(ZEILE,SPALTE,F.BALKEN,Y$)
2560 LOCATE ZEILE,SPALTE,1: CRSR.POS= 1
2570 X$= INKEY$:IF X$="" THEN 2570 'Auf Taste warten
2580 IF X$= CHR$( 8) AND POS(0)> SPALTE THEN GOSUB 2710:GOTO 2570 'BackSpace
2590 IF X$= CHR$(27) THEN AENDERUNG= FALSE:LOCATE ,,0:RETURN
2600 IF X$= CHR$(13) THEN LOCATE ,,0:RETURN
2610 IF LEN(X$)= 2 THEN 2890 'Steuer- und Funktionstasten
2620 '
2630 IF X$< " " THEN BEEP:GOTO 2570 'Zeichen kleiner BLANK abwürgen
2640 IF NUR.GROSS THEN IF X$>= "a" AND X$<= "z" THEN X$= CHR$(ASC(X$)-32)
2650 PRINT X$;:AENDERUNG= TRUE
2660 IF CRSR.POS<= LEN(INSTRING$) THEN MID$(INSTRING$,CRSR.POS,1)= X$ ELSE INSTRING$= INSTRING$+X$
2670 CRSR.POS= CRSR.POS+1
2680 IF POS(0)> SPALTE+LAENGE-1 THEN LOCATE ZEILE,SPALTE:CRSR.POS= 1:GOTO 2570
2690 GOTO 2570 'Weiter Tastatur abfragen
2700 '
2710 '----- Taste BACKSPACE und DEL -----
2720 '
2730 IF X$=CHR$(8) THEN INSTRING$= LEFT$(INSTRING$,CRSR.POS-2)+MID$(INSTRING$,CRSR.POS)
2740 IF TASTE= 83  THEN INSTRING$= LEFT$(INSTRING$,CRSR.POS-1)+MID$(INSTRING$,CRSR.POS+1) 'Del
2750 LOCATE ZEILE,SPALTE:PRINT INSTRING$;" ";
2760 IF X$=CHR$(8) THEN CRSR.POS= CRSR.POS-1
2770 LOCATE CSRLIN,SPALTE+CRSR.POS-1
2780 TASTE= 0: X$="":AENDERUNG= TRUE
2790 RETURN
2800 '
2810 '----- Taste Ins -----
2820 '
2830 INSTRING$= LEFT$(INSTRING$,CRSR.POS-1)+" "+MID$(INSTRING$,CRSR.POS)
2840 PRINT " ";MID$(INSTRING$,CRSR.POS+1);
2850 LOCATE CSRLIN,SPALTE+CRSR.POS-1
2860 AENDERUNG= TRUE
2870 RETURN
2880 '
2890 '----- Steuer- und Funktionstasten -----
2900 '
2910 TASTE= ASC(RIGHT$(X$,1))
2920 IF TASTE= 59 THEN GOSUB 3050:GOTO 2570 'Hilfe/weiter Tastatur abfragen
```

Hier in der universellen Eingabe-Routine wird ebenfalls die Taste <F1> gesondert behandelt und nach deren Drücken die Hilfe-Routine ab Zeile 3050 aufgerufen. Allerdings wird hier keine HILFE.NUMMER gesetzt, sondern dies muß in der Funktion/Routine passieren, die die Eingabe-Routine aufruft. In diesem Beispiel passiert dies in Zeile 770, bevor die Eingabe-Routine aufgerufen wird. Dies birgt folgende Gefahr in sich (die sich aber leicht umgehen läßt): Nehmen wir an, Sie vergessen in einer Funktion/Routine die HILFE.NUMMER zu setzen und rufen die Eingabe-Routine auf. Wird hier nun <F1> gedrückt, so wird zwar die Hilfe-Routine aufgerufen, diese findet in der Variablen HILFE.NUMMER jedoch eine alte und somit falsche Hilfe-Nummer vor. Da die Routine das nicht wissen kann (woher auch?), wird natürlich die dazugehörige Hilfe angezeigt. Der Anwender dürfte da etwas verwirrt sein, wenn zum Feld "Postleitzahl" die Hilfe "Menü-Auswahl" angezeigt wird. Aber wie bereits gesagt: man kann diese Gefahr umgehen, indem bei der Planung und Programmierung in einem Formular alles fein säuberlich festgehalten wird (siehe Abschnitt 16.32) und nach Abschluß der Programmierung alle Hilfen einmal durchtestet werden.

```
2930 IF TASTE= 68 OR TASTE= 63 THEN LOCATE ,,0:RETURN 'F5 und F10
2940 IF TASTE= 72 OR TASTE= 80 THEN LOCATE ,,0:RETURN 'CRSR hoch und runter
2950 IF TASTE= 73 OR TASTE= 81 THEN LOCATE ,,0:RETURN 'PgUp und PgDn
2960 IF TASTE= 75 AND POS(0)> SPALTE THEN LOCATE CSRLIN,POS(0)-1:CRSR.POS= CRSR.POS-
1:GOTO 2570 'CRSR <--
2970 IF TASTE= 77 AND POS(0)< SPALTE+LAENGE-1 THEN IF CRSR.POS<= LEN(INSTRING$) THEN
LOCATE CSRLIN,POS(0)+1:CRSR.POS= CRSR.POS+1:GOTO 2570 'CRSR -->
2980 IF TASTE= 83 AND CRSR.POS <= LEN(INSTRING$) THEN GOSUB 2710:GOTO 2570 'DEL wird
ähnlich BACKSPACE gehandhabt
2990 IF TASTE= 71 THEN LOCATE ZEILE,SPALTE:GOTO 2570 'Home, Feldanfang
3000 IF TASTE= 79 THEN LOCATE CSRLIN,SPALTE+LEN(INSTRING$)-1:CRSR.POS=
LEN(INSTRING$):GOTO 2570 'End, auf letztes Zeichen setzen
3010 IF TASTE= 117 THEN INSTRING$= LEFT$(INSTRING$,CRSR.POS-1):PRINT SPACE$(LAENGE-
CRSR.POS);:LOCATE CSRLIN,SPALTE+CRSR.POS-1:AENDERUNG= TRUE:GOTO 2570 'CTRL-End,
löschen bis Feldende
3020 IF TASTE= 82 AND CRSR.POS<= LEN(INSTRING$) AND LEN(INSTRING$)< LAENGE THEN
GOSUB 2810:GOTO 2570 'Ins
3030 BEEP:GOTO 2570 'Weiter Tastatur abfragen
3040 :
3050 '----- Upro für Hilfefunktion -----
3060 :
3070 AFZEILE= FZEILE: AFSPALTE= FSPALTE: AFBREITE= FBREITE: AFHOEHE= FHOEHE
3080 AF.SCHATTEN= F.SCHATTEN 'Daten der Fenster-Variablen sichern
3090 ACRSR.ZEILE= CSRLIN: ACRSR.SPALTE= POS(0) 'Cursor-Position sichern
3100 LOCATE ,,0
3110 :
```

Zuerst werden in der Hilfe-Routine die Fenster-Variablen und die Cursor-Position gesichert. Die Fenster-Variablen brauchen wir ja hier für das Hilfe-Fenster. Die Cursaor-Position wird gesichert, damit der Anwender seinen Cursor auch da wieder vorfindet, wo er vorher war. Es ist schon recht peinlich für den Programmierer, wenn der Cursor nach Beendigung der Hilfe irgendwo hilflos auf dem Bildschirm vor sich hin blinkt und so gar nicht seinem eigentlcihen Zweck entspricht.

```
3120 GOSUB 1910 'Bildschirm sichern
```

Das Sichern des Bildschirmes ist besonders wichtig, da der Anwender nach der Anzeige und dem Restaurieren des Bildschirmes möglichst schnell weiterarbeiten möchte. Sollte da der Bildschirm erst wieder komplett aufgebaut werden, kann es bei vergeßlichen Anwendern schon zu spät sein.

```
3130 :
3140 DATEI$= "TEST.HLF"
```

Achten Sie drauf, daß die Datei-Namen hier und bei HF_EDIT immer übereinstimmen! Die folgenden Routinen haben wir in Abschnitt 16.32 bei HF_EDIT

Hilfefunktion und Fehlerbehandlung

bereits erläutert. Die Routinen für das Anlegen und Speichern fallen hier natürlich weg.

```
3150 ON ERROR GOTO 3880 'Fehlerbehandlung
3160 :
3170 STATUS$= "Moment bitte, lese Hilfe...":GOSUB 2440
3180 OPEN DATEI$ FOR INPUT AS #1 'Datei für sequentiellen Zugriff öffnen
3190 LINE INPUT #1,X$ 'Erster Satz/erste Zeile enthält HILFE.ZEILEN
3200 HILFE.ZEILEN= VAL(X$)
3210 LINE INPUT#1,X$ 'Erster Satz/zweite Zeile enthält MAX.HILFE
3220 MAX.HILFE= VAL(X$)
3230 SATZ.LAENGE= (HILFE.ZEILEN+1)*60
3240 CLOSE #1
3250 GOTO 3990 'Datei gefunden, normal weiter
3260 :
3270 '----- Random-Datei öffnen, FIELDs initialisieren -----
3280 :
3290 OPEN "R",#1,DATEI$,SATZ.LAENGE
3300 ON HILFE.ZEILEN GOTO 0,0,0,3320,0,0,0,3340,0,0,0,3360,0,0,0,3380,0,0,0,3400
3310 'Gemäß HILFE.ZEILEN:      4         8         12        16        20
3320 FIELD#1,60 AS UEBERSCHRIFT$,240 AS TEXT1$
3330 RETURN 'Weiter im Text
3340 FIELD#1,60 AS UEBERSCHRIFT$,240 AS TEXT1$,240 AS TEXT2$
3350 RETURN 'Weiter im Text
3360 FIELD#1,60 AS UEBERSCHRIFT$,240 AS TEXT1$,240 AS TEXT2$,240 AS TEXT3$
3370 RETURN 'Weiter im Text
3380 FIELD#1,60 AS UEBERSCHRIFT$,240 AS TEXT1$,240 AS TEXT2$,240 AS TEXT3$,240 AS TEXT4$
3390 RETURN 'Weiter im Text
3400 FIELD#1,60 AS UEBERSCHRIFT$,240 AS TEXT1$,240 AS TEXT2$,240 AS TEXT3$,240 AS TEXT4$,240 AS TEXT5$
3410 RETURN 'Weiter im Text
3420 :
3430 '----- Hilfe-Texte lesen -----
3440 :
3450 GET#1,HILFE.NUMMER 'Aktuelle Hilfe-Seite lesen
3460 Z= 1
3470 FOR I=1 TO 240 STEP 60 'Vier Zeilen aus TEXT1$ lesen
3480    HILFE.TEXT$(Z)= MID$(TEXT1$,I,60)
3490    Z=Z+1
3500 NEXT I
3510 IF HILFE.ZEILEN= 4 THEN 3720 '4 Zeilen für Hilfe
3520 FOR I=1 TO 240 STEP 60 'Vier Zeilen aus TEXT2$ lesen
3530    HILFE.TEXT$(Z)= MID$(TEXT2$,I,60)
3540    Z=Z+1
3550 NEXT I
3560 IF HILFE.ZEILEN= 8 THEN 3720 '8 Zeilen für Hilfe
3570 FOR I=1 TO 240 STEP 60 'Vier Zeilen aus TEXT3$ lesen
3580    HILFE.TEXT$(Z)= MID$(TEXT3$,I,60)
3590    Z=Z+1
3600 NEXT I
3610 IF HILFE.ZEILEN= 12 THEN 3720 '12 Zeilen für Hilfe
3620 FOR I=1 TO 240 STEP 60 'Vier Zeilen aus TEXT4$ lesen
3630    HILFE.TEXT$(Z)= MID$(TEXT4$,I,60)
3640    Z=Z+1
3650 NEXT I
3660 IF HILFE.ZEILEN= 16 THEN 3720 '16 Zeilen für Hilfe
3670 FOR I=1 TO 240 STEP 60 'Vier Zeilen aus TEXT5$ lesen
3680    HILFE.TEXT$(Z)= MID$(TEXT5$,I,60)
3690    Z=Z+1
3700 NEXT I
3710 :
3720 FOR I=1 TO HILFE.ZEILEN
```

```
3730    IF RIGHT$(HILFE.TEXT$(I),1)<> CHR$(0) THEN 3750
3740      HILFE.TEXT$(I)= LEFT$(HILFE.TEXT$(I),INSTR(HILFE.TEXT$(I),CHR$(0))-1)
3750    NEXT I
3760 RETURN '20 Zeilen für Hilfe
3770 :
3780 '----- Hilfe-Texte anzeigen -----
3790 :
3800 H.ZL= FZEILE: H.SP= FSPALTE+2
3810 CALL FASTSCRN(H.ZL,H.SP,F.BALKEN,UEBERSCHRIFT$)
3820 FOR I=1 TO HILFE.ZEILEN
3830    H.ZL= FZEILE+I+1:Y$= HILFE.TEXT$(I)+SPACE$( 60-LEN(HILFE.TEXT$(I)))
3840    CALL FASTSCRN(H.ZL,H.SP,F.HINWEIS,Y$)
3850 NEXT I
3860 RETURN 'Seite anzeigen
3870 :
3880 '----- Fehlerbehandlung "Datei-Zugriff" -----
3890 :
3900 IF ERR<> 53 THEN 3950 'Allgemeinen Fehler anzeigen
3910    CLOSE 'Alle Dateien schließen
3920    HINWEIS$= "Hilfe-Datei nicht gefunden, bitte in das Handbuch (S. 348) schauen...":GOSUB 2320
3930    RESUME 4110 'Zurück zur rufenden Funktion
3940 :
```

Wenn die Hilfe-Datei nicht gefunden wird oder noch nicht angelegt ist, erfolgt ein entsprechender Hinweis (Zeile 3920 ff). In diesem Beispiel wird auf das Handbuch verwiesen, in dem dann ausführlich erläutert wird, wie es zu dieser Meldung kommen kann. Anschließend geht es wieder zurück zur aufrufenden Funktion/Routine.

```
3950 CLOSE 'Alle Datei(en) schließen
3960 HINWEIS$="Fehler "+STR$(ERR)+" in Zeile "+STR$(ERL)+"...":GOSUB 2320
3970 RESUME 4110 'Zurück zur rufenden Funktion
3980 :
3990 '----- Random-Datei initialisieren und Hilfe-Seite anzeigen -----
4000 :
4010 GOSUB 3270 'Random-Datei öffnen und FIELDs initialisieren
4020 FZEILE= 5:FSPALTE= 9:FBREITE= 62:FHOEHE= HILFE.ZEILEN+2:F.SCHATTEN= TRUE
4030 FOBEN$= "": FUNTEN$= "[ESC]= zurück"
4040 GOSUB 1640   'Fenster für Hilfe anzeigen
4050 GOSUB 3430 'Hilfe-Texte lesen
4060 GOSUB 3780 'Hilfe-Texte anzeigen
4070 STATUS$= " ":GOSUB 2440
4080 X$= INKEY$: IF X$= "" THEN 4080
4090 CLOSE
4100 :
4110 GOSUB 1980 'Bildschirm restaurieren
le4120 FZEILE= AFZEILE: FSPALTE= AFSPALTE: FBREITE= AFBREITE: FHOEHE= AFHOEHE
4130 F.SCHATTEN= AF.SCHATTEN 'Daten der Fenster-Variablen zurück
4140 LOCATE ACRSR.ZEILE,ACRSR.SPALTE,1 'Cursor-Position zurück
4150 X$= "": TASTE= 0
4160 RETURN
```

Abschließend wird der Bildschirm restauriert und die Fenster-Variablen sowie die Cursor-Position wieder auf den ursprünglichen Wert gesetzt. Danach geht es zurück zur aufrufenden Funktion.

16.3.4 Hinweise zu HILFE.BAS

Nach dem Start des Programms wird ein Balken-Menü mit verschiedenen Punkten angezeigt. Lediglich die Funktion "Erfassen" ist für dieses Beispiel aktiviert. Alle anderen Funktionen rufen den Hinweis "Funktion noch nicht freigegeben" hervor.

Drücken Sie hier nun <F1>, und Sie sehen die Hilfefunktion das erste Mal in Aktion. Nach Wahl des Punktes "Erfassen" wird in einem Fenster die Eingabe-Maske angezeigt und die Eingabe im ersten Feld gefordert. Bewegen Sie sich mit den Cursor-Tasten "hoch" und "runter" durch die Felder und drücken Sie <F1> in jedem Feld. Sofort erscheint eine Hilfe, die speziell für dieses Feld "gemacht" ist.

Drücken Sie irgendwann Mal <F10>. Dadurch wird eine Plausibilitäts-Prüfung simuliert, deren Ergebnis Ihnen in Form eines ausführlichen Hinweises präsentiert wird.

Änderungen am Programm

Änderungen bzw. Anpassungen für Ihre eigenen Programme dürften auch hier keine Probleme bereiten. In meinen Programmen biete ich im Menü immer noch den Punkt "Hilfe" mit an. Dahinter verbirgt sich eine Routine, die alle Überschriften der Hilfe-Seiten sequentiell aus der Random-Datei liest und als Auswahl-Liste (ähnlich dem Balken-Menü) darstellt. Der Anwender kann nun mit dem Balken einen der gezeigten Hilfe-Überschriften wählen und bekommt die dazugehörige Hilfe-Seite angezeigt. Vor allem für Anwender, die sich erstmal einen Überblick über das Proigramm und seine Funktionen verschaffen wollen, ist dies recht hilfreich. Das nur mal so als Anregung.

Wichtiger Hinweis!

Für das obige Beispiel-Programm müssen Sie eine Hilfe-Datei anlegen, sonst gibt es eine Fehlermeldung. Tippen Sie dazu erstmal das Programm HF_EDIT ab (wenn noch nicht geschehen). Anschließend legen Sie eine Datei TEST.HLF mit 12 Zeilen pro Seite an (dort einfach Vorgabe-Werte mit <F10> übernehmen).

Danach sind die folgenden Hilfe-Texte zu erfassen. Die Angaben in Klammern (1), (2), (3) stellen die Hilfe-Nummern dar und müssen nicht mit eingegeben werden. Die erste Zeile ist jeweils die Überschrift der Hilfe-Seite, der Rest der eigentliche Hilfe-Text. Die Trennlinien dienen lediglich der besseren Lesbarkeit und werden bei der Eingabe ebenfalls weggelassen:

---
(2) Menü-Punkt wählen...

Mit den Cursor-Tasten setzen Sie den inversen Balken auf den gewünschten Menü-Punkt. Drücken Sie dann die <Eingabe>-Taste. Anschließend wird die gewünschte Funktion ausgeführt.

---
(3) Nachname...

Bitte geben Sie hier den Nachnamen des Kunden ein. Dieser Name wird zum Beispiel für die Funktion "Serienbrief" benötigt. Er erscheint sowohl in der Anschrift als auch in der persönlichen Anrede:

Herrn
<Vorname> <Nachname>
usw.

Sehr geehrter Herr <Nachname>,
usw.

---
(4) Vorname...

Bitte geben Sie hier den Vornamen des Kunden ein. Der Vorname wird zum Beispiel für die Funktion "Serienbrief" benötigt. Er erscheint dort in der Anschrift:

Herrn
<Vorname> <Nachname>

Sofern der Kunde über einen Titel verfügt, wird dieser hier mit angegeben:

Vorname : Dr. Michael
Nachname: Müller

---
(5) Straße...

Bitte geben Sie hier den Namen der Straße ein, in der der Kunde wohnt. Dazu geben Sie noch die Hausnummer ein:

Auf dem Hügel 12
    | └─> Hausnummer
    └─> Name der Straße

Diese Angabe wird zum Beispiel für die Funktion "Serienbrief" und dort für die Anschrift benötigt.

Bei Bedarf kann hier auch die Nummer eines Postfaches eingegeben werden.

---
(6) Länder-KZ...

Bei Auslands-Kunde muß hier für die postalisch richtige Anschrift das Kennzeichen des jeweiligen Landes eingegeben werden, in dem der Kunde wohnt.

Beispiele:

A - Österreich
I - Italien
USA- Amerika

Hilfefunktion und Fehlerbehandlung

Eine genaue detaillierte Aufstellung finden Sie im Handbuch, Anhang -D-, "Länder-Kennzeichen", ab Seite 378
----
(7) Postleitzahl...

Geben Sie hier bitte die Postleitzahl des Ortes, in dem der Kunde wohnt, ein. Diese Angabe wird zum Beispiel in der Funktion "Serienbrief" für die Anschrift benötigt:

```
Herrn
<Vorname> <Nachname>
<Straße>
<LKZ> <PLZ> <Ort>
```

Weiterhin können gebietsbezogene Auswertungen auf Basis der Postleitzahl erstellt werden.
----
(8) Ort...

Geben Sie hier den Namen des Ortes ein, in dem der Kunde wohnt. Die Eingabe kann unter Umständen eine Stadtteil-Nummer enthalten.

```
Hamburg 60
    |     L> Stadtteil-Nummer
    L> Name des Ortes
```

Diese Angabe wird zum Beispiel in der Funktion "Serienbrief" für die Anschrift benötigt.
Ggf. kann eine Zustell-Ergänzung eingegeben werden:
Ort: Brühl, Post Mackern
----
(9) Bemerkung...

Geben Sie hier einen beliebigen Text ein, der Aussagen zum Kunden macht:

Beispiele:

Hobby: Segeln
Geburtstag: 2.2.56
Umsatz 1987: DM 23.789,56
Termin wegen Produkt "DosoMat": Montag, 12.6.88

und so weiter...
----
(10) Hinweis:

Ein Kunde mit dem eingegebenen Namen ist bereits in der Datei gespeichert.

Bitte prüfen Sie, ob es sich hier um ein und denselben Kunden handelt oder ob es "Namensvettern" sind.

Bei doppelter Erfassung erhält der Kunde auch zwei Anschreiben aus der Funktion "Serienbrief" - daß wäre doch peinlich, oder nicht?

16.4 Welche Möglichkeiten der Fehlerbehandlung gibt es?

Wie bei der Hilfefunktion kann auch bei der Fehlerbehandlung auf verschiedene Weise vorgegangen werden. Ausschlaggebend ist hier ebenfalls die Zielgruppe für das Programm. Bei Anwendern, die bereits mit dem PC Erfahrung haben oder denen aufgrund ihres komplexen Tätigkeitsbereiches kürzere Meldungen zugetraut werden können, machen es dem Programmierer recht leicht. Ein Beispiel dazu: wenn Sie eine Textverarbeitung programmieren, so muß davon ausgegangen werden, daß recht unbedarfte Anwender damit arbeiten. Wenn dann beim Speichern der Fehler "Schreibschutz" auftritt, so muß die Meldung schon recht umfangreich sein:

> Beim Versuch, Ihren Text auf die Diskette zu speichern, wurde festgestellt, daß diese Diskette mit einem Schreibschutz versehen ist. Hierbei handelt es sich um einen silbernen/goldenen/schwarzen Aufkleber aus Kunstoff an der linken Seite der Diskette. Bitte entfernen Sie diesen Aufkleber, legen die Diskette dann wieder ein, schließen die Laufwerksklappe und drücken die Taste <Eingabe>.

Schon fast ein kleiner Roman, oder?

Bei einem Anwender, der beispielsweise mit einem komplexen CAD-System arbeitet, kann die Meldung etwas knapper ausfallen. Hier ist davon auszugehen, daß er eine entsprechende Ausbildung im Umgang mit PC und Programm hat:

> Diskette ist schreibgeschützt,
> korrigieren und <Eingabe> drücken

16.4.1 Die allgemeine Fehlerbehandlung

Für die allgemeine Fehlerbehandlung gibt es zwei Definitionen:

1. Sie springen in Ihren Programmen über die Anweisung ON ERROR GOTO eine universelle Routine an, die nichts weiter macht, als einen kurzen Hinweis und die Fehler-Nummer auszugeben:

   Dateifehler 53, siehe Handbuch Seite 45

   Zusätzlich erhält der Anwender den Hinweis, bezüglich detaillierter Erläuterungen im Handbuch nachzuschauen. Der Anwender erhält also nur den allgemeinen Hinweis, daß ein Fehler aufgetreten ist und wie er zu dessen Behebung beitragen kann.

2. Sie geben - beispielsweise in der Statuszeile - einen einfachen Hinweis in der Form "Fehler - Behebung" aus, also z.B.

   Diskette voll - andere Diskette einlegen

Hilfefunktion und Fehlerbehandlung

Wie eingangs dieses Abschnittes erläutert, eignen sich diese beiden Möglichkeiten für fortgeschrittene Anwender, denen anhand dieser knappen Meldungen ein Weiterarbeiten zuzutrauen ist.

Die Programmierung solcher Fehlerbehandlungen gestaltet sich denn auch relativ einfach: in der Regel wird am Anfang des Programms einmal die Anweisung ON ERROR GOTO <Zeilennummer> gegeben. In dieser Routine werden die System-Variablen ERR und ggf. ERL aufbereitet und in einer Statuszeile oder einem kleinen Fenster ausgegeben. Danach wird auf einen Tastendruck gewartet. Abschließend wird mit einem RESUME die fehlerverursachende Anweisung erneut ausgeführt - solange, bis der Fehler behoben ist oder der Anwender den PC aus dem Fenster wirft. Das Beispielprogramm zeigt so eine einfache Routine:

```
10 '-----------------------------------------------
20 'FEHLER_1.BAS   Demo für einfache Fehlerbehandlung
30 '-----------------------------------------------
40 :
50 CLS:KEY OFF
60 :
70 ON ERROR GOTO 180
80 :
90 PRINT SPC(5);"Legen Sie eine Diskette in Laufwerk A: und schließen Sie die"
100 PRINT SPC(5);"Klappe   n i c h t !!!"
110 PRINT:PRINT:PRINT "Taste drücken, wenn fertig...";
120 IF INKEY$= "" THEN 120
130 :
140 OPEN "A:TEST.DAT" FOR INPUT AS #1
150 CLOSE #1
160 CLS:END
170 :
180 '----- Fehlerbehandlung -----
190 :
200 X$= "Fehler:"+STR$(ERR)+" in Zeile "+STR$(ERL)+", korrigieren und Taste drücken"
210 LOCATE 25,1:PRINT X$;SPACE$(80-POS(0));
220 BEEP
230 IF INKEY$= "" THEN 230
240 LOCATE 25,1:PRINT SPACE$(79);
250 RESUME
```

Wie bereits erwähnt, wird hier nichts weiter gemacht, als eine Fehlerbehandlungs-Routine per ON ERROR GOTO festzulegen (Zeile 70), in der dann die System-Variablen ERR und ERL aufbereitet (Zeile 200) und mit einem Hinweis auf das Handbuch angezeigt werden (Zeile 210 ff). Abschließend wird dann per RESUME die fehlerverursachende Zeile erneut aufgerufen.

Sicher sind wir uns darin einig, daß dies wirklich keine große Hilfe für den Anwender ist und deshalb auch nur für Utilities etc. eingesetzt werden sollte, mit denen Programmierer arbeiten. Zumindest mir geht es so, daß ich bei dem Hinweis "Fehler 53" inzwischen Ursache, Bedeutung und Beseitigung des Fehlers im Kopf habe. Das folgende Beispiel ist da schon etwas hilfreicher:

```
10 '--------------------------------------------------
20 'FEHLER_2.BAS    Demo für einfache Fehlerbehandlung
30 '--------------------------------------------------
40 :
50 CLS:KEY OFF
60 :
70 ANZ.FEHLER= 19: DIM FEHLER.NR(ANZ.FEHLER), FEHLER$(ANZ.FEHLER)
80 RESTORE 100
90 FOR I=1 TO ANZ.FEHLER:READ FEHLER.NR(I),FEHLER$(I):NEXT I
100 DATA 11,"Division durch Null - Eingabe prüfen"
110 DATA 13,"Falscher Datentyp - Eingabe prüfen"
120 DATA 14,"Nicht genug Speicher für Zeichenketten - Datei kann nicht erweitert werden"
130 DATA 15,"Zeichenkette ist zu lang - Eingabe kürzen"
140 DATA 18,"Nicht definierte Funktion - bitte Programmierer verständigen"
150 DATA 24,"Gerät antwortet nicht - bitte Einschalten"
160 DATA 25,"Gerät existiert nicht bzw. antwortet nicht - bitte Gerät prüfen"
170 DATA 27,"Kein Papier mehr im Drucker - bitte neues Papier einlegen"
180 DATA 51,"Interner Fehlewr im Interpreter - bitte Programmierer verständigen"
190 DATA 53,"Datei nicht gefunden - bitte Dateinamen prüfen"
200 DATA 57,"Ein-/Ausgabe-Fehler - bitte Drucker/Diskette prüfen"
210 DATA 61,"Diskette ist voll - bitte andere Diskette einlegen"
220 DATA 67,"Kein Platz für Datei auf Diskette - andere Diskette einlegen"
230 DATA 68,"Gerät nicht vorhanden bzw. Gerät antwortet nicht - bitte Gerät prüfen"
240 DATA 70,"Diskette ist schreibgeschützt - bitte Schreibschutz entfernen"
250 DATA 71,"Laufwerk nicht bereit - bitte Diskette richtig einlegen, Klappe schließen"
260 DATA 72,"Diskettenfehler, evt. nicht formatiert - bitte Diskette prüfen"
270 DATA 75,"Ungültigen oder nicht existierenden Pfad angegeben - bitte Eingabe prüfen"
280 DATA 76,"Angegebenen Pfad nicht gefunden - bitte Eingabe prüfen"
290 ON ERROR GOTO 400
300 :
310 PRINT SPC(5);"Legen Sie eine Diskette in Laufwerk A: und schließen Sie die"
320 PRINT SPC(5);"Klappe  n i c h t !!!"
330 PRINT:PRINT:PRINT "Taste drücken, wenn fertig...";
340 IF INKEY$= "" THEN 340
350 :
360 OPEN "A:TEST.DAT" FOR INPUT AS #1
370 CLOSE #1
380 CLS:END
390 :
400 '----- Fehlerbehandlung -----
410 :
420 X$= ""
430 FOR I=1 TO ANZ.FEHLER
440    IF FEHLER.NR(I)= ERR THEN X$= FEHLER$(I)
450 NEXT I
460 IF X$<> "" THEN 480
470 X$= "Allgemeiner Fehler: "+STR$(ERR)+" in Zeile: "+STR$(ERL)
480 LOCATE 25,1:PRINT X$;SPACE$(80-POS(0));:BEEP
490 IF INKEY$= "" THEN 490
500 LOCATE 25,1:PRINT SPACE$(79);
510 RESUME
```

Auch hier wird wieder per ON ERROR GOTO eine Fehlerbehandlungs-Routine festgelegt (Zeile 290). Der Unterschied besteht darin, daß Fehlernummer und Klartexte für die wichtigsten Fehler in zwei Arrays festgehalten sind (Zeile 90 ff). In der Fehlerbehandlung ab Zeile 400 wird nun in einer Schleife überprüft, ob der in ERR gemeldete Fehler als Klartext vorliegt (Zeilen 430 bis 450). Ist dies der Fall, so wird der Klartext in eine Ausgabe-Variable X$ übertragen (Zeile 440) und anschließend angezeigt. Gab es für die Fehlernummer keinen

Klartext (Prüfung in Zeile 460), so wird die Ausgabe-Variable mit dem Hinweis "Allgemeiner Fehler" und den Werten aus ERR und ERL initialisiert (Zeile 470) und angezeigt (Zeile 480). Sicher sind wir uns auch hier einig, wenn wir sagen, daß diese Fehlerbehandlung lediglich für fortgeschrittene PC-Anwender einzusetzen ist.

16.4.2 Die situationsbezogene Fehlerbehandlung

Bei der situationsbezogenen Fehlerbehandlung erhält der Anwender recht konkrete Hinweise zu folgenden Punkten:

- Welcher Fehler ist aufgetreten?
- Warum ist dieser Fehler aufgetreten?
- Wie wird der Fehler beseitigt?

Anstatt einer kurzen, knappen Meldung muß also ein über mehrere Zeilen gehender Hinweis mit ausreichenden Erläuterungen angezeigt werden.

Da die situationsbezogene Fehlerbehandlung heute in fast allen "großen" Anwendungen zum Einsatz kommt und von (fast) allen Programmierern oder Software-Häusern als "Standard" anerkannt und eingesetzt wird, werden wir uns diesem Thema recht ausführlich in Abschnitt 16.5 widmen.

16.4.3 Vorbeugende Fehlerbehandlung

Viele Fehler werden durch Unachtsamkeit des Anwenders verursacht. Hierbei spielt es keine Rolle, ob das nun ein Einsteiger oder ein Fortgeschrittener ist. Die Praxis zeigt, daß gerade Fortgeschrittene und Profis resultierend aus der jahrelangen Routine heraus eher Flüchtigkeitsfehler machen als Einsteiger und Neulinge, bei denen die "Angst", etwas falsch zu machen und die damit verbundene Vorsicht noch groß ist.

Solchen Fehlern kann man also mit "vorbeugender" Fehlerbehandlung begegnen. Nehmen wir als Beispiel eine Textverarbeitung und dort die Funktion "Text speichern". Bevor Sie in Ihrem Programm die eigentliche Routine zum Speichern aufrufen, machen Sie einen kleinen Umweg über eine Routine, die in etwa folgenden Text anzeigt:

```
┌─ Text speichern: ──────────────────────┐
│                                        │
│ Bitte legen Sie eine Diskette in das Laufwerk "A:"
│ und schließen Sie die Laufwerksklappe.
│                                        │
│ Drücken Sie dann die Taste <F10>       │
│                                        │
└─ mit <ESC> zurück zum Text ────────────┘
```

Abb. 40:   Vorbeugende Fehlerbehandlung

Damit dürfte auch vergeßlichen oder unbedarften Anwendern eine kleine Hilfestellung gegeben sein und ein Fehler vermieden werden können.

16.5 Realisation einer Fehlerbehandlung

Wie bereits "angedroht", widmen wir uns in diesem Abschnitt der situationsbezogenen Fehlerbehandlung. In den vorherigen Abschnitten haben wir einige kleinere Fehlerbehandlungen kennengelernt, die aber im Großen und Ganzen nicht dem entsprechen, was heutzutage als Standard bezeichnet wird. Bevor wir hier aber ins Detail gehen, wollen wir kurz auf das Thema "Fehleranalyse" eingehen.

16.5.1 Fehler analysieren

Grundlage einer vernünftigen Fehlerbehandlung ist es, zu wissen

- Welcher Fehler ist aufgetreten?
- Wo ist er aufgetreten?
- Wie wird er behoben?

Es ist also innerhalb einer Fehlerbehandlungs-Routine notwendig, den Fehler zu analysieren und abhängig vom Ergebnis dem Anwender zu sagen, was wo passiert ist und wie es nun weitergeht. Lassen Sie uns hier nochmal zusammenfassend aufführen, welche Möglichkeiten PC-BASIC für die Fehlerbehandlung und die Analyse eines Fehlers bietet:

ON ERROR GOTO

Legt fest, welche Zeilennummer angesprungen werden soll, wenn ein Fehler auftritt.

RESUME

Ruft die fehlerverursachende Anweisung nach der Fehlerbehandlung nochmals auf. In der Praxis wird man ein RESUME einsetzen, wenn beispielsweise der Fehler "Laufwerk nicht bereit" oder "Kein Papier im Drucker" aufgetreten ist. Diese Fehler lassen sich ja schnell beheben, so daß anschließend ein neuer Versuch gestartet werden kann. Bei Fehlern wie "Gerät nicht vorhanden" kann hingegen eine "Endlos-Schleife" mit RESUME programmiert werden.

RESUME NEXT

Ruft die Anweisung auf, die der fehlerverursachenden Anweisung direkt folgt. In der Praxis habe ich mich davor immer ein bißchen "gefürchtet". Nicht selten wird dadurch eine Verarbeitung mit falschen Werten eingeleitet. Nehmen wir als

Beispiel "Division durch Null". Nach einem RESUME NEXT werden mit Sicherheit falsche Ergebnisse verarbeitet werden.

RESUME <Zeile>
Setzt das Programm nach der Fehlerbehandlung in der angegebenen <Zeile> fort. Diese Konstruktion eignet sich vor allem für die Abfrage "Datei da oder nicht". Wenn die Datei nicht existiert, kann man beispielsweise nach einem Fehler 53 und RESUME <Zeile> eine Routine anspringen, die die Datei anlegt. Ein Beispiel dafür haben wir im Programm HF_EDIT gesehen. Ein Nachteil dieser Konstruktion liegt klar auf der Hand: bei sehr großen Programmen geht die Übersicht schnell verloren. Wenn z.B. in Zeile 9980 ein RESUME 550 steht, so läßt sich dies kaum noch vernünftig nachvollziehen. Man sollte hier also lieber innerhalb der Fehlerbehandlung verzweigen und z.B. die Routine für das Anlegen einer Datei dort plazieren.

ERR
In dieser System-Variablen wird die Nummer des zuletzt aufgetretenen Fehlers festgehalten. Diese Variable wird von PC-BASIC nie auf 0 gesetzt, selbst wenn die letzte Aktion fehlerfrei verlief! Eine Abfrage in der Form

    IF ERR<> 0 THEN Fehler

ist also gefährlich.

ERL
In dieser System-Variablen wird die Nummer der Zeile festgehalten, in der der letzte Fehler auftrat. Auch diese Variable wird von PC-BASIC nie auf 0 gesetzt!

ERDEV$
In dieser System-Variablen wird der Name des fehlerverursachenden Gerätes im Klartext geliefert. Wenn also z.B. die Diskette in Laufwerk A nicht formatiert ist, so liefert ERDEV$ nach einem Fehler die Zeichenfolge

    A:

Weitere Inhalte könnten sein: PRN und LPTx für Drucker oder AUX und COMx für die V.24-Schnittstelle.

ERDEV
Diese System-Variable liefert nach einem Fehler im LowByte den DOS-Fehler-Code und im HighByte die Bits 8 bis 15 des *Device Header Attribut Fields*. Alles

Klar?

Also: der DOS-Fehler-Code entspricht in etwa den Fehlernummern von PC-BASIC. Nur die Bedeutung ist da etwas anders. Eine Aufstellung möglicher DOS-Fehler finden Sie im Anhang.

Das Attribut-Feld eines Device Headers (dt.: Gerätetreiber-Vorspann) gibt Auskunft über die Art des Gerätetreibers:

```
Bit 15: 0= Zeichen-Treiber (z.B. Drucker)
        1= Block-Treiber (z.B. Diskette)
Bit 14: 0= IOCTL nicht unterstützt
        1= IOCTL wird unterstützt
Bit 13: 0= IBM-Format (Block-Treiber)
        1= Kein IBM-Format (Block-Treiber)
Bit 12:    Nicht benutzt
Bit 11: 0= Unterstützt keine Disketten
        1= Unterstützt Disketten
Bit 10:
   bis
Bit  4:    Sind für DOS reserviert
Bit  3: 0= Gerät ist kein Uhren-Treiber
        1= Gerät ist ein Uhren-Treiber
Bit  2: 0= Gerät ist kein NUL-Treiber
        1= Gerät ist ein NUL-Treiber
Bit  1: 0= Gerät ist nicht Standard-Output
        1= Gerät ist Standard-Output
Bit  0: 0= Gerät ist nicht Standard-Input
        1= Gerät ist Standard-Input
```

Wie bereits erwähnt, werden hier die Bits 8 bis 15 von ERDEV im HighByte geliefert. Für die Fehler-Analyse sind diese Angaben jedoch von untergeordneter Bedeutung. Der PC-BASIC-Fehler "Kein Papier im Drucker" sagt da schon genug aus.

EXTERR

Ab PC-BASIC Version 3.xx bzw. MS-/PC-DOS Version 3.xx werden erweiterte Fehler-Codes zur Verfügung gestellt, die eine Lokalisierung des Fehlers und dessen Behebung vereinfachen sollen. PC-BASIC stellt die Funktion EXTERR zur Verfügung. Wir sind darauf in Kapitel 4, Abschnitt 4.8 bereits eingegangen. In der Praxis hat sich bisher allerdings noch kein konkretes Einsatzgebiet dafür gezeigt, da die von PC-BASIC gelieferten Fehlermeldungen für eine Analyse des Fehlers ausreichend sind.

ERROR <n>

Mit ERROR <n> können entweder von PC-BASIC definierte Fehler verursacht oder eigene Fehler "produziert" werden. Oft hört man in diesem Zusammenhang die Frage "Warum eigene Fehler produzieren?" Nun, ich benutze ERROR <n> z.B. dazu, Plausibilitäts-Prüfungen zu vereinfachen. Nehmen wir als Beispiel eine Anwendung, in der in mehreren Masken und mehreren Feldern immer wieder eine Prüfung auf gültige Werte erfolgen muß. Die Prüfung muß natürlich

Hilfefunktion und Fehlerbehandlung

für jedes Feld einzeln gemäß den erlaubten Grenzen vorgenommen werden. Die Hinweise kann man jedoch zentral in einer Fehlerbehandlung anzeigen lassen, indem z.B. ein ERROR 99 produziert wird. In der Fehlerbehandlung fragt man diesen Wert ab und gibt den entsprechenden Hinweis aus. Auf diese Art wird also der Hinweis nur an einer Stelle ausgegeben. Dies spart erstens Platz und vereinfacht zweitens eventuelle Änderungen.

Als Abschluß dieser Aufstellung noch ein kleines Beispiel-Programm, das die Bedeutung von ERDEV und ERDEV$ etwas hervorheben soll:

```
10  '---------------------------------------------
20  'FEHLER_3.BAS   Demo für ERDEV und ERDEV$
30  '---------------------------------------------
40  :
50  CLS:KEY OFF
60  PRINT "Vergeblicher Versuch, auf LPT1: zu drucken...":PRINT:PRINT
70  ON ERROR GOTO 180
80  :
90  OPEN "lpt1:" FOR OUTPUT AS #1
100 PRINT #1,"Test"
110 CLOSE
120 :
130 PRINT "Vergeblicher Versuch, eine Datei auf A: zu öffnen...":PRINT:PRINT
140 OPEN "A:test.dat" FOR INPUT AS #1
150 CLOSE
160 END
170 :
180 '----- Fehlerbehandlung -----
190 :
200 PRINT "Gerät: ";ERDEV$
210 HI= INT(ERDEV/256)
220 LO= INT(ERDEV-HI*256)
230 PRINT USING "DOS-Fehler: ###";LO
240 PRINT "Device-Attribut: ";
250 FOR I= 7 TO 0 STEP -1
260    IF (2^I AND HI)<> 0 THEN PRINT "1"; ELSE PRINT "0";
270 NEXT I
280 PRINT:PRINT:PRINT
290 RESUME NEXT 'Nächster Fehler
```

Schalten Sie für diese Demonstration den Drucker entweder Off-Line oder ganz aus und nehmen Sie ggf. die Diskette aus Laufwerk A. Das Programm versucht nun zuerst, auf den Drucker etwas auszugeben. Die Fehlerbehandlung zeigt neben dem Namen des Gerätes noch die Auswertung des DOS-Codes und stellt die Bits 15 bis 8 des Attribut-Feldes dar.

Doch nun zurück zur Fehler-Analyse: Dabei geht man nun am besten so vor, daß zuerst einmal der Fehler in einen Klartext umgewandelt wird. Ein Beispiel dafür haben wir im Programm FEHLER_2.BAS schon gesehen. Für eine komfortable Fehlerbehandlung sind allerdings noch Ergänzungen notwendig. Dazu aber gleich etwas mehr. Anschließend muß lokalisiert werden, wo und wodurch der Fehler aufgetreten ist. Hier gibt es zunächst drei Möglichkeiten:

1. Der Fehler ist im Programm aufgrund falscher Programmierung aufgetreten. Ein "RETURN without GOSUB" oder "Subscript out of range" ist beispielsweise nicht auf den Anwender zurückzuführen.

2. Der Fehler ist durch falsche Eingaben hervorgerufen worden. "Division by zero" zeugt z.B. davon, daß Sie die eingegebenen Werte keiner Plausibilitäts-Prüfung unterzogen haben. Gleiches gilt für "Type mismatch" oder "String too long".

3. Der Fehler resultiert aus einer falschen Handhabung der Hardware. Ein "Drive not ready" oder "Out of Paper" sind z.B. typische Hardware-Fehler.

Tritt ein Fehler gemäß Punkt 1 auf, sollte man auch so ehrlich sein und dies in der Fehlermeldung in etwa wie folgt zugeben:

    Fehler im Programm! Bitte Programmierer verständigen...

Dadurch weiß der Anwender sofort, daß er keine Schuld an diesem Fehler hat. Davon abgesehen, können ehrliche Menschen immer der Sympathie anderer gewiß sein. Bei einem Fehler gemäß Punkt 2 sollte ungefähr folgender Hinweis angezeigt werden:

    Fehler in der Eingabe. Bitte geben Sie nur <richtige Werte> ein.

Für <richtige Werte> geben Sie dann den Bereich von Zeichen oder Möglichkeiten an, der im jeweiligen Feld erlaubt ist. Allerdings sollte man auch hier um eine Nachricht an den Programmierer bitten, damit eine entsprechende Plausibilitäts-Prüfung eingebaut werden kann. Bei einem Fehler gemäß Punkt 3 muß der Hinweis schon etwas umfangreicher sein:

    Der Drucker hat kein Papier mehr! Bitte legen Sie neues Papier in den Drucker ein, schalten Sie das Gerät On-Line und drücken Sie dann die Taste <F10>.

Weiterhin muß der Fehler hier so weit wie möglich eingekreist werden. Es reicht z.B. nicht aus, zu sagen, daß der Drucker kein Papier mehr hat. Man sollte auch noch darauf hinweisen, welcher Drucker das ist. Nicht selten werden mehrere Drucker an einem PC betrieben, um das ewige Wechseln von unterschiedlichen Papiersorten oder Formularen zu vermeiden. Über ERDEV$ haben Sie ja die Möglichkeit, festzustellen, ob es der Drucker an LPT1 oder LPT2 gewesen ist.

Unterscheidung der Fehler

Wie lassen sich nun die Fehler im einzelnen unterscheiden? Nun, PC-BASIC hilft da ein wenig, weil die Fehlernummern bereits in "Klassen" oder "Gruppen" aufgeteilt sind:

Hilfefunktion und Fehlerbehandlung   543

Fehler 1 bis 30
Fehler im Programm bzw. Syntax-Fehler. Ausnahme sind die Fehler 24 (Device timeout), 25 (Device fault) und 27 (Out of Paper). Hier hat Microsoft nicht ganz konsequent programmiert, so daß eine Sonderbehandlung dieser drei Fehler erfolgen muß.

Fehler 50 bis 76
Datei- bzw. Disketten-Fehler.

In einer Fehlerbehandlungs-Routine kann also anhand der Fehlernummer bereits festgestellt werden, ob der Fehler im Programm liegt oder durch den Anwender verursacht wurde.

Aufbau der Fehler-Hinweise

Der Aufbau eines Fehler-Hinweises resultiert aus den bisherigen Ausführungen. Der Hinweis muß zunächst einmal aussagen, welcher Fehler aufgetreten ist. Also beispielsweise "Diskette ist voll" oder "Drucker hat kein Papier mehr". Weiterhin muß angegeben sein, wo der Fehler aufgetreten ist. Also z.B. "Laufwerk "A:" oder "Drucker an LPT2:". Letztlich muß gesagt werden, wie nun weiter vorzugehen ist. Also beispielsweise "Bitte Papier einlegen" oder "Bitte eine andere Diskette einlegen". Auf einen Blick:

- Welcher Fehler?
- Wo aufgetreten?
- Was nun?

Am besten ergänzt man den ersten Punkt noch um den Hinweis, wobei der Fehler aufgetreten ist. Dies ist für den Anwender zwar nicht unbedingt interessant, hilft ihm aber, die Vorgänge besser zu verstehen - und schaden kann es ihm auch nicht.

Anzeige der Fehler-Hinweise

Im vorherigen Abschnitt haben wir festgestellt, daß mindestens drei Punkte im Fehler-Hinweis enthalten sein müssen. Daraus resultiert, daß eine Anzeige in einer Statuszeile aufgrund des Umfanges der Meldung nicht möglich ist. Bleibt also nur die Anzeige in einem separaten Fenster, wie wir es bei der Hilfefunktion gemacht haben.

Wie bei der Hilfefunktion kann auch hier der Text für den Fehler-Hinweis aus einem Array, das zuvor aus Data-Zeilen initialisiert wurde, angezeigt werden. Aber wie bereits bei der Hilfefunktion erwähnt, würde dies zuviel Speicherplatz benötigen. Schließlich gibt PC-BASIC runde 50 Fehlernummern aus. Bei nur 10

Zeilen je 60 Zeichen pro Hinweis wären daß allein für das Array schon runde 30 KByte. Kommt also nur eine Konstruktion mit einer Random-Datei wie bei der Hilfefunktion in Frage.

16.5.2 Zuordnung der Fehler-Texte

Im Gegensatz zur Hilfefunktion sind hier einige Schwierigkeiten zu überwinden. Dort konnten wir die zugeordnete HILFE.NUMMER direkt als Satznummer für die Random-Datei einsetzen. Dies ist hier nicht so ohne weiteres möglich, da als Zugriffs-Kriterium nur die Fehlernummer von PC-BASIC in Frage kommt. Diese Fehlernummern sind leider nicht fortlaufend durchnumeriert, so daß hier eine Sonderbehandlung notwendig ist.

Wir machen das folgendermaßen: Wie bei der Hilfefunktion dient uns der erste Satz der Random-Datei als Steuersatz. Der erste verfügbare Satz für die Fehler-Texte ist also 2. Vermittels einer Zuordnungstabelle schaffen wir nun eine Verbindung von der Fehlernummer zur Satznummer. Dazu legen wir ein zweidimensionales Array an, in dem wir einerseits die Fehlernummer und andererseits die dazugehörige Satznummer festhalten:

```
90 .....
100 DIM ZUORD.TAB(50,2)
110 RESTORE 170
120 FOR I= 1 TO 50
130     READ ZUORD.TAB(I,1) 'Fehlernummer aus Data-Zeile lesen
140     READ ZUORD.TAB(I,2) 'Satznummer dazu
150 NEXT I
160 :
170 DATA 1,2 ,2,3 ,3,4 ,4,5 ,5,6 und so weiter...
180 .....
```

Bei der späteren Auswertung der Variablen ERR wird nun die Tabelle nach dem Wert gemäß ERR durchsucht und so die dazugehörige Satznummer ermittelt:

```
490 .....
500 FOR I=1 TO 50
510     IF ZUORD.TAB(I,1)= ERR THEN SATZ.NUMMER= ZUORD.TAB(I,2)
520 NEXT I
530 .....
```

Sicher fragen sich einige Leser, warum man hier nicht mit einem eindimensionalen Array für ZUORD.TAB() auskommt. Schließlich würde es ja reichen, den Zähler I um eins zu erhöhen (erster Satz ist 2) und hätte dann auch die richtige Satznummer. Nun, vom Grundsatz her wäre das schon möglich. Allerdings müßten dann für nicht belegte Fehlernummern leere Fehler-Seiten angelegt werden. Weiterhin wäre es nicht möglich, Fehler-Seiten für andere Zwecke als die Anzeige von Fehler-Hinweisen einzusetzen. Bei der Hilfefunktion haben wir z.B. im Demo-Programm die Seite 10 als Hinweis auf doppelte Kunden-Namen eingesetzt. Damit dies auch mit den Fehler-Seiten klappt, darf keine starre Zuordnung erfolgen, sondern die Zuordnung muß flexibel in den Data-Zeilen änderbar sein. So ist es dann möglich, die Seite 6 nicht für Fehlernummer 5, sondern als Hinweis einzusetzen. Für die Fehlernummer 5 könnte dann z.B. die Seite 7 eingesetzt werden. Natürlich muß am Anfang des Programms per ON ERROR GOTO eine entsprechende Fehlerbehandlungs-Routine aktiviert werden - aber das dürfte wohl klar sein.

Aufbau der Datei für die Fehler-Texte

Der Aufbau der Datei für die Hilfe-Texte entspricht genau dem Aufbau der Datei für die Hilfe-Texte. Der erste Satz ist wieder ein Steuersatz, der angibt, wieviele Zeilen pro Fehler-Text vorgesehen sind und wieviele Sätze bereits erfaßt sind. Obwohl man hier die Anzahl der Sätze klar eingrenzen könnte, wollen wir da etwas flexibler sein. So können - wie oben bereits erwähnt - beliebige Seiten als Hinweis eingesetzt werden und wir haben weiterhin die Möglichkeit, bei späteren PC-BASIC-Versionen, die ggf. mehr Fehlernummern haben, die Datei beliebig zu erweitern.

Auch hier arbeiten wir wieder mit einer Überschrift, die in diesem Fall den Klartext des Fehlers beinhaltet. In den einzelnen Zeilen wird dann der Fehler-Text wie oben definiert festgehalten. Es wird also angegeben, wobei der Fehler auftrat, wo genau der Fehler auftrat und was nun zu tun ist, um den Fehler zu beheben.

16.5.3 Der Editor für die Fehler-Datei

Richtig, auch der Editor ist der gleiche wie der für die Hilfe-Texte. Es gilt also das in Abschnitt 16.3.1 gesagte. Auch bei den Fehler-Texten muß der Umfang der Fehler-Texte variabel sein, um die Fehlerbehandlung der jeweiligen Zielgruppe anzupassen. Für das Listing und die Erläuterungen bzw. Kommentare dazu darf ich Sie dann auch an den Abschnitt 16.3.1 verweisen.

16.5.4 Bedienung von HF_EDIT

Die Bedienung von HF_EDIT wurde ebenfalls bei der Hilfefunktion in Abschnitt 16.3.2 erläutert, so daß ich Sie nach dort verweisen darf, falls Sie den Abschnitt übersprungen haben sollten.

16.6   Hilfefunktion und Fehlerbehandlung in der Praxis

Zum Abschluß der Themen "Hilfefunktion" und "Fehlerbehandlung" nun ein praktisches Beispiel. Als Basis dient das bei der Hilfefunktion eingesetzte Demo-Programm, das um eine situationsbezogene Fehlerbehandlung ergänzt wurde. So finden Sie hier also beide Themen einmal zusammengefaßt und können sich vom Komfort eines solchen Programms überzeugen. Im Programm werden einige der häufigsten Fehler und deren Behandlung demonstriert - alle möglichen Fehler konnten dabei verständlicherweise nicht simuliert werden.

Bei der Ergänzung um die situationsbezogene Fehlerbehandlung werden die bestehenden Routinen für den Datei-Zugriff aus der Hilfefunktion einfach mitbenutzt. Dadurch spart man sich einerseits doppelte Programmierung - schließlich sind die Dateien ja identisch - andererseits brauchen Änderungen der Anzeige nur an einer Stelle vorgenommen werden. Zwar leidet die Übersicht ein wenig darunter, aber mit ausreichend REMs wie im Listing gezeigt, kann man wieder etwas Ordnung schaffen. Wie gesagt - dieses Programm entspricht in weiten Teilen dem Programm HILFE.BAS aus Abschnitt 16.5 dieses Kapitels. Grundlegende Erläuterungen finden Sie also dort. Hier sind im Listing lediglich Kommentare zur Fehlerbehandlung direkt eingefügt:

Hinweis: Um das folgende Programm korrekt ausführen zu können, müssen Sie GW-BASIC mit dem Schalter /M folgendermaßen aufrufen:

```
GWBASIC /M:54000
```

```
10 '---------------------------------------------------
20 'HLF_FHL.BAS   Demo für Hilfefunktion/Fehlerbehandlung
30 '---------------------------------------------------
40 :
50 DEFINT A-Z
60 OPTION BASE 0
70 CLS:KEY OFF:FOR I=1 TO 10:KEY I,"":NEXT I
80 ON ERROR GOTO 4180
90 :
```

Zeile 80 gibt die Anweisung, bei einem Fehler nach Zeile 4180 zu springen. Dort befindet sich die Fehlerbehandlungs-Routine.

```
100 DEF FNUP$(KLEIN$)= CHR$(ASC(KLEIN$) AND 223)
110 :
120 MP.START= &HE000
130 GOSUB 2160 'MP initialisieren
140 SAVESCRN= MP.START
150 RESTSCRN= MP.START+3
160 FASTSCRN= MP.START+6
170 FALSE= 0: TRUE= NOT FALSE
180 MAX.BS= 3:DIM PUFFER%(2000*MAX.BS)
190 MAX.MENUE= 8: DIM MENUES$(MAX.MENUE)
200 MAX.FEHLER= 51: DIM ZUORD.TAB(MAX.FEHLER,2)
```

Momentan gibt PC-BASIC 51 definierte Fehlernummern aus. In Zeile 200 wird dies entsprechend festgelegt bzw. das Array ZUORD.TAB() entsprechend dimensioniert. Bei Anpassungen an Versionen mit mehr oder weniger Fehlernummern ist hier also eine Änderung notwendig.

```
210 BS.NR= 0
220 F.NORMAL= 112: F.HINWEIS= 127: F.BALKEN= 7
230 HG.ZEICHEN$= " ": HG.ATTR= 15
240 DIM HILFE.TEXT$(20)
250 :
```

Hilfefunktion und Fehlerbehandlung 547

```
260 RESTORE 280
270 FOR I= 0 TO MAX.MENUE:READ MENUE$(I):NEXT I
280 DATA "« Haupt-Menü »"
290 DATA "Einrichten"
300 DATA "Erfassen"
310 DATA "Suchen"
320 DATA "Ändern"
330 DATA "Listen"
340 DATA "Import"
350 DATA "Export"
360 DATA "Ende"
370 :
380 RESTORE 400
390 FOR I=1 TO 7:READ MASKE$(I):NEXT I
400 DATA "Nachname"
410 DATA "Vorname"
420 DATA "Straße"
430 DATA "Länder-KZ"
440 DATA "Postleitzahl"
450 DATA "Ort"
460 DATA "Bemerkung"
470 :
480 RESTORE 500
490 FOR I=1 TO MAX.FEHLER:READ ZUORD.TAB(I,1),ZUORD.TAB(I,2):NEXT I
500 DATA  1,2  ,2,3   ,3,4   ,4,5   ,5,6   ,6,7   ,7,8   ,8,9   ,9,10
510 DATA 10,11 ,11,12 ,12,13 ,13,14 ,14,15 ,15,16 ,16,17 ,17,18 ,18,19
520 DATA 19,20 ,20,21 ,22,22, 23,23 ,24,24 ,25,25 ,26,26 ,27,27 ,29,28 ,30,29
530 :
540 DATA 50,30 ,51,31 ,52,32 ,53,33 ,54,34 ,55,35 ,57,36 ,58,37 ,61,38
550 DATA 62,39 ,63,40 ,64,41 ,66,42 ,67,43 ,68,44 ,69,45 ,70,46 ,71,47
560 DATA 72,48 ,74,49 ,75,50 ,76,51
570 :
```

Ab Zeile 480 wird das Array ZUORD.TAB() mit den Werten aus den Data-Zeilen initialisiert. In Zeile 520/530 kann man am Sprung von Fehlernummer 20 auf 22 bzw. 30 auf 50 sehr gut erkennen, daß dieses Array notwendig ist.

```
580 FZEILE= 1: FSPALTE= 1: FBREITE= 80: FHOEHE= 25
590 GOSUB 1670 'Hintergrund initialisieren
600 ZL= 1: SP= 1: X$= " Dateiverwaltung        V1.00 (C) 1987 H.J. Bomanns "
610 DEF SEG: CALL FASTSCRN(ZL,SP,F.HINWEIS,X$)
620 :
630 GOSUB 1240 'Menü-Auswahl
640 IF MENUE= 0 THEN MENUE = 8 'Ende shiften
650 GOSUB 2020 'BS sichern
660 ON MENUE GOSUB 700,720,1110,1130,1150,1170,1190,1210 'Funktion ausführen
670 GOSUB 2090 'BS zurück
680 GOTO 630 'Wieder Menü abfragen
690 :
700 '----- Einrichten -----
710 ERROR 61: RETURN
720 '----- Erfassen -----
730 :
740 FZEILE= 8: FSPALTE= 20: FBREITE= 50: FHOEHE= 9: F.SCHATTEN= TRUE
750 FOBEN$= "Daten erfassen:"
760 FUNTEN$= "[F1]= Hilfe, [F10]= speichern, [ESC]= zurück"
770 GOSUB 1750 'Fenster anzeigen
780 :
790 SP= FSPALTE+2
800 FOR I=1 TO 7
810    ZL= FZEILE+I+1
820    DEF SEG:CALL FASTSCRN(ZL,SP,F.NORMAL,MASKE$(I))
830 NEXT I
```

```
840 :
850 ZAEHLER= 1 'Für aktuelles Eingabe-Feld
860 :
870 WHILE X$<> CHR$(27) 'Solange, bis ESC gedrückt
880   STATUS$= "Bitte "+MASKE$(ZAEHLER)+" eingeben..."
890   HILFE.NUMMER= 2+ZAEHLER
900   ZEILE= FZEILE+ZAEHLER+1: SPALTE= FSPALTE+16
910   INSTRING$= INHALT$(ZAEHLER)
920   LAENGE= 20:GOSUB 2610 'Eingabe-Routine
930   INHALT$(ZAEHLER)= INSTRING$
940   Y$= INHALT$(ZAEHLER)+SPACE$(20-LEN(INHALT$(ZAEHLER)))
950   CALL FASTSCRN(ZEILE,SPALTE,F.HINWEIS,Y$)
960   IF TASTE<> 68 THEN 1030 'Sonst hier <F10> abhandeln
970     AHILFE.NUMMER= HILFE.NUMMER 'HILFE.NUMMER retten
980     HILFE.NUMMER= 10 'Hinweis auf doppelten Kunden
990     GOSUB 3160 'Hinweis als "Hilfe-Seite" anzeigen
1000    HILFE.NUMMER= AHILFE.NUMMER 'HILFE.NUMMER wieder zurück
1010    ERROR 99 'Allgemeinen Fehler simulieren
```

Zeile 1010 simuliert einen allgemeinen Fehler. Dieser wird angezeigt, wenn dem Inhalt von ERR in der Fehlerbehandlungs-Routine keine Satznummer aus ZUORD.TAB() zugewiesen werden kann.

```
1020    ZAEHLER= 1 'Auf Feld "Nachname" setzen
1030    IF X$= CHR$(13) OR TASTE= 80 THEN ZAEHLER= ZAEHLER+1
1040    IF TASTE= 72 THEN ZAEHLER= ZAEHLER-1
1050    IF ZAEHLER <1 THEN ZAEHLER= 7
1060    IF ZAEHLER >7 THEN ZAEHLER= 1
1070 WEND
1080 :
1090 RETURN
1100 :
1110 '----- Suchen -----
1120 ERROR 3: RETURN
1130 '----- Ändern -----
1140 ERROR 70: RETURN
1150 '----- Listen -----
1160 ERROR 64: RETURN
1170 '----- Import -----
1180 ERROR 72: RETURN
1190 '----- Export -----
1200 ERROR 71: RETURN
1210 '----- Ende -----
1220 COLOR 7,0:CLS:PRINT "*** ENDE ***":PRINT:END
1230 :
```

Jeder Punkt des Menüs (bis auf "Erfassen") generiert in dieser Demo einen Fehler. Gehen Sie mal alle Punkte der Reihe nach durch.

```
1240 '----- Menü anzeigen und Auswahl steuern -----
1250 :
1260 MAX.BREITE= 0
1270 FOR I=0 TO MAX.MENUE
1280   IF LEN(MENUE$(I)) > MAX.BREITE THEN MAX.BREITE= LEN(MENUE$(I))
1290 NEXT I
1300 :
1310 FZEILE= 5: FSPALTE= 10: F.SCHATTEN= FALSE
1320 FBREITE= MAX.BREITE+6: FHOEHE= MAX.MENUE+2
1330 FOBENS= MENUE$(0):FUNTEN$= "[F1]= Hilfe"
1340 GOSUB 1750 'Fenster anzeigen
1350 :
```

Hilfefunktion und Fehlerbehandlung

```
1360 SP= FSPALTE+3
1370 FOR I= 1 TO MAX.MENUE
1380    ZL= FZEILE+I+1
1390    DEF SEG:CALL FASTSCRN(ZL,SP,F.NORMAL,MENUE$(I))
1400 NEXT I
1410 :
1420 STATUS$=" Mit ["+CHR$(24)+"] und ["+CHR$(25)+"] wählen, ["+CHR$(17)+"⌐]=
ausführen, [ESC]= Ende"
1430 GOSUB 2550 'Statuszeile anzeigen
1440 BALKEN.ZL= 1: TASTE$= "": LOCATE ,,0
1450 HILFE.NUMMER= 2 'Für Hilfefunktion
1460 :
1470 WHILE TASTE$<> CHR$(27) AND TASTE$<> CHR$(13)
1480    LOCATE ,,0 'Cursor ausschalten
1490    ZL= FZEILE+BALKEN.ZL+1: SP= FSPALTE+1
1500    X$= " "+MENUE$(BALKEN.ZL): X$= X$+SPACE$(MAX.BREITE+6-LEN(X$))
1510    DEF SEG:CALL FASTSCRN(ZL,SP,F.BALKEN,X$)
1520    TASTE$= INKEY$:IF TASTE$= "" THEN 1520
1530    DEF SEG:CALL FASTSCRN(ZL,SP,F.NORMAL,X$)
1540    IF TASTE$= CHR$(27) THEN MENUE= 0
1550    IF TASTE$= CHR$(13) THEN MENUE= BALKEN.ZL
1560    TASTE= ASC(RIGHT$(TASTE$,1))
1570    IF TASTE= 72 THEN BALKEN.ZL= BALKEN.ZL-1 'CRSR-hoch
1580    IF TASTE= 80 THEN BALKEN.ZL= BALKEN.ZL+1 'CRSR-runter
1590    IF TASTE= 71 THEN BALKEN.ZL= 1 'Home
1600    IF TASTE= 79 THEN BALKEN.ZL= MAX.MENUE
1610    IF TASTE= 59 THEN GOSUB 3160 'Hilfe anzeigen
1620    IF BALKEN.ZL < 1 THEN BALKEN.ZL= MAX.MENUE
1630    IF BALKEN.ZL > MAX.MENUE THEN BALKEN.ZL= 1
1640 WEND
1650 RETURN
1660 :
1670 '----- Hintergrund initialisieren -----
1680 :
1690 X$= STRING$(FBREITE,HG.ZEICHEN$)
1700 FOR H.ZL= FZEILE TO FZEILE+FHOEHE
1710    CALL FASTSCRN(H.ZL,FSPALTE,HG.ATTR,X$)
1720 NEXT H.ZL
1730 RETURN
1740 :
1750 '----- Universal-Routine für Fenster -----
1760 :
1770 X$= "┌"+STRING$(FBREITE%,"-")+"┐"
1780 DEF SEG:CALL FASTSCRN(FZEILE,FSPALTE,F.NORMAL,X$)
1790 X$= "|"+STRING$(FBREITE%," ")+"|"
1800 IF F.SCHATTEN THEN X$= X$+"▓"
1810 FOR F.ZL= FZEILE+1 TO FZEILE+FHOEHE
1820    DEF SEG:CALL FASTSCRN(F.ZL,FSPALTE,F.NORMAL,X$)
1830 NEXT F.ZL
1840 X$= "└"+STRING$(FBREITE%,"-")+"┘"
1850 IF F.SCHATTEN THEN X$= X$+"▓"
1860 F.ZL= FZEILE+FHOEHE+1
1870 DEF SEG:CALL FASTSCRN(F.ZL,FSPALTE,F.NORMAL,X$)
1880 IF FOBEN$= "" THEN 1920 'Weiter mit FUnten$
1890    X$= " "+FOBEN$+" "
1900    F.SP= FSPALTE+3
1910    CALL FASTSCRN(FZEILE,F.SP,F.BALKEN,X$)
1920 IF FUNTEN$= "" THEN 1960 'Weiter mit F.SCHATTEN
1930    X$= " "+FUNTEN$+" "
1940    F.ZL= FZEILE+FHOEHE+1: F.SP= FSPALTE+3
1950    CALL FASTSCRN(F.ZL,F.SP,F.BALKEN,X$)
1960 IF NOT F.SCHATTEN THEN 2000 'Zurück
1970    X$= STRING$(FBREITE+2,"▓")
1980    F.ZL= FZEILE+FHOEHE+2:F.SP= FSPALTE+2
```

```
1990    CALL FASTSCRN(F.ZL,F.SP,F.NORMAL,X$)
2000 RETURN
2010 :
2020 '----- Aktuellen Bildschirm sichern -----
2030 :
2040 IF BS.NR= MAX.BS THEN BEEP:RETURN
2050 DEF SEG:PUFFER.OFS%= VARPTR(PUFFER%(BS.NR*2000)):CALL SAVESCRN(PUFFER.OFS%)
2060 BS.NR= BS.NR+1
2070 RETURN
2080 :
2090 '----- Letzten Bildschirm restaurieren -----
2100 :
2110 IF BS.NR= 0 THEN BEEP:RETURN
2120 BS.NR= BS.NR-1
2130 DEF SEG:PUFFER.OFS%= VARPTR(PUFFER%(BS.NR*2000)):CALL RESTSCRN(PUFFER.OFS%)
2140 RETURN
2150 :
2160 'Data-Zeilen aus COM-Datei: screen.com
2170 :
2180 RESTORE 2200
2190 DEF SEG:FOR I=1 TO  227:READ X:POKE MP.START+I-1,X: NEXT I
2200 DATA 235,109,144,235,109,144, 85,139,236, 30,  6
2210 DATA 139,118, 12,138, 28,176,160,246,227, 45,160
2220 DATA   0, 80,139,118, 10,138, 28,176,  2,246,227
2230 DATA  91,  3,195, 72, 72, 80,139,118,  8,138, 36
2240 DATA 139,118,  6,138, 12,181,  0,139,116,  1, 80
2250 DATA 191,  0,176,179,  0,205, 17, 37, 48,  0, 61
2260 DATA  48,  0,116,  6,129,199,  0,  8,179,  1,142
2270 DATA 199, 88, 95,252,186,218,  3,128,251,  0,116
2280 DATA  11,236,208,216,114,246,250,236,208,216,115
2290 DATA 251,172,251,171,226,235,  7, 31, 93,202,  8
2300 DATA   0,235, 41,144, 85,139,236, 30,  6,139,118
2310 DATA   6,139,  4,139,240,191,  0,176,179,  0,205
2320 DATA  17, 37, 48,  0, 61, 48,  0,116,  6,129,199
2330 DATA   0,  8,179,  1,142,199, 51,255,235, 40,144
2340 DATA  85,139,236, 30,  6,139,118,  6,139,  4,139
2350 DATA 248, 30,  7,190,  0,176,179,  0,205, 17, 37
2360 DATA  48,  0, 61, 48,  0,116,  6,129,198,  0,  8
2370 DATA 179,  1,142,222, 51,246,185,208,  7,252,186
2380 DATA 218,  3,128,251,  0,116, 11,236,208,216,114
2390 DATA 246,250,236,208,216,115,251,173,251,171,226
2400 DATA 235,  7, 31, 93,202,  2,  0
2410 RETURN
2420 :
2430 '----- Hinweis ausgeben -----
2440 :
2450 GOSUB 2020 'Bildschirm sichern
2460 ZL= 25: SP= 1: HINWEIS$= " "+HINWEIS$+SPACE$(80-LEN(HINWEIS$)-1)
2470 CALL FASTSCRN(ZL,SP,F.HINWEIS,HINWEIS$)
2480 LOCATE 25,79:PRINT CHR$(254);: LOCATE 25,79,1
2490 SOUND 895,1: SOUND 695,1
2500 X$= INKEY$:IF X$= "" THEN 2500
2510 GOSUB 2090 'Bildschirm zurück
2520 LOCATE ,,0
2530 RETURN
2540 :
2550 '----- Statuszeile anzeigen -----
2560 :
2570 ZL= 25: SP= 1: STATUS$= " "+STATUS$+SPACE$(80-LEN(STATUS$)-1)
2580 CALL FASTSCRN(ZL,SP,F.HINWEIS,STATUS$)
2590 RETURN
2600 :
2610 '----- Upro einlesen -----
2620 :
```

Hilfefunktion und Fehlerbehandlung

```
2630 GOSUB 2550 'Statuszeile für die Eingabe gemäß STATUS$ anzeigen
2640 X$="":TASTE= 0:AENDERUNG= FALSE
2650 Y$= INSTRING$+SPACE$(LAENGE-LEN(INSTRING$))
2660 CALL FASTSCRN(ZEILE,SPALTE,F.BALKEN,Y$)
2670 LOCATE ZEILE,SPALTE,1: CRSR.POS= 1
2680 X$= INKEY$:IF X$="" THEN 2680 'Auf Taste warten
2690 IF X$= CHR$( 8) AND POS(0)> SPALTE THEN GOSUB 2820:GOTO 2680 'BackSpace
2700 IF X$= CHR$(27) THEN AENDERUNG= FALSE:LOCATE ,,0:RETURN
2710 IF X$= CHR$(13) THEN LOCATE ,,0:RETURN
2720 IF LEN(X$)= 2 THEN 3000 'Steuer- und Funktionstasten
2730 '
2740 IF X$< " " THEN BEEP:GOTO 2680 'Zeichen kleiner BLANK abwürgen
2750 IF NUR.GROSS THEN IF X$>= "a" AND X$<= "z" THEN X$= CHR$(ASC(X$)-32)
2760 PRINT X$;:AENDERUNG= TRUE
2770 IF CRSR.POS<= LEN(INSTRING$) THEN MID$(INSTRING$,CRSR.POS,1)= X$ ELSE
INSTRING$= INSTRING$+X$
2780 CRSR.POS= CRSR.POS+1
2790 IF POS(0)> SPALTE+LAENGE-1 THEN LOCATE ZEILE,SPALTE:CRSR.POS= 1:GOTO 2680
2800 GOTO 2680 'Weiter Tastatur abfragen
2810 '
2820 '----- Taste BACKSPACE und DEL -----
2830 '
2840 IF X$=CHR$(8) THEN INSTRING$= LEFT$(INSTRING$,CRSR.POS-
2)+MID$(INSTRING$,CRSR.POS)
2850 IF TASTE= 83   THEN INSTRING$= LEFT$(INSTRING$,CRSR.POS-
1)+MID$(INSTRING$,CRSR.POS+1) 'Del
2860 LOCATE ZEILE,SPALTE:PRINT INSTRING$;" ";
2870 IF X$=CHR$(8) THEN CRSR.POS= CRSR.POS-1
2880 LOCATE CSRLIN,SPALTE+CRSR.POS-1
2890 TASTE= 0: X$="":AENDERUNG= TRUE
2900 RETURN
2910 '
2920 '----- Taste Ins -----
2930 '
2940 INSTRING$= LEFT$(INSTRING$,CRSR.POS-1)+" "+MID$(INSTRING$,CRSR.POS)
2950 PRINT " ";MID$(INSTRING$,CRSR.POS+1);
2960 LOCATE CSRLIN,SPALTE+CRSR.POS-1
2970 AENDERUNG= TRUE
2980 RETURN
2990 '
3000 '----- Steuer- und Funktionstasten -----
3010 '
3020 TASTE= ASC(RIGHT$(X$,1))
3030 IF TASTE= 59 THEN GOSUB 3160:GOTO 2680 'Hilfe/weiter Tastatur abfragen
3040 IF TASTE= 68 OR TASTE= 63 THEN LOCATE ,,0:RETURN 'F5 und F10
3050 IF TASTE= 72 OR TASTE= 80 THEN LOCATE ,,0:RETURN 'CRSR hoch und runter
3060 IF TASTE= 73 OR TASTE= 81 THEN LOCATE ,,0:RETURN 'PgUp und PgDn
3070 IF TASTE= 75 AND POS(0)> SPALTE THEN LOCATE CSRLIN,POS(0)-1:CRSR.POS= CRSR.POS-
1:GOTO 2680 'CRSR <--
3080 IF TASTE= 77 AND POS(0)< SPALTE+LAENGE-1 THEN IF CRSR.POS<= LEN(INSTRING$) THEN
LOCATE CSRLIN,POS(0)+1:CRSR.POS= CRSR.POS+1:GOTO 2680 'CRSR -->
3090 IF TASTE= 83 AND CRSR.POS <= LEN(INSTRING$) THEN GOSUB 2820:GOTO 2680 'DEL wird
ähnlich BACKSPACE gehandhabt
3100 IF TASTE= 71 THEN LOCATE ZEILE,SPALTE:GOTO 2680 'Home, Feldanfang
3110 IF TASTE= 79 THEN LOCATE CSRLIN,SPALTE+LEN(INSTRING$)-1:CRSR.POS=
LEN(INSTRING$):GOTO 2680 'End, auf letztes Zeichen setzen
3120 IF TASTE= 117 THEN INSTRING$= LEFT$(INSTRING$,CRSR.POS-1):PRINT SPACE$(LAENGE-
CRSR.POS);:LOCATE CSRLIN,SPALTE+CRSR.POS-1:AENDERUNG= TRUE:GOTO 2680 'CTRL-End,
löschen bis Feldende
3130 IF TASTE= 82 AND CRSR.POS<= LEN(INSTRING$) AND LEN(INSTRING$)< LAENGE THEN
GOSUB 2920:GOTO 2680 'Ins
3140 BEEP:GOTO 2680 'Weiter Tastatur abfragen
3150 :
3160 '----- Hilfefunktion -----
```

```
3170 :
3180 DATEI$= "TEST.HLF"
3190 :
```

Die Routine für die Hilfefunktion wurde geringfügig geändert, da ja jetzt auch die Fehlerbehandlung darauf zugreift. Die Zuweisung des Namens für die Hilfe-Datei wurde nach Zeile 3180 vorgezogen. Der Name für die Fehler-Datei wird in der Fehlerbehandlung zugewiesen. Der Einsprung erfolgt dann hier in Zeile 3200.

```
3200 AFZEILE= FZEILE: AFSPALTE= FSPALTE: AFBREITE= FBREITE: AFHOEHE= FHOEHE
3210 AF.SCHATTEN= F.SCHATTEN 'Daten der Fenster-Variablen sichern
3220 ACRSR.ZEILE= CSRLIN: ACRSR.SPALTE= POS(0) 'Cursor-Position sichern
3230 LOCATE ,,0
3240 :
3250 GOSUB 2020 'Bildschirm sichern
3260 :
3270 IF INSTR(DATEI$,".FHL")= 0 THEN STATUS$= "Moment bitte, lese Hilfe...":GOSUB 2550
```

Die Statuszeile "Moment bitte, lese Hilfe..." wird nur innerhalb der Hilfefunktion angezeigt. Wird anhand des Dateinamens in DATEI$ festgestellt, daß ein Fehler angezeigt werden soll (Zeile 3270), so wird die Meldung unterdrückt.

```
3280 OPEN DATEI$ FOR INPUT AS #1 'Datei für sequentiellen Zugriff öffnen
3290 LINE INPUT #1,X$ 'Erster Satz/erste Zeile enthält HILFE.ZEILEN
3300 HILFE.ZEILEN= VAL(X$)
3310 LINE INPUT#1,X$ 'Erster Satz/zweite Zeile enthält MAX.HILFE
3320 MAX.HILFE= VAL(X$)
3330 SATZ.LAENGE= (HILFE.ZEILEN+1)*60
3340 CLOSE #1
3350 GOTO 3980 'Upros überspringen
3360 :
3370 '----- Random-Datei öffnen, FIELDs initialisieren -----
3380 :
3390 OPEN "R",#1,DATEI$,SATZ.LAENGE
3400 ON HILFE.ZEILEN GOTO 0,0,0,3420,0,0,0,3440,0,0,0,3460,0,0,0,3480,0,0,0,3500
3410 'Gemäß HILFE.ZEILEN:        4         8         12        16        20
3420 FIELD#1,60 AS UEBERSCHRIFT$,240 AS TEXT1$
3430 RETURN 'Weiter im Text
3440 FIELD#1,60 AS UEBERSCHRIFT$,240 AS TEXT1$,240 AS TEXT2$
3450 RETURN 'Weiter im Text
3460 FIELD#1,60 AS UEBERSCHRIFT$,240 AS TEXT1$,240 AS TEXT2$,240 AS TEXT3$
3470 RETURN 'Weiter im Text
3480 FIELD#1,60 AS UEBERSCHRIFT$,240 AS TEXT1$,240 AS TEXT2$,240 AS TEXT3$,240 AS TEXT4$
3490 RETURN 'Weiter im Text
3500 FIELD#1,60 AS UEBERSCHRIFT$,240 AS TEXT1$,240 AS TEXT2$,240 AS TEXT3$,240 AS TEXT4$,240 AS TEXT5$
3510 RETURN 'Weiter im Text
3520 :
3530 '----- Hilfe-Texte lesen -----
3540 :
3550 GET#1,HILFE.NUMMER 'Aktuelle Hilfe-Seite lesen
3560 Z= 1
3570 FOR I=1 TO 240 STEP 60 'Vier Zeilen aus TEXT1$ lesen
3580    HILFE.TEXT$(Z)= MID$(TEXT1$,I,60)
3590    Z=Z+1
3600 NEXT I
3610 IF HILFE.ZEILEN= 4 THEN 3820 '4 Zeilen für Hilfe
```

```
3620 FOR I=1 TO 240 STEP 60 'Vier Zeilen aus TEXT2$ lesen
3630    HILFE.TEXT$(Z)= MID$(TEXT2$,I,60)
3640    Z=Z+1
3650 NEXT I
3660 IF HILFE.ZEILEN= 8 THEN 3820 '8 Zeilen für Hilfe
3670 FOR I=1 TO 240 STEP 60 'Vier Zeilen aus TEXT3$ lesen
3680    HILFE.TEXT$(Z)= MID$(TEXT3$,I,60)
3690    Z=Z+1
3700 NEXT I
3710 IF HILFE.ZEILEN= 12 THEN 3820 '12 Zeilen für Hilfe
3720 FOR I=1 TO 240 STEP 60 'Vier Zeilen aus TEXT4$ lesen
3730    HILFE.TEXT$(Z)= MID$(TEXT4$,I,60)
3740    Z=Z+1
3750 NEXT I
3760 IF HILFE.ZEILEN= 16 THEN 3820 '16 Zeilen für Hilfe
3770 FOR I=1 TO 240 STEP 60 'Vier Zeilen aus TEXT5$ lesen
3780    HILFE.TEXT$(Z)= MID$(TEXT5$,I,60)
3790    Z=Z+1
3800 NEXT I
3810 :
3820 FOR I=1 TO HILFE.ZEILEN
3830    IF RIGHT$(HILFE.TEXT$(I),1)<> CHR$(0) THEN 3850
3840    HILFE.TEXT$(I)= LEFT$(HILFE.TEXT$(I),INSTR(HILFE.TEXT$(I),CHR$(0))-1)
3850 NEXT I
3860 RETURN '20 Zeilen für Hilfe
3870 :
3880 '----- Hilfe-Texte anzeigen -----
3890 :
3900 H.ZL= FZEILE: H.SP= FSPALTE+2
3910 CALL FASTSCRN(H.ZL,H.SP,F.BALKEN,UEBERSCHRIFT$)
3920 FOR I=1 TO HILFE.ZEILEN
3930    H.ZL= FZEILE+I+1:Y$= HILFE.TEXT$(I)+SPACE$( 60-LEN(HILFE.TEXT$(I)))
3940    CALL FASTSCRN(H.ZL,H.SP,F.HINWEIS,Y$)
3950 NEXT I
3960 RETURN 'Seite anzeigen
3970 :
3980 '----- Random-Datei initialisieren und Hilfe-Seite anzeigen -----
3990 :
4000 GOSUB 3370 'Random-Datei öffnen und FIELDs initialisieren
4010 FZEILE= 5:FSPALTE= 9:FBREITE= 62:FHOEHE= HILFE.ZEILEN+2:F.SCHATTEN= TRUE
4020 FOBEN$= "": FUNTEN$= "[ESC]= zurück"
4030 GOSUB 1750   'Fenster für Hilfe anzeigen
4040 GOSUB 3530 'Hilfe-Texte lesen
4050 GOSUB 3880 'Hilfe-Texte anzeigen
4060 STATUS$= " ":GOSUB 2550
4070 IF INSTR(DATEI$,".FHL")<> 0 THEN RETURN 'Weiter mit Fehlerbehandlung
```

Wird anhand des Dateinamens festgestellt, daß ein Fehler angezeigt wurde, so erfolgt hier (Zeile 4070) ein Rücksprung zur Fehlerbehandlung, damit ergänzende Daten (welche Datei, welches Gerät) angezeigt werden können.

```
4080 X$= INKEY$: IF X$= "" THEN 4080
4090 CLOSE
4100 :
4110 GOSUB 2090 'Bildschirm restaurieren
4120 FZEILE= AFZEILE: FSPALTE= AFSPALTE: FBREITE= AFBREITE: FHOEHE= AFHOEHE
4130 F.SCHATTEN= AF.SCHATTEN 'Daten der Fenster-Variablen zurück
4140 LOCATE ACRSR.ZEILE,ACRSR.SPALTE,1 'Cursor-Position zurück
4150 X$= "": TASTE= 0
4160 RETURN
4170 :
4180 '----- Fehlerbehandlung -----
4190 :
```

```
4200 AHILFE.NUMMER= HILFE.NUMMER 'Aktuelle Hilfe-Nummer retten
4210 HILFE.NUMMER= 0
4220 FEHLER.DATEI$= DATEI$
4230 DATEI$= "TEST.FHL"
4240 :
```

Die Fehlerbehandlung bedient sich der Routinen der Hilfefunktion. Dazu wird die aktuelle HILFE.NUMMER festgehalten (Zeile 4200) und die HILFE.NUMMER als Kennzeichen für einen allgemeinen Fehler auf 0 gesetzt (Zeile 4210). Der Name der Variablen DATEI$ wird FEHLER.DATEI$ zugewiesen, die wiederum in der Anzeige der ergänzenden Daten (Zeile 4320 ff) herangezogen wird. In Zeile 4230 wird DATEI$ der Name der Fehler-Datei zugewiesen, damit er in den Routinen der Hilfefunktion wie gewohnt verarbeitet werden kann.

```
4250 FOR I=1 TO MAX.FEHLER
4260    IF ZUORD.TAB(I,1)= ERR THEN HILFE.NUMMER= ZUORD.TAB(I,2)
4270 NEXT I
4280 IF HILFE.NUMMER= 0 THEN HILFE.NUMMER= 52 'Allgemeiner Hinweis
```

In dieser Schleife ab Zeile 4250 wird geprüft, ob im Array ZUORD.TAB() für den in ERR gemeldeten Fehler ein Fehler-Text zugeordnet ist (Zeile 4260). Wenn ja, wird die Satznummer des Fehler-Textes für die Anzeige in der Hilfefunktion nach HILFE.NUMMER übertragen (Zeile 4260). Zeile 4280 prüft, ob HILFE.NUMMER 0 ist. Wenn ja, war kein Fehler-Text im Array ZUORD.TAB() zu finden, und es wird ein "allgemeiner Fehler" angezeigt.

```
4290 GOSUB 3200 'Fehler-Texte in der Routine "Hilfefunktion" anzeigen
4300 :
```

Zeile 4290 ruft nun die Hilfe-Funktion auf, in der der Fehler-Text angezeigt wird. Die Variable HILFE.NUMMER wurde ja oben bereits mit den richtigen Werten versorgt.

```
4310 F.ZL= FZEILE+2: F.SP= FSPALTE+5
4320 X$= "Zugriff erfolgte auf Datei: "
4330 IF FEHLER.DATEI$= "" THEN FEHLER.DATEI$= "TEST.DAT"
4340 X$= X$+FEHLER.DATEI$
4350 IF (ERR<31) AND (ERR <> 24 AND ERR<> 25 AND ERR<> 27) THEN X$= "Fehler im Programm"
4360 CALL FASTSCRN(F.ZL,F.SP,F.HINWEIS,X$)
4370 F.ZL= FZEILE+3: F.SP= FSPALTE+5
4380 X$= "Zugriff erfolgte auf Gerät: "
4390 IF ERDEV$= "" THEN X$= X$+ "A:" ELSE X$= X$+ERDEV$
4400 IF (ERR<31) AND (ERR <> 24 AND ERR<> 25 AND ERR<> 27) THEN X$= "Bitte den Programmierer verständigen"
4410 CALL FASTSCRN(F.ZL,F.SP,F.HINWEIS,X$)
4420 :
```

Ab Zeile 4310 werden die ergänzenden Daten aufbereitet und angezeigt. Bei Dateizugriffen wird der Name der jeweiligen Datei in FEHLER.DATEI$ festgehalten, die dann hier angezeigt wird (Zeile 4320 ff). Die Variable ERDEV$ enthält den Namen des fehlerverursachenden Gerätes und wird ebenfalls zur Ergänzung der Fehlermeldung angezeigt (Zeilen 4380 ff). Unter anderem wird

Hilfefunktion und Fehlerbehandlung

überprüft, ob ein Programm- oder ein Bedienungs-Fehler aufgetreten ist (Zeilen 4350 und 4400) und der Inhalt der Anzeige-Variablen X$ entsprechend geändert.

```
4430 SOUND 895,1: SOUND 695,1
4440 IF INKEY$= "" THEN 4440
4450 GOSUB 4090 'Ursprünglichen Zustand wiederherstellen
4460 HILFE.NUMMER= AHILFE.NUMMER 'Aktuelle Hilfe-Nummer wieder zurück
4470 :
4480 IF ERR= 53 THEN RESUME 4110 'Hilfe-Datei nicht gefunden, zurück
4490 RESUME NEXT 'Für alle anderen Fehler (nur hier in der DEMO !!!)
```

Abschließend wird ein Hinweis-Piepser (Zeile 4430) ausgegeben und die Tastatur abgefragt (Zeile 4440). Nach Drücken einer beliebigen Taste wird nochmals ein Teil der Hilfe-Funktion (Zeile 4450) für die Herstellung des ursprünglichen Zustandes aufgerufen. Damit die Hilfefunktion wieder richtig arbeiten kann, wird dann die HILFE.NMUMMER auf den alten Wert gesetzt.

Wichtig sind dann noch die Zeilen ab 4480. Hier muß je nach Fehler abgefragt und festgestellt werden, wie es weitergeht. In diesem Demo-Programm haben wir nur eine Abfrage auf den Fehler 53. Dieser wird generiert, wenn die Hilfe-Datei nicht gefunden wird. Das RESUME in Zeile 4480 springt dann die dazugehörige Zeile an. Alle anderen Fehler werden hier mit einem RESUME NEXT abgehandelt. Beachten Sie also, daß bei Änderungen hier auch die Abfragen und Verzweigungen anders (gemäß Ihrem Programm) aussehen müssen.

16.6.1 Hinweise zu HLF_FHL.BAS

Nach dem Start des Programms können Sie aus dem Menü einen beliebigen Punkt wählen. Bis auf den Punkt "Erfassen" verbirgt sich hinter jedem Menü-Punkt ein Fehler, der die Fehlerbehandlung demonstriert. Rufen Sie den Punkt "Erfassen" auf, so wird nach Drücken von <F10> zuerst der Hinweis auf den doppelten Kunden-Namen (siehe Hilfefunktion) angezeigt. Anschließend wird per ERROR 99 ein "allgemeiner Fehler" erzeugt.

Die Hilfefunktion kann natürlich über <F1> weiterhin in Anspruch genommen werden. Sie wird durch die Mitbenutzung ihrer Routinen durch die Fehlerbehandlung in ihrer Aufgabe nicht eingeschränkt.

Änderungen am Programm

Änderungen dürften durch den modularen Aufbau und die aureichend eingebauten Kommentare keine Probleme bereiten. Auf folgendes möchte ich jedoch noch hinweisen: Wenn die Fehlerbehandlung aktiv ist, kann keine Hilfe aufgerufen werden, weil einerseits die Routinen dafür von der Fehlerbehandlung "belegt" sind und andererseits eine entsprechende Tastaturabfrage in der Fehlerbehandlung nicht erfolgt. Wollen Sie das Programm diesbezüglich ändern, so müssen erstens eigene Routinen für die Fehlerbehandlung vorhanden sein und zweitens die entsprechenden Tastaturabfragen eingebaut werden. Die Routinen können einfach von der Hilfefunktion "dupliziert" werden. Vergessen Sie jedoch nicht, die Namen der verwendeten Variablen zu ändern, sonst gibt es "Bildschirmsalat" durch die doppelten Zuweisungen. Die Tastaturabfrage muß analog um eine Abfrage der Taste <F1> erweitert werden.

Wichtiger Hinweis!

Für das obige Beispiel-Programm müssen Sie noch eine Fehler-Datei anlegen. Tippen Sie dazu erstmal das Programm HF_EDIT ab (wenn noch nicht geschehen). Anschließend legen Sie eine Datei TEST.FHL mit 12 Zeilen pro Seite an (dort einfach Vorgabe-Werte mit <F10> übernehmen). Für die Fehler-Texte konsultieren Sie bitte den Anhang. Dort sind alle Fehlermeldungen aufgeführt. Den Klartext jeder Meldung (z.B. RETURN ohne GOSUB) nehmen Sie dabei immer als Überschrift. Die im Anhang befindlichen Erläuterungen können Sie dann so oder in abgeänderter Form als Fehler-Texte übernehmen.

Hinweis: Die Erfassung der Fehler-Texte erfolgt immer ab Zeile 4! Zeile 1 und 2 werden ja mit den ergänzenden Daten zum Fehler direkt vom Programm gefüllt. Zeile 3 bleibt leer (ist übersichtlicher). Wenn Sie dies nicht tun, so wird Ihr Text ggf. überschrieben.

Für das DEMO-Programm HLF_FHL.BAS sind noch die folgenden Fehler-Texte zu erfassen. Die Angaben in Klammern (1), (2), (3) stellen die Fehler-Nummern (in der Überschrift) dar und brauchen nicht mit eingegeben werden. Die erste Zeile ist jeweils die Überschrift der Fehler-Seite, der Rest der eigentliche Fehler-Text. Beachten Sie obigen Hinweis bezüglich der Erfassung ab Zeile 4! Die Trennlinien dienen lediglich der besseren Lesbarkeit und werden bei der Eingabe ebenfalls weggelassen:

```
---------------------------------------------------------------
(4) RETURN ohne GOSUB...


    Entschuldigung, hier ist dem Programmierer ein Fehler unter-
    laufen! Sie sind dafür nicht verantwortlich.

    Damit dieser Fehler behoben werden kann, verständigen Sie
    bitte den Programmierer unter Apparat 234.
    Bitte notieren Sie sich dazu genau, wie es zu diesem Fehler
    gekommen ist.

    Vielen Dank für Ihre Unterstützung...
---------------------------------------------------------------
```

Hilfefunktion und Fehlerbehandlung

(38) Diskette ist voll...

Beim Versuch, die gerade eingegebenen Daten zu speichern, wurde festgestellt, daß dafür auf der Diskette nicht mehr genügend Platz frei ist.

Bitte entfernen Sie die Diskette aus dem oben genannten Laufwerk und legen Sie eine andere Diskette ein.

Drücken Sie die Taste [F10], wenn das geschehen ist...
----
(41) Falscher Datei-Name angegeben...

Bei der Eingabe des Datei-Namens haben Sie falsche Zeichen verwendet.
Bitte benutzen Sie nur die folgenden Zeichen:

    Buchstaben "A" bis "Z"
    Zahlen   "0" bis "9"
    Zeichen   "!$%&_"

Nach [F10] können Sie die Eingabe wiederholen...
----
(46) Diskette ist schreibgeschützt...

Beim Versuch, die gerade eingegebenen Daten zu speichern, wurde festgestellt, daß die Diskette mit einem Schreibschutz versehen ist. Dieser muß aber zum Speichern entfernt werden. Tun Sie dies bitte und drücken Sie dann [F10].
Wenn auf der Diskette tatsächlich nichts gespeichert werden darf, so legen Sie eine andere Diskette ein und drücken dann [F10].
----
(47) Laufwerk ist nicht betriebsbereit...

Beim Versuch, auf das oben genannte Laufwerk zuzugreifen, wurde festgestellt, daß es nicht betriebsbereit ist.
Bitte prüfen Sie
    - ob eine Diskette eingelegt ist
    - ob die Laufwerksklappe geschlossen ist
    - ob die Diskette formatiert ist

Drücken Sie nach der Überprüfung/Korrektur die Taste [F10].
----
(48) Fehler beim Zugriff auf Diskette/Festplatte...

Beim Versuch, auf dem oben genannten Laufwerk Daten zu speichern, wurde festgestellt, daß das Laufwerk nicht einwandfrei arbeitet.

```
Bitte versuchen Sie es mit einer anderen Diskette, Tritt
der Fehler abermals auf, so verständigen Sie den Techniker
unter Apparat 345. Er prüft dann das Gerät und nimmt ggf.
eine Reparatur vor.

Vielen Dank für Ihre Unterstzützung...
----------------------------------------------------------------
(52) Allgemeiner Fehler...



Es wurde ein nicht definierter Fehler entdeckt...

Bitte verständigen Sie den Programmierer unter Apparat 234.

Notieren Sie sich dazu bitte, wie es zu dem Fehler gekommen
ist.

Vielen Dank für Ihre Unterstützung...
```

So, damit wären wir am Ende des Kapitels "Hilfefunktion" und "Fehlerbehandlung". Sie sehen, daß es gar nicht so kompliziert und schon gar nicht besonders aufwendig ist, dem Anwender eine vernünftige Hilfefunktion und Fehlerbehandlung angedeihen zu lassen.

17. Grafik in der Praxis

Mit den Grafikmöglichkeiten eines PC läßt sich im Normalfall kein Blumentopf gewinnen. Die Ursache dafür dürfte bereits in der Konzeptionsphase des PC zu suchen sein, da dieser ausschließlich als Büro-Computer für "ernsthafte" Anwendungen wie Finanz- oder Lagerbuchhaltung, Textverarbeitung, Tabellenkalkulation und Datenbank geplant wurde. Erst einige Zeit nach der Einführung des PC wurde die Farbgrafik-Karte CGA (Color Graphics Adapter) auf den Markt gebracht. Anscheinend hat man erkannt, daß es zumindest für einfache grafische Auswertungen ein Hilfsmittel geben sollte. Auch die Firma Hercules sah hier eine Marktlücke und sorgte mit ihrer allseits bekannten Monochrom-Grafik-Karte für einiges Aufsehen.

Dieses Kapitel soll anhand einiger Beispiele Anregungen für Ihre eigene Grafik-Programmierung geben. Abschließend widmen wir uns dann dem Thema CGA-Emulation.

17.1 Laufschrift auf dem PC

Für Werbezwecke, als Einsatz für ein Programm-Logo oder auch "einfach nur so" zum Spielen läßt sich die Farb-Grafik des PC vielfältig einsetzen. Ich möchte dies hier an einer Laufschrift demonstrieren. Sicher haben Sie so etwas schon mal in einem Schaufenster oder einem Lokal gesehen. Hierbei wird ein Text in einer einzeiligen Anzeige fortlaufend wiederholt angezeigt. Die einzelnen Wörter tauchen am rechten Rand der Anzeige auf und wandern langsam nach links aus der Anzeige heraus.

Vor den Details zur Realisation werfen Sie einen Blick auf das Listing bzw. schauen Sie sich das Ergebnis "live" an:

```
10 '----------------------------------------------
20 ' LAUFSCHR.BAS           1988 (C) H.J. Bomanns
30 '----------------------------------------------
40 :
50 CLS:KEY OFF
60 ANZAHL.ZEILEN= 3
70 DIM TEXT$(ANZAHL.ZEILEN) 'Für den auszugebenden Text
80 DIM PUFFER%(1000)
90 X.MAX= 319: Y.MAX= 199 'Maximale Koordinaten
100 RESTORE 110:FOR I=1 TO ANZAHL.ZEILEN:READ TEXT$(I):NEXT
110 DATA "Dies ist ein Testtext für die Demonstration einer Laufschrift "
120 DATA "auf dem PC. Dieser Text wird solange ausgegeben, bis Sie die Nase "
130 DATA "voll haben und irgendeine Taste drücken. "
140 :
150 SCREEN 1 'Auflösung 320*200 Punkte
160 LOCATE 5,5:PRINT "Laufschrift"
170 LOCATE 7,7:PRINT "auf dem"
180 LOCATE 9,9:PRINT "PC....."
190 LOCATE 20,1:PRINT "[-]= rückwärts, [+]= vorwärts";
200 LINE (0,108)-(X.MAX,110),1,BF
210 LINE (0,120)-(X.MAX,122),1,BF
```

```
220 :
230 FOR ZEILE= 1 TO ANZAHL.ZEILEN
240   FOR ZEICHEN= 1 TO LEN(TEXT$(ZEILE))
250     LOCATE 15,39:PRINT MID$(TEXT$(ZEILE),ZEICHEN,1);
260     GET (8,119)-(X.MAX-8,111),PUFFER% 'Inhalt der Zeile einlesen
270     LOCATE 15,39:PRINT " ";
280     PUT (0,111),PUFFER%,PSET
290     X$= INKEY$:IF X$<>"" THEN 480
300     FOR VERZOEGERUNG= 1 TO 100:NEXT VERZOEGERUNG
310   NEXT ZEICHEN
320 NEXT ZEILE
330 X$=INKEY$:IF X$="" THEN 230
340 GOTO 480
350 :
360 FOR ZEILE= ANZAHL.ZEILEN TO 1 STEP-1
370   FOR ZEICHEN= LEN(TEXT$(ZEILE)) TO 1 STEP-1
380     LOCATE 15,1:PRINT MID$(TEXT$(ZEILE),ZEICHEN,1);
390     GET (0,119)-(X.MAX-8,111),PUFFER% 'Inhalt der Zeile einlesen
400     LOCATE 15,1:PRINT " ";
410     PUT (8,111),PUFFER%,PSET
420     X$= INKEY$:IF X$<>"" THEN 480
430     FOR VERZOEGERUNG= 1 TO 100:NEXT VERZOEGERUNG
440   NEXT ZEICHEN
450 NEXT ZEILE
460 X$=INKEY$:IF X$="" THEN 360
470 :
480 LINE (0,111)-(X.MAX,119),0,BF 'Zeile löschen
490 IF X$="+" THEN 150 'Vorwärts
500 IF X$="-" THEN 360 'Rückwärts
510 SCREEN 0:WIDTH 80
520 PRINT "Nase voll gehabt?":PRINT:PRINT
```

Im Prinzip arbeitet das Programm relativ simpel: Der in den Zeilen 110 bis 130 festgelegte Text wird in einer Schleife Zeichen für Zeichen gelesen (Zeile 230 bis 320). Das Zeichen wird in der vorletzten Spalte der Zeile angezeigt (Zeile 250). Per PUT(X,Y) wird dann die komplette Zeile von der vorletzten bis zur zweiten Spalte in die in Zeile 80 (über)dimensionierte Variable PUFFER%() gelesen. In Zeile 270 wird das Zeichen in der vorletzten Spalte wieder gelöscht, um zu verhindern, daß es bei der folgenden Ausgabe per GET(X,Y) doppelt erscheint. Danach wird in Zeile 280 der Inhalt aus PUFFER%() um genau ein Zeichen nach links verschoben wieder ausgegeben. Dadurch wird das vorher in der ersten Spalte angezeigte Zeichen überschrieben, und die komplette Zeile rückt so um ein Zeichen vor.

Während der Ausgabe können Sie das Programm durch Drücken irgendeiner Taste beenden. Die Taste <-> (Minus-Zeichen) schaltet das Programm in den "Rückwärtsgang". Das bedeutet, daß der Text nun von hinten nach vorne und von links nach rechts ausgegeben wird. Sie finden die dazugehörige Routine ab Zeile 360. Die Funktionsweise gleicht der Routine für die normale Ausgabe von rechts nach links bzw. von vorne nach hinten. Nur daß die Zeichen eben von hinten gelesen werden und der Inhalt der Zeile jeweils um ein Zeichen von links nach rechts geschoben wird.

17.2 Der PC als Uhr - einmal anders

Eine beliebte "Freizeitbeschäftigung" ist die Darstellung der aktuellen Uhrzeit im Stil der guten alten Analog-Uhr oder hypermodern als Digital-Uhr. Auf Messen und Ausstellungen kann man sie zur Genüge bewundern, Zeitschriften und Bücher wimmeln nur so von Listings zu diesem Thema. Die Zeit ist reif für etwas Neues. Deshalb habe ich mich hingesetzt und versucht, in Sachen "Zeitansage" mal etwas anderes zu machen. Das Ergebnis darf ich Ihnen hier in Form von "Bomis Zeit-Barometer" präsentieren:

```
10 '-----------------------------------------------
20 ' BZB.BAS               1988 (C) H.J.Bomanns
30 '-----------------------------------------------
40 :
50 CLS:KEY OFF
60 X.MAX= 319:Y.MAX= 199
70 DIM PUFFER%(1000)
80 :
90 SCREEN 1 'Auflösung 320*200 Punkte
100 :
110 '----- Rahmen für Anzeige -----
120 :
130 X.ST= 30 'X-Position
140 Y.ST=  0 'Y-Position
150 BREITE= 50
160 FOR I=1 TO 3
170    LINE (X.ST,Y.ST)-(X.ST+BREITE,Y.MAX),1,B
180    X.ST= X.ST+BREITE
190 NEXT I
200 LOCATE 22,
210 LOCATE ,25:PRINT "Das PC":PRINT
220 LOCATE ,26:PRINT "Zeit-Barometer";
230 LINE (190,192)-(319,166),1,B
240 GET(190,192)-(319,166),PUFFER%
250 ZAEHLER= 40
260 FOR Y= 166 TO 20 STEP-1
270    LINE(190,Y+27)-(319,Y),0,BF
280    PUT(190,Y),PUFFER%,PSET
290    FOR VERZOEGERUNG= 1 TO ZAEHLER:NEXT VERZOEGERUNG:ZAEHLER= ZAEHLER-.5
300 NEXT Y
310 :
320 '----- Skala für Anzeige Stunden -----
330 :
340 X.ST= 30 'X-Position
350 Y.ST=  0 'Y-Position
360 STD.ABST= INT((Y.MAX-Y.ST)/25)+.5 'Skala Anzeige Stunden
370 FOR I= Y.MAX-STD.ABST TO Y.ST+15 STEP-STD.ABST
380    LINE(X.ST,I)-(X.ST+10,I),1
390 NEXT I
400 :
410 '----- Skala für Anzeige Minuten/Sekunden -----
420 :
430 X.ST= X.ST+BREITE
440 SM.ABST= INT((Y.MAX-Y.ST)/60) 'Skala Anzeige Minuten/Sekunden
450 FOR I= Y.MAX-SM.ABST TO Y.ST+15 STEP-SM.ABST
460    LINE(X.ST,I)-(X.ST+10,I),1
470    LINE(X.ST+BREITE,I)-(X.ST+BREITE+10,I),1
480 NEXT I
490 :
500 '----- Uhrzeit anzeigen -----
510 :
```

```
520 STD= VAL(LEFT$(TIME$,2)):MIN= VAL(MID$(TIME$,4,2)):SEK= VAL(RIGHT$(TIME$,2))
530 GOSUB 890:GOSUB 800:GOSUB 730 'Erste Anzeige nach Aufruf
540 STD= VAL(LEFT$(TIME$,2))
550 A.STD= STD
560 WHILE A.STD= STD
570   MIN= VAL(MID$(TIME$,4,2))
580   A.MIN= MIN
590   WHILE A.MIN= MIN
600     SEK= VAL(RIGHT$(TIME$,2)):MIN= VAL(MID$(TIME$,4,2))
610     GOSUB 730 'Sekunden anzeigen
620   WEND
630   MIN= VAL(MID$(TIME$,4,2)):STD= VAL(LEFT$(TIME$,2))
640   BEEP:GOSUB 800 'Minuten anzeigen
650 WEND
660 STD= VAL(LEFT$(TIME$,2))
670 GOSUB 890 'Stunden anzeigen
680 GOSUB 800 'Minuten anzeigen
690 GOTO 540
700 :
710 '----- Sekunden anzeigen -----
720 :
730 X.ST= (BREITE*2)+30:SEK.START= (SEK)*SM.ABST
740 LINE (X.ST+12,Y.MAX-1)-(X.ST+42,Y.MAX-SEK.START-SM.ABST),2,BF
750 LOCATE 2,20:PRINT RIGHT$(TIME$,2);
760 IF INKEY$="" THEN RETURN ELSE SCREEN 0:WIDTH 80:END
770 :
780 '----- Minuten anzeigen -----
790 :
800 X.ST= (BREITE*2)+30
810 LINE(X.ST+12,Y.MAX-1)-(X.ST+42,Y.ST+16),0,BF 'Sekundenanzeige löschen
820 X.ST= BREITE+30:MIN.START= (MIN)*SM.ABST
830 LINE (X.ST+12,Y.MAX-1)-(X.ST+42,Y.MAX-MIN.START-SM.ABST),2,BF
840 LOCATE 2,14:PRINT MID$(TIME$,4,2);
850 IF INKEY$="" THEN RETURN ELSE SCREEN 0:WIDTH 80:END
860 :
870 '----- Stunden anzeigen -----
880 :
890 X.ST= BREITE+30
900 LINE(X.ST+12,Y.MAX-1)-(X.ST+42,Y.ST+16),0,BF 'Minutenanzeige löschen
910 X.ST= 30:STD.START= (STD)*STD.ABST
920 LINE(X.ST+12,Y.MAX-1)-(X.ST+42,Y.ST+16),0,BF 'Stundenanzeige löschen
930 LINE (X.ST+12,Y.MAX-1)-(X.ST+42,Y.MAX-STD.START-STD.ABST),2,BF
940 LOCATE 2,7:PRINT LEFT$(TIME$,2);
950 IF INKEY$="" THEN RETURN ELSE SCREEN 0:WIDTH 80:END
```

Ich habe mich bei diesem Programm einmal von allen Zeigern und (fast allen) Ziffern losgesagt. Daß die Idee nicht die schlechteste war, zeigen die erstaunten Gesichter von Freunden, Bekannten und Kunden und die Frage: "Was ist das denn?"

Zur Konzeption

Grundidee war also, die Zeit weder über Zeiger noch über Ziffern anzuzeigen. Statt dessen sollte eine Art Barometer Auskunft geben. Für den eiligen Blick wird die Zeit über jedem Balken noch in normalen Ziffern angezeigt. Schließlich ist es nicht jedermanns Sache, auf dem PC kleine Strichelchen zu zählen, um die Uhrzeit in Erfahrung zu bringen. Nachdem im Programm in den Zeilen 50 bis 90 die üblichen Initialisierungen erfolgt sind, wird in den Zeilen 130 bis 190 der

Grafik in der Praxis

dreiteilige Rahmen für die Anzeige gezeichnet. In den Zeilen 200 bis 230 wird ein kleines Logo angezeigt und per GET(X,Y) in die Variable PUFFER%() eingelesen. Der Inhalt dieser Variablen wird dann als kleine Spielerei in einer Schleife vom unteren Bildschirmrand nach oben geschoben (Zeile 250 bis 300). Hierbei wird ein Zähler für die Geschwindigkeit eingesetzt, der nach jeder Ausgabe verringert wird. Dadurch wird das Verschieben jeweils ein kleines bißchen schneller.

Die Skalierung der Balken erfolgt im Programmteil ab Zeile 410. Hierbei bleiben die beiden ersten Bildschirmzeilen für die Anzeige der Uhrzeit in Ziffern unberücksichtigt. Gleichzeitig wird der Abstand zwischen den einzelnen Strichen für die spätere Anzeige in den Variablen STD.ABST und SM.ABST festgehalten (Zeile360/440).

Die Steuerung der Anzeige erfolgt ab Zeile 500. Nach dem Aufruf wird in Zeile 530 die Anzeige komplett aufgebaut. Anschließend wird die Anzeige lediglich bei einem Minuten- oder Stundenwechsel aktualisiert. Dies geschieht innerhalb zweier WHILE...WEND-Schleifen. Die erste Schleife (Zeile 560 bis 650) wird bis zum Wechsel der Stunde durchlaufen. Die zweite Schleife (Zeile 590 bis 620) wird bis zum Wechsel der Minute durchlaufen. Innerhalb dieser Schleife erfolgt die Anzeige der Sekunden. Bei der Anzeige der Zeit (ab Zeile 710) wird der jeweilige Wert aus der Systemvariablen TIME$ als Index in den Balken mit dem zuvor errechneten Abstand (Zeile 360/440) multipliziert (Zeile 730/820/910) und anschließend der Balken neu angezeigt (Zeile 740/830/930). Über den Spalten wird dann noch die Uhrzeit in Ziffern ausgegeben (Zeile 750/840/940).

Bei einem Minutenwechsel wird die Anzeige für die Sekunden gelöscht (Zeile 810). Bei einem Stundenwechsel wird sowohl die Anzeige für die Minuten als auch die für die Stunden gelöscht (Zeile 900/920). Das Programm kann jederzeit durch Drücken einer beliebigen Taste unterbrochen werden. Die einzelnen Ausgaberoutinen beinhalten eine entsprechende Abfrage (Zeile 760/850/950).

17.3 Grafiken statt Zahlenfriedhof

Mit der Einführung von Farb-/Monochrom-Grafik-Karten hat auch das Thema "Auswertungen" in Anwendungs-Programmen am Komfort gewonnen. War es früher üblich, die Auswertung als Liste mit unendlichen und unübersichtlichen Zahlenkolonnen zur Verfügung zu stellen, so findet sich heutzutage fast immer der Menü-Punkt "Grafik darstellen" in den Anwendungen.

Dahinter verbirgt sich die Möglichkeit, die in der Auswertung ermittelten Beträge als sogenannte Business-Grafik in Form eines Kreis-, Balken- oder Linien-Diagramms darzustellen. Sie ermöglichen es, mit einem Blick festzustellen, welche Bereiche der Auswertung einen besonders hohen oder einen besonders niedrigen Stellenwert aufweisen. Die Realisierung gestaltet sich unter PC-BASIC relativ einfach, da ausreichend Befehle und Funktionen zur Verfügung gestellt werden. Bestes Beispiel ist der CIRCLE-Befehl, mit dem nicht nur komplette Kreise oder Ellipsen, sondern auch Kreisausschnitte gezeichnet werden können.

Das folgende Beispiel-Programm zeigt einmal, wie sich Zahlen als Kreis-, Balken- oder Linien-Diagramm darstellen lassen. Basis ist eine Tabelle, in die die jeweiligen Beträge und eine dazugehörige Bezeichnung eingegeben werden. Kommentare sind direkt in das Listing eingefügt:

```
10 '--------------------------------------------------
20 'BUSINESS.BAS    Demo für Business-Grafiken
30 '--------------------------------------------------
40 :
50 KEY OFF:FOR I=1 TO 10:KEY I,"":NEXT I
60 MAX.WERTE= 12
70 DIM WERT(MAX.WERTE), GWERT(MAX.WERTE+1), BEZCHG$(MAX.WERTE)
80 SZ= 5 'Startzeile für Tabelle und spätere Eingabe
90 TITEL$= "Lebensmittel"
100 RESTORE 120
110 FOR I=1 TO MAX.WERTE:READ WERT(I),BEZCHG$(I): NEXT I 'Nur für Demo !!!
120 DATA 12.56,"Brot",13.57,"Milch",17.68,"Butter",21.45,"Kartoffeln"
130 DATA  8.97,"Margarine",12.87,"Wurst",11.91,"Käse",13.29,"Selter"
140 DATA  7.82,"Gurken", 9.20,"Radieschen",15.82,"Joghurt",14.97,"Senf"
150 :
```

Das Programm ist für die Verarbeitung von 12 Werten bzw. Beträgen vorgesehen. Dadurch lassen sich u.a. Jahres-Übersichten erstellen. In den Zeilen 100 bis 140 werden die Arrays WERT() und BEZCHG$() mit Daten für diese Demo-Version initialisiert. Für Ihre eigene Anwendung können Sie diese Zeilen ersatzlos löschen.

```
160 COLOR 7,0:CLS
170 COLOR 0,7
180 PRINT " BUSINESS.BAS                    1988 (C) H.J. Bomanns ";
190 :
200 COLOR 7,0: LOCATE 3,2: PRINT "Name der Grafik: ";
210 COLOR 0,7: PRINT " "+TITEL$+" ";
220 :
230 :
240 FOR I= 1 TO 12
250    COLOR 7,0:LOCATE SZ+I, 2:PRINT USING "Betrag ##:";I;
260    COLOR 0,7:LOCATE SZ+I,14:PRINT USING " ######.## ";WERT(I);
270    COLOR 7,0:LOCATE SZ+I,27:PRINT "Bezeichnung:";
280    COLOR 0,7:LOCATE SZ+I,40:PRINT BEZCHG$(I);
290 NEXT I
300 :
310 SPALTE = 19: ZEILE= 3: LAENGE= 30: INSTRING$= TITEL$
320 COLOR 0,7:LOCATE 25,1
330 PRINT " ["+CHR$(17)+"J]= Name o.k., [ESC]= Ende";SPACE$(80-POS(0));
340 GOSUB 1660 'Upro Einlesen
350 IF X$= CHR$(27) THEN CLS:END
360 TITEL$= INSTRING$
370 COLOR 0,7: LOCATE 3,19: PRINT " "+TITEL$+" ";
380 :
```

Nachdem ab Zeile 160 ein Logo angezeigt wurde, erfolgt ab Zeile 200 die Ausgabe des Namens der Grafik. Auch hier wurde für die Demo-Version eine Vorgabe (Zeile 90) gemacht, die in Ihren eigenen Anwendungen in TITEL$= "" geändert werden sollte. In der FOR...NEXT-Schleife ab Zeile 240 werden Beträge

Grafik in der Praxis

und Bezeichnungen aus den Arrays WERT() und BEZCHG$() mit Feldnamen ausgegeben. Ab Zeile 310 wird dann der Name der Grafik eingelesen. Hier ist auch eine Beendigung des Programms mit <ESC> möglich.

```
390 ZAEHLER= 1: EIN.SPALTE= 1
400 SPALTEN.POS(1)= 15: SPALTEN.POS(2)= 40
410 COLOR 0,7:LOCATE 25,1
420 PRINT " [TAB]= Spalte, [F10]= Eingaben o.k., [ESC]= Name/Ende";SPACE$(80-
    POS(0));
430 WHILE X$<> CHR$(27) AND TASTE<> 68 'Bis ESC oder F10
440    IF EIN.SPALTE= 1 THEN INSTRING$= MID$(STR$(WERT(ZAEHLER)),2,99)
450    IF EIN.SPALTE= 2 THEN INSTRING$= BEZCHG$(ZAEHLER)
460    SPALTE= SPALTEN.POS(EIN.SPALTE): ZEILE= SZ+ZAEHLER
470    IF EIN.SPALTE= 1 THEN LAENGE= 9 ELSE LAENGE= 20
480    GOSUB 1660 'Upro Einlesen
490    IF EIN.SPALTE= 1 THEN WERT(ZAEHLER)= VAL(INSTRING$)
500    IF EIN.SPALTE= 2 THEN BEZCHG$(ZAEHLER)= INSTRING$
510    COLOR 0,7:LOCATE SZ+ZAEHLER,14:PRINT USING " ######.## ";WERT(ZAEHLER);
520    COLOR 0,7:LOCATE SZ+ZAEHLER,40:PRINT BEZCHG$(ZAEHLER);
530    IF TASTE= 72 THEN ZAEHLER= ZAEHLER-1
540    IF TASTE= 80 THEN ZAEHLER= ZAEHLER+1
550    IF X$= CHR$(13) THEN ZAEHLER= ZAEHLER+1
560    IF X$<> CHR$(9) THEN 590
570       IF EIN.SPALTE= 1 THEN EIN.SPALTE= 2 ELSE EIN.SPALTE= 1
580       GOTO 610 'Feldspalte wechseln
590    IF ZAEHLER > MAX.WERTE THEN ZAEHLER= 1
600    IF ZAEHLER < 1 THEN ZAEHLER= MAX.WERTE
610 WEND
620 IF X$= CHR$(27) THEN 310 'Name einlesen oder [ESC]= Ende
630 :
```

In der WHILE...WEND-Schleife (Zeile 430 bis 610) werden dann Beträge und Bezeichnungen eingelesen. Die Realisierung dieser Eingabe-Schleife erfolgte dergestalt, daß zuerst alle Beträge in der linken Spalte eingegeben werden. Nach der letzten Zeile "springt" das Eingabefeld wieder in die erste Zeile. Mit der Taste <TAB> wird nun auf die rechte Spalte umgeschaltet und es erfolgt die Eingabe der Bezeichnungen. Natürlich können Sie sich innerhalb der Tabelle auch mit den Cursor-Tasten bewegen und die Spalten beliebig wechseln. Nach Drücken der Taste <ESC> springt das Programm zurück zur Eingabe des Grafik-Namens. Hier kann dieser nun geändert oder das Programm durch nochmaliges Drücken von <ESC> beendet werden.

```
640 FOR I=1 TO MAX.WERTE 'Festlegen, wieviel Einträge da sind
650    IF WERT(I)<> 0 AND BEZCHG$(I)<> "" THEN ANZ.WERTE= I
660 NEXT I
670 SUMME= 0
680 FOR I = 1 TO ANZ.WERTE 'Gesamtsumme der Werte errechnen
690    SUMME = SUMME + WERT(I)
700 NEXT I
710 FOR I = 1 TO ANZ.WERTE 'Anteil pro Wert errechnen
720    GWERT(I) = WERT(I) / SUMME
730 NEXT I
740 :
```

Die FOR...NEXT-Schleife ab Zeile 640 prüft, wieviele Einträge in der Tabelle vorhanden sind. Schließlich ist es denkbar, daß weniger als 12 Werte zu verarbeiten sind. Die Variable ANZ.WERTE wird entsprechend gesetzt und dient in den folgenden Grafik-Routinen als Schleifen-Begrenzung. Die Schleifen ab Zeile 680 und 710 errechnen zunächst eine Summe aller vorhandenen Werte und initialisieren dann das Array GWERT() mit dem jeweiligen Anteils-Wert der einzelnen Werte. GWERT() dient später in den Grafik-Routinen als Basis für die Kreis-Ausschnitte, die Höhe der Balken und die Positionen der Linien-Punkte.

```
750 COLOR 0,7:LOCATE 25,1
760 PRINT " [K]= Kreis-, [B]= Balken-, [L]= Linien-Diagram, [ESC]=
    zurück";SPACE$(80-POS(0));
770 LOCATE 25,77,1:BEEP
780 A$= INKEY$: IF A$= "" THEN 780
790 IF A$= "K" OR A$= "k" THEN 850  'Kreisdiagramm
800 IF A$= "B" OR A$= "b" THEN 1100 'Balkendiagramm
810 IF A$= "L" OR A$= "l" THEN 1350 'Liniendiagramm
820 IF A$= CHR$(27) THEN 160
830 GOTO 770 'Weiter Tastatur abfragen
840 :
```

Ab Zeile 750 wird gefragt, ob die Grafik als Kreis-, Balken- oder Linien-Diagramm erfolgen soll. Gemäß Eingabe K, B oder L werden dann die jeweiligen Routinen aufgerufen.

```
850 '----- Werte als Kreisdiagramm -----
860 :
870 A.ENDE = 0: LR = 50: SR = 44
880 :
890 SCREEN 1 'Auflösung 320*200, 4 Farben
900 LINE (0,0)-(319,199),1,B 'Rahmen
910 LOCATE 2, 20 - LEN(TITEL$) / 2 'Titel zentrieren
920 PRINT TITEL$;
930 LINE(16,17)-(303,17),1 'Titel unterstreichen
940 FOR AUSSCHN = 1 TO ANZ.WERTE
950    A.START = A.ENDE
960    A.ENDE = A.ENDE + GWERT(AUSSCHN) * 2 * 3.1415926#
970    A.MITTE = (A.START + A.ENDE) / 2
980    X.POS = 160 + COS(A.MITTE) * (LR - SR)
990    Y.POS = 100 - SIN(A.MITTE) * (LR - SR)
1000   CIRCLE (X.POS,Y.POS), SR, 1, -A.START , -A.ENDE
1010   PAINT (X.POS + COS(A.MITTE) * .8 * SR, Y.POS - SIN(A.MITTE) * .8 * SR), AUSSCHN MOD 4, 1
1020   G.SPALTE = (X.POS + COS(A.MITTE) * (24 + SR) - 4 * LEN(BEZCHG$(AUSSCHN))) \ 8
1030   G.ZEILE = (Y.POS - SIN(A.MITTE) * (SR + 16)) \ 8
1040   IF G.ZEILE= CSRLIN THEN G.ZEILE= G.ZEILE+1
1050   LOCATE 1 + G.ZEILE, 1 + G.SPALTE
1060   PRINT BEZCHG$(AUSSCHN);
1070 NEXT AUSSCHN
1080 GOTO 1590 'Auf Tastendruck warten
1090 :
```

Ab Zeile 850 erfolgt die Ausgabe als Kreis-Diagramm. Die Anzeige erfolgt - wie bei den anderen Routinen auch - in der Auflösung 320*200 Punkt (Zeile 890). Zeile 900 sorgt dafür, daß die Grafik in einem Rahmen ausgegeben wird. Der Titel wird in der zweiten Zeile zentriert ausgegeben und unterstrichen (Zeilen 910 bis 930). In der Schleife ab Zeile 940 werden nun die einzelnen Kreisausschnitte berechnet (Zeilen 950 bis 990), gezeichnet (Zeile 1000) und mit Farbe gefüllt (Zeile 1010). Abschließend wird die Bezeichnung des jeweiligen Wertes angezeigt (Zeilen 1020 bis 1060). Letztlich erfolgt der Sprung zur Tasta-

Grafik in der Praxis

tur-Abfrage (Zeile 1080). Hier kann nun mit <ESC> das Programm beendet oder mit jeder anderen Taste die Eingabe-Tabelle aufgerufen werden.

```
1100 '----- Werte als Balkendiagramm -----
1110 :
1120 FOR I=1 TO ANZ.WERTE 'Inhalt von GWERT() für Balken aufbereiten
1130    GWERT(I)= GWERT(I)*1000 'Ergibt absolute Höhe der Balken in Pixeln
1140 NEXT I
1150 :
1160 SCREEN 1
1170 LINE (0,0)-(319,199),2,B 'Rahmen
1180 LOCATE 2,20-LEN(TITEL$) \ 2 'Titel zentrieren
1190 PRINT TITEL$;
1200 LINE(16,17)-(303,17),1 'Titel unterstreichen
1210 X.POS= 16: BREITE= 16 '1. Spalte und Breite für Balken
1220 MUSTER$(0)= "ABC": MUSTER$(1)= "DEF": MUSTER$(2)= "GHI": MUSTER$(3)= "JKL"
1230 FOR BALKEN= 1 TO ANZ.WERTE
1240    LINE(X.POS,198-GWERT(BALKEN))-(X.POS+BREITE,198),1,B
1250    PAINT (X.POS + 3,198-GWERT(BALKEN)+3),MUSTER$(BALKEN MOD 4), 1
1260    ZL= 24
1270    X.POS= X.POS+BREITE+8
1280    FOR I= LEN(BEZCHG$(BALKEN)) TO 1 STEP -1
1290       LOCATE ZL,(X.POS \ 8): PRINT MID$(BEZCHG$(BALKEN),I,1);
1300       ZL= ZL-1
1310    NEXT I
1320 NEXT BALKEN
1330 GOTO 1590 'Auf Tastendruck warten
1340 :
```

Ab Zeile 1100 erfolgt die Ausgabe als Balken-Diagramm. Die im Array GWERT() befindlichen Anteils-Werte werden in der Schleife ab Zeile 1120 mit dem Wert 1000 multipliziert. Dadurch erhält man die Höhe des Balkens in Pixeln und der Wert kann ohne weitere Berechnung im LINE-Befehl eingesetzt werden. Rahmen und Titel werden wie beim Kreis-Diagramm ausgegeben. Die Anzeige der einzelnen Balken erfolgt wieder in einer Schleife (ab Zeile 1230), wobei die Balken mit einem Muster gefüllt werden (Zeile 1250). Die Bezeichnung des jeweiligen Wertes wird vertikal rechts neben den dazugehörigen Balken gesetzt (ab Zeile 1280). Abschließend erfolgt wieder der Sprung zur Tastatur-Abfrage (Zeile 1330).

```
1350 '----- Werte als Liniendiagramm -----
1360 :
1370 FOR I=1 TO ANZ.WERTE 'Inhalt von GWERT() für Linien aufbereiten
1380    GWERT(I)= GWERT(I)*1000 'Ergibt absolute Position der Linien in Pixel
1390 NEXT I
1400 GWERT(13)= 100
1410 :
1420 SCREEN 1
1430 LINE (0,0)-(319,199),2,B 'Rahmen
1440 LOCATE 2,20-LEN(TITEL$) \ 2 'Titel zentrieren
1450 PRINT TITEL$;
1460 LINE(16,17)-(303,17),1 'Titel unterstreichen
1470 X.POS= 16: ABSTAND= 16 '1. Spalte und Abstand für Balken
1480 FOR LINIE= 1 TO ANZ.WERTE
1490    LINE (X.POS,198-GWERT(LINIE))-(X.POS+ABSTAND+8,198-GWERT(LINIE+1)),1
1500    CIRCLE (X.POS,198-GWERT(LINIE)),2,1
1510    ZL= 24
1520    X.POS= X.POS+ABSTAND+8
1530    FOR I= LEN(BEZCHG$(LINIE)) TO 1 STEP -1
```

```
1540     LOCATE ZL,(X.POS \ 8)-2: PRINT MID$(BEZCHG$(LINIE),I,1);
1550     ZL= ZL-1
1560   NEXT I
1570 NEXT LINIE
```

Ab Zeile 1350 werden die Werte als Linien-Diagramm ausgegeben. Auch hier erfolgt wieder eine Multiplikation der Anteils-Werte im Array GWERT() mit 1000, um die absolute Position in Pixeln der Linien-Punkte zu erhalten (ab Zeile 1370). Rahmen und Titel werden wie gehabt angezeigt. Ab Zeile 1480 erfolgt dann die Ausgabe der einzelnen Linien innerhalb einer Schleife. Dies geschieht dergestalt, daß einfach eine Linie von der aktuellen Position gemäß Array GWERT(LINIE) zum jeweils nächsten Punkt gemäß Array GWERT(LINIE+1) gezeichnet wird (Zeile 1490). Die Berührungs-Punkte der Linien werden zusätzlich mit einem kleinen Kreis (Zeile 1500) versehen. Die Bezeichnung wird wieder vertikal unter die jeweiligen Berührungs-Punkte der Linien gesetzt (ab Zeile 1530).

```
1580 :
1590 '----- Auf Tastendruck warten -----
1600 :
1610 A$ = INKEY$: IF A$ = "" THEN 1610
1620 SCREEN 0: WIDTH 80: COLOR 7,0: CLS
1630 IF A$= CHR$(27) THEN END
1640 GOTO 160 'Tabelle anzeigen, Werte einlesen
1650 :
```

Diese Routine wird nach der Ausgabe jeder Grafik angesprungen. Mit <ESC> kann hier das Programm beendet werden. Jede andere Taste verursacht den Rücksprung zur Eingabe-Tabelle. Den Abschluß des Programms bildet das aus den vorhergegangenen Kapiteln bekannte "Upro Einlesen".

```
1660 '----- Upro einlesen -----
1670 '
1680 X$="":TASTE= 0
1690 LOCATE ZEILE,SPALTE,0:COLOR 15,0:PRINT INSTRING$;SPACE$(LAENGE-LEN(INSTRING$));
1700 LOCATE ZEILE,SPALTE,1:CRSR.POS= 1
1710 X$= INKEY$:IF X$="" THEN 1710
1720 IF X$= CHR$(8) AND POS(0)> SPALTE THEN GOSUB 1850:GOTO 1710 'Tasten-Routine
1730 IF X$= CHR$(27) THEN AENDERUNG= 0:RETURN
1740 IF X$=CHR$(13) OR X$=CHR$(9) THEN RETURN
1750 IF LEN(X$)= 2 THEN 2030 'Steuer- und Funktionstasten
1760 '
1770 IF X$< " " THEN BEEP:GOTO 1710 'Zeichen kleiner BLANK abwürgen
1780 IF NUR.GROSS THEN IF X$>= "a" AND X$<= "z" THEN X$= CHR$(ASC(X$)-32)
1790 PRINT X$;:AENDERUNG= -1
1800 IF CRSR.POS<= LEN(INSTRING$) THEN MID$(INSTRING$,CRSR.POS,1)= X$ ELSE INSTRING$= INSTRING$+X$
1810 CRSR.POS= CRSR.POS+1
1820 IF POS(0)> SPALTE+LAENGE-1 THEN BEEP:LOCATE ZEILE,SPALTE:CRSR.POS= 1:GOTO 1710
1830 GOTO 1710
1840 '
1850 '----- Taste BACKSPACE und DEL -----
1860 '
1870 IF X$=CHR$(8) THEN INSTRING$= LEFT$(INSTRING$,CRSR.POS-2)+MID$(INSTRING$,CRSR.POS)
1880 IF TASTE= 83  THEN INSTRING$= LEFT$(INSTRING$,CRSR.POS-1)+MID$(INSTRING$,CRSR.POS+1)
1890 LOCATE ZEILE,SPALTE:PRINT INSTRING$;" ";
```

```
1900 IF X$=CHR$(8) THEN CRSR.POS= CRSR.POS-1
1910 LOCATE CSRLIN,SPALTE+CRSR.POS-1
1920 TASTE= 0: X$="":AENDERUNG= -1
1930 RETURN
1940 '
1950 '----- Taste Ins -----
1960 '
1970 INSTRING$= LEFT$(INSTRING$,CRSR.POS-1)+" "+MID$(INSTRING$,CRSR.POS)
1980 PRINT " ";MID$(INSTRING$,CRSR.POS+1);
1990 LOCATE CSRLIN,SPALTE+CRSR.POS-1
2000 AENDERUNG= -1
2010 RETURN
2020 '
2030 '----- Steuer- und Funktionstasten -----
2040 '
2050 TASTE= ASC(RIGHT$(X$,1))
2060 IF TASTE= 63 THEN RETURN '[F5]= Auswahl
2070 IF TASTE= 68 THEN RETURN '[F10]= Eingabe o.k.
2080 IF TASTE= 72 OR TASTE= 80 THEN RETURN 'CRSR hoch und runter
2090 IF TASTE= 73 OR TASTE= 81 THEN RETURN 'PgUp und PgDn
2100 IF TASTE= 75 AND POS(0)> SPALTE THEN LOCATE CSRLIN,POS(0)-1:CRSR.POS= CRSR.POS-1:GOTO 1710 'CRSR <--
2110 IF TASTE= 77 AND POS(0)< SPALTE+LAENGE-1 THEN IF CRSR.POS<= LEN(INSTRING$) THEN LOCATE CSRLIN,POS(0)+1:CRSR.POS= CRSR.POS+1:GOTO 1710 'CRSR -->
2120 IF TASTE= 83 AND CRSR.POS <= LEN(INSTRING$) THEN GOSUB 1850:GOTO 1710 'DEL wird ähnlich BACKSPACE gehandhabt
2130 IF TASTE= 71 THEN LOCATE ZEILE,SPALTE:GOTO 1710 'Home, Feldanfang
2140 IF TASTE= 79 THEN LOCATE CSRLIN,SPALTE+LEN(INSTRING$)-1:CRSR.POS= LEN(INSTRING$):GOTO 1710 'End, auf letztes Zeichen setzen
2150 IF TASTE= 117 THEN INSTRING$= LEFT$(INSTRING$,CRSR.POS-1):PRINT SPACE$(LAENGE-CRSR.POS);:LOCATE CSRLIN,SPALTE+CRSR.POS-1:AENDERUNG= -1:GOTO 1710 'CTRL-End, löschen bis Feldende
2160 IF TASTE= 82 AND CRSR.POS<= LEN(INSTRING$) AND LEN(INSTRING$)< LAENGE THEN GOSUB 1950:GOTO 1710 'Ins
2170 BEEP:GOTO 1710
```

Hinweise zu BUSINESS.BAS

Wenn Sie das Programm für die Verarbeitung von mehr als 12 Werten einsetzen möchten, so sind - neben den entsprechenden Dimensionierungen der Arrays - die einzelnen Grafik-Routinen anzupassen. Allerdings dürfte es vor allem beim Kreis-Diagramm zu Problemen kommen. Wie Sie anhand des Programms erkennen können, sind 12 Werte gerade noch darstellbar. Beim Balken- oder Linien-Diagramm hingegen lassen sich durch die Änderung der Veriablen X.POS, BREITE und ABSTAND zumindest die doppelte Anzahl von Werten - also 24 - problemlos darstellen. Probleme dürfte es da jedoch mit der Anzeige der Bezeichnung geben, da die Texte dann ziemlich dicht nebeneinander stehen. Die Übersicht leidet darunter ein wenig. Allerdings schafft die Auflösung 640*200 da Abhilfe.

Erweiterungen des Programm dürften durch den modularen Aufbau keine Probleme bereiten. So wäre es z.B. denkbar, Routinen zum Speichern oder Laden von Grafiken einzubauen. Auch die individuelle Einstellung der Farben und Muster läßt sich einfach einbauen, indem dafür beliebig belegbare Variablen eingesetzt werden. Der Ausdruck der Grafiken könnte z.B. über das MS-DOS-Hilfsprogramm GRAPHICS.COM erfolgen.

17.4 CGA-Grafik mit der Hercules-Karte

Wenn Sie eine CGA-Grafik-Anwendung - egal ob nun PC-BASIC, ein Anwendungs-Programm oder ein Spiel - mit installierter Hercules-Karte ausführen wollen, so geht dies in der Regel nicht ohne weiteres. Die Gründe dafür liegen zum Teil in der Hardware und zum Teil in der Software. Die gravierendsten Unterschiede zwischen CGA- und Hercules-Karte sind folgende:

1. Das Video-RAM liegt bei der CGA-Karte ab Segment-Adresse &HB800, bei der Hercules-Karte ab Segment-Adresse &HB000. Grafik-Routinen für CGA führen nun alle Befehle ausgehend von der Segment-Adresse &HB800 aus. Wäre dies der einzige Unterschied, so würde auf der Hercules-Karte trotzdem nichts zu sehen sein, da das falsche Segment angesprochen wird.

2. Die CGA-Karte kann 4, die Hercules-Karte 2 Farben darstellen. CGA benötigt also pro Pixel 2 Bit, Hercules hingegen nur 1 Bit. Selbst wenn die Probleme bezüglich Segment-Adresse zu lösen wären, würde die Anzeige deshalb nicht erkennbar sein.

3. Die Hercules-Karte hat eine Auflösung von 720*348 Punkten. Theoretisch würde also eine CGA-Auflösung von 320*200 oder 640*200 Punkten "hineinpassen". Praktisch scheitert dies jedoch an der abweichenden Adressierung. Hercules geht im Grafik-Modus von 720 Pixeln, CGA von 320 bzw. 640 Pixeln pro Zeile aus, so daß der "Zeilenumbruch" nicht stimmen würde.

4. Die Steuerung des CRT-Chips 6845 erfolgt bei CGA über die Ports &H03Dx und bei Hercules über die Ports &H03Bx. CGA-Anwendungen, die nun direkt auf den CRT-Chip zugreifen wollen, finden die dafür notwendige Hardware-Umgebung nicht vor.

Hinzukommt, daß viele CGA-Anwendungen vor dem Einschalten des Grafik-Modus das Equipment-Byte an Adresse &H0040:&H0010 bzw. den aktuellen Video-Modus an Adresse &H0040:&H0049 abfragen. Geht daraus hervor, daß eine Hercules-Karte installiert ist, so gibt es einen entsprechenden Hinweis. Sie kennen dies bestimmt vom PC-BASIC, das bei der Verwendung von Grafik-Kommandos einen "Illegal function call" (ungültiger Funktionsaufruf) meldet.

Konzeption der CGA-Emulation

Bei der Konzeption einer CGA-Emulation muß man sich zuerst einmal bezüglich der unterschiedlichen Adreßlage der Video-Segmente Gedanken machen. Aus Sicht einer CGA-Karte sind keine besonderen Vorkehrungen notwendig, da der Video-Speicher der Hercules-Karte von &HB000 bis &HBFFF geht. Die CGA-Karte findet also "ihr" Segment an &HB800 wie gewohnt vor und kann dort wie gewohnt arbeiten. Die Darstellung der Hercules-Karte erfolgt jedoch ab Adresse

&HB000. Es ist also notwendig, den Speicherinhalt in regelmäßigen Abständen von Adresse &HB800 nach &HB000 zu übertragen. Dabei ist die unterschiedliche "Zeilenlänge" zu berücksichtigen.

Vielleicht wissen Sie, daß die Hercules-Karte in zwei verschiedenen Modi betrieben werden kann. Dies sind die Modi "Page 0" oder "HALF" und "Page 1" oder "FULL". Im Modus "Page 0" liegt das darzustellende Video-Segment an Adresse &HB000, im Modus "Page 1" an Adresse &HB800. Da taucht natürlich die Frage auf, warum man die Hercules-Karte nicht einfach im Modus "Page 1" betreibt und das Segment ab &HB800 darstellen läßt. Nun, die Antwort haben wir oben schon bekommen: Hercules benötigt pro Pixel nur 1 Bit, CGA benötigt - da 4 Farben darstellbar sind - 2 Bits pro Pixel. Hinzukommt die bereits erwähnte unterschiedliche "Zeilenlänge" von 720 Pixeln gegenüber 320 bzw. 640 Pixeln. Wir kommen also nicht drumherum, die Darstellung von Adresse &HB800 nach &HB000 zu übertragen und dabei die unterschiedlichen Zeilenlängen zu berücksichtigen.

Dies muß in regelmäßigen und möglichst kurzen Abständen erfolgen. In der Praxis bedient man sich dazu des Timer-Interrupts 1Ch, der 18,2mal pro Sekunde aufgerufen wird. Die Emulation "klinkt" sich nun in diesen Interrupt ein und kopiert in einer entsprechenden Routine die Darstellung von &HB800 nach &HB000, wobei die Zeilenlänge entsprechend berücksichtigt wird. Details dazu im gleich folgenden Listing. Mit dem Kopieren der Darstellung ist es jedoch nicht getan. Weiterhin muß dafür gesorgt werden, daß bei einer Abfrage des Equipment-Bytes bzw. des CRT-Modus-Bytes die richtigen Inhalte vorgefunden werden. Es ist also notwendig, den unter anderem für Grafik zuständigen Interrupt 10h auf Routinen zu setzen, die diese Aufgabe übernehmen. Auch dazu gleich im Listing weitere Details.

Letztlich muß der CRT-Chip 6845 in den Grafik-Modus bzw. - nach getaner Arbeit - wieder in den Text-Modus gesetzt werden. Auch dies erfolgt in den eigenen Routinen für den Interrupt 10h. Es wird geprüft, ob ein Text- oder ein Grafik-Modus gesetzt werden soll. Jenachdem werden die jeweiligen Werte in die Register des 6845 geschrieben und sorgen so für die Einschaltunmg des Grafik- oder des Text-Modus. Hier nun das Assembler-Listing für die CGA-Emulation. Notwendige Kommentare sind direkt eingefügt:

```
Program segment 'CODE'
        assume cs: Program, ds: Program
        org 0100h

Start:  jmp Install

;------------------------------------
IndexReg      equ 03B4h      ;Index Register 6845
ModeControl   equ 03B8h      ;Mode Control Register 6845
ConfigSwitch  equ 03BFh      ;Configuration Switch Register 6845
;------------------------------------
; RESIDENTER Teil...
;------------------------------------
INT1C         dd 0,0
INT10         dd 0,0
LineFlag      db 0
```

```asm
;-------------------------------------------
INT_1C  proc    far
        cli                             ;Keine Interrupts
        push    ax                      ;AX und ES sichern
        push    es
        mov     ax,0040h
        mov     es,ax                   ;0040h= BIOS-Data-Segment
        cmp     byte ptr es:[49h],4     ;Text-Modus aktiv?
        jb      No_INT_1C               ;Wenn ja, zurück
        cmp     byte ptr es:[49h],7     ;Monochrom-Modus aktiv?
        je      No_INT_1C               ;Wenn ja, zurück

        pop     es                      ;AX und ES wieder zurück
        pop     ax
        jmp     ScrCopy

No_INT_1C:
        pop     es                      ;AX und ES wieder zurück
        pop     ax
        jmp     OrgINT_1C

ScrCopy:
        push    ds                      ;Register sichern
        push    es
        push    ax
        push    bx
        push    cx
        push    dx
        push    si
        push    di

        mov     ax,0B800h               ;Segment Color
        mov     ds,ax                   ;Quelle= Color-Segment
        mov     bx,08000h               ;Segment Mono
        mov     es,bx                   ;Ziel= Mono-Segment
        mov     ax,16304
        mov     dx,16374

        add     cs:[LineFlag],80h       ;Flag für Gerade/Ungerade Zeilen
        jne     OddLines                ;Ist entweder 0 oder 80h

EvenLines:
        xor     si,si                   ;Offset Quelle= 0
        mov     di,1625                 ;Offset Ziel= BS-Bereich
        jmp     MoveLines               ;Zeilen verschieben
OddLines:
        mov     si,2000h                ;Offset Quelle= CGA/1. Zeile
        mov     di,2000h+1625           ;Offset Ziel=

MoveLines:
        cld                             ;Richtung: vorwärts
        mov     bl,50                   ;50 Zeilen
MoveLoop:
        mov     cx,40                   ;40 Zeichen/Zeile
        rep     movsw                   ;verschieben
        mov     cx,40
        add     di,ax
        rep     movsw
        sub     di,dx
        dec     bl
        jne     MoveLoop
```

Grafik in der Praxis 573

```
            pop     di                      ;Register wieder zurück
            pop     si
            pop     dx
            pop     cx
            pop     bx
            pop     ax
            pop     es
            pop     ds
OrgINT_1C:
            sti                             ;Interrupts erlaubt
            jmp     cs:[INT1C]              ;Original INT 1Ch aufrufen

    INT_1C  endp
```

Die PROC INT_1C übernimmt das Kopieren der Darstellung von B800h nach B000h in regelmäßigen Abständen. Beim Aufruf des Interrupts 1CH werden abwechselnd die geraden und ungeraden Zeilen kopiert. Da das Kopieren nur im Grafik-Modus notwendig ist, erfolgt zuvor eine Prüfung des aktuellen Video-Modus anhand des CRT-Modus-Byte. Im Text-Modus wird die Kopier-Routine einfach übersprungen. Beim Kopieren der Darstellung werden jeweils 40 Words/640 Pixel pro Zeile übertragen.

```
;------------------------------------
INT_10      proc    far

            cmp     ah,0FFh                 ;Funktion 'Installiert?'
            jne     Check_AH                ;Wenn nicht, weiter prüfen
            mov     ax,0ABCDh               ;Rückmeldung 'bin bereits installiert'
            iret                            ;Zurück vom Interrupt
Check_AH:
            test    ah,ah                   ;Funktion 0 aufgerufen?
            jz      Set_Mode                ;Wenn ja, Modus prüfen
            jmp     cs:[INT10]              ;Sonst Original INT 10h aufrufen
Set_Mode:
            push    ax                      ;Register sichern
            push    bx
            push    dx

            mov     dx,ConfigSwitch
            cmp     al,4                    ;Text oder Grafik setzen?
            jb      Set_Text                ;0 bis 3= Text-Modus, dort weiter
            cmp     al,7                    ;Monochrom-Modus setzen?
            je      Set_Text                ;Wenn ja, dort weiter
Set_Graphic:
            push    ax                      ;Modus in AL sichern
            mov     al,3                    ;Grafik erlaubt, Buffer an B8000:0000
            out     dx,al                   ;In Port schreiben
            call    InitGraphic             ;6845 in Grafik-Modus setzen
            pop     ax                      ;Modus in AL zurück
            call    SetEQPColor             ;Equipment-Byte auf 'COLOR' setzen
            mov     ah,0Bh                  ;Funktion 'Farb-Palette setzen'
            mov     bx,0                    ;BL= Farb-Wert, BH= Palette-Nr.
            pushf                           ;INT simulieren
            call    cs:[INT10]              ;Alten INT 10h aufrufen
            jmp     INT_10_End
```

```
Set_Text:
        push    ax                              ;Modus in AL sichern
        mov     al,0                            ;Keine Grafik, Buffer an B0000:0000
        out     dx,al                           ;In Port schreiben
        call    InitText                        ;6845 in Text-Modus setzen
        pop     ax                              ;Modus in AL zurück
        call    SetEQPMono                      ;Equipment-Byte auf 'MONO' setzen

INT_10_End:
        pop     dx                              ;Register zurück
        pop     bx
        pop     ax
        iret                                    ;Zurück vom Interrupt

INT_10   endp
```

Die PROC INT_10 hat vor allem die Aufgabe, die Funktion "0/Modus setzen" abzufangen. Je nach Modus in AL wird der 6845 für Grafik oder für Text initialisiert und die entsprechenden Bytes - Equipment und CRT-Modus - gesetzt. Weiterhin wurde der Interrupt 10h um die Funktion "FFh/Installiert?" erweitert. Diese Funktion wird beim Aufruf des Programms aufgerufen und liefert bei bereits installierter Emulation den Wert ABCDh in AX zurück. Eine entsprechende Prüfung (siehe PROC Install) verhindert eine Mehrfach-Installation.

```
;----------------------------------------
; Equipment-Byte auf 'COLOR' setzen...
;----------------------------------------
SetEQPColor:
        push    es                              ;ES und AX sichern
        push    ax                              ;AL= Modus
        mov     ax,0040h
        mov     es,ax                           ;0040h= BIOS-Data-Segment
        and     byte ptr es:[10h],0CFh
        or      byte ptr es:[10h],20h
        pop     ax                              ;AL= Modus
        mov     byte ptr es:[49h],al            ;Modus setzen
        push    ax
        xor     ax,ax                           ;AX= 0
        mov     es,ax                           ;0000h= Segment Vectoren-Tabelle
        cli                                     ;Keine Interrupts
        mov     word ptr es:[4*1Ch]+0,Offset INT_1C  ;INT 1C setzen
        mov     word ptr es:[4*1Ch]+2,cs
        sti                                     ;Interrupts erlaubt
        pop     ax                              ;ES und AX wieder zurück
        pop     es
        ret                                     ;Zurück
```

Die PROC SetEQPColor setzt Equipment- und CRT-Modus-Byte so, als ob eine CGA-Karte installiert wäre. Abfragen dieser beiden Bytes liefern also immer das notwendige Ergebnis. Weiterhin wird hier der Vektor für den Interrupt 1Ch nochmal gesetzt. Dies erfolgt für den Fall, daß eine Anwendung den Interrupt für eigene Zwecke "verbogen" und somit die Emulation außer Kraft gesetzt hat.

```
;----------------------------------------
; Equipment-Byte auf 'MONO' Setzen...
;----------------------------------------
SetEQPMono:
        push    es                              ;Register sichern
        push    bx
```

Grafik in der Praxis

```
        push    ax                              ;AL= Modus
        mov     ax,0040h
        mov     es,ax                           ;0040h= BIOS-Data-Segment
        and     byte ptr es:[10h],0CFh
        or      byte ptr es:[10h],30h
        pop     ax                              ;AL= Modus
        mov     byte ptr es:[49h],al            ;Modus setzen
        push    ax
        xor     ax,ax                           ;AX= 0
        mov     es,ax                           ;0000h= Segment Vectoren-Tabelle
        mov     ax,word ptr cs:[INT1C]+0        ;Offset Original INT 1Ch
        mov     bx,word ptr cs:[INT1C]+2        ;Segment Original INT 1Ch
        cli                                     ;Keine Interrupts
        mov     word ptr es:[4*1Ch]+0,ax        ;Offset Original INT 1Ch setzen
        mov     word ptr es:[4*1Ch]+2,bx        ;Segment Original INT 1Ch setzen
        sti                                     ;Interrupts erlaubt
        pop     ax                              ;Register wieder zurück
        pop     bx
        pop     es
        ret                                     ;Zurück
```

Die PROC SetEQPMono setzt das Equipment-Byte so, als ob eine Hercules-Karte installiert wäre. Dadurch ist die richtige Textausgabe im Monochrom-Modus sichergestellt. Das CRT-Modus-Byte bleibt weiterhin auf den Modus 2, Text 80*25 in Schwarz/Weiß gesetzt um eine eventuelle Ausgabe von farbigem Text zu ermöglichen. Letztlich wird der Vektor für den Interrupt 1Ch wieder auf die Original-Adresse gesetzt, da im Text-Modus ja nicht kopiert werden muß.

```
;---------------------------------------
; 6845 in Grafik-Modus setzen...
;---------------------------------------
InitGraphic:
        push    ax                              ;Register sichern
        push    bx
        push    cx
        push    si
        push    ds

        push    cs
        pop     ds                              ;DS= CS
        mov     al,2                            ;Grafik-Modus setzen
        xor     bx,bx                           ;BX= 0, Wert für 'ClrScr'
        mov     cx,8000h                        ;Anzahl zu löschender Bytes
        mov     si,offset GValues               ;Tabelle der Init-Werte für Grafik
        call    Init6845                        ;6845 initialisieren

        pop     ds                              ;Register wieder zurück
        pop     si
        pop     cx
        pop     bx
        pop     ax
        ret                                     ;Zurück
```

Die PROC InitGraphic setzt den 6845 über die gleich folgende PROC Init6845 in den Grafik-Modus (AL= 2) und löscht den gesamten Puffer (CX= 8000h) mit Null-Bytes (BX= 0) für die folgende Grafik. SI ist ein Zeiger auf die Tabelle, in der die Werte für die direkte Programmierung des 6845 für den Grafik-Modus stehen.

```
;---------------------------------------
; 6845 in Text-Modus setzen...
;---------------------------------------
InitText:
        push    ax                      ;Register sichern
        push    bx
        push    cx
        push    si
        push    ds

        push    cs
        pop     ds                      ;DS= CS
        mov     al,20h                  ;Text-Modus setzen
        mov     bx,0720h                ;BH= Farbe, BL= Zeichen für 'ClrScr'
        mov     cx,2000h                ;Anzahl zu löschender Bytes
        mov     si,offset TValues       ;Tabelle der Init-Werte für Text
        call    Init6845                ;6845 initialisieren
        pop     ds                      ;Register wieder zurück
        pop     si
        pop     cx
        pop     bx
        pop     ax
        ret                             ;Zurück
```

Die PROC InitText setzt den 6845 über die gleich folgende PROC Init6845 in den Text-Modus (AL= 20h) und löscht den Text-Puffer (CX= 2000h) mit dem Leerzeichen und der Farbe 7 (BX= 0720h) für die folgende Textausgabe. SI ist ein Zeiger auf die Tabelle, in der die Werte für die direkte Programmierung des 6845 für den Text-Modus stehen.

```
;---------------------------------------
; 6845 initialisieren,
; Mode Control Register setzen...
;---------------------------------------
Init6845:
        push    ds                      ;Register sichern
        push    es
        push    ax                      ;Modus für 6845
        push    bx                      ;Lösch-Werte
        push    cx                      ;Anzahl Zeichen

        mov     dx,ModeControl
        out     dx,al                   ;Modus setzen, Bildschirm aus

        mov     dx,IndexReg
        mov     cx,12                   ;12 Werte (0-11) i. Reg. schreiben
        xor     ah,ah                   ;AH= 0, erstes Register
InitLoop:
        mov     al,ah                   ;AL= Register
        out     dx,al                   ;in Port schreiben
        inc     dx                      ;DX= 03B5h
        lodsb                           ;Wert a. Tabelle DS:SI nach AL lesen
        out     dx,al                   ;In Port schreiben
        inc     ah                      ;AH= AH+1, nächstes Register
        dec     dx                      ;DX= 03B4h
        loop    InitLoop                ;Bis CX= 0

ClrScr:
        cld                             ;Richtung: vorwärts
        mov     ax,0B000h               ;Video-Segment Monochrom
        mov     es,ax                   ;ES/Ziel= Video-Segment Mono
        xor     di,di                   ;DI/Ziel= 0
```

Grafik in der Praxis

```
        pop     cx                      ;CX= Anzahl zu löschende Bytes
        pop     ax                      ;AX= 0 oder Farbe/Zeichen für Löschen
        rep     stosw                   ;In BS-Puffer schreiben

        mov     dx,ModeControl
        pop     ax                      ;AX= Modus für 6845 (2 oder 20h)
        or      al,8                    ;Bildschirm wieder einschalten
        out     dx,al                   ;In Port schreiben

        pop     es                      ;Restliche Register wieder zurück
        pop     ds
        ret                             ;Zurück
;----------------------------------------
GValues db  35h,2dh,2eh,07h,5bh,02h,57h,57h,02h,03h,00h,00h
TValues db  61h,50h,52h,0fh,19h,06h,19h,19h,02h,0dh,0bh,0ch
```

Die PROC 6845 übernimmt die direkte Programmierung des 6845 gemäß den übergebenen Parametern in AX, BX, CX und SI. Zuerst wird der Bildschirm ausgeschaltet (Port 03B8h= AL). Dann werden die Werte aus der Tabelle gemäß SI (GValues für Grafik, TValues für Text) über das Index-Register 03B4h und das Daten-Register 03B5h gesetzt. Ab Label ClrScr wird der Bildschirm gemäß CX = Anzahl Bytes und AX = Zeichen/Attribut gelöscht. Abschließend wird der Bildschirm wieder eingeschaltet (Port 03B8h= AL or 8).

```
;----------------------------------------
; TRANSIENTER Teil...
;----------------------------------------
Install:
        push    cs
        pop     ds                      ;DS= CS
        mov     ah,0FFh                 ;Neue Funktion 'Installiert?'
        int     10h
        cmp     ax,0ABCDh               ;Ist schon installiert?
        jne     Do_Install              ;Wenn nicht, installieren

        mov     ah,9                    ;Print String
        mov     dx,offset Schon_da      ;Meldung, daß schon installiert ist
        int     21h
        mov     ah,4ch                  ;Programm beenden
        int     21h
```

Hier die bereits erwähnte Überprüfung auf Mehrfach-Installation. Der Interrupt 10h wird mit Funktion FFh aufgerufen. Ist das Ergebnis in AX = ABCDh, so ist die Emulation bereits installiert und es erfolgt ein entsprechender Hinweis. Andernfalls erfolgt die eigentliche Installation ab dem Label Do_Install, da AX unverändert ist. Der "normale" Interrupt 10h kennt die Funktion FFh ja nicht.

```
Do_Install:
        mov     ah,35h                  ;Funktion 'Get Interrupt Vector'
        mov     al,1Ch                  ;Von Interrupt 1Ch
        int     21h                     ;ES:BX= Interrupt-Vector
        mov     word ptr [INT1C]+0,bx   ;Offset festhalten
        mov     word ptr [INT1C]+2,es   ;Segment festhalten

        mov     ah,35h                  ;Funktion 'Get Interrupt Vector'
        mov     al,10h                  ;Von Interrupt 10h
        int     21h                     ;ES:BX= Interrupt-Vector
        mov     word ptr [INT10]+0,bx   ;Offset festhalten
```

```
        mov     word ptr [INT10]+2,es   ;Segment festhalten

        mov     ah,25h                  ;Funktion 'Set Interrupt Vector'
        mov     al,1Ch                  ;Von Interrupt 1Ch
        mov     dx,Offset INT_1C        ;Offset neue INT 1Ch-Routine
        cli                             ;Keine Interrupts
        int     21h                     ;Neuen INT-Vector setzen
        sti                             ;Interrupts wieder erlaubt

        mov     ah,25h                  ;Funktion 'Set Interrupt Vector'
        mov     al,10h                  ;Von Interrupt 10h
        mov     dx,Offset INT_10        ;Offset neue INT 10h-Routine
        cli                             ;Keine Interrupts
        int     21h                     ;Neuen INT-Vector setzen
        sti                             ;Interrupts wieder erlaubt

        mov     ah,0                    ;Video-Mode setzen
        mov     al,2                    ;Modus= Text 80*25 B/W
        int     10h
        mov     ah,9                    ;Print String
        mov     dx,offset Jetzt_da      ;Meldung, daß jetzt installiert ist
        int     21h

        mov     dx,Offset Install       ;Bis hier resident machen
        int     27h                     ;TSR-Funktion
```

Die Installation gliedert sich in drei Teile: zuerst werden die Adressen der Original-Interrupts 10h und 1Ch ermittelt und festgehalten. Dann werden die Adressen der neuen Interrupt-Routinen INT_10 und INT_1C gesetzt. Abschließend wird das Programm nach einer entsprechenden Meldung über Interrupt 27h resident gemacht.

```
;----------------------------------------
Schon_da    db 13,10,10
            db 'Die CGA-Emulation ist bereits installiert...',7
            db 13,10,10,'$'

Jetzt_da    db 13,10,10
            db 'Die CGA-Emulation ist jetzt installiert...'
            db 13,10,10,'$'
;----------------------------------------
Program ends
        end Start
```

Hinweise zu CGAONHGC.ASM

Die direkte Programmierung des CRT-Chips 6845 erfolgt über die Ports 03B4h und 03B5h. Die ersten 12 Register (0 bis 11) legen unter anderem fest, wieviel Zeichen (bzw. Pixel) pro Zeile und wieviele Zeilen insgesamt angezeigt werden sollen. Weiterhin wird die horizontale und vertikale Synchronisation festgelegt. Die Werte in der Tabelle GValues und die Quell-/Ziel-Adressen in der Routine ScrCopy sind so ausgelegt, daß die emulierte Grafik in Bildschirmmitte plaziert wird. Über das Configuration Switch Register 03BFh wird festgelegt, daß der 6845 im Grafik-Modus arbeiten darf und der Zugriff auf den Bereich ab Adresse B800h erlaubt ist. Über das Mode Control Register 03B8h wird letztlich festgelegt, ob der 6845 im Text- oder Grafik-Modus arbeitet, welcher Bereich

Grafik in der Praxis

dargestellt wird (ab B000h oder B800h) und ob der Bildschirm ein- oder ausgeschaltet ist. Eine detaillierte Beschreibung der genannten Register würde den hier zu Verfügung stehenden Platz sprengen. Sie finden im DATA BECKER Buchangebot weiterführende Literatur zu diesem Thema. Um die Emulation einzuschalten, wird einfach das Programm CGAONHGC.COM aufgerufen. Anschließend kann eine beliebige CGA-Anwendung gestartet werden. Es sei denn...

Einschränkungen für die Emulation CGAONHGC

Wie bereits eingangs des Kapitels erwähnt, besteht ein Unterschied zwischen CGA und Hercules in verschiedenen Port-Adressen (CGA= 03Dxh, Hercules= 03Bxh) für die Steuerung des 6845. CGA-Anwendungen, die direkt in die Ports schreiben, können mit CGAONHGC also nicht funktionieren. Ports lassen sich nun mal nicht emulieren.

Bei Tests mit CGAONHGC auf einigen Hercules-kompatiblen Karten kam es teilweise zu Problemen. Das Bild lief durch, flackerte oder kam gar nicht erst zustande. Dies kann einerseits in einer Inkompatibilität der Register liegen, kann andererseits aber auch in den Peripherie-Bausteinen auf den Karten liegen, die dort anscheinend anders mit dem 6845 zusammenarbeiten als bei der Hercules-Karte. Leider werden diese - meist aus Taiwan oder Korea stammenden - kompatiblen Karten ohne Schaltbild, Registerbeschreibung und Dokumentation ausgeliefert, so daß eine genaue Lokalisierung des Problems nicht möglich war.

Einige Anwendungen benutzen selbst die Interrupts 10h oder 1Ch, so daß es dadurch zu Problemen kommen kann. Wenn beispielsweise der Interrupt 10h "unsauber verbogen" und die Original-Adresse nicht mehr angesprungen wird, kann die Emulation logischerweise nicht mehr greifen. Gleiches gilt in etwa für den Interrupt 1Ch, der von einigen Anwendungen über den Interrupt 8 (auch ein Timer-Interrupt, der allerdings vor dem INT 1Ch aufgerufen wird) regelmäßig auf ein IRET gesetzt wird, um Anwender-Routinen wie beispielsweise eine Uhr "abzuwürgen". Hier erfolgt dann das Kopieren der Grafik nicht mehr und der Bildschirm bleibt schwarz. Ein Umstand, gegen den sich die Emulation ebenfalls nicht wehren kann.

18. PC-BASIC und Compiler

Irgendwann hat wohl jeder PC-BASIC-Programmierer den Wunsch, seine Programme durch den Einsatz eines Compilers schneller und komfortabler zu gestalten. Die Vorteile liegen denn auch klar auf der Hand: die Verarbeitungsgeschwindigkeit ist um einiges höher, das umständliche Handling mit dem Interpreter entfällt durch die alleine lauffähigen EXE-Programme und Änderungen am compilierten Programm sind nicht oder nur sehr aufwendig möglich. In diesem Kapitel wollen wir einen kleinen Ausflug in das Land der Compiler machen und einmal schauen, welche Compiler momentan verfügbar sind und wo ihre Stärken und Schwächen liegen. Zuvor einige grundsätzliche Betrachtungen.

18.1 Voraussetzungen

Ein zu compilierendes PC-BASIC-Programm muß gewisse Voraussetzungen erfüllen. Bei den ersten BASIC-Compilern gab es noch jede Menge Einschränkungen: viele Befehle und Funktionen, die unter dem Interpreter zur Verfügung standen, konnten in einem zu compilierenden Programm nicht eingesetzt werden, da der Compiler sie nicht übersetzen konnte. Dadurch gestaltete sich die Programmierung recht umständlich. Bei jeder Programmzeile mußte überlegt werden, ob denn der Compiler auch damit zurecht kommen würde. Vielfach mußten komfortable Befehle oder Funktionen gestrichen und dafür improvisierte Lösungen eingesetzt werden.

Als Microsoft im Jahre 1985 den ersten QuickBASIC-Compiler ankündigte und wenig später auslieferte, ging ein Aufatmen durch die Reihen der PC-BASIC-Programmierer. Die Einschränkungen bezogen sich auf rund ein Dutzend Befehle und Funktionen. Die meisten davon waren Befehle für die Programm-Eingabe (AUTO, LIST, RENUM etc.), so daß deren "Verlust" kaum zur Kenntnis genommen wurde. Darüber hinaus wurden viele neue - compilerspezifische - Befehle und Funktionen zur Verfügung gestellt, die in den Programmen mehr Komfort ermöglichten. Vorhandene PC-BASIC-Programme konnten fast eins zu eins übersetzt werden. Mit jeder neuen Version der Compiler wurden die Einschränkungen weniger und die neuen Befehle und Funktionen komfortabler.

Heutzutage lassen sich die Voraussetzungen eines zu compilierenden PC-BASIC-Programms an zwei Fingern abzählen:

1. Die Programme dürfen keine Befehle oder Funktionen enthalten, die der Compiler nicht übersetzen kann.

2. Das Programm muß als ASCII-Text-Datei ohne Steuerzeichen vorliegen.

Bezüglich des ersten Punktes kann es zu Konflikten kommen: Wie soll man die compilerspezifischen Befehle und Funktionen unter dem Interpreter testen? Nun, mittlerweile hat sich diese Frage selbst beantwortet: Man braucht keinen Interpreter mehr! Die leistungsfähigen Compiler, die wir in diesem Kapitel näher betrachten wollen, können kaum noch als Compiler bezeichnet werden. Der Begriff "Programmentwicklungs-System" paßt da schon eher.

Die Systeme verfügen über eine komfortable Benutzeroberfläche, bieten einen integrierten Editor und letztlich die Möglichkeit, das Programm aus dem Editor heraus zu compilieren und zu starten. Doch dazu später etwas mehr. Der zweite Punkt läßt sich relativ einfach erfüllen: Ein vorhandenes Programm wird mit dem Schalter ",A" gespeichert:

```
SAVE "<Name>",A
```

und kann anschließend in den Editor des jeweiligen Systems geladen werden. Neben diesen Programmentwicklungs-Systemen gibt es - zwar selten, aber dennoch - die sogenannten "Kommandozeilen-Compiler". Wie der Name schon vermuten läßt, werden diese Compiler über die DOS-Kommandozeile unter Angabe des Source-Programms aufgerufen. Das Source-Programm kann dazu entweder mit dem Interpreter oder mit einem ASCII-Editor erstellt werden. Allerdings ist die Handhabung - vor allem während der Programm-Entwicklung - recht umständlich. Bei jedem Fehler bricht der Compiler ab, das Programm muß in den Interpreter oder den Editor geladen, geändert und wieder gespeichert werden. Dann erfolgt der erneute Aufruf des Compilers. Und das solange, bis kein Fehler mehr im Programm enthalten ist. Die ganze Prozedur ist natürlich abhängig von der Disziplin des Programmierers. Kraß ausgedrückt: Je schlampiger man programmiert, desto mehr Streß hat man später bei der Compilierung.

18.1.1 Änderungen am Programm

Die Änderungen an bestehenden Programmen beschränken sich in der Regel auf die Programmzeilen, in denen Befehle oder Funktionen eingesetzt werden, die der Compiler nicht übersetzen kann. Diese sind entweder zu streichen oder durch äquivalente Anweisungen zu ersetzen. Dies liest sich einfacher, als es letztlich ist. Ich hatte derzeit ein Programm entwickelt, dessen Hilfe-Bildschirme per BLOAD geladen und angezeigt wurden. Der erste QuickBASIC-Compiler unterstützte BLOAD jedoch nicht, so daß für die Realisierung einer gleichermaßen komfortablen Lösung fast zwei Wochen vergingen. Das Ergebnis dieser Bemühungen ist das Kapitel 16.

Daraus lernt man natürlich für andere Projekte: die Frage "Anpassen oder Neuentwickeln?" ist denn wohl auch die Wichtigste, wenn vorhandene Programme zur Compilierung anstehen. Ein weiterer Gesichtspunkt ist die Tatsache, daß moderne Compiler nicht mehr nur mit Zeilennummern arbeiten, sondern als "Orientierungshilfe" für Sprünge oder Verzweigungen neben Zeilennummern auch sogenannte "Labels" (Klartextbezeichner) zum Einsatz kommen. Man programmiert also nicht mehr GOSUB 500, sondern "gosub Datei.oeffnen". Für bestehende Programme bedeutet dies, daß der besseren Übersicht wegen unzählige

Zeilennummern zu löschen und die verbleibenden in Labels umgesetzt werden müssen.

Wie bereits erwähnt, stellen die Compiler neue Befehle und Funktionen zur Verfügung. Diesbezüglich ist also eine Analyse des vorhandenen Programms notwendig, um herauszufinden, wo sich etwas durch die neuen Gegebenheiten verbessern oder verkürzen läßt. Vor allem bei großen Programmen eine recht undankbare Aufgabe.

Letztlich steht eine Überprüfung der verwendeten Datentypen an. PC-BASIC stellt hier ja lediglich die Typen Integer, String und Real mit einfacher oder doppelter Genauigkeit zur Verfügung. Bei Compilern hat man zusätzlich zu diesen - teils erweiterten - Datentypen (vor allem Reals) beispielsweise noch die Möglichkeit, die Länge von Strings festzulegen oder Arrays dynamisch zu verwalten. Auch hier ist also eine Analyse des vorhandenen Programms notwendig, um zu ermitteln, wo sich welche Variablen bzw. Arrays platzsparender oder - für mathematische Berrechnungen - mit erhöhter Genauigkeit einsetzen lassen.

18.1.2 Tips für das Source-Programm

Wenn Sie vorhaben, Ihre Programme auch weiterhin unter dem Interpreter zu entwickeln und abschließend zu compilieren, so müssen bereits bei der Programmierung die compilerspezifischen Gegebenheiten berücksichtigt werden. Nachträgliche Änderungen haben meist zur Folge, daß das Programm an Übersichtlichkeit verliert oder die Struktur - wenn sie denn vorhanden ist - durch zwangsweise eingesetzte GOTOs verloren geht.

In der Regel werden Sie Ihre Programme jedoch nur unter dem Interpreter entwickeln, wenn Sie einen Kommandozeilen-Compiler einsetzen. Die Entwicklungs-Systeme bieten da ja - siehe oben - einen ganz anderen Komfort, so daß hier eine Entwicklung per Interpreter sehr unsinnig ist. So schön und schnell die Entwicklung unter dem Interpreter auch sein mag: in den Anfangstagen der Compiler - als es noch keines der Entwicklungs-Systeme gab - habe ich auf den Interpreter ganz verzichtet und die Source-Programme mit WordStar oder Word erstellt. Erstens sind hier sehr komfortable Editiermöglichkeiten wie beispielsweise Suchen/Ersetzen von Variablen-Namen vorhandenen, zweitens spart man sich später die Arbeit, Zeilennummern zu löschen oder "umzufunktionieren", man arbeitet gleich mit Labels.

18.1.3 Besonderheiten bei Assembler-Routinen

Wie wir in Kapitel 8 gesehen haben, gibt es drei Möglichkeiten, Assembler-Routinen einzubinden:

1. Mit BLOAD in einen geschützten Speicherbereich laden.
2. Mit POKE aus Data-Zeilen in geschützten Speicherbereich bringen.
3. In einem String unterbringen.

All diese Möglichkeiten können bei einem Compiler nicht mehr eingesetzt werden. Der wichtigste Grund: man kann keinen Speicherbereich schützen, da die Variablen anders verwaltet werden als beim Interpreter. Auch funktioniert der CALL-Befehl nicht wie beim Interpreter. Statt einer anzuspringenden Adresse muß ein Label bzw. der Name der auszuführenden Routine angegeben werden. Diese Routine muß als eine vom Assembler generierte OBJ-Datei beim Linken eingebunden werden. Auch die Übergabe der Parameter erfolgt bei Compilern abweichend. Bei PC-BASIC erfolgt die Übergabe ja immer "by Reference", also als Zeiger auf die jeweiligen Daten. Bei einigen Compilern - z.B. dem neuen QuickBASIC V4.0 - kann man die Art der Parameter-Übergabe steuern und wählen, ob die Paremeter direkt als Wert oder als Zeiger übergeben werden. Dementsprechend ist natürlich die Assembler-Routine zu konzipieren. Dazu aber später mehr.

18.1.4 "Sowohl als auch"-Programme

Letztlich - und selten - gibt es noch die sogenannten "Sowohl als auch"-Programme, Programme also, die sowohl unter dem Interpreter laufen, als auch ohne Änderung compiliert werden sollen. Da taucht natürlich die Frage nach deren Existenzberechtigung auf. Nun, viele Programmierer stellen ihren Kunden gerne das Source-Programm zur Verfügung, damit diese - auf eigene Gefahr natürlich - ihre individuellen Änderungen daran vornehmen können. Daneben hat er dann noch Kunden, die das Programm wie konzipiert übernehmen wollen, also die compilierte Version bekommen. Theoretisch müßte der Programmierer hier zwei Versionen vorhalten: eine für den Interpreter und eine für den Compiler. Nur wird dies aus verständlichen Gründen - wer macht sich schon gerne unnötige Arbeit - kaum gemacht. Das Programm wird gleich so konzipiert, daß es eben für beide Einsatzgebiete verwendet werden kann.

In der Praxis bedeutet dies, daß das Source-Programm keine compilerspezifischen Befehle und Funktionen beinhalten darf - die "versteht" der Interpreter ja nicht. Weiterhin dürfen keine Befehle und Funktionen enthalten sein, die der Compiler nicht übersetzen kann. Resultat: das Interpreter-Programm weist selten den Komfort auf, den es resultierend aus den zusätzlichen Compiler-Möglichkeiten haben könnte und das Compiler-Programm ist sehr unübersichtlich, da ja die Zeilennummern beibehalten werden müssen - mit Labeln kann der Interpreter ja nichts anfangen.

Im folgenden stellen wir Ihnen am Beispiel von QuickBASIC 4.0 von Microsoft, TurboBASIC 1.0 von Borland und MS-BASIC Version 6.0 von Microsoft einige Compiler vor.

18.2 QuickBASIC von Microsoft

QuickBASIC von Microsoft liegt mittlerweile in der Version 4.0 vor und ist - um es vorwegzunehmen - meiner Meinung nach das zur Zeit beste Entwicklungs-System in Sachen PC-BASIC. Neben der hervorragenden Benutzeroberfläche sind hier Funktionen und Möglichkeiten zur Programm-Entwicklung implementiert, die die Programmierung enorm vereinfachen und verkürzen. Doch dazu im nächsten Abschnitt etwas mehr.

QuickBASIC ist in einer deutschen Version verfügbar. Sowohl das Programm als auch die Handbücher sind komplett eingedeutscht. Bezüglich der Übersetzung des Programms finde ich die Realisierung jedoch nicht überzeugend. In der amerikanischen Version ließ sich beispielsweise die Funktion "Suchen/Ersetzen" über die Tasten <ALT>-<F>-<C> wie "Find/Change" aktivieren. Es bestand also zwischen den zu drückenden Tasten und der Funktion ein nachvollziehbarer Zusammenhang anhand der Abkürzung <F>-Find und <C>-Change. Die Einarbeitungszeit war dadurch auf wenige Tage beschränkt und man brauchte kaum in die Menüs schauen, welche Taste zu drücken ist. In der deutschen Übersetzung sind die Tasten <ALT>-<S>-<D> für diese Funktion zu drücken. <S> steht dabei für Suchen, <D> für Ändern. Ein Zusammenhang zwischen Tasten und Funktion ist nur zum Teil erkennbar und die Einarbeitungszeit erhöht sich entsprechend. Selbst nach rund einem Monat muß ich immer noch in die Menüs schauen, um zu sehen, welche Taste denn wohl die nächste ist.

Auch die deutsche Übersetzung der Handbücher ist stellenweise sehr unglücklich. Man merkt sofort, daß hier jemand geschrieben hat, der sich seiner Sache nicht sicher war. Vielleicht kennen Sie das Gefühl: man schlägt ein Handbuch auf, liest ein paar Zeilen in dem einen oder anderen Kapitel und spürt sofort die Souveränität und Kompetenz des Autors oder Übersetzers. Dieses Gefühl kommt bei den deutschen QuickBASIC-Handbüchern leider nicht auf.

QuickBASIC wird auf drei Disketten mit drei Handbüchern ausgeliefert. Zur Zeit liegt der Verkaufspreis je nach Bezugsquelle bei ca. DM 350,-. Die Installation erfolgt vermittels einer Batch-Datei. Über Environment-Variablen (SET LIB=, SET EXE=) können verschiedene Verzeichnisse auf der Festplatte/Diskette als Organisationsmittel eingerichtet werden. Mitgelieferte Beispiel- und Utility-Programme füllen eine ganze Diskette und helfen beim Einstieg und der Umsetzung vorhandener Programme. Die Handbücher sind getrennt in die Bereiche "Grundsätzliches zu BASIC", "Arbeiten mit QuickBASIC" und ein "Referenz-Handbuch" für alle Befehle und Funktionen.

18.2.1 Besonderheiten von QuickBASIC

Im Folgenden wollen wir einmal schauen, was QuickBASIC an Besonderheiten zu bieten hat. Alle Besonderheiten lassen sich aufgrund des beschränktes Platzes natürlich nicht aufführen, die wichtigsten Dinge habe ich aber einmal herausgesucht, so daß eine Beurteilung möglich ist.

Die Benutzeroberfläche

Da fällt zuerst die Benutzeroberfläche ins Auge: sämtliche Funktionen werden entweder über Pull-Down-Menüs aufgerufen oder per Tastenkombination in der Form <ALT>-<Hauptmenüpunkt>-<Pull-Down-Menüpunkt> aktiviert. In der Anfangszeit läßt man sich also durch die Menüs führen, später geht man automatisch auf die schnelleren Tastenkombinationen über. Zusätzlich kann Quick-BASIC komplett mit der Maus bedient werden. Ein Umstand, den vor allem Programmierer schätzen werden, die bereits mit anderen mausgesteuerten Programmen arbeiten.

Modul-Verarbeitung vom Feinsten

QuickBASIC verarbeitet folgende Source-Programme:

1. Modul-Programme sind Programme, in denen verschiedene Prozeduren und Funktionen (Subs and Functions) zusammengefaßt sind. So kann man sich beispielsweise ein Modul für Bildschirm-Ein-/Ausgabe oder für Tastatur- und Maus-Handling anlegen, das sich dann in anderen Programmen durch einfaches Hinzuladen einbinden läßt. Jedes Modul-Programm kann einen Hauptprogramm-Teil haben, über den dann die jeweiligen Subs und Functionss aufgerufen werden.

2. Include-Programme sind Programme, die - ähnlich den Modul-Programmen - in Programme eingebunden werden und sich wiederholende Programm-Sequenzen beinhalten. Dies können Dimensionierungen von Arrays, Variablen-Zuweisungen oder auch Subs und Functions sein.

3. Documents sind reine ASCII-Dateien, die in das Programm eingebunden werden. Dies können z.B. Importe aus anderen Programmen oder mit einem anderen Editor erstellte Programm-Teile sein.

Der Zugriff auf die o.g. Programme (bzw. Teile) erfolgt über ein Pop-Up-Menü. Um z.B. eine Prozedur "Tastatureingabe" zu bearbeiten, muß nicht seitenweise im Programm geblättert werden, sondern man wählt die Prozedur aus dem Menü heraus aus und QuickBASIC zeigt die Programmzeilen dazu in einem Fenster an. Man muß dies einfach in der Praxis erlebt haben, um den Zeitgewinn bei der Entwicklung beurteilen zu können. Über dieses Menü lassen sich Prozeduren, Funktionen, Module oder Include-Dateien übrigens auch recht einfach löschen oder verschieben.

Direkt-Modus inklusive

QuickBASIC stellt in einem zweiten Fenster einen Direkt-Modus zur Verfügung. Hier können nicht nur Variablen-Inhalte überprüft werden. Ist man z.B. dabei, eine Prozedur zu entwickeln, so kann diese Prozedur anhand ihres Namens aus dem Direkt-Modus heraus aufgerufen und ausgeführt werden. Man kann sich von der Funktionstüchtigkeit überzeugen und ggf. Änderungen vornehmen. Vorteil: es muß nicht jedesmal das ganze Programm ausgeführt werden, um nur einen Teil davon zu testen.

Halb Interpreter, halb Compiler

Wenn Sie eine Programmzeile eingeben, wird diese von QuickBASIC sofort auf Syntax geprüft und - wenn alles richtig war - sofort compiliert. Dadurch entfallen nach einem RUN die Compilierungszeiten, und das Programm kann sofort gestartet und getestet werden.

Eigene Datentypen

QuickBASIC gestattet es, eigene Datentypen aus den vorhandenen Datentypen zu definieren. Nehmen wir mal an, Sie wollen eine Lager-Verwaltung programmieren. Bisher haben Sie dies basierend auf einer Random-Datei gemacht; ein unter PC-BASIC recht umständlicher Weg. Bei QuickBASIC können Sie nun den Datensatz als Datentyp definieren:

```
TYPE TLagerSatz
    ArtikelNummer AS INTEGER
    Bezeichnung AS STRING * 30
    Preis as SINGLE
END TYPE

DIM LagerSatz AS TLagerSatz
```

Sie haben hiermit einen Datentyp "TLagerSatz" definiert und anschließend eine Variable "Lagersatz" dieses Datentyps angelegt. Auf die einzelnen Komponenten des neuen Datentyps wird folgendermaßen zugegriffen:

```
LagerSatz.ArtikelNummer= 100200
LagerSatz.Bezeichnung= "Schraubenschlüssel"
LagerSatz.Preis= 12.80
```

Auch das Anlegen einer Datei vereinfacht sich erheblich, da keine Satzlänge mehr berechnet werden muß:

```
OPEN "LAGERV.DAT" FOR RANDOM AS #1, LEN= LEN(LagerSatz)
```

Fein, nicht? Natürlich gibt es für eigene Datentypen noch viel mehr Möglichkeiten (z.B. in Verbindung mit Arrays). Diese Ausführungen demonstrieren aber ausreichend die damit verbundenen Möglichkeiten.

Hilfe!

QuickBASIC stellt eine Schlüsselwort-orientierte Hilfe zur Verfügung. Wenn Sie beispielsweise die genaue Syntax des Befehles PRINT USING nicht im Kopf haben, so setzen Sie den Cursor einfach auf das Schlüsselwort und drücken die Tasten <Shift>-<F1>. In einem Hilfe-Fenster werden alle notwendigen Informationen zum Befehl angezeigt. Steht der Cursor auf keinem Schlüsselwort, wird eine Übersicht angezeigt, aus der dann der jeweilige Befehl gewählt werden kann. Teil der Hilfe ist übrigens eine ASCII-Tabelle.

Variablen beobachten

In einem separaten Fenster kann QuickBASIC während des Programm-Ablaufes jeden beliebigen Variablen-Inhalt anzeigen. So lassen sich Fehler aufgrund falscher Variablen-Inhalte schnell aufspüren und beseitigen.

TRACE und Einzelschritt-Verarbeitung

QuickBASIC erlaubt das Setzen beliebiger "BreakPoints" (Haltepunkte) im Programm. Nach einem RUN wird das Programm bis zum Haltepunkt ausgeführt. Danach stoppt QuickBASIC und man kann z.B. Variablen-Inhalte oder Verzweigungs-Kriterien prüfen. Über die Funktionstasten läßt sich das Programm im Einzelschritt-Modus abarbeiten. Dabei kann gewählt werden, ob nur jeweils eine Zeile oder eine ganze Prozedur ausgeführt werden soll. Über ein gesondertes Pull-Down-Menü kann die Folge der Prozedur-Aufrufe schrittweise zurückverfolgt werden. Beispiel: Ein Fehler wird in der Prozedur "Tastatureingaben" gemeldet. Diese Prozedur wurde von der Prozedur "Dateinamen.eingeben" aufgerufen. Diese Prozedur wurde von der Prozedur "Datei.oeffnen" aufgerufen. Nun kann man sich die zum Aufruf gehörende Prozedure anzeigen lassen und prüfen, ob der Fehler von dort oder ggf. von der aufrufenden Prozedur verursacht wurde.

Zwei Fenster im Zugriff

QuickBASIC erlaubt die Bearbeitung des Source-Programms in zwei Fenstern. Dadurch können z.B. zwei zusammenarbeitende Prozeduren nebeneinander bearbeitet werden oder Teile von einem in das andere Fenster kopiert oder verschoben werden.

QuickBASIC, Assembler und Librarys

QuickBASIC arbeitet mit sogenannten "QuickLibs" (Lib= Library= Bibliothek). Hierbei handelt es sich um Bibliotheken, in denen einerseits Assembler-Routinen, anderseits aber auch mit QuickBASIC generierte Routinen aus Modul-Programmen enthalten sein können. QuickBASIC erstellt Programme basierend auf OBJ-Dateien. Der Assembler generiert z.B. solche OBJ-Dateien, der QuickBASIC-Compiler ebenfalls. Beim späteren Linken werden dann alle OBJ-Dateien zusammengefaßt und es entsteht ein EXE-Programm daraus. Die "QuickLibs" werden nun nicht erst beim Linken hinzugefügt, sondern können als Bestandteil von QuickBASIC beim Aufruf geladen werden. Die in der "QuickLib" enthaltenen Prozeduren und Funktionen können anschließend wie "ganz normale" Befehle und Funktionen eingesetzt werden.

Daraus resultierend können somit Assembler-Routinen entweder separat beim Linken eingebunden oder in einer Lib - eventuell mit anderen Modulen - zusammengefaßt werden. Bei der eigentlichen Erstellung des Programms kann übrigens gewählt werden, ob ein Runtime-Modul integriert werden soll oder nicht. Läßt man das Runtime-Modul separat, greifen alle erstellten Programme darauf gemeinsam zu. Man spart also erheblich an Speicherplatz auf Festplatte/Diskette. Soll das Programm jedoch weitergegeben werden, integriert man das Runtime-Modul einfach.

18.2.2 Das ist anders - Unterschiede zu PC-BASIC

Die Unterschiede zu PC-BASIC sind natürlich gravierend, beschränken wir uns also auf die wichtigsten. Von der Handhabung mal abgesehen ist z.B. die Verwaltung der Variablen grundlegend anders. Strings können beispielsweise mit einer festen Länge definiert werden. Die maximale Länge eines Strings ist auf 32.000 Zeichen (32 KByte!) erweitert worden. Arrays lassen sich nun statisch und dynamisch anlegen. Die Indizierungsgrenzen von Arrays können mit einem oberen und unteren Wert wie folgt festgelegt werden:

```
DIM Jahres.Tabelle(1980 TO 2000)
```

Unterprogramme werden als Prozeduren (Subs) oder Funktionen (Functions) realisiert und anhand ihres Namens aufgerufen. Dabei können beliebige Parameter übergeben werden. Auch die Art der Parameter-Übergabe läßt sich für die Verwendung mit externen Modulen festlegen.

Variablen können innerhalb der Subs oder Functions lokal definiert werden. Dadurch kann man aussagekräftige Variablen-Namen mehrfach einsetzen. Variablen und Arrays können beliebigen Umfangs, dürfen einzeln jedoch nicht größer als ein Segment (64 KByte) sein.

18.2.3 Benutzer-Oberfläche/Menü-Struktur

Abschließend wollen wir einen Blick auf die Benutzer-Oberfläche und die Menü-Struktur werfen. Wie eingangs erwähnt, erfolgt der Aufruf der einzelnen Funktionen über eine Hauptmenü-Leiste und Pull-Down-Menüs. Anhand der einzelnen Menüs werden die dazugehörigen Funktionen erläutert. Da sowohl deutsche als auch amerikanische Versionen auf dem Markt sind, finden Sie beide berücksichtigt:

```
|Datei|                  |File|

 Neues Programm           New Program
 Programm laden...        Open Program...
 Zusammenführen...        Merge...
 Speichern                Save
 Speichern unter...       Save As...
 Alles speichern          Save All

 Datei anlegen...         Create File...
 Datei laden...           Load File...
 Datei entfernen...       Unload File...

 Drucken...               Print...

 Betriebssystem           DOS Shell

 Ende                     Exit
```

Neues Programm • New Program

Entspricht einem NEW unter PC-BASIC. Der Arbeitsspeicher und alle Variablen werden gelöscht. Sind die letzten Änderungen nicht gesichert, so fragt Quick-BASIC, ob dies noch geschehen soll.

Programm laden... • Open Program...

Lädt ein bestehendes Programm zur Bearbeitung. Entspricht LOAD unter PC-BASIC. Sind die letzten Änderungen nicht gesichert, so fragt QuickBASIC, ob dies noch geschehen soll.

Zusammenführen... • Merge...

Fügt zwei oder mehrere Programme zusammen. Prozedur- oder Funktions-Namen dürfen dabei nicht doppelt vorhanden sein. Ist in etwa mit MERGE von PC-BASIC zu vergleichen.

Speichern • Save

Sichert die zum Projekt gehörenden Module oder Include-Dateien, an denen Änderungen vorgenommen wurden, unter dem ursprünglichen Namen.

Speichern unter... • Save as...

Sichert das aktuelle Projekt komplett unter einem anderen Namen.

PC-BASIC und Compiler

Alles speichern • Save all
Sichert alle zum aktuellen Projekt gehörenden Programm-Teile, egal ob sie geändert wurden oder nicht.

Datei anlegen... • Create File...
Über diesen Menü-Punkt kann eine neue Modul-, Include- oder Document-Datei im aktuellen Projekt angelegt werden.

Datei laden... • Load File...
Lädt eine vorhandene Modul-, Include- oder Document-Datei zum aktuellen Projekt hinzu.

Datei entfernen... • Unload File...
Löscht eine Modul-, Include- oder Document-Datei aus dem aktuellen Projekt.

Drucken... • Print...
Druckt das aktuelle Programm oder markierte Teile davon aus.

Betriebssystem • DOS-Shell
Über diesen Menü-Punkt kann MS-DOS temporär aufgerufen und die dort zur Verfügung stehenden Befehle können ausgeführt werden.

Ende • Exit
Beendet QuickBASIC. Sind die letzten Änderungen nicht gesichert, so fragt QuickBASIC, ob dies noch geschehen soll.

Bearbeiten		Edit	
Rückgängig	Alt+Rück	Undo	Alt+Backspace
Ausschneiden	Umsch+Entf	Cut	Shift+Del
Kopieren	Strg+Einfg	Copy	Ctrl+Ins
Einfügen	Umsch+Einfg	Paste	Shift+Ins
Löschen	Entf	Clear	Del
Neue SUB...		New SUB...	
Neue FUNCTION...		New FUNCTION...	
√ Syntax überprüfen		√ Syntax Checking	

Rückgängig • Undo
Nimmt die letzte Löschung eines markierten Textes zurück.

Ausschneiden • Cut
Löscht einen markierten Textteil in einen Zwischenpuffer. Von dort aus kann der Textteil beliebig oft an beliebigen Stellen eingefügt werden.

Kopieren • Copy
Kopiert einen markierten Textteil in einen Zwischenpuffer. Von dort aus kann der Textteil beliebig oft an beliebigen Stellen eingefügt werden.

Einfügen • Paste
Kopiert einen Textteil aus dem Zwischenpuffer an die Cursor-Position. Diese Funktion kann beliebig oft an beliebigen Stellen aufgerufen werden.

Löschen • Clear
Löscht einen markierten Textteil. Dieser wird **nicht** in einem Zwischenpuffer festgehalten! Die Aktion kann mit *Rückgängig* zurückgenommen werden.

Neue SUB... • New SUB...
Legt eine neue Prozedur (Sub) an. Der Name dafür wird im Dialog erfragt. Vereinfachen kann man die Eingabe, indem der Name bereits eingetippt und der Cursor darauf gestellt wird. Der Name erscheint als Vorgabe in der Eingabe und kann mit der Eingabe-Taste sofort übernommen werden.

Neue FUNCTION... • New FUNCTION...
Legt eine neue Funktion (Function) an. Der Name dafür wird im Dialog erfragt. Vereinfachen kann man die Eingabe, indem der Name bereits eingetippt und der Cursor darauf gestellt wird. Der Name erscheint als Vorgabe in der Eingabe und kann mit der Eingabe-Taste sofort übernommen werden.

Syntax überprüfen • Syntax Checking
Schaltet die automatische Syntax-Prüfung ein- oder aus. Die Prüfung sollte eigentlich nur bei langsamen PC und sehr langen Programmzeilen ausgeschaltet werden.

```
|Ansicht|                        |View|
 SUBs...              F2          SUBs...              F2
 Nächste SUB   Umsch+F2           Next SUB      SHIFT+F2
 Teilen                           Split

 Nächste Anweisung                Next Statement
 Ausgabebildschirm     F4         Output Screen        F4

 Bearbeiten Include-Datei         Include File
 Anzeigen Include-Datei           Included Lines

 Optionen...                      Options...
```

SUBs... • SUBS...
Ruft das Pop-Up-Menü auf, aus dem die einzelnen Module, Include-Dateien, Prozeduren und Funktionen für eine Änderung oder Anzeige aufgerufen werden.

Nächste SUB • Next SUB
Ruft die der aktuellen Prozedur oder Funktion folgende Routine zur Änderung oder Anzeige auf.

Teilen • Split
Teilt das Fenster entweder in zwei Bereiche oder - wenn bereits zwei Bereiche aktiv sind - löscht den Bereich, in dem sich der Cursor momentan befindet.

Nächste Anweisung • Next Statement
Setzt die jeweils nächste Anweisung als aktuelle Zeile.

Ausgabebildschirm • Output Screen
Zeigt das Ergebnis des letzten Programm-Laufes an.

Bearbeiten Include-Datei • Include Files
Include-Dateien werden über eine Compiler-Anweisung eingebunden, erscheinen also nicht als Programmzeilen im Programm. Eine direkte Änderung kann erst erfolgen, wenn hier die Bearbeitung ausdrücklich eingeschaltet wurde.

Anzeigen Include-Datei • Include Lines
Include-Dateien werden über eine Compiler-Anweisung eingebunden, erscheinen also nicht als Programmzeilen im Programm. Hier können Sie festlegen, daß Include-Dateien grundsätzlich als Programmzeilen angezeigt werden. Die Ände-

rung ist allerdings erst möglich, wenn dies über *Bearbeiten Include-Datei* festgelegt wurde.

Optionen... • *Options...*
Hier können Sie die für die Anzeige vorhandenen Parameter wie Farben, Bildschirmaufbau oder Maussteuerung festlegen.

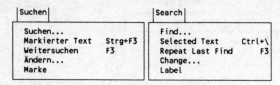

Suchen... • *Find...*
Sucht entweder im ganzen Projekt oder im aktuellen Fenster nach einem einzugebenden Begriff.

Markierter Text • *Selected Text*
Sucht entweder im ganzen Projekt oder im aktuellen Fenster nach einem bereits markierten Begriff.

Weitersuchen • *Reapeat Last Find*
Sucht gemäß eingegebenem Suchbegriff weiter.

Ändern... • *Change...*
Tauscht einzugebenden Suchbegriff gegen einen einzugebenden Tauschbegriff entweder im ganzen Projekt oder im aktuellen Fenster.

Marke • *Label*
Springt zum einzugebenden Label (hier als "Marke" bezeichnet).

PC-BASIC und Compiler

```
|Ausführen|                    |Run|
 Start         Umsch+F5         Start         Shift+F5
 Neustart                       Restart
 Weiter              F5         Continue            F5
 Ändere COMMAND$...             Modify COMMAND$...

 EXE-Datei erstellen...         Make EXE File...
 Bibliothek erstellen...        Make Library...

 Hauptmodul bestimmen...        Set Main Module...
```

Start • Start
Compiliert das aktuelle Projekt - sofern nach der letzten Änderung notwendig - und führt das Programm dann aus. Wenn eine Änderung dazu führen würde, daß das ganze Projekt neu compiliert werden muß, so weist QuickBASIC daraufhin und fragt, ob das in Ordnung ist und die Änderung übernommen werden soll.

Neustart • Restart
Compiliert das ganze Projekt neu, egal ob die letzte Änderung das notwendig macht oder nicht.

Weiter • Continue
Führt das Programm nach einem STOP weiter aus. Entspricht einem CONT in PC-BASIC.

Ändere COMMAND$... • Modify COMMAND$...
Hier können Sie eine DOS-Kommandozeile "simulieren". Die eingegebenen Parameter werden dem Programm in der Variablen COMMAND$ übergeben und können von dort aus ausgewertet werden.

EXE-Datei erstellen... • Make EXE File...
Compiliert und linkt das aktuelle Projekt zu einem lauffähigen EXE-Programm.

Bibliothek erstellen... • Make Library...
Macht aus dem aktuellen Modul eine "QuickLib".

Hauptmodul bestimmen... • Set Main Module...
Hier legen Sie fest, welches der geladenen Module das Haupt-Programm, also nach dem Start als Steuer-Programm aufzurufen ist.

```
┌─Debug─────────────────────────┐  ┌─Debug──────────────────────────┐
│ Variable anzeigen...          │  │ Add Watch...                   │
│ Stoppbedingung...             │  │ Watchpoint...                  │
│ Anzeigevariable löschen...    │  │ Delete Watch...                │
│ Alle Anzeigevariablen löschen │  │ Delete All Watch               │
│                               │  │                                │
│ Verfolgen ein                 │  │ Trace On                       │
│ Rückverfolgen ein             │  │ History On                     │
│                               │  │                                │
│ Haltepunkt ein/aus        F9  │  │ Toggle Breakpoint          F9  │
│ Alle Haltepunkte löschen      │  │ Clear All Breakpoints          │
│ Nächste Anweisung festlegen   │  │ Set Next Statement             │
└───────────────────────────────┘  └────────────────────────────────┘
```

Variable anzeigen... • Add Watch...

Hier legen Sie fest, welche Variablen-Inhalte im separaten Variablen-Fenster während des Programm-Laufes angezeigt werden sollen.

Stoppbedingung... • Watchpoint...

Hier können Sie angegeben, unter welchen Bedingungen das Programm in seiner Ausführung stoppen soll.

Anzeigevariable löschen... • Delete Watch

Entfernt einzelne Anzeige-Variablen aus separatem Variablen-Fenster.

Alle Anzeigevariablen löschen • Delete All Watch

Entfernt alle Anzeige-Variablen aus dem separaten Variablen-Fenster.

Verfolgen ein • TRACE on

Schaltet den TRACE-Modus ein. Das Programm kann zeilen- oder prozedurweise abgearbeitet werden.

Rückverfolgen ein • History on

Wenn diese Option eingeschaltet ist, kann der Programm-Ablauf rückwärts nachvollzogen werden.

Haltepunkt ein/aus • Toggle Breakpoint

Setzt bzw. löscht einen Haltepunkt. Der Haltepunkt bezieht sich immer auf die Zeile, in der der Cursor gerade steht.

Alle Haltepunkte löschen • Clear all Breakpoints
Löscht alle gesetzten Haltepunkte.

Nächste Anweisung festlegen • Set Next Statement
Legt die nächste, auszuführende Anweisung fest.

```
 Aufrufe                Calls
 <Unbenannt>            <Untitled>
 <Unbenannt>            <Untitled>
 <Unbenannt>            <Untitled>
 <Unbenannt>            <Untitled>
```

In diesem Menü wird nach einem Programm-Lauf die Kette der Aufrufe angezeigt. Die jeweils letzte Prozedur oder Funktion steht ganz oben. Darunter folgen die Prozeduren bzw. Funktionen, von denen die darüberliegende aufgerufen wurde.

18.3 Turbo-BASIC von Borland

Als derzeit Turbo-BASIC von Borland/Heimsoeth auf den Markt gebracht wurde, sah man dies als direkten Angriff auf Microsofts QuickBASIC an. Mittlerweile hat sich jedoch herausgestellt, daß beide Produkte ganz gut nebeneinander Platz gefunden haben. Beiden gemeinsam ist die gute Benutzer-Oberfläche, wobei Turbo-BASIC leider nicht die Maus unterstützt. Gespannt sein darf man auf eine neue Version von Turbo-BASIC als Antwort auf Microsofts QuickBASIC V4.0, das ja nun eindeutig Akzente in Sachen "BASIC-Entwicklungs-Sytem" gesetzt hat. Nun, momentan ist Turbo-BASIC noch in der Version 1 auf dem Markt, so daß diese Inhalt der Betrachtungen sein muß.

Die Zielgruppe ist denn auch klar eine andere, als die von QuickBASIC: Schnittstellen zu anderen Programmier-Sprachen fehlen - bis auf die zu Assembler - völlig. Dies liegt vor allem an der Tatsache, daß Turbo-BASIC nicht extern linkt, sondern ohne "Zwischenhalt" ein EXE-Programm erstellt wird. Somit können OBJ-Dateien nicht eingebunden werden. Lediglich im Binär-Format vorliegende Assembler-Routinen können eingebunden werden. Doch das nur am Rande.

Turbo-BASIC wird auf zwei Disketten mit zwei deutschen Handbüchern ausgeliefert. Eine Eindeutschung der Benutzer-Oberfläche erfolgte nicht. Der Preis liegt momentan - je nach Bezugsquelle - bei ca. DM 280. Für die Installation sind keine besonderen Vorkehrungen getroffen, sondern der Inhalt der Disketten muß einzeln anhand der Anleitung im Handbuch kopiert werden. Turbo-BASIC kann verschiedene Verzeichnisse auf Fetsplatte/Diskette als Organisationsmittel verwalten. Die Angaben, welche Dateien sich wo befinden, wird recht komfortabel im Entwicklungs-System selbst festgelegt.

Die Handbücher sind aufgeteilt in die Bereiche "Grundsätzliches und Arbeiten mit Turbo-BASIC" und dem "Referenz-Hanbuch", das alle Befehle und Funktionen enthält. Diese Handbücher gehören zweifelsohne zu den besten Handbüchern, die je zu einer Programmier-Sprache geschrieben wurden. Der Übersetzer weiß, wovon er redet und was er übersetzt, die Kompetenz ist klar ersichtlich. Auch an ironischen Anmerkungen zum einen oder anderen Thema fehlt es nicht, so daß die sonst übliche "Trockenheit" bei solchen Büchern schon fast wieder vermißt wird.

18.3.1 Besonderheiten von Turbo-BASIC

Das Konzept von Turbo-BASIC läßt sich wie bei allen von Borland auf den Markt gebrachten Programmiersprachen in drei Worten ausdrücken: Alles in einem. Editor, Compiler und Linker sind zu einem Programm unter einer einheitlichen Benutzeroberfläche zusammengefaßt.

Viele Fenster

Den einzelnen Funktionen sind eigene Fenster zugeordnet, in denen der Ablauf verfolgt werden kann. Fehlermeldungen oder Eingaben werden also nicht irgendwo auf dem Bildschirm ausgegeben oder vorgenommen, sondern immer fein säuberlich und übersichtlich im dafür gedachten Fenster. Turbo-BASIC arbeitet mit insgesamt vier Fenstern:

Editor-Fenster
Hier wird der Quelltext eingegeben bzw. geändert.

Message-Fenster
In diesem Fenster werden Fehlermeldungen, Hinweise und Statistiken zum Programm ausgegeben.

Run-Fenster
Das "Ergebnis-Fenster", hier sieht man im Ausschnitt, wie es später laufen soll.

Trace-Fenster
Für die Fehlersuche werden in diesem Fenster die aktuellen Zeilen-Nummern angezeigt.

Alle Fenster lassen sich in Größe, Farbe und Position verändern. Ein Wechsel zwischen den Fenstern oder das Ausblenden eines oder mehrerer Fenster ist jederzeit möglich. Über den Menüpunkt Window wird die ganze Fenstergeschichte gesteuert. Hier kann auch die Anordnung der Fenster festgelegt werden. So gibt es z.B. die Möglichkeit, die Fenster hintereinander - quasi wie Karteikarten - oder symmetrisch - alle Fenster sind gleich groß - anzeigen zu lassen.

Die Steuerung des Systemes erfolgt ansonsten über eine Hauptmenü-Zeile und Pull-Down-Menüs. Von hier aus werden Programme geladen und gespeichert, Directorys angezeigt und gewechselt oder Turbo-BASIC beendet. Bei Funktionen, die einen Dateinamen erfordern, kann dieser jeweils aus einem Directory heraus gewählt werden. Erwähnenswert ist auch hier die Funktion DOS-Shell, über die die normalen MS-DOS-Befehle ausgeführt werden können oder der COMMAND.COM aufgerufen wird, ohne daß Turbo-BASIC zu beenden.

Hilfe!

Die Hilfe von Turbo-BASIC ist eine sogenannte "kontext-sensitive" Hilfe. Das heißt im Klartext, daß bei Betätigung der Hilfe-Taste genau die Hilfe zu der Funktion, bei der es Probleme gibt, angezeigt wird. Dies bezieht sich allerdings nicht auf Schlüsselwörter. Die Hilfe dient einzig dem Umgang mit dem Entwicklungs-System.

Ideale System-Anpassung

Über den Menüpunkt SETUP werden z.B. die Namen der eventuell vorhandenen Verzeichnisse für Turbo-BASIC, die Include-Dateien und die fertigen Programme festgelegt. Dies sorgt für Ordnung und Übersicht auf der Festplatte/Diskette und in den verschiedenen Programmen. Die Farben für das gesamte System - also für Menüs, Fenster, Hinweis-, Ein- und Ausgabe-Boxen können individuell bestimmt werden.

Der Clou daran: jedes SETUP läßt sich in einer eigenen Datei speichern bzw. von dort laden. Bei mehreren Programmierern an einem PC hat also jeder "sein eigenes" Turbo-BASIC. Wer sich endgültig festlegen will, kann sein SETUP auch direkt in der Programm-Datei festhalten. Die gesetzten Werte sind dann sofort nach dem Laden aktiv und müssen nicht extra initialisiert werden.

Feiner Editor

Jedes Programmentwicklungssystem steht und fällt mit dem Editor. Was nützt die schönste Benutzeroberfläche, wenn sich die Eingabe des Programms umständlich und zeitaufwendig gestaltet. In Sachen Turbo-BASIC steht es damit allerdings zum Feinsten. Wer bereits mit Turbo-PASCAL oder Turbo-PROLOG gearbeitet hat, trifft hier einen alten Bekannten. Es kommt der gleiche komfortable (und WordStar-kompatible) Editor zum Einsatz. Alle Funktionen werden über die Tastenkombination <CTRL> plus ein oder zwei weitere Tasten aufgerufen.

Bei Turbo-PASCAL ist eine Installation der Tasten-Kombinationen für die einzelnen Funktionen dergestalt möglich, daß man dort seine eigene Tasten-Kombinationen für die jeweilige Funktion definiert. Das Löschen eines Blockes geht dann z.B. per <CTRL>-<B>-<L> vor sich und nicht wie sonst per <CTRL>-<K>-<Y>. Die so gegebenen "deutschen" Kombinationen sind meiner Meinung nach etwas leichter zu merken. Leider läßt sich beim Turbo-BASIC-Editor eine Installation der Tasten-Kombinationen in der vorliegenden Version (noch?) nicht durchführen, so daß ich befürchte, daß es bei gleichzeitigem Einsatz beider Turbo-Systeme durch die fehlende Installationsmöglichkeit bei Turbo-BASIC Probleme in der Handhabung geben wird.

Auch hier: Modul-Verarbeitung

Bei den Quellprogrammen unterscheidet Turbo-BASIC nach sogenannten Work- oder Main-Files. Für den Einsatz der Include-Funktion wird über den Menüpunkt File ein Main-File festgelegt, von dem aus die verschiedenen Work-Files (Programmteile) per Include eingebunden werden. Ein Work-File ist also das Programm, das aktuell bearbeitet wird, ein Main-File das eigentliche Hauptprogramm. Dies erleichtert die Arbeit doch ungemein, da nicht jedesmal vor dem Compilieren der Name des Hauptprogrammes neu eingegeben werden muß.

Nur Compiler

Nach der Eingabe des Quelltextes kann das Programm sofort ausgeführt und getestet werden. Dies wird über den Menüpunkt Run veranlaßt. Allerdings erfolgt keine Vorcompilierung der einzelnen Programmzeilen, so daß immer erst das ganze Programm übersetzt werden muß. Im Normalfall wird das Programm im Speicher compiliert, dort abgelegt und anschließend ausgeführt. Findet der Compiler einen Syntax-Fehler, so wird im Message-Fenster die Fehlermeldung ausgegeben. Nach dem Drücken der <ESC>-Taste wird der Cursor im Editor auf die fehlerverursachende Anweisung gesetzt. Mühseliges Blättern und Suchen im Programm ist also nicht. Außerdem kann die Fehlermeldung über eine Tasten-Kombination jederzeit wieder aufgerufen werden. Eine große Hilfe für "zerstreute Professoren".

Programme für jeden Einsatz

Über den Menüpunkt Options wird festgelegt, wie die Compilierung erfolgen soll. Während der Programmentwicklung und der Testphase wird man hier angeben, daß die Compilierung direkt in den Speicher erfolgen soll. Andernfalls kann die Erstellung eines lauffähigen EXE-Programms veranlaßt werden. Daneben wird hier bestimmt, ob z.B. ein mathematischer Co-Prozessor 8087 eingesetzt wird, die Tasten-Kombination <CTRL>-<Break> abgefragt oder die Grenzen von Arrays überprüft werden sollen. Sehr wichtig ist auch die Funktion Autosave, die veranlaßt, daß ein Programm vor jedem Run gespeichert wird. Gerade in der Entwicklungsphase oder beim Experimentieren mit Assembler-Routinen zeigt zumindest mein AT diebische Freude an Endlosschleifen oder Abstürzen.

Programm mit Overlays

Weiterhin besteht die Möglichkeit, aus dem aktuellen Programm eine Chain-Datei zu generieren. Diese CHAIN-Dateien werden von einem laufenden Programm praktisch als Overlays nachgeladen. Da die bereits im Speicher befindliche Runtime-Library verwendet wird, sind diese Dateien wesentlich kleiner als voll lauffähige Programme und beanspruchen somit weniger Kapazität auf der Diskette oder Festplatte. Außerdem hat man programmtechnisch gesehen den Vorteil, größere Routinen, die selten benutzt werden, als Chain-Datei auszulagern und nur bei Bedarf nachzuladen.

Fehlerbehandlung

Turbo-BASIC unterscheidet bei den Fehlern nach Compile- und Runtime-Fehlern. Die Compile-Fehler werden direkt beim Compilieren wie oben beschrieben gehandhabt. Bei hartnäckigen Fehlern kann über den Menüpunkt Debug ein sogenanntes Trace eingeschaltet werden. Dieses Trace veranlaßt die Ausgabe der momentan bearbeiteten Zeilen-Nummer im Trace-Fenster, so daß die Ausführung schrittweise bis zum Fehler verfolgt und kontrolliert werden kann. Leider ist hier die Konzeption nicht konsequent durchgezogen werden. Auf der einen Seite legt Borland Wert auf die Tatsache, daß hier ein BASIC ohne Zeilen-Nummern geschaffen wurde, andererseits ist der Trace nur für Programme mit Zeilen-Nummern einsetzbar.

Beim Auftreten eines Runtime-Fehlers, also bei der Ausführung des fertigen Programms, gibt das Programm eine Fehler-Nummer und die Adresse, an der der Fehler aufgetreten ist, auf dem Bildschirm aus. Diese Adresse wird dazu eingesetzt, den Fehler im Quelltext zu lokalisieren. Über den Menüpunkt Debug kann dort die Funktion Run-time error aufgerufen werden. Nach der Eingabe der besagten Adresse wird der Cursor im Quelltext auf die dazugehörige Anweisung gesetzt. Der Fehler ist gefunden und kann korrigiert werden.

18.3.2   Das ist anders - Unterschiede zu PC-BASIC

Viel neues gibt es bei Turbo-BASIC leider auch nicht. Insgeheim träume ich immer noch von einer kompletten Window- und/oder Pull-Down-Menü-Verwaltung oder einer ISAM-Dateiverwaltung. Aber man muß beim PC eben andere Maßstäbe anlegen - selbst ist der Mann/die Frau. Im Folgenden wieder die wichtigsten Unterschiede zu PC-BASIC:

Werfen wir zunächst einen Blick auf die bei Turbo-BASIC neuen bzw. anderen Datentypen. Ein String kann hier maximal 32768 Bytes lang sein. Hinzugekommen ist der Datentyp Long Integer. Ansonsten sind die Reals mit größerer Genauigkeit realisiert worden. Im Gegensatz zu den Interpretern erfolgt die Speicherung der Fließkommazahlen bei Turbo-BASIC im IEEE-Format, nicht im speziellen Microsoft-Format. Für die Konvertierung von bzw. nach beiden Formaten stellt Turbo-BASIC jedoch Funktionen zur Verfügung.

Als Neuerung erlaubt Turbo-BASIC den Einsatz von Integer-Konstanten, die separat deklariert und wie gewohnt über ihren Namen angesprochen werden. Eine Änderung durch Zuweisung oder andersartige Verarbeitung ist jedoch nicht möglich. Vorteil: Konstanten bleiben Konstanten. Und nicht wie in einigen Paradebeispielen ein Wechselding. Zuerst Konstante, dann Variable. Bei der Fehlersuche oder der Anpassung eines Programms fast das Schlimmste.

Variablen werden wie beim Interpreter eingesetzt und gehandhabt. Einziger Unterschied besteht wieder darin, daß einzelne Variablen unter Turbo-BASIC als Local für Funktionen oder Prozeduren deklariert werden können. Diese Variablen existieren dann nur für die jeweilige Verarbeitung innerhalb der Funktionen oder Prozeduren.

Bei den Arrays ist der Befehl Option Base zur Festlegung der unteren Indexgrenze eines Arrays erweitert worden. Es kann jetzt ein Wert zwischen 0 und 32767 angegeben werden. Doch damit nicht genug: der DIM-Befehl erlaubt unter Turbo-BASIC die Festlegung individueller Indexgrenzen nach oben und unten, wie wir sie bei QuickBASIC schon kennengelernt haben. Dazu ein Beispiel: Wenn Sie eine Fehlermeldung aus einem String-Array innerhalb einer Schleife anzeigen wollen, sieht dies im Interpreter z.B. so aus:

```
10 DIM Fehlermeldung$(4)
.....
115 FOR I= 10 to 14
120    LOCATE I,5
125    PRINT Fehlermeldung$(I-10)
130 NEXT I
```

Unter Turbo-BASIC stellt sich das ganze so dar:

```
DIM Fehlermeldung$(10|14)
.....
FOR I= 10 to 14
   LOCATE I,5
   PRINT Fehlermeldung$(I)
NEXT I
```

Beachten Sie in beiden Listings den DIM-Befehl und die Ausgabe der Meldung per PRINT. Ich habe hier ein einfaches Beispiel gewählt. Tatsache ist aber, daß

Berechnungen wie in Zeile 120 des ersten Beispieles schlichtweg entfallen. Weiterhin kann man unter Turbo-BASIC die Arrays ebenfalls als Static oder Dynamic dimensionieren. Static bedeutet, daß das Array von vornherein beim Compilieren mit festen Dimensionierungen angelegt wird. Ein als Dynamic dimensioniertes Array wird erst während der Programmausführung angelegt. Es gibt damit also die Möglichkeit, nur den tatsächlich benötigten Speicherplatz zu belegen.

Neben den bekannten Dateiverwaltungen für sequentielle- und Direktzugriffs-Dateien gibt es unter Turbo-BASIC noch die Zugriffsart Binary. Hierbei ist die Datei an kein festes Satzformat gebunden, sondern es ist der Zugriff auf jedes einzelne Byte der Datei über einen Dateizeiger möglich. Es spielt keine Rolle, ob die Datei ehemals als sequentielle oder Direktzugriffs-Datei erstellt wurde. Auch Feld- oder Satz-Trennzeichen bleiben beim Lesen unberücksichtigt. Für verkorkste Dateien ist somit ein Weg für "die letzte Rettung" geebnet.

Unterprogramme werden wie bei den Interpretern über GOSUB und RETURN gehandhabt. Dies sei nur der Vollständigkeit halber erwähnt. Im Gegensatz zu den Interpretern können dagegen benutzerdefinierte Funktionen unter Turbo-BASIC über mehrere Zeilen hinweg angelegt werden. Auch der Rücksprung aus einer solchen Funktion kann an beliebiger Stelle erfolgen. Die Variablen-Übergabe erfolgt wie beim Interpreter als konstanter Wert oder als Variable. Neu unter Turbo-BASIC sind Prozeduren. Diesen Prozeduren können ebenfalls Parameter für die jeweilige Verarbeitung übergeben werden. Weiterhin sind Funktionen und Prozeduren voll rekursionsfähig, können sich also (fast) beliebig oft selbst aufrufen.

In Sachen Assembler-Routinen noch einige Betrachtungen für "Bit-Fresser": Ich persönlich bevorzuge eine Programmiersprache, die über entsprechende Schnittstellen vollen Zugriff auf das ganze System (BIOS/DOS) und damit die totale Kontrolle des PC erlaubt. Turbo-BASIC unterstützt dieses Unterfangen auf zwei verschiedene Arten:

CALL ABSOLUTE
Assembler-Routinen lassen sich am Ende des freien Speichers ablegen und über ihre Offset-Adresse aufrufen. Das Segment wird wie gehabt über DEF SEG festgelegt. Variablen werden dabei über eine Parameterlister über den Stack übergeben.

CALL INTERRUPT
Hierbei wird ein BIOS- oder DOS-Interrupt über seine Nummer aufgerufen. Die Register werden aus einem internen Puffer geladen, der über einen Befehl (REG X,Wert) mit den entsprechenden Daten versorgt wird. Nach der Rückkehr vom Interrupt wird der aktuelle Register-Inhalt in diesem Puffer abgelegt und kann über eine Funktion abgefragt werden (Wert = REG X).

18.3.3 Benutzer-Oberfläche und Menü-Struktur

Abschließend wollen wir wieder einen Blick auf die Benutzer-Oberfläche und die Menü-Struktur werfen. Wie eingangs erwähnt, erfolgt der Aufruf der einzelnen Funktionen über eine Hauptmenü-Leiste und Pull-Down-Menüs. Anhand der einzelnen Menüs werden die dazugehörigen Funktionen erläutert:

```
File
┌─────────────┐
│ Load        │
│ New         │
│ Save        │
│ Write to    │
│ Main file   │
│ Directory   │
│ Change dir  │
│ OS shell    │
│ Quit        │
└─────────────┘
```

Load
Lädt ein bestehendes Programm zur Bearbeitung. Ist ein geändertes Programm im Speicher, so fragt Turbo-BASIC vorher, ob dies gesichert werden soll oder nicht.

New
Löscht den Arbeitsspeicher und alle Variablen. Ist ein geändertes Programm im Speicher, so fragt Turbo-BASIC vorher, ob dies gesichert werden soll oder nicht.

Save
Sichert das momentan im Editor befindliche Programm unter seinem ursprünglichen Namen.

Write to
Sichert das momentan im Editor befindliche Programm unter einem anderen Namen.

Main file
Hier legen Sie fest, welches das Haupt-Programm ist, von dem aus eventuelle Include-Dateien zu compilieren sind.

Directory
Zeigt das Inhaltsverzeichnis an. Sie können eine Maske für die Auswahl einer Dateigruppe angeben (*.BAS oder *.ICL z.B.).

PC-BASIC und Compiler

Change dir
Hiermit legen Sie das aktuelle Arbeitsverzeichnis fest, aus dem und in das alle Programme geladen bzw. gespeichert werden.

OS shell
Ruft MS-DOS temporär auf und es können die dort zur Verfügung stehenden Befehle ausgeführt werden.

Quit
Beendet Turbo-BASIC. Ist ein geändertes Programm im Speicher, so fragt Turbo-BASIC vorher, ob dies gesichert werden soll oder nicht.

    Edit (ohne Pull-Down-Menü)

Edit
Wechselt vom Menü-Modus in den Editor.

    Run (ohne Pull-Down-Menü)

Run
Compiliert das aktuelle Programm und führt es anschließend aus.

    Compile (ohne Pull-Down-Menü)

Compile
Compiliert das aktuelle Programm. Dies wird jedoch nicht ausgeführt. Dieser Menü-Punkt wird aufgerufen, wenn Sie ein EXE-Programm erstellen oder nur mal schnell auf Fehler prüfen wollen.

    Options

Compile to	Memory
8087 required	OFF
Keyboard break	OFF
Bounds	OFF
Overflow	OFF
Stack test	OFF
Parameter line	
Metastatements	

Compile to <Ziel>
Hier legen Sie fest, ob das Programm als EXE- oder CHN-Programm erstellt oder erstmal zum Testen in den Speicher übersetzt werden soll.

8087 required (OFF|ON)
Hier legen Sie fest, ob das Programm mit einem mathematischen Co-Prozessor arbeitet oder nicht. Geben Sie ON an und das Programm findet keinen Co-Prozessor, so wird mit einer Fehlermeldung abgebrochen. Bei OFF werden die Routinen softwaremäßig realisiert.

Keyboard break (OFF|ON)
Hier legen Sie fest, ob das Programm mit <CTRL>-<C> bzw. <CTRL>-<Break> abgebrochen werden darf (ON) oder nicht (OFF).

Bounds (OFF|ON)
Hier legen Sie fest, ob eine Überprüfung von Array-Grenzen stattfinden soll (ON) oder nicht (OFF). Bei OFF besteht die Gefahr, daß Programm- oder Datenteile unkontrolliert überschrieben werden, wenn eine falsche Indizierung erfolgt.

Overflow (OFF|ON)
Legt fest, ob bei mathematischen Operationen ein Überlauf gemeldet (ON) oder ignoriert (OFF) werden soll.

Stack test (OFF|ON)
Turbo-BASIC ist voll rekursionsfähig. Jede Prozedur kann sich also beliebig oft aufrufen. Dabei kann es bei zu klein bemessenem Stack zum Programmabsturz kommen. Hier können Sie mit ON festlegen, daß in einem solchen Fall das Programm mit einer Meldung abbricht.

Parameter line
Ermöglicht die "Simulation" der DOS-Kommandozeile. Die hier angegebenen Parameter werden dem Programm so übergeben, als hätte der Anwender sie tatsächlich eingegeben.

Metastatements
Hier legen Sie Stack- und Puffer-Größe für den PLAY-Befehl und die serielle Schnittstelle fest.

PC-BASIC und Compiler

```
Setup
┌─────────────────────────┐
│ Colors                  │
│ Directories             │
│ Miscellaneous           │
│ Load Options/Window/Setup │
│ Save Options/Window/Setup │
└─────────────────────────┘
```

Colors
Über diesen Menü-Punkt werden alle im System verwendeten Farben für die einzelnen Funktionen, Menüs und Boxen festgelegt.

Directories
Hier geben Sie z.B. die Verzeichnisse an, in denen Turbo-BASIC nach Include-Dateien suchen soll oder wo die EXE-Programme angelegt werden sollen.

Miscellaneous
Faßt Steuer-Parameter für das komplette System wie z.B. AUTOSAVE ON|OFF zusammen.

Load Options/Window/Setup
Die für die Optionen und Fenster festgelegten Einstellungen können in einer Datei gespeichert werden. So lassen sich für verschiedene Programmierer an einem PC individuelle Versionen realisieren. Hier laden Sie so eine Datei.

Save Options/Window/Setup
Die für die Optionen und Fenster festgelegten Einstellungen können in einer Datei gespeichert werden. Hier speichern Sie so eine Datei.

```
Window
┌───────┐
│ Open  │
│ Close │
│ Next  │
│ Goto  │
│ Tile  │
│ Stack │
│ Zoom  │
└───────┘
```

Open
Öffnet eines der Fenster Editor, Debug, Message oder Run.

Close
Schließt eines der Fenster Editor, Debug, Message oder Run.

Next
Springt aus dem aktuellen Fenster ins nächste geöffnete.

Goto
Springt aus dem aktuellen Fenster in eines der Fenster Editor, Debug, Message oder Run.

Tile
Stellt die geöffneten Fenster in jeweils gleich großen Anteilen nebeneinander bzw. untereinander an.

Stack
Stellt die geöffneten Fenster hintereinander - etwa wie Karteikarten - dar.

Zoom
Holt eines der Fenster Editor, Debug, Message oder Run in voller Größe auf den Bildschirm.

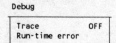

Trace (ON|OFF)
Hiermit schalten Sie den Einzelschritt-Modus ein bzw. aus. Die weitere Steuerung des Programm-Ablaufes erfolgt im Trace-Modus über Funktionstasten.

Runtime error
Wenn Turbo-BASIC auf einen Runtime-Fehler stößt, so wird dessen Nummer und die Adresse, an der der Fehler entdeckt wurde, angezeigt. Hier können Sie beides eingeben, und Turbo-BASIC setzt den Cursor im Source-Programm an die den Fehler verursachende Anweisung.

18.4 BASIC Version 6.0 von Microsoft

Kurz vor Abgabe dieses Manuskriptes hat Microsoft seinen neuen BASIC-Compiler in der Version 6.0 ausgeliefert. Auch mir "flatterte" ein Exemplar davon auf den Schreibtisch. Es handelt sich dabei in erster Linie um einen Compiler für das neue Betriebssystem OS/2 bzw. BS/2. Der Einsatz auf einem "normalen" PC oder AT unter MS-/PC-DOS ist jedoch möglich. Im Grunde meines Herzens bin ich der Überzeugung, daß dieser Compiler eigentlich nicht Inhalt der Betrachtungen dieses Kapitels sein darf. Wer sich intensiv mit BASIC unter OS/2 befaßt, wird kaum ein Buch zum Thema "PC-BASIC" kaufen. Andererseits soll hier nicht verheimlicht werden, daß es sowas überhaupt gibt.

Die Auslieferung erfolgt auf 9 Disketten, wobei einige davon nur für den OS/2-Einsatz, andere nur für den MS-DOS-Einsatz gedacht sind. Die Installation erfolgt über ein spezielles Installations-Programm (das unheimlich viele Fragen stellt!). Mitgeliefert werden 3 Handbücher in englischer Sprache. Neben dem eigentlichen Compiler befindet sich eine Version von QuickBASIC auf den Disketten. Zusätzlich ist ein speziell für die Fehlersuche gedachtes Utility namens CodeView dabei. Dieses Pgrogramm kann allerdings kaum mehr als "Utility" (Zubehör-Programm) bezeichnet werden, da die Funktionen dermaßen vielfältig sind, daß die Einarbeitung alleine für dieses Programm eine runde Woche braucht. Anschließend stehen für die Fehlersuche allerdings Möglichkeiten zur Verfügung, die ihresgleichen suchen. So kann beispielsweise das Source-Programm und der dazugehörige Assembler-Code gleichzeitig angezeigt und schrittweise ausgeführt werden. Eine Kontrolle sämtlicher Register und Variablen-Inhalte ist ebenso implementiert wie das Setzen von Breakpoints. Nun, einerseits kann man froh sein, über solch ein Werkzeug zu verfügen, anderseits ist es schon traurig, wenn das Programm so vertrackt ist, daß man ein solches Werkzeug für die Fehlersuche benötigt.

Etwas enttäuscht war ich hingegen von dem mitgelieferten Editor. Bei einem Entwicklungs-System diesen Umfanges hätte ich eher an einen menügesteuerten Editor mit professioneller Benutzer-Oberfläche gedacht. Was sich da jedoch auf dem Bildschirm präsentierte, sah eher nach einem aufgemotzten Edlin aus. Warum man sich hier nicht am eigenen QuickBASIC orientiert hat, ist nicht ganz ersichtlich. Nun denn, man muß ihn ja nicht benutzen... Die Handbücher - wie bereits erwähnt in englischer Sprache - teilen sich in die Bereiche "BASIC und QuickBASIC allgemein", "Utilities" und ein "Referenz-Handbuch" für alle Befehle und Funktionen. Da sie nicht (verkorkst) übersetzt sind, kann man ihnen gemessen am Umfang der Anwendung und unter Berücksichtigung der Zielgruppe sehr gut arbeiten. Dem Einsteiger oder Anfänger werden sie jedoch graue Haare und ein faltiges Gesicht verursachen.

18.4.1 Besonderheiten von BASIC Version 6.0

Die Besonderheiten liegen vor allem in der Tatsache, daß BASIC V6.0 Programme erstellen kann, die nicht nur unter OS/2 laufen, sondern auch die dort vorhandenen Multiuser/Multitasking-Möglichkeiten voll nutzen können. Allerdings sind detaillierte Informationen bezüglich dieser Möglichkeiten nur in begrenztem Umfang veröffentlicht worden, so daß eine Herausstellung der Besonderheiten mangels Vergleichsmöglichkeit kaum sinnvoll erscheint. Wir beschränken und deshalb nur auf allgemein bekannte Themen. Zu diesen Möglichkeiten gehört z.B., daß die Programme im "protected Mode" des Prozessors laufen oder OS/2-Funktions-Aufrufe direkt vornehmen können. Weiterhin wird das unter OS/2 mögliche "dynamische Linken" dergestalt unterstützt, daß solchermaßen erstellte Routinen aufgerufen werden.

Die Fehlerbehandlung wurde gegenüber QuickBASIC dahingehend verbessert, daß nun eine Behandlung auf Prozedur- und Funktions-Ebene möglich ist. Bisher mußte das Programm nach einem Fehler - egal wo er auftrat - immer im Haupt-Programm fortgeführt werden. BASIC-Programme können innerhalb einer Multitasking-Umgebung "schlafen gelegt werden"; damit sie nicht unnötig Prozessorzeit "verbraten", wird der Aufruf für eine festgelegte Zeit unterbunden.

18.5 Geschwindigkeits-Vergleich

Zum Abschluß dieses Kapitels zum Thema Compiler wollen wir einen Blick auf die Verarbeitungs-Geschwindigkeit werfen. Basis ist ein kleines Benchmark-Programm, das auf dem Interpreter und den Compilern unter jeweils gleichen Voraussetzungen ohne irgendwelche Änderungen am Source-Programm ausgeführt wurde. Eine Optimierung für den einen oder anderen Compiler ist sicherlich noch machbar, allerdings wäre dies dem PC-BASIC gegenüber etwas unfair, da dadurch ja nicht mehr gleiche Voraussetzungen vorhanden wären. Hier erstmal das Listing zum Benchmark-Programm:

```
10 '--------------------------------------------------------
20 'BENCH.BAS     Geschwindigkeitsvergleich Interpreter/Compiler
30 '--------------------------------------------------------
40 :
50 CLS:KEY OFF
60 :
70 '----- Mathematische Berechnungen... -----
80 :
90 PRINT "Mathematische Operationen....."
100 MATHE.START= TIMER
110 FOR I=1 TO 1000
120    A= I*2
130    A= I^2
140    A= SQR(I)
150 NEXT I
160 MATHE.ENDE= TIMER
170 :
180 '----- Bildschirmausgabe... -----
190 :
200 SCREEN.START= TIMER
```

```
210 CLS
220 FOR I=1 TO 2000
230   COLOR I MOD 15,0
240   PRINT "X";
250 NEXT I
260 SCREEN.ENDE= TIMER
270 COLOR 7,0
280 :
290 '----- String-Operationen -----
300 :
310 CLS
320 PRINT "String-Operationen..."
330 STRING.START= TIMER
340 FOR I=1 TO 255
350   X$= X$+ CHR$(I)
360   Y$= LEFT$(X$,I)
370   Z$= MID$(X$,1,I)
380 NEXT I
390 STRING.ENDE= TIMER
400 :
410 '----- Disketten-/Festplatten-Zugriff -----
420 :
430 PRINT "Disketten-/Festplattenzugriff..."
440 DISK.START= TIMER
450 OPEN "test.dat" FOR OUTPUT AS #1
460 FOR I=1 TO 100
470   PRINT#1,STRING$(255,"X")
480 NEXT I
490 CLOSE
500 OPEN "test.dat" FOR INPUT AS #1
510 FOR I=1 TO 100
520   INPUT#1,X$
530 NEXT I
540 CLOSE
550 DISK.ENDE= TIMER
560 :
570 CLS
580 PRINT USING "Mathematische Operationen ####.##";MATHE.ENDE-MATHE.START
590 PRINT USING "Bildschirmausgabe         ####.##";SCREEN.ENDE-SCREEN.START
600 PRINT USING "String-Operationen        ####.##";STRING.ENDE-STRING.START
610 PRINT USING "Disk-Operationen          ####.##";DISK.ENDE-DISK.START
620 PRINT:PRINT
```

Das Programm führt die jeweils wichtigsten Operationen innerhalb einer Schleife aus und zeigt das Ergebnis zusammenfassend an. Hier nun die Ergebnisse des Interpreters und der Compiler mit entsprechenden Vergleichsfaktoren (keine Zeitangaben) im Überblick:

Aktion / System	PCB	TB	QB	B6
Mathematische Operation	2.42	1.98	8.41	8.24
Bildschirmausgabe	5.93	4.56	2.58	2.03
String-Operationen	1.15	0.49	0.55	0.44
Disk-Zugriffe	5.82	2.19	5.05	4.94

PCB = PC-BASIC, TB = Turbo-BASIC, QB = QuickBASIC, B6 = BASIC V6.0

Abb. 41: Geschwindigkeits-Vergleich Interpreter/Compiler

Das Programm wurde auf den Compilern sowohl im "Memory-Modus" als auch als EXE-Programm ausgeführt. Die Ergebnisse waren jeweils bis auf vernachlässigbare Abweichungen gleich. Lediglich bei Turbo-BASIC erfolgte die Bildschirmausgabe beim compilierten Programm etwa doppelt so schnell (2.03).

19. PC-BASIC-Quick-Reference

Im Folgenden finden Sie alle PC-BASIC-Befehle und Funktionen in der Übersicht. Dieses Kapitel soll Ihnen helfen, die Syntax sowie alle notwendigen Parameter schnell und mit einem Blick zu finden. Der erste Teil ist dabei nach Aufgabengebieten, der zweite Teil alphabetisch sortiert.

19.1 PC-BASIC-Quick-Reference nach Aufgabengebieten

PC-BASIC laden
GWBASIC [<Dateispez>] 31
[< <STDIN>] [>[>]<STDOUT>]
[/C:<Puffer>]
[/D]
[/F:<Dateien>]
[/M:[<Adresse>][<Blöcke>]]
[/S:<Puffer>]
[/I]

Programmeingabe
KEY { ON | OFF } 37
SAVE <Dateispez> [,A |,P] 42
LOAD <Dateispez> [,R] 42
RUN <Dateispez> [,R] 43
NEW 43
CLEAR[,<Adresse>][,<Stack>] 44
AUTO [<Startzeile>][,<Schrittweite>] 44
RENUM [<Neue_Startzeile>] [,<Alte_Startzeile>] [,<Schrittweite>] 45
DELETE [<von_Zeile>]-[<bis_Zeile>] 46
[L]LIST [<von_Zeile>]-[<bis_Zeile>] 47
RUN [<Startzeile>] 48
GOTO <Startzeile> 48
FILES [<Lw:>] [<Pfad-Name>] [<Dateiname> | <Maske>] 48
FRE(0) 49
FRE(") 49
SYSTEM 49
END 50
STOP 50
CONT 51
MERGE <Dateispez> 52
REM oder ' 53
EDIT [<Zeilennummer>] [.] 54
TRON 54
TROFF 54

Variablen

SWAP <Variable 1>,<Variable 2>	59
OPTION BASE 0 | 1	61
DIM ADRESSE$(<Zeilen>,<Spalten>)	62
ERASE<ARRAY-Name...>	63
RESTORE [<Zeilennummer>]	66

Bildschirmausgabe

WIDTH 40 | 80	71
WIDTH <Anzahl_Zeichen>,<Anzahl_Zeilen>	72
COLOR [<Vordergrund>][,<Hintergrund>]	72
CLS	75
LOCATE [<Zeile>] [,<Spalte>] [,<An_Aus>] [,<von_Zeile>] [,<bis_Zeile>]	75
CRSLIN (für die Zeile)	76
POS(0) (für die Spalte)	76
SCREEN [<Modus>] [,<Farbe>] [,<Ausgabe_Seite>] [,<Anzeige_Seite>]	77
VIEW PRINT [<von_Zeile> TO [<bis_Zeile>]	77
SCREEN(<Zeile>,<Spalte>[,0 | 1])	78
PCOPY <VonSeite>,<NachSeite>	79

Datenausgabe

PRINT [TAB(<Spalte>)] [SPC(<Anzahl>)] [<Ausdruck>...] [	80
PRINT TAB(<Spalte>)	81
PRINT SPC(<Anzahl>)	82
PRINT USING "<Maske>"	82

Dateneingabe

INPUT [	89
LINE INPUT [	91
INPUT$(<Anzahl_Zeichen>[,<#Dateinummer>])	91
X$=INKEY$	93

String-Operationen

X$=HEX$(<Zahl>)	95
X$=OCT$(<Zahl>)	95
X$= MKI$	95
X$= MKS$	95
X$= MKD$	95
<Ziel-String>= STR$(<numerische_Variable>)	96
Ziel_String= String+String+String...	97
<Ziel-String>= LEFT$(<Quell-String>, <Anzahl_Zeichen>)	99
<Ziel-String>= MID$(<Quell-String>, <Erstes_Zeichen> [,<Anzahl_Zeichen>])	99
<Ziel-String>= RIGHT$(<Quell-String>, <Anzahl_Zeichen>)	100
MID$(<Ziel-String>, <Erstes_Zeichen> [,<Anzahl_Zeichen>])= <Quell-String>	100
X=LEN(<String-Variable>)	101

X$=CHR$(<ASCII-Code>)	102
X=ASC(<Ausdruck>)	102
X$= SPACE$(<Anzahl>)	103
X$= STRING$(<Anzahl>,<Zeichen>)	103
X= INSTR([<von_Position>], <Quell-String>, <Suchzeichen>)	104
DEF FN<String>(<Parameter...>)= <Funktion>	105
<Ziel-String>= FN<String>(<Parameter...>)	105

Datenkonvertierung

X=CINT(<Ausdruck>)	106
X=CSNG(<Ausdruck>)	106
X=CDBL(<Ausdruck>)	107
X=CVI(<FIELD-Variable>)	107
X=CVS(<FIELD-Variable>)	107
X=CVD(<FIELD-Variable>)	107
<num_Variable>= VAL(<String-Variable>)	107

Mathemathische Operationen

ERGEBNIS= <Ausdruck_1> + <Ausdruck_2>	108
ERGEBNIS= <Ausdruck_1> - <Ausdruck_2>	108
ERGEBNIS= <Ausdruck_1> * <Ausdruck_2>	108
ERGEBNIS= <Ausdruck_1> / <Ausdruck_2>	109
ERGEBNIS= <Ausdruck_1> \ <Ausdruck_2>	109
ERGEBNIS= <Ausdruck_1> ^ <Ausdruck_2>	109
X=ABS(<Ausdruck>)	110
X=ATN(<Ausdruck>)	110
X=COS(<Ausdruck>)	110
X=EXP(<Ausdruck>)	110
X=FIX(<Ausdruck>)	110
X=INT(<Ausdruck>)	110
X=LOG(<Ausdruck>)	111
X=<Zahl_1> MOD <Zahl_2>	111
X=SGN(<Ausdruck>)	111
X=SIN(<Ausdruck>)	111
X=SQR(<Ausdruck>)	111
X=TAN(<Ausdruck>)	111
RANDOMIZE [<Zahl>]	111
RND [(<Zahl>)]	111
DEF FN<num_Variable>(<Parameter...>)= <Funktion>	112
<Ergebnis>= FN<num_Variable>(<Parameter...>)	112
X AND Y	113
X OR Y	113
NOT X	114
X XOR Y	114
X EQV Y	114
X IMP Y	114

Programmtechniken

IF <Bedingung> THEN <Anweisung> [ELSE <Anweisung>]	114
FOR <num_Variable> = <Anfang> TO <Ende> [STEP <Schritt>]	
NEXT [<num_Variable>]	120
WHILE <Bedingung>	
<Anweisungen...>	
WEND	123
GOSUB <Zeilennummer>	
RETURN [<Zeilennummer>]	124
ON <Wert> GOTO | GOSUB <Zeilennummer...>	127
CHAIN [MERGE]	
<Dateispez>	
[,<Startzeile>]	
[,ALL]	
[,DELETE <von_Zeile>-<bis_Zeile>]	130
COMMON <Variable...>	132
KEY <Nummer>, "<Text>" | <String> | <Funktion>	133
KEY LIST	134

Dateiverwaltung

OPEN <Dateispez> FOR <Modus> AS #<Dateinummer> [,LEN=<Satzlänge>]	142
OPEN "<Modus>", #<Dateinummer>, <Dateispez> [,<Satzlänge>]	141
PRINT#<Dateinummer>, <Variablen,...> [	143
PRINT#<Dateinummer> USING <"Maske">	144
WRITE#<Dateinummer>, <Variablen,...>	144
INPUT#<Dateinummer>, <Variable,...>	145
X$=INPUT$(<Anzahl_Zeichen>,[#<Dateinummer>])	145
LINE INPUT#<Dateinummer>, <Variable,...>	146
EOF(<Dateinummer>)	146
LOF(<Dateinummer>)	147
FIELD#<Dateinummer>,<Länge> AS <Variable>...	148
GET#<Dateinummer>[,<Satznummer>]	149
LSET <Variable>=<Variable>	151
RSET <Variable>=<Variable>	151
PUT#<Dateinummer>[,<Satznummer>]	152
CLOSE[#<Dateinummer...>]	153
KILL <Dateispez>	153
NAME "<alte_Dateispez>" TO "<neue_Dateispez>"	154
RESET	155
OPEN <Dateispez> FOR <Modus>	
[ACCESS <Zugriff>]	
[LOCK <Modus>]	
AS #<Dateinummer>	
[LEN= <Satzlänge>]	156
LOCK [#]<Dateinummer>[, [<VonDatensatz>] [TO <BisDatensatz>]]	157
UNLOCK [#]<Dateinummer>[, [<VonDatensatz>] [TO <BisDatensatz>]]	158

Druckausgaben

LLIST [<von_Zeile>][-][<bis_Zeile>] 159
LPRINT [TAB(<Spalte>)] [SPC(<Anzahl>)] [<Ausdruck...>] [............. 160
LPRINT USING "<Maske>" 160
WIDTH LPRINT <Anzahl_Zeichen> 161
WIDTH "LPT<x>:",<Anzahl_Zeichen> 161
X= LPOS(<Drucker_Nummer>) 161
LCOPY(<Zahl>) 162

Fehlerbehandlung

ERR für die Fehlernummer 164
ERL für die Fehlerzeile 164
ON ERROR GOTO <Zeilennummer> 165
ERROR <Fehlernummer> 168
X= ERDEV 168
X$= ERDEV$ 169
X= EXTERR(<Ausdruck>) 169

Sound/Tonerzeugung

BEEP 173
SOUND <Frequenz>,<Länge> 173
PLAY <String> 174

Grafik

SCREEN [<Modus>][,<Farbe>][,<Ausgabe_Seite>] [,<Anzeige_Seite>] 181
COLOR [<Vordergrund>][,<Hintergrund>] 184
COLOR[<Vordergrund>][,<Palette>] 185
COLOR[<Hintergrund>][,<Palette>][,<Graf_Hi_Gru>]
[,<Graf_Vor_Gru>][,<Textfarbe>] 185
PALETTE [<AlteFarbe>,<NeueFarbe>] 187
PALETTE USING [<ARRAY>(Index)] 188
PSET [STEP] (X,Y) [,<Zeichenfarbe>] 191
PRESET [STEP] (X,Y) [,<Zeichenfarbe>] 192
LINE [STEP] [(von_X,von_Y)] - [STEP] (bis_X,bis_Y)
[,<Zeichenfarbe>] [,B[F]] [,<Raster>] 192
CIRCLE [STEP] (Mittelp_X,Mittelp_Y), <Radius> [,<Zeichenfarbe>]
[,Ausschn_Anfang,Ausschn_Ende] [,Achsenverhältnis] 194
PAINT [STEP] (X,Y) [,<Modus>][,<Randfarbe>] 195
DRAW <String> 197
POINT(X,Y) 200
VIEW [SCREEN] (X1,Y1)-(X2,Y2) [,<Hi_Gru_Farbe>][,<Rahmenfarbe>] 201
WINDOW [SCREEN] (X1,Y1)-(X2,Y2) 202
X= PMAP (<Koordinate>),<Modus> 202
GET [STEP] (X1,Y1)- [STEP] (X2,Y2),<ARRAY> 204
PUT (X,Y),<ARRAY>[,<Modus>] 205

Schnittstellen

```
OPEN "COM<Kanal>:
[<Baud-Rate>]
[,<Parität>]
[,<Wortbreite>]
[,<Stop-Bits>]
[,RS]
[,CS[<Zeit>]] [,DS[<Zeit>]] [,CD[<Zeit>]]
[,BIN] [,ASC] [,LF]"
[FOR <Modus>] AS #[<Dateinummer>]
```

[,LEN=<Satzlänge>]	208
WIDTH "COM<Kanal>:",<Anzahl_Zeichen>	211
GET #<Dateinummer>,<Anzahl_Zeichen>	211
PUT #<Dateinummer>,<Anzahl_Zeichen>	211
X=LOC(<Dateinummer>)	212
X=LOF(<Dateinummer>)	212
OUT <Port-Adresse>,<Wert>	213
X=INP(<Port-Adresse>)	213
WAIT <Port-Adresse>,<Maske_1>,<Maske_2>	213

Zugriff auf Speicherbereiche

DEF SEG = <Segment_Adresse>	214
BSAVE <Dateispez>,<Offset>,<Anzahl_Bytes>	215
BLOAD <Dateispez>,<Offset>	215
PEEK(<Offset>)	216
POKE <Offset>,<Wert>	217
VARPTR(<Variable>) oder (#<Dateinummer>)	217
VARPTR$(<Variable>)	218

Interrupt-Programmierung

ON TIMER (<Sekunden>) GOSUB <Zeilennummer>	219
TIMER ON|OFF|STOP	219
ON COM<Kanal> GOSUB <Zeilennummer>	219
COM<Kanal> ON|OFF|STOP	219
ON KEY(<Tastennummer>) GOSUB <Zeilennummer>	220
KEY(x) ON|OFF|STOP	220
KEY<Tastennummer>,CHR$(<Umschaltung>)+ CHR$(<ScanCode>)	221
ON PLAY(<Anzahl_Noten> GOSUB <Zeilennummer>	221
PLAY ON|OFF|STOP	221
ON PEN GOSUB <Zeilennummer>	221
PEN ON|OFF|STOP	221
X= PEN(<Modus>)	221
ON STRIG(<Aktion>) GOSUB <Zeilennummer>	223
STRIG ON|OFF|STOP	223
X= STICK(<Nummer>)	223
X= STRIG(<Nummer>)	223

PC-BASIC und MS-DOS

SHELL <Dateispez>	226
MKDIR "<Directory-Name>"	227
CHDIR "<Directory-Name>"	227
RMDIR "<Directory-Name>"	227
ENVIRON <Eintrag=Zuweisung>	228
ENVIRON$ ("<Eintrag>") oder (<Nummer>)	229
IOCTL #<Dateinummer>,<Kontroll-String>	230

PC-BASIC und Assembler

CALL <Offset-Variable>[,<Datenvariable,...>]	232
USR <Nummer> [,<Datenvariable>]	233
DEF USR <Nummer> = <Offset>	233

19.2   PC-Basic-Quick-Reference alphabetisch sortiert

ABS(<Ausdruck>)	110
AND - X AND Y	113
ASC(<Ausdruck>)	102
ATN(<Ausdruck>)	110
AUTO [<Startzeile>][,<Schrittweite>]	44
BEEP	173
BLOAD <Dateispez>,<Offset>	215
BSAVE <Dateispez>,<Offset>,<Anzahl_Bytes>	215
CALL <Offset-Variable>[,<Datenvariable,...>]	232
CDBL(<Ausdruck>)	107
CHAIN [MERGE]<Dateispez>	
[,<Startzeile>]	
[,ALL]	
[,DELETE <von_Zeile>-<bis_Zeile>]	130
CHDIR "<Directory-Name>"	227
CHR$(<ASCII-Code>)	102
CINT(<Ausdruck>)	106
CIRCLE [STEP] (Mittelp_X,Mittelp_Y),<Radius>	
[,<Zeichenfarbe>]	
[,Ausschn_Anfang,Ausschn_Ende]	
[,Achsenverhältnis]	194
CLEAR[,<Adresse>][,<Stack>]	44
CLOSE[#<Dateinummer...>]	153
CLS	75
COLOR [<Vordergrund>][,<Hintergrund>]	184
COLOR [<Vordergrund>][,<Hintergrund>]	72
COLOR[<Hintergrund>][,<Palette>][,<Graf_Hi_Gru>]	
[,<Graf_Vor_Gru>][,<Textfarbe>]	185

```
COLOR[<Vordergrund>][,<Palette>] .................................. 185
COM<Kanal> ON|OFF|STOP ........................................... 219
COMMON <Variable...> ............................................. 132
CONT ............................................................. 51
COS(<Ausdruck>) .................................................. 110
CRSLIN (für die Zeile) ........................................... 76
CSNG(<Ausdruck>) ................................................. 106
CVD(<FIELD-Variable>) ............................................ 107
CVI(<FIELD-Variable>) ............................................ 107
CVS(<FIELD-Variable>) ............................................ 107

DEF FN<num_Variable>(<Parameter...>)= <Funktion> ................. 112
DEF FN<String>(<Parameter...>)= <Funktion> ....................... 105
DEF SEG = <Segment_Adresse> ...................................... 214
DEF USR <Nummer> = <Offset> ...................................... 233
DELETE [<von_Zeile>]-[<bis_Zeile>] ............................... 46
DIM ADRESSE$(<Zeilen>,<Spalten>) ................................. 62
DRAW <String> .................................................... 197

EDIT [<Zeilennummer>] [.] ........................................ 54
END .............................................................. 50
ENVIRON <Eintrag=Zuweisung> ...................................... 228
ENVIRON$ ("<Eintrag>") oder (<Nummer>) ........................... 229
EOF(<Dateinummer>) ............................................... 146
EQV - X EQV Y .................................................... 114
ERASE<ARRAY-Name...> ............................................. 63
ERDEV ............................................................ 168
ERDEV$ ........................................................... 169
ERGEBNIS= <Ausdruck_1> * <Ausdruck_2> ............................ 108
ERGEBNIS= <Ausdruck_1> + <Ausdruck_2> ............................ 108
ERGEBNIS= <Ausdruck_1> - <Ausdruck_2> ............................ 108
ERGEBNIS= <Ausdruck_1> / <Ausdruck_2> ............................ 109
ERGEBNIS= <Ausdruck_1> \ <Ausdruck_2> ............................ 109
ERGEBNIS= <Ausdruck_1> ^ <Ausdruck_2> ............................ 109
ERL für die Fehlerzeile .......................................... 164
ERR für die Fehlernummer ......................................... 164
ERROR <Fehlernummer> ............................................. 168
EXP(<Ausdruck>) .................................................. 110
EXTERR(<Ausdruck>) ............................................... 169

FIELD#<Dateinummer>,<Länge> AS <Variable>... ..................... 148
FILES [<Lw:>] [<Pfad-Name>] [<Dateiname> | <Maske>] .............. 48
FIX(<Ausdruck>) .................................................. 109
FN<num_Variable>(<Parameter...>) ................................. 112
FN<String>(<Parameter...>) ....................................... 105
FOR <num_Variable> = <Anfang> TO <Ende>
[STEP <Schritt>]
NEXT [<num_Variable>] ............................................ 120
```

Quick-Reference

```
FRE(")  ...................................................................................... 49
FRE(0) ...................................................................................... 49

GET #<Dateinummer>,<Anzahl_Zeichen> ............................. 211
GET [STEP] (X1,Y1)- [STEP] (X2,Y2),<ARRAY> ............... 204
GET#<Dateinummer>[,<Satznummer>] ................................... 149
GOSUB <Zeilennummer>.....RETURN [<Zeilennummer>] ............... 124
GOTO <Startzeile> ..................................................................... 48
GWBASIC [<Dateispez>]
  [< <STDIN>]
  [>[>]<STDOUT>]
  [/C:<Puffer>]
  [/D]
  [/F:<Dateien>]
  [/M:[<Adresse>][<Blöcke>]]
  [/S:<Puffer>]
  [/I] ............................................................................................. 31

HEX$(<Zahl>) ............................................................................... 95

IF <Bedingung> THEN <Anweisung> [ELSE <Anweisung>] ............ 114
IMP - X IMP Y ............................................................................ 114
INKEY$ ........................................................................................ 93
INP(<Port-Adresse>) .................................................................. 213
INPUT ........................................................................................... 89
INPUT#<Dateinummer>, <Variable,...> .................................... 145
INPUT$(<Anzahl_Zeichen>,[#<Dateinummer>]) .................... 91
INPUT$(<Anzahl_Zeichen>[,<#Dateinummer>]) .................... 230
INSTR([<von_Position>],<Quell-String>, <Suchzeichen>) .... 104
INT(<Ausdruck>) ....................................................................... 110
IOCTL #<Dateinummer>,<Kontroll-String> .......................... 230

KEY <Nummer>, "<Text>" | <String> | <Funktion> .............. 133
KEY { ON | OFF } ..................................................................... 37
KEY LIST ................................................................................... 134
KEY(x) ON|OFF|STOP ............................................................. 220
KEY<Tastennummer>,CHR$(<Umschaltung>)+ CHR$(<ScanCode>) ... 221
KILL <Dateispez> ..................................................................... 153

LCOPY(<Zahl>) .......................................................................... 162
LEFT$(<Quell-String>, <Anzahl_Zeichen>) ........................... 99
LEN(<String-Variable>) ........................................................... 101
LINE INPUT ................................................................................ 91
LINE INPUT#<Dateinummer>, <Variable,...> ........................ 146
LINE [STEP] [(von_X,von_Y)] - [STEP] (bis_X,bis_Y)
  [,<Zeichenfarbe>] [,B[F]] [,<Raster>] ................................... 192
LLIST [<von_Zeile>][-][<bis_Zeile>] ..................................... 159
[L]LIST [<von_Zeile>]-[<bis_Zeile>] ...................................... 47
```

```
LOAD <Dateispez> [,R] .................................................. 42
LOC(<Dateinummer>) .................................................... 212
LOCATE [<Zeile>] [,<Spalte>]
[,<An_Aus>]
[,<von_Zeile>] [,<bis_Zeile>] ........................................ 75
LOCK [#]<Dateinummer>
[, [<VonDatensatz>] [TO <BisDatensatz>]] ....................... 157
LOF(<Dateinummer>) .................................................... 147
LOF(<Dateinummer>) .................................................... 212
LOG(<Ausdruck>) ......................................................... 111
LPOS(<Drucker_Nummer>) ............................................. 161
LPRINT USING "<Maske>" ............................................. 160
LPRINT [TAB(<Spalte>)]
[SPC(<Anzahl>)] [<Ausdruck...>] ................................. 160
LSET <Variable>=<Variable> ........................................ 151

MERGE <Dateispez> ..................................................... 52
MID$(<Quell-String>, <Erstes_Zeichen> [,<Anzahl_Zeichen>]) ... 100
MID$(<Ziel-String>, <Erstes_Zeichen>[,<Anzahl_Zeichen>])=
<Quell-String> ......................................................... 100
MKD$ ....................................................................... 95
MKDIR "<Directory-Name>" .......................................... 227
MKI$ ........................................................................ 95
MKS$ ....................................................................... 95
MOD - <Zahl_1> MOD <Zahl_2> ..................................... 95

NAME "<alte_Dateispez>" TO "<neue_Dateispez>" ............. 154
NEW ........................................................................ 43
NOT X ..................................................................... 113

OCT$(<Zahl>) ............................................................. 95
ON <Wert> GOTO | GOSUB <Zeilennummer...> ................ 127
ON COM<Kanal> GOSUB <Zeilennummer> ...................... 219
ON ERROR GOTO <Zeilennummer> ................................ 165
ON KEY(<Tastennummer>) GOSUB <Zeilennummer> ........ 220
ON PEN GOSUB <Zeilennummer> ................................... 221
ON PLAY(<Anzahl_Noten> GOSUB <Zeilennummer> ......... 221
ON STRIG(<Aktion>) GOSUB <Zeilennummer> ................. 223
ON TIMER (<Sekunden>) GOSUB <Zeilennummer> ........... 219
```

```
OPEN "COM<Kanal>:
[<Baud-Rate>]
[,<Parität>]
[,<Wortbreite>]
[,<Stop-Bits>]
[,RS]
[,CS[<Zeit>]]
[,DS[<Zeit>]]
[,CD[<Zeit>]]
[,BIN]
[,ASC]
[,LF]
"[FOR <Modus>] AS #[<Dateinummer>]
[,LEN=<Satzlänge>] ..................................................................... 156
OPEN <Dateispez> FOR <Modus> [ACCESS <Zugriff>]
[LOCK <Modus> ] AS #<Dateinummer>
[LEN= <Satzlänge>] ..................................................................... 157
OPEN "<Modus>", #<Dateinummer>,<Dateispez>
[,<Satzlänge>] ............................................................................ 142
OPEN <Dateispez> FOR <Modus> AS #<Dateinummer>
[,LEN=<Satzlänge>] ................................................................... 141
OPTION BASE 0 | 1 ..................................................................... 61
OR - X OR Y ................................................................................ 113
OUT <Port-Adresse>,<Wert> ...................................................... 213

PAINT [STEP] (X,Y) [,<Modus>][,<Randfarbe>] ..................... 195
PALETTE [<AlteFarbe>,<NeueFarbe>] ..................................... 187
PALETTE USING [<ARRAY>(Index)] ..................................... 188
PCOPY <VonSeite>,<NachSeite> ............................................... 79
PEEK(<Offset>) ............................................................................ 216
PEN ON|OFF|STOP ..................................................................... 221
PEN(<Modus>) ............................................................................. 221
PLAY <String> ............................................................................. 174
PLAY ON|OFF|STOP .................................................................. 221
PMAP (<Koordinate>),<Modus> .............................................. 202
POINT(X,Y) ................................................................................. 200
POKE <Offset>,<Wert> .............................................................. 217
POS(0) (für die Spalte) ................................................................ 76
PRESET [STEP] (X,Y) [,<Zeichenfarbe>] ................................ 192
PRINT [TAB(<Spalte>)|[SPC(<Anzahl>)] [<Ausdruck>...] ..... 80
PRINT SPC(<Anzahl>) ............................................................... 82
PRINT TAB(<Spalte>) ................................................................ 81
PRINT USING "<Maske>" ......................................................... 82
PRINT#<Dateinummer> USING <"Maske"> ............................ 144
PRINT#<Dateinummer>, <Variablen,...> [ .............................. 143
PSET [STEP] (X,Y) [,<Zeichenfarbe>] ..................................... 191
PUT #<Dateinummer>,<Anzahl_Zeichen> ............................... 211
```

```
PUT (X,Y),<ARRAY>[,<Modus>] ................................................  205
PUT#<Dateinummer>[,<Satznummer>] ......................................  152

RANDOMIZE [<Zahl>] ............................................................  111
REM oder ' ...........................................................................  53
RENUM [<Neue_Startzeile>] [,<Alte_Startzeile>] [,<Schrittweite>] ......  45
RESET ...................................................................................  155
RESTORE [<Zeilennummer>] ..................................................  66
RIGHT$(<Quell-String>, <Anzahl_Zeichen>) ..............................  100
RMDIR "<Directory-Name>" ....................................................  227
RND [(<Zahl>)] .......................................................................  111
RSET <Variable>=<Variable> ..................................................  151
RUN <Dateispez> [,R] .............................................................  43
RUN [<Startzeile>] ..................................................................  48

SAVE <Dateispez> [,A |,P] ......................................................  42
SCREEN(<Zeile>,<Spalte>[,0 | 1]) ............................................  78
SCREEN [<Modus>] [,<Farbe>][,<Ausgabe_Seite>] [,<Anzeige_Seite>] ......  77
SCREEN [<Modus>][,<Farbe>][,<Ausgabe_Seite>] [,<Anzeige_Seite>] ......  181
SGN(<Ausdruck>) ..................................................................  111
SHELL <Dateispez> ...............................................................  226
SIN(<Ausdruck>) ....................................................................  111
SOUND <Frequenz>,<Länge> ................................................  173
SPACE$(<Anzahl>) ................................................................  103
SQR(<Ausdruck>) ..................................................................  111
STICK(<Nummer>) .................................................................  223
STOP ....................................................................................  50
STR$(<numerische_Variable>) ...............................................  96
STRIG ON|OFF|STOP ...........................................................  223
STRIG(<Nummer>) ................................................................  223
STRING$(<Anzahl>,<Zeichen>) ..............................................  103
String+String+String... ............................................................  97
SWAP <Variable 1>,<Variable 2> ..........................................  59
SYSTEM ...............................................................................  49

TAN(<Ausdruck>) ..................................................................  111
TIMER ON|OFF|STOP ...........................................................  219
TROFF ..................................................................................  54
TRON ....................................................................................  54

UNLOCK [#]<Dateinummer>[, [<VonDatensatz>] [TO <BisDatensatz>]] ......  158
USR <Nummer> [,<Datenvariable>] .......................................  233

VAL(<String-Variable>) ..........................................................  107
VARPTR$(<Variable>) ...........................................................  218
VARPTR(<Variable>) oder (#<Dateinummer>) .......................  217
VIEW [SCREEN] (X1,Y1)-(X2,Y2)[,<Hi_Gru_Farbe>] [,<Rahmenfarbe>] ....  201
VIEW PRINT [<von_Zeile>] TO [<bis_Zeile>] ...........................  77
```

```
WAIT <Port-Adresse>,<Maske_1>,<Maske_2> .................................. 213
WHILE <Bedingung> <Anweisungen...> WEND  .................... 123
WIDTH "COM<Kanal>:",<Anzahl_Zeichen> .............................. 211
WIDTH "LPT<x>:",<Anzahl_Zeichen> ........................................ 161
WIDTH <Anzahl_Zeichen>,<Anzahl_Zeilen> ............................  72
WIDTH 40 | 80 ..............................................................................  71
WIDTH LPRINT <Anzahl_Zeichen> .............................................. 161
WINDOW [SCREEN] (X1,Y1)-(X2,Y2) ...................................... 202
WRITE#<Dateinummer>, <Variablen,...> .................................. 144

XOR - X XOR Y ............................................................................ 114
```

Anhang A

Glossar, Begriffe, Übersetzungen

Wie eingangs bereits erwähnt, wäre es dienlich, wenn Sie der englischen Sprache mächtig sind. Sollte dies nicht so sein, finden Sie in diesem Anhang die notwendigen Übersetzungen. Des weiteren finden Sie hier wichtige Begriffe der EDV und deren Erläuterungen, sofern im bisherigen Verlauf des Buches nicht darauf eingegangen wurde.

AND	Deutsch: Und (Anweisung). Eine Anweisung ist eine Zusammenfassung von Befehlen und Funktionen innerhalb einer Programmzeile.
ASCII	ASCII ist die allgemein gebräuchliche Bezeichnung, in der man von den darstellbaren Zeichen des PC spricht. Ansonsten ist ASCII die Abkürzung für: American Standard Code for Information Interchange, was soviel heißt wie: Amerikanischer Standard für Informationsaustausch.
Assembler	Ein Assembler ist ein Programm, das aus einem Quellprogramm ein ablauffähiges Maschinenprogramm macht. Im allgemeinen wird Assembler als Programmiersprache bezeichnet, richtig müßte es jedoch Maschinensprache heißen.
BASIC	Abkürzung für: Beginners All Purpose Symbolic Instruction Code. Oder auch Anfängers symbolischer Intruktionskode (Anfängers symbolische Computersprache).
BEEP	Deutsch: Pieps; (Befehl). Ein Befehl ist eine Routine unseres Interpreters, nach deren Ausführung wir eine Wirkung verschiedenster Form erkennen können. Dies kann beispielsweise die Ausgabe auf den Bildschirm, den Drucker oder in eine Datei sein.
CALL	Deutsch: Rufen, aufrufen.
Centronics	Druckerhersteller, der die jetzige Hardware-Verbindung für die parallele Datenübertragung zum Drucker "erfunden" hat.

CHAIN Deutsch: Verketten, verbinden.

CHIP Wenn Sie nach der Garantiezeit mal Ihren PC öffnen, um zu sehen, was da so alles drin ist, sehen Sie ganz viele kleine und große Chips. Dies sind die schwarzen Dinger, die links und rechts silberne Beinchen haben. Elektroniker sprechen deshalb auch von "Käfern". Chips sind hochintegrierte Schaltkreise, die mehrere hunderttausend klitzekleine Transistoren und andere elektronische Bauteile beinhalten. Durch diese geballte Elektronik auf kleinstem Raum ist es möglich, komplexe Dinge wie beispielsweise einen PC zu realisieren.

CIRCLE Deutsch: Kreis.

CLEAR Deutsch: Löschen, zurücksetzen.

CLOSE Deutsch: Schließen.

COLOR Deutsch: Farbe.

CONT Steht für CONTINUE, dt.: fortführen, weitermachen.

COPY Deutsch: Kopie, Abbild.

CPU Abkürzung für Central Processing Unit (Zentraleinheit). Als CPU wird im Normalfall der Chip bezeichnet, der im PC die ganze Arbeit macht. In diesem Fall also ein 8088, 8086, 80186 oder 80286 der Firma Intel.

DATE Deutsch: Datum.

DELETE Deutsch: Löschen, entfernen.

DIM Steht für DIMENSION, dt.: Dimension, dimensionieren.

DRAW Deutsch: Zeichnen, malen.

Glossar, Begriffe, Übersetzungen

EDIT Deutsch: Editieren, bearbeiten, ändern.

ELSE Deutsch: Ansonsten, andernfalls.

ENVIRON Deutsch: Umgebung, Umfeld.

EOF Abkürzung für End of File, dt.: Ende der Datei.

ERASE Deutsch: Löschen, entfernen.

ERROR Deutsch: Fehler, Unregelmäßigkeit.

FIELD Deutsch: Feld, Bereich.

FILE Deutsch: Datei, Sammlung von Informationen.

FLOPPY Als FLOPPY bezeichnet man im allgemeinen eine Diskettenstation oder die Diskette selbst.

Funktion Eine Funktion ist eine Routine des Interpreters, die als Ergebnis einen Wert liefert. Im Gegensatz zu einem Befehl ist keine sofortige Wirkung nach der Ausführung erkennbar.

GET Deutsch: Hole, bringe.

GOSUB Steht für Goto Subroutine, dt.: führe Unterprogramm aus.

GOTO Deutsch: Gehe nach.

GW Abkürzung der Firma Microsoft für die Graphic&Window-Version ihres BASIC-Interpreters.

INPUT Deutsch: Eingabe.

IO	Abkürzung für Input/Output, dt.: Eingabe/Ausgabe.
KEY	Deutsch: Taste, Schlüssel.
KILL	Deutsch: In diesem Fall unwiederbringlich löschen.
LEFT	Deutsch: Links.
LINE	Deutsch: Linie.
LOAD	Deutsch: Laden.
LOCATE	Deutsch: Lokalisiere, positioniere.
MERGE	Deutsch: Verknüpfen, vermischen.
Mnemonics	Als Mnemonics wird die Kurzform der Instruktionen, die eine CPU verstehen kann, bezeichnet. Diese Mnemonics werden im Quellprogramm eingegeben und vom Assembler in ein Maschinenprogramm umgesetzt.
NEW	Deutsch: Neu.
NOT	Deutsch: Nicht, nein.
OPEN	Deutsch: Öffne.
OR	Deutsch: Oder.
OUT	Deutsch: Raus.
PAINT	Deutsch: Malen, streichen.

PAP	Abkürzung für: Programm-Ablauf-Plan. Vor der eigentlichen Programmierung sollten Sie sich einen solchen PAP anlegen, um die Aufgaben der einzelnen Programmteile besser planen zu können.
Parameter	Als Parameter werden Werte bezeichnet, die einem Befehl oder einer Funktion für die weitere Verarbeitung oder für die Spezifikation der zu erledigenden Aufgabe übergeben werden.
Peripherie	Mit Peripherie werden die Geräte bezeichnet, die um den PC herumstehen, also Bildschirm, Tastatur, Drucker oder Modems.
PLAY	Deutsch: Spiele.
POINT	Deutsch: Punkt.
PRINT	Deutsch: Drucke, gebe aus.
Programm	Ein Programm besteht aus mehreren Programmzeilen, eine Programmzeile besteht aus einer oder mehreren Anweisungen, eine Anweisung besteht aus einem oder mehreren Befehlen oder Funktionen.
PUT	Deutsch: Schiebe, drücke.
RAM	Abkürzung für Random Access Memory, dt.: Zugriffsspeicher, Schreib-/Lesespeicher. Im RAM werden Programme und Dateien, die Sie während der Programmausführung geladen haben, gespeichert. Diese Speicherung dauert nur so lange an, bis Sie den PC ausschalten, da die RAMs für die Speicherung Spannung benötigen. RAMs sehen aus wie normale Chips und sind in verschiedenen Kapazitäten zu haben. Wenn Sie Ihren PC beispielsweise von 256 KByte auf 640 KByte aufrüsten, müssen Sie einen Teil der vorhandenen 64 KBit-RAMs gegen 256 KBit-RAMs austauschen.
RANDOMIZE	Deutsch: Zufällig, wahllos.

READ   Deutsch: Lesen.

RETURN   Deutsch: Kehre zurück.

RESET   Deutsch: Zurücksetzen, bereinigen.

RESTORE   Deutsch: Zurücksetzen, initialisieren.

RESUME   Deutsch: Fortfahren, wiederaufnehmen.

RIGHT   Deutsch: Rechts.

ROM   Abkürzung für Read Only Memory dt.: Nur-Lesespeicher. In ROMs werden Daten gespeichert, die nicht verändert werden sollen oder dürfen. In Ihrem PC gibt es beispielsweise ein BOOT-ROM, in dem ein Programm gespeichert ist, das beim Einschalten des PC das Laden des Betriebssystems von Diskette oder Festplatte veranlaßt.

RUN   Deutsch: Rennen, ausführen.

SAVE   Deutsch: Speichern, sichern.

SCREEN   Deutsch: Maske, Bildschirm.

SET   Deutsch: Setzen.

SHELL   Deutsch: Umgebung, Schale.

SOUND   Deutsch: Ton, Wiedergabe.

SPACE   Deutsch: Leerraum, Leerzeichen.

STEP   Deutsch: Schritt.

Glossar, Begriffe, Übersetzungen

STRING   Deutsch: Zeichenkette.

SWAP   Deutsch: Vertauschen.

TAB   Steht für Tabulation, dt.: Tabulator, Spaltenstop.

THEN   Deutsch: Dann, hinterher.

TIMER   Deutsch: Uhr, Zeitmesser.

TRACE   Deutsch: Aufspüren, verfolgen. Unter Trace versteht man in der EDV ein Programm, das ein anderes Programm bei der Ausführung überwacht und bestimmte Informationen wie Variableninhalte oder Zeilennummern anzeigt. Ein Tracer wird immer dann eingesetzt, wenn mit normalen Mitteln die Fehlersuche erfolglos war oder - mit anderen Worten - das Programm dermaßen verkorkst ist, daß man mit den zur Verfügung stehenden Programmierkenntnissen am Ende ist.

UPRO   Abkürzung für **Unter**programm.

VIEW   Deutsch: Blick, Aussicht.

WAIT   Deutsch: Warten.

WHILE   Deutsch: So lange, bis das.

WIDTH   Deutsch: Weite, Breite.

WINDOW   Deutsch: Fenster.

WRITE   Deutsch: Schreiben.

Anhang B

Kurzeingabe über <ALT>-Taste

Wie bereits angekündigt, hier nun eine Übersicht der Schlüsselworte, die über die Tasten-Kombination

<ALT>+<eine der folgenden Tasten>

erreichbar sind. Betätigen Sie für die Eingabe gleichzeitig die <ALT>-Taste und die entsprechende weitere Taste. Nach Loslassen der Tasten erscheint das Schlüsselwort auf dem Bildschirm.

Taste/Ergebnis:		Taste/Ergebnis:	
<A>	AUTO	<N>	NEXT
<B>	BSAVE	<O>	OPEN
<C>	COLOR	<P>	PRINT
<D>	DELETE	<Q>	Nichts
<E>	ELSE	<R>	RETURN
<F>	FOR	<S>	SCREEN
<G>	GOTO|GOSUB	<T>	THEN
<H>	HEX$	<U>	USING
<I>	INPUT	<V>	VAL
<J>	Nichts	<W>	WIDTH|WINDOW
<K>	KEY	<X>	XOR
<L>	LOCATE	<Y>	Nichts
<M>	MERGE|MOTOR	<Z>	Nichts

Beachten Sie bitte, daß diese Aufstellung nicht für alle Versionen Gültigkeit hat, sondern hier und da Abweichungen auftauchen können.

Anhang C

Fehlermeldungen PC-BASIC

Die Fehlermeldungen lassen sich in folgende Gruppen unterteilen:

    Fehler 01 bis 30   Programm-/Syntaxfehler
    Fehler 50 bis 76   Dateiverwaltung/Peripherie

Folgende Fehlernummern sind nicht belegt und erzeugen die Meldung "Unprintable Error":

    21, 28, 56, 59, 60, 65, 78 bis 255

Folgende Fehlernummern sind nicht belegt und geben je nach Version des GW-BASIC abweichende Meldungen aus:

    Fehler 73   Meistens Advanced Feature
    Fehler 77   Meistens Deadlock

Folgende Fehlermeldungen haben keine Fehlernummer:

Can't continue after SHELL

Wird ausgegeben, wenn nach einem ausgeführten SHELL der Programm- bzw. Datenbereich von GW-BASIC zerstört wurde. Der PC meldet sich - sofern das Betriebssystem nicht ebenfalls in Mitleidenschaft gezogen wurde - wieder mit dem MS-DOS-Prompt.

Can't run BASIC as a child from BASIC

Diese Meldung erhalten Sie bei einigen Versionen, wenn der Interpreter über SHELL nochmals aufgerufen werden soll. Andere Versionen nehmen dies stillschweigend hin. Notfalls solange, bis der Speicher voll ist und die Bits aus dem Gehäuse rieseln.

01   NEXT without FOR (NEXT ohne FOR)

Bei der Programmausführung wurde ein NEXT entdeckt, ohne daß vorher ein FOR ausgeführt wurde. Meistens tritt dieser Fehler in verschachtelten FOR...NEXT-Schleifen auf oder wenn die Zeile mit dem dazugehörigen FOR gelöscht wurde.

02   Syntax Error (Eingabefehler)

Der Interpreter kann die Anweisung, die er ausführen soll, nicht identifizieren. Sie haben entweder das Schlüsselwort falsch geschrieben, einen ungültigen Parameter angegeben oder besondere Zeichen wie Klammern, Kommata oder Semikola vergessen bzw. zuviel eingegeben.

03   RETURN without GOSUB (RETURN ohne GOSUB)

Bei der Programmausführung hat der Interpreter ein RETURN entdeckt, ohne daß vorher ein GOSUB dazu ausgeführt wurde. Meistens tritt dieser Fehler in verschachtelten GOSUB/RETURN-Sequenzen auf. Tragen Sie dafür Sorge, daß Ihre Unterprogramme nicht zu viele oder unkontrolliert weitere Upros aufrufen.

04   Out of data (Keine Daten mehr da)

Innerhalb einer READ...DATA/FOR...NEXT-Anweisung sollen mehr Daten in Variablen gelesen werden, als in den Data-Zeilen vorhanden sind. Überprüfen Sie die Data-Zeilen. Eventuell haben Sie auch per RESTORE eine falsche Zeile erwischt.

05   Illegal function call (Ungültiger Funktionsaufruf)

Wenn Sie diesem Fehler begegnen, können Sie sich gegebenenfalls auf eine etwas längere Fehlersuche einstellen, da er diverse Ursachen haben kann:

- Die Satznummer bei GET#/PUT# für eine Random-Datei ist null oder negativ.

- USR-Befehl ohne vorheriges DEF USR.

- Der Wert für eine mathematische Operation ist null oder negativ.

- Für eine Funktion wurde ein ungültiger Parameter übergeben.

- Sie haben versucht, ein Array mit einem negativen Wert zu indizieren.

- Einige Grafik-Befehle melden diesen Fehler, wenn die Koordinaten nicht korrekt angegeben wurden.

06   Overflow (Überlauf)

Das Ergebnis einer Berechnung ist nicht mehr darstellbar, die Zahl also zu groß. Überprüfen Sie gegebenenfalls vorher die Argumente der Berechnung.

07   *Out of memory* (Nicht genug Speicher)

Hier ist entweder Ihr Programm zu groß, so daß für Variablen und Stack nicht mehr genug Speicher vorhanden ist, oder die Anweisungen sind zu verschachtelt/zu kompliziert, d. h., Sie haben zuviel FOR...NEXT, WHILE...WEND oder GOSUB...RETURN eingebaut oder unabgeschlossen verlassen. Sorgen Sie dafür, daß Upros nicht über GOTO verlassen werden, daß FOR...NEXT- und WHILE...WEND-Schleifen abgeschlossen sind und Berechnungen oder Ausdrücke möglichst einfach gehalten sind. Bei umfangreichen String-Operationen sollten Sie per FRE("") regelmäßig eine vorbeugende Garbage Collection ausführen.

08   *Undefined line number* (nicht definierte Zeilennummer)

In einer Anweisung (meistens GOTO/GOSUB) nehmen Sie Bezug auf eine nicht vorhandene Zeilennummer. Überprüfen Sie den Aufruf.

09   *Subscript out of range* (Ungültige Indizierung)

Sie versuchen ein Array-Element anzusprechen, das entweder größer als die mit DIM vorgenommene Dimensionierung oder kleiner als die mit OPTION BASE festgelegte untere Indizierung ist. Überprüfen Sie den Aufruf.

10   *Duplicate definition* (Doppelte Definition)

Hier soll ein Array ein weiteres Mal mit DIM definiert werden oder ein Array, das bereits mit der Standarddimensionierung benutzt wurde, soll per DIM dimensioniert werden. Außerdem kann es sein, daß Sie, nachdem Arrays benutzt wurden, mit OPTION BASE arbeiten wollen. Für die Neudimensionierung löschen Sie das Array vorher mit ERASE, OPTION BASE setzen Sie am Anfang des Programms vor allen DIMs ein.

11   *Division by zero* (Division durch Null)

Der Versuch, einen Wert durch Null zu dividieren, erzeugt diesen Fehler. Nehmen Sie vorher eine Bereichsüberprüfung der Werte auf <= 0 vor.

12   *Illegal direct* (Ungültiger Direktaufruf)

Sie wollen eine Anweisung im Direktmodus ausführen, die nur im Programm-Modus erlaubt ist. Schreiben dafür Sie ein kleines Ausweichprogramm.

13   *Type mismatch* (Falscher Typ)

Bei String- und/oder mathematischen Operationen stimmen die verwendeten Variablen vom Typ her nicht überein. Prüfen Sie die Variablen.

14   *Out of string space* (Nicht genug Speicher für Strings)
Durch umfangreiche String-Operationen und unzureichende Garbage Collection läuft der Speicher für Strings über. Minimieren Sie die Operationen und führen Sie per FRE("") öfters eine Garbage Collection durch.

15   *String too long* (String zu lang)
Bei String-Operationen erzeugen Sie einen String, der länger als 255 Zeichen ist. Überprüfen Sie die Operation bzw. die Inhalte der verwendeten Variablen.

16   *String formula too complex* (String-Operation zu kompliziert)
Die von Ihnen geplante String-Operation ist für den Interpreter zu kompliziert. Verteilen Sie die Operation auf mehrere kleine Operationen.

17   *Can't continue* (Kann nicht weitermachen)
Sie haben entweder ein CONT ohne vorheriges STOP ausgeführt oder nach einem STOP wurde das Programm geändert. In beiden Fällen erhalten Sie diese Meldung.

18   *Undefined user function* (Nicht definierte Anwenderfunktion)
Im Programm wird eine Funktion per RN oder USR aufgerufen, die vorher nicht mit DEF FN oder DEF USR definiert wurde. Holen Sie dies nach.

19   *No RESUME* (Kein RESUME)
Nach einem ON ERROR GOTO stellt der Interpreter fest, daß Ihre Fehlerbehandlungsroutine kein RESUME enthält. Bauen Sie eins ein.

20   *RESUME without ERROR* (RESUME ohne Fehler)
Im Programm wurde ein RESUME entdeckt, ohne daß vorher ein Fehler auftrat. Überprüfen Sie die Routine.

22   *Missing operand* (Vermisse Operanden)
Innerhalb einer Operation haben Sie den Operanden vergessen. Bauen Sie ihn ein.

23   *Line buffer overflow* (Eingabepuffer übergelaufen)
Sie haben im Direktmodus eine Zeile eingegeben, die länger als 255 Zeichen ist. Verkürzen Sie die Zeile oder schreiben Sie ein kleines Programm dafür.

Fehlermeldungen PC-BASIC

24   *Device timeout* (Gerät antwortet nicht)
Die erwartete Antwort von einem Peripheriegerät ist nicht innerhalb der Zeit eingetroffen. Überprüfen Sie, ob das Gerät vorhanden und eingeschaltet ist. Bei COM-Operationen können Sie mit den Parametern CS<Zeit>, DS<Zeit> und CD<Zeit> längere Wartezeiten vorgeben. Weiterhin können Sie über ON ERROR GOTO und IF ERR=24 THEN RESUME in gewissen Grenzen Abhilfe schaffen. Schlimmstenfalls erzeugen Sie eine Endlos-Wartschleife.

25   *Device fault* (Falsches Gerät)
Das angesprochene Gerät gibt es gar nicht. Überprüfen Sie den Aufruf.

26   *FOR without NEXT* (FOR ohne NEXT)
Für das auszuführende FOR ist im Programm kein NEXT vorhanden oder in verschachtelten FOR...NEXT-Schleifen stimmt die Schachtelung nicht. Überprüfen Sie den Programmteil.

27   *Out of paper* (Kein Papier mehr)
Der angeschlossene Drucker sendet den Fehler-Code. Legen Sie neues Papier ein.

29   *WHILE without WEND* (WHILE ohne WEND)
Im Programm taucht ein WHILE ohne dazugehöriges WEND auf. Bauen Sie eins ein.

30   *WEND without WHILE* (WEND ohne WHILE)
Im Programm soll ein WEND ausgeführt werden, ohne daß vorher ein WHILE ausgeführt wurde. Überprüfen Sie den Programmteil.

50   *FIELD overflow* (Überlauf im FIELD-Puffer)
Sie versuchen gerade, das FIELD größer zu machen, als die beim OPEN angegebene Satzlänge. Überprüfen Sie die angegebenen Variablenlängen oder den Parameter LEN=<SatzLänge>.

51   *Internal Error* (Interner Fehler)
Innerhalb des Interpreters ist ein Fehler aufgetaucht, für den Sie nicht verantwortlich sind. Bisher ist mir dieser Fehler noch nicht untergekommen, so daß ich keine Hinweise geben kann, was dann zu tun ist.

52 *Bad file number* (Ungültige Dateinummer)
Hier versuchen Sie eine Datei anzusprechen, die vorher nicht mit OPEN geöffnet wurde, oder die in OPEN angegebene Dateinummer liegt außerhalb der Werte 1 bis 15, oder Sie haben schon die maximal erlaubte Anzahl an Dateien geöffnet. Überprüfen Sie Ihre Eingabe bzw. den /F-Parameter beim Aufruf von GW-BASIC und den Eintrag in CONFIG.SYS.

53 *File not found* (Datei nicht gefunden)
Die angesprochene Datei kann nicht gefunden werden. Überprüfen Sie Laufwerk, Pfadnamen, Dateinamen und Erweiterung. Wenn das alles richtig ist, haben Sie vielleicht die falsche Diskette im Laufwerk?

54 *Bad file mode* (Falscher Dateimodus)
Sie versuchen, eine Datei nicht ihrer Bestimmung entsprechend zu benutzen, d. h., Sie geben ein PUT# oder GET# für eine sequentielle Datei an oder Sie versuchen, vom Drucker aus etwas einzulesen. Überprüfen Sie den Vorgang.

55 *File already open* (Datei ist bereits geöffnet)
Sie versuchen eine im Zugriff stehende Dateinummer ein weiteres Mal in einem OPEN unterzubringen. Entscheiden Sie sich für eine andere Dateinummer oder schließen Sie die andere Datei vorher. Der gleiche Fehler wird auch ausgegeben, wenn Sie eine geöffnete Datei mit KILL löschen oder mit NAME umbenennen wollen. In diesem Fall muß die Datei vorher geschlossen werden.

57 *Device I/O-Error* (Ein-/Ausgabefehler auf Gerät)
Bei der Ausgabe auf Diskette, Festplatte oder Drucker tritt ein Fehler auf. Bei Diskette ist es möglich, daß die Diskette noch nicht formatiert ist, einen Schreibschutz hat oder aus anderen Gründen nicht beschreibbar ist. Setzen Sie gegebenenfalls CHKDSK ein. Bei einer Festplatte liegt Grund zur Besorgnis vor. Am besten fahren Sie das System nochmal hoch, tritt keine Änderung auf, konsultieren Sie Ihren Fachhändler. Beim Drucker ist entweder das Gerät nicht eingeschaltet bzw. selektiert oder der Drucker hat einen Fehler-Code gesendet, der nicht interpretierbar ist. Überprüfen Sie das Gerät und werfen Sie eventuell einen Blick in das Druckerhandbuch, Kapitel Fehler-Codes.

58 *File already exists* (Datei existiert bereits)
Bei einem Umbenennen mit NAME haben Sie als neuen Dateinamen die Spezifikation einer bereits existierenden Datei angegeben. Entscheiden Sie sich für einen anderen Namen.

61   Disk full (Diskette voll)
Ihre Diskette bzw. Festplatte ist voll. Legen Sie eine andere Diskette ein. Bei Festplatte: räumen Sie das Ding mal auf.

62   Input past end (Eingabe nach Dateiende)
Sie versuchen, aus einer sequentiellen Datei mehr auszulesen, als Sie hineingeschrieben haben. Setzen Sie zur Überprüfung EOF ein.

63   Bad record number (Falsche Satznummer)
Die angegebene Satznummer ist entweder 0 oder größer als die maximal erlaubte Satznummer (16.777.215). Prüfen Sie den Vorgang.

64   Bad file name (Falscher Dateiname)
Der eingesetzte Dateiname enthält ungültige Zeichen oder er ist zu lang. Bezüglich der gültigen Zeichen konsultieren Sie das MS-DOS-Handbuch. Ansonsten kürzen Sie den Namen ein wenig.

66   Direct statement in file (Direkte Anweisung in der Datei)
Beim Laden eines ASCII-Files wird festgestellt, daß eine Anweisung ohne Zeilennummer enthalten ist. Der Ladevorgang wird abgebrochen. Überprüfen Sie das Programm und fügen Sie eine oder mehrere Zeilennummer(n) ein.

67   Too many files (Zu viele Dateien)
Auf der Diskette bzw. Festplatte ist im Directory nicht mehr genug Platz für die anzulegende Datei. Wählen Sie eine andere Diskette oder ein anderes Unterverzeichnis.

68   Device unavailable (Gerät nicht vorhanden)
Bei OPEN wird versucht, die Datei auf einem nicht vorhandenen Gerät anzusprechen. Überprüfen Sie die Angaben.

69   Communication buffer overflow (Überlauf des COM-Puffers)
Der Empfangspuffer für die COM-Schnittstelle ist übergelaufen. Setzen Sie beim Aufruf von GW-BASIC mit /C:<Puffer> einen größeren Puffer, wählen Sie eine niedrigere Baud-Rate, wenn die eingehenden Daten nicht schnell genug verarbeitet werden können, oder setzen Sie ON ERROR GOTO entsprechend ein.

70   *Disk write protected* (Diskette ist schreibgeschützt) Einzelplatz
Bei der Ausgabe in eine Datei wurde festgestellt, daß die Diskette über der Schreibschutzkerbe einen Aufkleber hat. Wechseln Sie die Diskette oder entfernen Sie den Aufkleber.

70   *Permission denied* (Zugriffserlaubnis verweigert) Netzwerk
Für diesen Fehler gibt es drei Ursachen:

1. Beim Zugriff auf eine Diskette wird festgestellt, daß diese schreibgeschützt ist.
2. In einem Netzwerk/einer Mehrplatzanlage wird versucht, eine Datei ein weiteres Mal zu öffnen, obwohl sie dafür nicht freigegeben ist.
3. Der Befehl UNLOCK wurde mit Parametern aufgerufen, die nicht dem vorhergegangenen LOCK entsprechen.

71   *Disk not ready* (Diskette nicht bereit)
Im angesprochenen Laufwerk befindet sich keine Diskette, oder die Laufwerksklappe ist nicht geschlossen. Legen Sie eine Diskette ein und/oder schließen Sie die Klappe (die am Laufwerk).

72   *Disk media error* (Fataler Diskettenfehler)
Diese Meldung erscheint, wenn der Floppy-Controller Unregelmäßigkeiten während der Datenübertragung feststellt. Dafür kann es mehrere Gründe geben:

    Diskette ist mechanisch nicht einwandfrei.
    Schreib-/Leseköpfe können nicht korrekt positioniert werden.
    Diskette enthält defekte Sektoren.
    Beim Lesen wurde ein Fehler festgestellt, der auf verschmutzte Schreib-/Leseköpfe schließen läßt.

Überprüfen Sie die Diskette mit CHKDSK, kopieren Sie gegebenenfalls die Dateien auf eine andere Diskette und formatieren Sie die beanstandete Diskette neu. Ansonsten bitten Sie Ihren Fachhändler um Überprüfung der Hardware.

74   *Rename across disks* (Umbenennen über Laufwerke)
In den Dateispez's für das Umbenennen haben Sie unterschiedliche Laufwerke angegeben. Korrigieren Sie dies.

75   *Path/File access error* (Pfad/Dateizuordnung nicht möglich)
Die angegebene Pfad-/Datei-Spezifikation enthält einen Fehler. Überprüfen Sie die Angaben.

76   *Path not found* (Pfad nicht gefunden)
Der für einen Dateizugriff angegebene Pfad ist nicht korrekt. Überprüfen Sie die Angaben.

Anhang D

Fehlermeldungen MS-DOS

Die MS-DOS-Funktionen liefern bei falscher Parameterübergabe oder bei falschem Aufruf eine Fehlernummer im Register AX. In der Regel wird ein Fehler durch das gesetzte Carry-Flag signalisiert. Es folgt eine Aufstellung der Fehlernummern und -meldungen:

01　　*Invalid function code* (Falscher Funktions-Code)

02　　*File not found* (Datei nicht gefunden)

03　　*Path not found* (Pfad nicht gefunden)

04　　*Too many open files* (Zuviele Dateien offen)

05　　*Access denied* (Zugriff verweigert)

06　　*Invalid handle* (Datei steht nicht im Zugriff)

07　　*Memory control block destroyed* (Speicherbelegungsblock zerstört)

08　　*Insufficient memory* (Nicht genügend Speicherplatz)

09　　*Invalid memory block adress* (Falsche Speicherblockadresse)

0A　　*Invalid environment* (Falsches oder zerstörtes Environment)

0B　　*Invalid format* (Falsches oder ungültiges Format)

0C　　*Invalid access mode* (Falscher Zugriff)

0D　　*Invalid data* (Falsche Datenstruktur)

0E　　Reserviert

0F　　*Invalid drive* (Falsches Laufwerk)

10　　*Attempt to remove current directory* (Akt. Directory soll gelöscht werden)

11　　*Not same device* (Funktion nicht für das gleiche Gerät möglich)

Fehlermeldungen MS-DOS

12 No more files (Keine weiteren Dateien)

13 Disk is write-protected (Diskette ist schreibgeschützt)

14 Bad disk unit (Falsches Laufwerk)

15 Drive not ready (Laufwerk nicht betriebsbereit)

16 Invalid disk command (Falscher Befehl für Laufwerk)

17 CRC error (CRC Fehler auf Disk/Platte)

18 Invalid length (Falsche Satzlänge bei Dateioperation)

19 Seek error (Fehler beim Suchen eines Datensatzes)

1A No MS-DOS diskette (Keine MS-DOS-Diskette)

1B Sector not found (Sektor nicht gefunden)

1C Out of paper (Drucker meldet "Kein Papier")

1D Write fault (Fehler bei Schreibzugriff)

1E Read fault (Fehler bei Lesezugriff)

1F General failure (Allgemeiner Fehler)

22 Wrong disk (Falsche Diskette)

23 FCB unavailable (FCB (File Control Block) fehlt)

Über die Funktion 59h bzw. die PC-BASIC-Funktion EXTERR kann ein erweiterter Fehler-Code erfragt werden, der zum gemeldeten Fehler folgende Zusatz-Aussagen macht:

Rückmeldung MS-DOS

BH= Fehler-Klasse

BL= Erwartete Aktion auf den Fehler

CH= Lokalisierung des Fehlers

Rückmeldung EXTERR(<n>)

<n>= 1   Fehler-Klasse

<n>= 2   Erwartete Aktion auf den Fehler

<n>= 3   Lokalisierung des Fehlers

Fehler-Klasse

1   Zugriff liegt außerhalb der erlaubten Möglichkeiten. Wird z.B. im Netzwerk gemeldet, wenn ein Zugriff auf ein nicht zugeordnetes Gerät erfolgt.

2   Temporärer Fehler. Wird z.B. gemeldet, wenn ein Datensatz oder eine Datei vorübergehend gesichert wurde.

3   Nicht berechtigter Zugriff. Im Netzwerk wird z.B. versucht, auf eine nicht freigegebene Datei zuzugreifen.

4   Interner Fehler in der System-Software.

5   Fehler in der Hardware.

6   Ein Fehler, der nicht durch die letzte Funktion, sondern generell z.B. durch falsche Konfiguration hervorgerufen wurde.

7   Nicht spezifizierbarer Fehler in der Anwendungs-Software.

8   Datei oder Gerät nicht gefunden.

9   Datei oder Gerät hat kein gültiges DOS-Format, hat den falschen Typ oder ist ungültig bzw. zerstört.

10 Datei oder Gerät ist durch verweigerten Zugroiff nicht verfügbar.

11 Falsche Diskette, Diskette defekt oder allgemeines Problem mit dem Speichermedium.

12 Sonstige, nicht näher spezifizierbare Fehler

Erwartete Aktion

1   Zugriff nochmal versuchen, dann Hinweis an den Anwender.

2   Einige Sekunden warten, dann nochmal versuchen.

3   Eingabe des Anwenders wiederholen.

4   Funktionsaufruf kann nicht ausgeführt werden, Programm ordnungsgemäß beenden.

5   Funktionsaufruf kann nicht ausgeführt werden, System ist in einem unkontrollierbaren Zustand, Programm so schnell wie möglich beenden. Dateien können evt. nicht mehr korrekt geschlossen werden!

6   Der Fehler hat informierenden Charakter, keine weitere Aktion notwendig.

7   Hinweis an den Anwender bezüglich des Fehlers (z.B. Diskette wechseln etc.), dann nochmal versuchen.

Lokalisierung

1   Unbekannte Ursache für den Fehler

2   Fehler wurde durch Block-Treiber verursacht (Diskette, RAM-Disk etc.).

3   Fehler im Netzwerk.

4   Fehler an der seriellen Schnittstelle (Drucker, Modem etc.).

5   Fehler im Hauptspeicher (RAM).

Anhang E

PC-Zeichensatz/ASCII-Codes

Dez.	Hex	Zeichen	Dez.	Hex	Zeichen	Dez.	Hex	Zeichen	Dez.	Hex	Zeichen
0	00		32	20		64	40	@	96	60	`
1	01	☺	33	21	!	65	41	A	97	61	a
2	02	●	34	22	"	66	42	B	98	62	b
3	03	♥	35	23	#	67	43	C	99	63	c
4	04	♦	36	24	$	68	44	D	100	64	d
5	05	♣	37	25	%	69	45	E	101	65	e
6	06	♠	38	26	&	70	46	F	102	66	f
7	07	•	39	27	'	71	47	G	103	67	g
8	08	◘	40	28	(	72	48	H	104	68	h
9	09	○	41	29	)	73	49	I	105	69	i
10	0A	◙	42	2A	*	74	4A	J	106	6A	j
11	0B	♂	43	2B	+	75	4B	K	107	6B	k
12	0C	♀	44	2C	,	76	4C	L	108	6C	l
13	0D	♪	45	2D	-	77	4D	M	109	6D	m
14	0E	♫	46	2E	.	78	4E	N	110	6E	n
15	0F	☼	47	2F	/	79	4F	O	111	6F	o
16	10	►	48	30	0	80	50	P	112	70	p
17	11	◄	49	31	1	81	51	Q	113	71	q
18	12	↕	50	32	2	82	52	R	114	72	r
19	13	‼	51	33	3	83	53	S	115	73	s
20	14	¶	52	34	4	84	54	T	116	74	t
21	15	§	53	35	5	85	55	U	117	75	u
22	16	▬	54	36	6	86	56	V	118	76	v
23	17	↨	55	37	7	87	57	W	119	77	w
24	18	↑	56	38	8	88	58	X	120	78	x
25	19	↓	57	39	9	89	59	Y	121	79	y
26	1A	→	58	3A	:	90	5A	Z	122	7A	z
27	1B	←	59	3B	;	91	5B	[	123	7B	{
28	1C	∟	60	3C	<	92	5C	\	124	7C	|
29	1D	↔	61	3D	=	93	5D	]	125	7D	}
30	1E	▲	62	3E	>	94	5E	^	126	7E	~
31	1F	▼	63	3F	?	95	5F	_	127	7F	⌂

PC-Zeichensatz/ASCII-Codes

Dez.	Hex	Zeichen	Dez.	Hex	Zeichen	Dez.	Hex	Zeichen	Dez.	Hex	Zeichen
128	80	Ç	160	A0	á	192	C0	└	224	E0	α
129	81	ü	161	A1	í	193	C1	┴	225	E1	ß
130	82	é	162	A2	ó	194	C2	┬	226	E2	Γ
131	83	â	163	A3	ú	195	C3	├	227	E3	π
132	84	ä	164	A4	ñ	196	C4	─	228	E4	Σ
133	85	à	165	A5	Ñ	197	C5	┼	229	E5	σ
134	86	å	166	A6	ª	198	C6	╞	230	E6	µ
135	87	ç	167	A7	º	199	C7	╟	231	E7	τ
136	88	ê	168	A8	¿	200	C8	╚	232	E8	Φ
137	89	ë	169	A9	⌐	201	C9	╔	233	E9	Θ
138	8A	è	170	AA	¬	202	CA	╩	234	EA	Ω
139	8B	ï	171	AB	½	203	CB	╦	235	EB	δ
140	8C	î	172	AC	¼	204	CC	╠	236	EC	∞
141	8D	ì	173	AD	¡	205	CD	═	237	ED	φ
142	8E	Ä	174	AE	«	206	CE	╬	238	EE	∈
143	8F	Å	175	AF	»	207	CF	╧	239	EF	∩
144	90	É	176	B0	░	208	D0	╨	240	F0	≡
145	91	æ	177	B1	▒	209	D1	╤	241	F1	±
146	92	Æ	178	B2	▓	210	D2	╥	242	F2	≥
147	93	ô	179	B3	│	211	D3	╙	243	F3	≤
148	94	ö	180	B4	┤	212	D4	╘	244	F4	⌠
149	95	ò	181	B5	╡	213	D5	╒	245	F5	⌡
150	96	û	182	B6	╢	214	D6	╓	246	F6	÷
151	97	ù	183	B7	╖	215	D7	╫	247	F7	≈
152	98	ÿ	184	B8	╕	216	D8	╪	248	F8	°
153	99	Ö	185	B9	╣	217	D9	┘	249	F9	·
154	9A	Ü	186	BA	║	218	DA	┌	250	FA	·
155	9B	¢	187	BB	╗	219	DB	█	251	FB	√
156	9C	£	188	BC	╝	220	DC	▄	252	FC	η
157	9D	¥	189	BD	╜	221	DD	▌	253	FD	²
158	9E	₧	190	BE	╛	222	DE	▐	254	FE	■
159	9F	ƒ	191	BF	┐	223	DF	▀	255	FF	

Anhang F

Umrechnungen

1. Stelle		2. Stelle		3. Stelle		4. Stelle	
Hex	Dez.	Hex	Dez.	Hex	Dez.	Hex	Dez.
0	0	0	0	0	0	0	0
1	4096	1	256	1	16	1	1
2	8192	2	512	2	32	2	2
3	12288	3	768	3	48	3	3
4	16384	4	1024	4	64	4	4
5	20480	5	1280	5	80	5	5
6	24576	6	1536	6	96	6	6
7	28672	7	1792	7	112	7	7
8	32768	8	2048	8	128	8	8
9	36864	9	2304	9	144	9	9
A	40960	A	2560	A	160	A	10
B	45056	B	2816	B	176	B	11
C	49152	C	3072	C	192	C	12
D	53248	D	3328	D	208	D	13
E	57344	E	3584	E	224	E	14
F	61440	F	3840	F	240	F	15

Die Tabelle dient zur Umrechnung von hexadezimalen in dezimale Zahlen:

```
HEX = A5B4
```

4. Stelle	4
3. Stelle	176
2. Stelle	1280
1. Stelle	40960
Ergebnis	42420

Umrechnung zweier 8-Bit-Zeiger in eine 16-Bit-Adresse:

```
Adresse = INT(LowByte + (256 * HighByte))
```

Umrechnung einer 16-Bit-Adresse in zwei 8-Bit-Zeiger:

```
HighByte = INT(Adresse/256):
LowByte = Adresse-HighByte*256
```

Anhang G

BIOS-/DOS-Calls

INT 5 — Aufruf der Hardcopy-Routine

Wenn Sie auf der Tastatur die Tasten <Shift> und <PrtScr> gleichzeitig drücken, wird eine Hardcopy des Bildschirmes auf den Drucker ausgegeben. Über diesen INT können Sie das auch bewirken. GW-BASIC stellt hierfür den Befehl LCOPY zur Verfügung.

Aufruf
Keine Parameter.

Rückmeldung
Keine. Bei Fehler normale Fehlermeldung von MS-DOS ("Fehler bei Schreiben auf Einheit PRN" etc.) und Rücksprung in das DOS.

Hinweis: Wenn GRAPHICS.COM geladen ist, dann erfolgt die Ausgabe als Grafik-Hardcopy, sonst als Text-Hardcopy.

INT 10, Funktion 00 — Bildschirm-Modus wählen

Dieser Aufruf wird von GW-BASIC, z.B. beim SCREEN- und beim WIDTH-Befehl, aufgerufen.

Aufruf
AH = 00

AL = 0   Text-Modus 40*25 Schwarz/Weiß
AL = 1   Text-Modus 40*25 Color
AL = 2   Text-Modus 80*25 Schwarz/Weiß
AL = 3   Text-Modus 80*25 Color
AL = 4   Grafik 320*200 Color
AL = 5   Grafik 320*200 Schwarz/Weiß
AL = 6   Grafik 640*200 Schwarz/Weiß
AL = 7   Text-Modus 80*25 Monochrom

Rückmeldung
Keine.

INT 10, Funktion 01 — Aussehen/Größe des Cursors festlegen

GW-BASIC erlaubt beim LOCATE-Befehl, das Aussehen des Cursors festzulegen. Dies erfolgt über diesen Aufruf.

Aufruf
AH = 01

CH   Bits 0-4 = Erste Rasterzeile in Matrix
CL   Bits 0-4 = Letzte Rasterzeile in Matrix

Matrix je nach Video-Karte z.B. 8*8 (0-7) oder 9*16 (0-15).

Rückmeldung
Keine.

INT 10, Funktion 02 — Cursor positionieren

Zum Beispiel GW-BASIC LOCATE-Befehl.

Aufruf
AH = 02

DH = Zeile (0 bis 24)
DL = Spalte (0 bis 79)

BH = Bildschirmseite

(0 bis 3 bei 80*25 bzw. 7 bei 40*25), bei Grafik immer 0

Rückmeldung
Keine.

INT 10, Funktion 03 — Cursor-Position ermitteln

Über diesen Aufruf erhalten CSRLIN und POS(0) ihre Ergebnisse.

Aufruf
AH = 03
BH = Bildschirmseite

Bildschirmseite= 0 bis 3 bei 80*25 bzw. 7 bei 40*25, bei Grafik immer 0

Rückmeldung
DX = Position (siehe Funktion 02)
CX = Cursor-Größe (siehe Funktion 01)

INT 10, Funktion 04 — Lightpen-Position ermitteln

Aufruf
AH = 04

Rückmeldung
AH = 0   Kein Lightpen angeschlossen bzw. nicht aktiv
AH = 1   Lightpen angeschlossen, Werte in DX, CH und BX

DX = Position im Text-Modus (siehe Funktion 02)
CH = Zeile im Grafik-Modus (Y = 0 bis 199)
BX = Spalte im Grafik-Modus (X = 0 bis 319/639)

INT 10, Funktion 05 — Bildschirmseite wählen

Der SCREEN-Befehl erlaubt im Text-Modus die Wahl einer Anzeige- und einer Ausgabeseite. Dieser Aufruf hilft dabei.

Aufruf
AH = 05
AL = Bildschirmseite (0 bis 3 bei 80*25, bis 7 bei 40*25)

Rückmeldung
Keine.

Hinweis: Nur im Text-Modus

INT 10, Funktion 06 — Scrollen eines Fensters nach oben

Dieser Aufruf läßt sich in Verbindung mit dem nächsten (INT 10, Funktion 07) sehr schön für eine Textverarbeitung oder die Darstellung von Listen einsetzen.

Aufruf
AH = 06
AL = Anzahl der zu scrollenden Zeilen

CX = Position des Fensters links oben (Zeile, Spalte)
DX = Position des Fensters rechts unten (Zeile, Spalte)
BH = Attribut für die Folgezeilen:

Bit 0, 1 und 2	Vordergrund-Farbe
Bit 3	Doppelte Helligkeit 1|0
Bit 4, 5 und 6	Hintergrund-Farbe
Bit 7	Blinken 1|0

Rückmeldung
Keine.

INT 10, Funktion 07 — Scrollen eines Fensters nach unten

Aufruf
AH = 07

Sonst wie Funktion 06.

Rückmeldung
Keine.

INT 10, Funktion 08 — Zeichen und Attribut an Cursor-Position lesen

Dieser Aufruf liefert der Funktion SCREEN ihr Ergebnis.

Aufruf
AH = 08

Rückmeldung
AL = ASCII-Code des Zeichens gemäß PC-Zeichensatz
AH = Attribut (siehe Tabelle Funktion 06)

INT 10, Funktion 09 — Zeichen und Attribut an Cursor-Position schreiben

Aufruf
AH = 09
AL = ASCII-Code des Zeichens gemäß PC-Zeichensatz

CX = Anzahl der zu schreibenden Zeichen
BL = Attribut (siehe Tabelle bei Funktion 06)
BH = Bildschirmseite (0 bis 3 bei 80*25 bzw. bis 7 bei 40*25)

Rückmeldung
Keine.

Hinweis: BH kann beim Aufruf nur im Text-Modus angegeben werden.

INT 10, Funktion 0A — Zeichen an Cursor-Position schreiben

Aufruf
AH = 0A
AL = ASCII-Code des Zeichens gemäß PC-Zeichensatz

CX = Anzahl der zu schreibenden Zeichen
BH = Bildschirmseite

Bildschirmseite= 0 bis 3 bei 80*25 bzw. bis 7 bei 40*25,
nicht im Grafik-Modus

Rückmeldung
Keine.

Hinweis: Das Attribut bleibt unverändert.

INT 10, Funktion 0B — Farbpalette für Grafik-Modus setzen

Für Farbgrafik im 320*200-Modus sehr wichtig!

Aufruf
AH = 0B

BH = Nummer der Palette (0-127)
BL = Farb-Nummer:

0 = Grün/Rot/Gelb
1 = Cyan/Magenta/Weiß

Rückmeldung
Keine.

INT 10, Funktion 0C — Grafik-Punkt setzen

Hierüber laufen alle GW-BASIC-Grafikbefehle.

Aufruf
AH = 0C

AL: Bits 0 bis 6 = Farbe des Punktes
AL: Bit 7 = XOR-Verknüpfung mit evtl. gesetztem Punkt 1|0

DX = Grafik-Zeile (Y = 0 bis 199)
CX = Grafik-Spalte (X = 0 bis 319/639)

Rückmeldung
Keine.

INT 10, Funktion 0D — Grafik-Punkt lesen

Aufruf
AH = 0D

DX = Grafik-Zeile (Y = 0 bis 199)
CX = Grafik-Spalte (X = 0 bis 319/639)

Rückmeldung
AL = Farbe des Punktes (0 = Hintergrundfarbe)

INT 10, Funktion 0E — Zeichen an Position ausgeben und Cursor bewegen

Aufruf
AH = 0E
AL = ASCII-Code des Zeichens gemäß PC-Zeichensatz

BL = Attribut des Zeichens (siehe Funktion 06)

Rückmeldung
Keine.

INT 10, Funktion 0F — Aktuellen Bildschirm-Modus ermitteln

Aufruf
AH = 0F

Rückmeldung
AL = Bildschirm-Modus (siehe Funktion 00)
AH = Anzahl Spalten (40 oder 80)

BH = Bildschirmseite (0 bis 3 bei 80*25 bzw. bis 7 bei 40*25)

INT 11 — Equipment feststellen

Dieser Aufruf ist sehr hilfreich, wenn Programme auf unterschiedlichen Rechnern mit unterschiedlicher Ausstattung laufen sollen. Ein Aufruf und man weiß, wie der Rechner ausgestattet ist.

Aufruf
Keine Parameter.

Rückmeldung
In AX wird ein 16-Bit-Wert mit folgender Bedeutung zurückgegeben, 00, 01, 11 usw. sind hierbei als gelöschte bzw. gesetzte Bits zu verstehen:

Bit 0: Disketten-Laufwerke vorhanden
0 = Keine Disketten-Laufwerke vorhanden,
1 = Disketten-Laufwerke vorhanden

Bit 1: Nicht benutzt

Bit 2 und 3: Anzahl RAM-Banks auf der Hauptplatine
00 = 1, 01 = 2, 10 = 3, 11 = 4

Bit 4 und 5: Bildschirm-Modus beim Einschalten
00 = Nicht eingestellt, ungültig,
01 = Color 40*25,
10 = Color 80*25,
11 = Monochrom 80*25

Bit 6 und 7: Anzahl Disketten-Laufwerke (Bit 0 =1)
00 = 1, 01 = 2, 10 = 3, 11 = 4

Bit 8: Nicht benutzt

Bit 9, 10 und 11: Anzahl der V.24/RS232C-Schnittstellen
00 = Keine, 01 = 1, 10 =2, 11 = 3

Bit 12: Game-Adapter vorhanden
0 = Kein Game-Adapter
1 = Game-Adapter vorhanden

Bit 13: Nicht benutzt

Bit 14 und 15: Anzahl der Centronics-Schnittstellen
00 = Keine, 01 = 1, 10 = 2, 11 = 3

INT 12 — Ermitteln der Speichergröße anhand der DIP-Switches

Aufruf
Keine Parameter.

Rückmeldung
AX = Größe des Speichers in KByte

INT 13 — Floppy-Controller

Aufruf und Rückmeldungen lassen sich aufgrund der standardisierten Parameter für die verschiedenen Funktionen zusammenfassen:

Aufruf

AH = 0   Controller-Reset
AH = 1   Controller-Status nach AL schieben
AH = 2   Sektor lesen
AH = 3   Sektor schreiben
AH = 4   Sektor prüfen
AH = 5   Spur formatieren

DL = Laufwerk (0 = A:, 1 = B:, 3 = C:)
DH = Kopf (0|1)
CH = Spur (0 bis 39)
CL = Sektor (1 bis 8|9)
AL = Anzahl Sektoren (8|9)
ES:BX = Puffer für Lesen/Schreiben

Rückmeldung

AL = Anzahl der gelesenen Sektoren
AH = 00   Kein Fehler, Operation ausgeführt

Wenn Carry-Flag gesetzt, dann

AH = 01   Falsches Kommando
AH = 02   Markierung nicht gefunden
AH = 03   Schreibfehler
AH = 04   Sektor nicht gefunden
AH = 08   DMA meldet Fehler
AH = 09   DMA meldet Segment-Überschreitung
AH = 10   CRC-Fehler
AH = 20   Controller-Chip meldet Fehler
AH = 40   Fehler beim Suchen
AH = 80   Time-Out Fehler

Für Details bezüglich Fehlermeldungen schauen Sie bitte in das Manual des Controllers. Das Handling der Festplatte erfolgt ebenfalls über den Interrupt 13h. Da dies jedoch ein sehr komplexes Thema ist und die Gefahr des Datenverlustes bei unsachgemäßem Einsatz besteht, wird hier auf eine detaillierte Beschreibung verzichtet. Bei Bedarf finden Sie im DATA BECKER-Buchprogramm bzw. in den einschlägigen Zeitschriften Informationsmaterial.

INT 14   Handling serielle Schnittstelle V.24/RS232C

Aufruf

AH = 00   Initialisierung gemäß Wert in AL
AH = 01   Zeichen in AL an Schnittstelle ausgeben
AH = 02   Zeichen von Schnittstelle einlesen
AH = 03   Status der Schnittstelle ermitteln

DX = Nummer der Schnittstelle:

0 = COM1:
1 = COM2:
und so weiter...

AL = Initialisierungswerte für AH = 0

00, 01, 11 usw. sind hierbei als gelöschte bzw. gesetzte Bits zu verstehen:

Bit 0 und 1: Wortlänge in Bits
01 = 7
11 = 8

Bit 2: Stop-Bits
0 = 1
1 = 2

Bit 3 und 4: Parität
01 = Keine
10 = Ungerade
11 = Gerade

Bit 5, 6 und 7: Baud-Rate
000 = 110, 100 = 150, 010 = 300, 110 = 600
001 = 1200, 101 = 2400, 011 = 4800, 111 = 9600

Rückmeldung
AL = Status bei AH = 3
AH = Status der Schnittstelle:

Bit 0: Empfangsstatus
0 = Keine Daten
1 = Daten empfangen

Bit 1: Overrun
0 = Kein Overrun
1 = Overrun-Fehler

Bit 2: Parität
0 = Kein Fehler
1 = Abweichung festgestellt

Bit 3: Nicht benutzt

Bit 4: Break
0 = Kein Break empfangen
1 = Break empfangen

Bit 5: Holding-Register
0 = Frei
1 = Belegt

Bit 6: Shift-Register
0 = Frei
1 = Belegt

Bit 7: Time-Out
0 = Alles klar
1 = Time-Out-Fehler

Für Details lesen Sie bitte die technischen Unterlagen zum Kommunikations-Chip 8250.

INT 16, Funktion 00 — Zeichen aus Tastaturpuffer lesen

Aufruf
AH = 00

Rückmeldung
AL = ASCII-Code des Zeichens gemäß PC-Zeichensatz
AH = Tastatur-Scan-Code der Taste

Hinweis: Das Zeichen wird aus dem Tastaturpuffer entfernt.

INT 16, Funktion 01 — Status des Tastaturpuffers ermitteln

Aufruf
AH = 01

Rückmeldung
Zero-Flag = 1 bedeutet, daß kein Zeichen im Puffer vorhanden ist.

Zero-Flag = 0 bedeutet, daß ein Zeichen im Puffer vorhanden ist. ASCII-Code und Scan-Code werden in AX (siehe Funktion 00) übergeben, das Zeichen verbleibt aber im Puffer.

INT 16, Funktion 02 — Status der Umschalttasten ermitteln

Aufruf
AH = 02

Rückmeldung
AL = Status der Umschalttasten,

Bit gelöscht, Taste nicht gedrückt
Bit gesetzt, Taste gedrückt

Bit 0 = Shift rechts
Bit 1 = Shift links
Bit 2 = CTRL
Bit 3 = ALT
Bit 4 = Scroll Lock
Bit 5 = Num Lock
Bit 6 = Caps Lock
Bit 7 = Ins

INT 17 — Handling parallele Schnittstelle Centronics

Aufruf
AH = 00   Zeichen in AL auf Schnittstelle ausgeben
AH = 01   Schnittstelle initialisieren (Reset)
AH = 02   Status der Schnittstelle ermitteln

DX = Nummer der Schnittstelle:

00 = LPT1:
01 = LPT2:
02 = LPT3:

Rückmeldung
Der Status der Schnittstelle wird als 16-Bit-Wert mit folgender Bedeutung zurückgegeben:

Bit 0: Time-Out
0 = Alles klar
1 = Time-Out-Fehler

Bit 1: Nicht benutzt

Bit 2: Nicht benutzt

Bit 3: Allgemeiner I/O-Fehler
0 = Alles klar
1 = I/O-Fehler

Bit 4: Druckerselektion (ON-/OFF-Line)
0 = Nicht selektiert
1 = Selektiert

Bit 5: Papier
0 = Alles klar
1 = Kein Papier mehr

Bit 6: Acknowledge
0 = Keine Antwort
1 = Alles klar

Bit 7: Busy/Ready
0 = Drucker ist beschäftigt
1 = Drucker ist frei

INT 1B — Kontrolle der Tasten <CTRL>-<Break>

Dieser Interrupt wird aufgerufen, wenn der Anwender <CTRL>-<Break> drückt. Nach dem Einschalten zeigt der Vektor auf eine Dummy-Routine, die keinerlei Wirkung hat. Vom Programm aus muß dieser Vektor auf eine eigene Routine gesetzt werden. PC-BASIC handhabt <CTRL>-<Break> auf seine eigene Art, so daß über diesen INT die Tastenkombination leider nicht abgeschaltet werden kann! Man kann sich hier aber auf andere Weise helfen. Siehe dazu Kapitel 12.

INT 1C — System-Takt

Dieser Interrupt wird vom System bei jedem Takt des Timers (18 mal pro Sekunde) aufgerufen. Nach dem Einschalten zeigt der Vektor auf eine Dummy-

Routine, die keinerlei Wirkung hat. Vom Programm kann der Vektor auf eine Routine gesetzt werden, die dann bei jedem System-Takt ausgeführt wird. In Kapitel 9 finden Sie hierzu ein interessantes Programm.

INT 1F — Zeichensatz für Grafik-Modus

Im Grafik-Modus werden bei der Textdarstellung nur die Zeichen mit einem ASCII-Code bis 128 angezeigt, darüberliegende Zeichen werden als Leerzeichen (CHR$(32)) ausgegeben. Über diesen Interrupt kann ein Zeichensatz installiert werden, der die Anzeige der Zeichen jenseits von ASCII 128 ermöglicht. Auf der Systemdiskette sollten Sie ein Programm namens GRAPHTABL.COM oder GRAPHPAT.COM finden, das den Zeichensatz für den Grafik-Modus über diesen Interrupt installiert.

INT 20 — Programm beenden

Aufruf
CS = Segmentadresse des PSP des laufenden Programms

Rückmeldung
Keine.

Hinweis: Das laufende Programm wird beendet und der übergeordnete Prozeß (z.B. eine BAT-Datei oder COMMAND.COM) aufgerufen. Alle offenen Dateien werden geschlossen.

INT 21, Funktion 00 — Programm beenden

Siehe auch INT 20.

Aufruf
AH = 00

CS = Segmentadresse des PSP des laufenden Programms

Rückmeldung
Keine.

Hinweis: Im Gegensatz zum INT 20 bleiben die Dateien geöffnet, müssen also vor dem Aufruf der Funktion geschlossen werden (s. Funktion 10)!

INT 21, Funktion 01 — Tastatur abfragen und Zeichen anzeigen

Aufruf
AH = 01

Rückmeldung
AL = ASCII-Code des Zeichens gemäß PC-Zeichensatz

INT 21, Funktion 02 — Zeichen an Cursor-Position ausgeben

Aufruf
AH = 02

DL = ASCII-Code des auszugebenden Zeichens gemäß PC-Zeichensatz

Rückmeldung
Keine.

INT 21, Funktion 05 — Zeichen auf den Drucker ausgeben

Aufruf
AH = 05

DL = ASCII-Code des Zeichens gemäß PC-Zeichensatz

Rückmeldung
Keine.

Hinweis: Das Zeichen wird - soweit nicht anders festgelegt - immer auf LPT1: ausgegeben.

INT 21, Funktion 06 — Ein-/Ausgabe über Standard-I/O-Geräte

Aufruf
AH = 06

DL = FF, Lesen eines Zeichens vom Standard-Eingabegerät

DL = Zeichen, Ausgeben des Zeichens in DL auf das Standard-Ausgabegerät (Zeichen = ASCII-Code des Zeichens gemäß PC-Zeichensatz).

Rückmeldung
Wenn DL = FF war, dann ASCII-Code des Zeichens gemäß PC-Zeichensatz in AL, sonst nichts.

INT 21, Funktion 07 — Eingabe über Standard-Eingabegerät

Aufruf
AH = 07

Rückmeldung
AL = ASCII-Code des Zeichens gemäß PC-Zeichensatz

INT 21, Funktion 08 — Eingabe über Tastatur, keine Anzeige des Zeichens

Aufruf
AH = 08

Rückmeldung
AL = ASCII-Code des Zeichens gemäß PC-Zeichensatz

INT 21, Funktion 09 — String an Cursor-Position ausgeben

Aufruf
AH = 09

DS:DX = Zeiger auf den String

Rückmeldung
Keine.

Hinweis: Der String muß mit dem Dollar-Zeichen $ abgeschlossen sein. Daran erkennt die Funktion das Ende des Strings.

INT 21, Funktion 0A — Eingabe über Tastatur in einen Puffer

Aufruf
AH = 0A

DS:DX = Zeiger auf Eingabe-Puffer

Byte 1 des Eingabe-Puffers definiert die maximale Länge der Eingabe inklusive der <CR>-Taste.

Rückmeldung
Byte 2 des Eingabe-Puffers enthält die Anzahl der tatsächlich eingegebenen Zeichen exklusive der <CR>-Taste. Ab Byte 3 des Eingabe-Puffers stehen die eingegebenen Zeichen.

INT 21, Funktion 0B — Tastatur-Status ermitteln

Aufruf
AH = 0B

Rückmeldung
AL = FF Zeichen im Puffer vorhanden
AL = 00 Kein Zeichen im Puffer vorhanden

INT 21, Funktion 0C — Tastatur-Puffer leeren und Zeichen lesen

Aufruf
AH = 0C

AL = Funktion 01,06,07,08 oder 0A des INT 21

oder

AL = 00, nur Puffer leeren

Rückmeldung
AL = 00   Puffer geleert, keine weitere Aktion ausgeführt
AL = xx   (ggf. Rückmeldung der beim Aufruf in AL angegebenen Funktion)

INT 21, Funktion 0D — Disk-System rücksetzen (Reset)

Aufruf
AH = 0D

Rückmeldung
Keine.

Hinweis: Diese Funktion schließt keine Dateien!

INT 21, Funktion 0E — Standard-Laufwerk festlegen

Aufruf
AH = 0E

DL = Nummer des Laufwerkes

0 = A:, 1 = B:, 2 = C:, usw.

Rückmeldung

AL = Anzahl der vorhandenen Laufwerke

Hinweis: Die Rückmeldung in AL ist mit Vorsicht zu genießen. Bei einem PC mit zwei Disketten-Laufwerken, einer Festplatte und einer RAM-Disk werden 5 Laufwerke gemeldet?!?

INT 21, Funktion 0F — Datei öffnen

Aufruf
AH = 0F

DS:DX = Zeiger auf ungeöffneten FCB

Rückmeldung
AL = FF

Keinen Eintrag im Directory gefunden bzw. die Datei hat das Attribut Hidden oder System

AL = 00 Eintrag im Directory gefunden

Der FCB wird bei AL = 00 wie folgt modifiziert:

Wenn als Laufwerk das aktuelle (0) im FCB angegeben war, so wird dies auf die tatsächliche Nummer gesetzt (1 = A:, 2 = B: usw.).

Der aktuelle Block wird auf 0 gesetzt.
Die Satzlänge wird auf den Standardwert 128 gesetzt.

Datei-Größe und Datum/Zeit des letzten Zugriffes werden aus dem Directory-Eintrag in den FCB übertragen.

INT 21, Funktion 10 — Datei schließen

Aufruf
AH = 10

DS:DX = Zeiger auf geöffneten FCB der entsprechenden Datei

Rückmeldung

AL = FF   Eintrag im Directory nicht gefunden
AL = 00   Eintrag im Directory gefunden, Datei geschlossen

INT 21, Funktion 11 — Ersten passenden Eintrag im Directory suchen

Aufruf
AH = 11

DS:DX = Zeiger auf ungeöffneten FCB. Im FCB muß als Datei-Name eine Auswahlmaske angegeben sein (z.B. *.EXE). Wenn nach Hidden oder System-Dateien bzw. nach Volume-ID oder Directorys gesucht werden soll, muß ein erweiterter FCB mit den entsprechenden Attribut-Bytes angegeben werden.

Rückmeldung

AL = FF   Keinen Eintrag gefunden
AL = 00   Passenden Eintrag gefunden

Bei AL = 00 und normalem FCB wird der DTA, der wie ein normaler FCB aufgebaut ist, wie folgt modifiziert:

Byte 1 enthält die Laufwerks-Nummer (1 = A, 2 = B usw.).

Ab Byte 2 steht der Directory-Eintrag mit einer Länge von 32 Bytes.

Bei AL = 00 und erweitertem FCB wird der DTA, der dann wie ein erweiterter FCB aufgebaut ist, wie folgt modifiziert:

Byte 1 wird auf FF gesetzt, die nächsten 5 Bytes auf 00.

Das darauffolgende Byte enthält das Attribut der Datei, das nächste Byte die Laufwerks-Nummer (1 = A, 2 = B usw.), die nächsten 32 Bytes enthalten den Directory-Eintrag.

INT 21, Funktion 12 — Nächsten passenden Eintrag suchen

Aufruf
AH = 12

DS:DX = Zeiger auf ungeöffneten FCB (siehe Funktion 11)

Rückmeldung
Siehe Funktion 11.

INT 21, Funktion 13 — Datei löschen

Aufruf
AH = 13

DS:DX = Zeiger auf ungeöffneten FCB

Rückmeldung
AL = 00   Eintrag im Directory gefunden, Datei gelöscht
AL = FF   Keinen Eintrag im Directory gefunden

INT 21, Funktion 14 — Sequentielles Lesen einer Datei

Aufruf
AH = 14

DS:DX = Zeiger auf geöffneten FCB

Rückmeldung
AL = 00   Lesen erfolgreich abgeschlossen
AL = 01   EOF-Kennzeichen erreicht
AL = 02   DTA zu klein für Datenübertragung
AL = 03

EOF-Kennzeichen erreicht, Teil eines Satzes gelesen, Rest bis Satzlänge mit CHR$(0) gefüllt.

Daten werden im DTA abgelegt.

INT 21, Funktion 15 — Sequentielles Schreiben einer Datei

Aufruf
AH = 15

DS:DX = Zeiger auf geöffneten FCB.

Daten müssen im DTA abgelegt sein.

Rückmeldung

AL = 00   Schreiben erfolgreich abgeschlossen
AL = 01   Diskette/Festplatte ist voll
AL = 02   DTA-Bereich zu klein für Datenübertragung

INT 21, Funktion 16 — Datei anlegen

Aufruf
AH = 16

DS:DX = Zeiger auf ungeöffneten FCB. Ein Datei-Attribut kann durch Einsatz eines erweiterten FCBs zugeordnet werden.

Rückmeldung

AL = 00   Datei angelegt
AL = FF   Datei nicht angelegt, kein Platz im Directory

Hinweis: Existiert eine Datei mit angegebenem Namen, wird diese gelöscht!

INT 21, Funktion 17 — Datei umbenennen

Aufruf
AH = 17

DS:DX = Zeiger auf modifizierten FCB. Als Datei-Name im FCB wird der Name der umzubennenden Datei angegeben, ab Offset 11h des FCBs muß der neue Name der Datei (ohne Laufwerks-Nummer) stehen.

Rückmeldung

AL = 00   Directory-Eintrag gefunden, Datei umbenannt
AL = FF

Kein Directory-Eintrag gefunden oder eine Datei mit dem neuen Namen existiert bereits.

INT 21, Funktion 19 — Aktuelles Laufwerk ermitteln

Aufruf
AH = 19

Rückmeldung
AL = Nummer des aktuellen Laufwerks

0 = A, 1 = B, 2 = C usw.

INT 21, Funktion 1A — Adresse des DTA setzen

Aufruf
AH = 1A

DS:DX = Zeiger auf DTA-Bereich. Im PSP liegt der Standard-DTA ab Offset 80h. Hier werden auch eventuelle Parameter, die über die Kommando-Zeile übergeben wurden, festgehalten. Vor der ersten Benutzung dieses DTA müssen ggf. die Parameter gesichert werden.

Rückmeldung
Keine.

INT 21, Funktion 1B — Spezifikation des aktuellen Laufwerks ermitteln

Aufruf
AH = 1B

Rückmeldung
AL = Anzahl der Sektoren pro Cluster
CX = Bytes pro Sektor
DX = Anzahl der Cluster des Laufwerkes

Die Gesamtkapazität des Laufwerks errechnet sich aus: Bytes = (CX*AL)*DX

DS:DX = Zeiger auf ID-Byte:

FF	2 Seiten,	8 Sektoren pro Spur,
FE	1 Seite,	8 Sektoren pro Spur
FD	2 Seiten,	9 Sektoren pro Spur
FC	1 Seite,	9 Sektoren pro Spur
F9	2 Seiten,	15 Sektoren pro Spur
F8	Festplatte	

INT 21, Funktion 1C — Spezifikation eines beliebigen Laufwerks ermitteln

Aufruf
AH = 1C

DL = Laufwerks-Nummer:

0 = Aktuelles Laufwerk, 1 = A, 2 = B, 3 = C usw.

Rückmeldung
Siehe Funktion 1B.

INT 21, Funktion 21 — Lesen eines Satzes aus einer Random-Datei

Aufruf
AH = 21

DS:DX = Zeiger auf geöffneten FCB

Im FCB muß an Offset 21h die entsprechende Satznummer angegeben sein (siehe Funktion 24).

Rückmeldung
AL = 00   Satz erfolgreich gelesen
AL = 01   EOF erreicht, Satz ist leer
AL = 02   DTA ist zu klein für Datenübertragung
AL = 03   EOF erreicht, Teil eines Satzes gelesen, Rest mit CHR$(0) gefüllt

Daten werden im DTA abgelegt.

INT 21, Funktion 22 — Schreiben in eine Random-Datei

Aufruf
AH = 22

Wie Funktion 21. Daten müssen im DTA abgelegt sein.

Rückmeldung
AL = 00   Satz erfolgreich geschrieben
AL = 01   Diskette/Festplatte ist voll
AL = 02   DTA zu klein für Datenübertragung

INT 21, Funktion 23 — Größe einer Datei ermitteln

Aufruf
AH = 23

DS:DX = Zeiger auf ungeöffneten FCB

Rückmeldung
AL = FF   Directory-Eintrag nicht gefunden
AL = 00   Directory-Eintrag gefunden, FCB modifiziert

An Offset 21h des FCB wird die Größe der Datei, geteilt durch die Satzlänge, abgelegt.

INT 21, Funktion 24 — Setzen des Datei-Zeigers für Direkt-Zugriff

Aufruf
AH = 24

DS:DX = Zeiger auf geöffneten FCB. Im FCB muß an Offset 21h die Satznummer bzw. an Offset 20h die Blocknummer angegeben sein.

Rückmeldung
Keine.

INT 21, Funktion 25 — Interrupt-Vektor setzen

Aufruf
AH = 25

AL = Nummer des Interrupts

DS:DX = Zeiger auf den Einsprungpunkt der Interrupt-Routine

Rückmeldung
Keine.

INT 21, Funktion 27 — Lesen mehrerer Sätze aus einer Random-Datei

Aufruf
AH = 27

DS:DX = Zeiger auf geöffneten FCB

CX = Anzahl der zu lesenden Sätze

Rückmeldung
Siehe Funktion 21.

CX = Anzahl der tatsächlich gelesenen Sätze

INT 21, Funktion 28 — Schreiben mehrerer Sätze in eine Random-Datei

Aufruf
AH = 28

Wie Funktion 22.

CX = Anzahl der zu schreibenden Sätze

Rückmeldung
Siehe Funktion 22.

CX = Anzahl der tatsächlich geschriebenen Sätze

INT 21, Funktion 2A — System-Datum ermitteln

Aufruf
AH = 2A

Rückmeldung
CX = Jahr (1980 bis 2099)
DH = Monat (1 bis 12)
DL = Tag (1 bis 31)
AL = Tag der Woche (0 = Sonntag, 1 = Montag usw.)

INT 21, Funktion 2B — System-Datum setzen

Aufruf
AH = 2B

CX = Jahr (1980 bis 2099)
DH = Monat (1 bis 12)
DL = Tag (1 bis 31)

Rückmeldung
AL = 00   Datum war korrekt angegeben
AL = FF   Datum war falsch angegeben

INT 21, Funktion 2C — System-Zeit ermitteln

Aufruf
AH = 2C

Rückmeldung

CH = Stunde (0 bis 24)
CL = Minute (0 bis 59)
DH = Sekunden (0 bis 59)
DL = Hundertstel (0 bis 99)

INT 21, Funktion 2D — System-Zeit setzen

Aufruf
AH = 2D

CH = Stunde (0 bis 24)
CL = Minute (0 bis 59)
DH = Sekunden (0 bis 59)
DL = Hundertstel (0 bis 99)

Rückmeldung
AL = 00   Zeit war korrekt angegeben
AL = FF   Zeit war nicht korrekt angegeben

INT 21, Funktion 2E — Setzen/Löschen des Verify-Flag

Aufruf
AH = 2E

AL = 1   Verify anschalten
AL = 0   Verify ausschalten

Rückmeldung
Keine.

INT 21, Funktion 2F — Adresse des DTA ermitteln

Aufruf
AH = 2F

Rückmeldung
ES:BX = Zeiger auf den DTA

INT 21, Funktion 30 — Versionsnummer des MS-DOS ermitteln

Aufruf
AH = 30

Rückmeldung
AL = Version (z.B. 3)
AH = Release (z.B. 10)

Ergibt Version 3.10.

BH = Serien-Nummer einer Lizenz-Version
BL = Serien-Nummer einer Benutzer-Version

INT 21, Funktion 31 — Programm resident machen (im Speicher halten)

Diese Funktion wird z.B. für Interrupt-Routinen benötigt (Tastatur-Treiber, Drucker-Treiber etc.) und sollte nur von versierten Assembler-Programmierern und bei ausreichender Kenntnis der Materie angewandt werden!

Aufruf
AH = 31

AL = Rückmeldung an aufrufenden Prozeß
DX = Zu schützender Speicherplatz in Blöcken zu je 16 Bytes (Paragraphs)

Rückmeldung
Keine.

Hinweis: Siehe auch Interrupt 27.

INT 21, Funktion 33 — Handling <CTRL>-<C> bzw. <CTRL>-<Break>

Aufruf
AH = 33

AL = 00: Status der Abfrage ermitteln
AL = 01: Abfrage setzen:
DL = 0, Abfrage ausschalten
DL = 1, Abfrage einschalten

Rückmeldung
Wenn AL = 00 ist, dann Status in DL:

DL = 0   Abfrage ist ausgeschaltet
DL = 1   Abfrage ist eingeschaltet
AL = FF, AL war beim Aufruf weder 0 noch 1

INT 21, Funktion 35 — Interrupt-Vector ermitteln

Aufruf
AH = 35

AL = Nummer des Interrupts

Rückmeldung
ES:BX = Zeiger auf den Einsprungpunkt der Interrupt-Routine

INT 21, Funktion 36 — Freien Speicherplatz eines Laufwerks ermitteln

Aufruf
AH = 36

DL = Laufwerks-Nummer:

0 = Aktuelles Laufwerk, 1 = A, 2 = B, 3 = C usw.

Rückmeldung

AX = FFFF: falsches Laufwerk angegeben
AX = Sektoren pro Cluster
BX = Freie Cluster
CX = Bytes pro Sektor
DX = Anzahl Cluster des Laufwerkes

Freier Speicherplatz = (CX*AX)*BX

INT 21, Funktion 39 — Directory anlegen

Aufruf
AH = 39

DS:DX = Zeiger auf Pfadnamen im ASCII-Format.

Rückmeldung

Wenn Carry-Flag gesetzt, dann Fehlernummer in AX:

AX = 3   Pfad nicht gefunden oder falsch
AX = 5   Ausführung abgebrochen, z.B. weil Directory bereits existiert.

INT 21, Funktion 3A — Directory löschen

Aufruf
AH = 3A

DS:DX = Zeiger auf Pfadnamen im ASCII-Format.

Rückmeldung

Wenn Carry-Flag gesetzt, dann Fehlernummer in AX:

AX = 3   Pfad nicht gefunden oder falsch angegeben
AX = 5   Ausführung abgebrochen, z.B. weil Directory Sub-Directorys enthält
AX = 16   Das aktuelle Directory soll gelöscht werden

INT 21, Funktion 3B — Directory wechseln

Aufruf
AH = 3B

DS:DX = Zeiger auf Pfadnamen im ASCII-Format

Rückmeldung
Wenn Carry-Flag gesetzt, dann Fehlernummer in AX:

AX = 3   Pfad nicht gefunden oder falsch

INT 21, Funktion 43 — Ermitteln oder Setzen der Datei-Attribute

Aufruf
AH = 43

AL = 0   Ermitteln der Datei-Attribute
AL = 1   Setzen der Datei-Attribute
CX = Attribute, die gesetzt werden sollen (AL=1):

Byte 01 = Datei darf nur gelesen werden
Byte 02 = Versteckte Datei
Byte 04 = System-Datei
Byte 08 = Volume-ID der Disk/Platte
Byte 10 = Directory
Byte 20 = Archiv

DS:DX = Zeiger auf den Pfad/Datei-Namen im ASCII-Format

Rückmeldung
Bei Attribut Ermitteln/Setzen, Carry-Flag gesetzt:

AX = 1   Falsche Funktion
AX = 3   Pfad nicht gefunden
AX = 5   Ausführung abgebrochen, Datei-Name ist Directory oder Volume-ID

Bei Attribut Ermitteln, Carry nicht gesetzt:

CX = Attribute der Datei

INT 21, Funktion 47 — Aktuelles Directory ermitteln

Aufruf

AH = 47

DL = Laufwerks-Nummer:

0 = Aktuelles Laufwerk, 1 = A, 2 = B, 3 = C usw.

DS:SI = Zeiger auf 64 Byte großen Puffer

Rückmeldung

Wenn Carry-Flag gesetzt, dann Fehlernummer in AX:

AX = 15   Falsche Laufwerks-Nummer angegeben

Sonst Pfad und Name des Directorys im Puffer an DS:SI

INT 21, Funktion 4E — Ersten übereinstimmenden Eintrag suchen

Aufruf

AH = 4E

DS:DX = Zeiger auf Pfadnamen im ASCII-Format. Der Datei-Name darf die Wildcards * und ? enthalten.

CX = Datei-Attribut der zu suchenden Dateien

Rückmeldung

Wenn Carry-Flag gesetzt, dann Fehlernummer in AX:

AX = 02   Pfad nicht gefunden oder falscher Pfad angegeben.
AX = 18   Keine übereinstimmenden Einträge gefunden.

Der Directory-Eintrag wird im DTA wie folgt abgelegt:

Der Offset ist hexadezimal/dezimal, die Länge dezimal angegeben:

Offset	Länge	Bedeutung
00/00	21	Reserviert für Funktion 4F
15/21	1	Datei-Attribut
16/22	2	Zeit letzter Zugriff
18/24	2	Datum letzter Zugriff
1A/26	2	Datei-Größe (Low-Word)
1C/28	2	Datei-Größe (High-Word)
1E/30	13	Datei-Name im Format "Name.Erweiterung"+CHR$(0)

Hinweis: Siehe auch Funktion 11h

INT 21, Funktion 4F — Nächsten übereinstimmenden Eintrag suchen

Aufruf
AH = 4F

Rückmeldung
Siehe Funktion 4E.

Hinweis: Siehe auch Funktion 12h.

INT 21, Funktion 54 — Status des Verify-Flag ermitteln

Dieses Flag gibt MS-DOS Auskunft, ob bei einer Schreiboperation eine Überprüfung (Verify) der geschriebenen Daten erfolgen soll oder nicht. Dieses Flag ist z.B. beim COPY-Befehl maßgeblich.

Aufruf
AH = 54

Rückmeldung
AL = 0   Verify ist ausgeschaltet
AL = 1   Verify ist eingeschaltet

INT 21, Funktion 56 — Directory-Eintrag verschieben

Diese Funktion löscht einen Eintrag im Directory und legt ihn in einem anderen Directory auf dem gleichen Laufwerk neu an. Dadurch können Dateien zwischen verschiedenen Directorys "verschoben" und gleichzeitig umbenannt werden. Eine Aktion "COPY/REN/DEL" ist nicht mehr nötig.

Aufruf
AH = 56

DS:DX = Zeiger auf den Pfadnamen der zu verschiebenden Datei im ASCII-Format.

ES:DI = Zeiger auf den Pfad und Name der Datei des Ziel-Directorys.

Rückmeldung
Wenn Carry-Flag gesetzt, dann Fehlernummer in AX:

AX = 02   Datei gemäß erstem Pfadnamen nicht gefunden
AX = 05   Ausführung abgebrochen, z.B. sollte Volume-ID verschoben werden
AX = 17   Unterschiedliche Laufwerke angegeben

INT 25 — Sektoren von Diskette/Festplatte lesen

Aufruf
AL = Laufwerks-Nummer:

0 = A, 1 = B, 2 = C usw.

CX = Anzahl der zu lesenden Sektoren
DX = Erster zu lesender Sektor

DS:BX = Zeiger auf Puffer, in dem die Daten abgelegt werden sollen (z.B. DTA, muß aber nicht).

Rückmeldung
Wenn Carry-Flag gesetzt, dann DOS-Fehlernummer in AL.

Daten sind im Puffer an DS:BX abgelegt.

Hinweis: Die übergebenen Parameter werden nicht ausreichend überprüft. Bei unplausiblen Angaben eventuell Systemabsturz! Keine Garantie für Kompatibilität zu neueren MS-DOS-Versionen.

INT 26 — Sektor auf Diskette/Festplatte schreiben

Aufruf
Wie INT 25h

CX = Anzahl der zu schreibenden Sektoren
DX = Erster zu schreibender Sektor

Daten müssen im Puffer an DS:BX abgelegt sein

Rückmeldung
Wie INT 25h.

Hinweis: Die übergebenen Parameter werden nicht ausreichend überprüft. Bei unplausiblen Angaben eventuell Systemabsturz!. Keine Garantie für Kompatibilität zu neueren MS-DOS-Versionen.

INT 27 — Programm resident machen (im Speicher halten)

Aufruf
CS:DX = Zeiger auf das 1. Byte hinter dem Programmteil, der im Speicher verbleiben soll.

Rückmeldung
Keine.

Hinweis: Siehe auch Funktion 31h des Interrupts 21h.

Anhang H

Maus-Funktions-Aufrufe

Im folgenden finden Sie eine Aufstellung der aufzurufenden Maus-Funktionen. Bitte beachten Sie, daß die Funktionen für einen Microsoft- bzw. dazu kompatiblen Maustreiber gelten. Die angegebenen Parameter beziehen sich auf den Einsatz einer wie folgt abgebildeten Maus-Routine:

```
420 :
430 '----- Maus-Funktion aufrufen -----
440 :
450 DEF SEG= MAUS.SEGMENT:CALL MAUS (FUNCTION%, PARA1%, PARA2%, PARA3%)
460 RETURN
```

Hier nun die Beschreibung der Funktionen:

Function% = 0 — Auf Hardware-Fehler prüfen

Prüfen der Hardware, wenn Fehler, dann FUNCTION% <> 1. Gleichzeitig wird das Maus-System auf Default-Werte initialisiert.

Aufruf
Function% = 0

Rückmeldung
Keine.

Function% = 1 — Cursor einschalten

Aufruf
Function% = 1

Rückmeldung
Keine.

Function% = 2 — Cursor ausschalten

Aufruf
Function% = 2

Rückmeldung
Keine.

Function% = 3 — Maus-Position und -Status ermitteln

Ermitteln der Maus-Position und des Status der Maus-Knöpfe:

Aufruf
Function% = 3

Rückmeldung
PARA2% = Status der Knöpfe

Bit 0 = Linker Knopf
Bit 1 = Rechter Knopf
Bit gesetzt = Knopf gedrückt

Function% = 4 — Cursor positionieren

Die Koordinaten beziehen sich auf die Auflösung 640*200 Punkte.

Aufruf
PARA2% = Horizontale Position - Spalte bzw. X-Position
PARA3% = Vertikale Position - Zeile bzw. Y-Position

Function% = 5 — Prüfen, ob ein Mausknopf gedrückt ist

Gleichzeitig wird festgestellt, wie oft ein Knopf seit dem letzten Aufruf dieser Funktion gedrückt wurde und an welcher Position der Cursor beim letzten Druck auf den Knopf stand.

Aufruf
PARA1% = 0 Linker Knopf, = 1 Rechter Knopf

Rückmeldung
FUNCTION% = Status der Knöpfe:

Bit 0 = Linker Knopf
Bit 1 = Rechter Knopf
Bit gesetzt = Knopf gedrückt

PARA1% = Zähler, wie oft gedrückt, liegt im Bereich 0 bis 32767
PARA2% = Horizontale Cursor-Position - Spalte bzw. X-Position
PARA3% = Vertikale Cursor-Position - Zeile bzw. Y-Position

Function% = 6 — Prüfen, ob Mausknopf nicht gedrückt ist

Gleichzeitig wird festgestellt, wie oft ein Knopf seit dem letzten Aufruf dieser Funktion losgelassen wurde und an welcher Position der Cursor beim letzten Loslassen stand.

Aufruf
PARA1% = 0 Linker Knopf, = 1 Rechter Knopf

Rückmeldung
FUNCTION% = Status der Knöpfe

Bit 0 = Linker Knopf
Bit 1 = Rechter Knopf
Bit gesetzt = Knopf gedrückt

PARA1% = Zähler, wie oft losgelassen, liegt im Bereich 0 bis 32767
PARA2% = Horizontale Cursor-Position - Spalte bzw. X-Position
PARA3% = Vertikale Cursor-Position - Zeile bzw. Y-Position

Function% = 7 — Horizontalen Cursor-Bereich setzen

Setzen des horizontalen Bereiches, in dem der Cursor bewegt werden kann.

Aufruf
PARA2% = Kleinste Koordinate
PARA3% = Höchste Koordinate Zeile bzw. X-Position

Rückmeldung
Keine

Function% = 8 — Vertikalen Cursor-Bereich setzen

Setzen des vertikalen Bereiches, in dem der Cursor bewegt werden kann.

Aufruf
PARA2% = Kleinste Koordinate
PARA3% = Höchste Koordinate, Spalte bzw. Y-Position

Rückmeldung
Keine.

Function% = 9 — Aktionspunkt definieren

Setzen des "Hotspots" des Cursors innerhalb der Cursor-Matrix (16*16 Punkte). Dies ist der Punkt innerhalb der Matrix, dessen Bildschirm-Koordinaten von einigen Funktionen als Ergebnis gemeldet wird. Weiterhin kann das Aussehen des Cursors definiert werden. Hierzu muß ein zweidimensionales Integer-Array angelegt werden. Im ersten Element wird die Maske für die Verknüpfung des Cursors mit dem Hintergrund und im zweiten Element die Form des Cursors definiert:

```
'Maske:
CURSOR%( 0,0)= &HFFFF '1111111111111111
...
CURSOR%(15,0)= &HFFFF '1111111111111111

'Cursor-Form:
CURSOR%( 0,1)= &H8000 '1000000000000000
CURSOR%( 1,1)= &HE000 '1110000000000000
CURSOR%( 2,1)= &HF800 '1111100000000000
CURSOR%( 3,1)= &HFE00 '1111111000000000
CURSOR%( 4,1)= &HD800 '1101100000000000
CURSOR%( 5,1)= &H0C00 '0000110000000000
CURSOR%( 6,1)= &H0600 '0000011000000000
```

```
CURSOR%(  7,1)= &H0300  '0000001100000000
CURSOR%(  8,1)= &H0000  '0000000000000000
...
CURSOR%(15,1)= &H0000  '0000000000000000
```

Aufruf
PARA1% = HotSpot horizontal - X-Position
PARA2% = HotSpot vertikal - Y-Position
PARA3% = Array-Name/Pointer, z.B. CURSOR%(0,0)

Alle Werte im Array müssen 16-Bit-Werte sein, diese Funktion kann nur im Grafik-Modus eingesetzt werden.

Rückmeldung
Keine.

Function% = 10 — Definieren des Text-Cursors

Aufruf
PARA1% = Cursor-Modus

0 = Software-Cursor
1 = Hardware-Cursor

PARA2% = Maske für Verknüpfung des Cursors mit Bildschirm-Hintergrund
PARA3% = Darstellungsattribut für die Zeichen unter dem Cursor

Rückmeldung
Keine.

Function% = 11 — Ermitteln der Bewegungsrichtung der Maus

Aufruf
Function% = 11

Rückmeldung
PARA2% = Horizontale Bewegung
PARA3% = Vertikale Bewegung

Das gelieferte Ergebnis liegt im Bereich -32768 bis +32767. Negative Werte signalisieren eine Bewegung nach links bzw. nach unten, positive Werte eine Bewegung nach rechts. bzw. nach oben.

Function% = 12   Bei Ereignis Assembler-Routine initalisieren

Initialisierung einer Assembler-Routine, die bei einem bestimmten Maus-Ereignis aufgerufen werden soll (ähnlich ON KEY x GOSUB xxxx).

Aufruf
PARA2% = Ereignis-Definition

Bit 0 = Cursor-Positions-Wechsel
Bit 1 = Linker Knopf gedrückt
Bit 3 = Rechter Knopf gedrückt
Bit 4 = Linker Knopf losgelassen
Bit 5 = Rechter Knopf losgelassen

Wenn die Routine also beim Drücken des linken Knopfes aufgerufen werden soll, so muß Bit 1 in PARA2% gesetzt sein. Mehrere Ereignisse können kombiniert werden. Jede Ereignisabfrage kann durch Löschen des entsprechendes Bits aufgehoben werden. Funktion 0 löscht alle Abfragen.

PARA3% = Variable mit Offset auf Assembler-Routine im aktuellen Segment.

Rückmeldung
Keine.

Function% = 13/14   Ein- bzw. Ausschalten der Lightpen-Emulation

Die Maus kann als Lightpen eingesetzt werden. Beide Knöpfe gedrückt bedeutet "Pen down", ansonsten kann die Maus wie ein Lightpen über den Bildschirm bewegt werden.

Aufruf
Function% = 13 Modus einschalten
Function% = 14 Modus ausschalten

Rückmeldung
Keine.

Hinweis: Funktion 0 löscht die Emulation.

Function% = 15 — Mausgeschwindigkeits-Faktor einstellen

Definieren des Verhältnisses der Mausbewegung auf dem Schreibtisch zur Bewegung des Cursors auf dem Bildschirm. Oder etwas einfacher: Sie legen fest, um wieviel Bildpunkte der Cursor sich bewegt, wenn die Maus z.B. 10 Zentimeter geschoben wird.

Aufruf
PARA2% = Horizontales Verhältnis
PARA3% = Vertikales Verhältnis

Die Werte liegen im Bereich 1 bis 32767.

Rückmeldung
Keine.

Function% = 16 — Cursor-Start-Bereich festlegen

Festlegen eines Bereiches, in dem der Cursor automatisch ausgeschaltet ist, wenn der Bildschirm aufgebaut wird. Hierdurch wird der Bildschirmaufbau etwas beschleunigt, da der Cursor nicht kontinuierlich dargestellt wird. Außerdem entfällt das Flackern des Cursors. Nach dem Bildschirmaufbau muß der Cursor über Funktion 1 wieder eingeschaltet werden.

Hinweis: Diese Funktion kann nur über eine Assembler-Routine aufgerufen werden. Die Register sind folgendermaßen zu laden:

AX = 16d
CX = Obere X-Koordinate
DX = Obere Y-Koordinate

SI = Untere X-Koordinate
DI = Untere Y-Koordinate

Von GW-BASIC aus müssen Sie hier die Funktion 2 manuell aufrufen.

Function% = 19 — Geschwindigkeit der Cursor-Bewegung festlegen

Anders als bei Funktion 15 wird der Cursor bei gleicher Maus-Bewegung schneller über den Bildschirm bewegt.

Aufruf
PARA3% = Faktor

Der Faktor kann mit einem Wert zwischen 1 und 32767 angegeben werden.

Rückmeldung
Keine.

Anhang I

Kopiervorlagen

Auf den nächsten Seiten finden Sie Kopiervorlagen für folgende Anwendungen:

- Maskenentwurfsblatt
- Datei-Satzbeschreibung
- Variablenübersicht
- Übersicht Upros

Kopiervorlagen — 697

Abbildung "Maskenentwurfs-Blatt"

Programm:
Maske:
Datum:

Abbildung "Dateisatzbeschreibung"

Programm: ________________ Datum: ___.___.___

Variable/Datei#:	Offset:	Satzaufbau:
		1234567890123456789012345678901234567890123456789012345678901234567890123456789 0

Variable/Datei#:	Offset:	Satzaufbau:
		1234567890123456789012345678901234567890123456789012345678901234567890123456789 0

Variable/Datei#:	Offset:	Satzaufbau:
		1234567890123456789012345678901234567890123456789012345678901234567890123456789 0

Variable/Datei#:	Offset:	Satzaufbau:
		1234567890123456789012345678901234567890123456789012345678901234567890123456789 0

Variable/Datei#:	Offset:	Satzaufbau:
		1234567890123456789012345678901234567890123456789012345678901234567890123456789 0

Variable/Datei#:	Offset:	Satzaufbau:
		1234567890123456789012345678901234567890123456789012345678901234567890123456789 0

Variable/Datei#:	Offset:	Satzaufbau:
		1234567890123456789012345678901234567890123456789012345678901234567890123456789 0

Kopiervorlagen — 699

Abbildung "Variablen-Übersicht"

Variable:	Bedeutung:

Datum: _____ Programm: _____ Seite

Abbildung "Unterprogramm-Übersicht"

Upro ab Zeilen-Nummer:	Bedeutung:

Datum: _____ Programm: _____ Seite

Anhang J

DIN-Zeichen für Programm-Ablauf-Plan

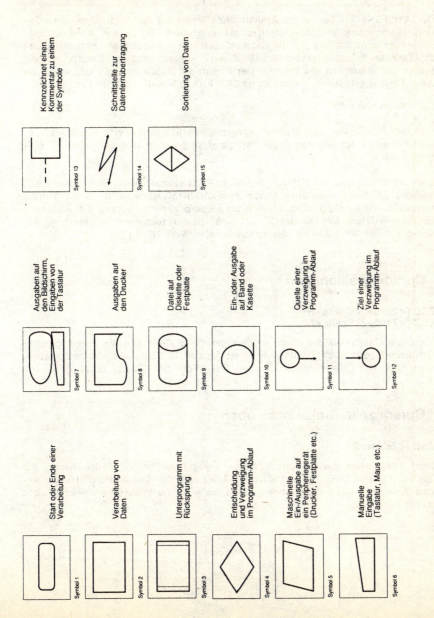

Anhang K

ANSI-Escape-Sequenzen

Der ANSI.SYS-Treiber ist zur einheitlichen Steuerung der Bildschirm- und Tastatur-Funktionen bei MS-DOS-Rechner konzipiert. Durch die ANSI-Escape-Sequenzen wird Einfluß auf die Cursor-Steuerung, die grafische Darstellung und die Tastatur-Belegung genommen. In diesem Anhang wird der Einsatz und die Syntax der Sequenzen beschrieben. Der Einsatz ist jedoch nur möglich, wenn der Ansi-Treiber geladen ist. In der Datei CONFIG.SYS muß dazu der Eintrag

```
DEVICE= ANSI.SYS
```

vorhanden sein. Die vom Treiber vorgesehenen Standard-Werte werden eingesetzt, wenn in der Sequenz keine Parameter vorgegeben sind oder eine "0" eingesetzt wird.

Eine ANSI-Sequenz wird durch den Wert 27 (Dezimal) bzw. 1B (Hexadezimal) und das Zeichen [eingeleitet. Durch diese Zeichenfolge wird der ANSI-Treiber veranlaßt, die nachfolgenden Zeichen als Sequenz zur Ausführung o.g. Aufgaben zu interpretieren. Der Ausdruck ESC steht in der folgenden Beschreibung für den dezimalen Wert 27 bzw. den hexadezimalen Wert 1B.

Cursor positionieren

ESC [<Zeile>;<Spalte>H
ESC [<Zeile>;<Spalte>f

Setzt den Cursor auf die durch <Zeile> definierte Zeile und die durch <Spalte> definierte Spalte. Der Standard-Wert ist jeweils 1. Wird kein Wert angegeben, setzt ANSI den Cursor also in die obere linke Ecke des Bildschirms (1,1).

Cursor zeilenweise nach oben

ESC [<Zeilen>A

Setzt den Cursor um die mit <Zeilen> angegebene Anzahl Zeilen höher, die Spalten-Position bleibt unverändert. Befindet sich der Cursor bereits in der ersten Zeile bzw. wird diese überschritten, so wird die Sequenz nicht bzw. nicht weiter ausgeführt.

Cursor zeilenweise nach unten

ESC [< Zeilen > B

Setzt den Cursor um die mit <Zeilen> angegebene Anzahl Zeilen tiefer, die Spalten-Position bleibt unverändert. Befindet sich der Cursor bereits in der letzten Zeile bzw. wird diese überschritten, so wird die Sequenz nicht bzw. nicht weiter ausgeführt.

Cursor vorwärts

ESC [< Spalten > C

Setzt den Cursor in der aktuellen Zeile um die angegebene Anzahl <Spalten> vor (nach rechts). Befindet sich der Cursor bereits in der letzten Spalte (rechts am Bildschirm) bzw. wird diese überschritten, so wird die Sequenz nicht bzw. nicht weiter ausgeführt.

Cursor rückwärts

ESC [< Spalten > D

Setzt den Cursor in der aktuellen Zeile um die angegebene Anzahl <Spalten> zurück (nach links). Befindet sich der Cursor bereits in der ersten Spalte (links am Bildschirm) bzw. wird diese überschritten, so wird die Sequenz nicht bzw. nicht weiter ausgeführt.

Speichere Cursor-Position

ESC [s

Die Werte für Zeile und Spalte der aktuellen Position des Cursor werden gespeichert.

Restauriere Cursor-Position

ESC [u

Setzt den Cursor auf die mit "ESC [s" gespeicherte Position.

Bildschirm löschen

ESC [2J

Bildschirm wird komplett gelöscht und Cursor in die obere linke Ecke gesetzt.

Zeile löschen

ESC [K

Die Zeile, in der sich der Cursor momentan befindet, wird einschließlich der aktuellen Cursor-Spalte gelöscht.

Attribute setzen

ESC [<Attribut>;<Attribut>m

Setzt die grafische Darstellungs-Art für die Zeichen-Ausgabe, die Werte bleiben bis zur nächsten Sequenz aktuell. Für <Attribut> können folgende Werte eingesetzt werden:

```
0     Annullieren der gesetzten Attribute, normale Darstellung.
1     Doppelte Helligkeit
4     Unterstreichen (nur Monochrom-Bildschirm)
5     Blinkende Darstellung
7     Inverse Darstellung
8     Versteckte Ausgabe der Zeichen
30    Textfarbe schwarz
31    Textfarbe rot       (nur Farb-Bildschirm)
32    Textfarbe grün      (     -- "" --       )
33    Textfarbe gelb      (     -- "" --       )
34    Textfarbe blau      (     -- "" --       )
35    Textfarbe magenta   (     -- "" --       )
36    Textfarbe cyan      (     -- "" --       )
37    Textfarbe weiß
40    Hintergrund schwarz
41    Hintergrund rot     (nur Farb-Bildschirm)
42    Hintergrund grün    (     -- "" --       )
43    Hintergrund gelb    (     -- "" --       )
44    Hintergrund blau    (     -- "" --       )
45    Hintergrund magenta(     -- "" --       )
46    Hintergrund cyan    (     -- "" --       )
47    Hintergrund weiß
```

Modus setzen

ESC [=<Modus>h

Setzt den Grafik-Modus bzw. die Anzahl der darstellbaren Zeichen pro Zeile des Bildschirms. Für <Modus> können folgende Werte eingesetzt werden:

```
0    40 Zeichen/ 25 Zeilen Schwarz/Weiß
1    40 Zeichen/ 25 Zeilen Farbe
2    80 Zeichen/ 25 Zeilen Schwarz/Weiß
3    80 Zeichen/ 25 Zeilen Farbe
4    320*200 Bildpunkte Farb-Grafik
5    320*200 Bildpunkte Schwarz/Weiß-Grafik
6    640*200 Bildpunkte Schwarz/Weiß-Grafik
7    Cursor springt nach Ausgabe in der letzten Spalte in nächste Zeile
```

Modus zurücksetzen

ESC [=<Modus>l

Setzt den mit "ESC [<Modus>h" (vorherige Sequenz) gesetzen <Modus> zurück, die Parameter für <Modus> entsprechen der o.a. Liste, bei 7 bleibt der Cursor jedoch nach der Ausgabe in oder über die letzte Spalte hinaus in der letzten Spalte stehen bzw. bricht dort die Ausgabe ab.

Tastatur-Umbelegung

Mit dem ANSI-Treiber können einzelne Tasten umbelegt bzw. mit Zeichenfolgen belegt werden. Einige Standard-Programme benutzen eigene Tastatur-Treiber, so daß in diesen Fällen die Umbelegung nicht immer funktioniert. Für die Belegung/Umbelegung ist ein Puffer von 200 Bytes vorhanden.

Die Sequenz setzt sich folgendermaßen zusammen:

```
ESC [<alte_Taste>;<neue_Taste>p
ESC [<Taste>;"Zeichenfolge"p
```

Mit dem ersten Parameter <alte_Taste> wird die neu zu belegende Taste definiert, mit "Zeichenfolge" wird der bei Drücken dieser Taste auszugebende Text definiert bzw. mit dem Wert <neue_Taste> wird das bei Drücken dieser Taste auszugebende Zeichen definiert. Die Parameter <alte_Taste>, <neue_Taste> und <Taste> können auch aus zwei Ziffern zusammengesetzt werden, um Tasten mit erweiterten Tastatur-Codes zu belegen bzw. umzubelegen. Dies ist z.B. für Funktionstasten notwendig.

Beispiel:

```
ESC [0;68;"DIR A:/P";13p
```

Belegt die Funktions-Taste F10 mit der Funktion zur Anzeige des Directorys aus Laufwerk A. Der Parameter 13 steht hier für die Eingabe-Taste.

```
ESC [90;89p
ESC [122;121p
```

Beim Drücken der Taste Z wird das Zeichen Y ausgegeben und beim Drücken der Taste z das Zeichen y.

Anhang L

Scan-Codes PC/XT-Tastatur

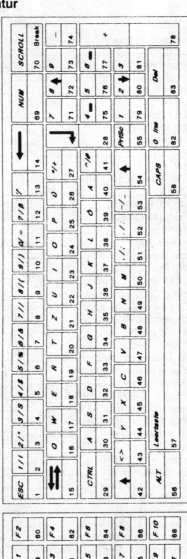

Abbildungen im Buch

Abb. 1 Anweisung/Funktion	25
Abb. 2 Anweisung/Ausdruck	25
Abb. 3 Programmzeile	26
Abb. 4 Der Key-Befehl	37
Abb. 5 1-D-Array	60
Abb. 6 2-D-Array	62
Abb. 7 PRINT USING/Beispiel 1	85
Abb. 8 PRINT USING/Beispiel 2	86
Abb. 9 MID$-Funktion	100
Abb. 10 DEF FN/FN	105
Abb. 11 DEF FN/FN	113
Abb. 12 AND/OR-Vergleich	117
Abb. 13 FOR...NEXT	126
Abb. 14 GOSUB/RETURN	126
Abb. 15 ON X GOTO/GOSUB	128
Abb. 16 Organigramm	129
Abb. 17 Sequentielle Datei	136
Abb. 18 Random-Datei	138
Abb. 19 Disk-Puffer	140
Abb. 20 LSET/RSET	150
Abb. 21 Auflösung	179
Abb. 22 Koordinaten	189
Abb. 23 Koordinaten LINE	193
Abb. 24 Muster mit PAINT	196
Abb. 25 VIEW-Koordinaten	201
Abb. 26 Neue Koordinaten durch Window	202
Abb. 27 Errechnung der Array-Größe	204
Abb. 28 PUT-Koordinaten	205
Abb. 29 Register des 8088/8086/80286	239
Abb. 30 Parameter-Übergabe CALL	248
Abb. 31 Der Stack beim CALL-Befehl	249
Abb. 32 Suchen in Datensätzen	278
Abb. 33 Maskenaufbau	316
Abb. 34 Programm-Ablauf-Plan	324
Abb. 35 Masken-Entwurfsblatt	326
Abb. 36 Datei-Satzbeschreibung	327
Abb. 37 Konzept Hilfefunktion	505
Abb. 38 Aufbau Hilfe-Datei	508
Abb. 39 Formular "Hilfe-Zuordnung"	521
Abb. 40 Vorbeugende Fehlerbehandlung	537
Abb. 41 Geschwindigkeits-Vergleich Interpreter/Compiler	612

Programm-Übersicht

Im folgenden finden Sie eine Übersicht aller im Buch abgedruckten Beispiele und Utilities.

Bitte beachten Sie dabei, daß einige Beispiel-Programme mit Dateien arbeiten, die noch erstellt werden müssen. In den jeweiligen Kapiteln finden Sie entsprechende Hinweise, um welche Dateien es sich handelt und wie man sie anlegt.

Programme im Buch

Bei den folgenden Programmen handelt es sich um die Beispiel-Routinen aus dem ersten Teil des Buches (Kapitel 2 bis 7):

RENUM-Test	45
MERGE_1.TST	52
Zeichen-Demo	70
COLOR-Test	72
LOCATE-Test	75
SCREEN-Demo	77
VIEW PRINT-Demo	77
PRINT USING-Demo	82
OPEN "CONS:"-Demo	87
INKEY$-Demo	93
OPEN "KYBD:"-Demo	94
STRING$-Demo	103
DEF FN-Demo	105
RND-Demo	112
DEF FN-Demo	112
ELSE-Demo	115
FOR...NEXT-Demo 1	120
FOR...NEXT-Demo 2	120
FOR...NEXT-Demo 3	120
FOR...NEXT-Demo 4	121
FOR...NEXT-Demo 5	121
WHILE...WEND-Demo	123
GOSUB...RETURN-Demo	124
ON X GOTO/GOSUB-Demo	127
CHAIN und COMMON-Demo	132
Sequentielle Datei	136
Random Datei	138
ON ERROR GOTO-Demo	165
SOUND-Demo	174

PLAY-Demo 176
COLOR-Demo, 640*200 Punkte 184
COLOR-Demo, 320*200 Punkte 186
PALETTE-Demo EGA-Karte 187
PALETTE USING Demo EGA-Karte 188
PSET-Demo 191
LINE-Demo 193
LINE1-Demo 194
CIRCLE-Demo 195
PAINT-Demo 196
DRAW-Demo 199
VIEW-Demo 203
GET/PUT-Demo 206
GET/PUT1-Demo 206
BLOAD/BSAVE-Demo 215
PEEK/POKE-Demo 217
VARPTR/VARPT$-Demo 218
ON KEY/ON TIMER-Demo 225
ENVIRON/ENVIRON$-Demo 229
TIMER-Demo 231
CALL-Demo 232

Die folgenden Programme dienen als Beispiel für die Estellung und Einbindung von Assembler-Routinen bzw. zeigen deren Einsatz in einem PC-BASIC-Programm:

UPCASE$.ASM 241
UPCASE2.BAS 244
UPCASE1.BAS 245
UPCASE3.BAS 246

Die folgenden Utilities konvertieren als COM-Datei vorliegende Assembler-Routinen für den Einsatz in verschiedenen Initialisierungs- und Aufruf-Methoden:

MK_POKE.BAS 250
MK_STRNG.BAS 252
MK_BLOAD.BAS 253

Diese Programme sind Beispiele für eine Schnittstelle von PC-BASIC zum Betriebs-System bzw. zum BIOS. DIRECTOR.BAS zeigt den Einsatz der Schnittstelle in der Praxis:

DOS_SN.ASM 255
DOS_SN.BAS 257
DIRECTOR.BAS 265

Programm-Übersicht

Die folgenden Programme befassen sich alle mit dem Thema "Rund um den Editor" und zeigen den Umgang mit den Funktionstasten, die Anzeige der aktuellen Zeile und Spalte im Editor sowie die Realisierung eines einfachen Masken-Generators. Weiterhin zeigen sie, wie als geschützt gespeicherte Programme "gerettet" werden können:

```
FNTASTEN.BAS ........................................................ 273
PATCH_FN.BAS ....................................................... 278
FN1.BAS ............................................................. 282
BAS_ZS.ASM/COM ..................................................... 283
BAS_ZS.BAS ......................................................... 290
UNPRTCT.BAS ........................................................ 295
UNPRTCT.ASM ........................................................ 299
MM_GEN.BAS ......................................................... 308
```

Die folgenden Routinen stellen fest, welches Video-System im PC/AT installiert ist und setzen davon abhängig die Farben/Attribute für die Bildschirmausgabe:

```
WMON_01.BAS ........................................................ 334
WMON_02.BAS ........................................................ 335
BS_MODUS.BAS ....................................................... 337
EQUIPMNT.BAS ....................................................... 339
MDA_HGC.BAS ........................................................ 342
```

Basis einer komfortablen Bildschirmausgabe ist die Beschleunigung der Ausgabe und die Möglichkeit, Bildschirminhalte speichern und restaurieren zu können. Diese Programme zeigen, wie es geht:

```
FASTSCRN.ASM ....................................................... 344
FASTSCRN.BAS ....................................................... 347
BS_STORE.ASM ....................................................... 350
BS_STORE.BAS ....................................................... 353
BS_STOR1.BAS ....................................................... 355
SCREEN.ASM ......................................................... 356
SCREEN.BAS ......................................................... 361
```

Ohne Fenster geht heute nichts mehr. Die folgenden Programme zeigen Beispiele für die Realisierung von Fenstern und deren Einsatz:

```
VP.BAS ............................................................. 365
VW.BAS ............................................................. 365
MAKE_WND.BAS ....................................................... 366
COLORS.BAS ......................................................... 368
WINDOWS.BAS ........................................................ 371
```

Erste Schnittstelle eines Programms zum Anwender sind die Menüs. Die folgenden Programme zeigen, wie man Auswahl-, Balken- und Pull-Down-Menüs realisiert:

A_MENUE.BAS 375
B_MENUE.BAS 378
PD_MENUE.BAS 382

Vor allem für die Ausgabe von Listen ist dieses Programm dienlich. Es zeigt, wie Bildschirmbereiche hoch- oder runtergescrollt werden und so die Ausgabe von Listen sehr komfortabel erfolgen kann:

SCROLL.BAS 388

Einige Programme zum Thema "Rund um die Tastatur". Sie zeigen, wie man z.B. "unsichtbar" Passwörter einliest, eine universelle Eingabe-Routine für komplette Masken realisiert, den Abbruch per <CTRL>-<C> bzw. <CTRL>-<Break> unterbindet oder wie der Tastatur-Status fortwährend angezeigt werden kann:

INPUT.BAS 394
PASSWORT.BAS 394
EINGABE.BAS 395
DATETIME.BAS 398
NO_BRK.BAS 402
T_STAT1.BAS 405
T_STAT2.BAS 407

Hier finden Sie nützliche Tips zum Thema "Maus statt Tastatur". Die Programme zeigen, wie man die Maus anspricht und das Ergebnis auswertet:

MAUS_DA.BAS 410
MAUS_1.BAS 411

Sortierungen in Form eines BubbleSort, QuickSort oder eines schneller Assembler-Sort sind Aufgaben der folgenden Programme:

BSORT.BAS 415
QSORT.BAS 418
ASM_SORT.ASM 422
ASORT.BAS 426
ASORT1.BAS 428
SORT.BAS 429

Datei-Verwaltung im Detail: anhand einer ISAM-Datei-Verwaltung wird die Praxis durchleuchtet. Diese Programme zeigen die Realisation und wie man sich die Einbgabe von Daten über Tastatur vermittels einer Assembler-Schnittstelle vereinfachen kann:

READ_DIR.BAS 437
PDV.BAS 442

Programm-Übersicht

Nützliche Utilities zum Thema "Drucken". Die folgenden Programme zeigen, wie man Texte spaltenweise druckt, sie "auf die Seite legt" oder komfortabel Disk-Etiketten in verschiedenen Größen, Schriftarten und mit unterschiedlichen Rahmen erstellt:

SPLTDRCK.BAS	476
PRT_QUER.BAS	480
DSKETK.BAS	485

Zum Thema "Hilfefunktion und Fehlerbehandlung" zeigen die folgenden Programme, wie man recht einfach eine "situationsbezogene" Hilfefunktion realisiert und eine komfortable Fehlerbehandlungs-Routine erstellt:

MNUHILFE.BAS	496
PLAUSIBL.BAS	502
HF_EDIT.BAS	508
HILFE.BAS	522
FEHLER_1.BAS	535
FEHLER_2.BAS	536
FEHLER_3.BAS	541
HLF_FHL.BAS	546

Grafik in der Praxis. Die folgenden Programme zeigen einige Einsatzgebiete der Grafik uner PC-BASIC. Laufschriften auf dem PC, der PC als Uhr oder die Auswertung und Darstellung von Zahlen als Grafiken. Letztlich ein Emulator, mit dem CGA-Grafiken auf einer Hercules-Karte möglich werden:

LAUFSCHR.BAS	559
BZB.BAS	561
BUSINESS.BAS	564
CGAONHGC.ASM	578

Dieses Programm wird beim Geschwindigkeits-Vergleich Interpreter <-> Compiler eingesetzt:

BENCH.BAS	610

Die folgenden Programme dienen der Textgestaltung:

SPLTDRCK.BAS	476
PRT_QUER.BAS	480
DSKETK.BAS	485

Stichwortverzeichnis

",P"-Programme retten 292
/M-Aufruf für PC-BASIC 243

\<ALT\>-Taste 55
\<CTRL\>-\<Break\> abfangen 400
\<CTRL\>-\<Break\> auf dem IBM-PC 401
\<CTRL\>-\<Break\> auf IBM und kompatiblen PC 401

10er-Block 404
16-Bit-Register 237
6845 Grafik-Chip 346
8-Bit-Register 237

Absoluter Wert 110
Addition 108
Adresse des DTA 262
Akustikkoppler 207
Allgemeines zu den Grundrechenarten 109
Allgemeines zu Variablen 58
ANSI-Treiber 29
Anweisungen 24
Anwender-Dokumentation 315
Anzahl von Anweisungen wiederholen 119
Arbeits-Diskette 29
Arbeitsspeicher 27, 34
Arbeitsspeicher löschen 43
Arrays 60
Arrays, dimensionieren 62
Arrays, Dimensionierung löschen 63
Arrays, Indizierungsgrenze 61
Arrays, konstante Daten 64
Arrays, reservieren 62
ASCII-Code ermitteln 78
ASCII-Codes 78, 648
ASCII-Datei 42
ASCII-Zeichensatz 69, 468
Assembler 23
Assembler \<--\> PC-BASIC 243
Assembler-Routine --\> Data-Lader 250
Assembler-Routine im String ausführen 246
Assembler-Routine in den Speicher poken 245
Assembler-Routine mit DEBUG erstellen 240, 242
Assembler-Routine mit MACRO86 (MASM) erstellen 239
Assembler-Routine per BLOAD laden 244
Assembler-Routine, geschützte Programme retten 299

Assembler-Routinen zusammenlegen	360
Assembler-Routinen, allgemeines	231, 236
Assembler-Routinen, aufrufen	232, 233, 247
Assembler-Routinen, einbinden	232, 243
Assembler-Routinen, Paramaterübergabe	248
Assembler-Routinen, Sprünge	359
Assembler-Sort, Arbeitsweise	420
Assembler-Sort, Einsatz	421
Assembler-Sort, Nachteile	421
Assembler-Sort, Vorteile	420
Attribut	70, 78
Attribute, Wert ermitteln, Hilfsprogramm	368
Aufbau des DTA	262
Aufbau des erweiterten FCB	261
Aufbau des normalen FCB	261
Aufbau von Menüs	316
Auflösung festlegen	181
Auflösung, Grafik	179
Auflösungen, CGA-Karte	180
Auflösungen, EGA-Karte	180
Aufruf, rekursiver	126
Ausgabe auf den Drucker	159
Ausgabe formatieren	82
Ausgabe von Daten	80
Ausgabe-Umleitung	31
Auswahl-Menüs	374
AUTOEXEC.BAT	29, 398
Autostart des Interpreters	29
Auxiliary-Flag	238
Änderungen/Ergänzungen	315
Backspace	38
BASIC-Version 6	609
BASIC-Namen, verschiedene	19
BASIC-Programm, Aufbau	25
BASICA	19
Bedingte Verzweigung	114
Befehl, Erläuterung	25
Befehle	24
Befehle für die Dateiverwaltung	155
Befehle und Funktionen für Random-Dateien	148
Befehle und Funktionen in der Übersicht	613
Belegung der Funktionstasten	37
Berechnungen, doppelte Genauigkeit	32
Beschreibungssyntax	40
Bildschirm als Datei	86
Bildschirm löschen	75
Bildschirm-Modus	337

Stichwortverzeichnis

Bildschirm-Modus über Equipment-Flag ermitteln 333
Bildschirm-Modus über INT 10h ermitteln 337
Bildschirm-Modus über INT 11h ermitteln 339
Bildschirm-Modus, Monochrom 341
Bildschirm-Modus, Sonderfälle 341
Bildschirmattribute 333
Bildschirmaufbau 69, 333
Bildschirmaufbau über BLOAD 348
Bildschirmaufbau, schneller 343
Bildschirmausschnitt, Grafik 201
Bildschirmbereiche scrollen 388
Bildschirme sichern bzw. restaurieren, mehrere 354
Bildschirmein-/-ausgabe 69
Bildschirminhalt in einem Array speichern 350
Bildschirminhalt restaurieren 350, 352
Bildschirminhalt sichern 352
Bildschirminhalt speichern 350
Bildschirmseite, Grafikmodus 181
Bildschirmseiten, kopieren 79
Bildschirmseiten, mehrere 76
Bildschirmspeicher 78
BIOS 336
BIOS-Interrupts 260, 651
Bit-Manipulationen 113
Bit-Muster 481
Blocksatz 473
Boolesche Algebra 113
Break-Taste abfangen 400
Bubble-Sort, Arbeitsweise 414
Bubble-Sort, Einsatz 414
Bubble-Sort, Nachteile 414
Bubble-Sort, sortieren 413
Bubble-Sort, Vorteile 414
Buffers 30
Business-Grafik 563
By Reference 248
By Value 248

CALL 336
CAPS-Lock 404
Carry-Flag 238
Centronics 467
Centronics-Schnittstelle 212
CGA 178
CGA-Emulation 178
Character-ROM 481
Code-Segment 236
Color Graphics Display 180

COM-Area	130
COMMAND.COM	227
Compiler	42
Compiler und Assembler-Routinen	583
Compiler, allgemeines	581
Compiler, Änderungen am Programm	582
Compiler, BASIC-Version 6.0	609
Compiler, Benchmark-Test	610
Compiler, Besonderheiten QuickBASIC	585
Compiler, Geschwindigkeits-Vergleich	610
Compiler, Kombi-Programme	584
Compiler, QuickBASIC	585
Compiler, Tips fürs Source-Programm	583
Compiler, TURBO-BASIC	597
Compiler, Voraussetzungen	581
Composite-Monitor	178
Composite-Monitore	74
CONFIG.SYS	410
Cosinus mit einfacher Genauigkeit	110
CP/M-Rechner	20
Cursor aus-/einschalten	75
Cursor positionieren	75
Cursor-Form festlegen	75
Cursor-Position ermitteln	76
Cursor-Steuertasten	38
Data-Lader generieren	250
DATE	399
Datei löschen	153
Datei öffnen	140
Datei öffnen, im Netzwerk	156
Datei schließen	153
Datei umbenennen	154
Datei, Daten formatieren	144
Datei, Daten lesen	145
Datei, Daten schreiben	143
Datei, Ende-Kennzeichen	146
Datei, Fehlermeldung	158
Datei, geschützte	42
Datei, Größe ermitteln	147
Datei, im Netzwerk	155
Datei, lesen	149
Datei, Position ermitteln	148
Datei, was ist das?	134
Datei-Attribute unter MS-DOS	262
Datei-Auswahl aus Directory	456
Datei-Satzbeschreibung	327
Dateien rücksetzen	155

Stichwortverzeichnis

Dateien, Anzahl festlegen 32
Dateien, Direktzugriff 431
Dateien, gleichzeitig geöffnet 142
Dateien, Random 431
Dateien, sequentiell organisiert 431
Dateiende 146
Dateigröße 147
Dateieinzeiger setzen 66
Dateiposition 148
Dateisatzbeschreibung 697, 698
Dateiverwaltung 134, 431
Dateiverwaltung, Fehlermeldungen 158
Daten aus Datei lesen 145
Daten ausgeben 80, 86
Daten drucken 159
Daten formatieren 150
Daten formatiert speichern 144
Daten in Datei schreiben 143
Daten lesen aus Random-Datei 149
Daten sortieren 413
Daten speichern 152
Daten vergleichen 114
Daten-Datei 435
Datenfeld, was ist das? 134
Datenregister 8088/8086 237
Datensatz ändern, Random-Datei 434
Datensatz erfassen 397
Datensatz ergänzen, Random-Datei 434
Datensatz löschen (sequentielle Datei) 433
Datensatz löschen, Random-Datei 434
Datensatz, Direktzugriff 431, 434
Datensatz, was ist das? 134
Datensätze freigeben, im Netzwerk 158
Datensätze sichern, im Netzwerk 157
Datensegment 237
Datentyp Doppelte Gnauigkeit 58
Datentyp Einfache Genauigkeit 58
Datentyp Integer 58
Datentyp String 57
Datentypen umwandeln 106
Datenübergabe 130
Datenübergabe in Overlays 128
Datenübertragung, parallele 207
Datenübertragung, serielle 207
Datenzeiger 65
Datum einlesen 398
Datum und Zeit 98
Datum und Zeit in Strings 98

Datum unter MS-DOS, Speicherformat 263
Detailorganisation 313
Dezimalzahlen in Hexadezimalzahlen umwandeln 95
Dimensionale Variablen 60
DIP-Switches 465, 467
Direction-Flag 238
Directory anzeigen 48
Directory einlesen 437, 457
Directory, Zugriff 227
Direktmodus 33
Direktzugriffs-Dateien 137, 431
Disk-Etiketten drucken 483
Disketten-Label 459
Disketten-Verzeichnis anzeigen 48
Diskettenoperationen 55
Diskettenverwaltung 311, 435
Division 109
Dokumentation 314
DOS-Schnittstelle 438
Drucken 465
Drucken im Blocksatz 473
Drucken, Disk-Etiketten 483
Drucken, Grafik 163
Drucken, Hardcopy 162
Drucken, Listen/Tabellen 160
Drucken, Listings 159
Drucken, mehrspaltiger Ausdruck 473
Drucken, Puffer-Position 161
Drucken, seitwärts 480
Drucken, Text um 90 Grad gedreht 480
Drucker 207
Drucker als Datei 162
Drucker an V.24/RS232C konfigurieren 466
Drucker, Anschluß verschiedener Typen 465
Drucker, Ausgabeumleitung 466
Drucker, Textverarbeitung 468
Drucker, Umlaute und "ß" 468
Drucker, Umsetzungstabellen 472
Drucker-Kabel, 9polig <--> 25polig 466
Drucker-Schnittstelle 159
Druckeranpassung 468, 471
Druckeranpassung, Konzept 472
Druckertreiber 468
Druckertreiber in PC-BASIC/BASICA 469
DTA, Disk Transfer Area 438

Editiertaste 35, 38
Editor 273

Stichwortverzeichnis

Editor, PC-BASIC	33
EGA	178
Eigene Fehler	168
Ein-/Ausgabe-Umleitung	31
Ein-/Ausgaben über die serielle Schnittstelle	211
Einbindung von Overlays	130
Eindimensionales Array	60
Einführung in das Programm	315
Eingabe einer Programmzeile	35
Eingabe-Hinweise in Fenstern	350
Eingabe-Oberfläche	395
Eingabe-Routine	395, 460
Eingabe-Umleitung	31
Eingabefelder, farblich hervorheben	397
Eingabemöglichkeiten	393
Eingaben	393
Eingaben über Tastatur	87, 393
Eingabetaste	33
Eingabezeile, Editor	36
Einsatz verschiedener Farben	316
Einzelblatteinzug	467
Ellipsen zeichnen	194
Ende einer Datei	135
Ende einer sequentiellen Datei	146
Ende im Programm	50
Enhanced Graphics Display	180
Entwurf von Masken	325
Environment	228
EOF	135
Equipment am PC	337
Equipment-Flag	334
Ermittlung der String-Länge	101
Ermittlung von Zufallszahlen	111
Erstellung eines COM-Programms	242
Erweiterte Fehlerbehandlung	168
Erweiterte Funktionen, mathematische	110
Erweiterungs-Slot	207
ESC-Seqenzen, Übersicht	470
Eulersche Zahl e	110
EVA - Eingabe, Verarbeitung, Ausgabe	313
Extrasegment	237
EXTRN	241
Farb-Palette, CGA-Karte	185
Farb-Palette, EGA-Karte	187, 188
Farbauswahlregister	73
Farbe in Grafiken	195
Farbe setzen, Grafikmodus	184

Farben als Graustufen	333
Farben als Rasterungen	178
Farben, CGA-Karte	182
Farben, EGA-Karte	183
Farben, einheitliche	335
Farben, Grafikmodus	182
Farben, individuell zugeordnet	336
Farben, nach Aufgabe zugeordnet	335
Farbzuordnung über Palette	185, 187
FCB und erweiterter FCB, für DOS-Calls	260
Fehler im Programm abfangen	165
Fehler, eigene erzeugen	167
Fehler-Analyse	538
Fehler-Editor, Bedienung	545
Fehlerbehandlung	164, 491
Fehlerbehandlung in der Praxis	545
Fehlerbehandlung oder Handbuch?	493
Fehlerbehandlung, allgemeine	534
Fehlerbehandlung, Anzeige der Hinweise	543
Fehlerbehandlung, Aufbau der Datei	545
Fehlerbehandlung, Aufbau der Hinweise	543
Fehlerbehandlung, Editor	545
Fehlerbehandlung, erweiterte	168
Fehlerbehandlung, Fehler-Analyse	538
Fehlerbehandlung, Grundsätzliches	491
Fehlerbehandlung, in Fenstern	491
Fehlerbehandlung, Möglichkeiten	534
Fehlerbehandlung, Realisierung	538
Fehlerbehandlung, situationsbezogen	537
Fehlerbehandlung, Unterscheidung der Fehler	542
Fehlerbehandlung, vorbeugende	537
Fehlerbehandlung, Zuordnung der Texte	544
Fehlerbehandlungsroutine	165
Fehlergruppen (Anhang)	635
Fehlerhinweise	316
Fehlermeldungen	164
Fehlermeldungen MS-DOS	644
Fehlermeldungen MS-DOS-Funktionen	264
Fehlermeldungen PC-BASIC (Anhang)	635
Fehlersuche	169
Felder	60
Fenster - einfach aber wirkungsvoll	363
Fenster für Hilfe- und Fehler-Hinweise	350
Fenster im Grafik-Modus	365
Fenster mit Rahmen	368
Fenster per Interrupt 10h	366
Fenster per VIEW (Grafik-Befehl)	365
Fenster per VIEW PRINT	364

Stichwortverzeichnis 723

Fenster, universelle Routine ... 369
Fenstertechnik ... 363, 364
FIELD ... 440
FIELD-Definitionen, verschiedene ... 149
Files ... 30
Flag-Register 8088/8086 ... 238
FOR...NEXT-Schleifen, verschachtelte ... 121
Formatierte Ausgabe ... 82
Fragezeichen bei Eingabe ... 90
Frequenz ... 173
Function-Calls, MS-DOS/BIOS ... 336
Funktion, Erläuterung ... 25
Funktionen ... 24
Funktionstasten ... 36, 37, 133
Funktionstasten beim Aufruf ... 273
Funktionstasten im Interrupt ... 220
Funktionstasten selbst belegen ... 37
Funktionstasten-Belegung ändern ... 273
Funktionstasten-Belegung dauerhaft ändern ... 274
Funktionstasten-Belegung mit Grafikzeichen ... 282
Funktionstasten-Belegung mit Statements ... 282
Funktionstasten-Belegung mit Steuerzeichen ... 274
Funktionstasten-Belegung patchen ... 274
Funktionstasten-Belegung patchen, Hilfsprogramm ... 276
Funktionstasten-Belegung per Programm ändern ... 273

Ganzzahliger Wert ... 110
Garfikpunkt setzen/löschen ... 191
Geräte-Treiber ... 229, 230
Geschützte Programme retten ... 292
Geschwindigkeits-Optimierung ... 299
Globale Typendefinition ... 59
Grafik ... 177, 559
Grafik, Balken-Diagramm ... 563
Grafik, Business-Grafiken ... 563
Grafik, CGA auf HERCULES ... 570
Grafik, Hinweise ... 18
Grafik, Koordinaten ... 202
Grafik, Kreis-Diagramm ... 563
Grafik, Laufschrift ... 559
Grafik, Linien-Diagramm ... 563
Grafik, PC als Uhr ... 561
Grafik, Windows ... 200
Grafik-Karten, unterschiedliche ... 177
Grafikbefehle, allgemein ... 189
Grafiken bewegen ... 204
Grafiken konservieren ... 204
Grafiken restaurieren ... 205

Grafiken zeichnen	195
Grafiken, Malen	197
Grafiken, mit Farbe füllen	195
Grafikmodi festlegen	181
Grafikmodus, allgemeines	178
Grafikpunkt, Farbe	200
GRAPHICS.COM	163
Groborganisation	313
Größe einer Datei	147
GW-BASIC	19
Halbton	175
Hardcopy, Grafik	163
Hardcopy, Grafikmodus	162
Hercules-Grafik-Karte	178
HGC	178
Hilfe auf Feldebene	395
Hilfe und Fehler in der Praxis	545
Hilfe-Datei, Aufbau	507
Hilfe-Datei, Satzaufbau	507
Hilfe-Datei, Steuersatz	507
Hilfe-Editor bedienen	519
Hilfe-Funktion, Editor	506
Hilfe-Funktion, in der Statuszeile	500
Hilfe-Taste	503
Hilfe-Taste abfragen	504
Hilfe-Taste und ON KEY GOSUB	504
Hilfe-Texte, Zuordnung	504
Hilfefunktion	491
Hilfefunktion in der Praxis	521
Hilfefunktion oder Handbuch?	493
Hilfefunktion, Allgemeine	494
Hilfefunktion, Editor für Hilfe-Datei	508
Hilfefunktion, ergänzende	495
Hilfefunktion, Grundsätzliches	491
Hilfefunktion, im Menü	495
Hilfefunktion, in Fenstern	491
Hilfefunktion, Möglichkeiten	493
Hilfefunktion, Plausibilitäts-Prüfung	501
Hilfefunktion, Realisierung	503
Hilfefunktion, situationsbezogen	494
Hintergrund und Fenster in der Praxis	370
Hintergrund-Gestaltung	370
Hintergrundfarbe, Grafik	184
Hinweis zum Thema Grafik	177
Hinweis zur Kompatibilität	290
Hinweise zum Programmierstil	28

Stichwortverzeichnis

Index-Datei	435
Index-Dateien, mehrere	441
Indizierung	60
Informationseinheit	135
Integer-Division	109
Integervariablen	58
Interpreter	24, 29
Interrupt 10h	289
Interrupt 10h	337, 388
Interrupt 10h, Bildschirm (Anhang F)	651
Interrupt 11h	289
Interrupt 11h	337
Interrupt 11h, Equipment (Anhang)	658
Interrupt 12h, Speicher (Anhang)	659
Interrupt 13h, Diskette (Anhang)	659
Interrupt 14h, V24/RS232C (Anhang)	660
Interrupt 16h	289
Interrupt 16h, Tastatur (Anhang F)	662
Interrupt 17h, Centronics (Anhang)	663
Interrupt 1Bh	400
Interrupt 1Bh, CTRL-Break (Anhang)	664
Interrupt 1Ch	288
Interrupt 1Ch, System-Takt (Anhang)	664
Interrupt 1Fh, Grafikzeichensatz (Anhang)	665
Interrupt 20h, Programmende (Anhang)	665
Interrupt 21h, Funktionen MS-DOS (Anhang)	665
Interrupt 23h	400
Interrupt 25h, Sektor lesen	686
Interrupt 26h, Sektor schreiben	687
Interrupt 27h, residente Programme	687
Interrupt 33h	410
Interrupt 5, Hardcopy (Anhang)	651
Interrupt-Flag	238
Interrupt-Programmierung	219
Interrupt-Programmierung, allgemeines	225
ISAM-Datei	431
ISAM-Datei, Daten erfassen	437
ISAM-Datei, Konzeption	435
ISAM-Datei, Realisation	435
Joystick im Interrupt	207, 223
KEY(x)= CHR$...	409
Klammern, in mathematischen Funktionen	109
Kompatibilität	19
Kompatibilität, unzureichende	19
Konfigurationsdatei	29
Konvertierung	94

Konvertierung eines Strings in eine numerische Variable 107
Konvertierungsfunktionen 94
Konzept 311
Konzept Dateiverwaltung mit Direktzugriffs-Datei 433
Konzept Druckeranpassung 472
Konzept Interrupt-/Funktions-Aufruf 254
Konzept ISAM-Datei 435
Konzept PC als Uhr (Grafik) 562
Konzept sequentielle Dateiverwaltung 432
Konzeption der CGA-Emulation 570
Konzeption der EGA-Karte 180
Koordinaten umrechnen 202
Koordinaten, absolute 190
Koordinaten, Grafikmodus 179, 189
Koordinaten, relative 190
Kreise zeichnen 194
Kurzeingabe 55
Kurzeingabe über <ALT>-Taste 634

Länge des Datensatzes 135
Light-Pen im Interrupt 221
Linien zeichnen 192
Linienart festlegen 194
Listen oder Tabellen auf den Drucker ausgegeben 160
Listing scrollen 274
Listings drucken 159
Logische Fehler 170
Logische Operatoren 113
Löschen einer Datei 153
Löschen von Datensätzen in einer ISAM-Datei 441

Maschinensprache 23
Masken und Menüs erstellen 306
Masken-Aufbau 316
Masken-Entwurfsblatt 325, 696
Maskengenerator 306
Mathematische Funktionen 106, 108
Mathematische Funktionen, eigene 112
Mathematische Operationen und Berechnungen 106
Matrix-Drucker anschließen 467
Matrixvariablen 60
Maus im Grafik-Modus 412
Maus im Textmodus 411
Maus initialisieren 411
Maus statt Tastatur 409
Maus-Anschluß 410
Maus-Funktions-Aufrufe 688
Maus-Hardware prüfen 412

Stichwortverzeichnis

Maus-Steuerung	410
Maus-Steuerung vom Programm aus	410
Maus-Treiber	410
MDA	178
Mehrdimensionale Arrays	61
Mengengerüst	313
Menüs, Auswahl-Menüs	374
Microprozessor	23
Mnemonics	23
MODE-Befehl	208
Modem	207
Modul-Programmierung	52
Monochrom-Darstellung	74
Monochrom-Modus auf EGA-/VGA	180
Monochromkarte	178
MS-BASIC	19
MS-DOS Funktions-Aufrufe	651
MS-DOS und PC-BASIC	226
MS-DOS, Zugriff	226
MS-DOS-Funktionen	260
MS-DOS-Rechner	20
MS-DOS/BIOS, Allgemeines	260
Multiplikation	108
Musik im Interrupt	221
Muster in Grafiken	195
Nachbau	19
Natürlicher Logarithmus	111
Netzwerk, Dateien	155
NOT im Vergleich	117
Note	175
NUM-Lock	404
Numerische Daten	58
Numerische Daten in Randoms	151
Numerische Daten in String umwandeln	96
Numerische Daten vergleichen	119
OBJ-Datei	241
Oktave	175
ON KEY (x) GOSUB xxxx	407
ON TIMER (x) GOSUB xxxx	406
Organisation	311
Organisations-Phasen	312
Organisations-Unterlage	312, 313
Organisations-Mittel	317
Overflow-Flag	239
Overlays	128, 130
Overlays einbinden	130

Palette	190
PAP	27
PAPs	317
Parallele Schnittstelle	159, 212, 467
Parameter /D	110, 111
Parity-Flag	238
PC-BASIC	19, 20
PC-BASIC beenden	49
PC-BASIC, was ist das?	23
PC-BASIC, wie arbeitet es?	24
PC-BASIC, wie arbeitet man damit?	29
PC-BASIC-Editor	33
PC-Zeichensatz	369, 468, 648
Peripherie-Bausteine	23
Peripherie-Geräte	207
Phasen-Modell	315
Plastikschablone, PAP-Symbole	323
Plotter anschließen	468
Port, allgemein	212
Port, Ausgabe	213
Port, Eingabe	213
Port, Wert abwarten	213
Potenzierung	109
Progframm starten	48
Programm fortführen	51
Programm laden	42
Programm speichern	42
Programm starten	43
Programm-Ablauf	317
Programm-Ablauf-Plan	27, 317
Programm-Ablauf-Plan, Symbole	318
Programm-Dokumentation	314
Programm-Ende festlegen	50
Programm-Gestaltung	315
Programm-Kompatibilität	19
Programm-Logik	317
Programm-Projekte	329
Programm-Umgebung	228
Programmausführung unterbrechen	50
Programme ausführen	226
Programme bearbeiten	35
Programme speichern und laden	41
Programme verbinden	52
Programme vor Abbruch schützen	400
Programmeingabe	43
Programmier-Auftrag	312
Programmierstil	27
Programmierung	314

Stichwortverzeichnis

Programmierung des CRT-Chips 6845 578
Programmpaket 128
Programmschleife 119
Programmspeicherung, Methoden 293
Programmtechniken 119
Programmteile anzeigen 47
Programmteile löschen 46
Programmzeile ändern 35
Programmzeile editieren 54
Programmzeile, eingeben 34
Programmzeilen 25
Programmzeilen löschen 36
Projekt 311
Projekt-Entscheidung 313
Prompt 37
PUBLIC 241
Puffer für Random-Datei 148
Puffer reservieren 32
Punktfarbe, Grafik 200

Quadratwurzel 111
Quell-Programm 23
Quick-Sort, Arbeitsweise 417
Quick-Sort, Einsatz 418
Quick-Sort, Nachteile 417
Quick-Sort, sortieren 413
Quick-Sort, Vorteile 417
QuickBASIC 20
QuickBASIC 585
QuickBASIC, Benutzer-Oberfläche und Menüs 589
QuickBASIC, Unterschiede 589

Rahmenfarbe festlegen (CGA) 73
Rahmenfarbe, EGA/VGA 73
Random-Datei öffnen 141
Random-Datei, Daten formatieren 150
Random-Datei, Daten speichern 152
Random-Datei, lesen 149
Random-Datei, Satz definieren 148
Random-Dateien 32, 137
Random-Dateien 431
Random-Dateien, numerische Daten 151
Rasterzeilen 76
Rechteck mit Farbe füllen 193
Rechtecke zeichnen 192
Redirection 31
Rekursiver Aufruf 126
Reorganisation einer ISAM-Datei 441

Rest einer Integerdivision	111
Routinen in Assembler	231
RS232-Schnittstelle	32
Rund um den Editor	273
Rückschritt-Taste	38
Rückwärtszählen in FOR...NEXT	121
Satz für Randoms definieren	148
Satzaufbau, Random-Datei	436
Satzaufbau, sequentielle Datei	432
Satznummer	431
Satznummer ermitteln	148
Schnittstelle initialisieren	208
Schnittstelle PC-BASIC --> MS-DOS	337
Schnittstelle zu MS-DOS	254
Schnittstelle zum BIOS	254
Schnittstelle zum BIOS	338
Schnittstelle zum DOS	388
Schnittstellen	207
SCROLL-Lock	404
Scrollen von Bildschirmbereichen	388
Segment festlegen	214
Segmente 8088/8086	236
Segmentierung 8088/8086	236
Sequentielle Dateien	135, 431
Sequentielle Datei öffnen	141
Sequentielle Dateiverwaltung	432
Serielle Schnittstelle	207, 465
Serielle Schnittstelle im Interrupt	219
Serielle Schnittstelle, Zugriff	208
SHELL	273
SHELL	32
Sign-Flag	238
Singlestep-Flag	238
Sinus mit einfacher Genauigkeit	111
Sondertasten-Status im Programm anzeigen	404
SORT.EXE	429
Sortier-Routinen	413
Sortier-Algorithmen	413
Sortieren	413
Sortieren - einmal anders	429
Sortieren, Assembler-Sort	420
Sortieren, Bubble-Sort	413
Sortieren, mit SHELL und SORT.EXE	429
Sortieren, Quick-Sort	416
Speicheradresse festlegen	32
Speicherbereich laden	215
Speicherbereich speichern	215

Stichwortverzeichnis

Speicherbereiche laden/speichern 215
Speicherbereiche, Zugriff 214
Speicherplatz, freien ermitteln 49
Speicherstelle ändern 217
Speicherung in einer ISAM-Datei 439
Speicherung von numerischen Werten 95
Speicherzelle lesen 216
Speicherzellen, allgemein 216
Sprünge in Assembler-Routinen 360
Stack 67, 122, 124, 125
Stack-Bereinigung 249
Stack-Underflow 249
Stack-Segment 237
Standardfarben, Grafikmodus 181
Stapelspeicher 67
Startzeile 48
STDIN 31
STDOUT 31
String-Operationen 94
Strings 56, 94
Strings "addieren" 97
Strings und Zeichen formatieren 84
Strings, ASCII-Code 102
Strings, ASCII-Zeichen 102
Strings, eigene Funktionen 104
Strings, Länge ermitteln 101
Strings, Leerzeichen-String 103
Strings, linker Teil 99
Strings, mit Zeichen füllen 103
Strings, mittlerer Teil 99, 100
Strings, rechter Teil 100
Strings, Teilinhalte 99
Strings, vergleichen 118
Strings, Zeichen suchen 104
Subtraktion 108
Suchen in einer ISAM-Datei 440
Suchen nach Match-Code 450
Suchen/Ersetzen 273
Symbole, Programm-Ablauf-Plan 318
Synchronisation, 6845 Grafik-Chip 346
Synchronisation, kein Flackern 289
Syntax-Fehler 170
SYNTAX ERROR 33
System-Variablen 66
Systemdiskette 29
Systemvariablen, Fehler 164

Tangens in einfacher Genauigkeit	111
Tastatur	393
Tastatur als Datei	94
Tastatur, Eingaben	87
Tastatur-Reset	30
Tastatur-Status im Editor anzeigen	282
Tastaturtreiber	29
Tasten für ON KEY() definieren	402
Teilinhalte von Strings	99
Tempo, Tonerzeugung	176
Testdaten	315
Testphase	314
Testprogramm für Interrupts/Funktions-Aufrufe	259
Text seitwärts drucken	480
Textmodus	69, 70
Textverarbeitung	273
TIME	399
Timer im Interrupt	219
Tintenstrahldrucker anschließen	467
Tokens	42
Ton mit fester Frequenz	173
Ton, einfachen erzeugen	173
Ton, legato	175
Ton, staccato	175
Ton, unterschiedliche Frequenzen	173
Tonfolgen programmieren	174
Tonfolgen, längere programmieren	174
Töne im Hintergrund	175
Töne im Vordergrund	174
Trennfunktion	473
Turbo-BASIC	20, 597
TURBO-BASIC, Benutzer-Oberfläche und Menüs	604
TURBO-BASIC, Besonderheiten	598, 601
Typendefinition	59
Typenrad-Drucker anschließen	465
Typkennzeichen	59
Uhr, PC als Uhr (Grafik)	561
Umrechnungen	650
Umwandlungs-Tabelle ASCII <--> PC-Zeichensatz	469
Unterprogramm	124
Unterprogramm realisieren	124
Unterschiede zwischen CGA- und Hercules-Karte	570
Upro	124
Upro-Übersicht	700
V.24/RS232-Schnittstelle	207
V.24/RS232C	465

Stichwortverzeichnis

```
Variablen ................................................................. 55
Variablen an Overlay übergeben ........................................... 132
Variablen auf dem Stack .................................................. 249
Variablen doppelter Genauigkeit ........................................... 58
Variablen einfacher Genauigkeit ........................................... 58
Variablen, allgemeines .................................................... 58
Variablen, Zugriff ................................................. 217, 218
Variablenübersicht ....................................................... 699
Variableninhalte tauschen ................................................. 59
Variablennamen ............................................................ 56
Variablenspeicher ........................................................ 217
Verarbeitungsschritte ..................................................... 27
Verbindung PC-BASIC/BASICA --> MS-DOS/BIOS ............................... 255
Vergleich <= (kleiner oder gleich) ....................................... 116
Vergleich <> (ungleich) .................................................. 116
Vergleich >= (größer oder gleich) ........................................ 116
Vergleich von Daten ...................................................... 114
Vergleich von numerischen Daten .......................................... 119
Vergleich von Strings (Zeichenketten) .................................... 118
Vergleich zweier Strings ................................................. 118
Vergleiche mit AND und OR ................................................ 117
Vergleichsoperator ....................................................... 115
Vergleichsoperator < (kleiner als) ....................................... 115
Vergleichsoperator = (gleich) ............................................ 115
Vergleichsoperator > (größer als) ........................................ 116
Vergleichsoperator AND (und) ............................................. 116
Vergleichsoperator OR (oder) ............................................. 117
Verschiedene FIELD-Definitionen .......................................... 149
Version, welche ........................................................... 33
Versionen, verschiedene ................................................... 19
Verwaltung von Random-Dateien ............................................ 148
Verwendung eines Compilers ............................................... 241
Verzeichnis anlegen ...................................................... 228
Verzeichnis löschen ...................................................... 228
Verzeichnis wechseln ..................................................... 228
Verzweigungen mit ON X GOTO/GOSUB ........................................ 127
Video-Karte, welche ist installiert? ..................................... 333
VIEW ..................................................................... 365
VIEW PRINT ............................................................... 364
VOLUME-ID ................................................................ 459
Vom Problem zur Lösung ................................................... 311
Vordergrundfarbe, Garfik ................................................. 184
Vorgehensmodell .......................................................... 315
Vorzeichen von Ausdruck ermitteln ........................................ 111

Welche Datei für welche Daten? ........................................... 431
Welchen Befehl für welche Eingabe? ....................................... 393
WHILE...WEND ............................................................. 123
```

WHILE...WEND-Schleife 123
WHILE...WEND-Schleife, Endlosschleife 124
WHILE...WEND-Schleifen, verschachtelte 123
Window definieren 202
Window einrichten 201
Windows in Grafiken 200
WINDOWS realisieren 363
Windows, Daten ausgeben 203
Winkel im Bogenmaß mit einfacher Genauigkeit 110

XY-Koordinaten 189

Zahlen- oder Buchstabendreher 170
Zeichen einfügen 35
Zeichen löschen 35
Zeichen pro Zeile 71
Zeichen pro Zeile, Drucker 161
Zeichen-Code ermitteln 78
Zeichenfarbe, Grafikmodus 190
Zeichenfarbe, Textmodus 72
Zeichenketten 56, 57
Zeichenmatrix 179
Zeile und Spalte im Editor anzeigen 282
Zeilen listen 47
Zeilen löschen 46
Zeilen umnumerieren 45
Zeilen, Anzahl festlegen 77
Zeilen-orientiert 54
Zeileneditor 29
Zeilenlänge 71
Zeilennummer 26
Zeilennummern, automatisch 44
Zeit einlesen 398
Zeit im PC 231
Zeit unter MS-DOS, Speicherformat 263
Zero-Flag 238
Zieldefinition 311
Zufallsgrafiken 182
Zufallszahlen ermitteln 111
Zugriff auf den Stack 249
Zugriff auf einen bestimmten Datensatz 135
Zuweisungen an eine String-Variable 96

Vielen Dank!

Wenn Sie Ihr Buch nicht von hinten nach vorne studieren, dann haben Sie jetzt den ganzen Band gelesen und können ihn an Ihren eigenen Erwartungen messen. Schreiben Sie uns, wie Ihnen das Buch gefällt, ob der Stil Ihrer "persönlichen Ader" entspricht und welche Aspekte stärker oder weniger stark berücksichtigt werden sollten. Natürlich müssen Sie diese Seite nicht herausschneiden, sondern können uns auch eine Kopie schicken; für längere Anmerkungen fügen Sie einfach ein weiteres Blatt hinzu. Vielleicht haben Sie ja auch Anregungen für ein neues Buch oder ein neues Programm, das Sie selbst schreiben möchten.
Wir freuen uns auf Ihren Brief!

Mein Kommentar: _____

_____

_____

_____

_____

☐ Ich möchte selbst DATA-BECKER-Autor werden.
   Bitte schicken Sie mir ihre Informationen für Autoren.

Name _____

Straße _____

PLZ Ort _____ _____

Ausschneiden oder kopieren und einschicken an:
DATA BECKER, Abteilung Lektorat
Merowingerstr. 30, 4000 Düsseldorf 1

440 529

Windows 3: So wird die Arbeit zum Vergnügen!

Fast 1000 Seiten zu Windows: Das große Windows-3-Buch ist trotzdem so übersichtlich und verständlich wie die Benutzeroberfläche selbst. Ein beliebter Band, denn hier finden Sie alle Informationen und attraktiven Anwendungen auf Diskette: etwa zwei Bildschirmschoner und Hintergrundmotive. Praxisorientiert macht der Einsteiger seine ersten Erfahrungen mit Windows 3, während der Profi sich gleich auf die vielen nützlichen Tips stürzt. Die Inhalte im einzelnen: Installation, Expanded und Extended Memory, individuelle Anpassung von Windows, Programm-, Datei- und Druckmanager, die unterschiedlichen Betriebsarten, Systemsteuerung, Windows im Netzwerk, Einführung in die Windows-Programmierung, „Zubehör", Spiele und Windows-Anwendungen (Excel, PageMaker, WinWord etc.). Viel Vergnügen!

Frater/Schüller
Das große Windows-3-Buch
Hardcover, 973 Seiten
inklusive Diskette, DM 59,-
ISBN 3-89011-287-0

Windows Intern: Insider-Infos und Applikationen

In den Intern-Bänden finden Sie die harten Fakten – geballte Informationen, die in die Tiefe gehen. Dieses Know-how gibt es jetzt auch zu Windows: Windows als Betriebssystem-Erweiterung (Multitasking, Handles, Code- und Ressourcen-Sharing), Grundstrukturen von Windows-Applikationen, Dialogboxen (Messageboxen, modale/nichtmodale Dialogboxen etc.), Kindfenster, das Graphics Device Interface, Zugriff auf das Dateisystem, Drucken unter Windows, Maus-Nachrichten, die serielle Schnittstelle, Multiple Document Interface, Clipboard, dynamischer Datenaustausch, Dynamic Link Libraries etc. Natürlich erhalten Sie auch fertige Applikationen, die Sie nicht extra abtippen müssen: Auf der mitgelieferten Source-Code- Diskette finden Sie u.a. einen Clipboard-Viewer, eine DDE-Applikation und ein MDI-Beispiel. Die Applikationen wurden mit dem Microsoft-C-Compiler (ab Version 5.1) und dem MS-Software-Development-Kit (SDK) erzeugt.

Honekamp/Wilken
Windows Intern
Hardcover, 763 Seiten
inklusive Diskette, DM 99,-
ISBN 3-89011-284-6

Für Text-Profis: Alle guten Seiten von Word 5.0

Ein großer Band, wie er im Buche steht: Auf rund 900 Seiten finden Sie alles Wichtige, was es zu der neuen Word-Version zu sagen gibt. Dazu erhalten Sie eine Reihe fertiger Anwendungen auf Diskette, sind also rundum gerüstet, um Word von A bis Z zu beherrschen. Sie lernen beispielsweise, wie man Texte mit Druckformat-Vorlagen gestaltet; längere Werke wie Examensarbeiten und Bücher erstellt; Makros aus früheren Word-Versionen konvertiert; Verweise, Fußnoten und Anmerkungen anlegt; den Bildschirm-Treiber anpaßt; sinnvolle Gliederungen schafft; Synonyme einsetzt; mehrspaltigen Satz nutzt und das Layout fertiger Texte am Bildschirm kontrolliert. Außerdem erfahren Sie natürlich, wie Grafiken und Bilder in Texte eingebunden und Initiale positioniert werden. Damit garantiert das große Buch zu Word 5.0 dafür, daß Ihre Texte immer gut leserlich sind – weil nicht nur Inhalt und Struktur stimmen, sondern auch das Aussehen makellos ist.

Paulissen/Terhorst
Das große Buch zu Word 5.0
Hardcover, 895 Seiten
inkl. 5 1/4"-Diskette, DM 69,-
ISBN: 3-89011-318-4

Von A bis Z: alle Details zu Word in einem Band

Das große Buch zu Word 5.5: Hier lernen Sie sämtliche Details der aktuellsten Word-Version kennen – von der ausführlichen Vorstellung der neuen SAA-Oberfläche über die geänderte Tastaturbelegung bis zur praxisnahen Beschreibung aller Funktionen. Immer mit Beispielen – vom einfachen Brief bis zu mehrspaltigen Texten. Aus dem Inhalt: detaillierte Einführung in die neue Version; leichteres Gestalten von Texten mit der Zeichenleiste; sinn-volles Arbeiten mit mehreren Fenstern; professionelles Formatieren mit Druckformat-Vorlagen; der Einsatz von Fußnoten, Kopf- und Fußzeilen; Tips zur Index- und Verzeichniserstellung; Tabellen und Grafiken nach Maß; Arbeitserleichterung durch Makros; die Erstellung einfacher Formeln; Druckeranpassung u.v.a.m. Natürlich erhalten Sie auch sämtliche Menüs und Befehle im Überblick und finden auf der mitgelieferten Diskette Beispieltexte zum Üben und fertige Anwendungen.

**Paulißen/Terhorst
Das große Buch zu Word 5.5
Hardcover, 930 Seiten
inklusive Diskette, DM 69,-
ISBN 3-89011-377-X**

Rundum-Information zum aktuellen AutoCAD 11.0

AutoCAD 11.0 ist ein CAD-Programm, mit dem komplexe Zeichnungen mit hoher Genauigkeit erstellt und ediert werden können. Unser großes Buch zeigt Einsteigern die Praxis und gibt Profis nützliche Tips und Tricks.

Anhand vieler praktischer Beispiele lernen Sie den reichhaltigen Befehlsvorrat von AutoCAD 11.0 kennen, setzen die vielfältigen Möglichkeiten optimal ein und erzielen dabei professionelle Ergebnisse. Neben den Grundlagen der aktuellsten AutoCAD-Version erhalten Sie auch ausführliche Informationen zum Zusatzmodul AME für 3D-Objekte. Weitere Themen sind: AutoCAD-Konfigurierung, großer Übungsteil zum leichten Start, Beschreibung aller Befehle, Anwendungsbeispiele aus verschiedenen Bereichen, Datenkonvertierung u.v.a.m. Die Rundum-Information zu AutoCAD 11.0 wird durch die mitgelieferte Diskette ergänzt.

Hahner
Das große Buch zu AutoCAD 11.0
Hardcover, 970 Seiten
inklusive Diskette, DM 99,-
ISBN 3-89011-314-1

Schnelle Erfolge mit neuen Programmen.

Der Schnelleinstieg zu MS-DOS 4.01
151 Seiten, DM 19,80
ISBN 3-89011-484-9

Der Schnelleinstieg zu Word 5.0
157 Seiten, DM 19,80
ISBN 3-89011-480-6

Der Schnelleinstieg zu PC Tools Deluxe 6
156 Seiten, DM 19,80
ISBN 3-89011-481-4

Am schnellsten lernt man durch die praktische Arbeit. Wenn Sie ein neues Programm oder Betriebssystem nicht erst bis zum letzten Byte kennenlernen, sondern direkt erfolgreich mit ihm arbeiten wollen, gibt es bewährte Abkürzungen: die Schnelleinstiege. Mit diesen Bänden verschaffen Sie sich in kürzester Zeit Vorteile, auf die Sie nicht mehr verzichten wollen. Denn alle wichtigen Funktionen lernen Sie direkt anhand praktischer Beispiele kennen – etwa die Sicherung von Daten und die Beschleunigung des Rechners mit PC Tools 6, den sinnvollen Einsatz von Batch-Dateien unter MS-DOS 4.01 oder die Einbindung von Grafiken in Word-5.0-Texte. Die Schnelleinstiege – ohne viel Theorie, aber mit zahlreichen interessanten Lösungen für die tägliche Arbeit.

DOS 5.0 für alle Einsteiger, Aufsteiger und die versierten Anwender: Das große Buch informiert rundum

Der neue Standard heißt MS-DOS 5.0 – und Sie können von Anfang an problemlos das Beste aus der jüngsten und leistungsfähigsten Betriebssystem-Version machen: Nutzen Sie das große Buch zu DOS 5.0 mit seinen umfassenden Erläuterungen aller DOS-Befehle und einer speziellen Sammlung von sofort einsetzbaren, professionellen Anwendungen. Aufsteiger von älteren Versionen erfahren alles über die optimale Nutzung des Speichers über 640 KByte, bedienen sich der neuen DOS-Shell (einschließlich des Task-Switchings zwischen mehreren Programmen), retten versehentlich formatierte Datenträger und gelöschte Dateien, erstellen Makros (z. B. mit Doskey) und BASIC-Programme mit dem neuen QBASIC etc. Einsteiger lernen unter anderem, wie MS-DOS 5.0 richtig installiert wird und wie man die Hilfemöglichkeiten nutzt. Natürlich werden auch die Vorteile der neuen DOS-Shell, DOS-Interna sowie Autoexec.Bat- und Config.Sys-Dateien erklärt.

Tornsdorf/Tornsdorf
Das große Buch zu DOS 5.0
Hardcover, 1100 Seiten
inklusive Diskette, DM 59,-
ISBN 3-89011-290-0

Damit keine unverdaulichen Fische ins Netz gehen

Kein Rechner ist eine Insel – wenn Sie die Vorteile eines Netzwerks nutzen. Mit dem richtigen Know-how fließen die Informationen wie von selbst. Am besten, Sie lassen sich hier gleich von einem Netzwerk-Profi beraten. Einer, der Ihnen alle Details zum Einrichten des Fileservers und der Arbeitsstation sowie zur Verwaltung der Benutzer verraten kann. Mit dem großen Buch zur aktuellen Novell NetWare (umfaßt alle bisherigen Versionen von 2.2 bis 3.11) steht Ihnen ein zuverlässiger Ratgeber bei allen Fragen zur Seite: Wie werden zusätzliche Drucker und Arbeitsstationen installiert? An welchen Stationen darf sich der Benutzer anmelden? Wieviel Speicherkapazität soll dem einzelnen User zugeordnet werden? Was ist beim Drucken zu beachten? Wie funktioniert Windows 3 im Netzwerk?

Larisch
Das große Buch
zu Novell NetWare
Hardcover, 631 Seiten
DM 79,-
ISBN 3-89011-380-X

Lassen Sie sich nicht unter Druck setzen.

Jeder, der mit einem Drucker arbeitet, weiß, daß hier immer mal etwas schieflaufen kann: Entweder sind die DIP-Schalter verstellt oder der Druck geht über die Perforation, der Zeichensatz enthält keine Umlaute oder Sie wollen ganz einfach mal mit einem anderen Schriftfont arbeiten. Das große PC-Drucker-Buch hilft Ihnen hier weiter. Das umfassende Nachschlagewerk für alle Druckerprobleme und -fragen – ob zu Matrix-, Typenrad-, Tintenstrahl- oder Thermodrucker. Hier erfahren Sie nicht nur, wie Ihr Drucker grundsätzlich funktioniert, sondern bekommen auch wertvolle Tips & Tricks für Ihre Arbeit. Mit diesem Buch meistern Sie selbst so heikle Aufgaben wie das Erstellen eigener Druckertreiber. Beiliegende Utility-Programme ermöglichen es Ihnen zusätzlich, Ihren Drucker komfortabel zu steuern.

Ockenfelds
Das große PC-Drucker-Buch
Hardcover, inklusive Diskette
839 Seiten, DM 69,-
ISBN 3-89011-229-3